国际航运中心建设丛书 —— 航海技术系列

船舶主流机型服务手册

上海市航海学会

内 容 提 要

本手册是根据MAN柴油机公司和Wärtsilä柴油机公司2000年至2012年期间随购机时提供给船东的“服务通函”编写而成。

本手册旨在为使用上述二大机型的船东、船舶管理人员提供切实有效的技术指导。

全手册共分4章,内容涉及二大柴油机公司主要机型:MAN公司的MC/ME-C/-E机型以及部分四冲程柴油机;Wärtsilä公司的RTA/RT-flex等机型。手册针对各机型的主要部件、系统、运行管理、操作及其维护保养中所出现的问题进行了分析与改进,还对故障排除提出了建议及应对措施。

本手册由上海市航海学会组织英文资料翻译,集业内资深专家编写而成。

本书有很强的针对性和适用性,目标读者为船舶轮机管理人员、轮机员,对相关研究院所、海事单位及航海院校也有参考价值。

图书在版编目(CIP)数据

船舶主流机型服务手册 / 上海市航海学会组编. —上海:上海交通大学出版社,2013
(国际航运中心建设丛书. 航海技术系列)
ISBN 978-7-313-09081-2

Ⅰ.①船… Ⅱ.①上… Ⅲ.①船用柴油机-技术手册 Ⅳ.①U664.121-62

中国版本图书馆CIP数据核字(2012)第245494号

船舶主流机型服务手册

上海市航海学会

上海交通大学出版社出版发行

(上海市番禺路951号 邮政编码200030)

电话:64071208 出版人:韩建民

上海铁路印刷有限公司印刷 全国新华书店经销

开本:710mm×1000mm 1/16 印张:65.75 字数:1205千字

2013年1月第1版 2013年1月第1次印刷

ISBN 978-7-313-09081-2/U 定价:498.00元

《船舶主流机型服务手册》编委会

名誉主编

丁　农

编委会主任

徐　辉

副主任委员（以姓氏笔画为序）

冯幸国　陈　健　侯立平　桑史良

委员（以姓氏笔画为序）

孙　敏　李　勇　李起渊　陈志强　陈兰芳　应功伟　张惠霖　张兴芝　赵玉新
周　海　顾忠华　高延滨　龚卫平　常华明　舒　毅　蔡鸿达

编写组组长（中文主编）

张兴芝

编写组副组长

徐　进

编写组成员

徐　葳　赵文利　欧阳传发　罗献忠　单高永　吴秀岚

中文主审

应功伟　张惠霖

项目策划

桑史良

序 一

随着人类科学技术的迅猛发展，航海领域的高新技术不断得到应用，新设备新产品层出不穷，造船技术突飞猛进，船舶大型化、专业化、智能化、环保型的发展趋势，为我们绘就了波澜壮阔的前景。同时，这一切变化也对航海应用技术、航海适用性人才提出了更高的要求。任何现代化的设备，都需要管理者、操作者去安全有效地使用和维护，发挥它最大、最优的效能，赢得最佳的效益。

机舱是船舶的“心脏”。随着信息技术的发展，大功率智能化低速柴油机的研发和应用成为船舶科技创新能力的重要标志之一。众所周知，MAN 和 Wärtsilä 是世界造船界引领技术前沿的柴油机公司，在新型高效、低排放的智能化低速柴油机的研究与开发上形成了具有名牌效应的两大主流机型，广泛适用于各类船舶的推进主机。成为我们机务管理和轮机操作人员应知应会的“合作伙伴”。

适应新技术的开发利用，在实践中提升管理、使用、维护水平，保障船舶航行安全高效，是机务管理与时俱进的重要职责。

作为国有大型航运企业，我们高度关注航海技术的发展，关注船舶设备的更新，以及与之相匹配的专业人员技术素养的不断更新。很高兴看到，顺应航运轮机管理、技术人员的需求，致力于航海学术交流、融入上海国际航运建设、集聚专家优势的上海市航海学会，牵手中远集装箱运输有限公司、中海集装箱运输有限公司和中海发展股份有限公司油轮公司等共同编写《船舶主流机型服务手册》，已经成功面世，这是设备供应商、轮机管理实践者集体智慧的结晶，是技术解释性、可操作性很强的工具书，是海工企业与航运企业紧密纽带的一种象征。

该手册整理汇编了 MAN 和 Wärtsilä 二大柴油机公司的 RTflex 和 ME/ME C 机型投放市场以来，供应商发给船东的大量系列服务通函，并凝聚了业内专家日积月累的实际工作经验，的确体现了为航运服务的宗旨和指导实践的价值，值得在业界推广使用。作为曾长期从事机务管理工作的同仁，对《船舶主流机型服务手册》的成功出版表示祝贺，对专家的敬业精神和辛勤耕耘表示钦佩。

成立 15 年的中海集团和国内外航运企业一道，在科技创新的引领下，迈入大船时代、绿色航运时代，技术、安全管理踏上新的台阶，需要科技服务的支撑，让我们共同为建设航运强国，推动航海事业的发展创造新的业绩。

中国海运（集团）总公司 副总经理、CIO

二〇一二年十月

序 二

“国际航运中心建设丛书——航海技术系列”的编辑和出版是一项庞大系统工程。

《船舶主流机型服务手册》（以下简称《手册》）是航海技术系列丛书的开篇之作，是一部提升船舶行业科技创新能力和核心竞争力的工具书。编辑出版本《手册》是一项非常有意义的工作。

随着信息化技术的注入，使大功率智能化低速柴油机成为多学科综合的高技术产品，是船舶行业科技创新能力的集中体现，也是船舶行业技术水平的重要标志之一。

MAN 和 Wärtsilä 品牌柴油机公司是国际著名的专业公司，在 20 世纪 80 年代就已经开始了新型高效、低排放的智能化低速柴油机的研究与开发。MAN 和 Wärtsilä 柴油机适合各类散货船、油轮、集装箱船和 LNG 船等船舶的主机和柴油发电机。我们船东的广大机务管理和轮机操作人员经常与这些机型打交道，如何提高管理水平、保障船舶航行安全是目前机务管理中一项非常重要的工作，也是广大轮机管理人员在实践操作中经常需要去认真独立思考的事情。在此，希望本《手册》能给机务管理和轮机操作人员带来实用与参考价值，能给船东带来直接的经济效益。

衷心祝愿并相信，本《手册》能受到我国广大机务人员和轮机操作人员的热烈欢迎。同时，我也衷心感谢中国海运、中远集运等单位在本《手册》编写过程中的大力支持，感谢上海交通大学出版社在出版和发行方面的积极支持，感谢为本《手册》奉献全力的各位专家和专职编辑工作人员，并对给予协助的所有单位和人员表示衷心的感谢！

是为序。

上海市航海学会理事长　　徐　辉

二〇一二年十月

Foreword

On behalf of MAN, I would like to thank the Shanghai Navigation Institute (SNI) for their initiative to bring this Service Book to realisation. SNI have approached COSCON for the translations of the MAN Service Letters into Chinese and by their joint efforts, this manual with all our maintenance parts could finally be completed.

My sincere thanks also go to COSCON's team for their strong support and the many hours they have spent to accomplish this book.

MAN Diesel & Turbo is a leading supplier within the marine industry in China. Covering the whole range of our MAN products for two-stroke and four-stroke Diesel engines including Turbochargers, this manual will help the Chinese customer to better understand our highly engineered products. The Service Book will assist to reach a wider range of people, enhance our relations towards ship owners and, as a result, further strengthen our position in the Chinese market.

Yours faithfully

Wayne Jones
Senior Vice President - Business Unit After Sales
MAN PrimeServ

Preface

On behalf of Wärtsilä, I would like to take this opportunity to congratulate the publication of this Service Book and express our sincere appreciation to CSCL's great support to translation of Wärtsilä service letters.

Wärtsilä is honored to be introduced in the Service Book. Wärtsilä's strength in marine market has been highly recognized by ship owners and shipyards in China and the concept of Wärtsilä total solutions will make our customers' route to success even shorter.

Again, thanks for the excellent team work contributed by CSCL and Wärtsilä looks forward to even closer collaboration with CSCL in future!

Yours faithfully,

Pierpaolo Barbone
Vice President, Middle East & Asia
Wärtsilä Corporation, Services

前 言

截至 2011 年，MAN、Wärtsilä 智能柴油机在全世界的订单已超过千台以上，RT-flex 和 ME/ME-C 柴油机已经成为船用低速大功率柴油机的主流机型，大有取代原有传统机型趋势。

由上海市航海学会组编，中远集装箱运输有限公司、中海集装箱运输有限公司、中海发展股份有限公司油轮公司等共同协编的《船舶主流机型服务手册》是根据 MAN 和 Wärtsilä 二大柴油机公司 2000 年投放市场以来，在供应商随购机提供的大量系列服务通函基础上，结合多年实际工作经验整理编写而成。

本书分为 3 大章，共计 120 余万字。目录编排：MAN 按柴油机二冲程、四冲程的通函出版年份；Wärtsilä 按柴油机机型兼年份先后次序编排。

本书包括两大柴油机公司各机型的主要部件、系统、使用、保养等问题的分析与改进，及对故障排除的建议与措施。当前，智能技术广泛应用并已覆盖于柴油机的燃油喷射、排气阀启闭、操纵系统、气缸润滑等方面。在满足环保要求的前提下实现了对柴油机性能的优化，包括降低燃油消耗、低速航行以及检修周期等方面，有利于航运部门、船舶管理人员对船舶的科学管理与提高经济效益。该书附件部分包括维修保养、备件表格以及服务商联系信函等。

《船舶主流机型服务手册》得到各界同行及领导的指导与支持，由张兴芝为组长的编写组经过多次反复推敲讨论进行编写；应功伟、张惠霖二位总轮机长给予本书方向性指导以及审核意见，本书堪称是一部精工之作。

经过近一年的不懈努力，上海市航海学会和本手册编委会终于能把这部巨作呈现给国内航运界业内同行，广大机务和轮管人员如果从中能够得到启示，提高轮机管理技术水平，进而推进我国船舶行业技术水平，这是本手册出版的初衷，我们将感到欣慰。

在此，我们对本书编纂出版过程中给予指导以及协助的单位和个人表示感谢。特别感谢 MAN 柴油机公司和 Wärtsilä 柴油机公司对本书的大力支持。

本书在中文编译过程中如有不当之处请以英文原稿为准，计量单位均按原稿。

本手册由上海交通大学出版社出版发行。

上海市航海学会

二〇一二年十月

目　次

第 1 章　MAN 柴油机服务信函

1.1 MAN 公司 2000-2006 年二冲程机服务信函

1.2 MAN 公司 2007 ～ 2011 年二冲程机服务信函

1.3 MAN 公司 2001 ～ 2006 年四冲程机服务信函

1.4 MAN 公司 2007 ～ 2011 年四冲程机服务信函

第 2 章 Wärtsilä 柴油机服务公告

2.1 RT-flex 服务公告

2.2 RT 服务公告

2.3 RTA 服务公告

第 3 章 服务信息

3.1 MAN 柴油机服务信息

3.2 Wärtsilä 柴油机服务信息

第 4 章 附件

4.1 换算系数

4.2 常用度量衡表

后记

第 1 章

MAN 柴油机服务信函

1.1 MAN 公司 2000～2006 年二冲程机服务信函

SL2000-375/HH
2000 年 1 月

1.1.01 铸铁排气阀阀杆导套

适用机型：MAN B&W 50MC/-C/-S、90MC/-C/-S、Mk5 & Mk6 柴油机

1997 年 MAN 引入了一款铸铁阀杆导套，用于替换之前的青铜阀杆导套。这种材料的转换增强了导套的耐磨性和耐腐蚀性，并能避免过去曾经少量发生的阀杆粘滞现象。

通过服务测试显示，铸铁阀杆导套具有优异的性能，并在随后定期维护的维护报告中得到确认。

MAN 一直收到与使用青铜阀杆导套相粘滞的故障报告，MAN 建议船东和技术部门在使用上述机型的操作过程中，应当在下一次排气阀检修期间更换阀杆导套。

除上述以外较早期版本的 MC 柴油机也能够从更换阀杆导套中获益，因为铸铁材料已经显示出具有更高的耐磨损性和耐腐蚀性。

SL2000-376/DHA
2000 年 3 月

1.1.02 柴油机气缸套起吊

适用机型：35-98MC 柴油机

最近发现，用于缸套起吊的起吊螺钉凸肩直径与气缸套上安装该起吊螺钉的沉头孔径相同，因此影响了气缸套沉头孔平面与起吊螺钉凸肩之间的紧密贴合（如

图 1 所示）。现今缸套起吊螺钉凸肩外径以及气缸套沉头孔径的设计均已更新，以确保能够紧密贴合，此更新已经在新气缸套上实施。

为了确保测隙规的准确检查，经过修改的缸套与现在使用中的柴油机缸套上，在相应沉头孔处添加一个 15mm 凹槽（如图 2 所示）。

建议在开始起吊气缸套之前通过目测或者用测隙规进行一次检查，以确保起吊螺钉与气缸套沉头孔的平面完全贴合（如图 3 所示）。如果未完全紧密接触，那么起吊螺钉的凸肩直径应当减小，最多 3mm。

在起吊气缸套之前，必须检查确认气缸套沉头孔平面与起吊螺钉之间是否完全紧密贴合。

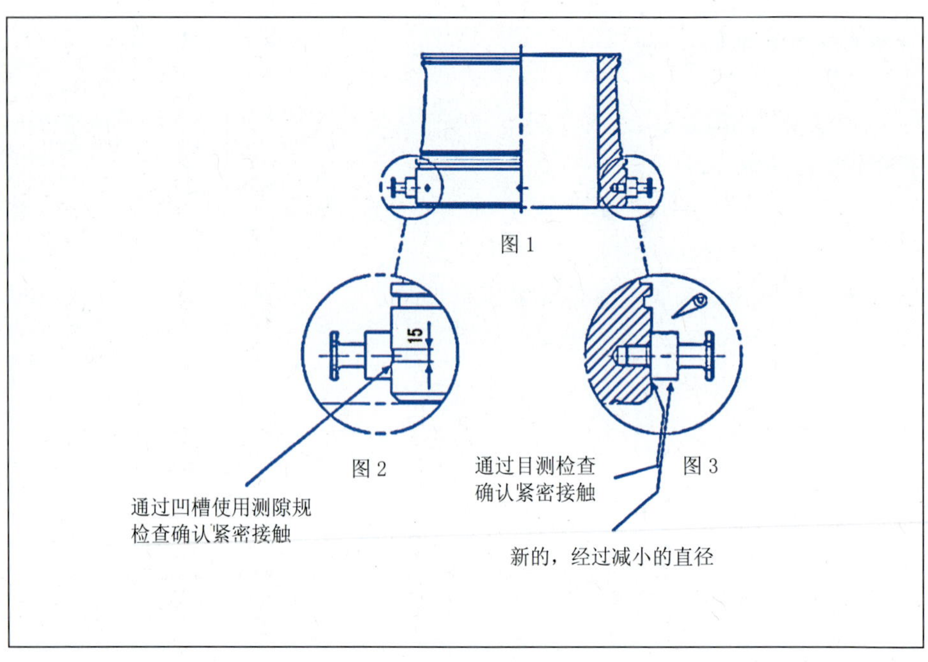

图 1 ～ 3　气缸套与螺钉凸肩的接触

SL2000-377/CEE

2000 年 3 月

1.1.03　机舱安全

适用机型：所有机型

1 曲轴箱爆炸概况介绍

近期发生了一起主轴承故障导致大缸径柴油机曲轴箱爆炸的事故。

我们对这极为罕见 MC 柴油机曲轴箱爆炸事故进行了调查，按照调查结果，以前不曾发生过一起因主轴承故障而引燃曲轴箱爆炸。

另外，我们与相关船级社进行了接触，并从他们统计资料表明，曲轴箱爆炸的可能性非常小。

安全是我们最优先考虑的，即使可能性很小，我们也会强调应当遵循 MAN B&W 的检查指导和建议：

1.1 无论何时打开曲轴箱例行检查时（至少每 2-3 个月执行一次），应检查油底壳是否有轴承金属碎片。如果发现这样的金属碎片，应追踪源头，并且更换相关的轴承。

另外，在清洗滑油滤器时，还必须检查滑油滤器是否有轴承金属杂质。请参阅柴油机《操作说明书》附页中的 702.01/02。

1.2 油雾探测器，它应始终连接到柴油机的安保系统上。我们强调的是，当油雾探测器给出一个报警经过最多 6 秒钟的延迟后，则柴油机应自动减速。自动减速将使柴油机的转速下降至预设的额定 MCR 转速的 40%，越控原有的减速负荷程序。

我们知道大多数带有轴带发电机的柴油机都提供了一个手动减速系统。我们强烈建议，该系统应当尽早按以下要求改为自动减速：

（1）油雾浓度报警应当立即使柴油机转速降低至轴带发电机与电网保持连接的最低转速。

（2）一台备用发电机应当自动起动，并自动并入电网，此时主机转速应当迅速降低至额定 MCR 转速的 40%。

请注意！从发出报警至降速之间的时间应尽可能短，并且在任何情况下均应少于 1 分钟。

2 停运期间的检查

2.1 概述

本节介绍了如何在柴油机停止运行期间进行检查。为了使机舱人员了解相关的运行状态，我们建议书面记录检查结果。按下列检查项目实施。

• A 项检查：A1-A9

正常营运期间在柴油机停止状态下的定期检查。

检查项 A1-A9 应按柴油机《操作说明书》第 707 章所述的测量情况结合起来评估。

• B 项检查：B1-B5

维修期间在柴油机停止状态下的检查。

• C 项检查：C1-C7

维修之后在柴油机停止状态下的检查。

如果已进行了轴承、曲轴，凸轮轴或活塞的检修或对中，则请按 A1、A2 和 A6 项检查。

2.2　A 项检查：正常营运期间在柴油机停止状态下的定期检查

此工作应与船舶的航行计划相适应，以便使其能够按照一个适当的周期间隔来执行，如第 II 卷《维护保养说明书》中“检查与维修程序”中建议的那样。

此处所述的维护周期间隔通常适合于正常设备。然而，如果发生运行故障，或者由于维修或改动而导致状态不明，那么应当缩短相关的检查工作。

根据检查项 A1～A9 的要求及性能检测情况，确定是否需要增加额外的维护作业（除规划表以外的）。

（1）A1 检查项：滑油的流动

• 当循环油泵在运行状态且滑油处于热态时，打开曲轴箱道门，检查滑油是否能够从所有的十字头、曲柄销和主轴承处自由流出。

• 从十字头下端轴瓦与十字头销的油槽处喷射的滑油应当是均匀的厚薄和方向。如果出现偏差则可能是“白合金变形”或油槽堵塞的迹象，请参见柴油机《操作说明书》第 708 章 7.1 款。

• 检查滑油能否从轴承、喷射管道以及链条驱动装置内的喷嘴中自由流出。

• 通过活塞冷却油出口处的观察镜，检查活塞回油情况。

• 检查推力轴承和凸轮轴的润滑情况。

编者注：当活塞、轴承等检修后，应在柴油机起动之前做上述检查工作。

（2）A2 检查项：油底壳和轴承间隙

• 在停止循环油泵之后，检查油底壳的底部是否存在轴承的白合金金属碎片。

• 用厚薄规检查十字头、曲柄销、主轴承和推力轴承的间隙，并且记录下数值。

（3）A3 检查项：滤器

• 打开所有滤器（包括自清滤器），检查滤网和其它过滤材料是否完好，是否发现外来杂物，若有其则表示其它地方出现了故障。

（4）A4 检查项：扫气口

• 检查活塞环、气缸套、活塞和活塞杆的状态，并记录状态数据，依据柴油机《操作说明书》第 707 章第 3 款的内容要求。

• 注意柴油机《操作说明书》第 707 章第 3.2 款的所述的状态。

• 在此检查期间，保持柴油机冷却水和冷却油的循环，以便有任何漏泄就能被发现。

• 清除扫气口和扫气箱处的结炭和油泥。

（长期在港口或类似的状态下，按照预防措施的 C2 点操作）

（5）A5 检查项：排烟总管

打开排烟总管，检查是否存在沉积物或任何金属碎片（表示其它地方有故障），同时检查气流格栅以确保其清洁。

（6）A6 检查项：曲轴

按照柴油机《操作说明书》第 708 章“主轴承对中”的要求测量曲轴拐档差。

（7）A7 检查项：循环油油样

提取油样，将其送至实验室进行化验分析与评估。

参见柴油机《操作说明书》第 708 章“循环油的维护”。

（8）A8 检查项：涡轮增压器

• 松开排放旋塞或者开启涡轮增压器壳体底部的考克。并从排气上升烟道内的排放箱或管道处进行放残（当清洁废气锅炉蒸发器时也同样适用）。

• 这将防止可能导致的雨水累积，雨水可能导致排气管道腐蚀，并且局部冲刷掉烟灰沉积物，这将可能导致涡轮增压器转子的不平衡。

• 开启检查盖板（如果配有的话），或者拆除增压器涡轮端的进气管道，并且检查涡轮机叶轮和喷嘴环上的沉积物。

可参阅 C4，有关柴油机停运期间避免涡轮增压器轴承损坏的预防措施。

（9）A9 检查项：操纵装置

• 经常检查系统的活络性。

• 通过机旁控制台上的手轮，将其从调节机构上脱开与调速器的连接。通过调节手柄去移动连杆连接，并且检查调节齿轮的阻力是否很小。

• 大约 4000 小时的周期间隔给系统加润滑油（轴承和连杆）。

• 应使用优质润滑脂，且该润滑脂的熔点为 120℃以上。

• 对于调速器应使用防锈油，并含有防止泡沫、油泥的形成和对衬垫、油漆造成损坏的添加剂。

• 须较高的粘度指数，并且粘度在 40℃时应在 22～68cSt 范围内。

• 有关调速器的检查，请参阅制造商的专业说明。

3 曲轴箱着火

3.1 原因

• 当柴油机运行时，曲轴箱内包含与环境空气相同比例的气体（N2-02-C02），同时大颗粒的油滴被甩得到处都是。

• 如果在滑动表面之间发生异常摩擦，或者热量以其它方式被传递到曲轴箱（例如，扫气口处火焰通过活塞杆填料函，或者通过底部的中间隔板），那么被加热的表面将可能发生“热点”。“热点”将导致油被蒸发。

• 当油蒸汽再次凝结时，将会形成无数的小油滴，并且悬浮在气体中，例如，形成白色的油雾，如果发生着火的话，能够被点燃并迅速传播。“热点”导致的油雾也能够点火。

• 如果在点火之前形成大量油雾，那么燃烧将可能导致曲轴箱内的压力急剧升高（爆炸），这将迫使减压阀瞬间开启。在隔离状态下，柴油机曲轴箱已经充满油雾时，后续的爆炸将使曲轴箱的门被炸飞，并且导致机舱着火。

注意 1 一旦曲轴箱发生爆炸，防爆门的整个灭焰器必须被更换。

注意 2 链条箱和扫气箱内也可能发生类似的爆炸。

因此，我们应当采取一切预防措施：避免“热点”并及时探测到油雾。

3.1.1 A 项曲轴箱内的“热点”

保养良好的轴承只有在供油故障或轴承轴颈表面变得太粗糙时（由于滑油变得具有腐蚀性，或者被磨损颗粒物所污染）才会发生过热。

对于这些原因，至关重要的是：

（1）正确的净化润滑油。

（2）进行定期的化验分析（参见柴油机《操作说明书》第 708 章），确保滤器滤芯完好无损，针对推力轴承的摩擦速度高，应当采取专门的预防措施，以确保此轴承的供油。

（3）设置监控设备，一旦出现循环油低压或推力轴承部分高温时，可发出报警。请将此设备保持在最佳状态（参见柴油机《操作说明书》第 701 章的润滑油压力 第 331、334、335 页；推力块第 350、351、352 页）。

（4）按照适当的间隔（起动之后 15～30 分钟，1 小时之后，以及满负荷时）用手或者通过一个“温度传感设备”测量运动部件的温度，（参见柴油机《操作说明书》第 703 章 3.2 款“负荷期间检查”、第 9 项检查“表面感觉序列”）。

（5）当进行维修或者是更换运动部件之后，检查项 A1（柴油机《操作说明书》第 702 章），不得忽略此检查。如果存在疑问，停止运行并进行检查。

3.1.2　B 项曲轴箱油雾

为了确保曲轴箱内形成油雾之后能够可靠和快速的报警，用“油雾探测器”对单缸曲轴箱的气体进行实时取样，并持续不断的监控。

当油雾的浓度达到爆炸下限（LEL）时，参见柴油机《操作说明书》第 701 章第 436、437 页，该探测器将发出报警并减速，以便在油雾被点燃之前能够获得停止柴油机的时间。

请参阅相关油雾探测器供应商的专业说明书。

对于带有轴带发电机的 CPP（可变螺旋桨）而言，在轴带发电机解列和柴油机降速之前，备用发电机将会自动起动并且连接至电网。

3.2 发生油雾所需采取的措施

请注意！一旦发生：

a. 油雾浓度高；

b. 滑油高温；

c. 活塞冷却油断流；

d. 扫气箱着火等报警。

禁止站立在靠近曲轴箱门或防爆门的位置，也不得位于机舱门附近的走廊内。

b、c 和 d 的报警应被视为油雾潜在增加的预警。

采取的措施：

（1）如果不能自动地减速，应立即人为降速至 slow down（设定值）。

（2）向驾驶台请求允许停车。

（3）当收到柴油机停车指令时：

- 停止柴油机。
- 关闭燃油供应。

（4）切断辅助风机和机舱通风。

（5）打开天窗和 / 或物料窗盖。

（6）离开机舱。

（7）锁闭机舱门并远离这些位置。

（8）准备消防设备。

请注意！柴油机停车至少 20 分钟之后，才允许开启曲轴箱。当开启时，清除潜在的火苗。

禁止使用明火和抽烟。

（9）停止滑油泵，开启曲轴箱一侧所有最下端的道门，切断起动空气，并且合上盘车机。

（10）确定“热点”的位置，始终采用低压照明。

• 用手或用“温度传感设备”感知所有滑动表面（轴承、推力轴承、活塞杆、填料函、十字头、伸缩管、链条、减震器、运动补偿器等），参见本文第 14 点。

• 查看轴承合金是否被挤压以及是否由于高温而褪色（油漆鼓泡，燃烧的油，被氧化的钢材）。

• 保留好油底壳发现的轴承合金物，以便化验分析。

（11）通过进行永久性的维修从而防止未来的“热点”。要是轴承运行发热，参见柴油机《操作说明书》第 708 章第 7.1 款，还可参见柴油机《操作说明书》第 701 章“密封材料”。

• 确保各个滑动表面均处于良好状态。

• 特别注意检查循环油的供应是否良好。

（12）起动循环油泵并盘车。

• 检查所有轴承、喷射管道和曲轴箱内喷嘴，链条箱和推力轴承内滑油的流动情况（参见柴油机《操作说明书》第 702 章，检查 A1 项）。

• 从活塞或活塞连杆处检查可能的泄露。

（13）起动柴油机之后

• 15～30 分钟。

• 1 小时之后。

• 当达到满负荷时，停止用手感受，并查看油雾。

尤其是感受（用手或用温度传感设备）导致过热的滑动表面。参见柴油机《操作说明书》第 703 章，“负荷期间检查”第 3.2 款第 9 项检查。

（14）一旦无法确定“热点“，则应当重复和强化上述第 10 点，直至找到油雾原因并且进行修复为止。

油雾可能是由于循环油的雾化所致，由于空气或气体的喷射等，并且综合以下因素所导致的：

• 填料函泄漏（不气密）。

• 由于活塞头的裂纹或活塞杆导致的旁通（通过冷却油输出管直接连接至曲轴箱）。

• 由于扫气火焰向下传至活塞杆或通过填料函传递，导致油雾。高温空气射流或火焰可能通过填料函进入曲轴箱内。

SL2000-378/NHN
2000 年 4 月

1.1.04 厚壁主轴承顶部间隙

适用机型：S50-80MC、L50-90MC 和 K90MC 柴油机

此维护保养服务信息涉及主轴承的以下方面：

（1）修改顶部间隙和公差范围。

（2）垫片厚度和顶部间隙调整。

（3）主轴承专用塞尺。

所涉及的是柴油机《维护保养说明书》第Ⅱ册的“组件 / 维修”，第 905 节，所有配有厚壁主轴承的 MC 柴油机。

1 简介

为了优化主轴承的支撑性能，最佳侧面和顶部间隙，在 SL98-355/SBJ 的服务信函已做了确定。当撑杆螺栓和轴承帽柱头螺母拧紧时，侧向间隙取决于轴壳厚度、轴颈与壳体形状。相对而言，顶部间隙是通过改变紧贴上部轴瓦壳的垫片数量来进行调整的。

最近评估了既有“最佳柠檬形状”下的顶部间隙，就 50-90MC 型柴油机而言，作为长期的，更实用的公差范围为 ±0.1mm。

注意：在下文中，所有支撑曲轴的轴承，包括靠近尾部的轴承（轴颈轴承），均名为“主轴承”。

2 经过修订的顶部间隙和公差范围

所有主轴承经过修订后的顶部间隙，除了两个靠近尾部的轴承以外，适用于新柴油机和营运中柴油机，如表 1 所示：

表 1 修订的顶部间隙和公差范围

柴油机	MARK 5 和 6		早期 MC 机型	
	最大值	最小值	最大值	最小值
50MC	0.40	0.20	0.40	0.20
60MC	0.45	0.25	0.40	0.20
70MC	0.50	0.30	0.45	0.25
80MC	0.55	0.35	0.50	0.30
90MC	0.65	0.45	0.60	0.40

单位：mm

对于两个靠近尾部的主轴承而言，撑杆螺栓拧紧之后变形产生的间隙比其它

轴承要小，这是由于其具有更坚固的刚性推力块结构。基于这样一个较小的“柠檬形状”的情况，那么顶部间隙需相应调整为较小的数值， 如表 2 所示：

表 2　两个靠近尾部的主轴承

柴油机	MARK 5 和 6		早期 MC 机型	
	最大值	最小值	最大值	最小值
50MC	0.40	0.20	0.40	0.20
60MC	0.40	0.20	0.40	0.20
70MC	0.45	0.25	0.40	0.20
80MC	0.45	0.25	0.40	0.20
90MC	0.50	0.30	0.45	0.25

单位：mm

上述间隙可以在方便时执行。然而，如果由于检查或者其它原因而打开主轴承，就应按上述指导原则来调整顶部间隙。

对于一台既定柴油机配置而言，不同的主轴承位置取决于其顶部间隙变化的影响，任何的顶部间隙调整应按照建议的表 3 来进行。对顶部间隙数值最为敏感的轴承在该表内被标注为 X，应为被视为优先级来进行调整，而其它轴承则具有较低的优先次序。

表 3 涉及大多数柴油机机型。为了确定下表所未提及的柴油机中对顶部间隙最敏感的轴承，我们建议与 MAN B&W Diesel A/S 取得联系以便获得进一步信息。

表 3　在艉端具有凸轮轴链条驱动装置的 MC 柴油机
每道对顶部间隙值敏感的轴承

轴承编号	1	2	3	4	5	6	7	8	9	10
5 缸柴油机	×		×	×	×	×				
6 缸柴油机	×			×		×	×			
7 缸柴油机	×			×	×		×	×		
8 缸柴油机	×			×	×	×		×	×	

值得注意的是，对所有 MC 柴油机，最前端的轴承（No. 1）以及倒数第二个轴承和倒数第三个主轴承始终对顶部间隙数值较敏感。

对于配有中央链条驱动装置的柴油机而言，链条箱内的两端轴承始终对顶部间隙数值较敏感。

上表未涉及到的柴油机，但对间隙较敏感的“中央”部位轴承，是指支撑具有连续发火并相邻气缸之间的轴承。

重要提示！

上述的间隙是兼顾冷却、油膜的建立以及考虑实际因素后选择的最折中的方案。下列情况将需要顶部间隙最小化，这意味着进行两次间隙调整。

• 顶部间隙被定义为总垂直间隙，如有探测到底部间隙（其可能位于艉端轴承）。因为具有自然的底部间隙的轴承对间隙数值较为敏感，通过两次测量值并累计为总间隙数值，则调整绝对最低间隙应当小心操作。

• 如果一个轴承在其他方面按上述公差范围作调整发生损坏，并且在轴颈水平中心线周围区域，被称为“内径”，接触所造成痕迹，则调整绝对最低间隙应当小心操作。

3 垫片厚度和顶部间隙调整

在除 Mk5 以外的较早期 MC 柴油机上，交付使用的是厚壁主轴承并且无定位销，用于将顶部间隙调整至标称数值的垫片组合厚度应当为 2.3～3.0mm，这取决于柴油机的规格。对于具有定位销的轴承而言（较晚的 Mk5 及以后机型），垫片的组合厚度应当降低为 1.5mm。降低垫片厚度的目的是使上端轴瓦的轴承壳体支撑最大化。实际结果对一个给定的顶部间隙而言，如果采用一个有定位销的主轴承替换一个没有定位销的主轴承，那么则需要一个大约为 1.4～1.5mm 较簿厚度的垫片。我们可以在某些日本特许经销商制造的柴油机内发现与上述不同的例外情况。如果存在任何疑问，请从特许经销商处获得专门的信息。

介绍总垫片厚度改变时要特别注意，因为曾经发生过在旧机型上用当前具有定位销的轴承替换原轴承，导致顶部间隙不正确，误将垫片调整为 1～1.5mm，这相当于降低了垫片厚度。因此必须按专门柴油机垫片厚度的指导原则安装具有定位销的轴承，见表 4。

表 4 列出了新型轴承所需提供的垫片数值（依据我们的最新技术规范），以及正确或接近正确的顶部间隙的起始数值所需的组合垫片厚度。主轴承内所有部件的制造公差使其无法精确定义一个确切的厚度，但是所给出的数值为成功进行顶部间隙调整提供了一个正确的起始点。

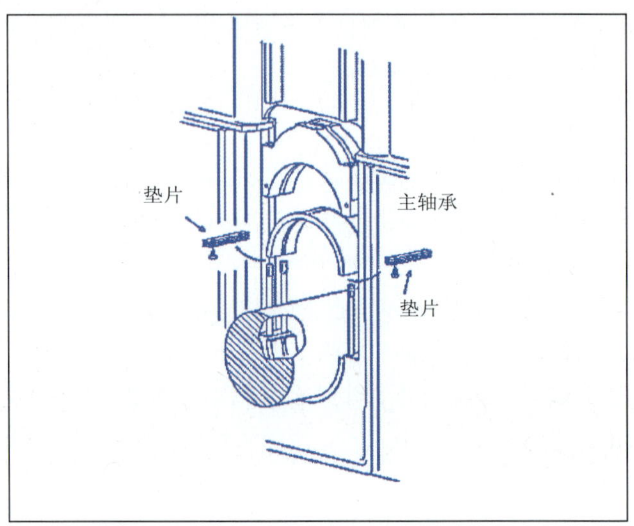

图 1　垫片厚度和顶部间隙调整

表 4　新型轴承的垫片数值

	起始数值			指定垫片厚度（mm）				
柴油机机型 MC S/L/K	安装在上轴瓦壳的每一侧	与轴承一并交付的额外垫片	与新轴承一并交付的总垫片厚度	1	0.5	0.2	0.1	0.05
50	0.9	0.5	2.3		2	4	4	2
60	1.1	0.5	2.7		2	6	4	2
70	1.3	0.5	3.1	2		2	6	2
80	1.5	0.5	3.5	2		4	6	2
90	1.7	0.5	3.9	2	2	2	4	2
				所交付的垫片总数量				
所有机型：额外 0.5mm 垫片							4	2

注意：上述数值仅用于指导用途。

例如：“Mk3”或更早期的轴承，更新为新型轴承后，为保证更新后的轴承间隙不变，应将原轴承上下瓦之间厚度为 2.7mm 的垫片予以调整，调整后的垫片厚度为 2.7-1.5 = 1.2mm。

“Mk3”或更早机型的轴承与当前新型轴承有相似的标称厚度(“最佳柠檬形状”)，但是“Mk5”型轴承在上轴瓦壳区域的厚度存在很大不同。因此必须测量此区域的厚度，旧轴瓦壳与所安装的新轴瓦壳不同，必须使用额外的垫片以便补偿所产生的差异。

例如：S80MC“Mk5”机型需要更新为新型主轴承时，如旧轴承上瓦壳的厚度为 47.80mm，上下轴瓦之间的垫片厚度为 2.7mm，而更换的新型轴承上轴瓦壳的厚度为 47.94mm。为了保证轴承间隙不变，必须按下列公式重新计算应插入的垫片厚度:

上轴瓦壳厚度　　　　垫片

（47.94-47.80）+（2.7-1.5）=0.14+（2.7-1.5）=1.34mm

新　　旧　　　　旧　　新　　　　　　　　　　　　　垫片

重要提示：

对于倒数第二个主轴承而言（推力轴承之前的轴承），在某些情况下可以在轴颈与轴壳之间出现底部间隙。如果出现这种情况，“顶部”间隙（或者总垂直间隙）可以通过顶部和底部间隙的相加的方式。在这种情况下，至关重要的是对于两个艉端的主轴承而言，应当使用尽可能小的顶部间隙公差。（参阅上述表格以便获得“顶部间隙”信息）。

如果获得一个适当顶部间隙所需的组合垫片厚度与表格内给出的“原始数值”偏差超过 ±0.3mm，那么请与柴油机制造商或 MAN B&W Diesel A/S 公司取得联系。

主轴承专用塞尺（又称弯头塞尺）

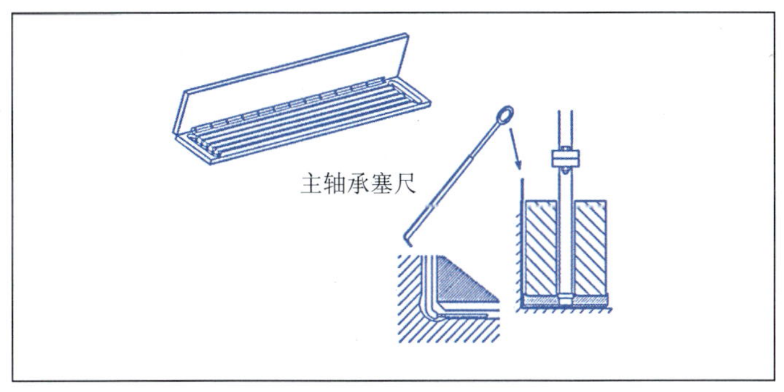

图 2　主轴承专用塞尺

作为顶部间隙精确调整的一种辅助措施，建议补充具有所有规格的标准主轴承塞尺（或称塞规），对于给定类型的柴油机而言，其至少应覆盖 +0.2～-0.1mm 范围的顶部间隙。主轴承专用塞规的范围为 0.05～1.0mm，增量为 0.05mm。建议进一步补充适合于任何柴油机的塞尺组件，包括 0.05,0.10 和 0.15mm 的塞尺，其可以被用于测量一个主轴承内任何可能的底部间隙。

指定用于新订购 50-90MC 柴油机的工具组件将遵循这些指导原则的规定：

表 5　适用于指定柴油机的推荐主轴承专用塞尺（也称弯头塞尺）

MC	5	10	15	20	25	30	35	40	45	50	55	60	65	70	75	80	85
50	X	X	X	X	X	X	X	X	X	X	X	X					
60	X	X	X	X	X	X	X	X	X	X	X	X	X				
70	X	X	X	X	X	X	X	X	X	X	X	X	X	X			
80	X	X	X	X	X	X	X	X	X	X	X	X	X	X	X		
90	X	X	X	X	X	X	X	X	X	X	X	X	X	X	X	X	X

注：顶行的数字指的是单片塞尺的厚度，单位为 1/100mm。

注意：作为标准提供的塞尺的规格可能超过上述所列数值，因为配有 Mk5 轴承的所有柴油机最初均被指定为具有较大的顶部间隙。

重要提示：

当采用主轴承专用塞尺进行测量时，一个特别重要的规则就是：除非塞尺已无法插入被测的缝隙内，否则该间隙表明未被确定应该继续测量。不能够仅采用插入缝隙内的单片塞尺来定义间隙尺寸。

示例：0.25 单片塞尺被插入，0.30 单片塞尺被插入，0.35 单片塞尺被插入，而 0.40 单片塞尺未被插入，那么该间隙随后将定义为 0.35mm。

主轴承专用塞尺可以由“Kjaer-Feelers”提供，或者由 MAN B&W Diesel A/S 和我们特许经销商所提供的类似设备提供，并且采用 5 个或 7 个主轴承专用塞尺一组包装在一个盒子内，用木箱包装，包括一组备用插入刀片。备用插入刀片可以单独购买，并且我们强烈建议始终将专用塞尺保持在最佳状态。如果单片塞尺弯曲或破损，那么在使用塞尺之前必须立即更换，以避免不正确的测量或者导致轴壳 / 轴颈刮伤。

SL2000-382/JSB
2000 年 6 月

1.1.05 PC 环（活塞清洁环）

适用机型：K/S 80-90-98MC/MC-C 柴油机

PC 环已经被引入新的高压缩比 K/S 80-90-98MC/MC-C 柴油机内，以便控制和限制顶面沉积物，该沉积物可能会对气缸套油膜造成损坏。PC 环在使用中效果良好，能够明显改善气缸状态。

为了优化 PC 环的性能和运行状态，对配有 PC 环的气缸检修时，需要关注一些简单但很重要的检测。

通常，PC 环将被视为气缸套里的一个组成部分，但也会发生相应的磨损，它遵循缸套的使用寿命，除发生如裂纹事故、缸套过度磨损、或者缸套损坏以致无法安装 PC 环的等情况例外。

因此，在对活塞和缸套进行相关的检查或保养期间应对 PC 环的状态进行检测，只要能够拆除 PC 环，都应对其进行充分清洁、检查和测量。所有的数据都应当与其它相关的柴油机数据，如缸套测量数据和运行小时数等一并归档保存。

在从缸套上拆除 PC 环之前，PC 环的位置应当进行标注，以便确保在重新组装之后能够处于相同位置。在开始拆除活塞之前，PC 环拆除工作最好应当手动完成。如果无法手动操作，那么 PC 环可以靠上部活塞环带出，同时小心拔出活塞。然而，在拔出活塞时应当特别注意，要确保在此过程中缸套不会被意外一起提升。

我们应当在 4 个或 8 个同等间隔的位置测量径向厚度，对应于前端、后端、排气侧和凸轮轴侧的 4 个位置。此外，我们还应当对总体状态进行记录，特别注意是否发生变形或裂纹。

在开始重新安装 PC 环之前，缸套顶部的凹槽应进行仔细地清洁。

为了将活塞环导入缸套内，我们提供了活塞安装标准导引工具，该工具配有一个“DUMMY RING”（虚拟环），用螺栓连将虚拟环接至导引工具上。虚拟环被用于填充在 PC 环的凹槽里。

当安装 PC 环时至关重要的是实现合适和安全的 PC 环功能，即正确的向上 / 向下方向（请参阅附件原理图）。对于任何 PC 环而言，“UP”的方向与活塞环上水平面的水平泄放槽相一致。

此外，对于配有 PC 环的气缸而言，在未咨询 MAN B&W Diesel A/S 之前，活塞压缩垫片的厚度不应当发生改动。

如果由于某些原因无法将 PC 环安装入凹槽内，那么气缸可以单独的在无 PC 环的情况下运转。

在一个磨损的气缸缸套内使用新的 PC 环时需要特别考虑，如果最大缸套直径已经增加至超过新缸套标称直径的 0.2%，那么我们建议可以忽略 PC 环。在某些情况下，我们应当根据缸套状态评估结果做出决定，例如椭圆度、圆柱度和服务运行小时数等。

一旦存在任何疑问或问题，请立即与位于哥本哈根的 MAN B&W Diesel A/S 取得联系，以便获得澄清。

气缸缸套，PC 环的布局（活塞清洁环）见图 1。

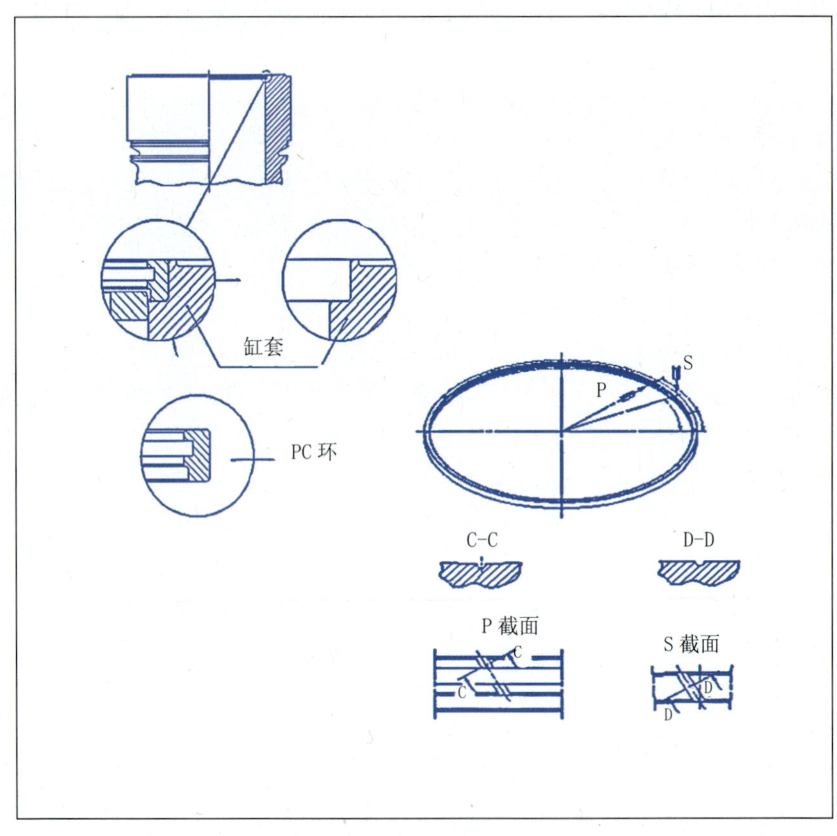

图 1　气缸缸套，PC 环的布局

SL2000-383/SBJ

2000 年 6 月

1.1.06 去除气缸套的磨损凸缘

适用机型：26-98MC/MC-C/MC-S 柴油机

我们得知，在某些情况下活塞检修时气缸套上的磨损凸缘未被去除。我们强调去除此类磨损凸缘的重要性，以便维持 / 重建一种良好的气缸状态。

如果气缸套遭遇到了异常的运行状态，比如刮伤，或者经过几千小时的运行之后已经形成了磨损凸缘，我们建议在更换活塞环时应当对其凸缘进行打磨平整。参见 MAN 服务信函 SL99-370/MU。

去除磨损凸缘并通过在气缸套上部进行打磨或研磨形成一个凹槽对于其过渡是至关重要的。该凹槽可以防止新的磨损凸缘形成。

随着 CPR 的上部活塞环的引入，更凸显了去除磨损凸缘的重要性。其原因在于当活塞检修时一旦未去除磨损凸缘，那么 CPR 环的气密搭口容易发生断裂。

在下文中，介绍了两种去除磨损凸缘的方法：

- 打磨
- 研磨

1 打磨

MAN B&W Diesel A/S 公司与瑞典 Chris Marine of Malmö 公司合作研发的操作程序，用于对大缸径柴油机气缸套进行翻修。

其目的是去除气缸套顶部活塞环 TDC 位置的磨损凸缘，并且形成一个具有定义尺寸、形状和位置的凹槽。

请参见图 1～3。VKS 型号的 Chris Marine 打磨机或者类似设备适合于此工作。如无此类设备，我们建议使用一种具有足够厚度粗磨石的研磨机。

此打磨预计花费的时间为：30～60min。

对于该设备的安装和操作，请参阅制造商的说明书。

凹槽的正确尺寸是根据气缸套标称直径确定的：$D_{groove} = D_{liner} + 9‰$。

凹槽的形状是决定于高速的、φ8mm 柱状的标准打磨铣刀来形成（如 Sandvik 的 CO820M06 型号或者类似设备）。在打磨过程中，凹槽可通过磨头在缸套上按照大约 25 度角水平打磨形成。

凹槽的正确位置可以通过以下二种方法中的任一种方法来获得：

（1）通过目测或测量的方式定位磨损凸缘（第一道活塞环的 TDC 位置）。参阅尺寸 C 如图 2 所示。

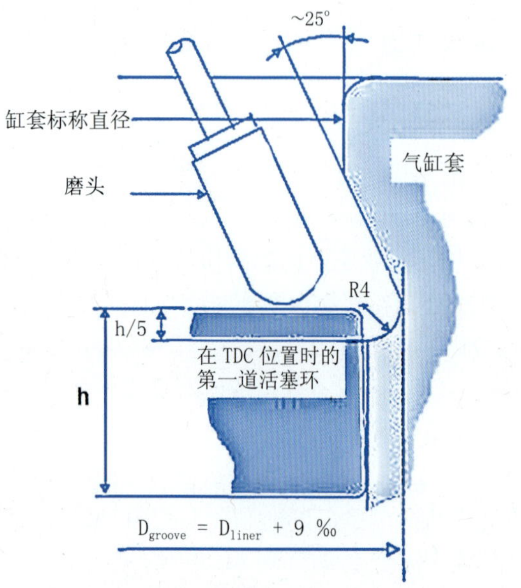

图 1　在 TDC 位置时的第一道活塞环

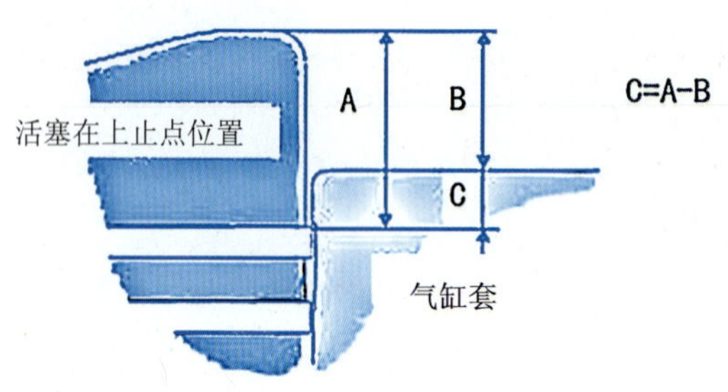

图 2　活塞顶部的 TDC 位置

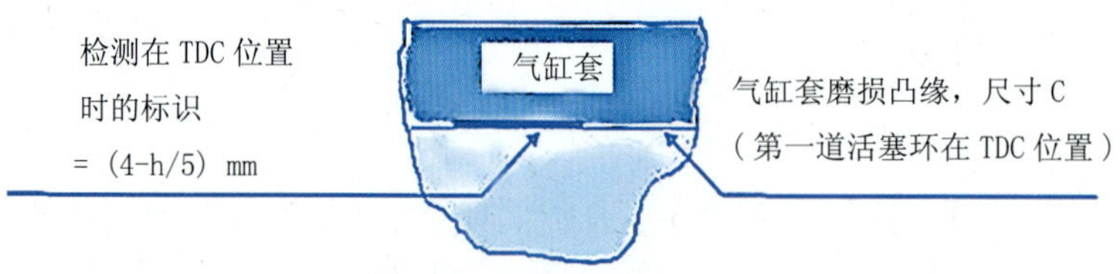

图 3　气缸套上部

（2）调整打磨机直至磨头与磨损凸缘上方的气缸套壁 (4-h/5)mm 处相接触（h=顶部活塞环的高度）。如果必要的话，起动设备先磨出一个小的试验标识，见图 3 所示。

2 研磨

当采用一个角度研磨机进行手动研磨时，建议将一个旧的活塞环置于活塞头顶部，盘车，将活塞置于一个适当的位置，以便打磨磨损凸缘时使磨石能够贴在活塞环上部。图 4 显示的是使用角度研磨机的方法。

应按照图 1 所示形成一个凹槽。

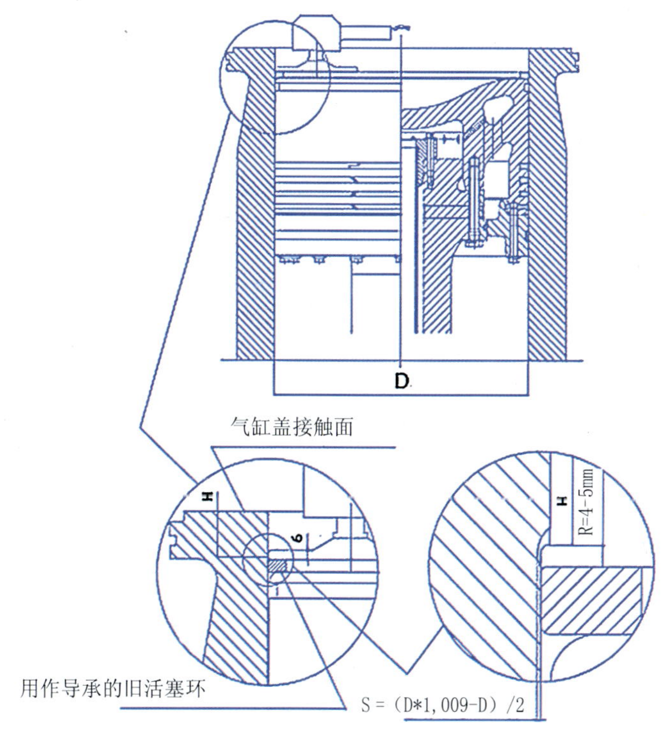

图 4 气缸套顶部磨损凸缘的研磨

编者注：在开始研磨之前必须认真检查 H 的距离，以确定磨损凸缘是由于顶部第一道环在 TDC 位置造成的。

SL2000-384/JWF

2000年8月

1.1.07　气缸状态

适用机型：MC柴油机

自从在1982年引入MC系列柴油机以来，已有超过4 500台柴油机投入使用。在此期间，柴油机的输出功率逐渐提高，为了满足输出功率的提高，我们已经进行了大量的设计修改，进一步提高了柴油机的可靠性。

此服务信函的目的是告诉船舶操作人员，我们可以就船舶使用中已改进的部件作更新。下列所述的更新选项旨在对气缸状态出现严重问题的老式柴油机进行更新，然而应当考虑成本/效益的情况。我们将无法回答您哪种设计变更对柴油机有利。这始终取决于柴油机实际的运行状态。

引言

气缸状态取决于几个因素，并且设计修改的目标是降低这些因素的影响。然而，在采用下列任何设计之前，应当对所有异常气缸状态的原因进行全面调查。

更新的可能性

1 活塞环

1.1 顶部活塞环可以采用所谓的控制压力泄压环（CPR环）进行替换。CPR设计将降低环组和气缸套上的热负荷，因为气流量被分布流过一定数量的泄压凹槽“E”处（如图1）。

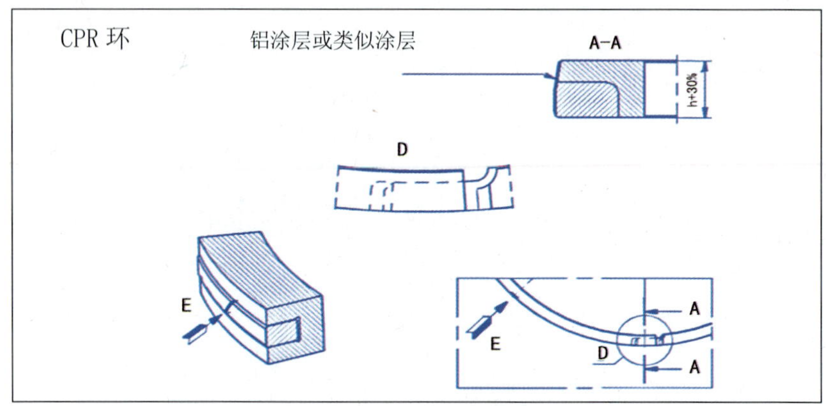

图1　CPR环的设计

由于使用了双搭口接头“D”，我们采用了增加活塞环的厚度。这将确保搭扣本身具有足够的强度。

1.2 活塞头部环槽为了能够安装更厚的CPR环，则必须如图2所示修改顶部环槽（活塞头部，类型 1）。

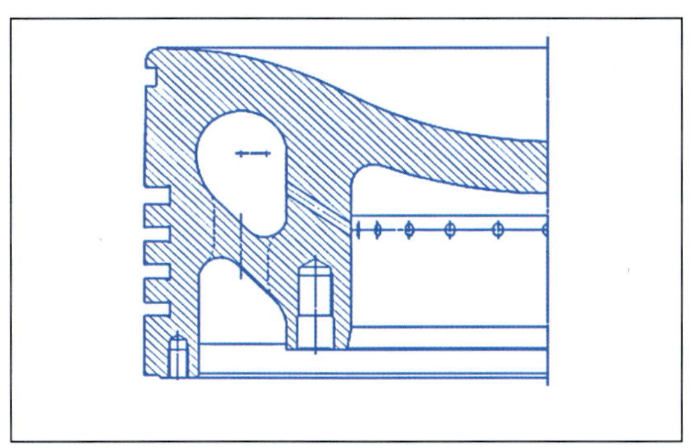

图 2 活塞头部，类型 1（环槽 1 较高）

当采用较厚的环时，可将其用于顶部环和第二道环（活塞头部，类型 2），请参阅图 3。

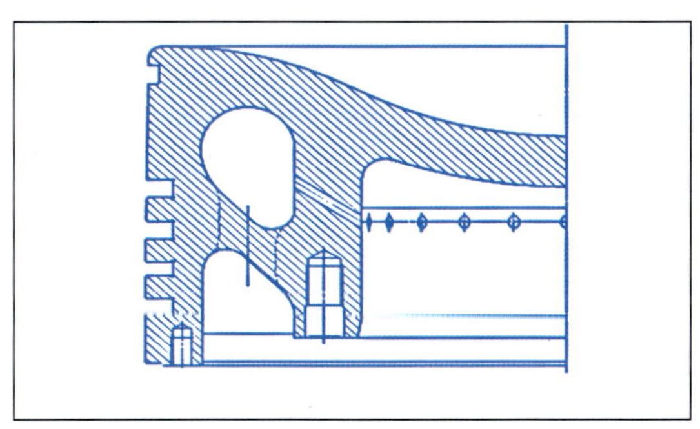

图 3 活塞头部，类型 2（环槽 1 比 2 稍高）

这两种类型的活塞头都是可互换的，然而，如果进行翻修，我们建议使用活塞头部类型 1，以便减少船舶备件库存中活塞环备件的种类。

增加第一道环的厚度将需要对活塞头部进行全面翻修，例如，必须补焊环凹槽，将所有的环槽向下移位时，保持顶环上端边缘的位置不变。

2 活塞头顶面

活塞头顶部的高度已经发生变化，如图 4 所示，这就降低了活塞环组上的热负荷。

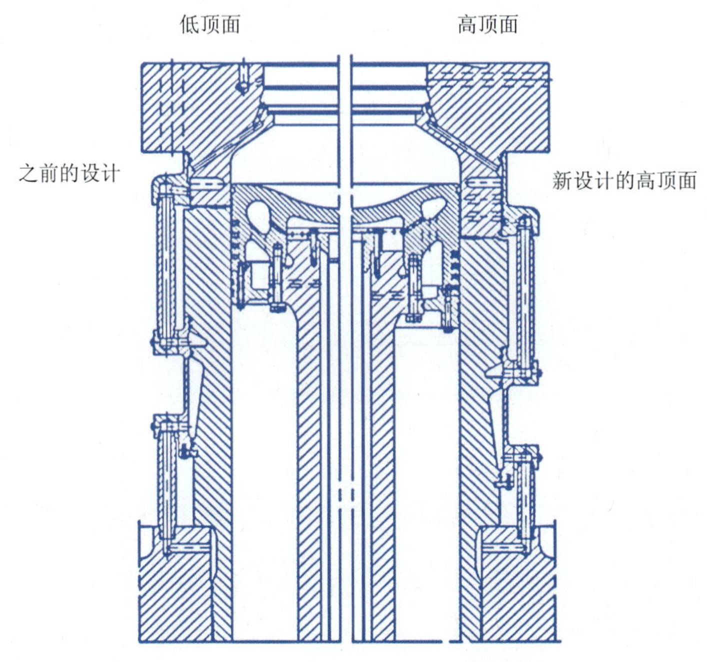

图 4　S70MC 活塞头顶面比较

与标准版本相比，低顶面与高顶面（HTL）的转换，如图 4 内所示，将涉及到需要安装新的气缸套、气缸盖、活塞杆、活塞裙和活塞头。

对于一个老式柴油机的翻修装配而言，我们始终不希望采用此解决方案。而是考虑一种更合适的替代方式，“半高”顶面，这方法只需更换活塞头和活塞裙。相比起标准顶面、低顶面而言，半高顶面的高度是通过新活塞头上活塞环所能向下移动的距离决定的，而无需对气缸套、气缸盖或者活塞杆进行任何修改。

如果考虑在老式柴油机上选择增加活塞顶部高度的方案，那么应当咨询 MAN B&W，为了满足缸套上所增加负荷的要求，则必须对气缸套和气缸盖进行改进。

缸套改进的必要性取决于上述柴油机缸套的实际设计情况以及柴油机的能效特性。

3 活塞清洁环

缸套顶部可以安装一个活塞清洁环（PC 环），参阅图 5。其目的是消除缸套运行表面与活塞头上部沉积物之间发生接触的风险。在严重的情况下，这种接触可能破坏油膜，导致缸套和活塞环的磨损增加，并且需要更高的润滑油用量。

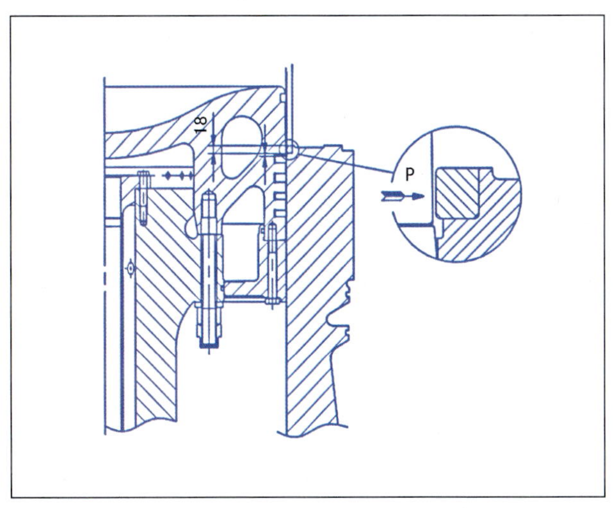

图 5　配有活塞清洁环的 S80MC 气缸套

4 水雾收集器

对水雾收集器和排水布置作任何改进前，应当检查水分分离效果。

在高负荷下，首先监控扫气箱泄放柜的收集量并且无凝水。此后，则在相同的高负荷情况下重复监控，但是此时可能会有较多的凝水（至少为 500～7501/hr）。根据我们的经验，如果 WMC 系统的性能不佳，那么扫气箱内会产生较多的冷凝水。在此状态下，扫气箱泄放柜的收集量将翻倍，究其原因可认为是 WMC 系统出现问题。

如果发生这种情况，下一步应当关闭排放管路与扫气箱排放端（通常位于柴油机架的艉端）之间的连接。随后，则应同时测量来自空冷器和扫气箱的排放水量。如果扫气箱的排放水量比空冷器的排放水量高 5～10%，则表示分离系统没有正常工作，那么就应当查找异常原因。

水雾收集器和空冷器腔室可以根据气流情况进行修改。如图 6 所示，我们可以在水雾收集器前端和后端安装导向板。位于水雾收集器前端的导向板具有一种整体式排水布局。这种设计将根本上改变气流，导致水滴和空气分离效率的增加。

排放管路布局可以按照图 7 所示进行更改。

为了避免水从水雾收集器被旁通掉，现有的排放管路“A”已经具有一个足够的高度，以便连接主排放管路和连接冷却腔室底部之间具有足够的落差。我们可以再添加一个附加排放管路“B”，以便排放水雾收集器前端的水。

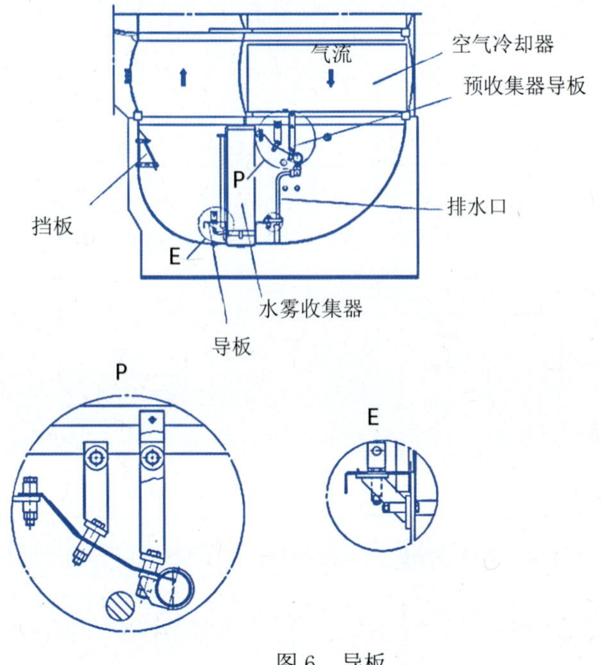

图 6　导板

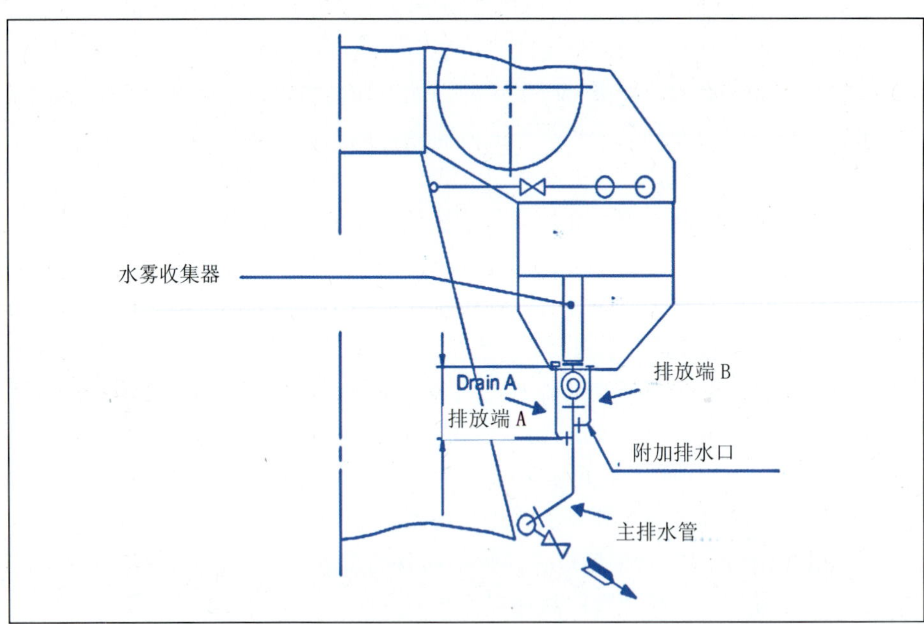

图 7　排放管路布局

SL2000-385/HRJ

2000 年 12 月

1.1.08 船用 MC 柴油机气缸油用量

适用机型：所有 MC 机型

1994 年 6 月，在引入 MC 柴油机 10 年后，我们按照维护经验调整了气缸润滑指导原则，尤其是来自超长冲程“S”柴油机的经验已经显示了增加润滑油用量的好处。其结果是准确区别指导原则，推荐“L”和“K”柴油机 1 g/bhph 为基本注油率，“S”柴油机为 1.2 g/bhph。

现在，在发布此建议 6 年之后，科技的发展已将我们带入了一个我们能修正这一准则的时间点，以便给船东带来更多效益。而以下指导针对是针对船用柴油机的。

气缸润滑会对二冲程柴油机的运行成本产生直接影响。气缸润滑油成本本身就是总运行成本中的一个较大的组成部分（仅次于燃油成本），同时注油率将会对气缸状态产生重要影响，甚至在一定程度上会影响检修周期和检修成本。

因此，注油率和可预测性的检修以及成本都是互关因素，需保持平衡。

最近我们已经发现，在柴油机最高负荷时，过度的润滑会导致沉积物累积在活塞上，这可能破坏气缸的状态。因此，过量的气缸润滑应当被限制至一个适当的状态，诸如第一次初始磨合期间（15 小时之内），此时润滑油是用于冲刷掉磨损颗粒物。

此外，只有当气缸状态非常差时，如出现严重窜气或者拉缸时和缸套油膜出现持续破坏时，才应当增加润滑油用量。

关于气缸注油率的指导见表 1 所示。

表 1 气缸注油率指导

基本设置值（请参阅 MCR 负荷）	L 和 K-MC/MC-C： 0.9 g/bhph S-MC/MC-C：1.1 g/bhph
最低注油率（请参阅 MCR 负荷）	L 和 K-MC/MC-C：0.60 g/bhph S-MC/MC-C：0.70 g/bhph
在正常使用期间的最大注油率（请参阅 MCR）	L 和 K-MC/MC-C：1.35 g/bhph S-MC/MC-C：1.65 g/bhph

<table>
<tr><td rowspan="3">初始磨合
新缸套和
活塞环
（初始磨合）</td><td>注油率</td><td>铝制涂层环：基本注油率 +100% / 50%
无涂层或硬质涂层环：基本注油率 +100%</td></tr>
<tr><td>持续时间</td><td>铝制涂层环：第一个 5 小时 +100%
台架试验的剩余时间 +50%
无涂层或硬质涂层环：在 15 个小时的时间内为 +100%</td></tr>
<tr><td>负荷</td><td>铝制涂层环：在 5 个小时后逐步增加至最大负荷
无涂层或硬质涂层环：在 15 个小时后逐步增加至最大负荷</td></tr>
<tr><td colspan="2">新缸套和环的磨合注油率
新缸套与新环</td><td>基本设置值 +50%，按照每 250 小时的间隔时间，分两个步骤每次降低 25%</td></tr>
<tr><td colspan="2">在已经磨合的缸套内磨合
新活塞环</td><td>铝制涂层环：无负荷限制或者需要额外润滑油
无涂层或硬质涂层环：在 5 个小时后逐步将负荷增加至最大负荷。在 24 个小时内将润滑油服务注油率 +50%</td></tr>
<tr><td colspan="2">营运注油率</td><td>“营运注油率”，即“基本注油率”与“最小注油率”之间的注油率，是根据实际气缸状态的观测情况确定的（扫气端口检查与检修报告）
注油率可按照每步骤最大 0.05g/bhph 来降低</td></tr>
<tr><td colspan="2">部分负荷时的注油率</td><td>所有注油率都是根据 MCR 负荷确定的。在部分负荷时，注油器的供油量可以与平均有效压力成比例下调。
与负荷成比例下调已在定速柴油机上成功实现
当低于 25%MCR 时，任何进一步的降低都应当与柴油机的转速成比例</td></tr>
<tr><td colspan="2">机动操作和负荷变化状态</td><td>在起动、机动操作和负荷变化期间，任何可能的调整均应当由平均有效压力或负荷成比例替换成以转速成比例调整原则，并且注油器应设置为 125% 的 MCR 运行注油率</td></tr>
</table>

1 基本设置值

“基本设置值”相应于在确认成功磨合之后平均的用量，这将确保一种安全的气缸状态以及良好的综合经济性，如图 1～图 3 所示。

正常运行期间推荐的最大注油率。

过度的气缸润滑可能导致燃烧室内出现有害的沉积物累积，因此应当在特殊的运行状态下对其进行限制，比如初始磨合，故障后重建气缸状态，活塞环粘滞等等情况。

2 初始磨合

在开始磨合时间里进行新气缸套和活塞环磨合，我们将其称为“初始磨合”期，并且在之后的运行期内，在负荷未受限制的时，仍然需要额外的润滑油量。

在初始磨合期间，在第一次加载至 MCR 时，我们建议采用过量润滑，以便冲刷掉任何磨损颗粒物。在此期间内，采用 200% 的基本注油率。

如果使用了“铝制涂层”活塞环，那么初始磨合期的持续时间可以限制为大约 5 小时。

如果使用“硬质涂层”环（Cermet 涂层 PM14 或类似）或非涂层环，那么应当在 15 小时的时间里进行初始磨合并且加载至 MCR。

3 磨合

经过加大注油量的初始磨合期之后，负荷限制将被提高。为了确保在活塞环与缸套之间形成最佳油膜，应适当维持一个时间段的额外供油量，无论如何，为了防止燃烧室出现有害的沉积物累积，这时间段应当限制直到活塞环与缸套表面形成最终的运行状态为止。

我们建议，在整个磨合过程期间执行频繁的扫气端口检查。建议在第一个 250 小时期间维持 150% 的基本注油率。当扫气端口检查证明到达满意状态后，注油率应当降低至 125%。

下一个 250 小时的周期将保持此设置值。如果再次确认气缸状态满意后，则可以将润滑降低至基本注油率设置值。

4 营运注油率

在一般情况下的正常运转期间，基本注油率可以保持气缸的安全运行状态，会有一个合理的检修间隔和良好的综合效益。

不管怎样，在许多情况下，当考虑检修间隔以及润滑油的运行成本和维护因素时，可以在较低注油率情况下获得最佳经济性。

我们应当按照不超过 0.05g/kWh 的较小步骤朝最佳“营运注油率”方向降低注油率。任何降低量都应依赖于对实际气缸状态的认真评估来确定。

请注意！最佳营运注油率不是一个固定的值，因为它将会随着柴油机的环境而变化，如负荷状态、燃油质量、滑油质量和气候环境等。

（1）部分负荷时的维护

所有的注油率技术规范均是根据 MCR 负荷所确定的。因此，在评估部分负荷润滑油消耗量之前，MCR 的状态下应重新计算实际用量。

在使用定距桨的柴油机中，注油器在柴油机转速与注油器流量之间具有一个固定的线性关系，任何部分负荷变化都将导致增加额外气缸油的每单位制动马力注油率。在配有可变螺距螺旋桨的定速柴油机上，这种润滑更有优势。

带可变螺距螺旋桨和定速度柴油机上，包括固定速度的发电设备，以及长期在部分负荷条件下运行带定距桨的柴油机，与平均有效压力降低率成比例，我们能够从满负荷消耗量降低至部分负荷消耗量（kg/cyl）中获益。

按平均有效压力特性调整，最低可降低至 25% 的负荷，之后再按转速特性来调整。

（2）机动操作和负荷变化状态

在起动、机动操作和突然负荷变化期间，由于热负荷的变化、环槽和环的机械变形，柴油机将需要额外的润滑油，此时平均有效压力的调节应换成按转速特性调整，同时注油器应当被设置为营运注油率的 125%。

（3）气缸状态异常

通过活塞常规检修期间测量到的磨损量与频繁的扫气口检查结果相结合，我们建议应当始终对气缸状态进行严密的观测。如果观察到任何异常情况，建议将注油率调整回“基本设置值”，并且通过“LCD 执行器”或者在“联合用量调整”手柄增加额外的润滑油。这种过度润滑应当维持至故障原因消除，并且在扫气口检查已经证明重新建立起一种安全状态为止。

5 气缸油建议

随着新型柴油机输出功率的增加，对高清净性气缸油的需求越来越重要。

通常采用一种高除垢、高碱值 BN70-80（碱值）的气缸油来确保。

请注意！某些高碱性的气缸油与以下油品不兼容：

- 含硫量为 0～1.5% 的特定低硫燃油
- 某些柴油

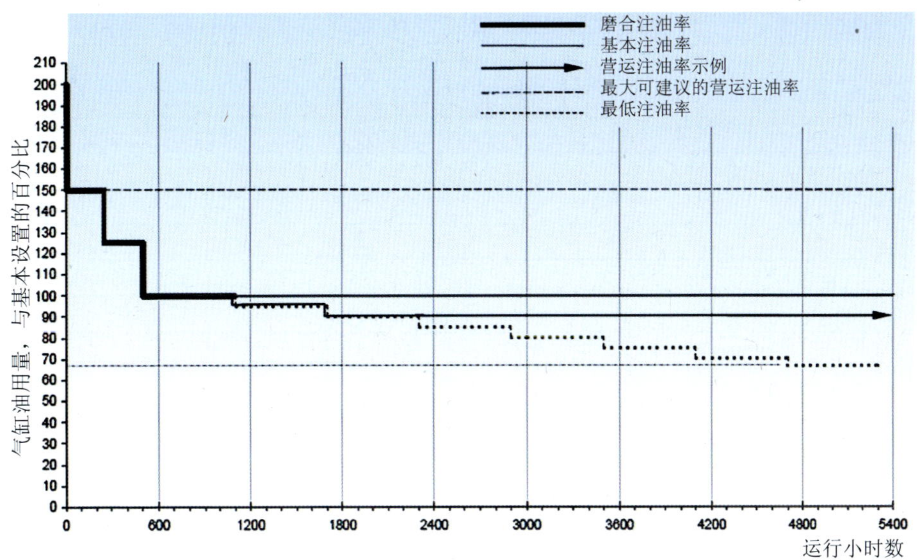

图 1 磨合期间的气缸油注油率

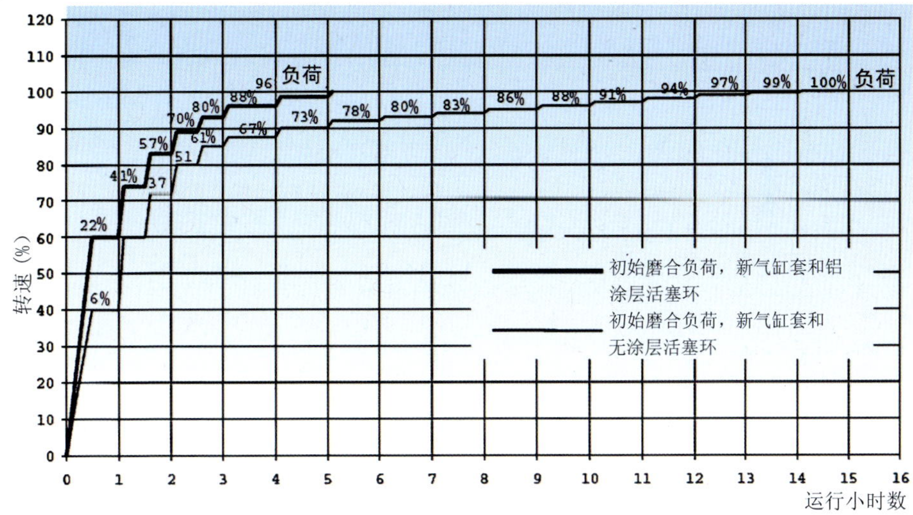

图 2 初始磨合负荷程序

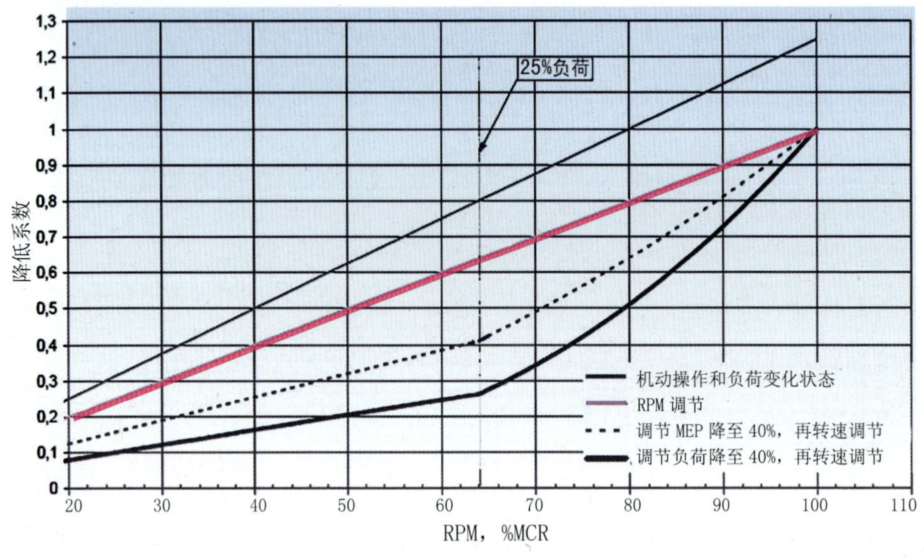

图 3　气缸油调节（定螺距）

如果要继续使用这种燃油和高除垢性、高碱值（BN）的气缸油，我们应当特别注意气缸的状态。一旦出现任何的异常情况，应将气缸油更换为高除垢性的低碱值（BN）气缸油。在这种情况下应当咨询柴油机制造商或者 MAN B&W 公司。

SL2001-389/PGK

2001 年 4 月

1.1.09 排气阀座的新 U 型密封环

适用机型：K/L/S26-70MC、MC(E)、MC-C、MC-S 柴油机

作为 MAN B&W Diesel A/S 公司持续开发柴油机的一部分，已经在气缸盖与排气阀座之间引入了 U 型密封环，将其替代原先的标准○型圈。

U 型密封环更耐高温，这就是将其作为标准件引入在上述新型柴油机中的原因。然而，为了充分利用 U 型密封环能延长排气阀使用寿命的优势，我们将其推荐给营运中的柴油机。因为 U 型密封环相比起○型圈而言更加昂贵，我们将按照您的专门请求予以交付，除非柴油机原始已装配了该密封环。而且，我们仅建议将其用于更加易受高温影响的下端凹槽中。

为了便于订购 U 型密封环，我们附上了备件号 S908-30，订购时可作参考之用。

安装

U 型密封环的凹槽应确保干净。必须去除任何锋利的边缘，环槽内部直径上任何较深的腐蚀痕迹都必须通过打磨来修整平滑。

应彻底清洁底部与 U 型密封环配合的凹槽区域，以防止在安装期间对环造成损坏。

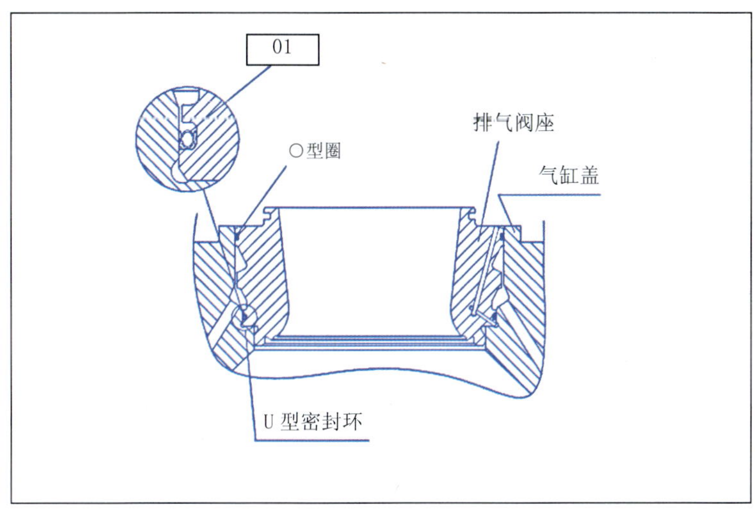

图 1　排气阀座上的 U 型密封环

SL2001-391/UM

2001 年 7 月

1.1.10　柴油机高压油泵滚轮导承

适用机型：60-90 MC 柴油机

如图 1 所示，柴油机运行 30 000～40 000 小时之后，大量的高压油泵滚轮导承上会检测到有裂纹产生。但仅一例是高压油泵滚轮导承发生碎裂。因为问题部位的应力是非常低的，尤其是对非扇型高压油泵滚轮导承。

建议对运行 20 000～25 000 小时的高压油泵滚轮导承执行磁性探伤。如果发现裂纹，建议按照图 1 的要求在相关部位打磨出大约 4mm 的圆角。

如果采用这种方法仍然无法消除裂纹，就应适当时更换滚轮导承。

自从1999年以来所交付的扇型滚轮导承在相关部位被设计为具有较大的倒角，以便增加防止裂纹发展的安全余量，之后再也没有收到发现裂纹的报告。

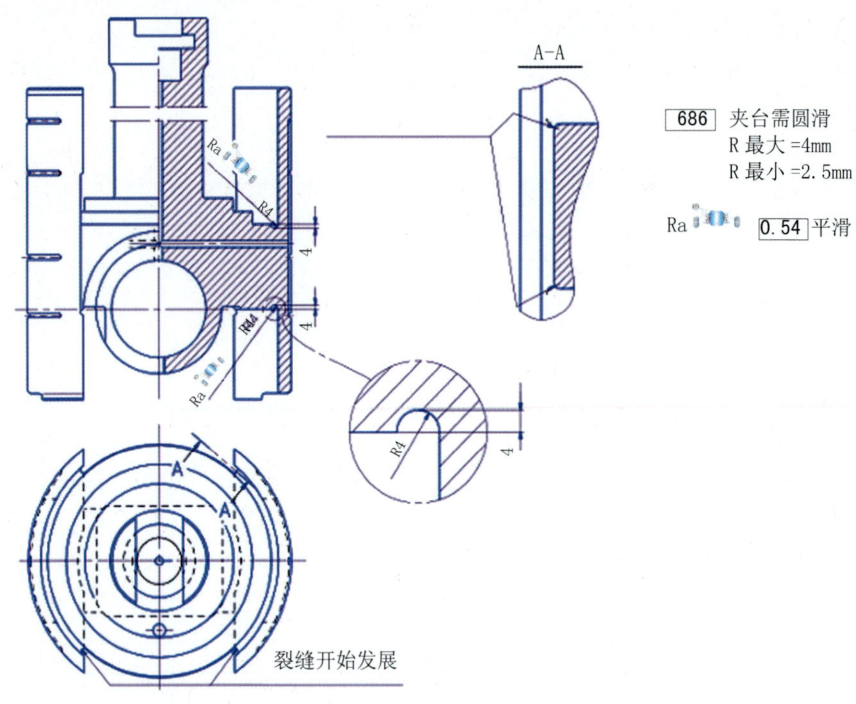

图 1 滚轮导承的维修

SL2001-392/JWF
2001 年 7 月

1.1.11 对使用低硫燃油的 MC 柴油机气缸油操作指导

适用机型：MC 柴油机

目前满足 ISO 8217 或类似标准的燃料油中，我们使用下列表格中碱值为 BN 70～80 的气缸油，通常都能够获得满意的使用效果。

某些情况下显示，当使用 BN70 气缸油并配合使用低含硫量（含硫量通常为 0.8%～1.5%）燃油时，将会出现问题。

表 1　用于低速船用柴油机的气缸油

	润滑油
要求	SAE 50/BN70～80
石油公司	品牌
Elf	Talusia HR70
BP	CLO 50-M
Castrol	S/DZ 70 cyl.
Chevron	Delo Cyloil Special
Exxon	Exxmar X70
Mobil	Mobilgard 570
Shell	Alexia 50
Texaco	Taro Special

如表 1 所示有代表性的润滑油品种，推荐用于表 2 中指定规格的船用燃油。为了控制和防止硫腐蚀，船用柴油机的行业标准已经规定应当使用 BN70～80 的气缸润滑油以及符合表 2 中所列的普通船用燃油品种。

1 维护经验

如上所述，当不恰当地使用 BN70 的气缸油与低硫燃油配合时，将导致气缸状态出现问题。主要问题是没有中和完的气缸油添加剂会发生累积，导致活塞顶面出现过量沉积物。这将导致严重的磨损，并且即使增加润滑油也无法改善该状态。相反，增加润滑油反而会增加沉积物的堆积，导致磨损加剧。

表 2 船用燃油的指导技术规范和典型特性

指导规范（最大值）			典型特性
Density at 15 ℃	kg/m^3	≤ 1010	990
Kinematic viscosity at 50 ℃	cSt	≤ 700	180 or 380
Flash point	℃	≥ 60	90
Pour point	℃	≤ 30	10
Carbon residue	%(m/m)	≤ 22	10
Ash	%(m/m)	≤ 0.15	0.01
Total sediment after ageing	%(m/m)	≤ 0.10	0.05
Water	%(v/v)	≤ 1.0	0.3
Sulphur	%(m/m)	≤ 5.0	3
Vanadium	mg/kg	≤ 600	150
Aluminium + Silicon	mg/kg	≤ 80	35
Equal to ISO 8217/CIMAC - H55			
m/m = mass v/v = volume			

可以确认的是，控制一定程度的腐蚀有利于增强润滑效果，即“受控腐蚀”将会在气缸套运行表面产生一些微小的“储油孔”，这些孔中储存的润滑油能够形成液体动压润滑。相反，没有这种腐蚀可能会导致缸套表面磨得光亮，并阻碍缸套表面形成必要油膜，从而最终导致加速磨损。受控腐蚀（无需避免的腐蚀）是至关重要的，调整碱值（BN）适应燃油含硫量对于陆用柴油机而言是非常重要，在特殊区域航行，这也适用船用柴油机。

因此，降低气缸油注油率有利于改善润滑状态。在这方面，请参考服务信函SL00-385/HRJ“气缸油用量”。

由于环保的要求，在特殊区域航行需要使用低硫燃油，因此，导致船舶频繁的加装低硫燃油。还需要降低添加剂的总碱值，下调气缸油的注油量至规定的最低注油率，最好使用专门设计的既是较低碱值（BN）又能充分去污垢的气缸油满足这种情况。

此类专门设计的低 BN 气缸油通过服务测试已经显示出了良好的结果。然而，我们难以确定是否能通过使用 BN40 或 BN50 气缸油就能够解决特殊区域航行的问题。由于此原因，我们建议在做出此类变更之前与 MAN B&W Diesel A/S 公司或柴油机制造商取得联系。

2 一般情况

我们应当注意的是，不管含硫量高或低，低速柴油机所使用的燃油通常都是劣质重油。因此，不管指定的 BN 为多少，气缸油都必须能够具有全面的清洁和分散能力。这是一种新开发的技术，不久将会被所有知名的润滑油供应商所采用，专门为各种燃油定制气缸润滑油。

在与燃油公司的合作中，我们已经测试了若干品种的低碱值气缸油，测试结果都不错，在 2001 年，当所有相关的燃油测试已经完成，所有没有问题的低碱值气缸油都被列入了 MAN B&W 柴油机的列表中。

3 适合于台架试验的气缸润滑油

除了确定二冲程 MAN B&W 柴油机正常运行的最佳润滑设计外，我们还与油品公司合作调查和测试了各种润滑油的设计，以便找出适合于台架试验的最佳气缸润滑油。

在台架试验运行时，相当部分的船东都是要求使用低硫燃油“DO”，这主要是由于环保原因。这时所用的燃油是与新的磨合润滑油结合使用，主要目的是考虑润滑油去污能力。因此，不管燃油的含硫量如何，我们通常建议使用 BN70 气缸油。

当使用铝涂层活塞环和半磨合气缸套时，我们仍要求缩短磨合期，限制供给过量的气缸油，以改善磨合状态。这就意味着在高达 100 小时的整个磨合期内，使用 BN70 气缸润滑油是完全可被接受的。

SL2001-393/OZS

2001 年 9 月

1.1.12　柴油机冷却水泄漏

适用机型：26-70 MC/MC-C 柴油机

最近获悉有几个排气阀座、气缸盖和气缸套的冷却水腔中发生泄漏的案例。

在燃烧室侧排气阀座的冷却水腔的密封，建议使用氟橡胶○型密封圈。

长期试验已经证明在排气阀座的两次检修期间，带有弹性背压的 U 型特氟龙密封环具有更好的密封性能。

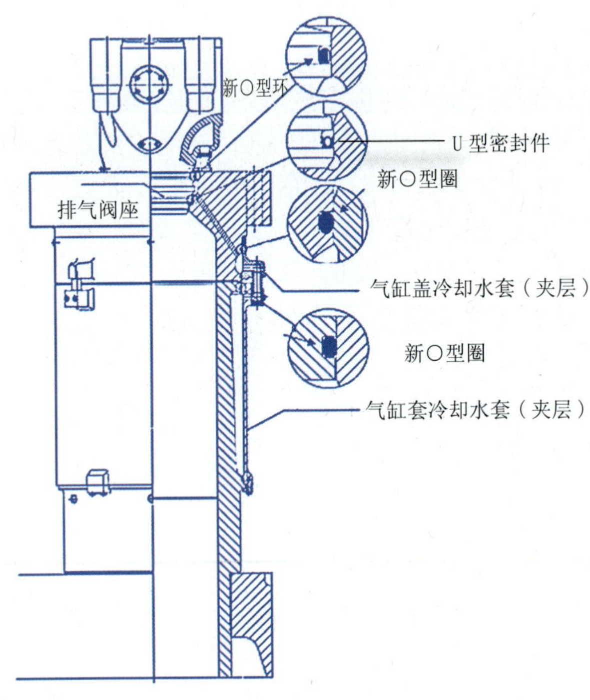

除了新采用的 U 型密封环以外，我们还建议要使气缸有效的密封需使用具有较大横截面直径的新○型密封圈，防止冷却水泄漏以增加其安全性。它适用于排气阀座最上端的密封以及气缸盖和气缸套的冷却夹套密封。

新的密封圈可以作为备件提供，并且可以安装在现有凹槽中，如上图。

SL2001-394/CBO

2001 年 10 月

1.1.13 操纵系统

适用机型：所有机型

MAN 的服务部门查看了海事事故的记录，归档整理后，发现在柴油机起动和操纵系统的诸多故障中，其中一个主要原因是柴油机的气动控制系统未得到充分的维护，包括该系统的供气系统。

操纵系统的故障可导致严重的事故和船期的延误，因此建议对操纵系统（见附件）进行如下维护：

1 气动部件

通常，气动部件的供应商均建议每 2 年对各个阀件内的非金属部件和○型圈进行更换。

与此相对应，MAN B&W Diesel 建议应通过在受控条件下进行测试的方式对系统的功能进行定期检查，并且该部件至少每 2 年检修一次。

2 功能的检查

附件中的原理图（图 1），是配有定距桨和电子调节器的 MC 型柴油机操纵系统的最简化形式图解，显示了该系统的工作原理。

如上所述，功能的检查可以在柴油机未运行时仅提供起动空气的情况下实施。如果柴油机控制模式被切换至机旁控制位置，那么调速器、集控室控制以及驾驶台控制均被切除。在机旁控制中，起动、停止和换向将仅取决于柴油机自带部件的功能。

随后，将控制模式切换至集控室控制，最终再切换至驾驶台控制，此时则应当重复进行检查，并对每个步骤进行确认。

如果此类检查被常态化执行，功能性的故障将被快速检测到，就能很方便的定位有故障的部件。

3 部件的检修

各个阀件、执行器等在按建议的间隔检修时，检修工作仅限于进行必要的内部清洁及对非金属部件进行更换。

然而，阀的磨损和裂纹在一定程度上将取决于船舶运行时间，尤其是控制空气的质量。

4 备件

每艘船舶应至少携带一套配有操纵系统中的每个气动部件的维修包。

然而，由于系统内水分的侵蚀会导致某些阀件遭受腐蚀的风险，且此类缺陷在发生故障之前很难被发现。

鉴于此原因，为了避免不必要的耽误，MAN B&W Diesel 建议船上应当为操纵系统中每种相同类型的阀配备一套备用的阀总成。

5 空气质量

如果起动空气和控制空气内含水和灰尘，即使是最好的控制阀也会发生故障。我们应当特别慎重，确保控制空气供应系统得到正确的操作和维护。

具体做法如下：

- 必须每天排放气瓶的残水；
- 滤器必须定期清洁；
- 自动集水托盘必须定期清空；
- 在压缩机或来自压缩机供应空气的管路上必须正确安装油水分离器；
- 压缩机必须正确维护，以便使空气内油的含量最小化。

最后一项特别重要，因为如果压缩机内使用了合成油，在许多情况下，合成油将会对控制阀内的密封环产生不利影响。

附原理图（图 1）

SL01-394/CBO
←安全空气供给
排气阀
换向机构
控制空气供给
主起动阀
起动空气分配器
慢转起动阀
盘车机合上
转速传感器
连接到密封空气控制装置的指示空气
遥控
最大
停止
手动
遥控
手动
遥控
机舱控制
车钟
机舱控制
"P"

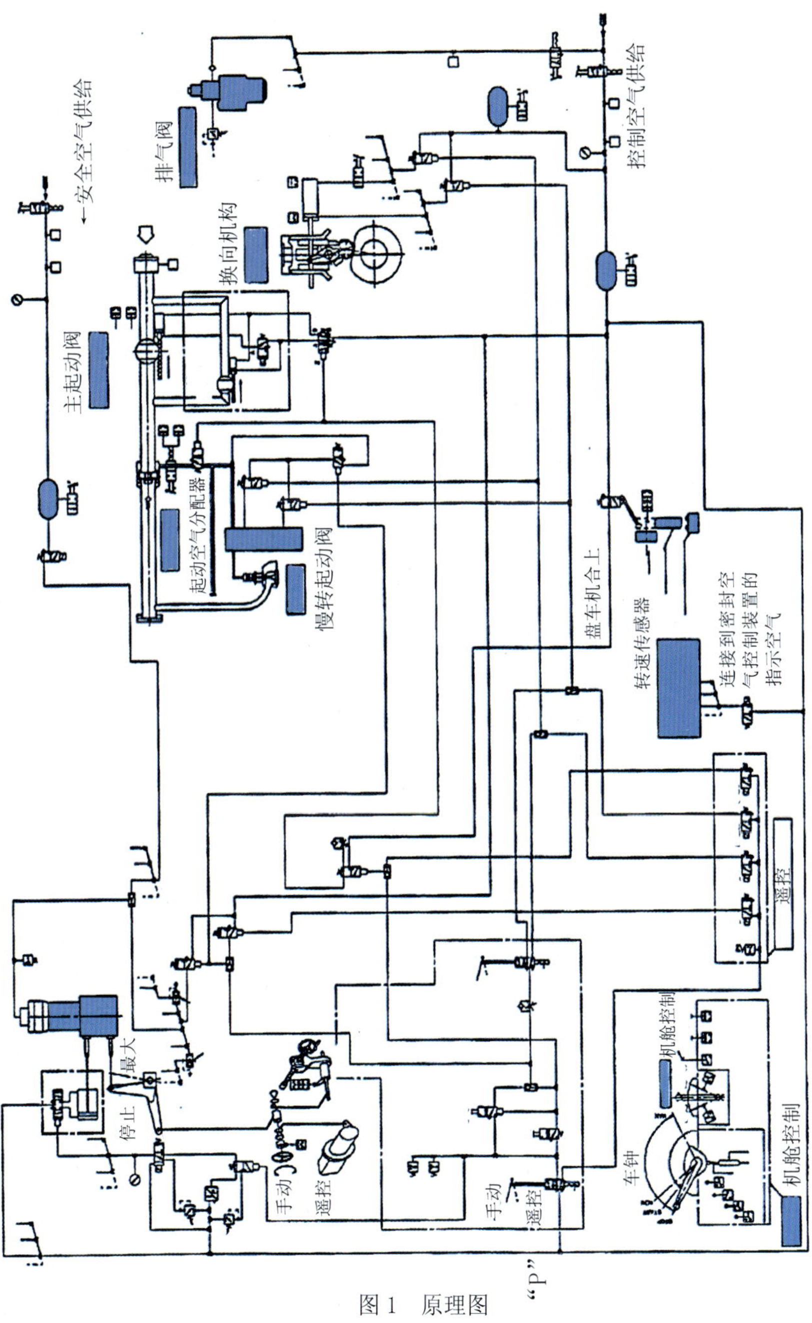

图 1　原理图

SL2001-395/RØL

2001 年 10 月

1.1.14　在检修期间保持曲柄销轴瓦的定位

适用机型：S60MC-C、S70MC-C 柴油机

最近获悉，在连杆拆检时，当拆去下轴承盖（包括下轴瓦）提起连杆时，能够观测到连杆大端上瓦有时会发生轻微倾斜。该瓦是通过单侧的两个定位螺钉来保持定位的。

我们确认，如果该螺钉符合技术规范要求且安装正确，将能够把轴瓦固定在连杆上，而且具有充分的安全余量，我们未曾收到任何轴瓦坠落的报告。

为了避免在轴瓦内产生压痕致使发生上述状况，作为一种更保险的安全预防措施，我们建议在连杆拆检时按照拆检说明 S904-06 的规定安装定位夹具。

本文附上定位夹具图片（如图 2、图 3）。该夹具可以从 MAN B&W Diesel 公司或者从我们的特许经销商处订购获得。

附件：

大修指令 S904-06

S60MC-C：部件编号 3167179-9.0

S70MC-C：部件编号 3167178-7.0

检查期间轴瓦的固定

曲柄销轴承

请按柴油机《维护保养说明书》正常的拆卸流程 904-4.2，直至上端轴瓦开始与曲柄销轴颈分离为止。

安装两个提升附件的同时，在连杆上安装轴瓦定位夹具。

继续正常的操作流程（如图 1）。

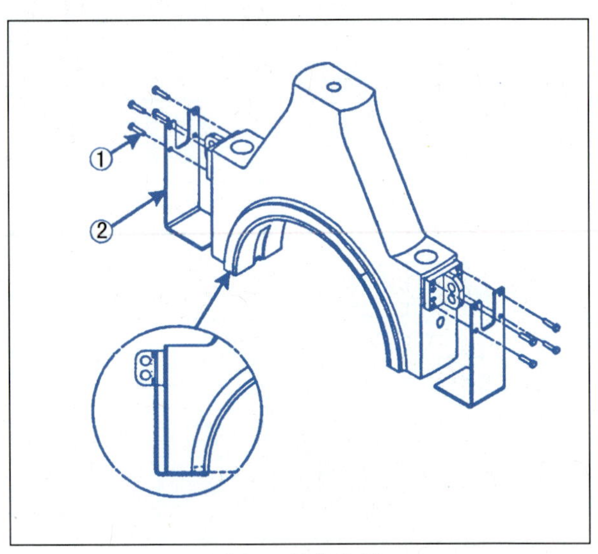

图 1　操作流程

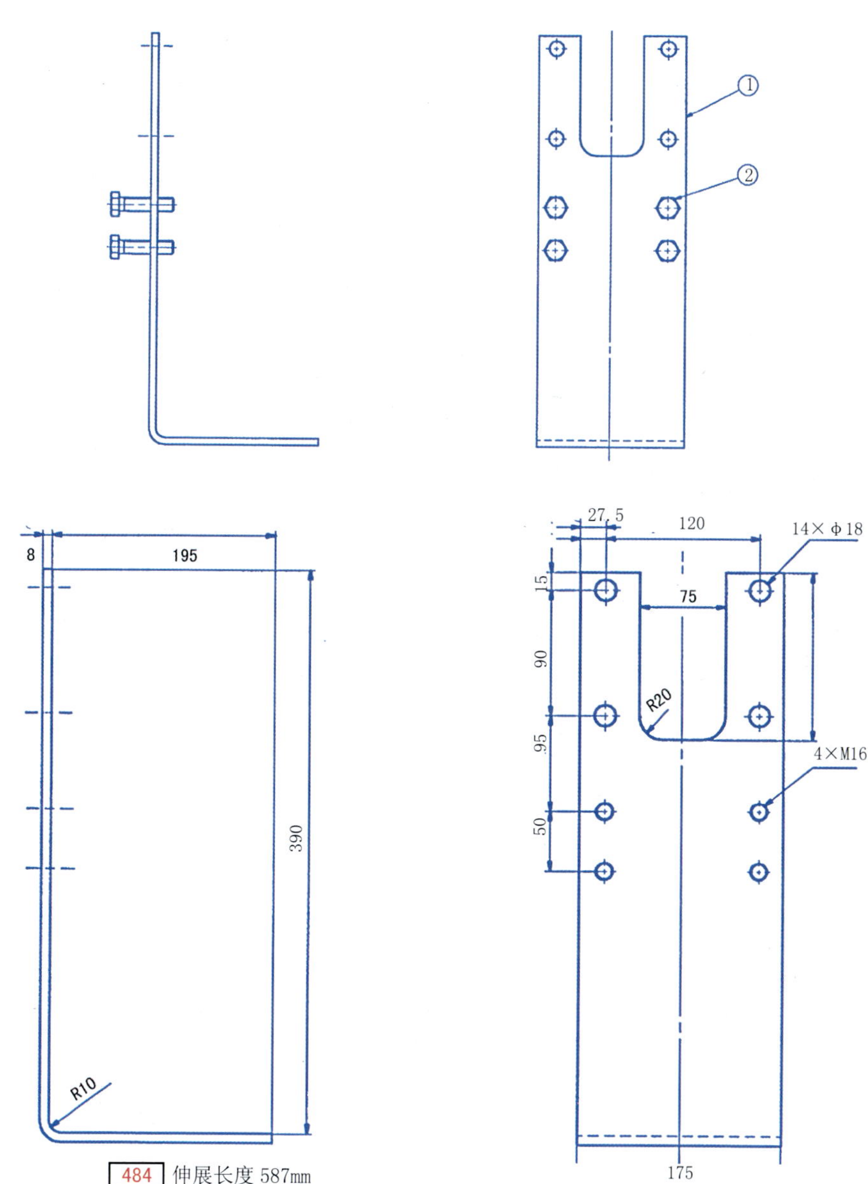

1195 要根据 DS / ISO 208,1 加工。

164 都是如此，除另有规定。

图 2　定位夹具（1）

1
2
8
195
472
R10
21
133
14×ϕ18
75
15
105
80
50
R20
140
4×M16
175
484 伸展长度 669mm
1195 要根据 DS / ISO 208,1 加工。
164 都是如此，除另有规定其它都如此。

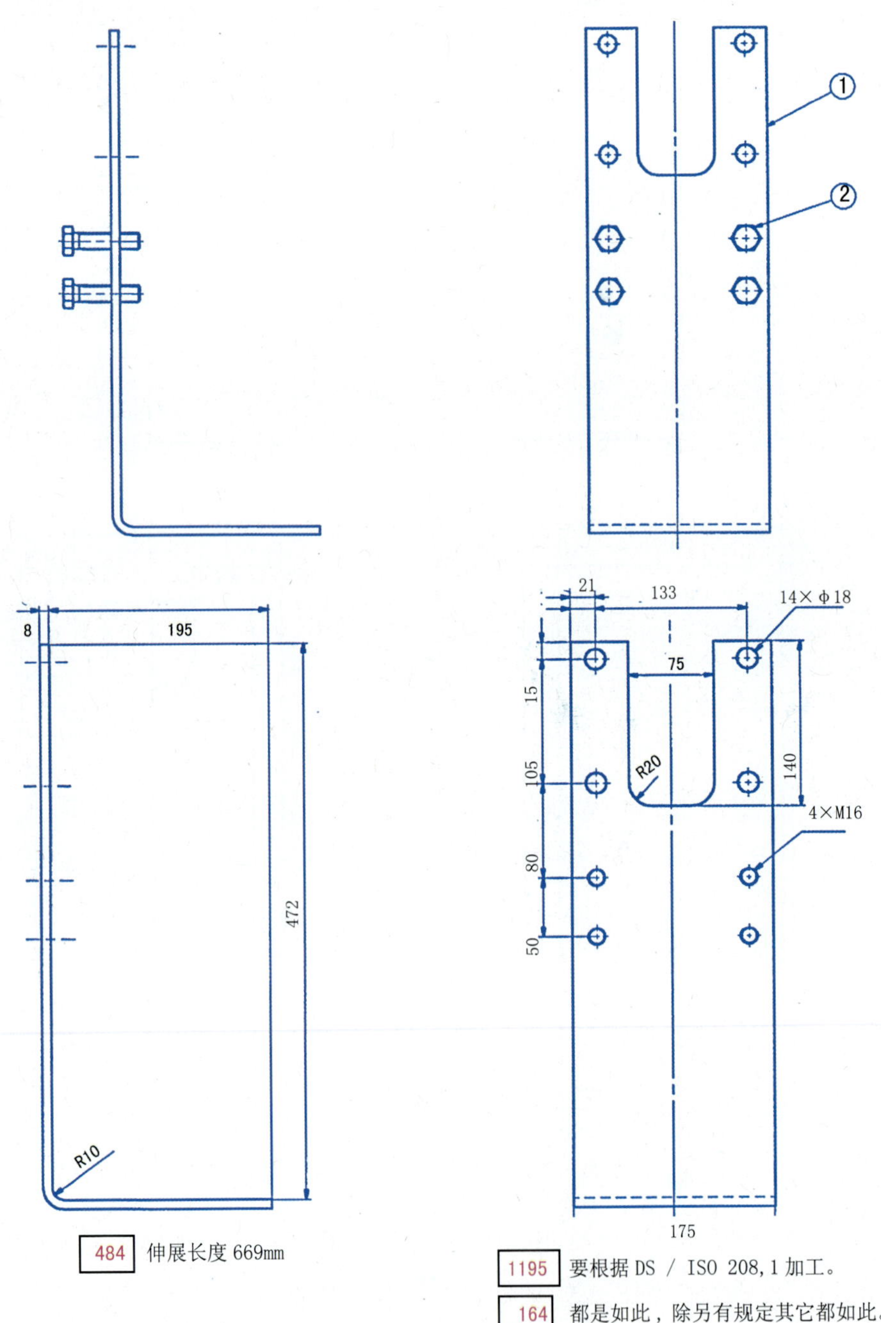

图 3　定位夹具（2）

SL2001-396/HRJ

2001 年 10 月

1.1.15 修改带 LCD 执行器的气缸注油系统的供给控制信号

适用机型：带 LCD 执行器的气缸注油系统的柴油机

我们一直努力使正常负荷状况下的润滑油用量最小化，因此，在操纵和负荷变化期间的额外润滑变得更加重要，这是采用 LCD（取决于负荷变化）执行器完成的。

然而，船舶类型和尺寸不同，与柴油机的组合形式也不同，船舶在海上航行时由于燃油齿条的窜动，无意中可能会导致触发 LCD 功能。此类无意的 LCD 激活可能导致过量消耗昂贵的气缸润滑油。

我们可以通过重新调整 LCD 参数预防这种情况，比如缩短复位时间（tr 预置值为 10 秒），或者增加油门变化范围（lr 预置值为 10%）。

防止无意触发 LCD 功能的另一种方式是，当柴油机调速系统具有专门的油门 / 负荷模式时，可从转速模式切换至油门 / 负荷模式。

在某些情况下，如果不改变现有的运行期间 LCD 执行器的状态，则难以防止无意间的触发 LCD 功能。

因此，我们已经通过变化实际油门方法改变了 LCD 功能：将标准 LCD 执行器从被触发改变为用变化车钟手柄位置的方法改变 LCD 功能。这样只有负荷真正变化时才被触发。

此种修改需要改变 LCD 控制系统，并且有可能需要改变车钟系统。实际上船舶所需的修改将取决于螺旋桨的类型，以及 LCD 功能是否被整合入电子调速器内或者是否通过一个单独的系统进行控制。

对于配有定距桨和电子调速器的船舶而言，在大多数情况下，此修改被限于改变与 LCD 功能相关的调节器软件。

对于配有定距桨或调距桨和一个单独 LCD 控制箱的船舶而言，那么此修改将需要改变控制箱并且可能需要对车钟系统进行修改，以便提供一个信号给车钟手柄（或调距桨控制手柄）位置。

配有调距桨并且在电子调速器内具有 LCD 功能的船舶将需要专门的处理。这些类型的船舶通常采用固定的柴油机转速运行，并且，在其所配置情况下，电子调速器将不能通过车钟手柄的位置评估负荷变化情况。这些类型船舶的 LCD 功能的修改可能需要安装一个单独的控制箱。

SL2001-397/HH

2001 年 11 月

1.1.16　新 W 型排气阀座

适用机型：26-98MC/MC-C/MC-S 柴油机

我们通过不断努力，改进了 MAN B&W 二冲程柴油机抗磨部件的性能和可靠性，在新的柴油机上引入了 W 型排气阀座，而且已经将其归为使用设备的备件。

此部件的引入是根据观察长达四年维护测试经验，结果达到了优异维护效果。引入的新设计能使压痕最小化，且降低了阀座的磨损，它的主要优势在于延长了两次检修之间的时间间隔。

此外，也已确认新排气阀座的设计与所有之前和现有的标准排气阀杆硬质表面相兼容，包括 Nimonic 排气阀杆。这就意味着所有现有的 MC 柴油机排气阀座的设计，均可以用新的 W 型阀座进行更换。

为了发挥 W 阀座的全部优势，应注意以下要点：

• 由于在使用中产生压痕的最小化，若一个之前标准排气阀杆与 W 型阀座配对使用，那么排气阀杆的原有压痕太大，可能会导致漏气的风险。

• 当采用一个 W 型阀座更换之前的标准阀座时，应研磨排气阀上原有的压痕，以便将其压痕降低至小于 2mm，或者安装一个新的排气阀杆。

• 在配有 W 型阀座的排气阀进行定期检修期间，排气阀上有微小的漏气则无需研磨阀座。

• 对于在两次定期检修期间，最下端 O 型密封圈发生过故障的设备而言，建议采用新的“U 型”密封环。U 型密封环将确保实现耐热密封，并且该密封环可以用于 K/L/S26-70MC/MC(E)/MC-C/MC-S 类型的柴油机。

上述建议也适用于 Nimonic 排气阀杆。

SL2002-398/HRJ

2002 年 1 月

1.1.17　配有 Alpha 气缸油系统的气缸油用量

适用机型：MAN L 和 K-MC/MC-C 柴油机

2000 年 12 月发布了维护保养服务信函 SL00-385/HRJ“船用 MC 柴油机气缸油用量”，对配有 Alpha 气缸油系统的 L 和 K-MC/MC-C 柴油机所进行的广泛测试已经显示了降低气缸油注油率的优势。

因此，我们对于配有 Alpha 气缸油系统的 L 和 K-MC/MC-C 柴油机推荐一个进一步降低气缸润滑油注油率，请参阅附件 1。

第一步过程中可完成注油率的减少只是初始的降低，我们认为还有潜力进一步降低注油率。当得到商业试点服务的确认时，我们将引入进一步的削减。

附件 1

<table>
<tr><th colspan="3">配有 Alpha 气缸油系统的 L 和 K-MC/MC-C 柴油机气缸油注油率指导原则</th></tr>
<tr><td colspan="2">基本设置
（参考 MCR 负荷）</td><td>0.8 g/bhph
1.1 g/kWh</td></tr>
<tr><td colspan="2">最小注油率
（参考 MCR 负荷）</td><td>0.5 g/bhph
0.7 g/kWh</td></tr>
<tr><td colspan="2">正常运行期间建议的最大注油率（参考 MCR）</td><td>1.2 g/bhph
1.6 g/kWh</td></tr>
<tr><td rowspan="3">新缸套和活塞环的磨合（初始磨合）</td><td>注油率</td><td>铝质涂层环：基本注油率 +100% / 50%
非铝质涂层或硬质涂层环：基本注油率 +100%</td></tr>
<tr><td>持续时间</td><td>铝质涂层环：第一个 5 小时 +100%
余下的台架试验 +50%
非涂层或硬质涂层环：+100% 达 15 小时</td></tr>
<tr><td>负荷</td><td>铝质涂层环：
在 5 小时时间内逐步增加至最大负荷
非涂层或硬质涂层环：
在 15 小时内逐步增加至最大负荷</td></tr>
<tr><td colspan="2">磨合期注油率，
新缸套和活塞环</td><td>基本设置 +50%，在 250 小时间隔时间之后每次按照 25% 分两步降低。</td></tr>
<tr><td colspan="2">新活塞环在已磨合的缸套内的磨合</td><td>铝质涂层环：
无负荷限制或需要额外的润滑油
非涂层或硬质涂层环：
在 5 小时时间内逐步增加至最大负荷。在 24 小时内润滑注油率 +50%。</td></tr>
<tr><td colspan="2">营运注油率</td><td>“营运注油率”，例如，“基本注油率”与“最小注油率”之间的注油率是根据实际状况的观测结果所确定的（扫气端口的检查以及检修报告）。注油率的降低可以以每步最大 0.05 g/bhph 的量逐步完成的。</td></tr>
<tr><td colspan="2">部分负荷时的注油率</td><td>所有注油率都是根据 MCR 负荷确定的。在部分负荷时，润滑油的用量可以按照平均有效压力成比例降低。负荷的成比例下降在静态恒定速度柴油机上是非常成功的。低于 25% 时，进一步降低应当受到柴油机转速比例调节的影响</td></tr>
<tr><td colspan="2">机动操纵和负荷变化状态</td><td>在起动期间、机动操纵和负荷变化，平均有效压力或负荷比例的调节都应当被转速比例调节所替换，并且将注油器设置为 MCR 注油率的 125%</td></tr>
</table>

SL2002-399/JSB

2002 年 1

1.1.18　配有超薄型气缸套的 S26-60MC/MC-C 柴油机 PC 环（活塞清洁环）的维护和操作

适用机型：S26-60MC/MC-C 柴油机

自从 2000 年 6 月发布了有关大缸径柴油机 PC 环（其中 PC 环已经是标准配备）的维护保养服务信函 SL2000-382/JSB 之后，PC 环已经作为标准部件引入上述类型柴油机中，因此当前的维护保养服务信函是跟进措施，并且作为对 SL2000-382/JSB 的补充。

采用超薄型缸套，其特点是缸套此处没有冷却孔（图 1 所示），并且气缸套和气缸盖之间的密封面上有一个内部垫片，PC 环作为该结构的一部分，且被紧紧固定在缸套与气缸盖平面之间（见图 1 原理图）。

这样一种设置是一种专门的预防措施，因为在组装期间当气缸套内未安装 PC 环或 DUMMY-RING（替代环）时，气缸盖可能发生损坏。DUMMY-RING 将不会产生刮擦作用，但是具有类似于 PC 环的材料特性。

当柴油机内无法安装 PC 环或者并不期望安装 PC 环时，则需要使用 DUMMY-RING，其适用于一台或多台装置。适用于下列情况，例如，原始 PC 环由于某些原因被损坏并且无法再利用，或者假设缸套被严重磨损以致无法安装一个新的 PC 环，否则将可能与活塞顶部表面相接触。

每台柴油机必须至少提供一个 DUMMY-RING。

类似情况也可能发生在与 PC 环磨损率相关的缸套磨损率出现短暂但显著的增加时。

如果由于相同原因而必须将一个新的 PC 环安装在一个使用过的气缸套内，必须专门考虑缸套的磨损状态。活塞裙在上止点位置时，如果 No.5 测量点处对应缸套直径已增加至新缸套名义值的 0.2% 时（例如，对于一个 60cm 缸径缸套而言，则为 1.2mm），我们建议安装一个 DUMMY-RING 用于替代新的 PC 环。有关进一步详情，请参阅每种类型柴油机《操作说明书》。

对于配有一个 PC 环的柴油机而言，标准活塞装配工具必须采用新型工具进行替换或补充，以便将活塞顺利的安装入气缸套内。

最终，我们应当注意的是“当对一个配有 PC 环的设备进行检修时，应当执行简单且重要的规则”，如同 SL2000-382 内的建议仍然适用。

对于当前维护保养服务信息所涉及的超薄型缸套柴油机而言，PC 环自然而然被视为气缸套设计中的一个部分。

简而言之，SL2000-382 内所述的各种规则可以被概述如下：

• PC 环的磨损通常等于缸套的磨损。

• 在从气缸缸套中拆除 PC 环之前，应当标注 PC 环的位置。

• 每次拆除气缸盖时，应当全面清洁、检查和测量 PC 环。

• 径向厚度应当在相应于船艏、船艉、排气和凸轮轴四个方向的等间距位置进行测量。

• 当配有 PC 环的设备运行时，在未获得 MAN B&W Diesel A/S 许可之前禁止改动活塞压缩垫片的尺寸。

由于安全原因，建议在拆除活塞之前，先从缸套内拆除 PC 环。这是为了防止在同时拆除活塞和 PC 环时（可能的卡滞）导致缸套被提升。

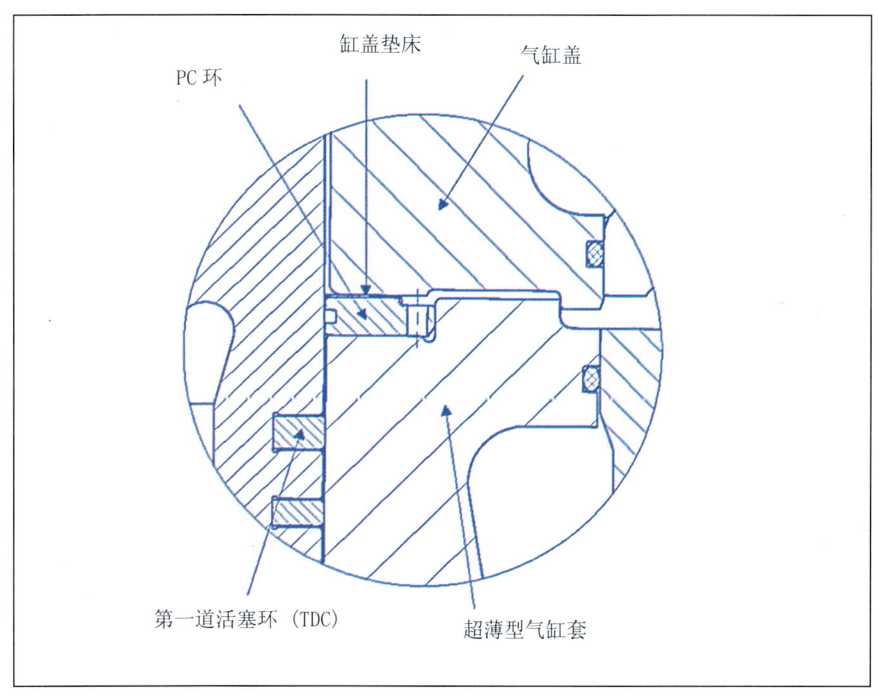

图 1　超薄缸套柴油机 PC 环原理图

SL2002-400/HMH

2002 年 2 月

1.1.19　薄壁主轴承液压千斤顶的使用

适用机型：MC/MC-C 柴油机（薄壁主轴承）

最近收到少数几例关于在主轴承检修期间 L/S70MC 类型柴油机上的三重式液压千斤顶不当使用的报告。

为了确保这些液压千斤顶的功能正常，在拧紧（或松开）螺母之前，液压千斤顶的油缸和活塞必须牢固结合在一起，这点是至关紧要的。

这就意味着，L/S70MC 类型柴油机的主轴承在用三重式液压千斤顶时，千斤顶活塞顶部必须在油缸内压下（降低）10～11mm（即活塞底部与油缸接触）见图 1 所示。

我们最近得知，在少数几种情况下千斤顶的活塞仅被降至与油缸顶面齐平，其结果是三个液压千斤顶仅仅是被相互叠放，根本没有达到预期的工作状态（千斤顶活塞顶部必须在油缸内压下 10～11mm）。下端的两个的活塞均被其上部的千斤顶本体底部所顶住，无法向螺栓 3 提供足够的拉伸力。其结果，仅有最上端的千斤顶向螺栓提供拉伸力，因此总螺栓拉伸力被降低至大约为说明书内指定数值的 1/3。

为了强调正确使用液压千斤顶的重要性，以确保主轴承能够正确的重新安装，优化主轴承设计的维护状态，后附 6 份剖视图。该组图介绍了千斤顶如何在柴油机上工作，以及注意事项。

附 1　L/S70MC

附 2　L/S42MC

附 3　S46MC-C 和旧款 S50MC-C

附 4　S50-60-70MC-C

附 5　K80-90MC-C 和 K80MC-S

附 6　S80-90MC-C 和 K98MC/MC-C

L/S70MC

用于主轴承的三重式液压千斤顶

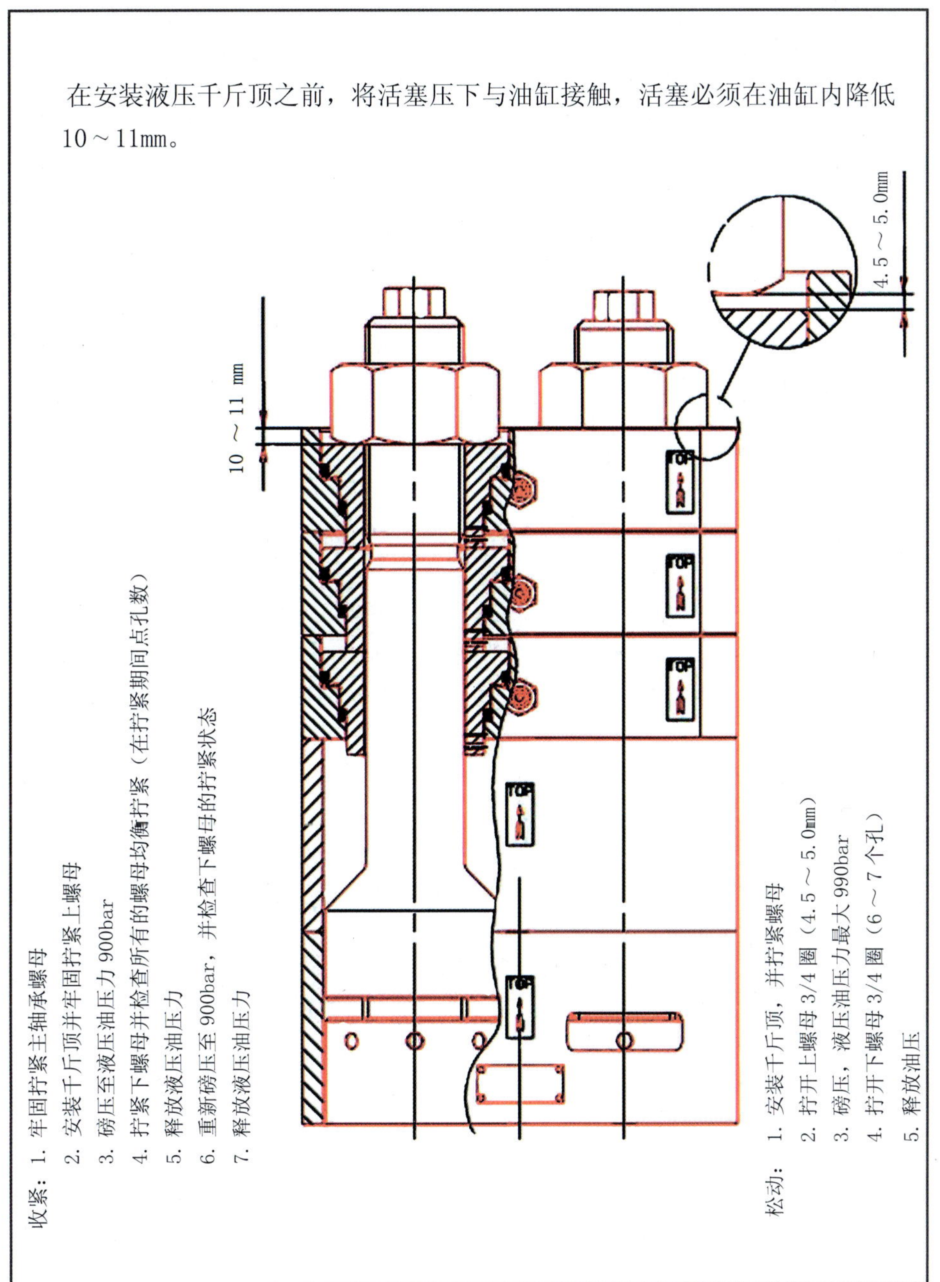

图 1　三重式液压千斤顶的应用

L/S42MC

用于主轴承的双重式液压千斤顶

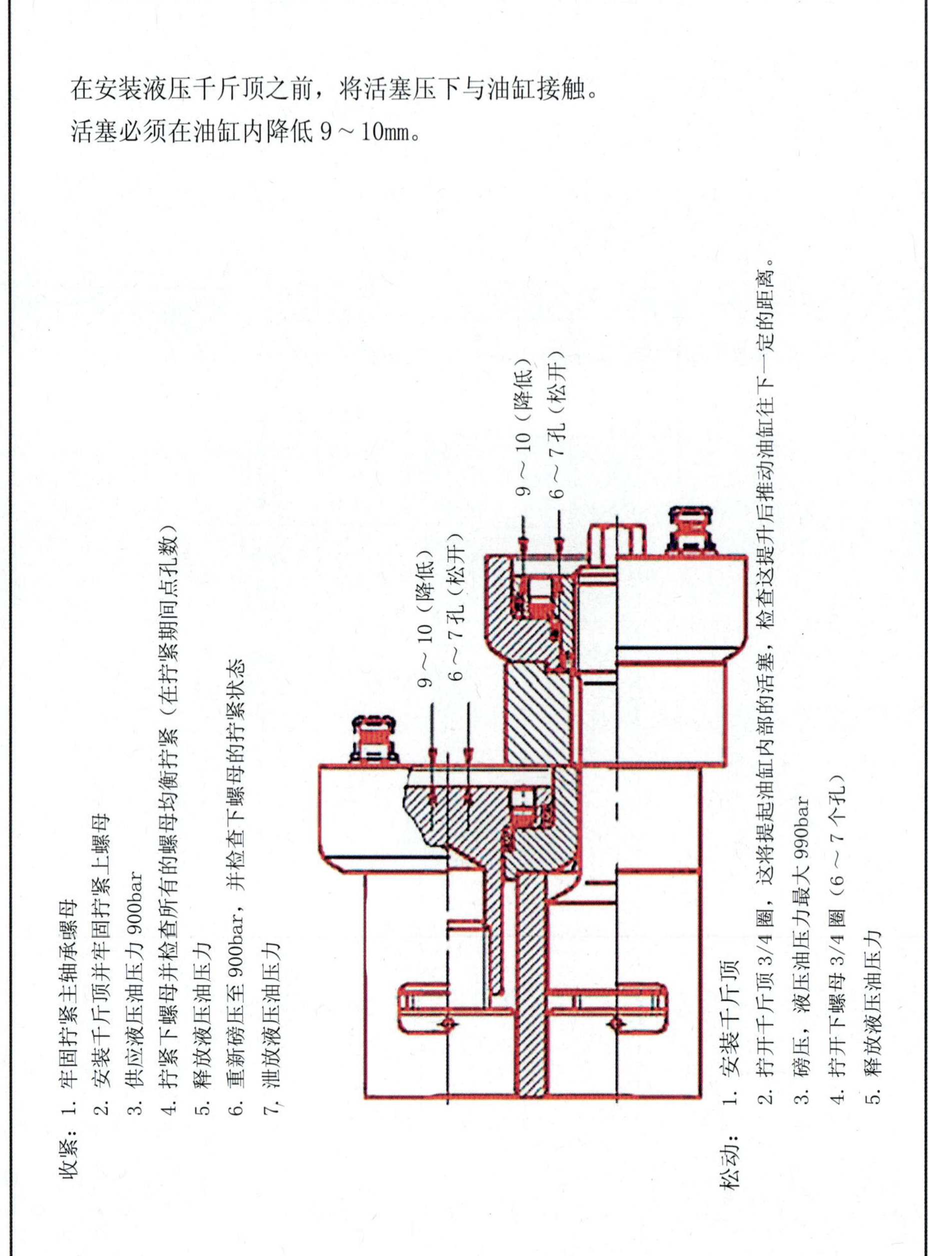

图 2 双重式液压千斤顶的应用

S46MC-C 和旧款 S50MC-C

用于主轴承的双重液压千斤顶

在安装液压千斤顶之前，请将其牢固按压在一起。活塞必须被按压入气缸内 0～1mm。请确保扩展螺栓被牢固拧紧入主轴承螺栓内。

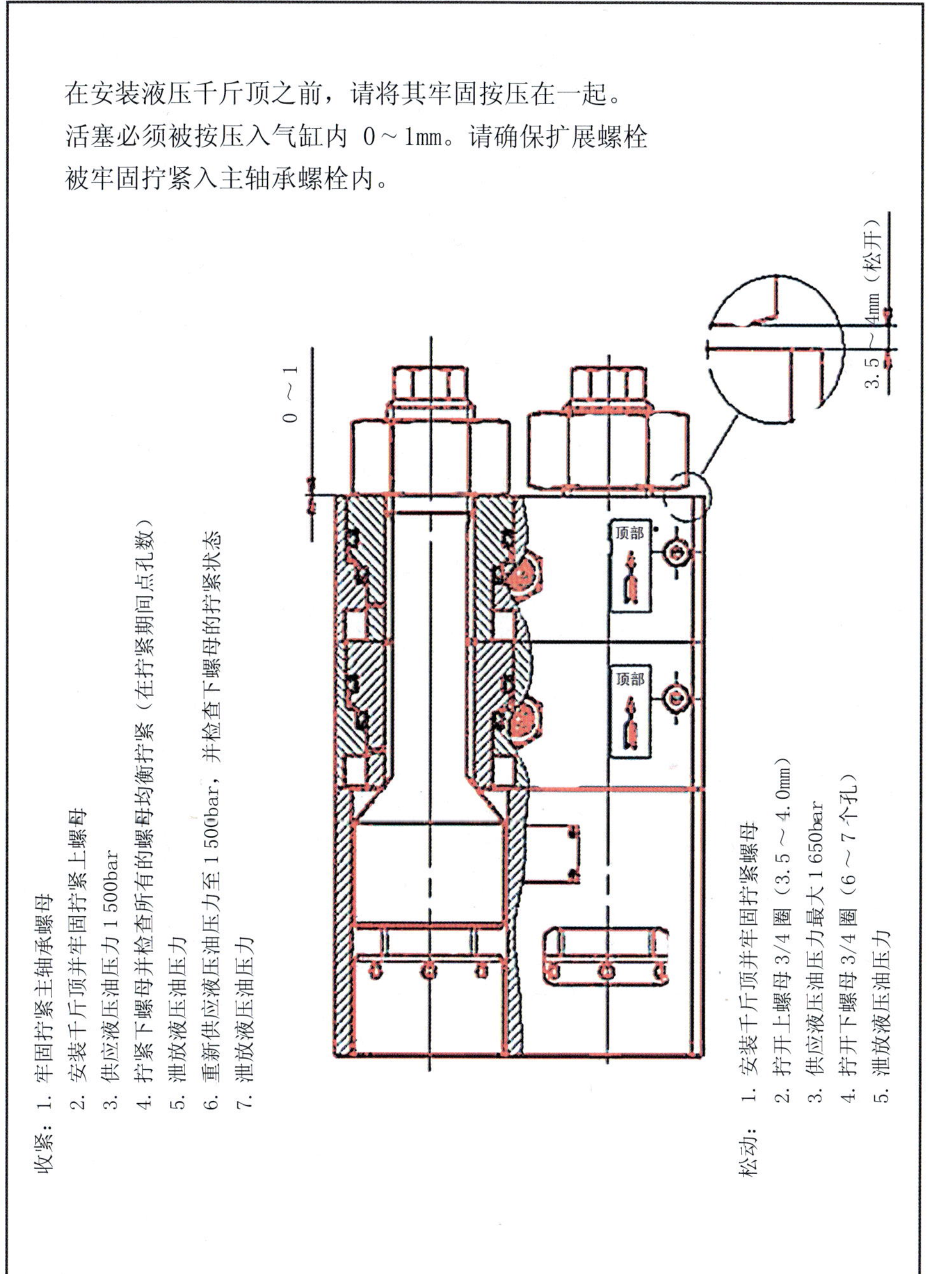

S50-60-70MC-C

用于主轴承的双重液压千斤顶

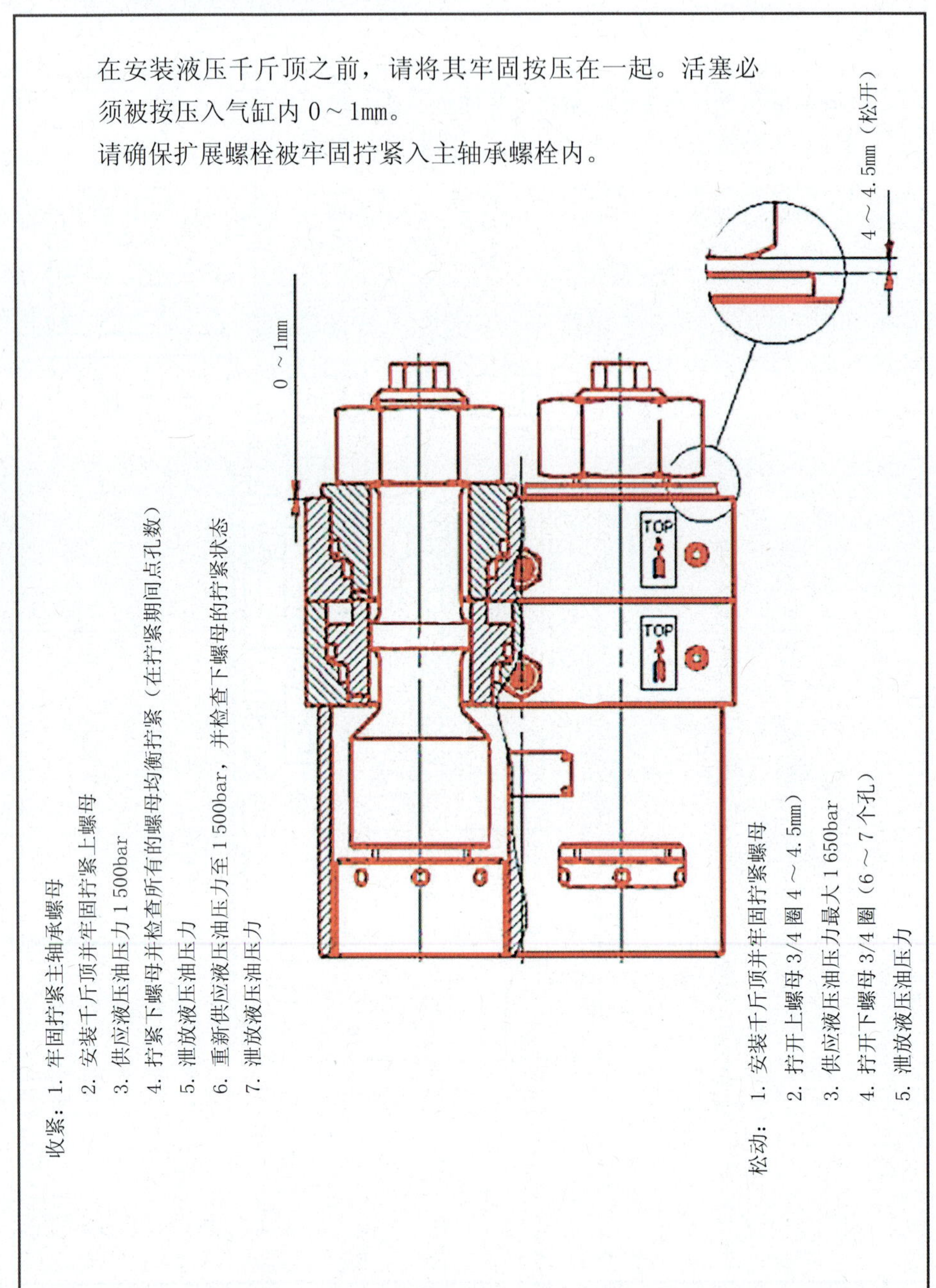

K80-90MC-C 和 K80MC-S

用于主轴承的三重液压千斤顶

在安装液压千斤顶之前，请将其牢固按压在一起。

活塞必须被按压入气缸内 24～25mm。

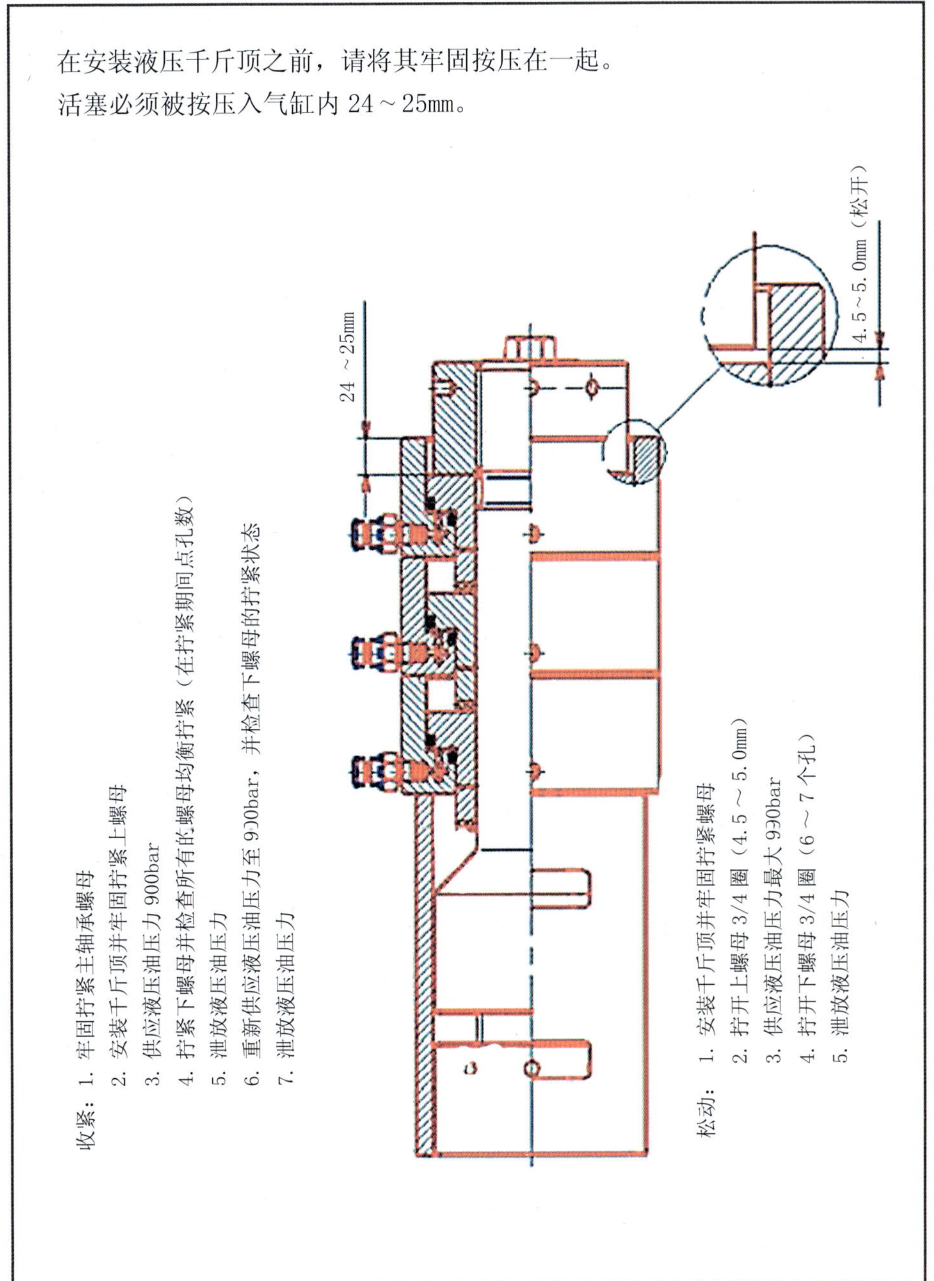

S80-90MC-C 和 K98MC/MC-C

用于主轴承的双重液压千斤顶

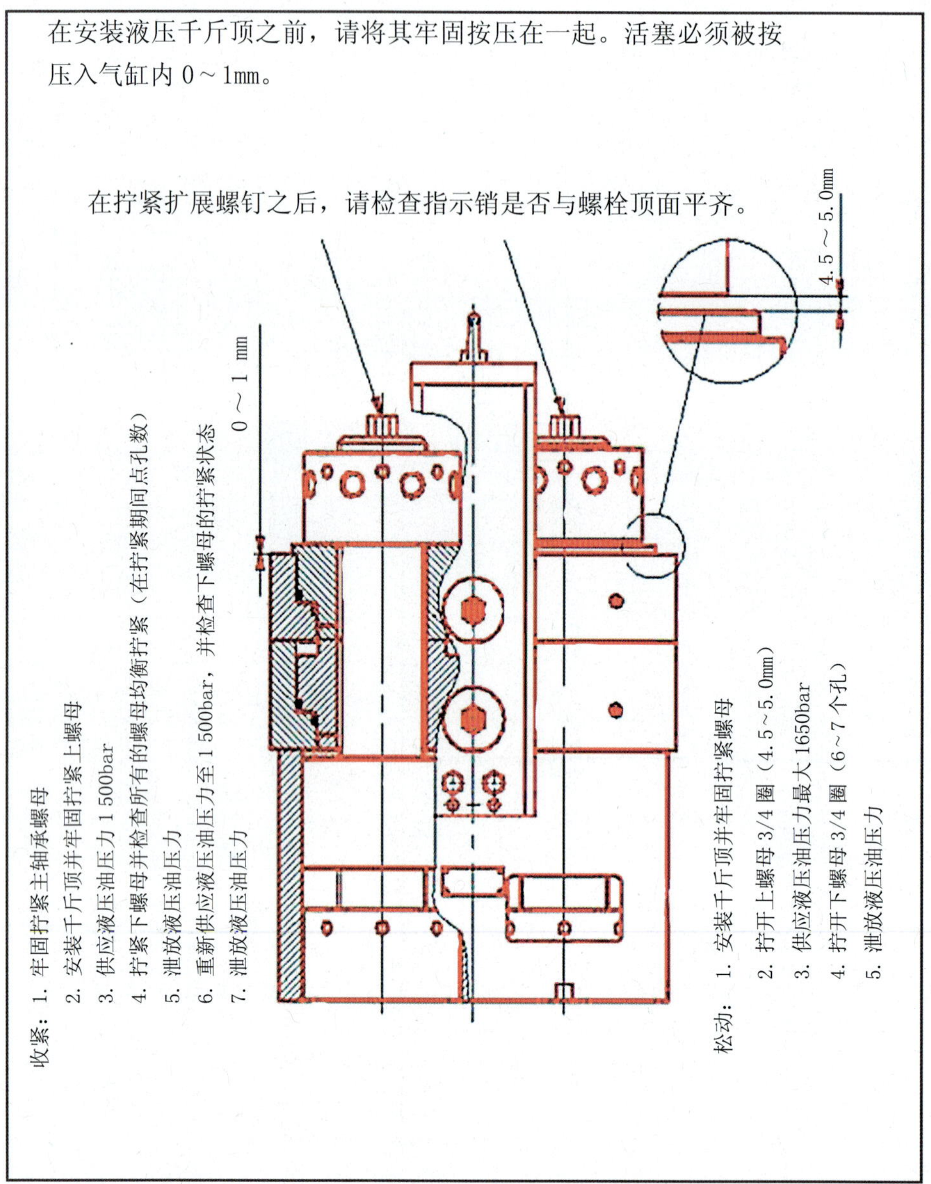

SL2002-403/UM

2002 年 6 月

1.1.20 滑阀式喷油器介绍

适用机型：所有机型

为了优化燃烧性能并且实现一种更清洁的柴油机，我们已经研发出了新一代的喷油器，即所称的“滑阀式喷油器”。这种设计已经被引入所有最新版本的大缸径柴油机中，例如 80cm 缸径以及更大缸径的柴油机，并在未来将成为我们的所有新型柴油机的标配。滑阀式喷油器同样是作为营运中柴油机的一种灵活选择。

与常规设计相比，这种设计的主要优势在于：

- 减少排气通道内的污垢。
- 降低活塞顶及废气锅炉的污垢。

进一步的优势：

- 产生更少的烟雾。
- 更低的氮氧化物排放水平。

滑阀式喷油器与以前喷油器的差别在于降低了针阀压力室容积（实际上容积为零），如图 1 所示。

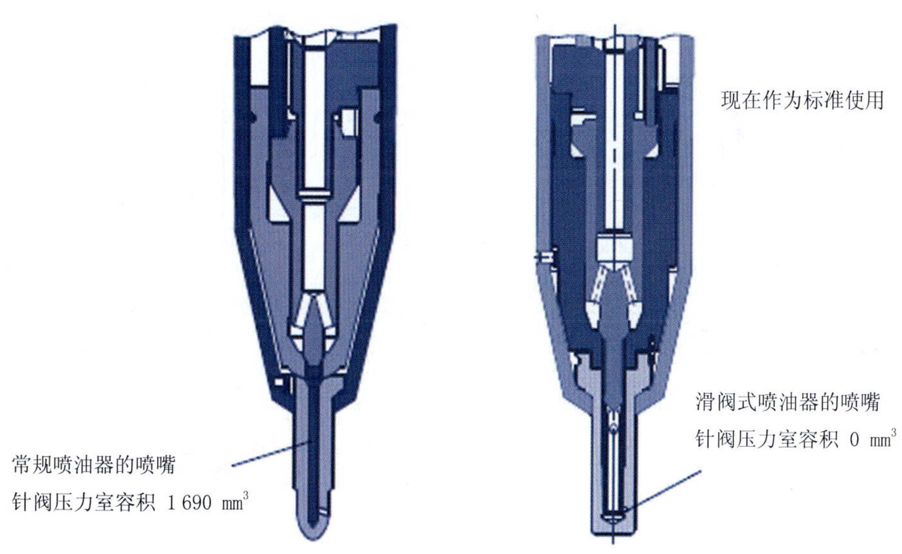

图 1　滑阀式喷油器与常规喷油器的比较

每种类型的柴油机滑阀式喷油器的喷射模式布局都是基于液体动态学计算结果所作出的。这将确保热负荷、燃烧效率和排放水平实现综合优化。此外，滑阀式喷油器的性能将在所有同类型柴油机上的服务试验中得以确认。

扫气期间，对于常规喷油器而言，针阀压力室容积内的残存燃油将在一定程度上被气旋和燃油蒸汽压力所吹出。这就意味着为完全燃烧而准备的温度太低时将会有一定量的燃油进入燃烧室，因此这部分燃油将会导致柴油机污染，形成烟雾，增加碳氢化合物以及颗粒物的排放。对于滑阀式喷油器，由于燃油的不完全燃烧实际上几乎被降低为零，燃烧室的污垢也被大量减少。由于消除了燃油的浪费，因而燃油消耗量也将降低。

柴油机排气系统的后阶段将变得更加干净，并且在经济器中碳的累积变得越来越少。图 2 显示了对比 7S50MC-C 柴油机上喷油器时所测得的 HC 排放效应。通常，使用修改后的滑阀式喷油器时，在所有负荷情况下，HC 排放大约降低 75%。此外，如图 3 所示，在 7S60MC 柴油机上进行测量也证实了对烟雾排放所产生的积极影响。（在这种情况下为 Bosch 编号）

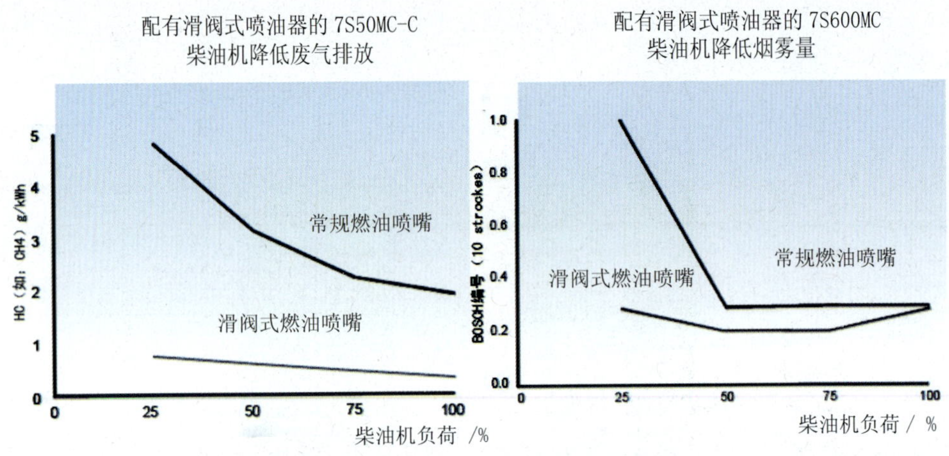

图 2 配有和未配有滑阀式喷油器测得的 HC 排放量

图 3 配有和未配有滑阀式喷油器测得的烟雾水平

图 4 显示了燃油喷油器的设计对 S60MC 柴油机和 K90MC 柴油机所排放颗粒物的影响。颗粒物质（PM）是一种更复杂的排气成分，因此，其数量的降低与 HC 的下降并不相同。然而，根据柴油机负荷情况，我们将其参数降低超过了 50%。

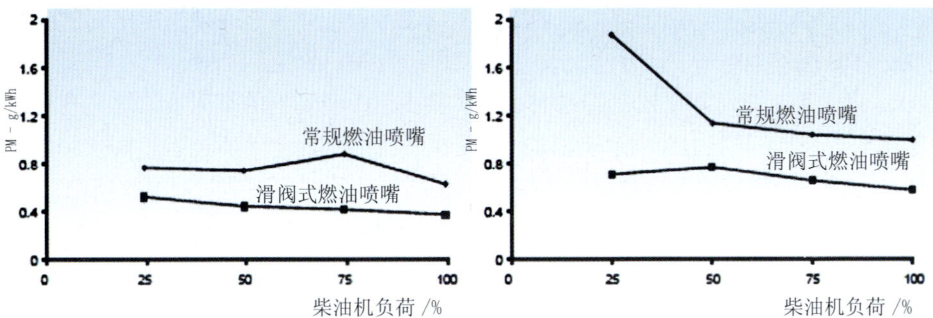

图 4 修改喷油器设计对排气通道内沉积物的影响

滑阀式喷油器对排放以及烟雾的积极影响已经在所有被测试的各类型的柴油机上得到了确认。

图 5 所示为 S60MC 柴油机上使用滑阀式喷油器期间排气阀管道所显示出的良好状态。

滑阀式喷油器 （安装 890 小时之后）

图 5 修改喷油器设计后排气通道内沉积物的影响

我们应当注意，喷油器，包括喷油器喷嘴，均属于 IMO 一氧化氮排放规定所覆盖的部件。由于采用滑阀式喷油器后一氧化氮排放量通常低于或等于采用常规喷油器的排放量，因此滑阀式喷油器也满足 IMO 有关一氧化氮排放的规定。

在某些类型柴油机中，由于滑阀式喷油器喷嘴略大于常规喷油器喷嘴的直径，因此必须扩大气缸盖上喷油器喷嘴孔的直径，这扩大孔径的工作通常可以通过仅拆除排气阀而无需吊出气缸盖的方式来完成。

在某柴油机中，用于将喷油器固定至气缸盖上的弹簧座必须用更坚固的弹簧座进行替换。

对于船东而言，采用滑阀式喷油器替换使用中柴油机的常规喷油器具有很大的优势。滑阀式喷油器更换应在同一时间在所有的气缸中（喷油器）执行，包括备件。当引入滑阀式喷油器时，与柴油机负荷相关的高压燃油泵刻度将略微变化，因此必须对调速器内的限位器进行重新调整。此外，我们还应当认真的进行工况参数记录和 Pmax 调整。

如上所述，滑阀式喷油器将作为标准配备引入所有新型的 MAN B&W 柴油机中，并且也可用作灵活的选择。

以下类型的柴油机可以采用滑阀式喷油器进行更新：

- K90MC-C，每个气缸配有三个喷油器
- K90MC-C，每个气缸配有两个喷油器
- K80MC-C，每个气缸配有三个喷油器
- 90MC，　每个气缸配有三个喷油器
- K90MC，每个气缸配有两个喷油器
- K90MC-S
- S80MC
- K80MC-S
- S70MC-C
- S60MC-C
- S60MC

如果您想采用滑阀式喷油器替换您现有的喷油器，可联系我们位于哥本哈根的 Diesel 维护部门或者柴油机制造商。

SL2002-404/JNM
2002 年 6 月

1.1.21 增加活塞环槽镀铬层的厚度

适用机型：MAN 所有活塞环槽尺寸异常的柴油机

此维护保养服务信函仅适用于活塞内最上端或最上端两个环环槽的高度大于其正常余隙的柴油机。

镀铬技术的进步已经使我们能够增加活塞环环槽镀铬层的厚度，而无需牺牲硬度或者产生太高的额外成本。

在许多情况下，活塞头的使用寿命取决于环槽的磨损情况。因此，我们利用改进镀铬技术的优势将“高”顶活塞环类型柴油机中活塞头凹槽内镀铬层的厚度从 0.3mm 增加至 0.5mm。

因此，环槽的磨损极限相对镀铬层的厚度，可接受的磨损极限将从 0.3mm 增加至 0.5mm。

我们的授权维修厂已经得到指令，当涉及活塞头翻修时，则将凹槽内镀铬层的厚度增加至 0.5mm。

请注意！原始厚度为 0.3mm 镀铬层的活塞头将被返回重新翻新至 0.5mm 厚度镀铬层。因此，经过翻新的设备耐磨极限也被增加至 0.5mm。环槽内的间隙仍然不会改变。

有关翻新的注释：

在实际工作中把活塞头的翻新划分为以下两种类型：

1 “局部翻新”，仅进行环槽内的镀铬层处理。

2 “全面翻新”，在开始镀铬之前，活塞头内的基础金属必须通过焊补的方式进行重建。

如果镀铬层代替了环凹槽的磨损，活塞头翻新的开支费用是值得的。在这种情况下，凹槽将必须频繁通过焊补进行重建，因而必须进行全面的翻新。

SL2002-405/CBO
2002 年 6 月

1.1.22　凸轮轴联轴节装配螺栓的检查

适用机型：所有类型柴油机

我们偶尔还会发现凸轮轴联轴节螺栓破损的情况，现已决定更新我们的“检查和维护计划表”，并且引入一种此类螺栓的年度检查。

我们于 1999 年发布了涉及此问题的维护保养服务信息 SL99-368/CBO。然而，在查看过发生故障的船舶状态之后，我们希望强调定期对这些联轴节螺栓进行检查的重要性，并且将其作为适用于柴油机整个寿命期的标准检查流程的一部分内容。

为便于参考，我们附上一份标准检查和维护计划表 (No. 900-1) 的示例，其中指出每 8 000 小时进行一次特别的检查。

检查和维护计划表　　900-1

V：请参阅第一卷“操作” A：需要做调整工作 C：状态检查 M：参阅制造商的指令 O：需要做检修 R：需要更换部件	H ：在 500~1500 小时之后，检查新的或经过检修的部件 B ：根据观察情况确定 P ：根据流程编号或相关内容确定是否检修								
No. 流程	正常服务小时（×1 000）								
	H	2	4	6	8	16	32	B	P
906　机械控制装置									
-1 链条	C				C				V
-2 链条张紧装置	C							A	
-3 凸轮轴	C				C			A、C	
-4 凸轮轴轴承 凸轮轴联轴节，装配螺栓					C C			O、C	
907 起动空气系统									
-1 起动空气分配器	C				C			A	
-2 起动空气阀					O、 C				
调速器换油			O						M
超速设备的功能检查					C				M

速度设定系统的功能检查 （配有驾控控制系统的柴油机）			C						M
908 排气阀									
-1 高压油管								O	
-2 排气阀									
常规硬质表面阀座： 按照 6000 小时间隔时间进行检修				O					
Nimonic 排气阀 新阀门经过 6 000 小时之后检查，随后，按照 16 000 的间隔进行检修				C		O			
-3 排气阀执行机构						O			
-4 排气阀滚柱导轨	C					C		O	V
-5 排气阀凸轮								C	
-7 排气阀特殊运行								C	
909 燃油系统									
-1 高压油泵								A、C	V
-2 VIT 系统								A	
-3 高压油泵凸轮								A	909-1

为了便于参考，我们还附上了说明 No. S906-4，适用于未来的设备，并且适用于指定类型的柴油机。

No. S906-4 **凸轮轴联轴节螺栓的检查** S/K/L 50-90MC

安全预防措施

- [X] 停止柴油机
- [X] 锁闭起动装置
- [X] 切断起动空气供应
- [X] 合上盘车机
- [ ] 切断冷却水
- [X] 切断燃油
- [X] 切断润滑油
- [ ] 锁定涡轮增压器转子

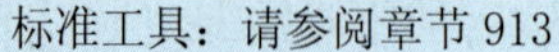 标准工具：请参阅章节 913	
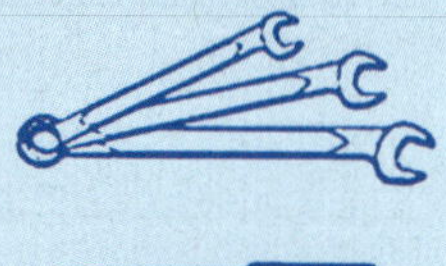 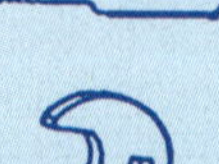  D-4： 拧紧扭矩 S/K/L50MC　　300Nm S/K/L60MC　　460Nm S/L70MC　　700Nm S/K/L80MC　　985Nm S/K/L90MC　　1350Nm	
① 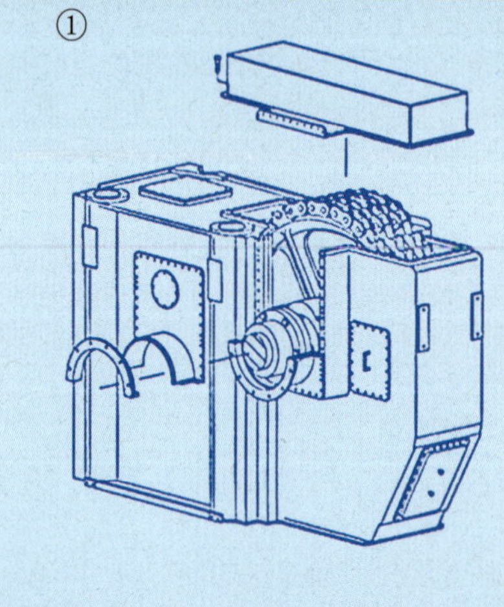	① 为了能够接触到凸轮轴联轴节螺栓，必须拆除以下一个或所有部件： • 顶盖 • 对开法兰 • 刮油环 拆除的程度应当根据每种情况进行单独评估。

<table>
<tr>
<td>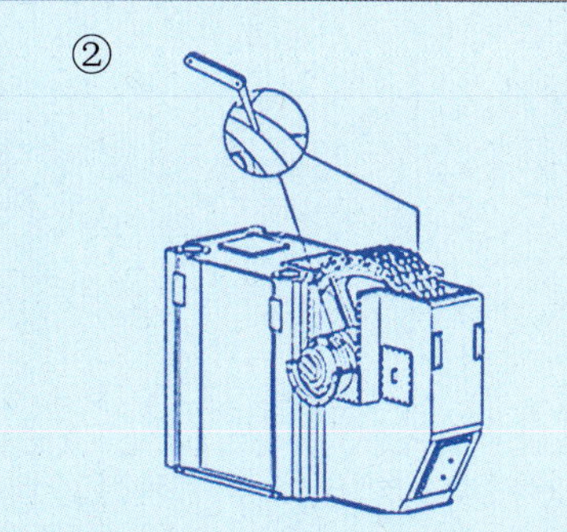</td>
<td>② 用一个 0.05mm 塞尺检查凸轮轴联轴节法兰之间的连接。

如果在联轴节的整个周长上能够测得任何间隙的话，则应当咨询 MAN B&W Diesel 公司或柴油机制造商以便获得进一步指令。</td>
</tr>
<tr>
<td>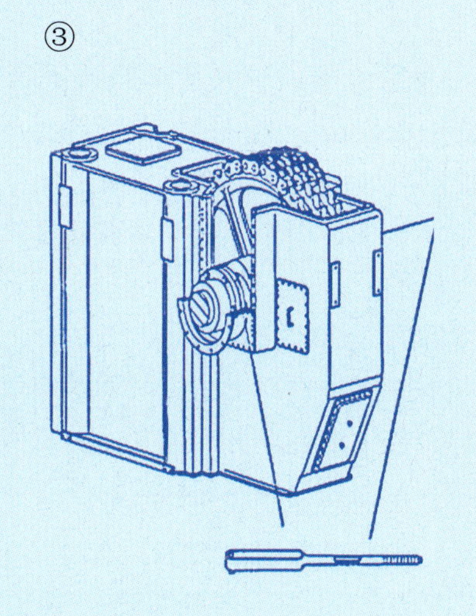</td>
<td>③ 凸轮轴联轴节螺栓的螺母若有保险丝的话则拆除。检查凸轮轴联轴节螺栓的拧紧扭矩。请参阅数据 D-4。

如果拆除螺母所需的扭矩比 D-4 内的数值偏差低 25%，那么该扭矩应当被视为符合限制条件。然而，如果拆除螺母所需的扭矩比 D-4 内数值的偏差超过 25%，则按照 D-4 内所述重新拧紧螺母，并且在 500～1 500 运行小时之后重新检查扭矩。

如果在重新检查期间，偏差再次比 D-4 内数值大 25%，则应当咨询 MAN B&W 公司以便获得进一步信息。</td>
</tr>
<tr>
<td>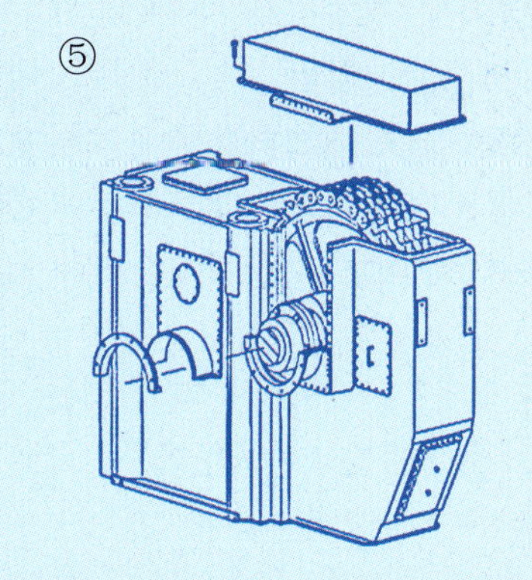</td>
<td>④ 安装保险丝，以便固定凸轮轴联轴节螺栓上的螺母。请参阅第《维修保养说明书》913“维护”。

⑤ 安装顶盖，对开法兰等，在相关位置内放置液态垫圈 / 衬垫。 拧紧所有螺栓。</td>
</tr>
</table>

SL2002-407/KEA
2002 年 7 月

1.1.23　排气阀的控制空气

适用机型：K/LS90MC/MC-C、K98MC/MC-C 柴油机

90 和 98MC/MC-C 柴油机上排气阀执机构内带有集成安全阀的新的减压功能。

为了改善柴油机的安全性，我们已经在控制空气进口管中引入了一种减压功能，用于缸径为 90 和 98MC/MC-C 柴油机内排气阀的气动关闭。该柴油机最近在排气阀执行机构内引入了集成安全阀。

目前，当气压下降至 5.5bar 时则会发出报警。然而引入了新的减压功能，作为一种额外的预防措施，如果气压下降至低于 4.5bar，柴油机的负荷将会自动下降。我们强烈建议引入新的减压功能，因为这是一种增强安全性设计的改进。

为了避免与我们最新的安全减压阀设计发生混淆，用于上述柴油机的排气阀部分见图 1 和图 2 所示。

用于报警和新减压功能的压力传感器显示在图 3a 和图 3b。

引入这种额外预防措施的原因是，柴油机在高负荷时，如果排气阀的空气弹簧压力太低，将可能发生损坏。随后排气阀杆可能达到完全开启位置内的机械限位端，排气阀执行机构将产生最大压力（液压），与安全减压阀相连的减压功能将防止对凸轮轴和排气阀造成损坏。

设计的起动和操纵空气系统有充足空气供应。

我们最近得到报告称，在未配有上述安全阀和压力开关的大型二冲程柴油机上出现了两例排气阀功能故障。在这两种情况下，由于操作原因，排气阀的空气弹簧压力已经变得太低，阀杆到达完全开启位置内的机械限位端，与此同时，排气执行器产生出最大液压压力。这导致了凸轮从其位置上滑出，并且使排气阀气动活塞受损。即使柴油机已停机也会发生这种情况，这是柴油机在降速过程中由于惯性所导致的。在这两种情况下，均使用了非标准空气系统，并且由于其它管路已经与此系统相连接，因此用于向排气阀气动弹簧提供空气供应的系统将无法提供充足空气。

根据此经验，我们强烈要求 MAN B&W 简单标准系统，带有组合起动和操纵系统的机型，应当遵循所有 MAN B&W 柴油机的规程，包括在营运中的柴油机。请注意，减压站必须靠近柴油机位置。

我们附上了 MAN B&W 标准起动空气系统原理图以供参考（图 4），另外还提

出了一种供参考的解决方案，请参阅图 5。

图 1 所示安全阀，排气阀执机构 / 阀门机构，适用：K/LS90MC/MC-C, K98MC/MC-C

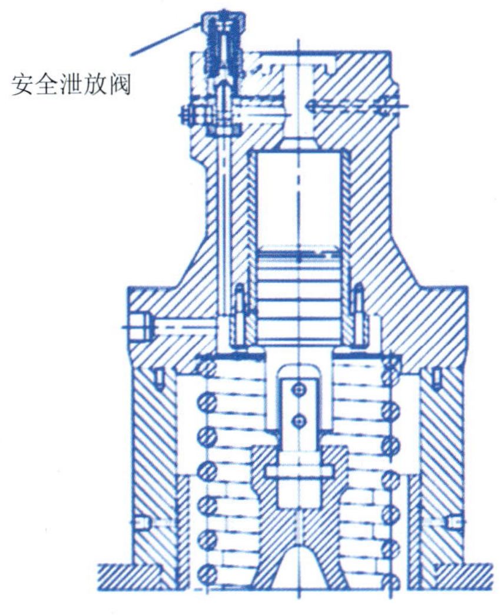

图 1　排气阀执行机构安全阀

图 2 所示安全阀，排气阀执机构 / 阀门机构，适用：K/LS90MC/MC-C、K98MC/MC-C

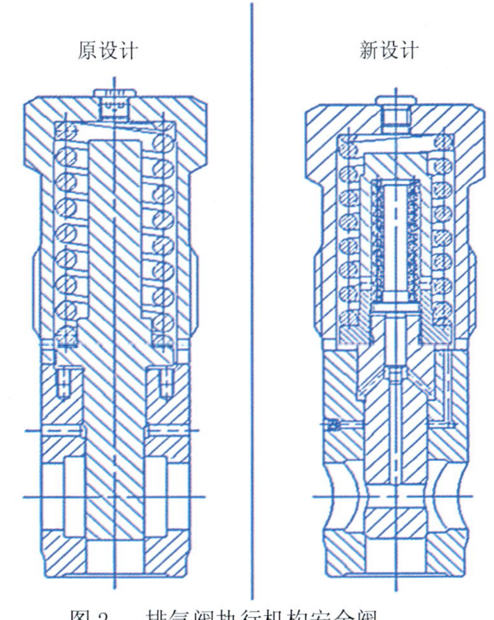

图 2　排气阀执行机构安全阀

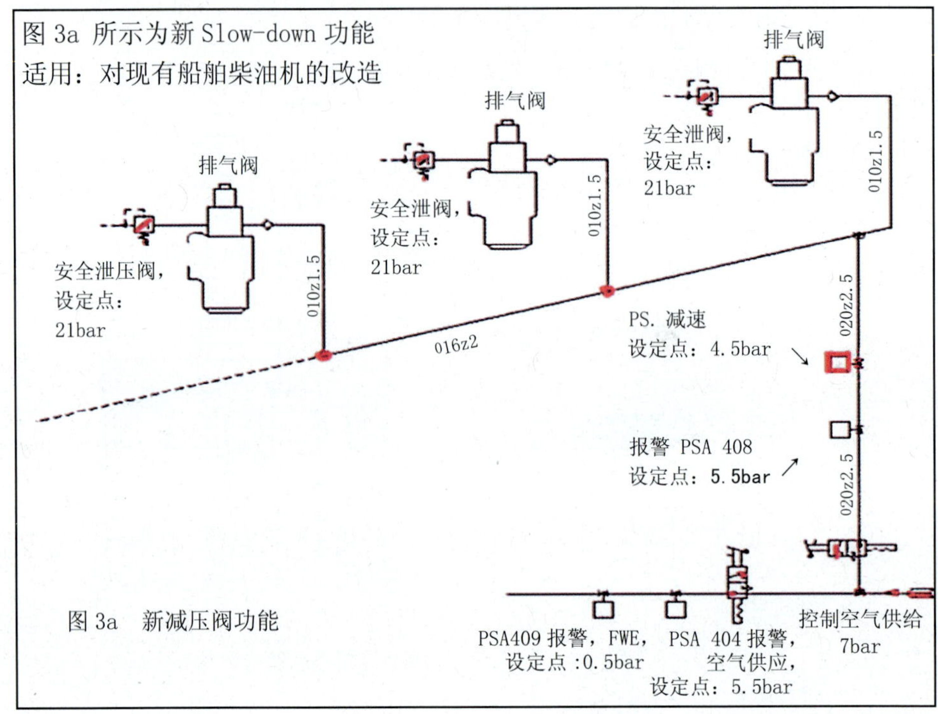

图 3a 新减压阀功能

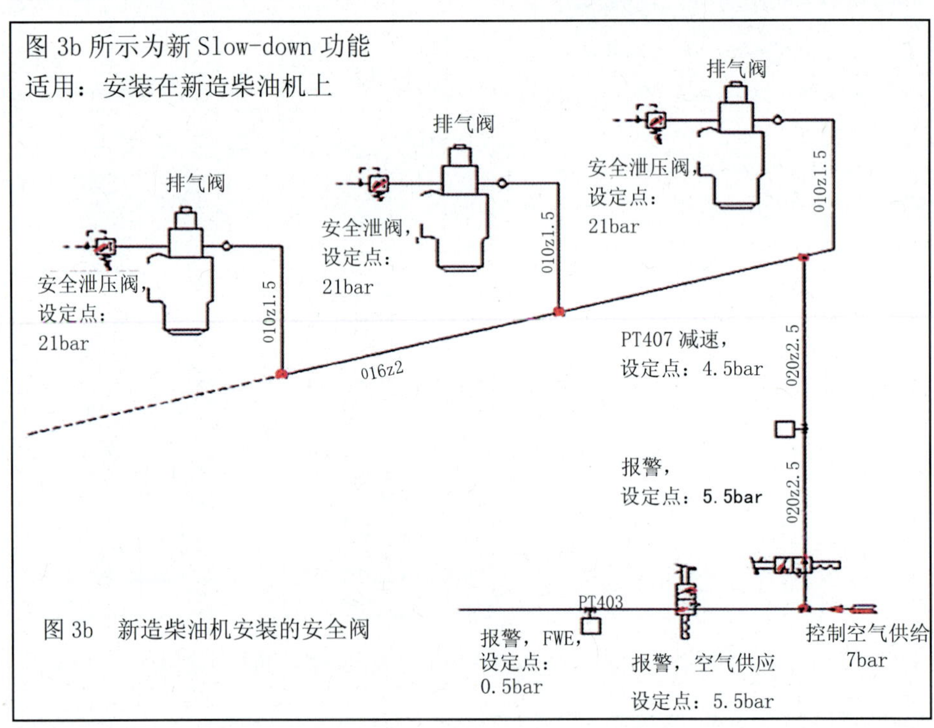

图 3b 新造柴油机安装的安全阀

副机、泵、冷却器等的数量将按照实际技术规范的要求进行改动。关于柴油机和 MAN B&W 副机共用空气，请参阅技术规范图表 1。

有关流动速率和主机的性能，请参阅实际各柴油机性能表。

表 1 MBA 起动空气系统技术规范

		减压阀 ①		减压阀 ②	
机型	公称直径（管路 a）	控制和安全空气		燃油阀测试	
		bar	NL/min	bar	NL/min
4-9S35MC	65	30- 7±10%	1400	30- 7	2600
4-8L35MC	65	30- 7±10%	1400	30- 7	2600
4-8L42MC	90	30- 7±10%	1400	30- 7	2600
4-9S42MC	90	30- 7±10%	1400	30- 7	2600
4-8S46MC-C	100	30- 7±10%	1400	30- 7	2600
4-8S50MC/MC-C	100	30- 7±10%	2100	30- 7	2600
4-8L50MC	100	30- 7±10%	2100	30- 7	2600
4-8S60MC/MC-C	125	30- 7±10%	2100	30- 7	2600
4-8L60MC	125	30- 7±10%	2100	30- 7	2600
4-8L70MC/MC-C	150	30- 7±10%	2100	30- 7	2600
4-8L70MC	150	30- 7±10%	2100	30- 7	2600
4-12S80MC	150	30- 7±10%	2100	30- 7	2600
4-12K80MC	150	30- 7±10%	2100	30- 7	2600
4-12L80MC	150	30- 7±10%	2100	30- 7	2600
6-12K80MC-C	150	30- 7±10%	2100	30- 7	2600
4-12K90MC	175	30- 7±10%	2100	30- 7	2600
4-12L90MC	175	30- 7±10%	2100	30- 7	2600
6-12K90MC-C	175	30- 7±10%	2100	30- 7	2600
6-12K98MC/-C	200	30- 7±10%	2100	30- 7	2600

编者注：控制空气和起动空气的消耗量将通过性能表内所述的空气瓶和压缩机所覆盖。

3250/DFA/2002-06-22

MBD 示意图 No. 788326-5

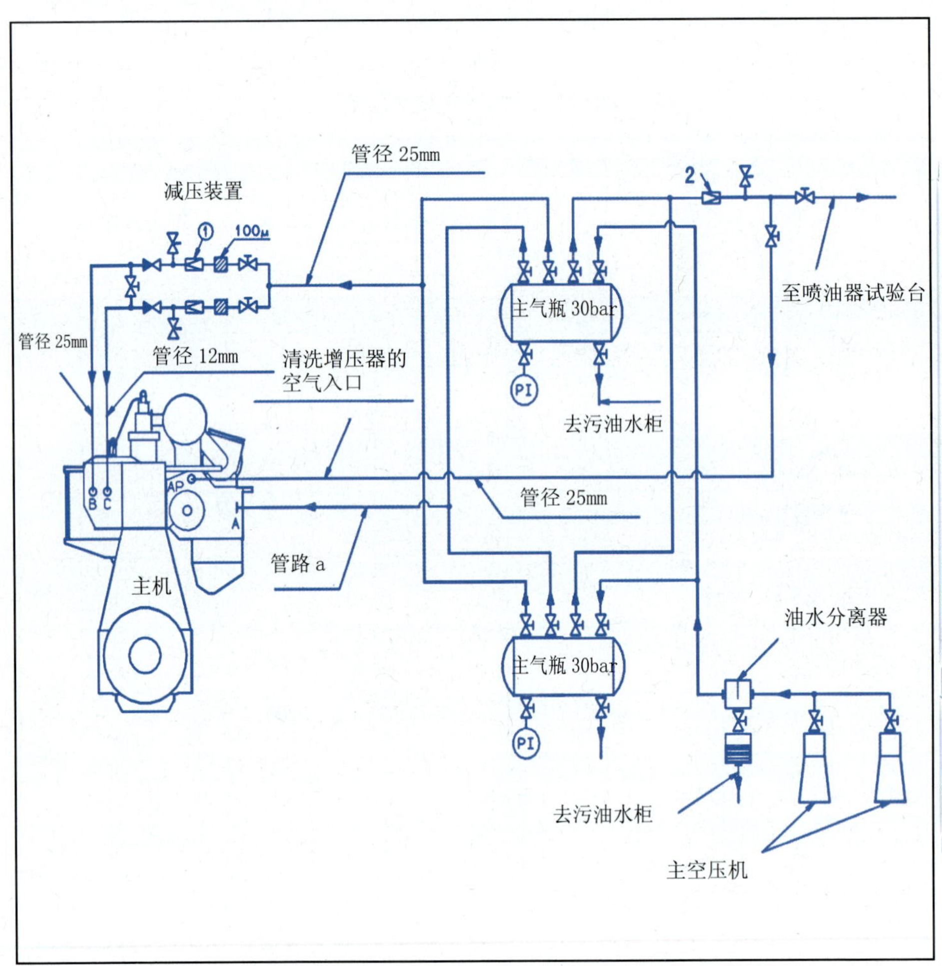

图 4　MBD 起动空气系统

3250/DFA/2002-04

示意图 No. 000000-0

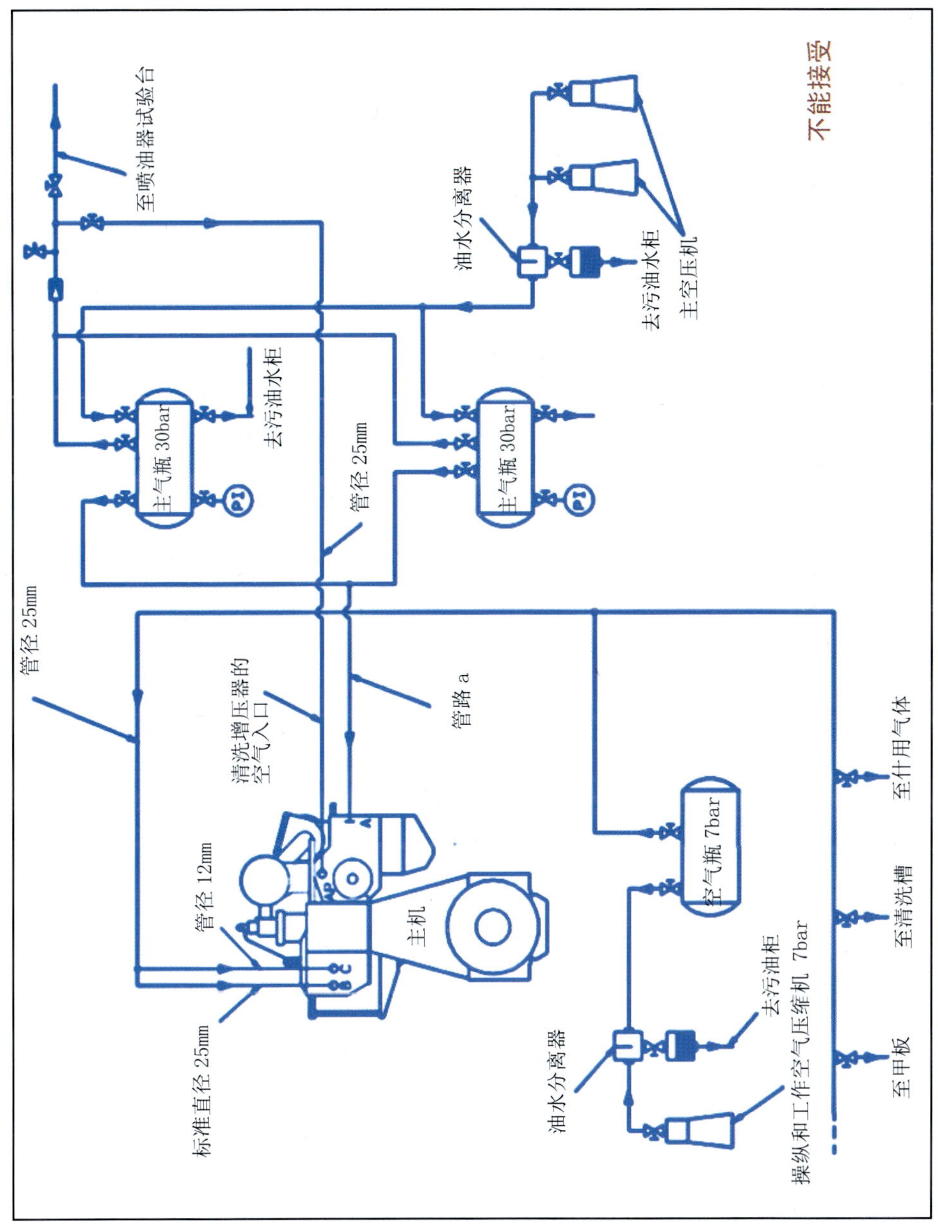

图 5　非 MBD 起动空气系统

SL2002-408/KEA

2002 年 7 月

1.1.24　系统润滑油运行期间的碱值和粘度

适用机型：所有机型

在二冲程十字头柴油机内，活塞杆填料函将燃烧和扫气空间与曲轴箱分开。因此，润滑油将不会被燃烧产物以及使用过的气缸油所污染。然而，在实际运行过程中，我们发现某些气缸油会经过填料函泄漏进入系统润滑油油底壳内。

气缸油泄漏至油底壳是通过系统润滑油的碱值和粘度的增加而被发现的。通常，该数值的增加将会在一定时间之后停止，并且当为了弥补正常的消耗量而加注新的系统润滑油之后将会处于一种稳定的均衡水平，同时将降低从扫气箱泄放的残油对系统滑油的污染程度。

为了将均衡度保持在一个可接受的水平，必须保持一个特定的最低消耗量，尤其是在较新的柴油机中，如下所示：

1　填料函的设计

当将时间回溯时，填料函的最大修改是在 1980 年执行的，当引入了经过硬化的活塞杆的同时也引入了 MC 柴油机。因此将能够极大地增加刮油环弹簧的张力，其结果是对于一台磨合期的柴油机而言将填料函的排放量从 24 升 /9（天·缸）降低至 2～10 升 /（天·缸）。

2　排放清洁系统

如果使用了填料函排放清洁系统，并且“经过清洁的”润滑油被返回至系统油底壳，那么新加注的油量将会最小化，碱值将会进一步增加，因为碱值通过清洁是无法降低的。

由于排油数量的减少，我们在 1996 年将“标准配备”改变为选项配备时，这就是在标准安装内忽略填料函排放清洁系统的原因。

3　系统油的消耗量

现代的柴油机相比起之前的设计而言拥有更少的接头，并且明显更加具有密封性。这将降低泄漏所损耗的气缸油，消耗量因而降低。

如果采用了一个单独的凸轮轴润滑油系统，我们建议在需要更换凸轮轴润滑油时，使用来自油底壳内的系统油。通过这种方式，新的油被提供给系统润滑油，由此抵消了碱值和粘稠度的增加。

4　碱值的考虑因素

碱值的增加将会影响油的拒水能力。其随后将难以通过离心的方式去除水分，从而导致水分累积在系统润滑油内。水和钙可以一起形成氢氧化钙 / 碳酸氢钙，因而会在轴承上累积一种漆状沉积物。存在的水还会造成另一种影响，就是增加泥渣的形成。

经验显示，如无任何操作错误，不会由于更换新油而导致润滑油性能的任何变化，在这种情况下，典型柴油机系统油的适用碱值为 BN 30（启用的碱值初始值为 5～12）。

当碱值增加至 25，并且粘度从 SAE30 增加至 SAE40 时则视为正常，无需采取行动。增加至超过此限制值时实际上并没有危害，并且在大多数情况下可通过加注新的低碱值的油使其达到均衡。

5 结论

我们建议应当关注碱值是否增加至超过 25，并且由油品供应商对油的拒水能力进行测试。

粘度从 SAE30 增至 SAE40 范围内不会产生任何问题。

SL2002-412/NIM

2002 年 12 月

1.1.25　高压油泵顶盖

适用机型：无 VIT 高压油泵的 L/S35MC、S46-50-60-70MC-C 柴油机

自从 1997 年引入 S-MC-C 柴油机以来，我们在高压油泵顶盖上发现了少量裂纹。所有此类案例都发生在柴油机寿命期的早期。

裂纹最初出现在中央孔与倾斜孔之间的边缘，这主要是由于中央孔与倾斜孔之间的过渡边缘没有很好地打磨。产生裂纹的区域如图 1 所示。

我们已经注意到，在每当裂纹已经扩展至吸入阀时，高压燃油就被泵入低压腔室内。这时，燃油喷射压力将降低，同时会发出低排气温度报警，船员能够排除故障。我们并没有收到由于裂纹扩展而导致燃油泄漏入机舱内的报告。

调查发现，防止裂纹发展的安全余量是充分的，并且已经在中央孔径与倾斜孔径之间的过渡区域内提供了特别的手工精加工。

为了在生产过程中无需进行手动精加工，并且作为一种替代方法，我们已经为未来的顶盖引入了一种经过修改的设计。该设计如图 2 所示。

该修改就是引入一个与垂直中央孔和倾斜孔相连的水平孔。

我们建议检查顶盖备件是否为原始设计。如果是原始设计，那么请检查垂

直孔径与倾斜孔径之间的过渡区域：该过渡区域必须具有一个至少 0.5mm 的半径。在备用顶盖上，锋利的边缘必须去除，并且必须执行一个至少 0.5mm 的倒角。

我们认为，上所述去除锋利边缘的过程将会导致顶盖尺寸变化，所以建议船上应当备有两个顶盖备件。

高压油泵顶盖

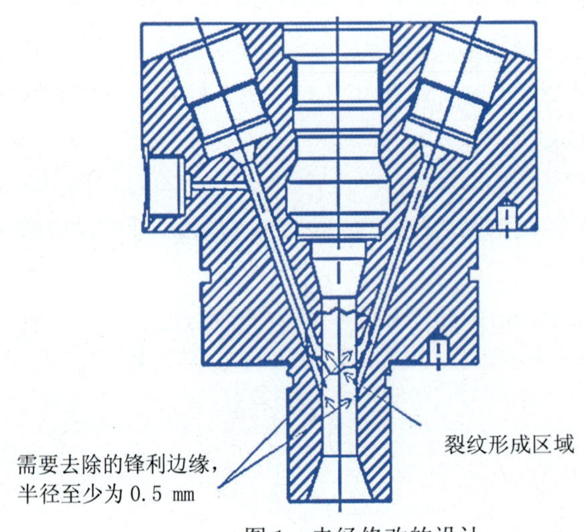

图 1　未经修改的设计

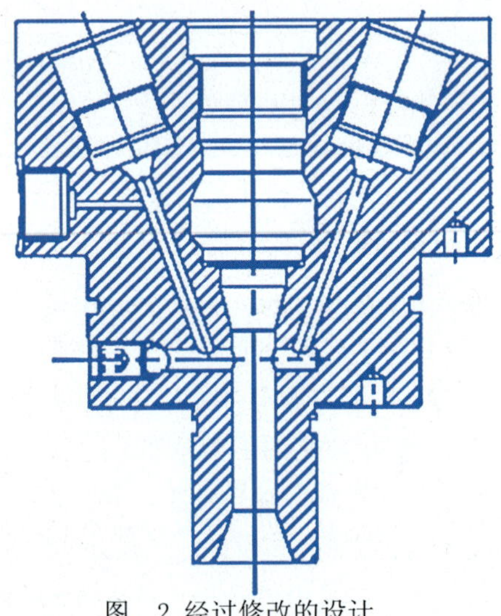

图　2 经过修改的设计

SL2003-413/JDA

2003 年 1 月

1.1.26 防止柴油机机舱起火和爆炸 — 燃油、润滑油以及其他可燃油品的布局

适用机型：GF、GFC、GFCA、GB、MC、MC 和 MC-C 柴油机

已经有部分船东向反映，涉及咨询 SOLAS 1994 修订案第Ⅱ-2 章，规则 15 的柴油机相关问题。

这是国际海事组织所发布的规则，关于制定通过降低易燃燃油系统的泄漏，使柴油机机舱火灾和爆炸的风险降至最低的相关要求。

因此，我们提出以下指导原则，以满足 SOLAS 公约的要求：

1 高压燃油管

柴油机类型：GF、GFC、GFCA、GB、MC、MCE 和 MC-C

这些类型的柴油机已经作为标准配备安装了具有双管壁的高压油管，或者屏蔽高压油管且装有报警系统，该系统被设置为一旦高压燃油泄漏达到一个不可接受的水平将会报警。（见图 1）

如果船舶柴油机已经按照我们的标准文件进行操作，那么则无需采取进一步的行动。

我们建议检查实际的安装状态是否符合图 1 所示原理图的要求。

柴油机类型：KEF、FF、VT2BF、VTBF

对于这些类型的柴油机而言，我们建议采取必要的修改，但须根据客户提供的历史文件，此工作在收到寄来的每种单独型号柴油机的订单之后才能完成。

在安装之后，将能够满足 SOLAS 公约修正案的要求。

2 驱动排气阀的液压油系统

柴油机类型：GF、GFC、GFCA、GB、MC、MCE 和 MC-C

这类柴油机，采用了一种用于从高压管路和高压接头进行泄漏的泄放系统作为标准配备。无需采取进一步的措施。

旧款柴油机采用机械式顶动排气阀。无需采取进一步的措施。

3 气缸润滑油系统

所有类型的柴油机都配有一种气缸润滑油系统，其被视为一种低压系统，每个冲程仅有少量的润滑油。因此，该系统可以被视为一种安全的系统，已经满足 SOLAS 规程的要求。如果管路内安装了法兰，那么这些法兰应当按照下文所述进行屏蔽。

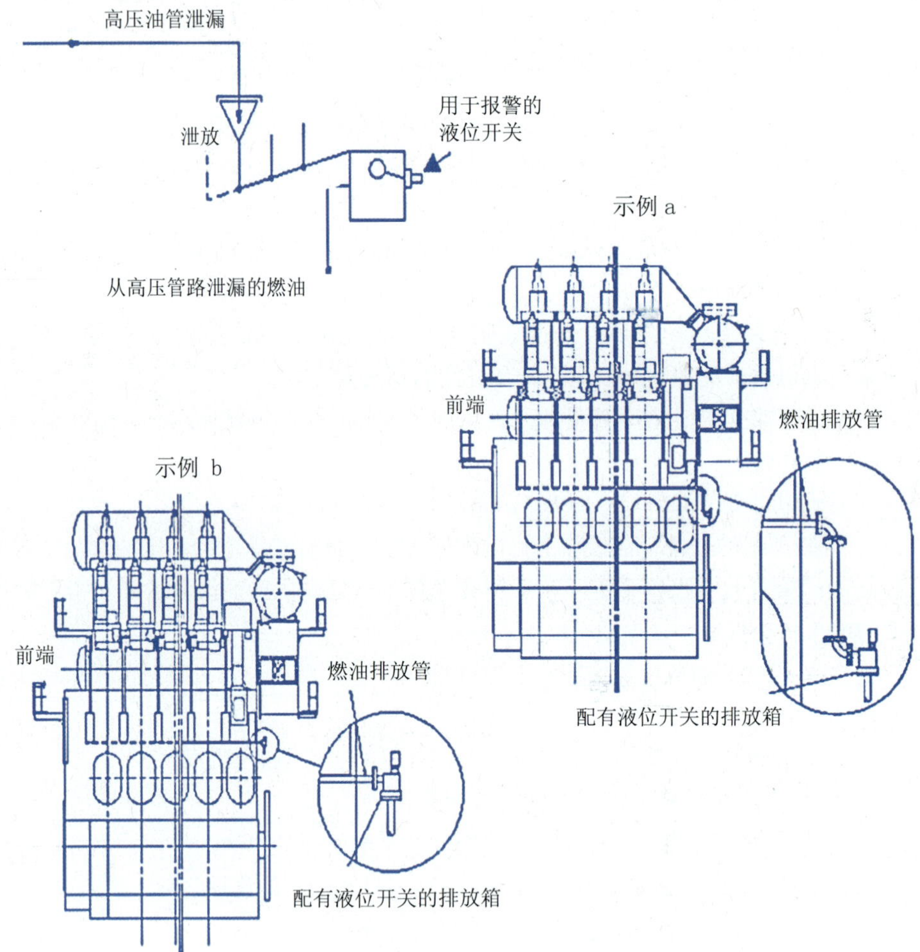

图 1　高压管路燃油漏泄布置

4 用于输送燃油、润滑油和其它可燃油管路的所有法兰

自从 2001 年 12 月起，我们已经对所有类型的柴油机指定安装法兰保护措施，如同附件图表所示，使用船级社认证的防喷溅胶带，或者使用 0.5mm 条形板和卡箍。

因此，建议检查法兰是否采用了此种防喷溅胶带或卡箍（见图 2、图 3）。

对于 2001 年之前制造的柴油机，则必须在管道系统内的所有法兰中安装一个防喷溅屏蔽层。

为了满足 IMO SOLAS 公约规则第Ⅱ-2 章第 15 条的要求，燃油和润滑油管系需要安装如图 3 所示的固定防喷溅屏蔽层。

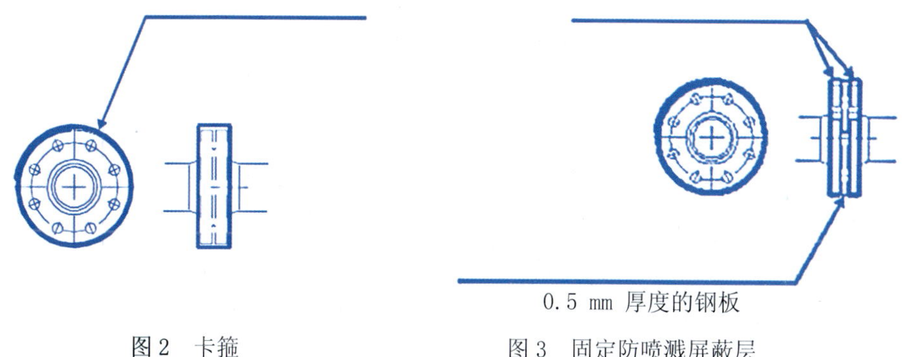

图 2 卡箍

图 3 固定防喷溅屏蔽层

SL2003-414/AAB

2003 年 1 月

1.1.27 柔性边缘型厚壁主轴承

适用机型：S/L50-80MC 柴油机

最近已经更新了厚壁主轴承的设计。标准设计的更新工作主要是引入了一种柔性边缘，即所谓的“柔性边缘”设计。经过更新的设计可以与之前的类型完全互换，并且增加了防止边缘区域疲劳损坏的安全余量。

从 MAN B&W Diesel A/S 采购的所有厚壁轴承在未来都将按照“柔性边缘”类型提供。作为船上轮机人员的一个指导原则，新类型轴承的包装箱内将包括一份翻修说明。

此外，还可以将现有的备用轴承送交 MAN B&W Diesel 公司进行重新加工修改，以便具有“柔性边缘”的特性。

1 柔性边缘型轴承

由于在过去几年中引入了变更设计，因此主轴承发生故障的数量已经降低。然而，仍然有少数关于在较高边缘负荷的主轴承内，靠近轴瓦边缘的位置会发生局部轴承疲劳损坏的报告。

新的先进的计算结果，包括轴颈锥度和壳体变形，已经提供了有关主轴承加载模式的详细信息。

计算显示，某些轴承边缘的径向弹性将显著增加边缘附近的最低油膜厚度。同样，边缘附近的最大油膜厚压力将会降低。柔性边缘设计已经在超过 1 年的在最初不断出现问题的区域进行测试中取得了成功。

我们通过在壳体背面加工一个 3mm 深度的圆形边缘凹槽从而实现了弹性，并且其宽度等于轴瓦的厚度，避免与此区域内的轴承支撑部件发生接触。

当被施加负荷时，未被支撑的壳体部分将具有略微柔性，因此当轴和轴承的轴心线未对准时，增加了有效的轴承面积。进一步的特性是未支撑部分的静态变形，当轴承壳体遇到张力时将会发生这种情况。变形将确保一种受控的、平滑的凸起形状，并且朝边缘形成 10～20 微米的孔径。计算结果确认此类形状将进一步增加针对高边缘负荷的安全余量。

有关新柔性边缘设计的进一步信息，或者将现有轴承更新为柔性边缘设计的信息，请与我们的技术服务部门取得联系。

2 柔性边缘主轴承设计更新（见图 1、图 2）

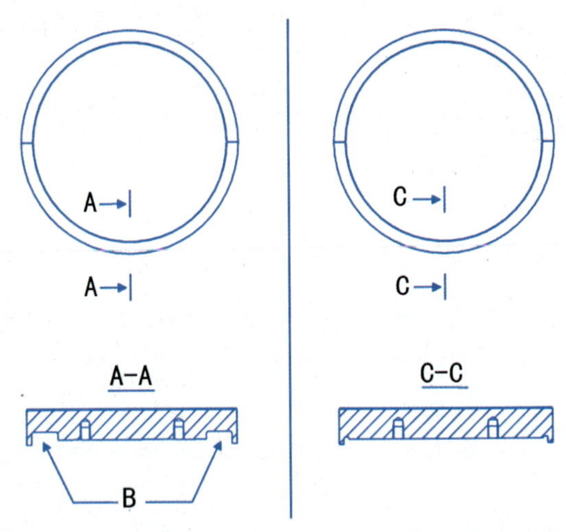

图 1　新设计　　　　图 2　之前的设计

编者注：有关安装附加信息和建议参阅 2000 年 4 月维护保养服务信函：SL00-378/NHN。

SL2003-415/CSH

2003 年 1 月

1.1.28 柴油机辐射型起动空气分配器

适用机型：60-98MC/MC-C 柴油机

辐射型起动空气分配器于 20 世纪 90 年代初被引入大缸径 MC/MC-C 柴油机中，之后则引入中等缸径 MC/MC-C 柴油机中。

在少数情况下，由于起动空气内存在的杂质将导致这种类型的起动空气分配器发生故障，我们介绍此类故障的特性及采取预防措施防止出现此类故障的建议。

几乎所有的起动困难都是由于活塞滑阀粘滞所导致的，请参阅如表 1 的铭牌 90703-0086 备件号 129 的示例，其适用于 S70MC-C 柴油机。

在安装至船上之前，管路和气瓶的不彻底清洁检查可能导致活塞滑阀卡滞和粘滞。外部颗粒物通常是由空气带入管路系统内，并且累积在分配器内，因此导致活塞滑阀卡死和粘滞。

此外，有经验显示由于在空压机进气口处高的空气湿度而导致大量的冷凝水，该水分将随着空气一起被带入系统内，导致钢制和铁质部件的腐蚀。当进入分配器时，由于此类腐蚀所导致的锈蚀也将会对活塞滑阀卡滞和粘滞产生影响。

由于外部颗粒物进入分配器从而导致摩擦系数增加，进而导致衬套（备件号 130 和 274）与活塞滑阀（备件号 129）之间的运行表面出现卡滞（如图 1），并且导致活塞滑阀的凸轮随动件（备件号 129）与起动凸轮的运行表面之间出现卡滞。卡滞将进一步导致摩擦增加，进而此状态加剧。在少数情况下，摩擦阻力增加至很高，从而使活塞滑阀自行锁定，进而导致活塞滑阀或起动凸轮损坏。

为了改善分配器耐受空气中所携带外界物质侵蚀所导致的损坏，“正车”起动凸轮的轮廓已经被略微修改。“正车”凸轮的节距已经被降低，因此降低了导向力和摩擦力。

对于遭遇到活塞滑阀破损 / 起动凸轮损坏问题的设备而言，建议安装经过新修改的起动凸轮，并且替换已受损的活塞滑阀。

除了遵循起动空气分配器的检修流程，还应当从遵循以下几点，适当延长检查周期：

（1）在港口停留期间，当柴油机停止时，建议检查活塞滑阀（备件号 129）和衬套（备件号 130 和 274）是否已经被卡滞。在柴油机停止的情况下，检查活塞滑阀是否能够在只需克服弹簧力的情况下用手推上推下。如果无法实现此状态，建议拆除活塞滑阀（备件号 129）和衬套（备件号 130 和 274）进行检查。

（2）当组装分配器部件时，应当采用二硫化钼进行润滑。起动凸轮和凸轮随动件应当采用包含二硫化钼的润滑油进行润滑。

在高湿度环境下操作时，建议检查自动泄放阀的功能是否正常，否则应从气瓶中手动排放冷凝水。

90703-0086

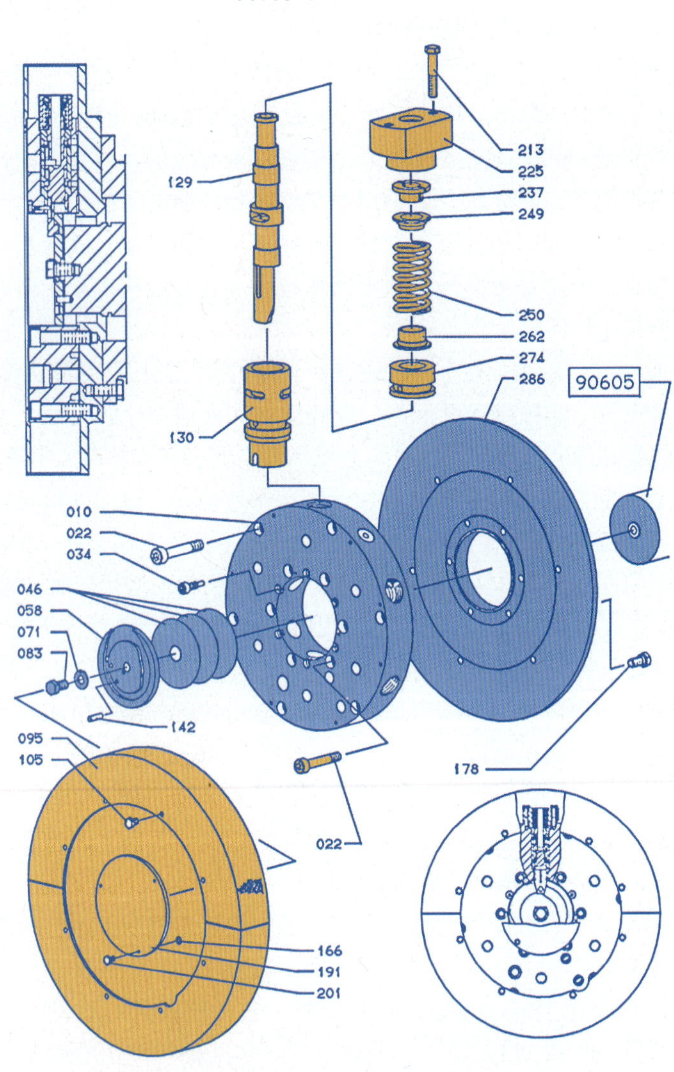

图 1　辐射型起动空气分配器

表 1 起动空气分配器

备件编号	备件简介	备件编号	备件简介
010	壳体		
022	螺钉		
034	导向螺钉		
046	盘片		
058	起动凸轮		
071	锁紧垫圈		
083	螺钉		
095	盖板		
105	螺钉		
129	活塞滑阀		
130	衬套		
142	导向销		
166	衬垫		
178	螺钉		
191	盖板		
201	螺钉		
213	螺钉		
225	单元		
237	锁定环		
249	弹簧导承		
250	弹簧		
262	弹簧导承		
274	衬套		
286	盖板		

当订购上述备件时，请参阅随机发放《维修保养说明书》页码 0086 铭牌 90703

SL2003-416/
2003 年 1 月

1.1.29　扫气系统水雾收集器排水

适用机型：所有 MC/MC-C 柴油机

2000 年 8 月的维护保养服务信函 SL00-384/JWF 强调了对空冷器后部水雾收集器进行适当排水布局的重要性。

最近在某些船舶的设备中，空冷器所排出的冷凝水被错误连接至空冷器清洗柜内，而不是流向舱底。空冷器清洗柜相对较小，如果有大量的冷凝水进入，那么此柜将会被迅速加满，造成水可能会进入扫气箱，导致加剧气缸套的磨损。

所有 MC/MC-C 柴油机均配备了一个指示铭牌，请参阅图 1，其中明确显示了如何连接管道。然而，在少数情况下管道被不正确地连接，同时，安装在冷却器下方的排放柜内的高水位报警也出了故障，存在问题的柴油机在这些状态下长期

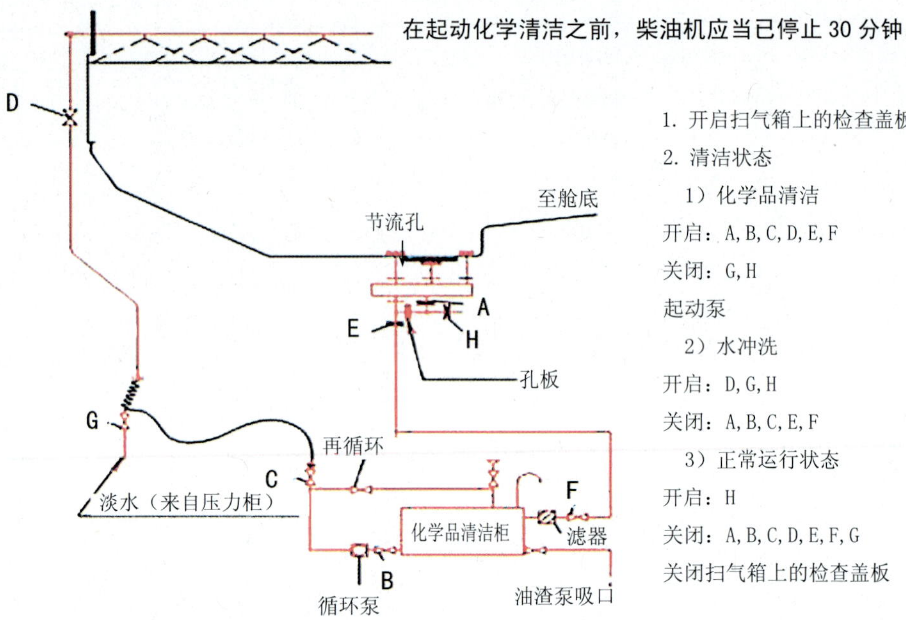

图 1　化学清洗系统

编者注：空冷器清洁的详情见《维修保养说明书》。

运行，将会导致气缸套出现异常磨损。

建议检查水雾收集器排放管路是否被正确安装，高水位报警是否正常工作。

排放系统的布局将根据柴油机类型以及柴油机制造商的情况而变化，但是典型的示例见图 2、图 3。

在正常维护期间，通向清洗柜的阀必须关闭。通向舱底的阀必须开启，标注有“V”的阀必须关闭。

扫气空气湿度高的情况下，会产生大量冷凝水，内置的孔板可能不足以迅速将水排出。在这种情况下，高水位报警将会响起，并且标注有“V”的阀必须开启，以避免水上升而进入扫气箱接收器内。

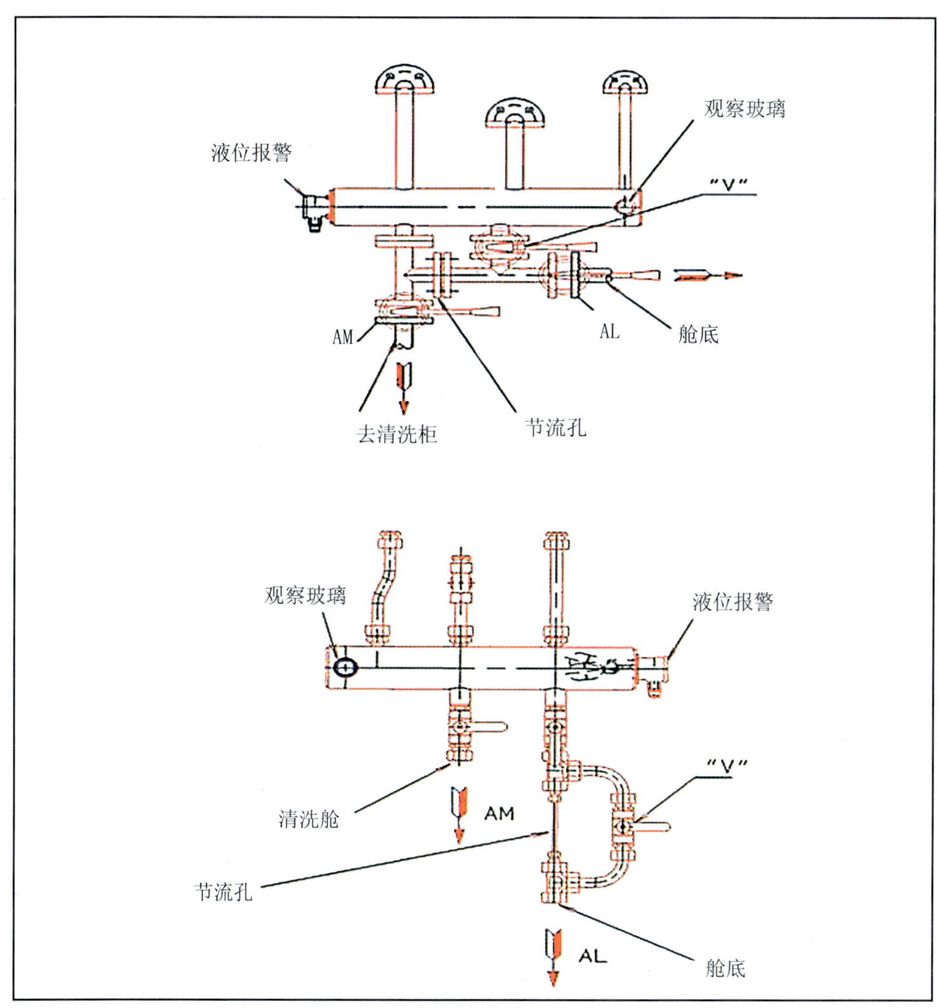

图 2　排放系统

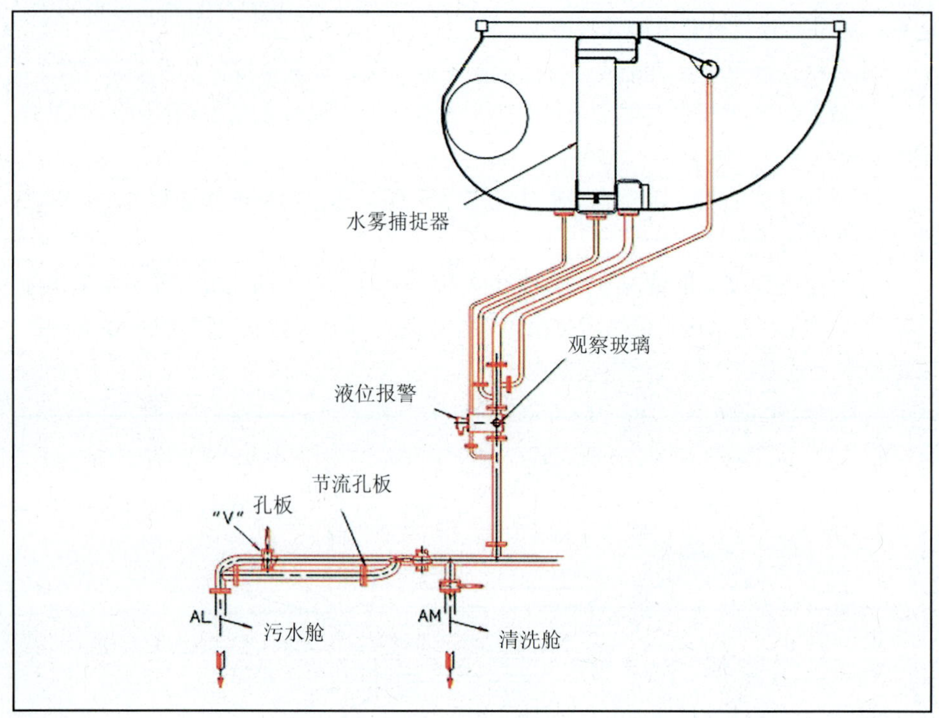

图 3　排放系统的布局

SL2003-417/HRJ
2003 年 1 月

1.1.30　优化气缸油用量

适用机型：配有 Alpha 气缸油系统的 S/L/K-MC/MC-C/ME、MK6 柴油机

标准指导原则

如 2002 年 1 月的维护保养服务信函 SL02-398/HRJ 所述，已经降低了配有 Alpha 气缸油系统的 K/L-MC/MC-C 柴油机的指导注油率。

现在维护经验已经显示能够降低配有 Alpha 气缸油系统的超长冲程 S-MC/MC-C 柴油机的注油率，甚至是降低至与 K/L 柴油机一样低的水平，例如，降低至 0.8g/bhph 的基本注油率，最小注油率为 0.6g/bhph。

1 Alpha ACC（自适应气缸油控制）

气缸油实际需要用量随着运行条件而变化，比如负荷和燃油质量。因此，为了获得优化的润滑效果，气缸油用量应当适合于此类运行的变化。

通过采用电控 Alpha 气缸油系统，并具有易于操作的“人机界面”面板，此类适应性将润滑调节变得可行。Alpha 气缸油系统每年将能够节省大量的气缸油，与此同时，还能够获得一种更安全更加可预测的气缸状态。

随着对磨损与润滑油用量之间关系的进一步研究表明，气缸润滑油的实际需求量将遵循燃烧的燃油量以及燃油质量。

这就需要实现部分负荷下润滑油控制与柴油机的输出成比例，在此情况下负荷和气缸油消耗量实际上也是成比例的。与此同时，相比起之前的实践经验（部分负荷用量将通过柴油机速度或者气缸平均有效压力进行成比例控制）而言，这将是最经济的控制模式。

基本注油率的控制与给定时间内实际燃烧的燃油质量的调整有关。当然，燃油质量是相对复杂的。然而，研究显示含硫量的百分比是气缸磨损的一个相关指标，与含硫量水平成比例的润滑油用量将能够提供最佳的综合气缸状态。

这种新的气缸油控制理念被称为“Alpha 适应性气缸油控制”，或者简称为“Alpha ACC”。

通过采用 Alpha ACC 在各种规格的 K 和 S 柴油机上进行测试已经显示，按照以下公式我们将能够采用一种基本设置，从而获得一个安全并且优化的润滑油经济性控制，见图 1 所示：

基本润滑油设置 = 0.25g/bhph × S%。

按最低设置值 0.5g/bhph 的设置，即该设置要保持恒定，那么硫的含量须在 2% 或以下。

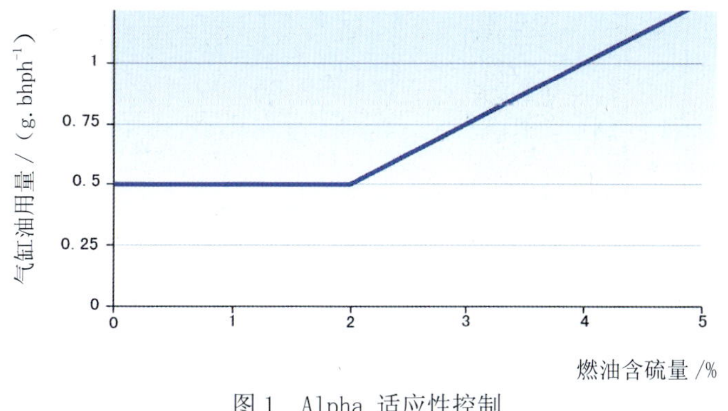

图 1 Alpha 适应性控制

2 如何按照“Alpha ACC”原理调整气缸油用量

首先，在任何时候燃用燃油含硫量的百分比是使用“Alpha ACC”获得节省润滑油的一种途径。因此，建议船舶必须加入市场上比较知名的燃油分析机构，并且在没有得到机构给出的分析结果的情况下不得开始使用含硫燃油。一般情况下，在加油之后，此过程通常需要 2～4 天。

“Alpha ACC”气缸润滑系统，其中一个关键的参数就是与柴油机负荷成比例的部分负荷控制。这是非常重要的参数，以便防止在低负荷时被过量润滑，相比起常规润滑而言，这是一种节油的主要参数。

如果“负荷成比例控制”在交付使用时未对 ALPHA 气缸润滑系统预设，建议您与 MAN B&W Diesel A/S 取得联系，以便获得如何从速度模式控制或气缸指示压力模式控制中改变软件的指令。

当燃用新加注的燃油时，“Alpha ACC”的人机界面设置值应当按照所加注燃油化验分析结果进行相应的调整。为了便于参考，应当使用表 1。

表 1　燃油含硫量与气缸油消耗的设置

含硫量	用量		设置值
%	g/bhph	g/kWh	Setting
0.0-2.0	0.50	0.68	63
2.2	0.55	0.75	69
2.4	0.60	0.82	75
2.6	0.65	0.88	81
2.8	0.70	0.95	88
3.0	0.75	1.02	94
3.2	0.80	1.09	100
3.4	0.85	1.16	106
3.6	0.90	1.22	113
3.8	0.95	1.29	119
4.0	1.00	1.36	125
4.2	1.05	1.43	131
4.4	1.10	1.50	138
4.6	1.15	1.56	144
4.8	1.20	1.63	150
5.0	1.25	1.70	156

某些较早期的 Alpha 气缸油系统在交付时的用量与人机界面设置值之间存在偏离。请检查指令手册内在 0.8g/bhph 时人机界面设置值是否为 100%，如果不是，则请与 MAN B&W Diesel A/S 取得联系。

“基本设置”通常被选择为在一般的状态下获得一种能够确保安全和气缸状态的经济性滑油用量。这就留下了根据单独情况向建议的最低设置值进一步降低滑油用量的可能性。

一旦采用 Alpha ACC 系统，0.25g/bhph×S% 的基本系数也可以被降低。当前，已经有降低至 0.21g/bhph×S% 系数的情况。

对于磨合而言，部分负荷和负荷变化状态以及一旦发生异常气缸状态时的润滑情况，请参阅表 2。

表 2 气缸油注油率导则

<table>
<tr><th colspan="5">配有 Alpha ACC 润滑系统的 S/L/K-MC/MC-C/ME/ME-C 柴油机，基于 BN 70 气缸油</th></tr>
<tr><td colspan="2"></td><td colspan="2">标准指导原则
（请参阅 MCR 负荷）</td><td>Alpha 适应性气缸油控制 （Alpha ACC）</td></tr>
<tr><td colspan="2">基本设置</td><td colspan="2">0.8g/bhph
1.1g/kWh</td><td>0.25g/bhph×S%
0.34g/kWh×S%</td></tr>
<tr><td colspan="2">最小注油率</td><td colspan="2">0.6bhph
0.8g/kWh</td><td>0.5g/bhph
0.7/kWh</td></tr>
<tr><td colspan="2">在正常运行期间的最大注油率</td><td colspan="2">1.25g/bhph
1.7g/kWh</td><td>1.25g/bhph
1.7g/kWh</td></tr>
<tr><td colspan="2" rowspan="2">部分负荷控制</td><td colspan="2">与气缸平均压力成例</td><td>与柴油机负荷成比例</td></tr>
<tr><td colspan="3">低于 25% 负荷时，与柴油机速度成比例</td></tr>
<tr><td rowspan="4">新缸套与新的活塞环的磨合</td><td rowspan="2">铝制涂层活塞环</td><td>注油率</td><td colspan="2">第一个 5 小时：1.6g/bhph=200%
从 5～250 小时：基本设置 +50%
从 250～500 小时：基本设置 +25%</td></tr>
<tr><td>柴油机负荷</td><td colspan="2">在 5 小时的时间内逐步增加至最大负荷</td></tr>
<tr><td rowspan="2">无涂层或硬质涂层活塞环</td><td>注油率</td><td colspan="2">第一个 15 小时：1.6g/bhph
从 15～250 小时：基本设置 +50%
从 250～500 小时：基本设置 +25%</td></tr>
<tr><td>柴油机负荷</td><td colspan="2">在 15 个小时的时间内逐步增加至最大负荷</td></tr>
<tr><td colspan="2">新环在已经磨合过缸套内的磨合</td><td colspan="3">注油率：基本设置值 +25% 磨合 24 小时
铝制涂层活塞环：无负荷限制
无涂层或硬质涂层活塞环：在 5 小时的时间内逐步增加至最大负荷</td></tr>
<tr><td colspan="2">负荷变化情况下的注油率</td><td colspan="3">在起动、机动操纵和负荷变化期间，调节负荷比例控制或者平均有效压力将由转速比例控制来替代，注油量增加 25%</td></tr>
<tr><td colspan="2">异常状态的气缸润滑</td><td colspan="3">为了维持一种安全良好的气缸状态，经常通过扫气口观察活塞环和气缸套的状态是至关重要的。如果发现不规则的情况，则应当考虑调整润滑油注油率。
一旦发生刮擦，活塞环粘滞或者较高的缸套温度波动，那么注油率应当增加 25～50%</td></tr>
</table>

SL2003-418/JOF

2003 年 1 月

1.1.31　MC/MC-C/MC-S 柴油机滑阀式喷油器的压力测试和检修

适用机型：MC/MC-C/MC-S 柴油机

从 2003 年 1 月起滑阀式喷油器已经成为了 46～98cm 缸径柴油机的标准配备，对于 26、35 和 42 缸径柴油机将指定滑阀式喷油器作为标准配备。

滑阀式喷油器已经在大缸径柴油机中使用了多年，通过船舶操作人反馈的信息，应当适当强调说明书内所包含的测试和检修流程。

此维护保养服务信函内包含的信息除了喷嘴和针阀的相关细节外也适用于常规类型喷油器。

作为一个示例，附上了 K98 型柴油机的检修和测试流程的全面介绍，以及整个检修和测试流程的视频记录光碟（有关其它类型柴油机的指令，请与丹麦哥本哈根的 MAN B&W Diesel 服务中心取得联系）。

1 操作注意事项

（1）不可在滑阀式喷油器上做雾化测试（例如，当测试设备内的压力升高至 800bar，并且突然释放至喷油器）。在测试设备上，针阀升程仅为标称针阀升程的一个较小的比例，施加滑阀式喷油器上的压降较大。因此，针阀与燃油喷嘴之间的接触压力将很高。此外，针阀将在较高的频率处振荡。一个较小的针阀升程，一个较大的压力，以及结合由于压力测试所使用的较少的油，从而导致针阀与喷嘴之间卡滞的风险增加。这些状态远偏离于柴油机的实际工作状态，即使在非常低负荷情况下也始终能够有一个稳定的针阀升程。

（2）开启压力测试需要清洁喷油器喷嘴孔和针阀。当对滑阀式喷油器做压力测试时，只有当清洁喷嘴和针阀之后才能获得一个可靠的开启压力。如果未进行清洁，那么喷油器开启压力将等于关闭压力，关闭压力仅大约等于正确开启压力的 55%，即典型的开启压力大约为 200bar。

其原因是碳和粘滞的燃油将阻碍阀完全闭合在针阀阀座上，即当对喷油器加压时，喷嘴内将同步累积油压。此压力将提升针阀，从而降低了开启压力。在柴油机上的燃油和喷嘴均较热，这种现象并不会发生。

（3）在压力测试期间，油并非总是从所有喷嘴孔处喷射出来。有时候，油仅从一个、两个或三个喷嘴孔中喷射出来。其原因是喷嘴孔的复杂几何形状，即并不是所有喷嘴孔都具有处于完全相同垂直位置的下端边缘。这就意味着压力测试设备非常小的针阀升程并不始终足以打开所有孔。

（4）滑阀式喷油器的检修间隔时间（TBO）为 8 000 小时，到时喷嘴本身应当进行更换。在 16 000 小时之后，导套，包括针阀和喷嘴应当进行更换。

（5）在某些类型的柴油机上，气缸盖上用于安装喷油器的弹簧座应当采用一个具有更高弹簧力的来进行更换。60、70、80、90 和 98MC-C 柴油机应当提供新型的更坚固的弹簧座，而 50 和 60MC 柴油机则可以使用原始弹簧座。

做为经验法则，如果密封测试和开启压力测试能够获得可接受的结果，则表示喷油器能够实现正常功能。对于全面介绍，请参阅检修和压力测试说明，该说明附了一个纸质版本和一个光盘版本。.

2 附件

流程 M90911，版本 0226

流程 M90912，版本 0219

2.1 喷油器检查 909-11.1

喷油器的检查应当特别注意和仔细，因为在柴油机运行期间发生的异常情况很大一部分都由于这些阀件的故障导致的。

如果柴油机能够实现符合原理图和排气温度要求的正常性能，那么在“检查和维护计划”所述的维护期之后仅需要检查喷油器。请参阅章节 900-1。

为了在喷油器的测试期间获得可靠的结果，从柴油机中拆除的所有喷油器均必须在测试之前进行解体、清洁、检查和重新组装。请参阅流程，章节 909-11.3 和 909-12.3。

请注意！
一旦在未清洁喷嘴与针阀区域的情况下对滑阀式喷油器进行压力测试，
那么所测得的开启压力数值可能远低于指定数值。

在被安装到气缸盖上之前所有喷油器均必须进行功能测试，见下列图文所示。

① 喷油器试验台的压力测试泵

如果无法获得 10bar 的空气供应，那么可以使用 7bar 的工作空气。仅能使用在 50℃时粘度在 7～10 cSt 之间的液压油（防锈）。

对于压力测试泵的操作，请参阅供应商的《操作说明书》。

并对此高压油泵按照供应商的指令定期进行检查。

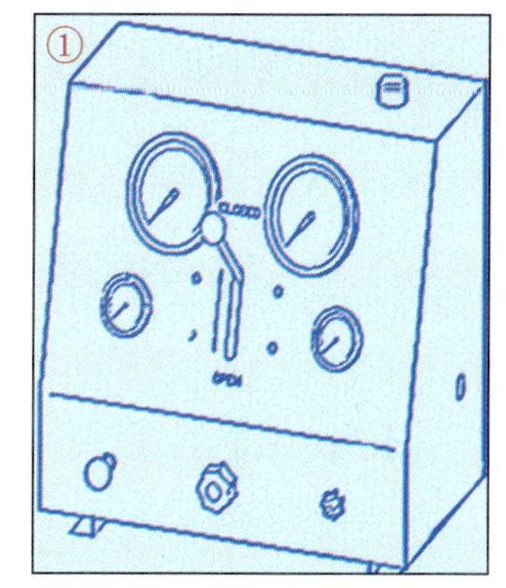

② 弹簧座

为了确保不会出现过度拧紧的情况，应检查定位销 / 指示销状态没有出现弯曲或破损，见图 2 所示。

一旦出现过度拧紧，必须更换一个新的弹簧座。

③ 喷油器的设置

将喷油器放置在测试夹具上，并且采用弹簧座和螺母将其固定。拧紧螺母直至压力盘的顶面与弹簧座的顶面平齐为止。在压力测试泵与喷油器之间安装燃油管道。

④ 压力测试流程

后续项目必须遵循所述的次序。项目 5、7、8 和 9 均被划分为以下四个子项目：

A 目标

B 流程

C 验收标准

D 故障原因

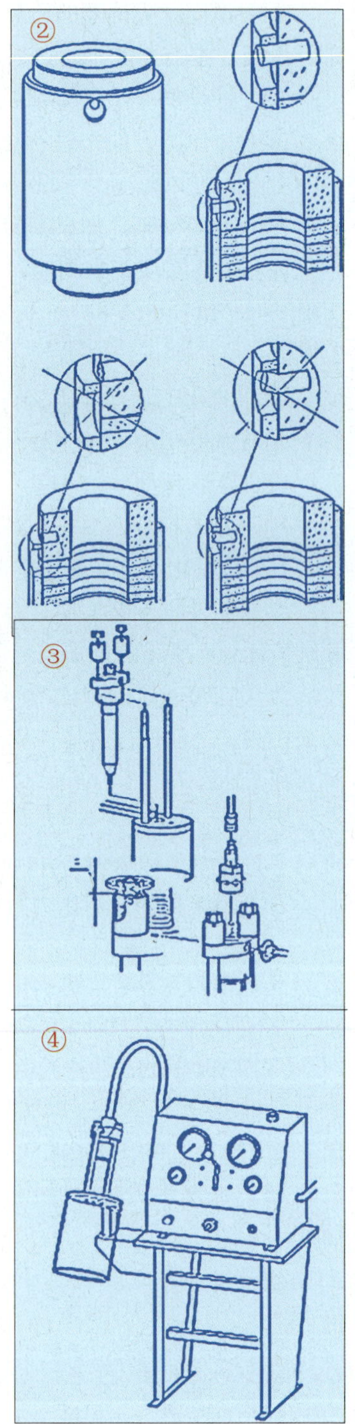

请注意！

如果无法获得 10bar 的工作空气，那么对于所有测试而言获得 7bar 的压力也是可以接受。

⑤ 冲刷和喷射控制

A 目标

清除系统内的空气，并且检查燃油喷射情况。

B 流程

控制手柄必须处于开启位置。

缓慢增加工作压力，直至从喷嘴孔中喷出直线的喷射油（非雾化的）。

C 验收标准

至少能够通过其中一个喷嘴孔连续喷射。

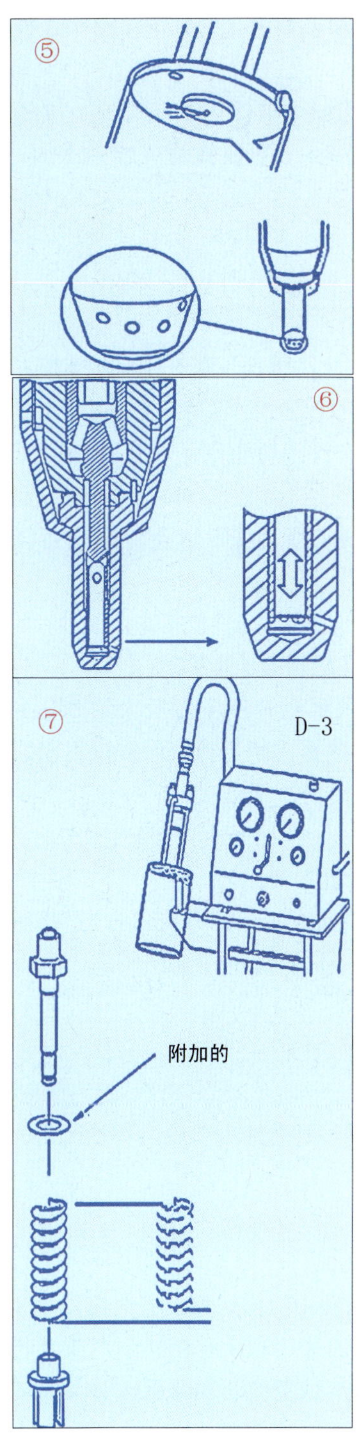

由于喷嘴内部部件的几何形状 - 并且由于压力测试期间针阀被提升的高度低于正常柴油机运行期间被提升的高度，不需要燃油从所有喷嘴孔中流出。

D 故障的原因

如果喷射不符合上述要点 C，那么原因可能是：

- 喷嘴孔内的脏污
- 喷嘴未正确安装

⑥ 雾化测试

请注意！

禁止在滑阀式喷油器上做雾化测试，因为这可能损坏针阀和喷嘴。

其原因是雾化测试可能损坏针阀，因为这将使针阀在一个非常高的频率下按照一个较小的升程进行振荡。切断边缘上的高压降以及针阀与燃油喷嘴之间的高压，再加上测试油品的较差润滑性，因此将会增加针阀与喷嘴之间卡滞的风险。

所有这些状态均涉及到针阀与喷嘴之间卡滞的风险。

⑦ 开启压力

A 目标

检查开启压力。

B 流程

控制手柄需要处于开启位置。

增加油压，直至其能够通过喷嘴孔喷射为止。

C 验收标准

检查压力表上的开启压力。

D 故障的原因

如果开启压力高于 D-3 内的指定值，那么原因可能是使用了错误类型的弹簧 — 更换止推

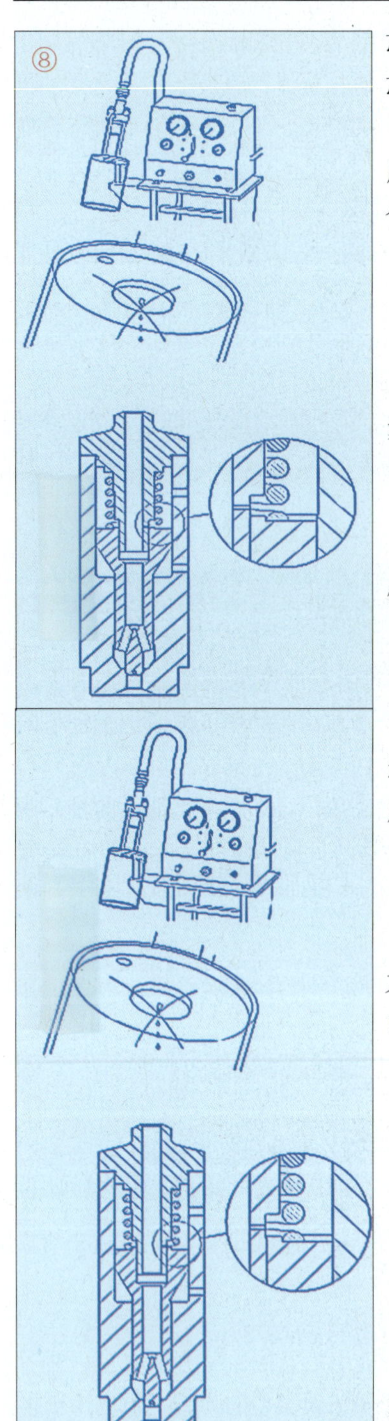

芯轴上的弹簧，如果必要的话，则更换整个止推芯轴。

如果开启压力低于 D-3 内的指定值，那么原因可能是弹簧松弛 — 更换弹簧，或者添加一个专门的垫片。

请注意！

专门的垫片可以作为备件提供。

如果弹簧或垫片被更换，那么则必须重复从步骤 4 起的压力测试流程。

⑧ 密封测试和针阀功能

A 目标

检查针阀阀座的密闭度，以及针阀是否能够正确关闭。

B 流程

控制手柄必须处于开启位置。

缓慢增加油压至比开启压力低大约 50bar。通过将控制手柄移动至关闭位置从而维持累积的压力。将该流程重复两次或三次。

C 验收标准

油不得从喷嘴孔中流出。

压力相对缓慢的降低至大约 15bar，之后压力将快速下降至 0（针阀被压在锥形阀座上，同时开启循环油）。

请注意！

当喷油器注满油时泄油出口应当有油流出。

D 故障原因

D-1 密封性测试

如果油从喷嘴孔中流出，那么原因可能是：

• 针阀阀座处的芯轴导承存在缺陷，或者芯轴粘滞。请检查和 / 或更换芯轴导承。

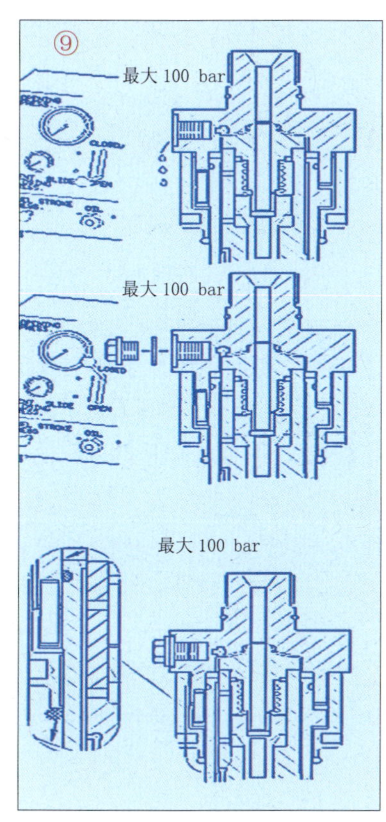

请参阅说明书，909-12.3。

• 压力下降太快：

- 在芯轴导承和止回阀之间的可移动部件的间隙太大，或者

- 芯轴导承内的止推承座／芯轴或者止回阀内的止推承座／滑阀之间的阀座受损。

检查和／或更换芯轴导承和止回阀。

请参阅说明书，909-12.3。

请参阅说明书，909-13.3。

D-2 针阀功能

将压力相对较慢的下降至大约 15bar，随后压力将快速下降至 0（针阀将被按压在锥形阀座上，并且开启油的循环）。

请注意！

当喷油器完全充满油时，那么泄油出口处将始终有油流出。

如果压力无法实现快速从 15bar 下降至 0 bar，则：

• 针阀粘滞；或者

• 止推承座内的透气孔被堵塞。

如果这样的话，则拆除并检查芯轴导承，如果必要则进行更换。

请参阅说明书 909-12.3。

⑨ 压力测试、O型圈密封

A 目标

确保漏泄的油（循环油）仍然留在关闭的系统内。

B 流程

控制手柄应当处于开启位置。

建立一个大约 10bar 的工作压力，直至油从泄油出口流出为止。

C 验收标准

利用一个垫片或旋塞关闭泄油出口。

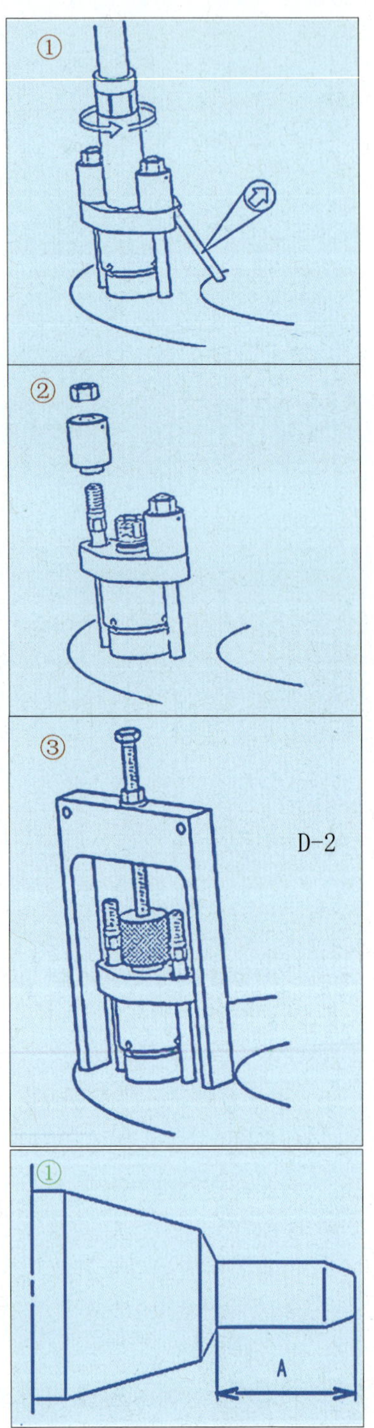

将工作压力增加至大约 100bar。

移动控制手柄到关闭的位置。

100bar 的建立压力应当维持。

D 故障的原因

如果在接合螺母处出现漏油，那么则表示喷油器头部内侧的○型圈存在缺陷，并且必须更换。

2.2 喷油器的拆解 909-11.2

① 关闭燃油入口和出口阀，并且排空高压油管和喷油器燃油。

拆卸和移走燃油高压油管。

请参阅说明书 909-14.2。

从喷油器上拆下回油管道。

② 拆除螺母和弹簧座。

③ 拆除喷油器。如果喷油器被粘滞，请使用喷油器拆卸工具将喷油器从顶盖中拉出。

如果不解体喷油器，喷油器应当浸泡在柴油中直至解体检修为止。

2.3 喷油器的解体 909-11.3

如果解体喷油器时，均应当小心操作所有部件，并且保持清洁。

只能使用清洁的非蓬松的布进行擦拭。请确保去除所有液体或固体杂质。一旦喷油器被解体，在重新组装之前，所有密封件都应当被丢弃，并且换用新的密封件。

① 测量喷嘴凸出部分的长度“A”，并且记录下结果以便重新正确组装喷油器。

② 将喷油器支架放置在一个加工夹钳上，在支架上安装喷油器，并且给针阀安装研磨工具

的导向圈。

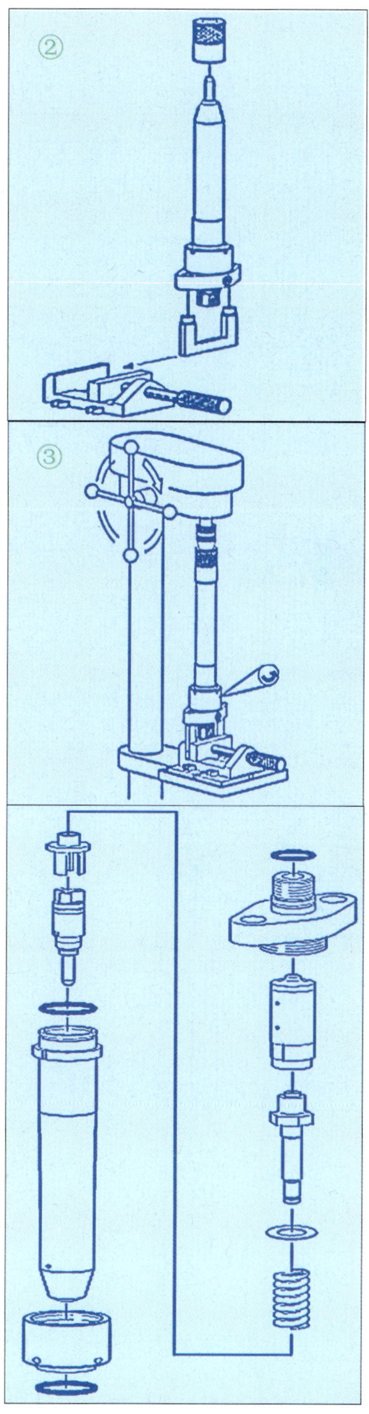

③ 用台钻按压喷油器和弹簧内侧，以避免接头螺纹卡滞。将喷油器保持在受压状态，并且采用一个钩形扳手松开接头螺母。

从喷油器支架上拆除喷油器。

从喷油器壳体中拉出喷油器头部。

从喷油器壳体上拆除：

- 止回阀
- 止推芯轴部件
- 止推支脚
- 芯轴导承和燃油喷嘴

拆除和丢弃所有○型圈

④ 小心清洁和检查以下所有表面：

- 喷油器壳体
- 喷油器头部

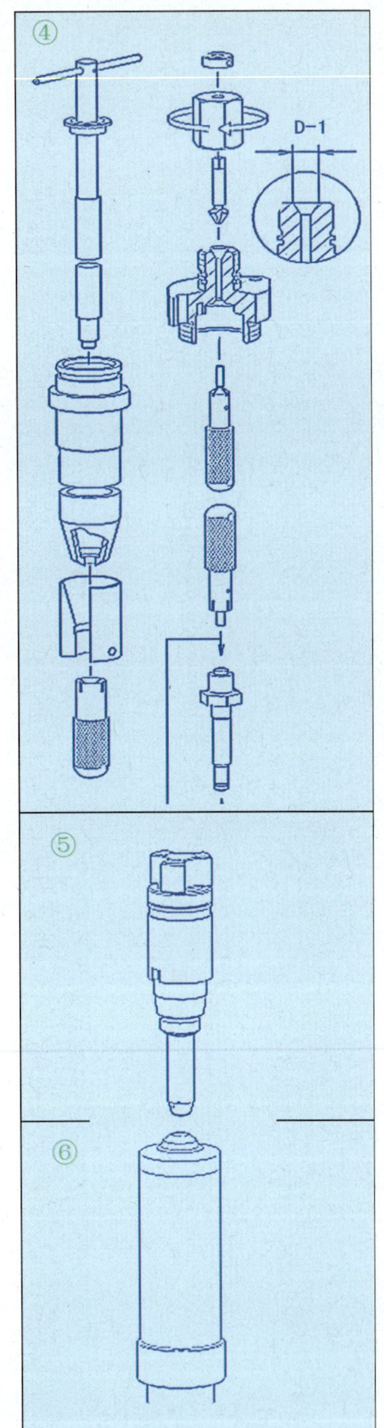

• 止推芯轴

如果必要的话，使用提供的研磨工具和一个精细颗粒的砂纸（如 Carborundum No.500）来研磨阀座表面.

此研磨作业只能手动执行。

在研磨之后，用汽油清洗部件和通过压缩空气去除任何剩余的研磨复合物。

一旦对针阀头部内高压油管的接触表面造成更严重的损坏，那么可以使用铣削工具。

通常，铣削工具要用手转动，但是如果转速被控制在最低（不超过大约 100r/min），那么可以被安装在柱状类钻孔机的夹具内。此时则必须使用充足的切削乳化液。

请注意！

请注意不得超过阀座的最大直径。

⑤ 整个芯轴导承，包括燃油喷嘴，应当被送至经过授权的 MAN B&W 维修店进行解体。如果不可能的话，则可以在船上对芯轴导承进行解体。

请参阅说明书 909-12.3。

请注意！

除非芯轴导承已被拆除，否则禁止从芯轴导承上拆除燃油喷嘴。不然，芯轴上的针阀可能受损。

⑥ 止回阀应当被送至经过授权的 MAN B&W 维修店进行解体。如果不可能的话，那么可以在船上对止回阀进行解体。

请参阅说明书 909-13.3。

⑦ 在喷油器壳体上安装芯轴导承总成，包括燃油喷嘴。

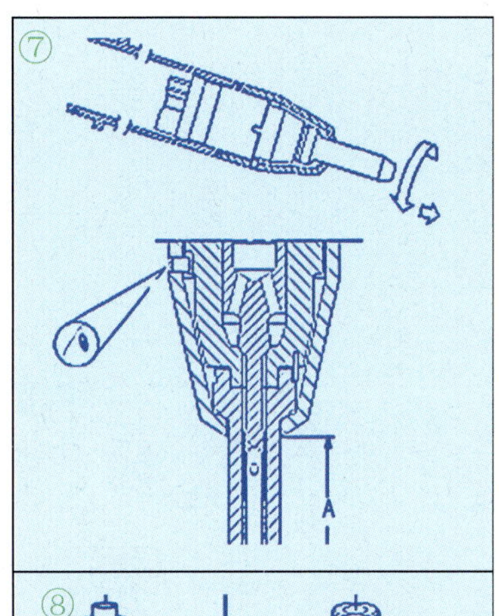

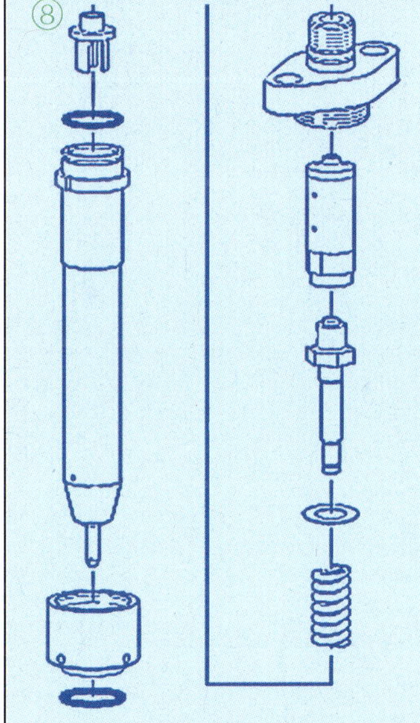

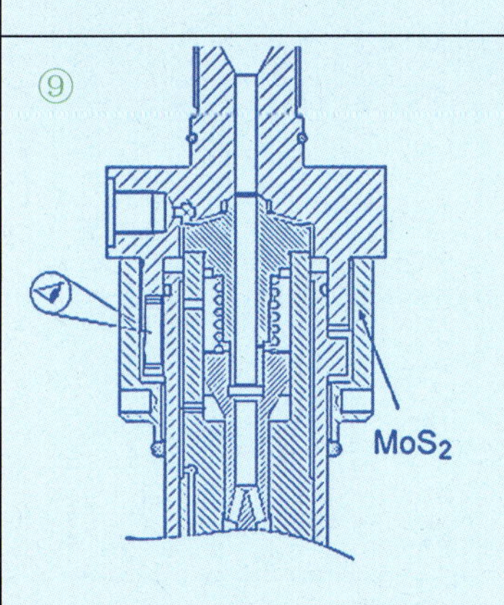

将芯轴导承小心地向下滑入喷油器本体内，并且转动喷嘴，直至芯轴导承与导承销正确接合为止。检查距离 A 是否相应于喷油器拆除之前所测得的距离。

请注意！

请确保燃油喷嘴和芯轴导承与喷油器壳体内的导承销正确接合。这可通过在安装完成之后转动喷嘴的形式确认。喷嘴应当不能够被转动。

⑧ 在喷油器壳体内安装以下部件：

• 推力支脚

• 推力芯轴的部件

• 止回阀

在喷油器壳体的最上端凹槽内安装一个新 O 令。

用二硫化钼润滑喷油器头部的螺纹。

对于这种润滑剂的正确使用，请参阅流程 913-11。

⑨ 请确保喷油器壳体与喷油器头部之间的导向销完好无损，并且将喷油器头部向下压入喷油器壳体内。

请查看喷油器壳体与喷油器头部之间的导向销是否正确接合，以便防止部件的相对转动。

⑩ 通过接合螺母的方式组装喷油器

将喷油器放置在台钻的喷油器支架上。

向内按压喷油器和弹簧。保持喷油器被压紧，并且采用一个钩形扳手拧紧接合螺母。

在检修之后，喷油器必须在测试台上进行测试。

请参阅说明书 909-11.1。

如果在检修之后喷油器未被立即安装在柴油机上，那么需用塑料覆盖喷油器的所有开口，以防止在储存期间灰尘进入喷油器。

2.4 喷油器的安装 909-11.4

① 在安装喷油器之前，则应当完全清洁气缸盖上的喷油器孔，并且检查孔内喷油器座是否存在的划痕，如果有，则应当清除该划痕。

（对于气缸盖内喷油器孔径的翻修，请参阅流程 901-1.3。）

如果未完成翻修，则在喷油器上安装新的〇型圈。采用二硫化钼润滑喷油器。

② 将喷油器安装在气缸盖上。

安装弹簧座和螺母。拧紧螺母直至压力盘的顶面与弹簧座的顶面平齐为止。此操作必须小心完成，因为弹簧座内的弹簧张力将确定气缸盖上喷油器的正确拧紧扭力以及喷油器的正确压缩度。

③ 在安装之前，请采用一种耐热防粘着的油脂润滑燃油管道接头上的螺纹。

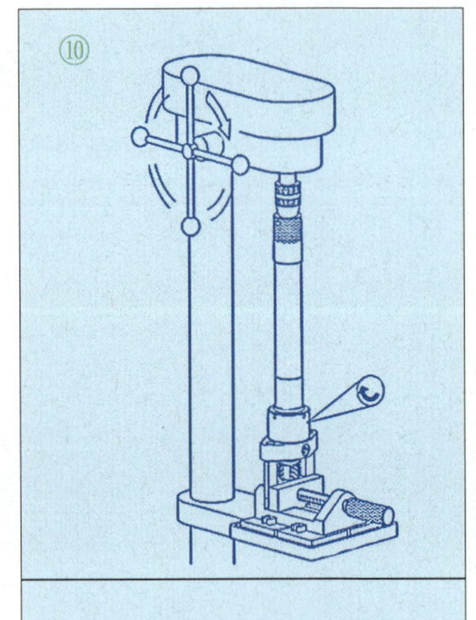

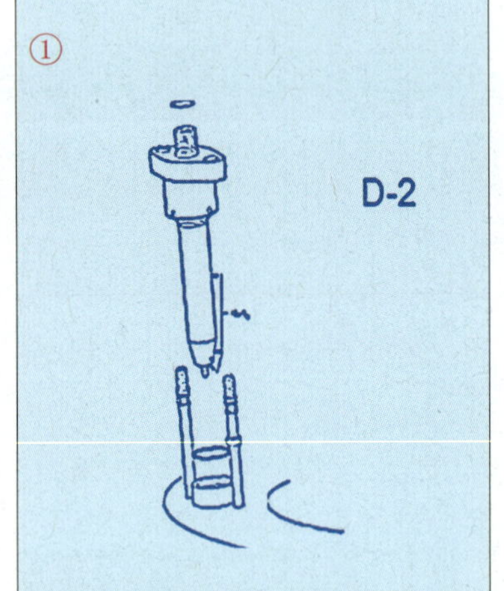

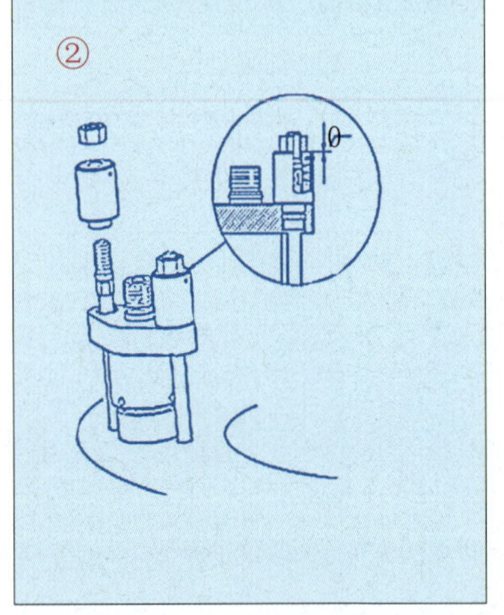

请注意！

建议在安装之前检修燃油高压油管。

请参阅说明书 909-14.3。

作为最低要求，我们必须检查燃油管道端与推力衬套之间的距离，如果必要，则进行调整。

安装经过检修的燃油高压油管和回油管道。

请参阅说明书 909-14.4。

请注意！

在安装至气缸盖上之前，所有喷油器都必须进行功能测试。

请参阅说明书 909-11.1。

请注意！

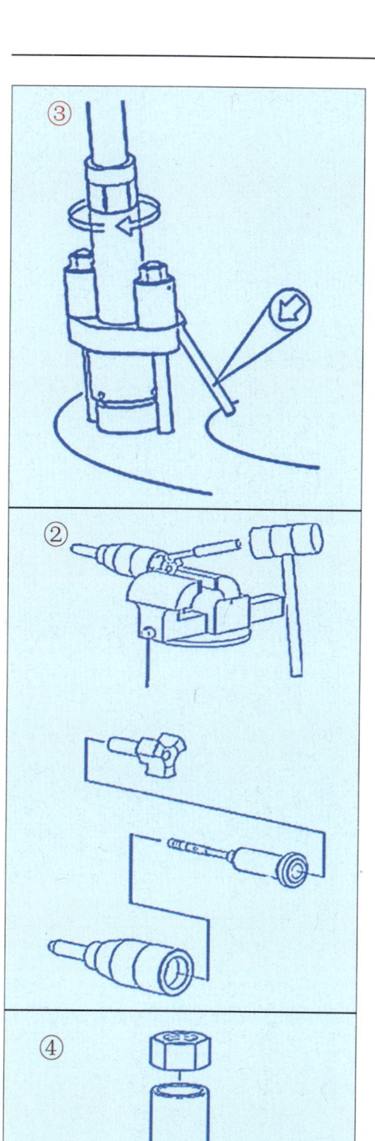

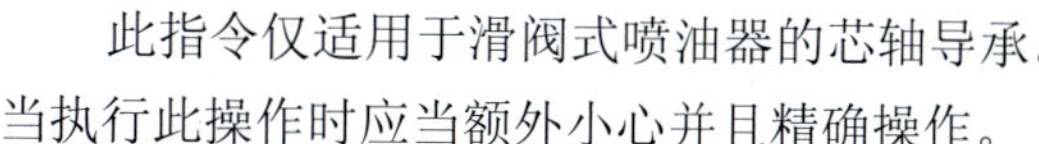

此指令仅适用于滑阀式喷油器的芯轴导承。当执行此操作时应当额外小心并且精确操作。

根据维护经验，建议在运行 8000 小时后更换整套芯轴导承。

2.5 芯轴导承检修 909-12.3

① 用纯净的汽油或煤油清洁芯轴导承的外部。芯轴导承的单独部件是不可互换的，因此，一次只能拆除一个导承。

请注意！

芯轴导承、推力块和芯轴是配对部件，并且不能单独更换。

② 将芯轴导承放置在一个提供有“软”夹口的工作台夹钳上，并且使用如图所示的铜质顶杆以便拆除芯轴导承。

③ 在芯轴导承的燃油喷嘴周围安装拉出工具。转动螺母从芯轴导承上拉出燃油喷嘴。

请注意！

拉出工具不是所有柴油机的标准配备，但是可以作为一个可选附件交付。

④ 如果无法获得拉出工具，那么可以使用两个螺丝刀从芯轴导承上拆除燃油喷嘴。

将螺丝刀对立放置在燃油喷嘴与芯轴导承之间的小间隙内，并且非常小心地将燃油喷嘴从芯轴导承处拉出。

⑤ 用汽油清洁芯轴导承的所有部件，并且采用一块干净的布将其擦干。

用煤油或“Electrocleaner”内再次清洁

所有部件，并且采用干净的布擦干。

将所有部件放置在一个干净的无棉绒布上，并且通过一个 8～10 倍的放大镜和一个检查灯对其进行检查。

在检查期间，请特别注意阀座表面和部件的滑动表面。

⑥ 通过如图所示将芯轴、推力块或芯轴导承分别放置在一个车床上，并且采用非常精细的常规抛光亚麻布（等级 360）进行抛光，从而清除所有沉积物或者非常精细的刮痕。

还请使用少量的油进行抛光（绝对禁止使用较粗的抛光亚麻布）。

请注意！

针阀的滑动表面只能非常小心地抛光。禁止损坏滑动表面。

在抛光之后，再次清洁部件，并且重新检查推力块／芯轴上的阀座，针阀／芯轴上的阀座，以及芯轴／导承上的阀座。请使用一个检查灯和一个 8～10 倍的放大镜。

如果阀座不是正常状态，例如，阀座上存在压痕或类似痕迹，那么必须报废整个芯轴导承。

⑦ 通过专用的铜刷从燃油喷嘴的中心孔处清洁任何碳沉积物。使用汽油和专门提供的钻孔工具清洁喷射孔。

请注意！

在此操作期间应特别注意禁止将钻孔工具推入太深，以避免刮伤燃油喷嘴内侧的滑动配合表面。

用煤油清洁燃油喷嘴，并且采用一块干净的布擦干。

利用测试针测试喷射孔，如果测试针只要能

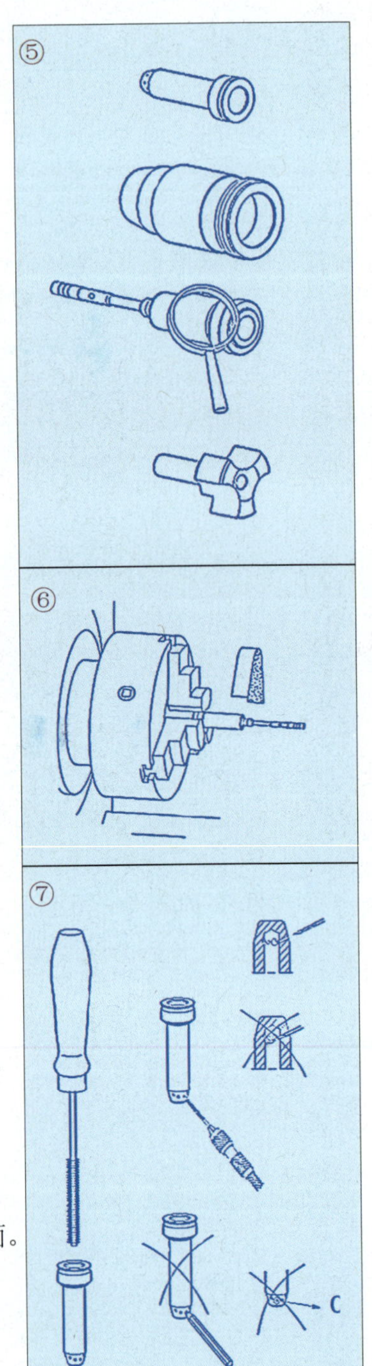

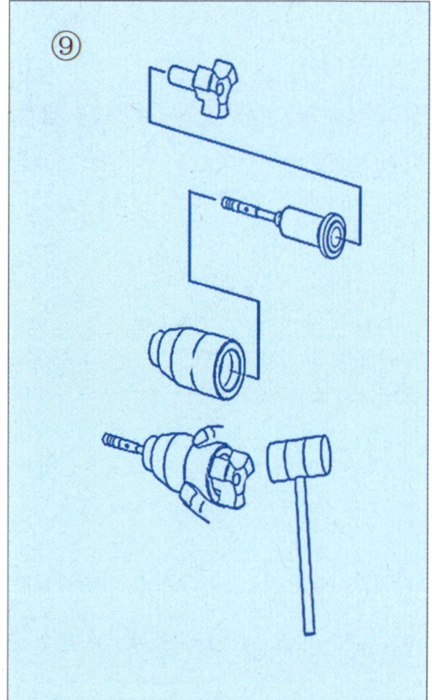

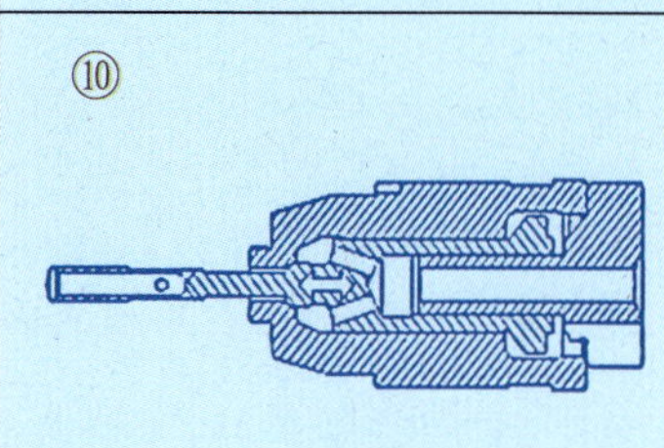

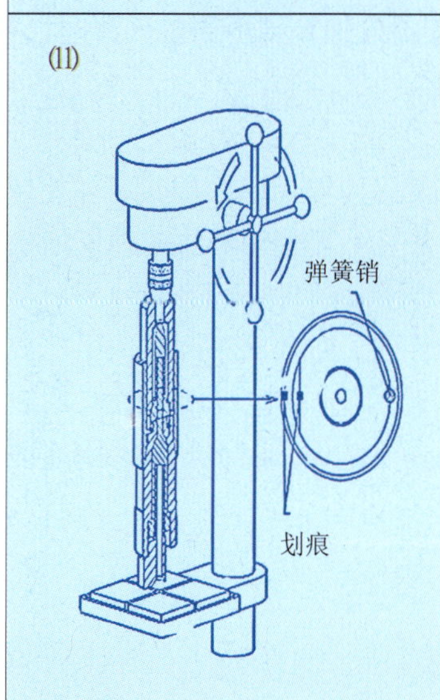

进入其中的一个孔，那么该喷嘴必须报废。

这也适用于具有椭圆孔的喷嘴（可以采用一个放大镜确认）。

在安装至芯轴导承上之前检查燃油喷嘴，针阀必须能够在喷嘴内侧自由移动。

请注意！

一旦芯轴导承被检修，建议同时更换喷嘴。

⑧ 用少量二硫化钼润滑芯轴、推力块以及针阀，请参阅流程 913-11.。

⑨ 组装推力块，芯轴和芯轴导承，并且使用一个软锤子将部件小芯敲击在一起。

⑩ 前后晃动芯轴导承。芯轴和针阀必须能够在芯轴导承内前后自由滑动，并且带有一个“咔哒”声响。

⑪用少量的二硫化钼润滑喷嘴的滑动表面和芯轴。请参阅说明书 913-1。

将喷嘴安装在芯轴导承上。

确保喷嘴和弹簧销上的半圆形凹槽处于一条直线上。

如果喷嘴和芯轴导承提供有与弹簧销相对应的划痕记号，那么其必须处于一条直线上。

将部件放置在钻孔机或液压工具的面板上，将安装工具放置在部件上。请确保所有部件均准确对准。

请注意！

安装工具并不是所有柴油机的标准配备，但是可以作为可选附件交付。

如果无法获得安装工具，那么可以使用一小截套管将喷嘴安装在芯轴导承上。

将套管放置在喷嘴上，以便套管的下端顶靠在燃油喷嘴的“支脚”上。然后按照使用安装工具时相同的方式将部件按压在一起。

检查导承内的芯轴是否能够按照步骤⑩内所示自由移动。

⑿如果在检修之后芯轴导承无法立即被安装在喷油器内，那么采用塑料覆盖芯轴导承的所有开口，以防止在储存期间灰尘进入芯轴导承内。

SL2003-419/RØL

2003 年 2 月

1.1.32　十字头轴瓦组装指导原则

适用机型：MAN 46-70MC-C 柴油机

根据使用中的观察到的少数情况，发现在连杆内安装十字头轴瓦期间，应该执行下列注意事项：

十字头轴瓦必须以下述的方式被置于孔内，即不外伸至轴承盖的一侧，也不得内缩至连杆的一侧。

已经在少数的滑块白合金层观察到了痕迹，这是因为轴瓦已经被安装为外伸至轴承盖一侧。然而，这些痕迹仅仅是外观特性，并且不可能对滑块的性能产生不利影响，也无需进行维修。

对于轴承盖采用铸造金属和仅有下瓦的柴油机而言，见图 1- 图 A 所示。

对于具有上瓦和下瓦的柴油机而言，见图 1- 图 B 所示。建议检查轴瓦的侧面边缘是否被放置于轴承盖边缘之内和连杆的侧向表面之内。图中 X 和 Y 间隙应当大约为 0. 1～0. 5mm。

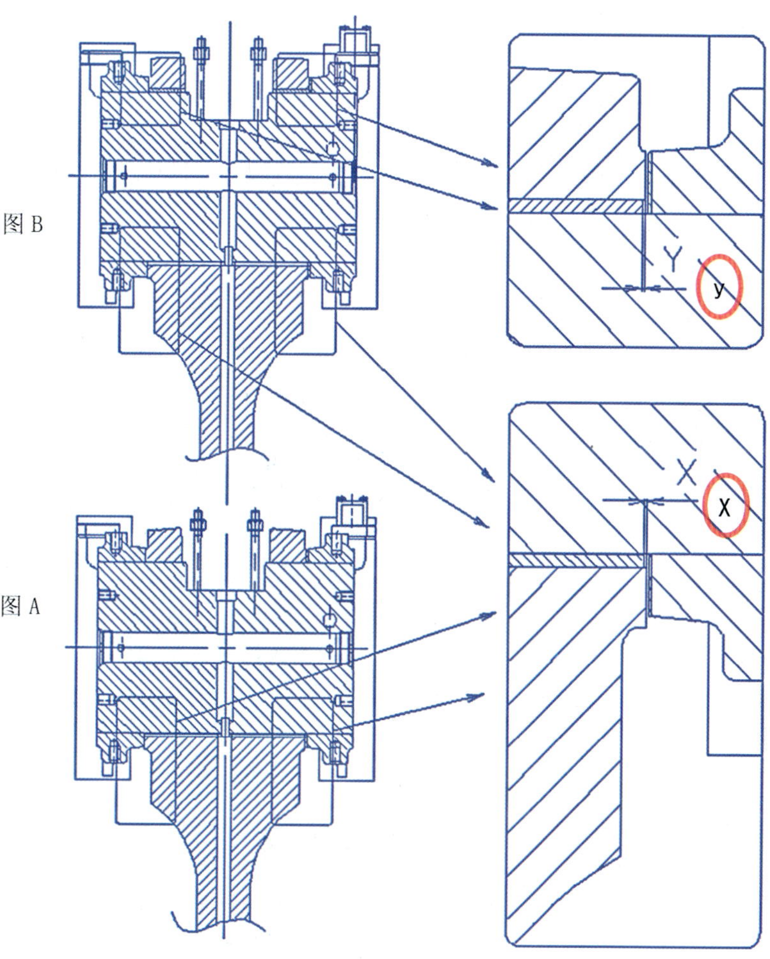

图 1　由于组装不正确而导致白合金内产生痕迹

SL2003-420/ERO
2003 年 2 月

1.1.33 曲轴箱安全阀（防爆门）

适用机型：所有机型

我们查阅了于 1999 年 10 月发出的维护保养服务信函 SL99-373/ERO，其中概述了有关曲轴箱安全阀的要求，这些要求是为了增加船员和船舶的安全性。

然而，最近有些事情引起了关注，某些使用中的船舶已经在曲轴箱安全阀上或周围安装了安全罩。其中一个示例如图 1。

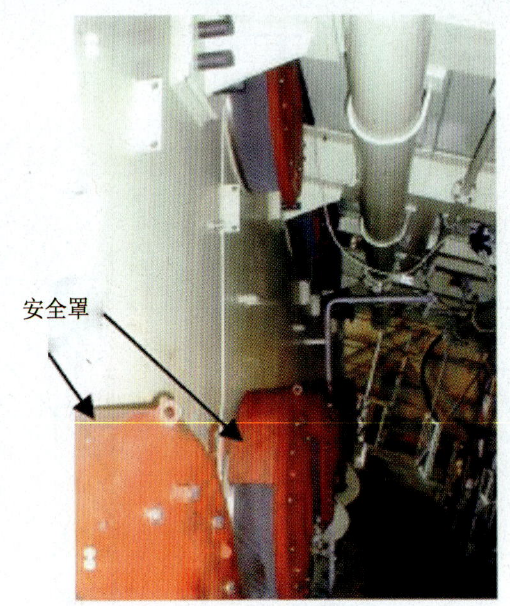

图 1 曲轴箱安全阀周围安装了安全罩

强烈反对使用这种安全罩，因为它们将会产生负面的影响。油雾在任何情况下将仍然朝涡轮增压器方向移动，更严重的是该安全罩将会破坏火焰清除器的功能。

在 MAN B&W Diesel 公司主导并由一家测试研究院所执行的测试期间，在具有一个运作良好的火焰清除器的安全阀上配有一个安全罩时，火焰清除器的功能将受到影响，因为当在配备有小型和大型安全罩的安全阀进行测试时均出现了外部起火现象，见图 2。

图 2　大型安全罩、小型安全罩以及无安全罩

根据此经验，建议检查柴油机上的曲轴箱安全阀，如果配有此类安全罩的话，应立即拆除。

SL2003-423/UM
2003 年 3 月

1.1.34　活塞检修的平均周期

适用机型：所有机型

在拥有大缸径柴油机船东的积极反馈的基础上，在 2002 年年初，改变我们的推荐，将活塞检修的“检修周期指南”中有关活塞检修的间隔周期从 8000 小时改变为 12 000～16 000 小时，并且对新的说明书进行了相应更改。与此同时，我们还将小缸径和中等缸径柴油机的检修间隔周期从 8 000 小时改变为 12 000～16 000 小时，请参阅附件“检修间隔周期指南与预期服务寿命”，见表 1-1、表 1-2。

在燃烧室内装配有如下最新特性的柴油机则可能获得上述 MTBO（检修周期的平均时间间隔）：

- PC 环
- 具有高顶面的活塞
- CPR（控制压力释放）第一道活塞环
- 具有铝 - 铜涂层的活塞环
- 具有铜环的活塞裙

对于配有滑阀式喷油器的柴油机而言，预计活塞和活塞环的 MTBO 将进一步增加。

在此背景下，希望提出一种更具灵活性的活塞检修措施，同时考虑到船舶的类型。

通常，一个具有良好外观以及一个完整 CPR 活塞环并且经过良好润滑的活塞不应当被检修。一个完整的 CPR 环意味着剩余的压力释放凹槽应当至少为 1mm 深度。

对于集装箱船和散货船而言，按照说明书的要求，通过定期检查扫气口状态所获得的结果来确定活塞的检修，并且按照此类检查结果必要时才进行吊缸检查。

由于油轮在油轮码头停泊期间不允许检修，活塞检修则可能导致船舶停租的昂贵费用，因此建议在船舶进坞期间按照固定的周期间隔执行计划检修。

由于这些原因，引入了一个检修间隔周期用于替代一个固定的时间，因此向轮机长提供了相关选项，以便最方便时吊缸将活塞拉出检修。

表 1　检修间隔指南以及预期的服务寿命

部件	检修间隔（单位为小时）	预期服务寿命，单位为小时，根据平均磨损情况确定	备注
气缸套	12 000～16000	98MC　80 000 90MC　80 000 80MC　70 000 70MC　70 000 60MC　60 000 50MC　60 000 46MC　50 000 42MC　50 000 35MC　50 000 26MC　40 000	经常通过扫气口检查气缸整体状态，最好每月检查一次
活塞环	12 000～16 000	12 000 ～ 16 000	
活塞头	12 000～16 000	与各型号的气缸套相同 当测量结果显示必要时，则对环凹槽进行重新镀铬，通常在第二次的计划检修期间执行 通过焊接翻修的活塞头可以进行两次	在第二次活塞检修期间进行压力测试
填料函	12 000～16 000	12 000- ～ 24 000	刮油环的更新
排气阀与阀座	阀座的研磨： 98-70MC 1）6 000 2）16 000 6C-26MC 1）3 000 2）16 000 初始检查 随后的检查	对于 Nimonic 排气阀为 100 000 对于奥氏体钢阀杆则为 60 000 阀座的翻修（硬质表面），以及可能对奥氏体钢阀杆下方的阀杆盘片进行焊接	原先是镀铬的阀杆可能通过重新镀铬或者 HVOF 涂层的方式进行翻修。 原先是 HVOF 涂层的阀杆或者已经用 HVOF 涂层翻新过的阀杆通常情况下无需翻新

表 2　检修间隔指南以及预期的服务寿命

部件	检修间隔	预期寿命期	备注
执行器机构	32 000，液压系统	64 000	
燃油喷油器	取决于燃油质量，8 000	喷嘴为 8 000，心轴导承为 16 000	大修，以及每 8 000 小时更换喷嘴
高压油泵柱塞和套筒，吸入阀和减震器	根据柴油机的运行情况，16 000	40 000 小时进行更新或翻修	更换套筒、柱塞和吸入阀上的密封环
气缸盖		96 000	在燃油阀喷嘴孔上检查被燃烧的凹槽。如果需要则执行堆焊
启动阀，安全阀和示功考克	12 000	柴油机总寿命	
气缸注油器	机械注油器 16 000	柴油机总寿命	清洁储油器、过滤器和泵。检查正时并且调整
	Alpha 注油器 16 000	柴油机总寿命	蓄压器需要重新加注
十字头轴承、主轴承，曲柄销轴承，推力轴承	6000～8 000（每年）检查间隙和曲轴的臂距差	64 000，十字头轴承 96 000，主轴承 96 000，曲柄销轴承 96 000，推力轴承	只有当轴承金属材料碎片落出时才应当打开轴承。请按照船级社要求进行检查
高压油泵和排气阀的滚轮导承	1 500 现场状态检查	柴油机总寿命	检查运行表面以及滚轮是否能够自由旋转
链条	3 000～4 000（每六个月）。链条的张紧度	96 000	
链轮和橡胶导向条	3 000～4 000，目测检查	96 000，链轮 32 000，导向条	第一次检查时，以及在 500 1 000 和 1 500 小时运行之后进行重新拧紧
换向机构和调节机构	3 000～4 000，检查运动部件	柴油机总寿命	气动 / 液压调速器：每 4 000 小时换油一次
惯穿螺栓，包括支撑螺钉	6 000～8 000，重新拧紧（每年）	柴油机总寿命	
底座螺栓	6 000～8 000，重新拧紧（每年）	柴油机总寿命	
涡轮增压器	正常情况下，每天进行一次干清洁。根据观测情况，通常每年执行一次手动清洁，以及喷嘴环、涡轮机叶片和肩部环的状态检查	按照制造商的建议	请参阅生产厂家的专门建议

空冷器 增压器空气 过滤器	根据柴油机观测情况进行清洁	40 000～50 000	在压差达到试航数据的 50% 之前进行清洁
扫气箱内的襟翼和蝶阀	在每次扫气口检查期间检查其运动情况	柴油机总寿命	
各种燃油和润滑油过滤器。凸轮轴过滤器和 TCS 过滤器（如果有的话）	根据柴油机观测的情况进行清洁		
柴油机油底壳	16 000，清洁		

SL2003-424/CS

2003 年 3 月

1.2.35　船用柴油机高压油泵滚轮导承顶升机构介绍（仅适用于船用类型）

适用机型：60-98MC/MC-C 柴油机

多年以来，通常做法都是在柴油机运行时脱开或重新接合高压油泵滚轮导承。然而，由于柴油机输出功率的增加，高压油泵滚轮导承上的负荷也增加。因此，为了改善柴油机的操作安全性，以及避免可能对滚轮导承所造成的损坏，现在建议当柴油机运行时不应当重新接合（放下）高压油泵滚轮导承。

与之相关的是，需要对柴油机《操作说明书》内有关高压油泵滚轮导承自动顶升机构的使用流程进行修改。

因此，利用此机会告知有关当前的操作程序。

对于配有高压油泵滚轮导承自动顶升机构的所有柴油机而言，仅在柴油机停止时滚轮导承能够放下。附上了 K98MC/MC-C 柴油机的操作程序作为一个示例。

附件

说明书 M90910，版本 0215

1 滚轮导承顶升机构的检查　909-10.1

当柴油机运转时，高压油泵滚轮导承的顶升机构将通过顶升机构三位四通阀的手动操作进行检查和操作。

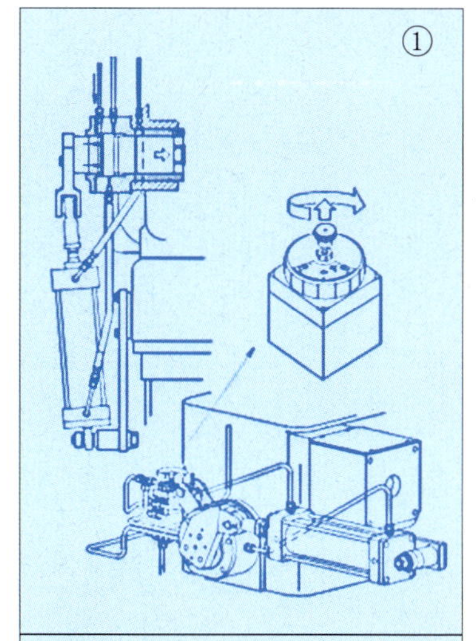

请注意！

虽然在柴油机运行状态下滚轮导承可以被顶升，但是滚轮导承只能在柴油机停止的状态下被放下，否则，可能导致滚轮导承受损。

1.1 滚轮导承的脱开 909-10.1

① 提起三位四通阀拨盘上的旋钮，并且将拨盘转动至位置 0。

压缩空气将先进入顶升设备的推进气缸内，从而推动活塞向滚轮导承端移动。

空气气缸将通过活塞内的一个孔被连续泄放，直至活塞处于正确位置为止。

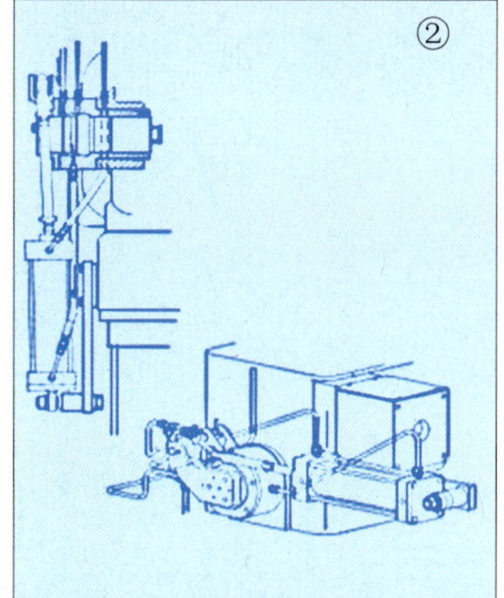

② 当活塞被完全压入时，其顶升销进入滚轮导承换向臂的下方，然后压缩空气管系（连接至顶升气缸）进气，驱动顶升气缸动作。

顶升气缸将顶起转臂，转臂转动轴，轴上的顶升销把滚轮导承向上抬起。

③ 当滚轮导承被成功顶起时，用手不再能够感觉高压油管上油压脉冲的冲击。

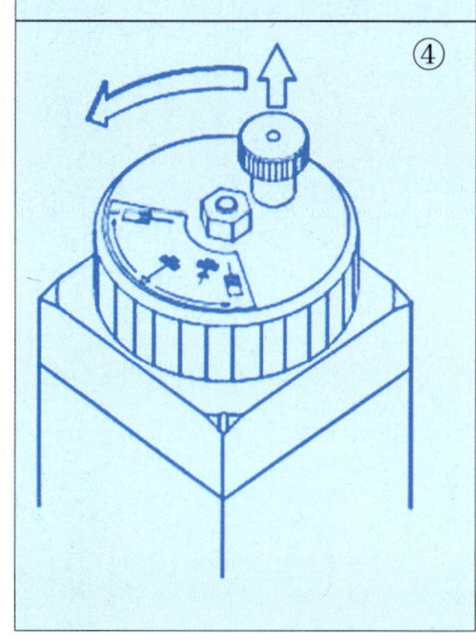

④ 当滚轮导承被顶升后，三位四通阀的拨盘可以返回至中间位置。请提起旋钮以便从 0 位转动拨盘。

⑤ 如果要将被顶升的滚轮导承锁定在此位置：

向上转动锁定设备，直至弹簧销能够通过锁定设备内的卡槽为止。向前推进锁定轴，然后反向转动锁定设备，固定锁定轴。

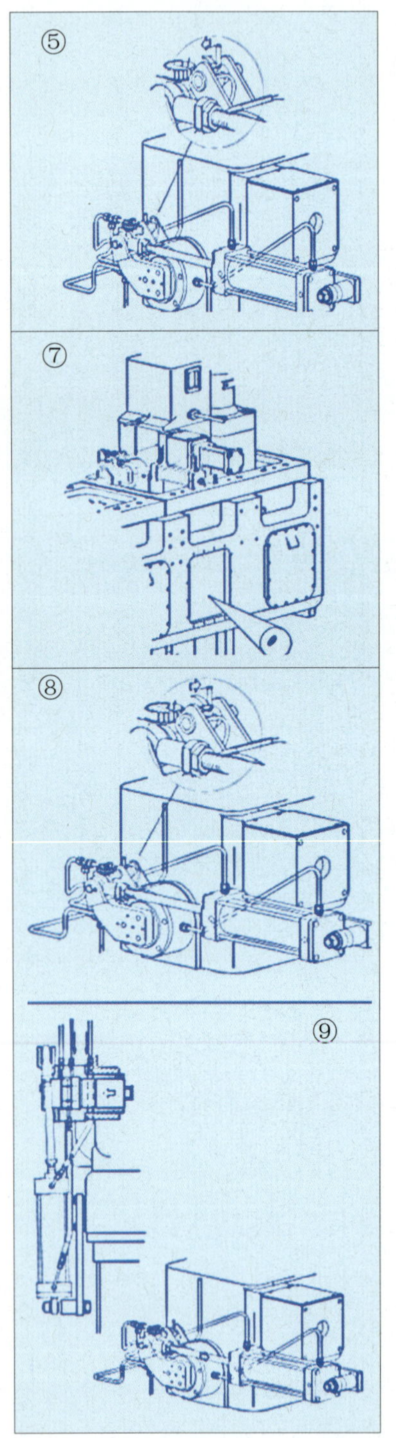

滚轮导承现在被锁定在一个脱离燃油凸轮的位置，使燃油凸轮处于自由状态，因此柴油机可以通过其它的气缸进行工作，请参阅柴油机第 I 卷《操作说明书》章节 704。

1.2 滚轮导承的重新接合

⑥ 停止柴油机，并合上盘车机。

⑦ 拆除凸轮轴箱上的盖板，以便检查燃油凸轮的位置。转动柴油机，直至燃油凸轮的基圆部分正面朝上为止。

⑧ 在放下滚轮导承之前，请拔出锁定轴。

⑨ 为了放下滚轮导承，提起四通阀拨盘上的旋钮，并且将拨盘转动至位置 1。

压缩空气进入顶升气缸内。

顶升气缸的活塞将被向后推压，将轴从其“锁定”位置转出，并且放下滚轮导承，此时滚轮与凸轮贴合。

当凸轮转到最高点时顶起滚轮导承，滚轮导承的换向臂将退出，压缩空气使推进气缸活塞轴返回至最远端位置。滚轮导承可以不受任何影响的工作。

提起起四通阀拨盘上的旋钮，并且将拨盘转动至中间位置，使推进气缸和顶升气缸空气泄放。

⑩ 安装凸轮轴箱盖板。

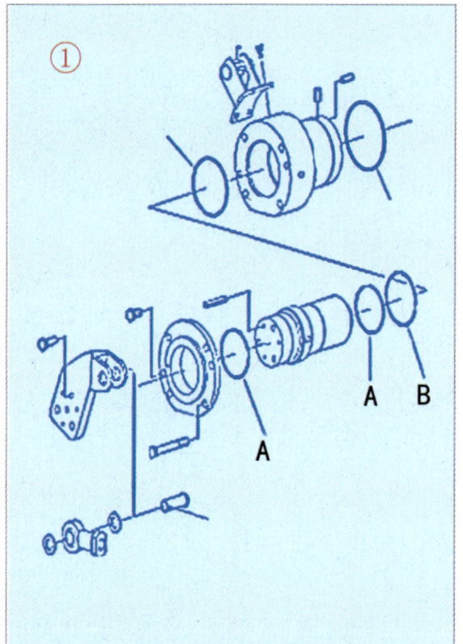

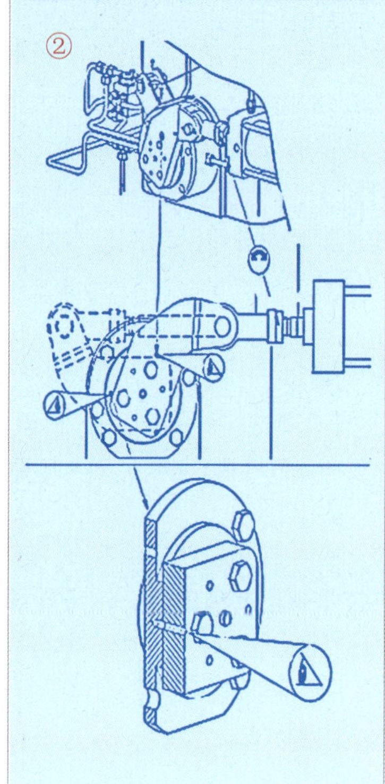

2 滚轮导承顶升机构的拆检 909-10.3

① 一旦顶升机构的密封环发生泄漏（未满足其功能要求），更换密封环。

拆除推进气缸上的压缩空气管系。从转臂上断开气缸的拉杆，并且拆除转臂。

拆除紧固法兰和推进气缸至滚轮导承壳体上的螺钉。

拆除法兰，将活塞从推进气缸内拉出，并且从滚轮导承壳体的孔中拆除推进气缸。

更换所有〇型圈 A 和活塞环 B。

采用二硫化钼涂抹所有滑动表面和密封表面。

将推进气缸放置在滚轮导承壳体的孔内，根据螺纹孔对其进行调整。

仔细将活塞推进气缸内。

将法兰放置在轴端（根据推进气缸螺纹孔），拧紧所有的螺丝。

安装转臂和气缸的拉杆。将压缩空气管系重新连接至推进气缸的接口上。

② 在拆检之后，实效试验顶升机构动作，请参阅流程 909-10.1。当执行此操作时须用盘车机转动柴油机。

当顶升机构动作时，检查联轴节的上端调整孔是否与法兰内的孔同心。

拧紧锁定螺母。

SL2003-429/ANR
2003 年 8 月

1.2.36　用于主轴承盖的起重工具

适用机型：2000～2003 年期间交付的 60-98MC/MC-C 柴油机

三年以前，MAN B&W Diesel 公司在所有上述二冲程柴油机上引入了一组新的适用于主轴承盖的起重工具。这组工具包括两个钢丝绳，用于安装在轴承盖上，导向滑轮用于引导起重钢丝绳进入正确方向。

在这三年期间，已经收集了新工具及其说明的反馈信息，这些信息表明需要进行某些必要的更新和校正。

所获得的经验总结以及所需采取的行动概述如下。

所有柴油机

• 在使用之前必须检查主轴承盖起重工具的钢丝绳锁定装置，如果发现其不符合技术规范要求，则进行更换，以避免危险的存在。如附件 A。

• 在某些情况下，在十字头滑块下方安装钢丝滑车的安装说明并不准确。工具的安装流程需要更新，以避免危险的存在。如附件 B。

• 在某些情况下，安装在腹板的钢丝滑轮上的沙漏形的滑轮未按照技术规范的要求热处理，采用该工具将是不明智的。

请参阅附件 D，第二部分。

K98MC/MC-C、K90MC-C、S90MC-C 和 S80MC-C 柴油机：

• 在某些情况下，主轴承盖起重工具内的钢丝长度不适合。如附件 C。

• 在某些情况下，由于不正确的钢丝长度以及不可能的安装工具，因此将不可能或者不适合于遵循该说明，需要交付新的说明。如附件 C。

K98MC/MC-C、S90MC-C 和 S80MC-C 柴油机：

• 在某些情况下，主轴承液压拉伸器并未按照技术规范要求固定。这可能导致非常危险的状态。在使用工具之前，必须对其进行校正。见附件 D，第一部分。

• 这组工具难以使用。用于安装在腹板上的钢丝滑车必须配有一个钢丝导承，并且安装在十字头滑块下方的钢丝滑轮必须被取消。如附件 C。

K98MC/MC-C、K90MC/MC-C 和 L90MC 柴油机：

• 在某些情况下，用于安装在十字头滑块下方的钢丝滑轮并不满足安全系数要求。此时则必须安装用于改善工具安全性的插销。该工具将在 S80MC-C、S90MC-C 以及几乎所有 K98MC 和 K98MC-C 柴油机中被废除。如附件 B。

K90MC-C、L70MC 和 S60MC-C 柴油机:

• 在某些情况下，用于主轴承盖的起重工具内的钢丝锁定装置不能穿入主轴承盖内的孔中。除非得到更新，否则该工具不能使用。如附件 A

检查工具和填写检查表预计少于 30 分钟（见表 2）。工具所需进行的任何更新都可以在两小时内完成。

请将此维护保养服务信函以及附件和检查表转交给安装有上述二冲程柴油机（60-98MC-C）的所有船舶，其适用于上述三年内交付的柴油机。当返回填写完成的检查表时（通过传真或电子邮件），我们将发送必要的更新工具以及有关主轴承的拆检说明。

为了避免出现问题，建议在方便的时候安装和检查柴油机内侧的主轴承盖起重工具以及滑轮。这项工作只需拆除一个主轴承润滑油路道即可完成。

附件 A ～ D

附件 A：**主轴承改起重工具内的钢丝绳锁定装置**

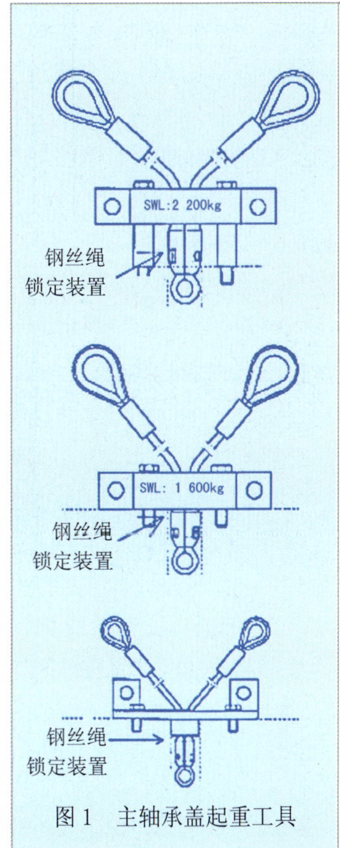

图 1　主轴承盖起重工具

所有柴油机:

用于主轴承盖的起重工具（见图 1 所示）被设计为安装在轴承盖上方并且尽可能小，因此，钢丝绳被连接至工具下方。这可以通过使用 MAN B&W Diesel 公司指定用于此用途的专用钢丝绳锁定装置完成（Eureka，如图 2 所示）。钢丝绳锁定装置的其中一个特性就是锁定装置内侧的波形（如图 3A 所示）。

钢丝绳锁定装置已经经过 MAN B&W Diesel 公司的测试，并且符合此起重目的安全性方面的所有需求。钢丝绳锁定装置已经通过德国劳氏船级社和丹麦作业环境管理局的认可。

某些特许经销商已经研发出了类似于 Eureka 的钢丝绳锁定装置，后来按照我们的测试情况获得了可接受的结果。但是，我们发现某些这种类型的钢丝绳锁定装置并没有满足我们技术规范的要求。

某些这种类型的钢丝绳锁定装置内侧无波

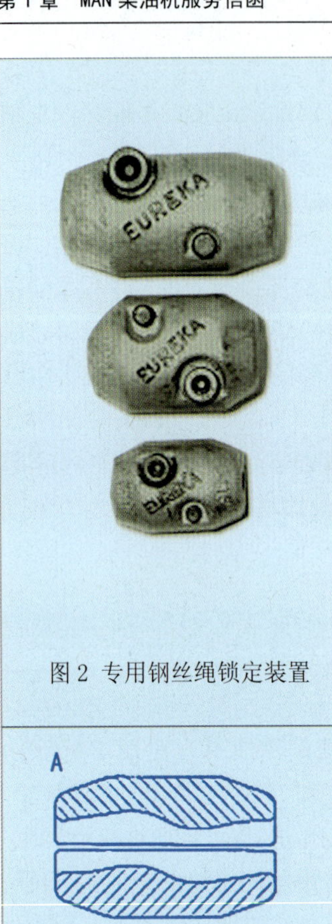

图 2 专用钢丝绳锁定装置

图 3 锁定装置内侧的波纹

形（如图 3B 所示）。这种钢丝绳锁定装置对于人员和柴油机而言都是很危险的，并且在使用工具之前必须被更换。

某些钢丝绳锁定装置已经被加工，从而在内侧留出了锋利的边缘（如图 3C 所示），这可能会增加钢丝绳的磨损。这种钢丝绳锁定装置是可以使用的，但是为了降低钢丝绳的磨损，则必须将锋利的边缘打磨至大约 R10。

如果钢丝绳锁定装置为类型图 3B 或 C，请填写并返回检查表，我们将提供一种新的钢丝绳锁定装置。

K90MC-C、L70MC 和 S60MC-C 柴油机:

对于上述类型柴油机，钢丝绳锁定装置被设计得太大了，以致无法穿入主轴承盖的润滑油孔内，从而无法将工具安装在轴承盖上。

因此我们降低了这些类型柴油机的钢丝绳锁定装置规格。

为了确保船上获得正确的钢丝绳锁定装置，要检查钢丝绳锁定装置是否能够穿入主轴承盖的润滑油孔内。这可以通过检查钢丝绳锁定装置是否能够穿入以下规格的孔内进行检查：

K90MC-C：	ϕ48mm
L70MC：	ϕ38mm
S60MC-C：	ϕ35mm

如果您的钢丝绳锁定装置无法穿入孔内，请填写并返回检查表，我们将提供一个新的钢丝绳锁定装置。

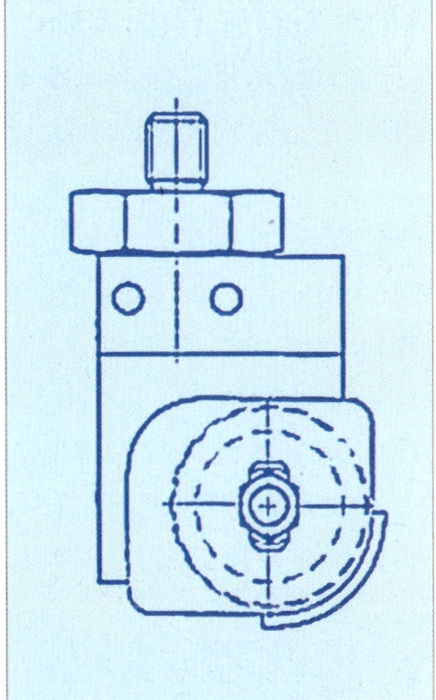

图 4 十字头滑块下方的钢丝滑车

附件 B：**安装在十字头滑块下方的钢丝滑车**

所有柴油机:

图 4 内所示的滑车将被安装在十字头滑块下方。由于所产生的力与安装螺栓呈一定角度，当使用该工具时，至关重要的是此工具的安装应当使安装螺栓与十字头滑块之间全面接触。

发现在某些情况下螺栓发生破损或弯曲。已经对此工具进行了一次完整的测试，其显示螺栓被弯曲或破损是由于其未被拧紧至表面完全接触所导致的。

已经决定更新此指令，以避免在未来发生类似的事故。

请剪下下列指令，并且将其粘至船舶的柴油机《操作说明书》中。

✂ --

5. 如下图所示安装滑车 E、滑车 F 和专门的吊环螺栓 D。

滑轮F必须被拧紧至表面完全接触，例如，通过使用一个扳手。在某些柴油机中，十字头滑块内的止动螺栓必须被拆除。某些柴油机中提供了一个螺纹孔。

请采用一个 0.05mm 的测隙规检查滑车与止动螺栓之间是否有间隙（十字头滑块）。

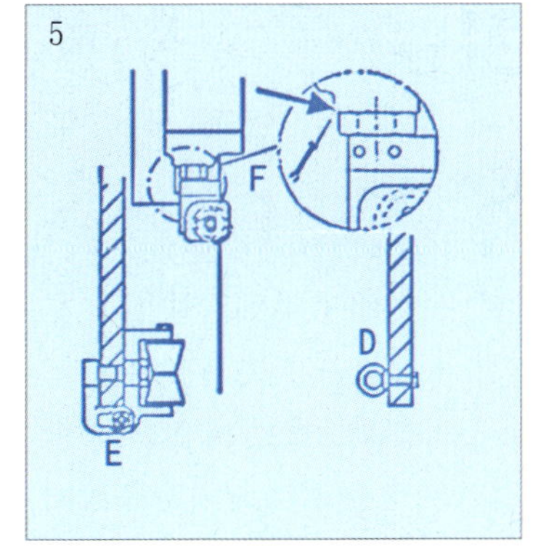

请注意！
如果其未被拧紧至表面完全接触，则禁止使用滑轮 F。

✂ --

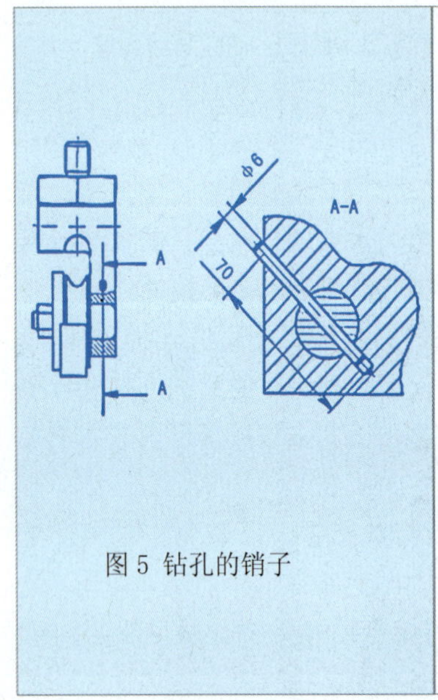

图 5 钻孔的销子

K98MC/MC-C、K90MC/MC-C 和 L90MC 柴油机：

我们对滑轮进行测试的结果显示水平螺栓的安全系数处于较低水平，我们希望对其进行改进。

作为改造的解决方案，可以在一个钻孔内插入一个销子（如图 5 所示），该工具的安全系数被提高到适当的水平。

此解决方案易于被船员执行。

请填写和返回检查表，将提供钻孔说明和被插入的插销。在大多数 K98MC/MC-C 柴油机中，以及所有 S90MC-C 柴油机中，此工具将被废弃，因此不必进行更新，请参阅附件 C。

附件 C：**不可能或者不适合使用的工具组件**

K98MC/MC-C、S90MC-C 和 S80MC-C 柴油机：

由于采用十字头导承三角支撑的柴油机主轴承盖上方空间的增加，该工具组在交付时必须被修改。

此状态就是当把滑轮安装在腹板上以及当把滑轮安装在导靴下面时（如附件 B 图 4 上的滑轮 E 和 F），柴油机曲轴必须转动至一个位置，因为在曲柄上工作非常困难的。

此外，在 K98MC/MC-C 柴油机中，主轴承盖起重工具的钢丝绳长度（如附件 A 图 1）太短。

仔细研究这个问题后，发现此问题的最佳解决方案如下：

- 忽略十字头滑块下方安装的滑轮。
- 在腹板上的滑轮中安装一个专门的钢丝绳导承。
- 移动主轴承盖起重工具上的钢丝绳锁定装置，以便实现不对称的钢丝绳长度（当检查钢丝绳锁定装置时，其将松开）。

用于安装在腹板滑轮上的专用钢丝绳导承使滑动的钢丝绳越过锋利边缘，将方便的将轴承盖吊出（如图 6 所示）。

在经过重新定位之后，钢丝绳的长度必须如下表所示。

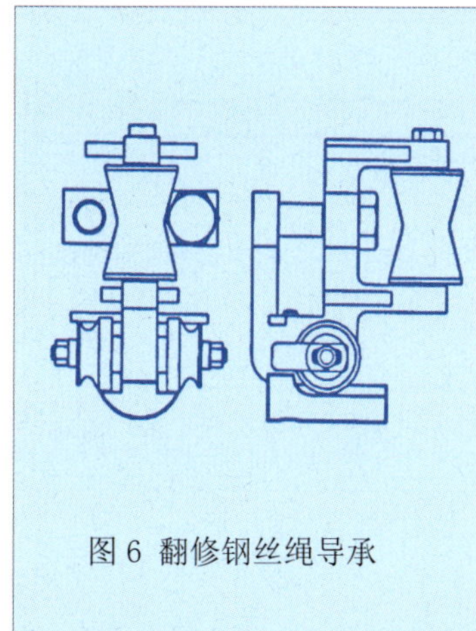

图 6 翻修钢丝绳导承

请填写并返回检查表，将收到专门的钢丝绳导承，更换工具的说明，以及主轴承拆检新流程的说明手册。

K90MC-C 柴油机:

对于 K90MC-C 柴油机，如果钢丝绳被改变为不对称的长度，主轴承拆检流程将变得更加容易。因此建议当检查钢丝绳锁定装置时则应当重新定位钢丝绳锁定装置。

经过重新定位之后的钢丝绳长度必须如同表 1 所示。

请填写并返回检查表，将收到更改钢丝绳长度的说明，以及主轴承拆检流程的新指令手册。

表 1　重新定位钢丝绳长度

	目前的钢丝绳长度	改变后的钢丝绳长度
K98MC/ K98MC-C	2×1700 mm	2300 和 1100 mm
S90MC-C/ S80MC-C	2×1900 mm (2×1700 mm)	2400 和 1400 mm (2400 和 1200 mm)
K90MC-C	2×1700 mm	1900 和 1500 mm

附件 D

第一部分

主轴承液压拉伸器

K98MC/MC-C、S90MC-C 和 S80MC-C 柴油机:

用于这些类型柴油机的液压拉伸器具有一个提升附件，允许其作为一个整体进行吊入曲轴箱。此提升附件中包括一个吊环螺母（如图 7 所示），其必须采用焊接固定（按指定要求）。

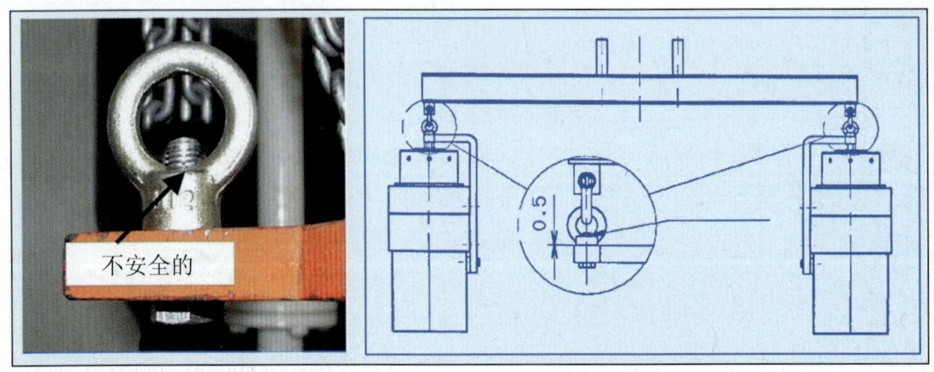

图 7　吊环螺母　　　　图 8　被忽略的焊接

但是，在某些已被交付的工具上，此焊接工作却被忽略（如图 8 所示）。这是非常危险的，并且增加了船员受伤和工具损坏的风险。

因此，不要使用不牢固的吊环螺母工具！

第二部分

未淬火硬化的沙漏形导向滑轮

所有柴油机:

某些工具中用于安装在腹板上的滑轮上的沙漏形滑轮（如图 6、图 9）未按照规范进行淬火硬化。

可以从滑轮上钢丝绳的明显卡滞痕迹看出。这并不会损坏钢丝绳。

然而，我们发现，当钢丝绳抓紧滑轮时，将会导致滑轮受力超出边缘的风险增加，在提升过程中这是非常不可行的。

当钢丝绳开始朝滑轮边缘滑动时，能够不用手将其压回至中间位置，同时小心避免手指被卷入钢丝绳内。

如果沙漏形滑轮在使用中发生卡滞，则请在检查表内进行标注，我们将免费提供一个新的滑轮。

图 9　沙漏型滑轮

表 2 检查表 – 主轴承盖的工具

在填写完检查表后，请传真发送至：
MAN B&W Diesel A/S，Copenhagen, Denmark
传真号码：+45 33 85 10 30　收件人：2140 部门

船舶名称	柴油机型号	IMO 编号 / 劳氏船级社编号	日期
用于工具更新和指令的交付地址：			
钢丝绳锁定装置的形状（所有柴油机）			
内侧为波浪类型 □	内侧为直孔型 □		内侧为锋利边缘型 □
钢丝绳锁定装置的规格（K90MC-C、L70MC，S60MC-C）			
钢丝绳锁定装置能穿入指定规格孔内的尺寸 □	φ min φ min: K90MC-C:　φ48 L70MC:　φ38 S60MC-C:　φ35		钢丝绳锁定设备无法穿入指定规格孔内的尺寸 □
用于腹板滑轮的专门钢丝绳导承（K98MC/MC-C、S90MC-C, S80MC-C）			
请标注出您的腹板滑轮类型 □	双侧类型 □		2 个单侧类型 □
沙漏形滚轮（所有柴油机）			
滚轮在使用中未被卡滞 □	滚柱在使用中被卡滞 □		滚柱未被使用 □

指令手册内的流程（所有柴油机）		
该流程与工具相匹配，并且采用附件 B 的拧紧指令进行更新 ☐	该流程需要进行更新以便与工具相匹配 ☐	

SL2003-431/KMJ

2003 年 12 月

1.1.37　配有 OROS 燃烧室排气阀驱动器的安全阀功能和开启压力的检查说明

适用机型：90-98MC/MC-C 柴油机

在上述类型柴油机中，排气阀驱动器上安装了一个安全阀，请参阅柴油机《使用说明书》的附件页。安全阀的作用是确保控制排气阀的液压系统出现任何功能故障时不会导致凸轮打滑。

当然，只有当安全阀在预期的开启压力下打开时，这种安全预防措施才会起作用。因此，我们强烈建议重视以下各点：

• 检查功能，如果必要的话，每 8 000 小时调整安全阀的设置，请参阅附上的已更新“检查与维护计划表”（A90050，版本 0270）、工具面板、铭牌 P90851-0187，和说明书（M90803，版本 0229）。有关压力设置数值，请参阅船舶柴油机《使用说明书》内的数据表。

• 采用相关附件更新的船舶的柴油机《操作说明书》。

附件：

表 1　检查和维护计划表，A90050，版本 0270

图 2　排气阀工具面板，铭牌 P90851-0187

图表 1 排气阀驱动机构，说明书 M90803，版本 0229

1 检查和维护程序

检查和维护程序显示，如果必要的话则应根据柴油机的状态或者以时间为标准检查柴油机的单独部件以及进行拆检。

所述的标称维护小时数只是指导，实际运行状态下，燃油或润滑油的质量、冷却水的温度等存在的差异将对实际运行结果产生决定性的影响，并且对两次必要的维修间隔也会产生影响。

设计的改进必须对柴油机《操作说明书》进行一次修订，在这种情况下，经过修改的说明书和检修周期将适合应用并优于原先发布的维修指令（例如，请参阅相关的维护保养服务信函）。

除了表 1 计划表内所述的检查和维修周期以外，请注意船级社的定期检验要求可能需要执行附加的检查和拆检。有关进一步的信息，请参阅船级社的相关要求。

流程被划分为以下三个类别：

（1）状态检查流程

在标题“正常运行小时数”下标注一个“C”，这将涉及一系列柴油机部件的运行状态，并且形成评估，作为是否必须进行拆检的依据。在大部分情况下，状态检查流程请参阅柴油机《操作说明书》卷 1，其中有更多详细的简介和工作流程。

（2）基于状态所确定的拆检流程

标题“正常运行小时数”下的这些流程被标注为“O”，在标题“根据流程编号拆检（P 栏）”下将阐述一个流程编号。

此流程编号通常与上述的一种状态检查流程相关，是构成拆检的依据。由于这个原因，所述的周期仅用于拆检指导。

（3）基于运行小时的拆检流程

在标题“正常运行小时数”或“基于视情”下也被标注为“O”，指的是用于评估设备是否缺乏维护的实际流程。因此，建议按照所述的检修周期执行这些流程。

在此符号 O 或 C 被显示在“基于视情”（B 栏）内，这是由于特殊的运行状态指示可能必须超过所述的实际标准计划所执行的检查或拆检状态。

表 1 检查和维护计划表

V	参阅《操作说明书》卷 I“操作”	H	500～1 500 小时后检查新的 / 拆检过的部件
A	需要执行的调整	B	基于视情
C	检查状态	P	根据流程编号或者参阅相关信息执行大修
M	请参阅制造商的指令		
O	需要进行拆检		
R	需要被更换的部件		
			标称运行小时数（×1 000）

No. 流程	H	2	4	6	8	16	32	B	P
901 气缸盖									
-1 气缸盖						0			
902 带有连杆和填料箱的活塞									
-1 活塞	C	C							901-1 V
仅活塞环						0			
全套活塞								0	
-2 活塞杆填料箱						0		C、0	902-1
903 气缸套和气缸润滑									
-1 气缸套								0	901-1
1000 小时和 2000 小时:	C	C							
通过扫气端口进行检查									
测量气缸套内侧的磨损						0		0	
-2 气缸注油器		C*			C**			0	V、M
904 带有连杆的十字头									
-1 十字头轴承					C			0	
-2 十字头								0	
-3 往复部件								0	
-4 曲柄销轴承	C				C				
-5 连杆								0	
905 曲轴、推力轴承和盘车机构									
-1 曲轴拐档差	C				C				V
-2 主轴承	C				C			A、C 0	905-1 V
-3 推力轴承	C				C				
-5 轴向减震器								C、0	

* 检查进口蓄压器氮气压力

** 检查出口蓄压器氮气压力

V 参阅《操作说明书》卷 I “操作” A 需要执行的调整 C 检查状态 M 请参阅制造商的指令 O 需要执行的拆检 R 需要被更换的部件	H 500～1500 小时后检查新的 / 拆检过的部件 B 基于视情 P 根据流程编号或者参阅相关信息执行大修 标称运行小时数（×1000）								
No. 流程	H	2	4	6	8	16	32	B	P
906 机械控制机构									
-1 链条	C				C				V
-2 链条张紧装置 新的或经过大修的链条需在 500、1500 和 4000 小时后检查 / 重新调节张紧装置	C		C					A	
-3 凸轮轴	C				C			A、C	
-4 凸轮轴轴承					C			C、O	
凸轮轴联轴节，紧固螺栓					C				
907 起动空气系统									
-1 起动空气分配器	C				C			A	
-2 起动空气阀					C、O				
调速器油的更换			O						M
超速设备的功能检查						C			M
速度设置系统的功能检查（配驾控系统的柴油机）			C						M
908 排气阀									
-1 高压管								O	
-2 排气阀									
常规硬质表面阀座：按照 6000 小时的间隔进行拆检				O					
Nimonic 排气阀：在 6000 小时之后检查新阀，随后按照 16000 小时的间隔进行拆检				C	O				
-3 排气阀驱动器						O			
排气阀驱动器安全阀					C、A				
-4 排气阀滚柱导承	C					C		O	V
-5 排气阀凸轮								C	
-7 排气阀特殊运行								C	

V　请参阅《操作说明书》卷 I“操作” A　需要执行的调整 C　检查状态 M　请参阅制造商的指令 O　需要执行的拆检 R　需要被更换的部件	H　500～1 500 小时后检查新的／拆检过的部件 B　基于视情 P　根据流程编号或者参阅相　关信息执行大修 标称运行小时数（×1 000）								
No.　流程	H	2	4	6	8	16	32	B	P
909　燃油系统									
-1　高压油泵定时								A、C	V
-2　VIT 系统								A	
-3　燃油泵凸轮								A	909-1
-4　燃油泵								O	
-5　燃油泵顶盖								O	
-6　燃油泵套筒组件								O	
-7　燃油泵吸油阀					C、O				
-8　燃油泵出油阀					C、O				
-9　燃油泵减震器					C			O	
-10　用于滚轮导承的顶升机构								C、O	
-11　燃油喷油器					C、O				
喷油器喷嘴					R	R			
-12　心轴导承						R			
-13　止回阀					O				
-14　燃油高压油管								O	
-15　高压油泵滚轮导承								C、O	
910　涡轮增压器系统									
-1　空气冷却器		O						O	V
-2　止回阀	C							O	
-3　辅助鼓风机								O	
-4　蝶阀					C			O	
-5　涡轮增压器涡轮机								O	V、M
-6　水雾收集器								C	
911　安全设备									
-1　安全阀					C			O	
-2　泄压阀								O	

V 请参阅《操作说明书》卷 I“操作” A 需要执行的调整 C 检查状态 M 请参阅制造商的指令 O 需要执行的大修 R 需要被更换的部件	H 500～1 500 小时后检查新的 / 拆检过的部件 B 基于视情 P 根据流程编号或者参阅相关信息执行大修 标称运行小时数（×1 000）							
No. 流程	H	2	4	6	8	16	32	B	P
推力轴承和自动减速 / 自动停机系统的报警系统功能测试	C	C							M
压力表的检查和调整					C				M
温度计的检查和调整					C				M
调温器的检查和调整					C				M
调压器的检查和调整					C				M
盘车机开关的检查和调整									M
912 大型部件的组装									
-1 地脚螺栓和端面的楔形垫块（铸铁）	C				C				
-2 地脚螺栓和端面的楔形垫块（环氧树脂）	C				C				
-3 贯穿螺栓	C						C		
913 一般工具									
-1 液压工具									
-4 标准上紧扭力									
-5 扭力扳手									
-6 扭力计									
-7 螺栓和螺母									

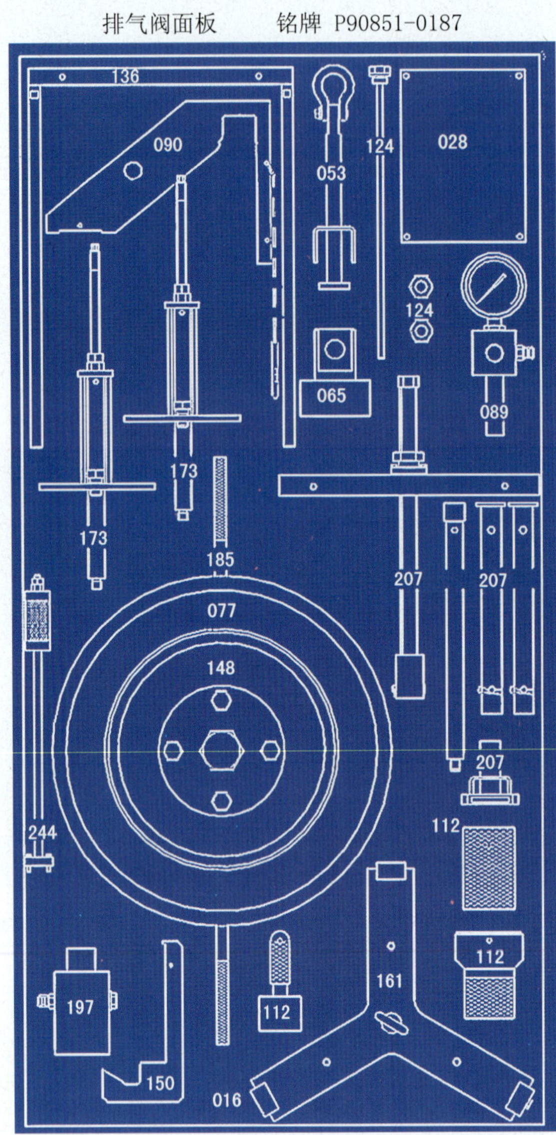

项目编号	项目说明
016	工具面板
028	铭牌
053	滚轮导承顶升工具
065	排气阀起吊工具
077	气动活塞锥形导套
089	安全阀压力测试仪
090	排气阀杆角规
112	高压油管研磨工具
124	排气阀的紧急开启工具
136	排气阀桥规
148	液压活塞的工具
150	排气阀阀座角规
161	排气阀顶升工具
173	排气阀滚轮导承顶升工具
185	排气阀阀座研磨工具
197	安全阀测试工具
207	燃油和排气阀驱动器弹簧压缩工具
244	安全阀阀座提取器

图 1　排气阀面板

908-3.1

图表 1　排气阀驱动机构的检查

①

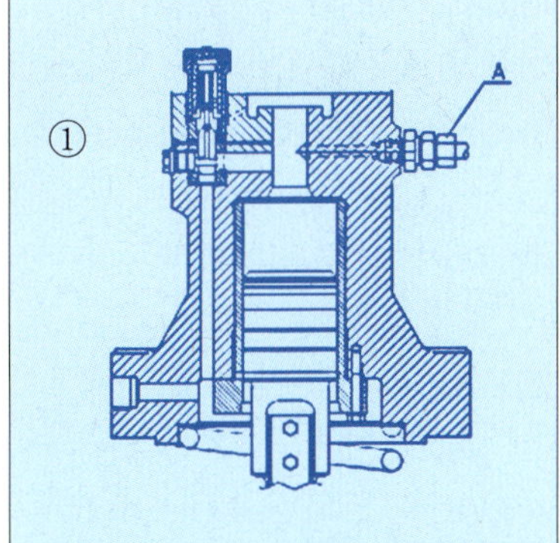

③

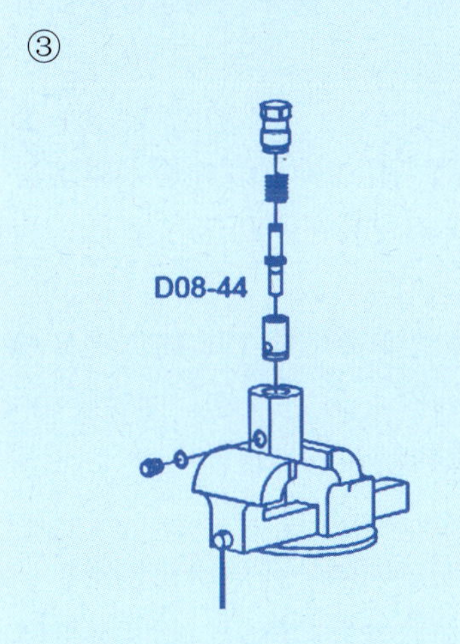

④

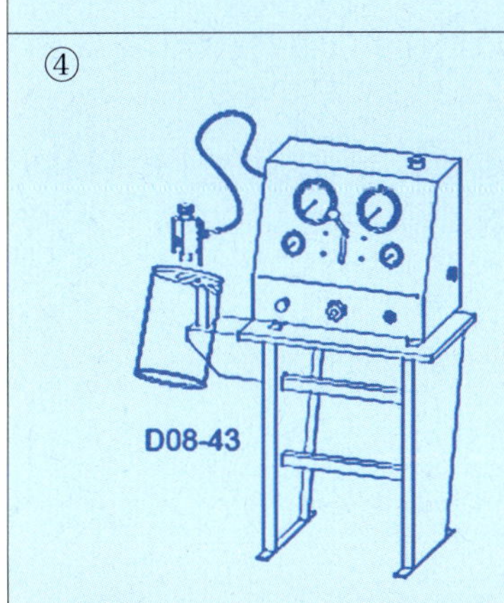

① 止回阀

止回阀 A 被内置在执行器的进油管道内。

如果要检查该阀，则拆除并清洁止回阀，连接一个工作空气（7bar）至阀的出口侧（驱动机构的侧面）。如果能够在阀的入口侧感觉到气流，则必须对阀进行拆检。

③ 安全阀

在对安全阀进行检查之前，则必须将其从排气阀驱动机构上拆除。请参阅流程 908-3.3.

③ 清洁安全阀的所有部件，并且将安全阀安装在压力测试工具内。

用铜润滑剂润滑螺母的螺纹。

安装导向螺钉并且如同数据表内所述拧紧螺母。

④ 将压力测试工具连接至喷油器测试装置

• 缓慢增加油压(在 5~10 秒期间)直至阀开启。记下开启压力。

• 将压力释放至 0 bar。

• 将结果与数据表进行对比。如果必要的话，则调整开启压力。

请参阅流程 908-3.3。

请注意！

压力测试仅应当一次执行。第二次尝试通常将显示一个较低的开启压力。

如果必须进行第二次测试，阀门必须被解体，以便释放压力。另外，可以等待至少 15 分钟后再进行下一次测试。

908-3.2　　　　**图表 2　排气阀驱动机构的拆解**

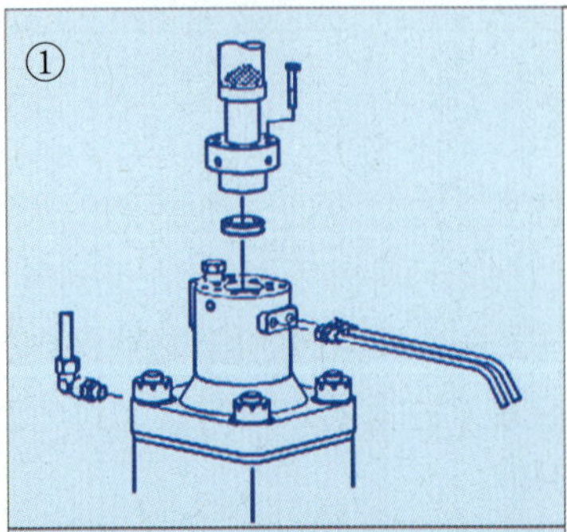

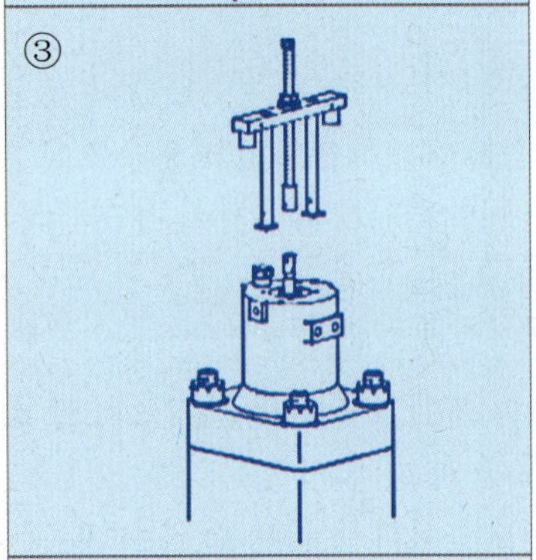

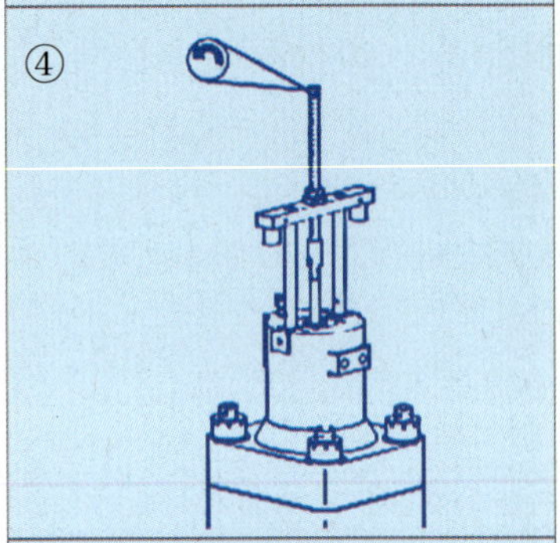

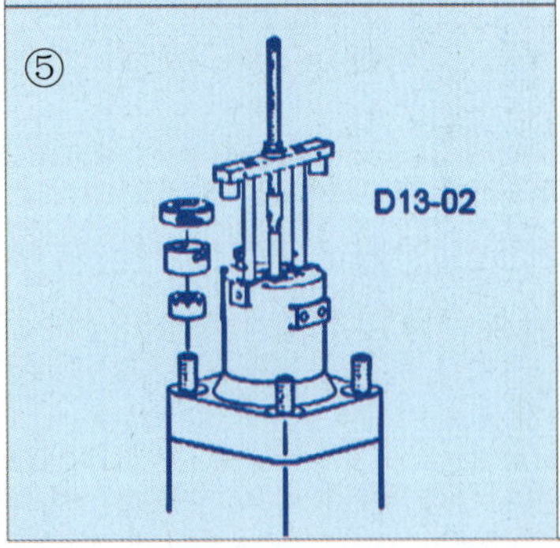

① 停止柴油机并且切断燃油供应。

转动凸轮轴，以便滚轮靠在凸轮的基圆上。

拆除滚轮导承座的检查盖板，以便检查排气凸轮的位置。

从排气阀处拆除进油管系和排放管系。

拆除高压油管和密封垫块。拆除并丢弃密封垫块上的〇型圈。

请参阅说明书 908-1.2。

② 从驱动机构壳体上松开驱动装置的安装组件。

③ 将弹簧压缩工具的伸展螺栓旋入驱动活塞的顶部，并将支架安装在驱动器壳体上。

④ 逆时针转动弹簧压缩工具的伸展螺栓，以便压紧驱动器弹簧。为了方便，可以使用一个气动冲击扳手来转动伸展螺栓。

⑤ 在螺母上安装间隔环和液压拉伸器。

泵压至液压拉伸器拆卸压力，松开并拆除液压螺母。

有关液压工具的详情，请参阅流程 913-1。

⑥ 顺时针转动弹簧压缩工具的伸展螺栓以便释放驱动器弹簧。

请注意！

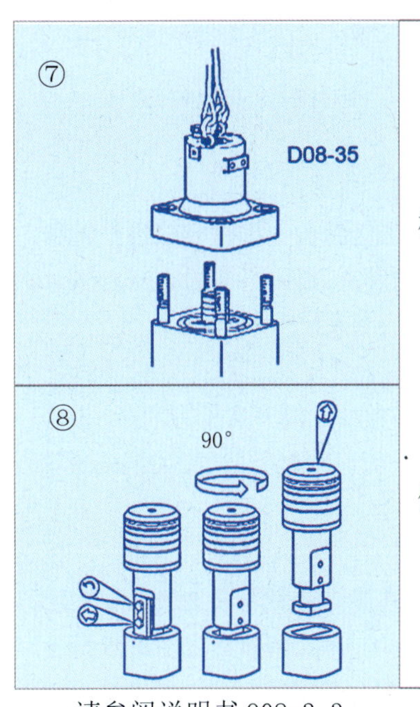

当释放弹簧时，驱动器壳体必须朝上移动。

拆除弹簧压缩工具。

⑦ 在驱动机构壳体的提升孔上安装吊环螺栓，并且挂上滑车和提升钢丝绳。

使用机舱行车提起驱动器壳体。

拆除弹簧。

⑧ 拆除锁定板，并且将活塞转动 90°，以便将其从卡口处释放。

从滚轮导承上拆除活塞。

按照要求对驱动器壳体和活塞进行拆检。

请参阅说明书 908-3.3。

908-3.3

图表 3　排气阀驱 动机构彻底拆检

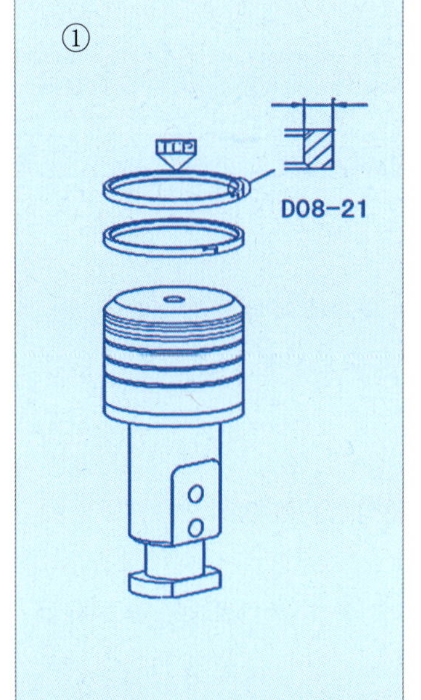

① 采用轻柴油清洁活塞，并且用一块干净的布擦干。

取下活塞环，并且检查其是否磨损。如果环的厚度已经磨损至最低极限（请参阅数据表），则换新活塞环。

当安装时检查活塞环上的“TOP”标识是否朝上。

② 检查活塞的滑动表面，以确保没有刮擦痕迹或卡滞痕迹。

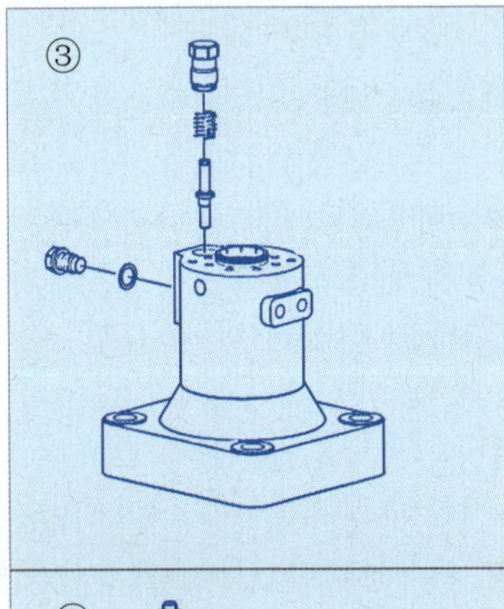

③ 从气缸上松开导向螺钉。

松开外套螺母，并且拆除安全阀部件。

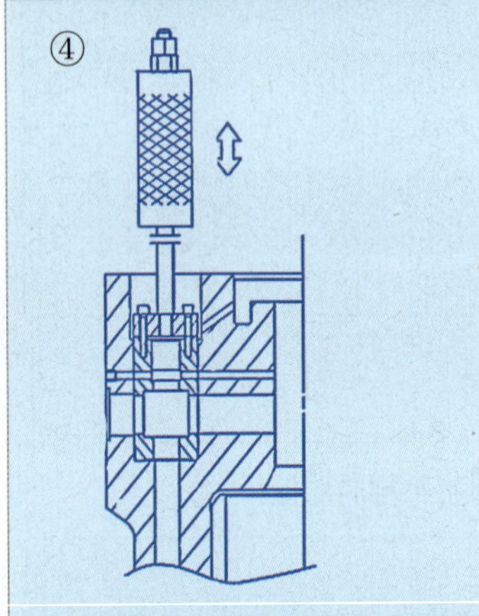

④ 采用两个螺钉将拔出工具安装在安全阀阀座的顶部。通过套管锤向上敲击方式拔出阀座。

清洁安全阀的所有部件，并且检查开启压力。

请参阅说明书 908-3.1。

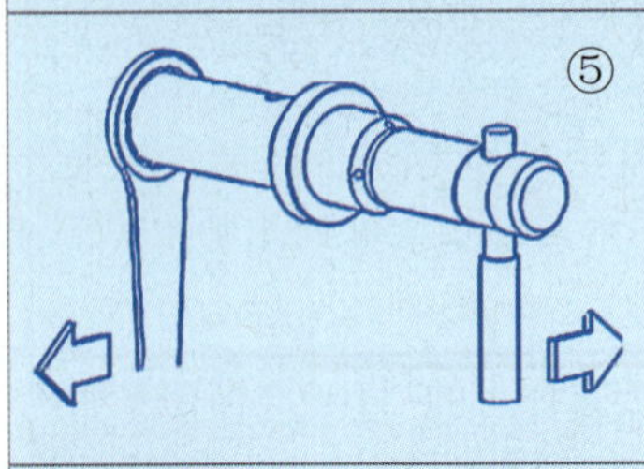

⑤ 如果必须调整安全阀开启压力的话，则使用一个扳手和一个与下端通孔匹配的铜质棒轴拧松安全阀的导向帽。

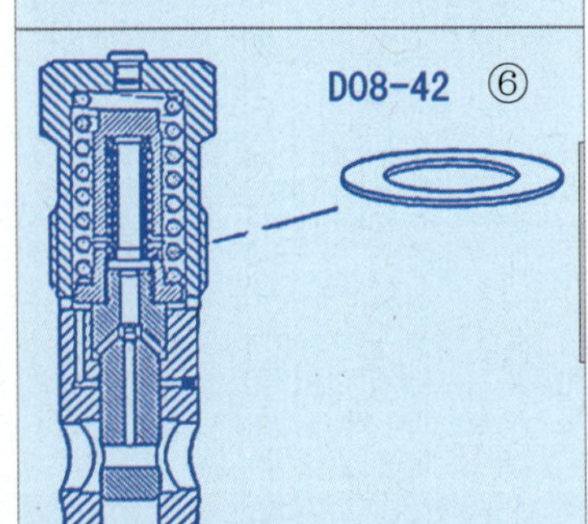

⑥ 按照需要在先导弹簧下添加或移除垫片。将导向帽按指定扭力拧紧，请参阅说明书数据表。

在调整之后，采用压力测试工具检查安全阀的开启压力。请参阅说明书 908-3.1.。

⑦ 将驱动器置水平位置。

清洁油缸内侧缸套，并且检查缸内是否存在沉积物。

⑧ 检查油缸内侧的缸套是否可能被刮伤，并且测量其磨损程度。

⑨ 如果缸套发生卡滞或者被磨损至数据表内所述的测量值，缸套必须被拆卸换新。

拆除缸套的螺钉。

将两个 M12×100mm 的螺钉拧入缸套的拆除孔内，以便将缸套从油气缸中推出。

请注意！

确保均匀转动两个螺钉，一次仅将每个螺钉转动一圈。

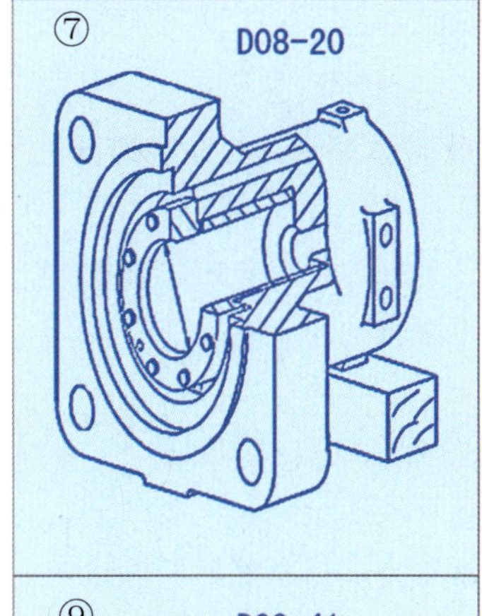

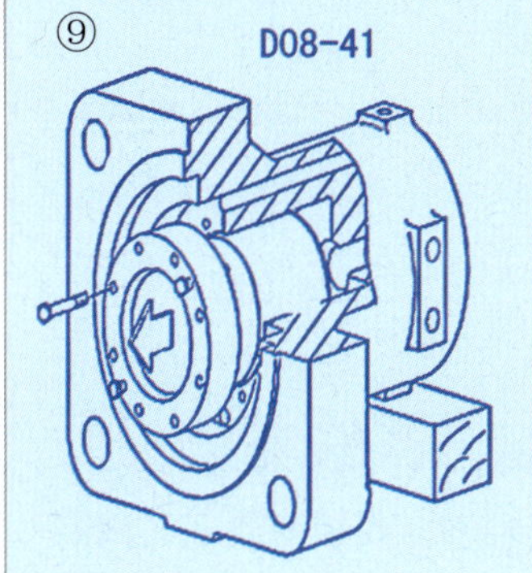

在油缸内安装一个新缸套。

安装并拧紧螺钉至数据表内所述的扭力。

⑩ 将油缸返回至垂直位置。

清洁安全阀的所有部件。

将部件安装在驱动器顶部的孔内。检查阀座定位孔是否正确对准定位螺钉安装位置。换新密封垫片并安装定位螺钉。

在安全阀部件上安装外套螺母，并且拧紧至数据表内所述的扭力。

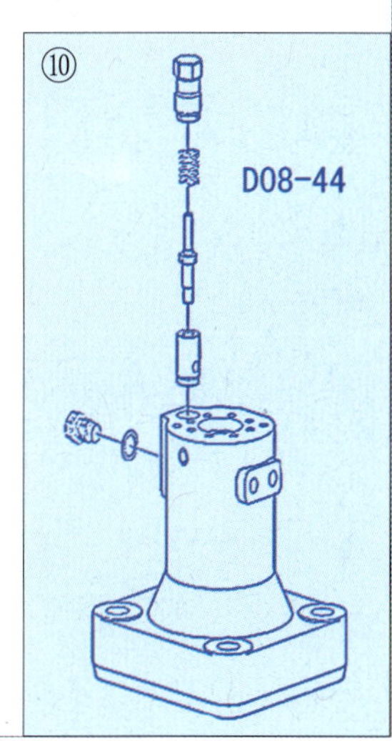

908-3.4

图表 4 排气阀驱动机构的安装

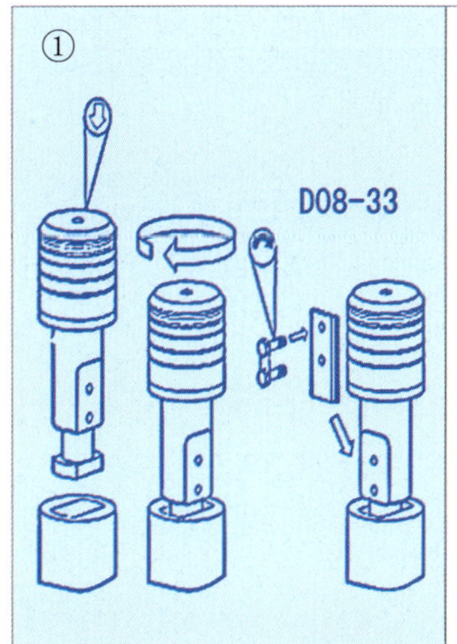

① 将驱动器活塞安装在滚轮导承内，转动 90° 并将其锁定在插销卡口位置。

安装锁板，并按照数据表内所述数据拧紧。用大量的凸轮轴润滑油润滑活塞。

② 将弹簧安装在滚轮导承上。将驱动器壳体小心地放下至活塞上，请注意不得损坏活塞环或者螺栓的螺纹。

③ 将弹簧压缩工具伸展螺栓拧入驱动器活塞

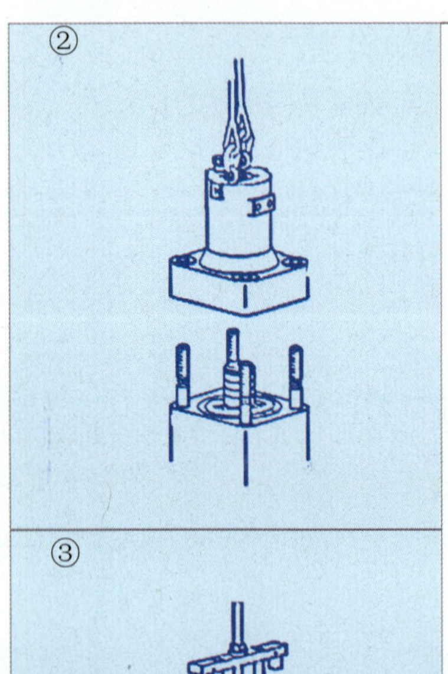

顶部，将支架安装在驱动器壳体上。

④ 逆时针转动弹簧压缩工具的伸展螺栓，以便压缩驱动器弹簧，并且将驱动器放低至滚轮导承的衬套上。为了方便操作，可以使用一个气动冲击扳手来转动伸展螺栓。

⑤ 将液压螺母拧至驱动器地脚螺栓上，在螺母上安装间隔环和液压拉伸器。泵压至数据表内指定的拧紧压力。拧紧螺母，拆除液压拉伸器和间隔环。

有关液压工具的使用，还请参阅流程 913-3.1。

⑥ 拆除弹簧压缩工具。

⑦ 将进油管和排气阀的泄放管系装妥。

安装液压高压油管，安装换新了O型圈的密封垫块。

请参阅说明书 908-1.4。

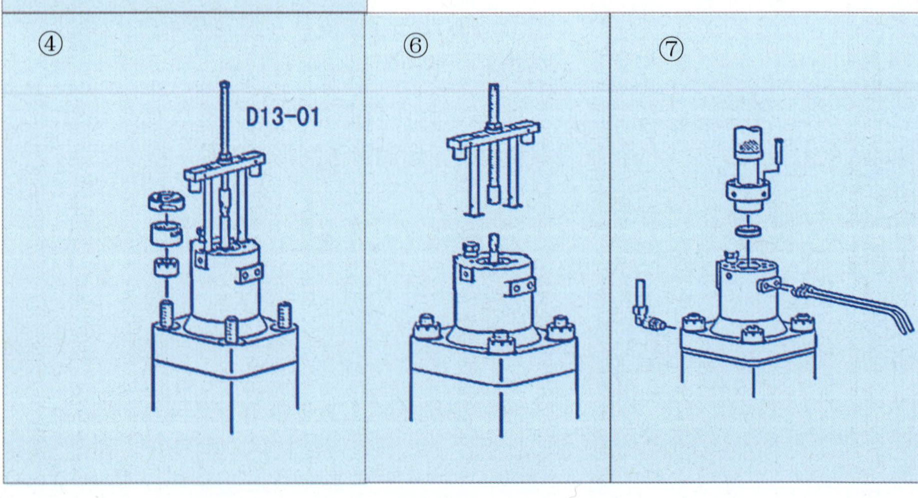

SL2004-432/MCJ

2004 年 1 月

1.1.38 MC/MC-C 柴油机填料函的修正

适用机型：MAN B&W MC/MC-C 柴油机

我们发现在某些情况下系统滑油 TBN 的增加快于预期值，经过我们调查后发现，增加的 TBN 源自于气缸油添加剂从扫气空间向下进入曲轴箱。

检查测试表明，当填料函 No.4 刮油环下端无泄放槽的情况下排油量将显著增加，使得排放端排出的滑油具有较高的 TBN 值，从而使曲轴箱内 TBN 数值的增加保持在一个满意的水平上。

在 No.4 刮油环下端有泄放槽的原始设计情况下，存在刮除的润滑油通过泄放泄放槽进入曲轴箱，混入系统油内。

原始填料函分解和新标准设计显示在图 1、图 2。

我们建议在填料函下一次定期检修期间进行此项修正，将原始的 No.4 刮油环换成下端没有泄放槽的刮油环（需订购经过修正的刮油环），最大程度地减小对系统油特性的影响。

就此而言，我们还提请关注 2002 年 7 月发布的维护保养服务信函 SL02-408。除了系统油的一般简介以外，维护保养服务信函还提供了有关 TBN 限制值（以及其它分析数据）的建议，在填料函被改正前允许该数值达到 30 的水平。在某些情况下虽然并非迫切需要，但是我们仍然建议更换系统油。

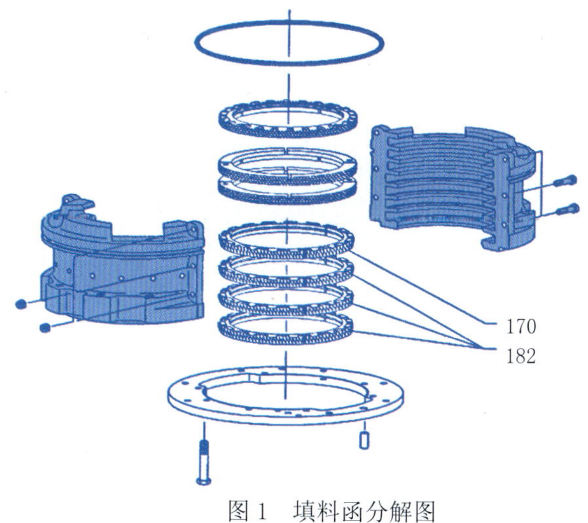

图 1　填料函分解图

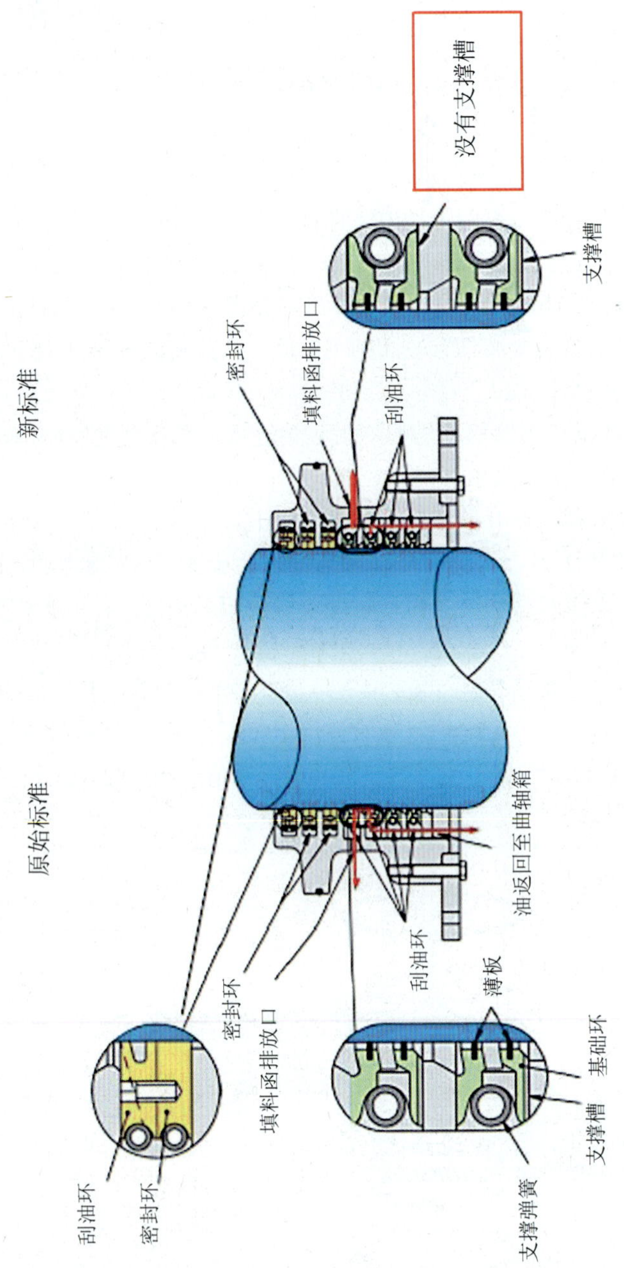

图 2　活塞杆填料函的设计图

S902-0023 活塞杆填料函

备件编号	备件描述
170	刮油环
182	刮油环

备件编号	备件描述

备件说明

Plate
S902-0023

Piston Rod Stuffing Box

MAN B&W

Item No.	Item Description
170	Scraper ring
182	Scraper ring

Item No.	Item Description

SL2004-435/HMH

2004 年 3 月

1.1.39 液压工具的检查 — 人员的安全操作

适用机型：所有机型

我们获悉，当被用于松、紧柴油机液压螺母（工作压力达到 1 500bar）连接至某些液压拉伸器的快速接头时，偶尔会发生失效。图 1 显示了一个配有液压母接头连接器的软管示例。

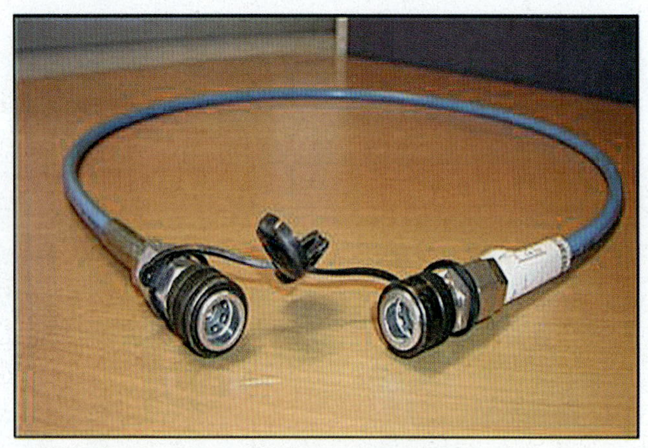

图 1 配有液压母接头连接器的软管

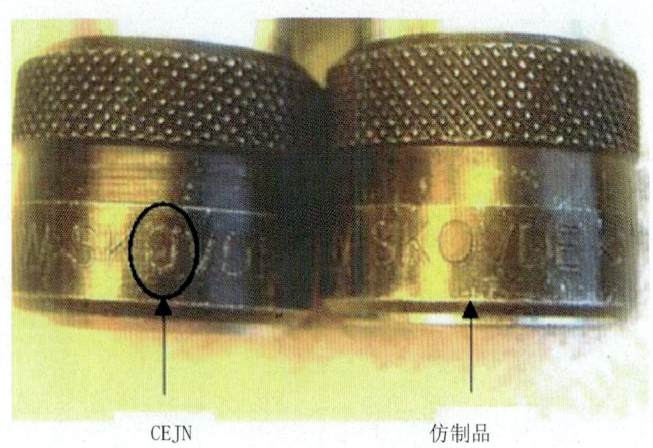

CEJN　　　　仿制品

图 2 正品与仿制品的比较

通过与指定供应商瑞典 CEJN 公司所进行的合作调查发现，那些出现失效的连接器并非是 CEJN 公司的产品，而是未经授权的仿制品。不仅仅是设计，而且连 CEJN 产品的标识也被仿制了。进一步研究发现，在被仿制的液压连接器锁定套筒的标识上，瑞典语字符 Ö 上的两点在仿制品上并不存在，如图 2 所示。

鉴别仿制品的另一种方法是查看连接器的部件编号。仿制品连接器部件编号内的零是另一种形状，并且在中心有一个“/”，如图 3 所示。

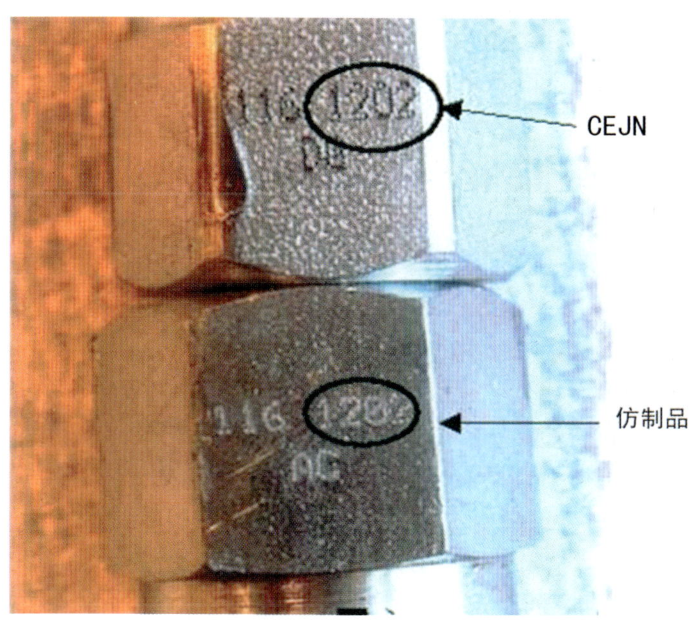

图 3　正品与仿制品的比较

我们强烈建议对船舶上的液压软管、连接器进行检查，以便确定是 CEJN 正宗产品还是未经授权的仿制品。如果发现是仿制品，必须立刻与柴油机供应商联系，并且安排订购原产的 CEJN 产品对未经授权的复制品进行更换（包括公头、母头连接器和软管）。

幸运的是，我们并没有收到使用未经授权的仿制品时发生实际事故的报告，但是曾经报告过由于仿制品质量差而发生操作意外。因此，为了确保人员在使用液压工具时的绝对安全，我们强烈建议一旦有机会时则应进行检查，并且在使用之前确认采用了 CEJN 原产品。

SL2004-436/HMH

2004 年 4 月

1.1.40　使用双悬臂行车起吊气缸盖

适用机型：60-98 MC/MC-C 柴油机

以下信息仅适用于由于机舱的检修高度过低，并配有一个双悬臂行车的柴油机。

最近在我们对工具进行质量检查期间，在个别机舱中发现了某些不利的情况，气缸盖上用于安装吊环螺栓的螺孔太小。当使用一个双悬臂行车起吊气缸盖总成时，仅使用两个吊环螺栓，该吊环螺栓上受力过大。不符合铭牌上所标示的安全工作负荷。

我们强调要符合 1972 年 5 月 DIN 580 的标准要求。吊环螺栓应当在规定的防破断安全系数情况下操作，如此能够保证在正常环境下安全的进行气缸盖总成的吊装。

然而，安全是最重要的。我们已经对使用中的柴油机的状态进行了评估，并且建议以后采用双悬臂行车起吊气缸盖和排气阀时应当采用以下两种方法：

（1）排气阀和气缸盖分别单独起吊

排气阀和气缸盖必须分别单独起吊。这种特别的方法在程序 S901-11 内进行了介绍，该程序必须被插入船舶说明书第二册数据表 D10101 与维修程序 M90101 之间。

（2）使用高强度螺栓起吊整个气缸盖

您可以从 MAN B&W Diesel A/S 公司订两个高强度的钢制螺栓。这些附加的起吊工具是将一个较大的吊环螺栓安装在高强度螺栓的顶部，并且此吊环螺栓将符合吊环螺栓铭牌上所述的安全工作负荷。

上述两种替代起吊程序具有等同适用性。

附件：

适用于气缸盖起吊高度较低的机舱

程序 S901-11

此流程适用机型：60-98MC/MC-C 柴油机

单独起吊缸盖

① 拆除排气阀，请参阅说明书 908-2.2。

② 将两个吊环螺栓直接安装在气缸盖上。采用塞尺去检查吊环螺栓是否全面接触。

采用双悬臂行车起吊，图 1 所示。

请注意：

如果气缸盖与排气阀一起起吊，必须始终使用加长杆螺栓。

只能使用符合 MAN B&W 技术规范要求的高强度钢制加长螺栓。

②

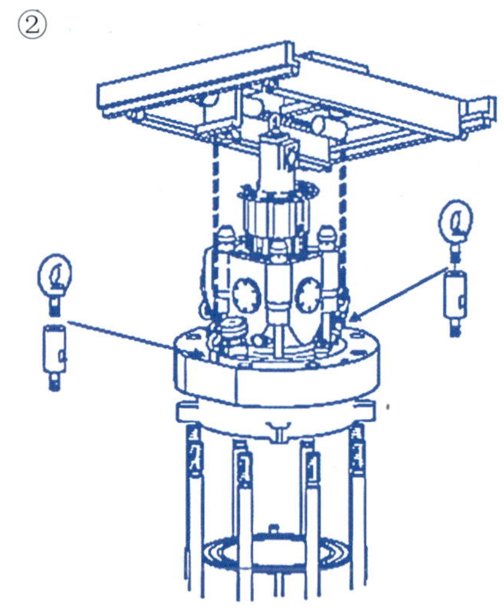

图 1　采用双悬臂行车起吊

起吊整个气缸盖

③ 准备气缸盖起吊工作

拆除所有管道连接并且松开液压螺母。请参阅说明书 901-1.2，图 2 所示。

④ 安装加长螺栓和吊环螺栓

用塞尺去检查吊环螺栓和加长螺栓是否全面接触。

用双悬臂起重机起吊气缸盖和排气阀。

请注意：

如果气缸盖与排气阀一起起吊必须始终使用加长螺栓。

只能使用符合 MAN B&W 技术规范要求的加长螺栓。

④

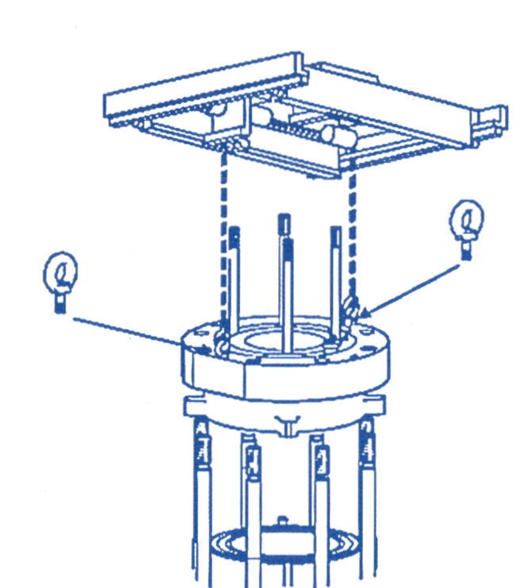

图 2　缸盖起吊

SL2004-437/HNN

2004 年 6 月

1.1.41　气缸套的起吊

适用机型： S60MC-C 柴油机

我们发现气缸套起吊螺纹孔对于指定的起吊螺栓而言显得太短。该孔为标准的 M30-33.5 / 54.5 螺纹孔，而起吊螺栓具有规定的 40mm 螺纹长度。

其中至关重要的是应当确保起吊螺栓与气缸套螺栓孔平面完全接触。因此，气缸套上螺纹孔的指定规格现在已经被校正至螺纹规格 M30-40/54.5。

非常重要的信息：

我们建议对使用中的现有气缸套进行检查，以便确保起吊螺栓能够与缸套的螺纹孔口平面完全接触。如果由于气缸套具有较短的螺纹孔而未能使起吊螺栓完全接触，则起吊螺栓的螺纹长度必须减少 7mm。请参阅附件原理图。

我们建议，在起吊气缸套之前应，检查缸套和起吊螺栓之间是否完全接触。请参阅 SL00-376/DHA。

起吊螺栓

S60MC-C 气缸套

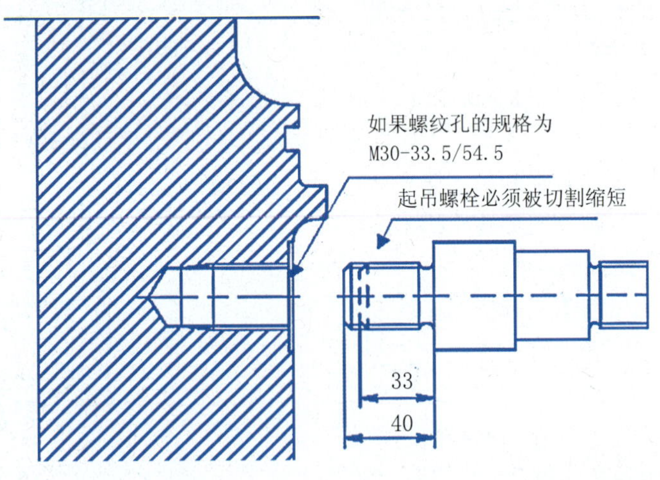

SL2004-439/HMH

2004 年 8 月

1.1.42 K/L/S-MC/MC-C 柴油机说明书 - 标准上紧扭矩

适用机型：K/L/S-MC/MC-C 柴油机

在柴油机检修期间，当柴油机部件被重新上紧时则必须使用正确的上紧扭矩。

说明书给出了相关螺栓上紧时至关重要的上紧扭矩。然而，作为对船员提供协助的一部分，我们已经升级了说明书，包括所有螺栓的上紧扭矩。

我们附上了标准上紧扭矩（表 1、表 2、表 3）《维修保养说明书》913-4，其中给出了各类螺栓的标准上紧扭矩，以便对船上《维修保养说明书》（第二册，第 13 章“常用工具”）进行更新。

当说明书程序内或相关数据表内未标明其螺栓上紧扭矩的情况下，则应适用此标准上紧扭矩表（913-4）内所指定的标准扭矩。

当《维修保养说明书》或相关的数据表中没有拧紧螺丝或螺母的力矩数据时，将使用如下所指定的标准力矩。

表 1 用二硫化钼（MoS2）作为润滑剂的标准螺丝和螺母

螺纹	拧紧力矩（Nm）	螺纹	拧紧力矩（Nm）
M8	17	M22	400
M10	35	M24	460
M12	50	M27	610
M14	80	M30	950
M16	135	M33	1200
M18	190	M36	1650
M20	260	M39	2100

表 2 自锁螺母

螺纹	拧紧力矩（Nm）	螺纹	拧紧力矩（Nm）
M8	20	M22	430
M10	40	M24	490
M12	60	M27	650
M14	90	M30	1000
M16	150	M33	1250
M18	210	M36	1700
M20	290	M39	2200

表 3 用胶水 / 乐泰来固定的螺丝和螺母

螺纹	拧紧力矩（Nm）	螺纹	拧紧力矩（Nm）
M8	23	M22	580
M10	50	M24	680
M12	70	M27	900
M14	115	M30	1350
M16	190	M33	1700
M18	270	M36	2350
M20	380	M39	3000

SL2004-440/JOF
2004 年 8 月

1.1.43　燃油泵的气蚀

适用机型：K98MC/MC-C、S90MC-C 柴油机

Bosch 类型高压油泵已经在 MAN B&W 柴油机上使用了数十年。广泛使用之后有时候会观察到泵泄油孔口内发生气蚀。然而，由于其形成缓慢，并且未对柴油机性能造成损坏或者降低套筒的使用寿命，因而气蚀被认为是可以接受的。

现在我们观察到在 K98MC/MC-C 和 S90MC-C 柴油机中使用的大型高压油泵，在某些情况下该部位形成气蚀的速度很快，请参阅图 1。

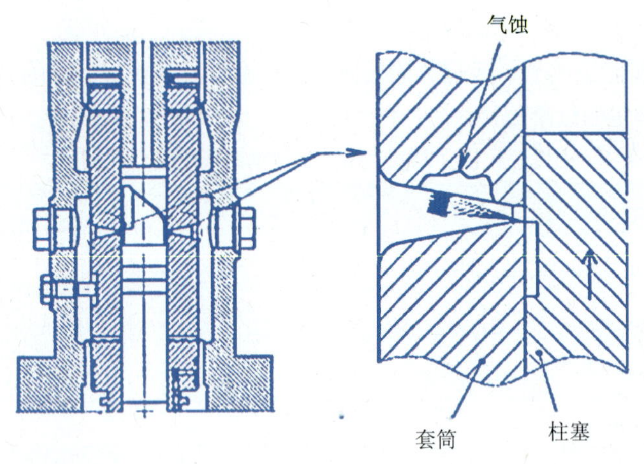

图 1　燃油泵的气蚀

气蚀位于泄油孔口的上端，并且其程度可能各不相同。在任何情况下，燃油泵套筒的截止孔均未受到影响。通过进一步调查，结论是气蚀没有影响泵的性能。

如果气蚀达到套筒泄油孔口的内部边缘，那么对燃油阀的关闭将产生影响。当气蚀面积增加时，燃油阀将会提前关闭。

然而，由于泄油孔口气蚀部分始终位于泄油孔的上端，那么在气蚀区域未被打开之前燃油阀几乎已经被关闭。因此，气蚀将不会对喷射特性产生任何显著的影响。请参阅下列新泵和气蚀泄油孔口的泵喷射特性（图 2）。我们知道，喷油定时是通过套筒上正时孔确定的，正时孔的位置高于泄油孔口，并不受气蚀的影

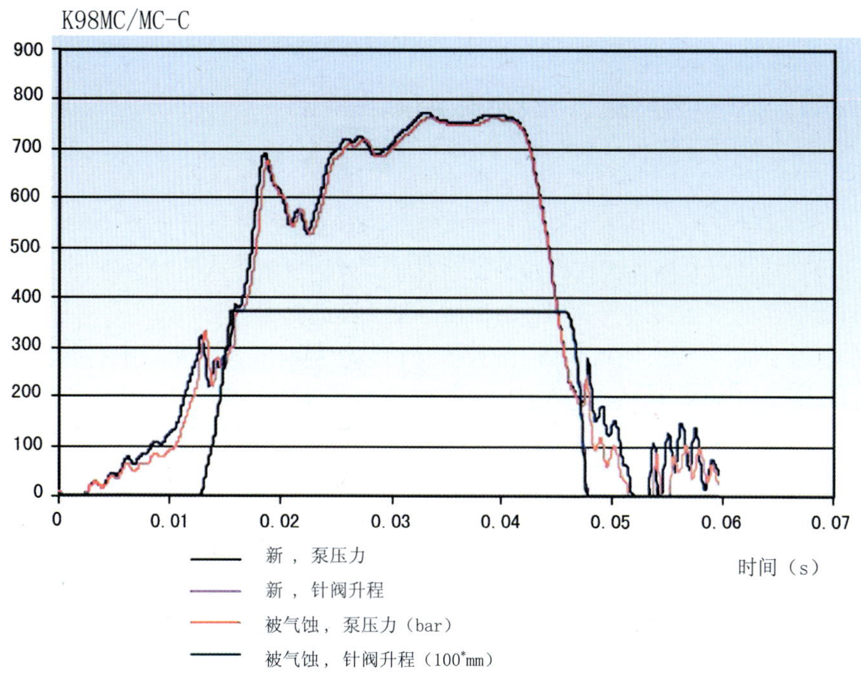

图 2　新泵和被气蚀泄油孔的燃油泵喷射曲线模拟图

响。

在模拟过程中，气蚀被假设将泄油孔口面积增加 25%。

根据我们的经验，即使发生气蚀，应力水平将仍然在可接受的数值范围内，经过大约 13 000 小时运行，气蚀也不会形成至肉眼可见的水平。我们相信，当气蚀达到一定程度后，将会停止或者降低气蚀的产生。

建议定期通过泵体前后两侧的螺塞孔进行检查泄油孔口气蚀情况，并按照运行 3 000 小时的周期进行检查。

SL2004-444/CHL

2004 年 10 月

1.1.44　扫气箱防爆门的额外安全预防措施

适用机型：所有二冲程柴油机

对于缸套扫气口检查而言，如果遵循所有类型柴油机说明书第 1 册第 707.02 章节内所述的安全操作规程，则可以安全的进入扫气箱。然而，即使有安全操作规程内介绍的所需采取的必要预防措施，但是最近仍然被告知发生了一起船员死亡的恶性事故。因此，MAN B&W Diesel 公司已经决定当船员进入扫气箱内执行扫气口检查时增加额外的安全预防措施。

为了消除扫气箱道门被无意关闭的风险，我们引入了一种锁定装置。这包括一个卡扣，以确保当执行检查工作时扫气箱道门一直开启，请参阅图 1 所示。

然而，这种锁定装置只能当被视为一种额外的安全装置，是主要安全操作规程的一种补充措施，进入扫气箱之前锁定主启动阀，并且合上盘车机仍然是必要的。

此外，为了提醒其他船员扫气箱内有人在进行检查工作，建议扫气箱内检查工作人员将盘车机的遥控控制盒带入扫气箱内。

此外，强烈建议按照下列规定在扫气箱道门上安装此类锁定装置。

根据锁定装置的情况，扫气箱道门锁闭装置可以采用三种类型：

（1）某些门没有铰链，并且并不需要任何锁定装置。

（2）某些门有铰链，并且安装了一个锁定装置，则无需加装。

（3）某些门有铰链，但是没有锁定装置，强烈建议安装锁定装置。

安全锁定装置和警告信号

推荐以下附加的安全锁定措施：

（1）一个用于锁定扫气箱道门的卡扣。

（2）一个被放置在扫气箱道门上的永久性警告信号，并且包括以下文本信息：

- “警告：即将进入一个受限空间”。
- “在未检查扫气箱内是否有人的情况下禁止关闭此门”。

（3）一个锁定装置，用于将主启动阀锁定。

（4）一个放置在主启动空气阀上的移动标记，用于告知谁拥有此锁打开的权限。

这种额外安全装置的目的是防止发生以下情况：

在扫气箱内进行检查期间，外部没有助手操作盘车机的情况下，防止被其他船员关闭扫气箱道门和将主启动空气阀锁定解除。

总之，强烈建议采取以下行动：

1）检查柴油机上扫气箱道门的实际设计，必要时加装安全锁定装置。

2）向船员介绍常规安全预防措施。

用于扫气箱道门的锁定装置（从内侧看去）。

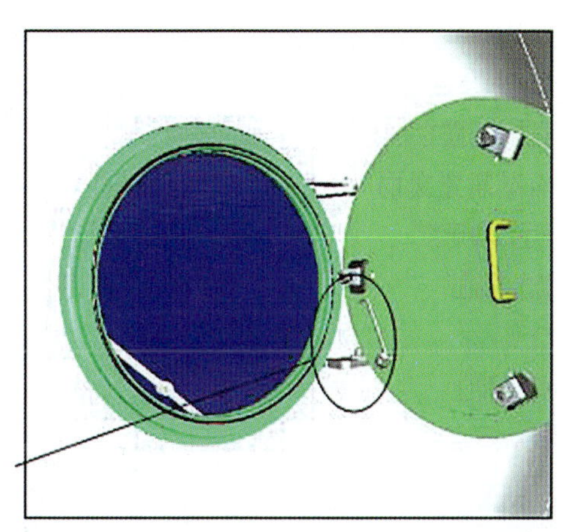

扫气箱道门锁定装置

防止道门意外关闭

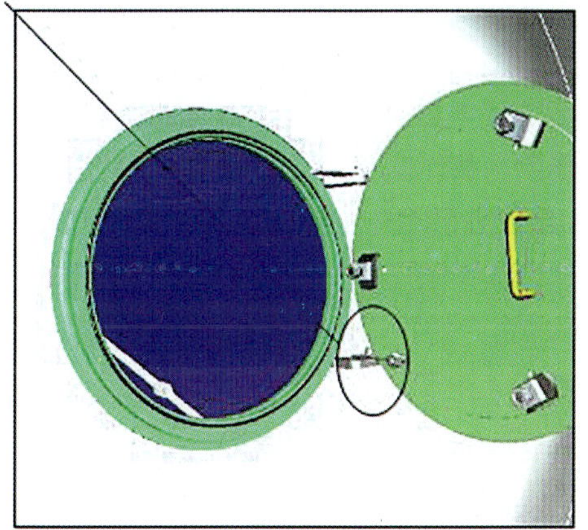

图 1　扫气箱道门安全锁定装置

SL2004-445/OEG

2004 年 11 月

1.1.45　针对 MC-S 型柴油机气缸油用量的指导原则

适用机型：MC-S 型柴油机的机械气缸注油器

气缸润滑对二冲程柴油机的运行成本产生直接影响。气缸润滑油的成本又是总运行成本的重要组成部分。

润滑油注油率以及气缸油的质量将会对气缸状态产生重要影响，并且会对大修计划和检修成本产生影响。因此，注油率和检修计划以及成本是保持平衡的互相关联因素。

以下指导原则适用于当今设计的柴油机，然而，不同航区、环境条件、燃油或润滑油质量也可能产生一定影响，因此无法遵循常规的指导原则。

无 PC 环、Oros 活塞头、高凸顶活塞（活塞头顶部是凸起的）、高位的活塞头道环（第一道环的位置提高的活塞称之为高位的活塞）和 Alpha 气缸注油系统之前的 MC 类型柴油机无法实现与下列所述同样低的气缸油注油率，因此这些柴油机需要增加 0.2～0.4g/kWh 的滑油消耗。

1 基本注油率

“基本注油率”相应于平均状态下的用量，并且在确认成功磨合之后，将确保安全的气缸状态及良好的综合经济性。

2 在正常运行期间建议的最大注油率

过度的气缸润滑可能导致燃烧室内出现有害沉积物的累积，应当在特殊的运行状态下对其进行限制，比如初始磨合、不良的气缸状态、粘滞的活塞环等。

3 初始磨合（图 2）

新缸套和活塞环的磨合将在初始磨合期间内执行，称为“初始磨合”期，并且在之后的运行期间，在负荷未受限制的期间，仍然需要额外润滑。

在初始磨合期间，在第一次加载至 MCR 时，建议增加润滑，以便冲刷掉任何磨损颗粒物。在此期间内，我们建议采用 200% 的基本注油率。

如果适用的是“铝制涂层”活塞环，那么初始磨合期的持续时间可以被限制为大约 5 小时。

如果使用“硬质涂层”环（Cermet 涂层 PM14 或类似），那么根据实际涂层情况，则应在至少 12 小时的时间内进行初始磨合并且加载至 MCR。

4 磨合（图 1）

表 1 气缸油注油率指导

<table>
<tr><td colspan="2">BFR—基本注油率（请参阅 MCR 负荷）</td><td>L 和 K-MC-S：1.1g/kWh</td></tr>
<tr><td colspan="2">最低注油率（请参阅 MCR 负荷）</td><td>L 和 K-MC-S：0.8g/kWh</td></tr>
<tr><td colspan="2">在正常使用期间的最大注油率
（请参阅 MCR 负荷）</td><td>L 和 K-MC-S：1.6g/kWh</td></tr>
<tr><td rowspan="3">新缸套和活塞环磨合（初始磨合）</td><td>注油率</td><td>铝制涂层环：
BFR（基本注油率）+100%/50% ~24h/250h
硬质涂层环：
BFR+100%</td></tr>
<tr><td>持续时间</td><td>铝制涂层环：
第一个 5 小时为 BFR + 100%，，之后则为 BFR + 50%，在间隔 250 小时之后，分二次降低，每次降低 25%

硬质涂层环：
根据实际涂层情况，在开始的 12 小时则为 BFR + 100%。之后则为 BFR+50%，在间隔 250 小时之后，分二次降低，每次降低 25%</td></tr>
<tr><td>负荷</td><td>铝制涂层环：
至少在 5 个小时的时间内逐步将负荷增加至最大负荷
硬质涂层环：
根据实际涂层情况，至少在 12 个小时内逐步将负荷增加至最大</td></tr>
<tr><td colspan="2">在已经磨合的缸套上磨合新活塞环</td><td>铝制涂层活塞环：
无负荷限制或需要额外的润滑油
无涂层环或硬质涂层环：
开始加载数分钟后，至少 5 小时之内逐步将负荷增加至最大。在 24 小时之内达到 BFR+50%</td></tr>
<tr><td colspan="2">运行注油率</td><td>“运行注油率”，即“最大设置值”与“最低注油率”之间的注油率是根据实际气缸状态的观测情况确定的（扫气口检查与大修报告）注油率的调节可以按照每次最大值 0.05g/kWh 逐步降低</td></tr>
<tr><td colspan="2">启动、停止以及负荷变化状态</td><td>在起动、停车，机动操纵负荷变化期间，气缸注油率应当被设置为 MCR 运行注油率的 125%</td></tr>
</table>

经过初始磨合期之后，当加大润滑油量时，负荷限制将被提高。为了确保在活塞环与缸套之间形成最佳油膜，在此期间应当加大油量。然而，为了避免燃烧室出现有害沉积物的累积，此段时间应当有所限制，以便活塞环与缸套表面形成

其最终良好的运行表面。

建议在磨合过程期间对扫气口执行频繁的检查。

建议在第一个 250 小时期间维持 150% 的基本注油率。当扫气口检查气缸状态满意后，注油率应当被降低至 125%。

下一次 250 小时的周期将保持此设置值。如果再次确认气缸状态满意后，可以将润滑降低至基本注油率设置值。

5 常规运行注油率

在正常情况和条件下，基本注油率将形成安全的气缸状态，进而将建立合理的大修间隔和一个良好的综合经济性。

然而，在许多情况下，当考虑大修间隔以及润滑油的运行成本和维护因素时，则可以在较低注油率情况下获得最佳经济性。

我们应当按照不超过 0.05g/kWh 的较小步骤朝最佳“运行注油率”方向降低注油率。任何变化都应当在认真评估实际气缸状态之后确定。

请注意，最佳运行注油率不是一个固定的数字，它会随着柴油机的环境而变化，比如负荷模式、燃油质量、润滑油质量、环境状态等。

6 起动 / 停止和负荷变化状态

在起动、停止和突然负荷变化期间，由于热负荷的变化、环槽和环的机械变形，因此柴油机将需要额外的润滑油。在这种工况运行期间，注油器应当被设置为运行注油率的 125%。

7 气缸状态异常

按照柴油机说明书的建议，严格遵循对扫气口的频繁检查及活塞常规检修期间的磨损测量，从而保持气缸的状态。建议将记录检查情况与《使用说明书》对照。如果观察到任何异常情况，应当将“运行注油率”再次调整至满足气缸状态的水平。当问题得到纠正后，则调回注油率。

8 气缸油建议

随着负荷的增加，应增加具有高清净性能气缸油的需求量。通常将采用 BN70-80 的气缸油得以保证满意的清净水平。

请注意：某些高碱性的气缸油与以下油品不兼容：

- 含硫量范围为 0 ~ 2.0% 的低硫量燃油
- 某些重柴油
- 轻柴油

为了能够持续运行此类燃油，建议使用具有高清净性能的 BN 40-50 气缸油。

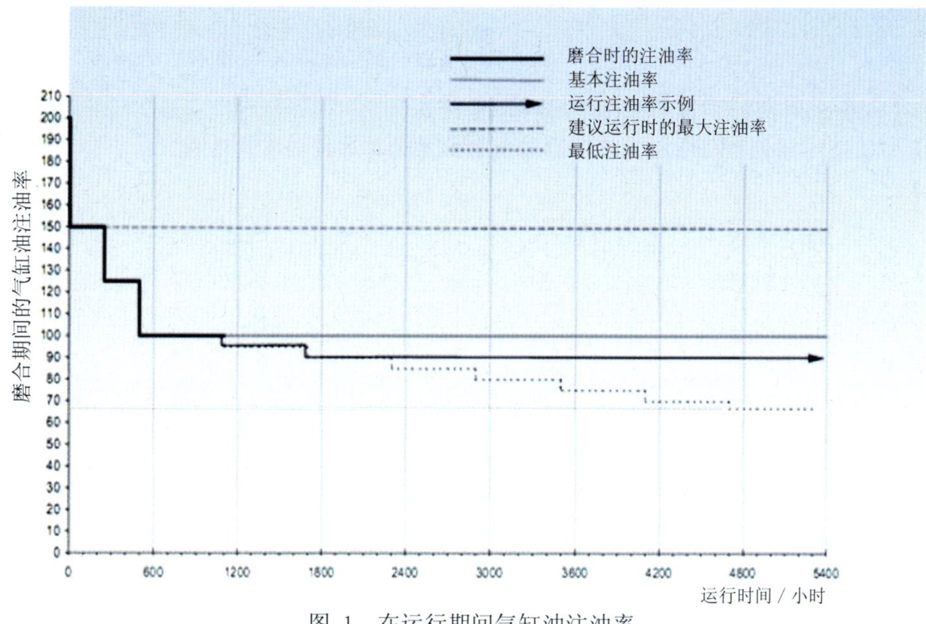

图 1　在运行期间气缸油注油率

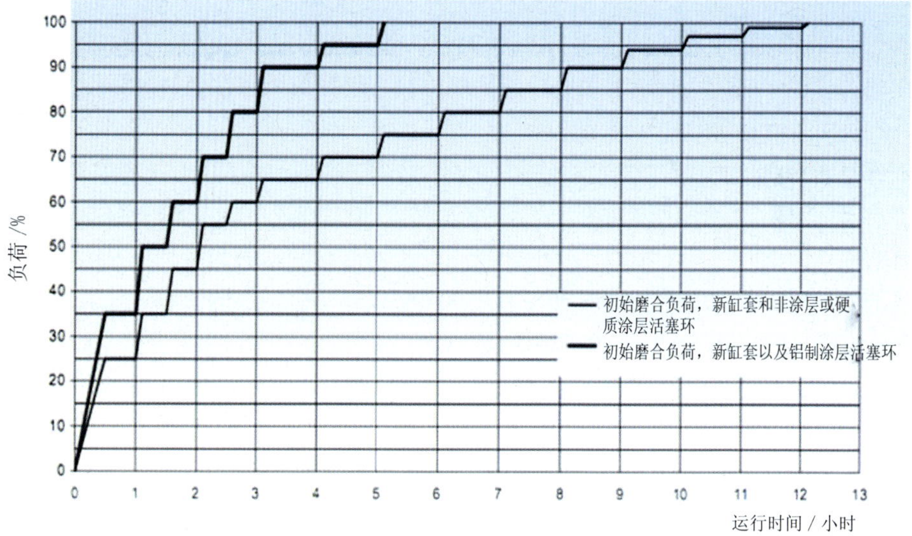

图 2　磨合期的负荷 /%（针对 MC-S 柴油机）

SL2005-447/HMH

2005 年 1 月

1.1.46　有关排气阀拆检的新建议

适用机型：具有 W 阀座排气阀和滑阀式喷油器的二冲程船用柴油机

在过去几年中排气阀已经得到了不断的改进，所有的改进都将在使用中进行广泛的测试，以便验证经过改进后的性能。上述测试结果以及近年来在一般维护中所获得的信息已经致使我们为 MAN B&W 二冲程船用柴油机上的标准排气阀检修提出了新的建议。

目前排气阀通过对以下几个关键部件进行设计上的改进，从而实现了性能上的改善：喷油器、排气阀杆、排气阀阀座，见图 1 所示。

这些部件均将在下文中详述。

1 喷油器

阀座上形成的凹痕受到燃烧沉积物的数量影响，尤其是未燃烧燃料所产生的积炭。目前，这种状况已经通过配有滑阀式喷油器得到了极大改善，大大降低了燃烧沉积物的数量。因此，最新的滑阀式喷油器将使排气阀性能得到改进。

2 排气阀杆

我们所追求的目标是研发出一种阀杆，使其特别能够耐受高压和高温腐蚀。在此过程中，成功地发现了最适合的基础材料，研发出了高性能的阀杆硬质表面，并且确保了最适当的几何公差。

3 排气阀阀座

通过采用具有中间腔室的两个狭窄密封表面（W 阀座），凹痕被降低至不明显的程度，同时可能的漏泄气体的温度也通过额外的腔室得到降低，从而具有较高的密封性。通过与上述阀杆相结合，W 阀座代表一个排气阀的设计，其对阀座上不可避免的漏泄具有相对低的敏感度。

采用 W 阀座和标准 MAN B&W 硬质表面阀杆进行维护保养周期的延长测试，包括阀杆上的 Nimonic 80A，累计达 40 000 工作小时维护周期。阀座所必须的拆检和研磨要求被降至最低，排气阀的拆检工作可以列入船舶停航修船期的常规工作。

因此，我们已经决定改变排气阀拆检建议，并且从 2005 年 2 月 1 日起，在订购的所有 MAN B&W 二冲程船用柴油机的标准工具列表中删除排气阀研磨机，而将其列入可选工具列表中。

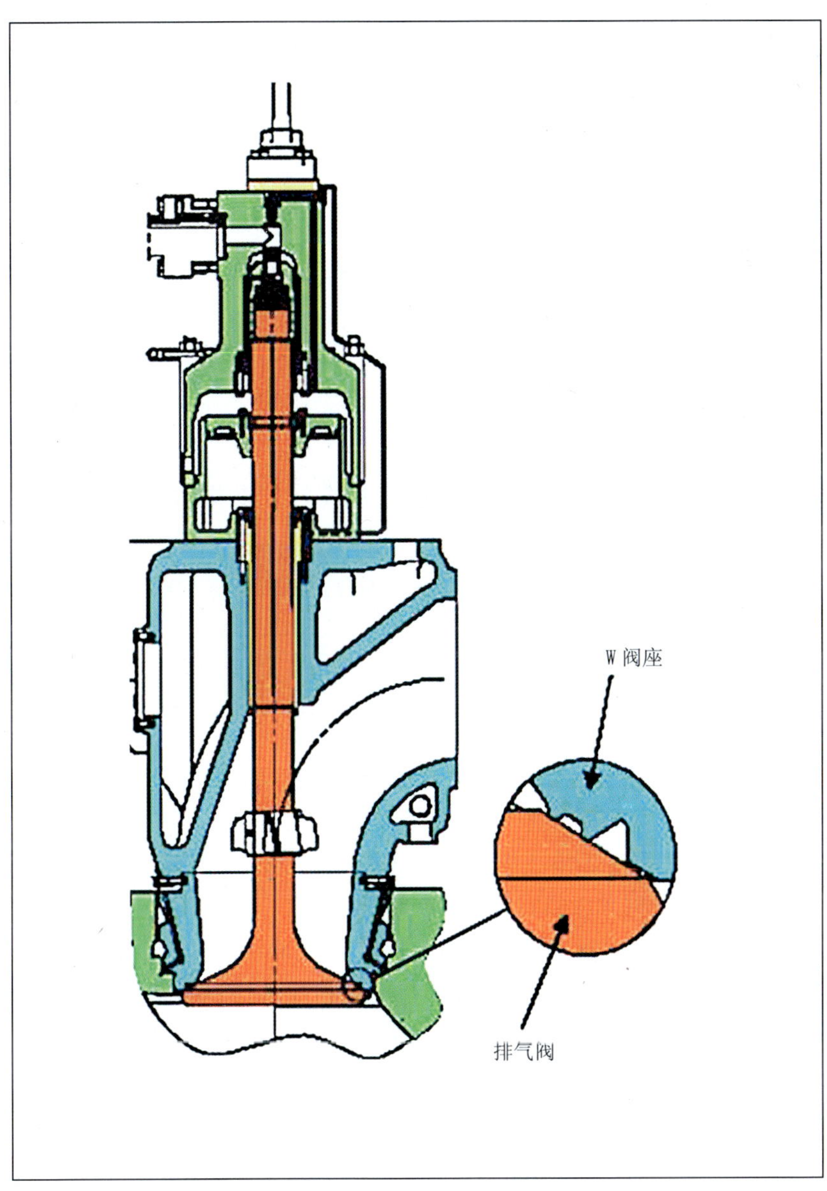

图 1　排气阀

SL2005-451/AAB

2005 年 6 月

1.4.47　更改厚壁轴瓦主轴承顶部间隙范围

适用机型：K/L/S 50-90MC 柴油机

从工作经验得知，将顶部间隙降低至目前公差范围的下限将改进厚壁轴瓦轴承的疲劳性能。此经验已经通过一系列的弹性流体动态计算得到确认，作为一个规程，其显示当顶部间隙降低时局部疲劳负荷将降低。

然而，降低顶部间隙将会导致轴承内的温度上升。因此，我们必须进行测试以便评估实际温度上升状态。在 8S50MC 机上具有最高动态负荷的主轴承上安装热电偶，结果显示将间隙从标称值 0.35mm 降低至 0.10mm，仅导致温度最高上升 1～2℃，其仍然处于温度限制范围内。

根据上述情况，我们则按照下表 1 规定了新柴油机厚壁轴瓦主轴承的顶部间隙：

表 1

主轴承顶部间隙（mm/100）					
柴油机型	50MC	60MC	70MC	80MC	90MC
最小值	10	10	15	20	25
最大值	35	35	40	45	50

此外，此技术规范目前已经被简化，因为最后一道轴承与其它轴承并没有很好的区别。

大多数使用中的主轴承工作性能均非常满意，只有当主轴承被拆检时，或者一旦主轴承发生故障时才应当实施上述顶部间隙标准。

此外，要关注以下有关主轴承的维护保养服务信函：SL98-355/SBJ、SL00-378/NHN 和 SL03-414/AAB，其中 SL00-378/NHN 和 SL03-414/AAB 是关于正确调整和垫片安装的，并且有关于轴承类型的升级。

请注意！如果主轴承工作良好，MAN B&W Diesel A/S 公司并不建议过度开启主轴承进行拆检。

SL2005-452/KEA
2005 年 7 月

1.4.48 重质燃料油的处理

适用机型：所有机型

最近，我们收到报告称由于燃料油处理装置效率不佳而导致燃烧室的缸套出现过度磨料磨损的事故。本维护保养服务信函将介绍 HFO 清洁的重要性。

磨料磨损主要是由于分油机没有能够去除催化剂颗粒所导致的，比如从燃料油中去除铝和硅氧化物。分油机还能够去除铁锈、砂子以及灰尘，然而，这些物质通常以非常少的数量存在。

在燃料油内，可允许的最大催化剂颗粒含量，被表达为铝和硅的总含量，按照船用燃料油技术规范 ISO 8217:1996 的规定为 80ppm（编者注：现今实施的是第四版，ISO 8217：2010）。所有燃料油都应当进行有效分离处理，以便使污染物（杂质）含量最少，包括精细催化剂。

对于含有较多催化剂颗粒含量的燃料油而言，经过分离净化后，我们期望进入柴油机的燃料油中的催化剂颗粒被降低至 15ppm。然而，对于含量较低的催化剂颗粒的燃料油而言，我们预计将会降低至更低的含量。

必须采取以下措施，以确保进入柴油机的 HFO 清洁：

- 按照供应商的建议选择和运行燃料油分油机。
- 在分油机进口处保持正确的 HFO 温度。
- 正确控制分油机的流量。
- HFO 密度符合离心净油机技术规范要求。

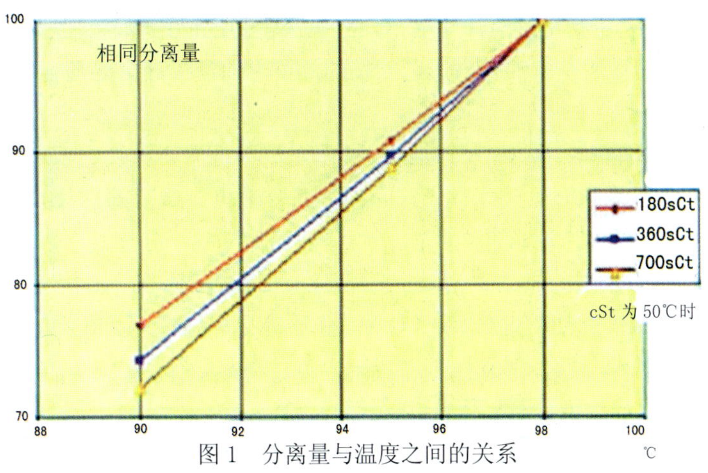

图 1 分离量与温度之间的关系

• 正确维护分油机。如果运行良好，离心机能够接近 100% 去除大于 5 微米的精细催化剂，但是此技术无法使分油机去除燃料油中小于 5 微米的精细催化剂。

图 A～F 中显示了由于离心净油机分离效果不佳所致的过度磨损案例。

1 进入分油机处理之前的 HFO 温度

常因 HFO 温度太低或者温度设置点太低，降低了分油机的功效。

为了确保离心力能够将重型污染物（杂质）分离，对于 HFO 而言，分油机应当始终在 98℃的进口温度下运行。

温度与分离量之间的关系示例显示在图示案列内。

例如，分油机在 90℃的进口温度下运行时将使分离量至少降低 15%，才能获得与 98℃的进口温度相同的净化功效。

我们已经与不同的分油机供应商取得了联系，根据所接收的信息，对于未变化的分油机净油效率而言，在粘度为 180～700cSt（在 50℃时），图示案列显示了分离量与燃油温度之间的关系。

如果分离量受到恒定流量泵控制的，不可能随意降低分离量。只有一种解决办法，例如，将粘度为 180cSt（在 50℃时）燃料油的进口温度也维持在 98℃。而对对于没有设置恒定流量泵控制的分油机，可以通过调节旁通，调节其流量。

2 分油机的操作 — 并联或串联

按照 ISO 8217 和 CIMAC 的建议，供给船舶的燃料油允许的最大含水量是 0.5%，含水量中通常包括海水，因此分水的目的就是去除盐分。催化剂颗粒是亲水的，例如一旦燃料油内有水，水就将吸附在催化剂颗粒上。这就是需要对水进行分离的原因。

分油机应当在并联状态下运行，除非分油机具有分杂和分水功能分开并且手动操作。为了达到良好的净化效果，应当始终使用 HFO 分油机，应降低分油机的流量。这将确保燃料油在分油机内尽可能长的停留时间，提高去除催化剂颗粒的效率。

3 适当维护

当今的自动控制 HFO 分油机，操作人员不再需要更换比重环。然而，对分油机进行适当维护仍然至关重要，必须按照分油机制造商的建议执行。如果分油机的分离筒未及时进行拆洗、清洁，污垢、油泥将沉积在分离盘上，这将降低分离性能。

4 分油机的检查

为了检查分油机的效率，建议当分油机在分离超过 25ppm 的催化剂颗粒燃料油之前和之后应当分别取样，或者至少每 4 个月取样一次，送至指定的燃油化验、分析机构进行化验分析。

5 沉淀和日用柜

在良好的气象下，HFO 内的重型成分，例如催化剂颗粒将沉淀在油舱（柜）底部，但在大风浪海况情况下它们又将被泛起，进入分油机，导致浓度超过 80ppm 的最大值。可能影响燃料油净化处理的效率，从而导致柴油机燃油进口出现大量的催化剂颗粒，因此定期排放油舱（柜）的沉淀物，清洁油舱（柜）将至关重要。此外，还建议在恶劣气候下使用备用燃油分油机，提高燃料油净化效果。

6 有关分离效率的标准

欧盟标准化委员会（CEN）制定了有关分离性能标准的规程，当在一个受控流量下运行时，在这些分油机投入市场之前，通过此程序我们将能够对比不同类型分油机的性能。

分油机分离效果不佳导致过度磨损的案例 （图 A～F）

图 A　具有刮擦痕迹的燃油阀切断轴

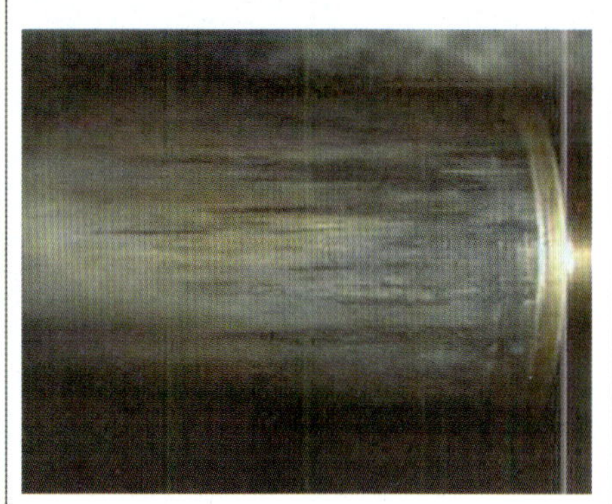

图 B　刮擦标识的放大（2.6 倍）

图 C　刮擦痕迹的进一步放大（7.4 倍）

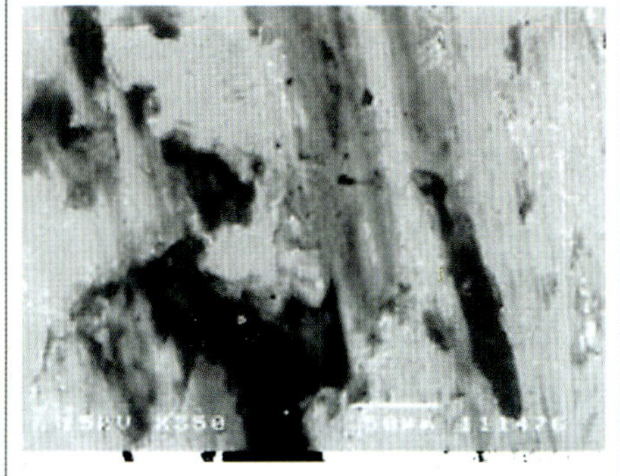

图 D 刮擦痕迹和碳化物的放大照片（290 倍）

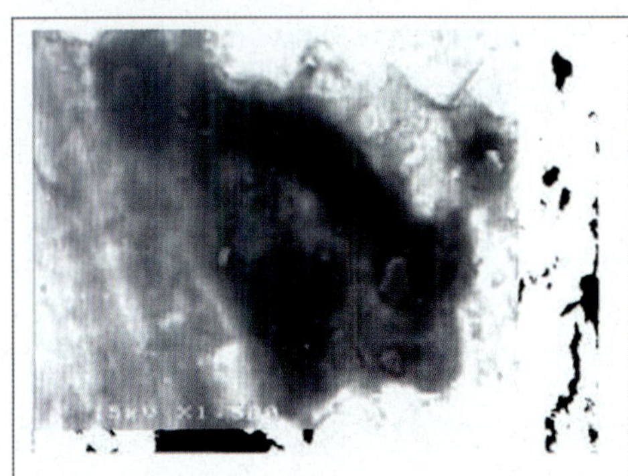	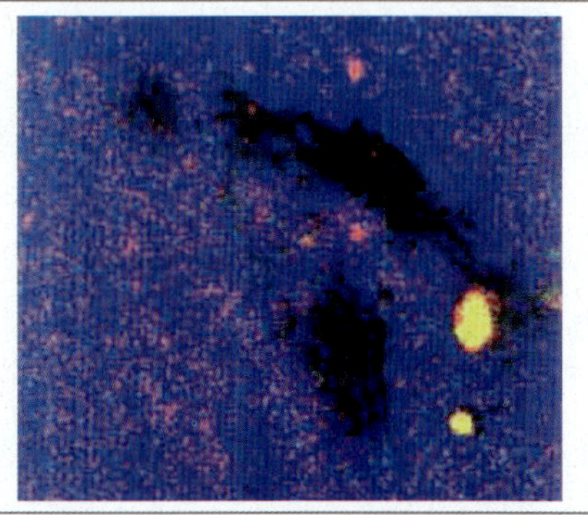
图 E　切割轴上被刮擦区域内嵌入的颗粒物（1 800 倍）	图 F　图 E 内显示的被刮擦区域的 EDX 图

SL2005-454/HMH
2005 年 8 月

1.1.49　主轴承盖提升工具

适用机型：60-98MC/MC-C/ME/ME-C 机型

最近，从船东处收到有关船舶发生严重人员伤害事故的信息。

事故是在 90 缸径柴油机的主轴承拆检期间发生的。装配在十字头导板滑块底部的主轴承盖提升专用工具 -- 滑轮发生断裂，导致轴承盖坠落，砸伤了工程师的脚。

我们所附上的从 2003 年起的维护保养服务信函 SL03-429/ANR 介绍了如何修改该工具以适用于 90 和 98 缸径柴油机。

为了消除该工具使用时的任何风险，建议阅读并评估附上的维护保养服务信函。必要时与我们沟通，以便我们能够发送必要的更新工具，以及主轴承新的拆检指导。

请注意！如果你手头有“焊接”设计的该工具（请参阅焊接设计原理图），必须进行修正。如果是新设计的工具，则无需进行修改。

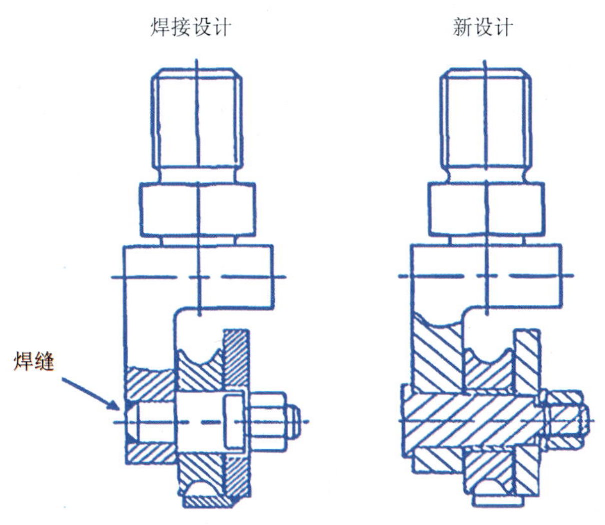

图 1　焊接设计原理图

为了保持正常工作，我们已经对焊接设计的工具进行了附加张力测试。测试结果显示该工具可以在无需修改的情况下用于 60 和 70 缸径的柴油机。然而，为了避免其用于 80 缸径柴油机时产生任何风险，我们建议应当对此工具进行修改（请参阅维护保养服务信函附上的附录 B）。因此，请填写并返回核对表，我们将发送相关指令和备件，以便对该工具进行修改。

表 1 概述了需要进行修改（更新）工具的柴油机型号。

表 1

所有机型	600 mm 缸径	无需修改
	700 mm 缸径	无需修改
	800 mm 缸径	需修改
	900 mm 缸径	需修改
	900 mm 缸径	需修改

在对该工具进行必要的修正前，　在主轴承拆检期间，对主轴承盖进行起吊时船舶上的员工应当特别小心。

SL2005-455/HRJ

2005 年 9 月

1.4.50　不同含硫量的燃料油运行时的气缸润滑指导原则

适用机型：所有 MC/MC-C 和 ME/ME-C Mk6 及更高型号，配有 Alpha ACC 系统的柴油机

根据不同的原油产地，重质燃料油内的含硫量可能有很大差异，例如从 1% ～ 4%。含硫量超过 4% 是很少见的，实际上只有小于 3% 的燃料油的含硫量高于 4%。环境对含硫量有所限制，在受限航区内要求采用低含硫量的燃料油运行，以此限制氧化硫的排放量。

自从启用了 ACC（适应性气缸油控制）润滑原理以来（请参阅我们 2003 年 1 月的维护保养服务信件 SL03-417），我们已经获得了综合性的维护反馈信息，确认此润滑模式优于其它模式。

现在已经通过测试确定还有更多的空间可以降低　的原始 ACC 算法数值，并且因此能够进一步降低运行成本。

因此，我们已经修订了气缸油供油系数导则（请参阅附件 1~3），降低气缸润滑油的耗量（CLOC）。

1 气缸润滑需求

气缸润滑的目的：

（1）在活塞环与缸套之间形成液体动压油膜

形成油膜所需的润滑油量几乎与所使用的燃料油无关。油膜的测量已经显示出当达到最佳油膜的供油率时，则再通过增加供油率将无法进一步增加油膜。这种优化措施将安全的供油率控制在 0.55g/kWh。

（2）清洁活塞环、环面和环槽

清洁活塞环、环面和环槽是至关重要的，并且取决于气缸油的去污特性。所有经过认证的气缸油均满足该要求，即使在低至 0.55g/kWh 的供油率情况下。

（3）控制腐蚀，中和酸性物质

根据燃料油内含硫量的情况，燃烧过程将产生高腐蚀性的硫酸。因此对燃烧室和气缸润滑油进行适当设计，形成最佳的抗腐蚀平衡。

2 气缸润滑油用量

最佳的腐蚀控制是通过结合缸套冷却水设计，燃料油内的含硫量，气缸润滑油的碱性，以及新润滑理念，ACC 计算系统（适应性气缸油控制）等相结合而实现的。ACC 系统将按照负荷情况以及燃料油内的含硫量成比例供给润滑油（其与被燃烧

的燃油量成比例）。通过配比润滑油的用量，碱性添加剂的量将与燃烧室内被燃烧的总硫化物量成比例，从而将能够实现恒定和受控的低腐蚀水平。

从大量的供油系数为 0.34 状态下运行的船舶中获得的经验是可贵的。然而，在长期测试，包括早先的 0.29 供油系数和现在的 0.26 供油系数都非常成功，这表示最佳润滑水平处于以下范围内：

F×S%，在此“F”处于 0.26～0.34g/kWh 范围内。

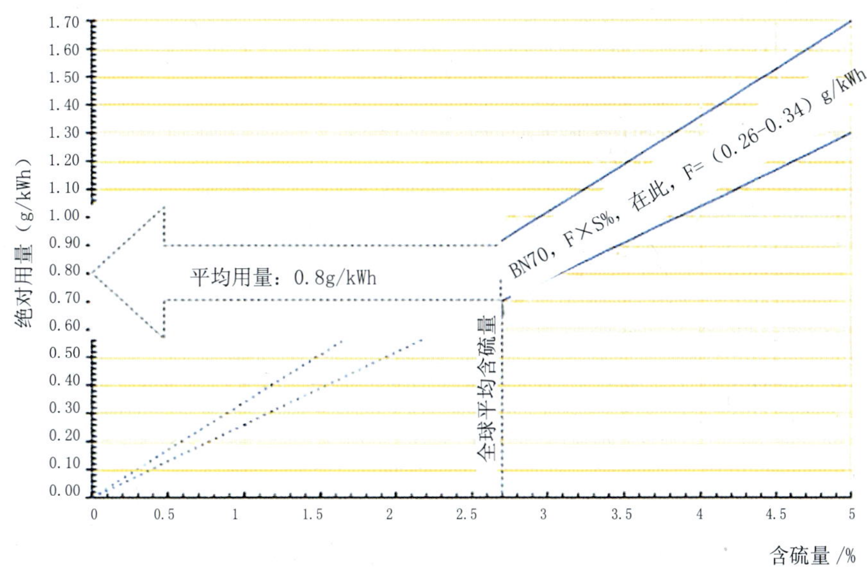

图 1 采用常规的 BN 70 气缸油的 ACC 算法

在航运市场上，对于大型二冲程柴油机而言，燃料油内的平均含硫量为 2.7%。这将导致平均气缸油用量大约为 0.8g/kWh。0.8g/kWh 乘以年度的 kwh 则可以直接用于计算每年的气缸油消耗量。

通过采用 ACC 原理，以及运算法则 ，此“F”处于 0.26～0.34g/kWh 范围内，则满足中和酸性物质的需求。然而，由于需要特定量的滑油形成流体动态油膜，因此目前的下限被设定为 0.60～0.70g/kWh，按照图 1 所示的规定，将达到大约 2% 的含硫量。

3 采用一种变化含硫量的燃料油运行

尽管含硫量高于 4% 是很少见的，然而，采用高含硫量燃料油运行将是造成气缸磨损的一个主要原因。因此，按照 ACC 算法的规定则必须增加润滑油的用量，防止与此类燃料油有关的过度磨损，并且也有利于对经济性。

然而，在低于 2% 含硫量的燃料油情况下，按照图 2 表所示，对柴油机而言碱性添加剂过量。这可能导致气缸状态出现问题，严重的情况下可能导致拉缸。

过量使用碱性添加剂将具有两种负面影响，其可能导致所谓的“缸套抛光”现象：

（1）剩余的碱性添加剂将很有可能累积在活塞顶部区域，并且其厚度可能影响缸套运行表面，尽管采用了 PC 环（活塞清洁环）。这种现象在缸套的中间和下端部分以及排气侧最为突出。这种负面效应所产生的结果被称为机械缸套表面抛光。

（2）过量碱性添加剂的另一负面效应可能是腐蚀（即低温腐蚀）被完全压制，因此，限制了缸套表面的必要“翻新”（开放式石墨结构）。这种结果被称为化学缸套表面抛光。换句话说，腐蚀应当进行控制而不是进行防止。

上述负面效应的发生取决于时间。这就意味着在一个特定周期内剩余的碱性添加剂是可被接受的，这取决于过量配比的严重程度。

例如：当采用 1% 含硫量的燃料油运行并且使用常规的 BN70 气缸油时，理论上而言，按照 ACC 算法的规定，则可以按照 0.26～0.34g/kWh 的用量计算系数范围。然而，由于流体动态原因，为了满足 0.60～0.70g/kWh 的下限值，所施加的添加剂用量因此高于所需的量。这种过量配比的碱性添加剂应被限制在一至两周内，而且在受限航区内只能采用低含硫量燃料油临时运行。

如果永久性使用低含硫量燃油，那么我们建议使用一种低 BN 气缸油，可以采用 BN40 或 BN50 气缸油。

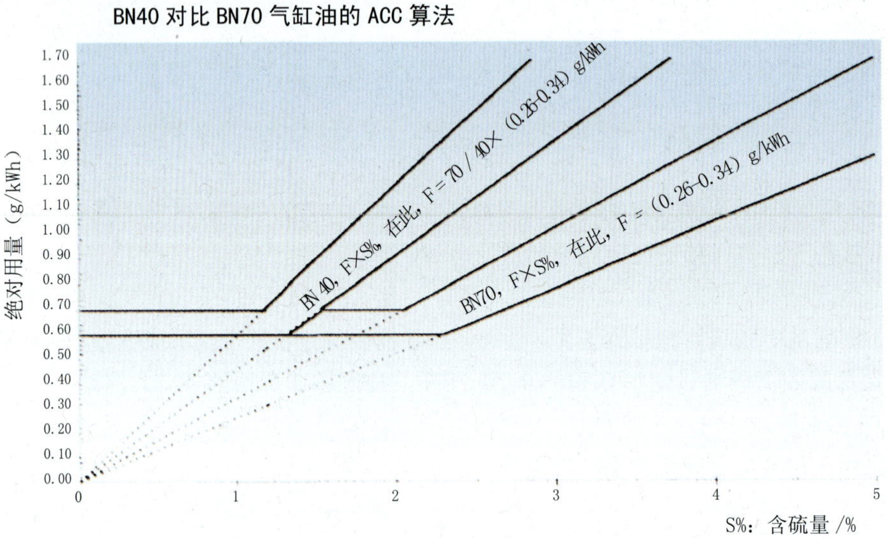

BN40 对比 BN70 气缸油的 ACC 算法

绝对用量（g/kWh）

1.70
1.60
1.50
1.40
1.30
1.20
1.10
1.00
0.90
0.80
0.70
0.60
0.50
0.40
0.30
0.20
0.10
0.00

BN 40，F×S%，在此，F＝70／40×（0.26-0.34）g/kWh

BN70，F×S%，在此，F＝（0.26-0.34）g/kWh

0　1　2　3　4　5

S%：含硫量 /%

图 2　使用 BN40 气缸油对比一种常规的 BN70 气缸油的算法

经验显示，通过使用低 BN 值的气缸油将能够获得无剩余硫化物的满意运行状态（汽油、煤油等）。

如果适用一种 BN 40 气缸油，那么 ACC 算法应当为：

F×70/40×S%，在此“F”处于 0.26～0.34g/kWh 范围内。

如果定期使用低含硫量的燃油，并且间隔加注常规含硫量或高含硫量的燃油，那么则应当考虑采用两个气缸油柜系统，以便能够在低 BN 和常规 BN 气缸油之间实现切换。

表 1　气缸油供油率导则

<table>
<tr><td colspan="4">S/L/K-MC/MC-C/ME/ME-C，Mk6 以及更高，配有 Alpha ACC 润滑系统</td></tr>
<tr><td colspan="2"></td><td>标准 BN70 气缸油</td><td>BN40 气缸油</td></tr>
<tr><td colspan="2">基本设置</td><td>0.26-0.34g/kWh×70/40xS%
0.19-0.25g/bhph×70/40xS%</td><td>0.26-0.34g/kWhx70/40×S%
0.19-0.25g/bhphx70/40×S%</td></tr>
<tr><td colspan="2">最低供油率</td><td colspan="2">0.6-0.70g/kWh
0.45=0.50g/bhph</td></tr>
<tr><td colspan="2">在正常使用期间的最大供油率</td><td colspan="2">1.7g/kWh
1.25g/bhph</td></tr>
<tr><td colspan="2" rowspan="2">部分负荷控制（负荷模式）</td><td colspan="2">与发动机负荷成比例</td></tr>
<tr><td colspan="2">低于 25% 负荷，与 MEP 成比例（平均有效压力）</td></tr>
<tr><td rowspan="4">新的或经过翻修的缸套以及新活塞环时的磨合</td><td rowspan="2">供油率</td><td>铝制镀层或硬质镀层活塞环</td><td>第一个 5 小时：1.7g/kWh
从 5～250 小时：1.5g/kWh
从 250～500 小时：1.2g/kWh</td></tr>
<tr><td>无涂层</td><td>第一个 15 小时：1.7 g/kWh
从 15～250 小时：1.5 g/kWh
从 250～500 小时：1.2 g/kWh</td></tr>
<tr><td rowspan="2">发动机负荷</td><td>铝制镀层或硬质镀层活塞环</td><td>在 5 小时后逐步增加至最大负荷</td></tr>
<tr><td>无涂层</td><td>在 15 个小时后逐步增加至最大负荷</td></tr>
<tr><td colspan="2">在已经磨合完成的缸套上磨合新活塞环：</td><td colspan="2">铝制或硬质镀层活塞环：无负荷限制
无镀层活塞环：在五小时后逐步增加至最大负荷
供油率：24 小时内基本设置值 +25%</td></tr>
<tr><td colspan="2">操纵和负荷变化状态</td><td colspan="2">在启动，操纵和负荷变化期间，供油率应当增加 25%，并且在负荷稳定之后将此水平保持 1/2 小时</td></tr>
<tr><td colspan="2">显示异常状态的气缸润滑</td><td colspan="2">为了维持一种安全的气缸状态，那么频繁的对活塞环和缸套执行扫气口检查是至关重要的。如果发现不规则的情况，那么则应当考虑调整润滑油供油率
一旦发生拉缸，活塞环粘滞或者较高的缸套温度波动，那么供油率应当增加 25～50%</td></tr>
</table>

表 2　Alpha 气缸油注油器的调节（使用 ACC，BN40）

ACC 系数，g/kWh×S%							g/kWh	HMI 设置值
0,26	0,27	0,29	0,30	0,31	0,33	0,34		
含硫量 /%								
0	0	0	0	0	0	0	0,61	56
1,4	1,3	1,,2	1,2	1,1	1,1	1,0	0,61	56
1,5	1,4	1,3	1,3	1,2	1,1	1,1	0,65	60
1,6	1,5	1,4	1,4	1,3	1,3	1,2	0,71	66
1,7	1,6	1,5	1,5	1,4	1,4	1,3	0,77	71
1,8	1,8	1,7	1,6	1,5	1,5	1,4	0,83	77
2,0	1,9	1,8	1,7	1,6	1,6	1,5	0,89	82
2,1	2,0	1,9	1,8	1,7	1,7	1,6	0,95	88
2,2	2,1	2,0	1,9	1,8	1,8	1,7	1,01	93
2,4	2,3	2,1	2,0	2,0	1,9	1,8	1,07	98
2,5	2,4	2,3	2,2	2,1	2,0	1,9	1,13	104
2,6	2,5	2,4	2,3	2,2	2,1	2,0	1,19	109
2,8	2,6	2,5	2,4	2,3	2,2	2,1	1,25	115
2,9	2,8	2,6	2,5	2,4	2,3	2,2	1,31	120
3,0	2,9	2,7	2,6	2,5	2,4	2,3	1,37	126
3,2	3,0	2,9	2,7	2,6	2,5	2,4	1,43	131
3,3	3,1	3,0	2,8	2,7	2,6	2,5	1,49	137
3,4	3,3	3,1	3,0	2,8	2,7	2,6	1,55	142
3,6	3,4	3,2	3,1	2,9	2,8	2,7	1,61	148
3,7	3,5	3,3	3,2	3,0	2,9	2,9	1,73	160
3,8	3,6	3,4	3,2	3,1	3,0	2,9	1,70	156

表 3　Alpha 气缸油注油器的调节（使用 ACC，BN70）

ACC 系数，g/kWh×S%							g/kWh	HMI 设置值
0,26	0,27	0,29	0,30	0,31	0,33	0,34		
含硫量 %								
0,0	0,0	0,0	0,0	0,0	0,0	0,0	0,60	56
0,5	0,5	0,5	0,5	0,5	0,5	0,5	0,60	56
1,0	1,0	1,0	1,0	1,0	1,0	1,0	0,60	56
1,1	1,1	1,1	1,1	1,1	1,1	1,1	0,60	56
1,2	1,2	1,2	1,2	1,2	1,2	1,2	0,60	56
1,4	1,4	1,3	1,3	1,3	1,3	1,3	0,60	56
1,6	1,6	1,4	1,4	1,4	1,4	1,4	0,60	56
1,8	1,8	1,6	1,6	1,5	1,5	1,5	0,60	56
2,0	2,0	1,8	1,8	1,6	1,6	1,6	0,60	56
2,2	2,2	2,0	1,9	1,8	1,7	1,7	0,60	56
2,4	2,3	2,1	2,0	2,0	1,9	1,8	0,60	56
2,5	2,4	2,3	2,2	2,1	2,0	1,9	0,65	59
2,6	2,5	2,4	2,3	2,2	2,1	2,0	0,68	63
2,8	2,6	2,5	2,4	2,3	2,2	2,1	0,71	66
2,9	2,8	2,6	2,5	2,4	2,3	2,2	0,75	69
3,0	2,9	2,7	2,6	2,5	2,4	2,3	0,78	72
3,2	3,0	2,9	2,7	2,6	2,5	2,4	0,82	75
3,3	3,1	3,0	2,8	2,7	2,6	2,5	0,85	78
3,4	3,3	3,1	3,0	2,8	2,7	2,6	0,88	81
3,6	3,4	3,2	3,1	2,9	2,8	2,7	0,92	84
3,7	3,5	3,3	3,2	3,0	2,9	2,8	0,95	88
3,8	3,6	3,5	3,3	3,2	3,0	2,9	0,99	91
3,9	3,8	3,6	3,4	3,3	3,1	3,0	1,02	94
4,1	3,9	3,7	3,5	3,4	3,2	3,1	1,05	97
4,2	4,0	3,8	3,6	3,5	3,3	3,2	1,10	100
4,3	4,1	3,9	3,8	3,6	3,4	3,3	1,12	103
4,5	4,3	4,.0	3,9	3,7	3,5	3,4	1,16	106
	4,4	4,2	4,0	3,8	3,6	3,5	1,19	1,09
	4,5	4,3	4,1	3,9	3,8	3,6	1,22	113
		4,4	4,2	4,0	3,9	3,7	1,26	116
		4,5	4,3	4,1	4,0	3,8	1,29	119
			4,4	4,2	4,1	3,9	1,33	122
			4,5	4,3	4,2	4,0	1,36	125
				4,5	4,3	4,1	1,39	128
					4,4	4,2	1,43	131
					4,5	4,3	1,46	134
						4,4	1,50	138
						4,5	1,53	141

SL2005-460/NHN

2005 年 11 月

1.1.51　十字头轴承的状态

适用机型：MAN B&W 二冲程柴油机

本信息目的是告知十字头轴承因润滑油系统内过多的水污染而存在受损风险，以及相关的应对措施。

润滑油系统内的水可能导致覆盖层的腐蚀磨损，并且最终导致十字头轴承的机械损坏，将会造成较高的维修成本。因此，建议遵循以下指导原则，以避免十字头轴承的损坏。

1 十字头轴承白合金的腐蚀

如果润滑油系统含水超过 0.2% 限制值，短期为 0.5%（请参阅《操作说明书》708-04 章节“循环油的维护”），十字头轴承将会发生剧烈的腐蚀磨损。含水量越高，磨损则速率越快。一旦含水量高于 1%，可能导致在几天的运行之内发生重大损坏。十字头轴承表面覆盖白合金是（铅 - 锡 - 铜），下部表面覆盖白合金是 AlSn40（锡 - 铝），白合金浇铸在十字头轴承金属瓦上。

在 AlSn40 合金轴承外部始终粘有一个非常薄的镍（Ni）或银（Ag）层。白合金轴承基础中没有中间层，但是仍然存在腐蚀的风险。

表面覆盖层的磨损将改变轴承表面的几何形状，并且形成“内嵌弧形”几何形状。轴承几何形状的改变将阻碍油膜的形成。油膜对于十字头轴承的功能是至关重要的。

此外，AlSn40 轴承表面覆盖层的过度磨损可能最终将中间层暴露至镍 - 钢与十字头销接触，并且导致销与轴承壳之间的刮擦磨损。图 1 和图 2 显示了表面覆盖层的腐蚀磨损阶段。

↑图 1 镍层的初始刮擦

→图 2 轴承表面覆盖被磨损，钢与钢接触

除了对部件造成损坏以外，在极端情况下，将会导致曲轴箱爆炸的风险。

2 十字头轴承的检查

如同之前维护保养服务信函（SL87-219，SL90-272和SL90-273）内所述，如果通过开启检查显示超过5%的镍层被暴露， AlSn40十字头轴承必须尽早更换。如果一个轴承组件具有超过5%的镍层暴露，那么非常有可能所有其它的轴承组件也遭受了类似的极端磨损，因此也需要更换。

为了决定需要先检查哪个轴承，则应当测量所有的十字头轴承顶部间隙，并且将其与车间测试/海试记录进行对比。如果发现较大偏差，和/或如果在曲轴箱内的周围区域发现了轴承“粉末”，则应当首先检查这些轴承。

3 防止腐蚀的应对措施—润滑油系统

润滑油系统内的含水量通常定期进行检测。然而，为了防止润滑油内水的累积，导致轴承的损坏，因此我们应当对油进行人工监控，或者通过一个滑油状态监控系统进行自动监控。

我们可以执行人工滑油监控，例如，通过目测，因为当与水相混合时滑油的外观将会发生变化。我们可以使用便携式设备，但是为了确保有效和连续的监控，则可以使用一个水分测量传感器。

当含水量超过0.2%时水监控系统将触发报警，并且当含水量超过0.5%时最好再次触发报警。

如果0.2%的水（短期为0.5%）污染了润滑油，就应当查找漏水的原因，并且应当检查水的污染源（例如，分离器，换热器，冷却水泄漏等），如果发现泄漏则应当立即纠正。

对于油内含水量的在线监控而言，我们正在对大量不同类型的设备进行测试。我们已经发现行业内目前使用中的某些设备在普遍使用的系统油情况下并没有按照预期工作。在这个相对较早的阶段，我们建议有四种产品适合于所有系统油的状态，并且另外两种似乎适合于大多数状态，请参阅附件1的“含水监控设备”表。

目前，可以通过市场上可获得的设备制造商处购买一个在船简易分析工具包，对含水量进行手动测量，比如，Kittiwake 或Unitor。油品公司通常会提供协助并且提供类似的设备。我们建议，应当购买手动测量设备。

由油品公司定期执行的实验室分析提供了有关正在发生的或之前发生的表面覆盖层腐蚀的重要信息，因为当铅化合物溶解在油内之后，铅的含量将会累积。

有三种元素将无法通过过滤器或净化器所去除，并且它们将出现在元素分析结果内。当观察定期分析结果时，我们将能够通过评估油品系统内的铅含量从而对表面覆盖层的腐蚀状态进行监控并发出警告。

关于油品系统内铅含量，以下列数值可以用作一个指导原则：

• 0～4ppm

正常

• 5～10ppm

请检查过滤器和曲轴箱是否存在轴承碎片，并且当方便时准备检查十字头轴承。

• ＞10ppm

检查过滤器和曲轴箱是否存在轴承碎片，并且尽快检查十字头轴承。

我们应当注意的是，一旦外表覆盖层发生腐蚀，一旦铅被腐蚀并且被包含在系统油内，那么则无法通过非化学方法被去除，除非添加新的清洁油品，否则铅含量将仍然很高。

请注意！

当得知轴承的状态时，例如当采用全新制造的轴承时，上述数值应当被视为与记录数值进行对比时的相对数值。新油品内含铅量的变化可能达到 4ppm（0～4ppm），当观察相对铅含量数值时，则应当将其作为表面覆盖层实时腐蚀的指导原则。

通过观察上述指导原则，我们可以发现表面覆盖层发生了缓慢腐蚀，然而，此技术并不会揭示油品系统内水分的突然增加。

请注意！

表面覆盖层的腐蚀只是十字头轴承的一个潜在问题，因为只有十字头轴承被设计为具有表面覆盖层。主轴承和曲柄销轴承也可能被水污染，但是损坏机制将是不同的，并且不会像表面覆盖层腐蚀损坏那样剧烈。 此处的问题指的是水污染，此维护保养服务信函内未涉及主轴承和曲柄销轴承的损坏。我们建议在操作手册的第 708 章节“轴承”内放置一份此维护保养服务信函副本。

4 附件

1　MAN B&W 二冲程柴油机油内含水量监控系统

2 十字头轴承表面覆盖层腐蚀的案例图片（A ～ I）

滑油内含水量监控系统 适合于 MAN B&W 二冲程柴油机

作为上述系统的一种替代措施，我们可以使用一种适当的湿度传感器，监控靠近柴油机的曲轴箱 / 曲轴箱透气管内的相对湿度。如果测试显示相对湿度低于，

* 只有经过定期校准才能得出该结果

附件 1　　MAN B&W 二冲程柴油机油内含水量监控系统

制造商	产品	ppm 或 % 显示	水高峰时的灵敏度	所有油的适用性，比例 1-3（3 为最佳）	报警继电器输出	价格美元（近似值）
Lubrizol	Fluipak	不	是	1	不	330
Dr. E. Horn	FRG	不***	是	1-2**	是	490
Parker	MS 100	不	是	1	是	475
E+E Elektronik	E+E 36	是*	是	2	是	1610
Vaisala	HMP 228	是*	是	2	是	1940
Gertsen & Olufsen	Survey Model 2	是	是	3	是	5400

** 正在研发中

*** 如果与 PC 一并使用可能实现

70～80%，那么油内的含水量预计将低于 0.2%，这是我们所阐述的最大数值。然而这样一种系统在出现大量水的情况下将无法快速反应。

附件 2　　十字头轴承表面覆盖层腐蚀的案例（图 A～I）

	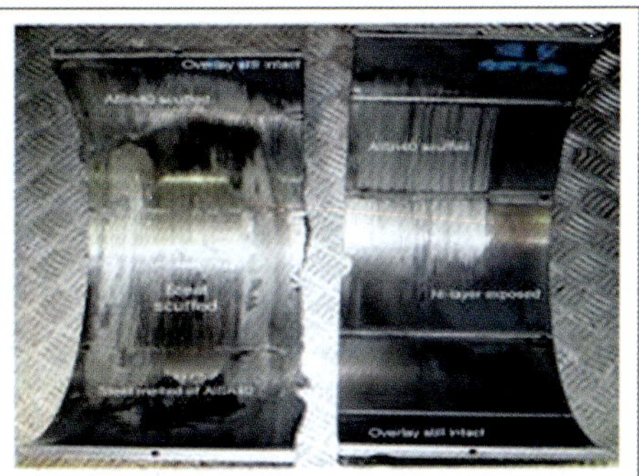
图 A 钢与钢相接触，对 XH 销和连杆造成严重损坏。 **不可接受。**	图 B 表面覆盖层被完全腐蚀，Ni 层与曲柄销之间发生局部刮擦，钢与钢接触。 **不可接受。**

图C 表面覆盖层完全被腐蚀，Ni100%暴露，在 Ni 层与曲柄销之间存在局部刮擦。

不可接受。

图 D 被局部腐蚀的表面覆盖层，然而未被刮擦。

不可接受。

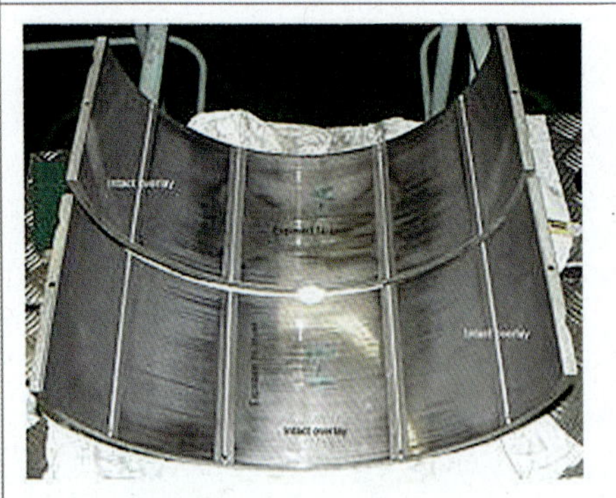

图 E　表面覆盖层，然而未发生刮擦。

不可接受。

图 F　完全完整的表面覆盖层。

可被接受。

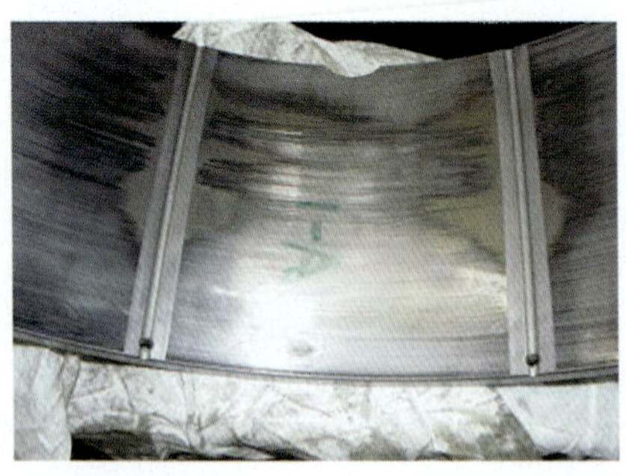

图 G　表面覆盖层被局部腐蚀，然而未发生刮擦。**不可接受。**

图 H　几乎完全被腐蚀的表面覆盖层，在 Ni 层，AlSn 40 和 XH 销之间发生严重刮擦。**不可接受。**	图 I　上瓦：完整的表面覆盖层。下瓦：100% 暴露的 Ni。**不可接受。**

SL2006-462

2006 年 1 月

1.2.52　导向工具与燃油喷油器孔径之间的不一致

适用机型： L/S60-70MC-C 柴油机

日常检查时发现用于燃油喷油器孔研磨工具的导向盘直径与 L/S60MC-C 和 L/S70MC-C 型柴油机气缸盖的燃油阀孔径不一致（附件 1- 图 1）。

该导向盘直径 64.8mm，而燃油喷油器孔径直径 69mm。因此，为了使研磨工具能够达到最佳效果，确保燃油喷油器座均匀研磨，导向盘直径应该是 68.8mm（附件 1- 图 2）。

如船舶的导向盘直径为 64.8mm，并且气缸盖的燃油喷油器最上端孔径为 69mm，则请通过附带的表格与 MAN B&W Diesel A/S 公司取得联系。将免费提供一个 68.8mm 直径的新导向盘。

附件 1　适用于 SL06-462/NJC

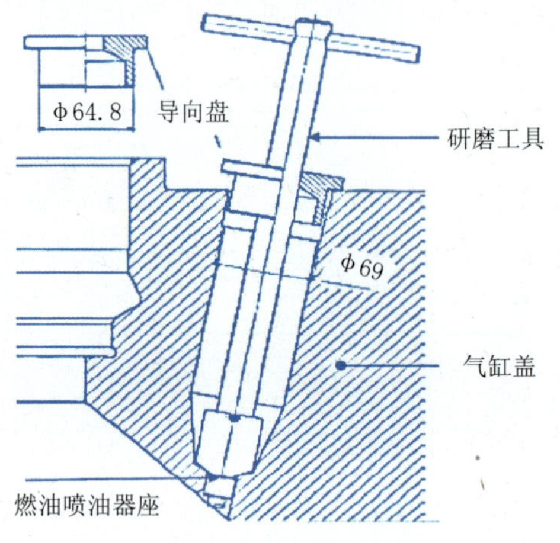

图 1　导向工具与喷油器孔径不一致

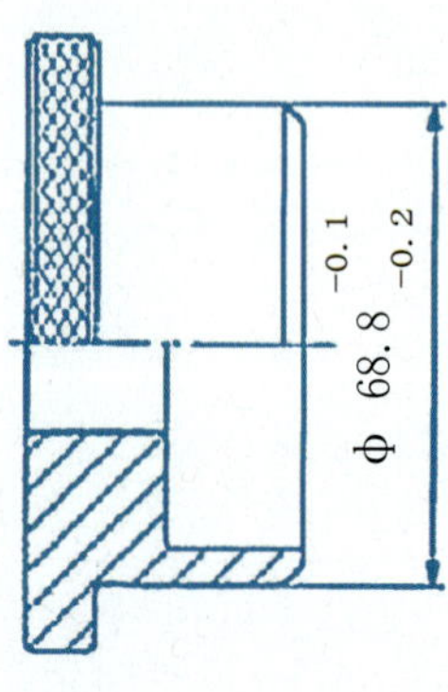

图 2　正确的导向盘

附件 2　　订购表格 - 导盘　　适用于 SL06-462/NJC

<table>
<tr><td colspan="4">在填写完成订购表格之后，请以传真形式发送至：
MAN B&W Diesel A/S, Copenhagen, Denmark
传真编号：+45 33 85 10 49　　收件人：4210 部门</td></tr>
<tr><td colspan="4">☐ 请将下列的导盘，部件编号 5031404-4，转交至下列地址：
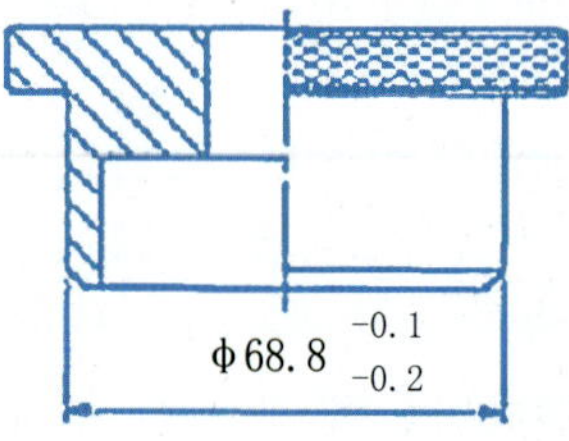
</td></tr>
<tr><td>船舶名称</td><td>柴油机类型</td><td>IMO 编号 / Lloyds 编号</td><td>日期</td></tr>
<tr><td colspan="4">船舶主要参考信息</td></tr>
<tr><td colspan="4">用于工具升级的交付地址</td></tr>
</table>

SL2006-463-E

2006 年

1.2.53 船用燃油催化剂颗粒分离性能新标准

此新标准旨在对催化剂颗粒、船用柴油机、船用劣质燃油、催化剂颗粒对船上燃油净化影响的综合概述。此文件已经被欧洲标准化委员会（CEN）工作室的成员作为分离性能标准进行制作，其参考编号为 CWA 15375:2005“船用残渣燃料油分油机—使用专门测试油进行性能测试”。

1 概述

船用柴油机一般都燃用劣质燃油。根据燃油的组分和处理流程，燃油的质量将会有很大的区别。某些燃油可能包含较高的有害成分，且除此之外，还包括水分和机械杂质等。

为了实现船用柴油机既能可靠运行又能降低运行成本，必须净化所有船用残渣燃料油。

目前，船上使用的主要净化方法是离心净油机（以下简称分油机）的分离。多年以来，柴油机制造商、船东以及船级社都缺乏能够进行对比的可靠性性能标准，从而无法将一个制造商的分油机性能与另一个制造商的分油机性能进行比较。 例，对比从船用劣质燃油中去除机械杂质、残留催化剂颗粒的能力。如果未被净化，这些催化剂颗粒可能导致柴油机磨损和损坏，从而危害船舶的安全性。

按照 ISO 8217“船用残渣燃料油技术规范标准”的规定，燃油内的可允许最大催化剂颗粒含量为 80PPM（编者注：现今实施的是第四版，ISO 8217：2010 规定最大为 60PPM），并将其定义为铝和硅的总含量。然而，柴油机制造商规定，燃油在进机之前必须在船上的燃油净化系统中被降低至最大为 15PPM。

分油机的制造商可以向买方提供其最大建议的工作容量（MRC），作为选择燃油净化系统的指导原则。然而，买方无法确定按这些指导数据表所选择和安装的分油机，能否确保从燃油去除那些有害固体物质。

欧洲标准化委员会（CEN）工作室经过调查、试验，于 2005 年 8 月达成了一份协议，被称为 CWA，有效地建立了一个新的行业标准，来定义船上安装分油机的性能。此标准虽然是根据受控的人工颗粒物所制定的，然而仍然被视为是可靠的性能标准，确定了燃油分油机从船用劣质燃油中将固体物、磨损颗粒物去除至一个安全运行水平的性能标准。

这样，就可以对不同制造商所生产的分油机之间进行目标对比。

此文件的参考编号为 CWA 15375，“船用残渣燃料油分油机—使用专用测试油进行性能测试，日期为 2005 年 8 月 17 日”。

2 船用残渣燃料油

船用残渣燃料油，也被称为 BUNKER FUEL 或 RESIDUAL FUEL OIL，是指船舶行业内所使用的主要能源，这种燃油主要用于船上的主机和副机。

2.1 船用残渣燃料油

船用残渣燃料油实际上是精炼过程的副产品通过混合形成的油品，能满足廉价能源的市场需求，被船舶行业所使用。精炼行业主要推动的是轻质和中等馏分油的生产，用于汽车汽油、航空煤油、汽车柴油和化学品船的供给。在过去的 15 年间，馏分燃油在世界范围的需求持续增加，而船用残渣燃料油的需求量却略有下降(图 1)。

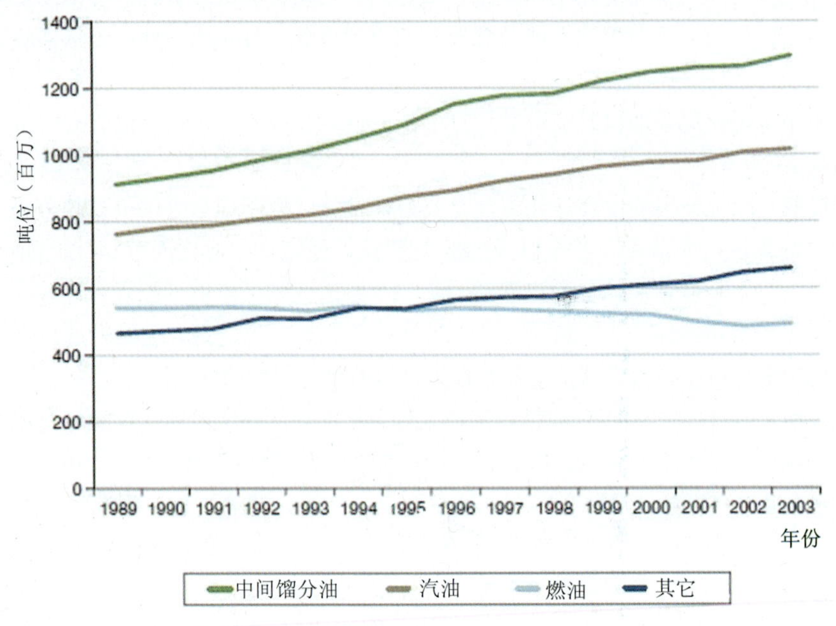

图 1　BP 2004 年统计的世界范围内油品消耗量（不包括前苏联）

由于馏分燃油需求不可避免地增长，因此精炼行业内整合了更加复杂的流程，以便从原油中提取尽可能多的馏分燃油，其结果降低了船用残渣燃料油的产出量。在 1990 年，原油经过精炼后大约有 20% 的剩余量被加工成船用残渣燃料油，而目前该数字仅为 14%。由图 2 可看出，能供其使用的剩余量显著下降。

如果船用残渣燃料油的生产继续按照每 10 年大约 4.6% 的速率下降，大约 30 年之后将没有船用残渣燃料油。很明显，从现在至 2035 年之间的某个时间点上，

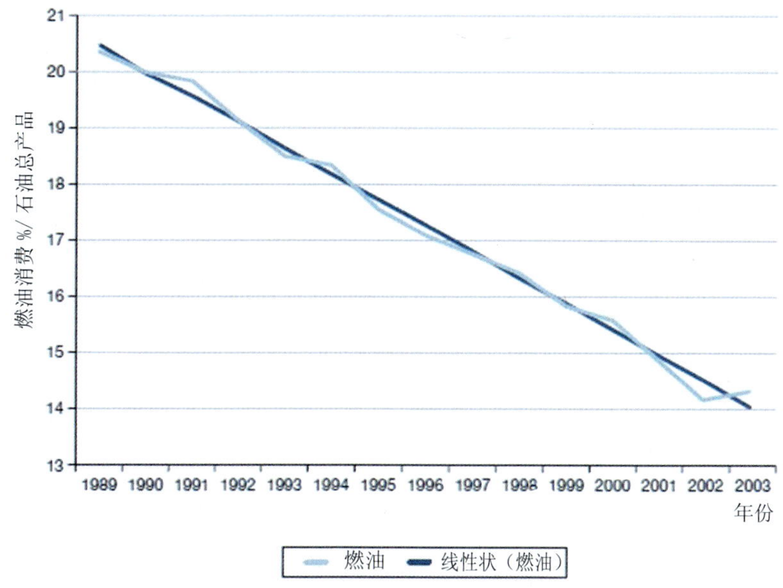

图 2　BP 2004 年统计，能供生产劣质燃油的比例（不包括前苏联）

船用残渣燃料油的需求将会超过其供应能力，从而导致船用残渣燃料油丧失其目前作为廉价能源的专属地位。

2.2 精炼流程

本章节介绍基本精炼流程，适用于劣质燃油的生产。通常，所有燃油都来自于原油。某些精炼过程所述如下。

(1) 原油

原油是碳氢化合物的一种复杂混合物，必须经过处理以便提供满足世界范围需求的产品和数量。

没有任何两种原油是相同的，其密度、粘度、含硫量、钒含量以及通过一次精炼过程所能生产的每种产品的产量都各不相同。

最初，原油是在一个常压蒸馏过程中进行蒸馏，以便按照所需的数量获得规定的油品。真空蒸馏过程能够进一步对常压残留物进行进一步精炼。

常压蒸馏和真空蒸馏都是根据通过物理分离为馏分燃料的原油特性进行精炼处理的。由于这些过程并没有改变油品的化学结构，因此我们可以通过适当比例混合复制出原始原油。

然而，这两种简单的蒸馏流程并不能制造出符合世界范围内增长需求的各种馏分燃油。因此，则需要采用后续的更复杂的精炼流程，被称为二次转换过程。

(2) 常压蒸馏

精炼流程的第一步就是通过蒸馏将原油分离成为各种部分。蒸馏是在分馏塔内持续处理的，其中配有穿孔的托盘。原油被加热至大约 350℃，且被泵入塔基座附近的设备中，请参阅图 3。此温度将受到限制，以便不会导致原油出现热分解。

除了最重的碳氢化合物以外，所有原油都进入塔内，其以蒸汽的形式被蒸发并且上升后进入塔内。该流程将利用原油内包含复杂的碳氢化合物的混合物，而这些碳氢化合物具有不同的沸点。当原油被加热时，最轻的和最易挥发的碳氢化合物将以蒸汽的形式首先沸腾，剩余的是最重的和最不易挥发的部分。如果蒸汽被冷却，那么其将按照逆向次序被凝结成液体，首先凝结的是最重的，最后凝集最轻的。

当蒸汽上升进入塔内时，在托盘内得以冷却（有冷却介质），温度下降，某些蒸汽将会被凝结。与此同时，蒸汽的热量又会使某些已被凝结的液体重新蒸发，因此，通过进一步分离从而稳定的增加每个馏分点的油品。在塔内渐进式的较高点处，按各个馏分点被抽取进行进一步处理。

最低沸点的部分将被收集在塔顶部，最高沸点的部分将被收集在塔底部。沸点各不相同，从塔顶的大约 60℃变化至塔底处的超过 300℃。

然而，不是所有原油都被蒸馏成为馏分产品。某些蒸汽是以气体的形式从塔顶流出。沸点温度高于 300℃的燃油将落入塔基座处，这种产品就是常压残余燃油，是船用残渣燃料油的主要成分。

常压蒸馏是一种简单的物理过程，燃油是按照设定的沸点范围进行分离。原油的类型将确定可获得的每种产品的比例。低密度、低粘度的原油将产生更多的馏分油，相比起高密度、高粘度原油而言，其残余物较少。

如上所述，单独采用常压蒸馏过程对原油进行精炼并不能满足世界范围内的燃油需求。为了满足此需求，必须采用附加精炼过程，这样将增加馏出燃油的数量，但同时也降低了残余燃油的数量。

(3) 真空蒸馏

真空蒸馏是类似于常压蒸馏的另一种精炼流程，但是需要在真空条件下进行。因为液体在真空状态下具有较低的沸点，在无需超过原油热分解温度的情况下，常压残余的燃油被蒸发，因此将能够提取更多的轻质馏出油品。

因为常压蒸馏与液体蒸发不同，通常将从塔基座处排出的液体称为真空残余燃油，可以成为船用残渣燃料油的一种成分。尽管将真空蒸馏作为通过物理分离方式精炼原油的另一种措施，然而在世界范围内对轻质馏出燃油的需求仍然大于其供应。

(4) 二次转换过程

为了满足馏出燃油产品的需求，使用二次转换工艺进行精炼，是将蒸馏过程中

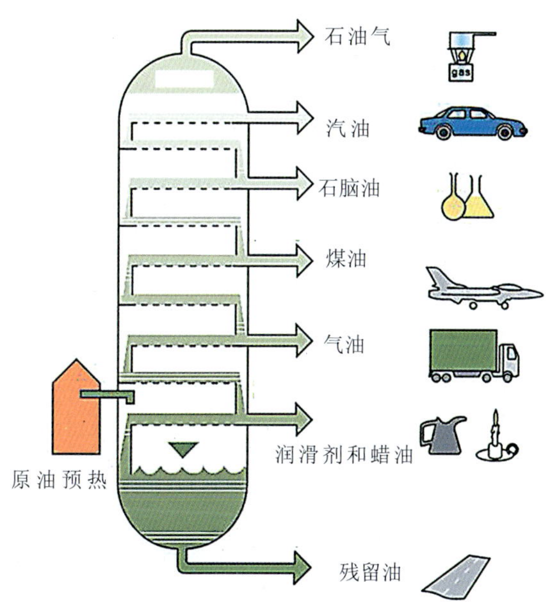

图 3　原油的常压蒸馏

的某些产品改变其化学结构。这样，增加了馏出燃油的产量，降低了残余燃油的剩余量。

二次转换过程包括“裂化”过程，即把重组分馏出燃油的长分子分裂为较短的分子，从而使其更容易被加工为满足市场需求的燃油产品。目前有两种类型的裂化过程：热裂解和催化裂化。

1）热裂解

热裂解是在相应温度、压力和时间里产生化学反应，从而改变油品的结构。热裂解可以在馏出燃油或者在残余燃油上进行。典型的热裂解过程包括减粘裂化，这将显著降低重质燃油的粘度，使其能够与其它燃油混合，但焦炼过程破坏燃油结构，所以，仅产生馏分燃油和焦炭。

2）催化裂化

催化裂化过程也将改变残余燃油的化学成分。 此过程是使用催化剂而非高压，将复杂的碳氢化合物裂化为更简单的分子。催化剂是一种帮助执行化学反应过程的介质，但是不会改变其原有特性。

最常见的流程就是液态催化裂化（FCC），可以将汽油和残余油品转换成为高辛烷的汽油和柴油。在此，大约为 20～100 微米直径的细微颗粒的催化剂在反应器与再生器之间的液化流程中循环（图 4）。大型催化裂化装置包含大约 500 公吨昂贵的催化剂。

再生器中的催化剂与给料进行混合，然后进入反应器。当与催化剂接触时，

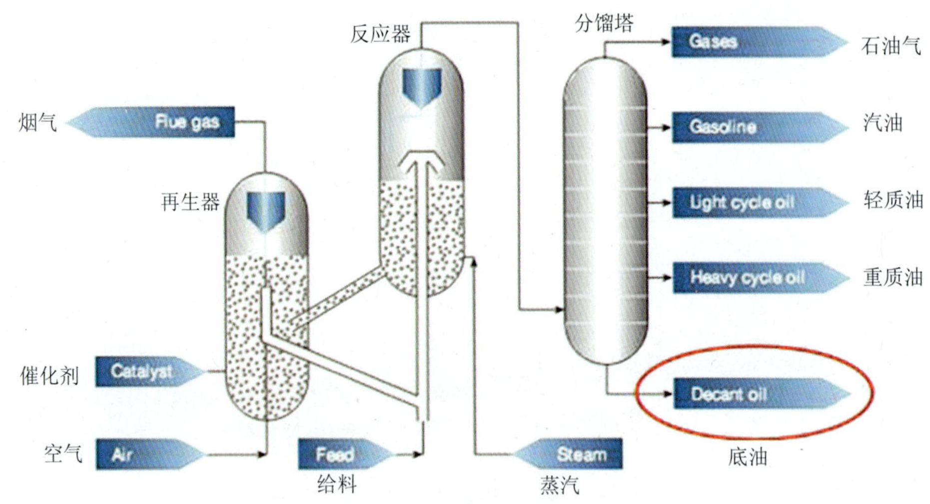

图 4　用于催化裂化过程的设备

给料将蒸发，且蒸气还将继续发生反应，破坏原来的化学结构形成了期望的产品。该反应将会导致一些碳沉积在催化剂上。催化剂和蒸气将在反应器内分离。蒸气上升，并且进入分馏塔内进行进一步处理。催化剂流回再生器并将被加热，以便在与给料进行接触之前将碳燃烧掉，然后将其送回至反应器内。

催化剂在持续循环过程中由于摩擦导致催化剂结构发生初步裂化，某些微细的催化剂颗粒将被携带进入分馏塔内。尽管精炼过程使催化裂化中所导致的催化剂损失最小化，但却无法避免催化剂颗粒被携带走。

从分馏塔底部提取的产品被称为渣油（也称 FCC 底油）。含有较高芳香烃的渣油密度很高，在 15℃时通常大约为 1 000kg/m³，并且在 50℃时大约具有 30～60cSt 的较低粘度。由于芳香烃居高，因此这是用于船用残渣燃料油的一种理想混合成分，这将使成品燃油具有更高的稳定性。但通过此精炼过程之后，精细的催化剂颗粒也不可避免的被带入残余燃油内。

2.3 催化剂

根据给料类型的不同，裂化设备是产生最佳的轻质汽油品级还是较重质柴油品级，所用的催化剂成分将各不相同。目前为止我们还无法得知精确的催化剂成分，但是所有的催化剂都包括某些形式的合成晶体沸石材料。

沸石材料（催化剂主要成分）将被分散在一种介质中，其中包含一种活性介质、粘土和粘合剂。沸石和活性介质都是氧化铝和氧化硅的形式。催化剂内硅和铝的比例变化较大，范围从 0.65:1～2:1。

在 20 世纪 90 年代中期， DNV（挪威船级社）根据燃油样品的分析确定世界范围内每年平均硅与铝的比例为 1.64:1。最近的分析显示目前世界范围的平均比例大约为 1.2:1，由于现代的催化剂包含更高浓度的铝，因此该比例将有可能下降。

精细的催化剂颗粒将通过裂化的形式形成，主要是由于催化剂在裂化器设备内摩擦所导致的。催化剂的颗粒尺寸变化较大，从亚微米至大约 30 微米不等，并且偶尔可能达到 100 微米。尽管其被视为圆形的颗粒物，但是实际情况并不是这样的。

重质燃油内催化剂颗粒尺寸大小的分布情况如图 5 内所示。

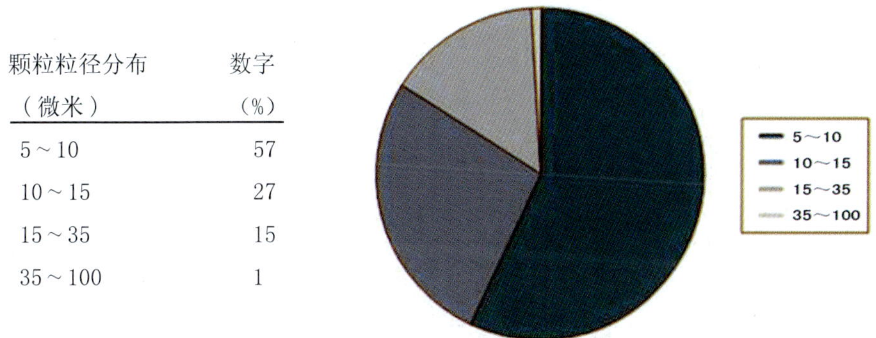

颗粒粒径分布（微米）	数字（%）
5～10	57
10～15	27
15～35	15
35～100	1

图 5　BP 调查 催化剂颗粒规格的分布

2.4 ISO 8217 燃油标准

ISO 8217:1996 是船用柴油机和锅炉用途的石油产品技术规范的国际标准。这些技术规范定义了燃油内催化剂细微颗粒的限制值，用 Al+Si（铝 + 硅）表示，其数值为 80ppm。（编者注：第三版为：ISO 8217:2005，现在实施的是第四版：ISO 8217：2010 ，其规定的 Al+Si 含量最大为 60ppm）。

船舶燃油净化系统，包括沉淀、净化和过滤等过程，使燃油内的催化剂颗粒水平降低至低于 15ppm，得以符合燃油喷入柴油机的要求。

2.5 测量催化剂颗粒的含量

已经开发、试验和弃用了几种直接测量燃油内催化剂颗粒的方法。当前以及经过认可的方法，ISO 10478，将使用一种间接方法测量催化剂颗粒，在此，一个标准重量的燃油油样在一个铂金坩埚内被加热，并且可燃烧的成分将通过燃烧的方式被去除。残留物和坩埚随后被输送至一个保持在 550±25℃的马弗炉内，降低碳的残留，提供灰分。然后将灰分与四硼酸锂 / 氟化锂流体相熔合，被熔合的混合物将被溶解在一个酒石酸和盐酸混合物内，用水稀释，实现期望的溶度。

该溶液随后将被吸入一种电感耦合等离子体发射光谱仪或吸收光谱仪内的等离

子体，并且铝和硅元素将通过辐射发射的方式被探测。催化剂颗粒的含量随后将通过发射结果与标准校准结果进行比较之后衍生获得。通过这种方式只能测得铝和硅的含量，还不能得到不同颗粒规格（粒径）的具体分布。

2.6 船用残渣燃料油内的催化剂颗粒—未来趋势

由于馏分燃油的世界需求持续增加，更高级精炼流程将使船用残渣燃料油包含更多的催化剂颗粒。然而，通过综合实施船用燃油技术规范以及采用合理设计和维护的分油机，此问题可以得到解决。

3 船用柴油机

目前的二冲程船用柴油机能够在 ISO 8217 燃油标准和 CIMAC HFO 55 No.21 建议标准情况下运行。

燃油在分油机内被净化。ISO 8217 燃油标准和 CIMAC 建议书均指出，为船上所提供的船用残渣燃料油内催化剂颗粒的含量不得超过 80ppm 的最大值（编者注：ISO 8217：2010 最大为 60ppm）。

为了在进入柴油机之前净化燃油内的催化剂颗粒和其它杂质，船上需要安装燃油净化系统。柴油机制造商通常规定燃油喷入柴油机之前，催化剂颗粒含量最大为 80ppm 的燃油必须在船上的燃油净化系统降低至最大为 15ppm。

船上燃油净化系统的设计对于将燃油内催化剂颗粒含量从 80ppm 降低至 15ppm 至关重要。这将确保柴油机的安全运行和最佳性能。

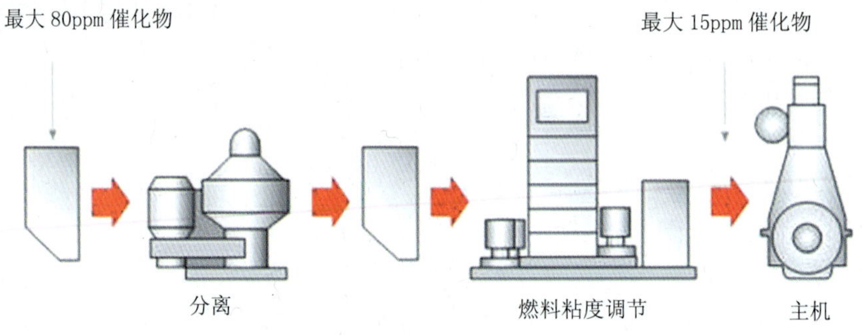

图 6 船上的燃油净化系统

3.1 催化剂细微颗粒和柴油机性能

细微颗粒是已使用过的催化剂残留的小颗粒。在采用催化裂化过程将原油精炼成为馏分燃油之后，残留小颗粒物残留在燃油的底液中，其中包含较多的有害成分。

这些颗粒物的规格各异，从亚微米至几十微米不等，范围从灰尘颗粒或几根头发丝宽度的粒状物不等。尽管肉眼无法看见，但是催化剂颗粒非常坚硬，如果未被去除的话，会对金属造成严重刮伤。

未经分离的燃油其催化剂细微颗粒将导致柴油机潜在磨损和损坏，进而导致潜在的不安全运行状态。这就是为什么必须通过燃油净化系统尽可能降低催化剂细微颗粒的原因。小于 5 微米的催化剂颗粒被视为危害度小于较大的颗粒。

催化剂细微颗粒含量越高，柴油机磨损和故障而导致不安全运行状态的风险就越大。在这种运行条件下，柴油机停机的风险将会增加，柴油机的维修周期比柴油机制造商所建议的周期更频繁。

如果燃油净化系统在最佳效率下去除大量的催化剂颗粒，柴油机将处于一种受控和可接受的磨损状态，被定义在柴油机制造商所指定的二次检修的平均时间内。

3.2 燃油净化的重要性

船用柴油机被设计为能够接受市面上所提供的所有燃油， 前提是燃油在船上经过充分处理。鉴于此目的，船上必须配有一个精心设计的燃油净化系统。分油机与沉淀柜相结合通常被船舶行业视为可接受的燃油净化系统选项。过滤器仅被视为去除较大颗粒物的一种安全方式，使这些颗粒物不会进入柴油机。

为了确保安全运行，满足 ISO 8217 和 CIMAC 建议的重质燃油应当通过满足以下条件的船舶燃油净化系统进行净化：

• 在进入分油机之前，将燃油预热至正确的温度

• 分油机的工作能力 / 布局要合理（例如，分油机的正常工作容量）

• 分油机的正确操作和维护

由于分油机技术的持续发展，实际上任何柴油机制造商都不能指出船舶燃油净化系统中分油机的确切规格要求。正确选择分油机的规格，这取决于每日的燃油消耗量以及系统的设计粘度。柴油机制造商只能提供有关优化柴油机性能的建议，其随后必须得到分油机制造商的确认，请参阅“分油机的规格”。

(1) 沉淀柜和日用柜

燃油内质量较大的重质部分，如，较大的催化剂颗粒在沉淀柜中在重力的作用沉淀。然而，在恶劣海况情况下，船舶的摇摆会使这些成分被旋起并且进入分油机内。此类较重成分的存在将影响燃油净化系统处理效果。 因此我们应当定期泄放沉淀柜和日用油柜底部沉积的泥渣和水。

(2) 分油机

如果操作正确的话，分油机几乎能 100% 去除大于 10 微米的所有催化剂细微颗粒。然而，较小的规格以及相对重量较轻的，大部分小于 5 微米的催化剂细微颗粒将无

法去除。

为了检查分油机的效率，我们建议至少每 4 个月在分油机前端和后端提取油样，然后送至一个有资质的化验单位进行分析。一旦日用油柜的内催化剂颗粒的含量超过 25ppm，再使用这些燃油运行时，必须进行更频繁的取样。

(3) 均质器

有些燃油净化系统使用了均质器，把燃油内存在的任何水份分离为一致的水滴。然而，均质器不能置于分油机的上游。这是因为催化剂颗粒是亲水的，这就意味着它们将吸附至燃油内所存在的任何水分中。 因此分油机将难以去除小型的均质化水滴，其中包括任何盐水以及吸附在催化剂细微颗粒的水分。

(4) 过滤器

燃油过滤器被视为一种附加保护措施，用于保护柴油机免受大型颗粒物的损坏。

3.3 催化剂颗粒所导致的柴油机磨损和损坏

磨料磨损主要是由于分油机没有去除燃油内的催化剂颗粒所导致的。锈蚀，砂子和灰尘是能够通过分油机去除的，通常它们的危害性较小，并且在燃油内的含量较低。

(1) 燃油喷射系统

高压油泵是柴油机内第一个受到催化剂颗粒影响的部件。高压油泵的柱塞和套筒之间的公差相对较小，任何大约等于此类间隙的催化剂颗粒都将被引入柱塞和套筒之间，并且被嵌入柱塞和 / 或套筒的材质内（图 7）。

柱塞或套筒的过度磨损将影响喷射压力，并且因此影响到性能。如果高压油泵发生磨料磨损，则不可能维持气缸所需的正确喷射压力。

通过高压油泵的催化剂颗粒将到达喷油器，导致喷油器喷孔的过度磨损，改变了喷孔的规格和形状。喷孔规格和形状的任何改变都将改变喷油器的喷射模式，进而降低燃烧效率。燃油喷射模式的改变也会导致燃烧室部件的烧蚀，增加排气内未完全燃烧的碳氢化合物（HC）排放量。

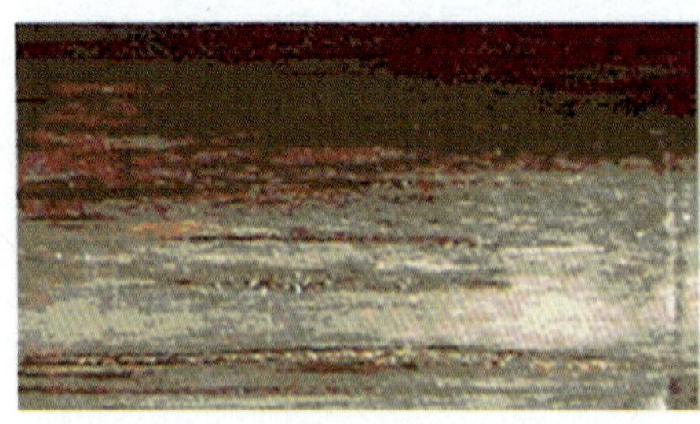

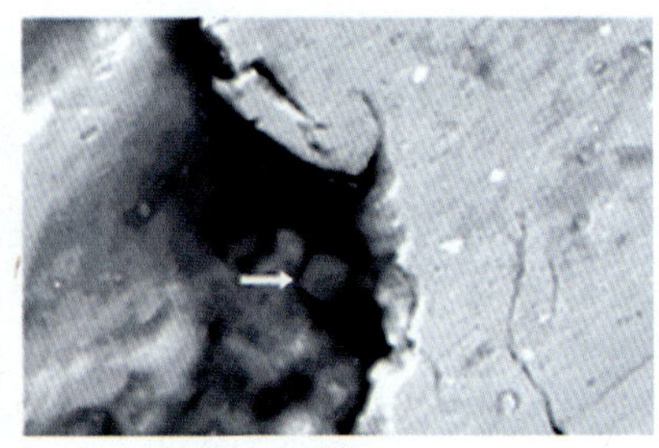

图 7　过度磨损的高压油泵柱塞导承

(2) 燃烧室

当燃油燃烧时，催化剂颗粒将落入燃烧室各个工作部位：位于活塞环与环槽之间或者位于活塞环与缸套之间，导致燃烧室产生潜在的高风险状态。未被排气所带出的任何催化剂颗粒都可能被嵌入活塞环的软性材料内，导致缸套和镀铬活塞环或者活塞环槽的快速磨损（图 8）。

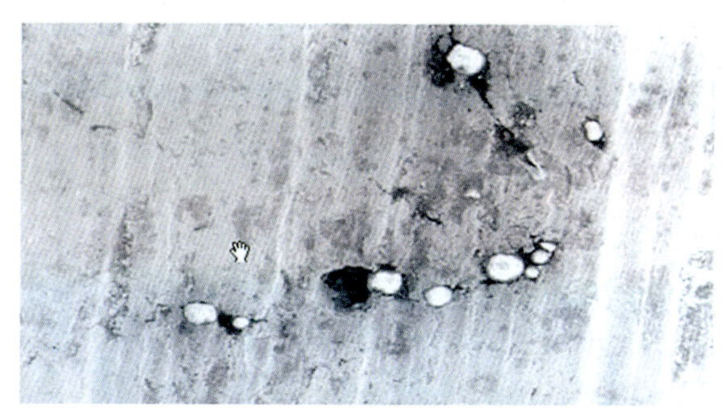

图 8　活塞环表面嵌入的催化剂颗粒

3.4 案例研究：陆基发电站

陆基发电厂使用的燃油质量各不相同，其中包含有各种水平的催化剂颗粒。

在各个时间以及采用各种燃料时，燃油内所包含的催化剂颗粒被测得高达 125ppm。此外，经过净化之后的燃油质量也是不可接受的，这是由于燃油净化系统操作不够合理。良好的维护举措对于辅助设备的操作至关重要，如果柴油机和燃油净化系统未正确维护，并且未遵循燃油技术规范的话，柴油机设计者实际上是无法预计两次检修之间的平均时间（MTBO）。

高含量的催化剂颗粒将导致缸套和活塞的严重磨损和刮伤。催化剂颗粒将被嵌入活塞环表面，并且导致气缸的过度磨损（请参阅图 8 和图 9）。在确定催化剂颗粒是导致柴油机功能故障的主要原因之前，我们调查了几种可能导致过度磨损的原因。如果燃油按照 ISO 8217 和 CIMAC 的建议进行处理，并且燃油净化系统功能正常，那么将不会出现这种状态。

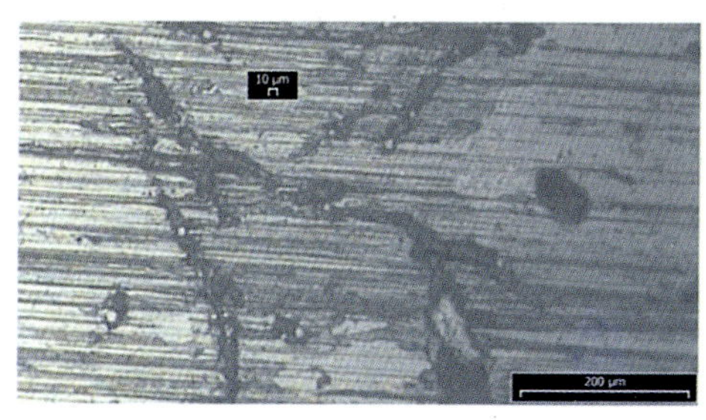

图 9　缸套上的磨损

4 燃油净化系统

如同早前所述，有效的重质燃油净化是确保船用柴油机可靠、经济运行的根本所在。

净化过程中需要去除杂质，比如水和催化剂颗粒。由于燃油内催化剂颗粒含量的增加，必须确保燃油按照一个更高水平的程度进行处理。超过 ISO 8217 和 CIMAC 所建议的 80ppm 限制值的燃油应当特别认真的处理。

来自于储存舱的燃油将进入沉淀柜内，在重力作用下，水和粗大固体颗粒物沉淀至沉淀柜底部。然而，为了从燃油中完全分离有害成分，则必须对燃油进一步净化。船舶内通常采用一种包括沉淀柜和 / 或日用油柜、分油机、过滤器在内的燃油净化系统。

离心分离是燃油进入柴油机喷射系统之前最有效的净化方式。当燃油净化系统达到良好程度，将确保催化剂颗粒被降低至一个可接受的水平，燃油可以被喷入柴油机内，并且能够保证柴油机的有效运行。

4.1 现代重质燃油的净化系统

自从 20 世纪 80 年代以来，无比重环的分油机已经成为了燃油净化的理想解决方案。直至目前为止，我们实际上无法对分油机的性能进行对比，因为制造商建议的最大排量（MRC）是唯一判定性能的方法。

然而，用户现在已经能够获得一份新的分离性能标准，该标准于 2005 年 8 月被定义，在一个给定的分离性能水平上。在做出定购决定之前，对比不同分油机的处理能力和价格。

4.2 斯托克斯定律

离心分离的运行原理是根据斯托克斯定律所确定的。斯托克斯定律的一般公式为:

$V=gd^2(\rho p-\rho 1)18\mu$

V = 沉淀速度（m/sec）

g = 离心场内的加速度（m/sec^2）

d = 颗粒的直径（m）

ρ_p = 颗粒的密度（kg/m^3）

ρ_1 = 介质的密度（kg/m^3）

μ = 介质的粘度（kg/m·s）

给定能力情况下的沉淀率（V）是通过斯托克斯定律所确定的。此表达式考虑了颗粒的规格、颗粒密度与介质密度之间的差异，在这种情况下则是燃油与介质粘度的差异。

密度和粘度是进行有效分离的重要参数。颗粒与介质之间的密度差越大，分离效果越好。然而，密度和粘度是随着温度变化的，因此分离温度对于运行参数而言至关重要。

颗粒的粒径是另一个重要因素。沉淀速度将随着颗粒粒径的增加而快速。这就意味着颗粒粒径越小，分离的难度就越大。在一个分油机内，（g）代表离心力，由于重力的原因，其数值比加速度大几千倍。离心力能够有效地分离只有几微米的颗粒物。

4.3 运行参数

各种运行参数都将对分离效率产生影响。例如，温度控制着燃油粘度和密度，流速和维护情况等。

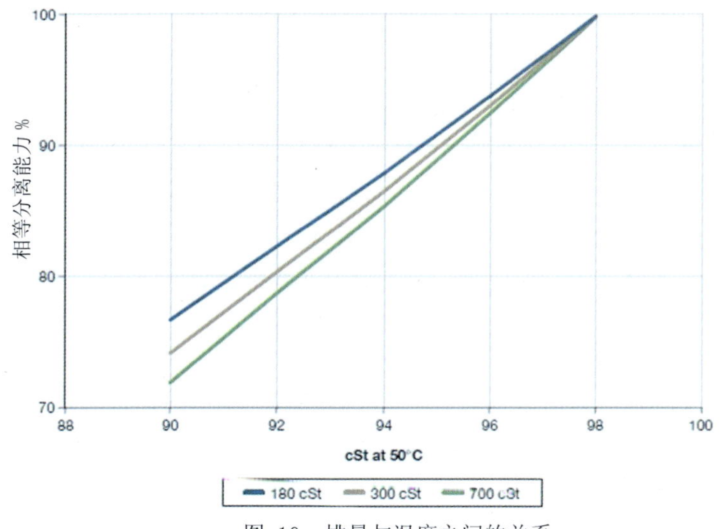

图 10　排量与温度之间的关系

(1) 进入分油机之前 HFO 的温度

进入分油机之前 HFO 加热器太小，或者加热器所提供的蒸汽供应有限，或者温度设置点太低，或加热器的表面被沉积物局部堵塞，这些因素都将导致分离温度的下降，降低分油机的效率。

为了确保分油机的离心力在相对有限的时间内分离燃油内存在的重型有害杂质，对于 HFO 而言，分油机在运行期间，进口温度应始终保持在 98℃。

图 10 显示了温度与排量之间的关系。例如，一个在 90℃进口温度下运行的分油机将需要将排量降低至少 23%，以便获得与 98℃进口温度下运行时相同的分离效率。

由于排量通常受到一个恒定流量泵的控制，如果预热温度被降到低于 98℃，将无法降低输送至分油机的燃油流量。因此对于 180cSt（在 50℃时）的燃油而言，将进口温度维持在 98℃将是至关重要的。

(2) 流速

分离效率是分油机流速的函数。流速越高，将会有更多的颗粒留存在燃油内，因此降低了分离效率。流速通常是恒定的，并且根据最高速度所确定。当流速降低时，颗粒物的清除效率将会增加，因此将会改善净化效率。然而，我们必须掌握在典型情况下什么排量能够实现充分的分离。

新的分离性能标准确定了一个一致的方法，以便找出实现特定性能水平所需的排量。请参阅“新分离性能标准”。

(3) 维护

适当维护是很重要的，但往往被忽视，这是由于运行参数难以被量化。如果分离筒未被及时清洁，分离盘上将会形成沉积物，通道的高度将会降低，并且流速将会增加。进而导致含有颗粒液体在分离筒的中心运动，降低了分离效率。

4.4 燃油质量如何影响分离效率

尽管燃油通常被分级为相同的类型，但相同等级的燃油质量变化也较大。由于质量变化较大，因此不可能根据化学分析结果预测一个给定批次燃油的分离性能。也不可能预计实际分离结果，同样无法提供任何流程担保。

燃油之间的不同特性以及影响分离效率的因素包括：

(1) 极性

这将定义燃油的分子将如何按照分子的正极和负极进行排列。对于确定燃油是否将形成难以处理的乳胶以及水滴的表面张力程度而言，极性将是至关重要的，极性是水分解和乳化的一个重要因素。

比起用较简单精炼方法处理的燃油而言，被严重裂化的燃油通常更难以处理。

(2) 稳定性

这是燃油保持平衡状态的能力，当燃油平衡状态遭到破坏时，其中的沥青分集聚并沉淀，但颗粒物足够大时是可以被分离掉。然而，这些沉淀的沥青将倾向于产生沥青油渣，将两种不兼容的燃油搅拌或混合在一起就可能导致凝固或者大量沥青沉淀，并且形成沥青泥渣。

(3) 污染物

除了催化剂颗粒外，有害成分还包括水和任何不可溶解的残留物，比如，砂子，灰尘以及影响燃油质量的锈蚀。这些较小的颗粒不是在燃油处理过程中产生的，而是来自于其它地方，比如，燃油储存舱和输送燃油的管系等，这些有害污染物可能会形成稳定的胶状物质，将使分离过程变得更加困难。

4.5 串联或并联运行

分油机可以在串联或并联状态下运行。在过去的几年中，通过理论和实践相结合的方式讨论了很多提供最佳分离效率的运行方法。

在设计燃油净化系统时，选择的分油机在效率上足以满足船舶消耗的燃油量。备用分油机也是典型安装设备的一部分。

以前普遍使用的都是具有比重环的分油机，常规行业标准就是将分油机作为一个独立运行装置。

为了使具有比重环的分油机实现最佳分离效果，油水界面位置必须处于分离盘外侧，靠近顶部盘的边缘。运行参数的任何波动都将导致截面位置漂移。

为了避免在正常运行情况下发生报警，油水界面位置通常位于靠近分离盘组中心的地方。然而，这将封堵分离盘外侧液体的向上流动，并导致过量的液体流向分离盘的下端，其很快就会超负荷，导致分离效果变差。

为了补偿这种效应，以及为了最好的利用所安装的分油机，在20世纪80年代就建议起动备用分油机，并且将其作为分杂分油机置于后端串联运行。

然而，随着无比重环的现代化分油机的引入，现在建议分油机并联运行。这是因为现代分油机能够在无需恒定调整的情况下正确操作，因而不会产生上述问题。采用并联而非串联操作分油机将使每个分油机的排量减半。这将确保燃油在分油机内停留时间尽可能长，因而提高了分离效果。

5 分离性能的新标准

燃油净化系统的采购方现在能够获得有关分离性能的一个行业标准，能够验证新型分油机是否能够在给定流速下按照协议的效率运行，这是分油机的一个特殊问题。能够更准确的确定分油机的规格，并且能够将来自于不同供应商的不同分油机进行公平对比。

新标准可以使船舶轮机人员与分油机制造商能够更好的定义分离效率。一方面，轮机人员可以参阅柴油机的磨损和维护数据确定分离量，另一方面，分油机供应商参阅大量已安装分油机所获得数据的经验，可以确保满意的分离性能。

到目前为止，分油机制造商已经向买家提供最大建议排量（MRC）的数据表。然而，买方无法确保分油机是否能够达到指定的排量，以及无法确保通过使用这些数据表是否能够从重质燃油中实际去除足够量的固体杂物和磨损颗粒物，比如催化剂颗粒。

分离性能标准是根据一种新测试方法所确定的，该方法非常接近于正常运行情况，结果提供了较高的精确性和重复性。并根据分离效率而非工作排量对分离性能进行了单独验证。

新标准使制造商能够为每台分油机确定一种经过认证的流速（CFR）。经过认证的流速被定义为在 85% 的 5 微米单独分布合成颗粒情况下的工作排量，单位为 L/h ，模拟有害的催化剂颗粒从合成燃油中被去除，并且模拟一种高粘度的燃油。

分离性能标准对船舶的安全和防止柴油机过度磨损做出贡献。

5.1 试验方法

为了对比不同的分油机，Alfa Laval 成功研发出了一种模拟试验方法，模拟正常运行，并且提供较高的准确度和较高的可复制性。根据实际分离测试情况，此试验方法将能够对不同分油机的性能进行比较。

由于在一个定义粘度的无颗粒物合成油内分布有球型塑料颗粒物，因此，此试验方法被称为 Dyno 试验方法。具有相同的规格的 5 微米的颗粒物，用来模拟有害的催化剂颗粒（图 11）。

5 微米的颗粒物还将有助于辨别分油机供应商所建议的分离工作能力的优劣。

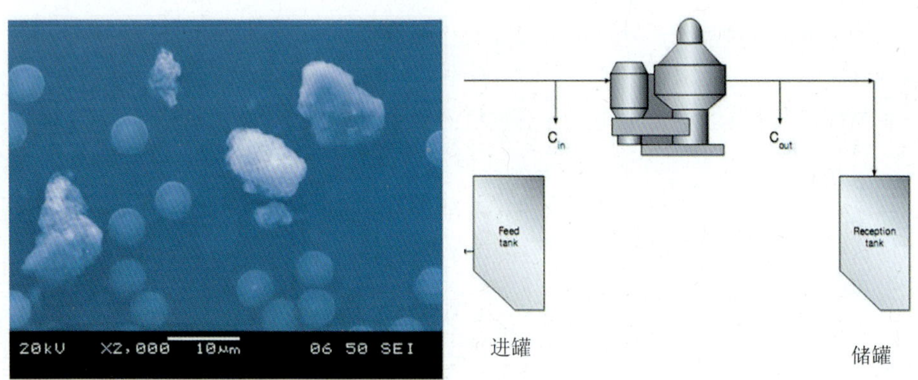

图 11　催化剂颗粒　　　图 12　测量鉴定流速的试验装置简化原理图

所有分油机均能够清除大于 10 微米的颗粒物，但小于 2.5 微米的颗粒物被证明在有效排量下分离非常困难。

在实验室试验期间，图 12 显示，合成油与塑料颗粒混合物被加热至与燃油相同粘度的温度（380cSt 和 700cSt　50℃），当被加热至 98℃的正常分离温度时，该混合物随后将按照不同的供油率输送至分油机内，并按照一定的时间间隔在排出口进行取样。

选择在排出 30 分钟后进行取样，因为排出后在大约 15～20 分钟的时间内分离效率通常会比较低，然后达到稳定状态。只有在实现该稳定状态之后才能正确测定分离效率。

分油机鉴定的流速被定义为在起动 30 分钟之后测试去除 85% 塑料颗粒物的工

作排量。并进行相应工作排量和效率的测试。

5.2 与实际运行状态的相关性

我们无法使用真实重质燃油内的催化剂颗粒进行测试评估，并且形成一个标准。因为燃油的化学特性和物理特性各不相同，比如密度和粘度。

由于变化因素较多，因此无法通过实际的燃油进行测试而获得可重复和可对比的结果。

尽管模拟测试方法对于实际燃油和有害污染物作用不大，但是比任何理论计算和重质燃油内颗粒物的模拟更加现实，包括催化剂颗粒。

在模拟试验装置上使用合成油以及真实的重质燃油对来自于三个不同供应商的分油机进行了测试。结果对比显示模拟试验方法提供的结果与真实重质燃油的结果一致。换句话说，当使用真实重质燃油时分油机能够提供最佳分离性能，同样当使用合成油时也能提供最佳分离性能。此外，无论被测的油品类型如何，不同分油机的性能基本相似。

因此，按照模拟试验方法的结果对分油机进行分类，使我们能够更好的了解分油机在真实运行状态下如何操作，以及在试验条件下分油机之间的差异将最有可能成为实际运行条件下的差异。

CFR 的定义是根据数十年来船舶行业内分油机工作排量所确定的。当采用 CFR 工作排量时，可以被解释为可靠的分离性能。

5.3 为何需要一种模拟试验方法

以下两种不同的情况，即包含最大可允许催化剂颗粒的燃油，但是颗粒物规格分布不同。第一种是最好情况，仅包含大型颗粒物的燃油，并且分离效率为 100%;

第二种是最坏情况，其中包含所有亚微米颗粒物，并且分离效率为零（图 13）。

实际上，重质燃油内颗粒物规格的分布有时候处于这两种极端情况之间。如果燃油中催化剂颗粒的指定限制值为 80ppm，柴油机制造商认为可接受的最大数值为 15ppm，因此燃油净化系统必须能够提供一个至少 81% 的分离效率。这表示需要一个能够模拟实际运行状态的可靠的模拟试验方法以便对比不同分油机的性能。

5.4 型式认证

目前为止，有六家船级社已经批准了确定流量的形式认证。DNV 是其中一家船级社，并且另外定义了一个新的、非强制的燃油等级标准（Class Notatlon Fuel），其中包括形式认证（CFR）。其它五家船级社为：

- 美国船级社
- 中国船级社
- 德国船级社

- 劳氏船级社
- 俄罗斯船级社

Alfa Laval 是第一个接受型式认证的供应商，涉及全系列的 SPS 新型分油机。

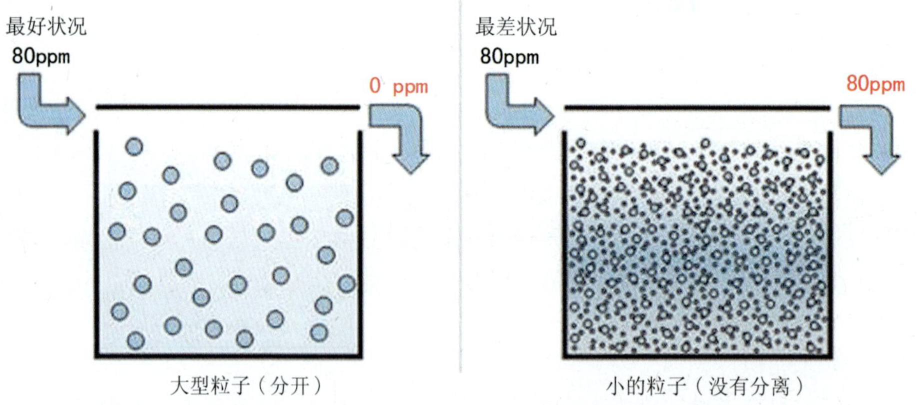

图 13　由于颗粒尺寸不同，导致两种不同的极限分离结果

5.5 经济因素

采用已认证的流量（CFR）确定船舶燃油净化系统分油机的规格，还是采用制造商建议的最大工作排量（MRC）数据表确定分油机规格，应通过计算来获得经济效益。这是由于各种不同流程参数无法控制，燃油的质量也有很大变化。

由于 MRC 数据表内指定的工作排量高于 CFR 数据表内的数值，因此根据 CFR 数据表所安装的分油机比按 MRC 数据表所安装的分油机工作排量更大，费用也更高。

换言之，其结果是改善分离效率，降低喷入柴油机的燃油中所含的催化剂颗粒数量。这不仅减小磨损、降低维护成本，而且更重要的是，将避免柴油机部件故障风险。

目前，还没有任何目标数据可以与使用 CFR 数据表而非 MRC 数据表所造成的实际影响进行对比。然而，我们在下文中显示了关于降低柴油机磨损的假设函数，从而计算预期的投资回收。

如果磨损率能够实现平均下降 5%，根据 CFR 数据表安装一台分油机，实际上在 1～3 年的时间即可收回投资。如果能降低 10% 的磨损，投资回收期将会大大缩短：从 6 个月至 2 年不等。

燃油净化系统的投资通常占年燃油消耗量总成本的 0.5～1.5% 之间。这表示投资一个足够容量的燃油净化系统将是明智的。这种一次性的投资，随后将能够长期使用更为廉价的燃油。

换句话说，根据新分离性能标准所做的燃油净化系统的一个主要提前是，这个投资会在长期运行过程中节省更多的运行成本，并不会使船舶安全性打折扣。

6 燃油净化系统的规格

6.1 分油机的规格

分油机规格的正确性是至关重要的。当指定了燃油净化系统所需的总流量之后，副机和锅炉的燃油消耗量（如果有的话）也必须予以考虑。目前，都是从分油机供应商和柴油机制造商所发布的工作排量表格中选择合适的分油机。

对于柴油机在最大持续功率（MCR）情况下的基本燃油消耗量而言，则可以使用以下公式。

$$Q = \frac{P.b.24}{\rho.T} \ (1/h)$$

Q＝燃油消耗量（1/h）

P＝MCR（kW或HP）

b＝柴油机供应商给出的燃油耗油率（kg/kWh或kg/HPh）

ρ＝燃油密度（假设为0.96kg/1）

T＝每日实际运行小时数（每天24小时的运行小时数）

燃油消耗量测试通常使用馏分燃油进行，并且其结果可能用一个非ISO系数进行修整。假设为柴油机供应商将此数值包含在系数上述b之内。

6.2 已认证的流量vs—最大建议工作排量

(1) 最大建议工作排量

分油机的供应商按照单独的标准确定每个装置的最大建议工作排量（MRC），其通常并不具有可比性。作为维持竞争的一种简单方法，供应商倾向于为单个的设备推荐较高的工作排量（MRC）。

(2) 已认证的流量

一台分油机已认证的流量（CFR）是按照分离性能标准所测得的。通过使用CFR指定的分油机，确保选择满足性能要求的分油机规格，并因此确保柴油机的安全操作。

(3) 常规工作排量（MRC）的需求

工作排量的需求要考虑几个安全因素，这些因素将确保所选择的分油机能够运行良好。常规的需求是基于分油机的外部尺寸，通常存在较多的未知安全因素。例如，使用下列状况确定分油机的尺寸将导致分油机的规格远大于实际需求。

1）备用分油机的需求；

2）用700cSt HFO油品选择分油机的规格，但通常船舶燃用的是380cSt燃油；

3）柴油机在100%MCR状态下运行，但85%MCR为通常的功率；

4）采用一个 1.18 的非 ISO 系数，此系数是否已经包括在柴油机供应商所提供的规范燃油消耗（SFOC）内。

这将导致超规格安装分油机，并已经成为了解决功能问题所能够接受的一种常见方式。这种措施在一定程度上可以被以下事实所解释。

(4) 精确的工作排量需求

通过使用一种准确的燃油消耗量计算数据，并且消除“额外的”安全余量，将提供一个比使用常规方法所产生的工作排量小得多的工作排量需求。

(5) 与需求相匹配的规格

在上述信息前提下，可获得与工作排量需求精确匹配的规格。建议废除定义分油机规格需求所使用的较大余量，并且使用 CRF 来定义正确的分油机规格。

7 结论

虽然燃油内的催化剂颗粒水平被 ISO 8217 船用燃油标准和 CIMAC 燃油建议所控制，然而，所有船上的燃油都必须进行净化，确保燃油适用于柴油机。过量的催化剂颗粒进入柴油机内将会导致惨重的后果。

至关重要的是分油机应当在船上正确运行，同等重要的是分油机应当具有适合其用途的规格。模拟试验方法决定每种分油机的指定流速，新的分离性能标准来自于模拟试验方法，将确保船舶配置正确规格的分油机。

SL2006-464/JBR

2006 年 4 月

1.1.54　Graviner MK6 油雾探测系统 — 更换传感器取样探头的预防性措施

请注意 Kidde Fire Protection 处附有关于更换油雾探测传感器取样探头要求的信息。

此函是关于最近发现的一些有关 Kidde Graviner MK6 油雾探测系统操作问题以及 Kidde 公司决定发布更换所有使用中的 Mk6 OMD 传感器取样探头的预防性措施说明。

在有些机器工作状态下，传感器取样探头会被喷溅出的滑油所堵塞 - 这意味着将无法有效地对曲轴箱油雾进行取样。这样一个现象意味着 OMD 传感器不能反映出危险情况风险的增加。

A.P.Moller/Maersk、MAN B&W、Lloyds、ABS、DNV 船级社及 Kiddle Fire

Protection 代表们所组成的团体调查此问题。

对造成影响 Mk6 OMD 运作的潜在故障机器作鉴别之后，Kidde Fire Protection 采用对传感器取样探头进行更换以完全消除障碍。实验室和柴油机测试已经确认更换的传感器取样探头能消除任何由于滑油喷溅所导致的滑油堵塞故障。

Kidde Fire Protection 已经制作了一个组件包。其中包括全部的指令，更换的传感器取样探头及能让操作者迅速更换的散装件。一旦确认船舶有此问题，这些组件包将通过最适当的方式立即免费分发给所有此类船舶。

此行动需要得到船级社的“正式批准*，此变更已经得到了中国船级社、劳氏船级社、Germanischer 船级社、Det Norske Veritas 和美国航运局的认可。

备注：

一个“被堵塞”的探头将始终向控制面板发送一个“零”信号。然而，当该传感器安装在持续负荷运行的柴油机上时，Mk6 OMD 传感器发送“零”信号则并没有什么异常。每个传感器的输出都有一个内部补偿，使传感器绝对不会传回包含背景漂移或温度影响的参数。在较高柴油机温度时，此补偿值将会变得更大，通常曲轴箱内油雾的冲刷将会降低正常的油雾水平。这就意味着除非曲轴箱内的油雾超过此“补偿值”（通常为 0.04mg/l），否则面板将接收一个“零”信号。

然而，此装置仍然在作为一个油雾探测器安全设备发挥全面的功能。

如果您有任何进一步咨询请联系我技术支持部。

电话：
传真：
邮箱：

* Mk6 OMD 系统之前已经得到以下船级社的认证：

美国船级社（ABS）
法国船级社（BV）
中国船级社（CCS）
挪威船级社（DNV）
德国船级社（GL）
韩国船级社（KRS）
劳氏船级社（LR）
日本船级社（NK）
意大利船级社（RIN）
俄罗斯船级社（RS）

Kidde Fire Protection

Graviner Mk6 油雾探测器 – 取样探头更换反馈表

船舶名称：		船东：	
船级社：		IMO 编号：	
更换的探测器数量：		更换的备用探测器数	

请注意！

	已完成（√）
一旦完成更换工作,必须通过电子邮件的方式告诉相关船级社此表的两页复印件。	
一旦完成更换,必须按照 OMD6 说明书第 2.5 章节“安装,操作和维护手册”的规定对系统进行检查。	
一 所有备用探测器上的取样探头也必须更	
一旦完成更换,所有旧的探头都必须以适当的方式摧毁并报废。	

签名

填妥此表格，连同证书交船级社验证。　　首席工程师

Pt No E3561-301 的 Graviner Mk6 油雾探测器有更新取样管的说明

1 项目

（1）更换的取样管

（2）六角扳手 2.5mm &4.0mm

（3）17.0mm O型圈

（4）79mm 衬垫

（5）反馈表

2 所需的工具

油雾探测器 — 取样探头更换反馈表

船舶：

船体编号：

船东 / 操作员：

OMD 控制面板序列号：

OMD Detector Serial Numbers		
Engine N°	Detector	Serial N°
	1	
	2	
	3	
	4	
	5	
	6	
	7	
	8	
	9	
	10	
	11	
	12	
	13	
	14	
	15	
	16	
	17	
	18	
	19	
	20	
	21	
	22	
	23	
	24	
	25	
	26	
	27	
	28	
	29	
	30	
	31	
	32	

OMD Detector Serial Numbers		
Engine N°	Detector	Serial N°
	33	
	34	
	35	
	36	
	37	
	38	
	39	
	40	
	41	
	42	
	43	
	44	
	45	
	46	
	47	
	48	
	49	
	50	
	51	
	52	
	53	
	54	
	55	
	56	
	57	
	58	
	59	
	60	
	61	
	62	
	63	
	64	

适合于一个 3/4 英寸 BSP 螺母的调节扳手。

请注意！探测器头部仅应当在柴油机停车时拆除，以防止热油从基础固定孔内喷出。

3 流程

3.1 取样管的拆除

（1）切断 MK6 OMD 控制器的电源。

（2）从探测器顶部断开电缆组件。

（3）松开锁定螺母。

（4）从柴油机上松开探测器并拆除。

（5）使用 4mm 六角扳手，松开组件基座上的 2 个固定螺钉，并且从取样管基座处分开探测器头的电子部件。将其小心放置旁边的一个干净表面上。

（6）从取样管道基座内拆除旋流器，使用 2.5mm 六角扳手松开单个螺钉，请参阅图 2.

（7）拆除旋流器和螺钉。请参阅图 3。

（8）现在则可以从基座中拔出取样管道。3

3.2 安装新的取样管道

（9）将 17mm O 型圈装入取样管道中，并且将取样管道安装至图 1 内所示的位置。

（10）将新的取样管推入基座内，确保取样孔朝下，并且可以从旋流器孔的底部看见母螺纹孔。

（11）将旋流器重新放回取样管上方的孔内，确保旋流器的平头端处于最上端位置。使用 2.5mm 六角螺钉进行固定。

（12）使用 4mm 六角螺钉将取样管基座固定至探测器头部电子设备上。如果需要的话，将提供一个用于探测器头部电子设备的 79mm 床垫。

（13）将探测器头部重新旋回柴油机内，并且使用螺钉螺母将其固定。确保探测器头部的电子部件处于直立状态，以便使连接器位于顶部。

（14）重新将电缆组件连接至探测器。

（15）当柴油机上的所有探测器均开始工作时，则重新连接电源至 MK6 控制器，并且执行功能测试。请参阅《使用说明书》第 2.5 章节。

（16）填写完成反馈表，并将其返回 Kidde Products 公司。

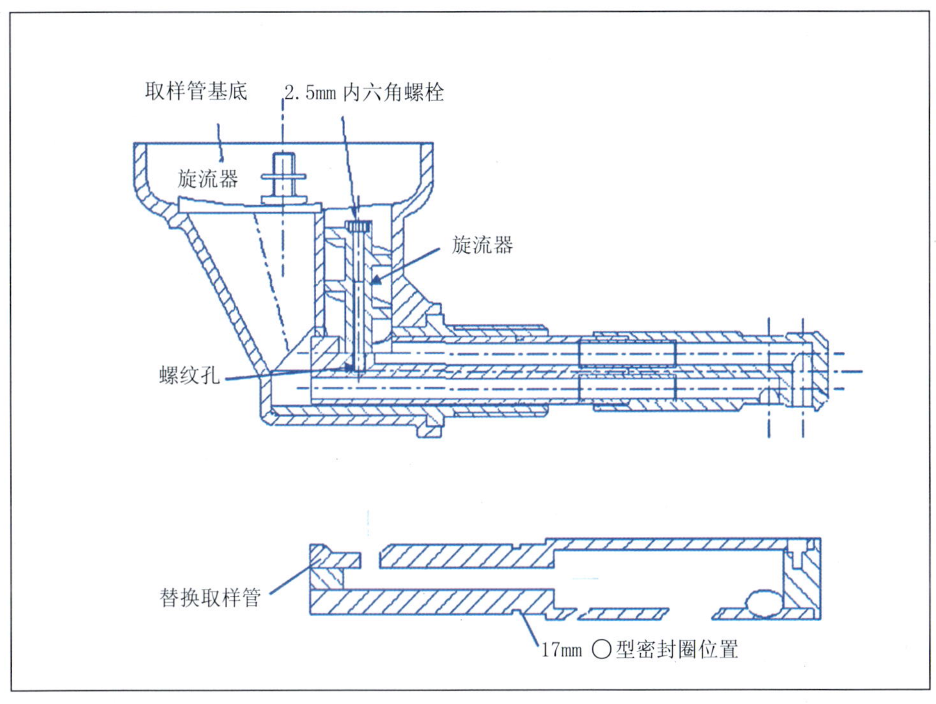

图 1　取样管

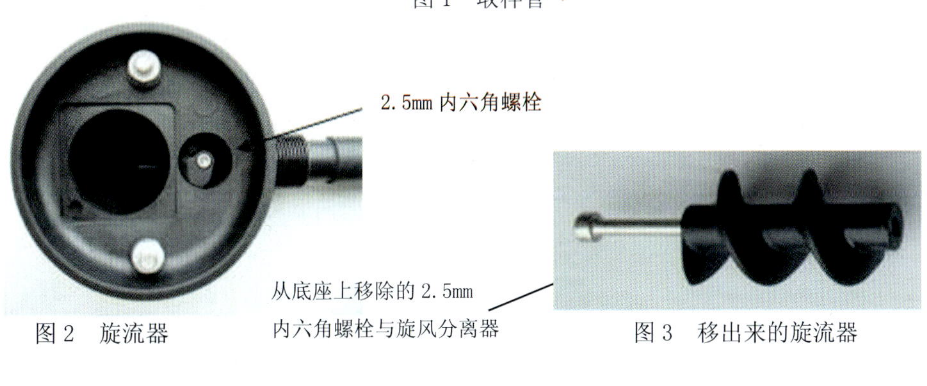

图 2　旋流器

图 3　移出来的旋流器

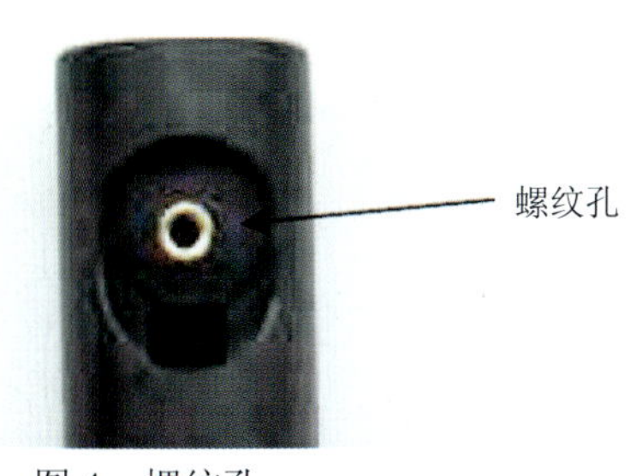

图 4　螺纹孔

SL2006-467/JLS

2006 年 10 月

1.1.55　新设计的高压液压软管
人员安全性 – 保护性软管

适用机型：所有机型

关注在两次检修期间 MAN B&W 二冲程柴油机上连接在液压泵和液压拉伸器的高压液压软管。

所有 MC 柴油机中液压工具的工作压力已经从 900bar 起升高，MC-C 柴油机超过 1 500bar，大多数 ME 和 ME-C 柴油机超过 2 200bar。

目前已经收到少数事故报告称液压软管和接头发生损坏。另外，在对船舶进行调查时，我们观察到高压液压软管具有压痕和磨损的迹象。对这些软管应当用新的软管进行替换。

为增加柴油机和工具的安全性，我们已对各种高压软管进行了破坏性测试，以调查由于磨损和压痕所导致的事故风险。

破坏性测试明确显示，高压软管的故障可能导致高压油泄漏喷射，并且可能导致操作人员受伤。

进一步的测试显示，在高压软管外部装配一个保护套管将能消除高压油泄漏喷射，请参阅图 1 所示。

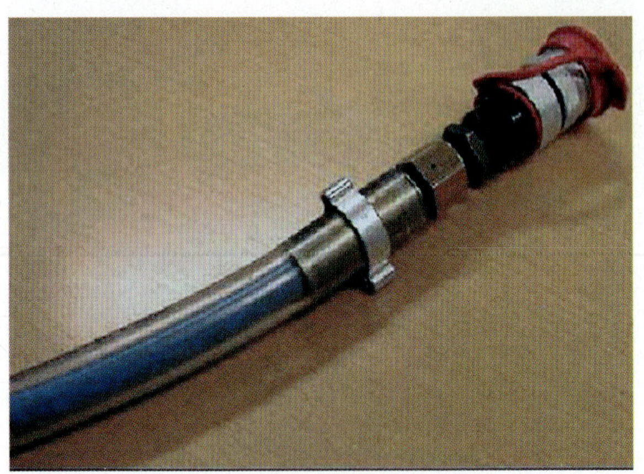

图 1　高压软管

我们的两次测试（具有保护性套管和未配有保护性套管）均被记录在摄像机内，可通过访问我们网地址 http://www.manbw.com/specialanimations 获取该视频。

• 行动

基于调查，为了减少由于高压油泄漏喷射所导致的人员伤害风险，从 MAN Diesel 所订购的新二冲程柴油机已经对液压软管的设计进行了升级，保护性软管已作为标准配备。

与此同时，我们还改变了软管端与快速接头之间的连接设计。密封方法已经从铜衬垫平面配合改变为新的具有线接触的 120 度金属密封件（请参阅附件 1）。之前平坦表面设计中的快速接头无法与新软管配合使用。所订购的新软管通常与新金属密封件设计的快速接头一并交付。

建议船舶人员检查所用的高压软管，如果对高压液压软管安全性存在有任何的疑惑， 如存在磨损、压痕等安全隐患，应该向 MAN Diesel 订购新的有保护套管的高压软管。

• 软管与快速接头之间的新密封方法。见图 2 和图 3。

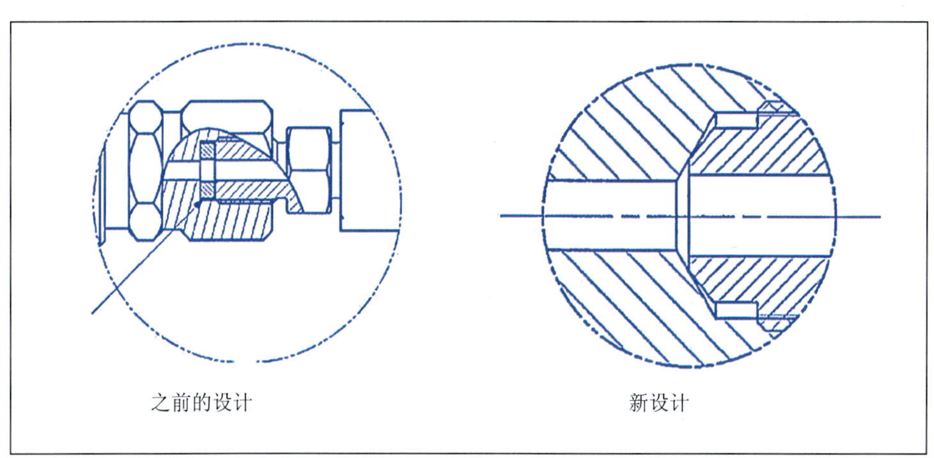

图 2　具有铜衬垫的平坦表面　　　　图 3　120° 表面和线接触的密封

附件 1

订购表格 － 新高压液压软管
MAN Diesel A/S, Copenhagen, Denmark 传真：+45 33 85 10 49（收件人：部门 4210）或 将此表格发送电子邮件至 diesel-service@manbw.dk
请填写下列信息

船舶名称	柴油机类型	IMO No./Lloyds No.	日期
交付地址：			
请向供应方发送一份下列软管的报价 ____ 请向供应方发送以下软管 _____ 液压工具的工作压力：900 bar _____ 1 500 bar _____ 2 200 bar _____			
长度（m）	软管数量		
1.5			
3.0			
6.0			
用于气缸盖的液压拉伸器软管（如果提供的话）			
测量长度和通知（请参阅下图）	软管的数量		
______________ *			
______________ *			
______________ *			

软管长度

SL2006-469/JOF

2006 年 12 月

1.1.56 ME 柴油机蓄压器充气压力（拆检和维护）

ME 柴油机提供了隔膜式蓄压器，确保液压油能够对燃油压力、起动空气和排气阀驱动器压力稳定地供油。为了防止液压油系统内出现压力峰值，适当维护蓄压器是非常重要的。

蓄压器的横截面如图 1 所示：

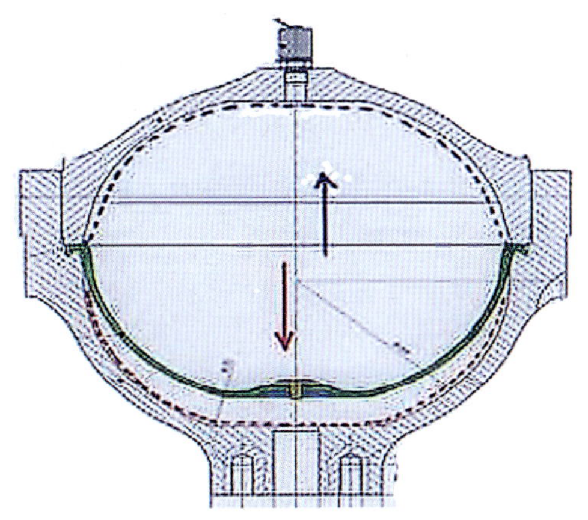

图 1 蓄压器的横截面图

蓄压器采用加压氮气进行充气。为了获得良好的蓄压功能，必须保持正确的充气压力。曾经出现过蓄压器内的隔膜由于压力太低或太高而导致破裂的情况，在这两种情况下，隔膜中心的盘片可能击中钢制壳体并且碎裂。（请参阅图 2）。

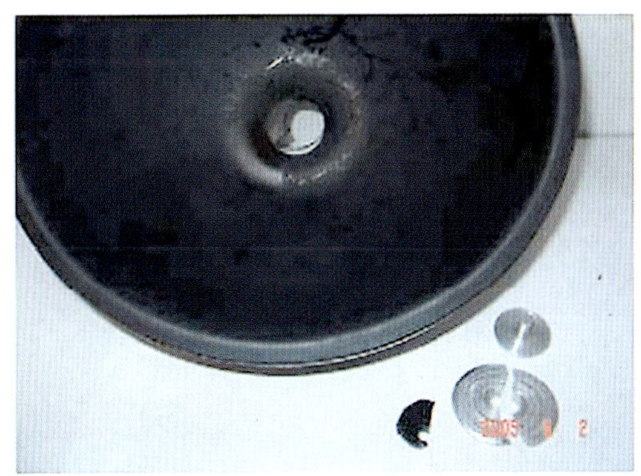

图 2 断裂的盘片

充气压力的变化仅会导致喷射压力较小的变化（属于测量不确定性范围内），因此可以得出蓄压器的充气压力对燃烧过程产生的影响也较小的结论。我们建议将氮气的充气压力降低至 20℃ 时为 95+0/-5bar。

特别要注意检查蓄压器的压力变化过程。蓄压器的密封性应当在使用的第一周进行检查。下一次检查则应当在四个月之后，随后则每六个月检查一次（按照《维修保养说明书》所述）。

MAN Diesel 公司建议这些检查都应当记录以便之后参阅。如果发现任何泄漏，则必须更换蓄压器。

蓄压器发生少量泄漏是不可避免的，维护经验显示预计将会产生 2~5bar/ 月的压降。重要的是应当按照《维修保养说明书》906-23 章节内所述的流程对蓄压器进行重新充气。在重新加注之后，我们可以通过一种泄漏探测装置检查测压接头 / 气体加注阀，确保其密封性。还应当检查测压接头端帽是否全部重新连接和旋紧，因为这些端帽实际上提供了附加的密封作用（图 3）。这些端帽只能用手旋紧而不得使用工具。

测压接头 / 气体加注阀螺纹处应当采用 Locktite 进行紧固，以防止松动。

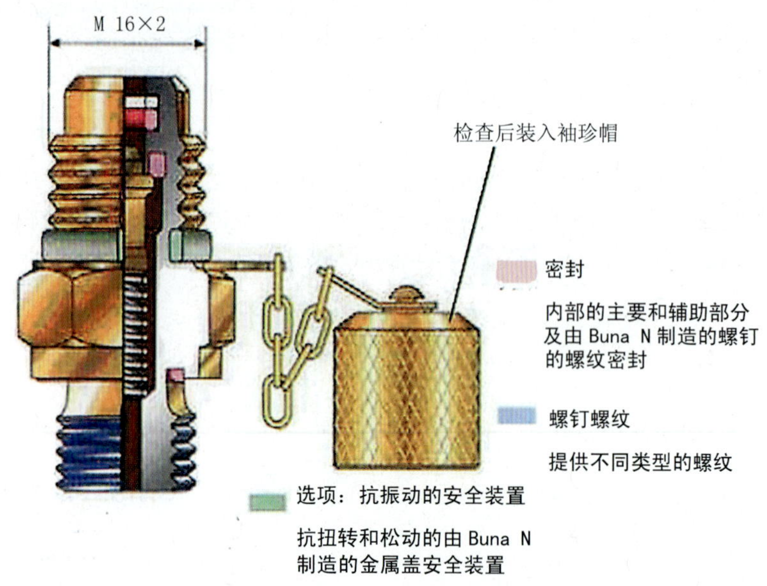

图 3　测压接头以及密封区域图

已经发现，当系统仍在加压时如果开启阀 420（从液压动力系统对 HCU“液压缸组件”加压，见本文图示 1），将存在蓄压器内隔膜损坏的风险。因此，《操作说明书》内已经引入了以下警告区域。

警告！

为了防止蓄压器产生不必要的压力（隔膜快速加速）以及动力油的喷射，当系统加压时禁止开启阀 420。检修之后阀 420 由关闭状态下开启的程序应当为：

（1）停止柴油机（停止启动泵，并且采用阀门 421 释放油压）。

（2）关闭阀 421、开启阀 420。

（3）通过打开“启动泵”向系统加压。

概述

- 经过修订的充气压力为 95+0/-5bar（在 20℃时）
- 在测压接头处检查是否发生泄漏
- 在检查和充气之后请始终盖上测压接头的端帽
- 当系统加压时，禁止开启阀 420

修理和维护蓄压器的完整说明见表 1~3，关于此函的问题或建议请递交我们的 2433 部门。

1 安全预防措施（有关详细原理图请参阅说明书 900-2）

表 1　安全预防措施

X	停止柴油机
	切断起动空气供应　-　主起动空气瓶
	锁定主起动阀
	切断起动空气分配器 / 分配系统的供应
	切断安全空气供应　-　非 ME 发动机
	切断控制空气供应
	切断通向排气阀的空气　-　仅停止润滑油泵的情况
	合上盘车机
	停冷却水
	停止燃油供应
	停止润滑油供应
	锁定涡轮增压器转子
X	停止液压动力系统

表 2　数据

参考编号	简介		数值	单位
D06-201	蓄压器		24/25	kg
D06-202	氮气充气压力		95	bar（20℃）
	压力调整表格			
	蓄压器温度	t℃		
		0	89	bar
		10	92	bar
		20	95	bar
		30	98	bar
		40	101	bar
		50	105	bar
		60	108	bar
		70	111	bar
		80	114	bar
		90	118	bar
		100	121	bar
D06-216	4 升蓄压器的组件		9	mm
D06-217	10 升蓄压器的组件		10	mm
D06-226	螺钉，连接蓄压器的法兰		100	Nm
D06-227	螺钉，连接液压缸组件的法兰		150	Nm

此流程内所使用的专用工具显示在此章节末尾的铭牌上，或者显示在铭牌编号内前三位数字所表示的章节内，例如，P90951 指的是参阅章节 909。

表 3 铭牌示例

铭牌	备件编号	简介
P90653	P90653	用于蓄压器的工具
P90674	P90674	用于蓄压器的测试设备
P91356	P91356	提升工具，等
P91359	P91359	扭力扳手
P91366	P91366	仪表

2 检查蓄压器

2.1 检查液压缸组件上的蓄压器

① 蓄压器的检查工作可以在柴油机降速运行的情况下进行。请参阅说明书第 I 卷“操作说明书”。

• 在“测压接口”点 455 处连接一个压力计。检查压力。

• 关闭高压吸入阀 420 并且开启高压放泄阀 421，以便排空蓄压器内的油。

• 检查系统内是否没有压力。

• 检查氮气压力。

有关正确压力的信息，请参阅数据 D06-204。有关压力设置工具的使用，请参阅步骤 3。

2.2 检查液压动力单元上的蓄压器

② 蓄压器组件上蓄压器的检查只能在柴油机处于停车状态及启动泵和增压泵停止的情况下进行。

• 将一个压力计连接至“测压接口”点 340，检查压力。

• 开启阀门 315，以便给液压动力系统减压，并且排空蓄压器内的油。

• 检查系统内是否没有压力。

• 检查氮气压力。

有关正确的压力信息，请参阅数据 D06-204。有关压力设置工具的使用，请参阅步骤 3。

2.3 使用减压阀压力调节工具

③ 如图所示组装减压阀，并且将减压阀安装在氮气钢瓶上。如果必要的话，则使用一个螺纹接头。

在蓄压器上安装加注软管之前，先检查蓄压器顶部是否清洁。

• 检查阀 A 和阀 D 是否关闭。

•采用接头 E 在相关蓄压器上安装加注软管。

①
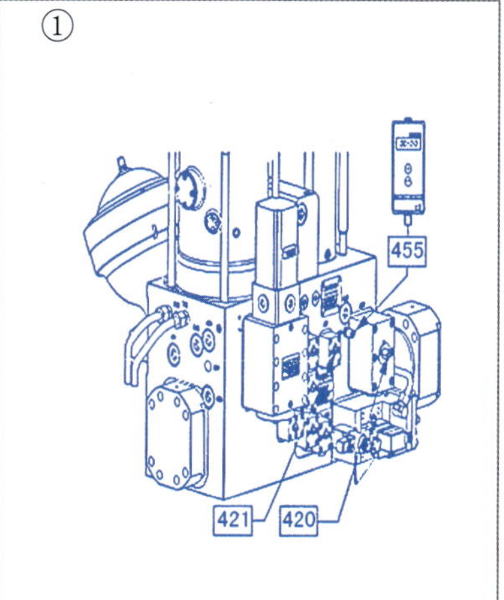

②
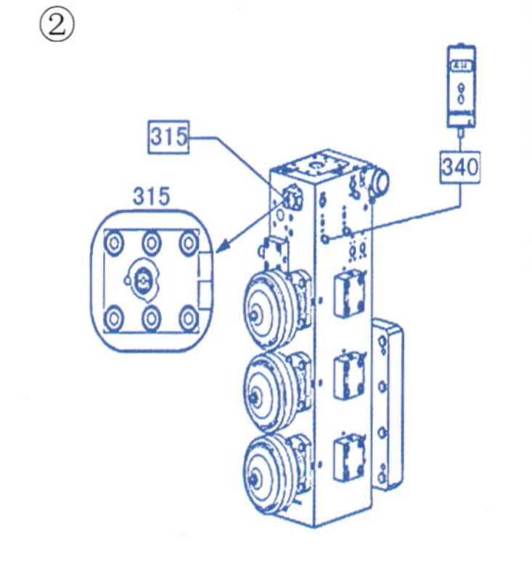

③
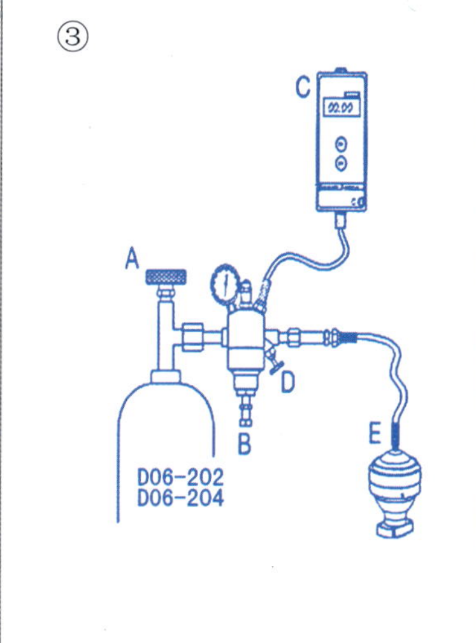

现在能够在加注阀上的数字仪表 C 中读取蓄压器内的氮气压力。

如果蓄压器需要重新加注氮气，则开启阀 A，并且将心轴 B 出口压力调整至比压力调节表格内所述压力高 1～2bar。请参阅数据 D06-204。

- 保持阀 A 开启，直至蓄压器被加注。
- 关闭阀 A。
- 等待 5 分钟以便使温度稳定。
- 按照压力调节表格内所述在仪表 C 处检查蓄压器内的压力。请参阅数据 D06-204。
- 在泄放螺钉 D 位置调整蓄压器内的压力。
- 拧松接头螺母 E，以便从蓄压器上拆除加注阀。

请注意！

应当确保在解体任何液压系统之前，作业场所周围的区域保持干净。

3 拆除蓄压器

3.1 从液压缸组件上拆除蓄压器

① 此操作可以当发动机降速运行时执行。请参阅第 I 卷《操作说明书》。

- 在“测压接口”点 455 位置连接一个压力计，检查压力。
- 关闭高压吸入阀 420 并且开启高压放泄阀 421，排空蓄压器内的油。
- 检查系统内是否没有压力。

② 转动方钮关闭阀门，提起锁定盘片

- 将锁定盘片旋转 180°，并且将其再次放置在方钮上，锁定阀门。

①

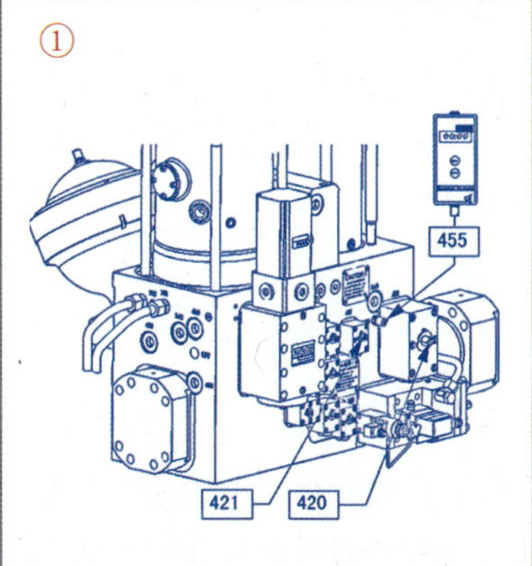

②

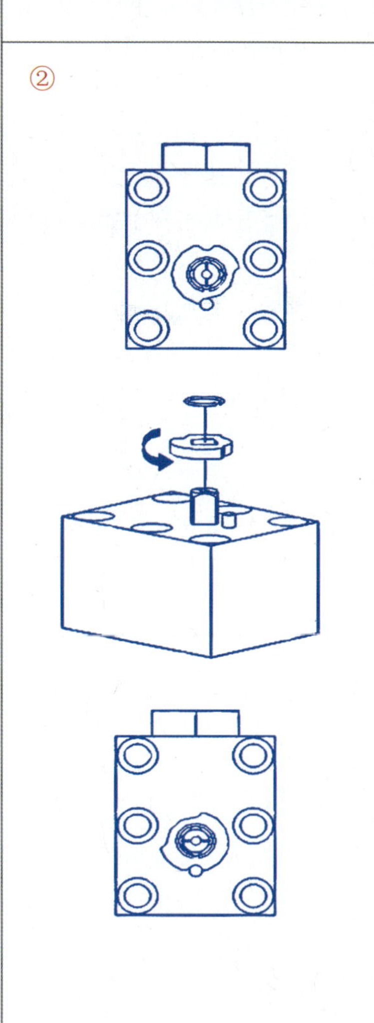

③ 从液压气缸组件上拆除蓄压器法兰。使用一个纤维带提起蓄压器。

• 从蓄压器上拆除蓄压器法兰。

3.2 从液压动力单元上拆除蓄压器

④ 只能在停止发动机并且停止启动泵和增压泵的情况下才能从蓄压器组上拆除蓄压器。

• 开启阀门 315，以便对液压系统减压，并且排空蓄压器内的油。

• 与液压气缸组件上的相同方式拆除液压动力装置上的蓄压器。

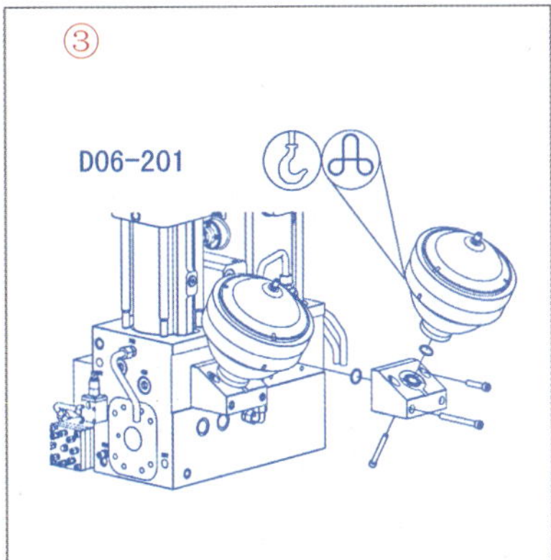

4 彻底检查

① 拆除连接着法兰的蓄压器。请参阅流程 906-23.2。

② 使用压力调节工具排空蓄压器内的氮气。请参阅流程 906-23.1。

③ 拧松蓄压器上的“测压接口”阀：

• 拆下蓄压器工具上半部分的接合销，并将其安装在蓄压器上半部分中。在接合销内再安装一个吊环螺栓。

• 确保蓄压器工具的下半部分牢固定位在机舱平台上，这可以通过将蓄压器工具的法兰拧紧或焊接至机舱平台的方便位置上。

• 使用吊耳螺栓将蓄压器提升至蓄压器工具下半部分内。注意确保工具上的导承安装在蓄压器的卡槽内。

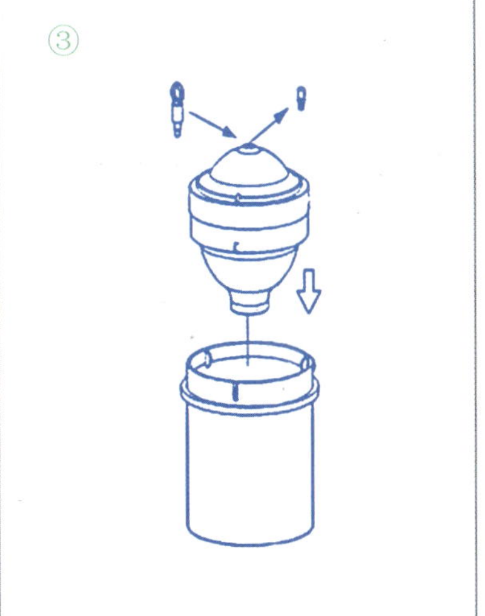

④ 将蓄压器工具的上半部分安装在蓄压器上，并且装配两个夹爪。夹爪必须到达下端蓄压器工具的边缘下方。注意确保工具上的导承安装在蓄压器的卡槽内。

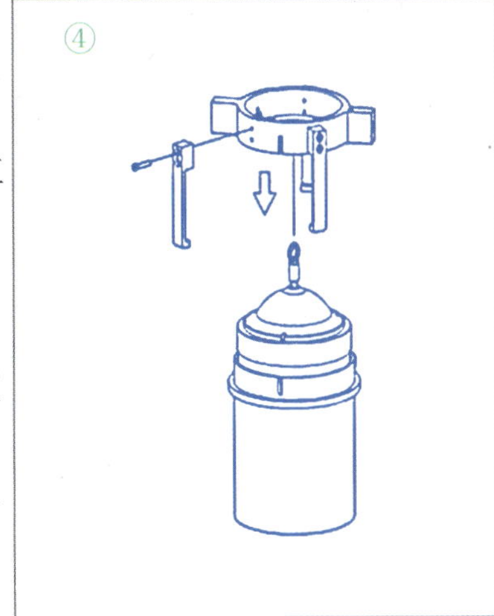

⑤ 将最后一个夹爪安装在蓄压器工具上。拧松蓄压器的上半部分。

• 使用一根管子插入蓄压器工具侧翼端孔内，提供杠杆作用力。

• 如果上半部分咬死，则可以通过锤子敲击几次蓄压器工具的侧翼从而将其松开。

⑥ 拆除有缺陷的隔膜“A”。

⑦ 完全清洁两半蓄压器部分，尤其是螺纹，并且确保上述部件均干燥。

⑧ 在未装配隔膜的情况下组装两半蓄压器旋紧，直至两半蓄压器接触为止。

• 标注两半蓄压器的相对位置。

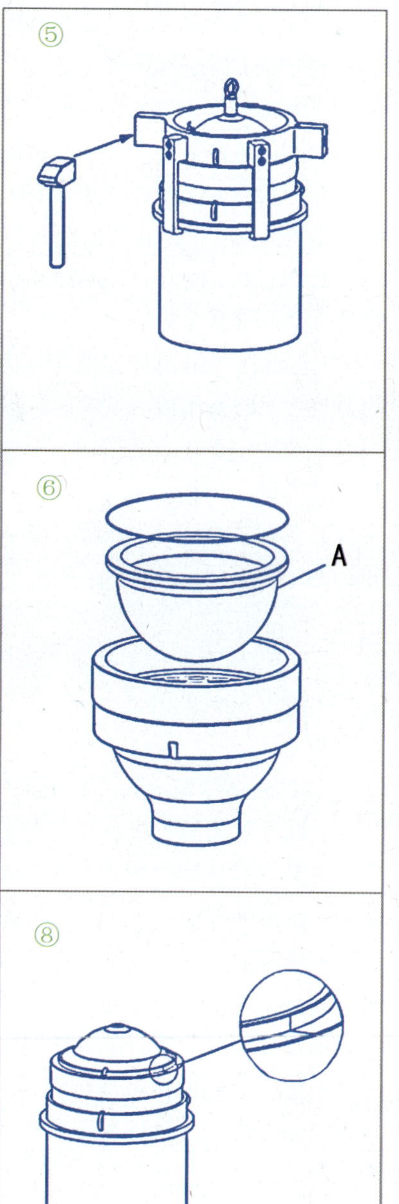

⑨ 拆除蓄压器，并且安装新的隔膜和防挤压环。

请注意！

必须检查新隔膜是否采用了与旧隔膜相同的制造材料。

禁止润滑隔膜唇部。

⑩ 采用 molyb-denum disulphide 润滑脂润滑蓄压器唇部的上半部分和蓄压器螺纹。

⑪组装蓄压器。旋紧，直至所做的标识符合 D06-216 的要求为止。

⑫安装“测压接口”阀应使用新的○型圈

• 使用 Loctite243 胶水固定测压接口阀。按照流程 906-23.1 内所述用氮气加注蓄压器。

• 使用肥皂水检查蓄压器是否发生任何泄漏。

• 安装蓄压器。

请注意！

特别谨慎操作，确保在组装液压系统之前和过程中保持作业场所周围的清洁。

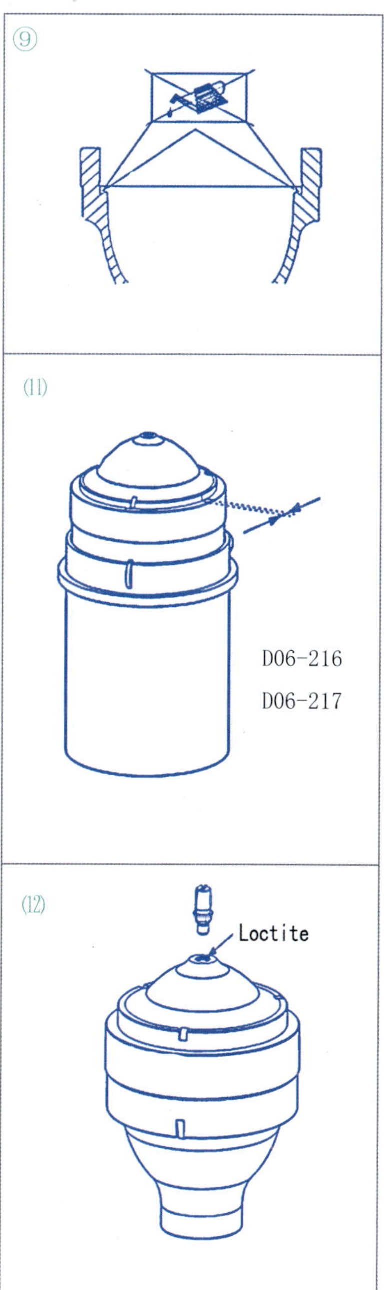

5 安装蓄压器

5.1 安装液压缸组件上的蓄压器

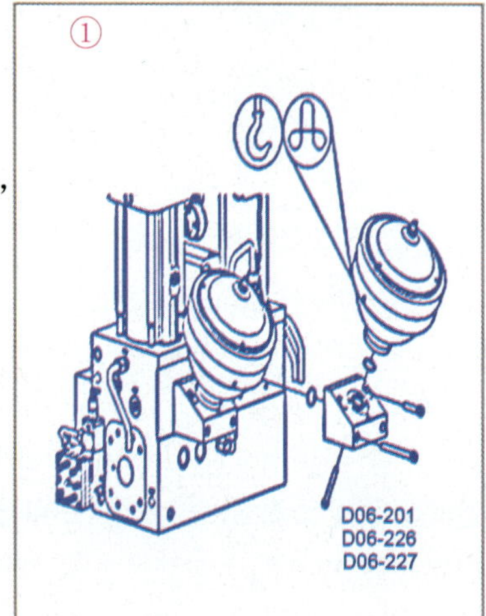

① 此操作可以在发动机减速运行期间完成，请参阅第 I 卷，“运行”。

• 在蓄压器上安装法兰和一个新的密封环。

• 安装蓄压器总成，在液压缸组件上安装一个新的第二密封环。

请注意！

当安装法兰和蓄压器时，请使用 Loctite243 胶水固定螺丝。

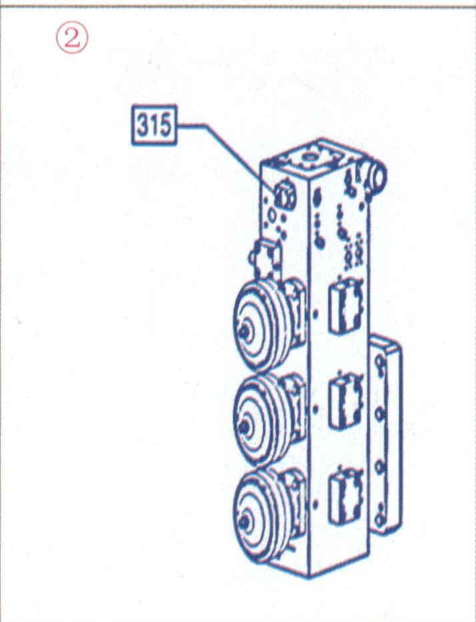

② 关闭高压泄压阀 421，并且开启高压吸入阀 420。

③ 检查蓄压器的氮气压力，D06-204。

5.2 在液压动力单元上安装蓄压器。

• 此操作只能在停止柴油机并且停止启动泵和增压泵的情况下执行。

• 液压动力单元上的蓄压器将与液压缸组件上相同的方式安装。

• 关闭阀门 315。

1.2 MAN 公司 2007~2012 年二冲程机服务信函

SL2007-474/JJP

2007 年 3 月

1.2.01 柴油机十字头轴承盖的起吊工具

适用机型：80-98MC/MC-C 和 ME/ME-C

最近发现用于十字头轴承盖的提升工具发生损坏。

此事件发生在 98 缸径柴油机的十字头轴承大修期间。在十字头轴承盖提升期间，一个用于吊环螺栓提升用途的接长杆螺栓发生损坏，此事故中没有人员受伤，但却导致其中一个导向杆产生轻微受损。

此工具使用超过 12 年，这是第一次发生这种意外。我们对损坏的接长杆螺栓进行了调查，并且得出以下调查结论：

该螺栓并不是采用足够强度的材质制造的，另同样重要的因素是，螺栓没有按照指定要求进行加工。其重要的过度圆角小于指定数值。此外，接长工具上的螺纹丝锥似乎在较早前的提升中已经弯曲。

因此，为了避免发生意外，我们建议柴油机技术人员和其他服务人员遵循有关提升工具和十字头轴承盖操作的安全指令 S904。

我们建议技术人员检查提升工具上的圆内角，见图 1。

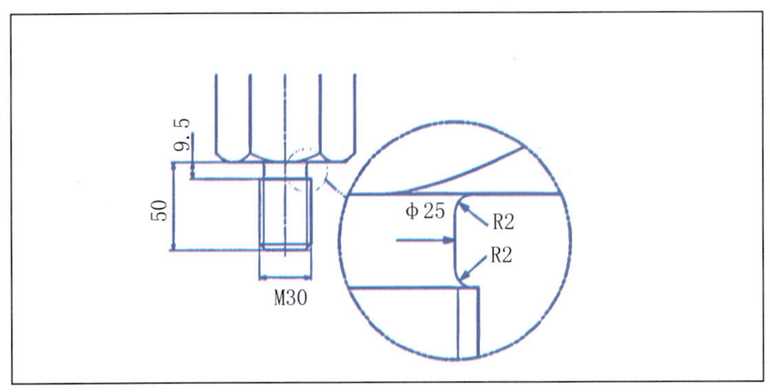

图 1 K98MC/C 起吊工具

如发现过度圆角不足或有任何裂缝、弯曲，或其他使用不当的部件（见图 2），强烈建议丢弃接长杆螺栓并从柴油机制造产或 MAN 柴油机哥本哈根服务处订购一个新的。

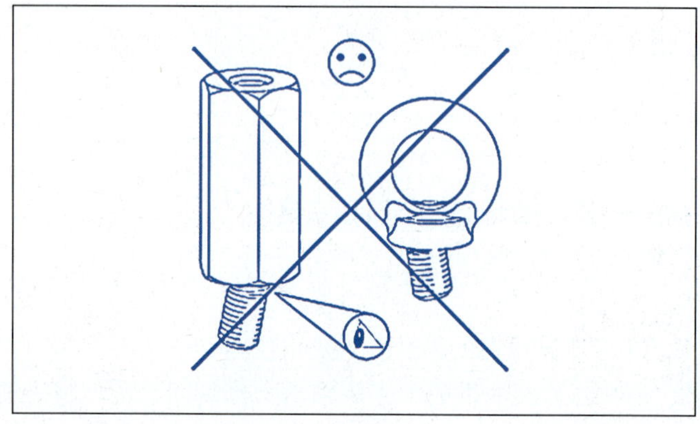

图 2

十字头轴承盖

十字头轴承盖的处理：

关于十字头轴承的检查及修理，如需要从曲柄箱提升或移开轴承盖，应根据以下安全指导来操作。

（1）检查提升工具：

• 所有需要的提升工具都处于良好的状态。

• 禁止使用有过载或误用迹象的接长螺栓或吊环螺栓。有弯曲螺纹或裂缝的提升部件必须丢弃并订购新的部件。

（2）安装提升接长螺栓及吊环螺栓时确保拧紧完全接触。

• 使用 0.05 毫米的塞尺检查以保证提升工具接触面没有空隙。

（3）轴承盖必须只能同时在两个起吊点起吊。

• 每一个起吊点的起吊角度偏离垂直方向不能超过 45°。

（4）当起吊十字头轴承盖时，轴承盖与水平方向的倾斜角不能超过 45°。

（5）轴承盖不能只在一个起吊点起吊。

（6）禁止从各个方向拉以保证轴承盖只在一个起吊点受力。

SL2007-477/JNM

2007 年 4 月

1.2.02 配有 Alpha 气缸注油系统的 MC 和 MC-C 机型气缸润滑油注油率下限调整指导

适用机型：配有 Alpha 气缸注油系统的 MC 和 MC-C 柴油机

自从 20 世纪 90 年代初期引入 Alpha 气缸注油系统以来，我们已经通过综合测量和观察从而获得了广泛的实际操作经验。

2005 年 9 月的维护保养服务信函 SL05-455/HRJ 基于目前的服务经验，建议配有 Alpha 气缸注油系统的气缸油注油率下限为 0.6 g/kWh。然而，在制造商处交付时，气缸注油系统的下限值的默认设定值，最小为 0.65 g/kWh，并且此参数只能通过 HMI（人机界面）进行调整。

通过附件中的指导，我们将能够修改这个参数，并且实现 0.6 g/kWh 的注油率。当越来越多的低硫燃料油投入使用时，我们推荐调整的下限值，最小值是可取的。

注油率下限变更指导（附件 1）。

当交付时，Alpha 气缸注油系统具有一个上限和下限注油率。因此，下限值已经被设置为 HMI = 60%，相应于 0.65 g/kWh。

维护保养服务信函 SL05-455/HRJ 中指出的，将注油率降低至 0.65 ~ 0.60 g/kWh，即相应于 HMI = 56%。

按以下步骤的指导，采用人机界面（HMI）将 Alpha 气缸注油系统的下限变更为 50%（附件 1，中英文对照）。

（1）按下 [Arrow up] 的箭头键，直至显示 [Set up] 为止。
（2）按下 [ENTER] 键 — 面板显示 [PASS]。
（3）在 5 秒之内按 [Arrow down][Arrow up][ESC][ENTER] — 面板显示 [in.Adj]。
（4）按下 [Arrow Down] 按键 4 次 — 面板显示 [FE.Adj]。
（5）按下 [ENTER] 键 — 面板显示 [rE.inJ]。
（6）按下 [Arrow down] 7 次 — 面板显示 [F.Lo]。
（7）按下 [ENTER] 按键 — 面板显示 [60]。
（8）通过按下 [Arrow down] 10 次，从而将参数设置为 50。
（9）按下 [ENTER] 按键 — 面板显示 [SAVE]。
（10）按下 [ESC] 按键 4 次 — 面板显示柴油机转速。

附件 1

n [rpm]
(engine speed)
MEP [%]
(mean efficient pressure)
Poil [bar]
(norm. 40-50 bar)
(alarm 35 bar)
toil [°C]
(norm 40-60 °C)
(alarm 70 °C)
r XXX
(total stroke/min)
Lcd X
(LCD status)
(0=0ff, 1=on)
ALR XX
(active alarms)
(see alarm list)
LAL XX
(logged alarms)
clear = [ENTER]
F.rAtE
(feed rate adj.)
diSP
(display menu)
Connt
(connection test menu)
SEtuP
(setup menu)
(MBD Service)
PASS
password =
"[▼] [▲] [esc] [enter]"
in.AdJ
(index transmitter adjustment menu)
ti.Adj
(injection timing adjustment menu)
LCd
(load change dependent lubrication adj. menu)
inJ.AL
(injection amount algorithm menu)
FE.AD
(feed rate regulation parameter adjustment)
n.PrL
(number of pre-lubrications)
(norm. 12)
r.run [rpm]
(rpm run adjustment)
(norm. 5)
Ang.dE [°]
(angle deviation limit bet. MCU / BCU tacho, norm. 3)
Pu
(booster pump mode adjustment)
Str.hi
(total lubricator stroke counter adjustment)
Str.Lo
(total lubricator stroke counter adjustment,)
Par
(adjustment, without scale, limits etc., of all parameters)
PASS
password =
"[esc] [▲] [▼] [enter]"
rE.inj [rev./injection]
(revolutions per injection at 100 %, norm. 3 to 6)
nor.hi [%]
(upper limit for LCD extra lubrication, norm 150)
nne.Li [%]
(mep relative limit)
(norm. 63)
Po.Li [%]
(power relative limit)
(norm. 40)
AbS.Lo [%]
(absolute low limit)
norm. 40)
F.SCuF [%]
(extra feed rate for scuffing)
(norm. 200)
F.hi [%]
(feed rate setting high limit)
(norm. 200)
F.Lo [%]
(feed rate setting low limit)
(norm. 50)
Ser.hi [%]
(level for change to 'manuel extra lubr.', norm. 120)
50
press "▼ ▲" to change
press "ENTER" to SAVE
XXX
press "▼ ▲" to change
press "ENTER" to SAVE
Pu.SEt
(pump mode setup)
(norm. bacup)
Pu.dEF
(default pump selection, pump 1 or 2)(norm. 1)
Pu.int [hour]
(pump interval time)
(norm. 12)
Menu navigation
press "▼ ▲" to select
press "ENTER" to SAVE
Auto
(change master with interval of Pu.int)
bacup
(backup mode, fixed master pump)
XXX
press "▼ ▲" to change
press "ENTER" to SAVE
XXX
press "▼ ▲" to change
press "ENTER" to SAVE
XXX
press "▼ ▲" to select
parameter number
XXX
press "▼ ▲" to change
press "ENTER" to SAVE
Caution !
Adjusting of the values in the "Par" menu may cause damage to the engine and should be done by authorised personnel only

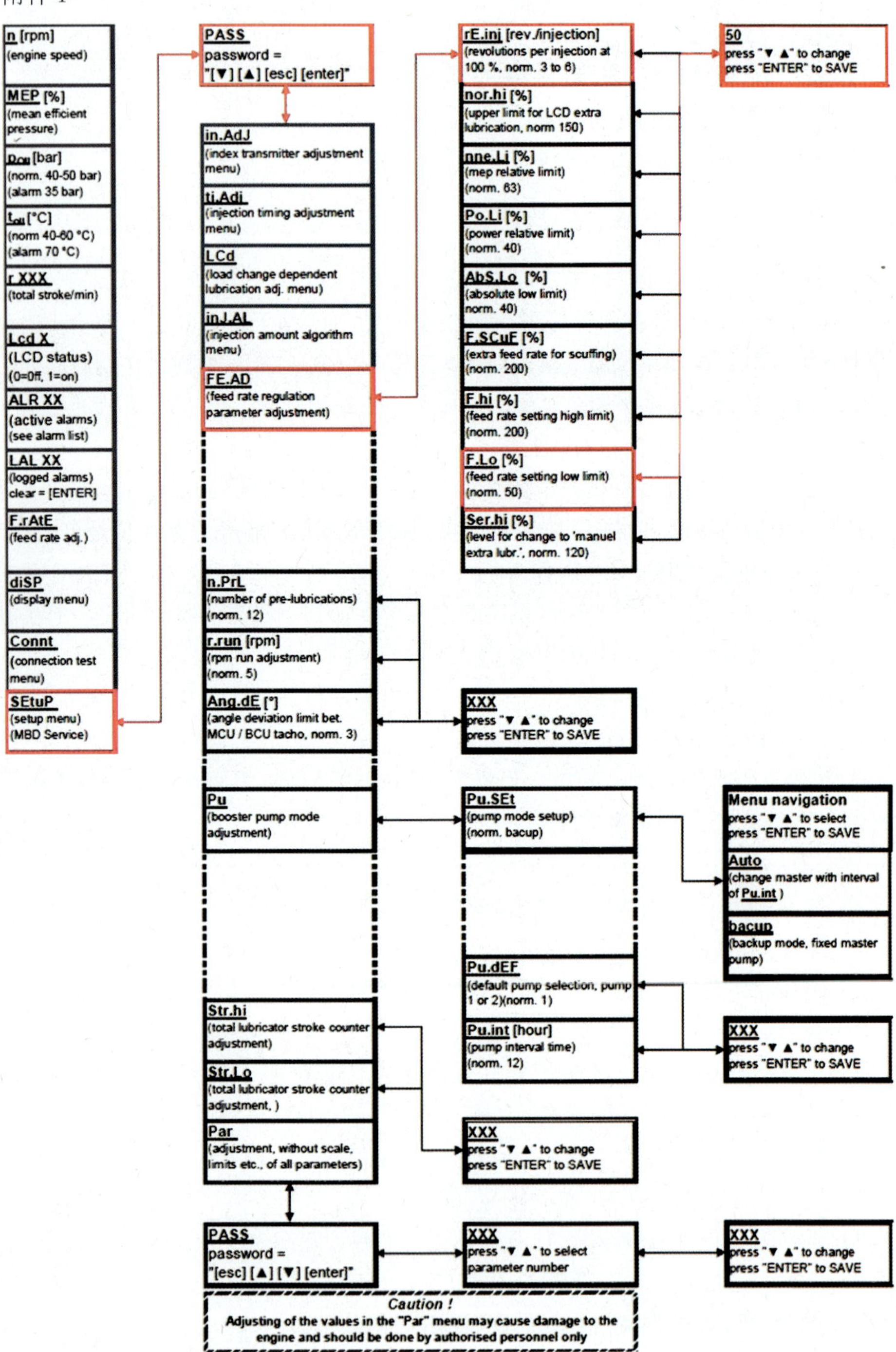

HMI 的下限此时已经被设置为 50%。

特别注意：附件 1 内原理图中的红色区域凸显所必须采取的动作，其相应于一项手动操作。本附件注油率下限的设置调整指导请参阅 SL05-455。

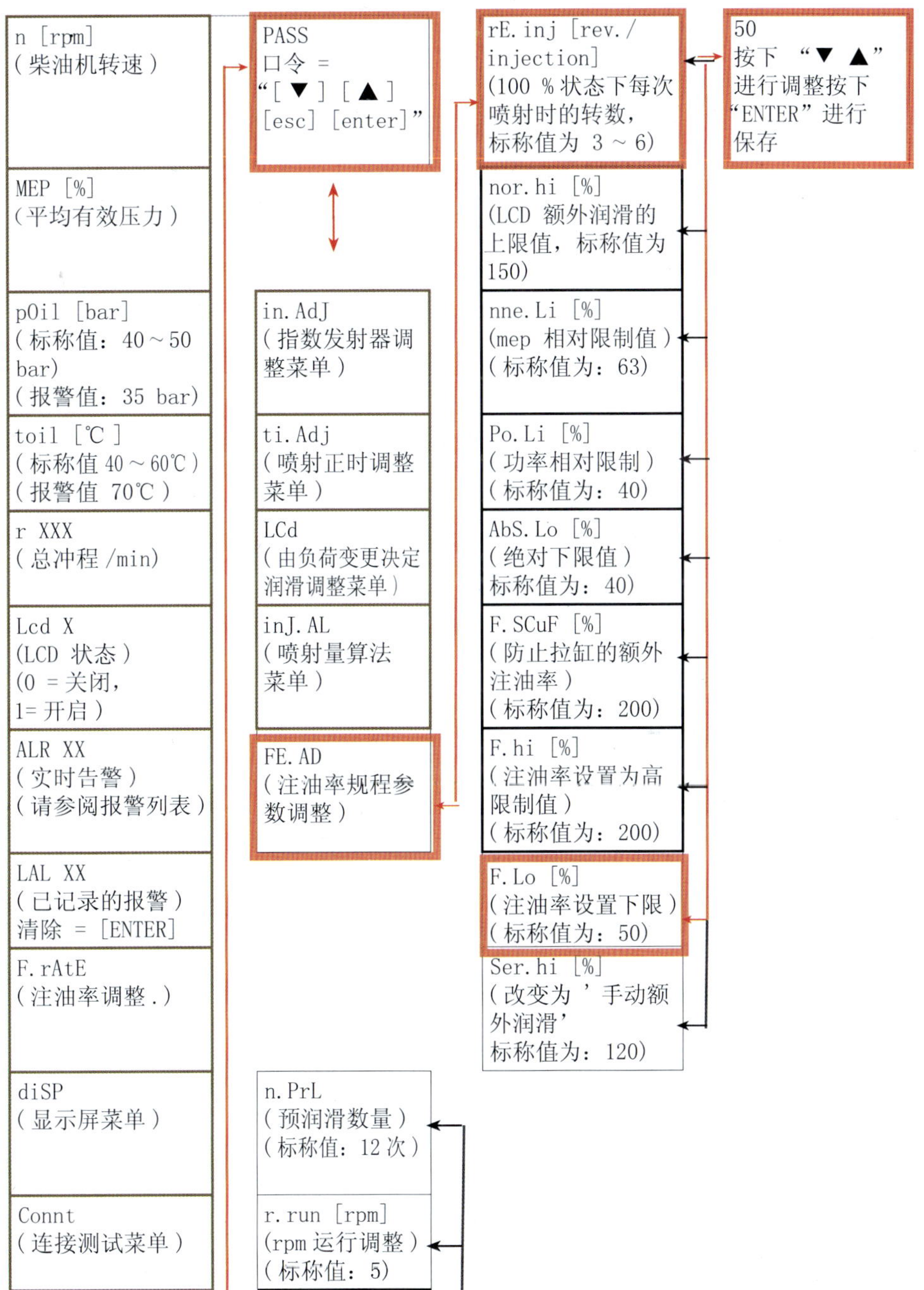

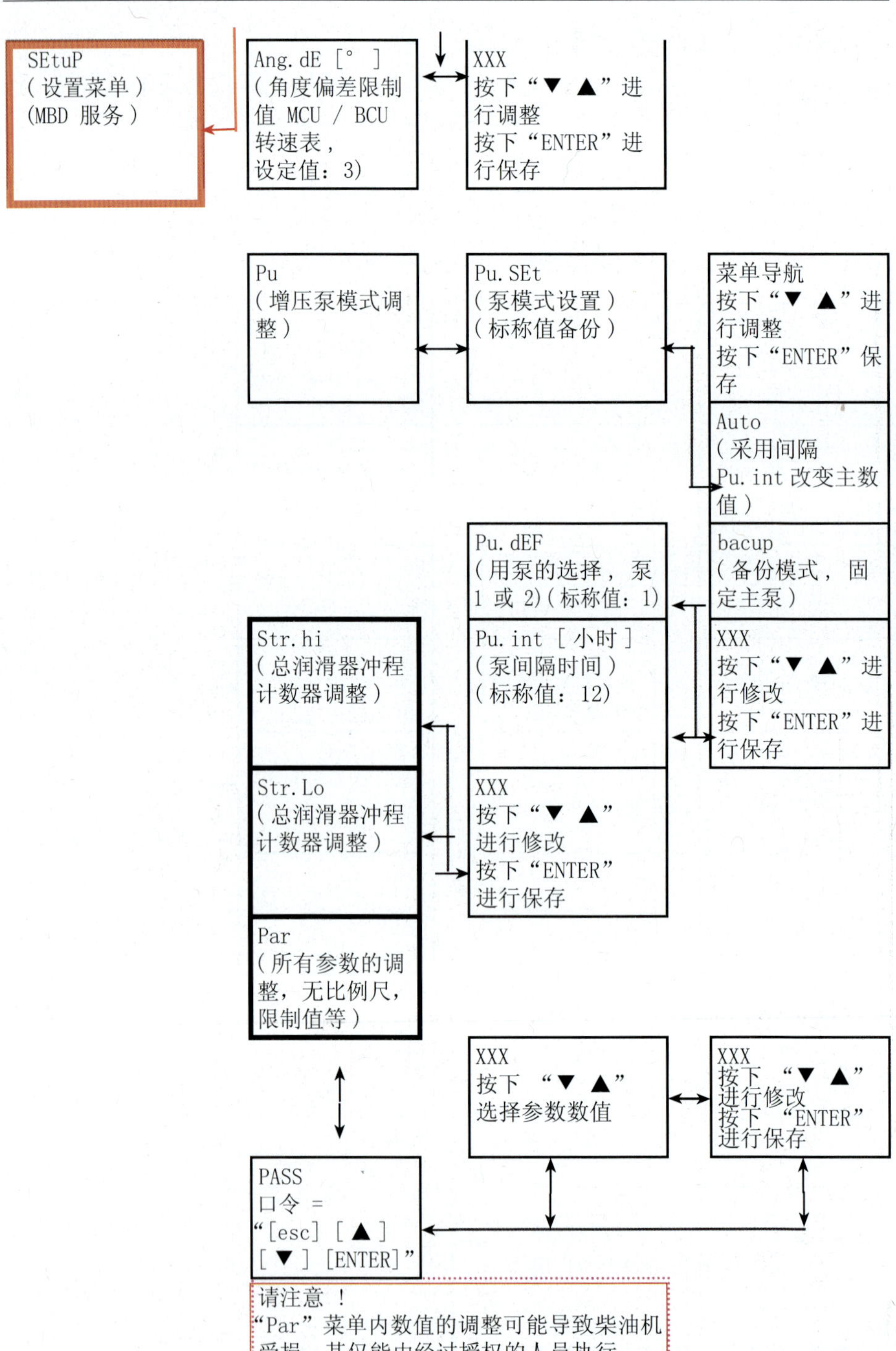
SEtuP
(设置菜单)
(MBD 服务)
Ang. dE [°]
(角度偏差限制值 MCU / BCU 转速表，设定值：3)
XXX
按下“▼ ▲”进行调整
按下“ENTER”进行保存
Pu
(增压泵模式调整)
Pu. SEt
(泵模式设置)
(标称值备份)
菜单导航
按下“▼ ▲”进行调整
按下“ENTER”保存
Auto
(采用间隔 Pu. int 改变主数值)
Pu. dEF
(用泵的选择，泵 1 或 2)(标称值：1)
bacup
(备份模式，固定主泵)
Str. hi
(总润滑器冲程计数器调整)
Pu. int [小时]
(泵间隔时间)
(标称值：12)
XXX
按下“▼ ▲”进行修改
按下“ENTER”进行保存
Str. Lo
(总润滑器冲程计数器调整)
XXX
按下“▼ ▲”进行修改
按下“ENTER”进行保存
Par
(所有参数的调整，无比例尺，限制值等)
XXX
按下“▼ ▲”选择参数数值
XXX
按下“▼ ▲”进行修改
按下“ENTER”进行保存
PASS
口令 =
“[esc] [▲] [▼] [ENTER]”
请注意！
“Par”菜单内数值的调整可能导致柴油机受损，其仅能由经过授权的人员执行

SL2007-479/HRR

2007 年 6 月

1.2.03 气缸润滑 — ALPHA ACC 系统新指导原则

适用机型：MC/MC-C 和 ME/ME-C MARK6 或以上，配有 Alpha ACC 系统机型

自从我们最后一次发布涉及气缸润滑的维护保养服务信函 SL05-455 以来，默认设定的注油率与含硫的比例系数的控制范围在 0.34 至 0.26 g/kWh×S%，并且在 0.70～0.60 g/kWh 时达到绝对相对应的最小值为 0.70～0.60 g/kWh。

然而，许多柴油机都采用了上述范围内的最低水平，并且在对耐磨损、抗刮擦和 TBO 的情况进行评估之后，此注油率是较多甚至比较高水平。因此，现在推荐一个 2000 小时，上下限制注油量设定的磨合周期表。

因此，经过磨合期之后的建议基本注油率为 0.26 g/kWh×S%，并且在 0.60 g/kWh 时达到绝对下限。

1 特殊的气缸油供油量

Alpha ACC 属于现代 MAN B&W 二冲程柴油机的自适应气缸润滑模式，也就是润滑油与柴油机负荷成比例，并与燃油硫含量成比例来确定其注油率。这将确保气缸油内的碱性添加剂与进入燃烧室内的燃油含硫量成比例地施加。将能确保任何时候在 0.60 g/kWh 的下限值状态下建立安全油膜。

磨合期

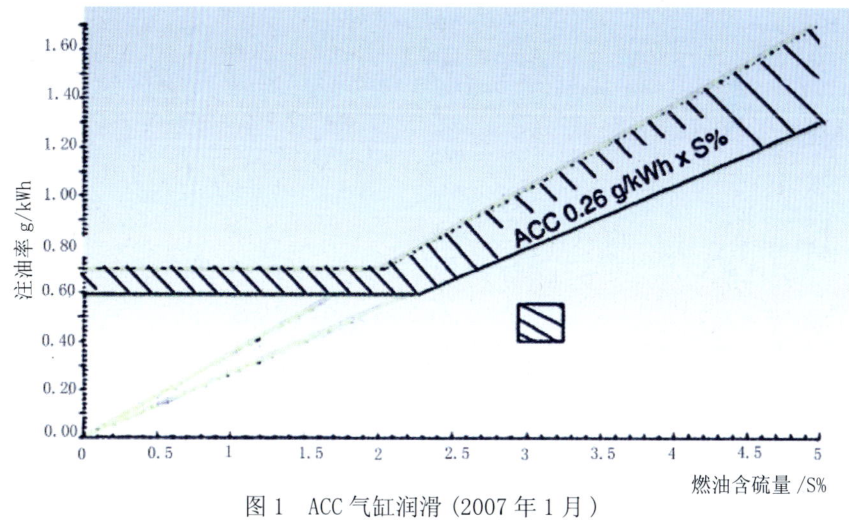

图 1　ACC 气缸润滑（2007 年 1 月）

在首次磨合期期间，对于第一个 250 小时而言，建议采用一个相对较高的

固定注油率：1.5 g /kWh，而随后的 250 小时则采用 1.2 g/kWh。经过这 500 小时的初始磨合之后，充分的油量冲刷掉了滑动表面的磨损颗粒物，ACC 应当按照 0.34g/kWh×S% 的系数运行。

下一个 2000 小时，逐步降低至基本设定。

例如，ACC 系数为 0.26 g/kWh×S%，请参阅上图的注油率。

在经过 2000 小时运行之后，则应当将较高的 ACC 系数 0.34 g/kWh×S% 调整为基本设定值 0.26 g/kWh×S%。调节步骤将取决于实际润滑情况的评估以及经扫气口对沉积物状况的检查。

2 平均气缸油消耗量

由于硫分的从属关系，平均气缸油消耗量将取决于燃油的硫含量。按照 DNV 的规定，2006 年世界范围内不同含硫量的燃油所占比例如图 2。

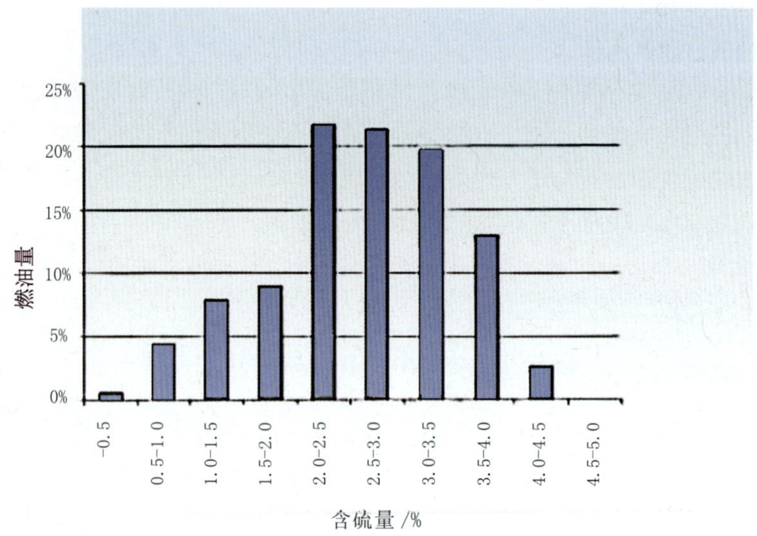

图 2　2006 年燃油含硫量情况（数据来源于 DNV 石油服务中心）

大约 40% 的燃料油含硫量低于 2.3%，并且因此只需要 0.60 g/kWh 的最低用量。大约 60% 的燃料油的含硫量将取决于润滑控制情况，例如 0.26 g/kWh×S%。这导致了年度绝对平均气缸油用量为 0.70 g/kWh。

3 低含硫量燃油的运行

当含硫量水平低于 2.2% 时，应维持 0.6 g/kWh 的最低用量。因而，当使用一个常用的 BN70 气缸油时，将会出现剩余的碱性添加剂。未被使用的碱性添加剂会对气缸状态产生负面影响，因为其会累积在活塞顶部，并且缸套表面因腐蚀而失去光泽。随着时间变化，在较低含硫量的水平下，这种负面影响将会越来越严重。一般来说，建议当含硫量低于 1.5% 情况下运行超过 1～2 周时，则应当更换为一种较低的 BN 汽缸油。

附件 1

表 1　气缸油注油率导则

<table>
<tr><th colspan="4">S/L/K-MC/MC-C/ME/ME-C, MK 6 以及更高机型，
配有 Alpha ACC 润滑系统和有涂层活塞环</th></tr>
<tr><td colspan="2"></td><td>BN 70 气缸油</td><td>BN 40 气缸油</td></tr>
<tr><td colspan="2">预设定值</td><td>0.26 g/kWh ×S%</td><td>0.45 g/kWh×S%</td></tr>
<tr><td colspan="2">最低注油率</td><td colspan="2">0.60 g/kWh</td></tr>
<tr><td colspan="2">正常运行期间最大注油率</td><td colspan="2">1.7 g/kWh</td></tr>
<tr><td colspan="2">部分负荷控制</td><td colspan="2">与柴油机指示负荷成比例</td></tr>
<tr><td rowspan="2">磨合新缸套或经过翻新的缸套和新活塞环</td><td>注油率</td><td colspan="2">首个 5 小时：1.7 g/kWh
从 5～250 小时：1.5 g/kWh
从 250～500 小时：1.2 g/kWh
从 500～2500 小时：逐步从 0.34 降低至 0.26 g/kWh×S%</td></tr>
<tr><td>柴油机负荷</td><td colspan="2">在 5 小时的时间内逐步增加至最大负荷</td></tr>
<tr><td colspan="2">磨合新活塞环与已完成磨合或已运行的缸套</td><td colspan="2">无负荷限制</td></tr>
<tr><td colspan="2">机动操纵和负荷变化状态</td><td colspan="2">在起动期间，操纵和负荷变化时，注油率应当通过“LCD”乘以 25% 的方式增加，并且在负荷稳定之后保持在该水平达 0.5 小时</td></tr>
<tr><td colspan="2">异常状态的气缸润滑</td><td colspan="2">通过气口对活塞环和气缸套进行频繁的检查，对于维持气缸安全状态而言至关重要。如果发现情况正常，那么应当考虑调整润滑油注油率
一旦发生刮伤、粘滞的活塞环或者较高的缸套温度波动，注油率应当被上升至 1.2 g/kWh，并且应适当降低 P_{max}. 和 MEP。一旦状态稳定时，润滑和压力应及时恢复正常</td></tr>
</table>

附件 2

表 2 BN40 气缸油调节量 Alpha -ACC 注油器

ACC 系数 g/kWh×S%							g/kWh	HMI 设置值
0.45	0.47	0.51	0.52	0.54	0.58	0.60		
含硫量 %								
0	0	0	0	0	0	0	0.60	56
1.4	1.3	1.2	1.2	1.1	1.1	1.0	0,60	56
1.5	1.4	1.3	1.3	1.2	1.2	1.1	0.65	60
1.6	1.5	1.4	1.4	1.3	1.3	1.2	0.71	66
1.7	1.5	1.5	1.5	1.4	1.4	1.3	0.77	71
1.8	1.8	1.7	1.6	1.5	1.5	1.4	0.83	77
2.0	1.9	1.8	1.7	1.6	1.6	1.5	0.89	82
2.1	2.0	1.9	1.8	1.7	1.7	1.6	0.95	88
2.2	2.1	2.0	1.9	1.8	1.8	1.7	1.01	83
2.4	2.3	2.1	2.0	2.0	1.9	1.8	1.07	98
2.5	2.4	2.3	2.2	2.1	2.0	1.9	1.13	104
2.6	2.5	2.4	2.3	2.2	2.1	2.0	1.19	109
2.8	2.5	2.5	2.4	2.3	2.2	2.1	1.25	115
2.9	2.8	2.6	2.5	2.4	2.3	2.2	1.31	120
3.0	2.9	2.7	2.6	2.5	2.4	2.3	1.37	126
3.2	3.0	2.9	2.7	2.6	2.5	2.4	1.43	131
3.3	3.1	3.0	2.8	2.7	2.6	2.5	1.49	137
3.4	3.3	3.1	3.0	2.8	2.7	2.6	1.55	142
3.6	3.4	3.2	3.1	2.9	2.8	2.7	1.61	148
3.7	3.5	3.3	3.3	3.0	2.9	2.6	1.67	153
3.8	3.6	3.4	3.3	3.1	3.0	2.9	1.70	166

附件 3

表 3 BN70 气缸油调节量 Alpha-ACC 注油器

ACC 系数 g/kWh×S%							g/kWh	HMI 设置值
0.26	0.27	0.29	0.30	0.31	0.33	0.34		
含硫量 %								
0.0	0.0	0.0	0.0	0.0	0.0	0.0	0.60	56
0.5	0.5	0.5	0.5	0.5	0.5	0.5	0.60	56
1.0	1.0	1.0	1.0	1.0	1.0	1.0	0.60	56
1.1	1.1	1.1	1.1	1.1	1.1	1.1	0.60	56
1.2	1.2	1.2	1.2	1.2	1.2	1.2	0.60	56
1.4	1.4	1.3	1.3	1.3	1.3	1.3	0.60	56
1.6	1.6	1.4	1.4	1.4	1.4	1.4	0.60	56
1.8	1.8	1.6	1.6	1.5	1.5	1.5	0.60	56
2.0	2.0	1.8	1.8	1.6	1.6	1.6	0.60	56
2.2	2.2	2.0	1.9	1.8	1.7	1.7	0.60	56
2.4	2.3	2.1	2.0	2.0	1.9	1.8	0.60	56
2.5	2.4	2.3	2.2	2.1	2.0	1.9	0.66	59
2.6	2.5	2.4	2.3	2.2	2.1	2.0	0.68	63
2.8	2.6	2.5	2.4	2.3	2.2	2.1	0.71	66
2.9	2.8	2.6	2.5	2.4	2.3	2.2	0.75	69
3.0	2.9	2.7	2.6	2.5	2.4	2.3	0.78	72
3.2	3.0	2.9	2.7	2.6	2.5	2.4	0.82	75
3.3	3.1	3.0	2.8	2.7	2.6	2.5	0.85	78
3.4	3.3	3.1	3.0	2.8	2.7	2.6	0/88	81
3.6	3.4	3.2	3.1	2.9	2.8	2.7	0.92	84
3.7	3.5	3.3	3.2	3.0	2.9	2.8	0.95	88
3.8	3.6	3.5	3.3	3.2	3.0	2.9	0.99	91
3.9	3.8	3.6	3.4	3.3	3.1	3.0	1.02	94
4.1	3.9	3.7	3.5	3.4	3.3	3.1	1.06	97
4.2	4.0	3.8	3.6	3.5	3.3	3.2	1.10	100
4.3	4.1	3.9	3.8	3.6	3.4	3.3	1.12	103
4.5	4.3	4.0	3.9	3.7	3.5	3.4	1.16	106
	4.4	4.2	4.0	3.8	3.6	3.5	1.19	109
	4.5	4.3	4.1	3.9	3.8	3.6	1.22	113
		4.4	4.2	4.0	3.9	3.7	1.26	116
		4.5	4.3	4.1	4.0	3.8	1.29	119
			4.4	4.2	4.1	3.9	1.33	122
			4.5	4.3	4.2	4.0	1.36	125
				4.5	4.3	4.1	1.39	128
					4.4	4.2	1.43	131
						4.4	1.50	138
						4.5	1.53	141

附件 4

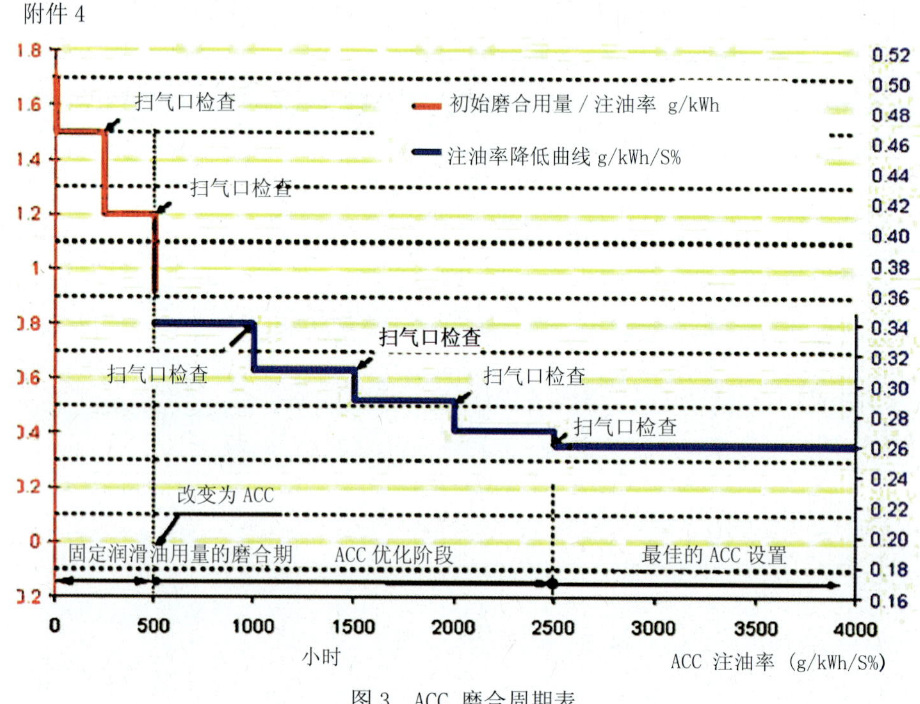

图 3 ACC 磨合周期表

SL2007-480/SBE

2007 年 6 月

1.2.04 MC 和 ME 柴油机长期低负荷运行

适用机型：MC/MC-C ME/ME-C 柴油机

因获悉船东需降低柴油机负荷运行以节省燃油方面的指导原则，我们根据此问题制作了这个新的维护保养服务信函。

下列建议可作为依据柴油机性能所制定的总指导原则，并包括废气锅炉。一旦柴油机需永久性低负荷运行，应咨询废气锅炉的制造商，以便获得相关建议。

1 MC/MC-C 柴油机低负荷运行

由于引入了滑阀式喷嘴，柴油机长期低负荷运行已获得了显著改善。

采用滑阀式喷油器获得满意的持续运行状态，在无需对柴油机本身进行任何改变的情况下，即可降到 50～60% 的 MCR rpm（10～20% 柴油机负荷），但是低于 40% 负荷需按特定操作程序。

柴油机负荷降低至 40% 前，对系统和操作步骤不需采取任何特殊的预防措施。

在大于 40% 的任何负荷情况下，按正常运行操作辅助锅炉通常是关闭的，废气有足够速度带走烟尘并形成强烈的烟气流。

然而少数柴油机布局中，辅助锅炉在略高于 40% 的负荷情况下关闭。如果这样，实际的转速限制线将确定负荷应该是多少。

在长期运行期间负荷低于 40% 时，则应当按照下列所述条件进行评估：

根据经验，长期低负荷运行将会增加废气锅炉污染的风险，在废气锅炉内由于低温状态下的碳和碳氢化合物会逐步累积。因为在低负荷时废气流速较小，从而导致废气气流中沉积物无法带走。

燃油系统在低负荷时，较低喷射压力并相对较少的喷射量（因为低转速）情况下，增加的结碳通常会导致更加难以控制，根据锅炉的配置，建议安装废气旁通，可以通过此旁通连接，在较低负荷情况下，以便废气以适当流速排放出去。

在废气锅炉内废气烟灰过多累积将可能导致火灾，在最坏情况下可能会熔化锅炉管道。

即使配有一个低负荷情况下的废气旁通，沉积在排气通道内的烟灰也应尽量减少，以确保柴油机和涡轮增压器的安全运行。

低负荷情况下改进燃油喷油器性能的措施：

1）引入滑阀式喷油器

也就是无压力容积针阀的燃油喷嘴。目前滑阀式喷油器是标配的，并在 MC/MC-C 柴油机售后服务中被更新安装。在滑阀式喷油器内，针阀压力室容积被忽略，并且所有负荷阶段的燃烧都得到了改善。

2）停缸运行系统

CCO 系统（CYLINDER CUT-OUT）通常在转速低于 40%MCR 状态下时采用，将允许柴油机处于仅 50% 的气缸工作情况下运行，从而使运行的气缸的负荷增加，并且改进了燃油系统的工作状态，确保了下降至常用转速之 20～25% 时的稳定运行状态。柴油机的实际速度限制应通过制造商按照具体情况进行评估。

此外，在某些特殊情况下，增加辅助风机容量也是适当方案，从而在其自动关闭之前达到一个更高的负荷。在这种情况下，提高自动“切断”设定点，辅助风机将在相对较高负荷区域下长期运行。

为了避免辅助风机的启 / 停频繁，柴油机长期低负荷运行应避开辅助风机频繁启 / 停设定范围。

MC/MC-C 柴油机在短时（12～24 小时）低速航行情况下无需专门改进措施，即可在低于 20% 的负荷下运行。然而，建议每 12 小时将柴油机的负荷提高至 75% 以上达 1 小时，以便增加废气的速度来清洁排气通道。

由于柴油机和增压器内部部件的烟灰沉积会增加，为此我们应对增压器的清洁度给予特别关注，要求比正常保养时间间隔更频繁地实施该项清洁工作。

通过增压器的重新匹配以及燃油喷嘴的改进，优化了部分负荷状态，从而改变原来关于 IMO 氮氧化物的认证，因此需要更换一份新的柴油机 IMO 认证。

如果希望船舶速度处于非常低的负荷（即低于 20% 负荷），增压器的匹配仅会对柴油机的性能产生较小的影响，并通过重新匹配也只能获得较少的改善。

在之前的低负荷运行维护保养服务信函中，建议将燃油喷油器喷嘴更换为较小孔径的新喷嘴，该建议对于滑阀式喷油器而言是无效的。如果使用之前标准类型的燃油喷油器， MAN Diesel 公司建议将其更换为滑阀式喷油器。喷嘴孔规格以及滑阀式喷油器的变化都会对柴油机的 IMO 氮氧化物的认证产生相同的影响，新的配置必须修订到柴油机的技术文件中。

当船上明确新的模式时（见表 1），MAN Diesel 将协助进行 IMO 认证。

表 1 MC/MC-C 发动机的操作模式

柴油机负荷	废气旁通	滑阀式喷油器	停止气缸
＞ 40%	否	建议的，并非必要	否
20～40%	是	是	否
＜ 20%	是	是	是*

*）仅适用于极低负荷情况下（低于 40%MCR-rpm）。这主要适用于油轮空载或集装箱船的低负荷离抵港航行。

2 ME/ME-C 柴油机的低负荷运行

ME 和 ME-C 柴油机引用了滑阀式喷油器，使长期低负荷运行的柴油机工况得到了极大改善。

本文“MC/MC-C 柴油机低负荷运行”内所述的低负荷运行简介对于 ME/ME-C 柴油机而言依旧有效。低速运行中增加负荷的频率可降低至一周两次。

ME/ME-C 柴油机装有标配的滑阀式喷油器，喷射压力不取决于柴油机负荷，并且在所有负荷水平下均能够产生一个优化的喷射，所以在非常低负荷情况下，即使停止部分气缸也能确保稳定运行的状态。

ME/ME-C 柴油机进一步优化的可能性由下文详述。

ME/ME-C 柴油机按经济模式来交付的，从而确保高负荷区域内的优化燃油油耗率（SFOC）。经济模式当然能够满足 IMO 氮氧化物限制值的要求。

在经济模式内，柴油机完全能够在部分负荷和低负荷情况下长期连续操作，并无需对柴油机进行任何专门的调整。

ME/ME-C 柴油机还能够提供除上述的经济模式以外其他运行模式的操作。ME/ME-C 柴油机内所安装的最常见的替代操作模式就是所谓的排放模式，其中在高负荷区域内（75～100%）通过对柴油机参数进行专门的调整，从而将每转氮氧化物排放值降低 10～25%。

同样，在排放模式下柴油机完全能够在部分负荷和低负荷情况下长期连续运行，而且无需对柴油机进行任何专门的改动。

ME/ME-C 柴油机能够提供 4 种不同的操作模式。近来，低负荷或部分负荷运行模式的可行性应用的需求已日益增加。

应用低负荷或部分负荷模式操作将取决于柴油机和船舶的具体特殊要求。

应用一种专门的低负荷或部分负荷运行模式可以包括不同的选项。

ME/ME-C 柴油机的大多数低负荷和部分负荷型优化，可以包括对增压器进行专门匹配，安装旁通管道，涡轮增压器封堵，优化压缩比和采用专门的喷油器油嘴。如果船舶整个使用期的大部分操作时间都将处于低负荷和局部负荷区域，才应当使用这种选项。

与经济模式燃油耗油率所获得的数值相比，在低负荷和部分负荷区域耗油率将减少 3～4g/kWh，并在高负荷和满负荷区域将增加 3～4g/kWh。应当注意的是，只有当柴油机被改造到标准状态，增压器进行了匹配，长期关闭旁通管道，重设压缩比和专门的喷油器油嘴，才能获得基准经济模式数值。然而，柴油机的设置将能够确保获得满负荷（MCR）运行状态。

ME/ME-C 柴油机最简单形式的低负荷和部分负荷优化被限定以下途径，排气阀启闭控制的参数设置，燃油喷射正时以及低负荷和部分负荷区域内的柴油机效率曲线。如果船舶已经准备在低负荷和局部负荷情况下操作，可以采用此选项。例如，集装箱船在其特定航线中需要采用低负荷运行。

相比起基准经济模式获得的数值而言，低负荷和局部负荷区域内所获得的耗油率将降低 1～2g/kWh，高负荷和满负荷区域耗油率将增加为 1～2g/kWh。通过按下 ME 柴油机控制面板上的一个按钮，将能够在基准经济模式下运行（见表 2）。

表 2 ME/ME-C 柴油机的运行模式

柴油机负荷	废气旁通	滑阀式喷油器	停止气缸	低速航行模式
＞40%	否	标准	否	是
20～40%	是	标准	否	是
＜20%	是	标准	否	是

有关此维护保养服务信函的问题请与 MAN 技术部门取得联系。

SL2007-481/OLS

2007 年 6 月

1.2.05　钢丝网型的滑油滤器

适用机型：　MAN 柴油机

MAN Diesel 哥本哈根维护中心接到几次报告，由于钢丝网型滑油滤器的钢丝网发生破损和翘曲，从而导致曲轴箱轴承和轴颈严重受损的情况，见图 1 和图 2。

钢丝网型滑油滤器的特点：过滤部件是用经专门处理过、细的不锈钢钢丝绕在滤器圆柱框架子上。

图 1　元件的钢丝网脱落

图 2　柴油机润滑油管道系统内脱落的钢丝网

在大多数的案例报告中，滤器在进行维护或手动清洁后不久即发生故障。

对于这些事故而言，我们建议采取以下措施：

首先要做：

• 检查滤器部件是否受损，并且确保遵循滤器制造商的维护和安全说明。

在正常维护期间：

• 按照滤器制造商的养护间隔对过滤器进行检查。

• 每天观测和记录冲刷次数。

每天观察和记录滤器的压力差。如果记录到压力差突然下降，则应当检查滤器。然而值得注意的是，根据滤器的类型，部件数量等，钢丝网发生破损由于钢丝的阻力可能不会导致压差下降的情况。

• 如果带反冲清洗的滤器，备用滤器比正常情况下会更加频繁地切换，应检查滤器的钢丝网滤芯。

SL2007-483/HRR

2007年8月

1.2.06 活塞的视情维修

适用机型：集装箱船或滚装、散货船或类似形式船舶装有MC/MC-C和ME/ME-C机型的柴油机

根据我们工程师最新改进柴油机燃烧室设计的经验，即采用Oros形状和最新的活塞环设计，滑阀式喷油器和优化温度层次，其运行时间超过七年。在此背景下，已获得大量与以前经验相比而言有关活塞是否需要检修的经验。

有关活塞的“检修周期间隔原则”之前设定为12 000~16 000小时，这个设定间隔显得相对太保守了。通常，间隔时间很长的活塞检修所需的时间并不会增加，检修间隔延长至32 000小时是有可能性的。

由于实际情况落差较大，还有许多因素可决定是否需要检修。

根据视情维修（Condition-Based Overhaul，CBO）策略的规定，我们的目标是获得尽可能最高的安全运行小时数。最好，只有在必要时才做检修。

CBO策略中，最重要的因素就是通过定期的扫气口检查和磨损以及高温腐蚀情况记录，从而做实际状态的评估。所有与活塞检修有关的决定性因素都可以通过扫气口检查进行核对。

1 有关活塞检修的最重要因素（如图1）

• 活塞环的磨损（请参阅说明书）。

• 对于80/90/98缸径柴油机而言，活塞顶中间部位可允许最大烧蚀量（在此位置通常为最大值）分别为9/12/15mm。

• 活塞环槽天地间隙，在80和90缸径柴油机上最大推荐间隙为1.0mm，并且在98缸径发动机上为1.1mm。

• 活塞环熔着、断裂和失效或者活塞泄漏。

• 活塞环运行表面有大量熔着物（咬缸）。

（其他类型柴油机数据请参阅说明书）

2 检查间隔和记录

应当定期检查和记录实际的气缸状态和磨损情况，以便了解气缸磨损和裂纹的发展过程。在开始时检查间隔时间应尽量短，例如，每次的第二至第三周之间。该间隔可以按情况累积而延长。

第一道活塞环磨损，通过测量CL槽剩余深度，用塞尺测量环槽间隙；通过扫气口，用一个模板测得和评估大缸径柴油机活塞的烧蚀情况并作好记录。我们

提供的标准表格“气缸状态报告”和“扫气口的检查”，其可视为今后的审核以及用于制作未来磨损预测趋势图的理想文件（见图 2 内的示例）。

3 如何通过目测来评估活塞环的实际运行状态

通常活塞环的运行表面是气缸状态的最好标志。如果活塞环表面处于良好状态并且没有熔着、刮痕或拉缸现象，那么缸套也将处于良好状态，见图 3-a～f。

反之，如缸套呈现明显的拉缸损坏（即使从扫气口中检查无法看到气缸下部有波纹），活塞环也将受到影响，最有可能整个气缸需要进行检修。

如上所述，第一道活塞环的磨损可以通过游标卡尺测量 CL 凹槽的剩余深度来确定，但是磨损也可通过检查环运行表面的上端和下端边缘剩余倒角规格来进行目测评估。对新活塞环而言，在 80/90/98 缸径机型该倒角应当具有一个 2mm 的半径。

因此，通过扫气口进行简单的目测检查来确认该倒角仍然可见或者部分可见时，则表示未达到磨损限制，还需要更长时间才需做活塞检修。剩余倒角的评估工作应记录在“气缸状态报告”中，索引条目为“顶部活塞环状态”。

4 发现熔着或拉缸时的处理方法

建立和维持气缸良好状态的一个关键因素就是正确降低气缸的润滑。最近此主题的维护保养服务信函内进行了介绍，遵循最新的阿尔法 Alpha ACC 润滑指导原则将是安全的。太多的润滑可能会导致缸套内表面抛光，其会对气缸状态以及柴油机经济性产生灾难性的影响。

然而，一旦形成熔着或拉缸，则表明缸套和活塞环之间的正常液体油膜已破损。在这种情况下，增加润滑油注油量则应按最新维护保养服务信函的要求。出现熔着应按照标准润滑指导原则的规定临时增加润滑量。然而，当熔着现象停止发展时，应尽快地将润滑降低至正常水平。我们应当注意的是，当熔着停止之后，熔着的旧痕仍然长期可见，但不需要增加润滑。如图 3-d。

熔着通常是因随着温度升高和摩擦增加所导致的。这可通过观测缸套温度监控系统的温度升高和波动来得以确认。

直至温度稳定之前都应当维持额外的润滑量。

有关此维护保养服务信件 / 函的问题或意见请与 MAN 技术部门取得联系。

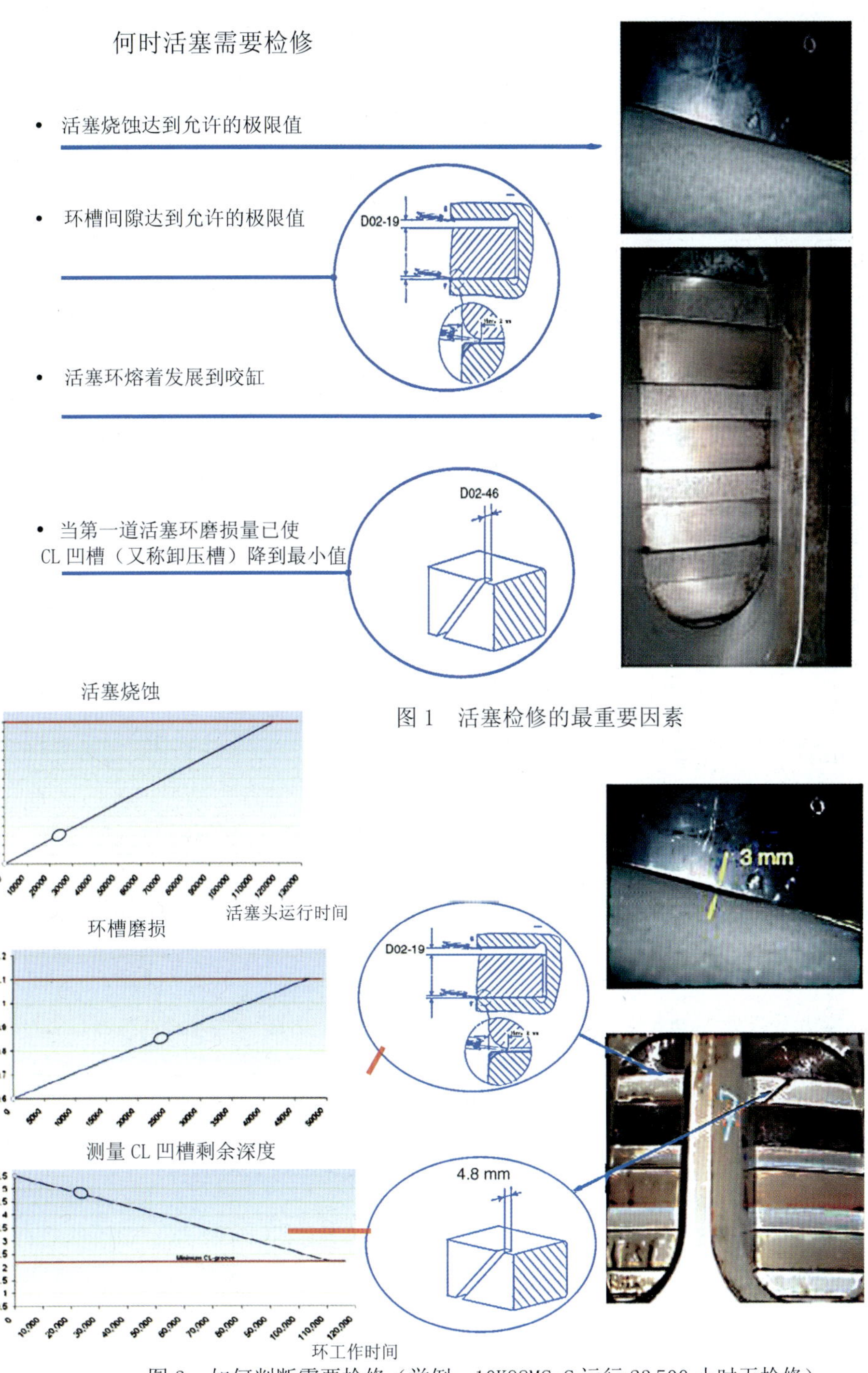

图 1　活塞检修的最重要因素

图 2　如何判断需要检修（举例：10K98MC-C 运行 23 500 小时无检修）

图 3-a　所有环全部拉毛。气缸油应增加至最大，一直到船舶营运期的检修期。由于摩擦生热，活塞环硬化，缸套的磨损率显著增加。然而，硬化保护层可一直保持安全运行抵达下一个便捷的港口。

图 3-b　由于金属与金属的接触形成了顶环上的熔着物。应暂时增加润滑来对抗这种现象。熔着物一旦停止增加，应即刻降低润滑至正常情况，这很重要。需要注意的是熔着停止发展，但旧的痕迹仍然可见，此时不需要增加润滑。

图 3-c　该缸 23 500 小时仍没有吊缸维修。如图示，绝大多数环和环槽仍然完好无损，环与环槽的磨损非常少，活塞顶的烧蚀也可忽略不计。因此，该缸还没有必要吊缸检修。

图 3-d　所有环全部拉毛。气缸油应增加至最大，一直到船舶营运期合适时机检修。由于摩擦生热，活塞环硬化，缸套的磨损率显着增加。然而，硬化层可保护环一直保持安全运行抵达下一个便捷的港口。

图 3-e　由于金属与金属的接触形成了顶环上的熔着物。应暂时增加润滑来对抗这种现象。熔着物一旦停止增加，应即刻降低润滑至正常情况，这很重要。需要注意的是熔着停止发展，但旧的痕迹仍然可见，此时不需要增加润滑。

图 3-f　该缸运行 20 021 小时后依然非常完好。如图示，铝外层的最后遗迹仍然可以在下边缘看见，这仅说明环的倒角圆边消失了。活塞环磨损少于 2mm，不可能是 3mm，这意味着磨损量还剩余很多。

图 3 活塞环在气口视检

SL2007 - 484/TJJ

2007 年 10 月

1.2.07 扫气系统空冷器水雾收集装置的损坏会导致气缸磨损

适用机型：所有柴油机

最近，发现大量水雾收集器发生故障的情况。该故障从表面看是由于其固定螺钉松动导致的，并进而导致框架破损，层片松动等。因此，一个松动或损坏的水雾收集器，其功能失效，可能导致气缸套磨损（因水分进入）。

螺栓的损坏或安装的松动都会导致在水雾收集器单元底部产生一个溯流间隙。空气将使该单元产生短路，并导致冷凝水向下流经单元，从水雾收集器流出。从损坏的水雾收集器流出的水可能进入气缸内，从而导致磨损。建议船上的轮机人员应当定期检查水雾收集器的框架裂纹以及是否正确安装，例如在每个开口端进行检查。

在大多数类型的柴油机，可以通过扫气箱的止回阀（瓣）做检查，并且可通过拆除水雾收集器前端的检修盖板来检查悬架螺栓。该盖板位于空冷器壳体的侧面。

水雾收集器的检查，如图 1～图 3 所示。

水雾收集器可从扫气箱内的止回阀处看见。

红色箭头 = 缺螺栓。

红色圆圈 = 无间隙，由于缺螺栓所导致。

船尾端水雾收集器，无法看见间隙和螺钉端。

图 1　水雾收集器的检查

绿色箭头 = 可以看见螺栓端。

绿色圆圈 = 间隙表示正确安装。

后端水雾收集器，安装正确。

图 2　水雾收集器的检查

当检修盖板被拆除时，则可以看见悬挂螺栓。

红色箭头 = 螺栓缺失，断裂或者不正确安装

绿色箭头 = 螺栓正确安装

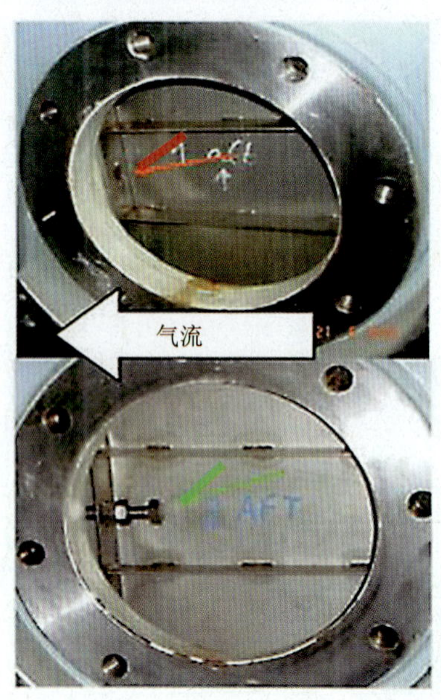

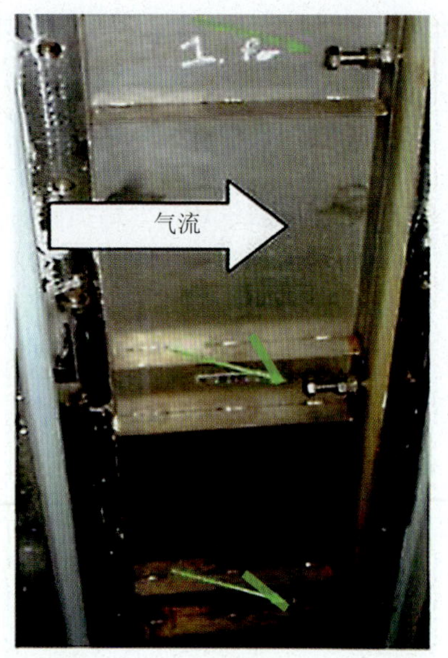

图 3　水雾收集器的检查

有关此维护保养服务信函的问题或意见请与 MAN 技术部门取得联系。

SL2007-488

2007年11月

1.2.08 气缸套内部的工作

适用机型：所有机型

我们非常抱歉地通知您最近一艘位于不来梅港的船只发生事故。

在对K90MC柴油机上的气缸套内部进行检修作业期间，将排气阀拆除，人员进入气缸套内。冷却水却意外进入，一名安装工被留在缸套内，请参阅附件图1。

冷却水从气缸盖的排气阀孔处进入燃烧室。除了正常预防措施和安全程序外，为此我们还将强调以下几点：

1 风险

当人员进入一个受限空间时则应当考虑大量的风险因素，比如进入燃烧室内：

• 氧气耗尽/疲劳

由于气缸套表面、活塞冠和气缸盖的高温，以及空气流通受限，因此空气温度可以达到50～60℃。

人体在这种环境下耗尽氧气将导致崩溃，并且难以通过顶部的小型开口将一名昏厥的人拖出来。

• 冷却水

开启缸套冷却水进口阀将导致大约80℃的高温冷却水进入，这将对其中的工作人员产生严重的后果。

• 火灾

一旦发动机舱起火，那么气缸套内的人员在无外界帮助的情况下将无法逃离。

2 所需采取的预防措施

对于气缸套内部的任何工作、检查或清洁而言，在进入之前都必须始终拆除气缸盖。我们不能只拆除排气阀进入气缸套内部，并通过站在活塞上盘车或用梯子通过气缸盖孔进入。

在气缸套外部随时都必须准备好安全辅助措施，并且应当随时与气缸套内部的工作人员取得联系。

一个梯子必须始终存在，以便发生电气故障时，缸套内的人员能够逃离。

3 基本安全指导原则

• 在机舱内作业期间，必须遵循我们操作手册第701-01“安全预防措施”内所述的基本安全指导原则。

• 在进入受限空间之前，比如气缸套，扫气筒，曲轴箱等内部，应当采取以下安全预防措施：

- 开启所有盖板计划逃生。
- 准备梯子和 / 或佩带安全护具。
- 始终在外部留有一名安全助理，让其与受限空间内的人员保持联系。

请注意！机舱内嘈杂的环境将使通信变得较为困难，并且可能导致误解。

有关此维护保养服务信函的问题或疑问请与 MAN 的部门 AE-CPH 取得联系。

附件

工作人员在装有气缸盖（拆除排气阀）的情况下进行气缸套内的作业如图 1。

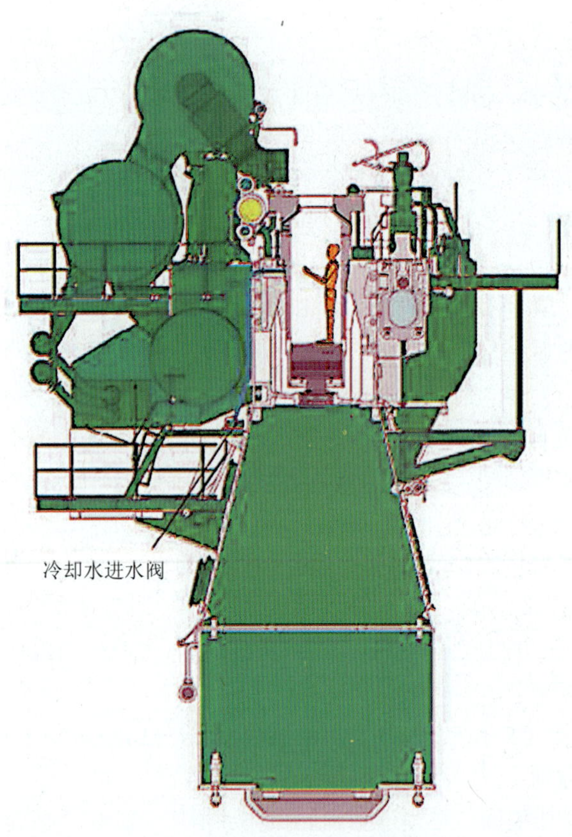

图 1　气缸套内的作业

SL2007-491/AAB

2008 年 1 月

1.2.09 省略安装在气缸盖上的安全阀

适用机型：所有二冲程柴油机

MAN Diesel 公司已经决定对 2007 年 1 月 1 日起交付的所有新柴油机取消所谓的安全阀，因为所有 MAN B&W 柴油机已经设置了过度燃烧压力的内置安全功能。

气缸压力将作为日常维护的一部分进行控制，并且一旦气缸压力超过设计限制值，那么气缸盖螺栓的弹性伸长将允许气缸盖提升，因此能够确保高压气体的泄放。在任何情况下，以前所使用的安全阀都不能够满足这种状态的需要。

因此，只需按照下文所述进行简单调整以及获得相关船级社的认证之后，使用中的柴油机上所安装的安全阀可以取消。

必要的改进如图 1 所示：

- 按照 EN47AR22 要求的塞子替代安全阀。
- 添加按照 EN14B2230 要求的水套填料环。

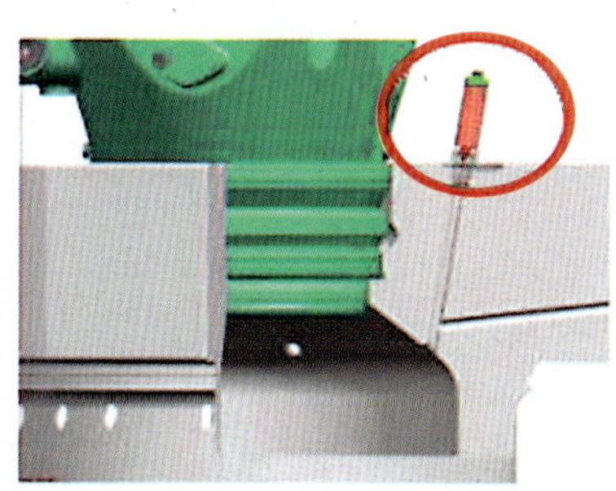

拆除安全阀

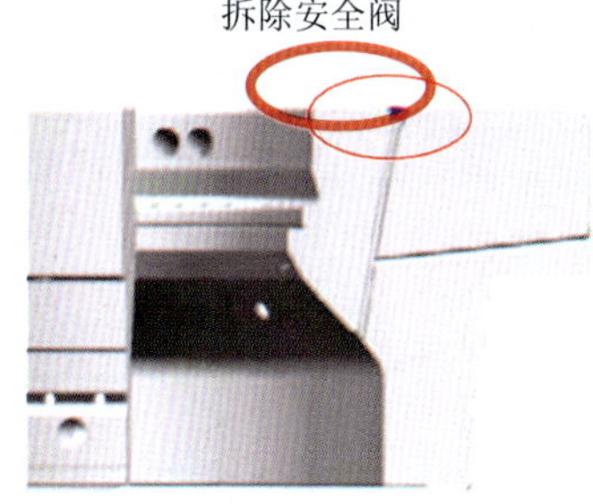

图 1　替代安全阀

2007 年之前投入使用的柴油机

根据以下推论，上述修改也适用于 2007 年 1 月 1 日之前投入使用的柴油机：

许多年以前，IACS（国际船级社协会）的所有船级社均引入了相关规程，规定燃烧室必须配有安全阀。船级社要求开启压力应当调节至大约为 max.+40%。

为了满足船级社要求，MAN Diesel A/S 公司研发出了经过设计认证、压力测试并且得到各船级社认证的安全阀。

• 即使这样，MAN Diesel 意识到由于设计和空间的限制，安全阀的开启区域将不能足够快地释放气缸压力。

符合此要求的安全阀需要一个等于排气阀开启时的开口面积，但这却并不实际。因此，MAN Diesel 开始在 IACS/CIMAC 论坛上与船级社进行对话，讨论取消此类阀门。MAN Diesel 认为安全阀的功能不充分，而且实际上限制太高的气缸压力的唯一方法是气缸盖的提升。

IACS 和大多数船级社已经接受了我们的观点，并且，IACS 标准规则内的文件已经进行了更改。因此，IACS 和大多数船级社现在已经调整了他们的规则，不再需要安全阀或者警示设备。

有关此维护保养服务信函的问题或意见可以与 MAN 的 LEO 部门取得联系。

SL2008-492/JVG

2008 年 3 月

1.2.10 曲轴箱泄油管橡胶密封膜片

曲轴箱滑油泄油是将润滑油从曲轴箱导引流向底部循环油柜。泄油管道上的膜片防止该区域内的水和其他液体污染主柴油机润滑油系统，这可能导致主柴油机轴承出现致命的损坏。

按照 MAN B&W 柴油机《操作说明书》“检查和维护程序”规定，每 32 000 运行小时检查曲轴箱滑油泄油管膜片，如有必要，更换膜片。该程序涉及橡胶膜片以及金属波纹膜片。然而，由于橡胶膜片有材料问题的风险，建议在每个检查周期更换橡胶膜片，该计划表已经记录在我们的检查流程“曲轴箱油出口”（No. 912-5. 1）内，并且随此信函附上。我们应当注意的是，膜片通常由船厂提供，而不是由柴油机制造商所提供。

1 如何避免有缺陷的橡胶膜片

为了避免水通过有缺陷的曲轴箱滑油泄油管路进入主柴油机底部循环油柜，我们建议：

（1）每 32 000 运行小时检查曲轴箱滑油泄油管膜片，如有必要则更换膜片。每次检查都请更换橡胶膜片。

（2）在新造船舶交付后尽早检查膜片密封件的状态。一旦采用橡胶膜片，那么请确保耐油，否则必须更换。

（3）已交付使用的船舶尽可能早地检查膜片密封件的状态，如有必要则进行更换。每次检查都请更换橡胶膜片。

曲轴箱滑油泄油管将导引滑油从曲轴箱流向润滑油底部循环油柜。曲轴箱滑油出口密封件必须定期进行检查，例如，在船舶进坞期间。曲轴箱油泄油管可能配有橡胶隔膜密封件或金属波纹密封件。

请注意！

如果主柴油机润滑油的含水量上升，则表示曲轴箱油出口密封件破裂。

2 密封件

橡胶膜片密封件

（1）检查橡胶膜片密封件，需要拆除：

螺钉“A”、格栅“B”、螺钉“C”、盖板“D”、螺钉“E”、钢环“F”。

（2）提起橡胶密封膜片“G”，并且认真检查每个膜片。一旦膜片内出现任何裂纹或撕裂，则必须对其进行更换。

请注意！

我们强烈建议每次检查都应当更换膜片。如果无备品，那么可以用三层的 2mm 厚的耐油和耐高温橡皮新做膜片。

（3）安装：

橡胶密封膜片“G”

钢环“F”

螺钉“E”

盖板“D”

螺钉“C”

格栅“B”

螺钉“A’

请注意！

请记住，在螺钉“A”处安装新的锁紧片。

金属波纹密封件

（4）拆除所有螺钉“A”和格栅“B”。

（5）在对角的位置上重新安装四个螺钉“A”。

（6）拆除：

螺钉“C”、盖板“D”、螺钉“E”。

（7）提起金属波纹密封件“F”，并且认真检查。如果在金属波纹密封件内发现任何裂纹或穿孔，那么则必须对其进行更换。

请注意！

我们建议在检查期间应当始终更换金属波纹密封件。

（8）更换床垫“G”和“H”。

（9）安装金属波纹密封件“F”。

（10）安装：

螺钉“E”、盖板“D”、螺钉“C”。

（11）拆除四个螺钉“A”。

（12）安装格栅“B”。

（13）安装所有螺钉“A”。

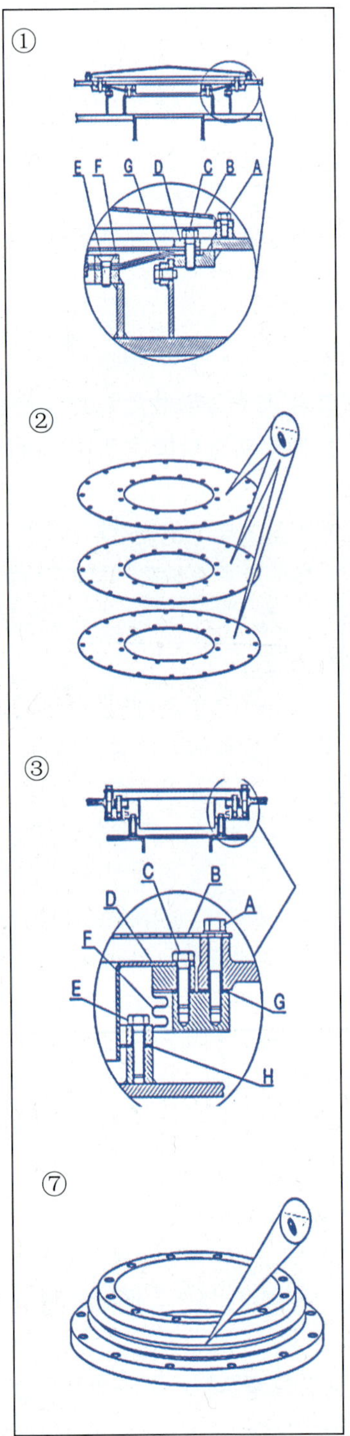

SL2008-495/KNB

2008 年 5 月

1.2.11 曲柄连杆机构轴承状态监控

适用机型：MC/MC-C 和 ME/ME-C 类型柴油机

此服务信函有关 MAN Diesel 的相关轴承状态监控系统介绍。安装该系统可以避免或者降低例行打开检查的频率。因此，此类状态监控系统将构成曲柄机构轴承（主轴承、连杆轴承、十字头轴承）上进行“状态监控维护（CBO）”的理想依据。

通过引入此类状态监控系统，可以避免由于轴承严重损坏导致的曲轴、底座和十字头的损坏，并可降低时间长、成本高的维修工作。

1 背景

全镀的轴瓦其功能是承受燃烧时的动态负荷和惯性力，而不会导致疲劳和磨损。与此同时，该镀层提供了一个安全区域，在此区域内不会发生导致轴承和轴承座的意外磨损。同时，在轴承故障的事件里由于过热形成油雾的风险将会适当降低。

涉及轴颈和轴瓦之间钢 - 钢接触面的磨损和损坏可能导致为期数周或甚至数月的维修期。当发生曲轴相关的故障时，通常对轴颈进行非标加工，导致船级证书留下记录，从而将对船舶的市场价值产生负面影响。

统计情况显示，轴承经过定期打开检查会使一个工况良好的轴承增加损坏的风险。特别是主轴承易于受到组装不当、灰尘、刮擦等的影响。

滑油内含水是导致轴承状态变差的一个主要因素，而特别严重的是带有镍成分的铅基巴士合金的十字头轴承。在许多情况下，我们已经了解到，当水污染了系统油，使腐蚀磨损加剧，导致十字头销与轴承镍成分之间形成划痕，甚至发展到短时间的钢与钢接触（请参阅信函 SL05-460 等）。

净电腐蚀对于主轴承的影响很大，它是轴承的另一个风险因素。一个有缺陷的轴系接地装置会导致主轴承发生极端和快速的磨损，导致轴承故障，增加了柴油机拆检频率，为此，我们发布一个涉及静电腐蚀的维修保养服务信函。

除了上述问题以外，其他导致损坏的原因仍然存在，比如白合金镀层的疲劳及不正确的组装、滤器爆裂（SL07-481）、油受污染、油管的破裂、异物进入油路等。其中某些事故往往要在定期的拆检中才能发现。

很久以来业内对于上述损坏原因已经了解。然而，因港口停泊的时间非常短，没有足够时间用于例行检查，不能及时发现轴承的损坏。

2 预防措施

油雾探测（OMD）的报警将导致船舶主机减速运行，但是在大多数情况下，减速运行的触发通常太晚而无法避免对轴颈或轴瓦造成的损坏。

通过轴承温度监控（BTM）来测量滑油系统的温度，已经成为所有 MAN B&W 柴油机的一个选项。

对所有轴承而言，如果供油中断，在发生钢与钢接触之前温度就会上升，但是对于大多数 BTM 系统而言，供油状态是通过轴承温度传感器进行监控。因此，尽管出现了严重的磨损，甚至发生了钢与钢的接触，BTM 系统仍然未报警。特别是十字头轴承和曲柄销轴承最容易出现这种情况，因为传感器的信号来自规定周期内油的飞溅。

主轴承温度监控（MBTM）系统被证明在对主轴颈造成严重损坏之前能够实现更高成功率的报警。

轴承磨损监控（BWM）系统与报警系统相连，是通过测量在下死点位置时十字头相对曲轴的位置来进行工作的。在钢与钢发生接触之前，BWM 系统会对所有主轴承三个位置同时测得一个确信越过临界值的磨损，即受力轴承安全厚度发生变化（请参阅附件 1）。

水量监控系统（WIOM）将直接监控柴油机系统润滑油进口处的含水量，并且连接至报警系统。

轴系接地装置将避免静电腐蚀，并且可以监控电势，也连接至报警系统。

3 状态监控检查系统

新的柴油机均引入了 BWM，MBTM 和 WIOM 系统，对运行中的船舶也可以进行翻新改造。改进后，MAN Diesel 将接受下列维修保养计划的变化：

轴系接地装置必须正常工作，并且配备与报警系统相连的监控设备。

4 轴承常规检查

由于对故障监视具有更高的安全性，所以如果配备一套经过认证的 BWM 系统，并连接至报警和减速系统中，那么 MAN Diesel 公司认为可以取消曲柄连杆机构三个轴承中任意一个的定期拆开检查。

对于包含经过认证 MBTM 系统的柴油机而言，可以取消对主轴承定期拆开的检查。

如果 BWM 和 MBTM 系统或者其他报警系统显示轴承处于异常状态，应仔细检查，再根据检查情况实施拆开检查。

此类检查包括：

（1）用手感觉是否存在异常高温

（2）采用测隙规检查轴承边缘

（3）检查上部和下部的间隙，并且与早前的记录相对比

（4）检查曲轴拐档差，并且与早前记录相对比（主轴承的情况）

（5）检查油底壳和滤器内是否存在轴承杂物

（6）检查系统油内的铅（Pb）和水（H20）（请参阅 SL05-460）

当发现报警并确认是轴承的问题，在继续航行之前必须用备用轴承更换故障轴承。然而，在一个配有 BWM 的船舶上，船员可以更好地判断轴承状态的严重性（磨损程度）。在不至于导致镀层出现过度磨损的情况下，尽可能将船舶在降速情况下航行至一个安全的地带。

轴承的定期拆开检查的间隔变化刊登于最新版本的手册。

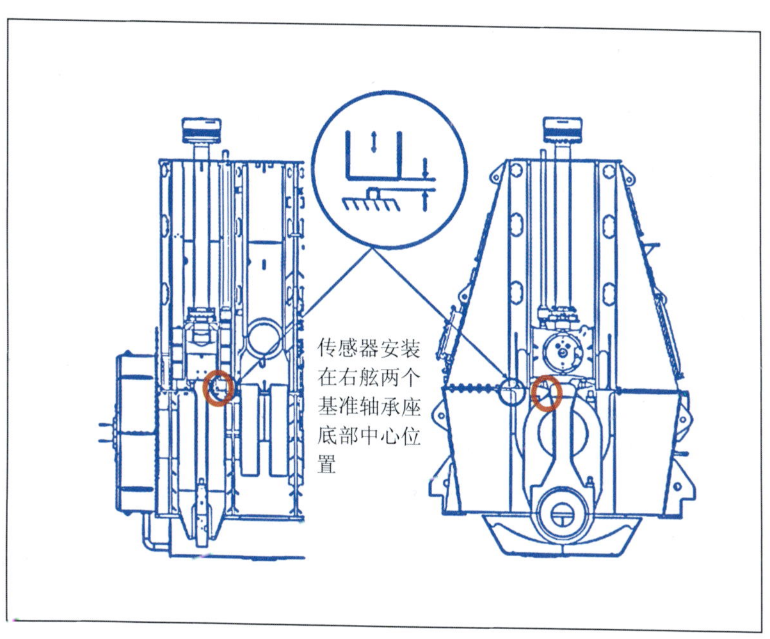

图 1 轴承磨损监控系统的原理图

监控系统的制造商

目前，MAN Diesel 已经与 MBTM 和 BWM 系统的四家制造商进行了合作。下列的制造商将向新柴油机以及使用中的柴油机提供经过 MAN Diesel 认证的系统，以便作为标准配备。

列出的所有系统均可以从 MAN Diesel 处获得，并且可以通过 MAN Diesel Primeserv 服务组织进行安装和调试。尽管制造商的接口和特性有所不同，但是

他们都能提供必要的输出，这将构成我们认证的轴承监控组件包的一部分，提供报警以及降速信号输出至安全系统。

•Amotwww.bearingwear.com	
BWM 系统	XTS-W
•Dr.E Horn	http://www.dr-e-horn.de/
BWM 系统	BDMS
MBTM 系统	BTMS
•Kongsberg	http://km.kongsberg.com
BWM 系统：轴承	
MBTM 系统：轴承	
•Rovsing Dynamics	http://www.rovsing-dynamics.dk/
BWM 系统 OPENPredictor	

SL2008-496/NJC

2008 年 5 月

1.2.12　气缸盖接触面和燃烧区域的清洁和检查

适用机型：MAN B&W 60-98MC/MC-C 柴油机

最近得到相关信息称，在检修期间，气缸盖从机舱起重机处不幸坠落。

此事故是由于在清洁 / 检查气缸盖接触面和燃烧区域期间机舱起重机故障所导致的。幸运的是，该事故并未导致任何人员伤亡。

我们得知，有时在重新安装之前，气缸盖的检查 / 清洁工作是通过机舱起重机吊起气缸盖，并由轮机工作人员站立在气缸盖下进行的。

因此，我们请您注意《维护保养说明书》中非常重要的No.701-1 章“安全预防”，特别的危险警告，例如“起重机负重时，其下方禁止站人”。

MAN Diesel 公司已经设计了专门用于大缸径柴油机检修期间气缸盖使用的支撑件，因此可以避免当机舱起重机吊起气缸盖时在其下方进行检查工作。

气缸盖支撑件多年以来已经是配有 8 个气缸盖螺栓的 60～98cm 缸径柴油机

标准工具的一部分。

我们现在决定为具有 16 个气缸盖螺栓的旧款柴油机提供一个类似的工具。

附件

正确的操作和维护，是本文的目标所在，同时也是获得机舱最佳安全性的关键点。因此此处提及的一般措施应当作为整个机舱员工的日常规范。

特殊危险

WARNING !

当起重机负重时下方禁止人员活动。

旋塞的开启可能导致高温液体或气体放出。

请认真考虑液体，气体或火焰将要移动的方向，并且与其保持距离。

部件的拆除可能导致弹簧被释放。

喷油器（或者气缸盖上的其他阀门）的拆除可能导致油向下流到活塞头上。如果活塞处于高温状态，那么爆炸可能将阀射出。

当测试喷油器时，禁止触摸喷射孔，因为射流可能刺破皮肤。

当油雾报警、润滑油高温、活塞冷却油断流，或者扫气箱着火，禁止站立在曲轴箱道门或安全阀附近（也不得位于靠近机舱的走廊内）请参阅说明书第 704 章。

WARNING !

在柴油机的设计和布局内，MAN B&W Diesel A/S 公司的基本理念是，一个部件的失效不应当导致柴油机完全失控。

因为某些机械和电气部件对于柴油机的安全功能而言至关重要，此类部件应当具有二个，以便实现更多的功能。

如果此类部件变得完全或部分无法操作，那么失效的部件必须立即更换或维修，以便建立起部件的备用，或者 ，如果一个紧急状态需要柴油机运行时，那么应尽快联系最近的港口。

液压系统

WARNING !

在维修或维护工作开始之前，设备必须停止工作，并且切断主开关的电源。开启泄放阀以便将压力降低至零。在维修期间，泄放阀必须保持开启。

请始终测量压力，并且在从系统内拆除相关部件之前检查系统是否减压。

除非绝对必要，否则当泵运行时，禁止对液压系统（放泄该系统）进行维护。

必须始终执行泄漏探测，请使用一个长木块以适当的距离，使油溢流。

泄漏的密封件不能通过拧紧的方式进行维修。只能采用新的密封件进行更换。

禁止在液压系统的任何部件上执行焊接或锡焊。

只能使用氮气作为蓄压器的预充气气体。

清洁度

机舱的地板上方和下方都应当保持清洁。

当船舶在港时，如果存在砂子被风机引入机舱内的风险时，则应当停止通风，并且必须关闭通风管道、天窗和机舱门。

除非柴油机停止或者得到保护，并且涡轮增压器进气滤网被覆盖，否则禁止在柴油机附近进行焊接或者其他可能导致砂砾和 / 或碎屑飞溅的作业。

柴油机的外部应当保持清洁，并且保持油漆，以便能够方便地检测到泄漏情况。

火灾

WARNING !

保持安全阀周围的区域没有油，油脂等，以防止一旦安全阀开启时被喷射出的高温空气 / 气体点燃，导致火灾的风险。

在机舱内禁止焊接或使用明火，直至确定不存在爆炸气体、蒸汽或液体为止。

如果在柴油机冷却之前开启曲轴箱，那么焊接和明火将涉及爆炸和火灾的风险。这同样适用于油柜和地板下方空间的检查。

当使用具有低闪点的油漆和溶剂时我们应当注意火灾的风险。

由泄漏的油浸泡过的多孔隔热材料是易燃的，应当被更新。还请参阅此章节的 704 章 01、02 款“密封材料”。

次序 / 整洁度

手动工具应当被放置在易于拿到的工具板上。专用的工具应当被固定在靠近使用区域的机舱内。

禁止将主要部件置于未固定状态，并且地板和通道应当保持畅通。

备件

大型备件应当尽可能被放置在靠近使用位置的附近，可以固定，并且可以采用起重器起吊。

所有备件都应当采取防腐蚀和机械损坏保护。库存应当按照一定间隔进行检查，并且及时更新。

照明

机舱内的适当位置应当永久性安装足够的照明灯，并且应当随处可获得便携式的工作灯。专门的灯具应当可用于插入缸套扫气口内工作。

低温 - 冰冻

如果存在冰冻的风险，那么所有柴油机，泵，冷却器，和管道系统，都应当清空冷却水，或者对冷却水进行防冰冻处理。

检查和维护

测量设备，过滤器滤芯以及润滑油状态。

进入曲轴箱或气缸内

WARNING !

请始终确保盘车机合上；即使在码头，其他船舶的影响可能导致推进器转动，并导致柴油机转动。

事先检查确认柴油机空气分配器和起动空气是否被切断。

一旦发生油雾报警，在开启曲轴箱之前则必须采取预防措施（请参阅说明书 704-02）。

盘车机构

在合上盘车机之前，请检查起动空气是否切断，并且功示考克是否开启。

当盘车机合上时，则检查 “盘车机合上” 指示灯是否点亮。每年检查一次盘车机起动锁闭装置。

慢转起动

如果柴油机停车时间超过 30 分钟，那么在起动之前应当执行慢转功能，以便确保柴油机的自由旋转（请参阅章节 703）。

感观

当对运动部件、轴承等进行维修或改动时，请采用“感观次序”（请参阅章节 703-03），直至未感觉到不适当的发热为止（摩擦，油雾形成，旁通，冷却水或润滑油系统故障等）。

在 10～15 分钟运行之后进行检查，在 1 小时运行之后再次检查，并且最后在柴油机达到满负荷时再进行检查。请参阅章节 703-03。

密封件材料

当拆除〇型圈和其他橡胶 / 塑料密封件材料时，请使用手套，因其可能受到异常高温的影响。

当直接触摸时，这些材料可能具有一种腐蚀效应。

手套应当采用氯丁橡胶或 PVC 制造。

使用过的手套必须丢弃。

起动空气管内的安全帽

如果由于起动空气管内的压力过高而导致安全帽防爆膜片受损，则应当解体检修或更换起动阀安全帽破裂的膜片，安装一个新的防爆膜片。

如果无法立即获得新的防爆膜片，则转动相对缸的盖板，以便减少起动空气的泄漏。

如有机会则安装新的防爆膜片，并且将安全帽盖板返回至开启位置。

警报

至关重要的是，所有警报都必须立即调查并且修复故障。任何警报都是很重要的。最严重的警报配有减速和 / 或停车功能。因此，所有柴油机的操作人员都必须熟悉并且经过培训，以便了解警报系统的使用和重要性。

SL2008-498/AAB

2008 年 8 月

1.2.13 静电腐蚀新信息 *

适用机型：所有 MAN B&W 二冲程机型

这是一份有关静电腐蚀以及如何发现和防止静电腐蚀的更新文件。如果曲轴通过主轴承或推力轴承座进行放电并产生电势，那么将发生静电腐蚀。如果未被发现，那么静电腐蚀将可能导致主轴承出现临界磨损，并且随后导致严重的曲柄连杆机构损坏。

从实际经验和测试中我们得知最佳的防静电腐蚀保护措施就是正确安装和精心维护轴系的接地装置（图 1、图 2）。

因此，MAN Diesel 公司现在建议所有的 MAN B&W 两冲程柴油机客户执行以下操作：

• 给所有新订购的柴油机配备符合 MAN Diesel 技术规范 No.0792182-1 要求的轴系接地装置。

• 给所有无轴系监控系统使用中的柴油机配备一个轴系接地装置。

• 检查和评估运行中柴油机上的所有现有轴承监控设备。如有必要则进行更新和检修。

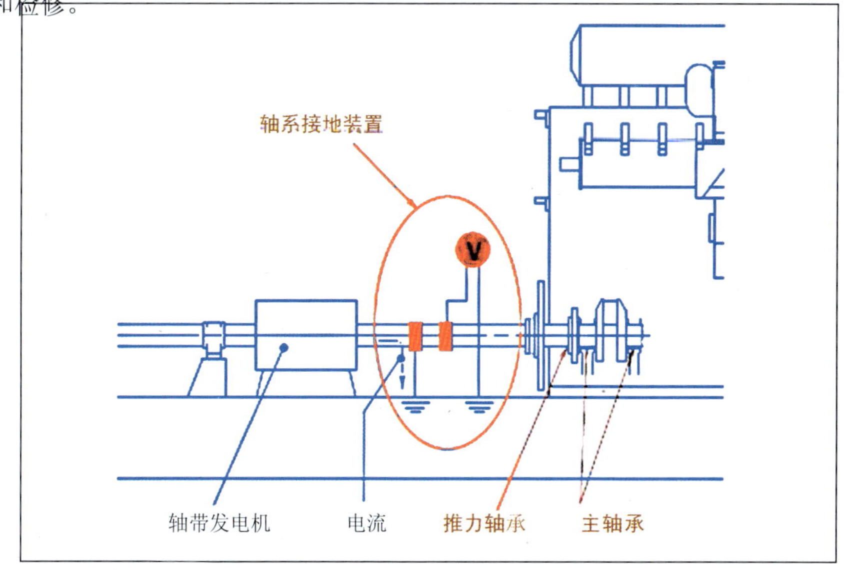

图 1　防静电腐蚀保护措施

1 有关静电腐蚀

不幸的是，静电腐蚀仍然是某些配有二冲程船用柴油机的船舶上的一个问题。然而，自从我们最后一次发布有关静电腐蚀的维护保养服务信函以来，柴油机的设计以及我们有关保养和维护程序的建议已经发生变化。

之前有关静电腐蚀的 MAN Diesel 维护保养服务信函：

SL83-193、SL86-213 以及 SL08-495

1.1 柴油机的研发

为了满足新的市场需求，我们持续开发和改进了主轴承设计、衬套材料，以及维护建议。因此，特别是最近的三种研发内容已经影响了我们柴油机的静电腐蚀承受能力。

1.2 轴承衬套的厚度

为了改善衬套的疲劳强度，白合金轴承衬套的厚度已经从大约 2.5mm 降低至 1.5mm。当衬套厚度降低时，从静电腐蚀开始直至变为临界状态的时间也将降低。

1.3 锡制 / 铝制衬套

一种锡制 / 铝制衬套用于小型和中型缸径柴油机中，以便改进衬套的疲劳强度。

研究显示，一旦发生静电腐蚀，那么锡制 / 铝制衬套将比白合金衬套更快地被磨损至钢制背衬。

1.4 油膜厚度

在过去的几年中，更高的柴油机额定功率已经导致我们主轴承内最低油膜厚度的降低。

油膜厚度的降低可能导致柴油机对于静电腐蚀更加的敏感。

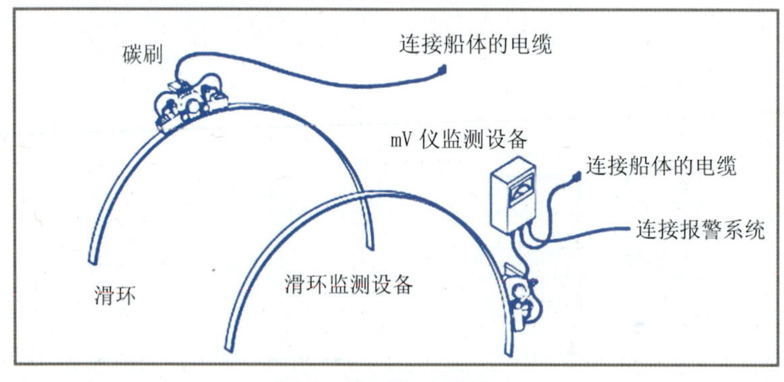

图 2　轴系接地装置

2 轴系接地装置

最好的静电腐蚀补救措施就是防止发生静电腐蚀。因此，MAN Diesel 公司仍然强烈建议采取以下防止静电腐蚀的预防措施：

（1）正确安装一个轴系接地装置

（2）认真遵循《保养说明书》

附件内包括了一份全面的和经过更新的轴系接地装置技术规范，其中包括安装和《维修保养说明书》（请参阅附录）。

2.1 安装

我们建议尽可能将轴系接地装置安装在干燥、温暖、通风良好以及易于检修的位置，最好靠近柴油机。如果安装了一个轴带发电机，那么应当在该发电机前安装设备，例如，在发电机与柴油机飞轮之间。

当安装和维护设备时，请牢记：

（1）安装符合 MAN Diesel 技术规范要求的滑环、碳刷、支架和电缆。

（2）将碳刷安装在滑环上，禁止直接安装在轴上。

（3）将滑环固定在一个清洁、已抛光的轴上。

（4）在轴与滑环之间施加防锈蚀保护措施。

（5）精确调整碳刷支架预紧度。

（6）安装一个监控电压表，并且将其输出连接至警报系统。请始终为电压表使用一个单独且专用的滑环和刷子系统。

（7）遵循安装和维修保养说明书。

2.2 维护

如果轴系接地装置位于轴的最尾端或者其他暴露的地方，那么在进行维护时应当特别注意。

请始终及时检修和更换磨损的部件：

（1）在镀银层磨损之前更换滑环。

（2）更换磨损的碳刷。

（3）保持滑环的清洁和干燥。

滑环与轴之间的腐蚀是难以发现的。我们建议采用以下程序：

（1）未安装监控电压表的情况：

至少每月测量滑环与轴之间的电接触，以便检测到任何隐藏的腐蚀情况。

如果电阻超过 5mΩ：则检修滑环。

（2）安装监控电压表的情况：

每月检查轴系接地装置的监控情况。

3 发现静电腐蚀

由于未及时发现主轴承磨损，因此少数静电腐蚀状态将得到很快的发展。此时发现磨损已经太晚了，因为主轴承顶部间隙和曲轴拐档之间的数值将与手册内的最大值进行对比，而不是与特定柴油机的参考数值对比。

我们建议最少每年对主轴承顶部间隙进行测量，并且读取曲轴拐档读数。储存该数值以供未来参考。

测量程序以及间隔均在说明书手册内指定。更频繁的测量将极大地改进监控状态。

即使在打开主轴承和推力轴承推力块进行检查期间也难以发现和识别静电腐蚀的迹象。为了帮助您及时发现静电腐蚀的迹象和静电腐蚀的危险状态，我们已经制作了一系列的照片用于显示其状态。

3.1 AiSn40 衬套

这是一种具有明显静电腐蚀迹象的轴颈，主轴承和推力环。即使主轴承上瓦，静电腐蚀的迹象也很明显。

轴承的损坏将无可挽回，此轴承无法重新使用，必须更换。图 4 显示轴颈必须抛光，以满足表面粗糙度技术规范要求。

（见图 3 ～图 12）

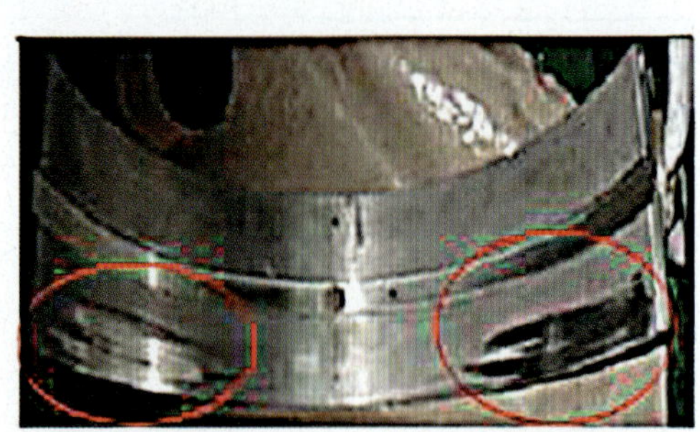

图 3　主轴承上瓦静电腐蚀

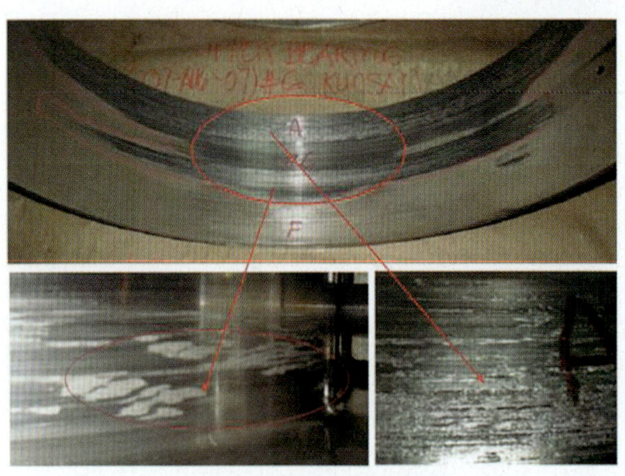

图 4　此轴颈必须抛光

3.2 白合金严重腐蚀

具有严重静电腐蚀迹象的主轴承轴颈。此状态未被及时发现，因此该主轴承无法保留，必须进行更换。轴颈可以被重新使用，但是必须被抛光以便满足表面粗糙度技术规范要求。

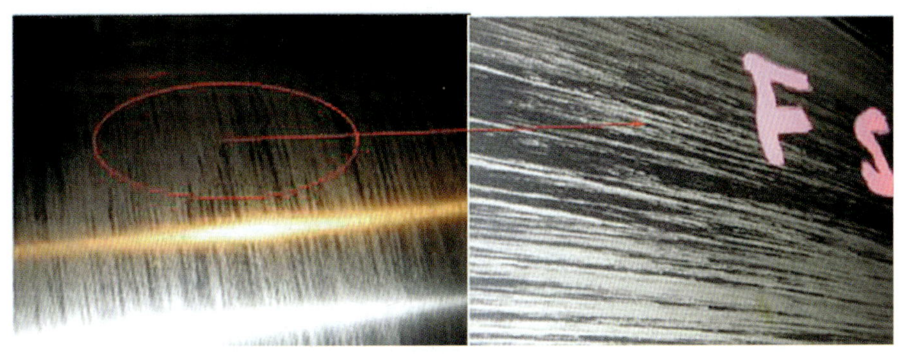

图 5 此轴颈必须抛光，以便满足表面粗糙度技术规范的要求

图 6 磨损的下轴瓦

主轴承下瓦的磨损痕迹与轴径的宽度相同，并有二条明显可见的磨损分界线，此处轴瓦被磨损调 0.5mm。

图 7 主轴承轴颈

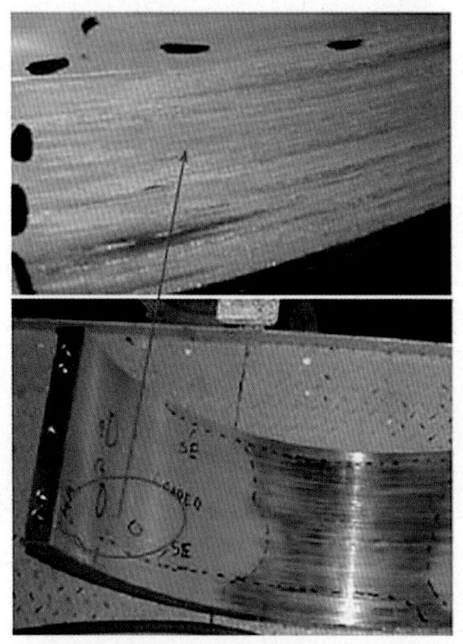

图 8　相应的下瓦。可见的静电腐腐蚀，但没有或仅可测量有限磨损

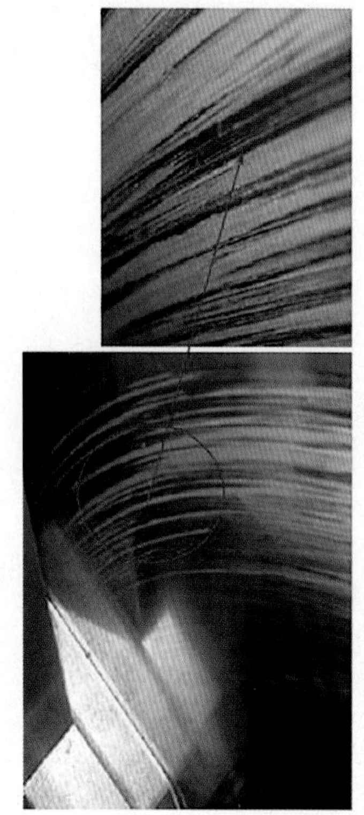

图 9　此推力盘表面的灰色条纹显示出静电腐蚀

在这种事故情况下防止严重静电腐蚀的最佳方式就是使用一种安装正确并且维护良好的轴系接地装置。

3.3 白合金轻度腐蚀

具有轻度静电腐蚀的主轴承，由于被及时发现，因此能够挽救轴承。在经过翻修之后此轴承将能够重新使用。轴颈必须进行抛光以便满足表面粗糙度技术规范要求。

3.4 推力盘表面

这是一个具有清晰静电腐蚀迹象的推力盘表面。但整个表面上可能还无法看见静电腐蚀迹象。当检查推力盘表面或主轴承轴颈时，请记住：缓慢转动柴油机曲轴 360° / 圈，并且非常认真地检查滑动摩擦表面。

4 不正确的安装

不正确安装轴系接地装置可能急剧增加静电腐蚀的风险。以下照片显示了如下不正确的安装将增加静电腐蚀的风险。

图 10　未安装单独的滑环

图 11　较差的硬件质量

图 12　不符合 MAN 技术规范要求的碳刷和电缆

禁止重复如下不正确的安装形式！

正确的安装和维护程序在技术规范 No.0792182-1 内进行了介绍。

4.1 无滑环

两年船龄，不正确的安装

在此，碳刷直接在推进器轴上运行，因此刷子与轴之间的电位被降低。

请注意！

• 在刷子与轴之间安装一个镀银的滑环，以便确保充分的电接触。

• 在镀银层被磨损之前更换滑环。

• 定期检查刷子，一旦必要时则重新调整刷子。

4.2 较差的硬件质量

三年船龄，不正确安装

这些照片显示了严重锈蚀从而导致滑环与轴之间的不当接触。所安装的电缆没有正确的尺寸。电缆，银 / 碳刷，以及滑环的质量均较差，并且不符合 MAN Diesel 技术规范的要求。

请始终安装符合 MAN Diesel 技术规范要求的滑环，电缆和碳刷（请参阅附件以便获得更多详情）。

5 不足的维护

不足的维护是导致严重静电腐蚀风险的因素。图 13～图 15 显示了不正确的维护如何增加静电腐蚀的风险。

请始终认真遵循《维护保养说明书》要求。请参阅附件中的 MAN Diesel 技术规范 No.0792182-1 以便获得相关详情。

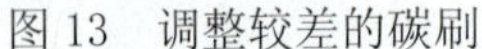

图 13　调整较差的碳刷

图 14　隐藏在滑环背后的腐蚀

5.1 不当的碳刷调节

图 13 和图 14 显示了一组不正确调整的碳刷。碳刷已经被滑出，因此表示碳刷与滑环之间的距离太长。

图 15　滑环背后的严重腐蚀

注意：

- 如果电压表的读数超过 50mV，则检查碳刷。
- 如果滑环不充分接触，则重新调整碳刷。

5.2 被腐蚀的滑环（图 15）

电压表的读数正常，因此轴系接地装置明显处于可接受的状态。

如果在滑环与轴之间测得了较高的电阻，则表示滑环与轴之间的电气接触不充分。拆除滑环之后，将显示轴以及滑环的背面出现严重的腐蚀。

当组装和检修时，请始终认真抛光推进器轴，并且在银带与轴之间施加防锈蚀保护层（例如 Dinitrol 300）。

*编者注：静电腐蚀又称电火花腐蚀，是轴瓦和轴产生的电势未得到有效释放，油膜被击穿，类似电容放电。轴瓦上的白合金被电火花熔解并黏在轴上，造成轴表面粗糙度增加，导致轴颈损坏。

SL2008-499/JOF
2008 年 9 月

1.2.14 滑阀式喷油器是更经济的喷嘴

适用机型：所有二冲程柴油机

自从本世纪初期以来，滑阀式喷油器已成为 MAN B&W 低速二冲程柴油机的标准配备装置。之后，经过改进的 HIP 复合喷嘴也已被逐渐引入，现在我们所交付的所有滑阀式喷油器喷嘴都是 HIP 复合喷嘴。

HIP 复合喷嘴是采用非常坚硬和耐磨性的工具钢制造的。为了增强耐热性，喷嘴尖端采用耐高温的镍合金所覆盖（见图 1）。

根据使用这种喷嘴材料的经验显示，HIP 复合喷嘴的寿命将从 8000 小时延长至 16000 小时。

有关 HIP 复合喷嘴的新检修指导：

使用 8000 小时后：

（1）拆出、清洁和检查喷油器。

（2）检查喷嘴是否存在烧融和裂纹的痕迹。

（3）重新组装喷油器。

（4）进行压力试验并调节开启压力。

使用 16000 小时后：

更换喷嘴和针阀导套。禁止针阀导套的再利用，针阀导套座不能进行检修，由于镍合金层太薄而无法加工。

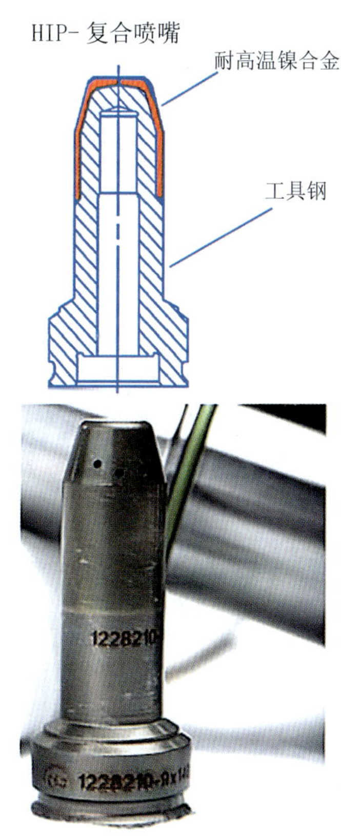

图 1　耐高温镍合金覆盖的喷嘴

SL2008-501/SBE

2008 年 10 月

1.2.15 更新柴油机降低至 40% 负荷的信息

适用机型：MC/MC-C 和 ME/ME-C

通常，MAN B&W MC/MC-C 和 ME/ME-C 柴油机可以在无需进行任何改进的情况下降低至 40% 负荷运行。作为一个示例，速度降低 24% 将使集装箱船舶每海里航行的燃油消耗量减半。

目前，长期低负荷运行的唯一问题就是避免排气管路、涡轮增压器和废气锅炉的烟灰沉积。

滑阀式喷油器将在任何负荷下都将防止烟灰，并形成优化的保护。为了在所有负荷下都能提供有效的喷射，滑阀式喷油器将设置新的和非常优异的燃油喷射标准。

对低负荷的建议分为两点：

（1）如果未安装的话，则改型为滑阀式喷油器

（2）监控排气管路内的污垢

同样在低于 40% 负荷情况下，局部负荷优化和柴油机降速可以进一步降低燃油消耗量。有关低于 40% 负荷情况下的局部负荷优化和长期运行的相关问题，您可以通过电子邮件 ae-cph@mandiesel.com 与 MAN 技术服务部门取得联系。

1 概述

长期低余 40% 负荷的低负荷运行状态通常是可行的，并且无需进行任何柴油机改进。

速度降低 24% 能使集装箱船的燃油消耗量降低一半！

对于大多数 ME/ME-C 和 MC/MC-C 柴油机而言，长期低负荷运行是可行的。

2 低负荷的优势

对于所有 ME/ME-C 和大多数 MC/MC-C 柴油机而言在 40% 负荷以下运行都是可行的，并且无需进行任何柴油机改进。

图 1 内的集装箱船示例显示了低负荷运行的优势：速度降低 24% 可以使每海里航行的燃油消耗量降低接近 50%。

通过局部负荷优化和柴油机降速则可以进一步节省大约 3g/kWh 的燃油消耗量。此类柴油机部件的改动将需要一个新的 IMO NO_X 证书。

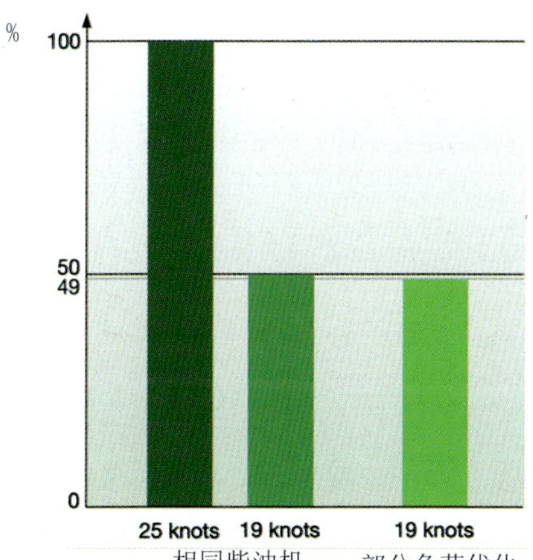

1 节 (knots)=1 海里 / 小时
=1.852 公里 / 小时

图 1　集装箱船舶燃油消耗量与航速关系

3 烟灰

在低速操作时，排气管道内所形成的烟灰将构成一种潜在的风险。烟灰的沉积可能会损坏涡轮增压器的性能，并且导致废气锅炉烟灰火灾的风险。请始终确保涡轮增压器和锅炉加热表面的清洁并且没有烟灰。

3.1 锅炉类型

现代烟管废气锅炉 / 废气锅炉内所形成的烟灰通常非常有限。

在具有翅片的水管锅炉内，低负荷运行情况下将会沉积更多的烟灰。因此，水管锅炉可能需要额外的注意，并且长期在低负荷运行期间将需要更多清洁。

图 2　低于 40% 负荷经过 7 天运行后烟管锅炉内侧烟灰的沉积很少

3.2 检查

建议操作人员按照锅炉和涡轮增压器制造商的说明书进行监控和清洁。

然而，在上述的低负荷期间，我们建议增加排气管道和涡轮增压器的检查频率。如果未观察到污垢或仅观察到有限的污垢，那么检查间隔可以重新延长和 / 或调整至船舶上的常规维护期。

排气通道的烟灰检查包括：

- 废气锅炉 / 节能器
- 排气总管与透平的通道

长期在低负荷运行期间，回吹的气流和降低的扫气速度可能会增加扫气箱内油泥的沉积。增加的污垢是无害的；无需采取预防行动或者将其清除。

3.3 加速

从柴油机的方面而言，当以 40% 及以上负荷运行时，不必定期加速。

然而，作为清洁程序的一部分内容，锅炉制造商和某些涡轮增压器制造商建议在低负荷运行期间定期进行加速。在这种情况下，我们建议执行表 1 程序：

表 1　加、减速程序

手动加速程序	持续时间
加速　40 → 75% 负荷	60 分钟
减速　75% → 40 负荷	30 分钟

4 滑阀式喷油器

长期低负荷运行期间烟灰形成的风险取决于柴油机型号和喷油器的类型。

表 2　烟灰形成与柴油机机型关系

柴油机型号	烟灰形成
ME/ME-C 柴油机	非常低
配有滑阀式喷油器的 MC/MC-C 柴油机	通常较低
之前的标准或小型喷油器的 MC/MC-C 柴油机	较高

所有的 ME/ME-C 柴油机都配有滑阀式喷油器。滑阀式喷油器是于 20 世纪 90 年代晚期引入 MC/MC-C 柴油机内的，并且自从 2005 年以来已经成为了所有新 MC/MC-C 柴油机的标准配备。

相比之前的喷油器类型，滑阀式喷油器已经极大地改进了喷射质量，因此降低了排气通道内烟灰的行程。实践证明滑阀式喷油器非常适合低负荷运行。

在配有之前标准的或小型喷油器的 MC/MC-C 柴油机在开始长期低负荷运行之

前，建议更换新的滑阀式喷油器。

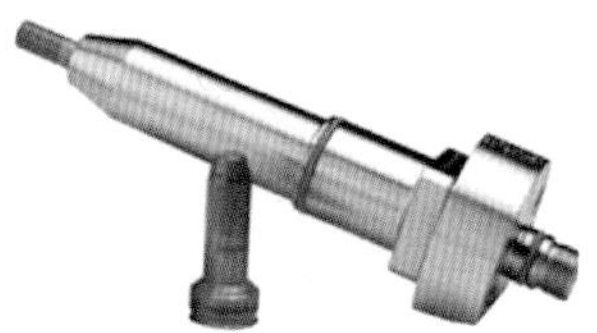

图 3　滑阀式喷油器和 HIP 复合喷嘴

5 其它问题

5.1 辅助风机

通常，辅助风机在柴油机还没有达到 40% 负荷时，就会自动停止。然而，在柴油机额定值与标定值不同的少数情况下，辅助风机也可能在柴油机达到 40% 负荷附近才停止。

如果柴油机在期望的负荷附近被切断，例如，42% 负荷，那么当在 42% 负荷状态下运行时，辅助风机可能频繁地启 / 停。为了避免这种状态，我们建议调整柴油机的负荷，在此示例 40%～44% 中，以便使辅助风机要么持续运行，要么永久性关闭。

5.2 燃烧室部件

当在低负荷运行时，燃烧室部件通常也处于较低的负荷。在低负荷期间我们观察到排气阀温度会有少量升高，但是均未超过建议范围。

请注意！一个较高的平均排气阀温度可能增加阀杆的磨损，因而降低检修间隔之间的时间。

6 进一步的信息

在此维护保养服务信件内，我们强调的是当 ME/ME-C 和 MC/MC-C 柴油机降低至 40% 负荷状态下长期低负荷运行时的预计事项和考虑事宜。

有关长期低负荷运行的进一步信息，请参阅以下信息：

论文：通过 ME/ME-C 柴油机的多种途径降低集装箱船速（2008 年）

该论文可以从以下网站下载：

www.mandiesel.com/article_008410.html

维护保养服务信件：SL07-480

我们的维护保养服务信件可以在线获得。请在此注册，以便在线获得我们的维护保养服务信件：

通过注册，您将能够在线访问我们的维护保养服务信函，并且当出版新的维护保养服务信函时，您将被告知。

SL2009-502/SBJ

2009 年 1 月

1.2.16　关于船舶封存的更新建议

适用机型：MAN B&W MC/MC-C、ME/ME-C 和 ME-B 柴油机

最近，收到船东要求提供船舶临时封存说明的请求。

鉴于此目的，我们已经更新了附件中的建议 No.0743350-6。以此覆盖所有 MAN B&W 低速 MC/MC-C、ME/ME-C 和 ME-B 柴油机的封存。

1 范围和应用领域

此建议针对一个未指定周期的船舶封存流程，其中需要对机舱和柴油机执行合格的监管。

在封存期间，我们预计副助柴油机将继续发电，可能在需要预热的重油（HFO）情况下运行。因此，辅助锅炉必须运行，并且通过该锅炉保持主柴油机高温（HT）冷却水系统的加热状态。

此建议仅作为指导原则。具体应根据管路系统、柴油机类型等情况不同，可能采取不同于这些建议的举措。

请注意！建议需要执行一次封存检查核对表，以确保在封存期间以及在封存后第一次起动柴油机之前，将船舶从“正常”港口停泊状态转换至封存维护状态。

2 封存之前所需做的工作

2.1 在停止柴油机之前

燃油系统

在满负荷情况下采用 MDO（船用柴油）操作主柴油机达一小时或者至少在 75% 负荷下操作 2 小时，并且遵循以下步骤：

（1）遵循从重油（HFO）改变为 MDO 的切换流程。

（2）当切换工作完成时，在满负荷情况下采用 MDO 操作主机达一小时或者至少在 75% 负荷下操作 2 小时，以便冲刷高压油泵、高压管路和燃油喷油器内的重油，并且清洁排气系统。

涡轮增压器

（1）通过干冲的方式清洁透平侧。

（2）用水冲洗透平侧（如果干燥后，转动速度增加时观察到涡轮增压器轴有震动的话则继续用水冲洗）。

如有必要：再次干冲清洁透平侧。

• 通过水洗的方式清洁压气机叶轮。

空冷器

（1）有必要在按照说明书内所述的船舶封存之前，适时清洁空冷器的气面。

2.2 停止柴油机之后

在停止柴油机之后，保持主润滑油泵和缸套冷却水泵运行至少 15 分钟。这将防止活塞顶部和燃烧室过热。

确保主柴油机燃油进、出口管路的阀门关闭，并且旁通阀被开启。

主柴油机的燃油系统现在充满船用柴油。

请将已关闭的阀门置于锁定位置，以防止在封存期间被误操作。

关闭燃油泵吸入管路内每个燃油泵的球型隔断阀。

向副机供应的其余燃油系统则可以继续采用 MDO 操作，或者被切换至 HFO 进行操作。

由于以下原因，我们并不建议逐个检修和重新安装喷油器：

（1）柴油机在短期内没有运行的情况下，检修燃油喷油器将增加系统内进入空气的风险。进入的空气将导致内部腐蚀。

（2）通过开启高压油泵吸入管路内的球阀对重新安装之后的喷油器加注燃油。如果副助柴油机和主机的燃油供应和循环系统是公用的，当副助柴油机使用 HFO 操作时将导致此燃油对经过检修的主机喷油器注油。

（3）在船舶封存期间，经过检修或重新安装之后所产生的任何泄漏都不易被发现。我们期望每组燃油喷油器循环管路内的止回阀都紧密关闭，但是一旦发生泄漏，那么在封存期间，燃油泵吸入管路内已关闭的球型截止阀将防止 HFO 进入燃油喷油器。

3 机舱和控制室

保持机舱和控制室的建议温度和湿度将为机械和电气设备提供最佳保养。

3.1 机舱

温度：最低为 10℃

湿度：如果可能的话，低于 50%RH

保持良好的通风

3.2 控制室

温度：20～25℃

湿度：40～50%RH

空调：永久性开启

4 主柴油机的保养

对主机的保养必须在船舶封存之后立即执行。

在整个船舶封存期间内，保养维护工作必须定期执行。

在船舶封存期间，辅助柴油机和锅炉应当运行。

除了预热器以外，应用辅助柴油机高温（HT）冷却水系统的余热保持主机恒定的温度。

4.1 防锈油

所有较大型的油品公司都将提供可用的防锈油。如下是一些举例，还可以使用具有相关特性的其他防锈油。

至关重要的是防锈油应能溶于润滑油，但不能影响滑油质量。请与润滑油供应商取得联系以便获得相关建议：

Esso Rust Ban335

Tectyl 502-C, 930

Mobilarma 500

Dinitrol 40

BP Protective oil 0 - 30

Chevron EP Industrial oil 100-150

Shell Ensis Engine Oil SAE 30W

4.2 主润滑油系统

在盘车之前，提前 48 小时起动主滑油分油机对系统油进行预热，并保持主润滑油泵的运行。

在每月盘车，提前 12 小时起动主润滑油系统，并保持润滑油系统的运行。

在封存期间将无需加热润滑油。

在停止分油机之后，每月一次对润滑油样品中的含水量进行化验（MAN Diesel 公司的上限为 0.2%）。分析状态，并且记录含水量水平。

作为一种替代措施，建议由实验室化验油样的含水量。

4.3 隔离凸轮轴润滑油系统和液压供油系统

在停止分油机之后，每月一次对润滑油样本的含水量进行分析（MAN Diesel 公司的上限为 0.2%）。分析状态，并且记录含水量水平。

作为一种替代措施，建议请实验室来化验油样的含水量。

4.4 气缸油注油器

关闭通向注油器的气缸油入口。

4.5 排气阀

在整个封存期间内，请保持排气阀关闭。

每月一次，通过几次开启和关闭排气阀杆，从而运行排气阀。

通过逐一泄放空气弹簧腔室的方式开启排气阀（拆除空气供应管路，并且释放止回阀）。保持排气阀开启至少两分钟，以便允许系统油加注空气弹簧腔室的下端部分（此油将润滑腔室表面，因为阀门将在弹簧空气供应时被关闭，以防止对气动活塞密封环造成损坏）。在此过程期间滑油泵必须运行。

4.6 机械调速器

请遵循调速器制造商的保养说明。

如果无法获得保养说明，则可以使用以下说明，其仅用于指导：

采用具有相同特性的新润滑油更换调速器内的润滑油。

4.7 柴油机外部的往复部件

向柴油机外部的所有往复部件中加注防锈保养油（油门指示杆，VIT 指示杆和燃油齿条等）。

4.8 外部的已加工表面

向柴油机外部的所有已加工表面加注 Tectyl 502C。

4.9 气动系统，安全空气和控制空气

排放系统中的所有冷凝水。为了确保气动操作系统内各个部件的功能，柴油机的控制空气必须持续供给。

4.10 空冷器的冷却水系统

如果空冷器通过海水进行冷却，建议关闭空冷器的海水进出口阀，并且拆除通向冷却器的管道。

将冲洗淡水软管连接至冷却器法兰。当冷却器被淡水完全冲洗之后，则采用添加有防锈剂的淡水加注冷却器，并且密封法兰。

4.11 缸套冷却水系统`

保持缸套冷却水系统的预热，以便保持主柴油机的温度。请使用来自于副助柴油机高温（HT）冷却水系统的余热和 / 或预热器的热量，从而恒久保持主柴油机的温度。

4.12 活塞杆填料函

在船舶封存之后立即清洁缸套下方的扫气室和扫气箱。为了中和填料函内油品所包含的任何冷凝酸性物质，在盘车的同时向每个填料函内灌注气缸润滑油。

4.13 柴油机内的部件

当对柴油机内的部件进行保养时，保持主润滑油泵和凸轮轴油泵（如果有的话）运行，直到完成为止。

在进行第一次保养之前：开启扫气箱，并且通风至少 1 小时。在开始保养之前清洁扫气室。

扫气室的保养，包括气缸套，活塞杆和活塞冠。

当活塞处于底部位置时，通过扫气口向气缸套壁和活塞冠顶部喷射防锈油。

在盘车的同时向活塞环喷射防锈油。每个气缸重复一次此操作。从此程序开始至结束，

曲轴必须精确转动 3¼ 转。

停止润滑油泵和凸轮轴油泵（如果有的话）。在曲轴箱保养方面，至少提前 2 小时将曲轴箱内的润滑油排空。

曲轴箱内部的保养

向内侧运动部件、导轨、链条驱动机构、链轮等的表面喷射防锈油，并且将盖子拧紧。

凸轮轴的保养

向凸轮轴箱内喷射防锈油，包括凸轮，滚轮和滚轮导轨，并且重新安装盖子。

4.14 主柴油机排烟管和曲轴箱通风管

在船舶封存期间，盖好烟道顶部主柴油机排烟管的盖子，防止雨水和灰尘进入。

在曲轴箱与曲轴箱通风管之间插入一个盲板法兰。

4.15 起动空气分配器

拆除起动空气分配器，并且对其内部部件施加锂基润滑脂以便进行保养。按照操作说明组装起动空气分配器。

4.16 主起动空气管路

保持主启动空气管路的干燥：拆除管道的端盖，将干燥剂置入管道内，并且重新安装端盖。

4.17 排烟总管

在每个气缸位置放置一包 0.5～1.0kg 的干燥剂（根据柴油机的规格）。

采用 2～3mm 厚度的钢板封堵补偿器（波纹管）与涡轮增压器入口之间的连接。

4.18 除湿器的连接和操作

采用柔性软管将除湿器连接至柴油机，以便烘干和循环扫气空间、曲轴箱至轴承 / 链条箱和凸轮轴壳体内的空气，除湿器的连接见图 1。

除湿器必须具有充分的能力，以便在所有温度条件下均能使湿度保持在低于 50% RH 的水平。

每天在维护记录本上记录湿度、温度和除湿器运行小时数（请参阅表 1“记录表单”）。

有关除湿器的操作和维护，请遵循制造商的说明。

在模拟盖板上安装湿度表，以便测量扫气空间、凸轮轴壳体（如果有的话）以及曲轴箱和推力轴承 / 链条箱内的湿度。

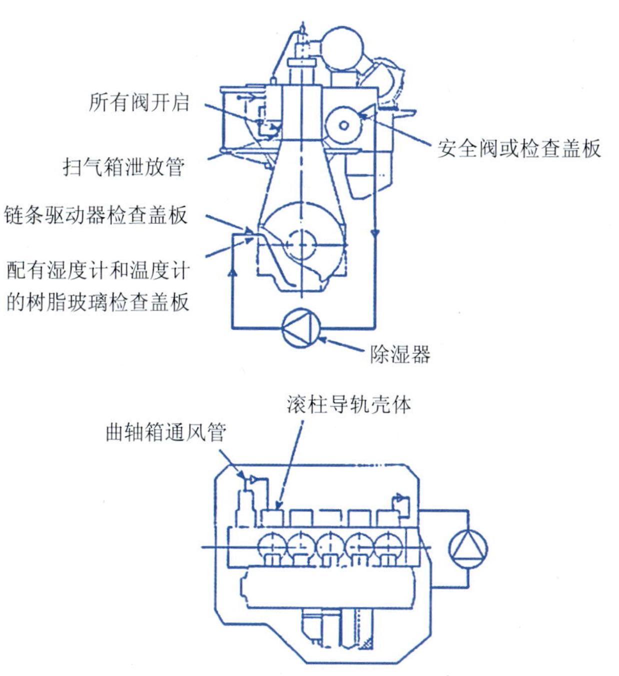

图 1 除湿器的连接原理图

表 1 记录表单

日期	总小时数	温度（℃）	湿度（%）	日期	总小时数	温度（℃）	湿度（%）

4.19 涡轮增压器和排烟管

采用 2～3mm 厚度的钢板封堵涡轮增压器出口与排烟管道之间的连接。钢板盖板的目的是避免涡轮轴旋转（如果转子被置于壳体内的话），如果排气系统的集水盘发生故障，则可以保护涡轮增压器免受雨淋。对于涡轮增压器的保养，请参阅第 7 章节。

5 保养维护

在整个封存期间内，必须进行定期的保养维护。

5.1 目测检查（每周）

在未盘车的情况下检查整个柴油机内部和外部，以便发现任何腐蚀或水污染的迹象。如果有的话，则清除腐蚀的迹象。在清除之后则进行清洁。向已检查过的部件施加防锈油。

检查柴油机部件是否发生腐蚀，特别是气缸套，活塞环，十字头，导轨和链条驱动装置。如果有的话，则清除腐蚀迹象。在清除作业之后进行清洁。向已检查过的部件施加防锈油。

从扫气箱内通过扫气口检查活塞头的上部、活塞环组件和气缸套的状态。

检查凸轮轴壳体的内侧、凸轮轴、凸轮、滚柱和滚柱导轨。

5.2 柴油机部件以及盘车（每月）

起动主润滑油泵和凸轮轴润滑油泵（如果有的话）之前，检查整个柴油机内部。在盘车转动曲轴之前 12 小时将冷油预热。

为了防止无法通过目测直接看见的柴油机部件发生腐蚀，例如，轴承，轴颈，气缸套，活塞环等，也为了避免曲轴坐落在相同的位置，则每月一次盘车，达 3 ½ 转。

通过开启和关闭排气阀几次的方式操作排气阀。通过逐一泄放气动弹簧阀室的方式开启排气阀（拆除空气供应管路，并且释放止回阀）。保持排气阀阀杆开启达至少 2 分钟，以便允许系统油加注气动弹簧阀室的下端部分（此油将润滑阀室表面，因为排气阀将在弹簧空气供应重新连接时被关闭，以防止对气动活塞密封环造成损坏）。在此程序期间润滑油泵必须运行。

在曲轴转动之前，主润滑油系统必须运行 12 小时，滑油分油机和预热器必须运行 48 小时。

请注意！只有在曲轴箱检查期间，盘车之前以及盘车时才能停止除湿器。在施加完防锈油并且关闭曲轴箱门之后则立即重新启动除湿器。

扫气箱的保养，包括气缸套，活塞杆和活塞头

当活塞处于底部位置时，通过扫气口向气缸套壁和活塞头喷射防锈油。

采用专门类型的蒸发式防锈油加注活塞头的顶部。这将保护气缸盖的内侧。

在盘车时，当活塞通过扫气口应向活塞环内喷射防锈油。

每个气缸重复一次上述操作。从此程序开始至结束，曲轴必须只能转动 3 ¼ 转。

在盘车完成后，采用保养油喷射活塞杆、填料箱和气缸套外侧。

曲轴箱内部的保养

在完成盘车之后则停止主润滑油泵和分油机。将润滑油排空至少 2 小时。向内侧运动部件表面、导轨、链条驱动装置、链轮等喷射防锈油。牢固关闭曲轴箱门。

凸轮轴壳体的保养

在开始保养柴油机内部部件之前，在启动凸轮轴润滑油泵之前，检查凸轮轴。

如果柴油机有一个单独的凸轮轴润滑油系统，则运行凸轮轴润滑油泵（冷油），以便当主润滑油泵运行时（12 小时）将润滑油在系统内循环。在盘车程序完成之前禁止停止油泵的运行。

在停止润滑油泵之后，将润滑油排空至少二小时时间。拆除凸轮轴壳体盖板，并且向凸轮轴上喷射防锈油，包括凸轮、滚柱和滚柱导轨。重新安装壳体盖板。

在完成每月盘车和保养程序之后：

在停止分油机的工作之后，则分析从主润滑油和凸轮轴润滑油 / 液压驱动油（ME/ME-C/ME-B）中所提取油样的含水量（MAN Diesel 公司的上限为 0.2%）。在船上进行分析工作，并且记录含水量数值。

作为一种替代措施，建议请实验室来分析油样的含水量。

5.3 液压驱动油系统（每月）

ME/ME-C 和 ME-B 柴油机

• 在主润滑油泵每月运行期间，起动电动液压泵（冷油）运行 1 小时，以便升高 HPS 系统内的润滑油压力。对 HPS 系统进行目测检查。

5.4 柴油机外部的运动部件（每月或者按照要求进行）

向柴油机外部的所有运动部件施加防锈油（油门指示杆，VIT 指示杆和燃油齿条等）。

5.5 外部的已加工表面（每月或按照要求进行）

向柴油机外部的所有已加工表面施加 Tectyl 502C。

5.6 主起动空气管路（每月）

替换主起动空气管路内的除湿剂。

5.7 排烟总管（每周、每月）

每周！

请检查排烟总管。

每月！

至少每月一次更换干燥剂袋。

5.8 除湿器（每天，每月）

每天进行检查！

请在 LOG BOOK 上记录除湿器的湿度、温度和运行小时数。对于凸轮轴壳体（如果有的话）、曲轴箱和扫气箱而言，该读数应当从出口软管处提取或者从永久性安装的湿度计和温度计处提取。

如果柴油机内的湿度超过 50%RH，则检查除湿器。

对于除湿器的操作和维护而言，请遵循制造商的说明。

除湿器连接原理图和记录表格，请参阅图 1 和图 2。

每月进行！

校准湿度计。

5.9 备件和维护工具（按照要求配备）

定期检查备件和维修工具。

5.10 中间轴和艉轴管轴承（每月）

在每月盘车之前，请确保推进器轴系统内的所有轴承均被润滑。

6 电气设备的保护

我们建议在船只封存期间保持电气设备柜关闭，以便防止电气设备出现机械损坏，防止灰尘和静电的侵害。

电气设备的不适当保护可能导致损坏或者降低设备的使用寿命。

6.1 主柴油机上的电气设备

对所有电气设备控制柜内都必须实施水蒸汽腐蚀控制措施。根据使用寿命确定安置干燥剂和须干燥的保护范围，请参见图 2。

所有的电气设备控制柜都必须关闭，电缆密封套（或作“填料函”）必须上紧。控制柜的开孔必须气密。

6.2 控制室内的电气设备

空调必须恒定运行，以便将温度保持在 20～25℃之间。空气湿度应当保持在 40～50% RH。

6.3 防水蒸汽腐蚀控制示例

www.cortecvci.com

型号：CortecVpCI 101

简介：浸渍泡沫设备

硅胶干燥机包

www.zerust.co.uk

型号：ZERUST 干燥胶囊，请参阅图 2 中的使用期限和保护范围。

简介：设计为保护壳体内的电气部件。

6.4 维护和维修作业期间的保护

在柴油机上进行研磨、焊接、涂装或清洁作业，或者在靠近柴油机的位置进行该作业时，所有电气设备控制柜都必须关闭，并且孔应当气密。

如果必须在柴油机上进行焊接，接地夹钳电缆必须具有良好的电气接触性，并且放置在尽可能靠近焊接弧的位置。焊接工地装置必须具有一个充分的接地设备。

7 涡轮增压器的保养

ZERUST® interior surface protection

How ZERUST® Vapor Capsules work

Corrosion protection for metals in switch gearboxes, electronic cabinets and other enclosures.

- When removed from its sealed package and placed in an enclosure, a capsule will saturate the surrounding atmosphere with an invisible, odourless, non toxic vapour. The ZERUST® vapour molecules will then form a protective corrosion inhibiting layer on all exposed metal surfaces in a cabinet, package or container.
- Upon removal of the capsule, the protective layer will revapourise, leaving all surfaces clean, dry, and without any residues.

Installation

ZERUST® Vapor Capsules are easily installed in a few seconds without tools or specialised labour. Simply peel the cover tape from the adhesive backing to attach to most surfaces.

Reduce maintenance costs

ZERUST® Vapor Capsules prevent the oxidation that causes increasingly higher levels of electrical resistance. This, as well as the longevity of the capsule, allows for fewer maintainance checks, reduced down time and component failures, in comparison to alternative protection methods.

Use ZERUST® capsules

- During shipment and initial storage, often combined with ZERUST® Valeno packaging.
- During normal operation.
- During closure, storage or shutdown.

ZERUST® Capsules offer Multi-Metal protection:

Steel and iron, zinc and galvanized steel, copper, brass, bronze, aluminium (and its alloys), nickel, tin, solder.

Lifespan and protective range of a ZERUST® Capsule

Item	Protective radius	Protective volume	Protective lifetime
VC0.5-1	30 cm	0.1 m³	1 year
VC1-1	30 cm	0.1 m³	1 year
VC2-1	60 cm	1.0 m³	1 year
VC2-2	60 cm	1.0 m³	2 years
VC6-1	180 cm	25.0 m³	1 year
VC6-2	180 cm	25.0 m³	2 years

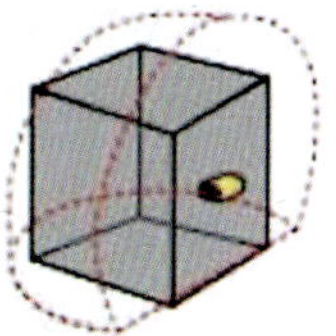

Side positioning

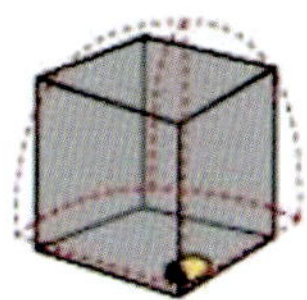

Corner positioning

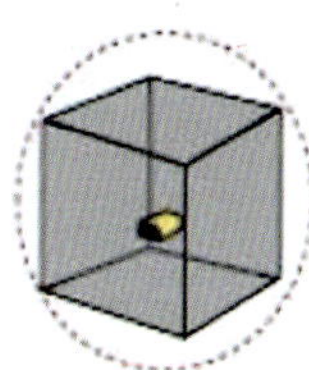

Centre positioning

图 2 ZERUST 干燥胶囊使用期限和保护范围

请遵循涡轮增压器制造商的建议。以下保养作业范围仅用于指导。

7.1 保养

关闭润滑油进口阀或者封堵通向涡轮增压器的入口管路。

拆除涡轮增压器进气管路、消音器，并且拆除转子和喷嘴环。

清除所有气体空间和增压器进口和出口处以及墙壁的沉积物。

采用热水清洁转子和喷嘴环，直至清除所有沉积物为止。

向转子和喷嘴环施加防锈油。特别注意对轴承、轴颈和轴颈密封装置的操作。在施加防锈油之前所有表面均须干燥。

将转子和喷嘴环封存在靠近涡轮增压器附近的一个有盖板的板箱内。

向轴承以及壳体内侧施加保养油。

采用 2～3mm 厚度的钢板封堵涡轮端及压气端法兰。

每周检查涡轮增压器壳体，轴承，转子以及喷嘴环。如果必要的话，则施加防锈油。防锈油必须溶解在润滑油内。

7.2 在开始使用之前增压器的准备工作

清除防锈油，并且检查壳体和轴承。

向轴承施加润滑油，并按照说明手册安装转子和喷嘴环。

组装增压器进气管道和消音器。

重新连接润滑油进口管。

8 船舶封存后的主柴油机起动

在起动主机之前，清除扫气箱和活塞头内沉积的任何防锈油。

清洁活塞头顶部。在起动柴油机之前必须确认活塞头顶部没有任何残留的保养油。

对喷油器进行清洁、检查和压力测试。检查高压油泵。

拆除从排气总管出口到增压器的废气出口至排气管的钢制盲板。

从烟道顶部拆除盖板。

解除安装除湿器。去除主起动空气管道内的干燥剂，并且从排气总管内取出干燥剂袋。

“船舶封存核对表”（如同本文第 1 段落所述）内的所有项目都必须在柴油机起动之前恢复至正常服务状态。

请参阅《操作说明书》“封存期间的检查”及“起动准备工作”章节。

SL2009-503/JAP

2009 年 2 月

1.2.17 使用 80cm 以及更大缸径的新加速建议

适用机型：MC/MC-C 和 ME/ME-C 缸径规格 98、90 和 80 柴油机

已经更新了 98、90 和 80cm 缸径柴油机的最低加速建议。

现有的加速程序建议（在 30 分钟内从 90→100%）仍然适用于从 70cm 及以下缸径的柴油机（见表 1、表 2）。然而，这些具有较小缸径的柴油机也可采用新建议并采用中获益。

表 1 新建议的最低以二个时段 90 分钟的加速程序

具有固定螺距推进器的柴油机	
负荷间隔，%SMCR* 速度（rpm）	时间（min）
80→90	30
90→100	60

表 2 新建议的最低以二个时段 90 分钟的加速程序

具有可变螺距推进器的柴油机	
负荷间隔，%SMCR* 功率（rpm）	时间（min）
50→75	30
75→100	60

* SMCR = 额定最大持续功率

对于**无中间拐点**的柴油机控制系统而言，则可以用一个 90 分钟线性加速程序替代。

请参阅《操作说明书》的“柴油机控制系统”或者您的柴油机控制系统供应商以便获得补充说明。

有关此加速计划的任何疑问和建议可以直接与 leo@mandiesel.com 取得联系。

概述

新的大型缸径加速程序建议：

在 90 分钟内达到 SMCR 速度（rpm），在 30 分钟之后达到拐点。

1 背景信息

这些年来，在柴油机起动以及随后的加速过程中，导致了气缸套快速磨损的情况，即所谓的拉缸。

这种事故致使我们研究一种更加安全的加速流程。我们的研究已经显示较为

慎重并且渐进的加速，是防止此类高成本事故的最佳方式。

MAN B&W 柴油机的设计和制造是为承受长期和经常性的高负荷。然而，与所有其他柴油机一样，使用寿命和适用可靠性在很大程度上取决于如何对柴油机进行加速。

最重要的加速问题就是导致活塞头、气缸缸套和活塞环变形的机械负荷和热负荷。这些变形将会影响活塞环运行表面的形状，设计该表面目的是为了适应变形的气缸部件。然而，如果负荷变化太快，活塞环可能缺乏足够的时间进行适应。其结果可能是产生过度的气缸缸套磨损，在严重的情况下可能导致气缸缸套刮擦。

1.1 负荷控制

MAN B&W 两冲程柴油机的加速程序是通过三种方式进行控制的。我们建议所有的操作者都应当确保这三种限制器均能正确设置和使用。

1.2 扫气压力（p_{SCAV}）限制

p_{SCAV} 限制将确保充足的扫气空气供应，以便维持一种有效和完全的燃烧。一旦空气供应不充分，那么 p_{SCAV} 限制将通过限制燃油喷射，从而实现空气 / 燃油比的平衡。不充分的空气供应通常在低于 35% 柴油机负荷时出现，此时辅助风机将运行，而此时涡轮增压器还没有充分达到其性能。

1.3 扭矩限制

扭矩限制将通过柴油机的负荷不超过负荷程序的限制值从而防止过度的扭矩产生 / 机械负荷过载。

1.4 加速程序

加速程序将防止加速期间出现机械负荷和热负荷过载，并且通过控制加速速率，从而确保辅助系统有充分的时间适应。

2 新加速建议

建议的加速程序取决于船舶推进器类型：定距桨（FPP）或调距桨（CPP）。请注意，这些建议是最低建议。

2.1 定距桨

对于采用定距桨（FPP）的柴油机而言，加速情况将按照检测的 SMCR* 速度（rpm）比例进行。我们建议的 FPP 加速程序：

表 3　建议的 FPP 加速程序

定距桨	
负荷间隔，%SMCR* 速度（rpm）	时间（min）
80 → 90	30
90 → 100	60

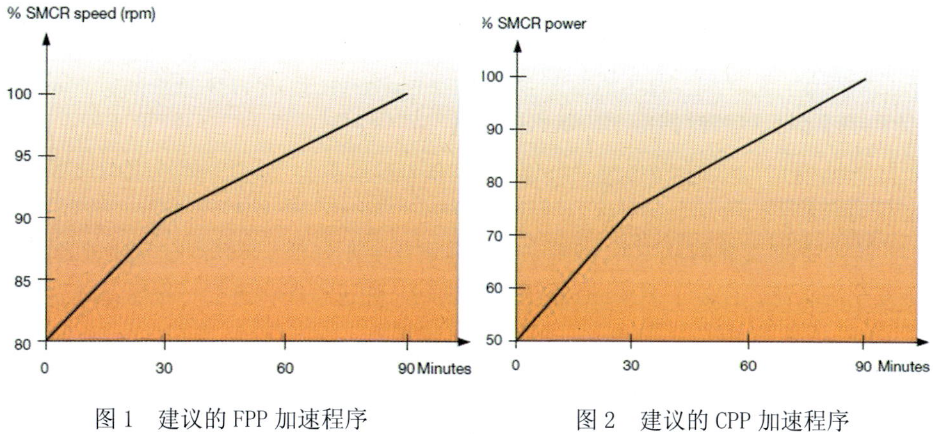

图 1　建议的 FPP 加速程序

图 2　建议的 CPP 加速程序

2.2 调距桨

对于配有调距桨（CPP）的柴油机而言，加速情况将按照检测的 SMCR* 功率的比例进行。我们建议的 CPP 加速程序：

表 4 建议的 CPP 加速程序

调距桨	
负荷间隔，%SMCR* 功率	时间（min）
50 → 75	30
75 → 100	60

2.3 无拐点的 ECS

如果柴油机控制系统无法按建议的加速程序，那么可以使用以下无拐点的加速程序：

表 5 无拐点的 FPP 加速程序

定距桨，无拐点	
负荷间隔，%SMCR* 速度（rpm）	时间（min）
80 → 100	90

表 6 无拐点的 CPP 加速程序

调距桨，无拐点	
负荷间隔，%SMCR* 功率	时间（min）
50 → 100	90

3 减速运行

MAN B&W 二冲程柴油机可以在不受任何限制的前提下立刻减速至任何负荷水

平，并且我们没有明确指出一个专门的减速运行程序。然而，我们一直建议进行一个受控的和谨慎的减速运行。

4 延迟复位

由于柴油机的缓慢冷却，那么在经过非常短的减速运行之后，加速程序无法进行复位。此外，当柴油机减速运行时，加速程序将进行一个 15 分钟的倒计时过程。

示例：

一个 FPP 设备将从 100% rpm 立刻减速运行至刚好低于 80%。在 5 分钟之后则恢复至满负荷。在低于 80% rpm 的五分钟期间，加速程序将进行一次倒计时。

在 15 分钟内，从 100% → 80% rmp 减速运行，加速程序将在 5 分钟内达到 93% rpm（近似值）。

当在 5 分钟之后重新恢复满负荷运行时，柴油机将立刻加速至 93% rpm。从 93%→100% rpm 的加速过程将遵循加速程序的规定。因此，加速程序将柴油机转速在大约 42 分钟的时间内从 93%→100%rpm。图 3 显示了倒计时过程（虚线），以及负荷曲线示例（实线）。

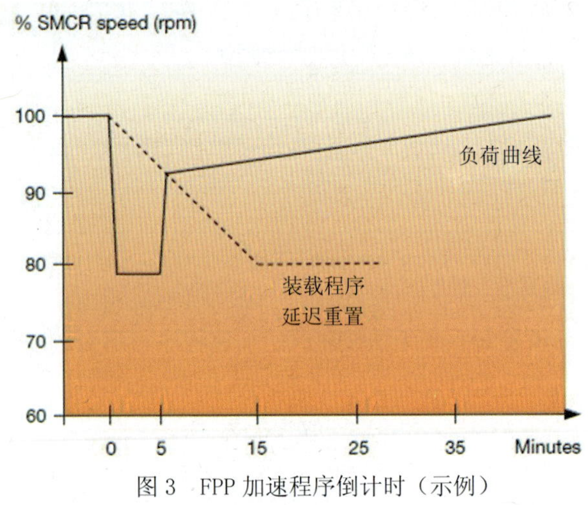

图 3　FPP 加速程序倒计时（示例）

5 加速限制按钮（越控按钮）

加速限制按钮将撤销加速程序，并且将 p_{SCAV} 和扭矩限制的设置值增加 10%。

6 小缸径

此维护保养服务信函是缸径 80cm 及以上柴油机的加速建议。然而，这些新的加速建议也适用缸径 70cm 及以下的柴油机。

SL2009-504/NJC

2009 年 2 月

1.2.18 新吊运和倾斜工具——用于气缸盖接触面和燃烧区域的清洁和检查

适用机型：小缸径二冲程机 26-50MC/MC-C、ME/ME-C 和 ME-B 柴油机

除了我们之前有关大缸径柴油机（60-98MC/MC-C 和 ME/ME-C）气缸盖支撑的维护保养服务信函 SL08-496/NJC、MAN Diesel 公司现在设计了一系列用于小缸径柴油机气缸盖（26-50MC/MC-C、ME/ME-C 和 ME-B）的吊运和倾斜工具。

这些新的吊运和倾斜工具将用于小缸径柴油机的检修期间，因此可以避免在机舱起重机悬吊的气缸盖下方进行作业。

这种新的工具包括（如图 1、图 2 所示）：

a）吊运吊耳

b）倾斜支撑件

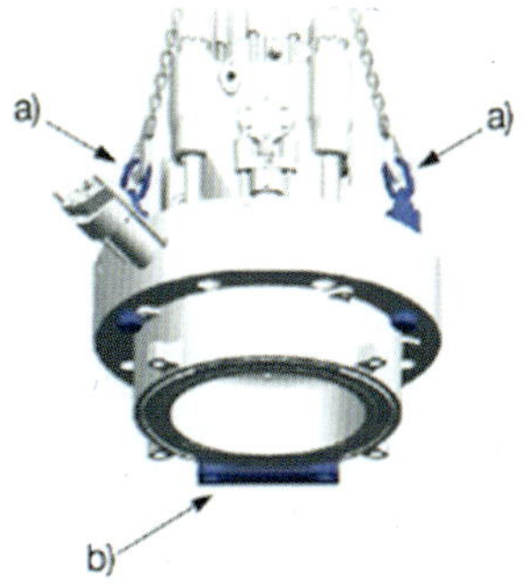

图 1　两个吊运吊耳

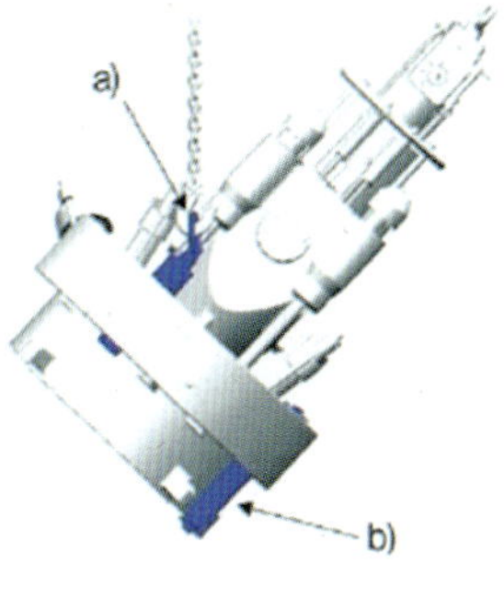

图 2　一个倾斜支撑件

吊运和倾斜工具可以用于配有 8 个以及 16 个缸头螺栓的所有 26～50cm 缸径 MC/MC-C，ME/ME-C 和 ME-B 类型柴油机。

气缸盖吊运和倾斜工具以及相应的操作说明，可以从 MAN PrimeServ 服务处订购。（电子邮件：PrimeServ-cph@mandiesel.com）

有关此维护保养服务信函的问题或意见请直接与 MAN 的维护工具部门 LEE3 取得联系。（电子邮件：lee3@mandiesel.com）。

SL2009-507/HRR

2009 年 4 月

1.2.19　Alpha 气缸注油系统和 ME 润滑的 ACC 注油率指导原则—替换适用于大缸径柴油机的 SL07-479/HRR 信函

适用机型：MAN B&W 二冲程 60-98cm 大缸径柴油机，具有高顶面和 Alpha 气缸注油系统或 ME 气缸注油系统的 MC/MC-C、ME/ME-C 柴油机

根据经验以及研究情况，降低了配有 Alpha 气缸注油系统或 ME 润滑系统的原建议 ACC（自适应气缸油控制）注油率系数。因此，我们于 2007 年 6 月发布的 SL07-479/HRR 内的建议仅适用于此维护保养服务信函所未涉及的柴油机类型。

我们现在建议采用表 1 的注油率。

表 1　标准 BN70 润滑油

含硫量为 3% 或更低的燃油	0.60g/kWh
含硫量大于 3% 的燃油	0.20g/kWh× 含硫量 %

此维护保养服务信函详细说明了磨合期间、低硫燃油运行期间以及正常运行期间所需不同润滑油类型的 ACC 注油率。

在一个新出版的说明书内，能够查到任何润滑状态下注油率概述，其中 BN70、BN50 和 BN40 润滑油的选定 ACC 设置值被列于表 9。

概述

新的气缸润滑建议

0.20g/kWh×S%

绝对最小值：0.60g/kWh。

新的 ACC 指导原则进一步强调 Alpha 气缸注油系统优势。

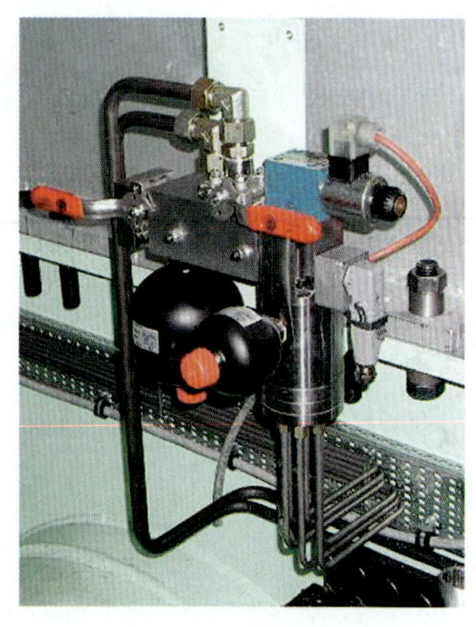

图 1　Alpha 气缸注油系统

1 气缸润滑

1.1 确定润滑油注油率的四个相关因素：

- 燃油内的含硫量
- 气缸润滑油的碱值
- 柴油机历史
- 柴油机负荷

一台在 ACC 模式内运行的 Alpha 气缸注油系统或 ME 润滑系统将使润滑油的注油率与燃油的含硫量和柴油机负荷相适应。自从 2004 年以来，ACC 模式已经成为 MAN B&W 二冲程柴油机的标准配备。

ACC 系数是注油率等式内的决定性系数：供油率 =ACC 系数 × 含硫量 %。建议的 ACC 系数是根据各种运行状态下不同类型柴油机上所执行的实际试验所确定的。当确定建议的 ACC 系数时，应考虑柴油机的性能，柴油机使用寿命，环境以及经济性。

1.2 此维护保养服务信函介绍了以下运行状态的气缸注油率：

- 标准状态
- 低含硫量燃油
- 磨合状态

2 气缸化学反应

燃烧过程将把燃油内的硫化物转换为硫酸。燃油内的含硫量越高，形成的硫酸越多。

润滑油内的碱性物质含量将根据气缸内的化学环境进行添加。润滑油内的碱性基质将中和燃油硫化物所形成的硫酸。

可获得的基质越多，那么可被中和的硫酸也越多。这就是为什么具有较高碱性添加剂的润滑油，例如高 BN 值（基数）气缸油，当在高含硫量燃油状态运行时特别具有优势的原因。

目标值为从气缸刮下的残余气缸油的 BN 值在 15～20 范围内。

一个比建议值更高的酸性环境将导致低温腐蚀，从而导致气缸缸套的腐蚀磨损。

在一个更高碱性的环境中，碱性添加剂可能以钙的形式沉积在活塞顶面上，并且可能导致磨料磨损。缸套表面如果缺乏腐蚀恢复能力，那么将导致缸套化学磨损的风险。缸套磨损是最可怕的气缸状态 - 拉缸的其中一个原因。

3 正常运行

在各种运行条件下采用各种含硫量的燃油对不同的 MAN B&W 柴油机执行润滑油注油率的测试（见表 2~表 5）。

最近的研究显示最佳润滑注油率低于我们之前的建议值。

采用标准 BN70 润滑油正常运行时的新建议为：

表 2　BN70 润滑油

含硫量为 3% 或更低的燃油	0.60g/kWh
含硫量大于 3% 的燃油	0.20g/kWh× 含硫量 %

低硫燃油将需要更少的碱性润滑油（请参阅本文“低含硫量运行”章节）。

下表（表 3、表 4、表 5）给出了选择较低碱值润滑油类型的建议：

表 3　BN60 润滑油

含硫量为 2.6% 或更低的燃油	0.60g/kWh
含硫量大于 2.6% 的燃油	0.23g/kWh× 含硫量 %

表 4　BN50 润滑油

含硫量为 2.1% 或更低的燃油	0.60g/kWh
含硫量大于 2.1% 的燃油	0.28g/kWh× 含硫量 %

表 5　BN40 润滑油

含硫量为 1.7% 或更低的燃油	0.60g/kWh
含硫量大于 1.7% 的燃油	0.35g/kWh× 含硫量 %

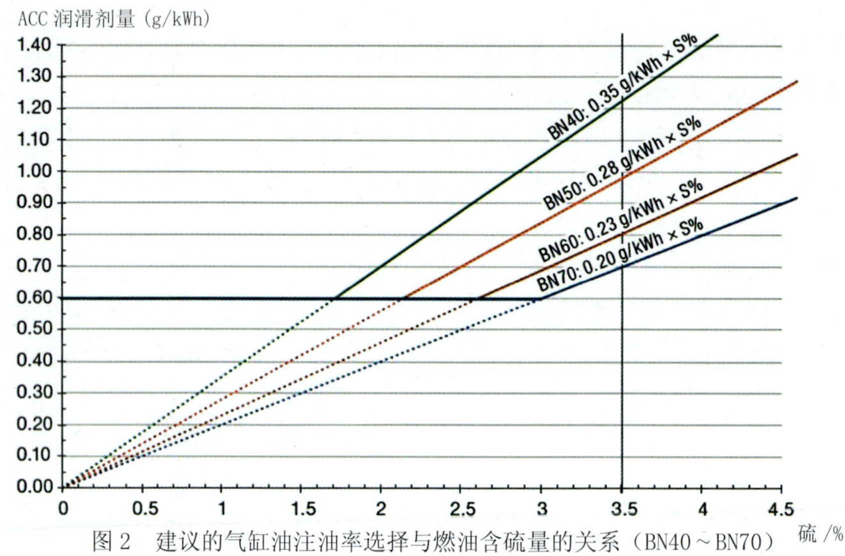

图 2　建议的气缸油注油率选择与燃油含硫量的关系（BN40 ~ BN70）

根据世界范围内 MAN B&W 二冲程柴油机上所使用的平均含硫量计算情况，当这些新的建议生效时，平均气缸油消耗量将低于 0.65g/kWh。

4 低硫燃油运行

处于硫化物排放控制区域（SECA）航行内时，必须采用低含硫量燃油。

当采用大约 1.5% 含硫量的燃油进行操作时，应使用较低的 BN 气缸油。然而，对于 7 ~ 14 天的有限期限而言，可以继续使用 BN70 气缸油，而不会产生任何高碱性的严重风险。

在较长时间内（超过 14 天）使用低硫燃油操作时，建议使用一个较低的 BN 气缸油。

4.1 BN 和低硫燃油

MAN Diesel 公司建议了一个适用任何润滑形式的最低注油率为 0.60g/kWh。

然而，为了避免气缸内出现剩余的碱性添加剂，建议润滑油内的碱性物质含量应当与燃油内的含硫量相匹配。当长期（超过 14 天）在低硫燃油中操作时，这一点尤其重要。

低 BN 气缸油应用于低硫燃油，高 BN 气缸油应用于高硫燃油（表 6）。

表 6 BN 气缸油

BN	含硫量
40～50	＜3.5%
60～70	＞2.5%

5 磨合运行

一个 MAN B&W 二冲程柴油机在第一个 2 500 运行小时期间需要特别注意增加注油量，第一个 500 小时是最需要关注的时期（见表 7）。

表 7 BN70 润滑油

初始磨合	注油率
0～5 小时	1.70g/kWh
5～100 小时	1.50 g/kWh
100～200 小时	1.30 g/kWh
200～300 小时	1.10 g/kWh
300～400 小时	0.90 g/kWh
400～500 小时	0.70 g/kWh

我们将磨合周期分为以下三个阶段：

(1) 初始阶段（0～500 小时）

(2) 第一阶段磨合，（500～1 500 小时）

(3) 第二阶段磨合，（1 500～2 500 小时）

在磨合期间增加注油量的目的是：

- 帮助冲刷掉磨合的颗粒物。
- 在一个还未磨合的气缸内建立油膜。

在所有 4 道活塞环上我们都使用了铝 - 铜磨合涂料（所有 MAN B&W 二冲程柴油机的标准配备），这样可以简化、缩短磨合程序。借助半磨合缸套表面将有助于气缸套的磨合。

我们建议在第一个 2 500 运行小时期间需频繁检查扫气口（请参阅图 2）。

5.1 初始阶段（0～500 小时）

活塞环和缸套的初始磨合最多将需要 500 小时。建议在初始磨合期间采用一种固定的相对高的润滑油注油率。

在初始磨合阶段期间，活塞环上的磨合涂层将逐渐被磨掉，并且气缸表面的波纹将变得平滑。在此期间，则需要额外的润滑油以便冲刷掉磨损颗粒物，并且在仍然相对粗糙地滑动表面之间累积一层满意的油膜。

在初始磨合期间，我们建议每 100 小时要通过扫气口检查活塞环和气缸缸套。

如果扫气口的检查显示拉痕或其他不正常情况，则不得进行下一步磨合步骤！

为了避免在初始磨合期间出现较高扭矩，建议按照 16 小时的步骤将负荷从 50% 增加至最大负荷。当缸套已磨合好但活塞环还是新的，在这种状态下运行，我们建议按照 5 小时的步骤将负荷从 50% 增加至最大负荷。此负荷限制值可以通过调整单缸高压油泵油门刻度进行设置。

5.2 磨合第一阶段（500～1 500 小时）

在经过第一个 500 运行小时后，可以应用标准的根据燃油含硫量调节润滑模式，也就是 ACC 润滑模式。对于 BN70 润滑油而言，MAN Diesel 公司建议执行磨合阶段 1，用量为 0.26g/kWh× 含硫量 %。

磨合第一阶段	供油率，BN70 润滑油
500～1 500 小时	0.26g/kWh×S%

5.3 磨合第二阶段（1 500～2 500 小时）

经过 1 500 小时之后，磨合期的活塞环铝制涂层通常已基本磨掉，并且可以看见基础材料或顶部和底部的金属陶瓷涂层。

当达到 1 500 运行小时后，则通过扫气口认真检查活塞环和气缸套。如果铝制涂层已经磨掉，那么则继续磨合，阶段 2。

对于 BN70 润滑油而言，MAN Diesel 公司建议执行磨合阶段 2，用量为 0.23g/kWh× 含硫量 %。

磨合第二阶段	供油率，BN70 润滑油
1 500～2 500 小时	0.23g/kWh×S%

在 2 500 运行小时之后，通过扫气口检查活塞环和气缸缸套。如果未发现微小拉痕或其他不正常，建议切换至正常运行注油率 0.20g/kWh× 含硫量 %(表 8)。

表 8　所有运行状态的气缸油注油率导则

配有 Alpha 气缸注油系统或 ME 润滑系统的 MC/MC-C、ME/ME-C 和 ME-B 柴油机				
	标准 BN70 气缸油	BN60 气缸油	BN50 气缸油	BN40 气缸油
基本设置	0.20g g/kWh×S%	0.23g g/kWh×S%	0.28g g/kWh×S%	0.35g g/kWh×S%
最低注油率	0.60g/kWh			
磨合期间的最大注油率	1.7g/kWh			
部分负荷控制	100%～25% 负荷：与指定的柴油机负荷成正比例 25% 负荷以及更低：与转速成正比例			

<table>
<tr><td rowspan="2">根据标准 BN70 气缸油磨合新的或经修理过的缸套和新活塞环。</td><td>供油率</td><td>第一个 5 小时：1.7 g/kWh
5～500 小时：从 1.5 至 0.6 g/kWh 逐步降低
500～1 500 小时：0.26 g/kWh×S%（绝对最小值为 0.60 g/kWh）
1 500～2 500 小时：0.23 g/kWh×S%（绝对最小值为 0.60 g/kWh）
从 2 500 小时起：0.20g/kWh×S%（绝对最小值为 0.60 g/kWh）</td></tr>
<tr><td>主机负荷</td><td>台架试验：在 5 小时的时间内逐步增加至最大负荷
使用中：在 16 小时内从 50% 增加至最大负荷</td></tr>
<tr><td colspan="2">在已磨合和运行良好的缸套内磨合新活塞环（标准 BN70 气缸油）</td><td>在 5 小时内从 50% 增加至最大负荷
供油率：在 24 小时内增加 25%</td></tr>
<tr><td colspan="2">操纵和负荷变化状态</td><td>在起动期间，操纵和负荷变化期间，通过 LCD 功能增加 25% 的实际供油率。在负荷稳定之后将此水平保持 0.5 小时</td></tr>
<tr><td colspan="2">显示异常状态的气缸润滑</td><td>对于维持一个安全的气缸状态而言，通过扫气口频繁的对活塞环和气缸套进行检查非常重要。如果观察到不正常的情况，则考虑调整润滑油注油率
一旦发生刮擦，活塞环粘滞或者缸套温度波动较大，将注油率增加至 1.2 g/kWh，并且降低 p_{max} 和 MEP。当状态稳定时，将气缸油注油率和压力调回正常值</td></tr>
</table>

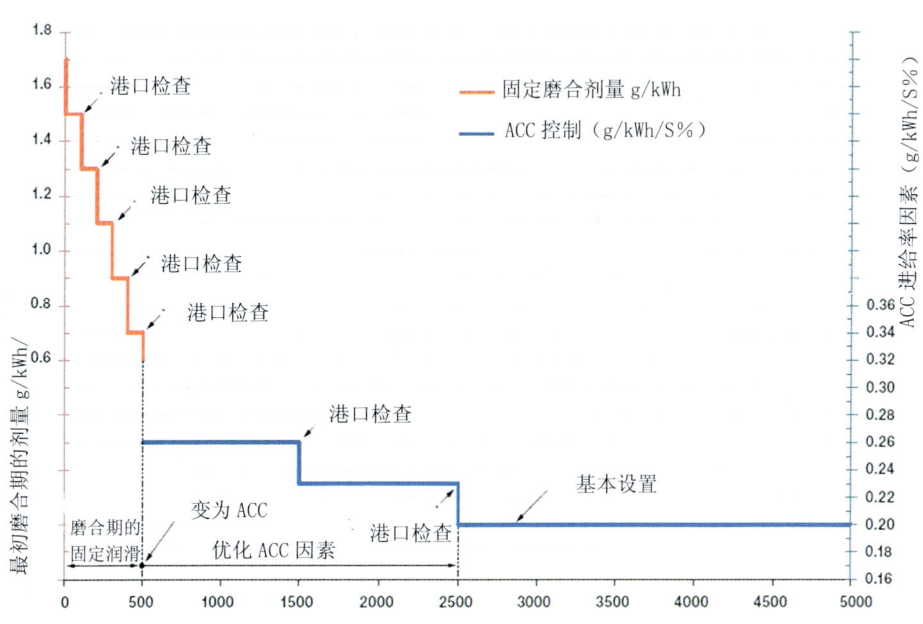

图 3　新的 ACC 磨合程序表（缸套和活塞环）

表 9　MC/MC-C 柴油机的 BN70、BN50 和 BN40 润滑油的 ACC 设置值

Alpha Lube ACC BN70 Cylinder Oil				
ACC factor			Dosage (ACC factor × S%)	HMI setting
Standard	Running-in			
	Phase 2	Phase 1		
0.20	0.23	0.26		
Sulphur %			g/kWh	
0-3.0	0-2.6	0-2.3	0.60*	55
3.1	2.7	2.4	0.62	57
3.2	2.8	2.5	0.64	58
3.3	2.8	2.5	0.65	59
3.4	2.9	2.6	0.68	61
3.5	3.1	2.7	0.70	64
3.6	3.2	2.8	0.73	66
3.7	3.2	2.9	0.74	67
3.8	3.3	2.9	0.75	69
3.9	3.4	3.0	0.78	71
4.0	3.5	3.1	0.81	73
4.1	3.6	3.2	0.82	74
4.2	3.6	3.2	0.83	76
4.3	3.7	3.3	0.86	78
4.4	3.8	3.4	0.88	80
4.5	3.9	3.5	0.90	82
	4.0	3.5	0.91	83
	4.1	3.6	0.94	85
	4.2	3.7	0.96	87
	4.3	3.8	0.99	90
	4.4	3.9	1.01	92
	4.5	4.0	1.04	95
		4.1	1.07	97
		4.2	1.10	100
		4.3	1.12	102
		4.4	1.14	104
		4.5	1.17	106
			1.30	118
			1.50	136
			1.70	155

Alpha Lube ACC BN50 Cylinder Oil				
ACC factor			Dosage (ACC factor × S%)	HMI setting
Standard	Running-in			
	Phase 2	Phase 1		
0.28	0.32	0.36		
Sulphur %			g/kWh	
0-2.1	0-1.9	0-1.7	0.60*	55
2.2	1.9	1.7	0.62	56
2.3	2.0	1.8	0.64	59
2.4	2.1	1.9	0.67	61
2.5	2.2	1.9	0.70	64
2.6	2.3	2.0	0.73	66
2.7	2.4	2.1	0.76	69
2.8	2.5	2.2	0.78	71
2.9	2.5	2.3	0.81	74
3.0	2.6	2.3	0.84	76
3.1	2.7	2.4	0.87	79
3.2	2.8	2.5	0.90	81
3.3	2.9	2.6	0.92	84
3.4	3.0	2.6	0.95	87
3.5	3.1	2.7	0.98	89
3.6	3.2	2.8	1.01	92
3.7	3.2	2.9	1.04	94
3.8	3.3	3.0	1.06	97
3.9	3.4	3.0	1.09	99
4.0	3.5	3.1	1.12	102
4.1	3.6	3.2	1.15	104
4.2	3.7	3.3	1.18	107
4.3	3.8	3.3	1.20	109
4.4	3.9	3.4	1.23	112
4.5	4.0	3.5	1.26	115
	4.1	3.6	1.28	116
	4.2	3.6	1.31	119
	4.3	3.7	1.34	122
	4.4	3.8	1.38	125
	4.5	3.9	1.41	128
		4.0	1.44	131
		4.1	1.48	134
		4.2	1.51	137
		4.3	1.55	141
		4.4	1.58	144
		4.5	1.62	147

Alpha Lube ACC BN40 Cylinder Oil				
ACC factor			Dosage (ACC factor × S%)	HMI setting
Standard	Running-in			
	Phase 2	Phase 1		
0.35	0.40	0.46		
Sulphur %			g/kWh	
0-1.7	0-1.5	0-1.5	0.60*	55
1.8	1.6	1.4	0.63	57
1.9	1.7	1.5	0.67	60
2.0	1.8	1.5	0.70	64
2.1	1.8	1.6	0.74	67
2.2	1.9	1.7	0.77	70
2.3	2.0	1.8	0.81	73
2.4	2.1	1.8	0.84	76
2.5	2.2	1.9	0.88	80
2.6	2.3	2.0	0.91	83
2.7	2.4	2.1	0.95	86
2.8	2.4	2.2	0.98	89
2.9	2.5	2.2	1.02	92
3.0	2.6	2.3	1.05	95
3.1	2.7	2.4	1.09	99
3.2	2.8	2.5	1.12	102
3.3	2.9	2.5	1.16	105
3.4	3.0	2.6	1.19	108
3.5	3.1	2.7	1.23	111
3.6	3.2	2.8	1.26	115
3.7	3.3	2.8	1.30	118
3.8	3.3	2.9	1.33	121
3.9	3.4	3.0	1.37	124
4.0	3.5	3.1	1.40	127
4.1	3.6	3.2	1.44	130
4.2	3.7	3.2	1.47	134
4.3	3.8	3.3	1.50	136
4.4	3.9	3.4	1.54	140
4.5	4.0	3.5	1.61	146
	4.1	3.6	1.65	150
	4.2	3.7	1.70	155

SL2009-509/SBJ
2009 年 4 月

1.2.20 检修间隔的指导原则 — 经过更新的表格

适用机型：ME/ME-C、ME-B 和 MC/MC-C 柴油机

根据最新的维护经验以及检修状态（CBO）的经验，我们发布一份经过修订的检修间隔导则表格。该检修间隔导则适用于电控柴油机（ME 类型）和机械控制柴油机（MC 类型）。请注意，列表内的间隔时间仅适用于通常所称的具有高顶活塞的柴油机。高顶活塞是指活塞顶面距活塞环的高度明显高于原活塞。

对于具有高顶活塞的柴油机而言，检修时间通常可以按照表格内所述进一步延长，通常可以超过 32 000 小时。这就意味着能够获得 SL07-483/HRR 信函内所阐述的相关性能。

有关表格或检修状态的任何疑问和问题请通过电子邮件 leo@mandiesel.com 直接与 MAN 的运行部门取得联系，或者通过电子邮件 PrimeServ-cph@mandiesel.com 与 MAN 维护部门取得联系。

图 1　大缸径柴油机中气缸组的检修

ME-B 柴油机
检修间隔导则以及预期的维护寿命

部件	检修间隔 （小时）	预期维护寿命 （小时）	备注
气缸套	缸径规格 60-50　16 000 46-35　12 000	缸径规格 60-46　16 000 40-35　50 000	至少每月一次通过扫气口检查气缸的综合状态。
活塞环	缸径规格 60-50　16 000 46-35　12 000	缸径规格 60-35　16 000	
活塞冠	缸径规格 60-50　16 000 46-35　12 000	缸径规格 60-46　60 000 40-35　50 000	在第二次进行活塞检修期间进行压力测试，当需要时则进行翻修 / 重新镀铬（通常为每 24～32,000 小时进行一次）。活塞冠应当通过两次焊接的方式进行翻新。
填料箱	缸径规格 60-50　16 000 46-35　12 000 检查 lamellas	缸径规格 60-50　32 000 46-35　24 000 更新 lamellas	
排气阀阀杆以及底部部件	阀座和弹簧空气的检查： 缸径规格 60-35 第一次检查 1）6 000 缸径规格 50-35 后续检查 2）　16 000 缸径规格 60 后续检查 2）　32 000	缸径规格 50-35 双材料（DuraSpindle）排气阀　50 000 缸径规格 60 DuraSpindle 或镍铬钛合金（Nimonic）排气阀 100 000 通过阀座翻新和阀盘底部重新堆焊，得到双材料阀杆和镍铬钛合金阀盘。	通常，火焰喷涂（HVOF）涂层阀杆无需进行翻新： 通常只有轻微研磨的阀座才需要进行后续检查。 1）状态检查 按照《操作说明书》的规定检查气动弹簧。检查两个或三个阀门。 2）后续检查 状态检查 + 可能的全面检修。我们需要评估和计算下端阀杆翅片的最大烧损率，并且计算阀杆的使用寿命。 所有阀门都需要进行检查。
主液压泵	32 000	柴油机寿命时间	在检修时检查和更换轴承。如果需要的话则检查和更换气缸组和活塞。
用于主液压泵的比例阀		20 000	经过 20 000 小时之后则更换阀门
主液压泵的减压阀	40 000	柴油机寿命时间	在检修时更换密封件
排气阀驱动器	32 000	柴油机寿命时间	在检修时更换静态密封环
ELFI 阀门	32 000	64 000	如果需要进行检查、更换
喷油器	8 000 • 取决于燃油质量	阀门喷嘴　16 000 阀杆导承　16 000	如果需要进行检查、更换
燃油增压泵	32 000 • 根据柴油机观测情况确定	64 000 更换或翻修	在检修时更换液压活塞和吸入阀中的活塞环。

ME-B 柴油机
检修间隔导则以及预期的维护寿命

部件	检修间隔（小时）	预期维护寿命（小时）	备注
气缸盖		96 000	检查喷油器孔位置是否存在被燃烧的凹槽。如果需要的话则进行焊补，在使用寿命期间可以进行 2～3 次焊补
启动阀	12 000	柴油机寿命时间	
气缸注油器	24 000	柴油机寿命时间	检查正时和调整
十字头轴承 主轴承 曲轴 推力轴承	检查间隙和曲轴的偏转： 每年一次。 通过线规检查轴承边缘： 每年一次	64 000 96 000 96 000 96 000	除非轴承材料碎片掉落或者其它轴承检查测量显示时必须开启，否则禁止打开轴承
连接杆包括支撑螺丝	上紧连接杆和螺丝：每年一次	柴油机寿命时间	
贯穿螺栓	上紧：每年一次	柴油机寿命时间	
涡轮增压器	按照制造商的建议	按照制造商的建议	按照制造商的建议
空气冷却器	清洁： 根据柴油机观测情况	45 000 或按照制造商的建议	与试航数值相比，压差增加 50% 之前进行清洁
扫气箱内的口琴阀和蝶阀	在每次扫气口检查期间，查看移动情况	柴油机寿命时间	
各种燃油滤器和润滑油滤器	清洁： 根据柴油机观测情况		
油底壳	清洁： 32 000		通常在 5 年的入船坞期间完成。
链条	重新拧紧链条： 3 000～4 000 每六个月一次	96,000	经过 500、1 500 小时之后，新的或经过检修的链条需要进行检查 / 重新上紧。
HPS 和 HCU 上的蓄压器	N2 压力 3 000 橡胶膜片： 32 000	柴油机寿命时间	在 5 年之后则更换膜片
液压软管		32 000	在 5 年之后更换
角度编码器	目测检查： 6 000	64 000	如果发生故障则进行更换
标识传感器	目测检查： 6 000	64 000	如果发生故障则进行更换
MPC，MOP A，MOP B	目测检查： 6 000	64 000	如果发生故障则进行更换
电缆	目测检查： 6 000	96 000	如果发生故障则进行更换

编者注：DuraSpindle 表示“双材料”排气阀杆。镍铬钛合金材料广泛用于排气阀上，但由于加工工艺复杂、价格昂贵、成本高，因此改变了过去全部采用镍铬钛合金的排气阀，只在关键部位添加镍铬钛合金，其他部位均为普通材料，称之为“双材料”。

ME/ME-C 柴油机
检修间隔导则以及预期的维护寿命

部件	检修间隔（小时）	预期维护寿命（小时）	备注
气缸套	缸径规格 98-80　24 000 缸径规格 70-50　16 000	缸径规格 98-90　80 000 80-65　70 000 60-50　60 000	至少每月一次通过扫气口检查气缸的综合状态
活塞环	缸径规格 98-80　24 000 缸径规格 70-50　16 000	缸径规格 98-80　24 000 缸径规格 70-50　16 000	
活塞冠	缸径规格 98-90　24 000 缸径规格 70-50　16 000	缸径规格 98-90　80 000 80-65　70 000 60-50　60 000	在第二次进行活塞检修期间进行压力测试，当需要时则进行翻修 / 重新镀铬（通常为每 24～32 000 小时进行一次）。活塞头应当通过两次焊补的方式进行翻新
填料箱	缸径规格 98-80　24 000 70-50　16 000 检查 lamellas	32 000 32 000 更新 lamellas	
排气阀阀杆以及底部部件	阀座和气动弹簧的检查： 缸径规格 98-50 第一次检查 1)　6 000 缸径规格 98-50 后续检查 2)　32 000	缸径规格 98-60 Nimonic 排气阀 100 000 通过阀座翻新和阀盘底部重新堆焊，得到双材料阀杆和镍铬钛合金阀盘。	通常，HVOF 涂层阀杆无需进行翻新： 通常只有轻微研磨的阀座才需要进行后续检查 1）状态检查 按照《操作说明书》的规定检查气动弹簧。检查两个或三个阀 2）后续检查 状态检查 + 可能的全面检修。我们需要评估和计算下端阀杆翅片的最大烧损率，并且计算阀杆的使用寿命。所有阀盘都需要进行检查
主液压泵	32 000	柴油机寿命时间	在检修时检查和更换轴承。如果需要的话则检查和更换气缸组和活塞
主液压泵的比例阀		20 000	在 20 000 小时之后更换阀门
主液压泵的减压阀	40 000	柴油机寿命时间	在检修时更换密封件
排气阀驱动器	32 000	柴油机寿命时间	在检修时更换静态密封环
FIVA 阀门	32 000	64 000	如果需要进行检查、更换
喷油器	8 000	阀门喷嘴　16 000 阀杆导承　16 000	如果需要进行检查、更换
燃油增压泵	32 000	64 000 更换或翻修	在检修时更换液压活塞上的活塞环和吸入阀

ME/ME-C 柴油机

检修间隔导则以及预期的维护寿命

部件	检修间隔（小时）	预期维护寿命（小时）	备注
气缸盖		96 000	检查喷油器喷嘴孔位置是否存在被燃烧的凹槽。如果需要的话则进行焊补，在使用寿命期间可以进行 2～3 次焊补
启动阀	12 000	柴油机寿命时间	
气缸注油器	24 000	柴油机寿命时间	检查正时和调整情况
十字头轴承 主轴承 曲轴 推力轴承	检查间隙和曲轴的偏转： 每年一次 通过线规检查轴承边缘： 每年一次	64 000 96 000 96 000 96 000	除非轴承材料碎片掉落或者其它轴承检查、测量显示必须开启，否则禁止打开轴承
包括平衡螺丝的连杆？	上紧连杆和螺钉： 每年一次	柴油机寿命时间	
贯穿螺栓	上紧： 每年一次	柴油机寿命时间	
涡轮增压器	按照制造商的建议。	按照制造商的建议。	按照制造商的建议
空气冷却器	清洁： 根据柴油机观测情况	45 000 按照制造商的建议。	与试航数值相比，压力差增加 50% 之前进行清洁
扫气接收器内的口琴阀和蝶阀	在每次扫气口检查期间，查看移动情况	柴油机寿命时间	
各种燃油过滤器和润滑油过滤器	清洁： 根据柴油机观测情况		
油底壳	清洁： 32 000		
链条	重新拧紧链条： 3 000～4 000 - 每六个月一次	96 000	通常在 5 年的入船坞期间完成。
液压泵的驱动齿轮	第一次检查： 500 后续检查： 6 000	齿轮：柴油机寿命时间 齿轮轴承： 96 000	
HPS 和 HCU 上的蓄压器	N2 压力： 3 000 橡胶膜：片 32 000	柴油机寿命时间	在 5 年之后则更换膜片
液压软管		32,000	
MPC，MOP A，MOP B	目测检查： 6 000	64 000	如果发生故障则进行更换
CCU 和 ACU 放大器	目测检查： 6 000	64 000	如果发生故障则进行更换
LVDT 和 LDI 液压泵放大器	目测检查： 6 000	64 000	如果发生故障则进行更换
燃油增压传感器	目测检查： 6 000	64 000	如果发生故障则进行更换
排气阀传感器	目测检查： 6 000	64 000	如果发生故障则进行更换
角度编码器	目测检查： 6 000	64 000	如果发生故障则进行更换
标识传感器	目测检查： 6 000	64 000	如果发生故障则进行更换
电缆	目测检查； 6 000	96 000	

MC/MC-C 柴油机

检修间隔导则以及预期的维护寿命

部件	检修间隔（小时）	预期维护寿命（小时）	备注
气缸套	缸径规格 98-50 16 000 46-26 12 000	缸径规格 98-90 80 000 80-70 70 000 60-50 60 000 46-35 50 000 26 40 000	至少每月一次通过扫气口检查气缸的综合状态
活塞环	缸径规格 98-50 16 000 46-26 12 000	缸径规格 98-50 16 000 46-26 12 000	
活塞冠	缸径规格 98-50 16 000 46-26 12 000	缸径规格 98-90 80 000 80-70 70 000 60-50 60 000 46-35 50 000 26 40 000	在第二次进行活塞检修期间进行压力测试，当需要时则进行翻修 / 重新镀铬（通常为每 24 ~ 32 000 小时进行一次）。活塞头应当通过两次焊补的方式进行翻新
填料箱	缸径规格 98-50 16 000 46-26 12 000 检查 lamellas	缸径规格 98-50 32 000 46-26 24 000 更新 lamellas	
排气阀阀杆以及底部部件	阀座和空气弹簧的检查： 缸径规格 98-35 第一次检查 1) 6 000 缸径规格 50-35 后续检查 2) 16 000 缸径规格 98-60 后续检查 2) 32 000	缸径规格 50-35 DuraSpindle 排气阀 50 000 缸径规格 60 DuraSpindle 或 Nimonic 排气阀 100 000 通过阀座翻新和阀盘底部重新堆焊，得到双材料阀杆和镍铬钛合金阀盘。	通常，HVOF 涂层阀杆无需进行翻新： 通常只有轻微研磨的阀座才需要进行后续检查。 1）状态检查 按照《操作说明书》的规定检查气动弹簧。检查两个或三个阀门。 2）后续检查 状态检查 + 可能的全面检修。我们需要评估和计算下端阀杆翅片的最大烧损率，并且计算阀杆的使用寿命。所有阀盘都需要进行检查
驱动机构	液压系统 32 000	64 000	
喷油器	8 000 取决于燃油质量	阀门喷嘴 16 000 阀杆导承 16 000	进行检查，如果需要则进行更换
燃油泵柱塞和套筒，吸油阀，泄油阀和缓冲器	16 000 根据柴油机观测情况确定 8 000 适用吸油阀和泄油阀	更新或翻新： 40 000	改变套筒内的密封环，柱塞，泄油阀和吸油阀
气缸盖		96 000	检查喷油器喷嘴孔位置是否存在被燃烧的凹槽。如果需要的话则进行焊补 在使用寿命期间可以进行 2 ~ 3 次焊补
起动阀，安全阀和示功考克	12 000	柴油机寿命时间	

MC/MC-C 柴油机

检修间隔导则以及预期的维护寿命

部件	检修间隔 （小时）	预期维护寿命 （小时）	备注
Alpha 气缸 注油系统	检查 / 重新加注蓄压器 8 000 润滑器检修 32 000	柴油机寿命时间	
十字头轴承 主轴承 曲轴 推力轴承	检查间隙和曲轴的偏转：每年一次 通过线规检查轴承边缘：每年一次	64 000 96 000 96 000 96 000	除非轴承材料碎片掉落或者其它轴承检查测量显示必须开启，否则禁止打开轴承
用于燃油泵和排气阀的凸轮导轨	在现场检查其状态 1 500	柴油机寿命时间	检查运行表面以及凸轮是否能够自由转动
链条	拧紧链条 3 000～4 000 每六个月一次	96 000	在 500, 1500 小时之后，新的或经过检修的链条必须进行检查 / 重新拧紧
链轮和导板橡胶	目测检查 3 000～4 000	链轮： 96 000 导板： 32 000	在总寿命期的 500, 1000 和 1500 小时之后进行首次检查和重新上紧
倒车齿轮和调速齿轮	检查运动部件 3 000～4 000	柴油机寿命时间	气动 / 液压调速器：每 4 000 小时换油
连接杆，包括支撑螺丝	上紧连接杆和螺丝：每年一次	柴油机寿命时间	
贯穿螺栓	上紧：每年一次	柴油机寿命时间	
涡轮增压器	按照制造商的建议	按照制造商的建议。	按照制造商的建议。
空气冷却器	清洁： 根据柴油机观测情况	45 000	与试航数值相比，压力差增加 50% 之前进行清洁
扫气接收器内的口琴阀和蝶阀	在每次扫气口检查期间，查看移动情况	柴油机寿命时间	
各种燃油和润滑油滤器。凸轮轴滤器和 TCS 滤器，如果有的话	清洁： 根据柴油机观测情况		
油底壳	清洁： 32 000		通常在 5 年的进船坞期间完成

SL2009-510/SBJ

2009 年 4 月

1.2.21 在寒冷区域停航船舶的柴油机的保养

适用机型；B&W Diesel：MC、MC-C、ME、ME-C、ME-B 以及 MAN Diesel 四冲程 GenSets：L16/24、L21/31、L27/38、L32/40、L23/30（H）、L28/32（H）柴油机

最近，我们收到船东提出的有关未明确期限船只存放的指令。由于此目的，我们起草了一份建议（No.0743581-8，见附件）。该建议涉及主柴油机和辅助柴油机停止操作并且处于寒冷状态下的长期存放程序。

如果您对此建议存在任何疑问或问题，请通过电子邮件 leo@mandiesel.com 与我们的部门取得联系。

目录

1 范围和应用领域

此建议涉及一个未明确期限的船只存放程序，其中需要对机舱和柴油机进行合理的监管。

此建议仅应当被用作为指导原则。船东有责任确保在存放期间进行适当的维护和检查。

在存放期间内，我们预计主机和副机不会运行，并且在寒冷状态下如下所示：

• 燃油系统和润滑油系统被加满并且未运行。

• 冷却水系统被加满并且未运行。

• 柴油机内的环境应当被除湿器控制，并且保持在 50% 相对湿度以下。

我们应当从外部电源提供足够的供电，以便用于维护，并且每月对主润滑油泵进行一次运行的操作。

2 参考文件

参考文件请参阅 MAN Diesel 建议 No 0743350-6；有关主柴油机处于温暖状态下船只的存放建议，例如，通过一个持续运行的辅助柴油机加热冷却水系统。

3 存放之前的准备工作

我们强烈建议制作一份存放核对表，以便确保在存放期间内，以及在存放周期之后柴油机第一次启动之前，从“正常”港口停泊状态正确转换为存放维护状态。

3.1 在停止主机和副机之前

燃油系统

通过以下步骤，在 MDO（船用柴油）状态下操作主机和副机：

遵循从重油（HFO）至 MDO 的更换程序。

当更换工作完成时，在满负荷情况下采用 MDO 操作主柴油机达 1 小时或者至少在 75% 负荷情况下操作 2 小时，以便冲刷出高压油泵、高压油管和喷油器内的重油，并且清洁排气系统。

对于每台柴油机而言，在 MDO 状态下操作副机达至少 1 小时，以便在存放之前通过按照从 HFO 至 MDO 的转换程序，从而冲刷出高压油泵、高压油管和喷油器内的重油。

涡轮增压器

通过软喷砂的方式清洁涡轮机侧。

用水冲洗涡轮机侧（如果在干燥周期之后速度增加期间观察到涡轮机轴震动：则继续用水冲洗）。

如有必要，再次软喷砂清洁涡轮机侧。

通过水洗的方式清洁压气机叶轮。

空冷器

如果认为必要的话，按《操作说明书》内所述的船只存放之前适时清洁空冷器空气侧。

3.2 在停止主机和副机之后

在停止柴油机之后，保持主滑油泵和缸套冷却水泵运行至少 15 分钟。这将防止活塞顶部和燃烧室过热。

当采用 MDO 进入主柴油机的燃油系统时，请确保燃油进口管道的阀门以及主柴油机燃油出口管路的阀门被关闭，并且保持旁通阀开启。还请关闭高压油泵入口管路内每个高压油泵的球型截止阀。副机可以被改回 HFO 状态，或者继续在 MDO 状态下运行，直至其最终停止。

在停止发电柴油机之后，请确保燃油入口管路的阀门和每个发电柴油机燃油出口管路的阀门被关闭，并且保持旁通阀开启。

如果主柴油机和发电柴油机具有单独的燃油系统，则应当对两种燃油系统执行此程序。

请将已关闭的阀门置于锁定位置，以防止在存放期间被误操作。

4 机舱和控制室

在机舱和控制室内保持建议的温度和湿度，以对机械和电气设备提供最佳保养。

4.1 机舱

机舱的温度应当大于 0℃。

如果机舱的温度低于 10℃，可能会对柴油机的除湿器能力产生影响，并且可能需要更大型的除湿器。请参阅本文第 9 章节。

请保持机舱的良好通风。

4.2 控制室

控制室温度：20～25℃

湿度：40～50% RH

空调：恒定开启

5 辅助供应系统

5.1 燃油系统

对于燃油的处理和保养而言，我们建议与油品公司取得联系以便获得建议和意见。

HFO 和 MDO 燃油内的高温（尤其是在热带水域内）和高含水量将增加微生物生长的风险。为了使这种风险最小化，至关重要的就是对燃油进行监控，并且将含水量保持在低于 0.3%。我们建议，考虑在燃油内使用抗微生物剂，以避免微生物的繁殖。

在油品老化过程期间燃油内可能累积某些酸性产品。这些酸性产品可能导致腐蚀。通过向日用油柜添加少量的抗氧化添加剂以及适合于此应用的防腐蚀添加剂，这将有助于使这种影响最小化。在添加之后要将燃油循环 1 小时。

每月一次，对 HFO/MDO 燃油样本进行实验室取样，并分析含水量和微生物繁殖情况。燃油内含水量的上限为 0.3%。

每六个月对燃油循环泵运行 1 小时。

如果主机和副机具有单独的燃油系统，则应对两个燃油系统执行此程序。

5.2 缸套冷却水系统（高温，HT）

禁止排放缸套冷却水系统，以防止发生腐蚀。每月对冷却水进行一次 1 小时的循环。

请注意！缸套冷却水系统不能暴露在低于 0℃的温度中。

向缸套冷却水系统内添加锈蚀抑制剂。在对水进行循环之后进行取样和分析。如有必要，进行校正。请遵循锈蚀抑制剂制造商的建议。

一旦缸套冷却水系统被暴露在低于 0℃的温度中，则应当添加乙二醇以便获得充分的保护。在启动柴油机之前，缸套冷却水系统必须被排空，并且采用经过处理的淡水重新加注。

5.3 中央冷却水系统（低温，LT）

禁止排空中央冷却水系统，以避免发生腐蚀。每月对冷却水进行一次 1 小时的循环。

我们期望中央冷却水系统不会被暴露至低于 0℃的温度中。

向中央冷却水系统内添加锈蚀抑制剂。在对水进行循环之后进行取样和分析。如有必要，则进行校正。请遵循锈蚀抑制剂制造商的建议。

如果中央冷却水系统被暴露至低于 0℃的温度中，则必须添加乙二醇以便获得充分的保护。在启动柴油机之前，中央冷却水系统必须被排空，并且采用经过处理的淡水重新加注。

5.4 控制空气供应系统

泄放尽系统内的冷凝水。向柴油机提供控制空气和操纵空气供应的阀门必须关闭。

6 主柴油机的保养

主柴油机的保养必须在船只存放之后立即执行。

在整个船只存放期间内，保养维护工作必须定期执行。

6.1 油品的保养

所有较大型的油品公司都将提供可用的保养油。某些示例所列如下。我们还可以使用具有高质量的其他保养油。

至关重要的是保养油应能溶入滑油，而不破坏滑油质量。请与您的主润滑油供应商取得联系以便获得相关建议。

Esso Rust Ban 392

Tectyl 502-C, 930

Mobilarma 500

Dinitrol 40

BP Protective oil 20

Chevron EP Industrial oil 100-150

Shell Ensis Engine Oil SAE 30W

6.2 主润滑油系统

请注意，应有足够供电，确保润滑油泵的运行。

在盘车之前，启动主润滑油分油机，预热 24 小时。

在每月一次盘车之前，提前将主滑油系统起动并运行 1 小时。

当盘车时保持润滑油系统的运行。

在船舶存放期间无需对润滑油进行加热。

在停止分油机之后，每月一次，化验在船润滑油样本的含水量（MAN Diesel 公司的上限为 0.2%），并且记录含水量水平。

作为一种替代措施，我们建议实验室化验油样本的含水量。

6.3 单独的凸轮轴润滑油系统和液压供油系统

在分油机停机之后，每月一次对润滑油的含水量进行化验（MAN Diesel 公司的上限为 0.2%）。分析滑油状况，并且记录含水量水平。

作为一种替代措施，我们建议实验室化验油样本的含水量。

6.4 气缸油注油器

关闭通向注油器的气缸油入口。

6.5 排气阀

在船舶存放期间，排气阀开启。如果船舶控制 / 工作空气系统在船只存放期间被切断，该阀门将始终保持开启。船舶存放期间，排气阀气动弹簧室的侧壁表面需要进行防腐蚀保护。该表面可以采用以下系统油进行保护。我们应当准备对 MC 和 ME 柴油机的下列保养程序。

对于两种类型的柴油机而言，用于排气阀驱动液压油是通过排气阀顶部的一个小孔进行持续更新。对于 MC/C 柴油机而言，被替换的油将直接流向气动活塞的顶部。对于 ME/ME-C 排气阀而言，排放的油将通过内部直接流向公用排放管路，即，油将不会流向气动活塞的顶部。

MC/MC-C/ME-B 柴油机

在柴油机最终停机之后，保持主润滑油泵运行，并且执行以下操作：

逐个拆除排气阀气动弹簧管路，并且顶开止回阀进行打孔（请注意！油 / 空气混合物将通过被顶开的止回阀释放）。一旦空气弹簧腔室的压缩空气通过止回阀释放，排气阀呈开启状态，采用滑油泵所提供的系统油加注在气动活塞上方的气动弹簧腔室。

当所有的排气阀均被开启，而且弹簧空气室加注了润滑油之后，气动弹簧止回阀则应当拆除。通过拆卸止回阀的孔，将保养油喷入气动弹簧活塞下方的气动弹簧空间内，之后则安装止回阀。

上述程序仅应执行一次。每个月启动主润滑油泵使柴油机转动之后，气动弹簧腔室将会将重新加注。

ME/ME-C 柴油机（图 1）

柴油机最终停机并且主润滑油泵停止之后，通过泄放弹簧空气进口止回阀，从而逐个开启排气阀。

当排气阀开启后，每个排气阀的公共泄放管路将被拆除。油可以通过下列方式被加注入气动活塞上方的空间内：

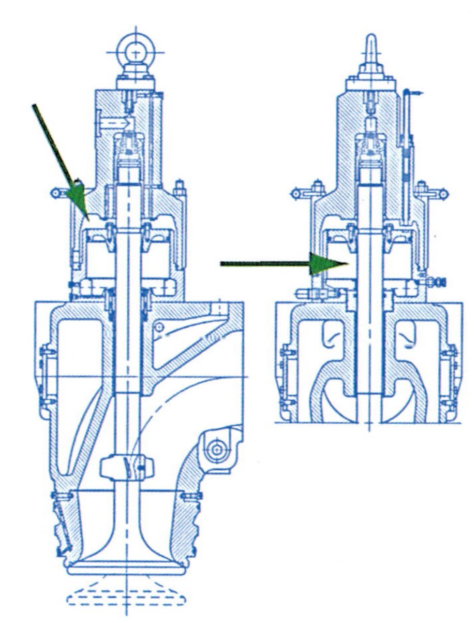

图 1　ME/ME-C 柴油机排气阀

（1）通过一根柔性软管将容器与泄放孔连接。

（2）将容器移到气动弹簧腔室上方调平，并且向容器内加注油。

（3）持续加注，直至油不再流入气动弹簧腔室内为止。

（4）将容器移到气动弹簧腔室下方，以便在拆除柔性软管之前泄放过多的油（因此将排除溢油的状况）。

（5）按照 MC/C 排气阀的规定保护气动活塞下方的腔室。

上述程序仅应进行一次而已。在六个月之后，我们建议按照步骤 1～4 将气动弹簧腔室重新加注至高于气动活塞。即建议在主滑油泵操作期间，该腔室不会自动加注（图 2）。

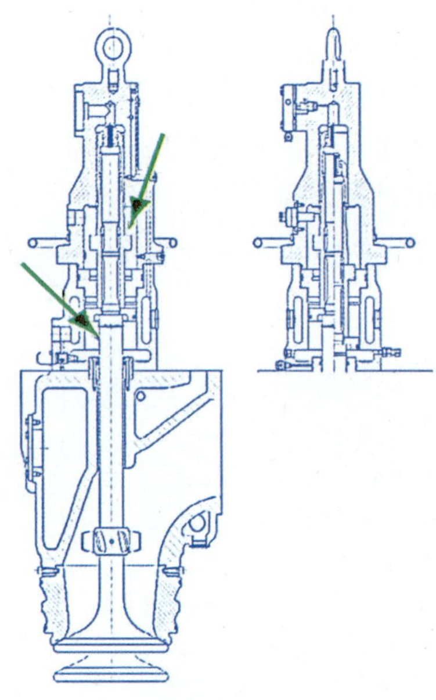

图 2　MC/MC-C 柴油机排气阀

6.6 高压油泵

高压油泵必须通过关闭每个泵的入口阀从而将其与燃油供应管路相隔离。加注有 MDO 的泵壳体以及泵喷射部件将受到防腐蚀保护。

MC/MC-C 柴油机（图 3）

通过使用滚轮导轨壳体内的提升工具将所有燃油滚轮导轨提升上来离开凸轮。

对于配有燃油喷射设备并且配有可变喷射正时 VIT 是对 MC/MC-C 柴油机而言。

请采用保养油保护泵的以下空间：

（1）用于燃油调节的齿条（油门杆）以及用于正时的齿条（VIT 杆）。

松开和拆除齿杆的接头以及指针，在向齿杆施加保养油的同时将齿条内外移动。

（2）VIT 调节指导原则（图 4）

在高压油泵壳体基座处，将密封塞子伸入 VIT 调节导承内。通过孔向调节导承施加保养油，并且通过上述塞子进行密封。

（3）柱塞导套和顶盖之间的空间。

从柱塞导套上方空间的泄放端（通常是一个外部泄放管路）应当被拆除。通过开启泄放孔，将保养油喷射入上述空间内，即柱塞导套与顶盖之间的空间。

（4）拆除高压油泵基座上的盖子，并且将保养油喷射入密封帽、燃油喷射泵柱塞下端和底部法兰位置。重新安装盖板。

（5）对于高压油泵驱动装置的保养，则拆除凸轮轴箱上的盖板，并且将保养油喷射入滚柱导轨的弹簧和上端部件中。重新安装盖板。

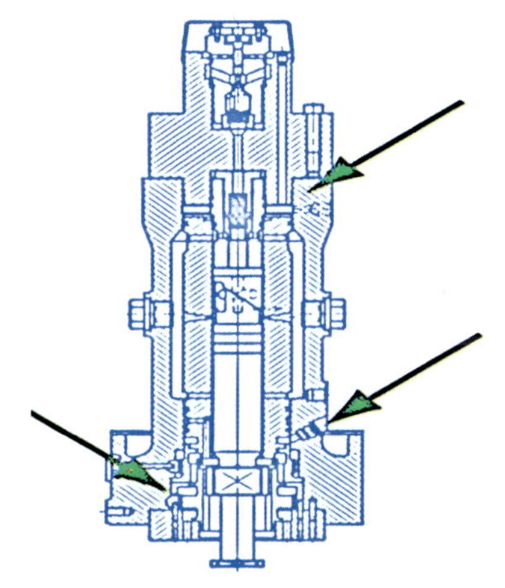

图 3　MC/MC-C 柴油机高压油泵

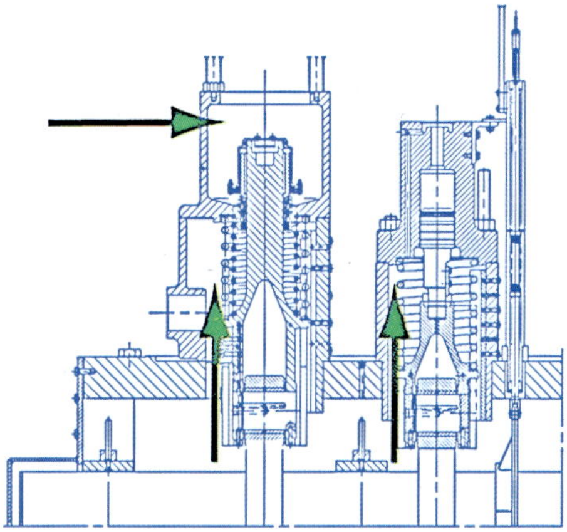

图 4　高压油泵 VIT 调节机构

6.7 燃油喷油器

由于下列原因，我们并不建议逐个检修和重新安装燃油喷油器。

柴油机停机之后随即对燃油喷油器进行检修将增加系统内进入空气的风险。空气将导致内部腐蚀。

只有当通过开启高压油泵入口管路内的球形阀并重新安装之后才能向燃油喷油器注油。对于发电柴油机和主柴油机而言，如果燃油喷油器的供给和循环系统是相同的，那么发电柴油机的 HFO 操作将导致此燃油混入刚刚经过检修的主柴油机喷油器。

ME/ME-C/ME-B 柴油机（图 5）

拆除传感器，并且将保养油喷射入锥形帽和柱塞下端部件以及筒的底部表面。重新安装传感器。

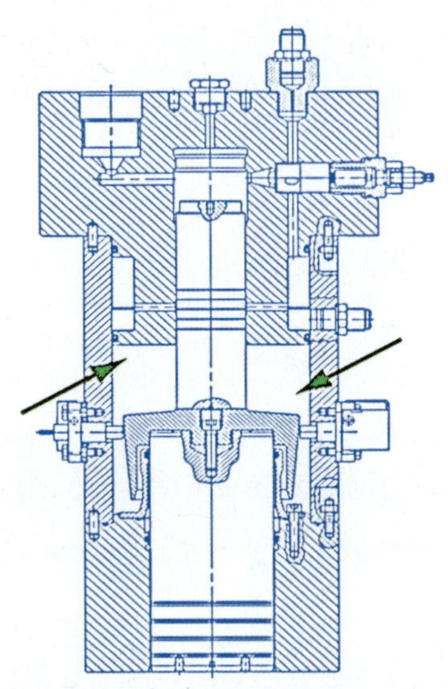

图 5　ME/ME-C/ME-B 柴油机高压油泵

船舶存放期间，喷油器检修或重新安装之后所发生的任何泄漏都可能不会被观测到。位于每组燃油喷油器再循环管路内的止回阀应该关闭，但是一旦发生泄漏，那么船只存放期间，高压油泵入口管路内关闭的球型截止阀将阻止 HFO 进入燃油喷油器。

6.8　机械调速器

请遵循调速器制造商的《维护保养说明书》。

如果无法获得保养手册，则可以按以下行使，其仅用于指导用途：

采用具有相同特性的新润滑油更换调速器内的润滑油。

6.9 柴油机外侧的往复部件

向柴油机外侧的所有往复部件中施加防锈保养油（燃油油门刻度，VIT 油门刻度和燃油齿条等）。

6.10 外部的已加工表面

向柴油机外部的所有已加工表面施加 Tectyl 502C。

6.11 曲轴箱防爆门

请遵循制造商的《维护保养说明书》。

如果无法获得有关防爆门防锈蚀保护的相关信息，我们建议采用 Dinitrol 40 或类似的保养油喷射至灭燃器钢板。

一旦在防爆门周围执行涂装、焊接或研磨作业等可能对其造成损坏的工作时，则应当对防爆门进行适当保护。

6.12 辅助风机

保持辅助风机电动机烘潮电阻接通持续电加热。

6.13 用于空气冷却器的冷却水系统

如果空气冷却器采用海水进行冷却，建议关闭通向冷却器的海水进、出口阀，并且拆除连接至空气冷却器的管路。

将淡水冲刷软管连接至冷却器的法兰上。当冷却器被淡水充分冲刷之后，采用添加有锈蚀抑制剂的淡水加注冷却器。密封下端法兰，并且将软管端从上端法兰固定至冷却器上方一米的位置。禁止封堵软管的开口，因为水无法在不损坏冷却器的情况下进行膨胀。

6.14 活塞杆填料箱

在船舶存放之后立即清洁缸套下方的扫气室以及扫气筒本身。为了中和填料箱内油品所包含的任何冷凝酸性物质，应盘车的同时向每个填料箱内灌注气缸润滑油。

6.15 柴油机内的部件

对柴油机内的部件进行保养时，保持主润滑油泵和凸轮轴油泵（如果有的话）运行，直至盘车完成为止。

在进行第一次保养之前：开起扫气箱，并且通风至少一小时。在开始保养之前清洁扫气箱。

• 扫气箱的保养，包括气缸缸套，活塞杆和活塞头

当活塞处于底部位置时，通过扫气口向缸壁和活塞头顶部喷射保养油。

当盘车的同时向活塞环喷射保养油。每个气缸重复一次此操作。从此程序开始至结束，曲轴必须精确转动 3 ½ 转。

停止润滑油泵和凸轮轴油泵（如果有的话）。至少在曲轴箱保养之前 1 小时，应将曲轴箱内的润滑油排空。

• 曲轴箱内部的保养

向内侧往复部件、导轨、链条驱动机构、链轮等的表面喷射保养油，并且将盖子拧紧。

• 凸轮轴的保养

向凸轮箱内喷射保养油，包括凸轮，滚柱和滚柱导轨，并且重新安装盖子。

6.16 柴油机排气管和曲轴箱通风管

在船舶存放期间，盖好烟道顶部主柴油机排气管的盖子，防止雨水和灰尘进入。

在曲轴箱与曲轴箱通风管之间插入一个盲板法兰。此操作必须与除湿器的连

接准备工作相关。

如果通风管的顶部被暴露至雨水和灰尘中，我们建议将通风管的顶部盖上盖子。

6.17 起动空气分配器

拆除起动空气分配器，并且对其内部部件施加锂基润滑脂以便进行保养。按照《维修保养手册》组装起动空气分配器。

6.18 主启动空气管路

保持主起动空气管路的干燥：拆除管道的端盖，将干燥剂袋放入管路内，并且重新安装端盖。

6.19 排气总管

在拆除涡轮增压器进气管道之后，则采用一个 3～5mm 厚度的钢板封堵排气总管出口。其盖板与补偿器的法兰相适应。

6.20 涡轮增压器和排气管道

采用 3～5mm 厚度的钢板封堵涡轮增压器出口与排气管道之间的连接。钢板盖板的目的是避免灰尘，并且如果排气系统的集水盘发生故障，则应可以保护涡轮增压器免受雨淋。

对于涡轮增压器的保养，请参阅本文第 8 节。

6.21 除湿器的连接

按照第 9 节内所述连接和操作除湿器。

7 柴油发电机的保养

柴油发电机的保养工作必须在船上存放结束之后立即进行。在整个船只存放期内保养维护工作必须定期进行，并且必须与除湿器连接。请参阅本文第 9 节和 10 节。

7.1 润滑油系统

我们期望将能获得足够的电力供应，以便预润滑油泵运行。

当盘车时保持预润滑油泵的运行。

在船舶存放期间将无需加热润滑油。

起动润滑油分油机，并且在每月盘车之前起动分油机预热 24 小时。

在每月一次盘车之前将预润滑油泵启动并运行 1 小时。在保养作业期间将曲轴转动 3 $^1/_2$ 转。在保养工作完成之后禁止盘车。

在停止分油机之后，每月对润滑油样本的含水量进行一次分析（MAN Diesel 的上限为 0.2%）。进行船只上的分析工作，并且记录含水量水平。

作为一种替代措施，我们建议由实验室来分析油样本的含水量。

7.2 机械调速器

请遵循调速器制造商的《维护保养说明书》。

如果无法获得《维护保养说明书》，可采用以下方法，其仅供指导用途：

• 采用相同特性的新润滑油更换调速器内的润滑油。

7.3 柴油机外部的往复部件

对柴油机外部的所有往复部件施加防锈蚀保养油（燃油油门刻度，燃油齿条，调节轴等）。

7.4 经过加工的外部表面

向柴油机外部的所有已加工表面施加 Tectyl 502C。

7.5 气阀机构

拆除气阀机构的盖板，并且施加保养油，重新安装盖板。

7.6 曲轴箱内部的保养

拆除曲轴箱的道门，并且向内部往复部件的表面、齿轮以及经过加工的表面喷射保养油，重新安装道门。在保养作业期间除湿器必须停止工作。

7.7 凸轮箱的保养

拆除凸轮箱的盖板，向凸轮轴内喷射保养油，包括凸轮、滚柱和滚柱导轨，并且重新安装盖板。

7.8 气缸套，活塞头和活塞环的保养

从气缸盖上拆除示功考克，并且向每个气缸内添加大约 1/3 升保养油。重新安装示功考克并开启。盘车完成后，关闭示功考克。

请注意！对于 L16/24 型号无示功考克的气缸而言，则拆除燃油喷油器。

7.9 涡轮增压器和泄放管路

采用 3～5mm 厚度的钢板封堵涡轮增压器排气口与排烟管之间的连接。此钢板的目的是避免灰尘，并且如果泄放系统集水盘故障则应保护涡轮增压器免受雨淋。对于涡轮增压器的保养，请参阅本文第 8 节。

7.10 发电柴油机泄放管路和曲轴箱通风管路

在船舶存放期间盖上烟道顶部柴油发电机排气管路的盖板，以防止灰尘和雨水侵蚀。

在曲轴箱与曲轴箱通风管之间插入一个盲板法兰。此工作必须在除湿器的连接准备作业过程中进行。

如果通风管的顶部被暴露至雨水和灰尘中，我们建议覆盖通风管顶部。

7.11 扫气箱

将一个干燥剂袋放置在扫气箱内侧。请在干燥剂袋下方放置一个集水盘，以避免发生点蚀。

7.12 交流发电机

在静置状态下，必须连接交流发电机加热部件，或者必须设置类似的加热部件，以避免交流发电机内侧出现水汽凝结。在船舶存放期间，交流发电机的加热部件必须持续工作。

我们必须在已加工表面、轴承部件上、轴上以及轴衬垫处进行防腐蚀保护。

轴承必须采用 Mobilarma 524 或类似保护油进行加注。

7.13 除湿器的连接

请按照本文第 9 节所述连接和操作除湿器。

8 涡轮增压器的保养

在拆除和保养涡轮增压器之前，请与涡轮增压器制造商联系。

请遵循涡轮增压器制造商的建议。

以下保养作业范围仅用于指导用途。

8.1 保养

关闭润滑油进口阀或者封堵通向涡轮增压器的进口管路。

拆除进气壳体，消音器和插件。

按照手册规定拆除转子，喷嘴环。

清除所有气体空间和涡轮机进口和出口处的沉积物。

采用沸水清洁转子和喷嘴环。在施加保养油之前所有表面都必须干燥。保养油必须能溶解入润滑油内。

将转子和喷嘴环储存在一个有盖子的夹合板箱内，并且放置在一块干燥的储存空间内。请确保转子被支撑在轴颈轴承区域内。支撑区域必须采用一个铜质金属板进行覆盖。在转子放置在支撑件上之前施加保养油。压缩机叶轮和涡轮机叶片不得与其他部件发生任何接触。

将被拆除的壳体和消音器储存在一个干燥的储存空间内。

向轴承和轴承壳体内侧施加保养油，并且覆盖所有开口。

采用 3～5mm 厚度的钢板封堵涡轮机进口和出口法兰以及涡轮增压器壳体上的压缩机法兰。

8.2 涡轮增压器的维护保养。

请与涡轮增压器制造商联系，并且遵循涡轮增压器制造商的建议。

以下维护保养作业范围仅用于指导用途：

• 每月检查一次涡轮增压器的壳体以及所有被拆除的部件。如有必要，则施加保养油。

8.3 前六个月存放期间的替代措施

作为涡轮增压器拆卸以及本文 8.1 节内保养的替代措施，在船上存放期的前六个月内，涡轮增压器可以在组装状态下静置。然而，我们需要进行以下准备工作：

拆除进气壳体，并且采用 3～5mm 厚度的钢板封堵涡轮机的进口。

采用 3～5mm 厚度的钢板封堵涡轮机出口法兰。

采用一块帆布牢固覆盖消音器。

润滑油的进口必须被连接至涡轮增压器，并且润滑油进口阀门必须开启。

在滑油泵每月操作期间，涡轮机进口的盖板应当被拆除。随后就可以进行检查，并且转动转子，将润滑油均匀分布在轴承上。

在停止润滑油泵之后，则检查和重新安装盖板。

9 除湿器的连接和操作

9.1 除湿器以及系统的连接原理

除湿器必须通过柔性软管被连接至柴油机。使用钢丝增强型塑料软管，即通风系统内所使用的常用软管。该软管不得超出必要的长度，并且应当避免产生折角的弯曲。

使用一台除湿器对扫气阀箱和排气总管（系统 1）进行干燥空气的循环，并且采用一台除湿器对凸轮轴壳体、链条壳体和曲轴箱（系统 2）进行干燥空气循环。如果链条箱被放置在柴油机中央位置，则须使用两台除湿器对凸轮轴壳体、链条箱和曲轴箱（系统 2 + 系统 3）进行干燥空气循环。

系统 1

将干燥空气出口（处理空气）从除湿器连接至配有柔性软管的机架最上端的盖板。

从机架最上端盖板处连接一根柔性软管至排气总管船尾端人孔盖板上的临时盖板上，或者当配有不止一台涡轮增压器时，则连接至最船尾端进气管补偿器上涡轮增压器。

从最前端进气管涡轮增压器补偿器位置连接一条柔性软管至除湿器的处理空气出口。

除湿器应当被放置在船首端的顶部走廊内。

系统 2

将除湿器的干燥空气出口（处理空气）连接至配有柔性软管的凸轮轴壳体上最前端盖板上的临时盖板处。对于 ME/ME-C 而言，则连接至链条箱上的一个临时盖板。

从最前端安全阀处的一个临时盖板位置连接一个柔性软管至除湿器的处理空气进口。

除湿器应当放置在船首端操纵侧的下端走廊内。

系统 3（与系统 2 相结合）

将与系统 2 内相同规格的第二除湿器的干燥空气出口（处理空气）连接至配有一个柔性软管的凸轮轴壳体上船尾最末端盖板处的一个临时盖板上。对于 ME/ME-C 而言，则连接至链条箱上的一个临时盖板上。

从船尾最末端安全阀处的临时盖板上连接一条柔性软管至除湿器的处理空气进口。

除湿器应当放置在船尾端操纵侧的下端走廊内。

请注意！请将系统 2 和系统 3 的软管保持相同的长度。

回收空气进口取自于机舱的回收空气。

回收空气出口（潮湿空气）被引入机舱内（机舱必须充分通风），或者可以安装一条软管将回收空气导引至机舱外部。如果安装了一条将潮湿空气导引至机舱外部的软管，软管端必须小心固定，并应对开口进行保护，防止灰尘、雨水和机械损坏。请避免折角弯曲，并且采用 U 型弯作为锁水措施。

请保持机舱的通风良好。

按照制造商的建议放置除湿器，并且对其进行保护防止可能的机械损坏。

按照制造商的建议，此类除湿器必须配有孔口。

除湿器连接原理图，请参阅本文第 9.5 章节。

9.2 除湿器工作原理和建议类型

除湿器主要有两种工作原理：

吸收类型

• 潮湿空气（处理空气）通过一个装有吸收剂部件的密闭系统内循环，空气中的水分被吸收剂吸收。吸收剂部件将连续转动，并且在另一个舱室内，被加热的空气（回收空气）通过吸收剂部件进行鼓风，去除吸收剂部件中的水分。因此，我们建议采用这种类型的除湿器。

凝结器类型

• 潮湿空气（处理空气）通过一个冷凝器，在此通过对空气进行冷却，将水分凝结。凝结器类型除湿器无法在低温下运行，而吸收器类型除湿器则可以，因此，我们不建议采用这种类型的除湿器。

建议的吸收器类型除湿器工作原理，参见图 6。

9.3 除湿器的选择

除湿器必须具有充分的能力，以便保持柴油机内的湿度低于 50%RH。所需的除湿器能力各不相同，因为除湿器的效率取决于环境温度和湿度。

当起动除湿器时，柴油机内的空气湿度在最大 48 小时内应当低于 50%RH。如

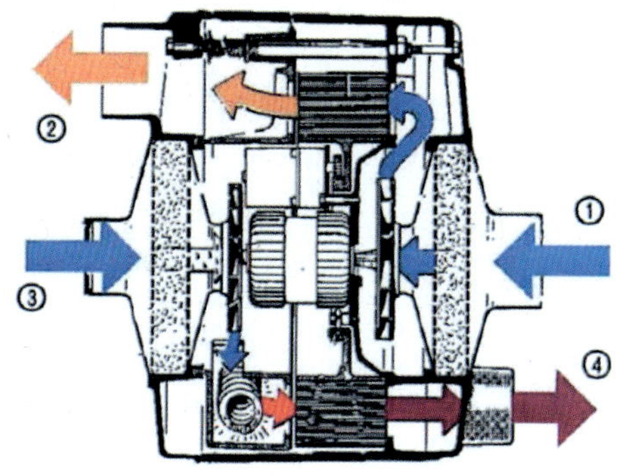

1 处理空气
2 干燥空气
3 激活空气
4 潮湿空气

图 6　除湿器示例

果无法实现 50%RH，则须对系统进行调查，检查其是否被正确连接。有时侯除湿器的能力可能不充分，我们可以通过经验找出适当规格的除湿器。

请注意！除湿器的最大除湿能力为 75%。如果需要 95% 的 RH，那么除湿器的能力可能需要增加 50%。

对于除湿器的总能力和数量的初步评估而言，则可以使用表 1。

表 1 除湿器的能力和数量

		除湿器的能力和数量								
柴油机缸径	气缸的数量	一台除湿器			两台除湿器			三台除湿器		
		50	90	120	50	90	120	50	90	120
26～35	5～8				2					
					2					
40～42	5～8				2					
			(1)		2					
46	5～8				2					
			(1)		2					
50	5～9				2					
			(1)		2					
60	5～9		(1)		2					
				(1)				3		
70	5～8			(1)		2				
								2	1	
80	6～8			(1)	1	1				
						2				
90	6～8					2				
						2				

K 类型柴油机									
80			(1)			2			
						(2)	2	1	
90			(1)			2			
								3	
98			(1)			2			
								3	

9.4 除湿器的操作

为了在柴油机内获得满意的除湿效果，必须进行以下优化：

（1）柴油机必须有效密封，以便不会由于泄漏而导致干燥空气的损失，例如，通风管道、检查盖板、人孔和门都必须密封和关闭。

（2）柴油机和除湿器之间的软管必须具有良好的质量，并且无弯曲或损坏，例如，软管必须缩短，以便使软管的长度尽可能小。

（3）软管必须正确连接至除湿器，并且回收空气必须被从柴油机中引出（引出至机舱外）。我们应当小心操作，以便使潮湿的回收空气管道内的冷凝水不会回流进除湿器内。

（4）除湿器必须处于良好的状态，例如，建议应配有孔板，清洁的过滤器，适当的软管连接，正确的供电连接，放置在柴油机的走廊中，并且采取防机械损坏等保护措施。

（5）该系统必须每天检查和查看上述事项。

（6）在每天的检查过程中，必须测量和记录温度和湿度（以确保除湿器正确运行）。测量数值可以从柴油机的软管出口处提取，或者通过从配有温度计和湿度计的出口临时盖板处提取读数。如果湿度超过 50%RH，则须对系统进行调查和校正以便确保其适当操作。

（7）湿度的测量可以通过使用一个便携式湿度计或者通过使用柴油机上出口临时盖板上的一个固定安装的温度计和湿度计来完成。建议使用一个便携式湿度计，用于每月校准。

（8）我们每月都应当对除湿器系统进行检查并调整至最佳状态，例如，过滤器、孔板、电缆、软管以及软管至柴油机和除湿器的连接。

（9）对于除湿器的操作和维护而言，请遵循制造商的手册。

9.5 除湿器连接原理图

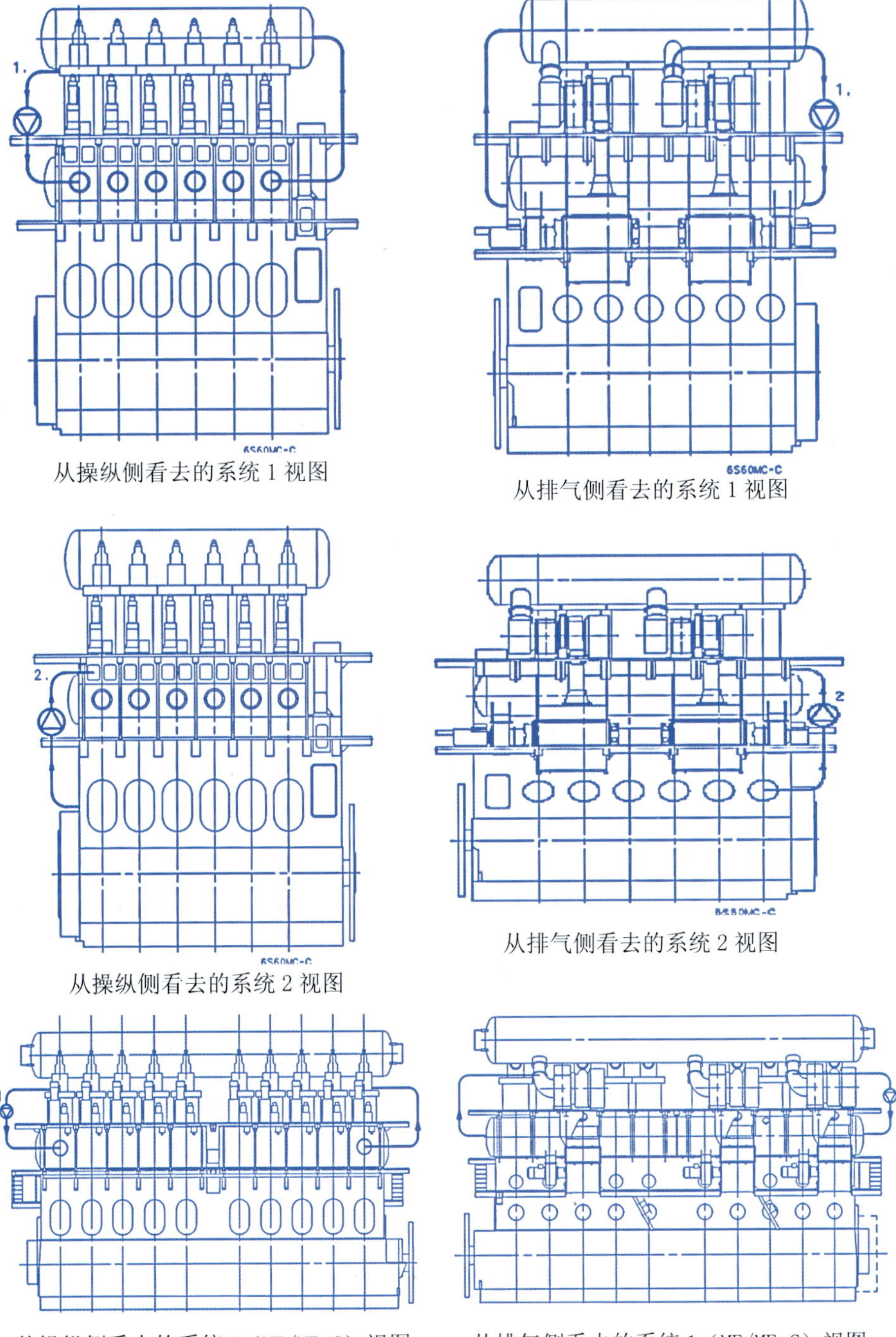

从操纵侧看去的系统 1 视图

从排气侧看去的系统 1 视图

从操纵侧看去的系统 2 视图

从排气侧看去的系统 2 视图

从操纵侧看去的系统 1（ME/ME-C）视图

从排气侧看去的系统 1（ME/ME-C）视图

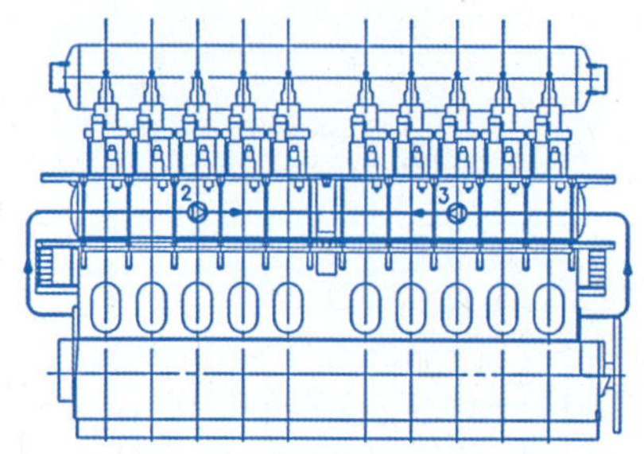

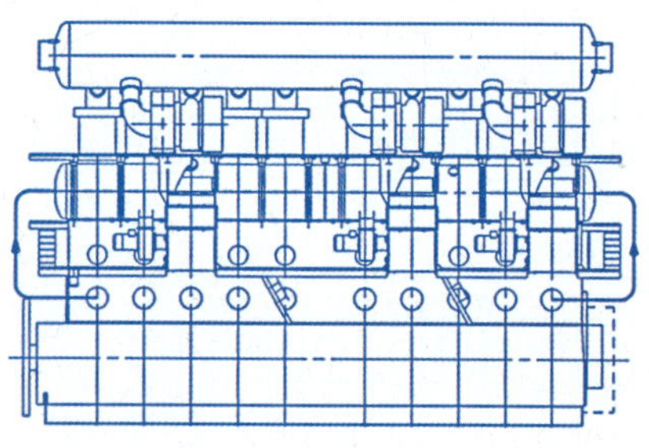

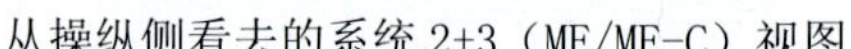

从操纵侧看去的系统 2+3（ME/ME-C）视图　　从排气侧看去的系统 2+3（ME/ME-C）视图

图 7　除湿器连接原理图

在柴油机干燥空气出口处临时盖板上安装的温度计和湿度计

A

A-A

厚度为 10mm 的聚碳酸酯盘

安装密封胶

安装软管的法兰

法兰密封膏

图 8　临时盖板

表 2　记录表格

日期	总小时数	温度（℃）	湿度（%）	日期	总小时数	温度（℃）	湿度（%）

10 用于柴油发电机的除湿器的连接

对于柴油发电机的除湿而言，一台 50m^3 /h 额定值规格的除湿器即足够使用。（请参阅表 1）。除湿器和柴油发电机需要采用图 9 所示的软管连接。

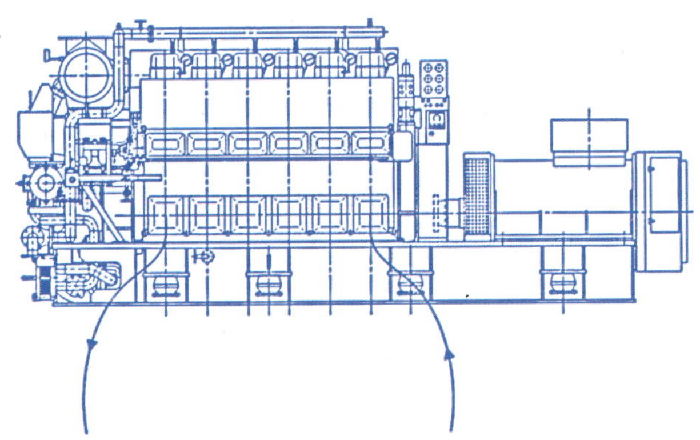

图 9 软管连接示意

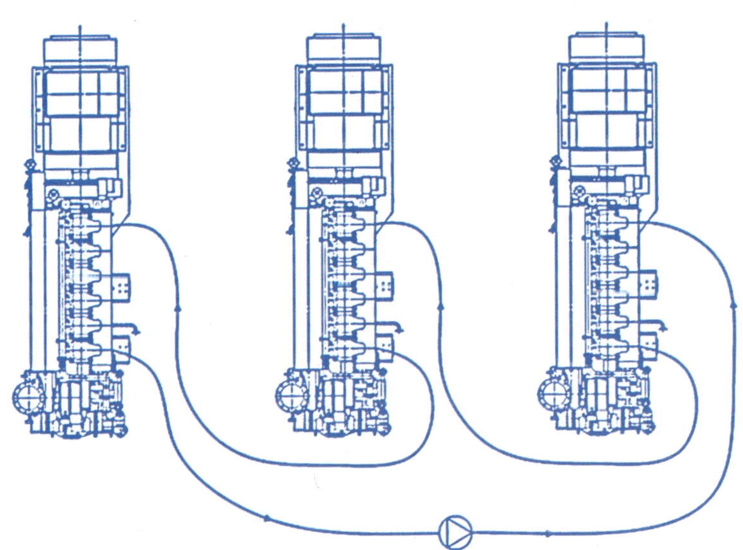

图 10 三台柴油发电机的软管连接至除湿器

采用临时盖板替换曲轴箱的第一个和最后一个盖板连接除湿器的软管。将三台柴油发电机的软管连接至除湿器，如图 10。

11 电气设备的保护

我们建议在船舶存放期间使电气设备柜保持关闭，以防止电气设备受到机械损坏、灰尘和静电的影响。

11.1 主柴油机上的电气设备

所有电气设备柜内部都必须采用湿气腐蚀控制。请按照寿命期以及干燥剂的保护范围放置干燥剂袋，请参阅图 11。

电气设备的所有箱柜都必须关闭，并且电缆填料函必须紧密。配电设备柜内的开孔必须气密。

11.2 控制室内的电气设备

空调必须永久运行，以便将温度保持在 20～25℃之间。空气湿度应当保持在 40～50%RH 之间。

11.3 湿汽腐蚀控制供应商的示例

www.cortecvci.com

型号：Cortec VpCI 101

简介：浸渍泡沫设备

干燥剂包

www.zerust.co.uk

型号：ZERUST 干燥剂胶囊，请参阅图 11 内的寿命期和保护范围。

简介：被设计为保护壳体内的电气部件。

11.4 维护和维修作业期间的保护

当在柴油机上或在靠近柴油机的位置进行研磨、焊接、涂装或清洁作业时，所有电气设备柜都必须关闭并且孔应当气密。

如果必须在柴油机上焊接，那么接地夹钳电缆必须具有良好的电气接触性，并且应当被置于尽可能靠近焊弧的位置。焊接供电装置必须具有一个良好的接地设备。

12 用于喷射保养油的设备

我们建议使用一种保养油喷油器向柴油机内侧部件施加保养油。我们建议使用一种便携式喷油器，例如，MESTO 公司的类型 ME3610FSP（图 2）或类似产品。喷油器可以采用 6bar 的压缩空气进行加注，并且当柴油机进行维护保养期间无法在机舱内获得压缩空气时，可以使用一个小型的手持便携式压缩机。

在保养作业期间，我们建议佩戴耐油手套、护目镜、呼吸保护设备、适当的服装和安全鞋。

当进入柴油机内时，则应当遵循正常的安全预防措施和程序。

ZERUST® interior surface protection

How ZERUST® Vapor Capsules work

Corrosion protection for metals in switch gearboxes, electronic cabinets and other enclosures.

- When removed from its sealed package and placed in an enclosure, a capsule will saturate the surrounding atmosphere with an invisible, odourless, non toxic vapour. The ZERUST® vapour molecules will then form a protective corrosion inhibiting layer on all exposed metal surfaces in a cabinet, package or container.
- Upon removal of the capsule, the protective layer will revapourise, leaving all surfaces clean, dry, and without any residues.

Installation

ZERUST® Vapor Capsules are easily installed in a few seconds without tools or specialised labour. Simply peel the cover tape from the adhesive backing to attach to most surfaces.

Reduce maintenance costs

ZERUST® Vapor Capsules prevent the oxidation that causes increasingly higher levels of electrical resistance. This, as well as the longevity of the capsule, allows for fewer maintenance checks, reduced down time and component failures, in comparison to alternative protection methods.

Use ZERUST® capsules

- During shipment and initial storage, often combined with ZERUST® Valeno packaging
- During normal operation.
- During closure, storage or shutdown.

ZERUST® Capsules offer Multi-Metal protection:

Steel and iron, zinc and galvanized steel, copper, brass, bronze, aluminium (and its alloys), nickel, tin, solder.

Lifespan and protective range of a ZERUST® Capsule

Item	Protective radius	Protective volume	Protective lifetime
VC0.5-1	30 cm	0.1 m³	1 year
VC1-1	30 cm	0.1 m³	1 year
VC2-1	60 cm	1.0 m³	1 year
VC2-2	60 cm	1.0 m³	2 years
VC6-1	180 cm	25.0 m³	1 year
VC6-2	180 cm	25.0 m³	2 years

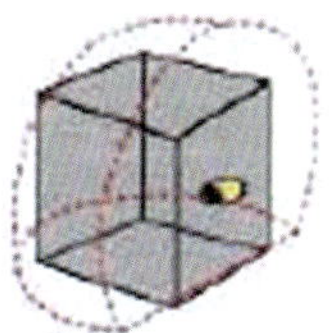

Side positioning

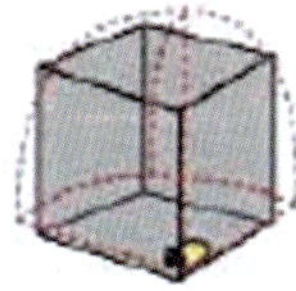

Corner positioning

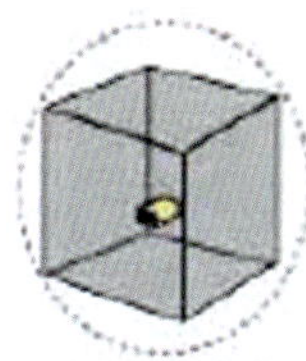

Centre positioning

图 11　ZERUST 干燥剂胶囊寿命期和保护范围

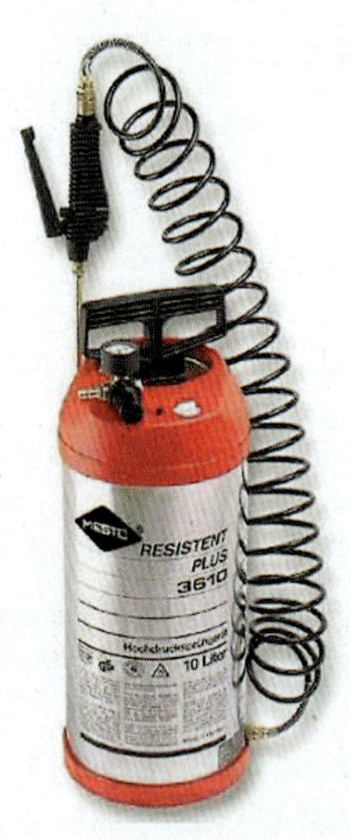

图 12　MEST 公司 ME3610FSP 型保养油的喷洒器

类型 ME3610FSP　　www.mesto.de，

13 主柴油机的维护保养

在整个船只存放期间内必须进行定期维护保养。

13.1 目测检查（每月）

在未盘车的情况下检查整个柴油机的内部和外部，以便发现任何腐蚀或水污染的迹象。如果有的话，则清除腐蚀痕迹。在拆除之后进行清洁作业。向被检查的部件施加保养油。

检查柴油机的部件是否发生腐蚀，特别是气缸缸套、活塞杆、十字头、导轨和链条驱动设备。

如果有的话，则清除腐蚀迹象。在拆除之后进行清洁。向部件施加保养油。

从扫气箱内通过扫气口检查活塞冠的上端部分，活塞环组件和气缸缸套。

检查凸轮轴壳体内侧、凸轮轴、凸轮、滚轮和滚轮导轨。

13.2 柴油机部件和盘车（每月）

在起动主滑油泵和凸轮轴滑油泵(如果有的话)之前,请检查整个柴油机的内部。

为了防止柴油机部件出现目测无法检查到的腐蚀，例如，轴承、轴颈、气缸套、活塞环等，为了避免曲轴在同一的位置上不变，则每月盘车 3 ½ 转。

在盘车之前，主滑油系统必须运行 1 小时，滑油分油机和预热器必须运行 24 小时。

请注意！启动润滑油泵之前，在曲轴箱检查期间，盘车之前以及盘车时，请停止和断开除湿器。在施加保养油并且关闭曲轴门之后请立即重新连接和运行除湿器。

• 扫气箱的保养，包括气缸套、活塞杆和活塞头

当活塞处于底部位置时，通过扫气口向气缸缸套壁和活塞头喷射保养油。

采用专门类型的蒸发式保养油加注活塞头的顶部。这将保护气缸盖的内侧。

盘车，当活塞通过扫气口时，向活塞环喷射保养油。

每个气缸重复一次上述操作。从此程序开始至结束，曲轴必须只能转动 3 ½ 转。

在转动完成后，采用保养油喷射活塞杆、填料箱和气缸缸套外侧。

• 曲轴箱内部的保养

在完成盘车之后，停止主滑油泵和分油机。将润滑油排空至少 1 小时。向内侧往复部件表面、导轨、链条驱动装置、链轮等喷射保养油，然后关闭曲轴箱门。

• 凸轮轴的保养

在开始保养柴油机内部部件之前，在起动凸轮轴滑油泵之前，检查凸轮轴。

如果柴油机有一个单独的凸轮轴润滑油系统，则运行凸轮轴滑油泵（冷油），以便当主滑油泵运行时（1 小时）将润滑油在系统内循环。在盘车程序完成之前禁止停泵。

在停止滑油泵之后，将润滑油排空至少 1 小时。拆除凸轮轴箱盖板，并且向凸轮轴上喷射防锈蚀油，包括凸轮、滚柱和滚柱导轨，然后重新安装壳体盖板。

• 在完成每月转动和保养程序之后

在停止分油机的工作之后，分析从主润滑油和凸轮轴润滑油 / 液压供应油（ME/ME-C/ME-B）中所提取油样的含水量（MAN Diesel 公司的上限为 0.2%）。在船上进行分析工作，并且记录含水量数值。

作为一种替代措施，建议由实验室来分析油样的含水量。

13.3 液压供油系统（每月）

ME/ME-C 和 ME-B 柴油机

在主滑油泵每月运行期间，起动泵（冷油）运行 1 小时，以便升高 HPS 系统内的润滑油压力。对 HPS 系统进行目测检查。

13.4 柴油机外部的往复部件（每月或者按照要求进行）

向柴油机外部的所有往复部件施加防锈蚀保养油（燃油油门刻度，VIT 指数杆和燃油齿条等）。

13.5 外部的已加工表面（每月或按照要求进行）

向柴油机外部的所有已加工表面施加 Tectyl 502C。

13.6 曲轴箱防爆门（每月或按照要求进行）

请遵循制造商的《维护保养说明书》。

如果无法获得有关防爆门防锈蚀保护的相关信息，建议采用 Dinitrol40 或类似的保养油对灭燃器钢板进行喷射。

一旦在防爆门周围进行涂装、焊接或研磨作业，那么则应当对防爆门进行适当保护。

13.7 辅助风机

保持辅助风机电机烘潮电阻的连续工作。

13.8 主起动空气管道（每月）

替换主起动空气管路内的除湿干燥剂。

13.9 排烟总管（每月）

请检查排烟总管内部。

13.10 除湿器（每天，每月）

每天进行检查！

请在维护记录本上记录除湿程序的湿度、温度和运行小时数。对于凸轮轴壳体（如果有的话）、曲轴箱和扫气阀室而言，该读数应当从出口软管处提取或者从永久性安装的湿度计和温度计处提取。

如果柴油机内的湿度超过 50%RH，则检查除湿器。

对于除湿器的操作和维护而言，请遵循制造商的手册。

除湿器连接原理图和记录表格，请参阅图 7、图 8、图 9 和本文第 9 节。

每月进行！

校准湿度计。

13.11 备件和维护工具（按照要求配备）

定期检查备件和维护工具。

13.12 中间轴和艉轴管轴承（每月）

在每月转动曲轴之前，请确保推进器轴系统内的所有轴承均被润滑。

14　柴油发电机的保养维护

14.1 润滑油系统（每月）

- 每月盘车之前，请起动润滑油分油机和分油机预热器 24 小时。
- 盘车之前请起动预润滑油泵达 1 小时。当转动时请保持预润滑油泵的运行。在船舶存放期间则无需加热润滑油。
- 在保养作业期间，盘车 3 ½ 转。在保养工作完成之后禁止盘车。
- 在停止分油机之后，每月对润滑油样品内的含水量进行分析（MAN Diesel

公司上限为 0.2%）。在船上进行分析，并且记录含水量水平。作为一种替代措施，建议由实验室对油样的含水量进行分析。

14.2 机械调速器（每六个月一次）

请遵循调速器制造商的保养手册。

如果无法获得保养手册，可以按以下建议步骤操作，其仅用于指导：

采用具有相同特性的新润滑油更换调速器内的润滑油。

14.3 柴油机外侧的往复部件（每月）

向柴油机外侧的所有往复部件中施加防锈保养油（燃油油门刻度，VIT 油门刻度和燃油齿条等）。

14.4 外部的已加工表面（每月）

如有必要，向柴油机外部的所有已加工表面施加 Tectyl 502C。

14.5 气阀机构（每月）

拆除气阀机构的盖板，并且施加保养油，重新安装盖板。

14.6 曲轴箱内部的保养（每月）

在起动预润滑油泵之前检查曲轴箱的内侧。

在盘车之前启动预润滑油泵。在保养工作期间盘车 3 ½ 转。

向内部往复部件、齿轮和机械表面喷射保养油，并且重新安装盖板。在曲轴的保养工作完成之后禁止盘车。

请注意！在起动预润滑油泵之前，在曲轴箱检查期间，在盘车之前以及当盘车期间，应停止和断开除湿器。在施加保养油并且重新安装盖板之后，立即重新连接和运行除湿器。

14.7 凸轮轴壳箱的保养（每月）

拆除凸轮轴箱体的盖板，向凸轮轴内喷射保养油，包括凸轮、滚柱和滚柱导轨，并且重新安装盖板。

14.8 气缸缸套、活塞头和活塞环的保养（每月）

从气缸盖上拆除示功考克，并且向每个气缸内添加大约 1/3 升保养油。重新安装示功考克并开启。当盘车完成后，关闭示功考克。

请注意！对于 L16/24 型号无示功考克的气缸而言，则拆除燃油喷油器。

14.9 除湿器（每天、每月）

每天进行！

请在维护记录本上记录除湿程序的湿度、温度和运行小时数。对于凸轮轴箱体（如果有的话）、曲轴箱和扫气箱而言，该读数应当从出口软管处提取或者从永久性安装的湿度计和温度计处提取。

如果柴油机内的湿度超过 50%RH，则检查除湿器。

对于除湿器的操作和维护而言，请遵循制造商的《维护保养说明书》。

除湿器连接原理图和记录表格，请参阅图 9、图 10、表 1。

每月进行！

校准湿度计。

14.10 扫气箱（每月）

在扫气箱内侧放置一个干燥剂袋。清空集水盘内的水。

14.11 缸套冷却水系统（每月）

循环冷却水达 1 小时。

14.12 中央冷却水系统（每月）

循环冷却水达 1 小时。

14.13 柴油发电机排气管道

定期检查柴油发电机排气管道的烟道顶盖。

14.14 交流发电机

定期检查交流发电机，并且确保加热部件能够适当工作。

14.15 维护工具和备件

定期检查用于柴油发电机的维护工具和备件。

15 在重新开始使用之前涡轮增压器的准备工作

在调试涡轮增压器之前请与涡轮增压器制造商联系。

以下作业范围仅用于指导用途：

拆除盲板并且拆除所有盖子。

清除保养油，并且检查壳体，轴承，转子和喷嘴环。

向轴承施加保养油，按照制造商手册的规定安装转子和喷嘴环。

按照手册的规定组装涡轮增压器壳体和消音器。

组装涡轮增压器气体进口管道。

重新连接润滑油进口。

遵循涡轮增压器和柴油机说明书的起动章节要求。

16 在船舶存放期之后起动主柴油机

拆除除湿器，去除主起动空气管路内的除湿蒸汽粉末。

清洁柴油机外部。

在起动主柴油机之前，清除扫气箱、扫气筒和活塞冠内沉积的任何防锈油。

清洁活塞头顶部。在起动柴油机之前认真检查活塞头顶部任何残留的保养油是否被清除。

对燃油阀进行清洁、检查和压力测试。检查高压油泵。

拆除从排气接收器出口和涡轮增压器气体出口至烟道的钢制盲板。

按照制造商手册的要求重新组装涡轮增压器。

从烟道顶部拆除盖板。

在第一次起动之前，必须验证柴油机安全系统是否能够正确工作（停机/减速）。对于 MC/MC-C 柴油机而言，第一次起动应当在机旁柴油机侧操纵控制面板进行。对于 ME/ME-C/ME-B 柴油机而言，应在集控室控制面板进行第一次起动，因为机旁操作面板也处于电气操作状态。

我们强调在起动之前及时向排气阀提供控制空气的重要性，以便将保养油从空气弹簧腔室内放出（请参阅本文第 6.5 节的“排气阀”）。

“船舶存放核对表”（如同第 1 段落内所述）内的所有项目都必须在柴油机起动之前恢复至正常服务状态。

请参阅《操作说明书》，特别注意“在静置期间的检查”以及“起动准备工作”章节。

17 在船舶存放之后起动柴油发电机

移除除湿器的安装。

清洁柴油机外部。

拆除干燥剂袋，检查扫气箱。

在起动柴油机之前，通过开起示功考克并且盘车一圈的方式，认真检查活塞头顶部任何残留的保养油是否清除。然后通过起动盘车机转动曲轴，从而对气缸进行清洁。

对燃油阀进行清洁、检查和压力测试。检查高压油泵。

拆除从涡轮增压器气体出口至烟道的钢制盲板。

按照制造商手册的要求重新组装涡轮增压器。

从烟道顶部拆除盖板。

“船舶存放核对表”内的所有项目都必须在柴油机起动之前恢复至正常服务状态。

请参阅《操作说明书》，特别是“在静置期间的检查”以及“起动准备工作”章节。

SL2009-511/MTS

2009 年 5 月

1.2.22　柴油机在 10%～40% 下低负荷运行

适用机型：MC/MC-C 和 ME/ME-C 柴油机

维护保养服务信函 SL08-501 已经引起了人们在 40% 负荷以下持续运行 MAN B&W 柴油机的兴趣。此维修保养服务信函概述了有关 MC/MC-C 和 ME/ME-C 柴油机在 10% 至 40% 柴油机负荷情况下运行的建议。在此负荷区域内，ME/ME-C 柴油机的性能参数将高于 MC/MC-C 柴油机，这归功于液压驱动燃油喷射和可变排气阀定时。

MAN B&W 二冲程柴油机设计在 100% 柴油机负荷情况下持续运行，但是通过采取适当的措施，柴油机能够在降至 10% 柴油机负荷情况下安全和可靠的持续运行。

然而，操作者必须进行更频繁的检查并且对此作出适当的反应，因为不是一种简易或解决方案就可以适用于所有二冲程动力装置。

基本要求：

• 滑阀式喷油器。

• 监控排气管路内的结碳。

• 此外，还建议采用电控注油器。

在低负荷运行期间的一个重要因素就是操作者应当充分注意柴油机、涡轮增压器和废气锅炉的状态。

1 概述

在采取适当的预防措施，并且无需进行大改动的情况下，能够长期在降至 10% 情况下低负荷运行。

对于 3～4 台涡轮增压器的柴油机建议封闭一台涡轮增压器。

此维修保养服务信函是继 SL08-501 之后发布的，并且将作为 SL07-480 的补充。

直至最近为止，柴油机降负荷至 10% 运行仍然未取得重大突破。然而，根据最新的柴油机操作者反馈信息，我们发现在一般情况下低负荷运行是可接受的，以便使船舶的操作适应市场情况。

2 效益

在 10%～40% 柴油机负荷之间低负荷运行是可能的，只有少数的例外情况，对于 ME/ME-C 和 MC/MC-C 柴油机而言，无需对柴油机做任何改动即可实现低负荷运行。我们应当采取适当的预防措施，以便对柴油机和排气系统的状态进行密切监控，根据此类观测情况，我们必须采取必要的行动。

如同在 SL08-501 内所述，功率的降低将使燃油消耗量的降低比实船降速有更高的效益。进一步降低柴油机功率将会降低燃油消耗量和速度，如下图 1 内所示。降低燃油消耗量相当于温室气体（CO^2）的同等降低。

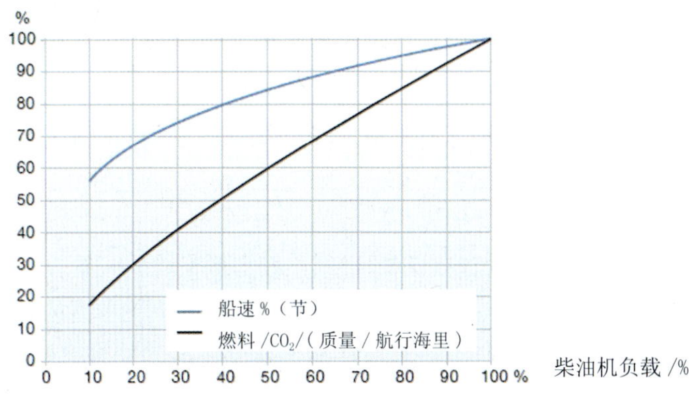

图 1 低负荷燃油消耗

通常，废气排放（例如 NOx 和 SOx）将会与每海里燃油 /CO^2 成比例下降。

负荷降低还将降低每海里的气缸油消耗量。

该图表将根据船舶类型和船舶的布局而各不相同，但是趋势是一样的。

将柴油机负荷降低至 10% 的可能性将进一步增加操作者优化燃油消耗量和船队能效的可能性，以便适应市场情况。

当计划将柴油机长期在 20%～40% 之间运行时，建议安装一套灵活的涡轮增压器封闭系统，以便改进此负荷区域内的柴油机性能。这还将对 40～60% 柴油机负荷范围产生优势。特别是，对 3 台或 4 台涡轮增压器的柴油机，将从一个涡轮增压器封闭中受益，而其他的措施是应当进行一台或两台涡轮增压器的应用评估。

局部负荷优化以及柴油机降额将不会对这些负荷区域产生显著影响。

3 运行建议

柴油机在低负荷下持续运行需要操作者更密切关注相关状态。应进行频繁的检查，以便了解柴油机的结碳状态。应当避免特定的负荷区域，以便不会导致柴油机部件热负荷过载，以及不会由于缺乏燃烧空气而导致结碳增加。

如果在以上的负荷区域内涡轮增压器效率的显著下降导致辅助风机切入，那么则应当避免在此区域内持续操作，或者辅助风机应当被强制“手动运行”。增压器效率下降这种情况将导致排气温度升高。

柴油机在低于大约 30% 负荷时，可能会导致过量的气缸润滑，需要调整气缸的润滑。

柴油机在 10%～40% 功率范围之间运行时，应采用以下建议和前提条件：

（1）柴油机必须配有处于良好工作状态的滑阀式喷油器，并按照建议进行检修。

（2）柴油机最好配有一个电控注油器。

（3）在安装新气缸套时，则应当考虑安装对称活塞清洁环。这是为了使柴油机加速期间被刮下的油膜最小化。

（4）必须频繁检查扫气箱和气缸状态。较早发现和清除烟灰累积、焦炭和未燃烧燃油和润滑油，对于避免扫气箱着火以及气缸运行状态的损坏而言至关重要。

扫气箱内的残留物应当及时清除。

（5）排气总管，排气阀和涡轮增压器进气格栅必须及时进行检查。

（6）在运行期间辅助风机持续运行将出现比设计者预期更严重的磨损。因此，如果不是全封闭型，那么轴承应当频繁进行润滑，并且应当检查磨损情况（以下章节将进行进一步的介绍）。

（7）涡轮增压器的清洁

涡轮增压器空气侧的结碳必须按照 TC 制造商的建议，柴油机必须定期加速从而避免结碳，并且涡轮侧必须按照制造商的建议采用软冲洗的方式进行清洁（例如坚果壳）。

（8）废气锅炉的清洁

必须遵循锅炉制造商的清洁建议。对于水管锅炉而言，则应当采取专门的预防措施，因为这种类型的锅炉对烟灰的累积更加敏感。根据制造商的建议，必须安装一套废气锅炉旁通装置。

（9）气缸润滑油注油率最好应当保持在 1.2g/kWh 以下，以避免过度润滑以及扫气箱的结碳累积。只有在负荷变化以及操纵期间，或者如果气缸状态不佳时才应当增加注油率。

（10）排气温度必须保持在低于报警值。为了避免柴油机负荷区域刚好处于辅助风机切入 / 切出位置，必须遵循上述要求。如果期望的柴油机负荷正处于此区域内，建议将辅助风机切换至“手动运行”，以便降低排气温度。

3.1 检查

操作者必须密切监控柴油机的状态，并且如果观察到过量的结碳，则必须采取预防措施。

附件中有关于“二冲程低负荷运行 - 检查报告模板”的建议。此模板的意图是制作一份标准的报告工具，用于船舶与船舶管理机关之间的通信，以便收集船舶低负荷运行期间的信息和来自于指定船舶的经验。

3.2 柴油机增加负荷 / 降低负荷

当在低负荷运行时，柴油机负荷必须最小化。根据船舶的经验，通过增加柴油机的负荷以便对排气管路进行清洁的频率应当尽可能最小化。频繁的加载可能损坏柴油机的状态。

当必须明显增加柴油机负荷时，在一个较长的低负荷运行之后，则须遵循表 1 的流程规定：

表 1 流程规定

手动负荷流程	持续时间
加载 10 → 40%	30 分钟
加载 40 → 75%	60 分钟（SL08-501）

此外，我们还必须遵循有关正常运行状态下的最新 MAN Diesel 公司的加载计划建议。（SL09-503）。

3.3 辅助风机

如果柴油机在辅助风机的起动 / 停止区域内运行，则应当避免辅助风机的频繁起动、停止，采取“手动运行”状态。

为了使柴油机在 35%～45% 负荷区域内连续运行，应考虑将辅助风机置于“手动运行”，以便降低排气温度。在此运行状态期间，必须考虑辅助风机的最大电流。

总的来说，辅助风机并未设计为连续运行，但是经验显示该风机的可靠性能。具有润滑牛油嘴的轴承必须更频繁地加注润滑油并对磨损状态加以检查。

作为一种安全预防措施，在船上备有完整的备用辅助风机。一般备一个单独的电动机就足够使用，但是风机叶轮和电机的拆除可能导致问题，并且由于部件的粘滞而导致花费大量的时间。

4 性能优化

20～60% 柴油机负荷之间的运行状态可以通过增加扫气压力得到显著改善。

涡轮增压器的封闭适用于具有 3 台或 4 台涡轮增压器的柴油机，在特殊情况下，也适用于具有 2 台涡轮增压器的柴油机。

涡轮增压器的封闭将改进指定的燃油消耗量，并且可以降低热负荷，尤其是排气阀上的热负荷。此设置还将使辅助风机切入 / 切出移动至一个较低负荷的区域，因此可降低辅助风机所消耗的电量。

在大多数情况下，MAN Diesel 公司可以提供一份符合船级规范和硬件的涡轮增压器自由封闭的打包解决方案。灵活的涡轮增压器封闭措施将使其能够人为进行涡轮增压器切入 / 切出，以便优化船舶的操作。

对于具有一台或两台涡轮增压器的柴油机而言，可提供其他解决方案以便增加扫气压力。安装一个可变喷嘴环是适用的。根据当前的涡轮增压器安装情况，需要对现有的涡轮增压器应用进行翻修。此外，必须安装新的涡轮增压器。现有涡轮增压器与一个排气旁通装置进行重新匹配将有利于提高能效。

图 2 显示适用于具有三台涡轮增压器的 12K98ME 的涡轮增压器封闭系统布局图。

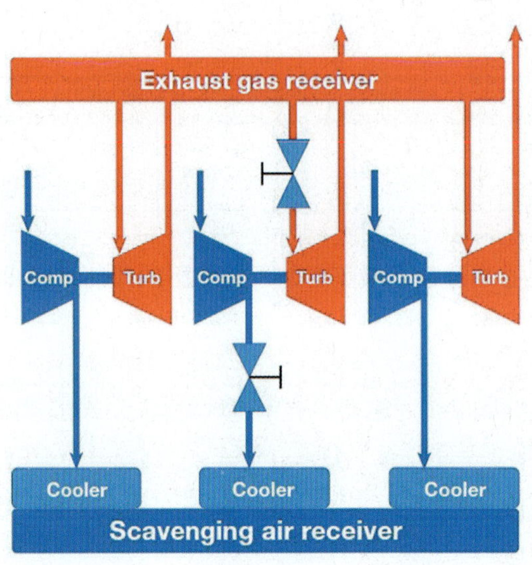

图 2　涡轮增压器封闭系统布局

示例：

在三台涡轮增压器情况下，以及在 25～50% 柴油机负荷区域运行时，涡轮增压器封闭装置将在 12K98ME 柴油机上节省 2～3% 的燃油消耗量。

5 二冲程柴油机低负荷运行－检查报告样板

此报告的目的是定义必要的检查区域，以便遵循和记录持续低于 50% 的柴油机负荷运行期间所获得的维修经验。

该报告应当作为优化柴油机低负荷运行程序，针对柴油机的加速、清洁锅炉和涡轮增压器，清洁扫气和排气空间以及气缸润滑方面。

此报告最好在低负荷运行周期之前和之后制作，或者每月制作三次或四次。此报告的制作频率可以随着经验的积累以及稳定的负荷模式而减少。

作为最低要求，我们应当记录并检查下列项目：

检查日期：　　2000-01-01

船舶名称：　　M/Vxxxx

IMO 编号：　　90xxxxx

柴油机制造商 / 编号：	xxxx/xxxx
柴油机类型：	12K98MC-C
主柴油机运行小时数：	50 000 小时
负荷范围（%）：	22%

作为示例，下列照片应当被插入报告内，并且应当添加相关备注。

检查区域 No.1 扫气箱内止回阀的照片 备注：	检查区域 No.2　扫气箱的照片 备注：

检查区域 No.3 从扫气箱拍摄的泄放管 备注：	检查区域 No.4 活塞环区和活塞顶部的照片 备注：
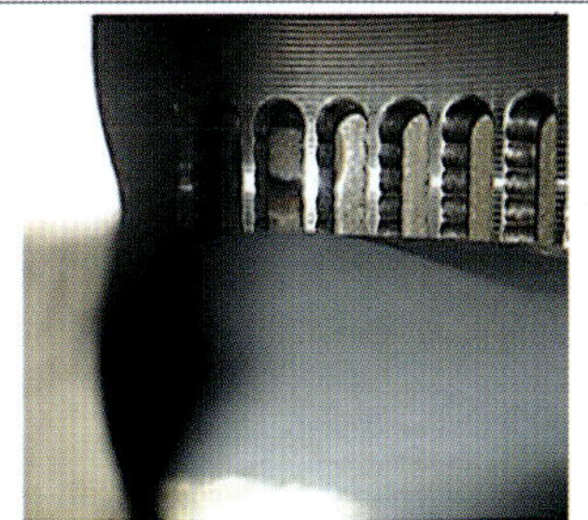	
检查区域 No.5 活塞头的照片。 备注：	检查区域 No.6　排气总管的照片 备注：

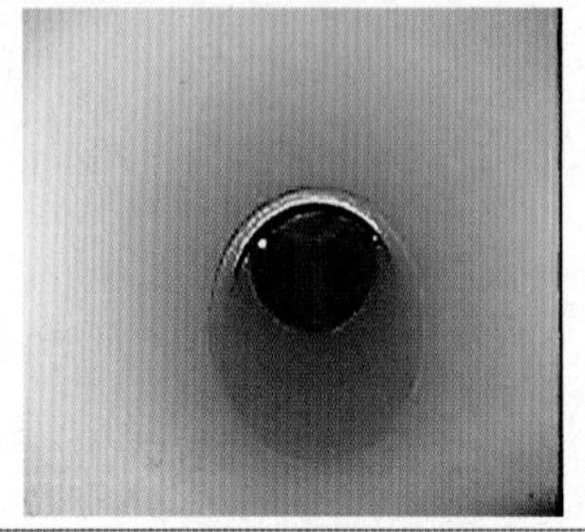	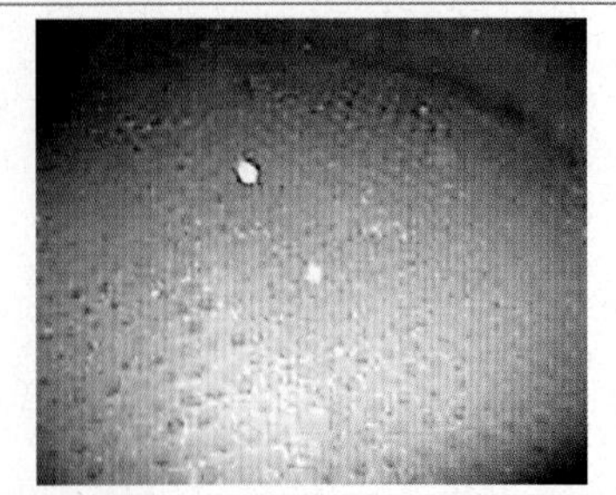
检查区域 No.7 从排气总管侧拍摄的排气阀照片 备注：	检查区域 No.8 废气锅炉顶部的照片 备注：

我们无法获得涡轮增压器的照片示例，但是在某些情况下，我们能够查看喷嘴环，并且能够从排气总管侧通过安全格栅观察涡轮机叶片。一旦可能时，则应当在报告内包括此类照片。

低负荷运行期间的操作，维修和观察信息回馈（操作表）

• 在长期的低负荷运行期间，是否曾经改变柴油机的负荷，以便“清洁”柴油机和排气通道？

回答：aa

• 在低负荷运行期间是否必须增加维修间隔（清洁扫气筒、增压器、锅炉等）？

回答：bb

• 如果能够获得锅炉后的温度指示，则应报告此信息，以便评估锅炉和烟囱内的酸性腐蚀情况。

回答：cc

• 指定的润滑油消耗量如何，并且气缸润滑水平是否令人满意？

回答：dd

• 辅助鼓风机是否在规定的柴油机负荷情况下运行？

回答：ee

•HFO 温度 / 粘度是否有任何变化？

回答：ff

• 在低负荷运行期间是否出现了什么问题？

回答：gg

• 根据您的经验，您对低负荷运行有何建议？

回答：hh

对规定负荷情况下的性能观察结果以及全面的扫气口检查（所有气缸照片）都将进行进一步的评估，然而，这将根据该数据获得的时间以及船员判定的必要性来执行。

SL2009-512/CAA

2009 年 5 月

1.2.23 曲轴箱安全阀（防爆门）的预防和损坏控制

适用机型：所有 MAN Diesel 二冲程柴油机

此维修保养服务信函提供了有关新一代经型式认证的曲轴箱防爆门的信息。

新一代的曲轴箱防爆门已经经过验证满足新的 IACS 技术规范要求。一旦发生曲轴箱爆炸，新一代安全阀将加强对柴油机和人员的保护，并且防止火灾损坏。新一代的曲轴箱防爆门安装在所有新型的柴油机中，即 2008 年 7 月 1 日及以后签约建造的船只。

1999 年之后所建造的柴油机通常配有符合 1999 MAN Diesel 技术规范要求的曲轴箱防爆门，并且也满足使用。

IACS 技术规范和型式测试程序在 IACS UR M66 曲轴箱防爆门的型式测试程序内进行了介绍。经过型式认证的曲轴箱防爆门已经从 2008 年 1 月起提供给客户。

图 1　曲轴箱防爆门

1 曲轴箱防爆门

曲轴箱防爆门的功能：

（1）释放曲轴箱的爆炸压力。

• 防爆门开启。

（2）采用内置灭燃器扑灭早期火焰。

• 有效的灭燃器将防止火灾，以及后续火灾对曲轴箱外部所造成的损坏。此外，可以防止从曲轴箱渗漏出来的油雾着火。

（3）在释放爆炸压力之后自动关闭。

• 爆炸后防爆门将关闭，从而限制进入曲轴箱内的氧气量。随后，曲轴箱内的低氧气浓度将抑制曲轴箱火灾，并且降低后续爆炸的风险。

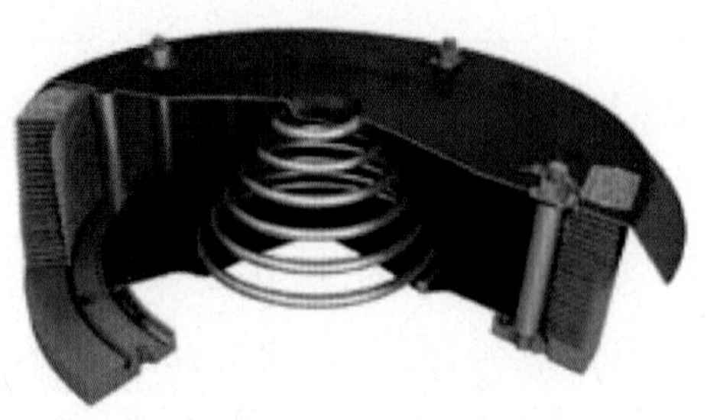

图 2　具有两个灭燃器的新型曲轴箱防爆门 -2007 年型式认证

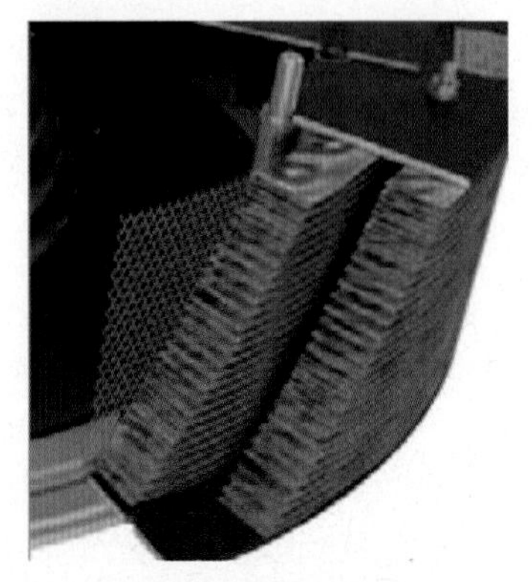

图 3　经过 1999 年型式认证的曲轴箱防爆门示例

1.1 曲轴箱防爆门技术规范

在 1999～2007 年期间，两种曲轴箱防爆门品牌已经得到批准，都满足 1999 年 MAN Diesel 技术规范的要求，并且已经获得船级认证（请参阅图 1）。

- HoerbigerVentilwerke，类型 EVN
- Mt.Halla 控制阀，类型 HCSG

如果其安装正确并且得到良好维护，那么这两种类型的阀门可以继续使用（请参阅检查表）。

自从 2008 年初开始，满足 IACS UR M66 曲轴箱防爆门型式测试程序的新技术规范要求的曲轴箱防爆门已经可以向 MAN 订购（请参阅图 2）。

2 油雾探测器

OMD 是防止曲轴箱爆炸的一个重要工具。我们建议将 OMD 连接至柴油机控制系统，以便当曲轴箱内出现太高的油雾浓度时柴油机控制系统能够发出一个“slow down”的信号。

此外，正常的维修保养程序应当包括油雾探测器和油雾警报的检查。

3 经过型式认证的曲轴箱防爆门

在 2007 年 7 月，两种曲轴箱已经得到型式认证，满足 IACS UR M66 曲轴箱型式测试程序的要求。

- HoerbigerVentilwerke，类型 EVS
- Mt.Halla 控制阀，类型 M20

在 2009 年，三种来自于新供应商的已经经过型式认证：

- Kwang San, 类型 KSRV
- Hyunwoo SMT，类型 HWG

•Unitech，类型 ERV

4 未认证的曲轴箱防爆门或其他阀门不符合当前标准的要求

一旦发现您的 MAN Diesel 柴油机配有未经过认证的曲轴箱或者不符合当前标准要求的阀门，那么请立即与 MAN Diesel Primeserv 公司联系，以便获得如何更新经过型式认证的曲轴箱防爆门以及计算正确阀门规格的信息。曲轴箱防爆门的自由开口区域不得小于 115 cm^2/m^3 的曲轴箱总容积。

5 检查表

曲轴箱防爆门是一种安全设备。一旦曲轴箱发生爆炸，如果通过与有效的油雾探测器相配合，功能完好的曲轴箱防爆门就将减少对人员伤害以及严重财产损失的风险。

然而，在关注曲轴箱爆炸危险时，对一些其他的问题也必须予以关注，以便我们能够创建一份防止曲轴箱爆炸的预防措施列表。我们建议使用以下列表作为一个检查表，以便了解如何保护柴油机防止曲轴箱爆炸，以及防止后续的损坏：

(1) 曲轴箱防爆门已经按照 IACS UR M66 曲轴箱防爆门型式测试程序或 MAN diesel 公司 1999 年技术规范的要求经过认证。

(2) 油雾探测器已经按照制造商的维护和测试手册进行了精心维护和测试。

(3) 油雾探测器被连接至柴油机控制系统。一旦曲轴箱内的油雾浓度太高，那么柴油机控制系统将发出一个减速请求。

(4) 曲轴箱管道连接采用钢材或其他防爆材料制作。非“橡胶软管类型”解决方案。

(5) 通风管采用钢材制造，并且至少具有 20 米长度。

(6) 曲轴箱开口盖板为气密式，并且在柴油机起动之前可靠关闭。

(7) 曲轴箱防爆门和灭燃器未受损并且未被覆盖。禁止采用塑料、纸张或涂层覆盖灭燃器。

(8) 备件由原产 MAN Diesel 公司提供，并且所有维护工作都必须按照附件指令和 / 或 MAN Diesel《操作说明书》的要求执行。

SL2009-514/NJC

2009 年 8 月

1.2.24　L/S70ME-C 机型链条的张紧

适用机型：L/S70ME-C

图 1　液压拉伸器

最近得知 L/S70ME-C 柴油机在上紧链条张紧器轴时导致了某些困难。

在 MAN B&W L/S70ME-C 类型柴油机中，链条张紧器轴必须使用用于主轴承液压拉伸器来上紧（如图 1）。然而，在某些情况下，用于排气阀的液压拉伸器被误用于此任务中。

禁止使用排气阀液压拉伸器执行链条张紧器轴的上紧作业，因为此拉伸器的上紧力大约为所需上紧力的 2/3。

此服务函指出了用于 L/S70ME-C 柴油机上链条张紧器工具的正确流程。

1 链条张紧的液压拉伸器的使用

为了能够正确地上紧链条张紧器轴，请使用用于主轴承的液压拉伸器，这是为了确保从链条张紧器柱头端至框架箱尾表面之间实现 155mm（+2/-0mm）距离，如图 2。

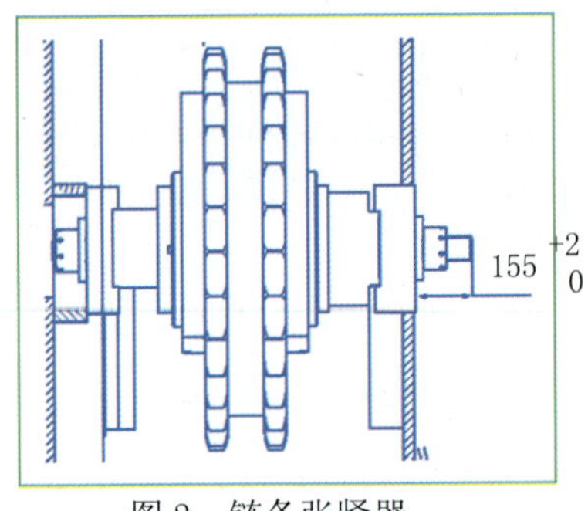

图 2　链条张紧器

如果距离超过 157mm，则通过转动链条张紧器柱头螺栓相对端的螺母将距离调整至 155mm。

然而，如果从链条张紧器柱头端至框架箱尾表面之间距离为 162~165mm 或更大，那么可能是将用于排气阀的液压拉伸器用于上紧链条张紧器轴了。在这种情况下，这些拉伸器也必须再次用于松开链条张紧器轴。

当测得的距离为162～165mm或更大时，并且涉及到延长螺栓的圆锥形部分与液压拉伸器壳体／气缸柱的下端部件发生相碰时，那么请使用主轴承液压拉伸器，见图3。

图3　液压拉伸器相碰的位置

在通过主轴承液压拉伸器重新上紧链条张紧器轴之前，请将链条张紧器螺栓端至框架箱尾表面之间的距离重新调整至155mm（+2/-0mm），见图4.

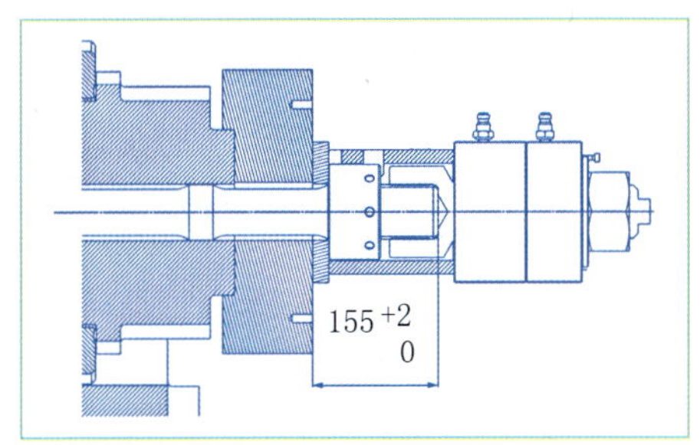

图4　链条张紧器与框架的相对位置

为了能够参阅相关信息，附上MAN B&W流程M90602，Ed.0253，链条张紧器，调整。有关进一步的建议或澄清，可以与MAN的“维护、工具和流程”部门取得联系。

2 链条张紧器的调整

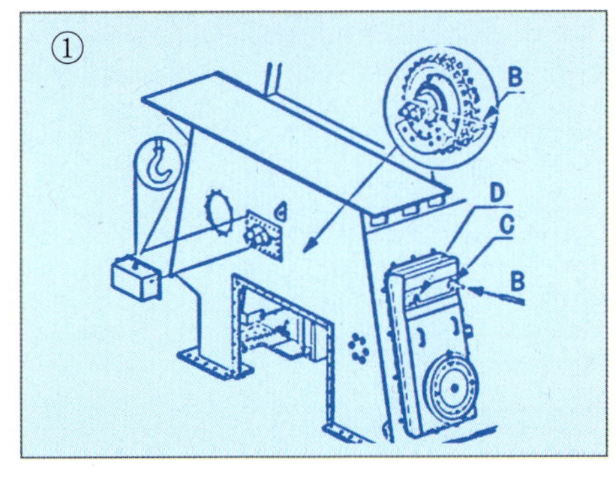

正车方向盘车

① 拆除链条张紧器盖板

将上紧工具螺栓“B”组装并安装在张紧器轮轴内的螺纹孔中。这将通过开口“C”来完成。如“D”所示将链条张紧器工具液压拉伸器安装在螺栓上。这是为了将链条张紧器固定到位。

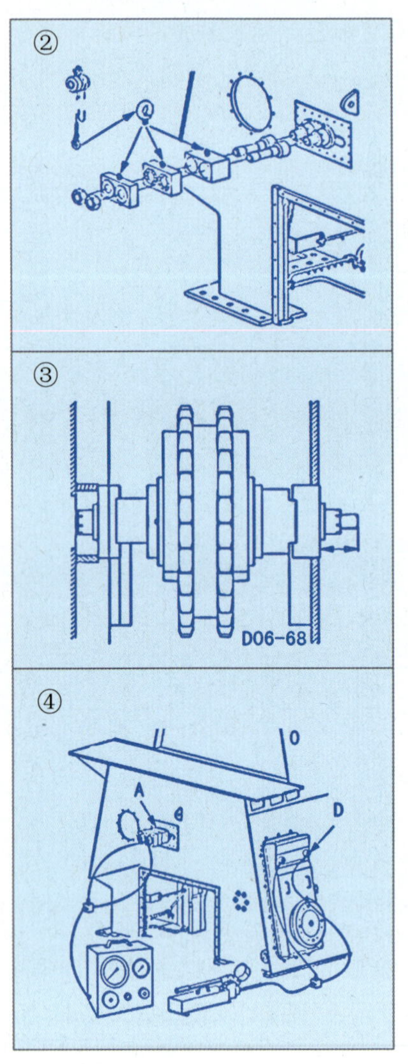

② 使用一个滑车和三个安装在液压拉伸器部件螺纹孔内的吊环螺栓将液压拉伸器安装在链条张紧器上。

③ 检查测量值 D06-68，如有必要，则按照数据表内所述的数值进行调制。

④ 松开链条张紧器轮前端的液压螺母“A”。

有关液压工具的操作，请参阅说明书 913-1。

按照数据表 D13-01 内所述的数值同步上紧液压拉伸器“D”。

使用手动操作液压泵执行此操作。

按照数据表 D13-01 内所述的数值上紧液压螺母“A”。使用液压泵执行此操作。

松开链条张紧器液压工具，并且从柴油机上拆除工具。

安全预防措施，有关详细原理图，请参阅《操作说明书》900-2。

X	停止柴油机
X	切断起动空气供应 - 在起动空气接收器处
X	关闭主起动阀
X	切断起动空气分配器 / 分配系统的供应
X	切断安全空气供应 - 非 ME 柴油机
X	切断控制空气供应
	切断通向排气阀的空气供应 - 只需停止滑油泵

X	合盘车机
	切断冷却水
	切断燃油
X	停止润滑油供应
	锁定涡轮增压器转子

表 1 数据

参考编号	简介	数值	单位
D13-01	液压压力，安装	1 500	bar
D13-02	液压压力，拆卸	1 400 ~ 1 650	bar
D06-68	最大距离测量值	155 ~ 157	mm

此流程中所用的工具被显示在此章节末尾的板块中，或者在板块编号前三位数字所示的章节内，例如 P90951 指的是章节 909。

表 2 链条张紧器数据

铭牌	备件编号	简介
P90561		主轴承 - 液压工具
P90671		液压工具 - 链条张紧器
P91351	010	液压泵，气动操作
P91351	022	液压泵，手动操作
P91351	046	配有接头的软管（1 500mm），全套
P91351	058	配有接头的软管（3 000mm），全套
P91351	105	3 路分配块，全套
Pg1351	117	5 路分配块，全套

SL2009-515/CXR

2009 年 9 月

1.2.25　馏分燃料的操作指导

适用机型：所有

概述

随着欧盟和加利福尼亚州空气资源委员会引入了新的和更严格的燃油含硫量规定，MAN B&W 二冲程柴油机将日渐增多地采用馏分燃料进行操作，例如，在规定的区域内使用船用轻柴油 MGO 和船用柴油 MDO。

MAN B&W 公司的二冲程柴油机已经经过优化，以便能够在重油情况下操作。然而，当对以下情况进行适当考虑并且能够确保安全和可靠性能的情况下，可以使用 MGO/MDO 燃油，例如：

- 燃油的粘度和润滑性。
- 保持较高的燃油泵压力。
- 在机体外部燃油供应系统内使用一个冷却器或制冷器。
- 其他考虑因素，请参阅更多信息。

此维护保养服务函给出了如何确保在使用低粘度馏分燃油运行时安全性和可靠性的建议。

图 1　在 HFO 和 MGO/MDO 之间自动切换的三通阀

1 低粘度燃油的指导原则

MAN Diesel 公司建议的燃油，在柴油机入口处，适合于二冲程柴油机的最低粘度为 2cSt。然而，此粘度限制值不能被用作为采购燃油时的燃油技术规范，因为采购技术规范内的粘度与参考温度相关。这是由于外部燃油系统有单独的燃油加热，因此会对到达柴油机入口处的燃油粘度产生影响。

目前船上的外部燃油系统已经被设计为在 HFO 运行情况下保持一个较高的温度。这将难以使燃油系统的温度降到尽可能的低，因此当变更为 DO 和 GO 操作时将难以保持较高的粘度。船上的轮机人员必须进行单独试验。

许多其他的因素也会影响粘度并影响到柴油机，比如柴油机的状态和维护，燃油泵的磨损，柴油机调整，燃油系统内的实际燃油温度，人的因素等。尽管可实现相关目标，但是难以一次就对所有这些因素进行优化。这将使粘度范围下限的粘度操作变得较为复杂。

为了给安全和可靠操作留出一些余量，MAN Diesel 公司建议操作员就柴油机和外部系统对于低粘度的敏感度进行测试。此外，在采购具有最低必要粘度水平的燃油之前，应当评估是否需要安装一个冷却器或冷却器 & 制冷器。

总而言之，如果柴油机和外部系统设计为在柴油机入口处保持 2cSt 的最低粘度，则可采购符合指定等级 DMX/DMA 的产品。如果获得 3cSt，那么最好应当确保一个较高的安全余量。

2 ISO 8217

按照 ISO 8217 的规定，在 40℃时粘度降至 1.4/1.5 cSt，那么此 DMX/DMA 的馏分油品可以出售。如果 DMX/DMA 提供了来自于汽车汽油的原始油品，那么尤其应当遵循该规定。如果馏分油需相应冷却 / 制冷以便在柴油机入口处达到 2cSt 的最低粘度，那么则可以使用 1.4/1.5 cSt 的数值。

3 润滑性和粘度的影响

3.1 润滑性

精炼流程旨在去除异物，例如，从油品中去除硫化物，同时不会导致粘度过低，但是同时会对燃油的润滑性产生影响。太低的润滑性可能导致燃油泵卡滞。

尽管大多数精炼设备都向蒸馏物内添加增强润滑性的添加剂，但是 MAN Diesel 公司仍然建议在使用含硫量低于 0.05% 的燃油之前对润滑性进行测试。独立的燃油实验室可以按照 ISO 12156-1 标准的规定进行润滑性测试（高频往复式装置，HFRR）。HFRR 磨损限制值最大为 460μm。

3.2 粘度

低粘度的燃油将会通过三种方式对泵的工作产生挑战：

（1）流体动态油膜破裂（导致卡滞）。

（2）不充分的喷射压力（导致在起动和低负荷运行期间出现困难）。

（3）不充分的燃油指标余量将导致加速受限。

由于常规泵对比增压泵的设计情况，相比起 MC/MC-C 柴油机而言，ME/ME-C/ME-B 柴油机更能耐受低粘度。在启动和低负荷运行期间许多因素都会对粘度产生影响：

• 柴油机状态和维护。

• 燃油泵的磨损。

• 柴油机调整。

• 燃油系统内的实际燃油温度。

• 人的因素等。

尽管能够实现优化，但是难以同时对所有这些因素进行优化。这将导致下限粘度操作变得困难。为了建立起一些安全和可靠操作的余量，以及为了提高蒸馏燃油粘度的适用性，我们预计，许多船东都必须安装冷却器或冷却器和制冷器。

4 燃油泵压力

磨损的燃油泵将增加启动困难的风险，因为无法实现喷射所需的燃油泵压力。我们可以通过参阅实际燃油泵指数然后对比测试台测量结果，从而了解燃油泵的磨损情况。作为一般指导原则，当指数增加 10 或更高时，我们将视为泵过度磨损。为了实现更好的柴油机性能，这些泵必须进行更换。

我们始终建议定期执行起动检查。然而，由于可能无法在所有港口内获得所需的最低粘度馏分燃油，那么在进入高风险区域之前（例如，港口和其它最拥堵的区域），则必须强制性执行起动检查。通过这种行动，我们可以发现每台柴油机的粘度限制。我们建议按照如下方式每年执行两次此类检测：

• 在一个安全操作区域内，将燃油更换为一种可获得的馏分燃油。

在不同的运行条件下，例如，起动，怠速，倒车和稳定低速，逐渐改变柴油机入口处的燃油温度，其分别相应于 2、2.5 和 3cSt，如图 2，以便获得典型的粘度和温度关系。

• 从集控室测试正车 / 倒车起动。如果柴油机在第一次尝试时无法起动，则取消并尝试重复起动。如果在撤销限制后能够实现适当的正车 / 倒车功能，那么此解决方案可以临时使用，直至安装了新的泵或者可以获得一种更高粘度的燃油。

测试的结果可能是指定的柴油机需要特定的粘度数值，但是由于许多因素的影响而无法保持该数值。如果燃油泵发生磨损，那么必须更换，并且重复起动检查。

图 1 注释：

水平轴显示了船上燃油舱的燃油粘度，单位为 cSt，该数据应当被用于组成船上燃油舱的分析报告。如果 MGO 的温度在柴油机入口处低于下端的红色曲线，则表示粘度大于 3cSt。

黑色粗线显示了符合 ISO 8217“船用馏分燃油”参考条件下的粘度值 40℃。

燃油温度 vs 粘度

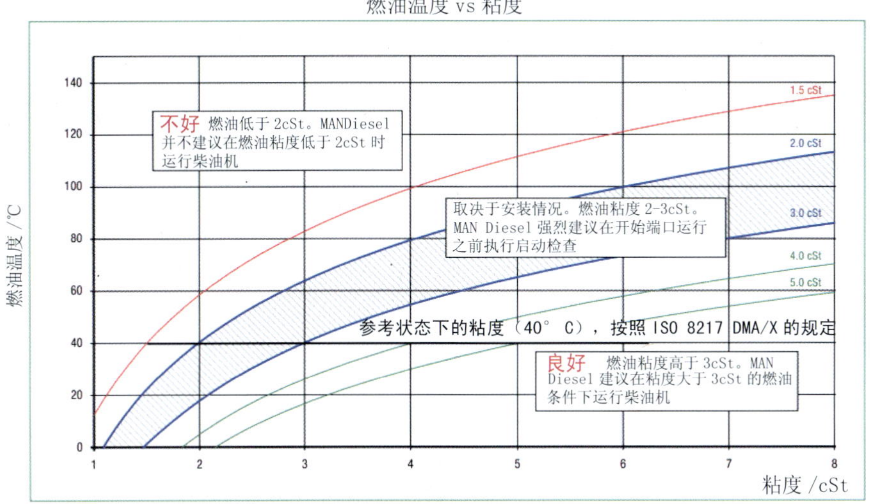

图 2　燃油温度与粘度

示例：40℃时粘度为 4cSt 的 MGO，在柴油机入口处必须具有一个低于 55℃的温度，以便确保粘度高于 3cSt。

示例：40℃时粘度为 2cSt 的 MGO 需要被冷却至在 18℃时达到 3cSt。

5 冷却器或冷却器和制冷器的安装

为了能够在柴油机入口处维持规定的粘度，必须在系统内安装一个冷却器。图 3 显示了安装冷却器的建议位置。

对于最低粘度馏分燃油而言，一台冷却器可能不足以充分冷却，这是由于受船上所提供的冷却水的限制。在这种情况下，我们建议安装一台所谓的“制冷器”。制冷器的原理显示在图 4 内。

5.1 外部泵

柴油机燃油泵不仅仅会受到燃油粘度的影响。同样，外部系统内大多数的泵（供应泵，循环泵，输送泵和离心分油机的供给泵）为了实现适当功能都需要大于 2cSt 的粘度。我们建议与实际泵制造商取得联系以便获得相关建议。

6 当采用馏分燃油运行时的其他考虑事项

以下条款将在单独的 MAN Diesel 文件“馏分燃油的运行”中更加详细地介绍：

- 外部泵
- 倾点限制（馏分燃油不应当冷却至倾点以下）
- HFO 与 MGO/MDO 之间的更换（为了确保燃油泵的最佳状态）

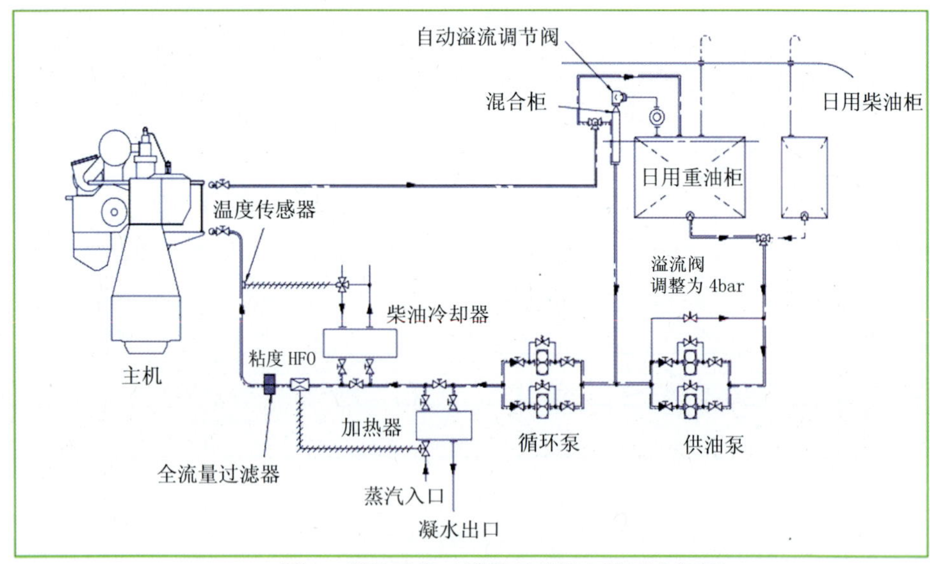

图 3　燃油系统（循环泵后部安装了冷却器）

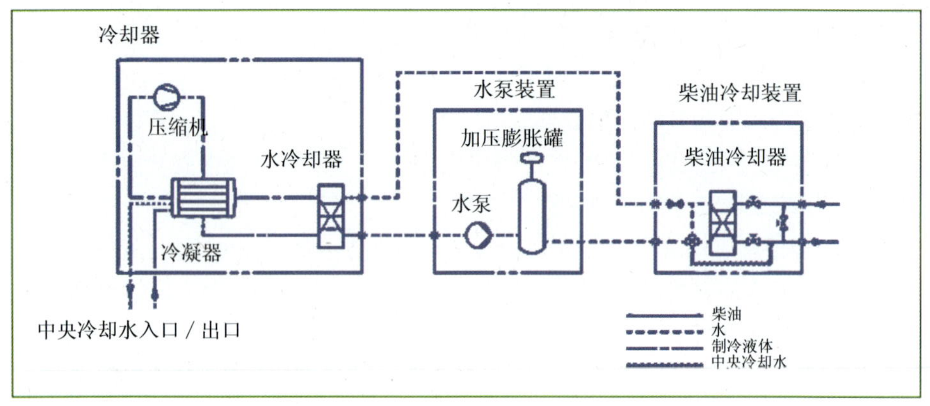

图 4　制冷原理

同样在《操作说明书》“运行”章节内进行了介绍。

- 用于在 HFO 与 MGO/MDO 之间自动切换的 DIESEL 开关。
- 燃油含硫量与气缸状态之间的关系（气缸润滑油的选择）。

请与 PrimeServ 取得联系以便获得有关冷却器 / 制冷器和 DIESEL 开关安装的信息。

SL2009-520/KEA

2009 年 11 月

1.2.26 2000 前生产的船用柴油机根据“IMO MARPOL 附则 VI”的认证方法

适用类型：MC/MC-C 柴油机

经过修订的 IMO MARPOL 附则 VI 防止船舶造成大气污染规则对氮氧化物排放的技术规则于 2010 年 7 月 1 日生效。

此服务信函适用于 2000 之前生产的船用柴油机符合 IMO 的认证方法，以及 MAN Diesel 公司为引入新规则所做的适应和预案。

概况

有关 MAN Diesel 公司如何执行认证方法的信息，将构成执行 IMO MARPOL 附则 VI 的一部分。

1 适用于现有柴油机的氮氧化物规则

经过修订的规则涉及船舶排放相关的一系列问题，例如，适用于新船第Ⅱ款和第Ⅲ款氮氧化物规则，以及适用于所有船舶的氧化硫规则。

规则的补充规定：对于在 1990 年 1 月 1 日至 1999 年 12 月 31 日期间铺设龙骨的船舶上所安装的柴油机，排放的氮氧化物将受到“现有柴油机改进方法规则”的制约。

规则的补充规定适用于气缸压缩容积大于或等于 90 升，并且最大持续功率额定值为 5 000KW（所有 42 缸径及以上缸径的所有 MAN B&W 低速柴油机均属于此范围），但只有一个批准认证方法是可用的。

截至目前为止，2000 年 1 月 1 日之前建造船舶上所安装的柴油机，如未做大型修改将不需要满足任何氮氧化物限制，并且对于此期间所建造的柴油机而言未发布有关氮氧化物排放水平的技术文件。

2 认证的方法

认证的方法是指一种能够使柴油机符合 MARPOL 附则 VI 第 I 款氮氧化物限制要求的文件。

3 法规规定的认证方法

该规则要求柴油机设计师必须验证认证方法不得导致柴油机的功率降低 1%、燃油消耗量增加 2% 以上，并且不会对柴油机的耐久性或可靠性产生不利影响。

同样，该规则内还包括了有关安装和备件成本的规定。

MAN B&W 柴油机的认证方法不会导致柴油机功率降低，燃油消耗量仍将保持原有水平，或者在某些情况下，甚至会略微改进。经过认证之后的柴油机其可靠性和耐久性实际上不会受到影响。

4 MAN B&W 柴油机的认证方法

MAN Diesel 公司所研发的认证方法包括升级的滑阀式喷油器，以及相关的文件处理。我们将发布一份认证方法的文件（AMF）。AMF 类似于 2000 年之后建造的柴油机所发布的氮氧化物技术文件，但却采用了一种缩减版的格式。AMF 内包括了柴油机的氮氧化物水平，受氮氧化物影响部件的配置（翻新部件）以及确保持续符合氮氧化物限制的方法。

滑阀喷油器是一种适合于新柴油机和翻新柴油机的经过验证的技术。除了能够降低氮氧化物排放以外，翻新作业将确保下列的一系列优势：

• 降低颗粒物排放。

• 燃烧室更清洁。

• 改进气缸状态。

• 排气通道更清洁。

• 改进了低负荷运行性能。

• 无烟运行。

我们必须进行柴油机性能的调整和验证，并且是由一名维护工程师执行。

5 所需的文件

该规则由两个主要的文件组成：

（1）认证方法的应用。此文件将由 MAN Diesel 公司制作，但需要得到 IMO 相关组织的认证，并最有可能是一家或多家 IACS 船级协会成员代表该组织进行验证。

（2）认证方法的文件。此文件是适用于单独柴油机的“技术文件”，将由 MAN Diesel 公司制作，在对柴油机进行调查之前，由认证方法的提供者填写数据。当柴油机被更新后则必须发布此文件。该文件将由船旗国进行认证，或者是船级社代表该国进行认证。

6 批准的认证方法

MAN Diesel 公司将制作一系列型号柴油机认证方法的应用文件（适用的柴油机类型），应用文件包括下列一系列的信息：

• 需要对哪些部件进行调整。

• 柴油机的氮氧化物水平如何。

• 燃油消耗量将受到怎样的影响。

• 认证方法的成本计算。

• 认证方法文件的内容如何，以及如何继续保证能够符合规则的要求。

当相关当局批准了认证方法应用文件，那么应通知 IMO 并且发布相关信息。

7 单机的认证方法文件

根据此认证方法的应用文件，当认证方法已经得到批准，并且已经发布该柴油机的认证方法文件，应对船舶 IAPP 证书进行更新，可以单独对所涉及的柴油机进行更新。不同的认证方法将被引入不同类型的柴油机中。

8 柴油机将如何满足新规则的要求

该规则于 2010 年 7 月 1 日生效。认证方法只能从此日期开始得到认证，并且应涉及认证方法简介内所定义的柴油机范围。

IMO MARPOL 附则 VI 指出，必须在对各个柴油机的认证方法进行修改之后 12 个月或更晚时间所执行的第一次更新检查之前，则必须遵循2000之前柴油机的规则。这就意味着直至获得经过批准的认证方法为止，不得强迫采用该方法。当认证方法得到认可，应当通知 IMO。有关认证方法的信息将在该方法被应用于第一艘船上之前提前 1 年提供。

所涉及船舶的应用时间线

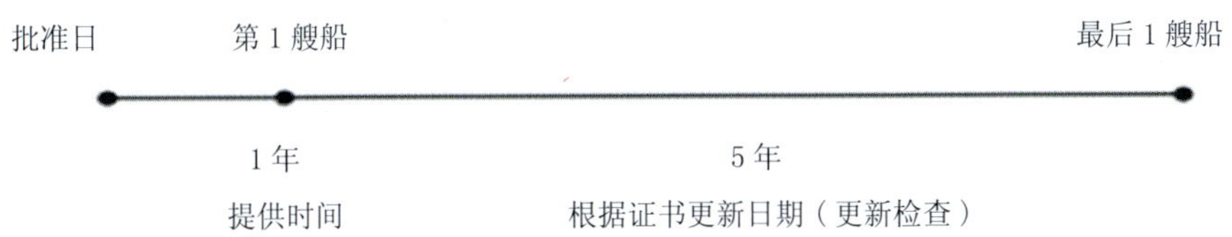

当涉及相关柴油机的认证方法得到批准时，则指定的船舶必须满足规则的要求，且取决于船舶更新检查的日期。以下表格显示了二种认证方法的认证日期以及不同日期船舶更新检查的信息。更新检查将每 5 年执行一次。

表 1　更新调查日期举例

有效批准方法	日期	2011-6-30	2011-7-1	2012-1-1
	2010-7-1	–	+	+
	2010-12-1	–	–	+

注：+ 需要进行更新

- 无需进行更新

9 选择一个批准的认证方法

验证第 I 款船上氮氧化物排放水平可以用已批准的认证方法替代。这个方法将仅用于不符合排放限值的柴油机。

对于已经采用滑阀式喷油器进行升级的柴油机而言，则将根据实际情况对是否满足规则要求进行评估。

10 MAN Diesel 公司将对船舶管理者提供支持

当认证方法可用于单独类型柴油机时，那么 MAN Diesel PrimeServ 公司将提供相关信息。由于必须进行研发工作，因此截止 2010 年 7 月我们仅能提供有限范围的认证方法。我们最初关注的是最大数量制造批次柴油机类型。

MAN Diesel PrimeServ 公司能够协助执行性能分析，柴油机性能优化以及在符合新规则要求的同时，在获得上述优化优势的前提下提供高新技术。

请通过电子邮件 PrimeServ-cph@mandiesel.com 与 MAN Diesel PrimeServ 公司取得联系以便获得进一步信息。

SL2009-521/NJC

2009 年 12 月

1.2.27　通过排气阀孔对气缸套内部进行检查的程序

适用机型：90-98MC/MC-C、ME/ME-C 和 ME-S 柴油机

基于对 MAN Diesel 安全程序的调查和重新评估，我们提出，对于缸径为 90～98cm 的柴油机无需拆除气缸盖而是通过排气阀孔对气缸套内部进行检查的程序。（请参阅 SL07/488/PMN）。 为此，我们研发了一款安全环，可通过排气阀孔进入气缸套内进行检查。本服务公告提出了在使用安全环时应遵循注意事项，

概述

排气阀孔的安全环将允许在无需拆卸气缸盖的情况下，进入气缸套进行内部检查，如图 1。

图 1　安全环

进入气缸套的安全条件

在未拆除气缸盖的情况下，检查人员进入气缸套内部之前，必须满足以下相关的安全条件。

设备

（1）将安全环装入气缸盖的排气阀孔内，以消除高温冷却水进入气缸套内的风险，请参阅图 2。

(2) 机舱行车和盘车机必须正常可用，要满足对待检气缸实施全部功能。

(3) 必须备妥一个合适的梯子（宽度不超过 420mm），以防万一发生电力故障或机舱行车故障时，检查员能够从缸套内撤出。

人员

(4) 安排一名助手始终待在气缸套外面，保证在整个操作期间与检查员保持联系，以确保安全。

（5）检查人员必须穿戴经认证的安全带，安全带应当连接至机舱行车。这样，一旦检查人员疲乏，助手就可以将其从气缸套内提出。

（6）检查人员必须穿戴适当的服装和安全鞋，以避免由于皮肤接触高温表面而造成烫伤。

操作

(7)在未拆除气缸盖的情况下,禁止在气缸套内进行机械作业。只允许进行检查,拍照和磨损量测取。

（8）检查人员应当站在活塞顶部，并且通过盘车机进行升 / 降。盘车机可以由检查人员自己或助手进行操控。

此外，还请参阅我们的基本安全指南。在机舱内作业，至关重要的是应当遵循《维护保养说明书》第 701-01 章节“安全预防措施和维护”，以及第 900-2 章节“常规安全预防措施”内所述的基本安全指南。

在未拆除气缸盖的情况下，严禁进入缸径小于 90cm 的柴油机的气缸套内。

安全环将作为缸径为 90～98cm 柴油机的一个选配工具，并且从 2010 年 1 月起订购。安全环可以通过我们的 PrimeServ 部门订购。

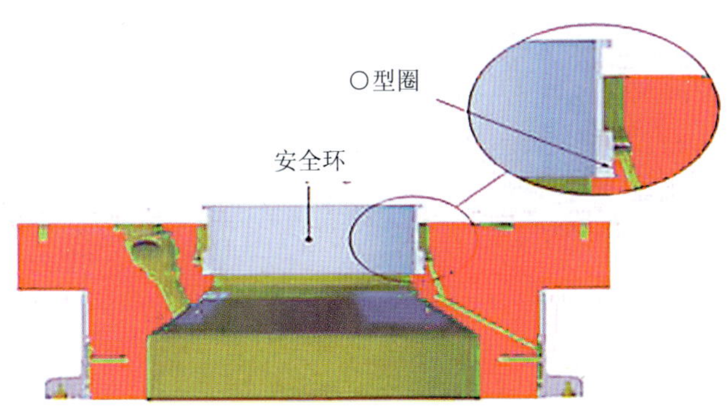

图 2　安装在排气阀孔内的安全环

SL2010-524/MHPE
2010 年 3 月

1.2.28　用于止推轴承推力块旋出的工具

适用机型：S80/70/60MC

我们已经注意到，大量 S80MC、S70MC 和 S60MC 机型，在曲轴和链轮之间采用的是过盈配合，但交付了错误的推力轴承推力块旋出工具。由于此错误，导致对这些机型的推力轴承难以进行大修。因此必须进行某些修改，以便能够在链轮采用过盈配合的机型上使用此工具。此服务信函对如何进行这些修改提供了指导。

图 1　用于止推承推力块旋出的工具

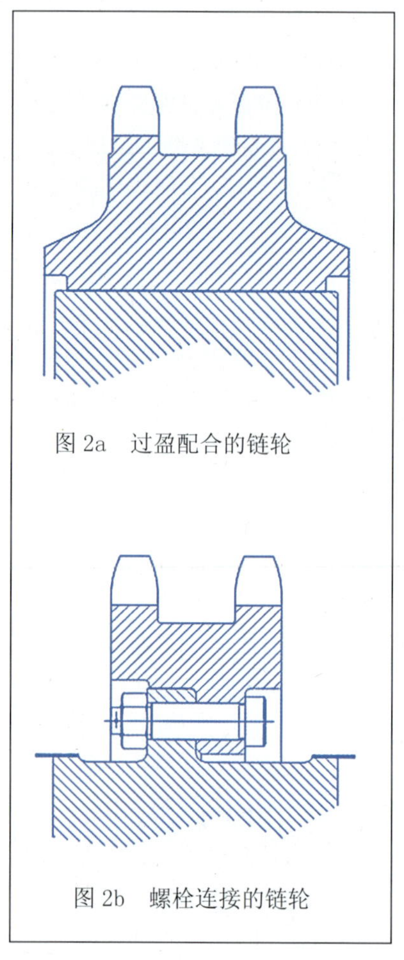

图 2a　过盈配合的链轮

图 2b　螺栓连接的链轮

在执行此服务信函中所述的修改之前，必须检查链轮的类型及推力块旋出工具的版本。

1 检查链轮的类型

找出具体船舶上的工具，并且检查具体机型曲轴的链轮类型（如图 2a、图 2b）。

2 正确的工具

图 3a 所示是链轮采用过盈配合连接的正确工具。如果随机交付了此工具，那么无需采取进一步行动。图 3b 所示是链轮采用螺栓连接机型的正确工具。

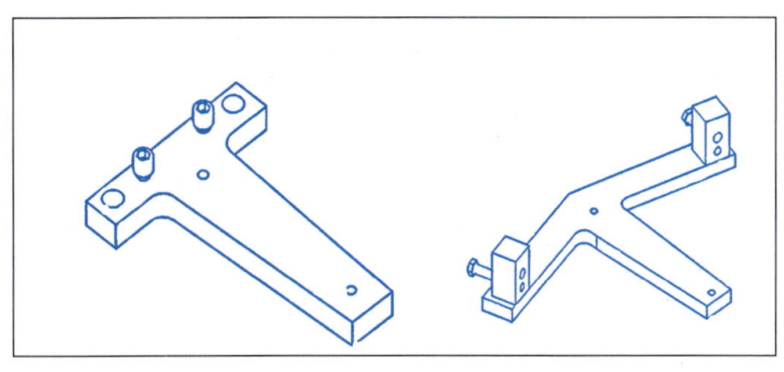

图 3a 过盈配合连接链轮的工具　　图 3b 螺栓连接链轮的工具

3 修改步骤

如果链轮采用过盈配合的机型配送了错误的工具，那么请执行以下三个步骤：

第一步：

按照图 4 所示，将 T 形件从中心线起至两端约 125mm 处进行切割。切割应当垂直于 T 形件。

第二步：

在 T 形件上从中心线向两端 100mm 处的中央位置，钻取两个 18mm 的孔（请参阅图 4）。要保证两个孔之间的距离应当为 200mm。

第三步：

将刚钻取的两只孔，钻成深度足以使 M16 沉头螺钉没入的沉头孔（请参阅图 5）。

若要将工具装配在链轮上，可用两个 M16 沉头螺钉， 长度要在没入后伸出孔达 16～18mm。

最后，在链轮上试着安装修改过的工具，请参阅图 6，以便确认此时推力块能够无问题地旋出。

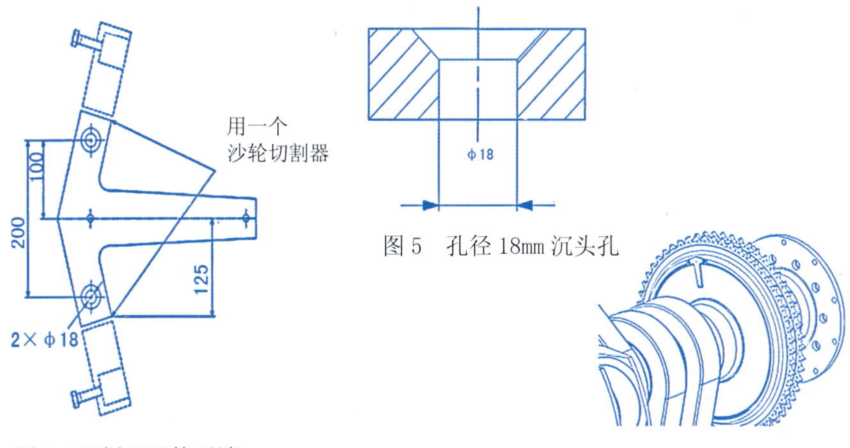

图 4　切割 T 形件两端

图 5　孔径 18mm 沉头孔

图 6　将工具安装在链轮上

SL2010-530/JSR
2010 年 5 月

1.2.29 人员安全设备

适用机型：所有二冲程 MAN B&W 柴油机

最近几年，人们开始关注全球海事市场内的产品质量和人员安全。MAN Diesel&Turbo 公司因此引入了三种不同的安全设备包，供特许经销商将其与新的二冲程柴油机一并交付给客户；一种为强制性类型，以及两种不同的选配类型，这是由于 CE 和 ANSI 认证标准的不同所导致的。附件中的铭牌提供了进一步的详情。

自 2010 年 1 月 1 日起订购的所有 MAN Diesel&Turbo 二冲程柴油机的设计文件中均贯彻了这种新的安全设备。这种安全改进的结果是自 2010 年 7 月 1 日之后，我们的特许经销商必须将强制性安全设备作为标准配备与柴油机一起交付。

2011 年年中，特许经销商才交付第一套强制性的防坠落套件和救援背带，我们仍然建议所有营运中的船舶都应尽快采购上述安全设备。

如果要订购已经可以提供的安全设备包，请通过电子邮件 Primeserv-cph@mandiesel.com 与我们的 PrimeServ 部门取得联系。

有关此服务信函的问题或意见请直接联系我们的“LEE3 维护工具”部门。

概述

引入新的人员安全设备

强制性设备	铭牌 P91369-000
019：防坠落葫芦	764,00 EUR
020：安全挂钩	113,00 EUR
032：救援背带	107,50 EUR
合计：	984,50 EUR

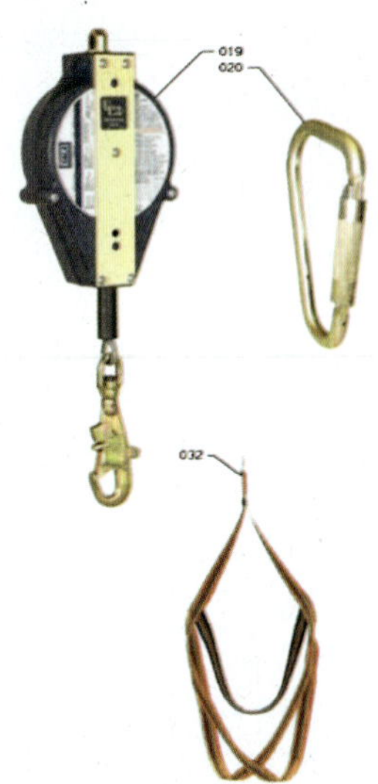

选项 CE- 经过认证

铭牌 P91369-0004

019：防坠落设备的背包 48,50 EUR

020：救援背带 160,00 EUR

032：双吸振挂绳 103,00 EUR

044：后挂带 60,50 EUR

056：定位挂绳 157,50 EUR

068：防护手套 13,00 EUR

070：安全视频光盘 *30,00 EUR

081：核对表

093：防坠落设备，全套：542,50 EUR

* 当采购全套选配设备时免费。

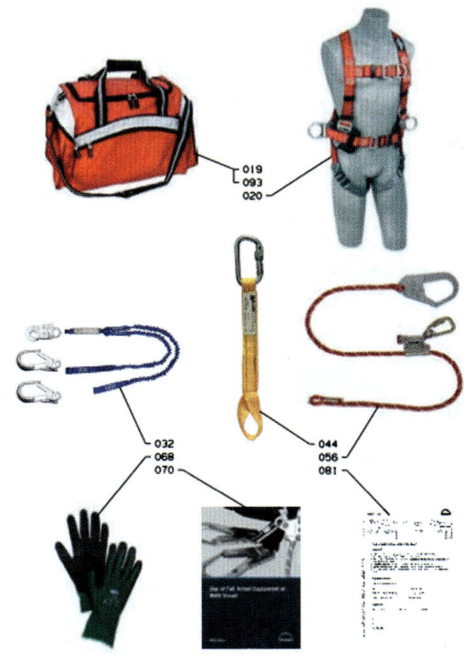

选配设备（经 A NSI 认证）

铭牌 P91369-0005

019：防坠落设备背包 48,50 EUR

020：救援背带 160,00 EUR

032：双吸振挂绳 250,00 EUR

056：定位挂绳 157,50 EUR

068：防护手套 13,00 EUR

070：安全视频光盘 *30,00 EUR

081：核对表

093：防坠落设备，全套：629 EUR

* 当采购全套选配设备时免费。

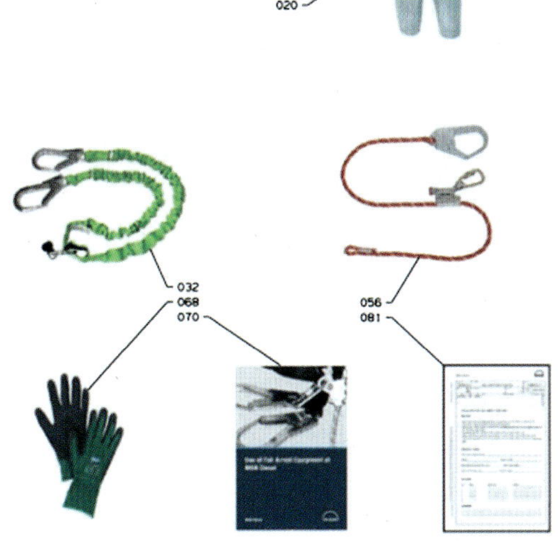

SL2010-533/TBO

2010 年 5 月

1.2.30　更新的检修周期指导

适用机型：K98MC-S、K60MC-S、K90MC-S、K50MC-S

K80MC-S、L35MC-S 柴油机

根据最新的维护经验以及检修状态（CBO）的经验，我们很高兴的发布一份改进版的检修周期指导表格。该检修周期指导适用于 MC-S 类型柴油机。

然而，各种设备的保养经验和反馈信息显示，两次检修之间的时间（TBO）相比起 CBO 而言，则要更加频繁的参考使用，这是由于有限的停机时间所导致的。

请注意！列表内的保养周期仅适用于具有所谓的高顶活塞的柴油机。高顶活塞是指活塞顶面距活塞环的高度明显高于原设计活塞。

有关表格或检修状态的任何疑问和问题请通过电子邮件 leo@mandiesel.com 直接与我们的操作部门联系。

或者通过电子邮件 PrimeServ-cph@mandiesel.com 与我们的维护部门取得联系。

表 1 MC-S 柴油机检修周期指导以及预期使用寿命

部件	检修周期（小时）	预期使用寿命（小时）	备注
气缸套	缸径规格 98～50　8 000～16 000 35　8 000～12 000	缸径规格 98～90　70 000 80　60 000 60～50　50 000 35　50 000	至少每 1 000 小时清洁一次。 最大磨损量： 0.4～0.8% 的标准气缸套内径
活塞环	缸径规格 98～50　8 000～16 000 35　8 000～12 000	缸径规格 98～50　16 000 35　12 000	
活塞顶	缸径规格 98～50　8 000～16 000 35　8 000～12 000	缸径规格 98～90　70 000 80　60 000 60～50　50 000 35　50 000	每隔一次进行活塞检修期间执行压力测试，当需要时则进行翻修 / 重新镀铬（通常每 16 000～24 000 小时执行一次）。活塞顶可以通过两次焊补的方式进行翻新

填料函	缸径规格 98～50　8 000～16 000 35　8 000～12 000 检查刮油环中的刮片	缸径规格 98～50　32 000 35　24 000 更新刮油环中的刮片	运行 8 000～16 000 小时之后换新刮片（通常在活塞检修时，一起进行）。当然，使用我们提供的专用工具，也可以在机器内部进行，无需取出活塞
排气阀阀杆和底座	检查阀座和空气弹簧： 缸径规格 98～35 首次检查　8 000 缸径规格 50～35 随后的检查　16 000 缸径规格 98～60 随后的检查　32 000	缸径规格 50～35 DuraSpindle 排气阀　50 000 缸径规格 98～60 DuraSpindle 或 Nimonic 排气阀　100 000 通过阀座翻新和阀盘底部重新堆焊，得到双材料阀杆和镍铬钛合金阀盘。使用寿命根据具体情况而定	通常，HVOF 镀层的阀杆无需进行翻新： 通常在后续的检查中，只要对阀座进行轻微研磨。 1）状态检查 按照说明书要求检查空气弹簧。至少检查两到三个排气阀 2）后续检查 状态检查 + 可能的全面检修。我们需要评估和计算阀盘底部的最大烧损率，并且计算阀杆的使用寿命。所有排气阀都需要进行检查
驱动机构	液压系统　32 000	64 000	
喷油器 生物燃油 (TAN >6)	8 000 - 取决于燃油质量	喷油器油嘴（12 000） 16 000 阀杆导套（12 000） 16 000	检查并视情换新
高压油泵柱塞套筒偶件，吸油阀，泄油阀和减震器	6 000 - 根据柴油机的观测情况而定 8 000 吸油阀和泄油阀	换新或翻新： 40 000 生物燃油 （TAN >6） 30 000	换新套筒、柱塞、泄油阀和吸油阀的密封环
气缸盖		96 000	检查喷油器喷嘴孔位置是否存在被燃烧的凹槽。如果需要的话则进行焊补 （使用寿命中可以进行 2～3 次）
起动阀和示功阀	12 000	柴油机寿命	

部件	检修周期（小时）	预期使用寿命（小时）	备注
Alpha 气缸油注油器	检查 / 重新充注蓄压器 8 000 注油器检修 32 000		
十字头轴承 主轴承 连杆大端轴承 推力轴承	检测轴承间隙，测量拐档差：每年一次 使用专用塞规检查轴承边缘：每年一次	64 000 96 000 96 000 96 000	除非轴承材料碎片脱落或者其他轴承检查中显示轴承损坏，否则禁止打开轴承
高压油泵和排气阀的滚轮导轨	就地检查其状态： 1 500	柴油机寿命	检查接触面以及滚轮是否自由转动
链条	收紧链条： 3 000～4 000 每六个月	96 000	新的或经过检修的链条在运行 500、1 500 小时之后，必须进行检查 / 重新收紧
链轮和橡胶导块	目测检查： 3 000～4 000	链轮： 96 000 导块： 32 000	在总寿命期的 500、1000 和 1500 小时之后进行检查和重新收紧
调速机构	查运动部件： 3 000～4 000	柴油机寿命	气动 / 液压调速器： 每 4 000 小时换油
贯穿螺栓及螺母	上紧螺栓及螺母： 每年一次	柴油机寿命	
地脚螺栓	收紧： 每年一次	柴油机寿命	
涡轮增压器	按照制造商的建议	按照制造商的建议	按照制造商的建议
空气冷却器 第一级 第二级	清洁： 根据柴油机的观测情况而定	45 000	当压差比试航时增加 50% 之前进行清洁
扫气箱内的翻板和蝶阀	每次进行扫气箱检查时，查看动作情况。	柴油机寿命	
各种燃油和润滑油滤器。凸轮轴油滤器和 TCS 过滤器，如果有的话。	清洁： 根据柴油机的观测情况		
滑油油底壳	清洁 32 000		通常每 4 年在检修期间执行一次

SL2010-534/MFP
2010 年 9 月

1.2.31 关于 2000 年前生产的船用柴油机改进许可方案

适用机型：MAN B&W 二冲程 MC/MC-C 型船用柴油机

此服务信函是跟踪服务，是继之前 2009 年 11 月 (SL09-520) 信函的后续，之前的信函概述了根据 MARPOL 附则 VI 修正案所涉及的经过 IMO 认可的 2000 年前船用柴油机的改进方案。该规则于 2010 年 7 月 1 日强制执行。

MAN B&W 柴油机的改进方法包括一个滑阀式喷嘴（配有一个改良的低氮氧化物喷油嘴），以及在某些地方进行了微小的性能调整。MAN B&W 改进方法的应用将带来一系列受益，其中包括：

- 符合 MARPOL 附则 VI 条款 13 第 7 章节的规定。
- 未改变或略微改善燃油消耗。
- 降低氮氧化物，一氧化碳，碳氢化合物以及颗粒物质的排放。
- 改善低负荷运行。
- 更清洁的燃烧室和排气通道。

第一批接受改进方法的柴油机类型为 S70MC。S60MC 和 S50MC 机型在 2010 年下半年接受改进。我们正在考虑进一步对柴油机类型进行改进，当新型的柴油机得到批准时，我们将通知您。

1 网络主页

MAN Diesel&Turbo 公司已经引入了一种基于网络的工具，以便指导船东如何满足 IMO 规则的要求。该工具将提供有关如何对待个别特殊类型柴油机的指导。

主页包括以下信息：

• MAN B&W 柴油机改进方法告知 IMO（改进方法将在不同类型柴油机中逐渐引入）。

• 定义一个标准以验证一个指定柴油机是否被包括在范围内。审核批准方法将在主页中详细介绍。

• 船东的义务以及联系人。

2 行动代码

请注意！适用于此服务信函的行动代码的定义已经进行了修改，包函原文，强调如下：

行动代码：第一时间

第一时间提供重大故障及停止营运（主机停车等）的风险信息描述。例如，给操作人员带来重大人身伤害。此外代码还覆盖了监管的要求，如有违反船舶将被扣留。

3 行动

船东有义务（当在 2010 年 7 月 1 日之后对船舶进行时）验证其指定的柴油机经批准的改进方法是否已发布。

如果改进方法获得批准，那么船东应当在下一次检验之前将该方法引入船舶中。如果没有改进方法是可行的，柴油机已符合规定，但是船级社必须对新的 IAPP 证书进行修改，注明没有改进方法。

该主页可以在网站：www.mandieselturbo.com 的下列标题：

PrimeServ － 海事系统 － 翻新和更新中找到

或者使用以下网址链接：

http://www.mandieselturbo.com/AM

有关进一步的建议和说明，您可以通过电子邮件

PrimeServ-cph@mandieselturbo.com

与我们哥本哈根的部门或柴油机制造商取得联系。

SL2010-537/JYA

2010 年 10 月

1.2.32 关于拆除多用途控制器箱内的开门固定器

适用机型：ME/ME-C 柴油机

概述

箱子的开门固定器应从柴油机上拆除

图 1 预先安装的开门固定器

图 2 固定器及铰链拆除后

安装有标准控制面板的 ME 柴油机上，控制器箱子有一个预先安装的开门固定器(见图 1)，以便将门固定在开启位置。

然而，维护经验已经显示振动将引起这些固定器上金属部件之产生相对运动。这将导致金属颗粒物落入箱子内部。

这种现象将产生黑色的金属粉末，这些粉末可能在温度和湿度的变化条件下发生锈蚀。这是我们所不期望看到的，因为金属粉末具有导电性，并且可能导致电阻降低，最终导致多用途控制器故障。

由于箱子门的尺寸和重量的限制，且在海上时箱门通常是保持关闭的，因此，该固定器将从我们的设计中拆除（图 2）。我们已经对固定器的必要性进行了重新评估，认为无需使用替代品。

只要将门内的固定器支臂和铰链部分拆除，留下的部分将用作封堵箱子内原有的钻孔。用这种方法，不会降低箱子的 IP 等级。

（有关服务信函的问题或意见可与 MAN 技术部门 2 取得联系。）

SL2011-539/IUS

2011 年 1 月

1.2.33　关于起动空气先导阀的损坏

适用机型：ME/ME-C 柴油机

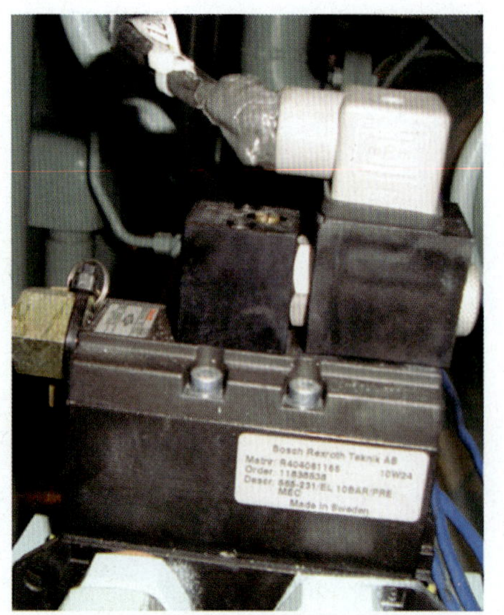

图 1　起动空气先导阀

最近发现一些起动空气先导阀（如图 1）出现故障情况，并且导致柴油机的起动问题。该故障是由于两个原因所导致的：

(1) 先导阀内动作活塞性能变差。

(2) 固定先导阀上磁力线圈的螺母出现松动。

建议 1

自从引入 ME/ME-C 柴油机以来，已经使用了三种类型的先导阀，现在使用的都是新型先导阀，请参阅下文。

制造商 Bosch Rexroth

新型　MAN No. 5158228-5 - Bosch Rexroth
　　　No. R40-406-116-5（铝制活塞）

旧型　MAN No. 5057773-8 - Bosch Rexroth
　　　No. R40-405-372-2（合成纤维活塞）
　　　MAN No. 1235947-9 - Bosch Rexroth
　　　No. 565/331（内部先导空气 30 bar）

建议一有机会即检查该阀，并且按照 12 000 运行小时数的定期间隔检查，结合主起动阀检修时进行。

建议 2（图 2～图 5）

固定磁力线圈的螺母应当采用 Locite 222 胶水固定，以防止此部件松动。

有关此服务信函的问题或意见请与我们的技术部门取得联系。

图 2　新型

MAN 编号 5158228-5

Bosch Rexroth 编号

R40-406-116-5（铝制活塞）

图 3　旧型

MAN 编号 5057773-8

Bosch Rexroth 编号

R40-405-372-2（合成纤维活塞）

图 4

损坏的合成纤维活塞（POM：聚缩醛）

图 5

螺母应当采用 Loctite 222 胶水固定

SL2011-542/JAP

2011 年 4 月

1.2.34 水雾收集器的新改进设计

适用机型：MC/MC-C、ME/ME-C/ME-B 和 ME-GI 柴油机

MAN B&W 柴油机配有一个水雾收集器（WMC）用于去除扫气中的游离水分。为了防止水被携带进入燃烧室内必须采用此步骤，水会对气缸的状况产生负面影响。

WMC 和泄放系统的作用，对于保证气缸状况的可靠是非常重要的。未去除扫气中的水分将可能对活塞环与气缸套之间的油膜造成破坏，在最坏的情况下，可能导致拉缸。

由于 WMC 上螺栓的松动或断裂已经导致气缸套发生多起拉缸事故。因此，我们建议轮机人员在每次港口检查时认真检查 WMC 的状态，此外，每运行 3 500 小时则应当拆除道门进行全面的检查，以便确保 WMC 未受损且固定牢固。

我们于 2009 年引入了一款适用于所有类型柴油机的新 WMC。新的设计进行了许多改进，以便确保能够避免上述事故。新设计包括一个改进的 WMC 效率，一个更坚固的框架，并且新设计能够通过软垫片的方式实现框架的牢固和密封。

概述

我们可以通过采用 2009 新型的水雾收集器替换现有水雾收集器（如图 1），从而改进柴油机的可靠性和实现稳定的气缸状态。

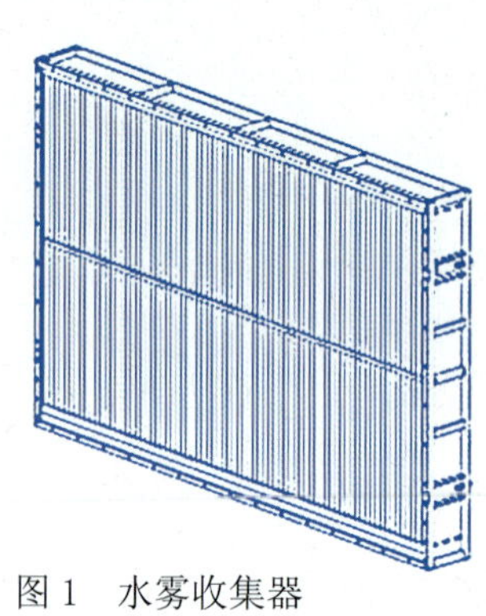

图 1 水雾收集器

1 WMC 功能故障

在很多情况下，发现 WMC 由于断裂的螺栓或框架而发生松动。

在许多柴油机中，WMC 是以对着气流的方式， 通过螺栓将部件固定在柴油机的空冷器壳体的框架上，如图 2 所示。如果螺栓发生破裂，那么 WMC 将从框架上被推出，导致空气从 WMC 旁通。

这将导致水的引入，特别是在潮湿地区，可能导致大量的水进入气缸。

这会对气缸的润滑产生不利影响，在最坏的情况下，可能破坏全部油膜，从

而使气缸套与活塞环之间发生刮伤。

通过提开扫气总管内单向翻板对其进行检查，观察 WMC 与框架箱体之间是否存在间隙，如图 2 所示。

从扫气箱内查看时，船员可以看到在涂色区域与不锈钢 WMC 之间存在一个较小的间隙。在大多数情况下，也可从上端查看螺栓，以确认其是否处于原位。

在检查时如果对 WMC 正常固定有疑问，建议拆除空冷器壳体侧面的道门，以便检查 WMC（如图 3）。至关重要的应当确保 WMC 被牢固压在空冷器壳体上并且密封。

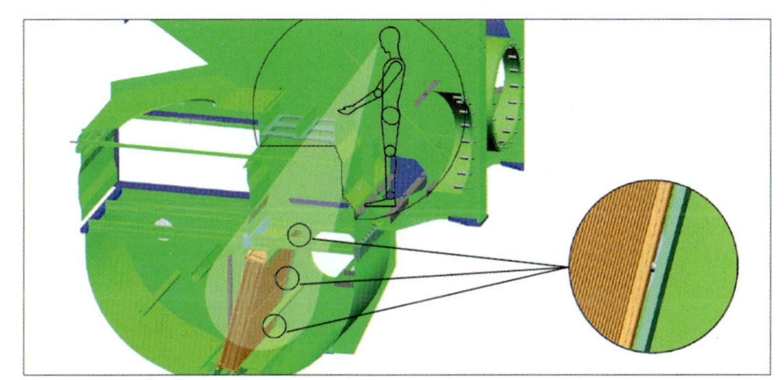

图 2　从扫气箱检查，水雾收集器固定在框架内（螺栓将 WMC 固定）

图 3　固定螺栓将 WMC 从框架上顶出（注意缝隙 ）

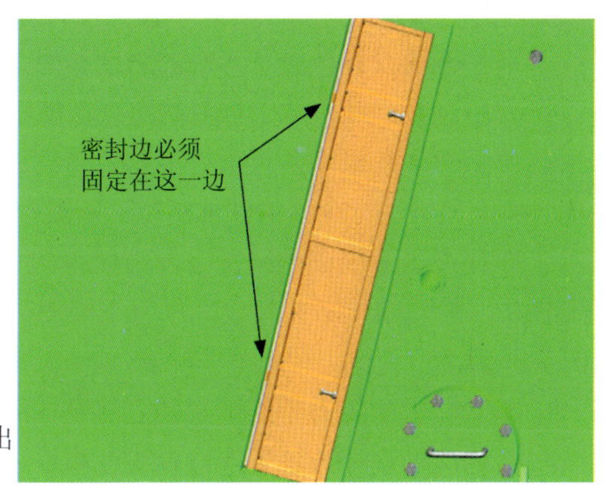

图 4　侧道门拆除后看到的 WMC

如果上述的目测检查不能 100% 地确认，建议拆除侧道门进行更好的检查，如图 4 所示。请使用一个小撬杠检查所有螺栓以及 WMC 的位置，以确认 WMC 被完全按压在密封法兰上。

螺栓必须拧紧，并且橡皮垫片应当被压缩至定距片完全靠在空冷器壳体侧的框架上的程度，如图 5 所示。

图 5　从小道门处对 WMC 的检查

2 新设计

2009 年引入了一种全新设计的 WMC。新设计包括了一种经过改进且非常有效的除水功能，即使在高风速情况下都能实现，并且具有一个更加具有耐久性的框架。在密封侧，安装了一个垫片，以便确保良好的密封，如图 6 所示。

新修改的设计改进了 WMC 的强度和耐久性，并且使性能得到了改进。

使用试验已经确认了框架的耐久性能够防止螺栓破裂和折断。

为了确认在极端条件下性能是否得到改善，将新的和之前的设计一并提交至我们的研究所进行全面的性能测试。新设计的目的是获得低压力差和高效率。

即使在风速很高的情况下，高效率的关键是柴油机在高负荷下获良好的水分离效果。在风速升高并且效率稍有下降时的试验得到了最好的性能测试效果，如图 7 所示。

新 WMC 上的压力差低于某些之前设计的 WMC。

新修改的设计改进了ＷＭＣ强度和耐久性，并且使性能得到了改善。

3 订购新的水雾收集器

新 WMC 设计的外部尺寸与之前的设计相同，所以新设计的产品可以替代旧款柴油机内使用的 WMC。当订购新的 WMC 时，我们建议购买新的设计。

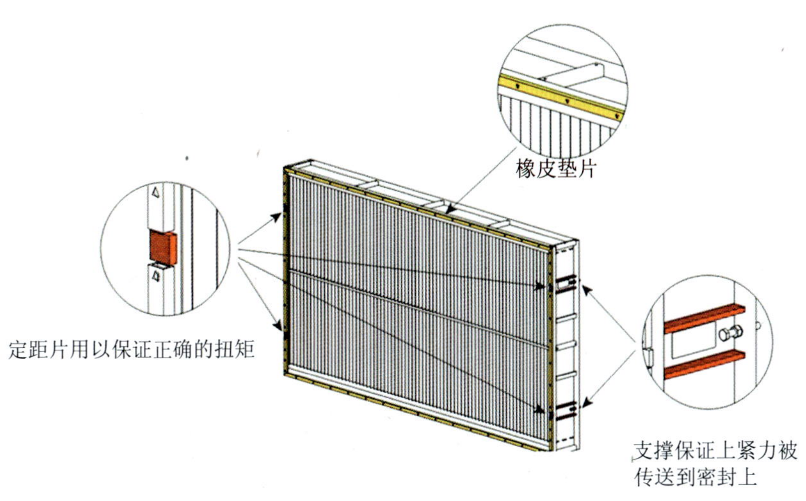

图 6　新水雾收集器的设计

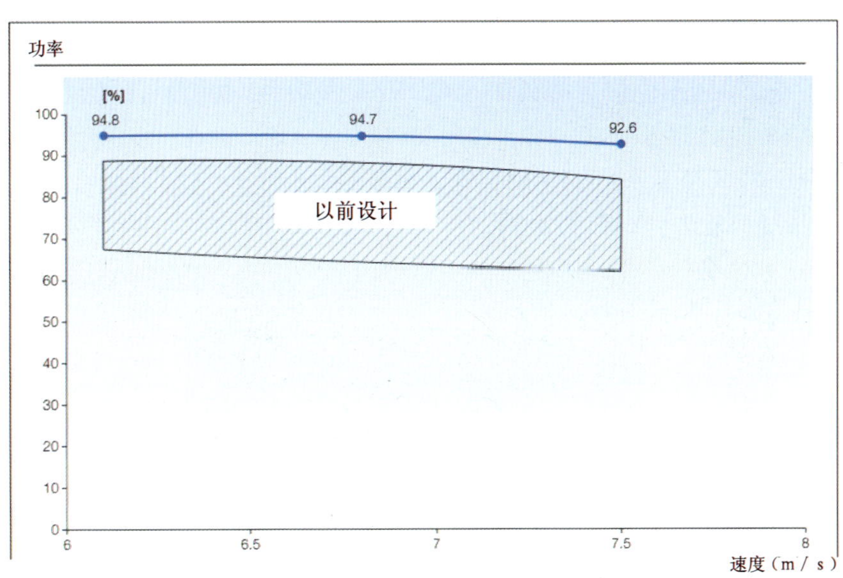

图 7　不同类型 WMC 设计之间除水效率的对比

SL2011-543/PRP

2011 年 5 月

1.2.35　关于 CEJN 型母连接卡套的更换

适用机型：MAN B&W 大缸径二冲程柴油机

CEJN AB 告知我们其大型母连接卡套应当被召回。

这些母连接卡套用在我们的高压液压拉升器上。

受影响产品的详细描述以及更换的信息可以在附件中的 CEJN AB 解释中找到。

请注意！这不是一个关于人员安全的问题。仅与母连接卡套的功能有关。

MAN Diesel&Turbo 公司仅仅传递来自于 CEJN AB 公司的信息。如果有产品需要替换或有任何问题，请通过以下电子邮件地址与 CEJN AB 直接取得联系：customersupport@cejn.com

1　125 系列 CEJN 型母连接卡套的更换工作（2 500 bar）

最大工作压力为 WP250MPa（2 500bar）的 125 系列连接卡套的更换工作。

受影响的产品编号：10 125 1203、10 125 1237、10 125 1248、10 125 1283、受影响的生产批号：NB*、CL*（在此 * 可以是从 A 至 N 的任何字母），从 2010 年 10 月至 2011 年 3 月期间生产的产品（见图 1）。

产品编号和生产批号

图 1　CEJN 型母连接卡套

2 更换的原因

CEJN 对最近的三个保修进行广泛调查之后，发现连接卡套的某些锁紧球并不符合技术规范。当对球进行冶金分析之后，CEJN 确定其中一个球体供应商未正确进行热处理流程，这种不适当的热处理可能导致材料结构不如原规范的坚固。

对连接卡套的影响是寿命可能比预期值短，锁紧球可能破碎且可能从接头内掉出。

如果连接卡套设计得很坚固，丢失一个或两个锁紧球本身并不是一个安全问题：接头（公头部件）不会从连接卡套内弹出。

CEJN 认为不需要立即停止使用受影响产品的批次，只要遵照我们以下的维护指南：定期检查密封件和运动部件（包括球体）并且更换损坏的连接卡套。

在连接公头和母头部件时，请始终确保锁紧套接合得很服贴。如图 2 所示。

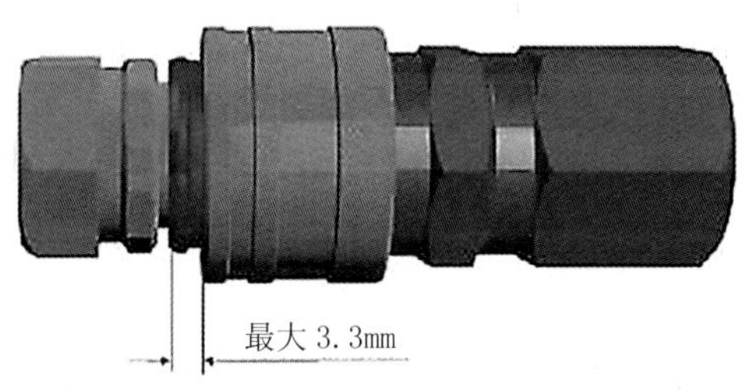

图 2　正确的安装连接卡套接头

尽管连接卡套报修数量非常少，CEJN 仍然期望提供最高标准的质量和最好性能的产品．因此 CEJN 决定对我们客户手中的上述生产批次产品进行更换。

SL2011-544/MTS

2011 年 6 月

1.2.26 低负荷运行（2011 更新版）

适用机型：MC/MC-C 和 ME/ME-C/ME-B 柴油机

作为 SL09-511 信函的延续，根据柴油机负荷降低至 10% 较长时间运行后轮机人员反馈的信息，以此服务信函介绍 MC/MC-C 和 ME/ME-C/ME-B 型柴油机低负荷运行的技术服务经验。

总体上，反馈的信息是非常积极的，仅有少数应对措施还需掌握。

应当对排烟管道和透平增压器的的脏污予以特别关注，自执行 SL09-511 信函的指导原则进行操作以来，还没有收到相关严重问题的报告。

出现的其他问题，已采取信函中所述的少数应对措施得到解决。

1 简介

此服务信函是 SL08-501 和 SL09-511 的延续，并且基于柴油机持续在 10% 负荷运行时轮机人员的反馈信息。

2 辅助风机

由于持续低负荷运行，辅助风机（A/B）的运行时间增加了，A/B 故障增加。由于运行时间的增加，需要增加维护保养，但是仍然有故障发生。

在某些情况下，导致问题的重要因素是辅助风机法兰处用于轴封泄漏的透气孔被堵塞，因此一旦轴封发生泄漏则可能导致轴承产生较大的故障风险。

如果轴封发生泄漏，并且透气孔被塞住，扫气压力将把空气、油泥和杂质经轴承而吹出，这样就带走了轴承的润滑剂。

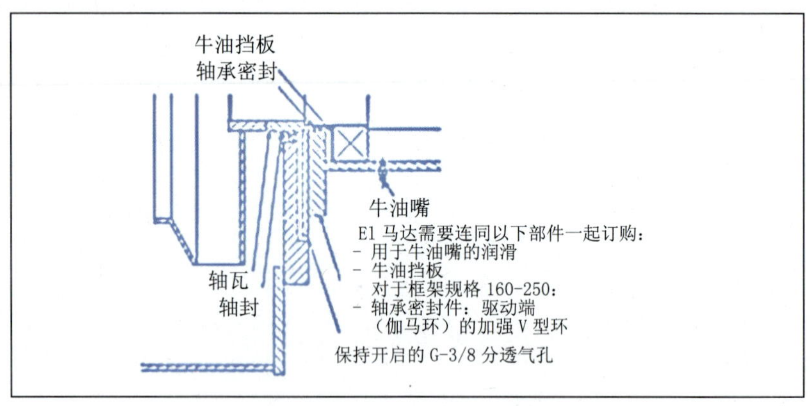

图 1 A/B 叶轮 / 轴 / 法兰的剖视图

建议检查辅助风机上的透气孔，如果安装了闷头的话请拆除。应当在透气孔至框架箱排放端安装管路，以避免油泼溅至鼓风机下方。如果排放端产生了过量的空气，则更换轴密封件。

在延长的低负荷运行期间，建议提高 A/B 的检查和维护等级。如果准备进行长时间的低负荷运行，通常建议在船上配备一台完整的备用辅助风机。

SL09-511 信函中建议在“手动模式”内运行 A/B（在 A/B 的面板操作），从而避免 A/B 的频繁启动 / 停止。由于柴油机控制系统（ECS）的要求， 柴油机在此情况下运行时机舱内必须有人值守。

对于 ME 柴油机而言，ECS 将对 A/B 进行控制，如果 A/B 被置于“手动操作”状态，能防止柴油机被驾驶台起动。对于 MC 柴油机而言，如果在 BMS 软件内未实施起动锁闭“辅助风机未处于自动状态”，BMS（驾驶台操纵系统）将不会锁闭驾驶台的柴油机起动操作，这样就会导致驾驶台能够在未起动辅助风机的情况下起动柴油机，这可能会损坏柴油机。

因此，在机舱无人值班期间，建议将 A/B 切换成自动模式，以确保柴油机和辅助风机在所有运行状态下均能安全运行。

3 透平增压器的封停

透平增压器封停的服务经验逐步被肯定。大量利用安装盲板来封停 T/C 的操作已经实现了多年无故障运行。采用可切换的封停装置（旋转闸门）也显示出了良好的性能。

4 扫气箱翻板止回阀

有关低负荷运行的报告中，发生多起翻板破损。

在 A/B 自动起停切换点负荷区域内，扫气箱内的翻板（止回阀）将由于扫气箱内的压力脉冲而连续开启和关闭。此负荷区域的故障可以通过翻板的明显敲击噪音而识别。

敲击在短期内就会造成阀板的损坏或断裂。必须避免在此负荷区域内连续运行柴油机，该负荷区域应当尽快通过。

图 2　破损的翻板

断裂和损坏的的翻板必须尽快更换，翻板碎片应当移出扫气箱，以防止损坏后面的部件。当辅助风机运行时，破损和缺失的翻板都将对柴油机的性能产生不利影响。

5 气缸润滑

低负荷运行将导致气缸油耗量（g/kWh）增加。

当柴油机在低于 25% 负荷运行时，要求气缸润滑系统从负荷比例控制切换至 rpm 或 mep 比例控制。然而，在机械控制的 MC/MC-C 柴油机中，ALPHA 润滑系统具有一个喷射间隔最大 15rpm 喷射的限制值，以避免气缸油喷射的间隔太长。在大多数情况下，这就意味着 rpm 比例控制在 35～40% 负荷下已经启动。这可能导致在超低负荷（10%）运行时出现过度润滑，从而使沉积物累积在活塞顶部。

过量的润滑油和添加剂的沉积物可能对气缸状态造成负面影响，尤其在柴油机加载至高负荷运行时。然而，并没有收到低负荷情况下过量润滑相关的损坏报告。

如图 3 所示，如果 15rpm 喷射的限制值过早达到，规范的注油率应该显著降低。按照功率计算，10% 柴油机负荷的持续规范注油率应该减半。

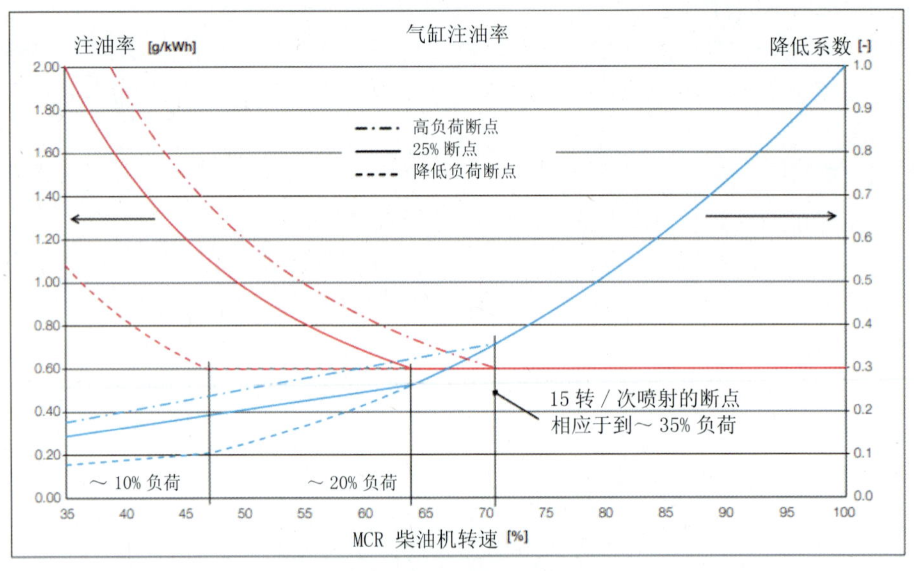

图 3　ALPHA 气缸注油器注油率计算

为了降低转折点 (breakpoint) 负荷，较小的 ALPHA 注油器油泵应该加以改进，借此负荷比例转折点能够向下移动至较低的柴油机负荷。由柴油机的负荷特性图，可以看出此项修正是有利的，并且可以降低扫气箱内过多润滑油所造成的脏污。

如果柴油机配置的是机械气缸油注油器，强烈建议改成 ALPHA 气缸油注油器。机械注油器的注油率比规定的需求值要高许多，尤其是在低负荷运行期间。

电子控制的柴油机（ME/-C/-B）上的润滑系统完全符合规范注油率要求，这是由气缸油注油器的设计原理所决定的。

6 增压器的清洁和柴油机加负荷运行

增压器清洁的必要性在很大程度上取决于燃油喷射设备和燃油净化设备的维护保养状态以及所使用的燃油质量。清洁周期必须根据具体设备的经验而定，而且每条船要求不同。

柴油机加负荷运行水平（% 柴油机负荷）以及柴油机加负荷运行的频率应当尽可能降低，以便不影响气缸的状况。

每两天将柴油机加负荷至大约 50% 负荷，可以将它作为一个参考起始点。

增压器的必要清洁间隔时间是由增压器设计者规定的，而且应当遵循其最新建议。

三家 T/C 设计者建议的清洁间隔时间概要如下所示：

- ABB：增加负荷至＞ 50% 柴油机负荷
  至少每 24～100 小时执行一次。
- MAN：在正常运行负荷时就有效，例如，不必增加柴油机负荷。
  至少每 24 小时执行一次。
- Mitsubishi：负荷要在最低和最大 T/C 转速之间（取决于 T/C 类型）
  至少每 100 小时执行一次。

7 部件的磨损

柴油机负荷的降低通常将降低柴油机部件上的负荷，这与两个因素有关，温度和负荷。

我们已经看见由于降低了柴油机负荷而致使活塞环的磨损和缸套磨损均被降低，但是由于有限的低负荷运行小时数，目前为止还未得出明确结论。

此外，有些部件的磨损直接与柴油机的转数相关。这些部件的运行小时数可以成比例地延长，这取决于柴油机的低负荷运行状况与正常负荷运行状况的比较。

1.3　MAN 公司 2000~2006 年四冲程机服务信函

SL2001-189

2001 年 12 月

1.3.01 活塞的检查（仅适用于已出厂的 MAHLE 类型柴油机）

适用机型：L-V28/32 (A) 柴油机

目的

检查的目的是对活塞进行全面的检查，以便探测活塞裙内部可能的初始裂纹，用于检查组装活塞头和活塞裙的四个螺栓的拧紧控制扭矩以及检查活塞头和活塞裙之间接触面的微振磨损情况。

1 简介

根据最近在 L/V28/32A 柴油机上对活塞拆检的情况，在活塞裙内发现了少量的裂缝并且在活塞头和活塞裙的接触表面上发现微振磨损的迹象增加。该裂缝起源于活塞窗口周边并扩展至活塞裙。

活塞裙内的任何微小裂缝以及活塞头和活塞裙的接触表面微振磨损都将严重损害柴油机的安全性和可靠性，需要立即对活塞进行更换。否则活塞在运行期间可能发生破裂。

2 Mahle 型活塞的定期检查

活塞裙的定期检查可以从曲轴箱处采用目测的方式检查活塞裙，使用一个强光手电筒查看活塞裙窗口 / 活塞销座区域。仔细的清洁和检查可以发现起源于活塞裙销孔（如图 2）并扩展致活塞裙内的细微裂纹。

初始形成的裂纹可以从活塞下端内表面检查发现，但是对于整个活塞而言，这不是一种全面的安全检查或检验。

3 计划的检查

通过 12 000 小时（HFO）和 18 000 小时（MDO）运行后的拆检工作，就可以完成活塞的全面检查，在计划的活塞拆检期间，则应当通过全面检查来替代定期检查。

在检查前，活塞头和活塞裙必须拆开，并应仔细清洁。(需要使用合适的清洁剂)。

首先对活塞裙窗口周边和活塞销座区域进行目测检查，然后使用良好的照明和放大镜对活塞裙进行检查。

如果未发现微小裂纹或者过度的表面磨损，则活塞可以重新使用。

以后通过服务部门订购新的活塞时，你会收到所有必要的信息以及有关柴油机安装的指导步骤。新购的活塞满足 MAN B&W 的最新活塞技术规范要求和质量保证。

请注意！

对于已经使用超过 30 000 小时的 Mahle 活塞，MAN B&W Alpha Diesel 公司将不会对该活塞或者安装有该活塞的柴油机的损坏负责。通常，由于缺陷设计或材料所导致的任何缺陷的担保期都已经超过。

在服务部门处可以获得柴油机活塞初始安装的相关信息。

4 活塞定期拆检的工作程序

可以按上述活塞检查工作或者一次活塞检修的程序。

拆除活塞和连杆组件的检修工作必须按照《保养说明书》的要求进行。

在从柴油机上拆出活塞和连杆组件之后，解体连杆和活塞。然后将活塞头和活塞裙拆开，并认真清洁活塞头和活塞裙。（需要使用合适清洁剂，如图 1、图 2）。

首先对活塞裙窗口周边和活塞销座区域进行目测检查，然后使用良好照明和放大镜对活塞裙进行认真检查。

如果未在活塞裙窗口周边或者活塞裙的其他位置发现裂纹，并且活塞使用时间小于 30 000 小时，必须按照 MAN B&W Alpha Diesel 公司的建议对活塞头和活塞裙之间接触平面所观测到的任何微振磨损进行评估。

所有活塞环槽的磨损控制均应按照《维护保养说明书》的规定进行。

5 活塞的组装

（1）采用扭力扳手对活塞头内的四个螺栓安装情况进行检查。扭矩为 20Nm。

（2）把涂过润滑脂的新〇型圈安装到活塞裙上。

（3）螺母的螺纹和接触表面必须采用 Molykote Paste HSC 或 Copaslip 润滑脂进行润滑。

（4）组装活塞头和活塞裙。

（5）用 50Nm 的扭矩十字交叉顺序拧紧螺母。

（6）再次松开螺母。

（7）用 20Nm 的扭矩控制四个螺栓的拧紧情况。

（8）用 25Nm 的扭矩十字交叉顺序预先拧紧螺母。

（9）用十字交叉顺序进一步将每个螺母转动 60°

6 控制测试

当施加一个 50Nm 的扭矩时则螺母不得转动。

如果在施加 50Nm 扭矩时螺母发生转动，则必须更新螺栓和螺母。

检查活塞部件上端和下端。
是否发生异常表面磨损。

图 1　活塞头和活塞裙的装配表面

检查活塞销孔区域内是否存在微小裂纹，并进一步检查活塞裙下端。

图 2　活塞裙窗口和活塞销座区域

SL2002-387/LRJ

2002 年 2 月

1.3.02 燃油管系的检查

适用机型：L16/24、L23/30、L23/30H、L27/38、L/V28/32、L/V28/32H 和 L32/40 柴油机

对于所有 MAN B&W Diesel 公司 Holeby 类型柴油机而言，柴油机的客户 / 操作人员必须特别关注《维护保养说明书》工作卡上“燃油管系的检查”，请参阅附件。

此服务信函介绍了燃油管系漏泄的检查及螺栓 / 螺母的重新拧紧等情况。

“燃油管系”包括燃油系统内的所有部件，例如，主要部件有泵、高压油管、压力部件、喷油器和所有类型的连接、所有类型的管系的漏泄报警和滤器。

这些部件必须按照“计划维护程序”的时间周期进行检查。

在此，我们将强调高压油泵上“气蚀螺丝”（又称缓冲螺丝或定位螺丝）的正确操作的重要性。

当进行有关操作时，包括高压油泵检修，凸轮轴正时或者类似的操作都应拆下气蚀螺丝，在开始安装之前则强制性要求使用新的以及新回火的铜质垫圈。

此外，“气蚀螺丝”必须使用扭力扳手按照《保养说明书》要求的扭力（见表 1）进行拧紧。

表 1 拧紧扭矩

柴油机类型	L16/24 L23/30	L23/30H	L/V28/32 L/V28/32H	L27/38	L32/40
拧紧扭矩	45 Nm	100～120 Nm	100～120 Nm	150 Nm	150 Nm

有关起动新柴油机或新近检修过的柴油机的重要提示！

当柴油机已经达到正常工作温度并且在起动后不超过 24 运行小时内，则必须按照上述工作卡上“燃油管系的检查”的要求对燃油系统进行完整的检查。

如果未严格遵循上述检查，就存在燃油泄漏和喷散到机舱的风险。

附件：

工作卡 514-01.90（04H）/ L16/24　　燃油管系的检查

工作卡 514-01.90（01H）/ L23/30H　　燃油管系的检查

工作卡 514-01.90（03H）/ L27/38　　燃油管系的检查

工作卡 614-01.90（01H）/ L/V28/32H　　燃油管系的检查

工作卡 614-01.90（02H）/ L32/40　　燃油管系的检查

工作卡 页码 1(2)	燃油管系的检查	514-01.90　版本 04H

L16/24、L27/38

安全预防措施 ☐ 停止柴油机 ☐ 切断起动空气 ☐ 切断冷却水 ☐ 切断燃油 ☐ 停止润滑油循环 ☐ 按下“锁定－复位”按钮	**专用工具** 铭牌编号　备件编号　注释
说明 燃油管系的检查	**手动工具**
起始状态 柴油机运行 **相关程序** **劳动力** 工作时间：½ 小时 人工数：1 人	**更换磨损的部件** 铭牌编号　备件编号　数量 /
数据 有关压力和公差的数据（页码 500.35） 有关扭矩的数据（页码 500.40） 重量说明（页码 500.45）	

工作卡 页码 2(2)	燃油管系的检查	514-01.90　版本 04H 514-01.90　版本 03H

L16/24、L27/38

燃油系统

有关起动新柴油机或新近检修过的柴油机的重要提示!

“燃油管系”包括燃油系统内的所有部件，例如，主要部件有泵、高压油管、压力部件、喷油器和所有类型的连接、所有类型的管系漏泄报警和安全滤器

这些部件必须按照“计划维护程序”的周期进行检查。

(1) 拆除高压油泵的盖板。对泄放管道进行吹通。

(2) 检查管系是否发生泄漏。不允许发生外部泄漏。

(3) 重新拧紧管道系统内的所有螺栓，螺母和塞子。尤其是所有高压部件必须正确拧紧。请参阅第 514 章节内的工作卡“燃油系统”。

(4) 活络管路系统内的所有阀门。

采用石墨或类似介质润滑阀杆。

(5) 检查柔性连接是否发生泄漏和损坏。至关重要的是，这些柔性连接不能接触油漆和油脂，并且处于良好状态。

(6) 检查高压油管的〇型圈是否有任何泄漏。

当柴油机已经达到正常工作温度，并且在起动后不超过 24 运行小时内，必须按照上述指令工作卡“燃油管系的检查”的要求对燃油系统进行全面的检查。

如果未严格遵循上述指令，会存在燃油漏泄和喷散到机舱的风险。

有关燃油的状态，请参阅第 504 章节。

514-01.90　版本 01H	燃油管系的检查	工作卡 页码 1（2）

L23/30H

安全预防措施

- □ 停止柴油机
- □ 切断起动空气
- □ 切断冷却水
- □ 切断燃油
- □ 停止冷却油
- □ 停止滑油循环

说明

燃油管系的检查

起始状态

柴油机运行

相关程序

劳动力

工作时间：½ 小时

人工数：1 人

数据

有关压力和公差的数据（页码 500.35）

有关扭矩的数据（页码 500.40）

重量说明（页码 500.45）

专门工具

铭牌编号　备件编号　注释

手动工具

更换磨损的部件

铭牌编号　备件编号　数量 /

514-01.90 版本 01H	燃油管系的检查	工作卡 页码 2(2)

L23/30H

燃油系统

(1) 拆除高压油泵的盖板。对泄放管道进行吹通。

(2) 检查管系是否有泄漏。

(3) 重新拧紧管系内的所有螺栓和螺母。

(4) 活络管道系统内的所有阀门和旋塞。

采用石墨或类似介质润滑阀杆。

(5) 检查柔性连接是否发生泄漏和损坏。

(6) 通过透气管检查燃油喷油器下端O型圈的状态，如图 1 所示。

有关燃油的状态，请参阅第 504 章节。

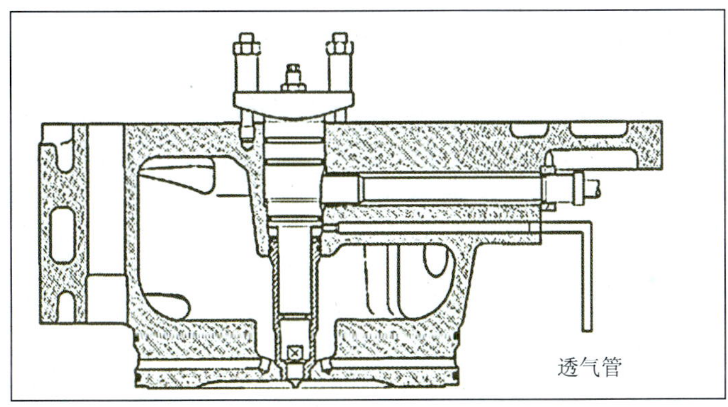

图 1 气缸盖的剖面

工作卡 页码 1 (2)	燃油管系的检查	614-01.90

L32/40

安全预防措施

- ☐ 停止柴油机
- ☐ 切断起动空气
- ☐ 切断冷却水
- ☐ 切断燃油
- ☐ 切断冷却油
- ☐ 停止润滑油循环

说明

燃油管系的检查

起始状态

柴油机运行

相关程序

劳动力

工作时间：½ 小时

人工数：1 人

专门工具

铭牌编号　备件编号　注释

手动工具

更换磨损的部件

铭牌编号　备件编号　数量 /

工作卡 页码 2(2)	燃油管系的检查	614-01.90

L32/40

燃油系统

(1) 拆除高压油泵的盖板。对泄放管道进行吹通。

(2) 检查管系是否有泄漏。

(3) 重新拧紧管系内的所有螺栓和螺母。

(4) 活络管道系统内的所有阀门和旋塞。

采用石墨或类似介质润滑阀杆。

(5) 检查柔性连接是否发生泄漏和损坏。

(6) 通过透气管检查燃油喷油器下端O型圈的状态，如图 1 所示。

有关燃油的状态，请参阅第 504 章节。

SL2002-410/FIF

2002 年 10 月

1.3.03 L27/38 机组柴油机上的电气设备

适用机型：L27/38 机组

一些电气设备运行中的问题已经在 L27/38 机组的柴油机上发生过，下文中将告知有关这些问题的信息及其可行的校正方法。附件：电缆和接线指南

出现的问题所列如下：

a）转速探测器的类型和安装

b）模块上的震动（基本模块和 3P1/4P1 模块）

c）3P1 模块的问题

d）基本模块

e）船上的安装

a) 转速探测器的类型和安装

从一开始时，L27/38 机组柴油机就设计成配有一款 Honeywell RPM 探测器。每台柴油机上使用了两个转速探测器，一个用于安全系统，一个用于监控系统。

为了避免 Honeywell 探测器发生问题，至关重要的是应当采取附件 1“柴油机探测器的安装和调整”所述的内容操作。

请注意！附件中的安装和调整仅适用于 Honeywell 型探测器。

如果转速探测器出现问题，必须更换至 Dr.Horn 类型，包括转接器和电缆一并更换。

b) 模块上的震动（基本模块和 3P1/4P1 模块）

调查已经显示基本模块和 3P1/4P1 模块上的震动量在某些时候显得太高。该问题通过在接线盒与安装电气模块的金属板之间安装支撑支架而得到解决。

c) 3P1 模块的问题

二级供应商的调查显示，3P1 模块内部 REAL-TIME 集成电路板存在问题。编号 50936 条目 095。 由于振动的影响，电路板插脚有时接触不良，软件程序不能正常工作，导致错误信号超速应急停车。

为了防止出现该问题，所有的 3P1 模块都应当更换为新模块。

d) 基本模块

已经采取了多种应对措施，以便确保生产出符合要求的高质量的基本模块。

但当如 b) 所述的故障模块可能产生的原因均被排除后，仍不能恢复功能，

模块必须换新。

e) 船上的安装

在许多船上，操作人员没有遵循特许经销商所提供的电缆敷设指导原则，从而导致了许多“虚假 / 错误报警”以及通信问题。

电缆敷设必须符合附件“电缆敷设指导原则”的要求。建议船员检查电缆的安装情况。

附件一

附件 1 工作卡 509-08.00（01H）/L27/38：	柴油机转速探测器的安装和调整
附件 2 铭牌 50936-02H/L27/38：	接线盒
附件 3 简介 B19 00 0/1671782-1：	接线和敷设指导原则

附件 1 柴油机转速探测器的安装和调整

工作卡 页码 1（2）	柴油机转数探测器的安装和调整	509-08.00 版本 01H

L27/38

安全预防措施

- ■ 停止柴油机
- ■ 切断起动空气
- □切断冷却水
- □切断燃油
- □切断冷却油
- □停止润滑油的循环

说明

柴油机传感器的安装和调整

起始状态

相关程序

劳动力

工作小时数 ： 1/2 小时

人工数： 1 人

数据

有关压力和公差的数据（页码 500.35）

有关扭矩的数据　（页码 500.40）

重量说明　（页码 500.45）

专用工具

铭牌编号	备件编号	注释

手动工具

更换磨损部件

铭牌编号	备件编号	数量 /

工作卡 页码 2（2）	柴油机转数探测器的安装和调整	509-08.00 版本 01H

L27/38

1 安装指导

柴油机转速传感器 90-1 和 90-2 与插件的检查是相同的。

检查必须在停止的柴油机上进行。

转速探测器应当位于图 1 附件内所示的位置。

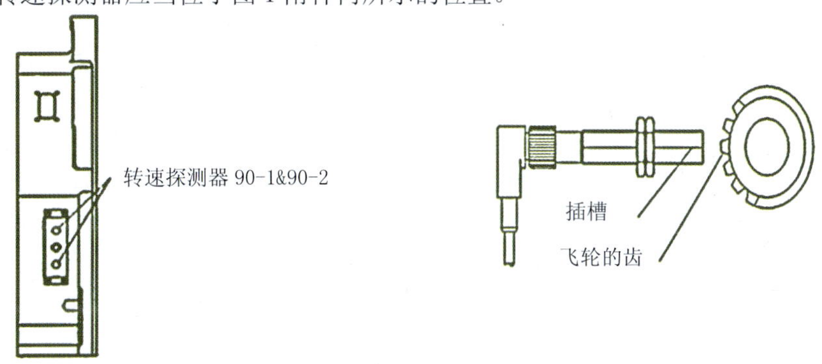

图 1　飞轮上的盖板（从排气侧看）　　图 2　转速探测器的安放

2 转速探测器的安装

转速探测器采用顺时针方式拧入，直至接触到齿圈的齿顶部为止，请参阅图 2。之后，将转速探测器逆时针转动一圈，然后将螺纹的凹槽（请参阅图 2）置于从卡槽端看去的 3 点钟或 9 点钟位置，保持逆时针方向。

转速探测器装置将采用沉头螺母锁定。

3 插头的检查

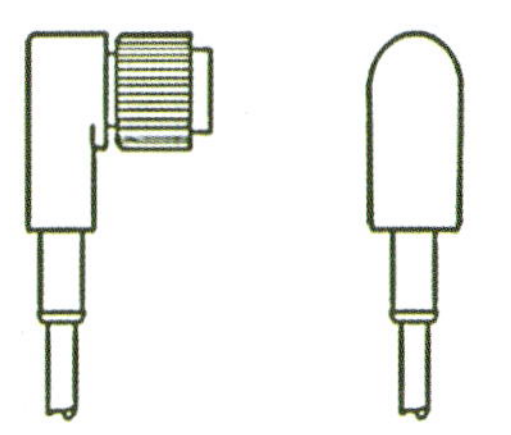

图 3　正确的插头

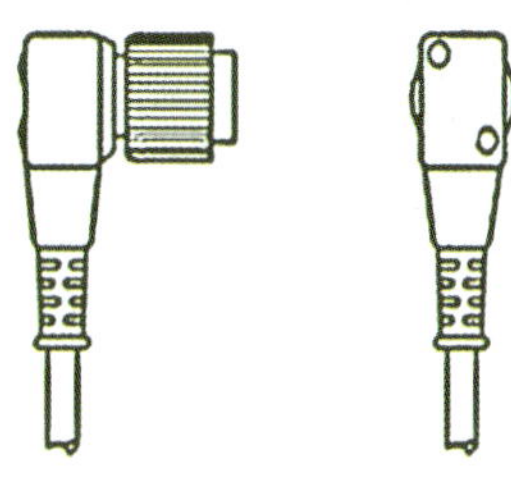

图 4　不正确的插头

正确的插头，有倒角，请参阅图 3，黑色头部和灰色丝线。

不正确的插头，请参阅图 4。黑色头部和黑色丝线。

附件 2 接线盒

铭牌 页码 1（2）	接线盒	0936-02H

L27/38

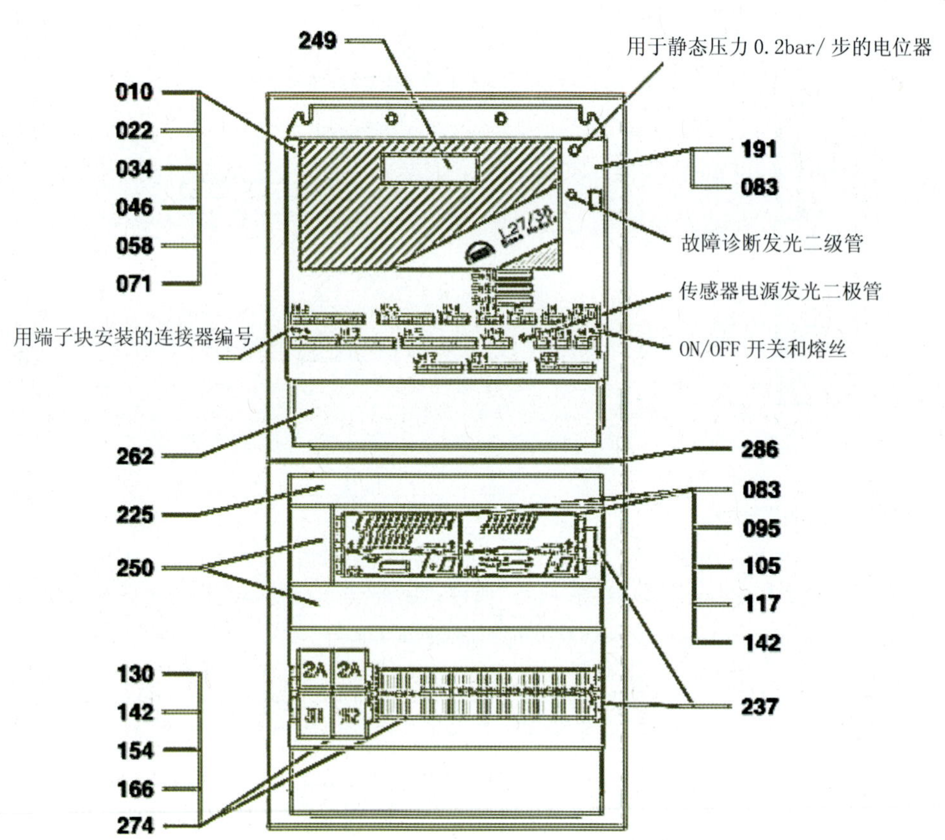

图 5　接线盒

铭牌 页码 2（2）	接线盒	0936-02H
		L27/38
备件编号	数量	名称
010	4/E	3 pol 连接器
022	2/E	5pol 连接器
034	3/E	6pol 连接器
046	2/E	10pol 连接器
058	4/E	12 pol 连接器
071	2/E	16 pol 连接器
083	4/E	电阻器 120R
095	1/E	安全系统（CPU）
105	1/E	I/O 模块
117	2/E	基本插座
130	2/E	回路断路器，2 安培
142	1/E	接地终端
154	5/E	尾角
166	46/E	接线排
191	1/E	基本模块（BM）
225	1/E	导线管
237	1/E	通道导轨
249		用于基本模块的标签
250	1/E	导线管
262	1/E	导线管
274	2/E	端点铭牌
286	1	保护列表

当订购备件时，参阅页码 500.50。

*= 仅作为备件套件的一部分提供

数量 /E= 数量 / 每台柴油机

附件 3　电缆和接线指南

简介

监控系统是一种电脑化的系统。因此还必须考虑有关的外部敷线和接线。

1 敷线

所有传感器探头和执行器均安装在柴油机上，并且接线至柴油机上的接线盒和监控系统。

表 1　按照干扰水平进行的信号分级

等级	干预	灵敏度	携带的信号或所连设备的示例
1 灵敏		++	• 具有模拟量输出的低电平电路、传感器等 • 测量电路（探头，传感器等）
2 略微灵敏		+	• 连接至阻抗性的控制电路 • 低级别数字电路（总线等） • 所有具有输出或无输出的低电平电路（传感器等） • 低电平直流电源
3 略微干扰	+		• 具有感性负荷和适当保护装置的控制电路（继电器，接触器，线圈，逆变器等） • 清洁的*）交流电源 • 连接至供电设备的主电源
4 干扰	++		• 焊接机 • 供电线路（交流发电机） • 电子速度控制器，开关电源等

*）未受到谐波影响导致畸变的交流电源

当规划从内置监控系统至控制室的电缆和电缆桥架的实际位置时，必须遵循以下有关电缆敷线和接线的指导原则：

（1）按照 EMI（电磁干扰协会）的规定以及灵敏性的要求，电缆可以分组为四个不同的干扰等级，请参阅表 1。

（2）交流发电机的主电缆，信号电缆，供电电缆以及串行通信电缆都必须单独布置。携带不同信号等级的电缆之间的距离必须最大化，请参阅图 6。

从柴油自动装置（接线盒 A1）所引出的电缆可以分组为等级 2。交流发电机主电缆分组为等级 4。这就意味着从柴油机接线盒 A1 引出的电缆可以互相靠近地铺设在相同的电缆桥架内或者管道内。交流发电机主电缆与等级 1,3 和 4 的其他电缆必须留有距离。只有在非常短的情况下才允许出现例外情况。

2 接地 - 接线规则

用于柴油机自动化的电缆必须按照接线原理图进行屏蔽。

从柴油机接线盒 A1 引出的所有电缆都必须屏蔽，包括直流供电电缆。

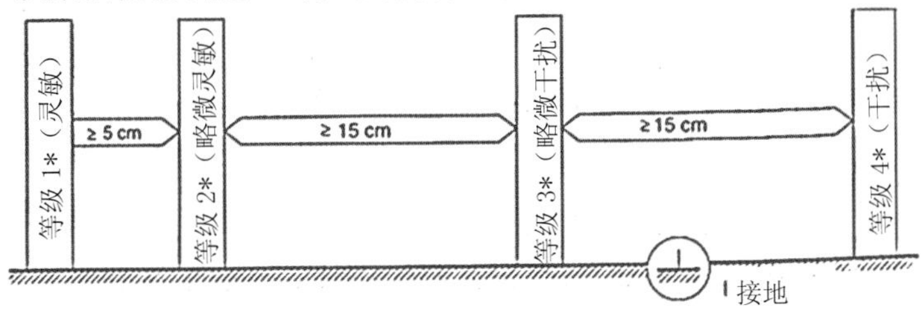

图 6　携带不同等级信号的电缆之间的距离必须最大化

屏蔽层必须直接接地至接线盒内安装的 EMI 电缆填料处。在控制室内的配电板或报警系统屏的电缆屏蔽层可以连接至接地排或者底座上。

不得采用抽头（pig-tale）连接屏蔽层，请参阅图 7。

3 两个端点位置连接的屏蔽层

为了避免电磁干扰，屏蔽层需要在两端进行连接，例如：

- 非常有效地防止外部干扰。
- 即使在电缆共振频率下也非常有效。
- 电缆与框架连接之间无电势差。
- 非常高的衰减效应。

如果电缆太长，那么屏蔽层将变得无效。

我们建议提供一定量的中间接地框架，请参阅图 8。

用于辅助交流发电机（自动电压调节器，绕组温度传感器，电势计等）的电缆也必须对电缆进行相应的屏蔽和接地。交流发电机主电缆无需进行屏蔽。

船舶电缆通常包括一个内部屏蔽层和一个外钢丝编织层。

4 屏蔽层的连接

一旦连接这种类型的电缆，内部屏蔽层必须连接在电缆填料函内或者 EMI 保护的底盘上，而外部钢丝编织层则必须连接至用于人员安全接地的框架上，请参阅图 8。

我们必须按照此屏蔽层端点未接地时的最大电势差采取预防措施。

请注意！请始终连接两端的屏蔽层和钢丝纺织层。

电缆内未使用或备用的任何导体都必须始终在两端进行接地（底盘，电缆槽，电缆箱等），请参阅图 9。

上述有关电缆敷线的指导原则应当符合技术报告 IEC 61000-S-2 第 5 部分“安装和调试指南”第二章节：接地和电缆敷线的规定。

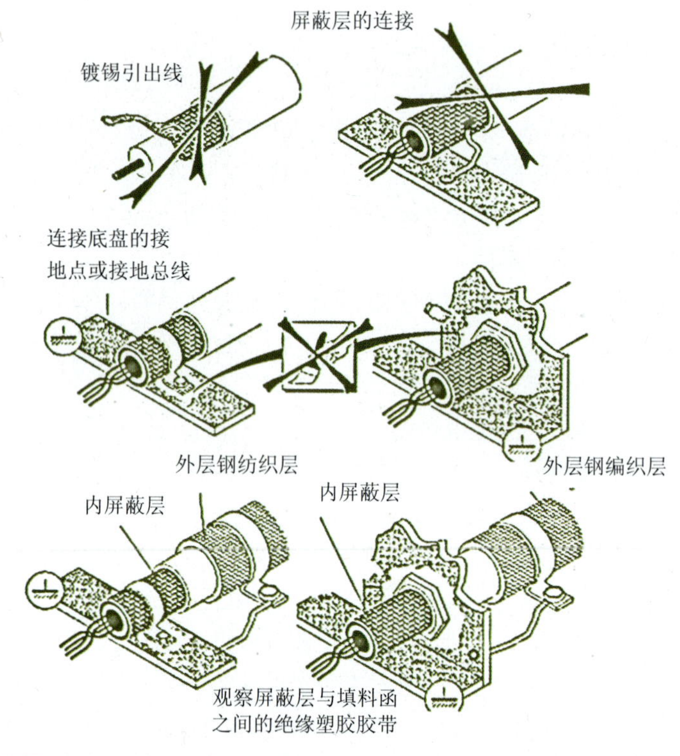

屏蔽层端点的连接必须提供大于 360° 的金属至金属的结合

图 7　屏蔽层的连接

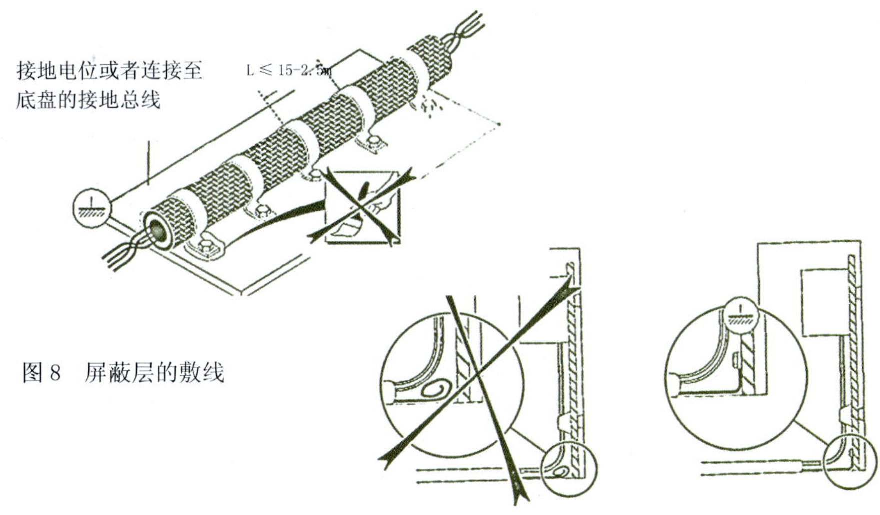

图 8　屏蔽层的敷线

图 9　敷线规则

5 外部电缆

对于 L16/24、L21/31、L27/38、L32/40 和 V28/32S 类型的柴油机，监控系统是一种电脑化的系统。

在下文中，我们给出了每种外部电缆的指导原则和技术规范，其适用于 GenSets（对于上述未提及类型的柴油机，电缆的布置可以采用常规方式执行）。

对于电气原理图，则必须采取专门的预防措施，可以在第 E19 00 0 章节的项目信息内找到这些措施。在下列简介中，仅提及了标准的电缆布置。对于专门项目，则可以找到更多的外部电缆信息。

在原理图内（如图 10），所有的外部电缆均采用虚线显示。

6 紧急停车信号

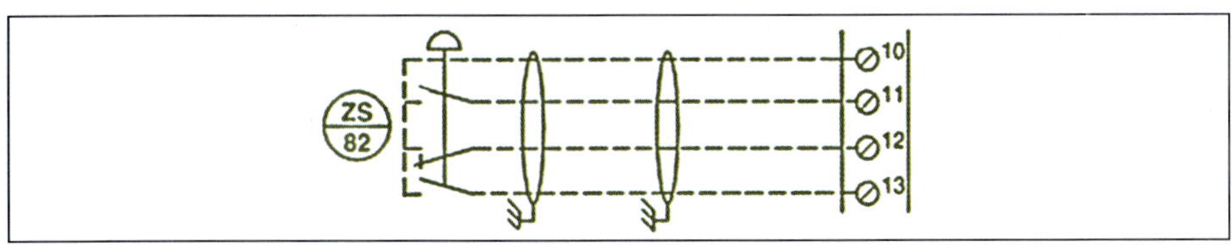

图 10　紧急停车信号

用于紧急停车按钮的电缆（等级 2）敷线必须是一个采用带有屏蔽的 f.ex. TCX 4×2×0.75 mm^2 + 屏蔽的单独控制电缆（请参阅附件二附件 1 内的“电缆技术规范”）。

7 供电电缆（如图 11）

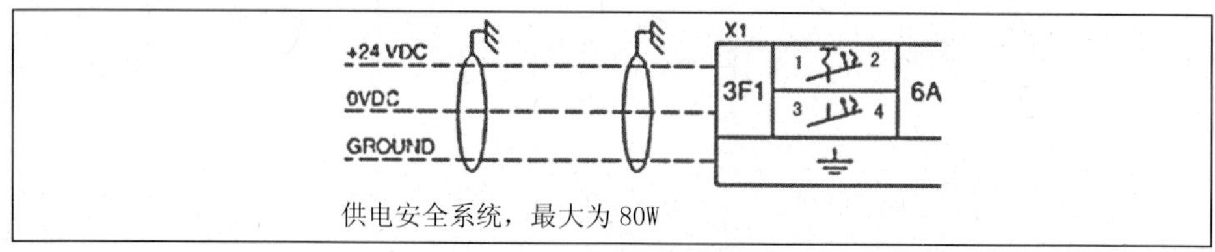

图 11　安保系统的供电

供电电缆（等级 2）必须是一种采用带有屏蔽的 f. ex. MPRXCX 2×1.5 mm^2 + 屏敝的单独电缆（请参阅附件二附件 2“电缆技术规范”）。

请注意！安全系统必须有其自身的电力供应。按照船级社的规定，禁止采用相同的电缆为安全系统和监控系统同时供电。

8 通用停车信号（如图 12）

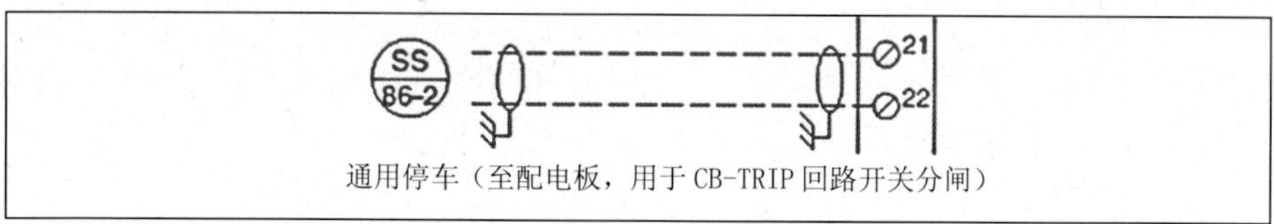

图 12　通用停车信号

来自于柴油机的通用停车信号（等级 2）必须用于开关分闸回路（请参阅图 13）。此电缆必须是一条具有屏蔽 f. ex. MPRXCX 2×0.75mm^2 + 屏蔽的单独电缆（请参阅附件二附件 2“电缆技术规范”）。

9 预热器的起动 / 停止信号

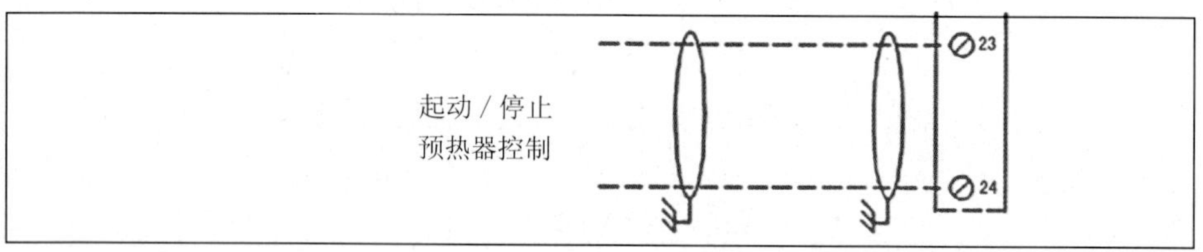

图 13　预热器的起动 / 停止信号

启动 / 停止信号（等级 3）必须布线至预热器控制端，其应作为一个单独的电缆 + 屏蔽层。电缆类型可以是 MPRXCX 2×0.75mm^2+ 屏蔽。请参阅附件二之附件 2。

请注意！信号电压不得超过 48V。

10 报警应答信号（如图 14）

图 14 报警应答信号

因为所有柴油机报警均安排了报警响应，因此该信号未被应用，则该电缆（如果使用的话）必须是一条控制电缆 f.ex. TCX 1×2×0.75 mm^2 + 屏蔽（请参阅附件二附件 1 的“电缆技术规范”）。

11 辅助柴油机的起动 / 停止信号（如图 15、图 16、图 17）

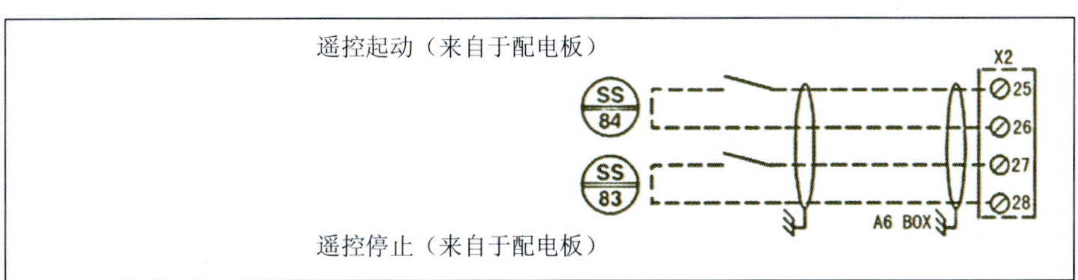

图 15 辅助柴油机的起动 / 停止信号

此电缆（等级 2）必须是一条具有屏蔽 f.ex. TCX 2×2×0.75 mm^2 + 屏蔽的双绞线控制电缆（请参阅附件二附件 1 的“电缆技术规范”）。

12 至输出模块的互联

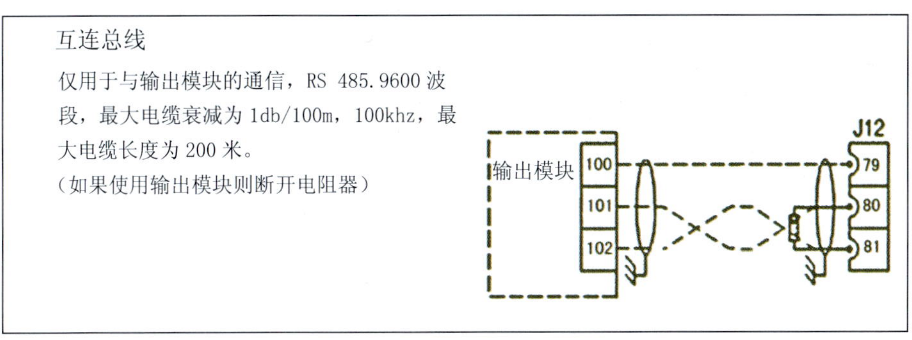

图 16 输出模块的互连

输出模块是一种选项，并且未用于柴油机和报警系统之间采用串口通信直连的应用中。如果交付了输出模块，那么电缆（等级 1）必须为具有屏蔽，f. ex. TEMA-A60V 4×2×0.5 mm^2 的专门双绞线数据通信电缆（请参阅附件二附件 3 内“电缆技术规范”）。

请注意！常规控制电缆不得用于此处。

13 柴油机运行信号

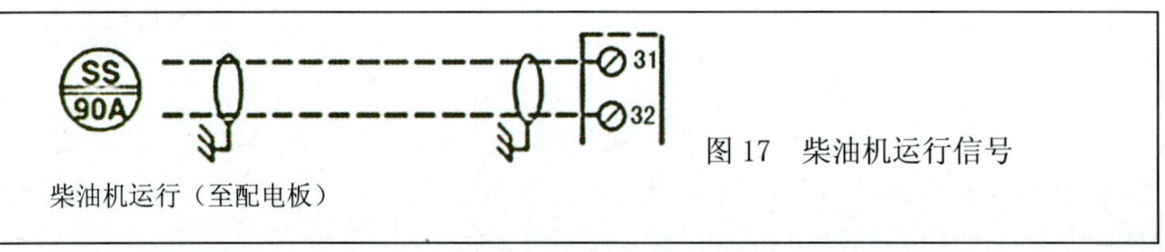

图 17　柴油机运行信号

此信号通常用于副机运行状态在集控室内的显示。用于此信号的电缆（等级 2）可以是一条 f. ex. TCX 1×2×0.75 mm^2 + 屏蔽的单独控制电缆，或者如果需要的话，可以是图 15、图 17 和图 18 内信号的组合形式。

14 预润滑油泵的起动 / 停止（如图 18）

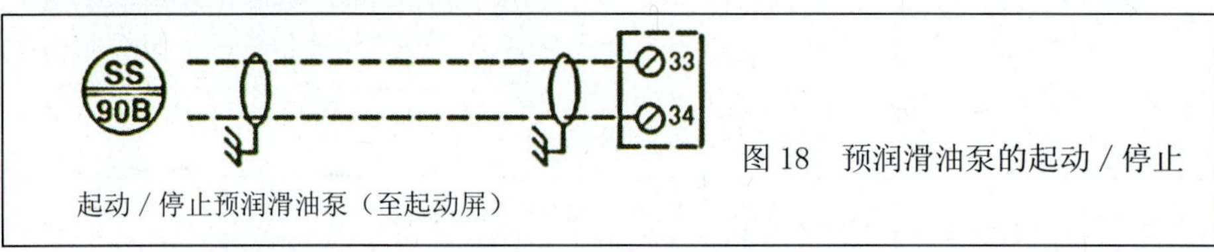

图 18　预润滑油泵的起动 / 停止

此电缆（等级 3）必须是一条 f. ex. MPRXCX 2×0.75 mm^2 + 屏蔽的单独控制电缆。

请注意！此信号的最大电压为 24V±30%。

15 遥控信号（如图 19）

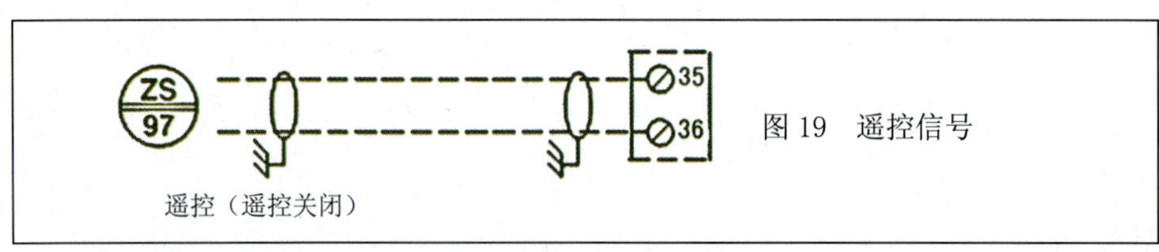

图 19　遥控信号

遥控信号可以是一条屏蔽 f. ex. TCX 1×2×0.75 mm^2 的单独双绞线控制电缆（请参阅附件二附件 1“电缆技术规范”），或者可以是图 13、图 17 和图 18 内信号的组合形式。

16 来自于柴油机的停车信号（如图 20）

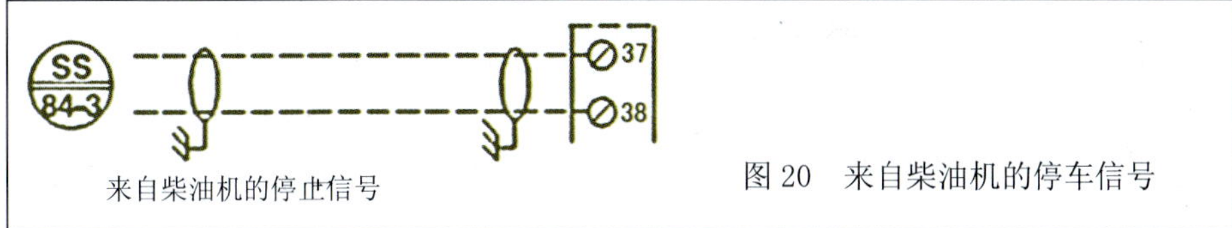

图 20　来自柴油机的停车信号

如果使用了电气控制器，那么才可以使用此信号（等级 2）。该电缆必须是一条具有屏蔽层的 f.ex. TCX 1×2×0.75 mm^2 单独控制电缆。

17 来自于柴油机的停车信号（如图 21）

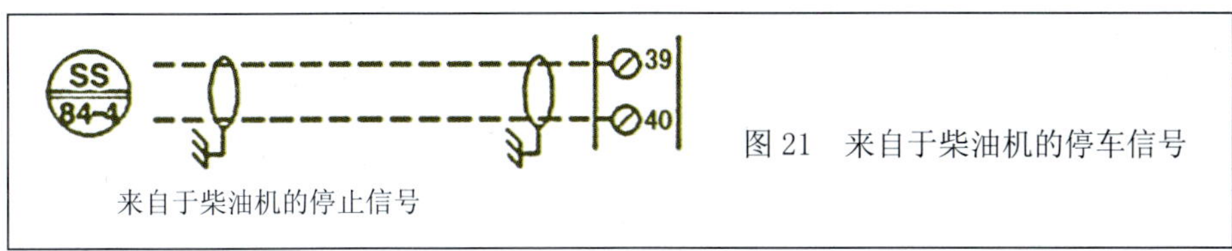

图 21　来自于柴油机的停车信号

此信号（等级 2）可以用于开关分闸回路，或者用于了解副机是否停止工作的其他控制。该电缆可以是一条单独的控制电缆 TCX 1×2×0.75 mm^2 + 屏蔽，或者可以是图 13、15 和 18 内信号的组合形式。

18 准备起动（如图 22）

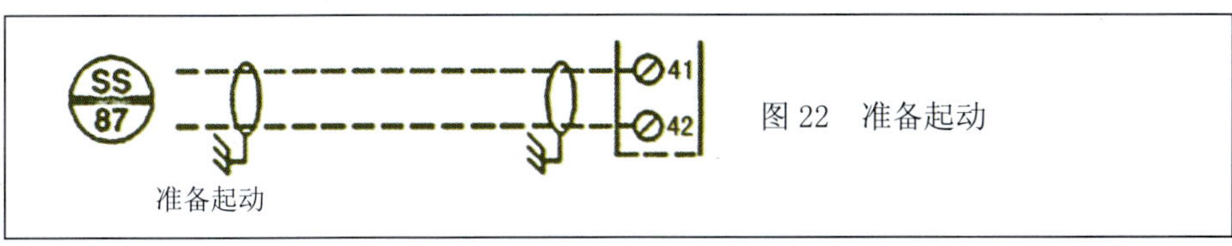

图 22　准备起动

此电缆可以用于告诉功率管理系统副机已经准备起动。它可以是一条单独的控制电缆 f.ex. TCX 1×2×0.75 mm^2，也可以是图 18、图 20 和图 22 内电缆的组合形式。

19 总线通信（如图 23）

模块总线连接：

详细信息，请参阅简介“来自于 GENSET 的通信”。

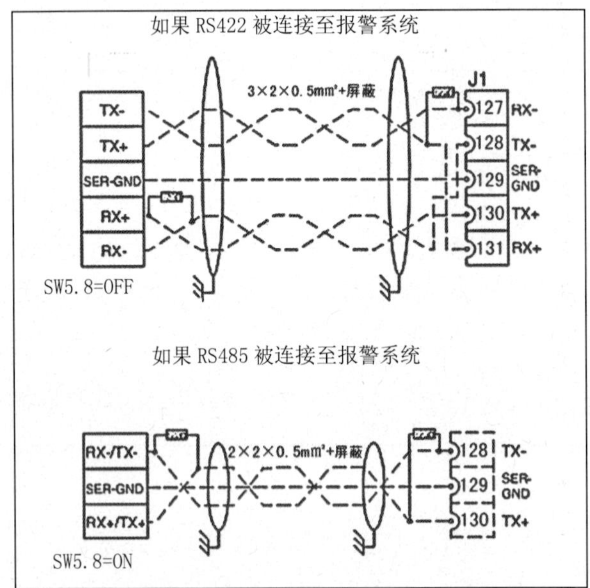

图 23　总线通信

此电缆（等级 1）必须是具有符合附件技术规范 3 要求屏蔽层的双绞线通信电缆。该电缆可以是一条用于 RS422 的 TEMA- TA60V 4×2×0.5 mm² + 屏蔽电缆，或者是一条用于 RS485 的 2×2×0.5 mm² + 屏蔽电缆（请参阅附件二附件 3）。

请注意！常规控制电缆禁止用于通讯总线。

20 监控系统的供电（如图 24）

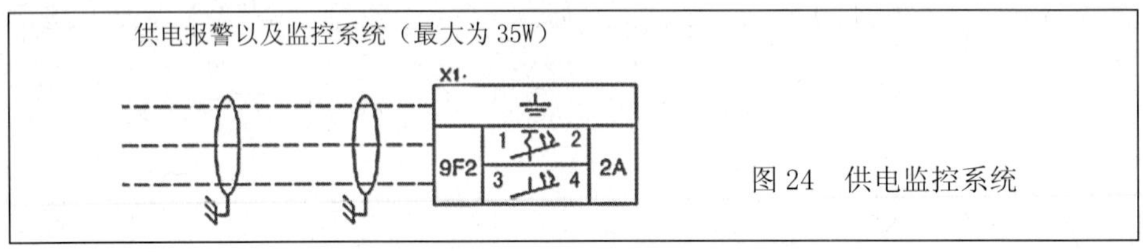

图 24　供电监控系统

此电缆（等级 2）必须是一条供电电缆 f.ex. MPRXCX 2×1.5 mm² + 地线 + 屏蔽层（请参阅附件二附件 2“电缆技术规范”）。供电电缆不得同时用于监控系统和安保系统。

请注意！用于监控系统的供电电缆不得与安全系统的供电电缆相结合。如果采用输出模块，那么输出模块的电源供应必须与监控系统的电源相同。

如果在规划副机的电缆敷线期间存在任何疑问，请与供应商 / 制造商取得联系以便解决问题。

附件二 电缆技术规格（附件 1 ～附件 3）

附件 1：电缆技术规格

低烟雾，无卤素，阻燃。

最大核心温度为 85℃

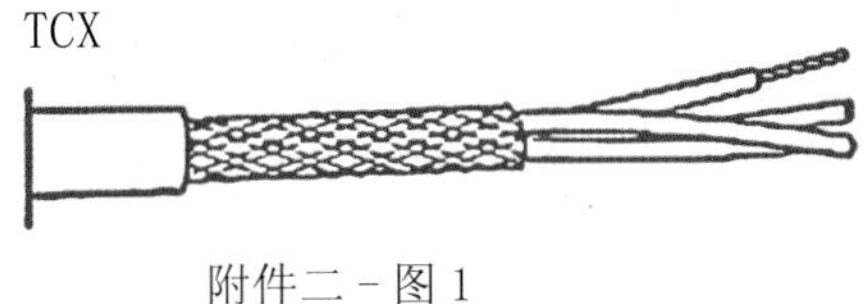

附件二 - 图 1

附件二 - 表 1 技术数据

电缆	外径 最小（mm）	外径 最大（mm）	最小弯曲半径（mm）	重量，近似值（kg/km）
1×2×0.75	7.4	9.2	55	90
2×2×0.75	8.6	10.5	63	130
4×2×0.75	12.5	15.5	95	130

应用

仪表电缆

用于需要具备耐油和阻燃特性的船舶、近海装置和其他固定电缆。

型式认可证书

ABS、BV、DNV、GL、LRS、RINA

结构

双绞线

导体：绞股裸露铜导体

绝缘层：交联聚乙烯

分离器：分离器胶带

铠装层：裸铜编织绞合裸露地线

外部护套：聚烯烃 SHF1，橙色

内芯标识

内芯 1 = 白色 + 印制编号：2 = 蓝色 + 印制编号：3 = 红色 + 印制编号

附件 2：电缆技术规范

低烟雾，无卤素，阻燃。

最大内芯温度为 85℃。

用于永久性油接触的 SHF2 外部护套

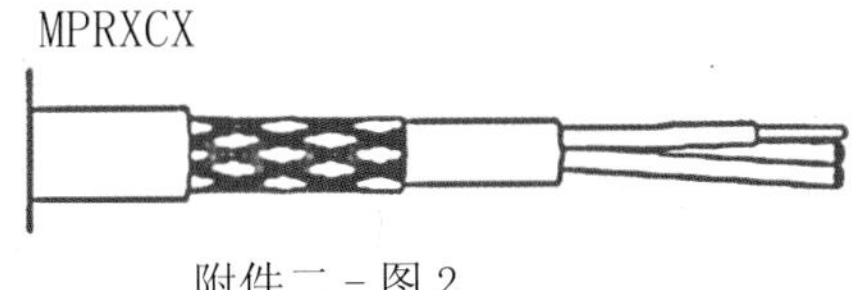

附件二 - 图 2

附件二 - 表 2　技术数据

电缆	外径 最小 mm	外径 最大 mm	最小弯曲半径 (mm)	重量，近似值 kg/km
2×1.5+E	11.0	12.5	75	205
2×2.5+E	11.5	13.5	80	250

应用

电力电缆，控制电缆，分布电缆。

用于需要具备耐油和阻燃特性的船舶、近海装置和其他固定电缆。

型式认可证书

ABS、BV、DNV、GL、LRS、RINA NATO 无编码

结构

导体：绞股裸露铜导体

绝缘层：交联聚乙烯

内部覆盖层：聚烯烃

铠装层：裸露铜质编织层

外部护套：聚烯烃 SHF2，黑色

内芯标识

黑色

黑色、蓝色

黑色、蓝色、褐色至绿色、黄色

黑色、蓝色、褐色、白色至绿色、黄色

附件 3：电缆技术规范

TEMA-TA 60V

低烟雾，无卤素，阻燃。最大内芯温度为 85℃。

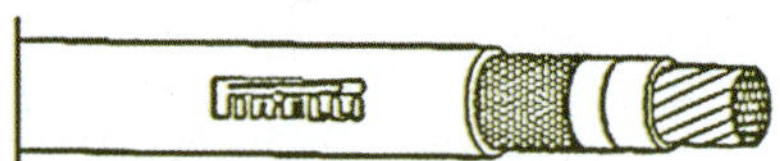

附件二 - 图 3

附件二 - 表 3　技术数据

电缆	标称总直径，近似值 (mm)	最小弯曲半径 (mm)	重量，近似值 kg/km
2×2×2.5	8.0	70	40
4×2×2.5	10.5	150	50

对于250V电压以及五芯以上适用于0.6/1KV电压的电缆：具有白色印制编号的黑色电缆。

型式认可证书

ABS、BV、DNV、GL、LRS、RINA

结构

双绞线

导体：普通退火铜线的绞股导线，7×0.3 mm（0.5 mm^2）

绝缘层：交联聚乙烯

内部覆盖层：塑料胶带

铠装层：退火铜质编织层

外部护套：聚烯烃SHF1，灰色

额定电压：60V

配对标识

配对　1=1白色+2蓝色

　　　2=3白色+4蓝色

　　　3=5白色+6蓝色，等

电气数据

导体在20℃时的阻质　最大为40.4Ω/km

绝缘阻抗，最小值：1200MΩ/km

互感电容，最大值：120Nf/km

不平衡容抗，最大值：1000 pF/500m

固有特性

工作容抗

单对　60 nF/km

多对　45 nF/km

环路电感：　0.7 mH/km

800HZ时的信号衰减：0.8 dB/km

0.1MHz时的串扰衰减：>70 dB

特性阻抗

多对型近似值：120Ω

SL2003-422/HEW

2003 年 2 月

1.3.04 SOLAS 公约的规定 — 高压油管护套

SOLAS74 公约 2000 修正案第 II-2 章规则 4 的有关规定，使得船东的一些柴油机受到影响。

国际海事组织（IMO）的规范规定了通过降低燃油系统泄漏的风险从而降低机舱内火灾和爆炸风险的要求。

以下指导原则告知如何满足新的 SOLAS 规定：

• 所有用于推进的 T23L-4、L/V23/30、L/V23/30A、L/V28/32、 L/V28/32A、L21/31、L27/38、L/V32/40 型四冲程柴油机不需要对高压油管护套、泄漏油箱和报警面板进行改造。

• 配备燃油设备（高压油泵和喷油器）的型号为 T23H/L、V23L、S28L、S28L-4、U28L、U28L-4 且用于推进设备的所有四冲程柴油机将需要按新近设计的高压油管护套、泄漏油箱和报警面板进行改造更新。

• 配有 B&W 燃油设备（高压油泵和喷油器）的型号为 20MTB-30、21MTB-30、25MTB-40、26MTB-40 且用于推进设备的所有四冲程柴油机将需要按新近设计的高压油管护套、泄漏油箱和报警面板进行改造更新。

对于需要更新以满足 SOLAS 规定的机型，我们建议采取必要的更改措施，由于这是购机合同的外延需求，所以需要船东对各自机型开出订单。我们才会提供更改服务。安装后就能满足公约的要求，如需安装，请联系我们的服务部门。

SL2003-425/NLC

2003 年 6 月

1.3.05 MAN 排气阀的检查与更换

适用机型：L27/38

一些严重损坏的案例告知我们，在特定生产批次内一定数量的排气阀不符合测定质量标准。

根据报告显示，曾发生在运行期间排气阀的金属结合层发生松动。阀上脱落的碎片导致气缸和涡轮增压设备受损。

为了避免类似损坏发生在其他类型的柴油机上，我们已经决定该可疑批次中的所有排气阀均应当被追踪，确保将其从柴油机和库存中召回。

在这种背景下，采取以下行动：

行动：检查所有已安装的和备用的排气阀，并且把可疑批次生产的所有阀杆更换掉。

更换的标准是基于每个阀杆顶部所发现的确定的标识（请参阅下面的标记）。

该阀杆能够在无需从柴油机/气缸盖上拆除的情况下进行检查。

"可疑的"版本	经过认证的"版本"
图表编号 11.11457-0472	图表编号 11.11457-0537
部件编号 11.11457-0498	部件编号 11.11457-0538
	部件编号 X11.11457-0538

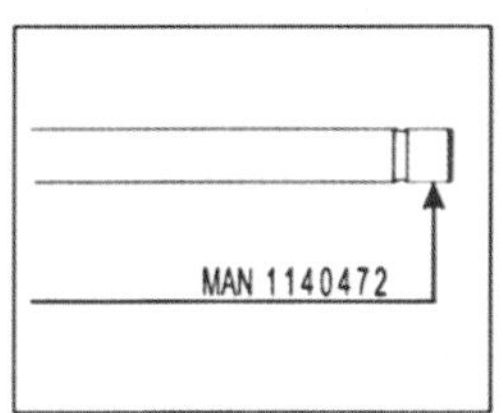

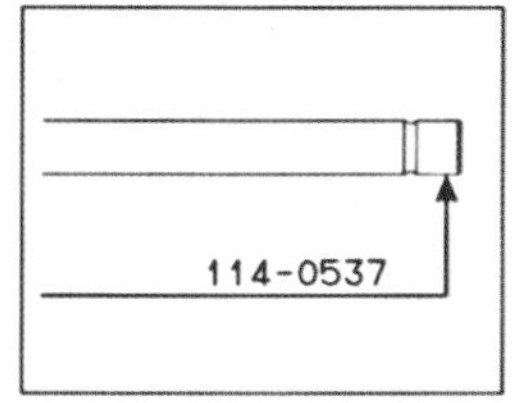

注意：阀杆的标识可能会发生一些小的变动。

重要的是应当注意编号"0472"或"0537"

如果您发现了属于可疑批次的排气阀，请和 MAN 联系更换事宜。

SL2003-430/SHM

2003 年 9 月

1.3.06 Danfoss（丹佛斯）压力变送器的检查和更换

适用机型：L16/24、L21/31、L27/38、L32/40

V-L28/32A-H、S50MC、S50ME-C、S35MC 和 L35MC

配套供应商 Danfoss 已经向我方告知他们自愿召回 2002-04-01（第 14 周）至 2003-07-11（第 28 周）期间生产的用于船舶发电设备的 MBS 5100 和 MBS 5150 系列压力变送器。

更换的背景

MBS 5100 和 MBS 5150 系列压力变送器是采用一种可导致潜在输出信号故障的材料制造的。存在于垫片内的这种材料会释放一种含硫化合物，该化合物会与设备线路板内的银导体电路相粘连，从而导致化学反应并损坏变送器。Danfoss 公司已经采取了校正行动对问题进行补救，并且确保交付替换部件。

一旦 MBS 5100 或 MBS 5150 传感器发送故障，那么控制面板上将观察到相应的信号不稳定，最后该信号将会丢失。此时将出现一个“电缆 / 传感器故障”和“系统故障”报警，但是不会出现测量点的监视和报警。在最坏的情况下，则可能由于缺陷的传感器而产生润滑油低压信号而导致自动停机。

请注意！

只有 MBS 5100 和 MBS 5150 系列压力变送器才属于召回范畴。所有其他的 MBS 和 AKS 类型均未受到影响。

请参阅附件以便获得如何确定哪些变送器受到影响，如何更换 MBS 5100 和 MBS 5150 压力变送器的技术指导。型号、条码、压力范围均可以在压力变送器的红色标签上找到。

示例：型号 = MBS 5100，范围 Pe = 0-16 bar，条形码 = 20064233

附件 A（如图 1）

- 如何辨识受到召回影响的 MBS5100 压力变送器。
- 需召回影响的 MBS 5100 序列号和制造日期均位于压力变送器的背面。

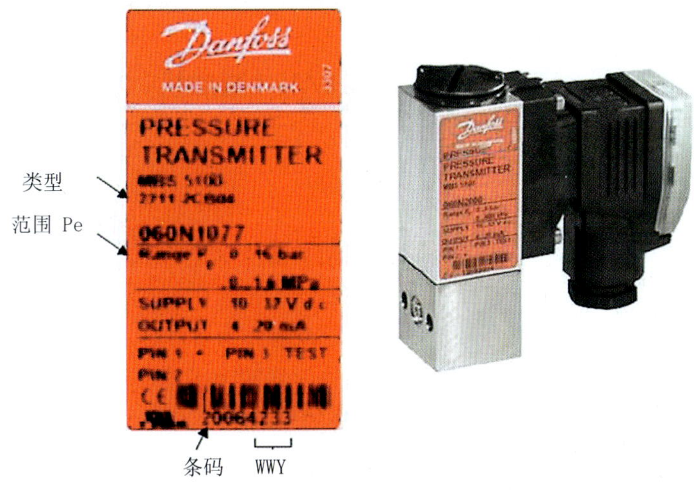

图 1　序列号和制造日期

受影响的变送器可以通过背面标签底部条形码的最后三位数字进行辨别，这三位数字将标识该产品的制造周期号和年份。

示例：

- 第一个批次是于 2002 年第 14 周生产的，采用代码 142。
- 最后一个批次是 2003 年第 28 周生产的，采用代码 283。

在此周期间生产的所有变送器均属于召回的范畴。

注释：只有 MBS 5100 和 MBS 5150 系列块状变送器属于召回的范畴。所有其他 MBS 和 AKS 类型均未收到影响。

附件 B　如何更换受影响的 MBS 5100 压力变送器（如图 2）

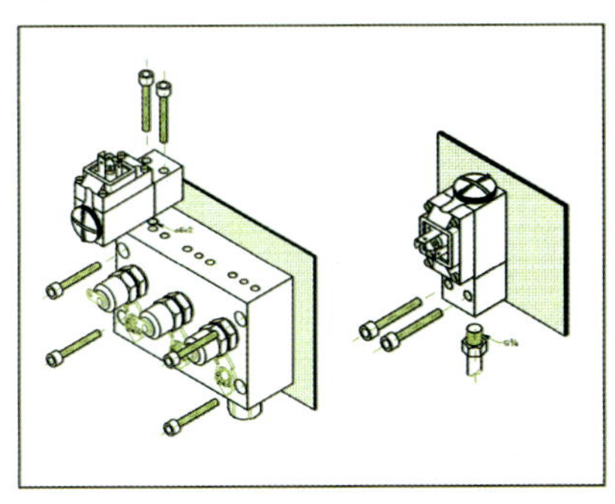

图 2　更换示意图

SL2004-433/TXH

2004 年 2 月

1.3.07 带有火焰环型活塞的 L/V28/32H 柴油机的新活塞环组件

适用机型：L28/32H 和 V28/32H

作为持续开发柴油机的一部分——新活塞环技术的实用性，我们已经为上述型号柴油机引入了一种新的活塞环组件包。

此活塞环组件包适用于更新改进用途或者作为备件。

附上了新备件编号的说明材料。此外，还附上了这些活塞环的更新铭牌－适用于液压上紧连杆和手动上紧四螺栓连杆的柴油机。

工作卡 页码 1（4）	活塞（带有火焰环）	606-01.10 版本 13H

L+V28/32H

安全预防措施

□停止柴油机

□切断起动空气

□切断冷却水

□切断燃油

□切断冷却油

□停止滑油循环

说明

清洁和检查活塞，测量活塞环

刮油环

和环槽

起始状态

活塞已经从连杆上拆除

606-01.05

相关程序

活塞和连杆的组装

专用工具

铭牌	备件编号	注释.
62006	13	
62006	15	
62006	16	

手动工具

用于活塞清洁的工具，钢刷，刮片等。

606-01.20 **劳动力** 工作时间：1/2 小时 人工数：1 人 **数据** 有关压力和公差的数据 （页码 600.35） 有关扭矩的数据 （页码 600.40） 重量说明 （页码 600.45）	 **更换磨损部件** 铭牌 备件编号 数量 /

工作卡 页码 2（4）	活塞（带有火焰环）	606-01.10 版本 13H

L+V28/32H

1 拆除活塞环

拆除的活塞环，如果需要再次使用时，应当使用防止活塞环局部过度应力集中的专用活塞环张环器。

禁止使用绳带扩张活塞环开口或使用相似原理的工具，因为这样做可能导致环永久性变形，从而导致窜气或环的断裂。

2 活塞的检查

1）拆除活塞环和刮油环。

2）清洁和检查活塞环，以便确定：

是否可以重新使用，请参阅本文工作卡页码 3(4)。

3）清洁活塞内部和外部。

4）检查活塞环和刮油环槽是否磨损，请参阅本文工作卡页码 3(4)。

工作卡 页码 3(4)	活塞（带有火焰环）	606-01.10 版本 13H

L+V28/32H

表 1　标称尺寸（新环槽公差和环槽磨损极限）

	活塞环和 刮油环标称尺寸	新环槽 公差	环槽最大 磨损极限
活塞环 no 1	新 5.0 mm	5.0 mm　+0.18 +0.16	5.43 mm
活塞环 no 2	新 5.0 mm	5.0 mm　+0.14 +0.12	5.43 mm
活塞环 no 3	新 4.95 mm	5.0 mm　+0.14 +0.12	5.43 mm
刮油环	新 8.0 mm	8.0 mm　+0.12 0.10	8.43 mm

如果出现以下情况，则活塞报废：

A) 超过“测量杆”的磨损极限，请参阅图 1-A）。或

B) 超过新活塞环 / 刮油环与环槽之间的间隙，请参阅图 1-B）。

注释：在每次活塞检修时：

- 活塞环和刮油环必须更换。
- 缸套必须按照柴油机说明书要求进行搪磨。

如果测试杆量杆上的磨损限制线（2mm 标识）已超过，说明磨损量已经超过了最大磨损极限，这时活塞需报废处理。

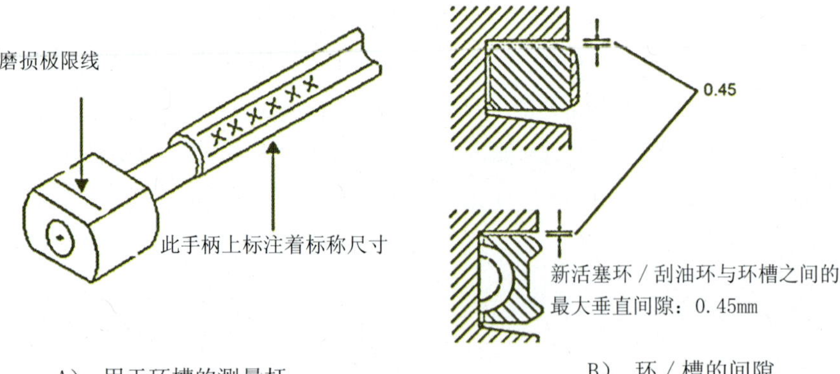

A）　用于环槽的测量杆

B）　环 / 槽的间隙

图 1　环槽的磨损极限

工作卡 页码 4(4)	活塞（带有火焰环）	606-01.10 版本 13H

L+V28/32H

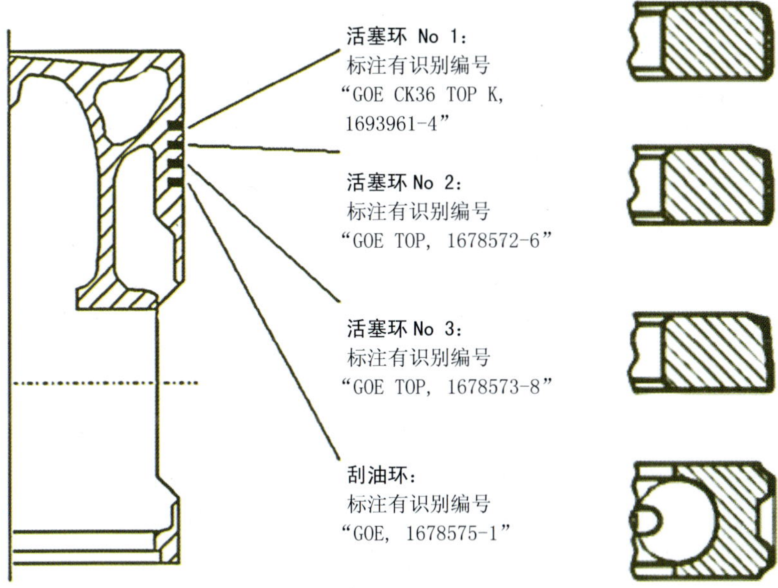

图 2　活塞环和刮油环的位置

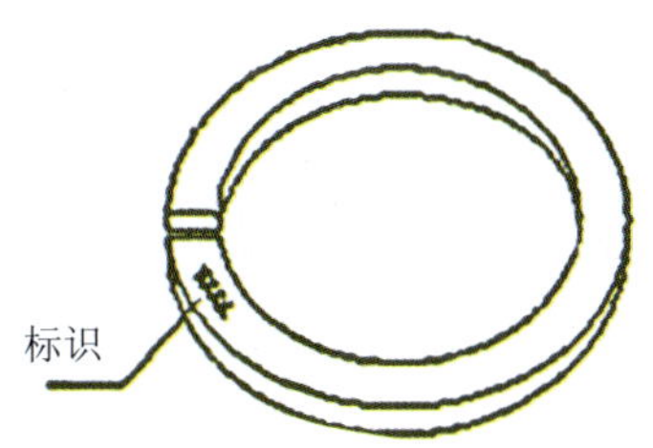

图 3　活塞环和刮油环的标识

当安装时，有标识的一面应当向上（朝向活塞头）。

注释：

由于注册商标和生产代码不同的原因，该标识可能包括除上述以外的其他数字。

铭牌 页码 1（2）	活塞和连杆（液压上紧型）	60601-31H

V28/32H

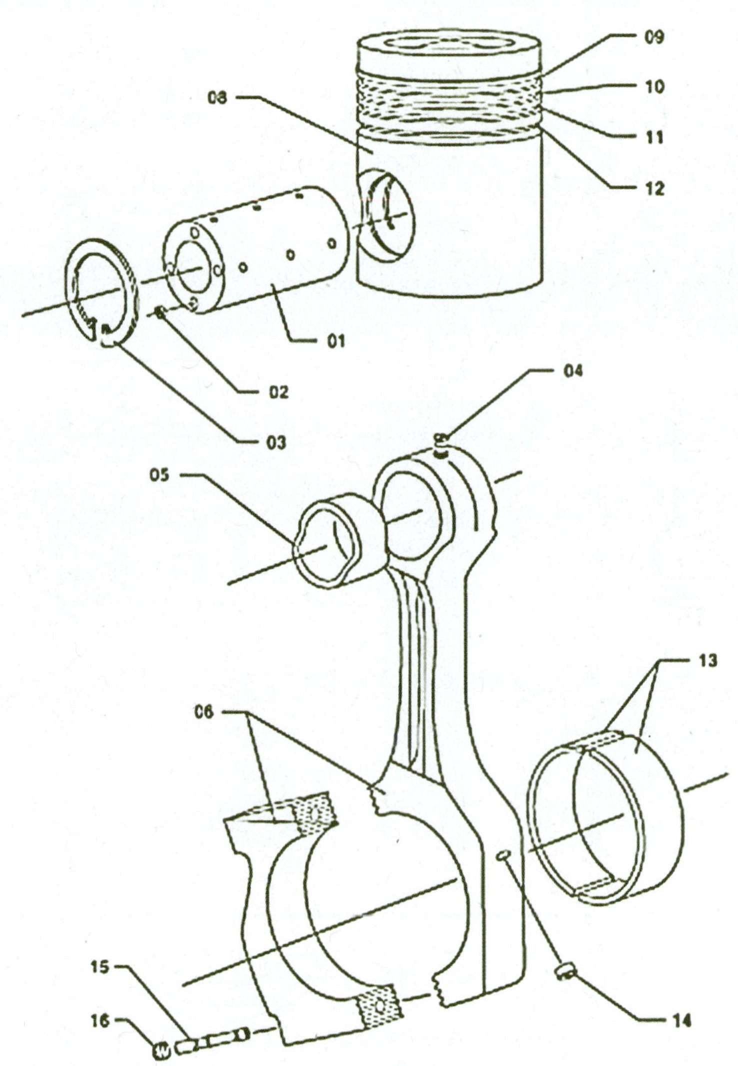

工作卡 页码 2(2)	活塞和连杆（液压上紧型）	60601-31H

V28/32H

备件编号	数量	名称	备件编号	数量	名称
01	1/C	活塞销，包括 备件编号 № 02			
02	4/C	沉头螺钉			
03	1/C	卡环			
04	1/C	旋塞			
05	1/C	连杆布司			
06	1/C	连杆总成，全套包括 备件编号 04、05、14、15、 16			
08	1/C	活塞			
09	1/C	活塞环			
10	1/C	活塞环			
11	1/C	活塞环			
12	1/C	刮油环			
13	1/C	连杆大端 轴承 2/2			
14	1/C	旋塞			
15	2/C	连杆螺栓			
16	2/C	螺母			

订购时，请参阅页码 600.50

* ）只能以修理包的方式成套供应。

数量 /C = 数量 / 每缸

铭牌 页码 1 (2)	活塞和连杆（非液压上紧型）	60601-32H

V28/32H

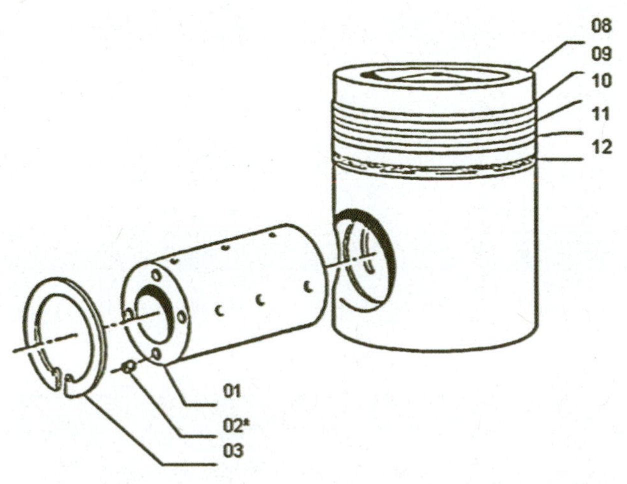

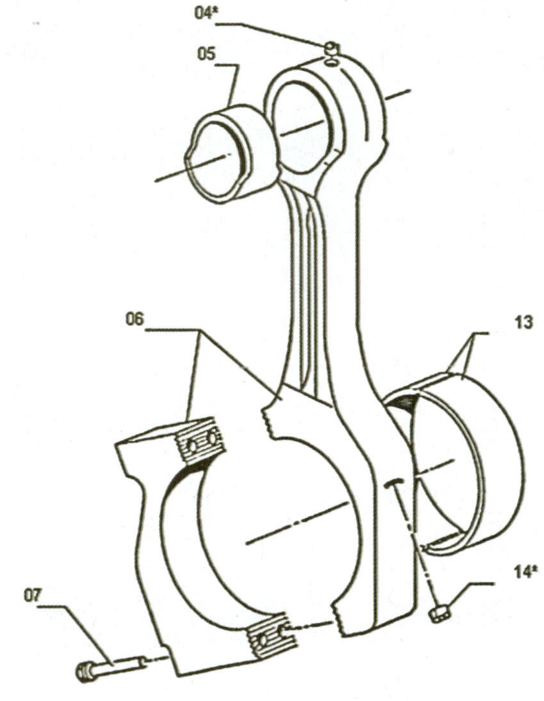

铭牌 页码 2（2）	活塞和连杆（非液压上紧型）	60601-32H

V28/32H

备件编号	数量	名称	备件编号	数量	名称
01	1/C	活塞销，包括备件编号 № 02			
02*	4/C	沉头螺钉			
03	2/C	卡环			
04*	1/C	旋塞			
05	1/C	连杆布司			
06	1/C	连杆总成，全套包括 备件编号 Nos. 04、05、07、13			
07	4/C	连杆螺栓			
08	1/C	活塞			
09	1/C	活塞环			
10	1/C	活塞环			
11	1/C	活塞环			
12	1/C	刮油环			
13*	1/C	连杆 轴承 2/2			
14	1/C	旋塞			

订购时，请参阅页码 600.50

*）只能以修理包的方式成套供应。

数量 /C = 数量 / 每缸

铭牌 页码 1 (2)	活塞和连杆	60601-33H

V28/32H

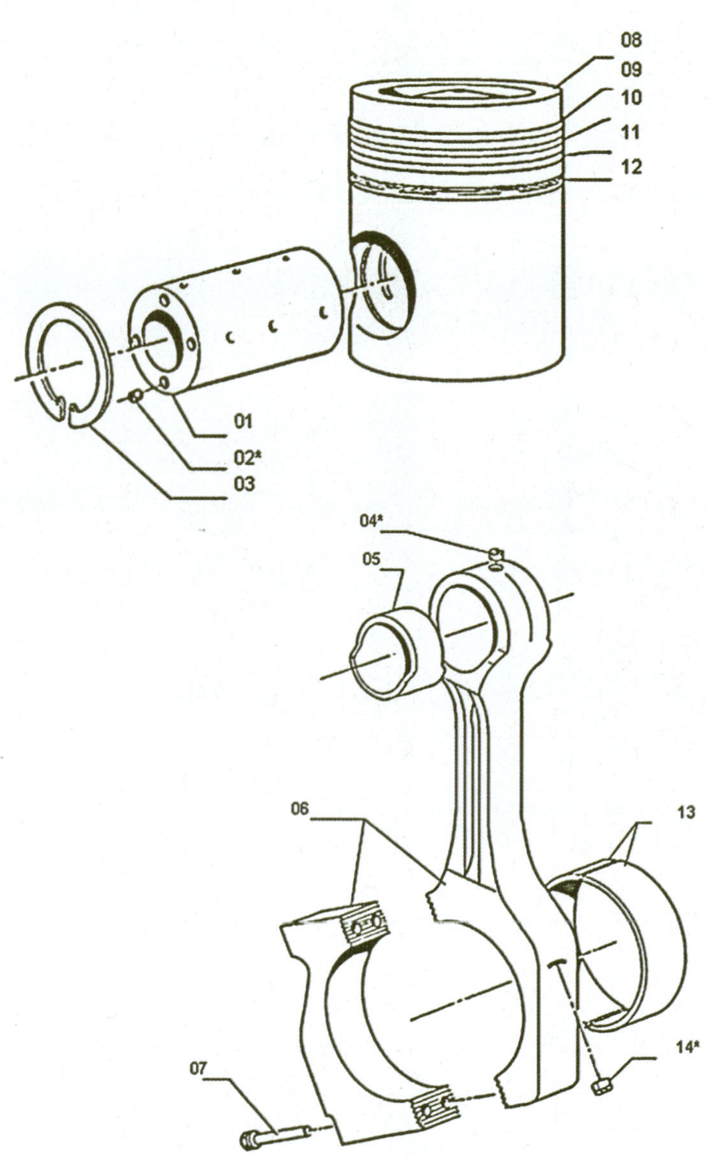

铭牌 页码 2（2）	活塞和连杆	60601-33H

V28/32H

备件编号	数量	名称	备件编号	数量	名称
01	1/C	活塞销，包括备件编号 № 02			
02*	4/C	沉头螺钉			
03	2/C	卡环			
04*	1/C	旋塞			
05	1/C	连杆布司			
06	1/C	连杆总成，全套包括 备件编号 Nos. 04、05、07、13			
07	4/C	连杆螺栓			
08	1/C	活塞			
09	1/C	活塞环			
10	1/C	活塞环			
11	1/C	活塞环			
12	1/C	刮油环			
13*	1/C	连杆 轴承 2/2			
14	1/C	旋塞			

订购时，请参阅页码 600.50

*）只能以修理包的方式成套供应。

数量 /C = 数量 / 每缸

铭牌 页码 1(2)	活塞和连杆（液压上紧型）	60601-34H

V28/32H

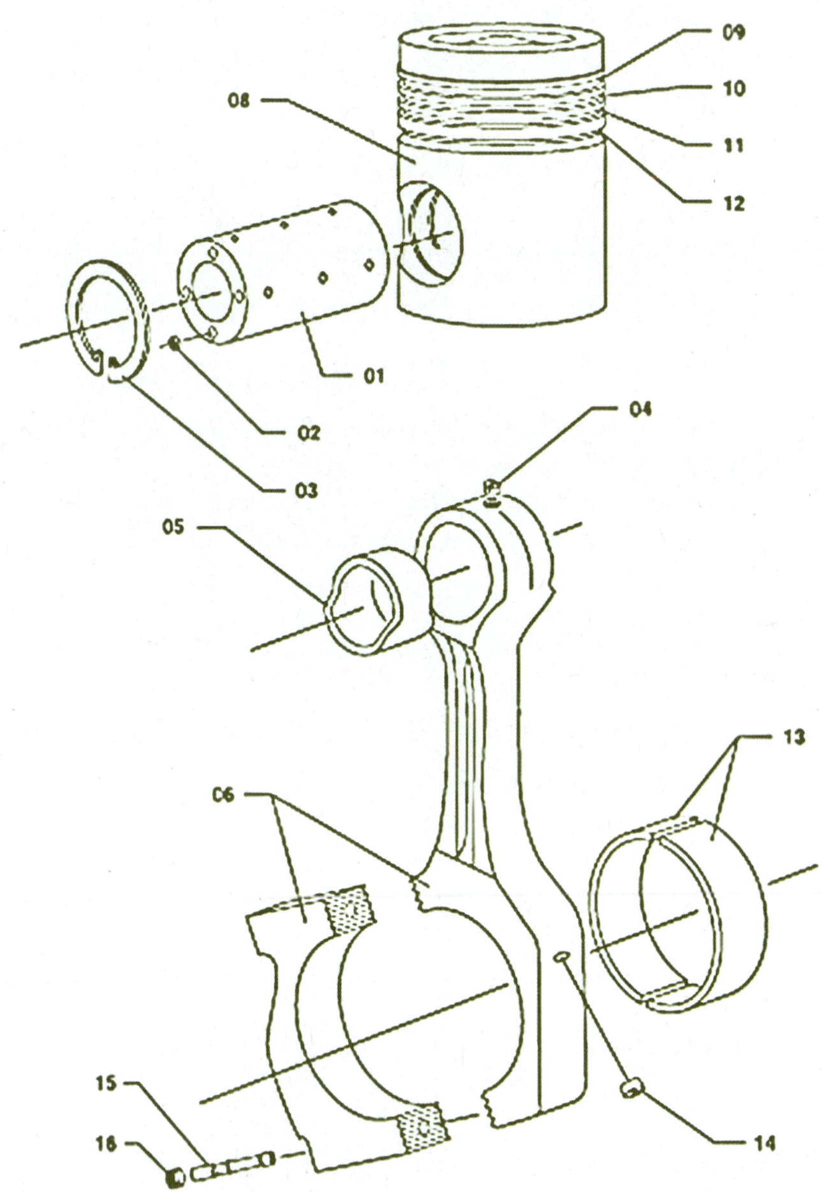

铭牌 页码 2(2)	活塞和连杆（液压上紧型）	60601-34H

V28/32H

备件编号	数量	名称	备件编号	数量	名称
01	1/C	活塞销，包括备件编号 № 02			
02	4/C	沉头螺钉			
03	1/C	卡环			
04	1/C	旋塞			
05	1/C	连杆布司			
06	1/C	连杆总成，全套包括 备件编号 04、05、14、15、16			
08	1/C	活塞			
09	1/C	活塞环			
10	1/C	活塞环			
11	1/C	活塞环			
12	1/C	刮油环			
13	1/C	连杆 轴承 2/2			
14	1/C	旋塞			
15	2/C	连杆螺栓			
16	2/C	螺母			

订购时，请参阅页码 600.50

*）只能以修理包的方式成套供应。

数量 /C = 数量 / 每缸

SL2004-434/KZN
2004 年 2 月

1.3.08　润滑油滤器的维护

适用机型：L21/31 和 L27/38

最近我们收到案例报告：因为滑油滤器压差过大，从而导致滑油被旁通，进一步使滑油受到了污染。

尽管滤器具有高流通量和高安全系数，但当滤器有超过其自动清洗能力的过量污垢，会导致背压从 0.1～0.4bar 的正常范围快速增加至 1.0bar 的报警极限值。

滤器发生堵塞的原因在大多数情况下是润滑油分油机出现运行不正常所导致的，或甚至某些情况下发生柴油机与分油机没有同步运行。经过较短运行时间之后，就会不可避免地导致自清滤器发生故障。

此外，在某些情况下，滤器的滤筒使用一种侵蚀性的化学品进行清洁，导致滤网部分受损，使较大的磨损性颗粒（≥ 30 μm）进入主轴承，造成异常的磨损，以及损坏主轴承和连杆轴承，并且在某些情况下还将损坏曲轴本身。

我们强调，当滤器因堵塞导致压差超过 1.5bar 时，则滤筒就无法有效清洗。只有在压差刚到 1.5bar 时就及时停机，立即按照正确的方法清洗滤筒，才能有效清洗滤筒，进而重新使用该滤筒。

滤器滤筒的清洁只能使用轻柴油或热水进行，采用压缩空气吹干（≤ 7 bar）。禁止使用化学品清洁滤器的滤筒，因为这将导致损坏的风险。

注释：我们无法采用肉眼检查滤器滤筒的状态。这只能在实验室里通过破坏性测试来完成。

因为滤器的功能非常重要的，一旦对滤器滤筒的状态产生任何疑问时则必须对所有滤器的滤筒进行更换处理。

针对如此情况，请采取以下措施：

- 如果滤器上的压差导致了报警，则首先停止柴油机，更换滤器（滤筒能清洗重新使用）。
- 如果在整个运行期间滤器上的压力差超过 1.5bar，则更换所有滤器的滤筒（报废处理）。
- 如果滤器的滤筒已经化学清洁液清洗或者存在任何疑问，则更换所有滤器的滤筒（报废处理）。
- 请确保润滑油分油机一天 24 小时均在最佳状态下运行，以避免润滑油滤器处于过量的污垢中工作。

SL2004-443/JFJ

2004 年 9 月

1.3.09 在润滑油自清滤器上安装滤器保护阀（FP 阀门）

适用机型：8-9L27/38 推进动力 - 使用 HFO 运行

预防措施：任何受损的烛型滤器都会对柴油机的安全和可靠性造成严重损害，因此需要立即更换烛型滤器。

最近收到机载润滑油自清滤器内置烛型过滤器受损的报告。当启动润滑油预供泵时，润滑油系统内可能会产生某些压力峰值。这些压力峰值将会对润滑油烛型滤器的使用寿命造成影响。受损的烛型滤器将会对柴油机的安全和可靠性产生严重损害。

可以通过控制烛型滤器上润滑油压力的增加而避免出现压力峰值。

这可以通过在起动预供泵的同时自动打开润滑油压力调节器阀中的先导管路进行泄放。因此，在预供泵运行期间压力将会被降低（在主柴油机启动之前）。

柴油机内的所有内部润滑油管路均被注满润滑油后，当柴油机启动时控制排放端关闭，压力将会在没有任何液压压力峰值的情况下增加。此操作将由 AT2000 系统自动控制。

为了达到润滑油压力增加的控制方法，必须进行下列工作（如图 1）：

- 安装 FP 阀门（被标识为红色）。
- 修改阀门控制软件。
- 安装用于 FP 阀的管路和电缆。
- 安装新的润滑油烛型滤器（相比起现有烛型滤器而言具有双安全余量）。

上述修改将由 MAN 一名服务工程师在不久的将来与船东通力合作进行。用于修改作业以及 AT2000 系统软件相关变更所需的任何部件以及服务协助都将免费提供。

为了监控 FP 阀门实现正确的功能，则必须向船舶报警系统添加如下两路数字报警：

- PDAH 1224，柴油机润滑油过滤器旁通阀开启故障， MODBUS 地址 33055
- EAX 1224，柴油机润滑油过滤器旁通阀电缆故障， MODBUS 33056

当柴油机停止时，报警 PDAH 1224 将监控过滤器上的压降不会超过安全极限值。

当柴油机运行时，报警 EAX 1224 将监控电磁阀的电缆连通情况。

上述报警将与柴油机内现有数字报警相同的方式工作。没有时间延迟，且应当注意的是当柴油机停止时，报警 PDAH 1224 不应当自动抑制。

报警系统的修改必须由船东安排。

升级报警系统的费用将不由 MAN B&W Diesel A/S, Alpha 公司承担。

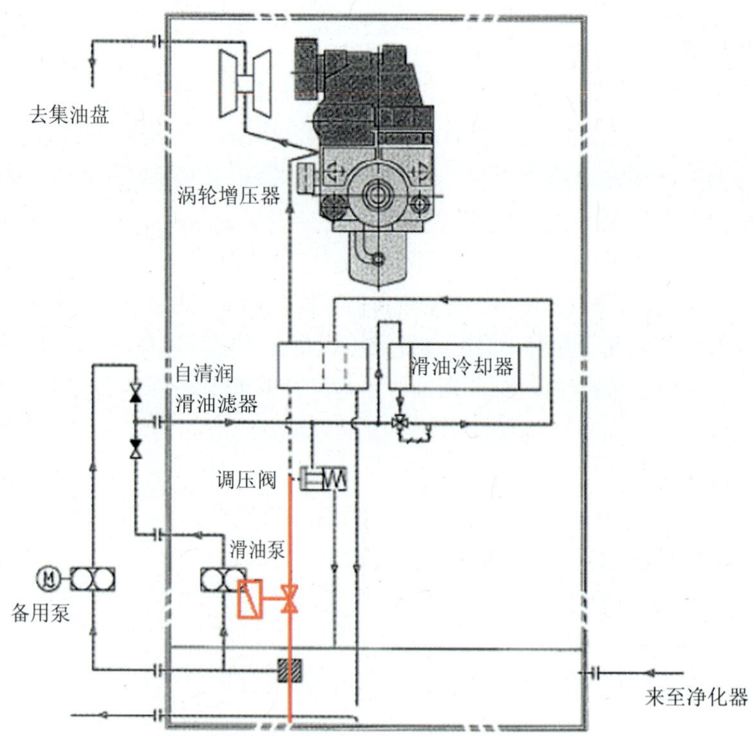

图 1 新的部件标识为红色

SL2005-457/KZN

2005 年 10 月

1.3.10 润滑油自清滤器的维护

适用机型：L21/31 和 L27/38

已经获得经验表明，在工作卡 28 102-01 和维护保养服务信函№ SL2004-434 中关于润滑油滤器的清洁流程是不够完善的。

我们获得的案例：因为按照上述清洗流程而导致滤芯损坏。

此外还有经验证明，按照上述维护保养服务信函 SL2004-434 内所述的烛型滤器清洁流程去做，无法满足可接受的柴油机检修（TBO）周期。

基于上述情况，再加上滤器的功能对于柴油机而言至关重要，因此在未来对自动润滑油滤器进行维护时应当采取以下措施：

• 如果润滑油滤器上的压力差导致报警，表示烛型滤器发生脏堵，必须更换。此时柴油机必须立即停车，必须更换所有烛型滤器以及清洁安全过滤器。请注意我们无法通过肉眼检查烛形滤器的状态以及是否脏污。这只能通过实验室测试完成 - 而该测试将会对烛型滤器造成破坏。

• 请确保滑油分油机一天 24 小时不间断运行（即使柴油机停车），以避免滑油滤器受到脏堵的危害。

告知客户，MAN 已经备有新烛型滤器的库存，能快速交付全套组件。

SL2005-458/JXN

2005 年 11 月

1.3.11　新继电器 / 控制箱

适用机型：GenSets T23LH、T23LH-2、T23LH-4、T23LH-4E、L23/30、S/U28LH、S/U28LH-2、S/U28LH-4、S/U28LH-4E、S28P 和 L/V28/32

作为持续开发 MAN 柴油机以及新电子技术应用的一部分，我们已经为上述型号的柴油机引入了一种新类型的控制箱，它们将完全替代现有的继电器箱。

新的控制箱是基于一个 PLC（可编程逻辑控制器）和一个小型 HMI（人机界面）制造的，通过该装置我们可以采用触摸屏幕的方式操作所有功能。新的继电器和 HMI 被集成整合在控制箱的前端。每台副机都必须具有一个控制箱（如图 1）。

为了确保柴油机的安全操作，并且因为 MBD 已经不再能够为现有继电器箱提供备件，因此现在将提供这种新的控制箱组件用于改造或者作为备件。

请参阅附带的资料，它们仅用于介绍和对比用途。

新控制箱

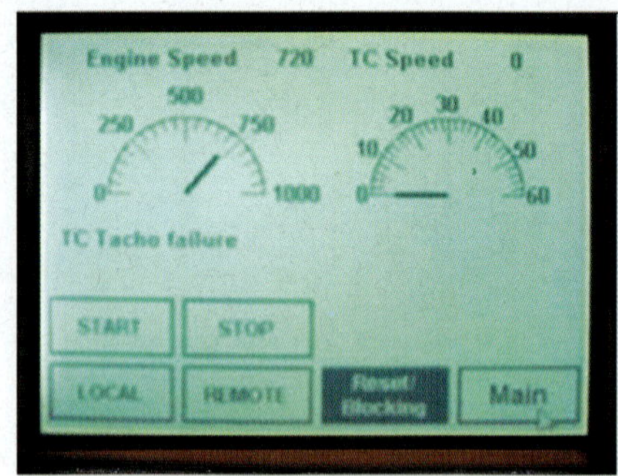

新操作触摸屏信息

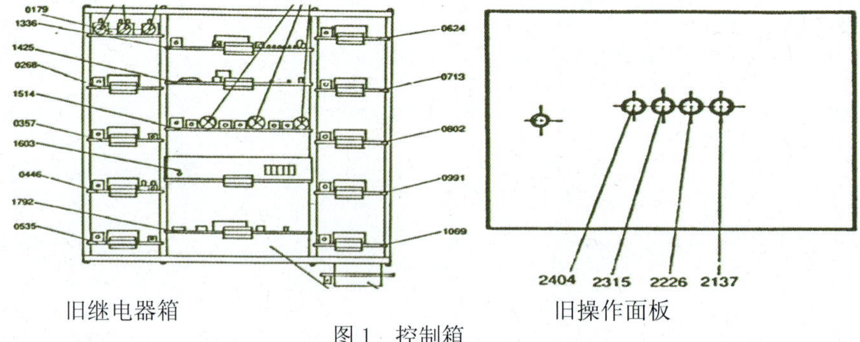

旧继电器箱　　旧操作面板

图 1　控制箱

SL2005-459/PDS

2005 年 11 月

1.3.12 旋塞意外松开及活塞受限

适用机型：发电机组：L/V28/32H、V28/32S、L23/30 和 L23/30H

推进机组：L/V28/32A 和 L/V23/30A

已经经历过上述类型柴油机的活塞内部旋塞出现意外松动的情况。在大多数情况下，这种现象一般在经过大约五年的运行之后或者经过 20 000 运行小时之后才观察到的。

在最坏的情况下，松动的旋塞可能会从螺纹孔落出，并且导致活塞和 / 或缸套损坏。

当与我们的活塞供应商一并进行全面调查之后，得出结论，旋塞的松动是由于用于紧固旋塞的胶水老化所导致的。因此，在新的柴油机中我们将采用一种新的更强力的胶水 Loctite 2701（见图 1）。

在参阅上述信息之后，并且在有机会的时候，强烈建议你，采用新的更强力的胶水替换活塞内旋塞紧固的胶水，以避免对柴油机造成任何损坏。

当得到请求时，MAN B&W Diesel A/S 公司将非常乐意制定一份旋塞修理作业所需材料的报价，并且，如果需要的话，我们将提供协助。一份包括清洁流程简介在内的活塞旋塞维修作业说明以及如何重新紧固旋塞的说明附在此维护服务信函内，以便提供参考信息。

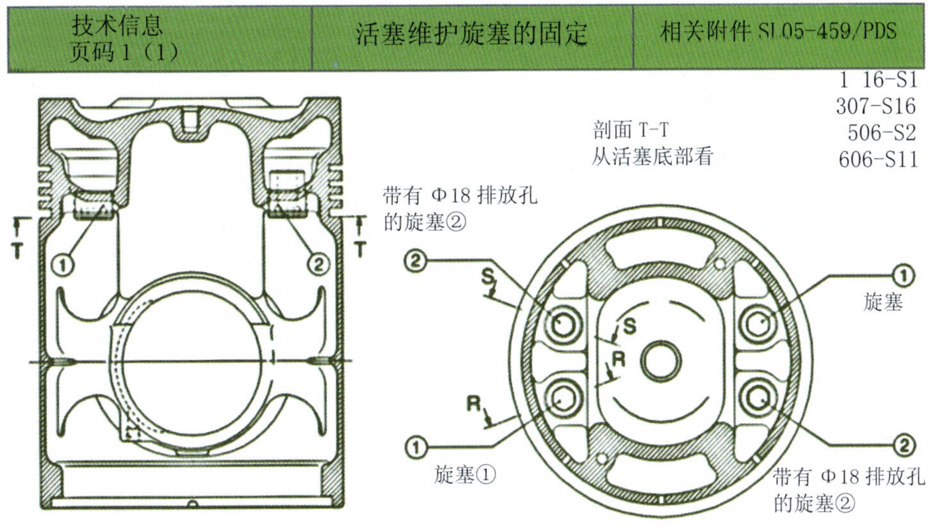

① Part no.1683601-6 旋塞

② Part no.1689900-4 带有排放孔的旋塞

③ Part no.2101838-9 Loctite 7063

④ Part no.2100695-6 Loctite 2701

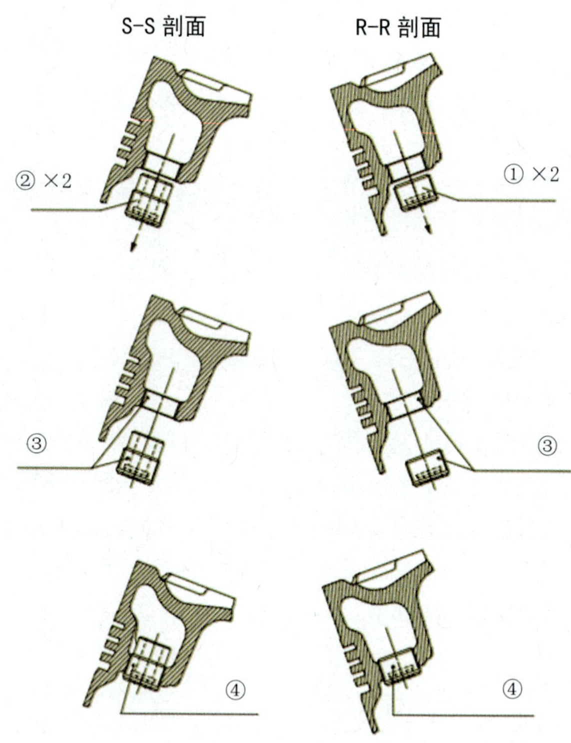

拆卸：松开位置①和②的旋塞。

重新调节：活塞内位置①、②的旋塞及对应的螺纹孔，按照位置③所示，用 Loctite 7063 清洁，如果旋塞损坏则必须换新。

重新组装：位置①和②的旋塞，如同位置①、④所示，涂Loctite2701重新组装，然后用100Nm的力矩上紧。

图 1　新的更强力的胶水 Loctite 2701 的使用

SL2006-468/FIF

2006 年 12 月

1.3.13 Allen-Bradley PLC 的检查和更换

适用机型：发电机组 L27/38、L32/40、V28/32S

配套供应商 Allen-Bradley 已经告诉我们，在 PLC 的 MicroLogix 1500P 基本单元系列中探测到了一个缺陷，该缺陷是在 2004 年第 31 周至 2005 年第 12 周期间生产的产品中发现的，该产品主要用于船舶发电机组。

在此背景之下，Allen-Bradley 公司已经决定召回所涉及的基本单元。

1 措施

强烈建议尽早对受影响的 PLC 基本单元做出替换安排。请检查是否有一些受影响的 PLC 基本单元被安装在柴油机上。为了便于确认，请告之柴油机的型号，条形码以及受影响单元的数量，我们会把更新品发送给你用于更换。当收到更新品时，将要求更换的有缺陷的设备返回给我方。如果仓库内还有受影响的备件，请将其一并返回给我们。

新的基本单元将由我方免费提供给您，包括运费。

2 背景资料的交流

受影响的 MicroLogic 基本单元是采用一个 IC 振荡器制造的，该 IC 振荡器将用于提供一个在控制器与扩展 I/O 接口之间通信所使用的参考频率。该 IC 振荡器位于基本单元的接口 PCB（印刷电路）板内。可疑的部件可以在无需拆除基本单元的情况下得到识别；然而，处理器 /CPU（1764-LRP 或 1764-LSP）必须从基本单元上拆除，以便提供一个通道。在处理器 /CPU 退出准备检查之前必须断开电源。图 2 显示了 IC 振荡器的位置。可疑部件已经被证实有缺陷的部件生产代码标识为“418”。

一旦基本单元发生故障，在工作面板上进行观察时将发现基本单元将进入故障模式，红色的指示二极管“故障”灯将会亮起，并且绿色的“运行”指示二极管将会熄灭。

请注意！只有基本单元才属于召回部件。处理器 /CPU（1764-LSP）并未受到影响。

请参阅附件，以便获得有关如何准确确定哪个基本单元受到影响以及如何替换 MicroLogic 基本单元的技术指令信息。类型以及条码均能够在基本单元的白色标签上找到，并且必须将其告知给我方以便参考。

附件 A

如何识别受到召回影响的 MicroLogic 基本单元。

基本单元是柴油机安全系统的一部分，并且位于图 1 所示柴油机上安装的接线盒内。

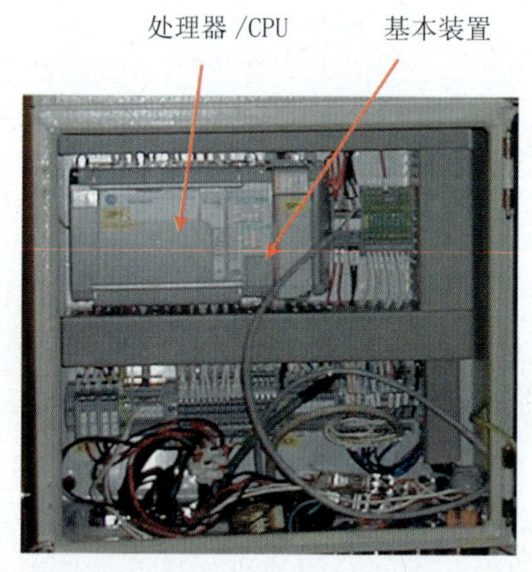

图 1　MicroLogic 基本单元

IC 振荡器的检查和验证，请参阅图 2。

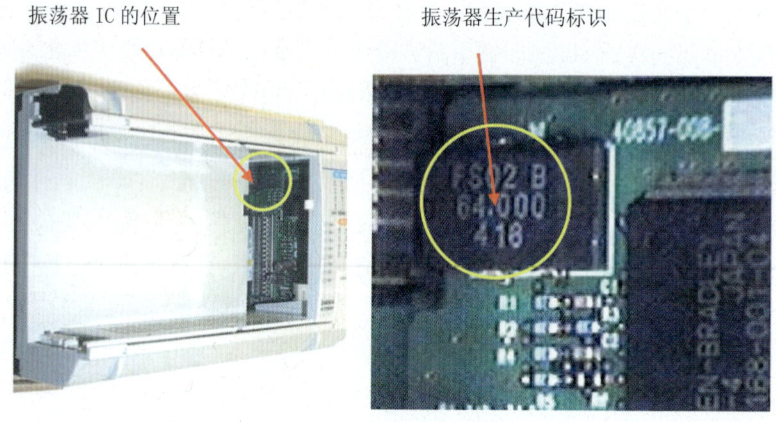

图 2　IC 振荡器的检查和验证

已经验证存在有缺陷的可疑部件具有一个“418”的生产代码标识。

受到召回影响的基本单元序列号以及单元的制造日期位于基本单元的侧面，请参阅图 3。

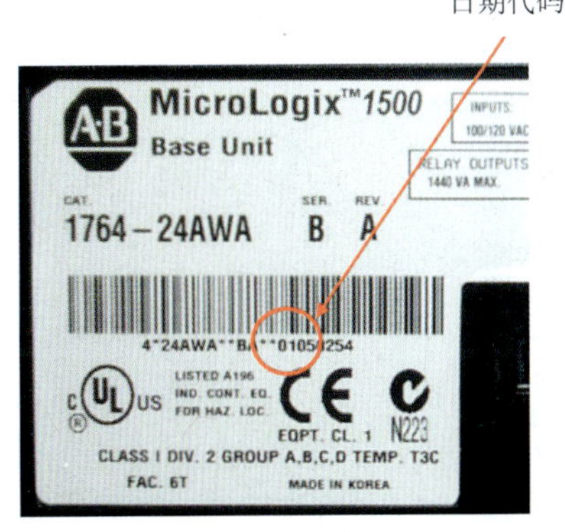

图 3　产品日期代码

所有已知的基本单元的应用问题所涉及的产品日期代码从 2004 年 8 月至 2005 年 3 月。此日期编码在产品标签上。该编码位于条码下方，其数字次序是 位于最后一组“**”星号之后。此编号采用两位数字的周数编码开始，随后是两位数字的年份编码，以及一个四位数字的独特识别码。在图 3 内，**0105 代表该产品于 2005 年第 01 周制造。可疑产品的范围从 3104 至 1205。在此以外的产品并没有发现故障。

在此期间所生产的所有类型 1764-24AWA、1764-24BWA　和　1764-28BXB(1) 基本单元均属于召回的范围。请告知应用中受到影响的基本单元的日期编码。

附件 B

如何更换受到召回影响的 MicroLogic 1500 基本单元（见图 4）。

为了拆除基本单元，首先需要从单元上拔出黑色弹出器，然后拆除处理器①。然后拆除两个插头以及所有的电线连接②。按下在扩展模块里的通信接头，并且将其向右转动③。如果该装置直接安装在安装面板上，则拆除上端的安装螺钉，并且松开下端的螺钉④。

然后拆除模块，如果该装置安装在一个 DIN 导轨上，则按下扣紧锁定装置，然后将其拆除⑤。

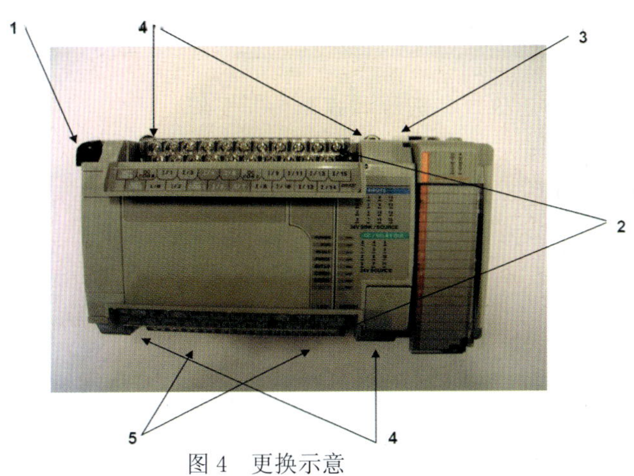

图 4　更换示意

1.4　MAN 公司 2007~2011 年四冲程机服务信函

SL2007-470/KEB/KPP

2007 年 6 月

1.4.01　螺旋桨 VBS-ODS 螺距反馈系统

适用机型：　VBS-ODS 可变螺距螺旋桨

最近出现了一些事故，在运行中，部件②的全部或部分螺丝发生松动，现决定将该螺丝更换为钢丝锁定类型，以防螺丝松动。

与此服务信函一起还提供了一个套件，其中包含四个新螺丝、锁定钢丝和二个自锁螺母（如图 1）。

需要操作的事项：

（1）柴油机必须停车。

（2）部件①，拆除反馈装置的顶盖。

（3）部件②，更换四个螺丝（油润滑过的），一个接一个旋紧至大约 11Nm，并且钢丝锁定。

（4）部件③，进一步检查螺母是否为自锁定类型，否则请更换。

（5）重新装上顶盖。

（6）部件④，请检查两个螺丝是否适当旋紧。

我们建议，在运行和停车期间应每周进行日测检查。每月必须拆除盖板（部件①），进行检查、清洁和润滑。

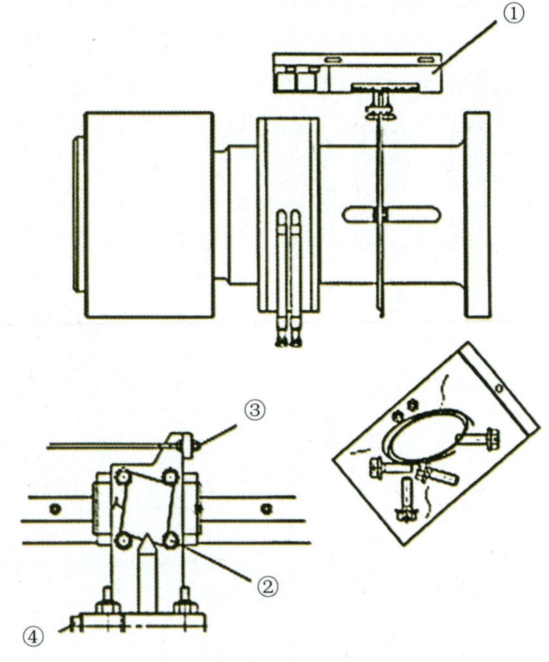

图 1　套件

SL2007-472/KEB

2007 年 1 月

1.4.02　螺旋桨桨叶螺栓的特殊操作，重新安装

适用机型：VBNBS

由锌阳极进行阴极保护后，海水中的钢材将吸收氢气。作为高强度钢材的螺旋桨桨叶螺栓在桨叶的拆卸和重新安装期间（叶片螺栓重新使用）将会对延迟断裂形式的氢脆特别敏感。

重要提示！

为了避免由于氢脆所导致的延迟断裂风险，桨叶螺栓必须换新或者按照如下方式热处理：

250℃情况下 4 小时

请注意！

所述的时间为螺栓完全热渗透的时间。

SL2007-486/KKA

2007 年 11 月

1.4.03　用于 L21/31 柴油机滚轮顶升机构导向用途的支架

适用机型： L21 /31 MAN 四冲程柴油机

经验显示，滚轮顶升导向偶尔会出现问题。其导向在所有状态下不够充分。因此已经设计了一个导向支架。该支架将被发送至所有在用的柴油机。

一个缸的套件包内含有一个导向支架和配套的安装件。该套件包内还包括一份详细的安装手册。该手册还与此服务信函一并发送，以便工作人员能够熟悉安装流程。

注释：当安装导向支架时，不能从柴油机框架上拆除整个气缸装置。一旦气缸需要进行检修，则必须从冷却水套管处拆除导向支架，并且安装管销作为替代。

附件

工作卡 页码 1 (2)	用于滚轮导承的导向支架安装	508-01.15 版本 01

L21/31

安全预防措施 □停止柴油机 □切断启动空气 □切断冷却水 □切断燃油 □停止润滑油循环 □按下“锁定 - 复位”按钮	**专用工具** 铭牌编号　备件编号　注释
说明 安装用于滚轮导承的导向支架 **起始状态** **相关程序** **劳动力** 工作时间：½ 小时 人工数：1 人 **数据** 有关压力和公差的数据　(页码 500.35) 有关扭矩的数据　(页码 500.40) 重量说明　(页码 500.45)	**手动工具** **替换磨损部件** 铭牌编号　备件编号　数量 /

508-01.15 版本 01	滚轮导承的导向支架安装	工作卡 页码 2 (2)

L21/31

在此工作卡程序，安装 L21/31 柴油机上凸轮随动件导向支架。

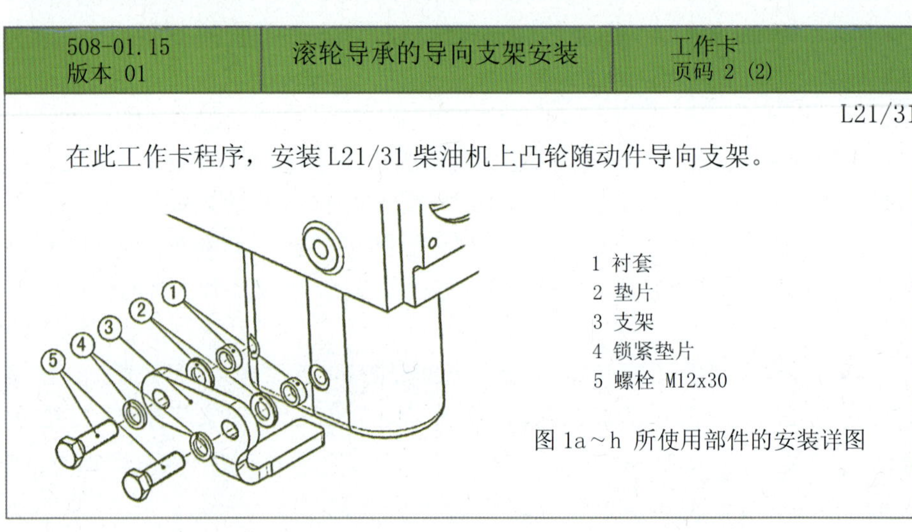

图 1a～h 所使用部件的安装详图

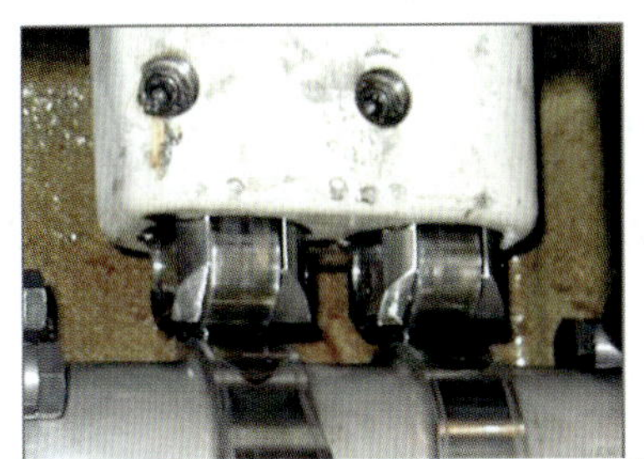	
a 盘车至指定气缸的发火上止点位置	b 采用一个 8mm 的 unbraco 键拆除螺塞。使用一个 M6 螺丝拆除管销

c 盘车，使左滚轮导承的导向面互相对应	d 盘车至该缸换气上止点
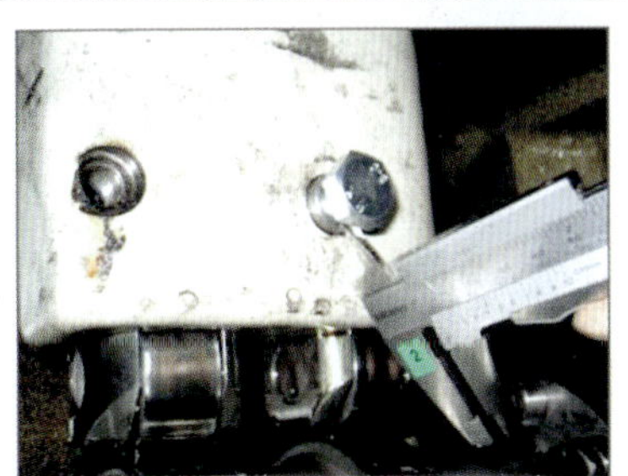	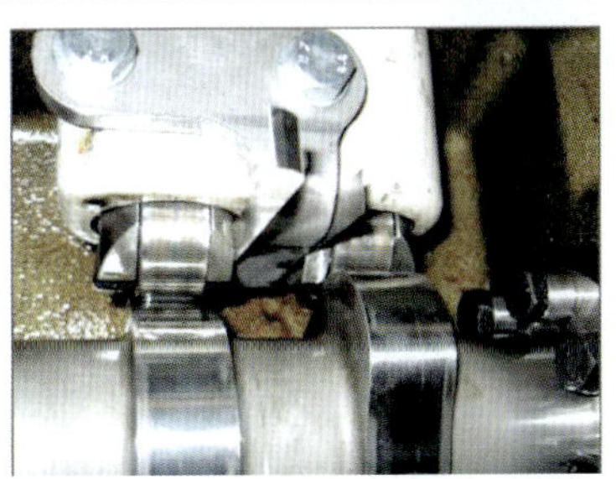
e 检查安装图 1 中部件的螺纹深度。如果部件 1 和部件 5 之间的距离超过 13mm，那么 M12 螺柱须适量打磨	f 安装导向支架以及图 1 内所示的所有部件，并且在导承两侧配有 0.10mm 的塞尺。两侧的间隙应当为 0.1～0.2mm
	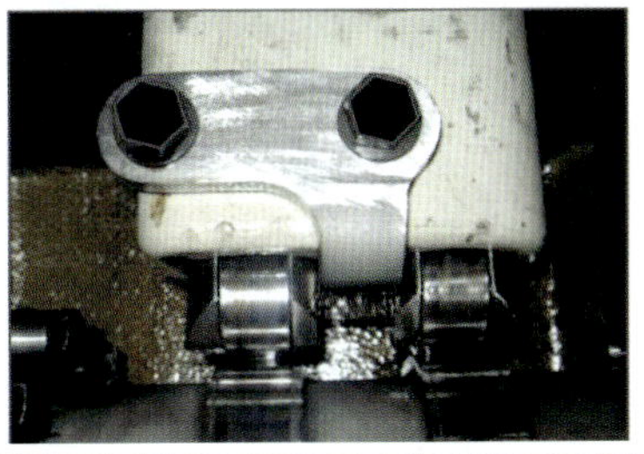
g 采用 40Nm 的扭力上紧螺栓	h 拆除塞尺，检查滚轮导承是否能够自由移动。

图 1　L21/31 安装分解程序

SL2007-487/JNN
2008 年 2 月

1.4.04　新改进型的润滑油过滤器滤筒

适用机型：　L21/31 和 L27/38 MAN 四冲程柴油机

MAN Diesel A/S 公司将强调使用正确安装的原始润滑油滤器的重要性。这是实现柴油机两次检修之间（TBO）可能时间最长的关键因素。如果滤器未能正确进行工作，那么重要的柴油机部件可能会受损。与此相比，通过使用非原产滤器滤筒所节省的费用将显得微不足道。

过去，已经发生过由于润滑油滤器错误 / 不正确安装所导致曲轴损坏的事故。售后服务中所发现的情况显示（见图 1）：

- 滤器滤筒并非原产备件，并且不符合 MAN Diesel A/S 技术规范的要求。
- 中间衬垫并非是原产备件，并且不能承受润滑油的作用。
- 滤器滤筒安装不正确。
- 安全滤器部件安装不正确。

这些故障已经导致未经过滤的润滑油进入柴油机，在很短时间内对曲轴、凸轮轴、轴承等造成损坏。

MAN Diesel A/S 公司已经研发了一种除适用于 L21/31 和 L27/38 类型柴油机之外还适用于其他类型柴油机的新型润滑油滤器，用于消除不正确安装的情况。

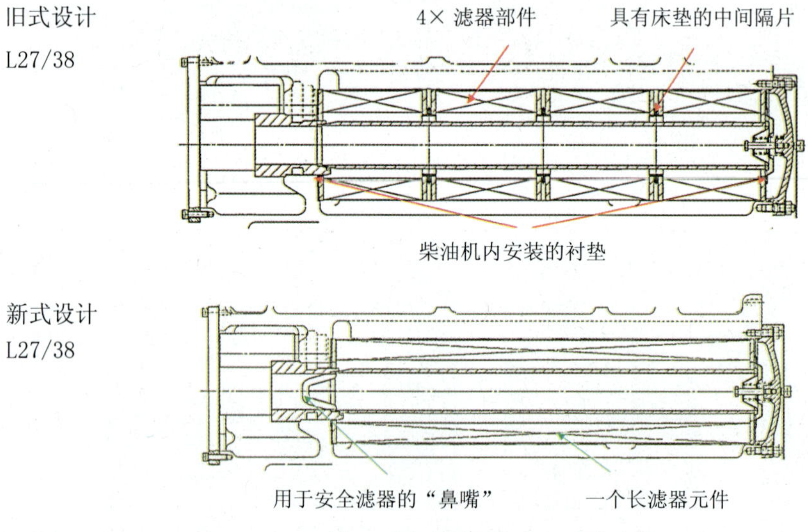

图 1　新旧润滑油滤器区别示意

新型润滑油滤器设计的优势为：

- 一个长的滤器元件，易于安装。
- 正确的专用床垫固定至滤器滤筒两端。
- 不可能导致滤器元件不正确安装。
- 一个“鼻嘴”被添加至安全滤器上，以便消除不正确安装。
- 将过滤面积增加 18% （更长的交换时间）。

请注意！当使用新型润滑油滤器时：

- 所有旧的床垫必须从润滑油滤器壳体中拆除。
- 适当清洁润滑油滤器壳体是至关重要的。必须小心操作， 确保不会有外界物质留存在滤器壳体内。

为了便于参考和订购用途，已经附上新式滤器的备件铭牌。

铭牌页码 1(2)	润滑油滤器	51502-14

L21/31

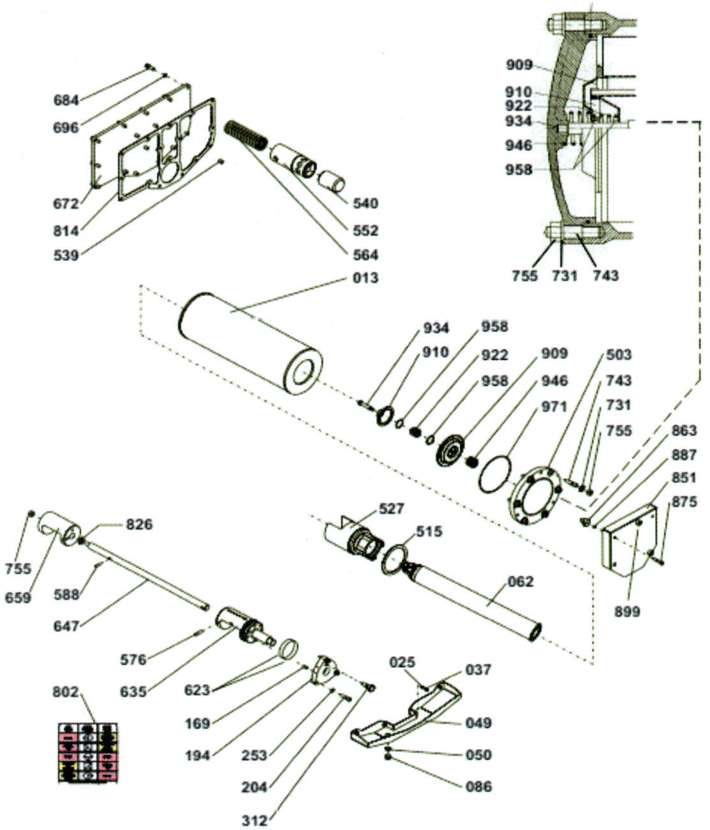

51502-14	润滑油滤器	铭牌　页码 2(2)

L21/31

备件编号	数量	名称	备件编号	数量	名称
013	1/E	过滤器滤筒	731	12/E	垫圈
025	4/E	锁定盘片	743	12/E	柱头螺栓
037	4/E	螺丝	755	12/E	螺母
049	1/E	集油托盘	802	1/E	铭牌
050	1/E	密封环	814	1/E	床垫
062	2/E	安全过滤器	826	1/E	O型圈
086	1/E	螺塞	851	2/E	盖板铭牌
169	1/E	管销	863	2/E	闭锁螺钉
194	1/E	盖板	875	2/E	螺栓
204	3/E	螺栓	875	2/E	螺栓
253	3/E	锁定弹簧	887	2/E	用于轴的卡簧
		垫圈	899	6/E	螺丝
312	1/E	插销	909	2/F	法兰
503	2/E	盖板，全套组件，包括 909、910、922、934、946、958、971 和 983	910	2/F	法兰
515	2/E	密封环	922	2/F	弹簧
527	2/E	定心盖板	934	2/F	螺丝
539	2/E	通风插件	946	2/F	弹簧
540	2/E	阀身	958	4/F	O型圈
552	2/E	活塞插件	971	2/F	O型圈
564	2/E	弹簧			
576	1/E	管销			
588	1/E	管销			
623	2/E	O型圈			
635	1/E	开关元件			
647	1/E	连接轴			
659	1/E	开关元件			
672	1/E	铭牌			
684	16/E	螺丝			
696	16/E	锁定弹簧垫圈			

订购备件时，请参阅页码 500.50

* ）只能以修理包的方式成套供应

Qty/E = 数量 / 柴油机　　Qty/F = 数量 / 过滤器

铭牌　页码 1(2)	润滑油滤器	51502-15H

L27/38

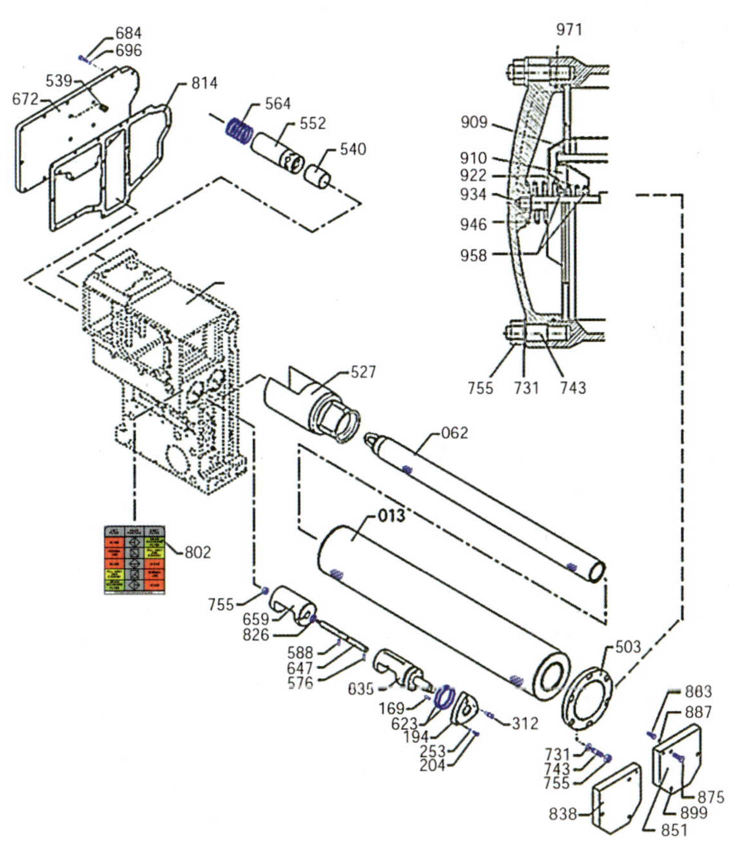

51502-15H	润滑油滤器	铭牌　页码 2(2)

L27/38

备件编号	数量	名称	备件编号	数量	名称
013	1/E	过滤器滤筒	814	1/E	床垫
062	2/E	安全过滤器	826	1/E	O型圈
169	1/E	管销	838	1/E	盖板铭牌
194	1/E	盖板	851	1/E	盖板铭牌
204	3/E	螺丝	863	2/E	闭锁螺丝
253	3/E	锁定弹簧 垫圈	875	2/E	螺丝
312	1/E	插销	887	2/E	用于轴的卡簧
503	2/E	盖板，全套组件， 包括备件 909、910、 922、934、 946、958、971 和 983	889	6/E	螺丝
527	2/E	定心盖板	909	2/F	法兰
539	2/E	通风插件	910	2/F	法兰
540	2/E	阀身	922	2/F	弹簧
552	2/E	活塞插件	934	2/F	螺丝
564	2/E	弹簧	946	2/F	弹簧
576	1/E	管销	958	4/F	O型圈
588	1/E	管销	971	2/F	O型圈
623	2/E	O型圈			
635	1/E	开关元件			
647	1/E	连接轴			
659	1/E	开关元件			
672	1/E	铭牌			
684	19/E	螺丝			
696	19/E	锁定弹簧垫圈			
731	8/E	垫圈			
743	8/E	柱头螺栓			
755	13/E	螺母			
802	1/E	铭牌			

订购备件时，请参阅页码 500.50

*）只能以修理包的方式成套供应

Qty/E = 数量 / 柴油机

Qty/F = 数量 / 过滤器

SL2007-489/JNN

2007 年 12 月

1.4.05 召回用于 L23/30H 和 L28/32H 的连杆螺栓

适用机型： L23/30H 和 L28/32H MAN 四冲程柴油机

此次召回适用于从 2007 年 4 月 1 日至 2007 年 10 月 31 日之间由 MAN Diesel DK 公司提供的连杆螺栓。

召回原因是附属供应商所交付的少量批次产品中发现了该螺栓未经过表面处理。

禁止安装这种螺栓，是因为未经过表面处理会降低螺栓材料的表面硬度，将导致在连杆螺栓上紧过程中， 在螺栓头与连杆之间发生较高的卡阻风险，从而降低连杆总成的上紧力。

未经过表面处理的螺栓易于被发现，因为相比经过正确处理并且具有黑色表面的螺栓而言其表面呈现发光金属色，见图 1。

如收到符合此维护保养服务信函要求并需要召回的螺栓，请联系 MAN 备件供应商以便交付替换部件。

一旦需要被召回的螺栓安装在连杆上，建议详细检查螺栓头的接触表面是否存在卡阻的痕迹，

如发现螺栓头接触表面有卡阻痕迹，则连杆必须更换。只要存在任何疑问，请与 MAN 服务部门联系以便获得进一步信息。

图 1　正确处理与未经处理的螺栓之间的比较

SL2008-493/FIF
2008 年 4 月

1.4.06　采用新的 ABB AC1131PLC 更换旧款 ABB CS31PLC

适用机型：L16/24 和 L21/31 发电机组四冲程柴油机

ABB 已经发出通知，CS31PLC 系列的生产已经于 2007 年停止。CS31PLC 已经用作为上述发电机组安全系统的标准模块。该模块安装在发电机组上。从 2007 年底开始，将不可能采购到 CS31 系列的 PLC 系统。

因此我们引入更新款的 AC1131 系列作为上述类型发电机组安全系统的标准配备。

因为 CS 31 系列将仅在一个有限的时间提供。建议一旦更换有缺陷的模块时则将整个安全系统升级至新型设计。监控系统也将采用最新的软件进行升级。

为了便于参考，请参阅图 1 以获得用于上述类型 MAN 发电机组上的 CS31PLC 模块照片。这两种模块都不再生产，我们建议采用 ABB AC 1131 模块对其进行更换。已经准备了所有必要的硬件和软件作为一个服务包，并发送一份更换费用报价。

新式 AC113 PLC

旧款 CS31PLC 的图片

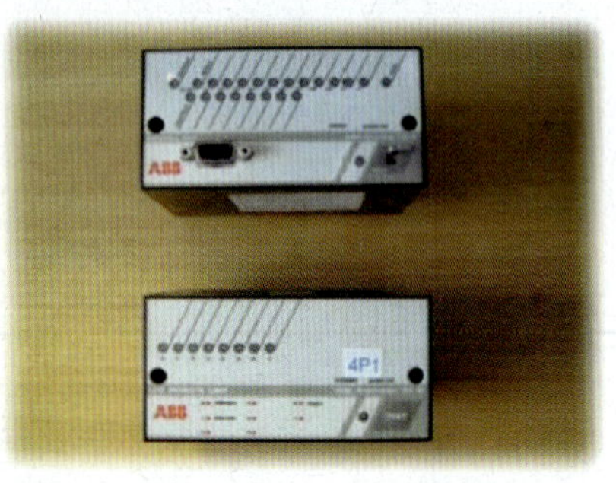

图 1　新、旧款 BB AC1131PLC

SL2008-494/FIF

2008 年 4 月

1.4.07 采用 Allen-Bradley 公司的 MicroLogix 1500 PLC 更换旧款 ABB CS31PLC

适用机型：L28/32H、L27/38、L32/40 和 V28/32S MAN 四冲程柴油发电机组

ABB 告知了 CS31PLC 系列已于 2007 年初停产。CS 31 PLC 已经用作为上述发电机组安全系统的标准模块。该模块被安装在发电机组上。从 2007 年底开始，将不可能采购到 CS 31 系列的 PLC 系统。

因此引入了 Allen-Bradley 类型的 MicroLogix 1500 系列模块作为上述类型发电机组安全系统的标准配备。

因为 CS 31 系列将仅在一个有限的时间内提供，建议一旦更换有缺陷的模块时则将整个安全系统升级至新型设计。监控系统也将采用最新的软件进行升级。

为了便于参考，请参阅图 1，以获得用于上述类型 MAN 发电机组上的 CS 31 PLC 模块照片。这两种模块都不再生产，建议采用 Allen-Bradley 类型的 MicroLogix 1500 系列模块对其进行更换。

我们已经准备了所有必要的硬件和软件作为一个服务包，并将发送一份更换费用报价。

Allen-Bradley 类型的 MicroLogix 1500 模块

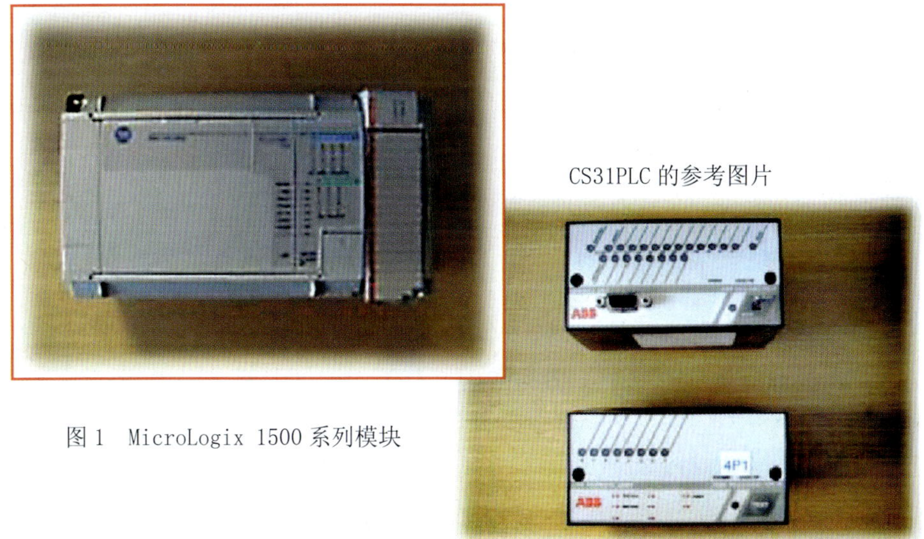

CS31PLC 的参考图片

图 1　MicroLogix 1500 系列模块

SL2008-500/JNN

2008 年 10 月

1.4.08　连杆的附加检查

适用机型：ZJCME-MAN L16/24 柴油机

此文介绍了对 L16/24 船用柴油机特定批次连杆附加检查的技术背景和检查程序。

1 背景

某些情况下，连杆螺栓与连杆在完全组装好的状态下（完全上紧连杆螺栓时）存在一个小间隙。在受影响的连杆中，螺栓与连杆之间的间隙达到 0.4mm，请参阅图 1。

对于连杆螺栓的正确安装而言，是不允许出现间隙的。在正确组装和上紧螺栓后，连杆螺栓必须无间隙地压在连杆上。

调查表明连杆螺栓孔径的倒角未适当加工，因此螺栓局部顶靠在倒角上，而不是压在螺栓下方的接触面内，请参阅局部视图 1 和局部视图 2。在最坏情况下，连杆螺栓与连杆之间的此类间隙可能在柴油机运行期间导致螺栓与未加工倒角的螺栓孔之间出现塑性变形。进而导致连杆螺栓预张力的局部损失。

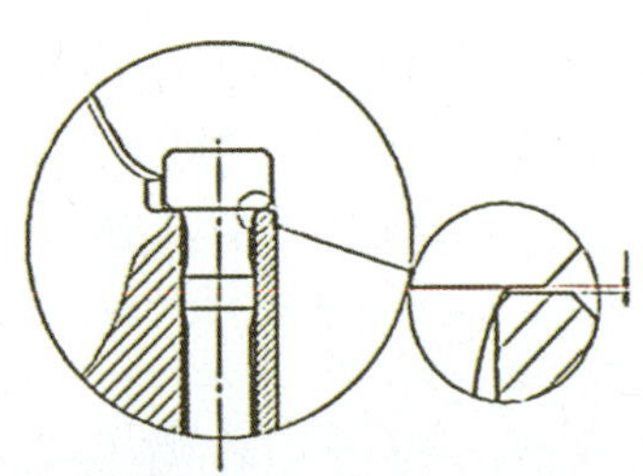

局部视图 1　未加工倒角的螺栓孔

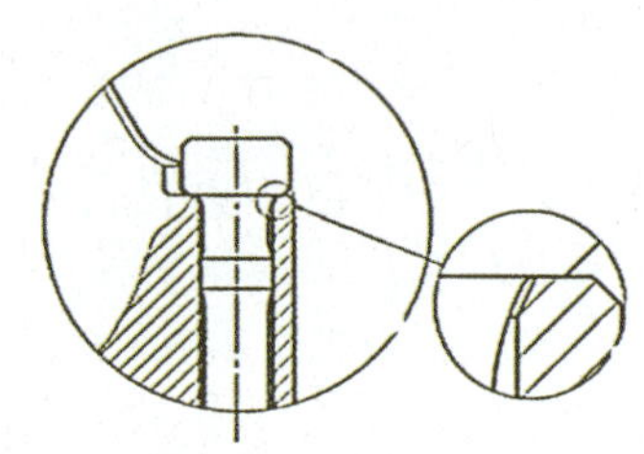

局部视图 2　螺栓压在下方接触表面上的正确安装

2 对柴油机所产生的影响

根据所获得的信息，无法排除 L16/24 机组柴油机不会受到影响，因为某些连杆的螺栓孔可能未正确加工倒角。

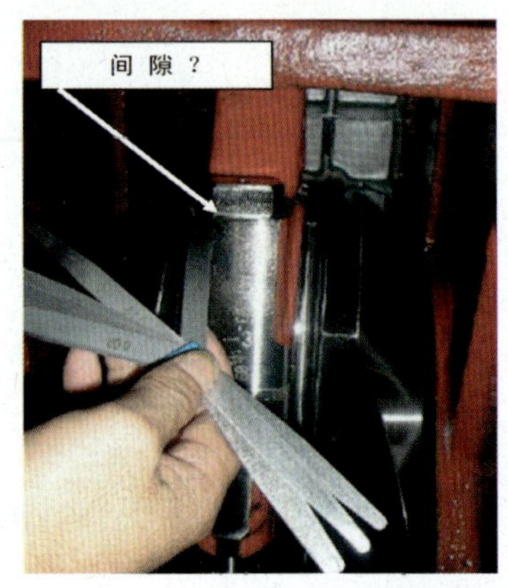

图 1 在螺栓头部与连杆之间插入塞尺

3 建议下列检查

检查程序非常简单，并且恳请通过船舶上的轮机人员尽早完成此检查程序。并立即将此问题告知受影响的船舶。

检查程序如下所示：

步骤 1

通过塞尺检查，连杆上连杆螺栓是否正确安装。通过塞尺在不同的方向上对每个螺栓进行几次检查。优质标准：无间隙，如图 3。如果存在间隙，请用船上的备件更换连杆或者按照附件程序对连杆螺栓孔进行修正（连杆类型 L16/24，见本文第 4 节）。此次返工修正的必要工具将根据请求提交。

图 2 连杆大端连接表面和外观均正常

图 3 盘车至适当位置以便检查潜在间隙

步骤 2

如果上述调查显示不存在间隙，还必须对连杆螺栓的松开压力进行检查。为了执行此检查，则须按照计划维护程序“工作卡 506-01.25”内所述将液压上紧工具施加至连杆螺栓上。然后，液压工具必须被加压至 1 000bar 的临界松开压力，如果螺母松动则必须进行检查。

如果螺母发生松动或者连杆螺栓的松开压力低于 1 000bar，那么连杆的大端必须打开，并对连杆上部和下部的接触表面进行检查，请参阅图 2，还请参阅工

图 4 L16/24 机组连杆的翻修

作卡 506-01-15 第 1～5 段落内所述的检查指令。一旦这些表面出现任何相对运动的迹象，则必须更换连杆。

如果螺母在 1 000bar 压力下仍然是上紧的，或者在对连接表面进行检查之后上紧。必须按照计划维护程序“工作卡 506-01-25”的规定采用 1 200bar 的压力适当重新上紧连杆螺栓。

如果两种检查步骤都已经完成，表示检查程序已完成。

请告知 MAN Diesel 有关检查的最终结果。为了对检查程序的进度进行审核，请注册连杆上的钢印序列号，并且将数据转交 MAN。

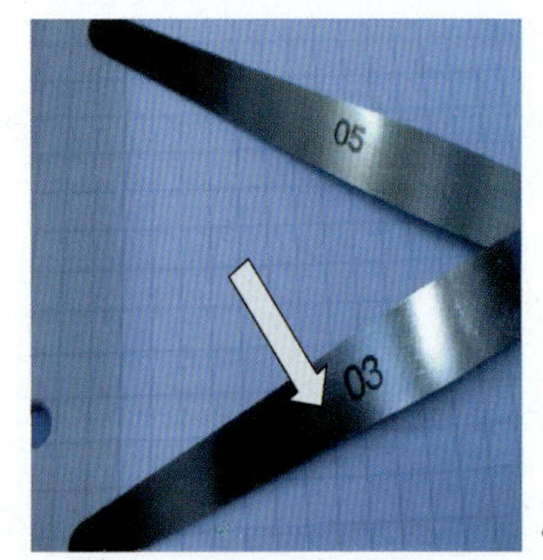

图 5　采用 0.03mm 测隙规检查间隙

图 6　从连杆上拆除螺栓和螺母

4　L16/24 机组连杆的翻修（见图 4）

步骤 1 和 2

(1) 盘车至适当位置以便检查潜在间隙（见图 3）。

(2) 采用 0.03mm 测隙规检查间隙（见图 5）。

步骤 3

采用 0.03mm 塞尺检查左和右侧的间隙：

• 如果塞尺显示出间隙，按照步骤 4 进行。

• 如果塞尺显示没有间隙，则遵循信函中关于 MAN L16/24 柴油机特许对连杆的附加检查，检查松动压力的进一步指令，检查连接表面和重新上紧情况。

图 7　使用 DBI-DUT 盖收集碎屑

步骤 4

(1) 从连杆上拆除螺栓和螺母。

(2) 为了收集碎屑，请使用 DBI-DUT 盖。

（见图 6、图 7）。

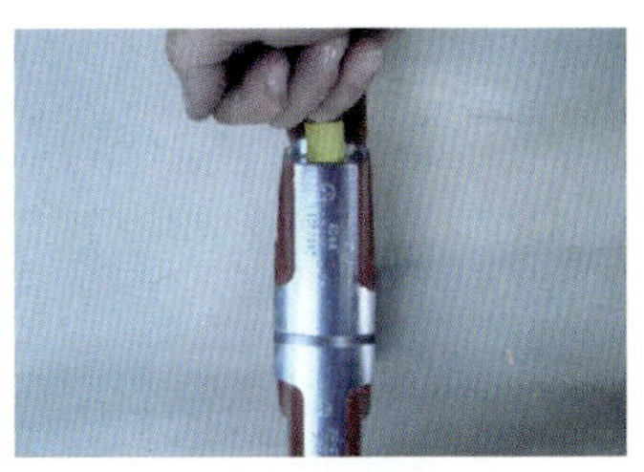

步骤 5（见图 8）

(1) 在连杆螺栓孔内放置 DBI-DUT 盖板，用手指将其压下，直至大约位于顶部下方 30mm 位置。

(2) 使用具有导承的 60° 专用沉孔工具和钻孔机。采用慢速钻孔，如图所示采用游标卡尺测量沉孔至最大 22mm 直径。

步骤 6（见图 9）

(1) 使用真空清洁器清除 DBI-DUT 内所收集的碎屑。通过手 / 手指检查所有碎屑是否被完全清除。

(2) 从连杆孔底部，采用螺栓轻敲盖板，从而去除 DBI-DUT。

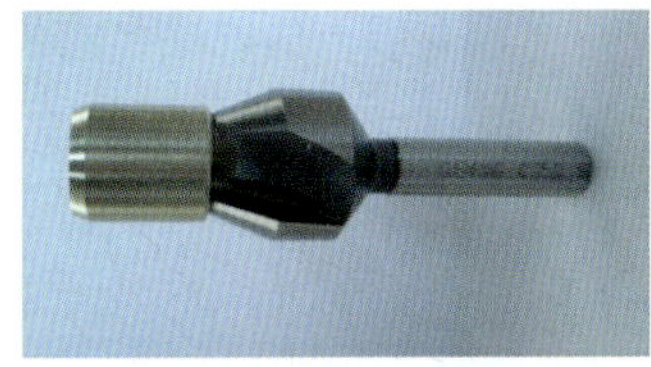

步骤 7

(1) 开始安装螺栓和螺母，并且按照说明书工作卡 506-01.25 的规定上紧连杆螺栓。

(2) 通过塞尺重新检查。

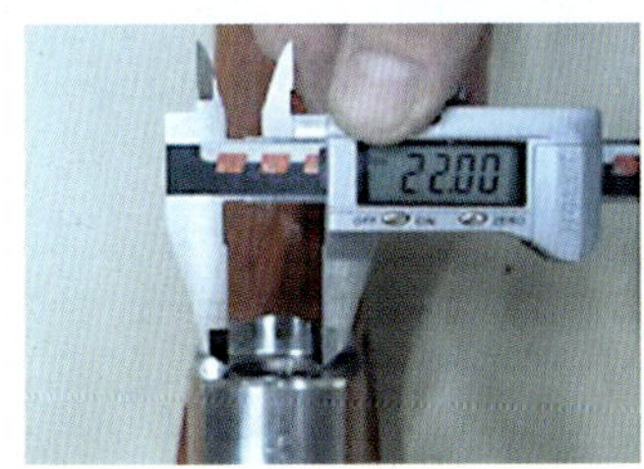

图 8　步骤 5

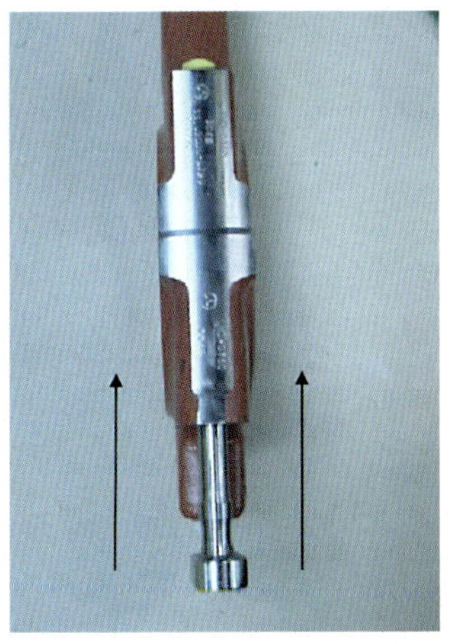

图 9　步骤 6

SL09-505/JNN

2009 年 2 月

1.4.09　新式低腔室喷嘴

适用机型：L27/38. MAN 四冲程柴油机

作为船用柴油机供应商，应不断对产品进行研发和改进，使其最适合使用环境以及更好地服务于 MAN 柴油机的船东和轮机人员。

信函发布一款适用于 L27/38 型柴油机的低腔室喷嘴。

IMO 编号为 No. 1859 的新型喷嘴将替代之前 IMO No. 1482 的喷嘴。

按照原来备件铭牌新订购的喷嘴都将是新类型喷嘴，并且可与之前的喷嘴类型完全互换。

由于喷嘴包括在柴油机技术文件内，按照 MARPOl 附则 VI 规程的要求，我们将交付一份此文件的修订版，能够满足该规程的要求。请更新船上的技术文件。

柴油机技术文件修订版的交付在某些情况下可能会出现延迟。

新设计将能够获得如下优势（二款设计的比较如图 1）。

- 润滑油污染更低。
- 燃烧室和活塞 / 活塞环、进排气阀上的碳沉积更少。
- 气缸套、活塞环槽的磨损率更低。
- 涡轮增压器喷嘴环上的碳沉积更少。
- 总体改进了柴油机的清洁度。

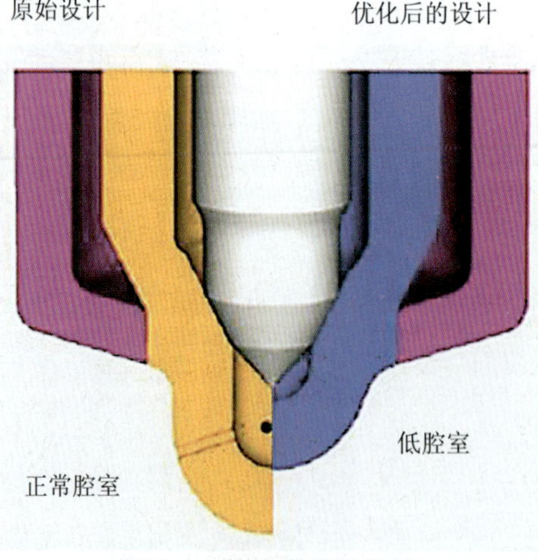

图 1　二款喷嘴设计比较

SL09-506/KKA

2009 年 2 月

1.4.10 用于气缸组、气缸套的吊装工具以及轴瓦的拆卸工具

适用机型：L21/31MAN 四冲程柴油机

稳定性计算已经显现出状况：气缸组和缸套吊装工具可能发生损坏，即使该工具出现极小的误用机会也可能导致损坏。

这就意味着如果该工具未被正确使用，或者气缸组或缸套在非垂直方向上吊起，工具可能被损坏。

目前已经研发了新的工具，用于针对这些损坏情况提供更高的安全性。这些工具在新机出厂时一并交付，但是某些旧款工具仍然在部分营运的船舶上使用。

为了辨别船舶使用的是新款工具或旧款工具，请注意工具上的编号，并且将该工具与图 4 进行对比。

如果确定使用的是旧款工具，务必进行认真检查以便确定其是否存在任何可见的损坏。如果发生损坏，请报废该工具，并且与 MAN Diesel 公司联系，要求发送新类型工具。如果工具未发生任何损坏，该工具仅用作为吊装，可继续使用该工具。严禁作为对气缸组或缸套进行撬动的工具。

这个要求针对所有使用该工具的船舶、修理中心以及测试中心。如果发现工具有任何损坏，将会提供一套新的工具。

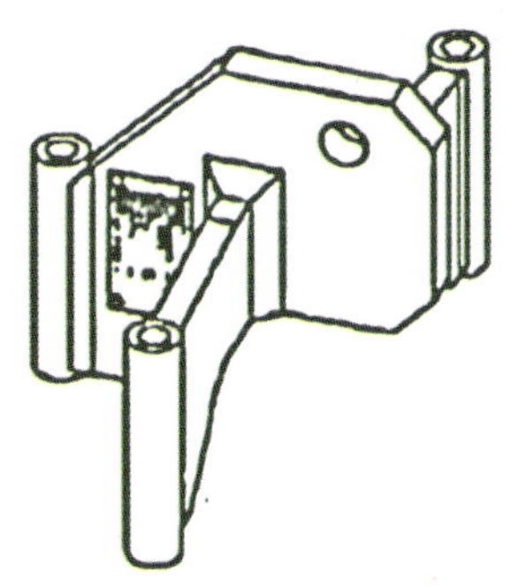

图 1 旧款提升工具（三个“支脚”）

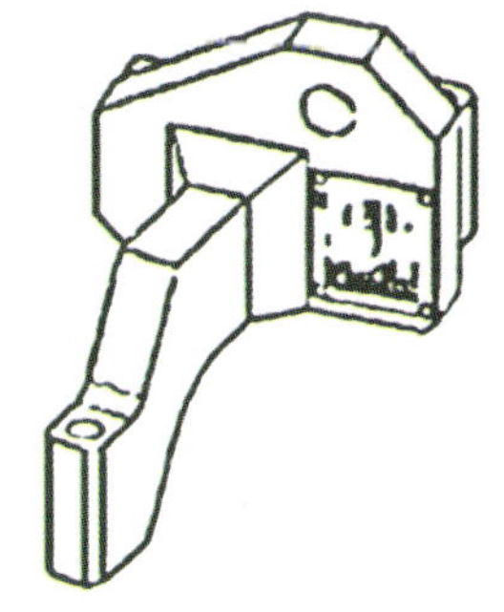

图 2 新款提升工具（二个“支脚”）

全套气缸组的旧款提升工具标识有旧的编号：055.206，可以采用气缸盖上的三个“支脚”进行辨识（如图 1），该工具是采用 15～20mm 厚度的材料制造而成。

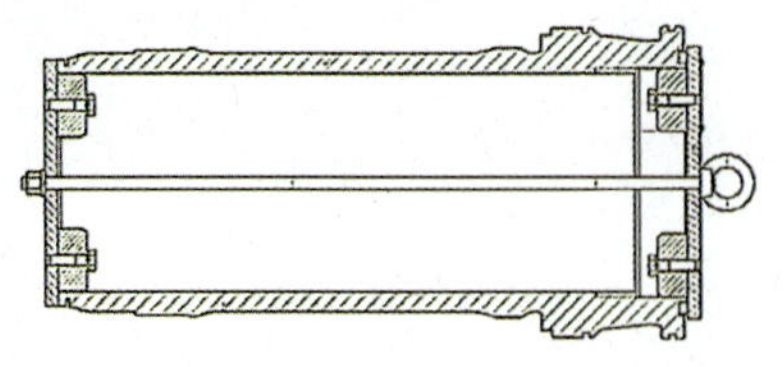

图 3　老款吊装工具

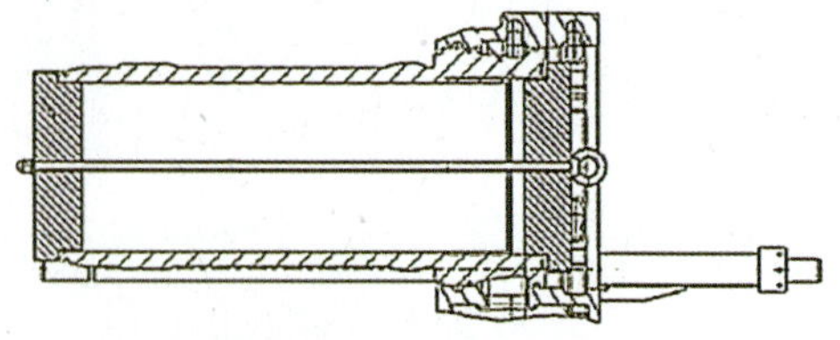

图 4　新款吊装工具

用于缸套的旧款吊装工具标识有旧款编号：050.166，它可以通过使用圆形塑料片支撑的缸套进行辨别（如图 3）。

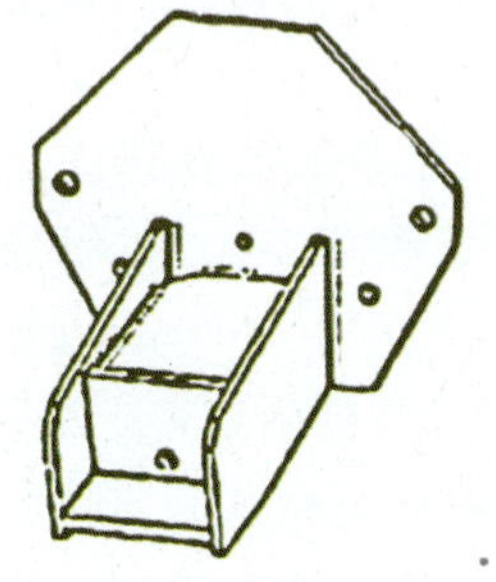

图 5　不同金属板焊接

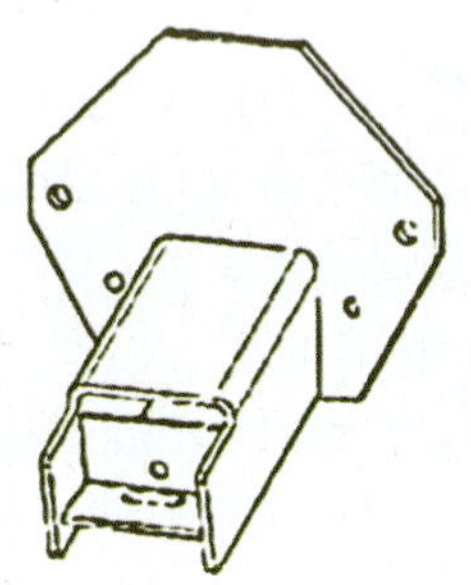

图 6　连杆轴承小端部分的异形钢支撑

用于轴瓦的旧款拆除工具编号：030.336。

此工具采用不同金属板焊接而成（如图 5）。

新款吊装工具被标注为：055.224，在气缸盖上仅有两个安装点，采用 25mm 厚度材料制造而成（如图 2）。

用于缸套的新款工具是编号：050.177。该工具可以通过铝制端点支撑件进行辨别（如图 4）。

新款拆卸工具编号：030.514，并且可以通过异形钢作为连杆轴承上端部分的支撑件进行辨别（如图 6）。

SL09-508/JEM

2009 年 2 月

1.4.11 进气阀、排气阀导承处的滚轮轴

适用机型：L16/24

MAN 供应商告知，所交付某个批次的 L16/24 柴油机进排气阀滚轮导承上的滚轮轴未按照技术规范要求进行制造，因而无法满足技术规范的硬度要求。

此轴铭牌 50801-02H 的备件编号为 065，用于进排气阀导承的滚轮轴如图 1。

所涉及的轴是从 2006 年 5 月起通过供应商交付的，然而，直至目前为止只有少数报告称出现故障。

由于无法对每个供船的轴备件进行追踪，建议对船舶的库存轴进行检查，避免这些有问题的轴再被安装使用。

受影响的轴具有一个光亮的表面，这些轴应当被废弃，经过正确处理的轴的表面将呈现黑色外观，请参阅图 1。未经正确处理的轴将由供应商免费更换。

对于使用中的柴油机而言，建议对进排气阀的滚轮和凸轮进行预防性维护检查。

一旦在滚轮或凸轮处发现异常磨损或损坏，建议对滚轮导承进行进一步检查，确定所安装的滚轮轴是否属于受影响的批次（光亮类型）。建议至少应当在第一次 12 000 运行小时大修时对滚轮导承进行检查。

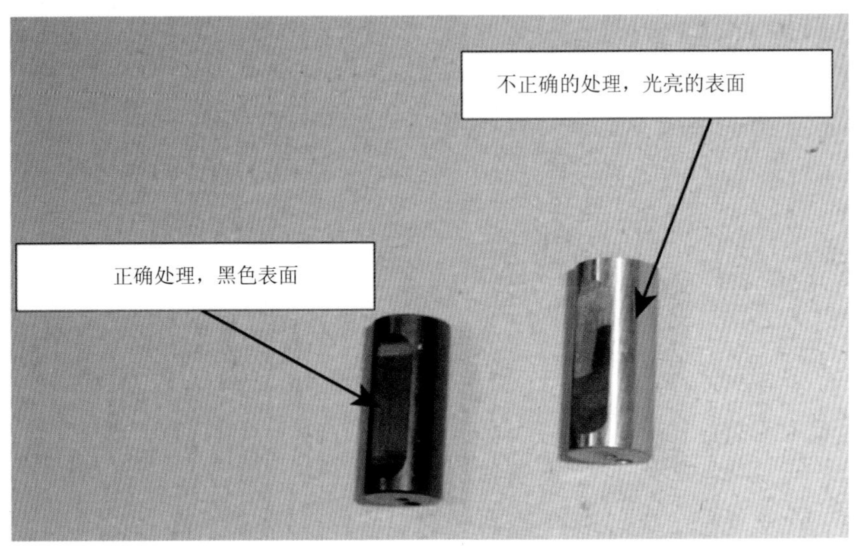

图 1 L16/24 型未按照技术规范要求进行制造滚轮轴与正确处理的轴的比较

SL09-516/MNA

2009 年 10 月

1.4.12　两个错误的 RPM 测取信号将燃油控制齿条置于零位

适用机型：作为推进动力的 MAN 四冲程柴油机

WOODWARD 723+ 调速器包括一个启动燃油限制器。该限制器的目的是在启动顺序中对燃油泵进行限制，防止柴油机喷射过量燃油，确保燃烧完全、不冒黑烟。

燃油限制器也可用于将油门控制齿条保持在“零”位，直至柴油机测取信号显示柴油机转动为止。一旦出现两个错误的转速测取信号，燃油泵齿条将仍然保留在“零”位，并且通过这种方式防止柴油机在无任何转速控制的情况下启动。

在无转速测取信号情况下起动柴油机的后果就是调速器将不能控制柴油机的速度，将会超过最大速度限制值。两个相同的转速测取信号还被用作为超速保护，这对于任一测取信号未工作时防止柴油机起动而言至关重要。

在正常运行期间，如果转速测取信号故障，则调速器设定油门刻度归“零”，主机停车。

以下是调速器参数检查和校正的程序。

检查程序，如有必要则对调速器参数进行校正：

必要的工具：

手持式 WOODWARD 编程工具（图 2）

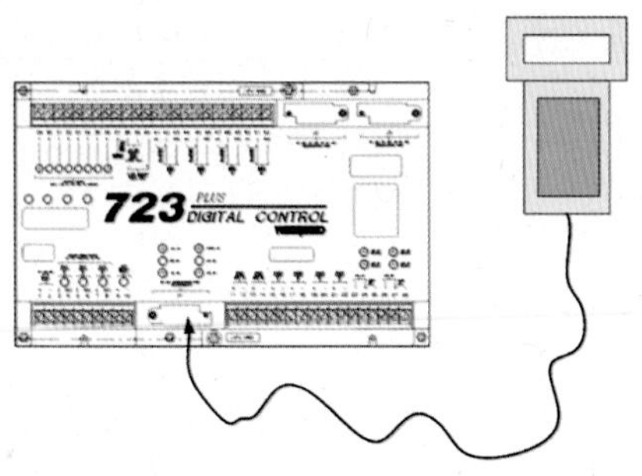

图 1　编程器连接至调速器

（1）将手持式编程器连接至调速器（如图 1）。

（2）通过将箭头向下移动一次选择燃油限制器，然后左转，直至显示屏上出现文本信息“燃油限值”为止。

（3）使用箭头上下移动，以便验证以下三个参数。

燃油限制 P1，RPM　0

燃油限制 P1，LSS%　0

燃油限制 P2，RPM　10（10～50）

如果数值如上所述，则表示设置正确，并且无需采取进一步行动。

（4）正确

如果必须对其中一个参数进行修改，则使用 Rabbit 或 Turtle 上 / 下移动箭头以便校正数值。请注意，在完成任何校正之前，请注意！记录上述参数的实际设置值。

（5）按下“保存”按钮。

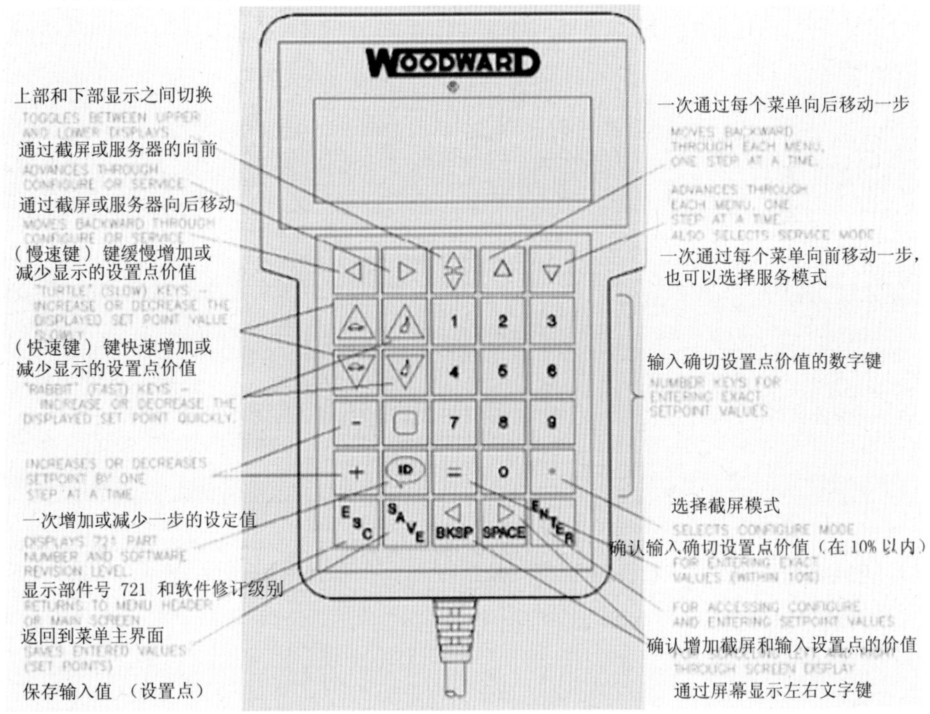

图 2　WOODWARD 编程工具

SL09-517/LDO
2009 年 10 月

1.4.13　更新进、排气阀调整程序

适用机型：L16/24、L21/31 和 L27/38 发电机组

本文概述了 L16/24、L21/31 和 L27/38 机组的柴油机进排气阀间隙调整的附加工作技术背景和程序。

必须按照《维护保养说明书》“计划维护程序”的检修周期操作。

背景

根据经验和收到的反馈信息，建议使用工作卡 508-01.10 进行安全的阀桥间隙调整。

由于阀桥导承上存在高应力，正确的调整显得非常重要。

不正确的阀桥调整将导致阀桥导承受损，并将引起发电机组严重损坏的风险。

工作卡	气阀间隙的控制和调整	508-01.10 版本 13
安全预防措施	L16/24、L21/31、L27/38	
■ 停止柴油机 ■ 切断启动空气 □ 切断冷却水 □ 切断燃油 ■ 停止润滑油循环 ■ 按下“锁定－复位”按钮	**专门工具** 铭牌编号　备件编号　注释 **手动工具** 六角扳手 塞尺 矩力扳手 扳手	
说明 进、排气阀间隙的检查和／或调整 **起始状态** 打开气阀凸轮轴的盖板 打开摇臂的盖板 拆除摇臂 **相关程序**		

劳动力 工作时间：　1.5 小时 人工数：　1 人 数据 有关压力和公差的数据（页面 500.35） 有关上紧扭矩的数据　（页码 500.40） 重量数据　（页码 500.45）	替换磨损部件 铭牌编号　备件编号　数量 / 请参阅铭牌 50502

L16/24、L21/31、L27/38

1 气阀顶杆间隙的校准

（1）拆除缸头盖板。

（2）盘车转动凸轮，直至待检查的气缸活塞置于上死点位置。气阀顶杆必须落在凸轮基圆上。

（3）如果需要的话，则清洁表面。

（4）插入塞尺（P3=0.01mm）。（请参阅图 1）

（5）将扭力扳手（P4）固定在六角扳手（P2）的联轴节上。

（6）连接六角扳手（P2）。

（7）连接六角扳手（P1）。

（8）采用 P1 上紧调整螺丝，直至塞尺被无间隙固定为止。

请注意！

• 柴油机必须是冷机或冷却至少 30 分钟。确保柴油机处于停车状态。

• 盘车时禁止触摸驱动器。在调整时不允许进行盘车。

• 塞尺必须清洁，并被置于调整螺丝与阀杆之间的位置。

• 扭力扳手必须完全固定至

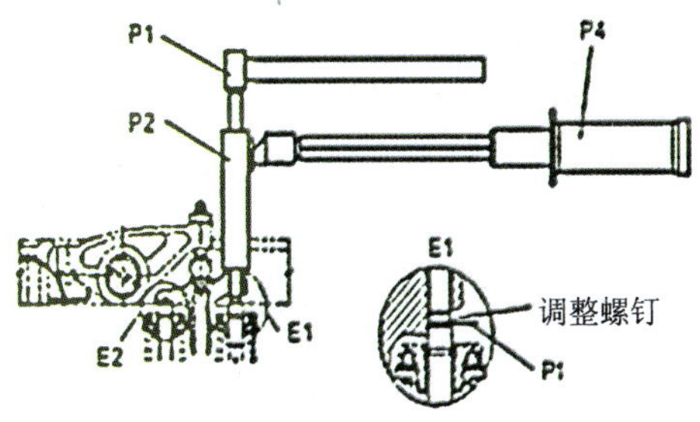

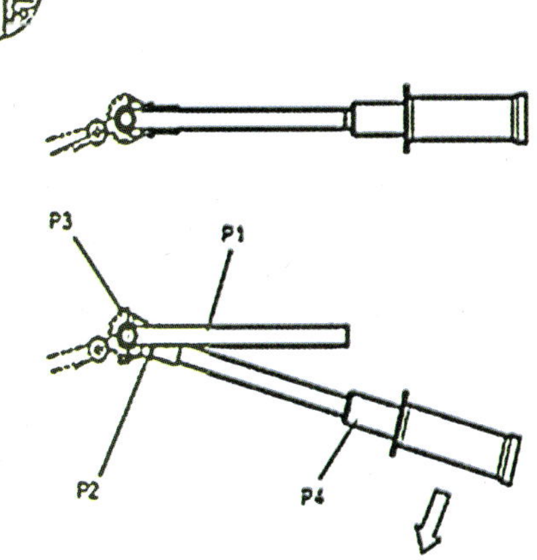

图 1　插入塞尺示意图

联轴节上。

·六角扳手必须直接连接在六角螺母和螺丝上。

·在上紧期间，塞尺必须保持在调整螺丝与阀杆之间，并进行两侧滑动检查。直至能够感觉到略微挤压为止，螺丝才被上紧。

风险提示！

·高温的柴油机部件可能导致烧伤以及滑动的风险。

·手部受伤的风险。

·如果扭力扳手掉落，将产生击中其他柴油机部件时的风险以及从工作位置坠落的风险。

·六角扳手和六角螺母或六角螺栓可能被损坏。

·由于塞尺存在锋利的边缘，因此可能导致滑倒的风险。请注意！禁止将手指放置在调整螺丝与阀杆之间。

2 扭力调整和气阀顶杆间隙的检查

（1）采用扭矩扳手（P4）上紧锁紧螺母，并且通过六角扳手（P1）将调整螺丝固定到位。

（2）拆除六角扳手（P1）和（P2）。

（3）请注意！采用塞尺检查间隙是否为 0.01～0.02 之间。

请注意！

·扭矩必须设定正确，请参阅简介 500.40。

·此工具由多个部件组成，请参阅图 2：其可能会摔坏。

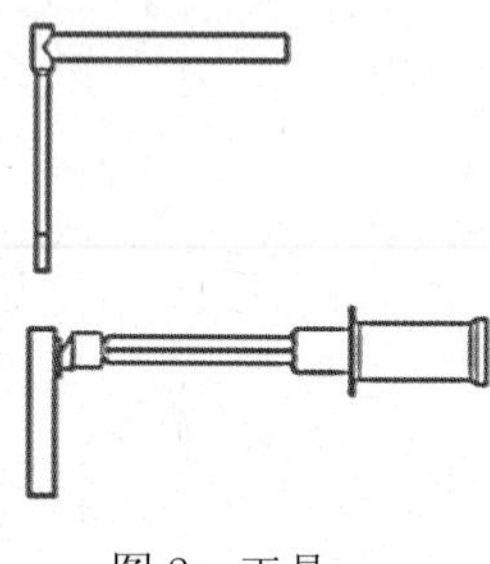

图 2　工具

·如果 D=0.02，塞尺可以双份使用。单个塞尺（D=0.01）必须塞入间隙内。D=0.02 的双塞尺不得塞入其间。否则必须重新进行调整。

风险提示！

·由于错误的上紧扭矩而导致损坏。

• 工具 / 柴油机部件可能受损，并且由于坠落的部件而导致受伤的风险。
• 由于锋利的塞尺边缘而导致受伤的风险。

3 进、排气阀间隙的调整

（1） 如果需要的话，则清洁其表面。

（2） 插入塞尺（P6），请参阅图 3。

塞尺（P6）：

• L16/24：0.4mm 进气阀
• L16/24：0.5mm 排气阀
• L21/31：0.6mm 进气阀 / 排气阀
• L27/38：0.7mm 进气阀 / 排气阀

（3）连接开口端扳手 SW12。

（4）采用 P5 上紧调整螺丝，请参阅图 3，直至塞尺无间隙固定为止。

（5）拆除开口端扳手 SW12.

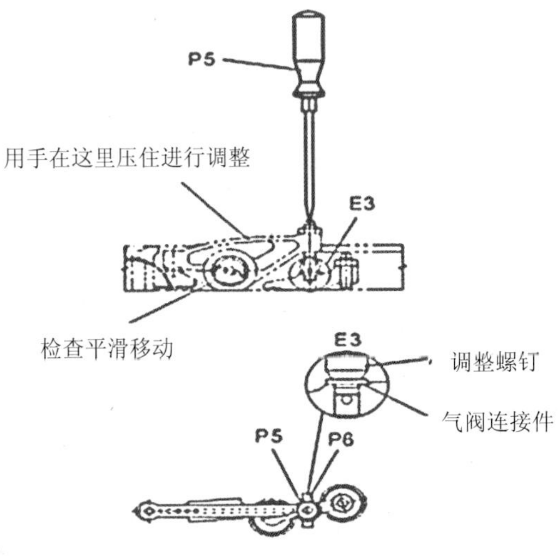

图 3 阀桥

请注意！

• 塞尺必须清洁，并且尽可能同等的插入调整螺丝与阀桥之间。对于冷却的柴油机而言（20℃ /68 ℉），进、排气阀的阀间隙为 0.6mm。

• 扳手必须直接放置在六角螺母上。

• 在上紧期间，塞尺必须两侧移动，停留在调整螺钉与阀杆之间，直至略微感觉到挤压为止螺丝才被上紧。在调整过程中摇臂必须压住顶杆以消除间隙。

风险提示！

• 在调整过程中可能存在滑倒的风险，也存在手 / 手指受伤的风险。

• 由于塞尺的锋利边缘，可能有受伤的风险。请注意！禁止将您的手指放入调整螺丝与阀杆之间。

4 扭力调整以及进、排气阀间隙的检查（见图 4）

（1）连接六角扳手（P2）。

（2）连接六角扳手（P1）。

（3）采用 P4 上紧锁紧螺母，同时固定六角扳手（P1）。

（4）拆除六角扳手（P1）和（P2）。

（5）采用塞尺（P6）进行最终检查。

（6）安装缸头盖板。

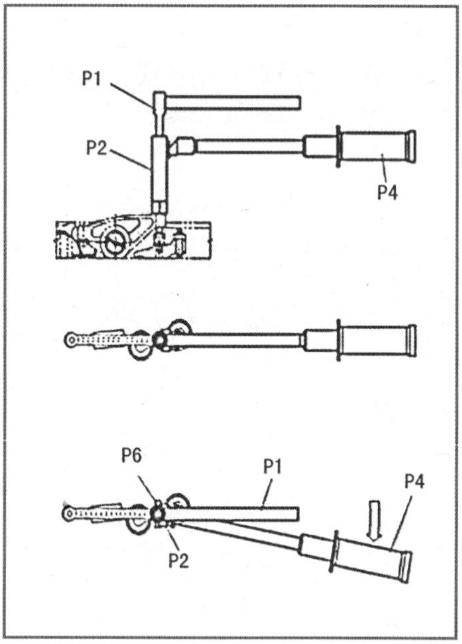

请注意！

• 将六角扳手直接放置在六角螺母和螺丝上。

• 扭力必须被正确设定，请参阅简介 500.40。

• 该工具由多个零件组成，请参阅图 2 可能被摔坏。

• 塞尺（P6）必须能够在略微阻力的情况下移动。如塞尺具有太小或太大的间隙，则必须进行重新调整。

• 所有的螺栓连接都必须重新进行。

图 4 扭力调整以及进、排气阀间隙的检查

风险提示！

• 六角扳手和六角螺母 / 螺丝都可能被损坏。存在滑倒的风险。

• 可能由于错误的扭力造成损坏。

• 工具 / 柴油机部件可能损坏，并且由于坠落的部件导致受伤的风险。

• 由于塞尺的锋利边缘而导致受伤的风险。

• 受损的部件禁止重新使用。

SL09-519/IVL

2009 年 10 月

1.4.14　全流量高压滤器

适用机型：　AMG / E 和 EV

最近获知，在滤器清洁之后，不正确地加注和压力均衡阀⒀地错误操作致使滤芯发生损坏。甚至损坏的滤器材料进入轴承，导致轴承受损。

重要的是，加注完毕和压力均衡阀使用之后要关闭。

为了消除滤器损坏的风险，两个喷嘴 (41) 可以安装在压力均衡阀的螺纹孔内，如图 1 所示。

（喷嘴可以从 PrimeServ Frederikshavn 处订购）

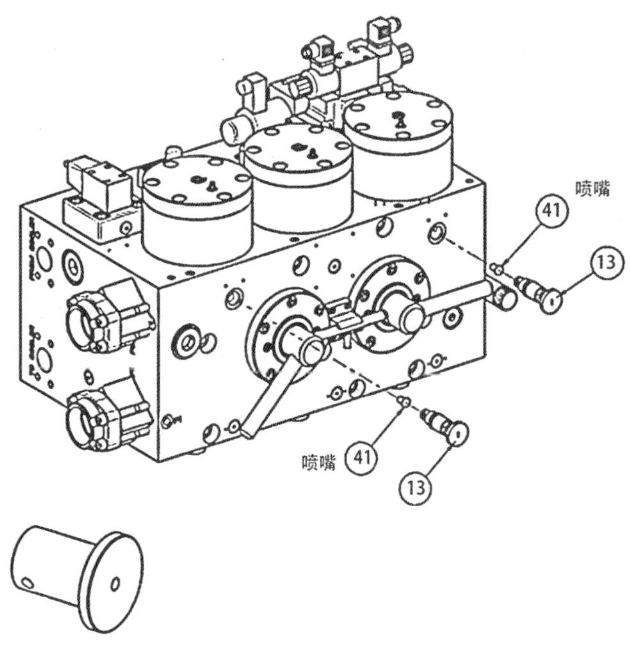

图 1　喷嘴

工作卡 35 202-01 高压滤器 - 检查和清洁		
安全预防措施	劳动力	工具
○ 停止柴油机并将起动闭锁	作业时间： ½ 小时 人工数： 1 人	无需专门工具
○ 齿轮箱备用油泵停用		
○ 螺旋桨轴锁定		
○ 选择机旁控制		
数据		更换磨损部件
		铭牌编号： 2 3530
起始状态： 柴油机和推进器在运行或停止状态，起动被锁定。		

检查和清洗程序

如果滤器上的压差太高，则会发出报警。

（1）按照阀组前端的标识将转换阀的手柄①置于图 2 内所示的位置。

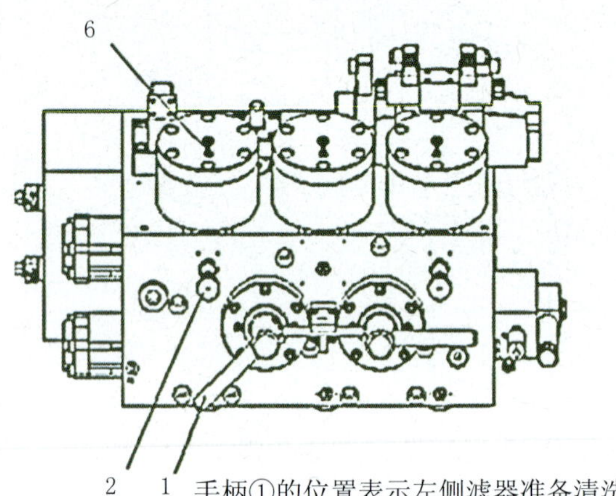

手柄①的位置表示左侧滤器准备清洗

图 2　高压油滤器检查和清洗程序（1）

（2）确认两个滤器腔室之间压力均衡阀②关闭。

（3）缓慢松开滤器顶端的放气螺钉⑥，释放内部压力。

（4）松开图 3 内所示阀组底部的泄放阀⑤，将油从滤器泄放至齿轮箱。

（5）拆除通气螺钉⑥并且转动安全片③。

（6）拆除顶盖⑦。

（7）拆除滤芯④。

（8）用轻柴油清洗滤芯。

（9）清洁完滤芯之后，则必须检查过滤器表面是否完好。如果观察发现滤芯损坏，则必须换新。

（10）将滤芯放回至过滤器壳体内。

（11）安装顶盖和安全锁。

（12）上紧放气螺钉。一个位于顶部，泄放阀位于底部。

（13）开启图 2 中的阀②，以便两个滤器腔室之间实现压力均衡。

（14）将转换阀重新置于中间位置，让所有的滤器均进入工作状态。

（15）关闭阀②。

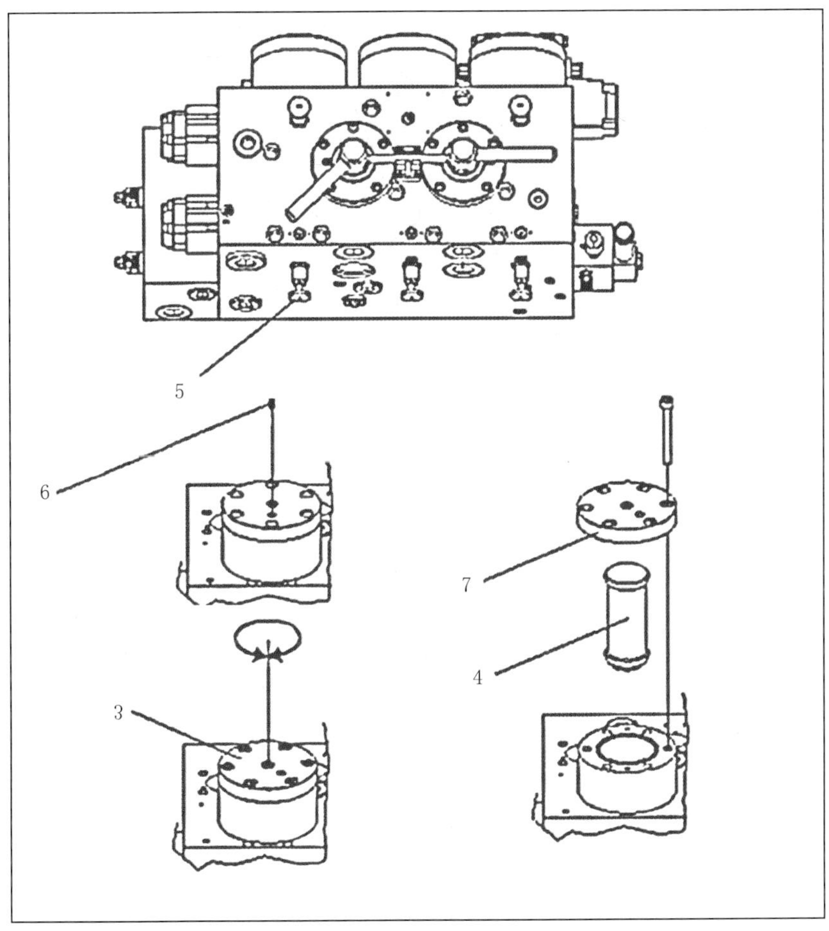

图 3　高压油滤器检查和清洗程序（2）

SL10-523/JNN

2010 年 1 月

1.4.15　L16/24 发电机组 2008 的更新

适用机型：L16/24 发电机组

附上有关L16/24机组2008年的设备更新以及PrimeServ公司设备翻新的信息，供参阅。

L16/24 发电机组 2008 年更新

图 1　2008 年更新包

L16/24 机组柴油机于 1995 年被成功引入市场。L16/24 柴油机的成功已经被我们目前积压的 GenSets 订单或者超过 2 000 台的在运行数量所证实。

如图 2 所示，这是我们不断评估市场反馈信息以及我们所有产品服务经验战略的一部分。

根据多年来所收集到的信息，我们于 2008 年曾引入了一款经过更新 / 升级的 L16/24 版本设备，此更新包括以下内容：

- 气缸输出从 100 kW/cyl 增加至 110 kW/cyl。
- 标准运用低负荷扫气预热系统。

- 改良低提升凸轮的气阀机构。

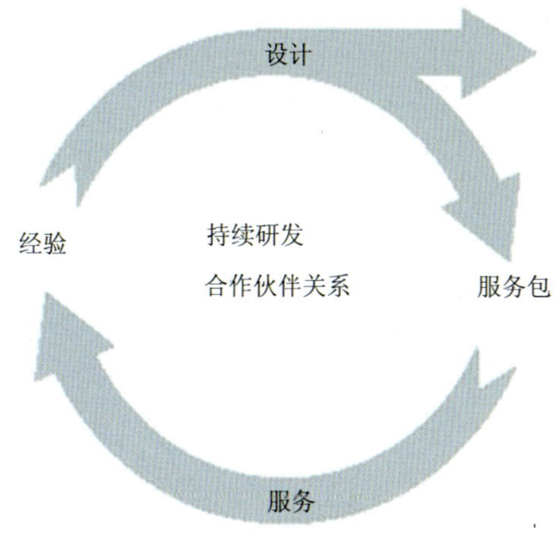

图 2 市场信息反馈

通过应用一种经过改进的涡轮增压器和经过改进的阀门正时，柴油机的输出被提高至 110 kW/cyl。

1 新气阀旋转机构

2 新气阀弹簧

3 新气阀导承

4 活塞内的阀套

5 降低凸轮 / 提升气阀

图 3 升级版本

我们在燃料油（HFO）方面的经验已经显示发火特性的降低可能导致操作问题，尤其是在低负荷区域内。为了改进低负荷操作的能力，我们决定采用一种增加空气预热系统作为 2008 年版本的标准应用。

通过进一步开发气阀机构和凸轮系统，我们已经能够降低当气阀粘滞在气缸盖上时导致柴油机损坏的风险， 因为在升级版本的设计中不会发生机械接触。相关详情，请参阅图 3。

为了使客户从经过升级的 2008 版本 L16/24 设备中获益，我们根据 2008 版本的更新设计，PrimeServ Holeby 公司已经开发出了下列所示的更新包，以便对市场上现有的发电机组进行翻新。

以下更新包可以用于 L16/24 机组：

- 更新为 NR12S/NR14S 增压器。
- 更新的扫气空气预热器。
- 更新气阀机构和凸轮。

上述更新可以作为单独项目进行提取和适用，或者作为一个整体套件，以便将您的发电机组更新至 2008 版本。

如果您发现对上述事宜感兴趣，我们将非常乐于审查您的实际发电机组应用情况，并且根据实际审核情况，为您船舶所定制的升级包提供报价。

新建船舶

如果您订购了具有 L16/24 发电机组的新船舶，我们建议您与船厂 / 柴油机制造商取得联系，以便验证您新建船舶中发电机组的实际设计。

有关进一步详情，请与 PrimeServ Holeby 取得联系。

SL10-525/JXN

2010 年 2 月

1.4.16 燃油喷油器测试

适用机型： L27/38 推进和发电柴油机组

MAN Diesel 公司将强调燃油喷油器正确测试的重要性。这是实现柴油机良好性能的关键因素，新的指导有助于喷油器的拆检和调整。

请将附件信息插入《维护保养说明书》内。

页码 1（3） 514-01.01 版本 01H	燃油喷油器的拆卸和重新安装	工作卡

L27/38

安全预防措施

- ☐ 停止柴油机
- ☐ 切断启动空气
- ☐ 切断冷却水
- ☐ 切断燃油
- ☐ 停止滑油循环

说明

请按照维护计划表及时进行作业，使其保持经济性运行，防止运行故障引发的损坏。燃油喷油器将影响到喷射系统的负荷，以及柴油机的运行参数。

如果运行参数发生偏差，可以对其进行检查，必要的话可以拆检或更换。

起始状态

运行相关的各系统关闭 / 减压

柴油机停机。

相关程序

劳动力

工作时间：1 小时

人工数：1 人

专用工具

铭牌编号	备件编号	注释
52000	013	
52000	050	
52000	074	
52000	407	

手动工具

梅花或开口的扳手，12mm

梅花或开口的扳手，24mm

套筒扳手，24mm

更换磨损部件

铭牌编号	备件编号	数量 /

数据 有关压力和公差的数据（页码 500.35） 有关扭矩的数据　　　（页码 500.40） 部件重量　　　　　　（页码 500.45）	

L27/38

1 拆除燃油喷油器

请注意！

清洁工作应当在工作台以外完成。（见图 1、图 2）

对于通常采用重质燃油运行的柴油机而言，在拆除燃油喷油器之前，则应在短时间内换用重（轻）柴油运行。

初始状态：关闭燃油管系上的截止阀。切断油泵，拆除缸头盖板，开启示功阀。

注意事项：

只有示功阀打开之后才能拆除喷油器。

（1）拆除高压油泵上的侧盖，以及气缸盖摇臂上的顶盖。

（2）拆除高压油泵与高压油管⑤之间的输送管路，请参阅图 1。

（3）拆除螺母①和推力块。

（4）松开螺栓③，拆除锁定装置④。

（5）松开高压油管⑤并且将其从气缸盖上拆除。

（6）安装喷油器拔出专用工具，请参阅图 2，拔出喷油器。

（7）通过转动拔出专用工具的心轴螺母拔出喷油器。

请注意！

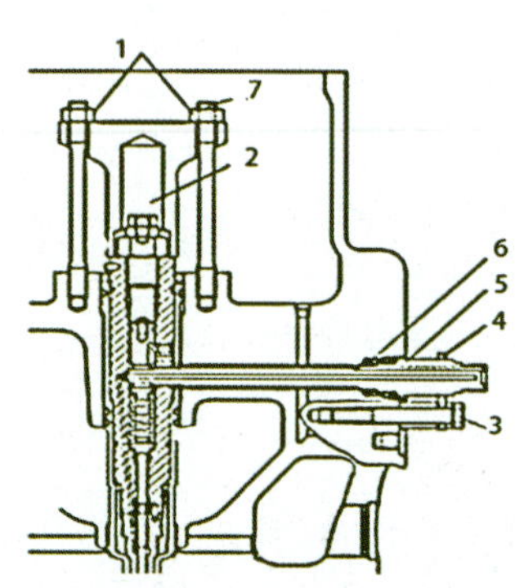

图 1　燃油喷油器组件

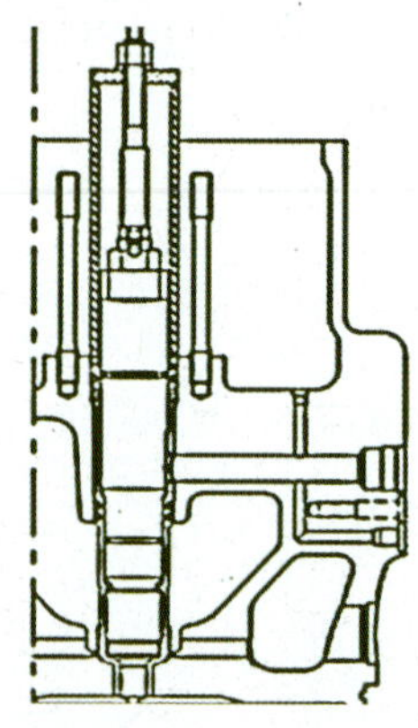

图 2　安装在喷油器上的拔出专用工具

只有使用拆除和组装专用工具，才能拆除喷油器。

(8) 旋出心轴螺母，拆除喷油器拔出工具。

(9) 暂时将盖板盖到气缸头上。

(10) 将喷油器放在工作台上。

(11) 用柴油充分清洗喷油器外部，再用钢丝刷清除粘附的物质。只能用木质刮刀刮除喷射器喷嘴上的物质，以便不损坏喷嘴孔。清洁喷嘴。

2 燃油喷油器的组装

初始状态：喷油器，尤其是缸头喷油器座必须全面清洁。检查启阀压力、密封性和喷嘴孔径。

请注意！

喷油器无论库存的或者供船备件均需进行清洁，并进行外部检查。

工作步骤：

(1) 安装新的O型密封圈⑧，在环槽内采用清洁的润滑油进行润滑，确保其张力均等地施加至整个圆周上，并且不得发生扭曲。

(2) 通过泄油孔，用清洁的柴油加注到喷油器内部空间（弹簧阀室）。

(3) 拿下缸头的盖板，清洗缸头喷油器筒孔和底座表面。

请注意！

当清洗时，请查看应没有外界物质坠落进入燃烧室内。

(4) 安装喷油器，请特别注意螺纹件的位置。在环槽内安装新的O型密封圈⑧，采用清洁的润滑油进行润滑，确保在整个圆周上均等施加张力，并避免扭曲。

(5) 向高压油管的螺纹中涂润滑剂，将其旋入喷油器内。

(6) 将压块（编号 2，图 1）放置在燃油喷油器上，并向螺栓螺纹、接触表面和六角螺母①涂 GN 或类似的润滑剂，然后用手上紧，安装高压油管⑤后，固定压块的六角螺母，用 115Nm 扭矩上紧。在开始上紧之前，必须略微转动喷油器，以便使螺纹贴合。高压油管的上紧扭矩为 75Nm（见图 3）。

请注意！

如果喷油器安装在一个运行后的热缸头上，则只有当温度均衡之后才能用专门扭矩上紧六角螺

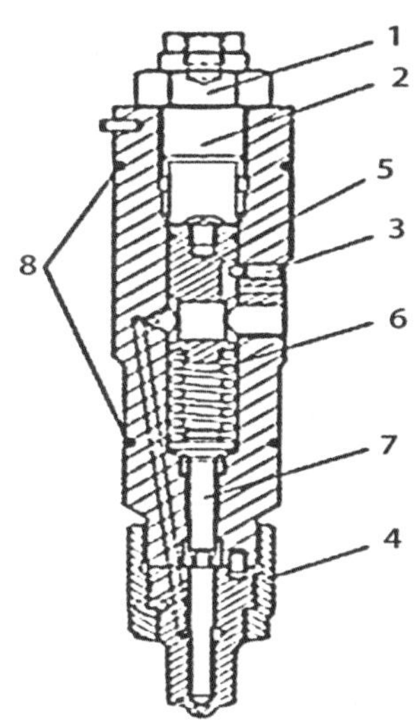

图 3 燃油喷油器总成

母⑦。

(7) 将锁定设备放置在高压油管的六角螺母上，并且采用润滑过的螺栓④）将其固定。拧紧扭矩为 115Nm。

(8) 向高压油管⑤和燃油泵顶部涂 GN 或类似的润滑剂，并且安装高压油管。上紧扭矩为：50Nm。

(9) 关闭示功阀。

(10) 开启燃油管路中的截止阀。

(11) 盖上缸头盖板。

工作卡	燃油喷油器的检查	514-01.02 版本 01H

L27/38

安全预防措施

□ 停止柴油机

□ 停止启动空气

□ 停止冷却水

□ 停止燃油

□ 停止滑油循环

说明

检查部件的质量 / 磨损状态，确保 / 恢复运行可靠性。燃油喷油器将对燃油喷射系统的负荷以及柴油机的运行参数产生影响。如果运行参数发生偏差，则必须对其进行检查，如有必要进行拆检或更换。

工作延伸：检查部件 / 设备。

起始状态

相关程序

组装燃油喷射阀 514-01.04

劳动力

工作时间：2 小时

人工数：　1 人

数据

有关压力和公差数据（页码 500.35）

有关扭矩的数据（页码 500.40）

部件重量（页码 500.45）

专用工具

铭牌编号	备件编号	注释
52000	013	
52000	050	

手动工具

更换磨损部件

铭牌编号	备件编号	数量 /
51701	015	1/V
51702	010	1/V

3 燃油喷油器的解体和组装

3.1 观察

喷油器的性能和设置将对燃烧过程、运行参数以及喷射系统的负荷产生影响。如果运行参数发生改变（燃烧压力，排气温度），则应检查喷油器的启阀压力并进行密性测试。喷嘴测试台调节到人员比较舒适的高度，使用液压手动泵对喷油器进行启发压力和密性测试调整。

在现代四冲程柴油机喷油器的测试过程中，雾化不再是一种测试标准，因为在柴油机运行中喷嘴的状态无法得到验证。

较差的喷雾状态不能证明任何问题。如果满足启阀压力、密性和喷嘴孔的标准，则功能完全正常。

3.2 喷嘴的结构和模式测试

如图 4a、图 4b 和图 5 所示。

3.3 检查的准备工作

请注意！

喷油器内的重质燃油残留将会对测试结果产生不利影响，致使清洗工作变得困难。因此建议在拆除喷油器之前柴油机采用柴油运行 1 小时。如果无法实现柴油运行，那么在从柴油机上拆除喷油器后立即进行上述测试。否则，喷油器必须立即解体清洗后再进行测试。

初始状态：喷油器拆除并进行外部清洗。

请注意！

请使用防腐蚀燃油进行喷油器的检查，这样，喷油器可以得到有效保养。只有绝对清洁的防腐蚀燃油才能注入喷嘴测试设备内，否则，可能会导致泵或者被测的喷射阀出现功能故障。我们应当对油箱的液位进行检查。

(1) 将喷油器插入喷油器架上，与支架一

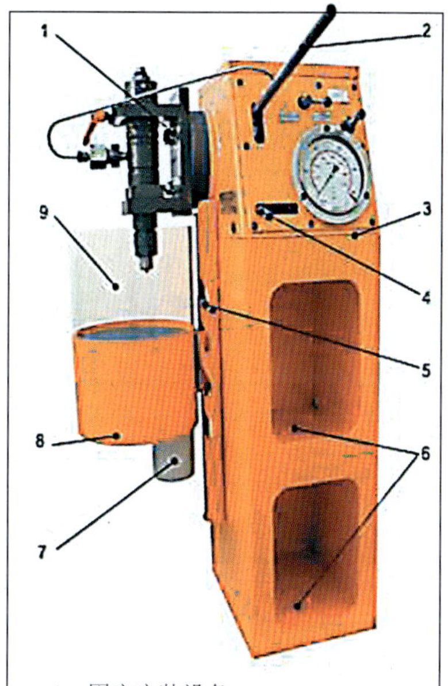

1 固定安装设备
2 泵杆
3 测试平台 (GX0-G011a)
4 带锁定杠杆的旋转座架设备
5 上下移动装置
6 油头或工具存放平台
7 燃油收集罐

图 4-a 喷油器测试台

8 油汽疏散扇
9 喷雾观查罩
0 连接高压管道
11 测试启阀压力开关手柄
12 释放阀手柄

图 4-b 喷油器测试台

同上紧。

(2) 上紧高压软管与喷油器相连接的接头。

(3) 设置喷油器下方的喷嘴喷射收集器，并且将其推上，直至喷嘴喷射进入收集器。

请注意！

除了收集器以外，禁止喷嘴向其他空间喷射雾气。不得触摸燃油喷嘴，因为燃油可能穿透皮肤，并且导致疼痛、发炎。在工作场所内禁止使用明火。绝对禁止吸烟。无论在哪种情况下都要使用抽气装置。

喷油器检查和设置将延伸至以下步骤：

- 检查启阀压力。
- 检查喷嘴孔径。
- 设置目标压力。
- 检查密封性。

3.4 检查开启压力

(1) 如果所使用的测试设备中存在泄压阀的话，则关闭泄压阀⑿。

(2) 进行手动泵操作，升高压力，直至喷嘴开启为止。请注意开启压力，并且与 420bar 的参考数值进行对比。操作手动泵达至少 20 冲程，用以冲洗喷油器。

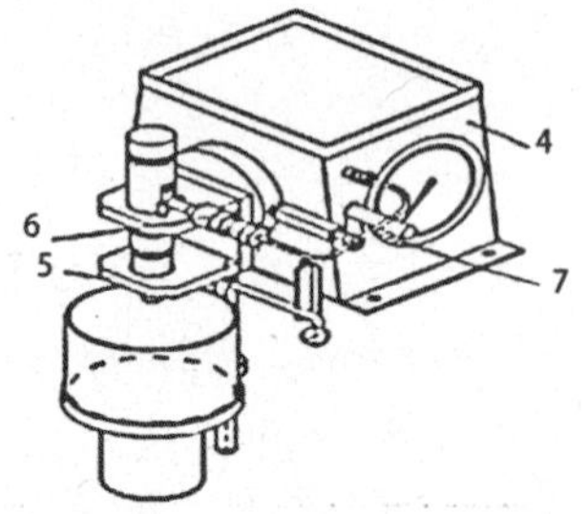

4　喷嘴测试压力泵
5　阀门注射钳
6　喷油阀适配器
7　高压管道

图 5　喷油器测试台

请注意！

启阀压力

燃油压力必须缓慢上升达到开启压力（启阀压力），否则可能导致启阀压力的读数错误。测试压力不得超过 430bar。一旦采用新喷嘴部件，在第一次喷射测试时则可能堵塞针形喷嘴，必须通过快速升压将其释放。但对已经使用过的喷嘴进行测试，应收集被原燃油污染的防腐蚀燃油，并禁止将其再次加注入测试设备内使用。

作为新的喷嘴，在数小时运行之后，启阀压力的下降值可以达到 90bar。

此压降并不意味着任何功能缺陷，这是所有燃油喷嘴的特性。

只有对启阀压力进行检查之后，我们才能确认喷嘴是否能够喷射或者正常工作。

决定：启阀压力下降幅度低于 / 大于 90bar。

启阀压力下降幅度小于 90bar 时：

• 继续下一步。

启阀压力下降幅度大于90bar时：

• 按照工作卡514-01.03所示解体喷油器。

• 进行目测检查（弹簧是否破裂）。

• 如果部件工作良好，则继续下一步。

3.5 检查喷嘴孔径

(1) 松开六角螺母①并且反向转动调整螺钉②直至压缩弹簧（6）被释放。

(2) 关闭泄压阀（如果有或者重新上紧高压油管）。进行手动泵操作，并且用调整螺钉②将启阀压力调节至30bar。

决定：所有喷嘴孔是否开启？请参阅图6。

是，继续下一步。

否，按照作业卡514-01.03所示解体喷油器。

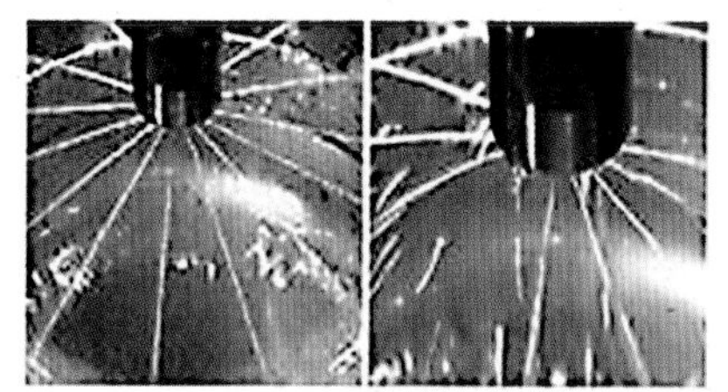

图6 喷嘴孔的评估

左-开启 右-部分堵塞

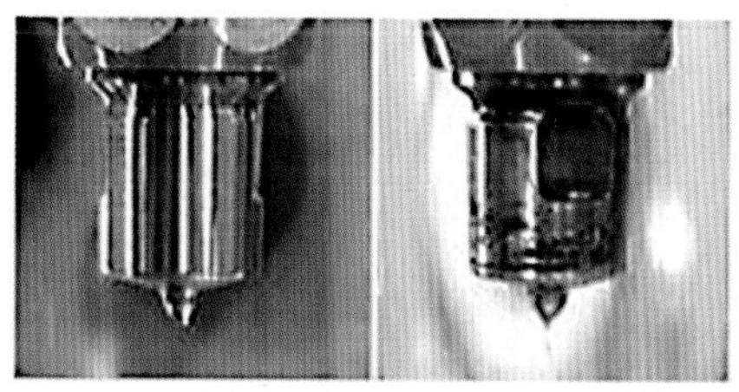

图7 密封性的判定

左-紧密 右-漏油

3.6 将开启压力调整至参考数值

(1) 进行手动泵操作，提高液压压力，与此同时通过使用调整螺钉②使压缩弹簧⑥略微张紧。重复该流程，直至达到420bar的参考数值。

请注意！压缩弹簧

不得将压力设置为超过指定数值，否则压缩弹簧将会变形。只有当组装一个新的压缩弹簧以便补偿压缩弹簧的初始设置值时，才能调整至所示的更高喷射压力数值。

(2) 如果参考数值被重新设置，则采用六角螺母①锁定调节螺钉②，并且再次检查启阀压力。

3.7 检查泄漏情况

(1) 停止测试设备的手动泵工作，如果测试设备内有泄压阀⑫，则开启泄压阀将压力降低至0 bar。或者通过松开高压油管直至压力下降至0 bar的方式释放压力。这将确保喷嘴完全关闭。

(2) 关闭泄压阀，并且再次加压。

(3) 检查是否存在泄漏，进行手动泵操作，直至压力计⒀达到 250bar.。如果在 5 秒钟内压力无下降，则视为喷油器密封良好。

请注意！确保喷嘴泄漏孔⑨不漏油（图 7，工作卡 514-01.03）。为了避免这种情况，则在喷嘴周围包裹一块清洁布。

决定：密封性是否正常？（请参阅图 7）

是，喷油器可供使用。否，则应当更换新的喷油器。

514-01.03 版本 01H	解体燃油喷油器	工作卡
安全预防措施 □ 停止柴油机 □ 切断启动空气 □ 切断冷却水 □ 切断燃油 □ 停止滑油循环 **说明** 检查部件的质量 / 磨损情况，防止操作问题 / 损坏。燃油喷油器将影响到喷射系统的负荷，以及柴油机的运行参数。如果与运行参数发生偏差，那么应对其进行检查，如有必要可以拆检或更换。 **起始状态** **相关流程** 分开部件。 检查部件 / 设备		**专用工具** 铭牌编号　备件编号　注释 52000　050 **手动工具** 扭力扳手 梅花或开口扳手，41mm 六角螺丝刀（套件） 钢丝刷 刮刀（木质） 深度计 包含燃油的油箱 抛光介质（羊毛） 纸巾 润滑剂（包含二硫化钼）
劳动力 工作时间：1 小时 人工数：1 人 数据 有关压力和公差得数据（页码 500.35） 有关扭矩的数据　（页码 500.40） 部件重量　（页码 500.45）		**更换磨损部件** 铭牌编号　备件编号　数量 /

4 解体燃油喷油器初步观察

请注意!

如果在按照工作卡 514-01.02 进行测试期间发现问题，并且由于运行周期而必须对喷嘴部件进行更换，解体喷油器，只能通过将喷油器放置在一个具有软夹口的台钳内完成解体操作。

4.1 解体燃油喷油器（见图 8）

(1) 在燃油内冲洗喷油器，并且采用钢丝刷清除外部粘附的焦炭。

(2) 将喷油器放置在一个具有软夹口的台钳上。

(3) 松开六角螺母①，并且反向转动调整螺钉②直至压缩弹簧（6）被释放。

(4) 将喷油器转动 180°，以便能够旋出六角螺母①。

(5) 小心松开喷嘴张力螺母④。

4.2 旋松喷嘴收紧螺母

请注意!

在松开收紧螺母时，如果很困难，可将其在燃油内浸泡使螺纹松动，并且前后转动。不得强行拆除喷嘴收紧螺母，否则可能出现螺纹磨损，并可能导致该部件无法使用。

(6) 当旋出喷嘴收紧螺母④时，请使用以下方法：松开喷嘴收紧螺母，与此同时通过采用橡胶锤在喷嘴上轻轻敲击，但要防止其从本体上被轴向提升。

请注意！在喷嘴收紧螺母旋出期间，此方法应当防止刮伤或刮擦喷嘴与本体之间密封面的圆销。

(7) 旋出喷嘴收紧螺母，并且拆除喷嘴。请观察喷嘴的针阀偶件是否掉出。

(8) 从喷嘴体内抽出针阀偶件，并且将其放置在燃油内清洗。

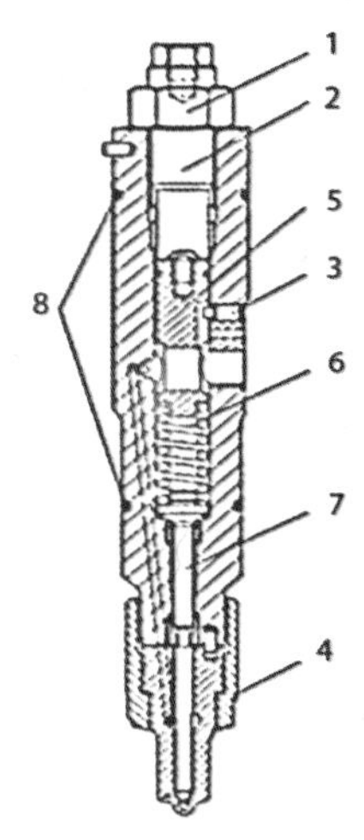

图 8 燃油喷油器总成

4.3 喷嘴的针阀偶件（见图 9、图 10、图 11）

请注意!

禁止将不同喷嘴的针阀偶件进行互换。因为它们是成对制造的。

(9) 从软夹台钳中取出喷油器，并且将其放置在工作台上。

(10) 旋出调整螺钉②。

(11) 如果有的话，拆除螺纹销③。

(12) 如果所有内部部件均未松动，则在推力块⑤内旋入适当的吊耳螺栓，取出推力块。然后拆除压缩弹簧⑥和推力块⑦。

(13) 将所有部件置于柴油内进行清洁，并且冲洗。然后采用压缩空气吹干。

4.4 部件检查

部件的检查将延伸至：

• 喷嘴孔。

• 安装表面的质量。

• 针阀偶件的移动性。

• 喷嘴收紧螺母和喷嘴体上是否存在腐蚀迹象。

• 喷嘴技术规格。

(1) 使用一个适当的清洁钢丝，请参阅铭牌 52000 条目编号 No. 013 以便了解喷嘴孔清洁的详情。

(2) 检查所有部件，尤其是密封表面是否有损坏 / 磨损的迹象。

4.5 阀座和装配表面禁止翻修

请注意！

阀座和装配表面禁止手动或机械加工，因为无法实现规定的精度。

(3) 检查针阀偶件是否能够在喷嘴体内自由移动，并且无可感知的阻力，请参阅图 3。

(4) 检查喷嘴体是否存在腐蚀迹象。

(5) 阅读喷嘴本体上的喷嘴技术规格。

原始技术规格（请参阅柴油机的验收记录）。

(6) 更换受损的部件，同时更换针阀偶件和喷嘴。

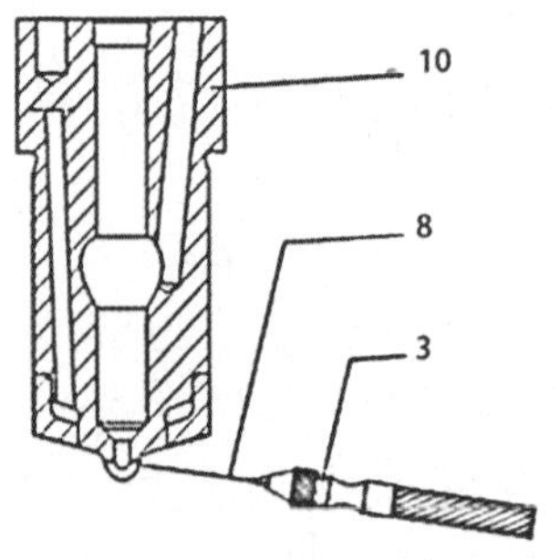

图 9　喷嘴孔的清洗

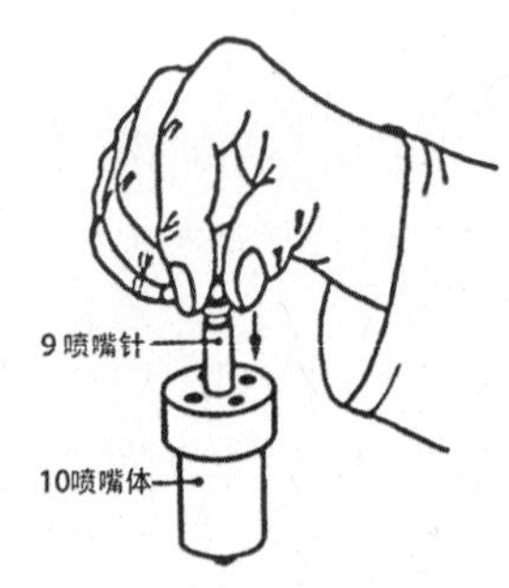

图 10　检查针阀偶件的可移动性

图 11　具有技术规范和 IMO 编号的喷嘴部件

514-01.04 EDITION 01H	装配燃油喷油器	工作卡

安全预防措施 ☐ 停止发动机 ☐ 切断起动空气 ☐ 切断冷却水 ☐ 切断燃油 ☐ 停止润滑油循环 **说明** 确保正确地进行作业。燃油喷油器将影响到喷射系统的负荷，以及柴油机的运行参数。如果与运行参数发生偏差，则可对其进行检查，如有必要，可进行拆检或更换。 **起始状态** **相关程序** 部件的组装。 **劳动力** 工作时间：1 小时 人工数：1 人 **数据** 专用工具 有关压力和公差的数据（页码 500.35） 有关扭矩的数据（页码 500.40） 部件重量（页码 500.45）	**专用工具** 铭牌编号　备件编号　注释 52000　050 **手动工具** 扭力扳手 梅花或开口扳手 六角螺丝刀（套件） 润滑剂（包含二硫化钼） **史换磨损部件** 铭牌编号　备件编号　数量 /

5 装配燃油喷油器

5.1 喷油器的技术规格

请注意！

在组装之前检查喷嘴的技术规格是否与参考技术规格相匹配。原始技术规范可参考验收记录（编号、喷嘴孔的数量、喷孔直径、喷射角度）。

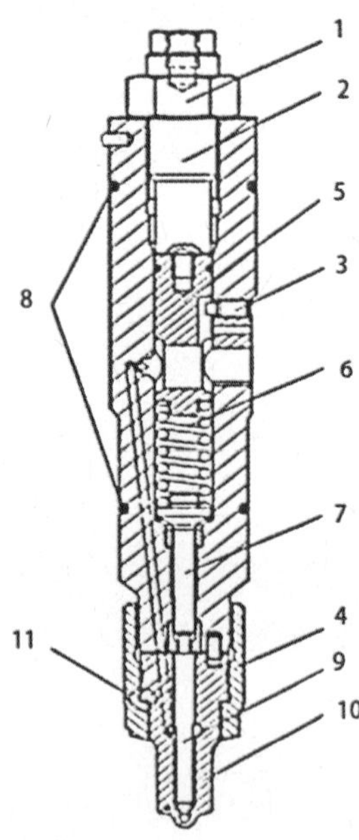

图 12 喷油器的组装

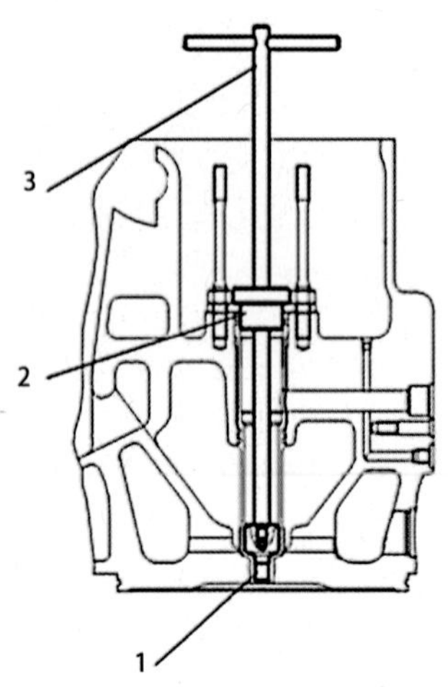

1 压块　2 导承块　3 销

图 13　全套研磨工具

初始状态：喷油器已被解体，所有单独部件均已认真清洁，受损部件被更换。

(1) 按照 Loctite 技术规范内所述清洁螺纹销③和孔径。

(2) 按照一定角度固定本体（使密封面朝上），放入推力块⑤，包括压缩弹簧⑥和弹簧板⑦。对于螺纹销③请注意凹槽位置（请参阅图 12）。

(3) 采用复合 Loctite243 涂在 5mm 的长度上涂在螺纹销③的螺纹上，把螺纹销旋入本体，直至螺纹销不再凸出为止。检查推力块是否能够轴向移动。

(4) 旋入调节螺钉②，然而不得压紧压缩弹簧。

(5) 将喷油器本体完全插入喷嘴测试装置中，以便使喷嘴体⑩的密封面朝上，并且均匀上紧。旋转 180° 将其头部朝上，并固定喷油器本体。

(6) 将针形体⑩放入清洁的柴油内，然后放入喷嘴体内，检查是否能够自由移动。

(7) 检查喷嘴体顶部边缘与针阀偶件上凸肩间的冲程。有关参考数值，请参阅说明书内的“技术数据“章节。

(8) 采用密封纸巾将密封面擦干，将已插入针形体的喷嘴固定在本体上，请注意销的位置。

(9) 将润滑剂“Optimol Paste White T”涂在喷嘴压肩⑾上。请参阅图 12。

(10) 采用润滑剂“Optimol Paste White T”涂在喷油器本体的螺纹、喷嘴收紧螺母④，以及喷嘴收紧螺母上的压肩④。请参阅图 12。

（11）用手将喷嘴收紧螺母旋入本体上，然后按照规定的扭矩（请参阅工作卡）上紧。然后将喷油器本体掉头部旋转 180°，并夹紧固定。

（12）将六角螺母①手动的旋在调整螺钉上，在调整完启阀压力之后将其上紧锁定，请参阅页码 500.35。

514-01.07 Edition 01H	研磨喷油器座密封面	工作卡

<table>
<tr>
<td>

安全预防措施

□ 停止柴油机

□ 切断启动空气

□ 切断冷却水

□ 切断燃油

□ 停止滑油循环

说明

了解必要的指示，确保正确地进行作业。汽缸盖喷油气孔内的接触面需要检查，并采取清洁和必要的修复手段。

起始状态

相关程序

创建正确的沟通模式

劳动力

工作时间：0.5 小时

人工数：1 人

数据

有关压力和公差的数据 （页码 500.35）

有关扭矩的数据 （页码 500.40）

部件重量 （页码 500.45）

</td>
<td>

专用工具

铭牌编号 备件编号 注释

52000 050

手动工具

更换磨损部件

铭牌编号 备件编号 数量 /

</td>
</tr>
</table>

6 研磨喷油器座密封面

初始状态：燃油喷油器被拆除。

(1) 在安装喷油器之前，清洁和检查气缸盖内的喷油器孔。

(2) 如果必要的话，采用研磨工具研磨底座表面，请参阅图 13。

(3) 将研磨工具放入气缸盖内，请注意导承块②是否处于气缸盖内的正确位置。

(4) 旋转研磨工具，并用压缩空气吹除研磨的粉尘。

(5)在研磨流程结束之后拆除研磨工具，参阅图13，并且认真清洁喷油器座表面。

SL10-527/SIC

2010 年 3 月

1.4.17　燃油质量规格更新

适用机型：所有机型

为了便于参考，提交一份关于 MAN 四冲程柴油机的 HFO 质量更新建议。

前提条件

MAN 四冲程柴油机能够使用满足表 1 内所列要求的任何原油基重质燃油，柴油机和燃油处理设备按照相应要求设计。为了确保在燃油成本、备件和维护以及维修作业之间实现更好的平衡关系，建议牢记以下各点。

1　重质燃油（HFO）

原产地 / 精炼过程

重质燃油的质量在很大程度上是由原油品位（原产地）和所采用的精炼过程所决定的。这就是为什么相同粘度的重质燃油由于产地不同，质量会产生很大不同的原因。重质燃油通常是一种渣油和馏出物的混合物。混合物的组成部分通常来自于最先进的精炼流程，比如减粘裂化炉和催化裂化设备。这些过程将会对燃油的稳定性、发火和燃烧特性造成不利影响。实际上，这些因素也会影响到重质燃油的处理以及柴油机的良好运行。

燃料补给地应当能够提供标准质量品位的重质燃油。如果燃油由独立的供应商提供，则应当确保做到这点，使其符合国际技术规范的要求。柴油机管理人员将负责选择合适的燃油。

2 技术规范

可用于某种柴油机中的燃油必须满足技术规范的要求，保证一定的质量。重质燃油的限制数值被列于表 1“燃油技术规范和相关特性”内。

请注意！

表 1“燃油技术规范和相关特性参数”的最后一栏提供了重要的背景信息。

目前有几种国际技术规范适用于重质燃油。最重要的技术规范是 ISO 8217-2005（编者注：现在实施的是 ISO 8217-2010）和 CIMAC-2003。这两种技术规范具有几乎同等的地位。

表 2 “有关掺渣燃料油的 CIMAC 建议（作为补给燃油）”显示了技术规范 CIMAC-2003 的作用． 如果燃油处理系统被设计为适合于这些燃油品级，达到 K700 技术规范要求的燃油均可以使用，例如，最大密度为 1 010 kg/m^3 的燃油只能经过现代化分离之后才能使用。

3 重要性

燃油特性的分析结果（即使满足上述要求）可能仍然不足以评估燃油的燃烧特性和稳定性。这就意味着柴油机运行结果将取决于油品的特性，而这是无法提前知晓。尤其在燃烧室喷射系统、气体通道和废气涡轮内形成沉积物趋势的油品。因此，我们必须排除某些导致问题的油品。

4 混合

禁止添加使用过的润滑油、非矿物质油的替代品（比如煤油）和化学的其他处理过程（比如，溶剂，聚合物或化学废弃物）的残余产品。原因是：将会产生研磨和腐蚀效应，造成不利的燃烧特性，与矿物油的兼容性差，最后一点也很重要，将会产生负面的环境影响。燃油的订购信函应当表述禁止哪些油品，因为这种限制条件还未被包括在通常适用的燃油技术规范内。

将使用过的润滑油混合入燃油内将涉及实质性的危险，因为润滑油添加剂将会产生乳化效应，并且使灰分、水和催化剂颗粒置于悬浮状态。因此，将阻止或阻碍对燃油进行必要的清洁。我们都有过柴油机和涡轮增压器部件磨损所导致严重损坏的经历。

5 燃油质量（规格）

如果 Zn, P 和 Ca 中的一个或多个元素低于下列指定限制值（Zn：15ppm；P：15ppm；Ca：30ppm），燃油应当被视为不含有使用过的润滑油（ULO）。根据 1992 年 1 月 1 日 IMO 环境保护委员会的决议，基于环境保护，化学废料混入燃油中（如溶剂）是被禁止的。

表 1　燃油技术规范以及相关的特性参数

燃油系统相关特性指标				
粘度（50℃）	mm^2/s (cSt)	max.	700	粘度 / 喷射粘度
				粘度 / 喷射粘度
粘度（100℃）		max.	55	重油处理
密度（15℃）	g/ml	max.	1.010	闪点（ASTMD-93）
闪点	℃	min.	60	低温性能（ASTMD-97）和泵送能力
倾点（夏天）		max.	30	低温性能（ASTMD-97）和泵送能力
倾点（冬天）		max.	30	
柴油机相关特性指标				
碳残（康氏）	% wt.	max.	22	燃烧性能
硫分			5（IMO 规定 4.5）	硫酸腐蚀
灰分			0.20	重油处理
钒	mg/kg		600	重油处理
水分	% vol.		1	重油处理
沉淀物（潜在的）	% wt.		0.1	
补充特性指标				
铝和硅	mg/kg	max.	80	重油处理
沥青	%wt.		2/3 碳残（康氏）	燃烧性能
钠	mg/kg		钠 <1/3 钒，钠 <100	重油处理
低粘度的十六烷最低值 35				
燃料中不含有矿物油（比如煤油）或者植物油，不含有焦油和润滑油（废油），不含任何化学废料和溶剂或聚合物。				

编者注：第四版 ISO 8217-2010 将铝的限制值改为小于 60ppm，并引入了两个新项目：钠含量的控制和计算碳芳香指数。

表 2　有关掺渣燃料油的 CIMAC 建议（作为补给燃油）

特征	单位	限制	CIMAC A30	CIMAC B30	CIMAC D80	CIMAC E 180	CIMAC F 180	CIMAC G 380	CIMAC H 380	CIMAC K 380	CIMAC H 700	CIMAC K 700	测试方法参考
密度（15℃）	g/m^3	max.	960.0	975.0	980.0	991.0		991.0		1010.0	991.0	1010.0	ISO 3675 or ISO 12185
运动粘度（50℃）	mm^2/s[1]	max.	30.0		80.0	180.0		380.0			700.0		ISO 3104
		min.[2]	22.0		-	-		-					ISO 3104
闪点	℃	min.	60		60	60		60			60		ISO 2719
倾点 - 夏季	℃	max.	0	24	30	30		30			30		ISO 3016
- 冬季		max.	6	24	30	30		30			30		ISO 3016
残碳值	% (m/m)	max.	10		14	15	20	18	22		22		ISO 10370
灰分	% (m/m)	max.	0.10		0.10	0.10	0.15	0.-15			0.15		ISO 6245
水分	% (V/V)	max.	0.5		0.5	0.5		0.5			0.5		ISO 3733
	% (m/m)	max.	3.5		4.00	4.50		4.50			4.5		ISO 14596 or ISO 8754
钒	mg/kg	max.	150		350	200	500	300	600		600		ISO 14596 or IP 501
总沉淀物	% (m/m)	max.	0.10		0.10	0.10		0.10			0.10		ISO 103072
铝 + 硅	mg/kg	max.	80		80	80		80			80		ISO 10478
废滑油			燃料必须不含废滑油。如果锌磷钙元素中的一种或多种的含量在以下特定标准之下可认为燃油中不含废滑油。只有当三种元素都超出特定标准时，燃油才被认定为含有废滑油。										
锌	mg/kg		16										IP501 or IP470
磷	mg/kg		15										IP501 or IP500
钙	mg/kg		30										IP501 or IP470

1) 1 mm^2/s = 1cSt

2) 低粘度高密度的燃油可能会出现发火质量较差。

3) 1.5%mm 硫的限制将适用于国际海事组织指定的硫化物排放控制地区，及其相关议定书所强制实施的地区。各地存在局部差异。

6 漏油收集器

用于收集漏油的漏油收集器、重质燃油管系和滑油系统的溢流管系禁止与燃油柜（舱）发生任何接触。漏油收集器应当清空并排至油渣柜。

7 重质燃油选择、特性与处理，柴油机操作和运行之间关系

7.1 重质燃油的选择

在正常运行条件下，对配有适当的净化和预热系统和在定期维护情况下，可以使用表 1 内指定限制数值要求的重质燃油，以便实现经济性运行。否则，如果不满足这些要求，那么将会导致更短的 TBO（两次检修之间的时间），更高的磨损率以及更高的备件需求。此外，还应有必要的维护周期，并且根据运行结果确定使用哪种规格的重质燃油。

我们知道当粘度增加时，价格优势将会越来越高。因此使用高粘度的重质燃油始终是非常经济的，而这在大多数情况下则意味着较低质量的油品。

重质燃油 ISO-RM A/B 30 或 CIMAC A/B 30 将确保旧款柴油机的可靠运行，该柴油机并未被设计为采用当今市场上可获得的重质燃油运行。一旦燃油舱系统无法加热时，那么 ISO-RMA 30 或具有较低倾点的 CIMAC A30 重质燃油应当是最佳选择。

7.2 粘度 / 喷射粘度

高粘度重质燃油也是质量较差的油品。最大的可允许粘度取决于现有的预热设备以及净油机的额定分离量。

应当遵循 12～14mm^2/s（适用于机组：16/24、21/31、23/30H、27/38，但 28/32H：12～18 cSt）的指定喷射粘度和 / 或进机前的燃油温度要求。只有在这之后才能进行良好的雾化和混合，才能够实现一种低残碳的燃烧。此外，还能防止喷射系统的过载。我们可以从粘度 / 温度图表中找到指定的喷射粘度和 / 或进机的燃油温度。

7.3 重质燃油的处理

柴油机的无故障运行在很大程度上取决于如何对重质燃油进行处理。应当进行认真的处理以便达到有效分离，具有强磨损效果的外部颗粒物（催化剂残留物，锈蚀，砂子）。实践证明，当铝和硅含量 > 15 mg/kg 时，柴油机内的磨损将会极大增加。

粘度和密度将会影响到分离效果，当涉及设置净化和预热设备时则必须考虑这些因素。

7.3.1 沉淀柜

重质燃油将在沉淀柜内进行初步沉淀净化。燃油存放时间越长，这种净化过程就越有效，并且能够降低重质燃油的粘度（最大预热温度为 75℃，以防止在重质燃油内形成沥青）。在 50℃的时侯，一个沉淀柜通常将足以处理粘度低于 380mm^2/s 的重质燃油。如果重质燃油中外界物质的浓度超标，或者如果采用了一种符合 ISO-F-RM、G/H/K380 或 H/K700 品级的燃油，将需要两个沉淀柜，每个沉淀柜都必须具有足够的容量，确保在不少于 24 小时的期间内能够正常运行。在开始将沉淀柜内的燃油分离净化至日用柜内之前，必须排除沉淀柜内的油渣和水分。

7.3.2 净油机

离心净油机是一种能够排出较高比重杂质的燃油净化设备，比如水、杂质和油渣。该净油机必须采用自动清洗型（例如，具有自动的清洗时间周期）。

新一代的净油机已经被广泛使用；其对于较大密度范围的介质完全有效，并且无需任何切换，能够在 15℃情况下分离密度为 1.01 g/ml 重质燃油中的水分（如图 1）。

表 3 列出了对分离机分离效果的要求，这些限制值是制造商的基本要求和保证。制造商的技术规格必须得以满足，以获得最佳分离效果。

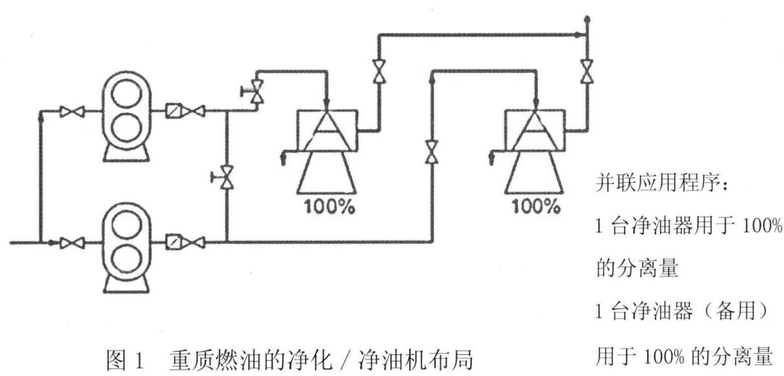

图 1　重质燃油的净化 / 净油机布局

净油机的布局应当符合净油机制造商 Alfa Laval 和 Westfalia 的最新建议。特别是，应当考虑重质燃油的密度和粘度。如果与其他净油机制造商进行讨论，则应咨询 MAN Diesel 公司。

如果采用 MAN Diesel 公司介绍的净化处理流程，并且选择了正确的净油机，对于重质燃油内的水和其他杂质等，在进机前达到表 3“经过分离后下列介质的含量”给定的数值。

实际运行所获得的结果显示遵循这些数值的要求将有助于将喷射系统和柴油机内的磨损控制在可接受的限制值范围内。当然，还必须确保最佳的润滑油处理。

表 3　经过分离后下列介质的含量

定义	粒径	数量
机械杂质及催化剂颗粒	＜ 5 μm	＜ 20 mg/kg Al+Si　＜1 5 mg/kg
水		**按体积**　＜0.2%

7.4 重质燃油特性指标

7.4.1 水分

应当对水分的分离过程加以注意，因为水分并不是一种精细分布的乳化剂，而是以一种不利的大型水滴形式存在。这种形式的水分将会促进腐蚀，以及在燃油系统内形成油渣，这将会对燃油的输送和雾化产生不利影响，因此也会对重质燃油的燃烧产生不利影响。如果所涉及的水分为海水，有害的氯化钠以及水中的其他溶解盐将进入柴油机。

在开始执行每次分离过程之前，必须去除沉淀柜内的含水油渣，之后应对沉淀柜定期进行放水除渣。沉淀柜的透风系统必须设计合理，以使冷凝水无法流回沉淀柜内。

7.4.2 钒 / 钠

如果钒 / 钠的比率不适宜，重质燃油灰分的熔解温度可能降低到排气阀温度范围内，这将导致高温腐蚀。通过在沉淀柜和净油机内对重质燃油进行预先净化，可以极大的去除水及溶解的钠复合物。

如果钠的含量比钒含量低 1/3，发生高温腐蚀的风险将较小。还必须防止海水形式的钠与吸气空气一起进入柴油机。

如果钠的含量高于 100mg/kg，燃烧空间和排气系统内预计将出现盐沉积物的增加。这种状况将对柴油机的运行产生不利影响（还可能使涡轮增压器产生喘振）。

在特定条件下，则可以通过一种提高重质燃油灰分熔解温度的燃油添加剂防止高温腐蚀（请参阅“重质燃油添加剂”）。

7.4.3 灰分

高灰分含量（比如，砂子，腐蚀和催化剂残留物等）的重质燃油将导致柴油机的机械磨损。重质燃油内的精细颗粒可能来自于催化裂化过程。在大多数情况下，这些颗粒是硅酸铝，其会导致喷射系统和柴油机内产生较高磨损。将铝含量乘以5～8（取决于催化剂的成分）大约相当于重质燃油内的催化剂材料含量。

• 均质器

如果使用均质器，在任何情况下都不得安装在沉淀柜与净油机之间，因为在这种情况下，有害的污染物，特别是海水内的污染物，将无法有效分离。

7.4.4 闪点（ASTMD - 93）

必须遵循有关燃油闪点的运输、储存和所到国家和国际技术的规范要求。通常，柴油机所使用燃油的指定闪点大于60℃。

7.4.5 低温指标（ASTM D -97）

• 倾点

倾点指的是燃油能连续流动时（可泵送）的最低温度。许多低粘度重质燃油倾点都大于0℃，除非符合CIMAC A30要求的燃油，否则装油系统必须进行预热。整个加装燃油系统都必须合理设计，以便将重质燃油预热至倾点为大约10℃以上。

7.4.6 可泵送性

如果重质燃油的粘度大于1 000mm^2/s (cSt)或者高于倾点的温度小于10℃，将会导致泵送困难。请参阅“低温指标（ASTM D-97）”。

7.4.7 燃烧特性

当沥青分高出残碳2/3量时，可能导致燃烧延迟，将增加沉积物的形成，比如积聚在燃油喷嘴上，造成冒黑烟，降低功率，增加燃油消耗，以及快速提高燃烧压力，靠近气缸壁燃烧（润滑油膜超热负荷）。如果沥青分与残碳比值达到0.66的限制值，沥青分含量也将超过8%，此时则须由MAN Diesel通过热比重分析（TGA）的方式对重质燃油进行附加分析，以便评估其适用性。当重质燃油被不兼容的成分混合，或者与不同的以及不兼容的燃料油混合在一起时也将导致这种情况。因此，需要增加沥青分的分离（请参阅“兼容性”）。

7.4.8 发火质量

裂化产品现今已经被用作为重质燃油的低粘度混合物成分，以便实现指定的参考粘度，但是可能具有较差的发火质量。这些成分中的十六烷值应当大于35。芳香烃的增加（大于35%）也将导致发火质量的下降（如图2）。

发火质量欠佳的燃油将延长发火时间，导致燃烧滞后，这可能使缸套表面油膜超热负荷，以及导致气缸内压力过高。发火滞后和气缸内压力升高也将影响排气温度和压缩压力。同样影响压缩比、增压压力和增压温度。

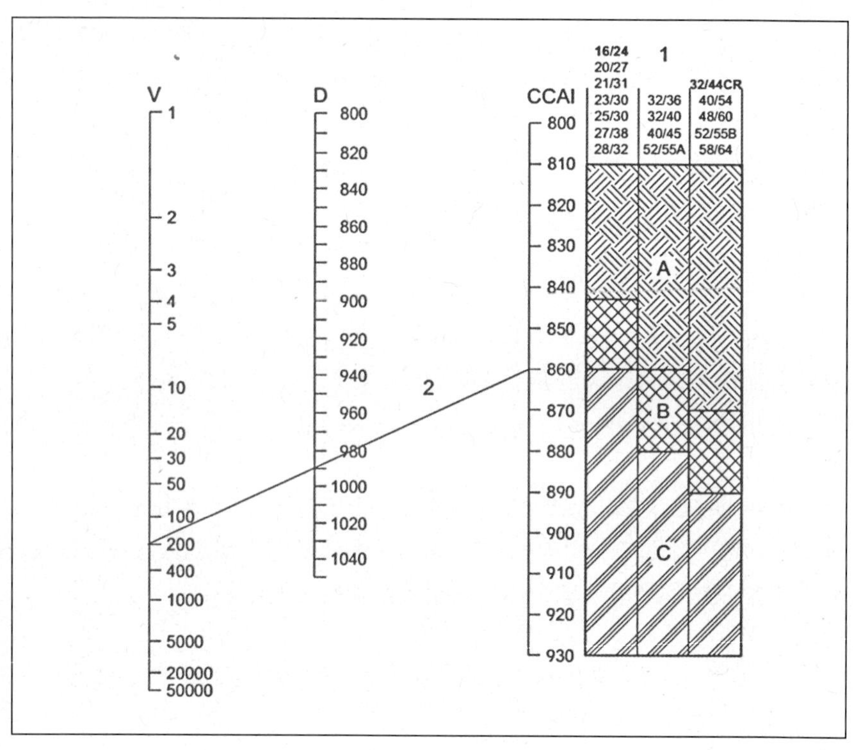

图 2　用于确定 CCAI 的线图 - 柴油机各机型的 CCAI 分配范围

V　　50℃时的粘度，mm^2/s（cSt）

D　　15℃时的密度，（kg/m^3）

CCAI　计算碳芳香烃指数

A　　正常操作条件

B　　可能遇到困难

C　　在短期运行之后，可能出现严重问题将导致柴油机损坏

1　　柴油机机型

2　　根据密度和粘度确定的 CCAI 线，在此线以上可以得到满意的发火性能，反之，燃油难以发火

CCAI 也可以采用以下公式计算得出：

CCAI=D-141 log log（V+0.85）- 81

8 操作

8.1 硫化物的酸性腐蚀

柴油机应当在柴油机《操作说明书》指定的各种负荷的冷却水温度下运行。如果暴露在酸性燃烧气体中的部件表面温度低于硫酸露点，即使是碱性润滑油也不足以防止酸性腐蚀。

如果润滑油的质量和柴油机的冷却符合各自要求，BN 数值（请参阅“用于重质燃油操作（HFO）的润滑油质量（SAE40）”）是否充分，这取决于重质燃油内的硫化物浓度。

8.2 兼容性

供应商必须保证重质燃油在过了储存期后仍然保持均质和稳定。如果不同燃料油相互混合，可能发生分离，将导致燃油系统内生成油渣，大量油渣进入净油机，将堵塞滤器，并出现雾化不充分和残留物。

这种情况表示不兼容性或不稳定性。在燃油补给前，重油舱应当被清空，避免不兼容性。

8.3 重质燃油的混合

如果用于主机的重质燃油与轻柴油（MGO）相混合，达到副机所指定的重质燃油质量或粘度，关键的是组成成分应当兼容（请参阅上述“兼容性”）。

8.4 重质燃油的添加剂

MAN Diesel 柴油机能够在无添加剂的情况下经济运行。客户将决定适用添加剂是否具有优势。添加剂的供应商必须保证产品的使用不会对柴油机的运行产生有害影响。

作为一般原则，我们将拒绝在保修期内使用燃油添加剂。

目前柴油机所使用的添加剂被列于表格 4 内，其中还包括其他的柴油机运行效应。

表 4　重质燃油的添加剂 - 分级 / 效应

燃烧前	• 分散剂 / 燃油稳定和油质改善剂 • 破乳化剂 • 杀菌剂
燃烧	• 燃烧催化剂
燃烧后	• 灰分改良剂（防止高温腐蚀） • 烟灰积垢消散剂（排气系统）

8.5 低含硫量 HFO

柴油机制造商并没有 HFO 含硫量的下限值。当前提供给我们的低含硫量 HFO 油品没有出现过任何问题，这将与含硫量或指定采用低含硫量 HFO 有关。如果采用了新的方法生产低含硫量 HFO，那么这种情况可能在未来发生改变（脱硫，异常的混合产品）。MAN Diesel 公司将监控研发情况，如有必要，则将通知我们的客户。

如果柴油机不是在低含硫量 HFO 情况下长期运行，则应当按照燃油的最高含硫量水平选择润滑油。

安全性 / 环境保护

工作介质的错误处理可能导致健康、安全和环境危害。制造商的各项指导、说明必须遵守。

9 化验

9.1 检验取样

为了检查是否能够满足技术规范指定的 / 或规定的交付条件，每次燃料补给时应当保留油样，该油样至少应当在柴油机的保修期内保留。为了确保油样能够代表补给燃油，在输送管系上，在燃油补给开始时、一半运行时和结束时进行点滴取样。由 Messrs Mar-Tec, Hamburg 所提供的“Sample Tec”是在燃油补给时进行连续取样的一种检测套件。

9.2 油样化验

从燃料公司获得的油样常与补给的重质燃油的油样不同。但仍然适合于验证燃料公司文件内所述的燃油特性，比如密度，粘度等。如果这些数值与补给的重质燃油所获得的数值有偏差，则应通过分油机的净化和预热处理达到柴油机所需要的喷射粘度。

如有需要，MAN Diesel 的燃油和润滑油部门将很高兴提供此类信息。

燃油的分析将由 MAN Diesel Fuel 的化学实验室为客户执行。为了进行检验，需要大约 0.5 升的油样样本。

SL10-531/BTT

2010 年 4 月

1.4.18 ASB 的产品召回行动

适用机型：安装有 TCR16、TCR18、TCR20 和 TCR22 的 MAN 四冲程柴油机

发布“警示”服务信函公告 ASB2009/12/23，适用于已安装的 TCR16、TCR18、TCR20 和 TCR22 涡轮增压器。

现场操作显示在个别情况下压气机的叶轮发生损坏，其起因是由于外部物质冲击所造成的。这导致法兰连接端出问题。可能会飞出碎片。由于此原因，已经对法兰连接的设计进行了优化，即使在上述环境下也能够保障增压器壳体的安全。

更新套件由我们技术服务部门免费提供。在大多数受影响的涡轮增压器中，法兰连接套件可以由船上的轮机人员安装。在少数情况下，需要由专业人员执行更换工作。

请将表 1 中的“警示”服务信函公告 ASB2009/12/23 转交给船上的轮机人员，并且回复船上所需的套件数量，以便将备件套件转交船舶。

“警示”服务公告

表 1　涡轮增压器维护保养

“警示” SB- 编号	ASB2009/12/23
主题	TCR16、TCR18、TCR20、TCR22 涡轮增压器产品召回 轴承壳体和压气机壳体的连接改进
所涉及的序列号	所有
原因	在 TCR 涡轮增压器的研发期间，现有法兰连接的安全性已经通过模拟和测试得到充分验证 然而，现场操作显示在个别情况下压气机叶轮发生损坏，其起因是由于外部物质冲击所导致的。这将导致法兰连接端出问题，破裂的压气机叶轮碎片将会飞出 由于此原因，我们对法兰连接的设计进行了优化，以便即使在上述环境下也能够保障壳体的安全性。MAN Diesel 公司目前指定要求对 TCR16、TCR18、TCR20 和 TCR22 涡轮增压器的壳体安全性进行优化，通过安装经过改进的夹紧块和螺栓的方式实现

规定	强制性
简介	涡轮增压器的法兰连接必须升级和改进。夹紧块将通过应用一个第二层夹钳的方式得到增强。新的设计还具有更坚固并且更长的螺栓。在大多数涡轮增压器内，这种更新将通过正常港口停泊期间由船上的轮机人员执行。在少数情况下更新工作将会较为复杂，并且必须由专业人员执行。 为了排除所有不测：当上述的改造工作未进行之前，柴油机在 80% 以上负荷情况下运行时，强烈要求受影响船上的船员不得停留在机旁。在其他的负荷操作期间，涡轮增压器危险区域内也不得留有不必要的人员（按照 TC 手册的规定）。 在改造完成之后，请参阅说明书的安全指令。

新设计，图 1 显示了新设计的法兰连接。

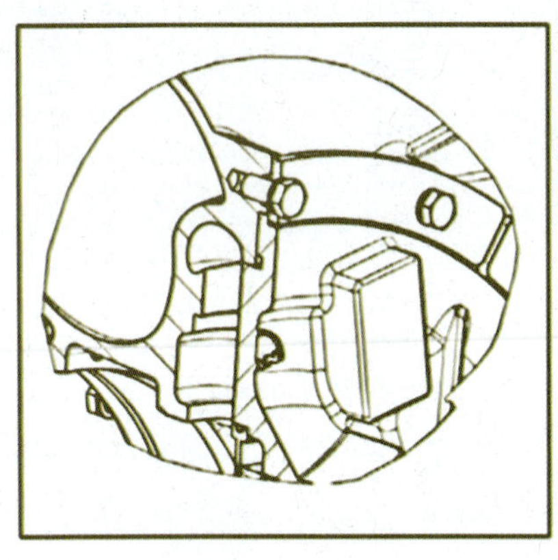

之前的法兰连接

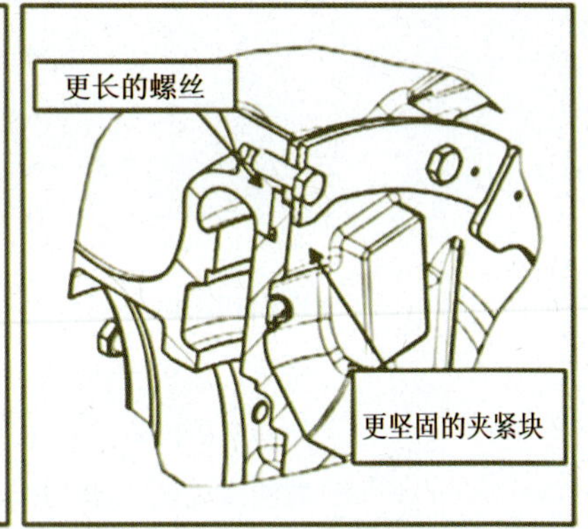

改进后的法兰连接

图 1

SL10-532/BTT
2010 年 4 月

1.4.19 "警示" 服务信函公告 ABS 产品召回行动 ——ASB2010/03/01

适用机型：安装有 TCR20、TCR22 和 NR12/S 涡轮增压器的 MAN 四冲程柴油机

发布"警示"服务信函公告 ASB2010/03/01，公告适用于已安装的 TCR20、TCR22 和 NR12/S 型涡轮增压器

现场操作显示轴密封件在某些情况下会发生密封失效 / 损坏，从而导致涡轮侧发生严重漏油。位于涡轮侧轴端的一种新型收缩配合定位环的设计将避免这种故障。MAN Diesel 公司目前指定对 NR12/S, TCR20 和 TCR22 涡轮增压器进行这样改进。

所需的套件以及维修人员可以从我们的技术服务部门处预订。

请将附件中的"警示"服务信函公告 ASB2010/03/01 转交给船上的轮机人员，并且请验证船上所安装的涡轮增压器的序列号，并且将发现情况告知 MAN Diesel 公司。

"警示"服务信函公告	
	ASB2010/03/01
警示 SB- 编号	ASB2010/03/01
主题	TCR20、TCR22 和 NR12/S 涡轮增压器的产品召回 涡轮侧轴端密封件改进
所涉及的序列号	NR12/S： 所有 TCR20： 7 000 329-678、7 020 640/641、7 021 532/533、 7 021 535、7 020 656-658、 7 020 664-747、7 022 144-569、7 023 280-690、 7 024 008-934、7 025 643- 826、7 026 113-988、7 027 765/766、7 028 066- 307、 7 520 934、7 522 399/400、7 523 442 TCR22： 7 000 303-664、7 021 384-485、7 021 698-953、 7 022 052-632、7 023 516、 7 023 518-913、7 024 066-909、7 025 070-855、 7 026 536-916、7 027 209- 983、7 110 075、7 648 149

原因	在 TCR 和 NR/S 涡轮增压器研发期间，涡轮侧的轴密封件已经通过模拟和测试得到了充分验证。但是现场操作显示在某些情况下轴密封件将会发生密封失效 / 损坏，从而导致涡轮侧发生严重漏油。涡轮侧轴端的一种新型收缩配合定位环设计可以避免这种故障。MAN Diesel 公司目前指定对 NR12/S, TCR20 和 TCR22 涡轮增压器进行这种优化。
规定	强制性
简介	我们在 TCR20、TCR22 和 NR12/S 的特定生产批次（如上所述）内确定，密封环槽在轴上的位置错误。因此在特定运行负荷条件下涡轮的叶轮材料将会熔化在活塞环上。

“警示”服务信函公告

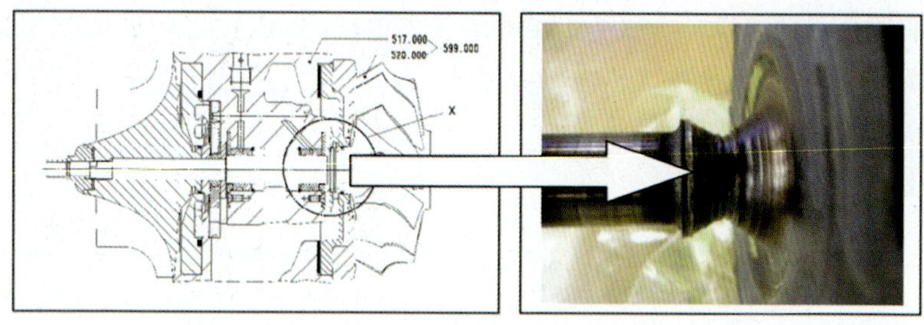

图 1

NR12/S 涡轮增压器上的涡轮轴被磨损（见图 1），因此，轴封受损，润滑油能够进入高温的涡轮入口壳体内，将导致排气管或烟囱内产生火灾的潜在风险。由于这个原因，设计出了一种能够避免这种故障的新型定位环维修套件（见图 2）。

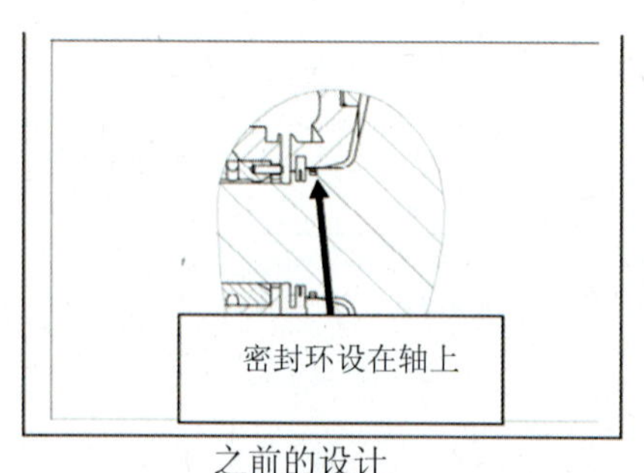

之前的设计

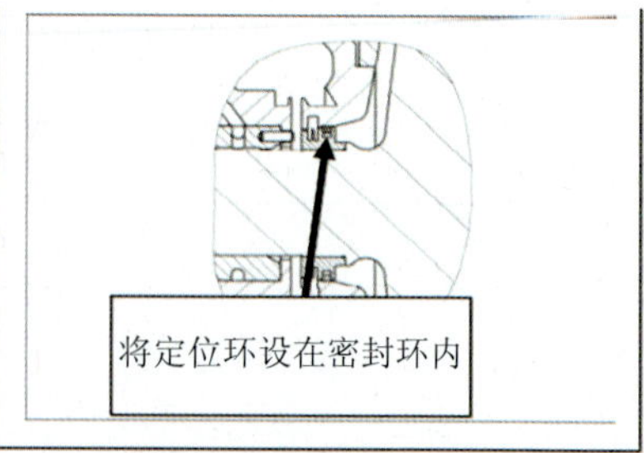

改进后的设计

图 2

安全说明

上述所列的涡轮增压器必须进行升级，以便采用收缩配合定位环改进轴密封件。为了使定位环实现更好的刚度，密封环的直径必须增加。因此，轴承壳体也必须进行升级。我们建议订购升级包进行改造。此项改造更新作业必须由专业人员执行。

为了排除所有不测并且立即识别出功能故障，我们建议应当对涡轮增压器后的排气温度进行全面观察。一旦此温度快速升高，柴油机和滑油泵必须立即停止工作，灭火器随时处于备用状态。此外，还必须按照维护计划表（涡轮增压器手册第 6.3.1 章节）的规定每天执行目测检查流程。

SL10-535/SNH
2010 年 6 月

1.4.20 气缸状态

适用机型: L23/30 和 L23/30H 转速为 720-900 RPM 四冲程柴油机

自从 20 世纪 70 年代引入 T23 柴油机以来，已经有超过 10 000 台柴油机投入使用。在此期间，柴油机的型号持续不断地发展，以便符合当今的燃油需求和未来柴油机可靠性增强的要求。

此维护保养服务信函的目的是告知船舶轮机人员对其使用中的船舶部件进行翻新改造的可能性。

引言

气缸状态取决于几种因素，并且设计修改的目的是降低这些因素的影响，例如，润滑油耗量高（SLOC）以及润滑油污染。

在引入任何新的设计之前，建议对任何不正常的气缸状态进行全面检查。其中关键在于气缸套和活塞环槽应当处于推荐的极限值范围内。

就此而言，在做决定之前，建议与 MAN PrimeServ 公司取得联系。

为了便于订购活塞环，我们附上了备件铭牌和套件，如框内所列，便于订购。

附带备件铭牌

铭牌 30701-24H ，适用于 L23/30H、转速为 720/750 rpm

铭牌 30701-25H ，适用于
L23/30
铭牌 50601-05H ，适用于
L23/30H，转速为 720/750 rpm
铭牌 50601-06H ，适用于
L23/30H，转速为 900 rpm
附带套件
套件 51706-04 ，适用于
L23/30 和 L23/30H，转速为 720/750 rpm
套件 51706-05 ，适用于
L23/30H，转速为 900 rpm

1 经过改进的活塞环包

1.1 第一道活塞环可以采用一种具有铬陶瓷涂层并且在侧面具有附加涂层的新型活塞环进行替换。

新活塞环可以在对活塞进行改造后安装，请参阅下图 1。

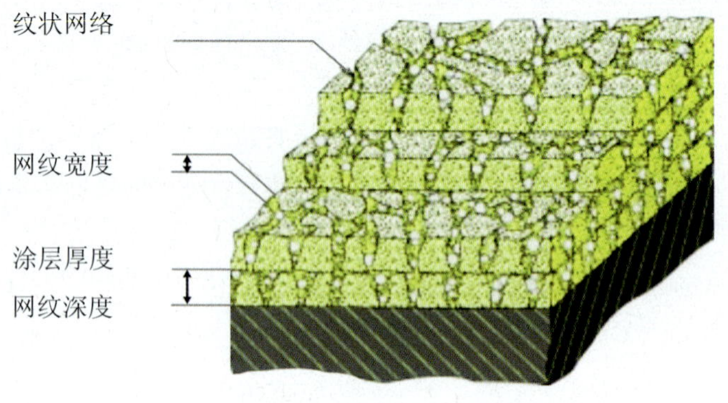

图 1　具有坚硬颗粒的铬增强涂层原理图

1.2 用于 No.2 和 No.3 环槽的活塞环可以采用具有铬陶瓷涂层的新型活塞环进行替换。

新型活塞环具有优异的气密性，可以封住来自于燃烧室的燃气，避免其进入油底壳。

新压缩环的材料是采用低合金热处理球墨铸铁制造的。这种材料具有抗弯曲强度高和高塑性。

1.3 刮油环将保持相同的类型

2 活塞的改造（图 2）

2.1 在安装新的活塞环之前，活塞必须进行修改，在环槽内增加用于刮油环的孔。

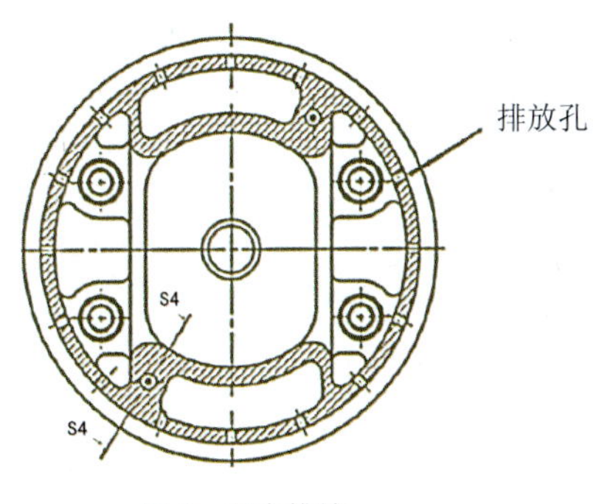

图 2　活塞排放

为了改进刮油环槽的排放性能，必须钻孔并增加孔的数量，例如，总共有 16 个排放孔。

2.2 通向活塞顶部冷却室的润滑油孔径也须进行修改，以便能够增加通过活塞的滑油流量，见图 3。

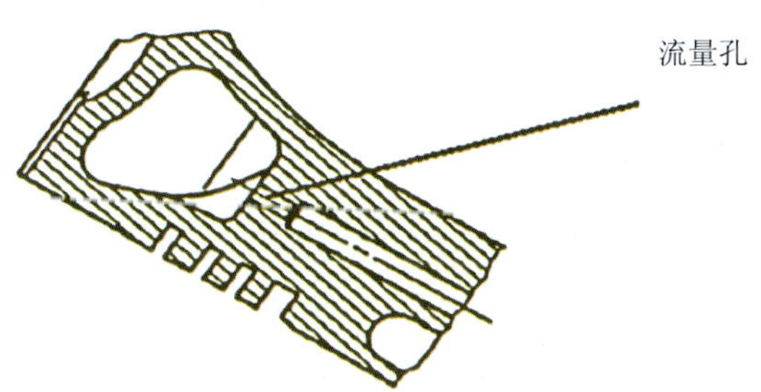

图 3　增加通向冷却室的油流孔径

建议活塞的修改可在世界范围内的任一服务中心执行，或者和我们 MAN 仓库备件互换。

请联系位于 Holeby 的 MAN Primeserv 以便获得进一步信息，以及有关柴油机改造适用性的信息。

铭牌　页码 1 (2)	活塞和连杆	30701-24H

L23/30H
720/750 rpm

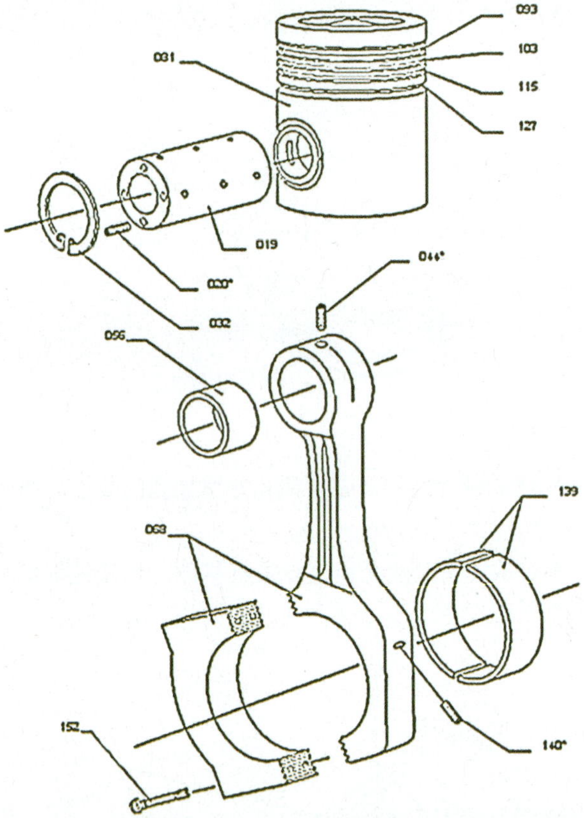

铭牌　页码 2 (2)	活塞和连杆	30701-24H

L23/30H
720/750 rpm

备件编号	数量	名称	备件编号	数量	名称
019	1/C	活塞销，包括备件编号　020			
020*	4/C	沉头螺钉			
032	2/C	卡簧			
044*	1/C	螺塞			
056	1/C	连杆小端轴承（瓦）			
068	1/C	连杆，包括备件 编号 044、056、152、140			
081	1/C	活塞			

093	1/C	活塞环			
103	1/C	活塞环			
115	1/C	活塞环			
127	1/C	刮油环			
139	1/C	连杆大端 轴承（瓦），2/2			
140*	1/C	螺塞			
152	4/C	连杆螺栓			

当订购备件时，请参阅柴油机说明书，页码 500.50

* ）只能以修理包的方式成套供应

数量 /C = 数量 / 气缸

铭牌　页码 1（2）	活塞和连杆（液压上紧式）	30701-25H

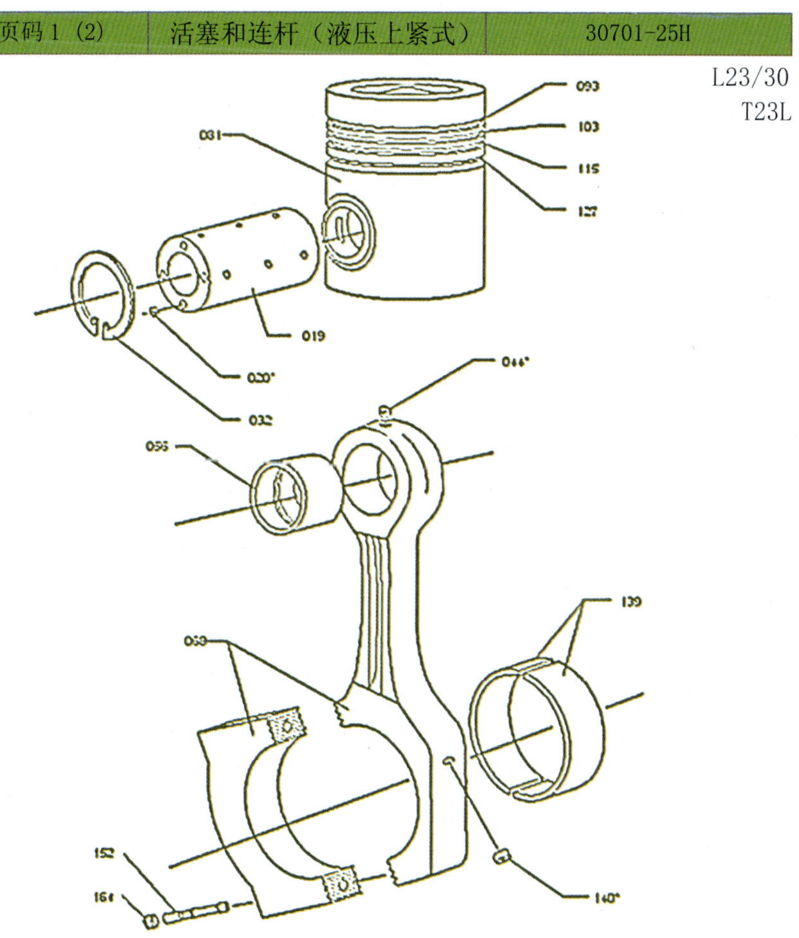

铭牌　页码 2（2）	活塞和连杆（液压上紧式）	30701-25H

L23/30　T23L

备件编号	数量	名称	备件编号	数量	名称
019	1/C	活塞销，包括备件编号 020			
020*	4/C	沉头螺钉			
032	2/C	卡簧			
044*	1/C	螺塞			
056	1/C	连杆，小端轴承（瓦）			
068	1/C	连杆，包括备件编号 044、056、140、152 和 164			
081	1/C	活塞			
093	1/C	活塞环			
103	1/C	活塞环			
115	1/C	活塞环			
127	1/C	刮油环			
139	1/C	连杆，大端轴承（瓦），2/2			
140*	1/C	螺塞			
152	2/C	连杆螺栓			
164	2/C	螺母			

当订购备件时，请参阅柴油机页码 500.50
*）只能以修理包的方式成套供应
数量 /C = 数量 / 气缸

铭牌　页码 1（2）	活塞和连杆（液压拧紧式）	50601-05H

L23/30H
20/750 rpm

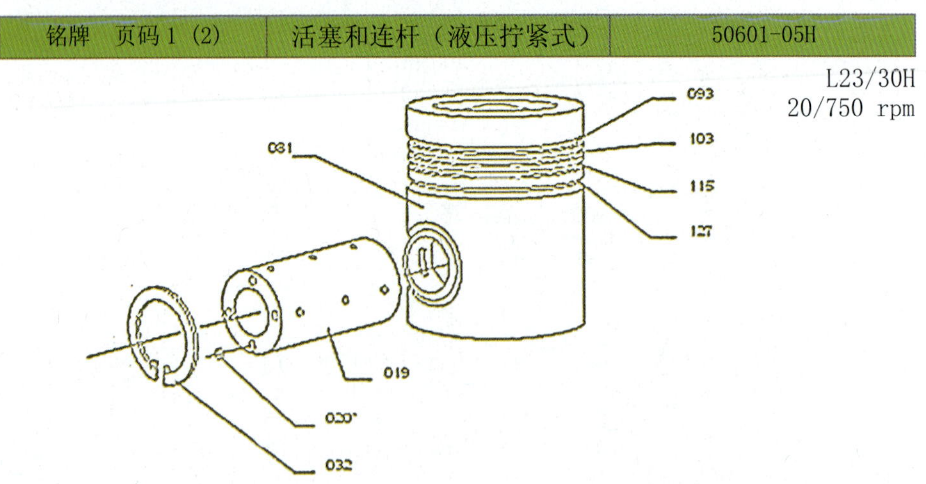

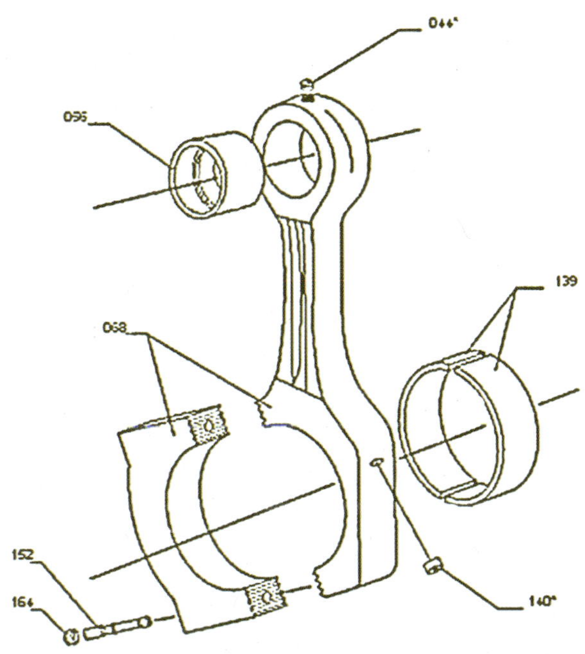

铭牌　页码 2 (2)	活塞和连杆（液压拧紧式）	50601-05H

L23/30 H　720/750 rpm

备件编号	数量	名称	备件编号	数量	名称
019	1/C	活塞销，包括备件编号 020			
020*	4/C	沉头螺钉			
032	2/C	卡簧			
044*	1/C	螺塞			
056	1/C	连杆小端轴承（瓦）			
068	1/C	连杆，包括备件编号 044、056、140、152 和 164			
081	1/C	活塞			
093	1/C	活塞环			
103	1/C	活塞环			
115	1/C	活塞环			
127	1/C	刮油环			

139	1/C	连杆大端轴承（瓦），2/2			
140*	1/C	螺塞			
152	2/C	连杆螺栓			
164	2/C	螺母			

当订购备件时，请参阅页码 500.50

* ）只能以修理包的方式成套供应

数量 /C = 数量 / 气缸

铭牌　页码 1（2）	活塞和连杆（液压拧紧式）	50601-06H

L23/30H

900 rpm

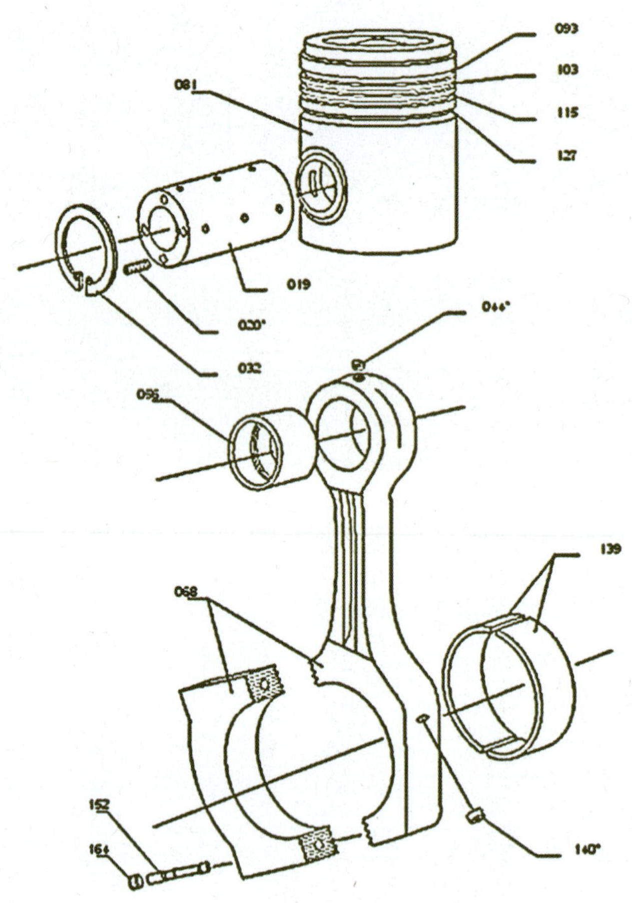

铭牌　页码 2（2）	活塞和连杆（液压拧紧式）	50601-06H

L23/30 H
900 rpm

备件编号	数量	名称	备件编号	数量	名称
019	1/C	活塞销，包括备件编号 020			
020*	4/C	沉头螺钉			
032	2/C	卡簧			
044*	1/C	螺塞			
056	1/C	连杆小端轴承（瓦）			
068	1/C	连杆，包括备件编号 044、056、140、152 和 164			
081	1/C	活塞			
093	1/C	活塞环			
103	1/C	活塞环			
115	1/C	活塞环			
127	1/C	刮油环			
139	1/C	连杆大端轴承（瓦），2/2			
140*	1/C	螺塞			
152	2/C	连杆螺栓			
164	2/C	螺母			

当订购备件时，请参阅页码 500.50

*）只能以修理包的方式成套供应

数量 /C = 数量 / 气缸

铭牌 页码 1（2）	活塞环更新套件	51706-04

请参阅工作卡 506-01.10

L23/30H
720/750 rpm

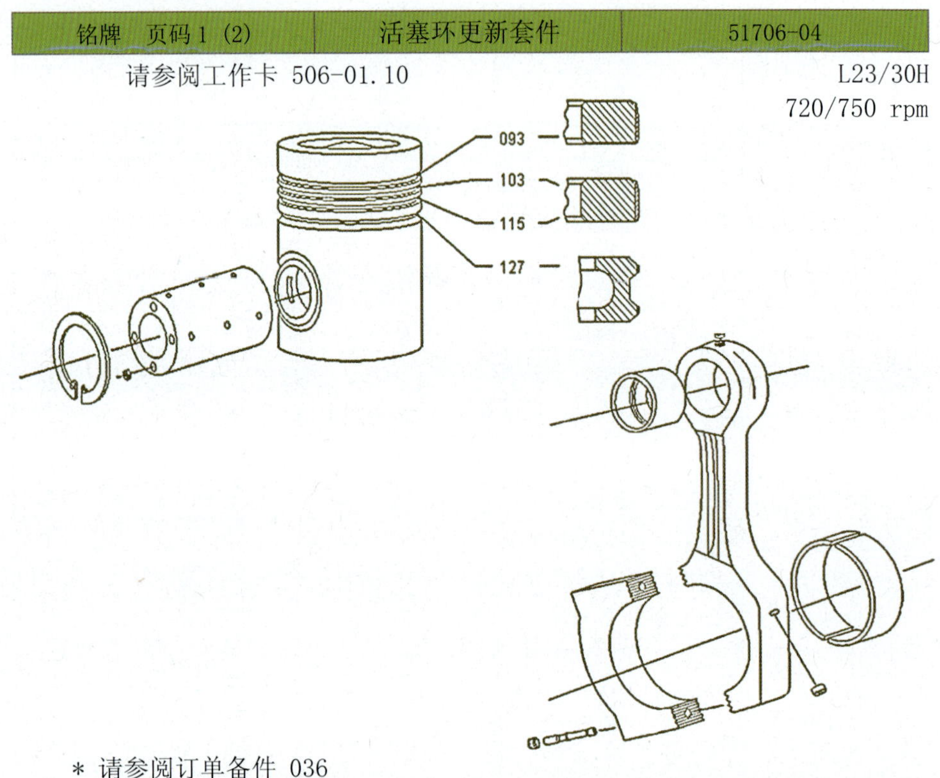

* 请参阅订单备件 036

铭牌 页码 2（2）	活塞环更新套件	51706-04

L23/30H
720/750 rpm

备件编号	数量	名称	柴油机指令手册
036	1/C	活塞环更新套件，包括备件编号 093、103、115、和 127	铭牌 50601
	1/C	活塞环	铭牌 50601 备件编号 093
	1/C	活塞环	铭牌 50601 备件编号 103
	1/C	活塞环	铭牌 50601 备件编号 115
	1/C	刮油环	铭牌 50601 备件编号 127
	请注意！这是成套供应的，任何超过数量的○型圈和垫片均不可被接受，按原状态返回。		

数量 /C = 数量 / 气缸

套件　页码 1（2）	活塞环和火焰环更新套件	51706-05

L23/30H
900 rpm

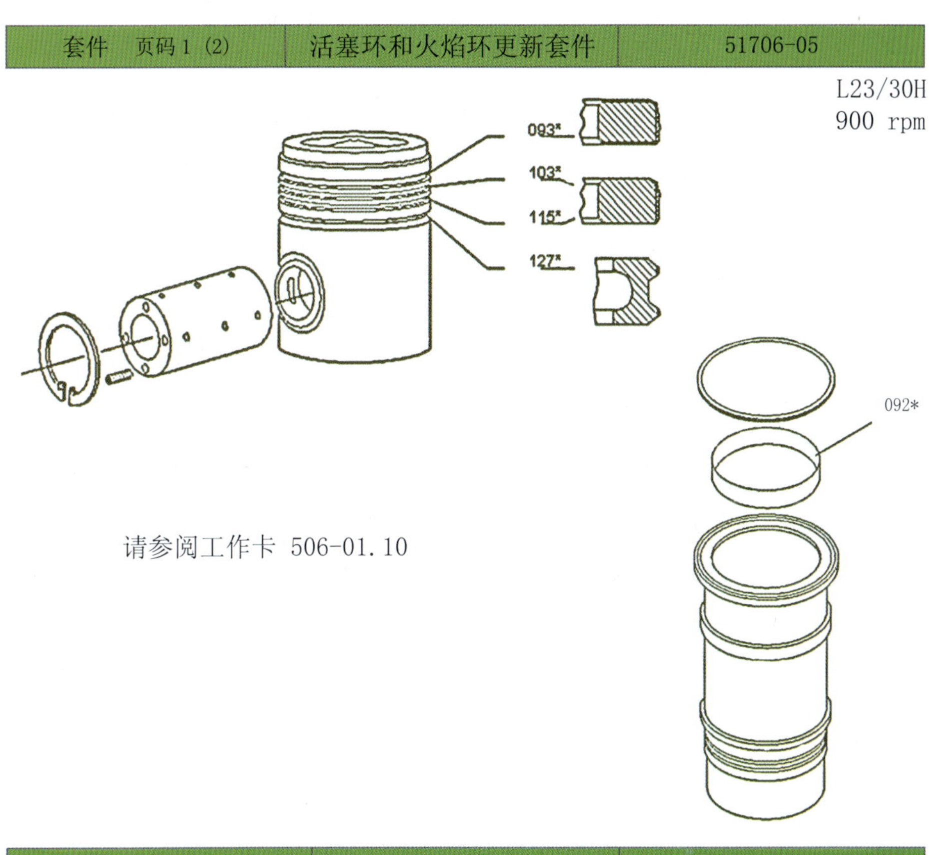

请参阅工作卡 506-01.10

套件　页码 2（2）	活塞环和火焰环更新套件	51706-05

L23/30H
900rpm

备件编号	数量	名称	柴油机指令手册
048	1/C	活塞环和火焰环更新套件，包括备件 ，编号 092、093、103、115、和 127	铭牌 50601 和 50610
	1/C	活塞环	铭牌 50601　备件编号 093
	1/C	活塞环	铭牌 50601　备件编号 103
	1/C	活塞环	铭牌 50601　备件编号 115
	1/C	刮油环	铭牌 50601　备件编号 127
	1/C	火焰环 *	铭牌 50610　备件编号 092
	请注意！这是成套供应的，任何超过数量的○型圈和垫片不可被接受，按原状态返回。（* 火焰环又称挡火环）		

数量 /C = 数量 / 气缸

SL10-536/MNA

2010 年 6 月

1.4.21　凸轮轴螺栓的断裂（M16- 质量 10.9）

适用机型：　L27/38 推进系统四冲程柴油机

有多次报告称，凸轮轴上有一个或两个螺栓头（见图 1 编号①）断裂。在这样情况下，螺栓已经被召回进行进一步调查以便确定根本原因。这些调查显示，螺栓曾经被过度上紧或者暴露在腐蚀环境中。

检查程序

检查是否有任何螺栓发生松动或者是否有螺栓头部发生断裂。建议凸轮轴螺栓应当按照 2 000 运行小时间隔进行检查。如果发现螺栓损坏或松动，所有的螺栓均应采用新的 M16- 质量 10.9 螺栓进行替换，采用涂抹润滑油并用 250Nm 扭矩上紧。

重要的是在安装新的 M16- 质量 10.9 螺栓之前，螺栓的螺纹孔应当彻底清除旧的牛油并换用新油，以获得正确的拧紧力。

通过上述的解决方案，当安装好 M16- 质量 10.9 螺栓之后，能够消除敏感的脆性。

请注意！

用于进排气阀凸轮和燃油凸轮的螺栓螺纹类型的技术规格是不相同的。因此，当采购新的螺栓时必需按备件技术规格。

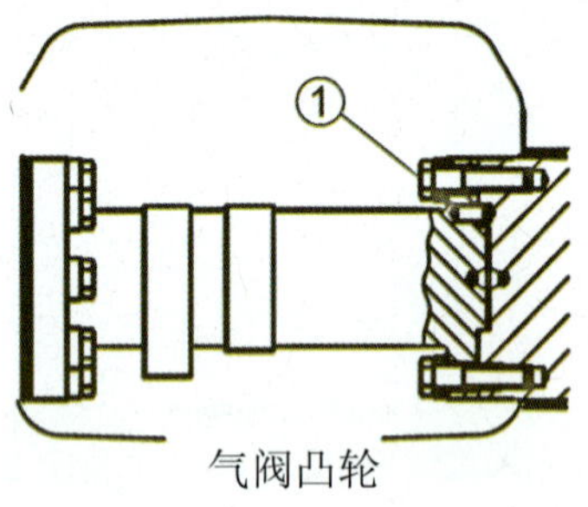

气阀凸轮

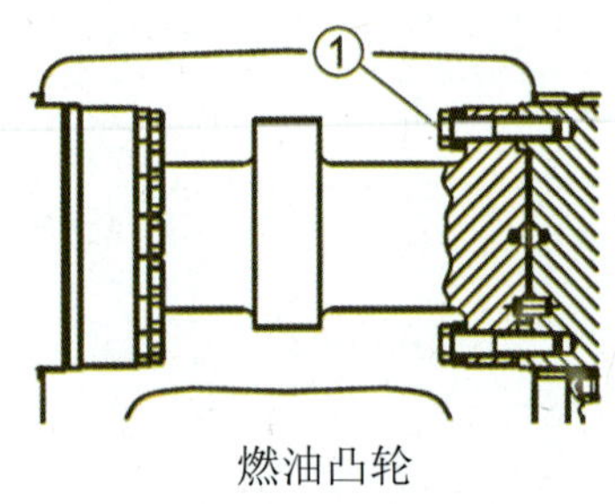

燃油凸轮

图 1　凸轮轴上的螺栓头部

SL10-538/SNH

2010 年 11 月

1.4.22 用于高压油泵的新型弹簧加载密封件

适用机型：L23/30H-900RPM 增压四冲程柴油机

自从 20 世纪 90 年代初引入 L23/30H（900rpm）柴油机以来，已经有超过 2 200 台柴油机投入使用。

作为 MAN Diesel & Turbo 公司柴油机持续研发战略的一部分，已经在高压油泵内使用两道弹簧、加载的 U 型密封件（如图 1），用于替代作为标准件的O型圈。

此维护保养服务信函的目的是告知船舶轮机人员对其船舶备件进行更新的可能性。

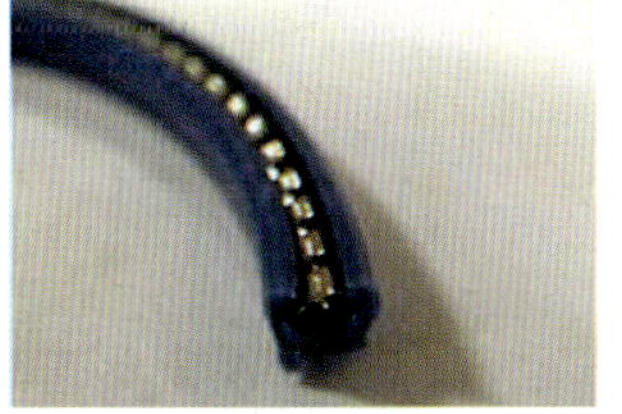

图 1 新型弹簧加载密封件

引言

新的密封件被置于高压油泵套筒的上端和下端（如图 2）。

8U 型密封件更能适应当今的燃油，并且更能承受高压油泵内的气蚀，同时能够进一步增强柴油机的可靠性，并且可以避免润滑油的污染。

为了便于在未来订购 U 型密封件，附上了备件铭牌 51730-11H（Nico），51730-12H（L' Orange）和工具铭牌 52014-08H。

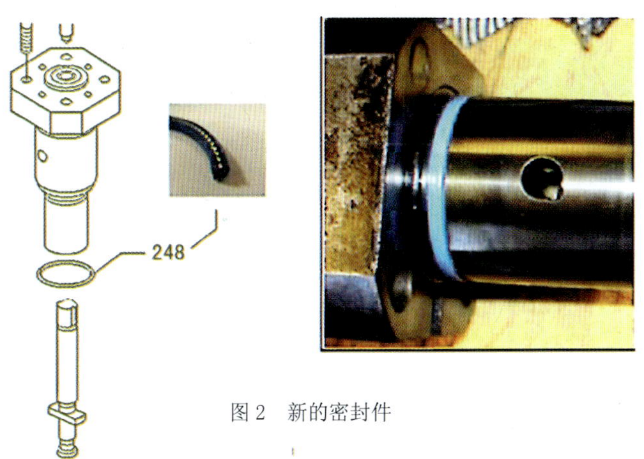

图 2 新的密封件

1 高压油泵套筒上端的 U 型密封件

在 90～100℃的热水中将上端 U 型密封件加热至少 5 分钟，之后立即使用专用工具将其安装在凹槽内。

将导向棒 003 安装在高压油泵套筒上，在弹簧朝下的状态下将弹簧加载密封环放置在锥体（003）上。使用顶推工具 002 将密封环推入凹槽内。在安装好密封环之后，则通过在密封环上按压夹紧工具 001 使其压紧。

在开始安装之前请先润滑高压油泵套筒。

2 高压油泵内的 U 型密封件

为了在高压油泵壳体内安装密封环，则须对壳体内侧进行加工。这种内侧加工过程非常简单，可以在 MAN 其中任一服务中心执行或者由经过授权的维修车间执行。

高压油泵将按照更换的原则提交，我们将对壳体进行加工并且安装新的密封件和新的柱塞、套筒。

密封环必须将弹簧面朝上安装。通过手按住密封环，直至其向下“卡入”为止（如图 3）。

在壳体内开始安装套筒之前，请先润滑壳体，并且按照《操作说明书》的规定进行组装作业。

图 3　安装示意

Plate 页码 1（2）	高压油泵的套件	51730-11H

L23/30H

部件编号	数量	名称	柴油机说明书章节	
013		用于高压油泵的套件包括如下内容		
	1	U 形密封件	Plate 51401	Item 577
	1	O 型圈高等级 viton 橡胶密封件	Plate 51401	Item 589
	1	O 型圈高等级 viton 橡胶密封件	Plate 51401	Item 590
	1	U 形密封件	Plate 51401	Item 852
	1	安装工具	Plate 52014	Item 037

请注意！这只作套件供应，任何超过数量的 O 型圈和垫片均不可接受。

Plate 页码 1 (2)	高压油泵的套件	51730-11H

L23/30H

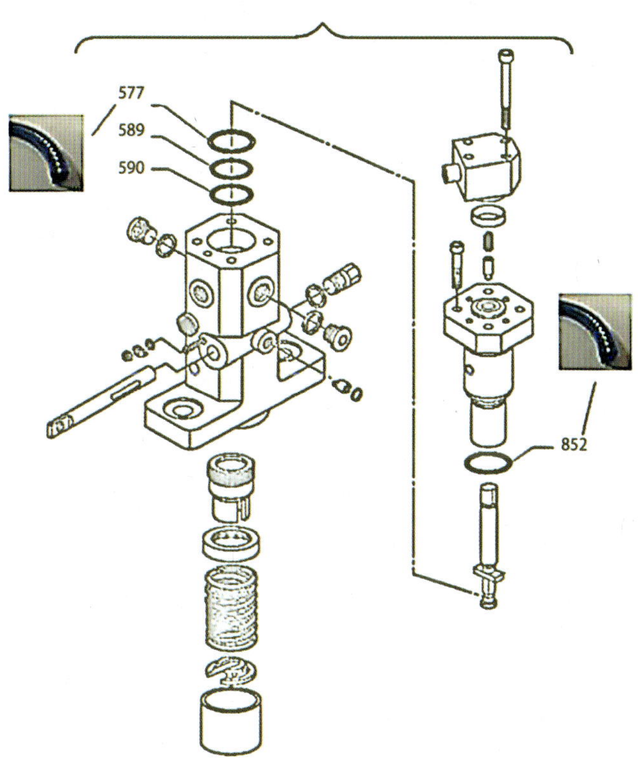

Plate 页码 1 (2)	高压油泵的套件	51730-12H

L23/30H

部件编号	数量	名称	柴油机说明书章节	
025		用于燃油喷射泵的套件 包括如下内容		
	1	U 形密封件	Plate 51401	Item 189
	1	O 型圈高等级 viton 橡胶密封件	Plate 51401	Item 190
	1	O 型圈高等级 viton 橡胶密封件	Plate 51401	Item 236
	1	U 形密封件	Plate 51401	Item 248
	1	安装用的工具	Plate 52014	Item 037

请注意！这只作套件供应，任何超过数量的 O 型圈和垫片均不可接受。

Plate 页码 1 (2)	高压油泵的套件	51730-12H

L23/30H

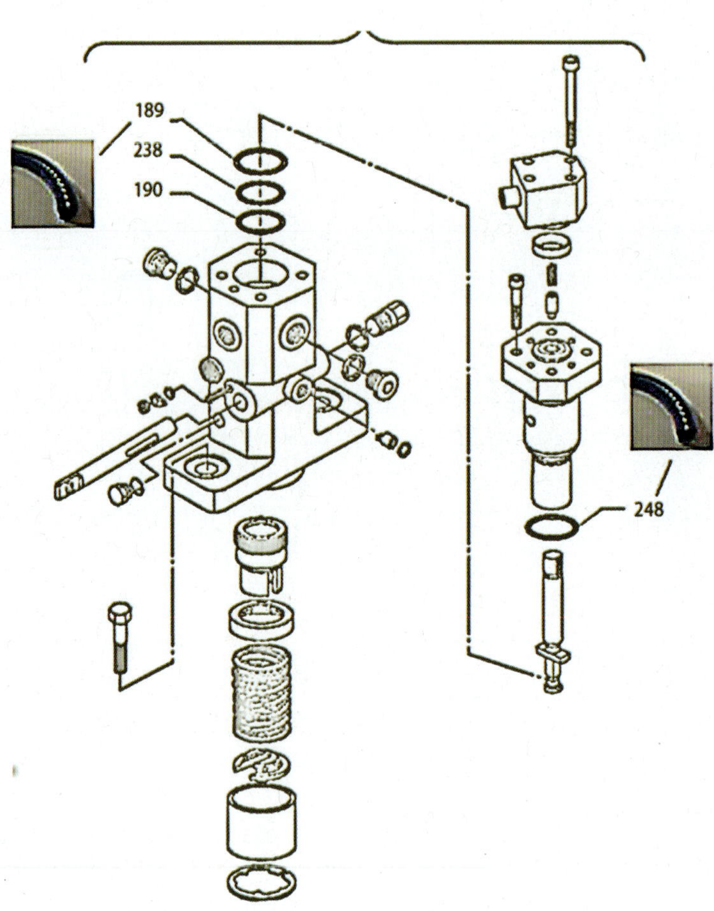

52014-08H	燃油系统和喷射装置的工具	Plate 页码 1（2）

L23/30H

部件编号	数量	名称		备件编号	数量	名称
037	1/E	用于高压油泵的工具 包括备件 No. 001、002、和 003				
001*	1/E	校准环				
002*	1/E	推进工具				
003*	1/E	导向工具				

当订购备件时，请参阅页码 500.50

* ）只能以修理包的方式成套供应

数量 /E = 数量 / 柴油机

数量 /C = 数量 / 气缸

52014-08H	燃油系统和喷射装置的工具	Plate 页码 2（2）

L23/30H

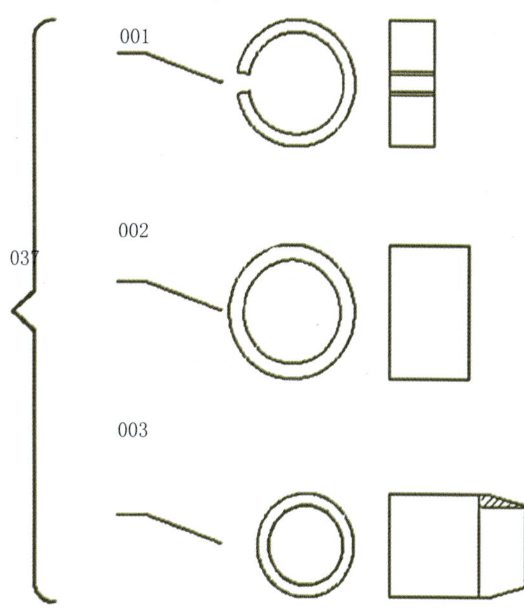

SL2011-541/JXN
2011 年 1 月

1.4.23 L23/30 系列柴油机上活塞的疲劳裂纹

适用机型：L23/30 发电机组系列柴油机

最近收到报告称，L23/30 系列柴油机上的活塞发生裂纹。

我们已经对活塞进行了检查，发现裂纹来自于活塞销孔和中间层的筋骨处（如图 1）。

韩国的特许经销商已相应地发布一份类似维护保养服务信函，其中覆盖受影响的配有该类型柴油机的船舶。

近年来，全球造船工业一致要求实现更高的可靠性和安全性的水平。为了遵循此趋势，MAN Diesel&Turbo 公司推出了一个新的适用于配有 L23/30 系列柴油机船上活塞检修维护的修理包。请参阅受影响船舶柴油机的附件清单。

MAN-L23/30 系列柴油机在过去的几十年中已经证明了其可靠性和耐久性。然而，MAN Diesel&Turbo 公司从来没有停止过提高柴油机质量的努力。这些努力的其中一个结果就是，已经发现 L23/30 柴油机上所配有的活塞可能会发生疲劳裂纹（见图 2）。有经验显示在经过 20 000 运行小时后，在少数船上，主要集中在油船上发现此类裂纹，这可能会产生潜在的风险，并对柴油机造成损坏，同时危及柴油机周围人员的生命安全。

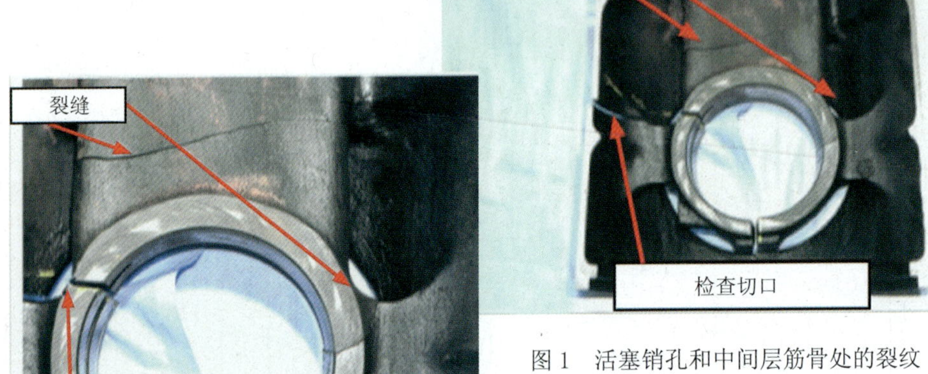

图 1 活塞销孔和中间层筋骨处的裂纹

图 2 L23/30 柴油机上活塞的疲劳裂纹

为了避免此类事故，MAN Diesel&Turbo 公司提供了一个维护组件包，其中包括用于大修检查和替换通过改进设计进行增强的新活塞。此维护组件包适用于使用中的 L23/30 系列柴油机。

我们建议在合适时对所有活塞进行检查。如果活塞未更换，在运行期间请确保周围没有人站立或走动，或者没有人在运行期间行经柴油机排气侧区域。

检查流程如下所示（根据 EN 1371-1 进行 PT 检查）：

（1）吊运出带连杆的活塞总成。

（2）用清洁剂清除所有邻近区域（见图 3）的系统油和杂质。

（3）向圆倒角上喷射液体渗透剂（红色），并且等待一定的时间（5 分钟，@ 10～52℃；10 分钟，@ 5～9℃）。

（4）采用渗透剂清除剂清除渗透剂。

（5）喷射显影剂（白色）。

（6）检查是否有任何头细微的裂纹。

图 3　清洁如图提示邻近区域的系统油和杂质

维护组件包包括以下内容：

（1）活塞、缸套、轴承和船东要求的检查。

（2）经过改进设计的新活塞、活塞环和船东要求的备件。

（3）重新组装柴油机的后性能检查和调整。

（4）检查报告。

此维护组件包的应用将对操作人员产生一系列的好处，其中包括：

（1）防止由于活塞故障导致的事故 / 损坏。

（2）专门的维护组件包用于活塞的检修和更新。

（3）由专业维护团队执行高质量的检查。

（4）通过调整改进柴油机的性能。

SL2011-546/BTT

2011 年 8 月

1.4.24　推进动力控制系统的软件升级

适用型号：　L21/31 和 L27/38 推进系统增压四冲程柴油机

概述

收到报告称，在少数情况下，柴油机运行期间起动空气分配器被无意激活，从而导致起动器齿轮缘或起动空气分配器受损。

调查显示，柴油机上所安装的三个转速传感器中有两个传感器发生故障，这可能会导致空气起动分配器无意起动。

可以对推进控制系统进行升级，通过这种方式避免起动空气分配器的无意起动。升级工作将需要我们的监管人员现场监督完成，此外，可以采购一个备用的 CPU，并且装载经过升级的软件，其适合于“即插即用”，可由员工进行更换。

SL2011-547/BTT

2011 年 7 月

1.4.25　用于冷却水泵的新轴封

适用型号：L27/38 推进系统柴油机

概述

推进动力柴油机的操作人员在使用中曾经报告称冷却水泄漏进入柴油机润滑油内。调查显示由于唇形密封件耐温能力不能满足需要而导致唇形密封件（图 1 内的备件号 013)受损。由于润滑油／水泄漏检查孔的定位问题，一个泄漏的轴封(图 1 内的备件号 014）将导致冷却水通过唇形密封件进入柴油机曲轴箱，同时检查孔并没有显示。

为了使这种风险最小化，我们已经已经采用了一种不同材料制造的新类型唇形密封件作为标准件。为了改进旋转密封件的耐久性，　于 2011 年 2 月选择改变该密封件的供应商。新型唇形密封件和旋转密封件可与旧型号完全互换，并且能够从我们的备件部门处采购获得。我们仅提供新型的密封件。

我们建议船舶的轮机人员应当密切关注冷却水的消耗量，并且定期检查润滑油内的含水量，直至新密封件安装好为止。

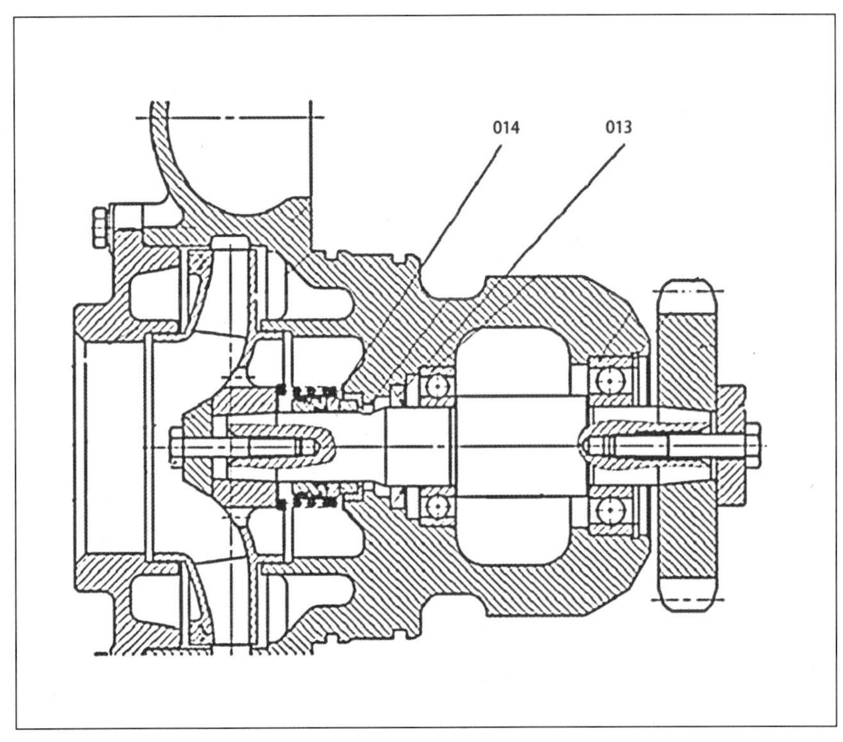

图 1　唇形密封件

L2011-550/MIKA

2011 年 12 月

1.4.26 阀桥转动

适用型号：所有 L16/24 发电机组柴油机

根据最近气缸盖上阀桥转动所导致的事故情况，作为安全预防措施发布此信函，以防止进一步的事故损坏。

此维护保养服务信函适用于所有使用中的 L16/24 发电机组柴油机。避免阀桥转动的解决方案已经成为所有 L16/24 柴油机的标准规程。

作为 II 级交付的柴油机由柴油机制造商进行改造，加装阀桥固定夹。

阀桥固定夹的编号：

铭牌编号 50502 和备件编号 130。

阀桥固定夹可以从位于 Holeby 的 MAN Diesel&Turbo 公司免费订购，您只需填写附件“订购备件”500.50 发回即可。

1 问题

如果进气阀或排气阀被卡滞，则存在阀桥转动的风险，由此可能严重损坏柴油机（请参阅图 1）。

导致损坏的根本原因通常是由于阀的不适当、缺乏正确的调整和 / 或柴油机长期低负荷运行所导致的。同样，如果忽略了 MAN diesel&Turbo 公司有关低负荷运行的建议，将导致阀杆上出现严重的沉积物累积。

图 1 阀桥转动时的情况

2 后果

如果阀桥发生转动，它有可能压低气阀使其转动，导致阀的锥块被释放并且掉落。这就可能导致阀杆坠落入气缸内，并且被运动中的活塞所撞碎。破碎的部件可能对活塞，气缸套和燃油喷油器造成损坏。同时形成的小碎片可能堆积在增压器涡轮端内，导致喷嘴环损坏，最坏时可能导致转子受损。

3 解决方案

为了消除气缸组的损坏扩大，MAN Diesel&Turbo公司已经设计了一种阀桥固定夹，一旦阀桥发生转动时，将对阀桥提供导向作用。

阀桥固定夹必须安装在喷油器的顶部，并且可以在无需拆除气缸盖的情况下安装。阀桥固定夹的螺母与喷油器的螺母为相同类型。阀桥固定夹必须按照如下所述的方法进行安装。

4 应对措施

这个更新的解决方案，确保在操作期间提供全面的指导。

5 阀桥固定夹的安装（每个气缸一个）（如图2）

（1）按照MAN Diesel&Turbo公司指令手册所述停止并锁定柴油机。

（2）拆除气缸盖上的顶盖。

（3）在喷油器的两个柱头螺钉顶部安装阀桥固定夹。

（4）用两个螺母将阀桥固定夹固定装妥，遵循与喷油器-32Nm相同的流程固定和拧紧螺母。

（5）确保阀桥的所有位置均有自由空间，以确保阀桥的自由运动。

（6）重新组装气缸盖的顶盖。

图2　正确安装的阀桥固定夹

页码 1(2)	阀桥固定夹	50504-01

L16/24

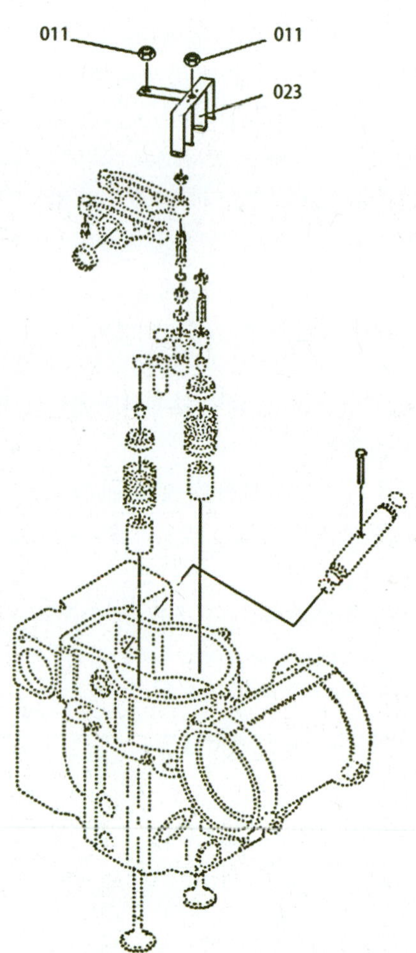

页码 2(2)	阀桥固定夹	50504-01
		L16/24
备件编号	数量	名称
011	2/C	螺母
023	1/C	阀桥固定夹

当订购备件时，请参阅说明书，页码 500.50

*）只能以修理包的方式成套供应

数量 /C = 数量 / 气缸

数量 /1 = 数量 / 个

6 定购

当订购备件时（或涉及通信联系时），则须提供所涉及柴油机的以下数据：

(1) 客户 / 船舶的名称

(2) IMO 编号

(3) 柴油机型号

(4) 柴油机编号

(5) 制造商

(6) 铭牌编号

(7) 备件编号

(8) 简介

(9) 数量

为了给一个特定的柴油机提供正确的备件，则必提供这些数据，按照此手册内所包含的备件图表提供的备件部完全正确。

请注意！对于调速器、涡轮增压器和交流发电机备件的订购而言，请参柴油机说明书内有关这些部件的专门章节。对于最新的相关备件和设计，请与特许经销商联系。

当订购备件套件时（表 1），其流程与普通备件相同。

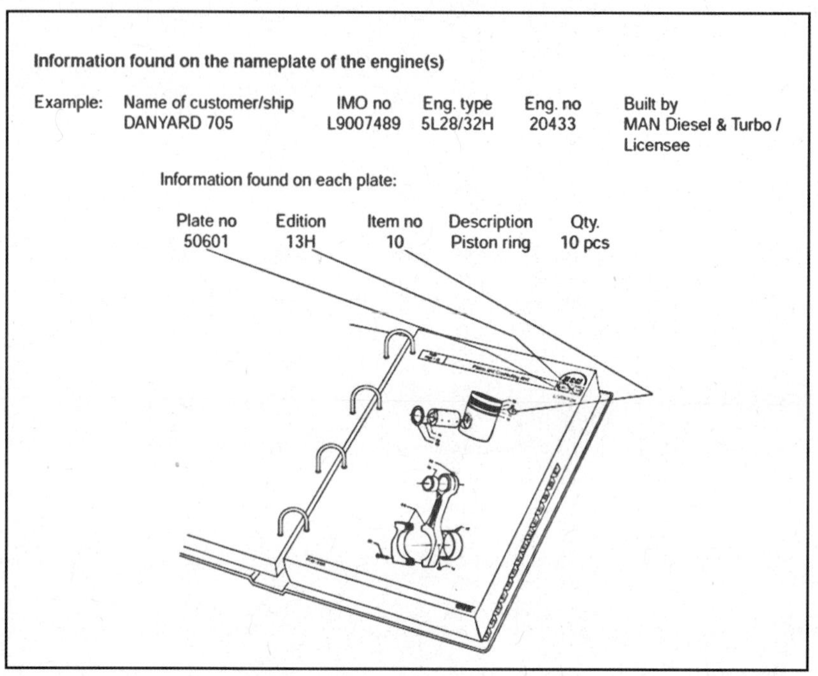

表 1 订单

客户 / 船舶的名称		IMO 编号	
柴油机类型	柴油机编号		制造商
铭牌编号　版本编号	备件编号	简介	数量

SL2011-551/MIKA

2011 年 12 月

1.4.27 气缸盖（损坏的螺栓 / 不正确的螺母类型）

适用型号：L23/30H 柴油机

附件：

铭牌 50501-10H

铭牌 50502-01H

曾经有过 L23/30 柴油机安装在气缸盖上的摇臂紧固螺栓破损的情况经历。在大多数情况下，问题出在摇臂支架的螺母松动。在最坏的情况下，松动的螺母可能导致螺栓和摇臂损坏，以及气缸盖发生严重损坏。

经过全面调查之后，得出结论即螺母的松动以及螺栓破碎是由于不正确的螺母类型所导致的。此维护保养服务信函内所述的螺母为条目 279，铭牌 50501-10H 类型。标准的自锁尼龙螺母已经被具有大接触表面的专用 MAN Diesel & Turbo 螺母所替代，请参阅图 1。

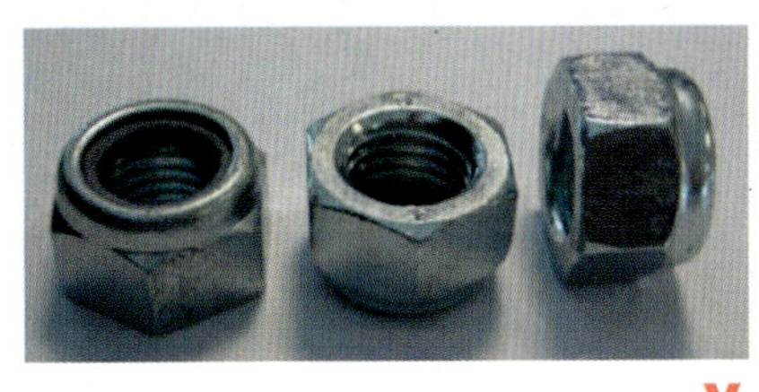

X ✓

错误的螺母类型　　图 1　　正确的螺母类型

MAN Diesel & Turbo 公司建议检查柴油机以便确定所安装的螺母类型。如果该螺母为标准自锁类型，采用标准 MAN Diesel & Turbo 螺母来替换。

当螺母被替换为 MAN Diesel & Turbo 螺母后，则应当对支架进行检查，因为使用标准自锁型螺母支架将会发生松动，并且在支架顶部产生接触痕迹，备件 178，铭牌 50502-01H。该痕迹需要进行抛光，以便新螺母按照 MAN Diesel & Turbo 柴油机说明书进行拧紧之后能够 100% 与支架接触。

支架底部以及气缸盖表面也应当检查是否发生磨损和损坏。支架的底部中央有一个 0.5mm 深度的机械加工表面，以避免被拧紧之后发生移动。如果螺母已经松动，支架可能已经发生移动，在上紧后支架的接触表面已经发生磨损。如果接触表面已经发生磨损，应更换支架，见图 2。

需要更换的支架　　　图 2　　　适合于重新使用的支架

铭牌 页码 1（2）	气缸盖	50501-10H

.23/30H

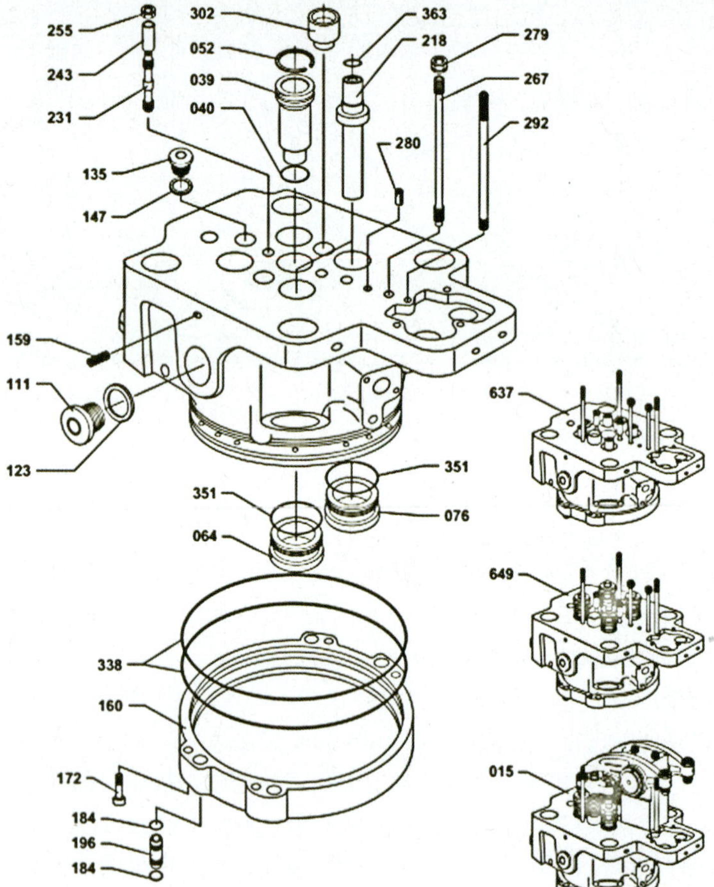

50501-10H	气缸盖	铭牌 页码 2 (2)

L23/30H

备件编号	数量	名称	备件编号	数量	名称
015	1/C	气缸盖 （如同 649）安装有支架和摇臂组件	363	4/C	O型圈
039	1/C	套筒	637	1/C	带有喷油器导套和底座令的气缸盖
040	1/C	O型圈	649	1/C	带有阀杆、弹簧和气阀旋转机构的气缸盖（如同 637）
052	1/C	卡环			
064	2/C	阀座环（进气阀）			
076	2/C	阀座环（排气阀）			
111	2/C	螺塞			
123	2/C	密封环			
135	8/C	螺塞			
147	8/C	密封环			
159	2/C	弹簧销			
160	1/C	导水套			
172	4/C	螺钉			
184	8/C	O型圈			
196	4/C	冷却水接头			
218	4/C	阀门导承			
231	2/C	螺栓			
243	2/C	定距管			
255	2/C	螺母			
267	2/C	螺栓			
279	2/C	螺母			
280	1/C	弹簧销			
292	3/C	螺栓			
302	2/C	推力片			
338	2/C	O型圈			
351	4/C	O 型圈			

当订购备件时，请参阅随机《备件编码说明书》页码 500.50

* ）只能以修理包的方式成套供应

Qty./C = 数量 / 缸

铭牌 页码 1 (2)	气阀和气阀机构	50502-01H

L23/30H

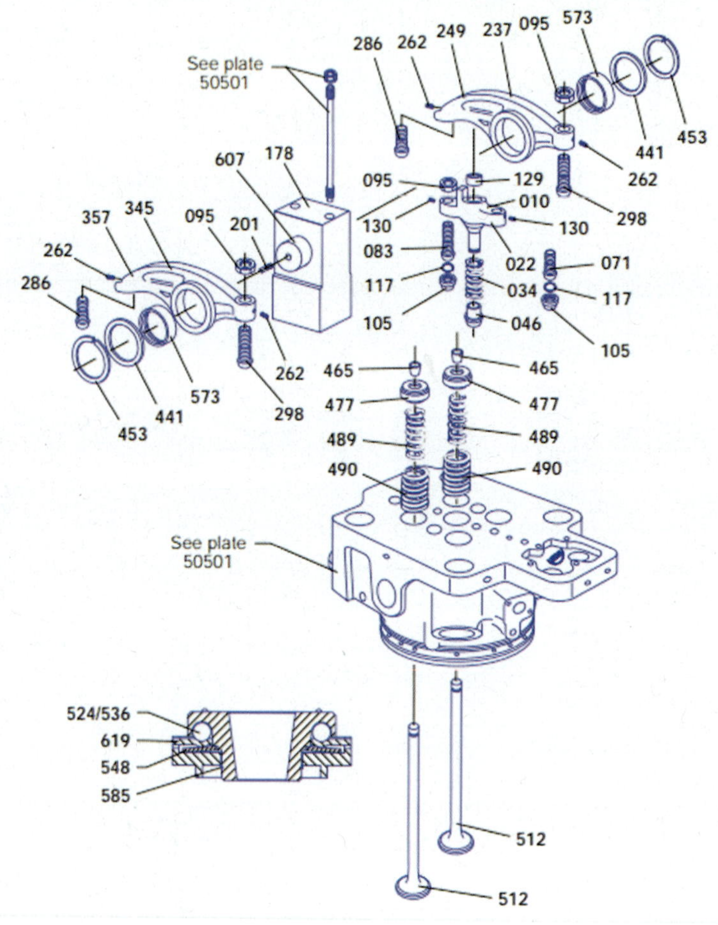

50502-01H	气阀和气阀机构	铭牌 页码 2 (2)

L23/30H

当订购备件时，请参阅页码 500.50

* ）只能以修理包的方式成套供应

数量 /C= 数量 / 缸

数量 / = 数量 / 个

备件编号	数量	名称	备件编号	数量	名称
010	2/C	阀桥总成 包括备件 022、034、046、071、083、095、105、117、129 和 130	490	4/C	外弹簧
022	2/C	阀桥	512	4/C	阀杆，进气和排气
034	2/C	弹簧	524	28/C	弹簧
046	2/C	球型导承	536	28/C	滚珠
071	2/C	推力片	548	4/C	弹簧垫圈
083	2/C	推力螺钉	573	2/C	轴承布司
095	4/C	螺母	585	4/C	挡圈
105	4/C	推力片	607	1/C	摇臂轴
117	4/C	卡簧	619	4/C	滚珠座圈
129	2/C	推力片			
130	4/C	弹簧销			
178	1/C	摇臂支架			
201	1/C	塞子			
237	1/C	摇臂、排气阀总成，包括备件 095 、249、262、286、298、585			
249	1/C	摇臂，排气阀			
262	4/C	塞子			
286	2/C	推力片			
298	2/C	推力螺钉			
345	1/C	摇臂、进气阀总成，包括备件 095、249、262、286、298、585			
357	1/C	摇臂、进气阀			
441	2/C	盘			
453	2/C	锁定环			
465	4/C	锥形环， 2/2			
477	4/C	气阀旋转机构总成			
489	4/C	内弹簧			

第 2 章

Wärtsilä 柴油机服务公告

2.1 RT-flex 服务公告

RT-flex-01

2005 年 8 月 31 日

2.1.01 根据运行经验获得的实用技巧

适用机型：RT-flex58T-B、RT-flex60C、RT-flex96C 柴油机

1 简介

本文所提供的最新信息是以 RT-flcx 柴油机在运行中获得的经验为基础的，可以作为柴油机说明书的补充资料，以帮助解决在维护和故障检修中出现的某些问题。

本文中提及的编号，例如（3.03），是指柴油机《使用说明书》中“柴油机控制图”标注的相关部件的编号。

2 机械部分

2.1 燃油油量传感器的报警（3.03）

有些报警，例如“喷射油量活塞卡死在最大位置”、“喷射油量活塞未复位”等，经常会被误解为喷射控制单元（ICU）中的燃油油量活塞发生了咬死现象。在很多情况下，没有必要换新喷射控制单元（ICU）并返厂检修。

为避免船上不必要的工作，请注意以下事项：

(1)报警出现“卡住”情况，并不是因为油量活塞发生机械卡死或者咬死引起的，事实上这种原因基本可以排除，更换整个喷射控制单元（ICU）并不合适。

(2) 油量活塞出现“卡死”报警，一般情况下是由于燃油的粘滞作用导致油量活塞停在了某个位置。造成这种情况的原因有：

共轨阀（3.76）卡住；

阀的驱动模块（VDM）损坏；

共轨阀上电磁阀的插头松脱；

油量活塞的行程传感器（3.03）故障；

行程传感器的电缆插头松脱；

行程传感器的铝制测量管变松；或者

比较少见的气缸控制模块（CCM）出现问题。

（3）故障检修提示：

• 连接所有共轨阀及油量传感器的接线是否紧固？

• 如果使用 WECS-9500：设置一个趋势监测，监控三个阀的喷射动作和复位动作的时间是否“ON TIME”。每隔几个小时记录一次，更换显示时间较长（大于 3.0 毫秒）的阀。如果在更换过共轨阀之后，“ON TIME”时间仍然较高，那么应更换阀的驱动模块（VDM）及／或气缸控制模块（CCM）。

• 燃油油量传感器：检查连接到传感器的电缆及插头／插座；并检查测量套管是否正确（紧固的）的安装在油量活塞杆上，或者检查套管的偏心率。如果通过上述检查发现了问题，则更换油量传感器。

• 为了检查油量活塞杆的自由运动，必须完全释放燃油共轨的压力（按下紧急停止按钮），燃油增压泵也必须停止运行。在拆除冲程传感器及其外壳之后，可以手动拉动并旋转活塞。在通常情况下，若共轨中存有稍许的油压，就会导致活塞无法拉动。

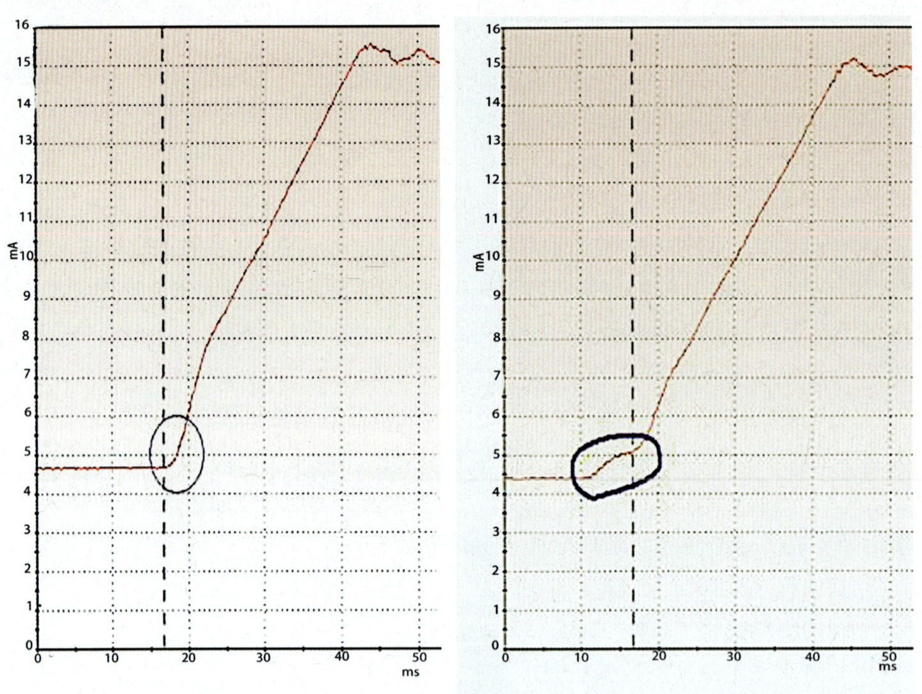

状态良好：水平线与上升线之间弯曲明显　　　磨损状态：水平线与上升线之间出隆起

图 1 喷射曲线实例

2.2 喷射控制单元（3.02）的磨损监控

燃油中的磨料杂质会导致喷射控制单元中的相关部件受到磨损，从而对喷射质量造成不良影响。

在使用WECS-9500的柴油机上，建议应定期查看“喷射曲线”。“喷射曲线”可以在FLEXVIEW中显示：

（1）将访问级别选择为“SERVICE”状态。密码为“FLEXVIEW”；

（2）点击“VIEW”，选择“喷射曲线”；

（3）选择“气缸号，一个循环，浏览”。

所提取的曲线表示在一次喷射冲程过程中燃油油量传感器（3.03）的信号。通过其形状，可以轻易地辨别出是否存在有磨损（图1）。

说明

含有磨料杂质（催化剂细粉等）的燃油会损坏喷射控制单元（ICU）内部三个喷射控制阀的喷射通道。在这种情况下，WECS（控制系统）中的定时自动调节功能会使喷射动作延迟。根据磨损的程度，这种情况可以分为几个等级。

喷射延迟会降低发火压力，并使气缸温度升高，这种情况必须尽快解决，并且需要解体检查喷射控制单元。

注意：处理ICU磨损问题的首要工作是检查燃油净化系统，解决燃油净化系统存在的问题，保证燃油的净化质量。

2.3 对曲柄角度传感器（1.01）的检查

为保证这些重要传感器的正常运行，推荐进行以下常规性检查，作为《保养说明书》中相关维修保养内容的补充。

（1）传感器的轴向间隙

每运行3 000个小时之后，检查传感器导轮与外壳之间是否出现轴向窜动的现象。如果出现了轴向窜动的现象，需要立即更换传感器。皮带的张紧力太大，也可能会导致这种情况。

（2）皮带张紧力

更换传感器时，皮带张紧力的调整必须按照《保养说明书》，第9223-1/1A1第3节的要求进行。安装时必须使用弹簧秤进行测量，拉力绝对不能超过4.5千克。皮带的拉力过大会导致传感器毁坏。

（3）润滑油供给情况

通过触摸感觉罩壳内部滑油管的温度，是一个检查内部轴承润滑油供给情况的简便方法。如果没有感觉到滑油管的温度，很有可能是外壳上的油孔被堵塞，应立即检查、疏通该油孔，避免轴承在没有润滑的情况下运行。

4）编号

为避免传感器出现误报警，应检查传感器在接线箱 E96 中是否正确安装。将传感器 1（左侧，燃油侧的传感器）的接线拔出，传感器 1 一定会发出报警。如有必要，将接线箱 E96 中的插头与插座进行编号。

2.4 燃油超压安全阀（3.52）

根据经验，燃油超压安全阀在打开过后，经常出现关闭后不能达到良好的密封性，会造成少量燃油的持续漏泄，也可能造成大量燃油的漏泄，以至于燃油共轨的压力不能建立。

一般情况下这个安全阀（3.52）很少会被打开。在出现燃油高压峰值的极个别情况下，燃油超压调节阀（3.06 PCV）的动作太慢，才会导致安全阀打开。

这就意味着在出现一个压力峰值之后，如果安全阀漏油，则必须换新。

2.5 封缸操作

如果某一个气缸需要封缸运行，为确保这个缸不会出现喷油现象，建议增加以下的操作：

（1）使用 FLEXVIEW 中的“INJ. CUT-OFF”功能，USER 页面（对于 WECS-9520，这一功能在 RCS 界面上）。

（2）拔除共轨阀 3.76 电磁阀上的接线。

这样就可以增强安全性，避免不必要的喷油情况发生。

2.6 高压燃油泵 - 调节齿条（3.14）

每运行 1 500 小时之后检查所有燃油泵调节齿条的活络情况。按下或者拉出顶撑杆，保证油泵齿条能在整个行程中来回运动，并且其间只有弹簧张力的感觉。

每运行 1 500 小时之后，必须对齿条进行加油润滑。

3 Wärtsilä 柴油机控制系统（WECS）

3.1 焊接

请注意！如要在使用 WECS 控制系统的柴油机上实施电焊，这对于电子设备是非常危险的。建议使用便携式的焊接设备，并且连接的接地电缆尽量靠近实际焊点，以避免出现潜行电流。焊接电缆的走向不应当靠近或者平行于柴油机的电缆线架。

如果必须在靠近柴油机控制系统（WECS）组件的附近实施电焊，那么只有在先关闭柴油机控制系统（WECS）的电源之后进行电焊才是安全可行的，因此应当使用接线箱 E85 中的断路器。

3.2 辅助装置中的 WECS-9500 硬盘故障 - 磁盘溢出

用于 Wärtsilä 柴油机控制系统作为辅助装置的计算机基本上都是标准

的工业计算机。在磁盘阵列的配置中，该计算机由两个硬盘组成。它们存储了 FLEXVIEW 应用系统，WECS-9500 备份，历史与警报数据库以及全屏截图。

硬盘可能会出现故障，这并不会使柴油机在危险的情况下运行，但是 FLEXVIEW 功能会受到影响或者完全失效。硬盘故障可以通过屏幕上的不同弹出窗口显示出来。其通常会包含一些关键字，像是“同步故障”、“HD”、“备份”。计算机可以使自己暂停运行，在这种情况下，尝试以常规的方式重新起动计算机。计算机通常会使用剩余的好硬盘保持运行。

在此种情况下，建议更换计算机，也可以只更换硬盘，但是这个更换操作只能由熟练的计算机工作人员来进行。

3.2.1 磁盘溢出

FLEXVIEW 在硬盘上存储了大量的历史数据。经过一段时间之后，这些存储数据可能会导致 FLEXVIEW 屏幕上出现“溢出”信息。如果屏幕上出现了“溢出”信息，按照以下流程操作，可以轻而易举地将硬盘内的空间清理出来：

（1）将 FLEXVIEW 窗口最小化；

（2）打开 MS 窗口资源管理器；

（3）进入路径 c:\program files\flexview\<plant>\.

在该文件夹中，有一个文件类型为 <PLANT>-000X.H5 的文件清单。

除了最后三个文件，其他所有文件都可以删除。使用“SHIFT”键与“DEL”键将其删除。在 flexzip 子文件夹中，所有先前删除的文件仍然都保存着，但是都是以压缩版本保存的，所以所有的数据都不会丢失。

4 一般信息

4.1 技术建议

为确保高效的处理所有问题和请求，请使用正确的联系方式。

（1）对于所有的保修索赔（RT-flex 技术中的故障元件），请联系 Wärtsilä 瑞士的保修代理商。

（2）对于所有的商业订单，请联系当地 Wärtsilä 网络公司的零部件销售代理商或其代表。

（3）对于有关 RT- flex 柴油机的一般性技术建议

请使用以下电子邮件地址：customersupport.ch@wartsila.com 或传真号码 +41 52 262 07 31

通过遵守这一结构体系，我们确信能够快速且最为有效地处理您的需求。

4.2 缺陷零部件的退回，以便调查研究

如果零部件，尤其是 RT-flex 组件，被发现有缺陷，Wärtsilä 瑞士公司对某些缺陷零部件有兴趣回收，做进一步的调查研究，以获得反馈。

为正确处理这一流程，请注意以下内容：

首先通过邮件或传真通知 Wärtsilä，看其认为是否有必要调查出现问题的零部件。如果 Wärtsilä 瑞士公司确认有必要进行调查研究，可按 Wärtsilä 工作人员给出的指示填写相应的退回组件表格进行操作，退回表样张附后（见本手册第 3 章 3.3.02）。

必须针对每一个零部件填写一份“退回零部件数据表”。如果要退回柴油机控制系统 - 模块，要求另外再填写一张“Wärtsilä 柴油机控制系统 - 模块数据表”：

退回联系地址

联系人的姓名：……………………………………………………………………

联系人的电子邮件：………………………………@ WARTSILA.COM

电话号码：+41 52 262………………

通知编号：………………（WCH 内部）

传真：+41 52 262……………………

RT-flex-02
RTA-77
2006 年 4 月 28 日

2.1.02 Graviner Mk6 油雾浓度探测器

适用机型：RTA 和 RT-flex 柴油机

取样探头的更换

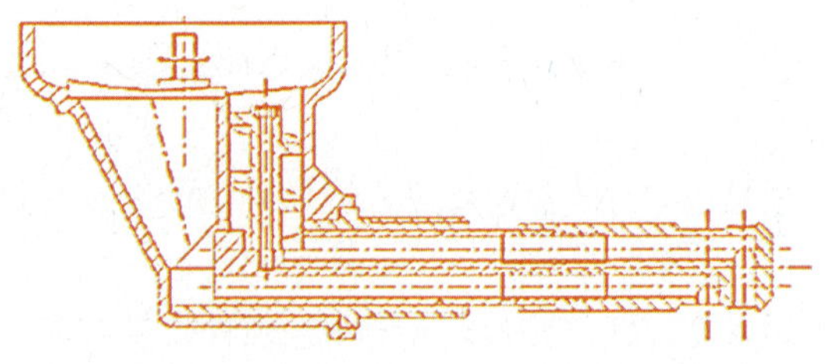

1 简介

本文适用于安装 Graviner Mk 6 油雾浓度探测系统的柴油机，建议预先更换探测器的取样探头。

附凯德信件通知书。

2 信件－凯德通知书主要精神

Graviner Mk6 油雾浓度探测系统所需采取的措施：预先更换探测器的取样探头。

这封信件通知各位，关于 Kidde graviner Mk6 油雾浓度探测系统运行状态的最新发现以及凯德消防保护设备公司决定发布关于所有正在使用中的 Mk6 油雾浓度探测器更换取样探头的指导说明。

现已确定，在某些柴油机上，探测器取样探头可能会因为油液飞溅而堵塞，这就意味着这些被堵塞的探测器取样探头无法有效地对曲轴箱中的气体进行取样。针对这一情况，油雾浓度探测器就可能无法检测出异常情况。

该问题已经经过了油雾浓度探测器特别小组的调查研究，特别小组是由 A.P. 摩勒公司／马士基公司、MAN B&W、 Wärtsilä 公司、英国劳氏船级社、美国船级社。挪威船级社以及凯德消防保护设备公司的代表组成的。

在已经确认影响 Mk6 油雾浓度探测器潜在失效原因的情况下，凯德消防保护设备公司对探测器取样探头进行了改进，这一改进可以完全消除这一问题。实验室试验及在柴油机上的试验已经证实经过改进后的探测器取样探头能够消除油液飞溅导致油液堵塞的倾向。

凯德消防保护设备公司已经准备好了一个工作包，包括说明书、传感器取样探头、拆装工具，操作人员可以迅速更换。这个工作包将以最为适当的方式，向所有受到影响的船舶免费发放（船级社批准认可）。

注意：“堵塞”的探头在面板上的显示总是为零。然而，当探测器安装在一台长期带负荷运行的柴油机上时，Mk6 油雾浓度传感器的读数返回零是正常或常见的。每个传感器的输出都有一个内部的偏置值，这样，探测器就不会受到背景漂移或温度的影响。当柴油机温度较高时，这个偏置值会变大，通常曲轴箱内部油雾的冲洗也会降低油雾的背景浓度值。这便意味着，除非曲轴箱中的油雾背景浓度超出这一“偏置”值（通常约为 0.04 mg/l），面板读数才不会返回零。然而，该装置拥有油雾浓度传感器安全装置的所有功能。如果有疑问请通过下面方式与“凯德”技术服务部联系。

电话号码：+44 （0）1 844 265003　传真：+44（0）1 844 265156

电子邮件：paul.darnell@kiddeuk.co.uk

3 GravinerMk6 油雾浓度传感器（Pt 编号 E3561-301）取样管道更换的说明书

3.1 工作包

新式取样管备件、内六角扳手 2.5mm 与 4.0mm、17.0mm 的〇型密封圈、79mm 的垫圈。

3.2 要备一个适用于 ¾ 英寸英国标准管螺纹螺母的活动扳手。

3.3 注意事项

传感器的探头只能在柴油机处于停车状态下拆除，以防止油液从基座固定孔中漏出。

3.4 操作流程（见图 1~图 4）

（1）取样管的拆除

1）切断 MK6 油雾浓度探测器控制器的电源。

2）从探测器的顶部拆除电缆总成。

3）松开锁紧螺母。

4）从柴油机上旋松探测器，然后将探测器拆下。

5）用 4mm 的内六角扳手松开总成底座上的 2 个固定螺栓，然后将探测器探头的电子设备从取样管道基底上分离出来。小心放置在干净的表面上。

6）用 2.5mm 的内六角扳手松开单个螺栓，然后将取样管道底座内部的旋流器拆下。请参见图 2。

7）移除旋流器以及螺栓。请参见图 3。

8）将取样管道从底座上拉出。

（2）新的取样管的安装

9）将 17mm 的〇型密封圈安装到取样管上，如图 1 所示的位置。

10）将新的取样管推到底部，确保取样孔是朝下的，并且能够从旋流器开孔的底部可以看见螺纹孔，见图 4。

11）将旋流器放回至开孔中，取样管道的上面，确保旋流器的平端处于最上端。使用 2.5mm 的内六角螺栓将其固定到位。

12）使用 4mm 的内六角螺栓，将取样管道的底座安装在探测器探头电子设备上。如果需要，为探测器探头的电子设备更换 79mm 的垫圈。

13）将探测器的探头旋回至柴油机，然后使用锁紧螺钉将其锁定。确保探测器探头的电子装置是垂直的，使得连接器处于顶部。

14）重新将电缆总成连接到探测器。

15）当柴油机上所有探测器均已恢复工作时，重新为 Mk6 控制器接通电源，然后进行功能测试。按规定格式填写退回表（略），然后将旧件退回给凯德产品部门。

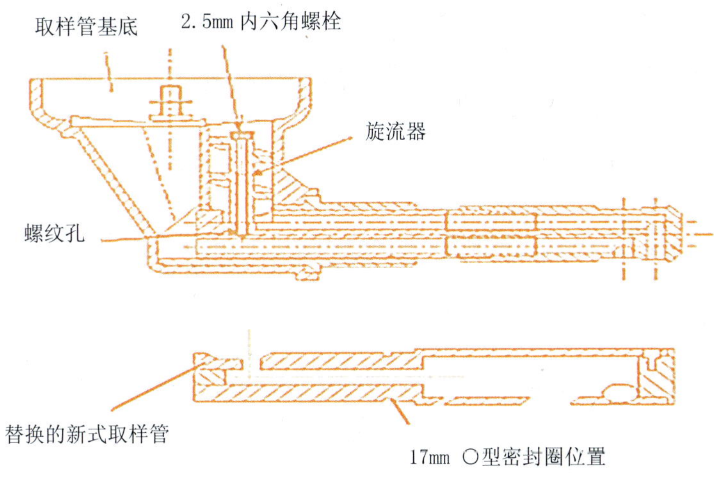

图 1　取样管

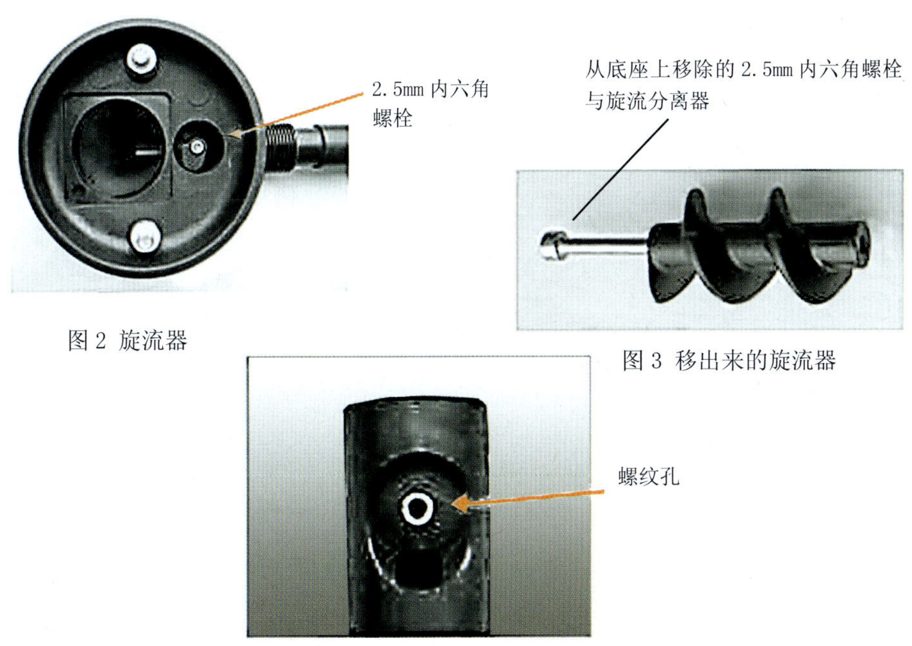

图 2 旋流器

图 3 移出来的旋流器

图 4 螺纹孔

RT-flex-03

RTA-76

2006 年 06 月 01 日

2.1.03 RTA 和 RT-flex 柴油机的 CLU 气缸油系统

适用机型：RTA 和 RT-flex 柴油机

1 简介

使用本服务公告中描述的改进方法，气缸注油系统蓄压器的性能可以得到很大的改善，改进后的蓄压器适用于 84C、84T 和 96C 柴油机。也适用于其他 RTA 和 RT-flex 柴油机。

外轮廓式气缸套（带密封圈冷却槽式气缸套）的蓄压器的设计与其他形式的缸套蓄压器不同，必须对这种形式的蓄压器进行不同方式的改进，如图 1 和图 4。

RTA 和 RT-flex 的气缸润滑系统包含了三代产品。

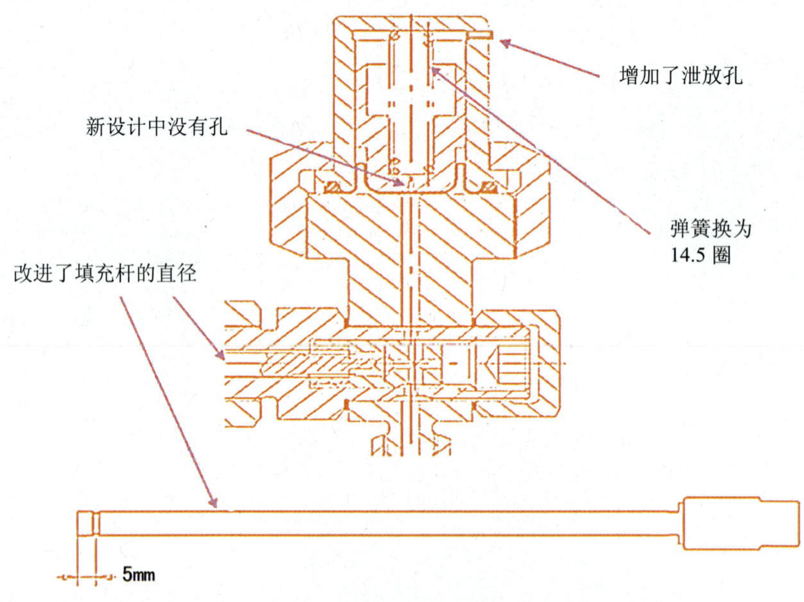

图 1 蓄压器改进部位

• 机械式 CLU-1，气缸注油器的泵单元由液压马达驱动。

• 电子式 CLU-2，气缸注油器的泵单元由液压马达驱动，指 RTA84T，84T-B 或 84T-B 柴油机。

• 电子式 CLU-3，气缸注油器泵单元由电动机驱动，指所有 RT-flex 和其他 RTA 柴油机。

本公告解释了如何在低负荷下提高 CLU-3 的润滑性能，并对气缸的注油率给出了建议，包括气缸套上部注油槽和下部注油槽之间气缸油量的分配、气缸注油率的调整及 CLU-3 的注油率调整方法。

2 蓄压器的改进

2.1 改进后的新型蓄压器

为了改善 RTA 和 RT-flex 蓄压器的润滑性能，修改了蓄压器内部部件的设计，见图 1。该设计有以下优点：

• 改变了填充杆的尺寸：保证供油定时的准确性，延长蓄压膜片的寿命，减小背压，润滑油的流动更加顺畅。

• 修改了蓄压器的活塞设计：保护蓄压膜片。

• 蓄压器罩壳的泄放孔：有效透气，保证蓄压器膜片的动作平稳；更易检测出有缺陷的蓄压膜片 *。

新型的填充杆距离端部 5mm 的位置有一个环，这一点可用于区别早期没有环的设计。

* 如果蓄压器的泄放孔有气缸油漏出（5 升 / 天），说明蓄压器存在缺陷，应进行如下检查：

1）更换蓄压膜片。

2）通过观察孔检查是否所有的蓄压器都有油流出。

3）如果一个或多个蓄压器没有气缸油流出，应检查蓄压器注油枪的通道或气缸套注油孔是否有堵塞现象。

2.2 用于改装蓄压器的修理包（见表 1）

改装修理包：修理包应该根据气缸套O型圈冷却方式来选择。外轮廓式的气缸套（带密封圈冷却槽式的气缸套）修理包与其他类型相比略有不同（新型的可参考附件 RTA76/1）。

表 1 修理包

缸套类型	标准型	带密封圈冷却槽式
备件代码	T021500	T021500-B

改装蓄压器的修理包	单向阀（带有新型填充杆） 活塞 压缩弹簧 蓄压膜片 2 块垫片	新型填充杆 活塞 压缩弹簧 蓄压膜片 2 块垫片

2.3 改装蓄压器的方法

1）在距离蓄压器外罩壳（黄铜）顶边 6mm 的地方钻一个直径为 2mm 的孔，如图 2 所示。请务必清除碎片或碎屑，以免毁坏蓄压膜片。

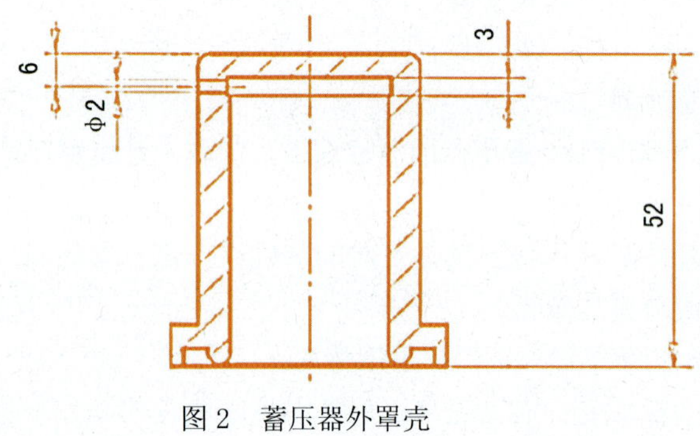

图 2　蓄压器外罩壳

2）检查蓄压器弹簧的圈数，如果是旧的 17.5 圈的弹簧，应换成新式 14.5 圈的弹簧。

3）旧式蓄压膜片更换成新式蓄压膜片。

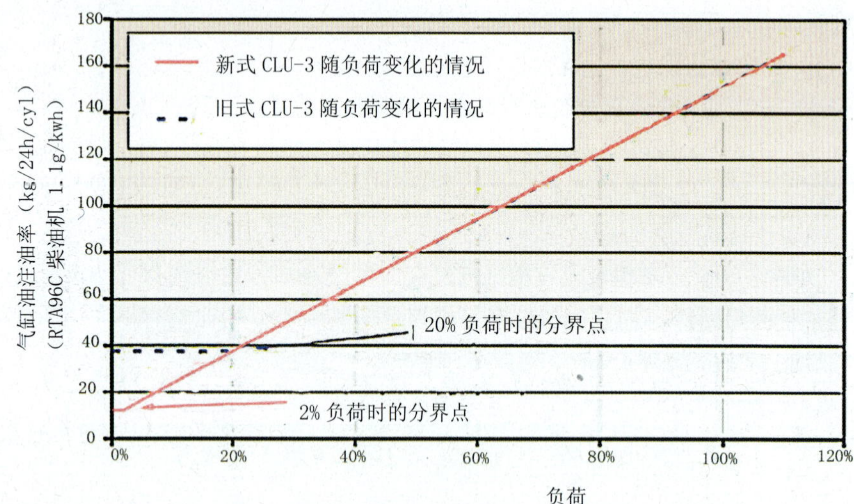

图 3　CLU-3 注油率与负荷的关系

4）使用新式无孔活塞替换旧式的白色塑料的蓄压器活塞（中间带孔）。

5a）标准气缸套的设计：

在上部注油槽和下部注油槽的所有蓄压器上，安装新改进的填充杆，并附有单向阀。

5b）外轮廓式气缸套（带密封圈冷却槽式气缸套）的设计：

在上部注油槽和下部注油槽的所有蓄压器上，安装新改进的内填充杆，连接注油枪止回阀的填充杆无需替换。

3 柴油机在低负荷运行时 CLU-3 系统的润滑

柴油机在 20%～100% 负荷范围内，CLU-3 系统的注油率与负荷有关，但柴油机负荷低于 20% 时，注油率（g/h）不变，这就意味着在低负荷情况下，注油率是（g/kWh）增加的。

目前，CLU-3 系统的注油率随柴油机负荷变化的范围已延伸至 2%～100%（见图 3）。其优点：

- 活塞顶部的沉积物减少，负荷增加时减小了对油膜的破坏。
- 环槽的润滑油沉积物减少，从而保证活塞环的自由运动。
- 环槽不会充满油，从而避免活塞环在自由运动时受到液压阻力的作用。
- 气缸油消耗降低。

气缸油控制系统需要重新编程，有些类型的遥控系统还需要新的部件。马达上必须安装额外的风扇，以便降低马达的温度。

3.1 燃油喷射设备和燃油进机温度

改进 CLU-3 系统的低负荷润滑性能，可以减少低负荷时用于清洁活塞环区域不完全燃烧产物的气缸油量。为了防止活塞环因不完全燃烧产物的污染而导致活塞环卡阻，必须严格遵守《保养说明书》中关于喷油器以及喷嘴的维护和更换的要求。

为了保证柴油机在低负荷时的良好雾化，燃油的进机温度应保持在规定范围的上限：IF380 燃料油和更高粘度的燃油，建议进机的燃油温度范围为 145℃～150℃。

4 推荐的注油率

4.1 推荐的气缸油注油率

服务公告 RTA-63“气缸油注油率”中给出了具体注油率的建议，详细信息可参考服务公告 RTA-66 “气缸润滑油”和 RTA-18.3“气缸套和活塞环的磨合”（注：已被 RTA-18.4“气缸套和活塞环的磨合”取代）。在未重新调整气缸油注油率以前，低硫燃油不得使用 BN70 高碱性气缸油。

当柴油机的负荷改变时，注油率也略有变化。通常情况下，这种变化很小，不需要重新调整注油率。

4.2 上部注油槽和下部注油槽之间油量的分配

气缸润滑油分配：上部注油槽为 30~40%，下部注油槽为 70~60%。这种分配方案使得气缸套整个工作表面的油膜分布均匀，活塞顶部的积碳更少。

对于活塞运行良好的柴油机而言，气缸油的分配方案不需要更改。（根据 RTA-18.4 的规定，正常运行时上部为 30%、下部为 70%。在 200~1 000 运行小时期间，注油率大约为 1.1g/kWh，其间分配为上排 50%、下排 50% 时。1 000 小时后应该变回以前的分配方案）。PC 注油器调节盘位置分布情况，如表 2 所示。

表 2 PC 注油器调节盘位置

调节盘位置	新式 PC 注油器设计 *			老式 PC 注油器设计 **		
上层：下层	上层 %	下层 %	总容积 (ml/stroke/cyl.)	上层 %	下层 %	总容积 (ml/stroke/cyl.)
3：6	30	70	1.57	30	70	1.34
4：6	36	64	1.73	37	63	1.48
2：5	30	70	1.19	28	72	1.03
3：5	36	64	1.30	35	65	1.13
1：4	30	70	0.90	28	72	0.76
2：4	36	64	0.99	35	65	0.83
1：3	36	64	0.74	35	65	0.61

* 老式 PC 注油器设计时间为 2002 年第 28 周以前。

** 新式 PC 注油器设计时间为 2002 年第 28 周以后：请参考服务公告 RTA-60.1。

图 4 外轮廓式气缸套蓄压器

5 CLU-3 注油率的调整

5.1 如何选择泵的转速系数（PSF）

这部分内容针对带电子调速器和 PC 注油器的柴油机（大约 1997 年以后设计的苏尔寿 RTA 柴油机）。调节方式与其他注油器调节螺丝的位置一致。调节注油泵的注油率（柴油机《使用说明书》中有说明）与其他柴油机的类似。

可以通过气缸油控制系统设置泵的转速系数（PSF）以调节注油率。为了设置新的注油率，选择泵的初始转速系数（PSF），并通过下列公式设置调节盘的位置：

PSF= 润滑油％ / 100×60 ×频率比×泵总容量× 0.92 × 60 / 注油率 **公式 1**

(Hz) (rpm/Hz) (l/stroke) (kg/l) (h/min) (g/h)

（润滑油％）系数可通过本文 6.3 节所述的负荷指示器的位置（LI）和（rpm）计算得出，或者用（柴油机功率输出％）来代替，这对于泵的转速系数（PSF）的初步估计是非常精确的。

频率比是指 PC 注油器转速与船舶提供的频率之间的比值。频率比取决于柴油机缸径，见表 3。

表 3 频率比

RTA 与 RT-flex 缸径（cm）	频率比（rpm/Hz）
48、52	0.57
58、60、62	0.763
50、68、72	1
84	1.53
96	2

泵的总容量取决于调节盘的位置。调节盘的设置应保证通过公式 1 计算得出的泵的转速系数（PSF）为 0.85 至 1.15 之间。泵的总容量是指每个泵的柱塞（即每个调整盘）容量的总和，见表 4。

表 4 泵的总容量

调节盘的位置	1	2	3	4	5	6
老式设计 * （ml/stroke）	0.212	0.290	0.397	0.544	0.736	0.941
新式设计 ** （ml/stroke）	0.27	0.36	0.47（例 1）	0.63	0.83	1.10

* 老式 PC 润滑器设计时间为 2002 年 28 周以前。

** 新式 PC 润滑器设计时间为 2002 年 28 周以后：详细细节请参考服务通过 RTA-60.1。

以 10RTA96C 柴油机为例：柴油机在 80％负荷下，调节盘位置位于 1 和 3，由本文 6.1 节公式 1 计算得：

泵的转速系数（PSF）= 0.80×60×2×（10×0.74）×0.92×60 / 40,850 =0.96

5.2 应急润滑

泵的转速系数（PSF）限制在 0.85 和 1.15（参考本文 5.1 节）范围内，这样在应急润滑模式下，高负荷时的注油率是足够的。

当正常的气缸润滑控制发生故障，气缸润滑应急控制系统会自动起动，此时，注油率随负荷调节不再有效。这时，PC 注油器的频率就是主电源的频率（例如 60 赫兹），在整个负荷范围内，PC 注油器的注油率始终保持不变。在整个负荷范围内气缸注油率与 100％柴油机功率输出时的注油量相同，当柴油机负荷减小时，注油率显然是增加的。

如果一直在应急润滑模式下运行，那么就应重新调节注油器的调节盘，以便得到实际负荷下的注油率。但要避免因柴油机负荷突然增加而导致气缸注油率过低，例如 RTA 柴油机的最大负荷位置可以使用机械方式锁死。

6 确定 CLU-3 的注油率

这部分内容针对带电子调速器和 PC 注油器的柴油机（大约 1997 年以后设计的苏尔寿 RTA 柴油机）。气缸注油率的计算方式与其他类型的注油器相似，可以利用调整对应的调节螺丝的位置调整泵的容量（柴油机《使用说明书》中给出），从而调节柴油机的注油率。

通过以下三种方法比较气缸注油率，以便检查注油率测定的可靠性。

6.1 测量 PC 注油器速度或变频器

使用泵的容量通过 PC 注油器速度和调节盘的位置计算注油率。通过计量注油器驱动轴的转数来测量 PC 注油器的速度。

通过以下方式来计算注油率：

例 1，PC 注油器速度为 100 rpm，调节盘位置设置为 3（新式）见表 4，那么注油率为：

100 rpm×0.47 ml/stroke（冲程）=47 ml/min

把注油器每个调节盘位置的注油率（ml/min）加起来，计算出整个柴油机的注油率。

例 2， 10 缸柴油机调节盘的设置为（新式）上 1，下 3，见表 4。

注油率为 10×27 ml/min + 10×47 ml/min = 0.74 l/min

在 40℃时，气缸油的密度一般为 0.92 kg/l

每小时注油量为：

0.74×0.92×60 = 40.85 kg/h

如果柴油机的功率为 40.0 MW，那么注油率为：

40.85/40.0 = 1.0 g/kWh

注油率 = 泵总容量 ×PC 注油器速率 ×0.92× 60 （适用于所有装置的上、下层）
（kg/h） （l/stroke） （rpm） （kg/l） （min-to-hrs）

检查 PC 注油器的速度

用变频器上显示的频率乘以频率比，来检查测定的 PC 注油器速度。该结果约等于注油器的速度，例如，对于 RTA96C 而言，如果频率是 57.0 赫兹，则注油泵轴的速度为 2（见表 3 ）×57.0 = 114 rpm。

6.2 测量油柜消耗的容积或使用流量计

测量柴油机在 1 小时内油柜消耗的气缸油容积，计算出每小时消耗的气缸油量（l/h）。在测量过程中，柴油机的负荷必须保持不变。在油柜中测出消耗的油量值或使用流量计测出的油量值都必须准确无误。

为了将测得的注油率转化为 kg/h，需要使用密度值，密度值必须经过温度修正，气缸油的油温应与测量油柜的温度或流量计处的油温相同。

6.3 RTA 柴油机：通过气缸油控制系统的设置计算注油率，见表 5。

通过气缸油控制系统的设置计算 PC 注油器速度，然后利用上述 6.1 方法将计算出的速度转化为注油率。

PC 注油器速度 = 润滑油 %/100 ×PSF × 60 × 频率比
（rpm） （电源频率 60Hz） （rpm/Hz）

蓄压器润滑的负载变化取决于柴油机的功率 %。功率 % 值由柴油机转速（rpm%）和平均有效压力（MEP%）计算得出。

表 5 通过遥控系统控制的润滑油（%lube）取决于柴油机功率（功率 %）

RTA 柴油机（DENIS 6 操纵系统）	润滑油 %=（0.94× 功率 %）+ 6
改进的低负荷润滑的 RTA 柴油机	润滑油 %=（0.92× 功率 %）+ 8

柴油机功率的计算：

功率 %= MEP%×rpm% / 100

MEP% 与负荷指示器的位置（LI）成正比。

MEP% = 转换系数 ×（LI- 零 MEP 状态下的 LI）

常量（转换系数）和（零 MEP 状态下的 LI）应在车间试验中进行测量，然后输入遥控系统中。

例：

Nabco MG800　　安全系统 Tenkey 640 是 MEP 为零时的负荷指示
　　　　　　　　安全系统 Tenkey 641 为负荷指示转换系数

Kongsberg Autochief 4　OP code 65 P6 是 MEP 为零时的负荷载指示
　　　　　　　　　　　OP code 65 P7 为负荷指示转换系数

这些例子不一定适用于所有的遥控系统。请参考厂家关于修正参数的文件。

注：用来计算气缸注油率的唯一变量是负荷指示器的位置和柴油机转速。

6.4 RT-flex：通过气缸油控制系统的设置计算注油率

通过 WECS 或 FlexView 估算功率，计算 PC 注油器速度，然后通过上述 6.1 方法将计算出的速度转化为注油率。

PC 注油器速度 = 润滑油 %/100 × PSF × 60 × 频率比
(rpm)　　　　　　　　　　　(电源频率 60Hz)(rpm/Hz)

随主机负荷变化的气缸油注油率的负荷信号可从 WECS 或者 FlexView 中读取，其计算如表 6：

表 6 注油率的计算

RT-flex（DENIS 9 操纵系统）	润滑油 %=（0.88× 功率 %）+ 12.2
改进的低负荷润滑的 RT-flex（DENIS 9520） 和 RT-flex（修改的 DENIS 9）	润滑油 % =（0.92× 功率 %）+ 8

6.5 气缸油注油率

气缸油注油率（g/kWh）是指柴油机每单位功率的注油率，即柴油机运行负荷下的注油率（g/h）除以测量该注油率时柴油机的输出功率值（kW）。

柴油机的输出功率通过轴功率测量仪测得。如果没有安装轴功率测量仪（或未检查轴功率测量仪），那么可以通过对比 LI-x- 柴油机转速和柴油机试车报告得出功率输出值。这种计算是精确的，但在下面二种情况需要修正：（1）当使用两种不同密度的燃料（如台架试验和运行）时。（2）柴油机燃油的进机温度（例如，台架试验为 40℃，运行时为 150℃）存在差异。如果高压油泵的调节装置磨损，可能导致功率的计算结果不太准确。

为进一步验证柴油机的输出功率，应比较柴油机运行时和试车报告中的扫气压力或增压器转速的性能曲线。

7 其他相关的服务公告

RTA-18.3　气缸套和活塞环的磨合（已被 RTA-18.4　取代）

RTA-66　　气缸润滑油

RTA-63　　气缸油注油率

RTA-62　　防止扫气空气携带水分和气缸套的磨损

8 缩写含义

DENIS：柴油机控制和优化燃烧控制系统

MEP：　气缸平均有效压力

9 附件 RTA-76/1 外轮廓式气缸套（带密封圈冷却槽式气缸套）

外轮廓式气缸套的设计外形独特，如图 5 所示。缸套较低部位设置的〇型圈冷却槽是一个外轮廓式结构，冷却水空间从背后向下延伸进行冷却，而注油枪不穿过冷却水腔。注油枪在气缸套下面一个〇型圈的下方，并有两个独立的填充杆。外面一个填充杆在润滑套筒单向阀处，已经具备了最佳的尺寸，不需要更换。内部的一个填充杆头部设计进行了改进，可用来替代旧的填充杆。

该事例是针对 RT-flex60C 柴油机，该柴油机是唯一使用带密封圈冷却槽式气缸套的柴油机。缸径为 48、58、68 的 RTA 或 RT-flex 柴油机要么是图 6 所示标准设计，每个套筒均有一个单独的填充杆，要么是图 5 所示的带密封圈冷却槽式气缸套设计，每个套筒有两个填充杆。

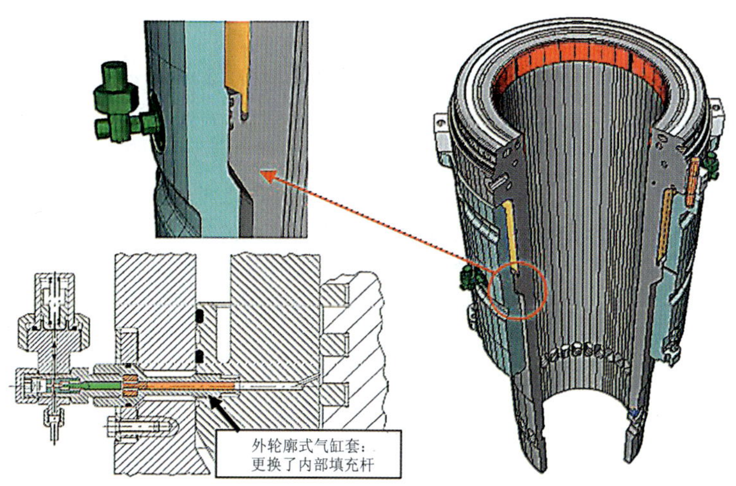

图 5　外轮廓式气缸套的注油枪（“注油枪不穿过冷却区域”）

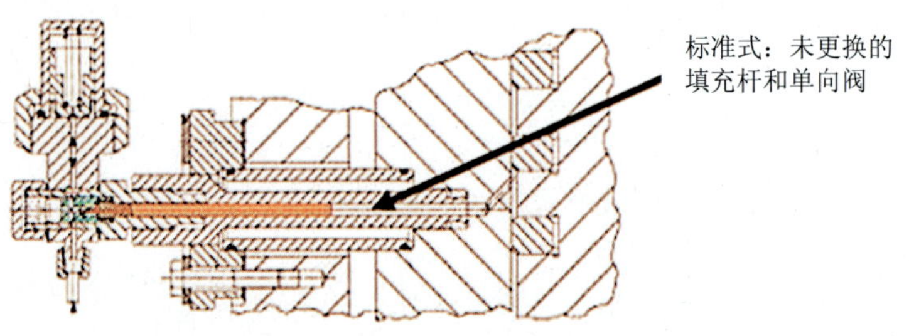

图 6　标准气缸套的注油枪（“注油枪穿过冷却区域”）

RTA-flex-04

RTA-75

2006 年 6 月 2 日

2.1.04　扫气总管含油污水排放管路的布置

适用机型：适用于 RTA 和 RT-flex 柴油机

1 简介

为泄放扫气总管内的含油污水，扫气总管均安装有泄放管。有些管路布置情况，在翻板阀或口琴阀前、后的泄放管是连接在一起的。在辅助风机运行时，翻板阀前后的扫气压差会导致含油污水回流到翻板阀前面的扫气箱中，对扫气箱和气水分离器造成污染。对于这种情况，可以在气水分离器后面的排水管上安装节流孔板（图 1），以防止这种污染的发生。

2 实施

节流孔板的孔径推荐为 8mm；材料为不锈钢或黄铜，以免生锈；板的厚度为 3~4mm。

节流孔板应安装在翻板阀前扫气箱泄放管的垂直管路上，尽量靠近公共泄放管路。

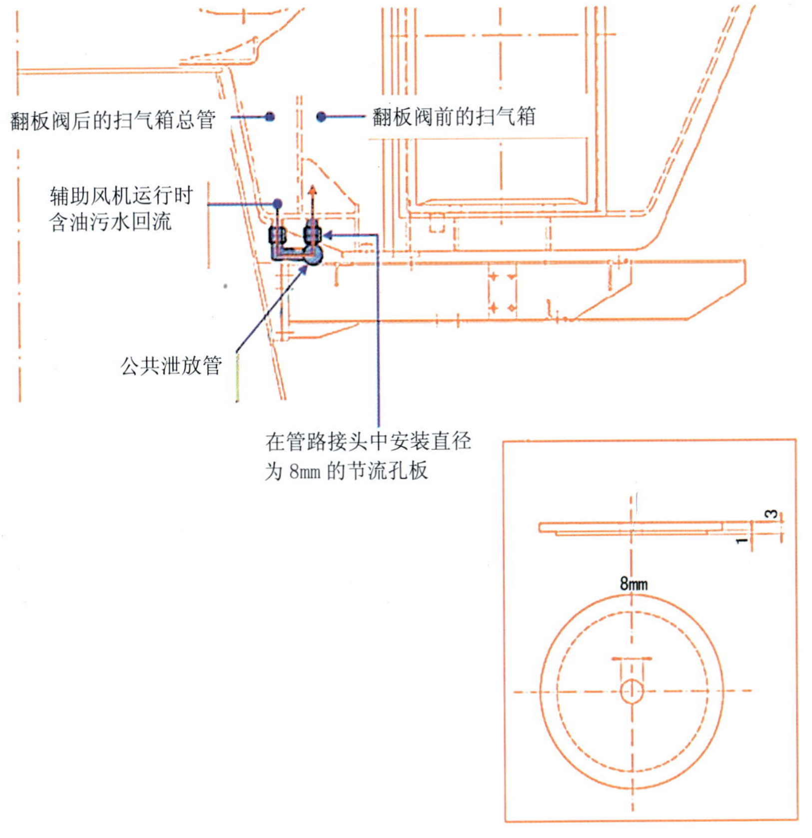

图 1　RTA48T-B

如果气水分离器后面的扫气箱泄放管安装有蝶阀，并且靠近公共泄放管路，可以在阀板上钻节流孔。

接头、法兰和阀上安装的节流孔板都应清楚标明孔的位置和大小。图 3 所示的例子为安装在法兰间的节流孔板。

节流孔板应定期进行检查，防止发生堵塞和腐蚀，可每隔 6 个月检查一次。

2.1 各种实施方法的实例（图 2、图 3）。

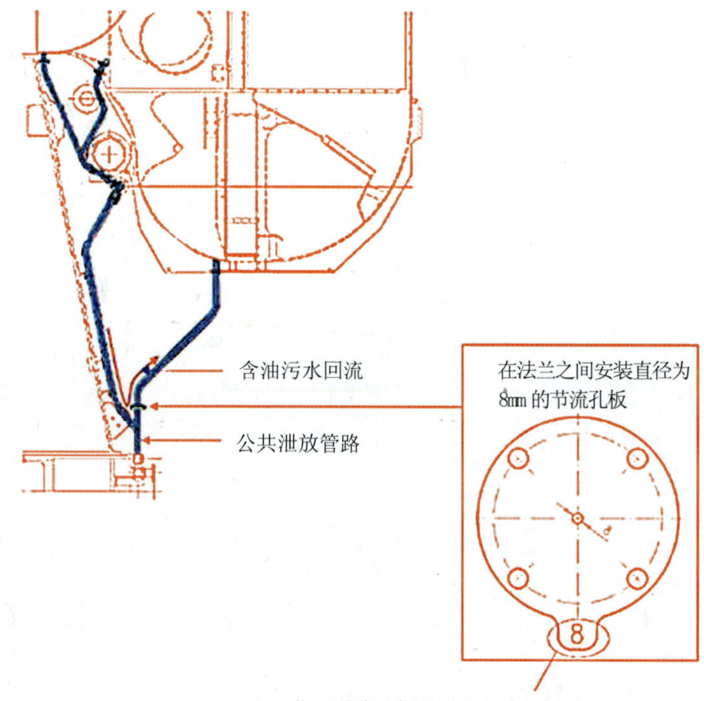

图 2 RT-flex96C-B

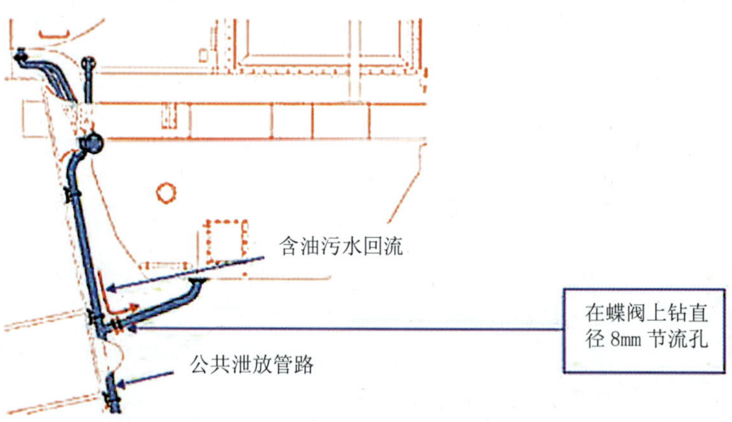

图 3 RT-flex84T-D

RT-flex-05

RTA-43.3

2006 年 8 月 31 日

2.1.05　活塞环

适用机型：适用于所有 RTA 和 RT-flex 柴油机

1 简介

该公告提供了有关 RTA 与 RT-flex 柴油机最新活塞环技术规范的信息与建议。

本公告取代了服务公告 RTA-43、RTA-43.1 以及 RTA-43.2 中关于活塞环的信息。

2 活塞环技术

2.1 最新的发展

新型活塞环镀层的发展与实用性已经能够使 Wärtsilä 公司在其柴油机上的各种活塞环进行试验与应用。评估的目的是为了找到一种能够提高活塞环安全性的“低磨损”处理工艺，使活塞环能够承受多变的活塞运行条件，防止活塞环出现急剧严重的磨损。效果最好的是，所有环槽都装铬陶瓷镀层的活塞环与衍磨的缸套配合使用。

铬陶瓷镀层（CC）活塞环从 1998 年起开始在船舶的 RTA 柴油机中进行了测试，在 2000 年，Wärtsilä 提出了活塞环的标准配置，即活塞的第一道活塞环使用铬陶瓷镀层（CC）活塞环，其他的下部活塞环使用 RC（磨合镀层）活塞环。铬陶瓷镀层具有较高的抗磨性、抗粘滞性和抗腐蚀磨损性能，并且能够很大程度地降低发生急剧过度磨损的风险。

2.2 最新标准

现在推荐全铬陶瓷活塞环组作为 RTA96C、RT-flex96C、RTA84C、RTA84T、RTA84T-B、RTA84T-D、RT-flex84T-D 以及 RTA84M 等大缸径柴油机活塞环的标准配置。

根据维修经验，使用 SCP1RC 活塞环作为除第一道活塞环外的其他下部活塞环，连同可以作为第一道活塞环使用的 RC 活塞环和适用于某些柴油机类型的 KOP 活塞环，仍保留为 RTA84 以及较小缸径柴油机的标准活塞环组配置。

两种 CC 环都是预制成型的，第一道 CC 环的不对称的鼓腰型如 P1，下面几道 CC 环的对称的鼓腰型如图 2。RC 型活塞环具有不对称鼓腰型如 P1。

除了 KOP 活塞环搭口是斜切口式之外，其余的标准活塞环搭口均是直切口式（SC）。使用气密型（GT）活塞环作为第一道活塞环，可以作为大缸径柴油机的另一种选择方案，参见本文第 5.3 章。

KO 活塞环（非预制成型）已经被 KOP（已经预制成型）的活塞环取代

注意：铬陶瓷镀层（CC）活塞环只能与完全珩磨的缸套配合使用。

3 活塞环型号

活塞环可以通过 8 个代码进行分类，即：

活塞环搭口：　SC － 直切口式

　　　　　　　GT － 气密式

横剖面轮廓：　P1 － 非对称式横剖面

　　　　　　　P2 － 对称式横剖面

镀层：　　　　CC － 铬陶瓷

　　　　　　　RC － 磨合镀层

活塞环高度：　（mm）

活塞环轮廓如图 1 所示。

P1：顶部 CC 活塞环以及 RC 活塞环
不对称式轮廓

P2：铬陶瓷（CC 环）下部活塞环
对称式轮廓

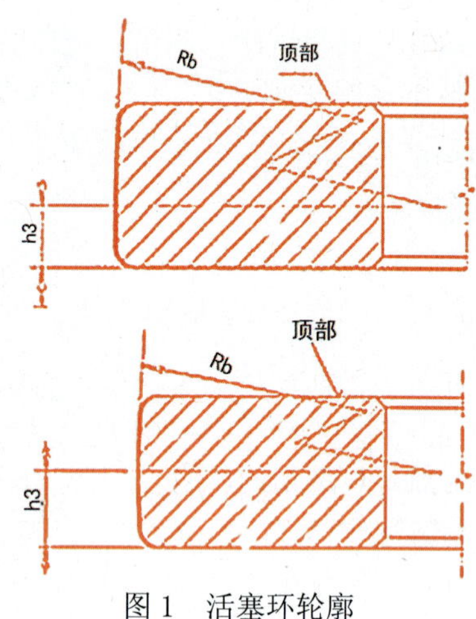

图 1　活塞环轮廓

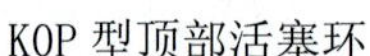
KOP 型顶部活塞环

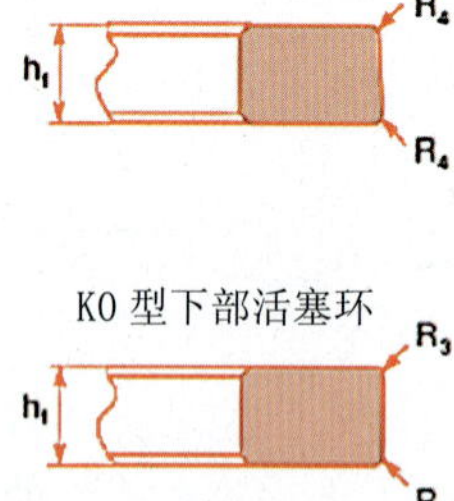

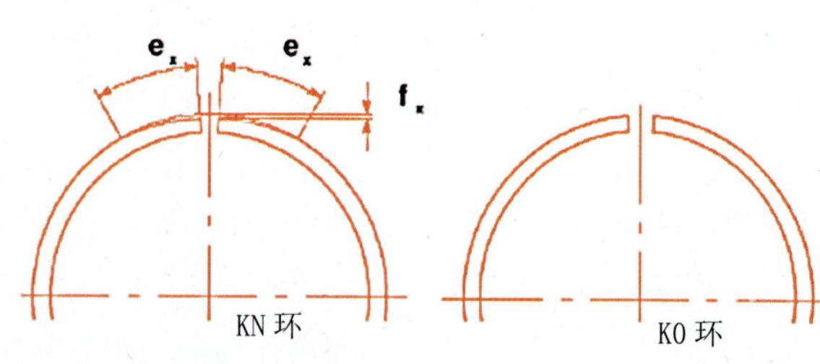

图 2　活塞环技术规格

旧版本活塞环技术规格 KO 与 KOP

KOP 活塞环的搭口为斜切口形式。符号“K”表示修正至活塞环的末端：“0”表示活塞环的末端没有修正量，然而先前的 KN 型的修正量为负值。“P”表示活塞环是预制的，如图 2 所示。改变 KOP 活塞环的镀层，可以变为 PL（等离子体镀层）活塞环或者 RC（磨合镀层）活塞环。

Wärtsilä 活塞环都是按照以下方式进行标记的（实例），见图 3。

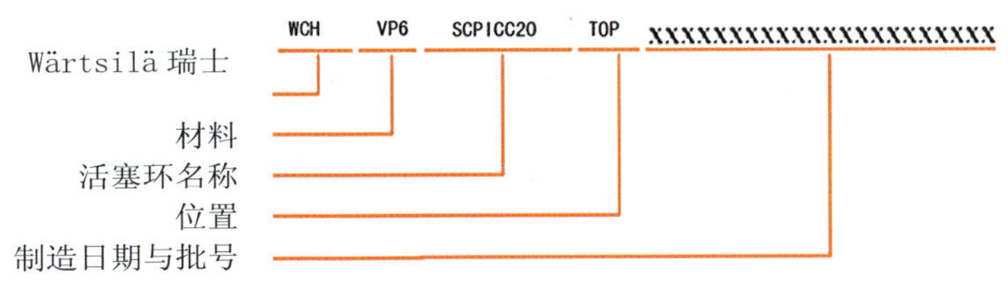

图 3 活塞环的标记

4 活塞环的配置

表 1 列出了推荐的活塞环标准配置，以及可以使用的替代配置方案。

1× 表示顶部活塞环，接下来的 3× 和 4× 表示下部活塞环；

单个的“4× 和 5×”表示活塞环组全部是由完全一样的活塞环组成的。

表 1 活塞环的配置

柴油机型号	活塞环的数量	标准配置	替代配置方案
RTA96C RT-flex-96C	4 道活塞环	1×SCP1CC20 3×SCP2CC20	1×GTP1CC20 3×SCP2CC20
	5 道活塞环	1×SCP1CC20 4×SCP2CC18	1×GTP1CC20 4×SCP2CC18

柴油机型号	活塞环的数量	标准配置	替代配置方案
RTA84C	4 道活塞环	1×SCP1CC20 3×SCP2CC20	1×SCP1CC20 3×SCP1RC20 或者 1×GTP1CC20 3×SCP1RC20 或者 4×SCP1RC20
	5 道活塞环	1×SCP1CC20 4×SCP2CC16 或者 1×SCP1CC16 4×SCP2CC16	1×SCP1CC20 4×SCP1RC16 或者 1×GTP1CC20 4×SCP1RC16 或者 1×SCP1CC16 4×SCP1RC16 或者 5×SCP1RC16
RTA84M RTA84T RTA84T-B RTA84T-D RT-flex84T-D	4 道活塞环	1×SCP1CC20 3×SCP2CC20	1×SCP1CC20 3×SCP1RC20 或者 1×GTP1CC20 3×SCP1RC20 或者 4×SCP1RC20
	5 道活塞环	1×SCP1CC20 4×SCP2CC16 或者 1×SCP1CC16 4×SCP2CC16	1×SCP1CC20 4×SCP1RC16 或者 1×GTP1CC20 4×SCP1RC16 或者 1×SCP1CC16 4×SCP1RC16 或者 5×SCP1RC16
RTA84	5 道活塞环	1×SCP1RC20 4×SCP1RC16 或者 5×SCP1RC16	1×SCP1RC20 4×KOP16 或者 1×SCP1RC16 4×KOP16

柴油机型号	活塞环的数量	标准配置	替代配置方案
RTA76	5 道活塞环	1×KOP18 4×KOP14 或者 5×KOP14	1×GTP1CC18 4×KOP14 或者 1×SCP1CC18 4×KOP14
RTA72 RTA72U RTA72U-B	4 道活塞环	1×SCP1CC18 3×SCP1RC18 或者 1×SCP1CC18 3×SCP1RC14	4×SCP1RC18 或者 1×SCP1RC18 3×SCP1RC14
	5 道活塞环	1×SCP1CC18 4×SCP1RC14 或者 5×SCP1RC14	1×SCP1RC18 4×SCP1RC14
RTA68-B (RTA68T-B) RTA68-D RT-flex68-B RT-flex68-D	4 道活塞环	1×SCP1CC18 3×SCP1RC18	1×SCP1CC18 3×SCP2CC18
RTA68	5 道活塞环	5×KOP13 或者 1×SCP1RC18 4×KOP13	
RTA62 RTA62U RTA62U-B	4 道活塞环	1×SCP1CC17 3×SCP1RC17 或者 1×SCP1CC17 3×SCP1RC13	4×SCP1RC17 或者 1×SCP1RC17 3×SCP1RC13
	5 道活塞环	1×SCP1CC17 4×SCP1RC13 或者 5×SCP1RC13	1×SCP1RC17 4×SCP1RC13
RT-fLEX60C RT-flex60C-B	4 道活塞环	1×SCP1CC16 3×SCP1RC16	
RTA58T RTA58T-B RT-flex58T-B	4 道活塞环	1×SCP1CC16 3×SCP1RC16	4×SCP1RC16

柴油机型号	活塞环的数量	标准配置	替代配置方案
RTA58	5 道活塞环	1×SCP1RC16 4×KOP12 或者 5×KOP12	
RTA52 RTA52U	4 道活塞环	1×SCP1CC15 3×SCP1RC15 或者 1×SCP1CC15 3×SCP1RC12	4×SCP1RC15 或者 1×SCP1RC15 3×SCP1RC12
	5 道活塞环	1×SCP1CC15 4×SCP1RC12 或者 5×SCP1RC12	1×SCP1RC15 4×SCP1RC12
RTA50-B RT-flex50-B	4 道活塞环	1×GTP1CC15 3×SCP1RC15	
RTA48T RTA48T-B	4 道活塞环	1×SCP1CC15 3×SCP1RC15	4×SCP1RC15
RTA48	4 道活塞环	1×SCP1RC15 3×KOP11 或者 4× KOP11	
RTA38	4 道活塞环	1×KOP13 3×KOP10 或者 4×KOP10	

5 原则上的建议

5.1 活塞环的寿命

铬陶瓷镀层有一定的使用期。不过实际的磨损情况要根据活塞环的运行情况来判断。铬陶瓷镀层的磨损可以通过一种铬厚度测量工具进行监控，这种铬厚度测量工具对于所有的 Wärtsilä 产品均适用，见本文第 6 点中的零部件列表。

在进行活塞下部检查时，若发现某道活塞环的铬陶瓷镀层出现了部分磨损，该活塞环无需立即更换，见图 4。如果剩余的铬镀层是完好无损的，该活塞环仍可以继续使用。但是该活塞环的耐磨性将相应的降低。

如果铬镀层受到的损坏，即镀层的破损已经达到上下贯穿状态，或者镀层剥落，那么应该尽早更换该活塞环。

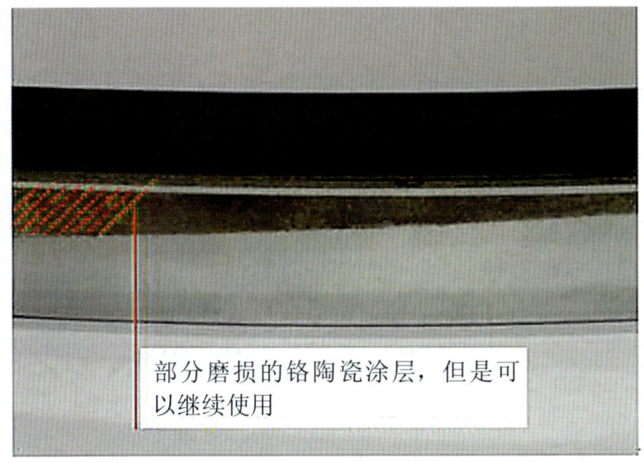

图 4　活塞环检查

5.2 检修周期

柴油机《保养说明书》给出了使用以下活塞环的活塞的检修周期标准：

• 18 000～20 000 运行小时　使用铬陶瓷（CC）顶部活塞环的活塞和装有刮碳环的缸套；

• 12 000～14 000 运行小时　使用铬陶瓷（CC）顶部活塞环的活塞和不装刮碳环的缸套；

• 6 000～8 000 运行小时　使用磨合镀层（RC）顶部活塞环的活塞，缸套不安装刮碳环。

当使用 RC 顶部活塞环来替代铬陶瓷顶部活塞环时，应缩短检修间隔周期。

上面提及的带有铬陶瓷活塞环的活塞，检修周期同样也适用于所有活塞环都使用铬陶瓷活塞环的活塞。

5.3 活塞环的保存与搬运

搬运时要小心。应当将活塞环保存在一个干燥的地方，水平放置在平坦的平面上，保持原始包装状态。当准备使用时，避免与其他金属物品碰撞。这一点对于铬陶瓷活塞环来讲是尤为重要的。

5.4 气密型活塞环

气密型顶部活塞环对于部分磨损的缸套是有帮助的。大的直切口式活塞环搭口间隙会导致过多气体泄漏，从而导致油膜被破坏，并且在活塞环上形成沉积物。这一现象可以通过气密型活塞环末端的重叠搭口来避免。另外，当使用气密型活塞环时，还可以降低活塞头上沉积物形成的倾向。只有在活塞环槽处于良好状态时才能使用气密型活塞环。在安装气密型活塞环之前，缸套可能需要进行打磨，以修复尺寸上的不规整。

5.5 安装说明

为防止变形，不到万不得已不能过度张开活塞环，这一点是至关重要的。出于此目的，可以使用专用的活塞环扩张工具，如图 5 所示，该工具上配置有专门为铬陶瓷镀层活塞环设计的钳子，以防止活塞环末端上的镀层碎裂。关于订购细节，请参见本文第 6 点的零件清单。

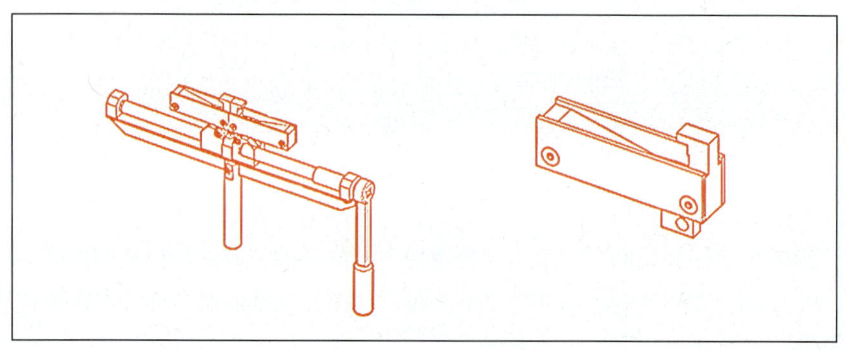

图 5　活塞环扩张工具

5.6 缸套的状况

在安装活塞之前，应全面检查缸套的状况，是否存在因磨损而造成的凸肩，以及气缸油布油槽和扫气口处是否有尖锐的边缘。关于安装说明，请参考《保养说明书》2 部套第 2124-3/A1。

6 部件清单

6.1 概述

表 2 部件清单

部件	订购编号（型号编号）
活塞环扩张工具	94338
铬厚度仪	94356

6.2 活塞环

表 3 活塞环的配置

柴油机型号	标准配置	订购编号（型号编号）	替代配置方案	订购编号（型号编号）
RTA96C	1×SCP1CC20 3×SCP2CC20 或者 1×SCP1CC20 4×SCP2CC18	D 34425 D 34428 D 34425 D 34430	1×GTP1CC20 3×SCP2CC20 或者 1×GTP1CC20 4×SCP2CC18	*) D 34428 *) D 34430
RT-flex96C	1×SCP1CC20 3×SCP2CC20 或者 1×SCP1CC20 4×SCP2CC18	DF 34425 DF 34428 DF 34425 DF 34430	1×GTP1CC20 3×SCP2CC20 或者 1×GTP1CC20 4×SCP2CC18	*) DF 34428 *) DF 34430
RTA84C	1×SCP1CC20 3×SCP2CC20 或者 1×SCP1CC20 4×SCP2CC16 或者 1×SCP1CC16 4×SCP2CC16	C 34420 C 34428 C 34420 C 34427 C 34429 C 34427	1×SCP1CC20 3×SCP1RC20 或者 1×GTP1CC20 3×SCP1RC20 或者 4×SCP1RC20 或者 1×SCP1CC20 4×SCP1RC16 或者 1×GTP1CC20 4×SCP1RC16 或者 1×SCP1CC16 4×SCP1RC16 或者 5×SCP1RC16	C 34420 C 34421 ----------*) C 34421 C 34421 C 34420 C 34422 ----------*) C 34422 C 34429 C 34422 C 34422
RTA84T	1×SCP1CC20 3×SCP2CC20 或者 1×SCP1CC20 4×SCP2CC16	W 34424 W 34431 W 34424 W 34430	1×SCP1CC20 3×SCP1RC20 或者 1×GTP1CC20 3×SCP1RC20 或者 4×SCP1RC20 或者 1×SCP1CC20 4×SCP1RC16 或者 1×GTP1CC20 4×SCP1RC16 或者 1×SCP1CC16 4×SCP1RC16 或者 5×SCP1RC16	W 34424 W 34425 ----------*) W 34425 W 34425 W 34424 W 34426 ----------*) W 34426 ----------*) W 34426 W 34426

柴油机型号	标准配置	订购编号 （型号编号）	替代配置方案	订购编号 （型号编号）
RTA84T-B RTA84T-D	1×SCP1CC20 3×SCP2CC20	B 34425 B 34431	1×SCP1CC20 3×SCP1RC20 或者 1×GTP1CC20 3×SCP1RC20 或者 4×SCP1RC20	B 34425 B 34426 ----------*) B 34426 B 34426
RT- flex84T-D	1×SCP1CC20 3×SCP2CC20	BF 34425 BF 34426		
RTA84M	1×SCP1CC20 4×SCP1RC16 或者 1×SPC1RC20 4×SCP1RC16 或者 5×SCP1RC16	Z 34437 Z 34439 Z 34438 Z 34439 Z 34439		
RTA84	1×SCP1RC20 4×SCP1RC16 或者 5×SCP1RC1	U 34409 U 34408 U 34408	1×SCP1RC20 4×KOP16 或者 1×SCP1RC16 4×KOP16	U 34409 U 34408 U 34408 U 34408
RTA76	1×KOP18 4×KOP14 或者 5 KOP14	U 34409 U 34408 U 34408	1×GTP1CC18 4×KOP14 或者 1×SCP1CC18 4X KOP14	U 34409 U 34408 U 34409 U 34408
RTA72 RTA72U	1×SCP1CC18 3×SCP1RC18 或者 1×SCP1CC18 3×SCP1RC14 或者 1×SCP1CC18 4×SCP1RC14 或者 5×SCP1RC14	Z 34433 Z 34334 Z 34433 Z 34435 Z 34433 Z 34435 Z 34435	4×SCP1RC18 或者 1×SCP1RC18 3×SCP1RC14 或者 1×SCP1RC18 4×SCP1RC14	Z 34434 Z 34434 Z 34435 Z 34434 Z 34435
RTA72U-B	1×SCP1CC18 3×SCP1RC18 或者 1×SCP1CC18 3 SCP1RC14	A 34428 A 34329 A 34428 A 34430	4×SCP1RC18 或者 1×SCP1RC18 3×SCP1RC14	A 34429 A 34429 A 34430

柴油机型号	标准配置	订购编号（型号编号）	替代配置方案	订购编号（型号编号）
RTA68-B （RTA68T-B） RTA68-D	1×SCP1CC18 3×SCP1RC18	Q 34434 Q 34425	1×SCP1CC18 3×SCP2CC18	Q 34434 Q 34425
RT-flex68-B RT-flex68-D	1×SCP1CC18 3×SCP1RC18	MF 34425 MF 34426	1×SCP1CC18 3×SCP2CC18	MF 34425 MF 34426
RTA68	5×KOP13 或者 1×SCP1RC18 4×KOP13	U 34408 U 34409 U 34408		
RTA62 RTA62U	1×SCP1CC17 3×SCP1RC17 或者 1×SCP1CC17 3×SCP1RC13 或者 1×SCP1CC17 4×SCP1RC13 或者 5×SCP1RC13	Z 34430 Z 34431 Z 34430 Z 34432 Z 34430 Z 34432 Z 34432	4×SCP1RC17 或者 1×SCP1RC17 3×SCP1RC13 或者 1×SCP1RC17 4×SCP1RC13	Z 34431 Z 34431 Z 34432 Z 34431 Z 34432
RTA62U-B	1×SCP1CC17 3×SCP1RC17 或者 1×SCP1CC17 3×SCP1RC13	A 34422 A 34423 A 34422 A 34424	4×SCP1RC17 或者 1×SCP1RC17 3×SCP1RC13	A 34423 A 34423 A 34424
RT-flex60C RT-flex60C-B	1×SCP1CC16 3×SCP1RC16	NF 34420 NF 34421		
RTA58T	1×SCP1CC16 3×SCP1RC16	W 34422 W 34423	4×SCP1RC16	W 34423
RTA58T-B	1×SCP1CC16 3×SCP1RC16	Q 34422 Q 34423	4×SCP1RC16	Q 34423

柴油机型号	标准配置	订购编号（型号编号）	替代配置方案	订购编号（型号编号）
RTA58	1× SCP1RC16 4× KOP12 或者 5X KOP12	U 34409 U 34408 U 34408		
RTA52 RTA52U	1× SCP1CC15 3× SCP1RC15 或者 1× SCP1CC15 3X SCP1RC12 或者 1× SCP1CC15 4×SCP1RC12 或者 5× SCP1RC12	Z 34427 Z 34428 Z 34427 Z 34429 Z 34427 Z 34429 Z 34429	4× SCP1RC15 或者 1× SCP1RC15 3× SCP1RC12 或者 1× SCP1RC15 4×SCP1RC12	Z 34428 Z 34428 Z 34429 Z 34428 Z 34429
RTA50-B RT-flex50 RT-flex50-B	1× GTP1CC15 3× SCP1RC15	IF 34420 IF 34421		
RTA48T	1× SCP1CC15 3× SCP1RC15	W 34420 W 34421	4× SCP1RC15	W 34421
RTA48T-B	1× SCP1CC15 3× SCP1RC15	Q 34420 Q 34421	4× SCP1RC15	Q 34421
RTA48	1× SCP1RC15 3× KOP11 或者 4× KOP11	T 34411 T 34409 T 34409		
RTA38	1× KOP13 3× KOP10 或者 4× KOP10	T 34408 T 34407 T 34407		

*)在发布该服务公告时，上述活塞环的零部件型号是不可用的。当订购替换活塞环时，请使用活塞环的名称以及柴油机的型号。

例如，如果柴油机型号为 RTA84C，请引用 “RTA84C 的 1×GTP1CC20” 下订单。

RT-flex-06

2008 年 2 月 8 日

2.1.06 喷射控制单元的返厂修理

适用机型：所有 RT－flex 柴油机

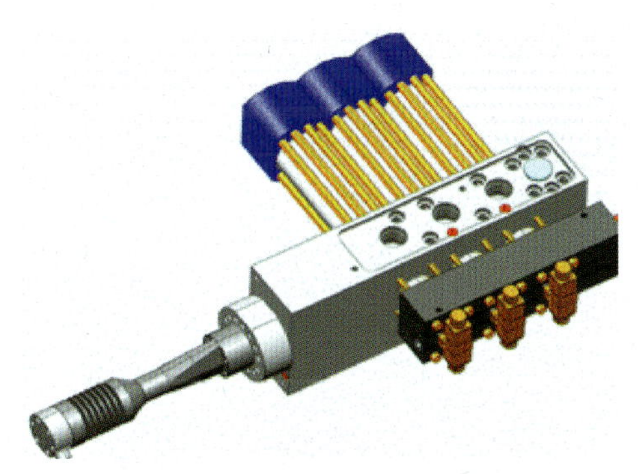

图 1 喷射控制单元（ICU）

1 简介

该信息介绍了 RT-flex 柴油机喷射控制单元（ICU）的维修和翻新修理，如图 1。

喷射控制单元组件的寿命完全取决于使用状况。一旦喷射控制单元出现故障，船上解决问题的手段通常包括更换共轨阀、油量传感器和油量活塞。如果需要采取进一步的措施，那么整个喷射控制单元，包括共轨阀、油量传感器 / 活塞均应返厂检修，试验台如图 2。

2 维修标准

长期运行后，喷射控制装置本体内部的泄放孔可能会被积碳堵塞。由于这些泄放孔存在压力，可能会最终导致外部泄漏。这时喷射控制单元就必须返厂维修。

维修程序包括：

（1）拆卸喷射控制单元。

（2）使用专用设备和清洁剂来清洁内部泄放孔。

（3）改进内部泄放孔，提高漏泄燃油的泄放效果。

（4）更换所有的○型圈和密封装置。

（5）组装喷射控制单元并进行测试。

图 2 位于瑞士温特图尔的喷射控制单元（ICU）试验工作台

3 翻新修理标准

如果喷射控制阀达到一定的磨损极限，或控制油阀失灵，那么喷射控制单元就需要返厂进行翻新修理。

3.1 喷射控制阀磨损

如果喷射控制阀磨损，则会发生如下报警：

（1）INJ BEG DEADT n HI（n ＝ 相应缸号）

这是磨损的早期迹象。WECS 可以通过调整喷油定时以补偿磨损。应检查柴油机的热工参数和示功图，确认柴油机的喷油定时、燃烧温度和压力是否正常。

（2）INJ BEG DEADT n VERY HI

磨损已达到极限，喷射控制单元必须进行翻修。

3.2 控制油阀失灵

如果控制油阀失灵，则会发生如下报警：

WECS-9500：

- INJ QTY PISTON n, NO MOVEMENT
- INJ QUANTITY PISTON n STUCK IN MAX. POS.
- INJ n INJ TIME TOO LONG

WECS-9520：

- INJ n INJ TIME TOO LONG
- INJ QTY PISTON n NO MOVEMENT
- INJ QTY PISTON n STUCK IN MAX POS DELAYED
- INJ QTY PISTON n FAIL: Check LEDs on FCM for details.

检查共轨阀的动作时间：

- WECS-9500：最大 2.5 毫秒。
- WECS-9520：最大 2 毫秒。

上述报警在柴油机起动时非常频繁，但是应该清楚了解燃油系统和柴油机部件的正常工作温度。如果共轨阀的动作时间在正常范围内，但是报警不能复位，并且反复出现，在更换油量传感器和油量活塞后仍不能解决这个问题，表明喷射控制单元应返厂进行翻修。

4 在工厂翻新修理的过程

柴油机停车前应使用一段时间的柴油，以避免在检修车间清洁喷射控制单元（如图 3）所消耗的时间过长。

喷射控制单元的翻修过程包括：

（1）拆卸整个单元

（2）清洁喷射控制装置本体的内部通道

（3）更换油量传感器和油量活塞

（4）更换喷射控制阀和相关备件

（5）更换控制油阀本体

（6）更换共轨阀

（7）更换所有O型圈和密封

（8）组装和测试

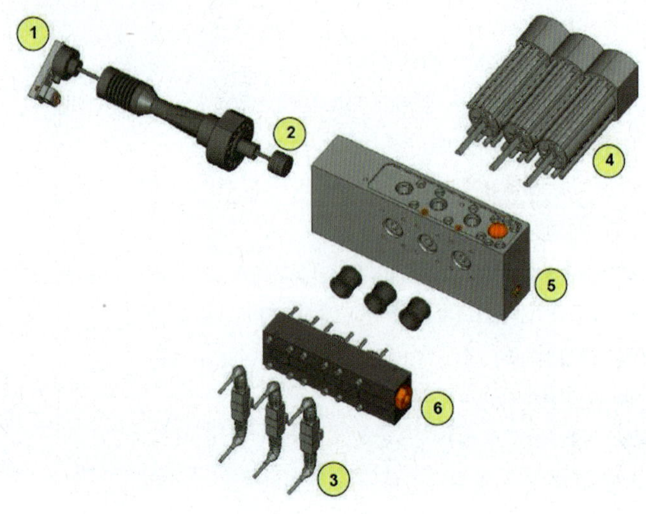

1 油量传感器 2 油量活塞 3 共轨阀 4 喷射控制阀

5 喷射控制装置本体 6 控制油阀本体

图 3 喷射控制单元分解图（ICU）

5 交货／返船

喷射控制单元（ICU）必须使用专用运输包装箱进行运输，以免损坏，并防止燃油漏泄。作为翻修工程的一部分专用运输包装箱由 Wärtsilä 提供，如图 4。

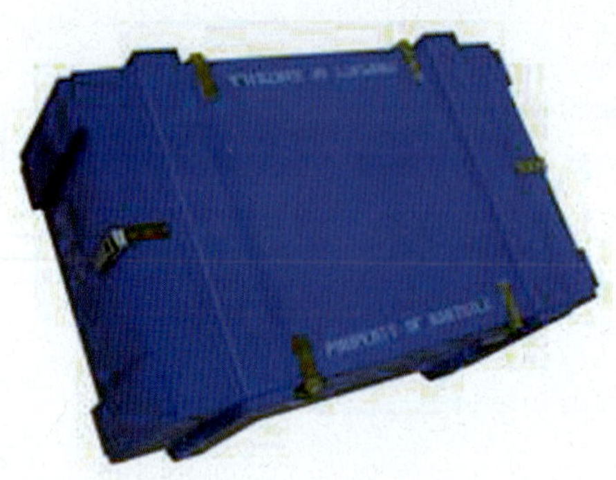

图 4 批准认可的喷射控制单元（ICU）专用运输包装箱

RT-flex-08-1

RTA-79

2007 年 10 月 09 日

2.1.07　持续低负荷运行（减速航行）

适用机型：RTA 和 RT-flex 柴油机

1 简介

柴油机运行的优选负荷范围是 60% CMCR 以上的负荷区域。柴油机长时间低负荷连续运行是可能的，但对运行参数和柴油机部件都有不良影响。

柴油机《使用说明书》为低负荷运行提供了指导。本服务公告旨在为柴油机持续运行在低于正常负荷的低负荷范围（见图 1），即“减速运行”提供更多的建议。上述建议表现为柴油机运行的负荷低于正常范围，例如油轮的驳运操作，或者海峡航行，使用这种负荷执行海上航行。该建议是在柴油机组件没有改变，性能也未改变的基础上提出的，这样可以保证柴油机的排放符合 IMO 的排放规定。对于柴油机的任何改动，都需要通过新的或修订的技术文件来对柴油机进行重新认证。

2 注意事项

在低负荷范围内，增压器的效率仍然很低，此时，辅助风机因扫气压力已达到设定的压力值而停止运转。在这个功率范围内，柴油机是在较低的空气 / 燃料比下运行，因此会导致燃烧延长和排气温度升高。

在“极低负荷”范围内持续运行会因为燃烧室的温度较低而导致低温腐蚀和积碳增加。

RT-flex 柴油机因为其独特的电控共轨喷射系统而更适合在“低负荷”和“极

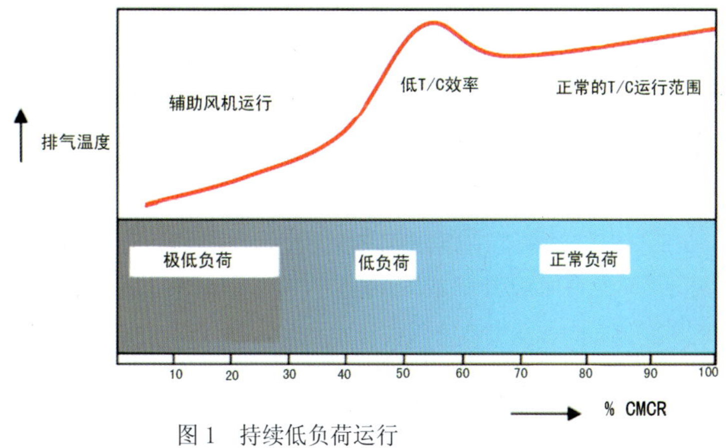

图 1　持续低负荷运行

低负荷”下持续运行。这是因为 RT-flex 柴油机可以保持较高的喷射压力，而且喷油器在非常低的负荷下会有选择性地切断，从而防止过度积碳、增压器和废气锅炉脏污。

持续低负荷运行时需要考虑未完全燃烧的燃油和气缸油在排烟管路内部积聚，这些沉积物（油垢）在柴油机负荷再次增加时会被点燃，使废气能量突然增加，导致增压器因超速而严重损坏。

对于在“极低负荷”范围内持续运行，可以联系 Wärtsilä 瑞士公司，来获取更多柴油机硬件和软件修改的优化信息。

3 建议

为了尽可能降低持续低负荷运行带来的不利影响，应遵守以下建议：

（1）气缸的排烟温度应高于 250℃，以减少低温腐蚀，防止排气总管和增压器喷嘴环出现积碳。如果气缸排气温度低于 250℃，则应增加柴油机的负荷。

（2）如果排气温度过高（增压器前面的温度 ＞ 450℃），辅助风机可以切换到“连续运行”状态。不过必须考虑到因扫气压力增高导致辅助风机的负荷增加这个因素，并非所有的辅助风机和断路器都适用于在超过额定电流的情况下持续运行。

（3）应避免辅助风机频繁启、停。如果有必要，辅助风机应切换到“手动控制”。

（4）在低负荷运行时，燃油喷射设备尤其需要处于最佳状态，以确保每一个喷油器的雾化良好。燃油管路的蒸汽伴行管必须开启使用。

（5）气缸油注油率取决于负荷的变化，一般不需要重新调整。但是，建议提高运行活塞下部检查的频率，以便监控活塞运行状况和润滑过度的迹象。确保气缸注油率在 Wärtsilä 建议的范围内，切勿高于建议范围。查看服务公告 RTA-63 以确认 CLU-3 的注油率设置，还可查看 RTA-76 / RT-flex-03 来了解有关该问题的进一步建议。

（6）燃油喷射粘度应保持在柴油机《使用说明书》建议范围 12～17 cSt 的下限。

（7）缸套冷却水的温度保持在上限。详细参数请参阅《使用说明书》。

（8）低温淡水温度应保持在 36℃，以确保合适的扫气温度。

（9）注意禁止使用的转速范围。

（10）定期提高柴油机负荷至 80% MCR 以上，并持续运行一小时，以便烧掉沉积的积碳。提高负荷时必须小心并且缓慢，避免因活塞头区域积碳而导致活塞的不良运行情况，而且还可避免排气管着火的可能。

（11）配备有紧密排列散热片的废气锅炉需要增加吹灰次数。

RT-flex-08.2
RTA-79.2
2009 年 03 月 11 日

2.1.08 持续低负荷运行（减速运行）

适用机型：RTA 和 RT-flex 柴油机

1 简介

对于二冲程柴油机，应优选在 60％ CMCR 以上的负荷范围内运行。在 10％ CMCR 的低负荷下持续运行也是可能的，但需要采取特别措施。

本文的目的是提供柴油机在低于 60％ CMCR 负荷下持续运行所需要的建议，也提供了“减速运行”升速时的解决方案。以及低速运行的改进措施。

该建议是在柴油机组件没有改变，性能也未改变的基础上提出的，这样可以保证柴油机的排放符合 IMO 的排放规定。对于柴油机的任何改动，都需要通过新的或修订的技术文件来对柴油机进行重新认证。

2 注意事项

柴油机在大约 60% 负荷与对应辅助风机启动 / 停止的负荷之间的负荷区域运行，增压器的效率相对较低。在这个功率范围内，柴油机在较低的空气 / 燃料比的情况下运行，会导致排气温度升高。

RT-flex 柴油机因为其独特的电控共轨喷射系统而比 RTA 柴油机更适合在低至 10%CMCR 的负荷下持续运行。这是因为 RT-flex 柴油机可以保持较高的喷射压力，而且喷油器在非常低的负荷下会有选择性地切断，从而防止增压器和废气锅炉的结碳。

3 建议

为了尽可能降低持续低负荷运行带来的不利影响，应遵守以下建议：

（1）必须遵守以下基本的前提条件：

• 喷油器应做好维护保养，并保持良好状态。任何可能导致检修周期缩短的迹象都应关注。

•燃油喷射粘度应保持在柴油机《使用说明书》建议的范围（12~17 cSt）的下限，燃油进机温度无论如何也不能超过 155℃。

• 低温（LT）冷却水温度保持在 36℃，以保持最佳的扫气温度；缸套冷却水的温度保持在上限（85 ~95℃）。

• 增压器应按规定时间和方法进行清洗。

（2）气缸注油率依据负荷的变化而自动变化，如果调整正确（参考《使用说明书》

或服务公告的相关章节），则气缸注油率不需要进行重新调整。不过需要增加活塞下部检查的频率，以监测活塞的运行状况和是否存在过度润滑的迹象。

（3）气缸的排气温度必须保持在 250℃以上，以减少低温腐蚀，防止排烟总管和增压器喷嘴环出现积垢。如果排气温度降到250℃以下，则应增加柴油机的负荷。

（4）如果气缸的排气温度过高（气缸后面的温度 ＞ 450℃），辅助风机可以切换到“连续运行”状态。不过必须考虑到并非所有的辅助风机和断路器都适合在高于额定负荷的情况下连续运行。

（5）应避免辅助风机频繁启动或停止，如有必要可以将辅助风机的控制方式切换到“手动”，或者避免在该负荷区域运行。

（6）由于风机运行时间的增加，应加强风机的检查，必要时增加轴承补油的次数。还应加强检查扫气总管内部单向阀的状况。

（7）连续低负荷运行会造成未完全燃烧的燃油和气缸油在排气支管中沉积，这些沉积物会在柴油机负荷增加后被点燃，从而造成增压器因超速而损坏。因此，应定期（一周两次）提高柴油机的负荷，至少以 70% 的负荷运行 1 小时，以便将沉积的碳渣烧尽。负荷增加必须缓慢进行（例如，在 2 个小时期间），避免因活塞头区域积碳而导致活塞的不良运行情况，而且还可避免排烟管着火的可能。

（8）其他相关部件（扫气箱、排气阀、增压器滤网等）也需要增加检查和清洗频率。

（9）配备有紧密排列散热片的废气锅炉需要增加吹灰次数。

4 相关文件

如需了解有关气缸油设置的建议，参考公告 RTA-63 和 RTA-76/RT-flex-03。

4.1 改善柴油机性能和运行状态

“减速运行”的改进措施：为进一步优化柴油机在低负荷时的运行，Wärtsilä 已研究出一项“减速运行”的改进措施。这项申请了专利的性能优化措施的主要技术是改变不同负荷下增压器的数量。该措施使用于具有二台及二台以上增压器的柴油机。

在实际操作中，其中一台增压器通过关闭进气阀将废气切断，废气全部到余下的增压器，可以提高柴油机低负荷运行时的增压器效率。该措施的优点：

（1）柴油机在低负荷运行时可以不启动辅助风机。

（2）减少增压器和废气锅炉积垢的风险。

（3）燃油消耗率显著减少。

（4）除了低负荷运行带来的成本节省外，还额外的节省了燃油费用。

4.2 改进型脉冲润滑系统

结合上面介绍的“减速运行”改进措施，Wärtsilä 建议安装电控气缸油系统。

改进型脉冲气缸油系统：

（1）活塞环区域精确的注油时间，达到最佳润滑效果。

（2）节省气缸油的消耗。

该系统可以安装在所有 Wärtsilä 二冲程柴油机上。

RT-flex-11
RTA-80
2008 年 7 月 9 日

2.1.09 NRV 气缸注油器的改进

适用机型：RTA48T 和 T-B、RTA58T 和 T-B、RT-flex58T-B、RTA/RT-flex68-B

1 简介

该公告适用于上部润滑油孔的气缸注油器安装在缸套的凸肩部分，而不是安装在支撑圈上。润滑油通过一个内孔和一个单向阀（NRV，图 1）向下供给到运行表面上的润滑油孔。在某些情况下，冷却水会通过单向阀泄漏到缸套中。为防止单向阀泄漏以及后续造成损害，使用中单向阀的设计已经得到了改进。新的缸套已经使用全新设计的单向阀。

相关柴油机包含：

RTA48T 与 T-B

RTA58T 与 T-B

RT-flex58T-B

RTA / RT-flex68-B

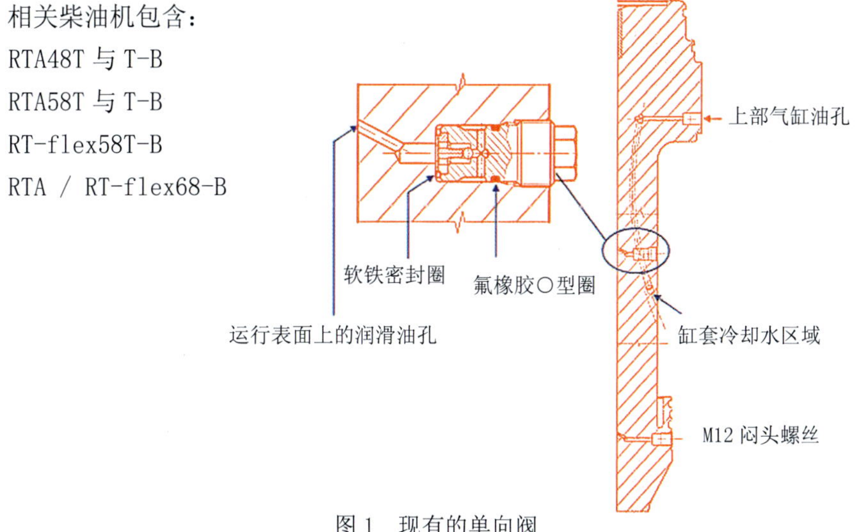

图 1 现有的单向阀

2 经过改进的现有单向阀

原始的单向阀和经过改进的单向阀（如图 2），是可以互相替换的，没有必要改变与缸套的连接方式。经过改进的单向阀可以按本文第 5 点中所列的零部件编号进行订购。

2.1 特征

（1）不需改变在缸套上的安装，无需打孔。

（2）单向阀阀体中央配置有冷却孔，以便降低温度。

（3）取消了软铁密封圈。直接采用金属 / 金属密封。

（4）优化了单向阀的机械加工。

（5）耐高温〇型圈，氟橡胶 70Sh。

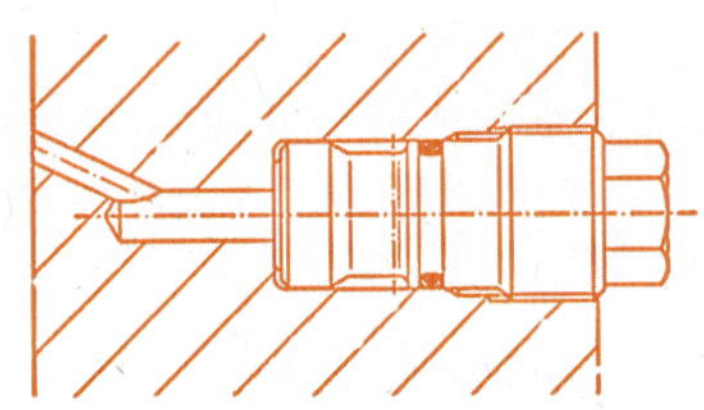

图 2 改进的单向阀

2.2 安装指导

（1）拆除旧的单向阀，彻底清洁并润滑内孔和螺纹。

（2）新型单向阀上没有软铁密封圈。因此，保持内孔底部密封面清洁、光滑并且平直是至关重要的。如有必要，使用合适的研磨杆和研磨膏进行研磨，以确保密封面光滑且平直。

（3）在螺纹上涂上 Loctite 620，安装新的单向阀，上紧扭矩为 50Nm。

3 新设计的单向阀

新的缸套上会安装新设计的单向阀，见图 3。由于内孔与螺纹的尺寸不同，新型单向阀与原来的单向阀不能相互替换。

3.1 特征

（1）改变了〇型圈的位置，更靠近冷却水腔，从而降低了温度。

（2）单向阀阀体中央配置有冷却孔，以便降低温度。

（3）取消了软铁密封圈。直接采用金属 / 金属密封。

（4）优化了单向阀的机械加工。

（5）耐高温〇型圈，氟橡胶 70 Sh。

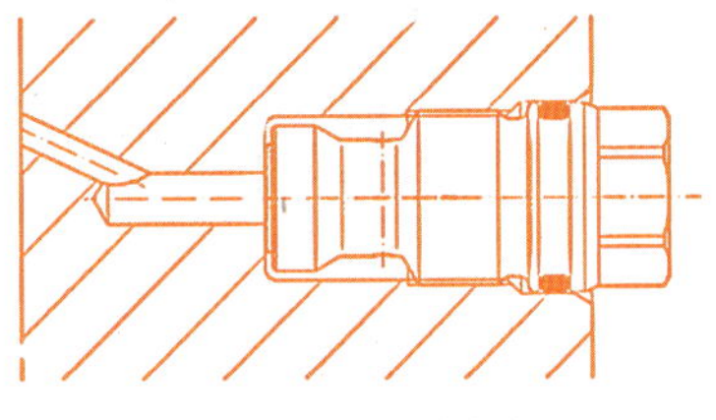

图 3　新型单向阀

4 其他的检查

连接气缸注油器与单向阀的内孔在底部使用 M12 闷头螺丝密封，见图 4。检查闷头螺丝是否拧紧且密封。

若有疑问，拆除闷头螺丝，彻底清洁润滑内孔中的螺纹，然后使用软铁垫圈以及 Loctite 620，安装一个新的闷头螺丝，上紧扭矩为 70Nm。

新的闷头螺丝与密封圈可按本文表 1“备件清单”中所列的零部件编号进行订购。

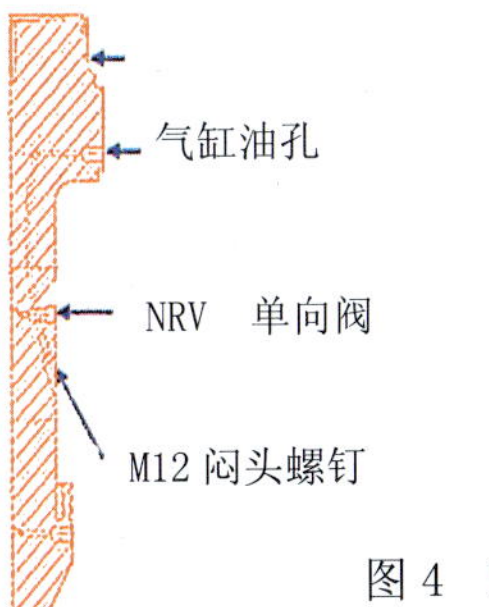

图 4　M12 闷头螺丝

5 备件清单

表 1 备件清单

柴油机类型	经过改进的，包含○型圈的现有单向阀	○型圈 15、88×2、62	新设计的包含○型圈的单向阀	○型圈 20、22×3、53	M12 闷头螺丝以及软铁密封圈
	请参阅第 2 章		请参阅第 3 章		请参阅第 4 章
RTA48T	W 21257	W 21259	W 21237	W 21238	
RTA48T-B	Q 21257	Q 21259	Q 21230	Q 21231	
RTA58T	W 21257	--	Q 21237	W 21238	
RTA58T-B	Q 21257	Q 21259	Q 21230	Q 21231	T021235 闷头螺丝
RTA68-B	Q 21257	Q 21259	Q 21230	Q 21231	
RT-flex58T-B	OF 21257	QF 21259	QF 21254	QF 21255	T021235 闷头螺丝
RT-flex68-B	MF 21256	MF 21259	MF 21253	MF 21257	

RT-flex-12

2009 年 3 月 5 日

2.1.10 RT-flex 柴油机临时封存的处理建议

1 简介

本文所提建议的目的是对柴油机《使用说明书》，特别是“操作”章节中相关指导的说明进行补充。

2 柴油机停止运行前的准备工作（临时封存前）

2.1 燃油

通过化验检查船存的 MDO（船用柴油）中是否含有可能污染燃油系统的细菌。在柴油机还在运行时，尽可能早地将 HFO 转换成 MDO，以确保柴油机的整个燃油系统都经过了 MDO 的冲洗。柴油机应该能够在完全使用 MDO 的情况下，以 70% 负荷至少运行 1 个小时，这一点对于 ICU 来说尤为重要。

2.2 系统油

与供应商一起检查当前使用的系统油是否能够充分地抑制生锈。通过化验确保润滑油质量符合要求，即不含水分、不呈酸性，并且没有任何微生物的污染（不应该超出《使用说明书》中“操作介质”章节中给出的极限值）。

2.3 腐蚀

储存充足数量的柴油机特种防锈润滑油，如下面列出的润滑油产品或者类似产品：

SHELL ENSIS ENGINE OIL 30 和 40

VALVOLINE TECTYL 930

MOBILARMA 524

2.4 冷却水

通过化验检查冷却水是否具有足够的抑制腐蚀作用（参考供应商的技术规范），否则，应对冷却水进行正确的处理。如果船舶在寒冷气候下封存，就会存在冰冻的危险，必须在封存之前，在冷却水中加入防冻剂。向制造商咨询、确认所使用的冷却水防腐抑制剂与防冻剂是否相互兼容。因此，船舶上应该携带充足数量的防冻冷却液。

2.5 电力

检查封存期间的电力是否能同时满足柴油机盘车和主润滑油泵运行。

3 柴油机停止运行后的准备工作

按照《保养说明书》“维修一般指导”章节中的指导说明保护柴油机。

当柴油机开始停用封存时，柴油机越干净，安全措施就越有效。

3.1 所有装置的彻底检修

如有可能，应该对所有的活塞，包括填料函，进行一次彻底的吊缸检修，因为上刮油环组中包含有燃烧产物，而燃烧产物可能会引起腐蚀。必须清理气缸盖朝向燃烧室的表面上的燃烧产物残留物以及未燃烧的燃油。同样要对第一道活塞环上部的缸套表面，包括刮碳环及其环槽做相同的处理。在清理过的表面刷上本文第 2.3 点所提及的防锈油。

尽可能彻底地清洁活塞下部扫气箱、扫气总管以及所有的泄放管路（不可使用蒸气吹扫）。

对于接到指令后不久即开往封存位置的船舶，可以省略一些防护性措施，例如吊缸检修。如果没有对吊缸，可以拆除缸盖上的起动阀，使用合适的喷嘴，自起动阀孔插入气缸内，向气缸内喷洒防锈油，并确保防锈油喷洒到整个燃烧室的表面（尤其是活塞环上部，气缸壁，气缸盖以及排气阀）。如果通过压缩空气枪喷洒防锈油，应确保空气中不含水分（使用干燥空气）。

起动阀应重新安装复位，或者使用钢制法兰将开口封闭。与起动阀相关的信息，请参考本文第 3.6 点。

之后，对柴油机盘车，向活塞杆喷涂防锈油，将填料函中活塞杆布妥防锈油。

3.2 曲轴箱、供油单元、喷射控制单元（ICU）

使用与之前相同的防锈油，喷涂到在柴油机盘车时所有未被系统油覆盖的运动部件和固定部件，尤其是活塞杆，凸轮轴总成等，关闭曲轴箱道门。

打开供油单元的道门，对凸轮轴、轴承盖、滚轮、滚轮导承等喷涂防锈油，然后关闭道门。

对高压燃油泵的所有活动部件喷涂防锈油（尤其是油门杆传动装置和油泵齿条）。

拆出 ICU 的燃油流量传感器和传感器的外壳。清洁传感器、外壳、测量导管以及喷射控制活塞的轴。使用防锈油保护所有零部件。注意喷射控制活塞的轴，不要对其施加任何垂直方向的力。

3.3 防止凝水

防止柴油机内部出现凝水是最重要的工作。最可能出现凝水的时期是经过长时间寒冷天气后开始变得相对暖和、潮湿的时候。防止曲轴箱、气缸、增压器以及排气管路内部出现气流或者通风的情况是至关重要的。

封闭主机的烟囱，防止水分随空气流动或者重力因素进入柴油机。封闭增压器与烟囱之间的排烟管。检查排气总管是否有水分积聚，如果需要，对排气总管进行干燥。

排气阀应保持开启（关闭空气弹簧的压缩空气）。

确保辅助风机不会意外起动，并且确保风机马达的电加热装置（如果有）开启。

一般来说，只有在必要时才开 / 关曲轴箱道门，并且应尽可能少地进行打开 / 关闭曲轴箱道门的操作。如果有可能，应该在天气比较干燥（而非潮湿、“闷热”，或者气温快速变化）的情况下打开曲轴箱，并且机舱风机应停止运行。相对湿度应该在 30～50% 之间，将腐蚀情况控制在较低的水平。强烈推荐将除湿器连接到曲轴箱以及活塞的底部空间。在封存期间，应考虑监控柴油机内部的相对湿度。

3.4 增压器

在封存期间对增压器防护，请参考制造商的说明书。

打开消音器的泄放阀。

使用防水帆布罩覆盖、封闭增压器的空气进口滤器，防止柴油机中发生空气流通。

3.5 气缸润滑

很重要！

保持缸套表面适当润滑所需的脉冲 / 转数的数值，必须通过扫气口对缸套表面、活塞环区域的检查来核实。

3.5.1 CLU-3 型润滑系统

排空气缸注油器，向气缸油系统加入特殊的防锈润滑油（壳牌防锈润滑油 30 或者类似润滑油），使用手动 / 应急气缸注油模式，使气缸油泵泵轴转动 200～300 转，以置换气缸油管路中的正常气缸润滑油，同时使用盘车机对柴油机进行盘车。

3.5.2 改进型脉冲润滑系统（RPLS）

起动主滑油泵，使用盘车机盘车。起动供油泵，通过供油单元的压力调节阀将排出压力设置为 12～14bar。使用手动润滑模式，在低压时（通常压力为 50bar），气缸油不会喷入气缸中，而是沿着气缸壁流入。每个气缸大约 100 个脉冲。在此过程中，使用盘车机对柴油机进行盘车。

3.5.3 脉冲供给润滑系统

起动主润滑油泵，使用盘车机盘车。起动控制油泵，或者是没有安装控制油泵的柴油机上的服务油泵以驱动计量泵。通过压力调节阀将润滑系统伺服油压力调节至 12～14bar。根据执行原理的不同，压力调节阀可能位于共轨装置的内部或者外部。使用手动润滑模式为单缸供油。在低压时（通常压力为 50bar），气缸油不会喷入气缸中，而是沿着气缸壁流入。每个气缸大约 100 个脉冲。在此过程中，使用盘车机对柴油机进行盘车。

3.5.4 脉冲喷射润滑系统

起动主润滑油泵，使用盘车机盘车。起动控制油泵，或者是没有安装控制油泵的柴油机上的服务油泵以驱动计量泵。无需降低伺服油压。使用手动润滑模式为单缸供油。每个气缸大约 100 个脉冲。

3.6 起动空气系统

拆除所有气缸盖上的起动阀，将起动阀解体，清洁所有零部件，涂以防锈油后重新组装，然后将起动阀重新安装到气缸盖上。解体主起动阀，清洁所有零部件，涂以防锈油后重新组装。然后将主起动阀重新安装回原位。注意主起动阀应保持关闭位置。

3.7 喷油器

所有的喷油器拆下清洁、解体检修。在使用 MDO 测试之后，再重新安装。

3.8 扫气系统

完全排空扫气空气泄放管路，包括凝水泄放装置。

3.9 WECS 系统

WECS 系统的电源应保持开启状态。电源箱或者其他外部电源的频率变化不会对 WECS 系统造成损害。

3.10 控制箱

在所有电气控制箱中放置干燥剂包，如控制箱 E85，E90，E95.N，E87（适用于 Bosch 伺服油泵）以及 / 或者适用于脉冲润滑系统的 E40，E41.N。

3.11 燃油泵执行器

供给燃油泵执行器的电源应关闭（开关位于控制箱 E85 中）。

3.12 Bosch 型伺服油泵控制

关闭 Bosch 伺服油泵控制器插件的电源。

4 需要定期进行的工作

4.1 每周一次

• 系统油泵运行 20 分钟，同时盘车。对每个气缸进行润滑，如本文第 3.5 所述。泵轴转动 20 转的注油量应该已经够了（从活塞底部检查缸套内部润滑油的覆盖范围）。

• 每次盘车后，柴油机应停在不同的曲轴角度位置。

• 打开增压器排气外壳的泄放阀，持续 1 分钟（检查水分）。

• 冷却水泵运行 20 分钟。

• 燃油增压泵运行 20 分钟，使 MDO 在燃油系统中循环。在这段时间内，需要运行主滑油泵，并使用盘车机盘车。手动推动燃油油门杆，确保油门杆移动了100% 的行程，然后按下紧急停车按钮，防止系统中存有压力。

- 反复手动推动燃油油门杆。

4.2 每月一次

- 打开曲轴箱（一侧）和扫气箱道门，检查凝水和锈蚀的痕迹。
- 反复打开、关闭主起动阀。注意确保起动空气管路是泄压的。

4.3 三个月之后

- 检查是否存在凝水或者锈蚀的情况，尤其是推力轴承、齿轮、凸轮轴、凸轮和滚轮等等。打开一个十字头销，检查是否有腐蚀的迹象。再次按本文第 3.1 中提及的对所有零部件喷涂防锈油。

4.4 六个月之后

- 通过化验，检查冷却水是否具有足够的抑制腐蚀作用。
- 更换控制箱中的干燥剂包。

5 柴油机再次投入运行之前应采取的措施

Wärtsilä 瑞士股份有限公司强烈推荐一名 Wärtsilä 检修 / 试运行工程师参与柴油机安全系统的重新投入运行和检查。由于长期处于停止状态，重要的传感器或开关可能会卡阻，无法继续正常工作。

5.1 冷却水系统

需要对冷却水进行化验，如有必要，可以将其换掉，然后添加适量的抗腐蚀抑制剂（请参考供应商的技术规范）。

如果在冷却水中添加了防冻剂，冷却水必须全部排空，并使用干净淡水对系统进行冲洗。之后，对系统重新加注淡水，并使用抗腐蚀抑制剂对冷却水进行适当的处理。

5.2 润滑油系统（系统油）

需要对系统油进行化验。如有必要，进行净化或者换新系统油（系统油的相关指标不应该超出《使用说明书》中“操作介质”章节中给出的极限值）。

5.3 马达

对所有马达进行绝缘测量。

5.4 起动空气系统

对所有主起动空气管路，包括柴油机的空气分配器管路，进行吹扫（在进行吹扫之前，应将主起动空气管路上的安全阀拆除），以防止铁锈损坏空气分配器和起动空气阀。

5.5 气缸

检查所有气缸的内部状况，气缸内不应含有水分和过量的润滑油。按照本文第 3.6 中的说明操作气缸润滑系统，检查气缸油的流动情况。柴油机在起动之前，气缸油系统必须进行冲洗，并加入常规使用的正确气缸油（在封存期间将气缸油替换成防锈油的情况下）。

5.6 增压器

拆除防护物，然后参考制造商的指导手册。

5.7 起动之前

必须严格按照柴油机《使用说明书》中“操作”一章中规定的指导说明来操作。

5.7.1 由 Wärtsilä 公司提供的拆卸修理服务

Wärtsilä 公司提供范围广泛的拆装修理服务，包括周期性的中间检查，重新试运行以及柴油机起动，可以通过网络公司中的常用联系方式或者直接通过 Wärtsilä 瑞士公司，订购依据客户具体需要而定制的拆卸修理服务。

您可以通过以下两种方式，从 Wärtsilä 公司获得拆装修理服务。

(1) 单个的，适用于不同阶段的拆装修理，根据客户具体需要定制的支持性服务：

• 有关拆装修理计划与管理的技术咨询服务。

• 准备，预先检查，彻底检查以及重新试运行服务。

• 拆装修理过程中的周期性检查，维修以及操作性服务。

• 拆装修理结束以及重新试运行服务。

(2) 拆装修理管理协议：

• 管理单个船舶拆装修理或者整个船队拆装修理的各个方面。

• 拆装修理服务主要针对主柴油机，整个机舱或者整个船舶。

（仅限于以海岸为基地的资源，或者包括船舶上的最小限额船员）

5.7.2 由 Wärtsilä 提供拆装修理服务的优势包括：

• 能够胜任计划，管理支持以及项目管理。

• 在长期拆装修理过程中，将人员配置成本降到最低。

• 避免长期停船导致的损坏。

• 保证设备防护，从而保证其持续的价值以及可靠性。

• 在拆装修理之后，能够专业且无故障地使柴油机与系统重新试运行和起动。

RT-flex82C 和 RT-flex96C

2008.07

2.1.11 低负荷运行 - 高节油和低排放的解决方案

适用机型：RT-flex82C 和 RT-flex96C

为适应高涨的油价 — Wärtsilä 的革新。

Wärtsilä 针对高涨的油价给出以下解决方案：

（1）基本选择

RT-flex 共轨柴油机可以灵活的控置燃油喷射和排气阀的驱动。

（2）选项

- 三角调整
- 新的：巴拿马型和超巴拿马型集装箱船 RT-flex82C 和 RT-flex96C 柴油机低负荷运行的调整。
- 主机降负荷运行
- 高效余热回收系统

1 油价的走势图（见图 1）

新加坡 2008 年 7 月最高 745 吨美元 / 吨

HFO（380cSt）平均价格

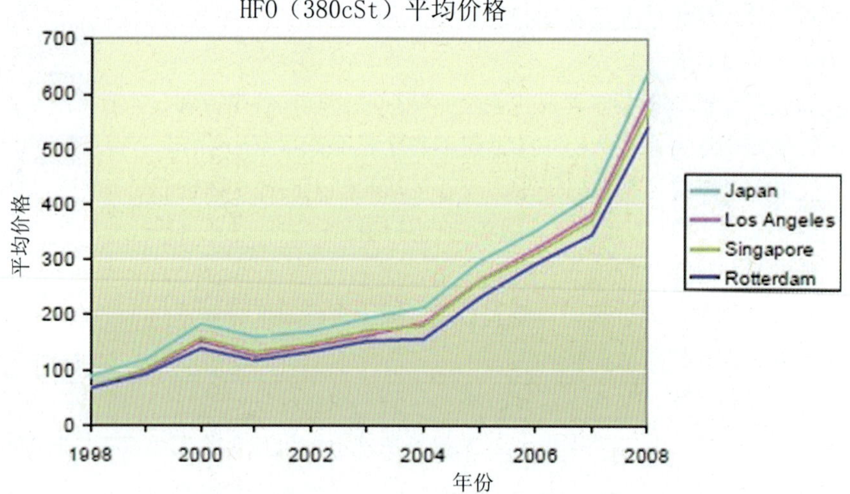

图 1 日本、洛杉矶、新加坡和鹿特丹等地各年度的燃油平均价格：xxx 美元 / 吨

2 降速航行节省的燃油（见图 2）

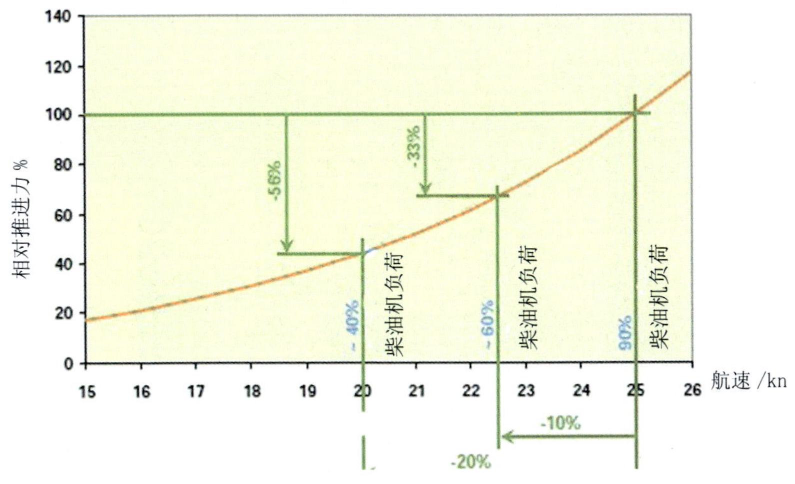

图 2 巴拿马型集装箱船负荷 - 航速关系图

3 低负荷调整的目标

（1）在 40%~70% 的负荷范围内尽可能降低油耗。

（2）在整个负荷范围内，包括 30%~50% 的负荷，保持柴油机可靠运行。

（3）应用当今的涡轮增压技术。

（4）优先考虑国际海事组织（IMO）关于氮氧化物的排放标准。

4 RT-flex96C、R1、Tier 1 的 BSFC

对不同工况点的运行，主机可以选择不同的调整模式。主要有 3 种分别称之为：标准调整，三角调整和低负荷调整模式（见图 3）。

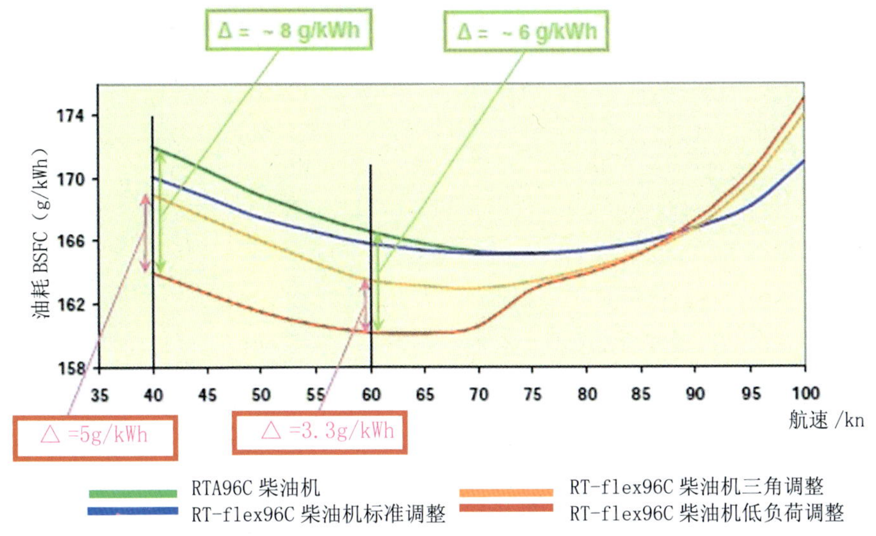

图 3 三种调整模式

5　示例：12RT-flex96C、R1*、Tier 1（见图 4）

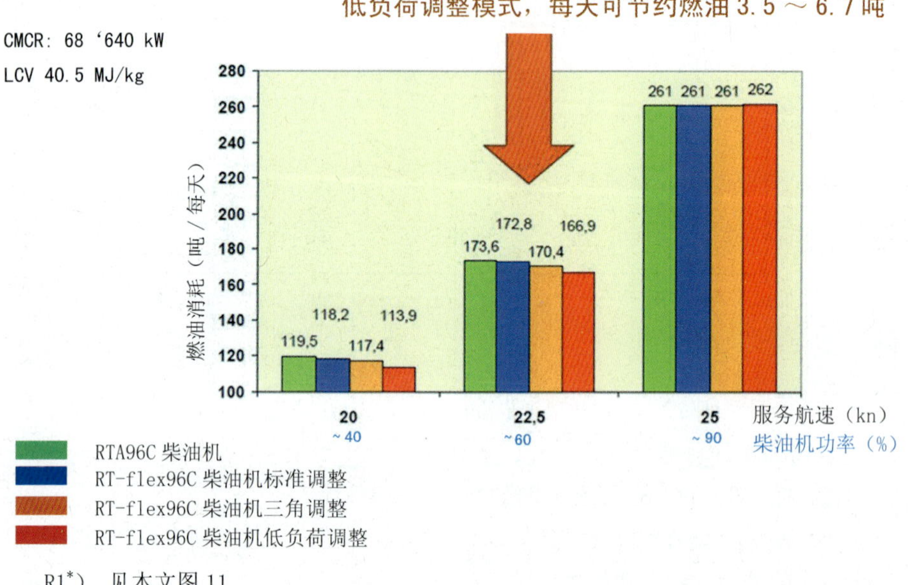

图 4　12RT-flex96C 柴油机调整

6　示例：12RT-flex96C、R1、Tier 1 （见图 5）

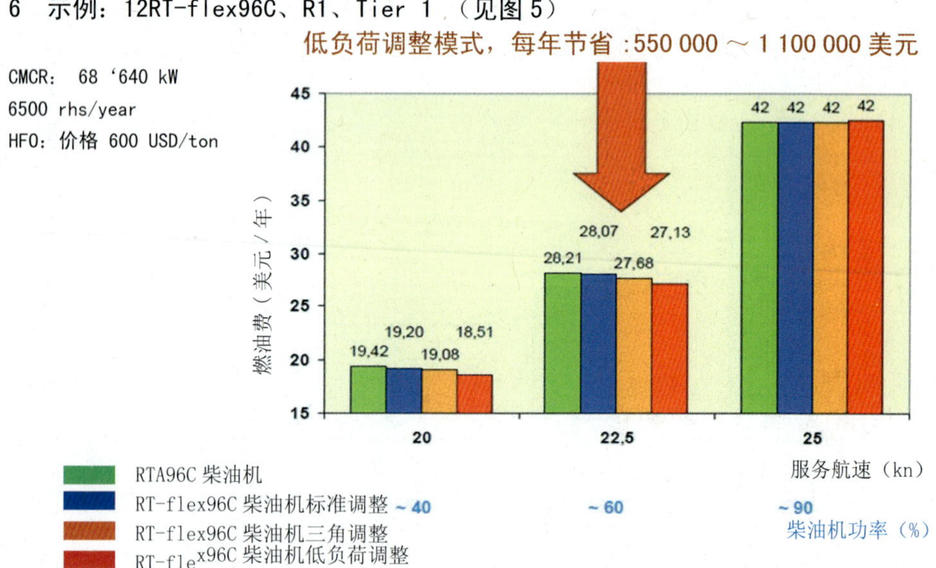

图 5　RT-flex96C 柴油机调整

7 RT-flex82C、R1+*、Tier 1 燃油消耗率

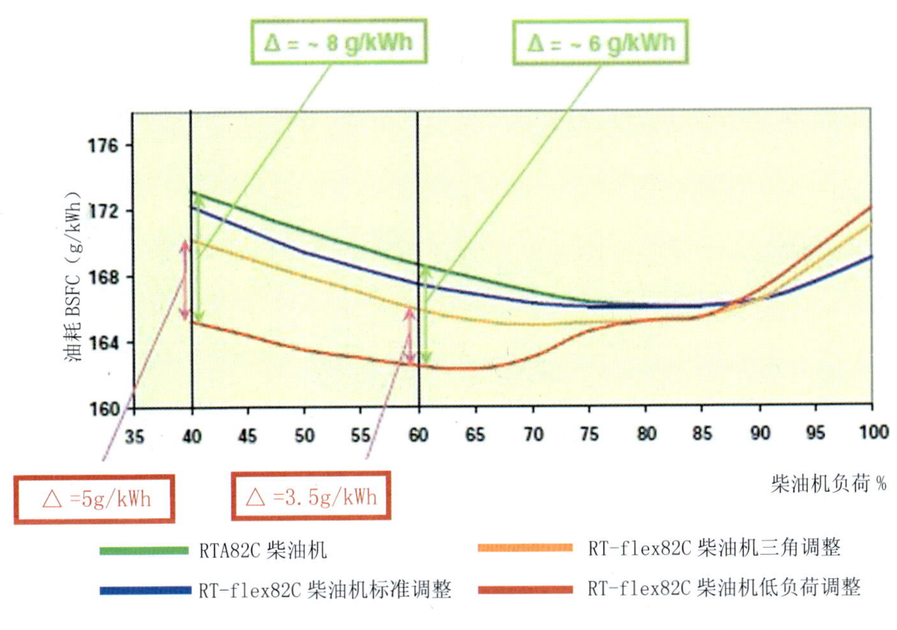

R1+*）见本书 570 页 RT-flex82 图 2

图 6　RT-flex82C 柴油机调整

8 示例：10RT-flex82C、R1+、Tier 1（见图 7）

CMCR：45 ‘200 kW

6500 rhs/year

LCV ：40.5 MJ/kg

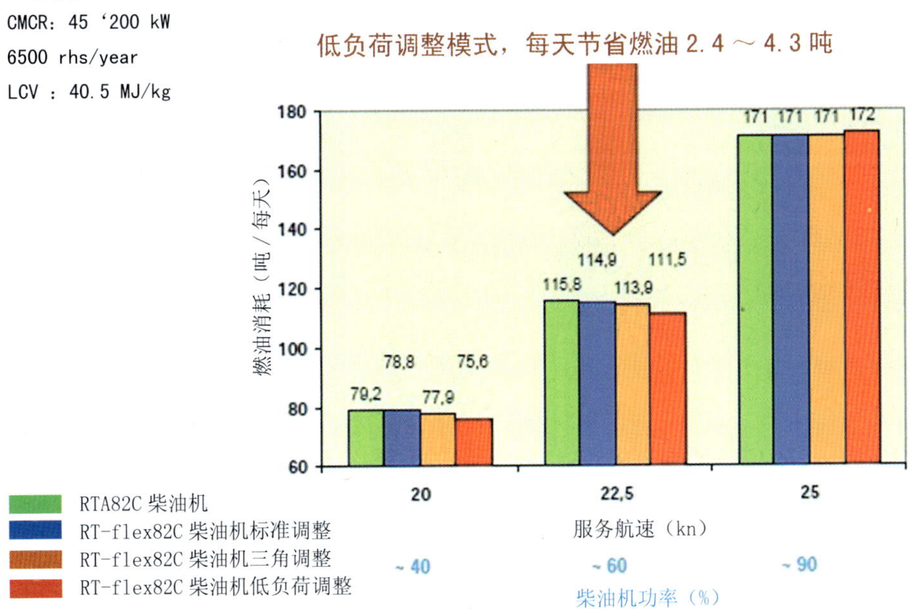

图 7　10RT-flex82C 柴油机调整

9 示例：10RT-flex82C、R1+、Tier 1（见图 8）

CMCR：65 ‘200 kW

6500 rhs/year

HFO：价格 600 USD/ 吨

低负荷调整模式，每年节省 390 000 ～ 690 000 美元

服务航速（kn）	柴油机功率（%）	RTA82C 柴油机	RT-flex82C 柴油机标准调整	RT-flex82C 柴油机三角调整	RT-flex82C 柴油机低负荷调整
20	~40	12,87	12,81	12,66	12,29
22,5	~60	18,81	18,68	18,51	18,12
25	~90	28	28	28	28

纵轴：燃油费（美元 / 年）

图 8　10RT-flex82C 柴油机调整

10 对于低负荷调整的设置

（1）通过以下途径可以减少部分负荷的燃油消耗：

• 部分负荷下优化涡轮增压。

• 低于 75% 负荷时，通过提高扫气压力和增加空气流量从而提高燃烧压力（关闭废气旁通阀）。

• 延迟排气阀关闭时刻，可以减少氮氧化物的排放。

（2）在整个部分负荷范围内，更高的扫气压力能形成较低的热负荷并且使燃料更好地燃烧。

（3）当达到 85% 负荷的时候，打开废气旁通阀，以保护增压器，防止柴油机超负荷。

（4）满足国际海事组织（IMO）对氮氧化物排放标准的 1 级指标。

11　空气消耗率（BSAC）（见图 9）

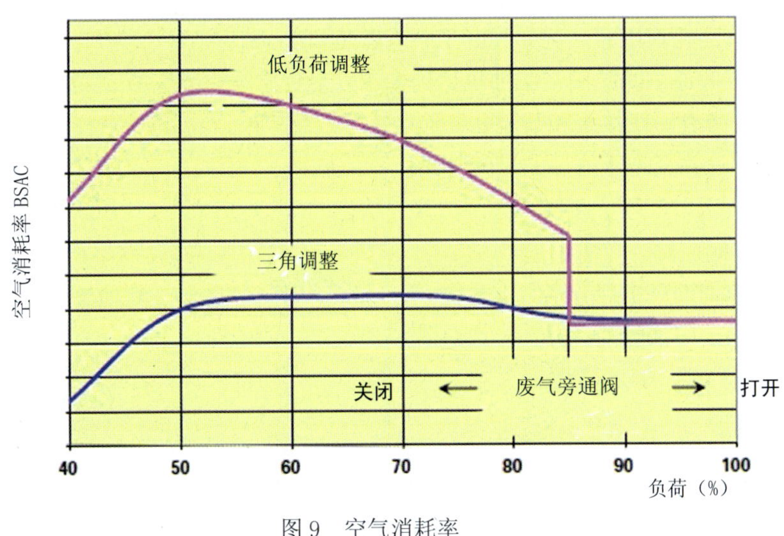

图 9　空气消耗率

12 增压器后的排气温度（见图 10）

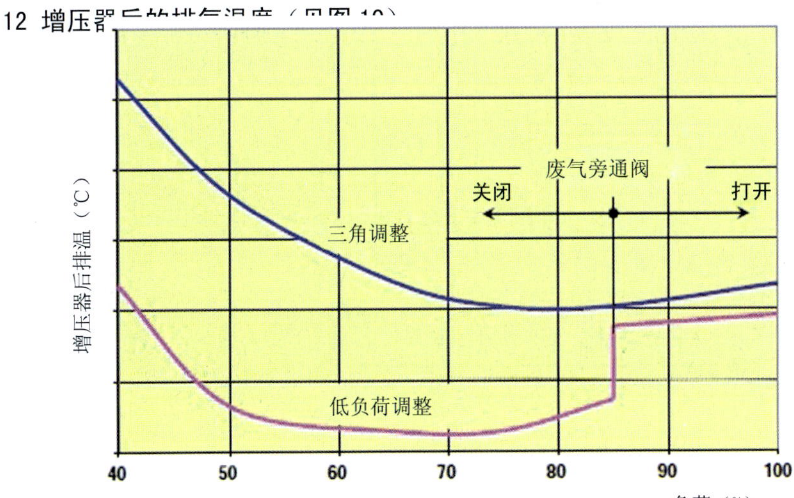

图 10　增压器后的排气温度

13 设备及规格

以下条款针对 RT-flex82C 和 RT-flex96C、Tier 1 有效：

- 高效涡轮增压器，例如 ABB TPL 或者是 MHI METMA。
- 废气旁通（EWG）阀在柴油机达到 85% 以上负荷时会旁通掉 5% 的废气。
- EWG 带有膨胀接头和节流孔，连接在排气总管上。
- EWG 连接至增压器后的排气管系。
- 扫气压力依赖于废气旁通阀的开关状态（WECS-9520）。
- EWG 阀监测。
- 调整辅助风机起 / 停的压力值（开 0.3bar，关 0.5bar），其他辅助风机相同。
- 更小的喷油嘴喷孔。
- 调整 WECS 9520 参数。
- 辅助设备的一般技术参数。
- 基于低负荷调整选项的扭振计算。
- 调整适用于 R1-R3 线和 90% 平均有效压力线定义的功率区域，见图 11。

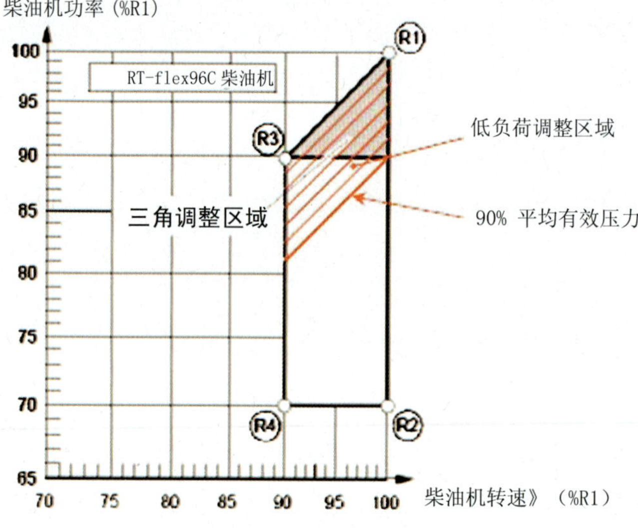

图 11　低负荷调整区域

布置示意图，图 12。

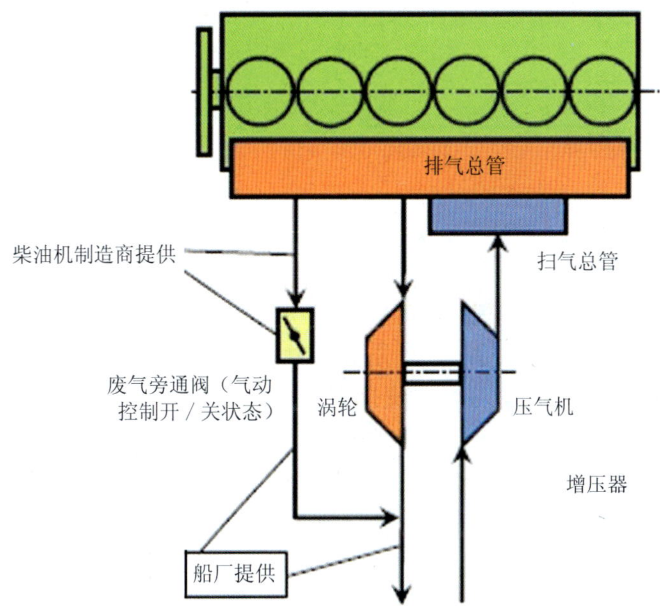

图 12　旁通阀的安装位置

RT-flex-82T

2009 年 7 月

2.1.12 船舶动力装置手册（节选）

1 RT-flex82T 柴油机的优化项目

随着 Wärtsilä RT-flex 柴油机的投入使用，船用二冲程柴油机的发展取得了重要进步。成功引入三角调整后，Wärtsilä 瑞士公司正在推动这方面的发展，进一步发展低负荷调整。

1.1 三角调整

三角调整使得有可能进一步降低燃油的消耗，同时还符合所有现有的排放法规。而且，实现它只要通过改变软件参数，并不需要修改柴油机的部件。三角调整选项需要在项目的早期阶段确定。

在实现三角调整时，RT-flex 系统可以自由选择喷油和排气阀的控制参数，特别是可变喷油定时（VIT）和可变排气阀关闭（VEC）的利用，降低了柴油机在低于 90％负荷区间的燃油消耗率（BSFC）。

由于 BSFC 与氮氧化物排放量是相互矛盾的，部分负荷时氮氧化物的排放量增加，那么在全负荷时就必须相应地降低氮氧化物排放，也就是说全负荷下耗油率会稍微增加，以便满足 IMO 关于柴油机 NOx 排放的规定。

这样做是基于在 90％以下负荷时降低燃烧压力和燃烧速率以取得最大效率，然后再至全负荷。在这个过程中，为了保证两方面（耗油率和排放）的要求，在标准调整的设计上有了一定限制。

柴油机的可靠性不会因三角调整受到损坏，所有机械负荷和热负荷方面的限制都处于监控之中。

1.2 低负荷调整（LLT）

柴油机设置的灵活性是 RT-flex 共轨系统的特征，能使燃油喷射压力和定时在全部负荷范围内自由设置。它采用特殊调节方式，确保柴油机在各种负荷下获得最优化的 BSFC。

这一概念最初是应用在三角调整，它为 WärtsiläRT-flex 柴油机在低于 90% 负荷的范围内运行时降低了 BSFC。这一概念已经扩展到低负荷调整，在 40～70％的负荷范围内，它提供了尽可能低的 BSFC。低负荷调整下，RT-flex 柴油机在 30～100％负荷范围内的任何负荷下都可以持续、可靠运行。

低负荷调整的理念基于特别设计的涡轮增压系统，以及适当地调节燃油喷射和排气阀控制的有关参数。

低负荷调整可以减少部分负荷下的 BSFC，是通过优化增压器使得其与部分负荷下工况相匹配来实现的。当负荷低于 75% 时，通过提高扫气压力来增加空气流量从而达到提高燃烧压力（关闭废气旁通阀），当超过 85% 负荷的时候，旁通掉部分废气（废气旁通阀打开）。

在整个部分负荷范围内，更高的扫气压力能形成较低的热负荷并且使燃油更好地燃烧。

低负荷调节需要在增压器的废气涡轮端之前的排气总管上安装一个废气旁通阀（一个气动控制的截止阀，如图 1），部分废气直接通过旁通阀旁通至排烟管。当柴油机负荷达到 85% 以上时打开旁通阀，以保护增压器及防止柴油机超负荷。

采用低负荷调整的 Wärtsilä RT-flex 柴油机符合 IMO 氮氧化物排放量的 II 级指标。

控制柴油机燃油喷射和排气阀关闭时刻的操作必须选择在适当允许的范围内，以便实现 LLT 概念的全部潜力，同时确保符合 NOx 的排放规定。一方面，这些参数的设定，应使废气旁通阀关闭和打开操作过程尽量平稳。另一方面，提高扫气压力有增加氮氧化物排放的趋势，故需相应的调节以补偿排放物的增加。

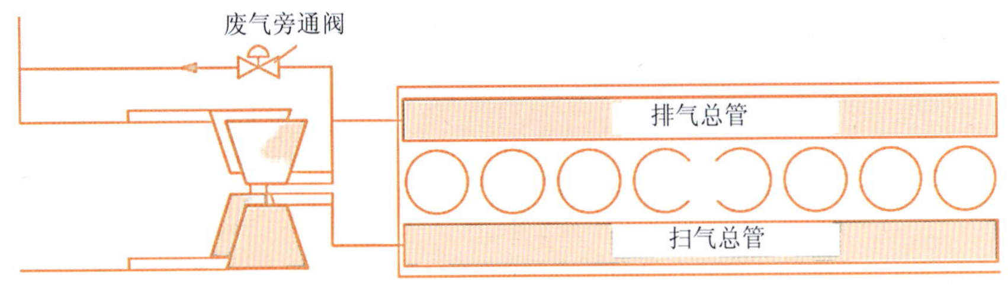

图 1　低负荷调整功能的原理示意图

2 柴油机进一步优化的选项

2.1 柴油机调节的简介

由于种种原因，为满足 IMO 氮氧化物的排放要求所能进行的调节余地在部分负荷下进一步减小。当主机工况点在 R1 和 R1+ 附近时，三角调整和低负荷调整具有很大优势，而对于降功率运行来说，这时候的效果就不明显了。实际上，三角调整和低负荷调整并不适用于整个负荷范围（见图 2、图 3）。

2.2 对柴油机的影响

在应用中，三角调整或低负荷调整会增加排气的扰动，导致装置的扭转应力增加和发生轴向振动。因此，必须结合正确的数据进行相应的计算，以在必要时能够采用适当的对策。

3 RT-flex 柴油机的项目说明

虽然三角调整的实现是以这样一个几乎可以被视为按钮选项的方式进行，但它的选择以及 LLT 的选择对柴油机和系统设计的其他方面也有影响。

因此，被应用到 RT-flex 柴油机的优化选项需要在非常早期的阶段设定：

- 装置的扭转应力和轴向振动的计算必须使用正确的数据进行。
- 辅助系统的布局须以正确的规格参数为基础。
- 为了准备 RT-flex 系统控制的软件，柴油机的参数在使用前还需进行适当的调整。

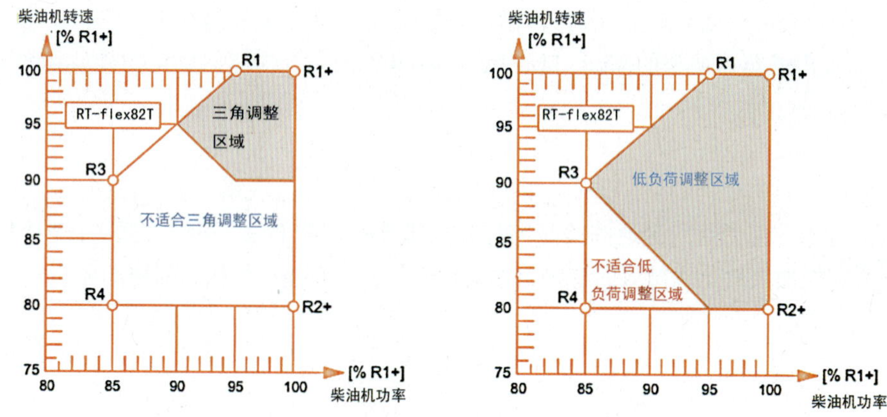

图 2　三角调整和低负荷调整的布置区域

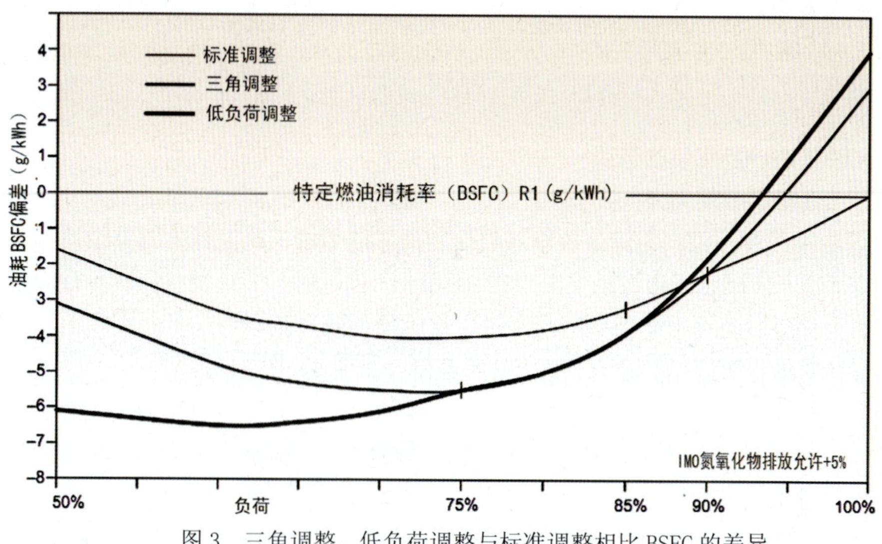

图 3　三角调整、低负荷调整与标准调整相比 BSFC 的差异

weh-1-7

期号 1，2010 年 12 月 7 日

2.1.13 CAN-BUS 电缆识别

有关 Wärtsilä RT-flex 柴油机电缆识别的内部信息

适用机型：RT-flex 柴油机

1 简介

Wärtsilä 多次收到有关信号故障的报告。

本工作手册可用来鉴别安装在 Wärtsilä 柴油机上的电缆，指导船舶系统的接口连接。

2 鉴定流程图（见图 1）

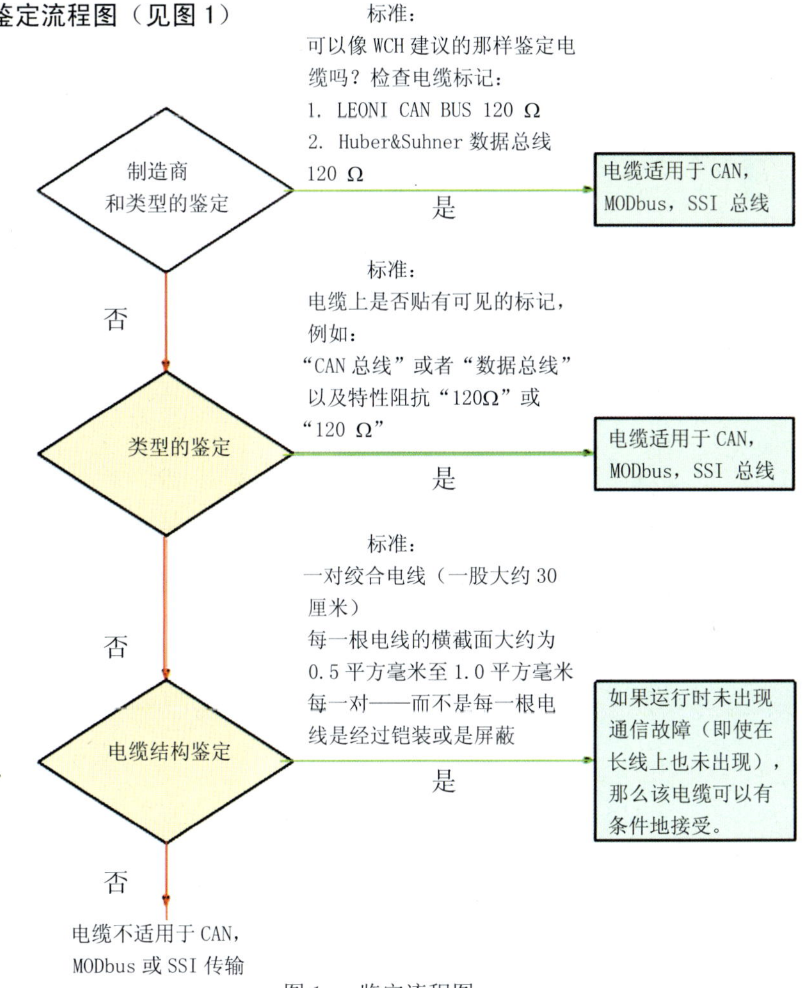

图 1　鉴定流程图

CAN 电缆事例，见图 2。

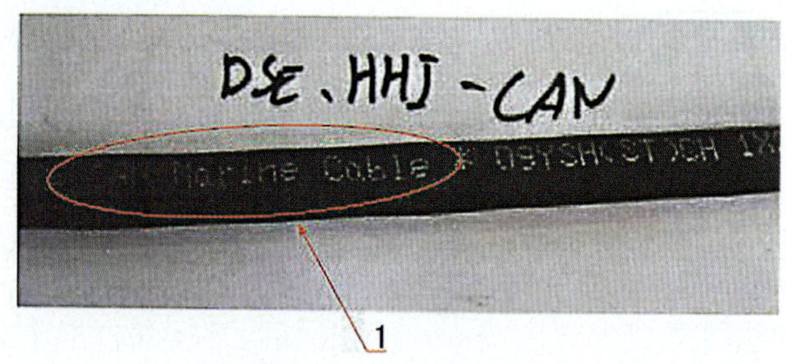

1 标记：CAN 船用电缆

图 2 CAN 电缆

备注：

该电缆由于有标记，因而适用于 CAN/MOD 总线。

数据总线的控制电缆规格

类型：　数据总线电缆（SSI/CAN）

应用：　CAN-BUS

电气数据

特性阻抗：　120Ω±15%

额定电压：　根据等级规定

结构数据　屏蔽

执行：　双绞线

线芯截面：　0.5 mm^2～1.0 mm^2

环境条件

耐久性：　根据等级规定

温度：　根据等级规定

电缆护套　不含卤素

材料：　不含卤素

屏蔽：　镀锡铜

芯部：　镀锡铜

注意：

控制电缆的规格出自现今有效的 Wärtsilä 图纸 3-107.038.886f。图纸规格和信息可以事先不通知进行更改。

weh-I-8

期号 1，2011 年 1 月 12 日发行

2.1.14　供油单元凸轮的修理和检查

适用机型：RT-flex 柴油机

1 简介

供油单元凸轮表面损伤是由于燃油泵滚轮故障引起。通过修整凸轮的运行表面，可以延长受损表面的使用时间。

这项服务工作需要的特殊技能，应该由一位经验丰富、技术精湛的机械工程师来完成。

如果出现大范围损坏，修整仅仅是一项临时性措施，不能解决根本问题。这时需要对凸轮的情况进行密切监控，如果情况继续恶化，应尽快安排更换凸轮。本文描述了在凸轮轻微损坏和／或大范围损坏的情况下使用研磨设备进行修整的工序。

注意：

抛光后凸轮表面允许的粗糙度为 Ra 0.2-0.25。

工作完成后，必须填写测量记录“凸轮状况评价”，并反馈给 Wärtsilä 二冲程技术服务中心。该资料必须填写，以便记录凸轮的最终情况，并告知船东和／或船舶管理者。

注意：

请通过邮件的形式将服务报告和测量记录发送至：technicalsupport.chts@Wärtsilä.com

2 凸轮轻微损坏的修整（见图表 1～图表 3）

图表 1 凸轮轻微损坏的修整

修整方法	事例：凸轮轻微损坏
对于凸轮的轻微损坏，如表面擦伤、划痕，可以先用金刚砂纸对运行表面进行打磨，最后使用 Scotch-Bright™ 或油石对凸轮进行修磨。 工作面的大部分地方仍然完好	

	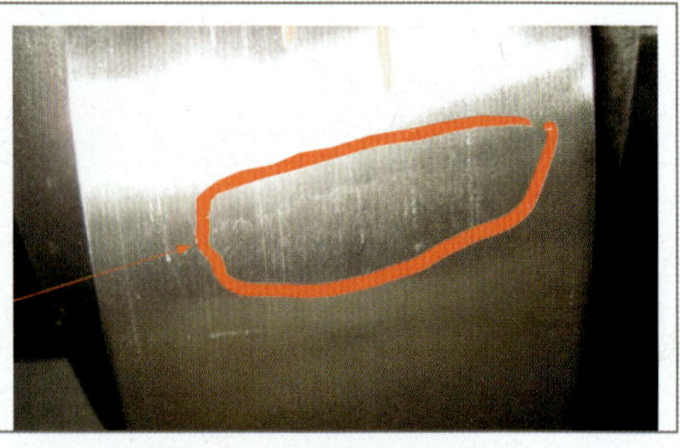

图表 2　凸轮轻微至中等程度损坏事例

打磨前的凸轮	打磨后的凸轮

图表 3 轻微损坏凸轮的修整工序

修整工序	工具，以“霍夫曼集团”产品目录为例
使用粒度为 320 的金刚砂纸顺着运行的方向打磨凸轮工作面。最后使用 Scotch-BrightTM 或油石对凸轮进行修磨。	 编号：558815 金刚砂 100（粗）与 400/500（细）  编号：558855 特殊金刚砂 / 氧化铬 180（中等）和特殊金刚砂 500（极细）

对于比较深的划痕，可将金刚砂布安装在辅助工具（柔性夹）上，并在打磨时加注润滑油。打磨方向必须与运行方向一致。 	 编号：557800 金刚砂布，粒度为 240，宽度为 25 毫米  编号：557900-25 柔性夹，宽 25 毫米，用于上述的金刚砂布
如果工作面的粗糙度过高，则应将粒度为 220 至 320 的金刚砂布安装在柔性塑料夹上顺着运行方向进行打磨。	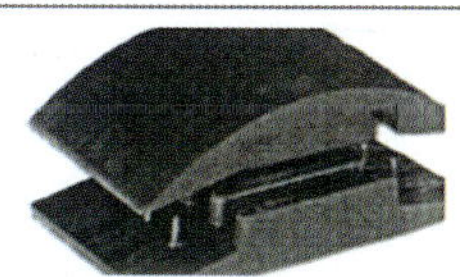 编号：557600 用于金刚砂布的塑料夹  编号：556900 金刚砂布粒度为 220 至 320
最后使用 Scotch- BrightTM 进行打磨、抛光。打磨时应与运行方向呈 30° 。 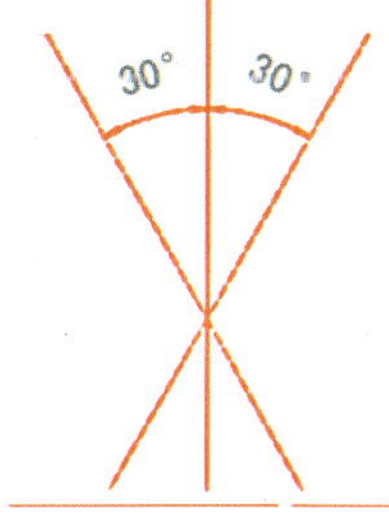 	 编号：556015 Scotch-BrightTM ，280 毫米，中等细度 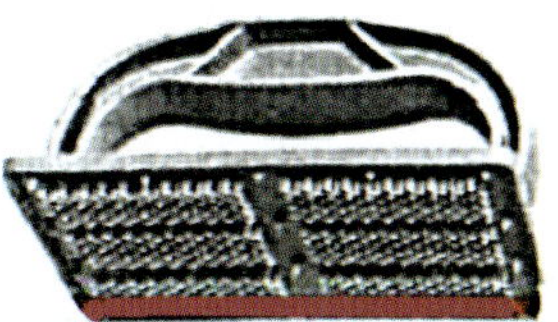 编号：556020 安装 Scotch-BrightTM 的工具

3 大范围损坏凸轮的修整（见图表 4 ～ 5）

图表 4 凸轮大范围损坏的事例

原则	凸轮大范围损坏事例
出现如插图所示的大范围损坏时，凸轮需要更换。 不过，作为临时处理措施，可使用滚筒打磨机对凸轮进行打磨、抛光。 根据损坏的范围，如果凸轮抛光后的状况良好，可不必更换凸轮。	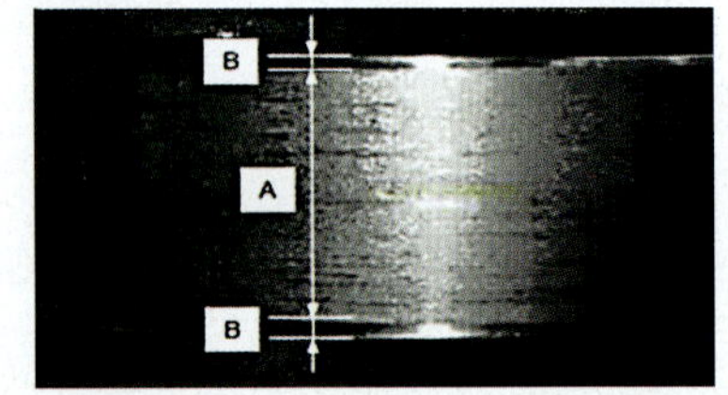 A：损坏面遍布凸轮表面的大部分 B：可能凸起的边缘 

图表 5 大范围损坏凸轮的修整工序

修整工序	工具
打磨时，必须将周围区域覆盖上，以防止研磨粉和碎片撒布整个供油单元。尤其需要注意保护轴承。 打磨时需要不断对柴油机盘车，以确保工作面打磨均匀。 最重要的是避免出现波纹或平坦区域。 打磨时应注意柴油机的转动速度可能会有轻微变化。	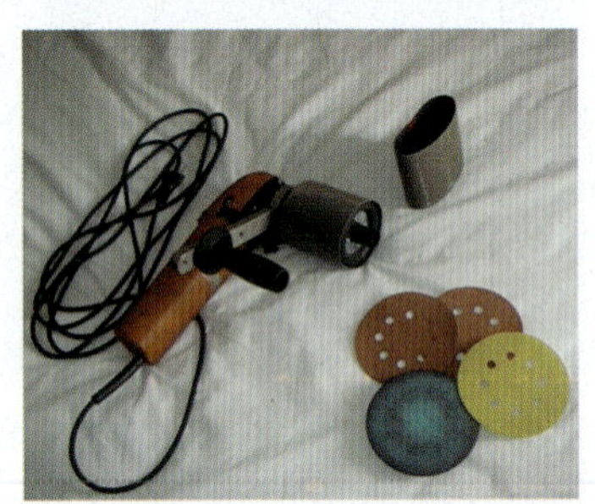
如果因运行表面的磨损而导致边缘凸起，可使用安装软盘和粒度为 180 的金刚砂纸的变速打磨机清除凸起的边缘。 凸轮表面硬化处理层的深度为 2.5mm±0.5，如果凸轮边缘的凸起超过硬化处里层的一半，工作面上存留的硬化处理层的厚度已不满足要求，应尽早更换凸轮。	

<table>
<tr>
<td>

使用装有粒度为 240 的金刚砂纸的滚筒打磨机，确保凸轮的整个表面得到均匀地打磨。火花表明了哪部分材料被磨掉，以及磨掉了多少。确保在整个凸轮表面可不断见到火花。保持凸轮平坦非常重要。

当使用滚筒打磨机打磨完成以后，再使用粒度为 240～320 的金刚砂纸和软木垫轻轻地打磨表面，可以清除可能存在的振动纹和波浪纹。

彻底清理凸轮和滚轮表面上的灰尘，并在凸轮上涂上蓝油，对柴油机盘车，检查凸轮和滚轮的接触面。运行表面的接触情况应能达到整个宽度范围和所有圆周范围。理想的情况下，所有区域都应涵盖到。

研磨完成后，遵照“轻微损坏凸轮的修整工序”的步骤来对工作面进行抛光。

</td>
<td></td>
</tr>
</table>

4 凸轮蓝印检查的指导方法（见图表 6）

如下情况可进行蓝印检查：

- 凸轮抛光前后。
- 检查接触面的面积（凸轮和滚轮）。
- 凸轮的最后抛光之前。
- 凸轮抛光完成以后。

注意：

仅可使用油基蓝色涂料，不要使用快速变干的溶剂型蓝色涂料，又称划线漆，这种油漆还有红色。如果柴油机运转时蓝色记号或划线漆仍留在凸轮上，可能会严重阻碍凸轮表面油膜的形成，并再次造成凸轮损坏。

图表 6 指导方法，推荐的材料和工具

<table>
<tr><th>指导方法</th><th>材料和工具实例</th></tr>
<tr>
<td>

确保凸轮上没有油和灰尘。

在凸轮上使用蓝油，涂层厚度最多为 2 微米。注意，在蓝色涂料下凸轮的结构应该会稍微亮一些。

</td>
<td>

以“霍夫曼集团”产品目录为例

编号：431600

油基蓝色涂料

</td>
</tr>
</table>

<table>
<tr>
<td>其他可代替蓝色涂料的物品：

红标示染色剂也可使用，只不过涂料的颜色是红色　　　。</td>
<td>

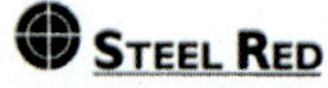

Part # / Product / Container Size
80096 / Steel Red / Aerosol 16 oz.
80296 / Steel Red / Felt Applicator 2 oz.
80396 / Steel Red / Brush-In-Cap 4 oz.
80496 / Steel Red / Brush-In-Cap 8 oz.
80696 / Steel Red / Bottle 930 mL</td>
</tr>
<tr>
<td>可使用测量湿膜厚度的工具来测量蓝色涂料的厚度。</td>
<td>

使用埃氏膜测厚计或类似的工具。
埃氏官方主页：
http://www.erichsen.de/surface-testing/film-thickness</td>
</tr>
<tr>
<td>柴油机盘车，转动 360°。</td>
<td>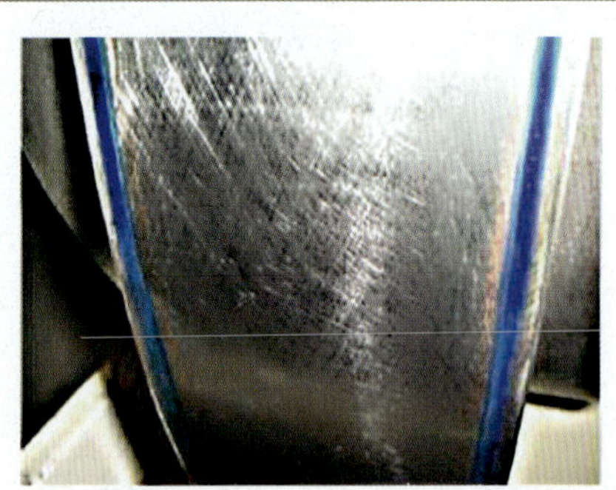</td>
</tr>
<tr>
<td>检查凸轮与滚轮之间的接触表面。</td>
<td></td>
</tr>
</table>

2008 年 9 月 30 日

2.1.15 “减速航行”的升级包

适用机型：RT-flex 柴油机

1 “减速航行”的升级包

低速二冲程十字头柴油机一般运行的负荷功率在 60% CMCR 以上。

现今日益上升的燃油价格要求船舶保持较低的航行速度，结果使得柴油机一般持续运行在 20%~40% 的负荷。

升级包允许柴油机在 20%~100% 负荷运行，而无需增加额外操作，保证节约燃油的消耗（见图 1~图 6）。

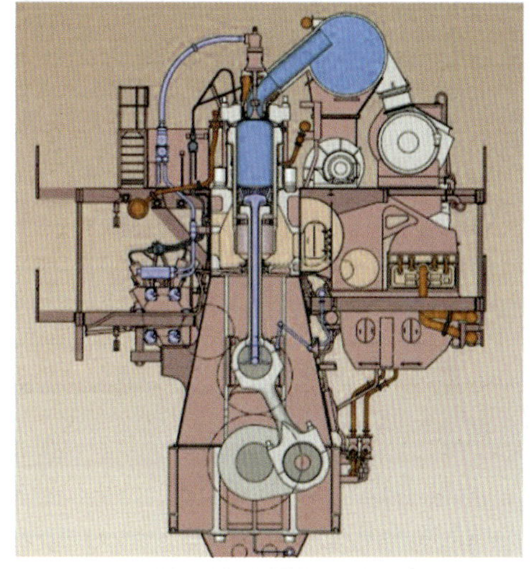

RT-flex 柴油机

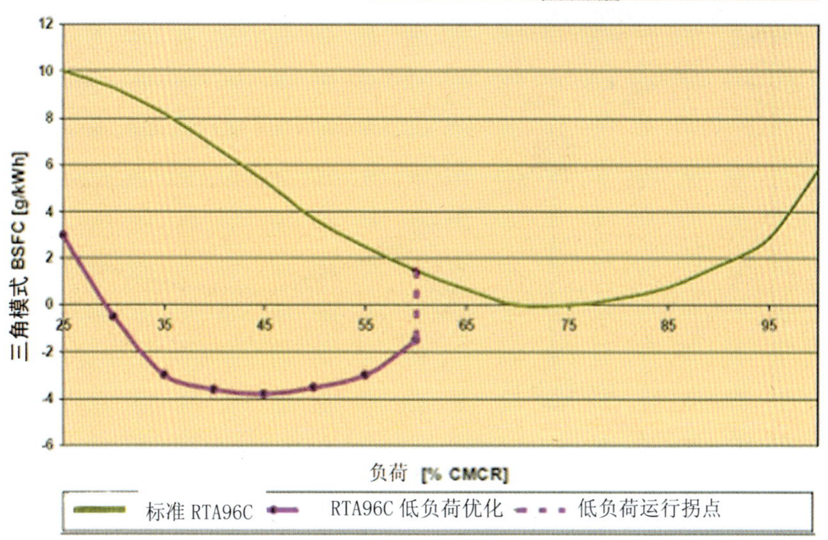

图 1　RTA 柴油机的燃油消耗量

燃油消耗数据取决于在整个负荷范围内最终 NOx 排放量的平衡

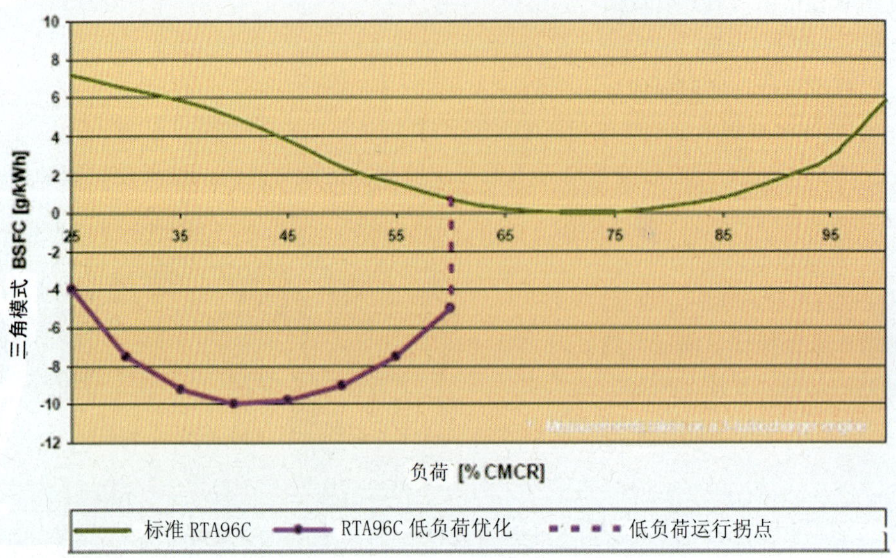

图 2 RT-flex 柴油机的燃油消耗量

燃油消耗数据取决于在整个负荷范围内最终 NOx 排放量的平衡

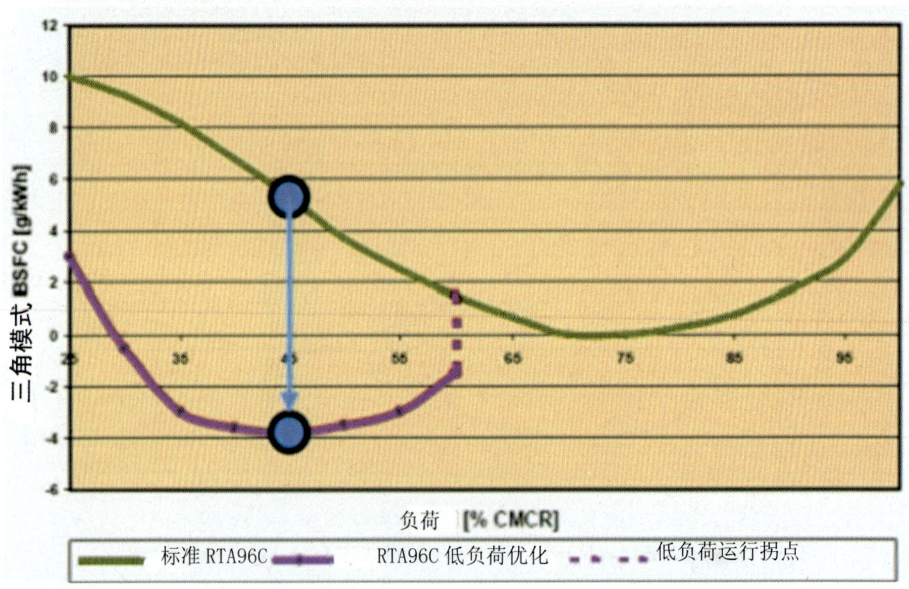

图 3 柴油机在相同负荷条件下燃油消耗量的对比

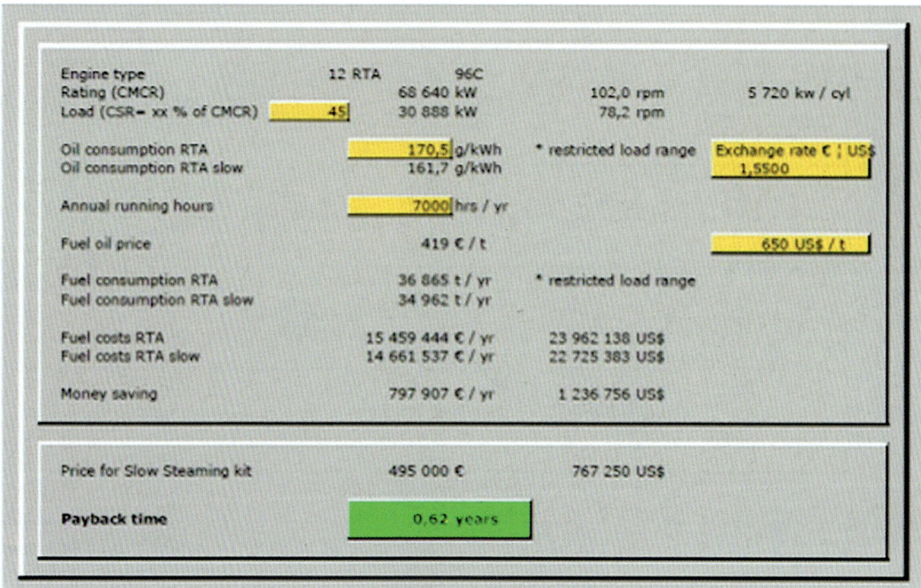

显示屏 1

柴油机类型	12RTA 96C		
额定功率（CMCR）	68 640 千瓦	102.0 转 / 分	5720kW/cyl
负荷（CSR=xx% CMCR） 45	30 888 千瓦	78.2 转 / 分	
燃油消耗 RTA	170.5 克 / 千瓦时	限制负荷范围	汇率： 欧元 / 美元
燃油消耗 低速 RTA	161.7 克 / 千瓦时		
年运营小时	7 000 小时 / 年		
燃油价格	419 欧元 / 吨	650 美元 / 吨	
燃油消耗 RTA	36 865 吨 / 年	限制负荷范围	
燃油消耗 减速 RTA	34 962 吨 / 年		
燃油成本 RTA	15 459 444 欧元 / 年	23 962 138 美元	
燃油成本 低速 RTA	14 661 537 欧元 / 年	22 725 383 美元	
节约费用	797 907 欧元 / 年	1 236 756 美元	
低速升级包配件价格	495 000 欧元	767 250 美元	
回收期	0,62 年		

显示屏 1（中文）

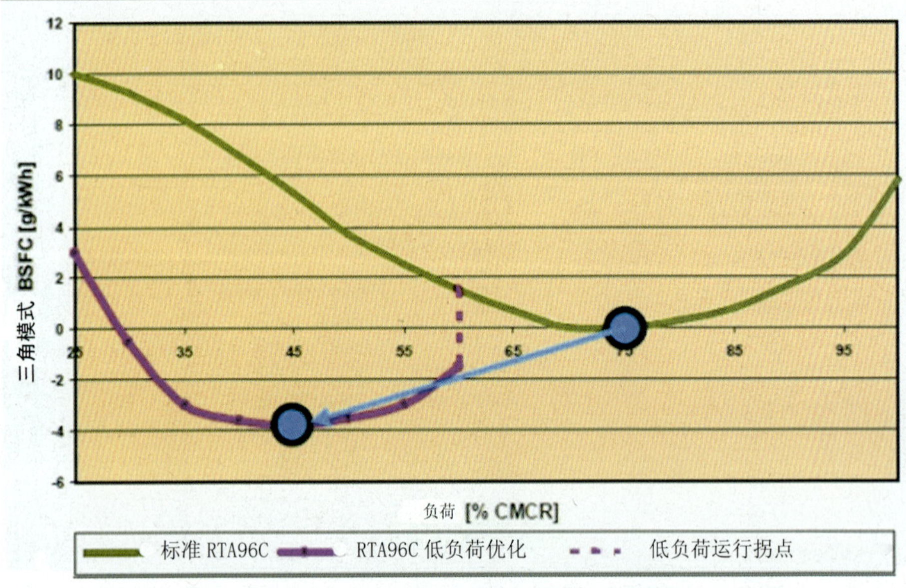

图 4　船舶在不同航速条件下的燃油消耗量对比

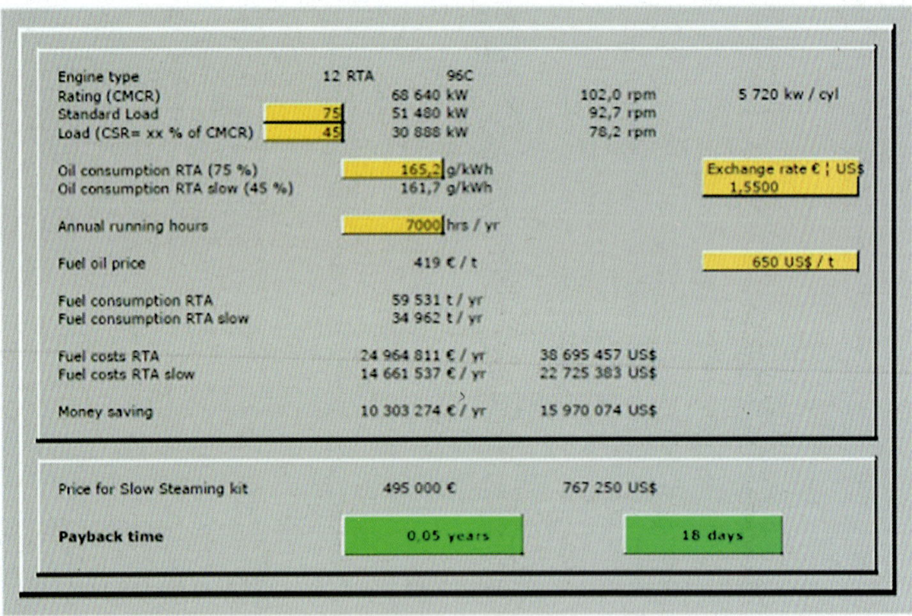

Engine type	12 RTA	96C		
Rating (CMCR)		68 640 kW	102,0 rpm	5 720 kw / cyl
Standard Load	75	51 480 kW	92,7 rpm	
Load (CSR= xx % of CMCR)	45	30 888 kW	78,2 rpm	
Oil consumption RTA (75 %)		165,2 g/kWh		Exchange rate € ¦ US$
Oil consumption RTA slow (45 %)		161,7 g/kWh		1,5500
Annual running hours		7000 hrs / yr		
Fuel oil price		419 € / t		650 US$ / t
Fuel consumption RTA		59 531 t / yr		
Fuel consumption RTA slow		34 962 t / yr		
Fuel costs RTA		24 964 811 € / yr	38 695 457 US$	
Fuel costs RTA slow		14 661 537 € / yr	22 725 383 US$	
Money saving		10 303 274 € / yr	15 970 074 US$	
Price for Slow Steaming kit		495 000 €	767 250 US$	
Payback time		0,05 years		18 days

显示屏 2

柴油机类型　12RTA 96C
额定功率（CMCR）　68 640 千瓦　102.0 转 / 分　5 720kW/cyl
标准负荷（CSR=xx% CMCR）　75　51 480 千瓦　92.7 转 / 分
负荷（CSR=xx% CMCR）　45　30 888 千瓦　78.2 转 / 分

燃油消耗 RTA（75%）　165.2 克 / 千瓦时　汇率：　欧元 / 美元
燃油消耗 低速 RTA（45%）　161.7 克 / 千瓦时

年运营小时　7 000 小时 / 年
燃油价格　419 欧元 / 吨　650 美元 / 吨

燃油消耗 RTA　59 531 吨 / 年
燃油消耗 减速 RTA　34 962 吨 / 年

燃油成本 RTA　24 964 811 欧元 / 年　38 695 457 美元
燃油成本 低速 RTA　14 661 537 欧元 / 年　22 725 383 美元
节约费用　10 303 274 欧元 / 年　15 970 074 美元
低速升级包配件价格　495 000 欧元　767 250 美元
回收期　0.05 年　18 天

显示屏 2（中文）

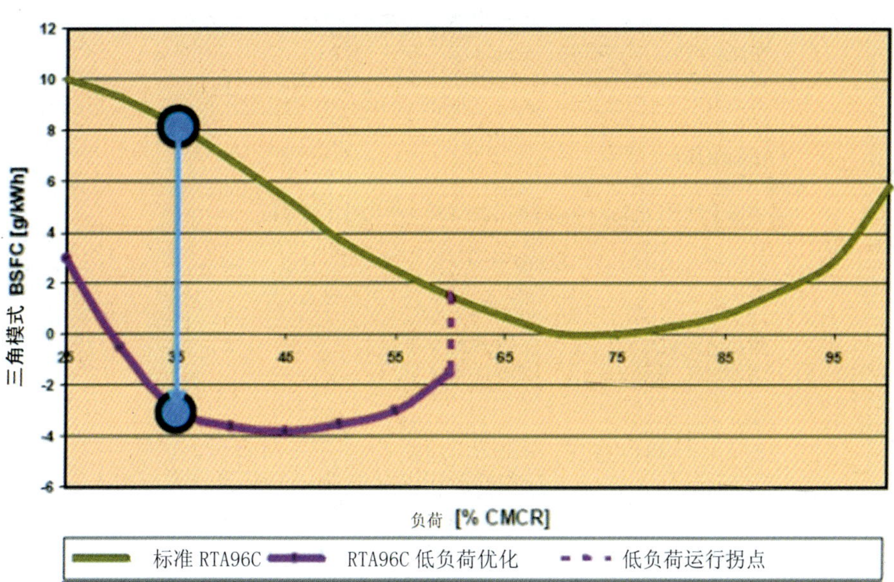

图 5　柴油机在相同负荷条件下燃油消耗量的对比

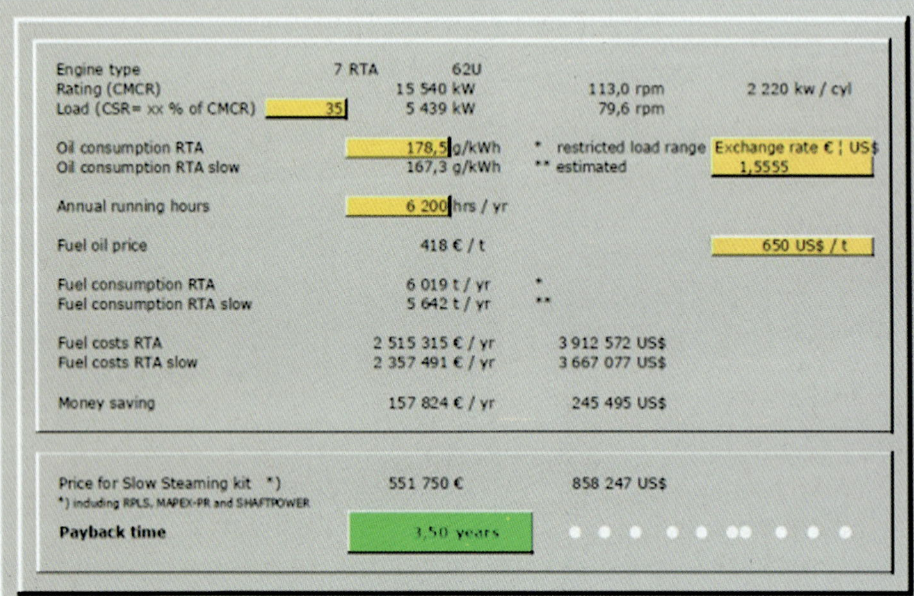

显示屏 3

柴油机类型　　7RTA　　62U
额定功率（CMCR）　15 540 千瓦　113.0 转 / 分　2 220kW/cyl
负荷（CSR=xx% CMCR）　35　　5 439 千瓦　79.6 转 / 分

燃油消耗 RTA（75%）　178.5 克 / 千瓦时　限制负荷范围
汇率：欧元 / 美元 1.55
燃油消耗 低速 RTA（45%）　167.3 克 / 千瓦时　估算值

年运营小时　　6 200 小时 / 年
燃油价格　　419 欧元 / 吨　　650 美元 / 吨

燃油消耗 RTA　　6 019 吨 / 年
燃油消耗 减速 RTA　　5 642 吨 / 年

燃油成本 RTA　　2 515 315 欧元 / 年　　3 912 572 美元
燃油成本 减速 RTA　　2 357 491 欧元 / 年　　3 667 077 美元
节约费用　　157 824 欧元 / 年　　245 495 美元
减速升级包配件价格（包括 RPLS MAPEX-PR 以及 SHAFTPOWER）　551 750 欧元　858247 美元
回收期　　3.5 年

显示屏 3（中文）

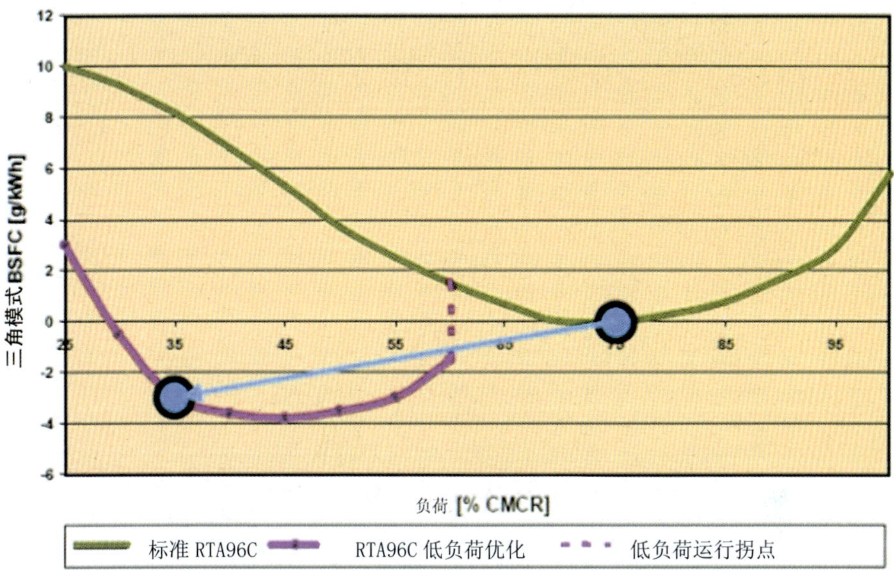

图 6　船舶在不同航速条件下的燃油消耗量对比

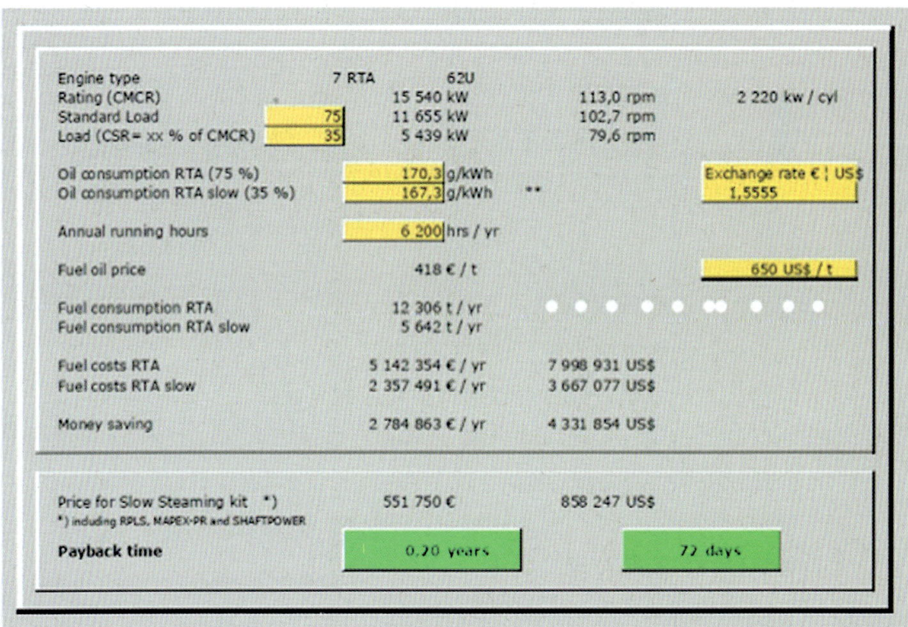

Engine type	7 RTA	62U		
Rating (CMCR)		15 540 kW	113,0 rpm	2 220 kw / cyl
Standard Load	75	11 655 kW	102,7 rpm	
Load (CSR= xx % of CMCR)	35	5 439 kW	79,6 rpm	
Oil consumption RTA (75 %)	170,3	g/kWh		Exchange rate € ¦ US$
Oil consumption RTA slow (35 %)	167,3	g/kWh	**	1,5555
Annual running hours	6 200	hrs / yr		
Fuel oil price		418 € / t		650 US$ / t
Fuel consumption RTA		12 306 t / yr		
Fuel consumption RTA slow		5 642 t / yr		
Fuel costs RTA		5 142 354 € / yr	7 998 931 US$	
Fuel costs RTA slow		2 357 491 € / yr	3 667 077 US$	
Money saving		2 784 863 € / yr	4 331 854 US$	
Price for Slow Steaming kit *)		551 750 €	858 247 US$	
*) including RPLS, MAPEX-PR and SHAFTPOWER				
Payback time	0.20 years		72 days	

显示屏 4

发动机类型 7RTA 62U
额定功率（CMCR） 15 540 千瓦 113.0 转 / 分 2 220kW/cyl
标准负荷 75 11 655 千瓦 102.7 转 / 分
负荷（CSR=xx% CMCR） 35 5 439 千瓦 79.6 转 / 分

燃油消耗 RTA（75%） 170.3 克 / 千瓦时 汇率： 欧元 / 美元
燃油消耗 低速 RTA（35%） 167.3 克 / 千瓦时

年运营小时 6 200 小时 / 年
燃油价格 418 欧元 / 吨 650 美元 / 吨

燃油消耗 RTA 12 306 吨 / 年
燃油消耗 减速 RTA 5 642 吨 / 年

燃油成本 RTA 514 2354 欧元 / 年 7 998 931 美元
燃油成本 减速 RTA 2 357 491 欧元 / 年 3 667 077 美元
节约费用 2 784 863 欧元 / 年 4 331 854 美元
减速升级包配件价格（包括 RPLS MAPEX-PR 以及 SHAFTPOWER） 551 750 欧元 858 247 美元
回收期 0.2 年 72 天

显示屏 4（中文）

2 主要原则

（1）没有附加限制条件下柴油机使用负荷范围在 20%～100%CMCR

（2）适用于商业运营

（3）有选择的关闭增压器（相应地，升级包只适用于多增压柴油机）

（4）在不影响柴油机可靠性的基础上可以采用电子控制增压器的关闭

（5）改进脉冲润滑系统以适应低负荷时气缸的润滑

（6）已申请专利

2.1 升级包内容

（1）增压器旁通阀安装，包括操作控制系统

（2）柴油机性能分析，最后可以选择检修或部分检修

（3）新柴油机调试标准（可选）

（4）布线及安装

（5）相关材料，人力及运输（船边交货）

（6）完成升级包安装及调式工作

（7）排放物测量及认证

（8）改进脉冲润滑系统

2.2 增压器旁通阀的安装，包括操作控制系统

图 7　增压器旁通阀安装位置与开 / 关控制

在涡轮之前的排气管和压气机后面的扫气管上安装增压器旁通阀以及相应的管路，补偿器，布线和控制器，如图 7 所示。

2.3 柴油机性能分析可在彻底检修或选择部分检修时进行

（1）柴油机，通过对涡轮增压器和空冷器性能评估以评定现有柴油机状态

（2）预先修正 NOx 的测量

（3）扭转振动分析

（4）增压器检修建议

（5）喷油定时及喷油器检修建议

（6）全面检查安装设备的优化位置

2.4 新柴油机的调试标准（可供选择）

（1）RTA 柴油机

• 喷油定时、压缩垫片、排气阀定时可能会有所变化

（2）RT-flex 柴油机

• 喷油定时，喷射方式以及排气阀定时有所变化，改善了燃油消耗率 / 氮氧化物在减速运行时的性能。

新柴油机的调试标准可以根据客户要求。

2.5 布线及安装

（1）在柴油机控制室内 PLC 控制系统可以自动控制阀门
（2）联锁装置，可以防止意外操作旁通阀
（3）连接到报警监控系统（AMS）
（4）柴油机在减速航行模式下
（5）紧急情况下手动操作阀门
（6）耐高温、耐油的电缆

2.6 相关材料，人力及运输（船边交货）

（1）所有材料及消耗品都需要被运抵船边
（2）包括所需人力，专业的服务团队将完成升级工作
（3）对柴油机进行热工作业必须由客户安排

2.7 完整升级包的安装与调式

（1）正在营运期间的柴油机在停港期间可以安装
（2）调试及操作完成后再交货
（3）成套安装包括最后更新的报警监控系统（AMS）
（4）包括短途航行期间的测试

2.8 排放测试和认证

（1）柴油机额定功率不变
（2）在减速航行模式下进行 NOx 排放认证，要符合
例如，

- 25% 和 50% 负荷旁通阀关闭
- 75% 和 100% 负荷旁通阀打开

（3）由船级社来认证
（4）主机排放测试仅在母型机上进行，测试也可作为选项。

2.9 改进脉冲润滑系统

（1）建立在 wärtsilä 脉冲润滑技术的基础之上
（2）气缸注油器按精确的定时和压力向气缸喷射气缸润滑油，如图 8 所示
（3）电控润滑系统能够提供柴油机在持续低负荷运行所需的润滑油

2.10 可用性

适用于所有苏尔寿 / 瓦锡兰 RTA 以及 RT-flex 增压器多于一个的二冲程柴油

机，旁通阀安装位置如图 9 所示。

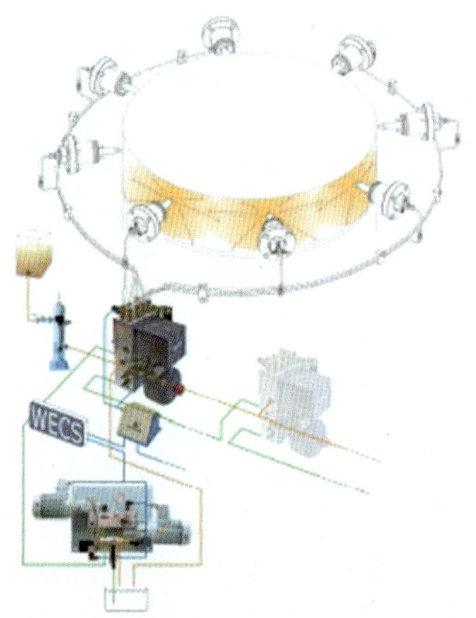

图 8　脉冲润滑系统布局

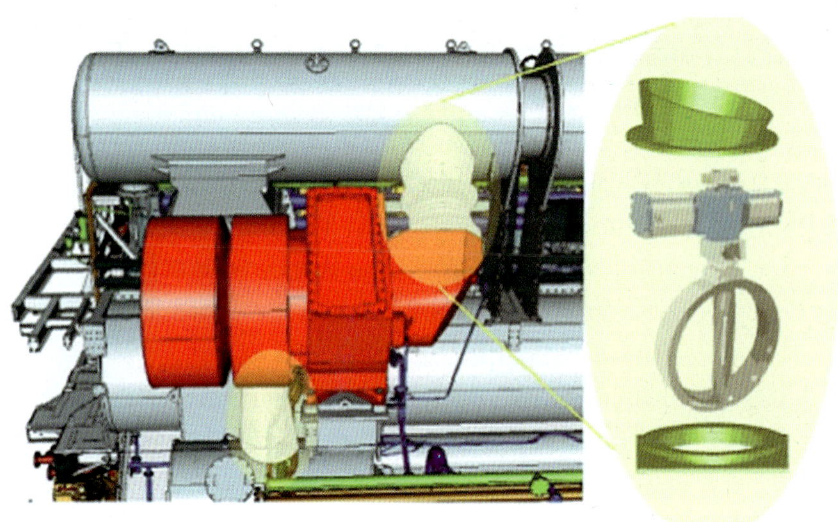

图 9　增压器旁通阀在柴油机排气管与增压器之间位置

2008 年 12 月 03 日

2.1.16 用于低速航行的新升级套件（包）有助于降低船东的燃料成本

适用机型：RTA 和 RT-flex 低速柴油机

Wärtsilä 已经为 RTA 和 RT-flex 低速柴油机的低速航行推出了一项新的升级包，使船东和运营商在其船舶低速航行时能够较大的节省燃料成本。升级工具包使 Wärtsilä 低速船用柴油机能够以 20～100%范围内的任意功率持续运行。这意味着，装有升级包的船舶能够以全速降至 60%的航速持续在海上航行。

高燃油价格已经把燃油效率提升给承租人、船东和船舶经营人。因此，低速航行具有相当大的利润，它是指在长时间内以降低航速运行的船舶。然而，如果没有这个升级包的修改，当运营持续低于 50%的柴油机负荷时，就有增加柴油机的污垢和部件温度过高的风险。升级包克服了这些问题，使柴油机能够以下降到其装机功率的 20%的功率持续运行。修改后的柴油机不能永久降速，可以在任何时间增加到全功率运行。由于船舶螺旋桨的功率特性与速度有关，这一扩展的运行功率范围使船舶航行在海上的航速可以降到约全速的 60%。

第一个升级包是在 2008 年 11 月由德国业主 Koepping 运输公司为两艘集装箱船订购，这两艘集装箱船的主机是 Wärtsilä RTA62U 柴油机。“阿格蕾雅”和“大屿山箭”两艘船是 1 200 标箱快速接驳集装箱船。他们在设计吃水时有约 22 节的最大航速，主机以 107rpm 的转速和 15 000kW 的功率运行，见图 2。

Koepping 航运的董事长 JoergKoepping 认为，“低速航行的升级包给这些船只相当大的灵活性，能够适应目前困难的市场条件，从而在低速航行时节约了巨大的成本，但要保留在必要时全速运行的能力。”

升级包适用于所有带有多个增压器的 RTA 和 RT-flex 柴油机。由于船舶必须符合 IMO 组织的 NOx 排放规定，因此，需要根据排放限制的要求对每一种情况进行评估，并可以提供一个整套的定制包（即一整套全部事先做好，并打包）。在没有任何修改的情况下，RTA 和 RT-flex 柴油机可以安全地，以超过 50%的约定最大连续额定功率（CMCR）负荷持续运行。

升级包的概念是柴油机在低负荷运行时切除一个增压器工作。这在低负荷时增加了扫气量从而得到更好的燃烧，并改善了柴油机部件的工作温度。切除点取决于柴油机的结构。

升级包将二个截止阀分别装到增压器涡轮前的排烟管和压气机后的扫气管上，

包括安装一根旁通管以保持涡轮增压器转子以一个预设的恒定低速旋转。该阀可以远程操作，这个升级包包括安装一个控制系统来操作阀。

升级包由 Wärtsilä 提供，它是一个以“整套订制包”为基础，包括柴油机性能分析，布线和安装，所有的材料和运输，服务工程师进行整体安装和调试以及排放检测和认证。升级包的安装和调试可以在船舶的正常营运的港口停靠期间完成。

有关低速航行升级包的更多信息，可以参照网站链接：

www.wartsila.com/Slow Steaming Upgrade kit for 2-stroke engines

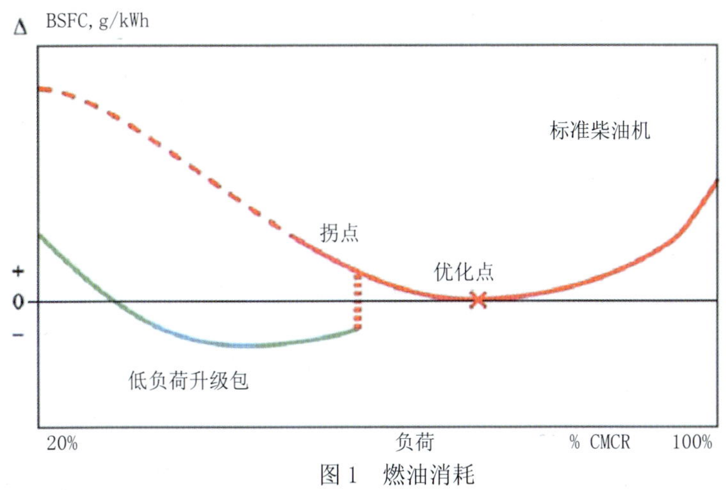

图 1　燃油消耗

图 1 显示的是在使用标准柴油机和低速航行升级包的情况下，RTA 和 RT-fLEX 柴油机的一个典型燃料消耗（BSFC）曲线。请注意！没有修改的情况下，柴油机在低于 50%的负荷下连续运行是不可取的。

图 2　配备针对低速航行的 Wärtsilä 升级包的“阿格蕾雅”集装箱船

2.2 RT 服务公告

RT-18-4

2009 年 6 月 9 日

取代公告 RTA-18.3

2.2.01　气缸套和活塞环的磨合

适用机型：RTA 与 RT- flex 柴油机

1 简介

本服务公告介绍了柴油机活塞检修或更换一个或多个气缸套后，对新的活塞环进行磨合的程序。以气缸套或活塞环的材料和加工工艺方面的经验为基础，制定了该磨合程序。

服务公告 18.3 仅解释了 CLU 3 系统。本公告考虑了另外两个系统：脉冲气缸油系统和改进型脉冲气缸油系统，这两个系统的磨合程序类似。旧气缸润滑系统可以参考服务公告 RTA-60.1。

本磨合程序的文件取代之前服务公告 RTA-18.3，以及柴油机《使用说明书》中所有相关程序。

2 备注

换新气缸套后，或者仅更换了活塞环，都必须进行磨合。磨合的目的是尽快达到良好的活塞环密封性能，特别是对非铬 - 陶瓷密封环更为重要。在任何情况下，气缸套和活塞环的运行表面都不能出现任何拉缸的现象。

3 柴油机起动前需进行的准备和检查

使用前的准备工作请参见柴油机《使用说明书》。需要特别注意的见表 1：

表 1　起动前的检查

缸套表面	检查是否有异常，如润滑油槽是否有尖锐的边缘。 必须按照“保养说明书”打磨扫气口和上止点处的凸肩。
扫气箱	检查滑油或燃烧产物积聚的脏污情况。
扫气箱凝水泄放管路	检查确认泄放阀处于打开位置，检查液位高位报警功能是否正常。
活塞环槽	检查是否有异常，如环槽的磨损情况或铬镀层是否被磨穿。
要求的气缸油注油率	根据本文的规定设置。
活塞裙	检查因刮、擦产生的硬区的状况，如果有则需要修复。

4 运行中的磨合

柴油机必须按照磨合程序进行磨合运行。负荷的增加速度不得超出磨合程序的规定值。需要特别注意的事项见表 2。

表 2 磨合运行的注意事项

燃油	使用 HFO 进行磨合。 柴油机起动前，HFO 必需进行净化处理，并加温到建议的喷油粘度。
气缸油	使用与正常运行时相同牌号的气缸油。
VIT/FQS	VIT 机构关闭，FQS 设置为零
气缸冷却水	经常检查缸套冷却水温度的变化，保证缸套冷却水温度稳定。 尽可能避免缸套冷却水温度波动： 在稳定负荷下：±2℃ 在过渡负荷下：±4℃
缸套温度	使用监测工具 MAPEX PR 有利于密切监测缸套温度，保证安全磨合。

4.1 低速航行期间的磨合

如果船舶计划减速航行，磨合程序可以推迟到下一次增加负荷时进行，例如清洗增压器或废气锅炉吹灰等情况。在这种情况下，必须在 75% 负荷下执行磨合程序，在达到此负荷并完成 75% 负荷的磨合后，可以再次将负荷降到减速航行水平。

只有在符合以下两种条件的情况下，才能推迟磨合程序：

• 使用全套铬陶瓷（CC）环。

• 按照服务公告 43.3 规定的最新规范，使用一个全新的珩磨的缸套或之前磨合过的缸套。

5 使用 CLU3 系统的柴油机的磨合

5.1 气缸注油率计算和调整

CLU3 气缸油系统适用于单排注油槽或多排注油槽，多排注油槽是指气缸套布置了上、下二层注油器。如果是多层油槽，气缸油量在气缸套中的分布如下见表 3、4：

表 3 上、下层注油量分配

润滑部位	设置
气缸套上层注油器	30～40%
气缸套下层注油器	70～60%

使用气缸油泵调节盘调整上下两排注油器的注油量分配，见图 1，即 1～6 位置的设定可以改变气缸油泵柱塞的有效行程。

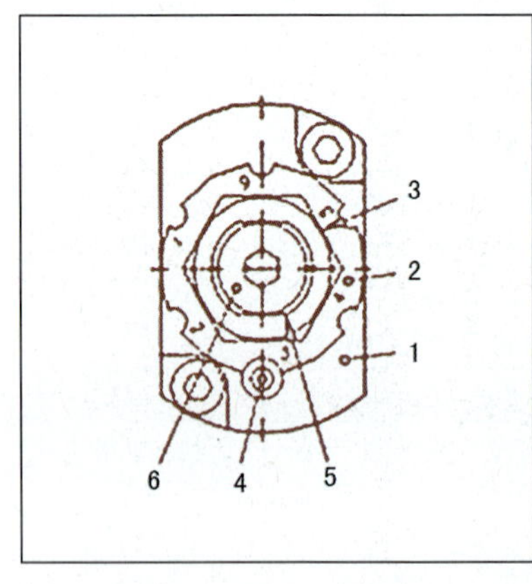

1. 泵本体　2. 调节盘
3. 锁紧螺帽　4. 紧固螺钉
5. 用于转动调节盘的 AF24　6. 旋塞

图 1 气缸油泵调节盘各部位名称

气缸油泵柱塞每一冲程排出的气缸油数量取决于气缸套上、下注油器的注油量分配的设置，气缸油泵运行期间可以对气缸注油器进行调整。

表 4　新旧气缸油泵的注油量

气缸油泵调节盘设定位置	1	2	3	4	5	6
对应的供油量 旧设计 *[ml/stoke]	0.212	0.290	0.397	0.544	0.736	0.941
对应的供油量 新设计 **[ml/stoke]	0.27	0.36	0.47	0.63	0.83	1.10

注：* 旧气缸油泵设计是指：2002 年第 28 周前的设计（单位：毫升 / 冲程）

** 新气缸油泵设计是指：从 2002 年第 28 周开始采用的设计（单位：毫升 / 冲程）

注：更多有关 CLU3 气缸油泵的信息参见服务公告 RTA-60.1。

气缸油泵的排量取决于柱塞式油泵单元的数量和泵轴的转速，即柱塞的冲程数。遥控系统（RCS）会根据柴油机负荷发送信号（称为“H”信号，请参见《台架测试报告》）给变频器，然后，泵的马达会按照变频器输出的频率和泵的齿轮传动比，按比例地驱动泵轴。操作人员可以通过调整“泵浦转数系数”（PSF），按比例地改变遥控系统的输出信号。在柴油机运行时可以进行此项调整。“泵浦转数系数”应在 0.85～1.15 之间，防止在应急运行模式下气缸油过量或不足。气缸油泵的“泵浦转数系数”限制应能为柴油机满负荷运行时提供安全的气缸油注油率范围，尽管推荐的设置接近 1.0。

但要注意，在遥控系统故障时，变频器会自动切换到应急润滑模式。在船舶电网频率的控制下（即 50 或 60Hz），此时变频器输出的速度信号在柴油机的整个负荷范围内保持恒定。

气缸油泵的轴速度与马达频率的比值即为频率比（FR）。此比值取决于柴油机缸径和气缸油泵的排量，见表 5。

表 5　柴油机缸径与频率比的关系

RTA / RT-flex 气缸缸径 （cm）	频率比 [气缸油泵的轴速度 / 马达（提供）的频率]
48T-B、52	0.57
58T-B、60、62	0.763
50、68T-B、72	1
84T-B	1.53
96C	2

为了获得气缸油泵的泵轴转速和实际的柱塞冲程速度，从变频器上看到的马达输入频率必须乘以频率比。

5.2 气缸注油率计算实例

假定 10RT-flex96C 柴油机，采用新的气缸油泵设计，功率为 40.0 MW，其他参数如下：

- 气缸套上排注油器的设置为位置 1，排量为 0.27 毫升 / 冲程（表 4）
- 气缸套下排注油器的设置为位置 3，排量为 0.47 毫升 / 冲程（表 4）
- 40℃时气缸油密度为 0.90 千克 / 升
- “泵浦转数系数”（PSF）调整为 1.0

如果从变频器读出的输出频率为 50.0Hz，气缸油泵的轴速度为：

频率 × 频率比

= 50.0×2（从表 5 查得）

= 100 rpm（或行程 / 分钟）

根据公式计算出注油率：

$[(q_u + q_l) \times i \times n \times \rho \times 60] / P$ = 注油率 （g/kWh）　　公式 1

式中：

q_u：上排注油器的注油量（ml/stroke）

q_l：下排注油器的注油量（ml/stroke）

i：气缸数

n：气缸油泵泵轴转速（rpm）

ρ：气缸油密度　　（kg/m^3）

60：小时转化为分钟

P：柴油机负荷 (kW)

根据 (公式 1)，所述柴油机气缸注油率为：

[(0.27 + 0.47)×10×100×0.92×60] / 40000

= 1.02(g/kWh)

如果“泵浦转数系数”（PSF）改为 0.96，输出频率按比例变化为：

50 Hz × 0.95（泵浦转数系数 PSF） = 47.5 Hz

这个频率低于船舶频率，因此必须重新计算此时的注油率。

5.3　从磨合到正常运行的注油率

开始磨合时，有必要增加注油器各个单元的设置，将最大注油率设置到 1.6 克 / 千瓦时（在 CMCR）。计算得到的气缸油注油率需要经过测量验证。

在整个磨合过程中，按照计划规定的时间间隔逐渐降低注油率，但每次调整量不得大于 0.1 克 / 千瓦时。达到规定注油率 1.1 克 / 千瓦时的最短时间不得小于磨合计划规定时间。

6 采用脉冲气缸油系统或改进型脉冲气缸油系统的柴油机的磨合

所有系统有一个共同的原则，即气缸油是垂直（上、下）分布，气缸油在活塞环区域上部注入，进入活塞环区域，然后到活塞环区域的下部。在 flexView 软件中，可以看到气缸油的具体分布情况。所有系统的磨合程序都是相同的。

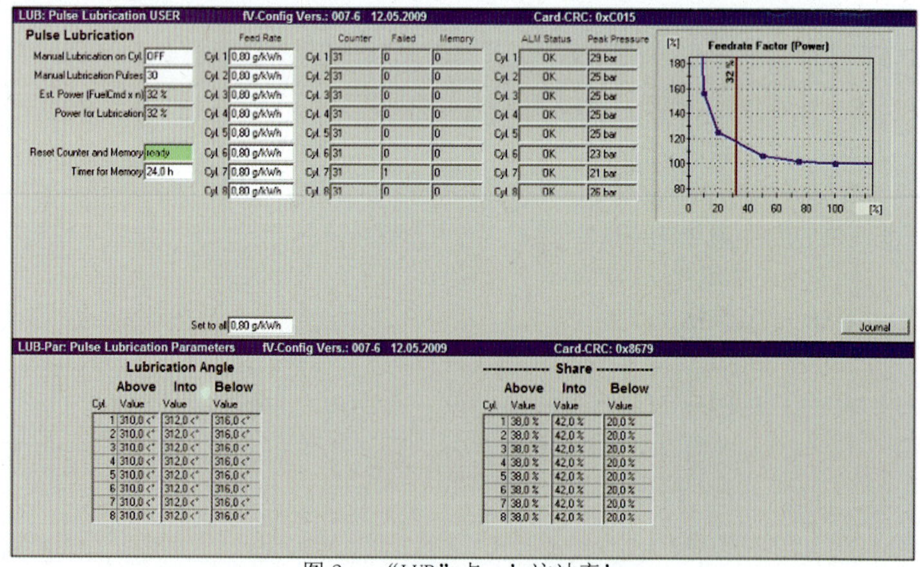

图 2　“LUB”卡→’注油率’

下面是如何计算气缸油的消耗。

可以使用 flexView 用户参数（“LUB” 卡 →’注油率’），调整单个气缸的注油率，或根据整体情况调整所有气缸的注油率（实例见图 2）。

6.2.1 需要的工具（如图 3）

- 秒表
- 烧杯
- 用于擦拭溢油的抹布

6.2 气缸油消耗的测量与计算

6.2.2 程序

打开玻璃液位计的上、下隔离阀（①和②）（正常操作期间这些阀是关闭的）。确保排油阀是关闭的。

关闭连接测量容器的进口阀③后，打开透气阀④（在测量期间透气阀④需打开）。

玻璃液位计中的油位开始下降，因为现在只能消耗测量容器中的气缸油。油位达到上部标记⑤的下边缘时，使用秒表开始计时。

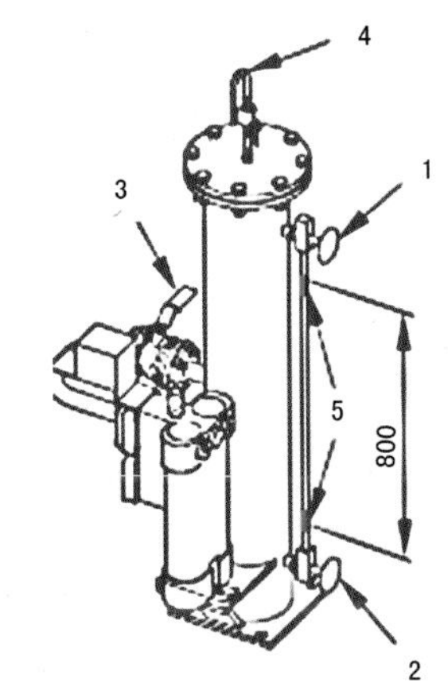

图 3 测量设备

油位达到下部标记⑤的上边缘时，停止计时，记录消耗固定容积的气缸油需要的时间。

打开测量容器的进口阀③，直至气缸油从透气阀④流出。当透气阀④流出的油不含气泡时，关闭透气阀④。清洁溢出的气缸油。

关闭测量容器上、下隔离阀（①和②），并打开排油阀，将油放到烧杯中。

测量时间内消耗的油量为 26 升，开始测量前，玻璃液位计中标记的测量高度为 800 mm。

6.2.3 计算总油耗

（1）耗油量 26 升除以测得时间（单位：秒），即为总油耗，单位为：升 / 秒。

（2）将上一步的得到的结果乘以 3600，得到每小时总油耗，单位为：升 / 小时。

（3）将上一步的结果乘以油的密度，得到总油耗，单位：千克 / 小时。

整个计算可以使用公式 2 完成：

$$C = 3600 \times \rho \times (\Delta V / \Delta t)$$ **公式 2**

式中：

C: 总油耗 (kg/h)

ρ：气缸油的密度（kg/l），一般为 0.92 kg/l

ΔV：测量期间的耗油量（l）

Δt：测量时间　（s）

6.2.4　计算气缸油的消耗率

根据公式 2，总油耗如下：

（4）上一步得到的结果除以当前柴油机的输出功率（kW），此结果即为气缸油消耗率，单位为：千克 / 千瓦时。柴油机功率可以从 flexView 屏幕看到，它是一个相对值。（对应 100% 输出功率）。其他数值需要按比例计算。

（5）上一步的结果乘以 1000，得到的是克 / 千瓦时的气缸油消耗率。

（6）上一步的结果除以修正系数，见公式 3，得到的结果才是气缸油的消耗率，单位为：克 / 千瓦时

将整个油消耗率的计算用公式 3 完成：

$$R = 3.6\times106\times(\rho/fP)\times(\Delta V/\Delta t)$$ **公式 3**

式中：

R：气缸油消耗率　（g/kWh）

ρ：气缸油的密度（kg/l），一般为 0.92 kg/l

ΔV：测量期间的耗油量　（l）

Δt：测量时间　（s）

P：测量期间柴油机功率　（kW）

f：修正系数

柴油机在部分负荷下运行时，需要使用修正系数（*f*），　见表 6。

表 6　修正系数（*f*）

柴油机输出功率与最大功率比值（P/P_{max}）	修正系数（*f*）
100%	1.00
75%	1.02
50%	1.06
20%	1.25
10%	1.56

6.3 调整磨合和正常运行期间的注油率

在开始磨合程序时，应将注油器各个单元的设置调到最大注油率 1.4kg/kWh，

然后按磨合计划实施。根据额定功率，可按照表 7 降低气缸油注油率：

表 7 根据运行时间降低气缸油注油率

注油率的调整	运行时间
1.2 g/kWh	运行约 15 小时后
1.0 g/kWh	运行 50 小时
0.9 g/kWh	运行 200 小时后 ，检查活塞环和气缸套

在之后的 500～1000 运行小时期间，需要定时检查活塞环和气缸套，注油率可以分步降低，直到达到磨合计划规定的注油率。

7 将注油率降低到推荐或指导值以下

在柴油机运行 1 000 小时之后，确认活塞环的运行状况是令人满意的，注油率可以降到推荐值以下。注油率每次调整时间间隔为 500～1000 小时，减小的量为 0.1g/kWh。气缸油注油率的减小必须根据通过扫气口检查活塞环和气缸套表面的结果进行。正常情况下，CLU3 的指导注油率为 1.1g/kWh，脉冲系统为 0.8g/kW。根据以下情况决定是否降低注油率至推荐值以下：

- 柴油机的工作条件
- 燃油中的硫含量
- 船东对于气缸油成本与气缸套维修成本的考虑
- 润滑油的选择
- 活塞下部扫气箱残油的化验

8 气缸油

从所附的气缸油清单中选择高清净性、高碱性气缸油与高硫重质燃油一起使用。最新的高平均有效压力（MEP）的柴油机设计从使用认可的润滑油中受益。碱性（BN）的选择取决于燃油的含硫量，见图 4。

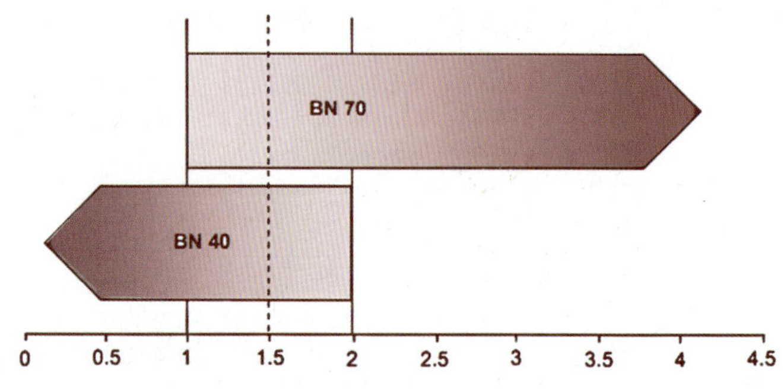

图 4 燃油含硫量与碱性气缸油的匹配

正常使用过程的建议数值如下：

表 8 燃油含硫量与气缸油碱值（BN）的关系

燃油含硫量	建议总碱值
＞ 1.5%	BN 70
＜ 1.5%	BN 40

如果 BN70 的气缸油与硫含量低至 1.0% 的燃油一起使用，最重要的是不要使气缸油过量，并遵守下列建议：CLU3 系统的标定注油率为 1.1g/kWh，脉冲系统为 0.8g/kWh，见表 8。

一些石油公司提供适合与高或低硫燃油一起使用的气缸油。更多有关 BN 的信息请参见服务公告 RTA-66。

9 磨合程序

9.1 CLU3 系统 - 磨合程序 （如图 5）

如果船舶计划减速航行，只要按照公告 43.3 规定的最新规范使用全套 CC（铬陶瓷）活塞环和使用一个全新的珩磨缸套或之前磨合过的缸套，可以推迟执行磨合程序。在下一次提高负荷运行时，例如增压器清洗或废气锅炉吹灰，必须在完成 75% 负荷的磨合程序之后，才能再次降速运行。

9.2 脉冲系统 - 磨合程序（如图 6）

如果船舶计划减速航行，只要按照公告 43.3 规定的最新规范使用全套 CC（铬陶瓷）活塞环和使用一个全新的珩磨缸套或之前磨合过的缸套，可以推迟执行磨合程序。在下一次提高负荷运行时，例如增压器清洗或废气锅炉吹灰，必须在完成 75% 负荷的磨合程序之后，才能再次降速运行。

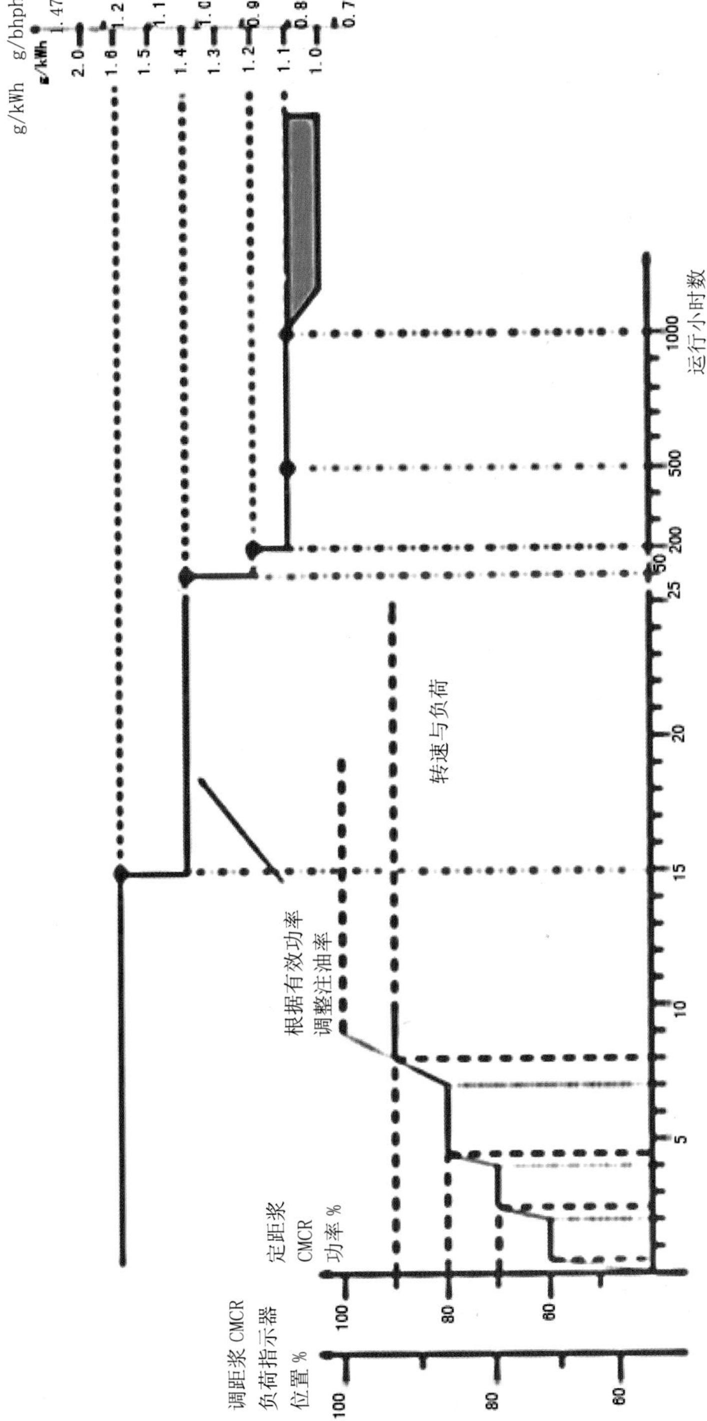

图 5 CLU3 系统 - 磨合计划

活塞环和气缸套的检查
克 / 千瓦时 克 / 马力时
g.kWh g/bhph
2.0 1.6 1.5 1.4 1.3 1.2 1.1 1.0 0.9 0.8 0.7 0.6 0.5
1.2 1.1 1.0 0.9 0-8 0.7 0.6 0.5 0.4
指导注油率
转速与负荷
根据有效功率调整注油率
运行小时数
5 10 15 20 25 50 200 500 1000
定距桨 CMCR 功率 %
100 80 60
调距桨 CMCR 负荷指示器位置 %
100 80 60

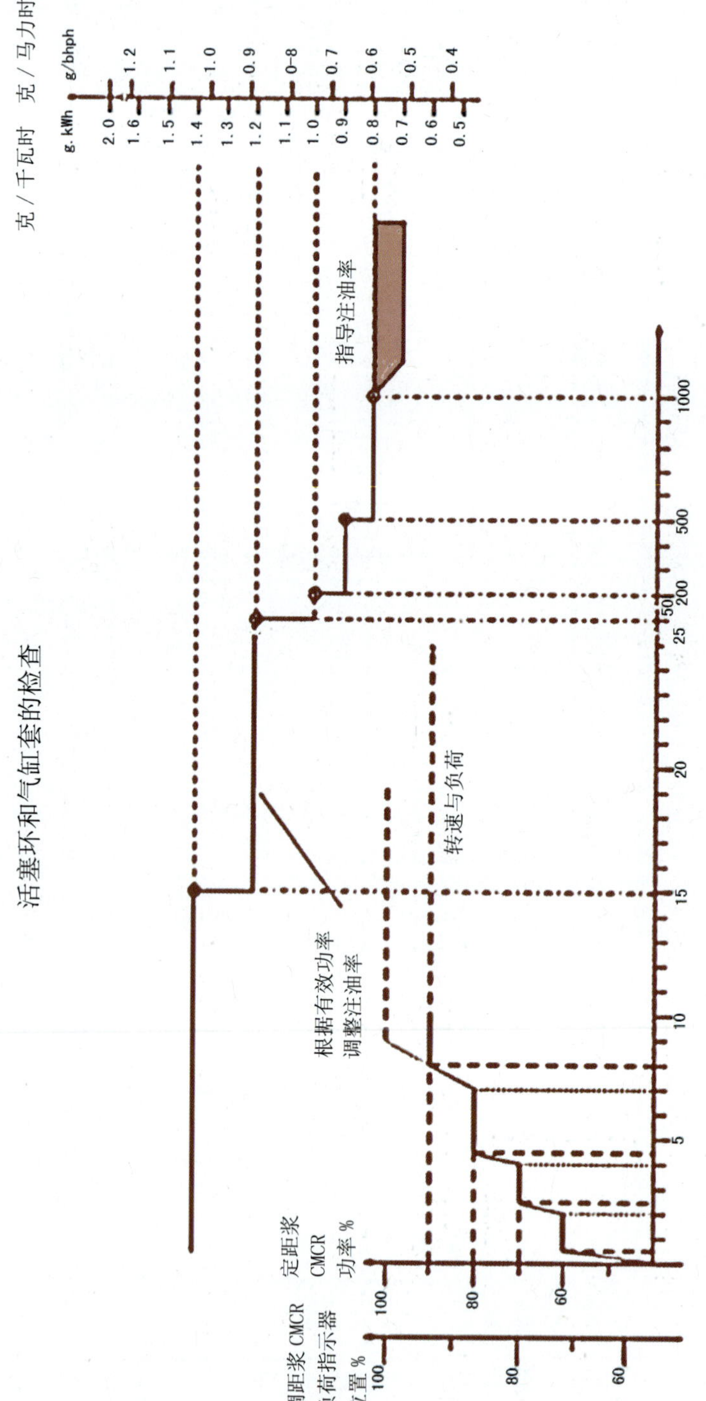

图 6 脉冲系统 - 磨合程序

RT-82

2009年6月29日

2.2.02 馏分燃油的使用

适用机型：RTA与RT- flex柴油机

1 简介

Wärtsilä瑞士公司允许其柴油机使用ISO 8217技术规范提供的所有燃油运行。

当前国际公约规定了关于船用燃油最大含硫量或者使用等同的替代方法减少废气中的含硫量。MARPOL 2008年修正案附则VI规定，燃油含硫量从现今的4.50%减少到3.50%(2012年1月1日生效)，最后达到0.50%以下(2020年1月1日生效)，使用馏分燃油已是必然的。馏分燃油与重质燃油在许多方面都有差异，在一般情况下，对两种燃油的质量都有更加严格的规定，但是与重油相比，馏分燃油的燃烧特性有所提升。

根据ISO 8217， DMX、DMA（通称MGO）及DMB（通称MDO）都属于馏分燃油。DMX是应急设备使用的燃油，闪点低，需要单独存储。由于闪点低，这种燃油在通常情况下不用于船舶柴油主、副机。DMA与DMB是最为常见的馏分燃料，同时也有特定的十六烷值，也具良好燃烧性能。DMC燃油最高含有15%的HFO，并且对十六烷值没有要求。

2 最低的燃油粘度

当使用HFO时，当前推荐的喷油器处燃油粘度为13～17 cSt。除非燃油被冷却，否则MDO与MGO是达不到该粘度水平。然而，经验显示，等级为DMA与DMB馏分燃油的粘度，如ISO 8217技术规范所示，不会对燃油系统组件的运行造成不良影响。但这些馏分油到喷油泵只有2 cSt的低粘度。要达到合适的进机粘度，根据这个粘度所需要的实际温度，需要使用冷却装置。在较低的机舱环境温度和具有隔热功能燃油柜的情况下，则不需要使用冷却装置。

使用低粘度的燃油应关注的两个问题对RTA与RT- flex 柴油机都没有影响。

第一，使用低粘度的燃油会导致油泵柱塞和套筒之间漏油增加，需要改变燃油泵的定时。但此问题对Wärtsilä二冲程柴油机并不存在，因其燃油泵的定时是由阀控制的。

第二，关于套筒与柱塞之间的润滑功能。提供的燃油满足ISO 8217技术规范，无需增加其他措施。由于活塞上没有螺旋槽，因此密封长度更长，套筒与柱塞之间的间隙更加合理。

3 馏分燃油的使用

3.1 RTA 柴油机

Wärtsilä 二冲程柴油机能够燃烧本公告提及的所有燃料。

当燃用馏分燃油或者低粘度燃油时，喷油泵的套筒与柱塞、吸入阀和出油阀漏油量会增加。油泵偶件漏泄程度取决于套筒与柱塞之间的间隙。泄漏的燃油不会混入到滑油系统中，而是集中从喷油泵的泄油孔排至燃油回油柜。

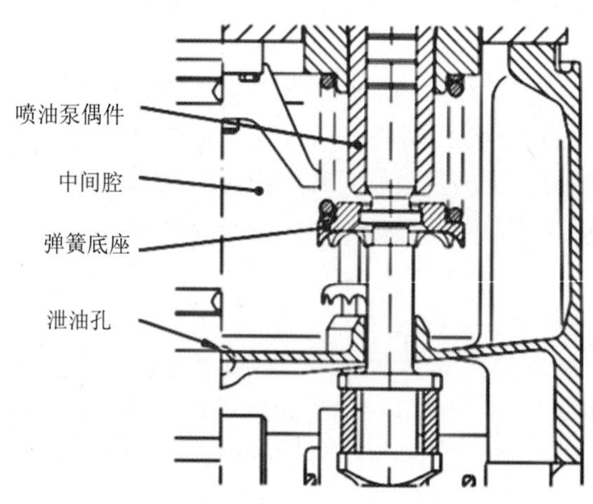

图 1　RTA 喷油泵局部剖面

如果泄漏的燃油是排放到一个单独的油柜，而不是污油柜中，那么该燃油还可以使用。一定要确认船上燃油回油柜与其他油柜是分开的。在转换燃油之前必须确认这个油柜是空的，防止混油。同时需要确认底部弹簧底座上没有燃油残留物，以防这些残留物堵塞泄放通道，还要确认弹簧底座伞形结构上的所有排油孔都是干净的。

当套筒与柱塞间泄漏的燃油量增加时，可能需要将负荷增加一些。调速器的变化要适应负荷指示的变化，但在某些柴油机装置上，因为有扭矩限制及 / 或扫气限制等功能，可能会限制柴油机负荷的增加。如果长时间使用低粘度燃油运行，就必须对调速器进行调节。不过需要特别注意，当恢复使用标准燃油时，应确保不会超出最大扭矩。

此外，等级为 DMA 与 DMB 燃油密度比重油低，这样会导致发热值的总量降低。由于喷油泵是容积式调节的泵，因此，即使发热值低，负荷也会进一步升高。

柴油机的气缸润滑依赖于负荷变化，气缸注油率是由柴油机转速与负荷共同决定的。负荷增加，气缸油的注油率也会上升，但这并非最好的效果。如果柴油机长时间使用低粘度燃油运行，那么应该考虑调节气缸油注油率，降低注油量。

由于 Wärtsilä RTA 二冲程柴油机喷油泵的定时是通过回油阀控制的，因此，当喷油泵偶件间的漏油量增加时，无需采取措施来适应喷油泵的定时。

当使用低粘度燃油时，气缸内燃烧状况也会发生变化，这会导致最高爆发压力升高，会影响活塞环以及燃烧室部件的可靠性。当使用低粘度燃油时，应测量最高爆发压力，并将喷油定时向延迟方向调整，以降低最高爆发压力。所有的 RTA，RLA/B 及某些 RND-M 柴油机上可以使用 FQS（燃油质量设定）来延迟定时。所有其他老式 R 类型柴油机是通过调节喷油泵凸轮来延迟定时的。

由于柴油机类型与额定功率不同，压力的升高值也不同。应当使用台架试车原始数据及 / 或者性能曲线作为参考数值，如果不可用，请联系 Wärtsilä 公司了解这一信息。可参考随机《使用说明书》第 0420/1 章。每更换一次燃油，不管是哪个等级的，都需测试一次示功图，根据测试的参数调节定时有利于优化柴油机性能，降低油耗。

3.2 RT- flex 柴油机

由于 RT-flex 柴油机的燃油喷射原理与 RTA 柴油机的燃油喷射原理不同，因此还应注意下列事项：

当柴油机处于停车状态时，燃油循环仅仅通过燃油泵，而不经过燃油共轨单元。因此，不能将系统的燃油全部替换掉。

燃油泵泄漏量增加可能会导致电动执行器的动作，但不会影响定时，只调节油量控制。燃油泵有一个O型圈将泄油区域分隔，见图 2 所示。为确保O型圈有良好的密封，下文有详细说明。泄漏的燃油会通过泄油管路排出，一定要确保泄油管路畅通，请参考相关柴油机《使用说明书》。

当柴油机使用柴油运行时，且重油已经完全置换完毕，确认管路中重油已全部排干净后，必须关闭蒸汽伴行或电加热伴行。再次使用重油时，需要确保开启蒸汽伴行或电加热伴行。

燃油共轨总成，包括喷射控制装置（ICU）中的漏油可能会增加。漏泄的燃油通过安装流量检测装置的独立泄漏系统泄放。要确保所有的泄漏管道与泄油孔都是畅通的，而且，如果长期使用低粘度燃油必须确保蒸汽伴行或电加热伴行处于关闭状态。

当柴油机处于停车状态时，燃油共轨泄漏的燃油量增加可能会导致燃油压力下降，在机动航行时，会造成起动时起动空气消耗量轻微增加。

喷油定时是由曲轴实际位置决定，与燃油粘度无关。

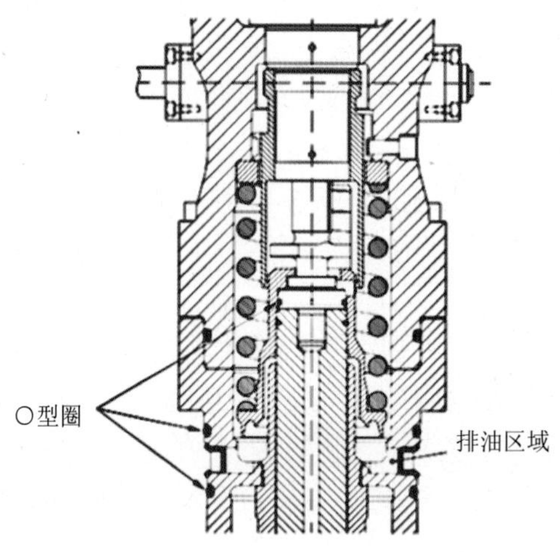

图 2 RT-flex 型柴油机燃油泵

同样，对于 RTA 柴油机，与使用重油相比燃烧会得到改善，并且需要为最高爆发压力留出余量。请参考柴油机《使用说明书》第 0420/1 章。

4 气缸润滑油的选择

当使用含硫量低于 1.5% 的燃油运行时，应降低气缸油注油率，并且应使用总碱值为 40 BN 的气缸油，这样可以防止没有被中和的碳酸钙形成硬质沉积物。欲了解更多信息，请参考服务公告 RT-18.4 与 RTA-66。

在换用馏分燃油之前，应该先换用低碱性（BN）气缸油，用以替代高碱性气缸油。由于气缸油系统设计的关系，要使系统完全换成低碱性（BN）气缸油有时间的长短之别，而有些气缸油系统，这个时间取决于流量。在更换气缸油的这段时间内，含硫量高的燃油与低碱性气缸油配合使用不会对缸套造成磨损。

5 换用燃油的操作程序

当从一种燃油替换成另一种燃油时，应该按正确的程序进行操作。关于这方面的操作在柴油机《使用说明书》0720 章有操作程序说明，以下内容也对这一程序做出了说明。

5.1 换油

通过转换安装在从 HFO 油柜和 DO 油柜吸油的管路上的三通阀，对主机的燃油运行模式 HFO/DO 进行转换，反之亦然，见图 3（21）。

在转换燃油时应当防止对柴油机燃油喷射系统（喷射泵，管路等等）带来温度突变。温度的突变可能会导致喷油泵柱塞咬死，影响船舶操作，或者可能会导致喷油泵漏油，有引发火灾的风险。

不仅在将DO转换成HFO时，保持温度缓慢升高（15℃/分钟）是很重要的，而且在将HFO转换成DO时，保持温度缓慢降低（15℃/分钟）也很重要。

目前所获得的经验显示，使用带有时间延迟（例如：从100%的HFO转换成100%的DO，持续10秒钟）的三通转换阀（21），以此阀作为混合并不十分合适。因为，两种燃油在混合时，HFO与DO在三通阀进油口处的压力必须相等，而这一点，实际上是很难实现的。

5.2 从DO转换为HFO

燃油的粘度是由粘度计控制的，且燃油本身温度的升高可以手动或者自动控制。根据粘度计的类型，可以将温度升高设置成自动控制温度变化。最大温度升高速度绝对不能超出15℃/分钟。

5.3 从HFO转换为DO

在这种情况下，温度的变化不会受到粘度的影响，但是会受到燃油系统中燃油体积的影响（系统部件受冷收缩的影响）。

从柴油机返回来的热重油与从日用油柜来的重油在混合装置（24）中均匀混合。在将HFO转换为DO时，它会限制温度的突然变化，反之亦然。

在混油过程中，大容量的混合装置对混油温度是很有优势的。然而，这样会延长两种燃油混合在一起的时间，因此可能会出现二种燃油是否兼容的问题。

6 结论

综上所述，表1应该特别注意。

表1 结论

负荷指示增加	在一定程度上可以补偿。 仅在长期使用低硫燃油时推荐使用
气缸油	燃用低硫燃油时应当注意气缸油BN值的匹配
燃油泄漏量增加	如果没有与来自于柴油机的其他漏油（润滑油）混合的话，泄漏的燃料可以重新使用 泄漏的燃油应该返回至相关沉淀柜，然后重新处理
二种燃油的兼容性	尽量缩短转换时间，以防止过量混合。 如果有可能，应当在转换前测试所使用两燃油的兼容性
燃油的润滑特性	不会受到影响
燃油处理	不论使用何种燃油，都应该保持正常的处理

7 燃油系统的实例

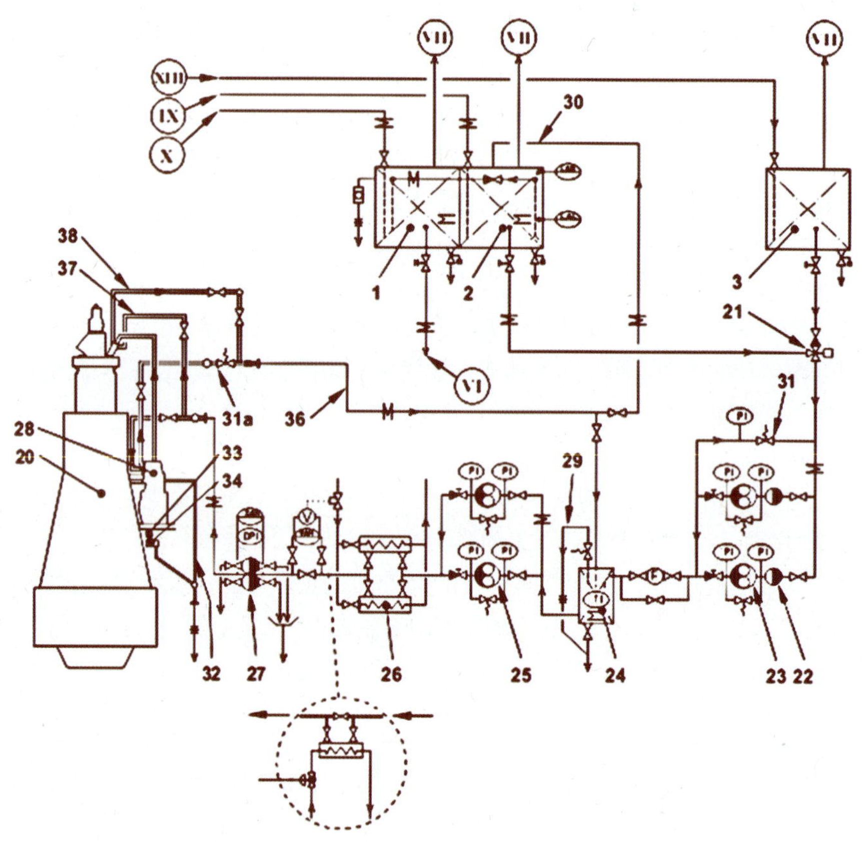

图 3　燃油系统实例，请参考柴油机《使用说明书》

可选项：在冷却侧，带有温度调节阀的 DO 冷却器。

图 3 的注解

1	重油沉淀柜	2	重油日用油柜
3	柴油日用柜		(……)
20	主柴油机	21	三通阀
22	吸入滤器	23	燃油供油泵
24	有隔热布置和加热装置的混合装置	25	燃油增压泵
26	雾化加热器	27	燃油细滤器
vi	至重油分油机	VIЦ	至透气总管
VIII	来自于柴油分油机		流量指示器
	带绝缘的加热管路		绝缘管路
	压力调节阀		玻璃观察孔
Ⓥ	粘度计	28	喷油泵

29	透气管	30	旁通至日用油柜的回油管
31	压力调节阀	31a	恒压阀
32	喷油泵的泄漏管	33	燃油管路的泄漏管
34	燃油泄漏监控		(……)
36	回油管	37	供油循环管路
38	回流循环管路	ix	来自于重油分油机
X	来自于驳运泵	PI	压力表
TI	温度表	DAH	压差警报，高压
DPI	压差指示器	LAL	低位液位报警
LAH	高位液位报警	VAH	高粘度保警

8 ISO 8217 燃油标准

编者注：关于 ISO 8217 燃油标准从 2012 年 7 月 1 日起实施 ISO 8217 2010（E）

8.1 船用馏分燃料油的技术标准（ISO 8217 2005（E）），见表 2

表 2 ISO 船用馏分燃料油的技术标准

参数	单位	极限	DMX	DMA	DMB	DMC
15℃时的密度	kg/m³	max	-	890	900	920
40℃时的粘度	mm²/s	max	5.5	6.0	11.0	14.0
40℃时的粘度	mm²/s	min.	1.4	1.5	-	-
10% 蒸余物残炭，微量法残炭，微量法	% m/m	max	0.3	0.3	-	-
	% m/m	max	-	-	0.3	2.5
水	% V/V	max	-	-	0.3	0.3
硫 C)	%（m/m）	max	1.0	1.5	2.0	2.0
总潜在沉淀物	% m/m	max	-	-	0.1	0.1
灰分	% m/m	max	0.01	0.01	0.01	0.05
钒	mg/kg	max	-	-	-	100
铝 + 硅	mg/kg	max	-	-	-	25
闪点	℃	min.	43	60	60	60
倾点，夏季	℃	max	-	0	6	6
倾点，冬季	℃	max	-	-6	0	0
浊点	℃	max	-16	-	-	-
十六烷指数		min.	45	40	35	-
外观			清澈透明			-
锌 D)	mg/kg	max	-		-	15
磷 D)	mg/kg	max	-		-	15
钙 D)	mg/kg	max	-		-	30
C)	当相关议定书开始生效时，由国际海事组织规定的硫氧化物排放控制区域中，允许的含硫量的极限值为 1.5%M/M。但局部地区可能会有变化。					
D)	燃油中应当不含有废润滑油。如果锌、磷、钙中的一个或一个以上的含量低于或等于要求的指标，则可认为燃油不受废润滑油的影响；如果锌、磷、钙的含量都超过了要求的指标，则可认为燃油中含有一定量的废润滑油					

8.2 船用残渣燃料油的技术标准（ISO 8217 2005（E））

表 3 船用残渣燃料油的技术标准（ISO 8217 2005（E））

参数	单位	极限	RMA 30	RMB 30	RMD 80	RME 180	RMF 180	RMG 380	RMH 380	RMK 380	RMH 700	RMK 700
15℃时的密度	kg/m³	max.	960	975	980	991		991		1010	991	1010
50℃时的粘度	mm²/s	max.	30		80	180		380			700	
水	% V/V	max.	0.5		0.5	0.5		0.5			0.5	
残炭，微量法	% m/m	max.	10		14	15	20	18	22		22	
硫 C）	% m/m	max.	3.5		4.0	4.5		4.5			4.5	
灰分	% m/m	max.	0.10		0.10	0.10	0.15	0.15			0.15	
钒	mg/kg	max.	150		350	200	500	300	600		600	
闪点	℃	min.	60		60	60		60			60	
倾点，夏季	℃	max.	6	24	30	30		30			30	
倾点，冬季	℃	max.	0	24	30	30		30			30	
铝＋硅	mg/kg	max.	80		80	80		80			80	
总沉淀物	% m/m	max.	0.1		0.1	0.1		0.1			0.1	
锌 D）	mg/kg	max.	15									
磷 D）	mg/kg	max.	15									
钙 D）	mg/kg	max.	30									

C） 当相关议定书开始生效时，由国际海事组织规定的硫氧化物排放控制区域中，允许的含硫量的极限值为 1.5%M/M。但局部地区可能会有变化。

D） 燃油中应当不含有废润滑油。
如果锌、磷、钙中的一个或一个以上的含量低于或等于要求的指标，则可认为燃油不受废润滑油的影响；
如果锌、磷、钙的含量都超过了要求的指标，则可认为燃油中含有一定量的废润滑油

信息来源：ISO 8217 第三版 2005-11-01

石油产品 - 燃料（F 级）- 船用燃料的技术规范

RT-83

期号 2，2010 年 11 月 30 日

2.2.03 连杆大端轴承上轴瓦的穴蚀

适用机型：RT-flex50 、RT-flex50-B 柴油机

1 简介

此服务公告取代之前的 2009 年 7 月 30 日，标题为“连杆大端轴承上轴瓦的穴蚀”RT-83 的服务公告。

在连杆大端轴承进行常规检查时，发现上轴瓦油槽附近有一些微小的穴蚀，下轴瓦没有，见图 1。

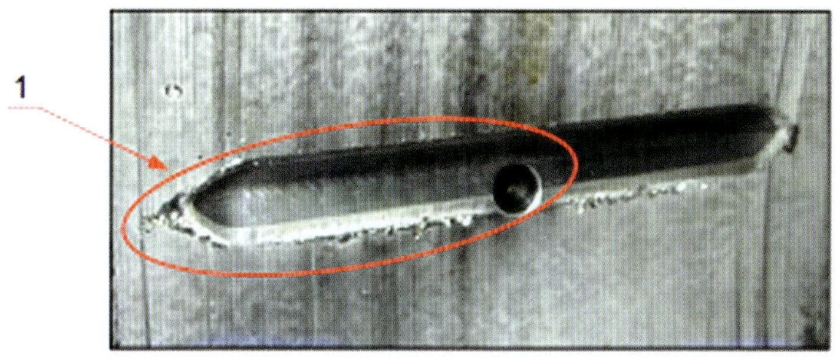

1 油槽附近的微小穴蚀

图 1 上轴瓦白合金表面的腐蚀

为了防止产生穴蚀，或者防止已经出现的穴蚀继续发展，可以对现有的轴承采取改进措施。

如果安装新式上轴瓦，下轴瓦也必须同时更换。但是，如果旧的下轴瓦状况良好，若要继续使用，必须根据本技术公告中的程序对其进行改进。

2 润滑原理

滑油通过连杆（1）的中心孔注入上轴承（2），经过圆周方向的油槽进入上轴瓦内表面上的注入口，再通过锥形油槽（3）均布到轴的表面，见图 2。

与其他的 RTA 和 RT-flex 柴油机相比，RT-flex50 柴油机连杆滑油的供给系统有所不同。

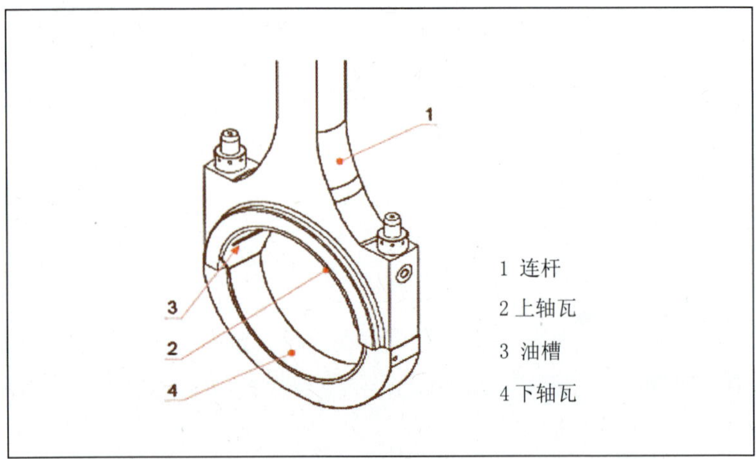

图 2 连杆大端轴承

3 现有上轴瓦的改进

为了防止穴蚀，油槽的油孔（1）的直径从现在的Φ 12 mm 增加到 Φ18mm。对改进后的轴瓦进行拆检，没有再发现腐蚀现象，见图 3。（编者注：Wärtsilä 更新改进：在油槽的两头开泄油槽）

1 油孔直径增加到 Φ18 mm

2 油槽边缘平滑

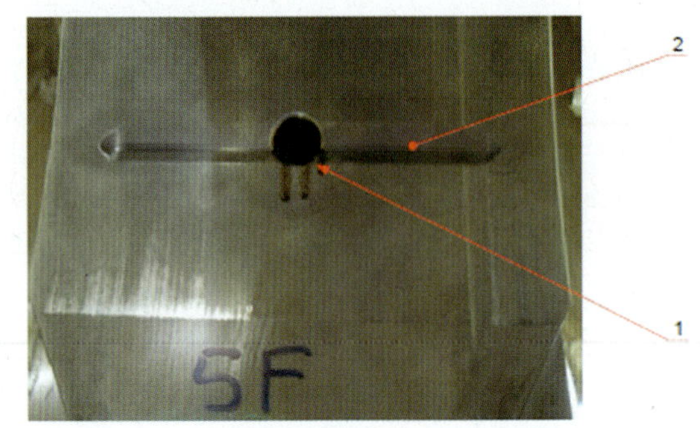

图 3 改进后的上轴瓦

3.1 改进方法

使用标准钻床，可以在机舱车床间将滑油孔的直径从 Φ12 mm 增加到 Φ18 mm。按以下程序操作：

在对轴瓦翻新之前必须确保有备用的上轴瓦，然后可按下面程序进行修改。同时也建议在船上备有一个下轴瓦。

连杆大端轴承应根据随机《保养说明书》3 部套 3303-2 中的程序操作。

修改后的上轴瓦必须重新装回原来拆出的缸中，各缸不可互换。使用过的下轴瓦可以安装在柴油机的任何一个缸中，也就是它们可以各缸互换使用。

3.2 改进上轴瓦的操作程序

图表1　操作程序

<table>
<tr><td colspan="2">① 准备一个18mm新钻头及标准钻床
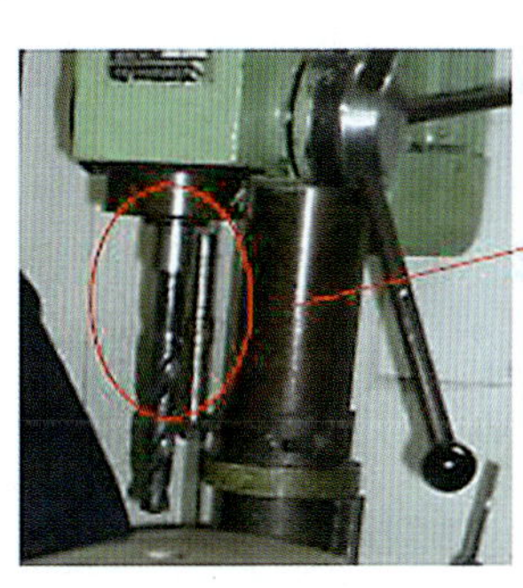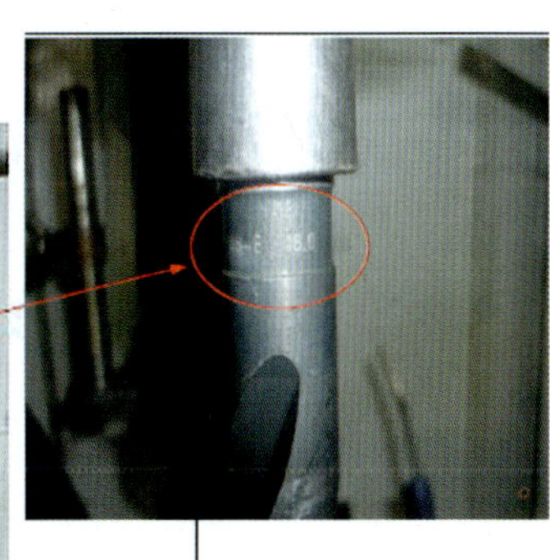</td></tr>
<tr><td>② 将轴瓦的工作面一侧置于两块木板上，轴瓦背面朝上。</td><td></td></tr>
</table>

③ 将瓦背保持在图中所示的位置，并将其推向钻床工作台，以便使其稳定。保护好轴瓦内表面，防止对轴瓦白色金工作面造成损伤。	
④ 开始钻孔，以便将轴瓦上现有孔的直径从 Φ12mm 增加到 Φ18mm，其中一个人按照上图所示固定轴瓦，另一个人操作钻床。 • 钻孔要缓慢小心	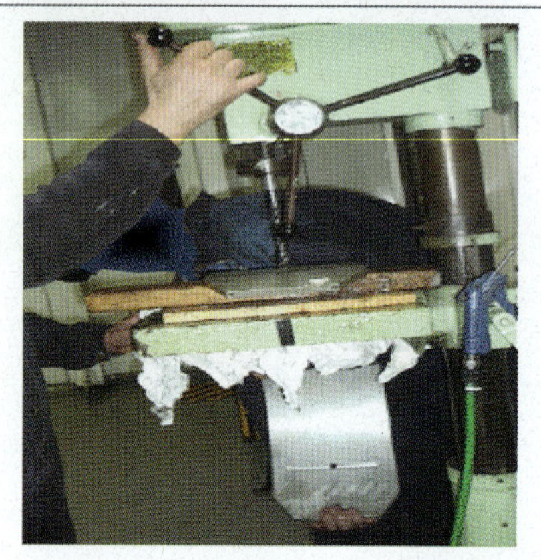
⑤ 用一小片粒度为 240 的砂纸打磨，使油孔的边缘光滑。 按照图中所示，将砂纸安装在电钻或风动磨头上可以方便的完成打磨。	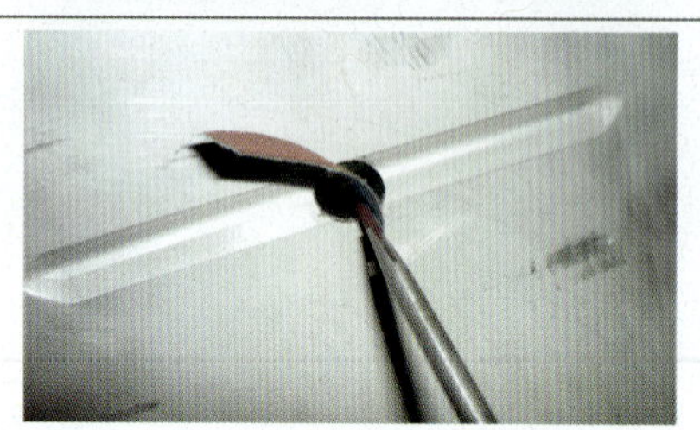
⑥ 使用金相砂纸对（Scotch-Brite™）轴瓦进行打磨抛光，油槽的边缘必须打磨平滑。	

⑦ 打磨和抛光后的轴瓦 • 轴瓦背面油孔周围的状况，光滑无毛刺 • 轴瓦内表面油孔周围的状况（需光滑）	

3.3 现有轴瓦的穴蚀

如图4所示，拆下的上轴瓦已经出现穴蚀，但不用更换，可以进行修复。用一把轴承刮刀对油槽的过度圆弧处进行修整，以便获得光滑的轮廓。清除刮下的白合金颗粒后，再用金相砂纸（Scotch-Brite™）对腐蚀部位进行打磨和抛光。

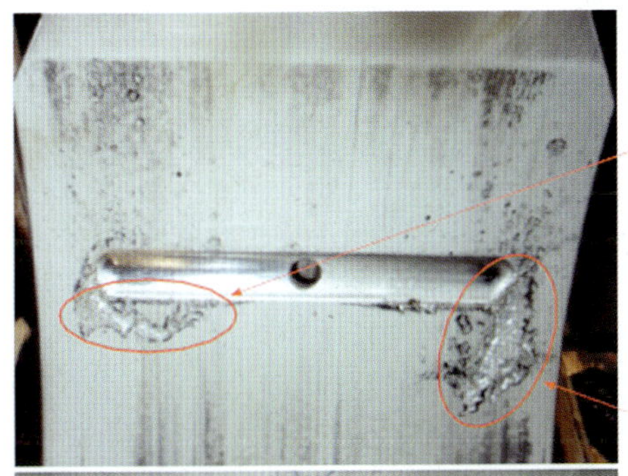

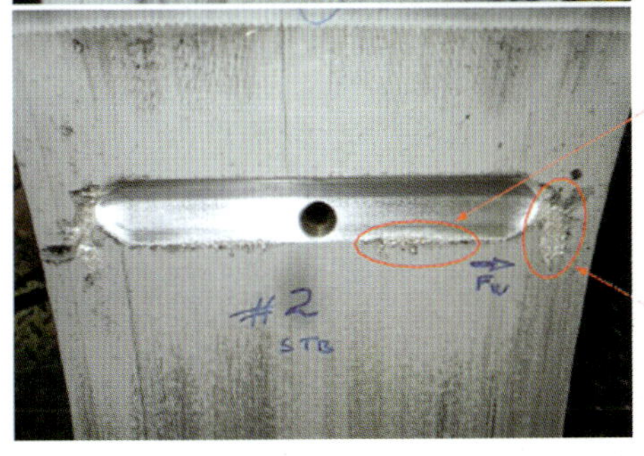

1 过度圆弧（半径）

2 打磨和抛光油槽附近穴蚀的区域

图4 上轴瓦内表面油槽附近的穴蚀

根据经验，基于柴油机转向的关系，上轴承工作面的穴蚀仅发生在如图 2 所示的单侧。

4 新型上轴瓦的安装

新设计的上轴瓦减小了两侧搭口的厚度（3），如图 5 所示。此外，它的油孔直径增加到 φ18mm。为了区别旧的和新的上轴瓦，新设计的轴瓦在边缘（2）有编码“217B”的标记。

如果使用新型轴瓦替换原来的轴瓦，也必须同时更换下轴瓦。不过，如果旧的下轴瓦状况良好，则仍可以继续使用，但是需要对下轴瓦进行修改，把搭口两侧的白合金小心地刮去 0.1mm（排气一侧和燃油泵一侧），防止下轴瓦两侧搭口的厚度超过上轴瓦，避免在运行中下轴瓦的白合金破损剥落。

新式上轴瓦和下轴瓦的边缘有编码“217 B”的标记。

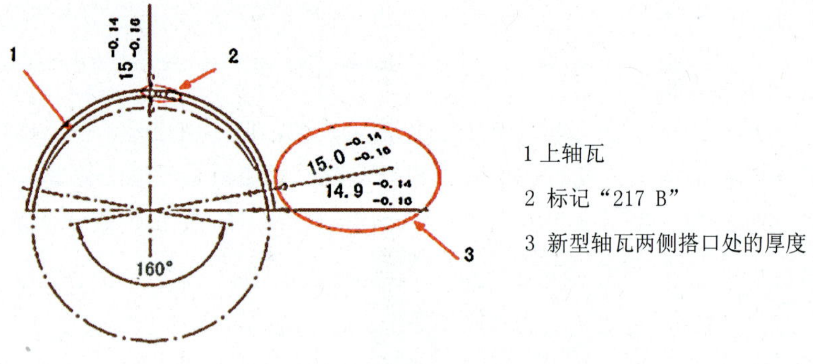

图 5 新型轴瓦减小两侧搭口的厚度

4.1 对下轴瓦的修改

如果原有的下轴瓦与标记为“217B”的新型上轴瓦一起使用，则必须按下述程序对下轴瓦进行修改：

在开始修改之前，准备一把刮刀（1），并且确保准备了足够的抛光用具（2），例如 Scotch-Brite™和清洁用的软布，见图 6。

使用的工具：刮刀（1）必须用一片钢板制成，工具的要求：

- 钢板尺寸大约 150×300 mm
- 钢板厚度大约 2～4mm
- 将长为 300mm 钢板切割成圆弧半径约为 200mm
- 带有圆弧的钢板一侧用于拂刮，因此必须对两面都进行锐化或修整。

1 刮刀　2 抛光用具（布）

图 6　刮刀和抛光布

4.2　使用轴承刮刀在下轴瓦（1）朝向上轴瓦接触面的二侧除去 0.1mm 厚的白合金，见图 7。

4.3　自下轴瓦与上轴瓦的接触面开始，向下量出 100mm 的距离。

4.4　标记此距离，并沿着下轴瓦的宽度刮去白合金，见图 7 中的标记区域（2）。

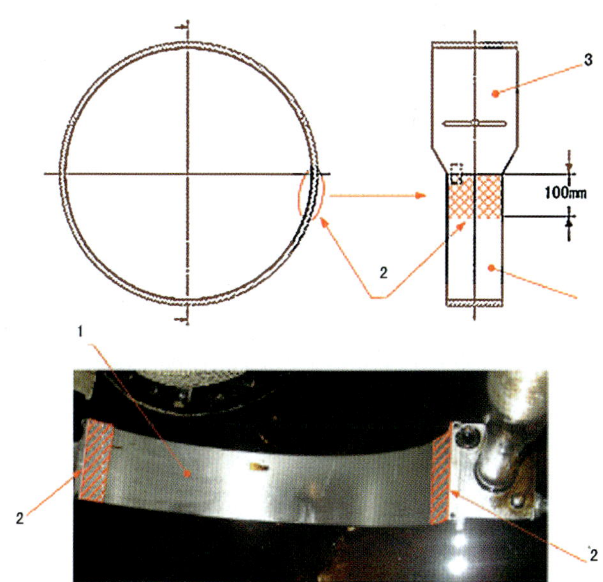

1 下轴瓦　2 用于拂刮的标记区域，距二侧上边缘 100mm

3 上轴瓦

图 7　下轴瓦

4.5 必须沿着两个方向进行拂刮（沿径向 45°），以便得到一个光滑的表面，见图 8（2）。测量拂刮处的厚度，并继续拂刮，直到达到图 5 中的厚度为止。

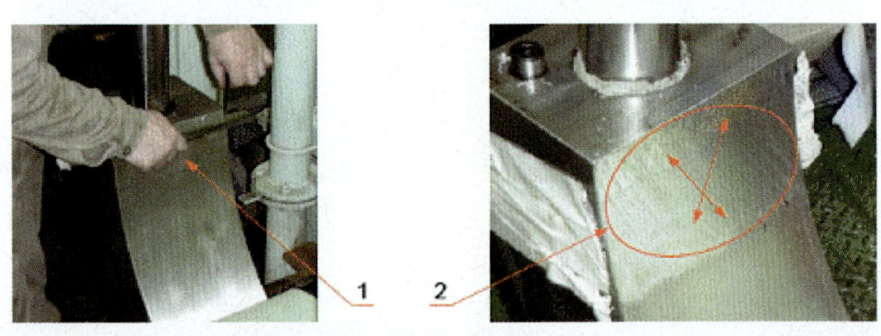

1 下轴瓦的拂刮　2 两个方向上的拂刮标记

图 8　使用刮刀对下轴瓦拂刮（RTA84T-B 轴承的图片）

如图 7 和图 8 所示，需要拂刮的下轴瓦区域在运行中是一个无负荷的区域。

4.6 在完成拂刮后，必须使用抛光布（例如 Scotch-Brite ™）进行抛光：

- 在抛光前先用柴油或润滑油打湿 Scotch-Brite ™抛光布。
- 使用 Scotch-Brite ™抛光布抛光轴瓦，以便清除拂刮的痕迹和杂质颗粒。
- 使用清洁软布擦拭轴承表面。
- 在轴承表面上加注润滑油。

对于修改后的下轴瓦可以安装在柴油机的任何一个缸中，也就是它们可以随意交换。

修改后的上轴瓦必须重新装回原来拆出的缸中，各缸不可互换。

5 系统油压力

为了避免穴蚀，柴油机运行期间的系统油压必须保持在 4.3～5bar。对于改进后的轴瓦，其滑油压力设定在 4.3～5 bar 之间，经拆检确认已经不再发生穴蚀现象。

对于新柴油机，建议将系统油压控制在 5～6 bar 的范围内。滑油压力的增加可以提高轴承运行的安全性，防止穴蚀的发生。

RT-84

2009年8月28日

2.2.04 程序负荷

适用机型：RTA96C、RTA96C-B 和 RT-flex96C 柴油机

1 简介

有证据显示通过改变程序负荷使柴油机的加速时间变长，可以改进活塞运行状态。

这可以通过改变程序负荷的时间设定来实现，这样船舶达到全速的加速时间最多可延长33分钟。

2 当前的负荷

当前的程序负荷，在柴油机加速期间，在某一时刻空冷器将会产生很大的冷凝水量，尤其是在热带区域内航行时。

随着冷凝水量达到峰值，有一定量的水分会越过气水分离器被带到气缸内，带入的冷凝水会对活塞运行状态产生不同程度的影响，这取决于冷凝水的数量及环境条件，如图1所示。

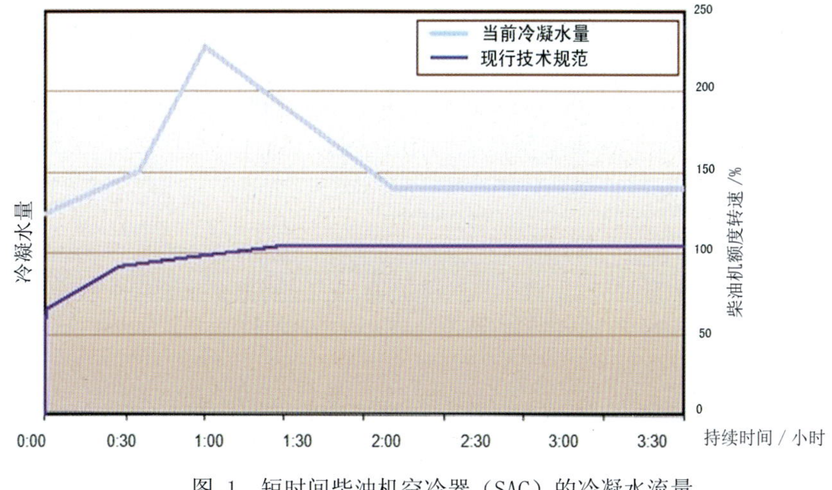

图 1　短时间柴油机空冷器（SAC）的冷凝水流量

3 经过改进的负荷程序

通过采用经过改进的程序负荷运行，冷凝水量可以显著降低，图2所示。

3.1 设置值

参数T4的新设定值将改变柴油机从机动全速到海上全速的负荷上升阶段，这通过图3内的垂直虚线可以反映。

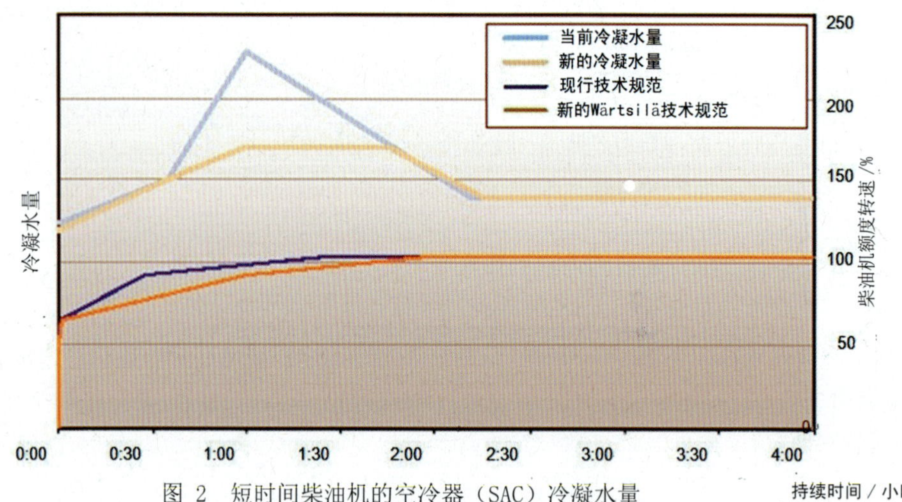

图 2　短时间柴油机的空冷器（SAC）冷凝水量

从柴油机启动至机动全速的负荷上升阶段仍然是相同的。

因此，达到海上全速的负荷上升阶段将比之前的设置增加 33 分钟，见表 1。

表 1

	最小值	建议值	参数值
当前设置值	20 分钟	27 分钟	T4
新设置值	45 分钟	60 分钟	T4

注意：参数 T4（Wärtsilä 名称）的编码将取决于遥控系统的制造商。请与系统制造商联系，以便调整新程序负荷的设定。

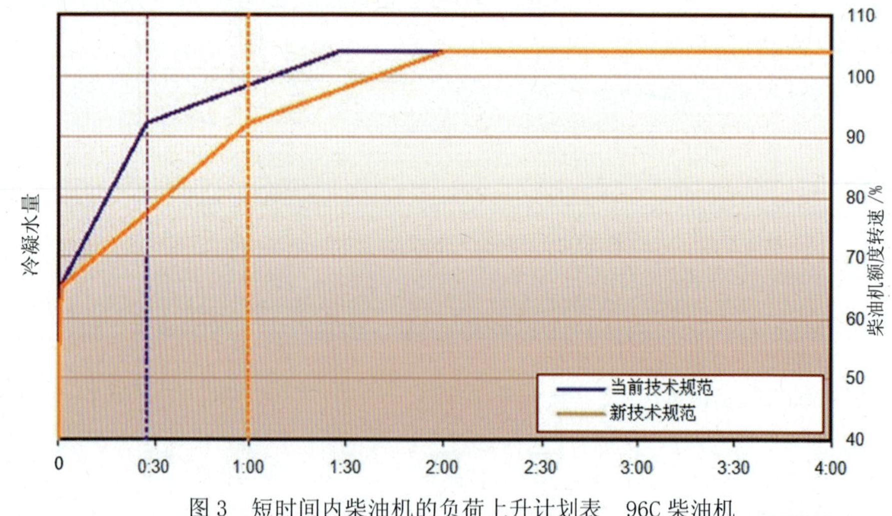

图 3　短时间内柴油机的负荷上升计划表　96C 柴油机

（请注意：负荷下降时间应当仍然与原始设定值相同）

RT-85

2009 年 10 月 14 日

2.2.05 喷射控制单元（ICU）泄放管布局的改进

适用机型：RT-flex58T、RT-flex58T-B、RT-flex60C 和 RT-flex60C-B 柴油机

1 简介

为了改善喷射控制单元（ICU）内某些（潜在的）泄放口发生堵塞时影响泄放，加入了第二条泄放连接管路。由于采用了两条管路连接，因此泄放管必须相应重新布局。

2 新功能

2.1 高压燃油管路的泄漏

高压（HP）油管和喷油器泄漏的燃油与 ICU 模块分开。

2.2 内部泄漏

来自于油量控制活塞和/或 ICU 模块内部的泄漏将通过 ICU 模块下部的连接管路泄放。

3 交付范围

在交付一套 ICU 装置时，包括一套具有相应泄放管路的新的管线组件。

不管是否返还了一台只有一个泄放出口的旧款 ICU 装置，都将获得一台具有全新功能的 ICU 装置，如图 1 所示，该管路必须连接至 ICU 和现有的泄放管线。

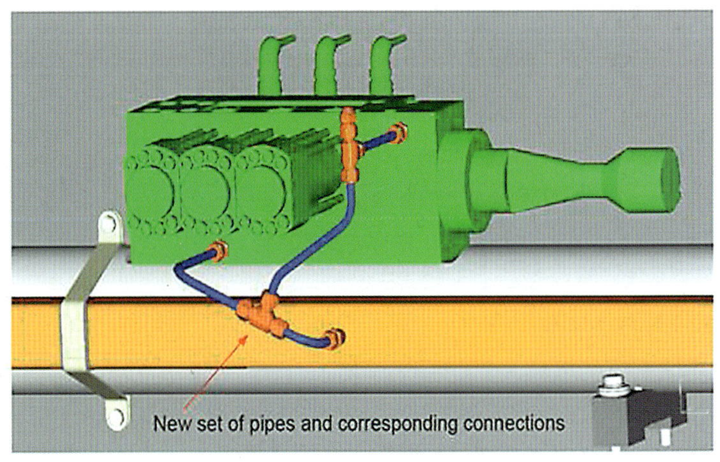

图 1　新管路组件及相应的连接方式

RT-87

期号 1，2010 年 3 月 3 日

2.2.06 燃油蓄压器（IFA）

适用机型：RT-flex96C-B 或 RT-flex84T-D 柴油机

1 简介

该技术公告是关于拆除“燃油蓄压器中的止回阀”，替代了原“燃油蓄压器止回阀”的服务公告 RT-flex-10。

燃油蓄压器的功能是缓冲和减小高压燃油泵产生的压力脉冲，从而使供给燃油共轨的燃油压力保持稳定。

在高压燃油泵调节机构故障时，燃油压力可以通过超压调节阀②进行控制。安全阀③是一个额外的燃油高压保护装置（见图 1）。

本技术公告的目的是为了确保柴油机的可靠运转和燃油蓄压器的正常工作。如果出现漏泄，应迅速判断发生漏泄的位置，并采取措施予以解决。

1 燃油蓄压器　2 燃油超压调节阀　3 安全阀　4 燃油蓄压器中的止回阀

5 高压燃油泵　6 高压燃油泵中的止回阀

图 1　燃油蓄压器与高压燃油泵

2 拆除止回阀和压缩弹簧

高压燃油系统包括若干个止回阀（NRV），一个在高压燃油泵端盖内部，一个位于连接高压油管和燃油蓄压器的法兰处，见图 2。

高压燃油泵端盖中的止回阀对于泵的正常工作至关重要，燃油蓄压器进口处的止回阀是高压燃油泵端盖内部止回阀的备用件。服务经验表明，高压燃油泵端盖内部的止回阀很少出现故障，而燃油蓄压器进口处的止回阀经常损坏，这主要是由于串联的两个止回阀之间的液压作用所致。由于柴油机转速的变化，可能会导致高压燃油泵和燃油蓄压器之间的高压油管出现压力波动，造成燃油蓄压器上的止回阀出现高应力，使其使用寿命缩短。还有一种情况，由于一台高压燃油泵的止回阀故障，燃油蓄压器上的止回阀会导致其他高压燃油泵损坏。

Wärtsilä 建议拆除燃油蓄压器进口处的止回阀，包括阀体和弹簧。其目的是减小高压燃油泵和燃油蓄压器之间高压油管的压力波动，因为这种压力波动会造成燃油蓄压器进口处的止回阀损坏。损坏的燃油蓄压器进口止回阀无法履行其预定的备用功能，拆除后对柴油机工作没有任何影响，也不会污染燃油系统。

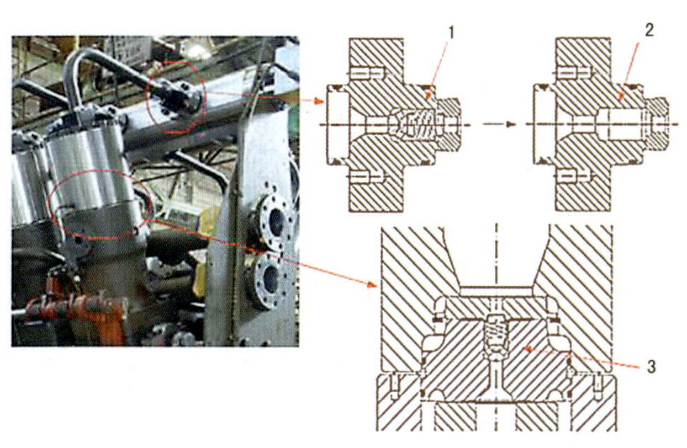

1 燃油蓄压器（IFA）法兰处的止回阀（NRV）以及阀体和弹簧

2 无止回阀（NRV）的燃油蓄压器（IFA）法兰　3 高压燃油泵中的止回阀（NRV）

图 2　止回阀的位置

在燃油蓄压器进口止回阀拆除后，任意一台高压燃油泵中的止回阀出现故障时，可以通过泵的调节机构保证燃油共轨压力不受到影响。

3 迅速判断高压燃油泵中有缺陷的止回阀（NRV）及应急运行

当燃油共轨压力出现不正常降低的情况，或者在柴油机起动时燃油共轨无法建立压力，应迅速判断、查找有缺陷的高压燃油泵止回阀或止回阀弹簧，并采取应急措施确保柴油机安全运行。

如果某个高压燃油泵的止回阀出现故障，其他高压燃油泵的燃油可以通过这台缺陷油泵流至低压系统（当柱塞处在较低的位置时，BDC 周围）。将这台泵的调节齿条拉到零位即可以避免这种情况。

3.1 应急操作程序

（1）检查报警系统中是否有泄漏报警。

（2）为了排除因高压燃油系统的泄漏而造成的压力降低，应检查下列部件：

高压油管、 燃油蓄压器、安全阀、高压燃油上升管、燃油共轨。

（3）关闭 E85 控制箱内的高压燃油泵油门杆电动执行器的电源（A 或 B）。如果一台柴油机有 6 个高压燃油泵，还应关闭高压燃油泵 A 和 B 的电动执行器。

（4）在关闭电源情况下强制将调节齿条置于零位。

（5）使用专用工具将高压燃油泵齿条固定在零位，如图 3 所示。请根据各随机《保养说明书》，查看工具编号。

（6）重新起动柴油机。

（7）如果燃油共轨压力上升，并且柴油机可以起动，可以确定油泵调节齿条置于零位的就是有缺陷的泵。

（8）如果无法起动柴油机，重复步骤 3 至 6 对其他的高压燃油泵进行检查。

对于使用 WECS-9520 或者 WECS-9500 系统的柴油机，电源开关既可以位于 E85 控制箱，也可以位于 E85.1 控制箱箱。

由于燃油超压调节阀（PCV）的回油管路直接到燃油回油管路中，未与泄漏传感器连接，因此，不会因为燃油超压调节阀打开而发出泄漏报警。

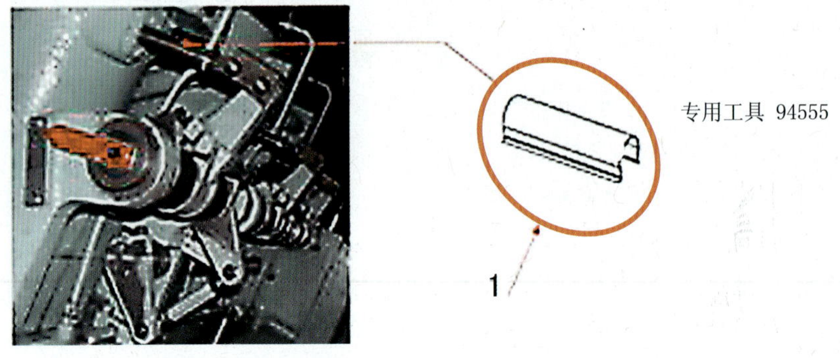

图 3 专用隔离装置的使用

3.2 进一步判断故障的油泵

因为高压燃油泵调节齿条处于零位，泵的工作能力下降，柴油机只能在低负荷下运行。进行下列操作可以进一步判断故障的油泵。

（1）柴油机仍处于低速运行状态。

（2）电源仍然处于关闭状态。

（3）将专用隔离装置①从与电动执行器连接的燃油泵调节齿条上拆除。

（4）将燃油调节齿条推向供油位置。

（5）如果油泵齿条可以推到工作位置，表明两台高压燃油泵都是正常的，可以重新启用，然后打开高压燃油泵油门杆执行器电源。

（6）如果不能将油泵齿条推到工作位置，表明该油泵存在问题。仍使用专用隔离装置（1）来固定调节齿条，让其余泵继续运行。

（7）如果满足第5点，两台泵均正常，重复第3点和第4点，以确定其余高压燃油泵哪个是有缺陷的。

3.3 采取的措施

在确定故障高压燃油泵时柴油机可能会出现下列两种情况：

（1）当时情况不允许柴油机停车。

可将有缺陷高压燃油泵的调节齿条拉至零位，并用图3所示的专用隔离装置(1)固定。

（2）条件允许柴油机可以暂时停车。

确定有故障的高压燃油泵后，切断该油泵。切断油泵的程序在《保养说明书》5部套“高压燃油泵的切断和恢复”中有相关说明。起动柴油机继续航行。但柴油机在这种情况下运行，可能会导致系统油的消耗量增加。因此在合适的时候应尽快安排更换高压燃油泵。

4 燃油蓄压器的改进

自第一批RT-flex 96C-B柴油机装船后，Wärtsilä进行了多次设计的改进。设计的改进提高了RT-flex系统的可靠性。改进后的燃油蓄压器如图4所示。

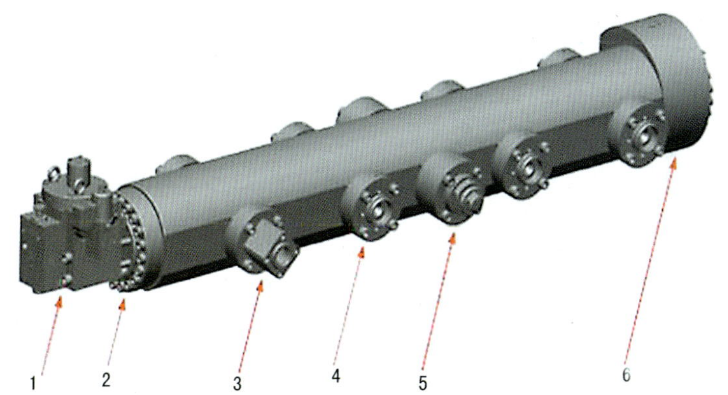

1 燃油超压调节阀　2 超压调节阀的法兰　3 燃油蓄压器（IFA）和高压燃油管的法兰

4 带嵌入衬套的法兰　5 安全阀　6 燃油蓄压器至燃油共轨的高压燃油管的端部法兰

图4 RT-flex96C-B 燃油蓄压器

4.1 燃油蓄压器（IFA）与连接法兰之间的嵌入衬套

图 5 中嵌入衬套①的改进，增大了蓄压器的密封面②。这种改进降低了内部泄漏的可能性。

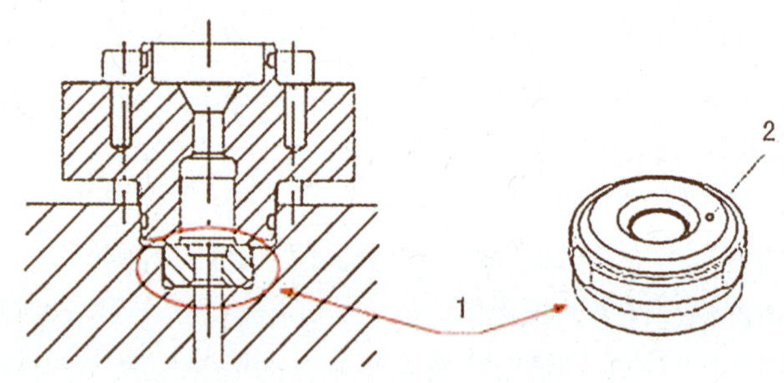

1 嵌入的衬套　2 密封面

图 5　燃油蓄压器（IFA）与法兰的新式设计

4.2 法兰的内六角螺栓

图 6 显示的是内六角螺栓①的位置。内六角螺栓使用了高强度材料，其强度等级增加为 12.9 级，而之前螺丝的强度等级为 8.8 级。现在，内六角螺栓已设计成弹性螺栓②，用于燃油蓄压器上法兰的安装。弹性螺栓的上紧操作，请参考本文第 6 点“安装指导”。

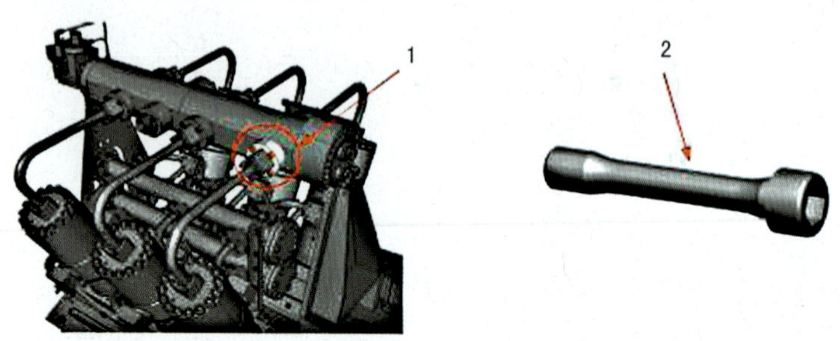

1 内六角螺栓的位置　2 弹性螺栓

图 6　弹性螺栓的位置和新式设计

4.3 燃油蓄压器（IFA）的安全阀

燃油蓄压器的安全阀有几种设计。当前的设计是在宽度（AF）为 80 毫米的六角面上有两个直径为 3 毫米的识别孔。这两个孔均位于同一边上，如图 7 所示。

当前燃油蓄压器安全阀的材料也得到了改善，以确保性能更可靠。

必须确认，燃油蓄压器安全阀在六角 AF 80 面上至少有一个直径为 3mm 的识别孔。

1 同一边上有两个识别孔

图 7　燃油蓄压器（IFA）的安全阀

5 燃油蓄压器（IFA）和高压油管的漏油情况

通过以下不同方式可以更清楚地判断燃油泄漏情况：

- 柴油机停车后燃油压力迅速下降。
- 柴油机起动阶段燃油压力很难上升。
- 有燃油泄漏报警。

5.1 如何判断内部燃油的泄漏（包括燃油蓄压器（IFA）和高压燃油管）

高压燃油的泄漏是很大的事故风险。当柴油机在安全区域，最好是港口停车时，应检查出现高压燃油泄漏的位置。

有关安全防范措施，请参阅柴油机《保养说明书》和发布的服务公告。

在松开和拆卸任何部件以前，必须确认船上配备了所有必要的工具、备件和足够的消耗品，如推荐使用的润滑剂和唇式密封。

止回阀 / 燃油蓄压器上法兰的泄漏通道和高压油管的泄漏通道是同一个泄漏管路。

燃油蓄压器或高压燃油管泄漏的燃油可以通过打开相应的燃油泄漏检验考克来进行检查。燃油泄漏检验考克的位置取决于安装位置。检验考克应按照图 8 进行标记。

以下提到的部件和编号，请参阅《使用说明书》4 部套中的柴油机控制图。有关高压油管的泄漏管请参考《备件编码手册》8 部套“高压油管”。工具的编号参考《保养说明书》。以上三本手册均为柴油机的随机说明书。

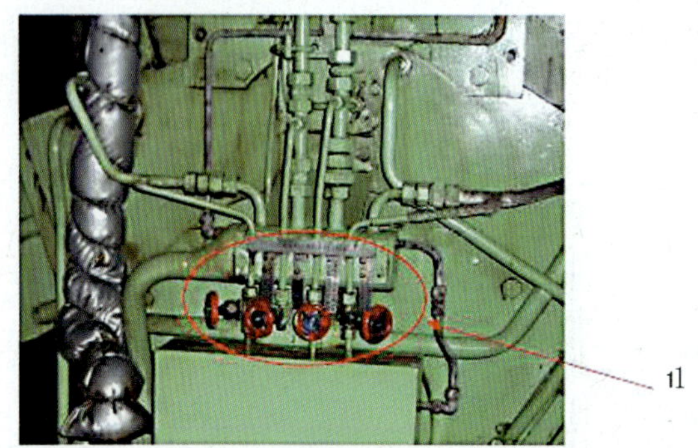

1 燃油泄漏检测设备

图 8 燃油泄漏检验考克的位置

5.2 释放燃油系统和燃油蓄压器（IFA）的压力

（1）停止柴油机，停止增压泵，关闭柴油机的燃油进口管路。

（2）在燃油超压调节阀 3.06 上按下红色的应急停车阀手柄 3.08，使用胶带或电线将其固定在相应的位置上。

（3）关闭燃油回油管的阀。

（4）使用尺寸为 80 的扳手轻轻地松开其中的一个安全阀 3.52-1 或 3.52-2。将燃油蓄压器的压力油通过燃油泄漏管路释放到燃油泄漏检测装置中，如图 8 所示。

（5）通过检查安全阀的泄漏检测装置，确认压力完全释放，如图 8 所示。

（6）用尺寸为 41，扭矩为 300Nm 的扳手拧紧安全阀（见本文第 6 点“安装指导”）。

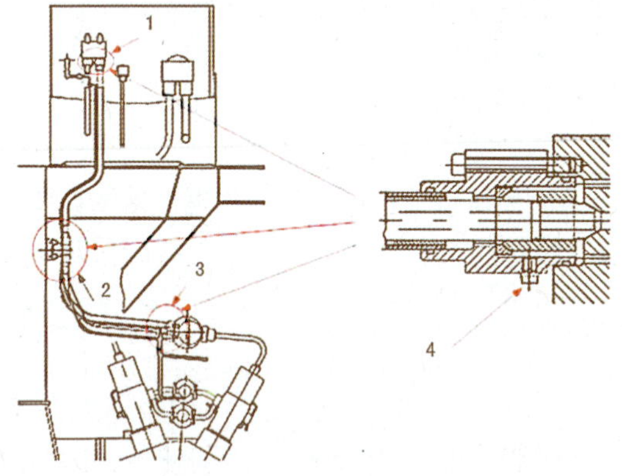

1 燃油共轨上泄漏检查点

2 高压油管中部连接块的泄漏检查点

3 燃油蓄压器（IFA）的泄漏检查点

4 高压油管泄漏检查点详图

图 9 泄漏检查点

5.3 燃油蓄压器（IFA）至燃油共轨高压油管的检测程序

（1）确认系统已释放压力。

（2）关闭燃油蓄压器上的两个截止阀 3.62-1 和 3.62-2。

（3）拆除①至③位置上的所有泄漏检查旋塞④，如图 9 所示。

（4）通过旋塞 3.39 和截止阀 3.40 将伺服油共轨与燃油共轨连接到一起。该操作可以通过高压软管或最新款的固定钢管（工具 94583）来执行。

（5）起动伺服油泵 3.72-1 或 3.72-2，调整伺服油泵 3.72-1 的压力至最低值（约 20～30bar）。

（6）再将伺服油泵的压力增加至 200bar。如果检查旋塞上没有检测到泄漏，且压力值保持稳定，那么证明燃油蓄压器至燃油共轨的高压油管和燃油共轨不漏。

5.4 检测燃油蓄压器（IFA）漏油的程序

（1）拆除燃油蓄压器上的所有泄漏检查旋塞①，如图 10。

该检查旋塞可以从“备件编码手册”（RT-flex 96C-B 柴油机的编号。DF87521，RT-flex 84T-D 柴油机的编号 BF87521）上来确认零件编码。

（2）通过旋塞 3.39 和截止阀 3.40 将伺服油共轨与燃油共轨连接到一起。该操作可以通过高压软管和最新款的固定钢管（工具 94583）来执行。

（3）关闭燃油蓄压器上的截止阀 3.62-1 和 3.62-2。

（4）起动伺服油泵 3.72-1 或 3.72-2，调整 3.72-1 压力至最低值（约 20bar ～ 30bar）。

（5）打开截止阀 3.62-1 或 3.62-2 中的一个。打开过程中，另一人必须检查燃油蓄压器的排油孔是否有油泄漏出来。

（6）如果没有发现泄漏，则缓慢地增加伺服油泵的压力。

（7）重复这个步骤，直到泄漏检查旋塞上出现漏油现象。判断泄漏的确切位置。

（8）仔细检查受影响的部分。

（9）还需检查燃油泵与高压燃油管的连接，以及高压油管和燃油蓄压器（IFA）的连接法兰（锥面连接）。

（10）通过检查泄漏检测装置来检查安全阀是否有泄漏，如图 8。

（11）更换发生泄漏的零部件。

由于高压燃油管和燃油蓄压器的泄漏通道相同，如果有泄漏，在很短的时间内伺服油就会从所有泄漏检查孔中流出。重复第 5 点至第 8 点，找出所有的泄漏点。这些泄漏可能会对嵌入的衬套造成潜在的影响。

图 10 显示了燃油蓄压器①上泄漏检查旋塞的位置。右图显示了泄漏的燃油进入的泄漏通道②，泄漏的燃油用灰色区域标出。

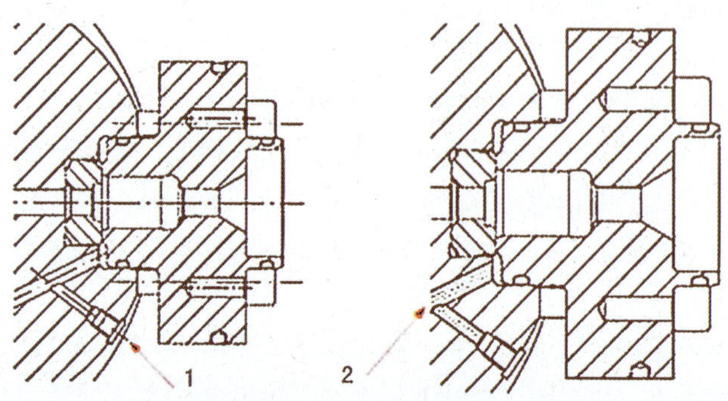

图 10 泄漏检查和泄漏路径

要使柴油机恢复正常运行状态，应将超压调节阀应急停止手柄恢复至正常操作位置，之前使用过的固定工具必须拆除，所有的螺栓都必须按规定的扭矩上紧，如本文第 6 点“安装指导”或《保养说明书》0 部套 -0352 所述。

如有燃油泄漏发生应立即处理。当燃油蓄压器漏油严重时，即使柴油机只运行了很短时间，仍然可能引起腐蚀，如图 11 所示，燃油蓄压器的底座受到损伤，导致燃油压力无法建立。如果燃油蓄压器的底座腐蚀严重，则必须更换新的燃油蓄压器。

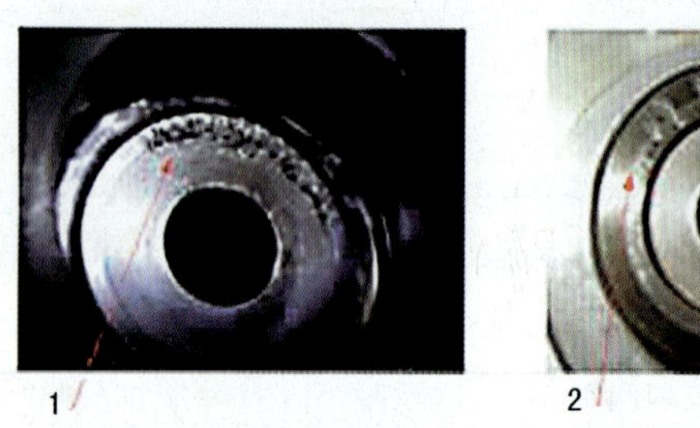

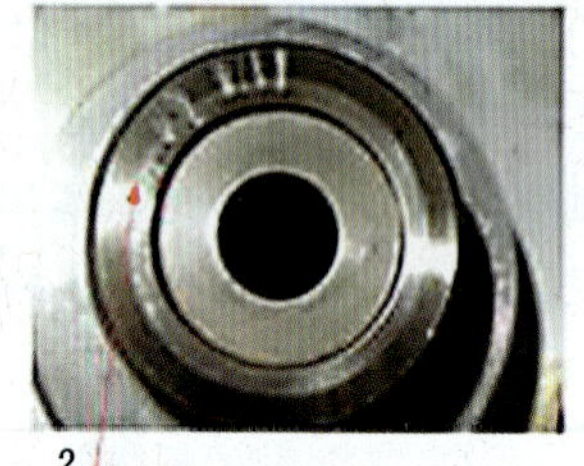

1 燃油蓄压器底座的腐蚀痕迹　　2 嵌入衬套上的腐蚀痕迹

图 11 燃油蓄压器的底座和嵌入的衬套

6 安装指导

正确安装燃油蓄压器的各部件，防止内部渗漏的发生。

下面所提到的零部件编号，请参考随机的《备件编码手册》。以“DF”开头的零部件编号与 RT-flex96C-B 型柴油机有关。以“BF”开头的零部件编号与 RT-flex 84T-D 型柴油机有关。

在所有操作程序中都应注意：在安装燃油蓄压器的任何部件以前，都应确保零件干净，无任何污物。每次拆除管路和 / 或法兰后，在安装和最终上紧前都必须正确地对中部件。

6.1 连接燃油蓄压器（IFA）的法兰

燃油蓄压器的法兰位置如图 4 所示。安装燃油蓄压器（IFA）法兰所需零件、消耗品及扭矩如下：

螺丝：内六角螺栓 M16×100

强度等级：　12.9

备件编号：　DF 87518 / BF 87518

润滑剂：　　Never-Seez NSBT-8 或同级

拧紧扭矩：　190 Nm

拧紧顺序：　十字交叉进行

拧紧程序：　逐步

安装顺序：

（1）清洁燃油蓄压器底座、衬套和法兰，确保部件上无灰尘和其他污染物。

（2）嵌入衬套，并确保其位置正确（衬套可以转动）。

（3）将法兰放在正确的位置上。

（4）放入四个螺栓。

（5）用手成十字交叉地拧紧螺丝（或使用小型的扳手），并确保法兰正确对齐。

（6）这四个螺栓分三步拧紧：先用 80 Nm 的扭矩十字交叉地拧紧。

（7）再用 140 Nm 扭矩成十字状地拧紧。

（8）最后用 190Nm 扭矩拧紧。

上紧后如果法兰的任意一个螺栓有松动，必须将四个螺栓全部卸下，按上述第 5 步至第 8 步的顺序重新拧紧。这样可以避免以后出现漏油现象。

6.2 安装高压燃油泵和燃油蓄压器（IFA）的高压油管

供油单元高压油管的位置，以及分别与高压燃油泵①和燃油蓄压器（IFA）②的连接点，如图 12 所示。

1 连接到高压燃油泵

2 连接到燃油蓄压器

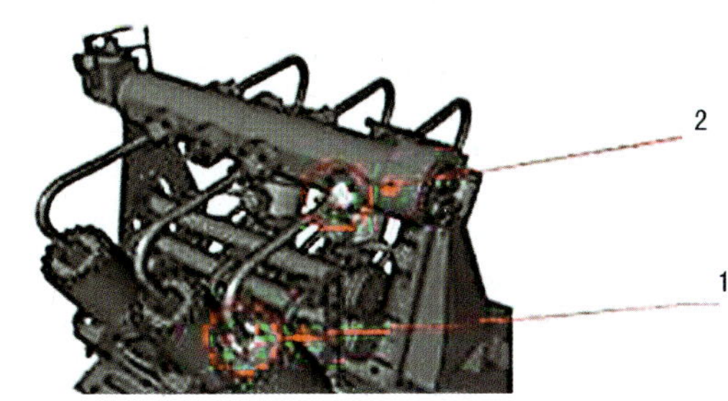

图 12　高压油管的连接点

将高压油管安装在高压燃油泵和燃油蓄压器上，使用的零件、消耗品及上紧扭矩如下：

螺栓：内六角螺栓 M12×100

强度等级：12.9

备件编号：DF 87487 / BF 87487

润滑剂： Never-Seez NSBT-8 或同级

拧紧扭矩：70Nm

拧紧顺序：成十字状

拧紧程序：

1）将法兰摆放在正确的位置上：

2）分三步拧紧螺丝（分别是 20Nm、40Nm、70Nm）。

6.3 连接燃油蓄压器（IFA）和燃油共轨上升的高压油管的安装

安装连接燃油蓄压器和燃油共轨上升的高压油管，该高压油管与燃油蓄压器①的连接点如图 13 所示，与燃油共轨的连接如图 9 所示。

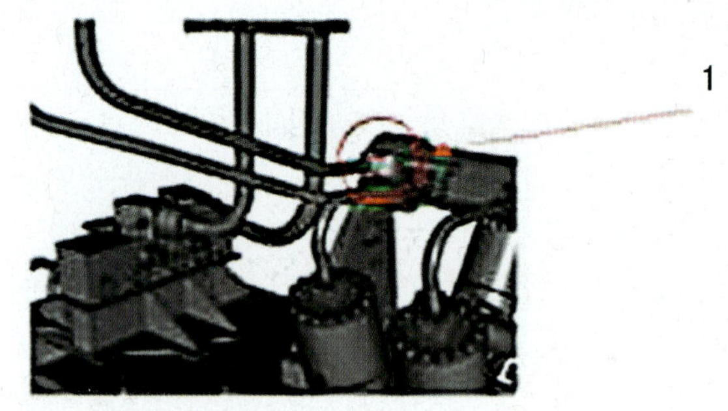

1 连接到燃油蓄压器（IFA）

图 13 连接燃油共轨与蓄压器的向上的高压油管

安装连接燃油蓄压器和燃油共轨的高压油管时需要使用的零件、消耗品和上紧的扭矩如下：

螺栓：内六角螺栓 M12×90

强度等级：8.8

备件编号：DF 87692 / BF 87692

润滑剂： Never-Seez NSBT-8 或同级

拧紧扭矩：60Nm

拧紧顺序：成十字状

拧紧程序：逐步

如需了解有关正确安装高压燃油管路的信息，请参考随机《保养说明书》第 8 部套“高压燃油管路的拆卸、安装和研磨”。

6.4 安全阀的拆卸和拧紧

如果需要拆卸或更换安全阀，则必须按规定重新安装。

1 安全阀

2 用于拧紧的六角螺

3 用于松开的六角螺

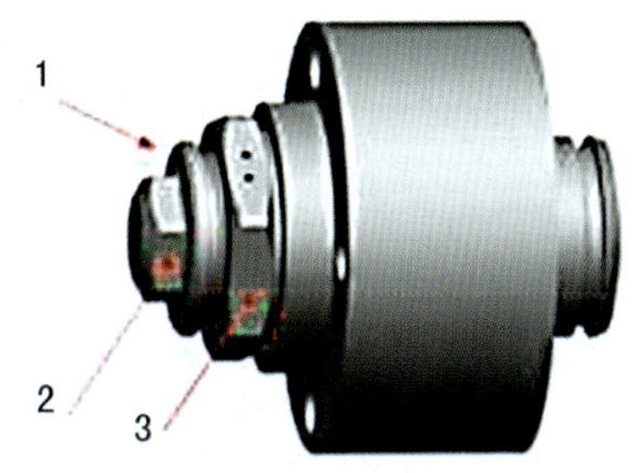

图 14　松出和拧紧安全阀

安装安全阀需要的零件、消耗品及拧紧扭矩如下：

备件编号：DF 87470 / BF 87470

润滑剂：　Never-Seez NSBT-8 或同级

松开：使用尺寸为 80 的扳手

　　安全阀上六角头的位置③

拧紧：使用尺寸为 41 的扳手或扭力扳手

　　安全阀上六角头的位置②

　　拧紧力矩：300Nm

6.5 燃油蓄压器（IFA）法兰上的唇边密封

当要拆除燃油蓄压器上的法兰时，必须更换一个新的唇边密封，以最大限度的减小燃油蓄压器发生泄漏的风险。唇边密封的位置如图 15 中①和②所示。

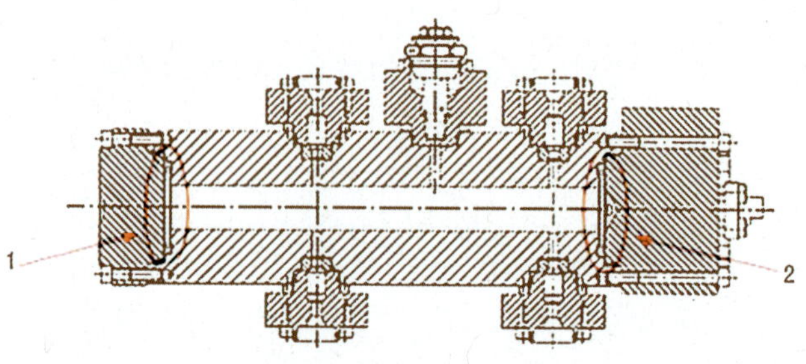

1 燃油超压调节阀连接法兰处的唇边密封

2 高压油管（燃油蓄压器至燃油共轨）连接法兰的唇边密封

图 15 燃油蓄压器（IFA）上唇边密封的位置

燃油蓄压器上唇边密封备件编号：DF 87523 / BF 87523

7 燃油超压调节阀（PCV）的重新设置

下述程序替换发布于 2007 年 8 月 6 日的服务信函 RT-flex-07/07。

如果燃油超压调节阀的设置不是 950 bar，则必须重新调整。检查超压调节阀的标签④，查看其压力设置是否正确，见图 16。

7.1 应用范围

按照 950 bar 重新调节燃油超压调节阀的要求适用于所有 RT-flex 96C-B 和 RT-flex84T-D 柴油机，因为这些柴油机的压力设置仍然为 1 050 bar。

燃油超压调节阀①安装在供油单元的燃油蓄压器上。显示实际压力设置的标签④应安装在超压调节阀上，见图 16。

7.2 问题说明

柴油机刚起动时或负荷突然减少时，燃油共轨会出现压力峰值，这可能导致安全阀打开。这是由于超压调节阀的反应比安全阀慢所致。

7.3 解决方案

超压调节阀开启的设置点可以调至比燃油共轨的最大有效压力稍高，防止出现突然的压力峰值，并避免安全阀打开。

7.4 实施程序

超压调节阀的设置点可以使用图 16 所示的滚花螺钉②进行调整。通常情况下，调节螺丝可以全部旋到垫片③。螺丝松的越多，开启的压力就越低。

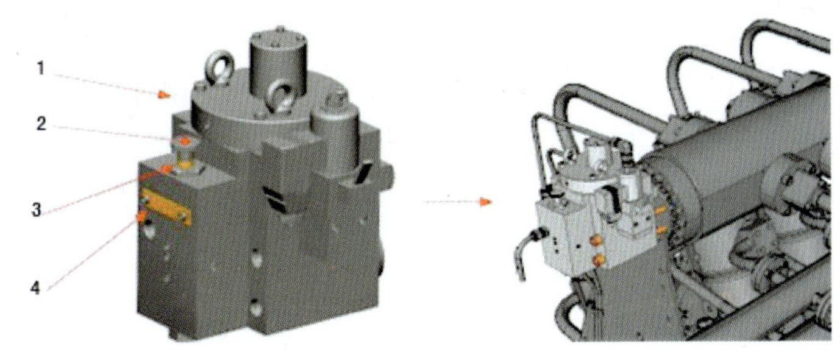

1 超压调节阀　2 滚花螺钉　3 垫片　4 标签

图 16　燃油超压调节阀

7.5 设置顺序

（1）首先确定功率范围内的燃油共轨的最高工作压力。

具体的压力调整值在柴油机的“技术文件”可以查到。并非所有的柴油机的压力设置点都一样。对于RT-flex96C-B型柴油机而言，最高的燃油共轨压力在其负荷为80～90%之间，对于RT-flex84T-D型柴油机而言，最高的燃油共轨压力对应的最高负荷＞90%。

（2）柴油机在燃油共轨压力为800 bar所对应的负荷下运行，确认燃油压力。

（3）逆时针方向慢慢地旋转超压调节阀的调节螺丝②，直至阀门打开，此时可以听到清晰的油流声音。

（4）顺时针方向（CW）转动一圈调节螺丝②，此时设置的开启压力大约在950 bar。

（5）由于滞后现象，超压调节阀仍有可能还是处于打开状态，因此还会听到清晰的油流声音。

（6）为了使超压调节阀关闭，必须将柴油机的负荷降到70～75%或更低，此时燃油共轨的压力为600bar。

（7）这时超压调节阀的声音完全消失。

（8）为确保调节螺丝的新位置不会发生变化，最好额外做一个垫片③，插入到调节螺丝下方，以防止意外改动。每转动一圈，就需要增加一个厚度为1.25毫米的垫片。

（9）将新加的垫片固定以防它掉下来。

编者注：压力调节后需做个标签，标注“开启压力设置点，年－月－日”。

RT-89

期号 1，2010 年 4 月 21 日

2.2.07 气缸盖双头螺栓螺纹处断裂

适用机型：所有 RTA 或 RT-flex 柴油机

1 简介

当水、蒸汽或其他介质漏入到气缸盖双头螺栓螺纹连接区域，就会产生腐蚀导致螺栓断裂。

采用新式保护盖，拧在气缸盖双头螺栓和螺母的上部，防止任何液体介质漏入，达到防腐蚀目的。同时，良好的润滑对螺纹、螺纹推力部分和环形空隙的密封都能够起到防腐蚀作用。新式保护盖可以自己车制，也可以通过 Wärtsilä 销售和备件渠道购买。Wärtsilä 建议立即安装保护盖。为了防止双头螺栓的断裂，重点强调了预防性措施。

原来只是双头螺栓下部螺纹断裂，最近在双头螺栓的上部螺纹中也发现了断裂。大部分的裂缝都从一个腐蚀坑开始，腐蚀坑最终造成了疲劳断裂。如图 1。

1 下部螺纹处断裂的双头螺栓

2 上部螺纹处断裂的双头螺栓

图 1 断裂的气缸盖双头螺栓

2 避免双头螺栓断裂的措施

为了防止气缸盖双头螺栓的断裂，应采取三种防范措施，如图 2.

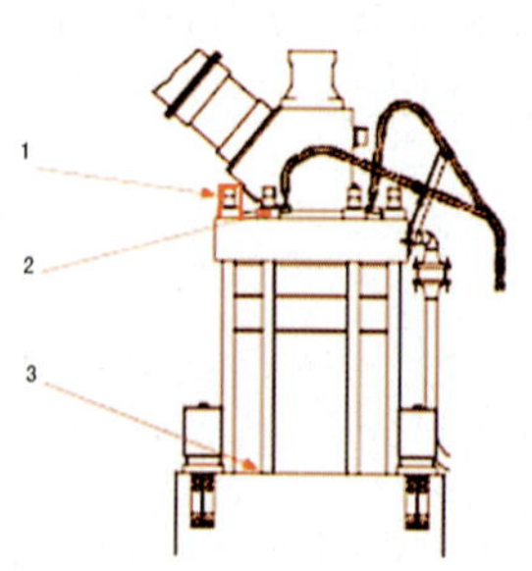

1 螺纹和螺母上加保护盖

2 将螺纹涂上润滑油

3 使用密封胶

图 2 预防措施的位置

2.1 双头螺栓下部螺纹的处理

在安装气缸盖双头螺栓时，必须严格按下述规定操作。

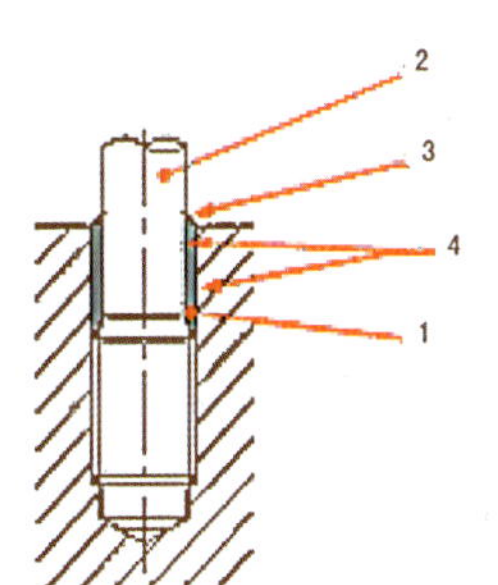

1 环形空间

2 双头螺栓的下端

3 粘合剂

4 密封面

图3 柴油机气缸盖双头螺栓下部螺纹在机架上的安装

（1）气缸盖双头螺栓的清洁

安装双头螺栓之前，对连接表面各自的密封面④进行清洁，并彻底除去油脂。除螺纹外，其他部位可以按粘性底层材料使用说明适当施用一层粘合剂，以便改进连接表面的配合性能。

（2）将双头螺栓拧入气缸盖

拧入气缸盖双头螺栓时，应当使用一个螺栓转动工具或两个反向锁定螺母。绝不能使用可能对螺杆造成损伤的工具，比如管子钳或多功能钳。双头螺栓一定要拧到底部的密封表面。注意不能在螺纹上使用任何润滑剂。

（3）气缸盖双头螺栓的拧紧

必须按规定的扭矩值将气缸盖的双头螺栓拧紧。在柴油机随机的《保养说明书》第0部套“重要螺纹连接的紧固值”中能查到相应的扭矩值。

2.2 环形空间的密封

使用密封剂完全填充环形空间①直到上边缘，如图3。推荐的粘合剂和底层粘合剂见表1。

表1 推荐的粘合剂和底层粘结剂

复合粘结剂	固化剂	底层粘结剂	制造商
Elastosil RT 622 A	RT 622 B	G 790	Wacker-Chemie GmbH Geschaftsbereich Silicone Hanns-Seidel-Platz 4 D-81737 Munchen

Silcoset 105RTV	Silcoset 固化剂 A	Silcoset 底层粘合剂	Ambersil Ltd Wylds Road Bridgwater Somerset TA6 4DD UK of Great Britain

注意：必须按照各个服务商的说明进行混合和使用粘合剂。也允许使用其他服务商的产品，但必须满足以下条件：

（1）不含酸，例如，不含乙酸。

（2）在大约 100℃时能防止柴油、燃油和水等的腐蚀。

（3）较短的固化时间，例如至少 24 小时（要符合 ISO 标准）。

（4）良好的流动性，能够充分的填充环形空间，以避免任何空隙的产生。

（5）在涂有底层粘合剂的金属表面具有良好的粘性。

（6）容易调制和结合。

（7）没有或仅有微小的表面收缩。

（8）粘合剂必须保持弹性，因为气缸盖双头螺栓可能随时会拆下。

2.3 双头螺栓上部螺纹的处理

油、水、蒸汽等腐蚀介质会从螺栓③或 / 和螺母②的上部，或者从气缸盖①的间隙或环形空间⑦进入螺纹处。如果气缸盖双头螺栓上部区域的润滑或保护不充分，螺栓③上部的螺纹区域就会发生腐蚀，见图 4 的区域④。

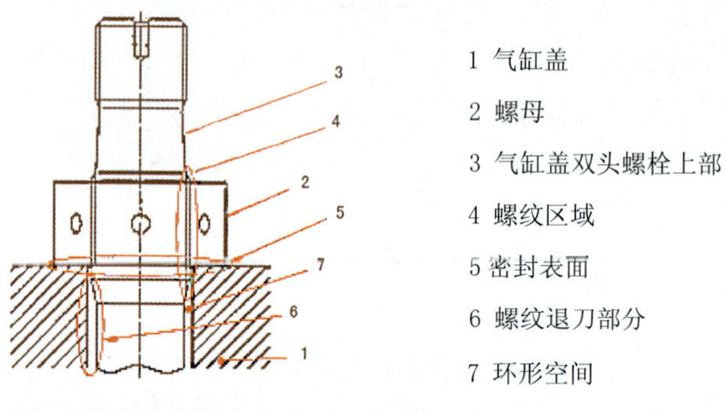

图 4　带有螺母的气缸盖双头螺栓上部

（1）气缸盖双头螺栓的清洁和检查

为了防止腐蚀，安装气缸盖之前，清洁所有的气缸盖双头螺栓上部螺纹。检查气缸盖双头螺栓上部的腐蚀迹象。如果存在腐蚀，则使用钢丝刷将其除去。

（2）双头螺栓和螺母的螺纹润滑

使用Never-Seez NSBT-8润滑上部螺纹区域，见图4，包括气缸盖双头螺栓③的螺纹退刀部分⑥。

使用Never-Seez NSBT-8或等效润滑剂润滑螺母②的螺纹区域④和密封表面⑤。

（3）气缸盖双头螺栓的上紧

根据柴油机随机《保养说明书》中把全部螺母旋到气缸盖双头螺栓上，用手将螺母旋到底的要求旋紧螺母。上紧的扭矩值在第0部套“重要螺纹连接的紧固值”中可查到，上紧的步骤按第2部套“气缸盖双头螺栓的松开和上紧”中的规定操作。

（4）保护双头螺栓和螺母的上部

为了防止气缸盖双头螺栓上部螺纹的腐蚀，必须安装一个新的保护盖，如图5。保护盖不仅保护气缸盖双头螺栓顶部的螺纹免受机械损伤，还能保护螺母。新型的整体保护盖可以防止任何液体、蒸汽或其它介质对螺纹区域④造成腐蚀，如图4。

RTA和RT-flex柴油机保护盖示例，缸径尺寸：960mm

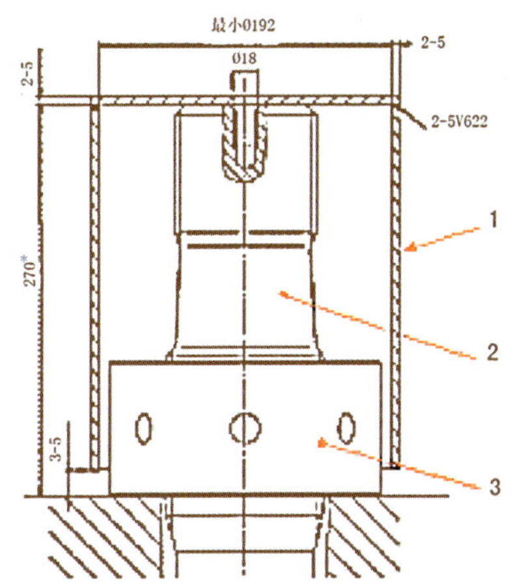

1 保护盖　2 气缸盖双头螺栓上部　3 螺母

图5　RTA和RT-flex柴油机螺栓保护盖

基本规格：按照柴油机实际测量值

测量单位：mm

保护盖的材料：钢或铝，如果是钢质保护盖需要经过防腐蚀处理

保护盖的安装：将盖安装到双头螺栓的顶部，使用一个M16×20螺丝固定，并用密封剂密封螺丝顶部

＊ 表示必须检查的高度

船东可以根据图 5 中给出的图纸和规格自己制造保护盖。也可以从 Wärtsilä 定点服务机构订购。

3 气缸盖双头螺栓上其他部件的支撑物

为了防止产生额外应力和振动，不要在气缸盖双头螺栓上安装任何夹具，托架，支撑等。图 6 所示是某柴油机在气缸盖双头螺栓上安装的支架，这是不允许的。

图 6　安装在气缸盖双头螺栓上的支架

RT-91

期号 1，2010 年 5 月 4 日

2.2.08　拆除伺服油回油管路背压阀中的止回阀

适用机型：RT-flex50、RT-flex50-B、RT-flex50-D、RT-flex58T-B、RT-flex58T-D、RT-flex60C、RT-flex60C-B、RT-flex68-B、RT-flex68-D 柴油机

1 简介

柴油机在高负荷运行时，伺服油回油管路中的背压阀可能会造成排气阀定时出现问题。因此，决定拆除位于背压阀③中的止回阀。背压阀也是伺服油回油管路②的一部分，位于共轨单元自由端的附近，如图 1。

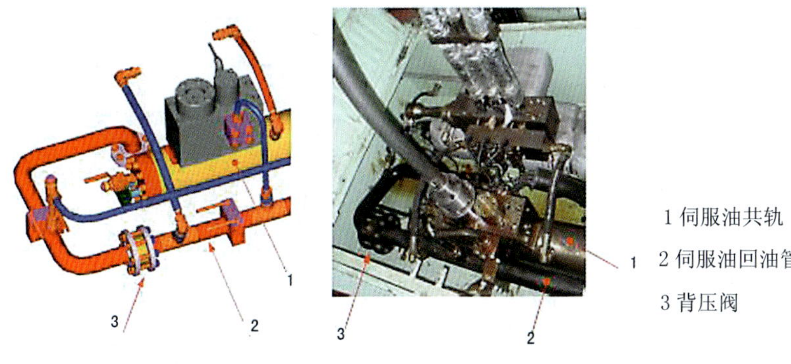

图 1 位于共轨单元中的伺服油共轨和回油管

2 所需的文件

RT-flex 柴油机随机提供的说明书和图纸。

3 拆卸前的准备工作

3.1 按《使用说明书》关于“拆卸背压阀中的止回阀”的操作说明执行。

（1）《使用说明书》

• 第 4 部套，柴油机控制系统和控制单元：控制原理图

• 第 8 部套，管路系统：滑油系统

（2）《备件编码手册》

• 第 5 部套，供应单元，喷射和排气阀控制：伺服油共轨

注意：在拆卸背压阀开始之前，必须正确执行拆卸前的准备工作。

根据 RT-flex 柴油机的类型，背压阀的拆卸分为两个拆卸程序描述。第一个拆卸程序针对 RT-flex50 型柴油机。第二个拆卸程序适用于 RT-flex58、RT-flex60 和 RT-flex68 型柴油机。

3.2 拆卸前的准备工作

（1）准备好需要的工具。

（2）柴油机必须停车。

（3）关闭起动空气阀，将所有起动空气支管中的空气放掉。

（4）盘车机必须啮合，所有安全联锁装置必须处于联锁状态。

（5）关闭伺服油服务泵或控制油泵（这与柴油机的共轨单元和 WECS 系统的类型有关，柴油机或者配有一个伺服油服务泵，或者配有一个控制油泵）。

（6）停十字头油泵。

（7）停主滑油泵。

（8）关闭截止阀，截止阀的位置与柴油动机类型有关：

• 在 RT-flex50/50-B/50-D 型柴油机上，该阀位于伺服油自清滤器之后；

• 在其他 RT-flex 柴油机上，该阀位于伺服油自清滤器之前。

（9）等待一段时间，直到滑油从伺服油回油管中流回，伺服油共轨中的压力下降到大约 0 bar。也可以通过打开泄放阀 4.72 对系统卸压，见图 2。但 RT-flex50、RT-flex50-B 和 RT-flex50-D 柴油机上没有安装泄放阀 4.72。

（10）拆下共轨单元的外部盖板，就可以拆卸背压阀。

4 拆卸背压阀

在开始拆卸背压阀之前，确保上述准备工作已完成。

拆卸程序一，适用于 RT-flex50、RT-flex50-B 和 RT-flex50-D 柴油机。

拆卸程序二，适用于 RT-flex58、RT-flex60 和 RT-flex68 柴油机。

拆下背压阀中的止回阀与气缸构造和柴油机额定参数无关。

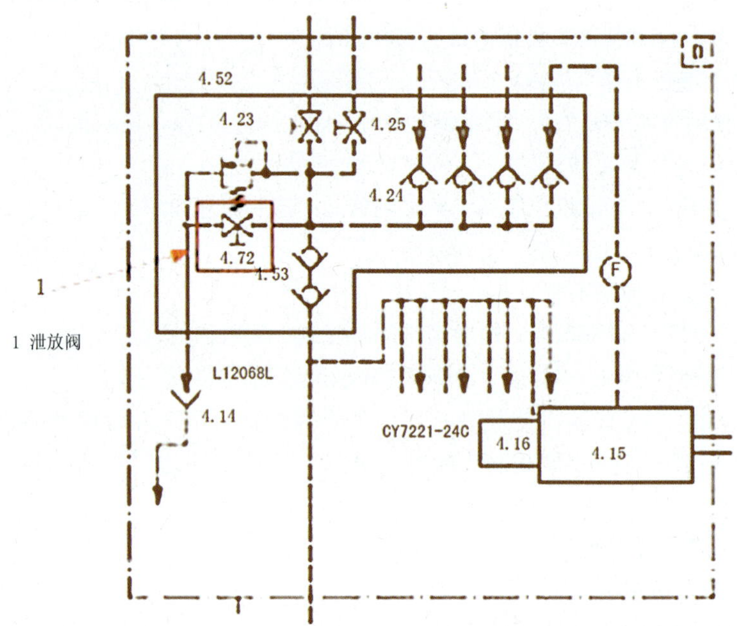

图 2　《使用说明书》第 4 部套中的局部控制图

注意：在开始拆卸之前，查阅《保养说明书》4 部套中的控制图和 8 部套中的伺服油共轨的相应说明，同时还需要查阅《备件编码手册》中的 5 部套，并准备好下面操作程序第 4 点提到的备用垫片。

4.1 拆卸程序

（1）再次确认拆卸前准备工作已完成。

（2）拆下背压阀阀体。

（3）从背压阀上拆下止回阀，并立即将其包好。

（4）背压阀重新安装回伺服油回油管上，注意使用新的管路垫片。

（5）打开伺服油自清滤器之后的截止阀。

（6）起动主滑油泵。

（7）起动伺服油服务泵。

（8）检查管路上紧且无泄漏，可以在集控室或机旁，通过flexView操作系统，对排气阀进行几次开关操作，或者对喷油器进行放气操作，来完成这项检查工作。

（9）测试之后如果没有发现泄漏，拆除用过的工具和不属于共轨单元的任何部件。装妥共轨单元外部盖板，柴油机就可以准备正常工作了。

注意：如果在检修时关闭排气阀空气弹簧空气，确认在起动主润滑油泵之前必须首先开启。

4.2 拆卸程序二

（1）再次确认拆卸前准备工作已完成。

（2）拆下背压阀阀体。

（3）从背压阀上拆下止回阀，并立即将其包好。

（4）背压阀重新安装回伺服油回油管上，注意使用新的管路垫片。

（5）关闭泄放阀。

（6）打开伺服油自清滤器之前的截止阀。

（7）起动主润滑油泵。

（8）起动十字头油泵。

（9）起动伺服油服务泵，或者控制油泵；这个操作步骤与柴油机的共轨单元和WECS系统的类型有关，柴油机或者配有一个伺服油辅助油泵，或者配有一个控制油泵。

（10）检查管路已全部上紧，并且没有泄漏。可以在集控室或机旁，通过flexView操作系统，对排气阀进行几次开关操作，或者对喷油器进行放气操作，来完成这项检查工作。

（11）测试之后如果没有发现泄漏，拆除用过的工具和不属于共轨单元的任何部件。装妥共轨单元外部盖板，柴油机就可以准备正常工作了。

请注意！

在上述操作时关闭的排气阀空气弹簧空气，在起动主润滑油泵之前必须首先开启。

RT-93

2010 年 7 月 9 日

2.2.09 柴油机低负荷运行时活塞环的检查

适用机型：RTA96C、RTA96C-B、RT-flex96C-B、RTA84、RTA84C、RTA84C-U、RTA84M、RTA84T、RTA84T-B、RTA84T-D、RT-flex84T-D、RTA82C、RT-flex82C、RTA82T、RT-flex82T 柴油机

1 简介

对于配备铬陶瓷活塞环的 RTA 和 RT-flex 大缸径二冲程柴油机，如果长时间在低于 40% 负荷下运行，可能会对铬陶瓷涂层活塞环造成损害，需要特别注意。如果铬陶瓷活塞环出现受损迹象，可暂时增加气缸油的注油率。

2 现场试验

Wärtsilä 对一些连续低负荷运行的柴油机进行了长期监测。对一些铬陶瓷活塞环进行的现场试验显示的结果如图 1 所示：

- 铬陶瓷涂层脱落区域的表面①。
- 活塞环表面出现的白色区域②。

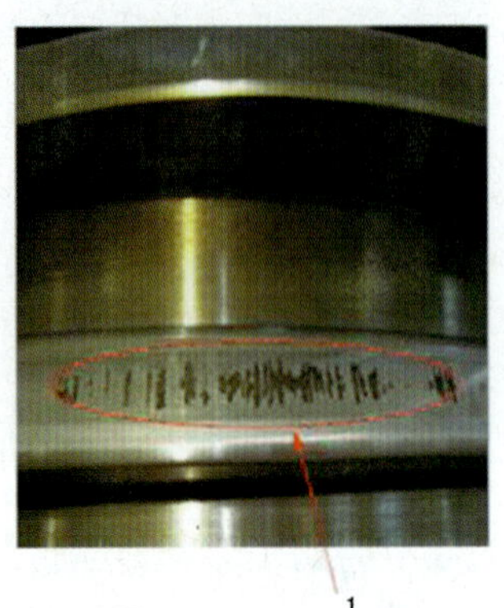

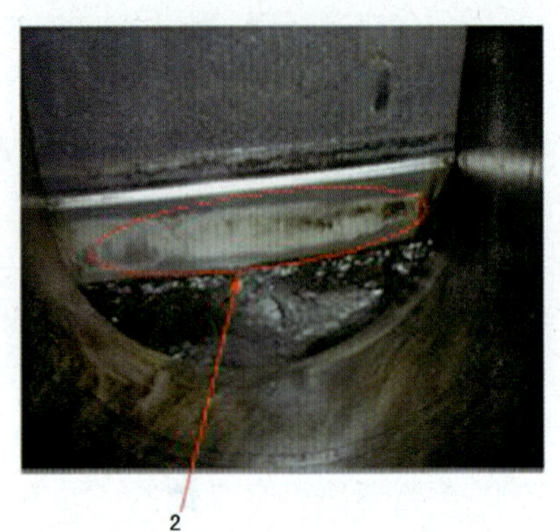

1 铬陶瓷活塞环 - 涂层脱落　　2 通过扫气口查看 - 活塞环的白色区域

图 1　受损的铬陶瓷活塞环

调查显示，活塞环表层的脱落①和白色区域②只会影响铬陶瓷涂层的第一层，如图 2。受损区域的下层仍然完好无损。此外，调查还显示，其余的活塞环表面不受影响。

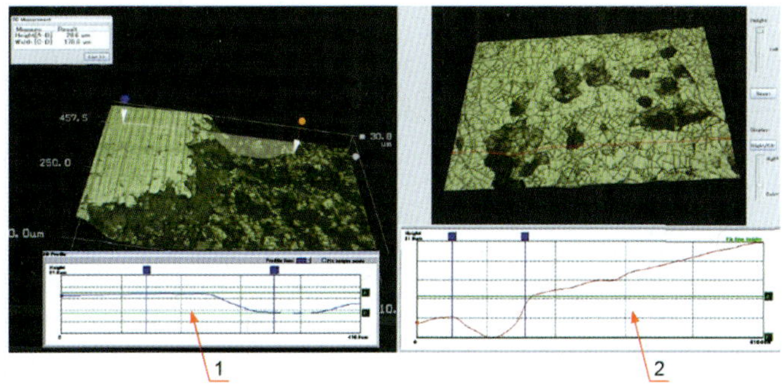

1 脱层：铬陶瓷涂层表面脱落，只有多层中的第一层的 28 微米受到了影响。

2 白色区域：铬陶瓷涂层浅表层局部脱落，深 13 微米。

图 2　活塞环的显微结构

如果柴油机持续在相同的条件下运行，活塞环可能进一步受损，最终可能导致气缸套擦伤。经验表明，只要暂时增加气缸油的注油率，活塞环表面就可以恢复，如图 3。

1 受损的活塞环 2800 小时

2 恢复的活塞环 3600 小时

图 3　受损和恢复的铬陶瓷活塞环

3 建议

作为目前的对策，Wärtsilä 建议，连续低负荷运行的柴油机（无论是否有涡轮增压器）应进行以下检查：

（1）定期从扫气箱检查，尤其是长时间航行后需检查活塞环。

（2）缸套冷却水出口的温度应维持在 95℃的上限。

（3）观察如有白色区域或有表层脱落，立即暂时增加气缸油的注油率。

注意：气缸油注油率的调整取决于燃油的含硫量。建议做如下调整：

· 如果燃油中的硫含量低于 2.7%　　　　　+0.10 g/kWh

· 如果燃油中的硫含量等于或高于 2.7%　　+0.15 g/kWh

活塞环表面一旦恢复，即白色区域和 / 或表层脱落的情况消失，气缸油注油率就可以降到原来的水平。

如需了解有关调整气缸油注油率的信息，请参阅服务公告 RT-18.4，第 6 点。

RT-102

期号 1， 2010 年 07 月 12

2.2.10 供油单元燃油泄放管的堵塞

适用机型：除了 RT-flex50、RT-flex40 、RT-flex35 以外的所有 RT-flex 柴油机

1 简介

供油单元泄放管路堵塞，可能导致由燃油引起的系统油污染，继而造成柴油机部件受损。

为了及时发现供油单元燃油泄放管路堵塞的情况，要求对燃油泄放管路进行检查。如果检查出管路有堵塞的情况，就必须对燃油泄放管路进行清洗。其操作应当按照下面的说明定期执行，《保养说明书》0 部套，第 0380-1 章“检查及检修周期”中新增加的检查项目，如图 6。

2 运行经验

燃油泄放管路堵塞一般发生在运行 15 000 小时之后。导致管路堵塞的原因主要有：

（1）高粘度的燃料油

（2）燃油泄放管路的隔热绝缘层缺失

（3）机舱风机的通风口直接对着燃油泄放管路

（4）管路布置问题，例如燃油泄放管水平安装

（5）燃油泄放管路法兰之间的密封垫片内径太小

因此，要求定期检查燃油泄放管路，《保养说明书》的相关信息已经进行了相应的更新。

3 供油单元燃油泄放管路的检查

检查步骤：

（1）柴油机必须处于停车状态。

（2）关闭主滑油泵及燃油供给泵。

（3）拆除如图 1~5 所示的相关管路，检查燃油泄放管、法兰内孔及法兰密封垫圈的尺寸等。

3.1 RT-flex82C 及 RT-flex82T 柴油机燃油泄放管的有效检查位置

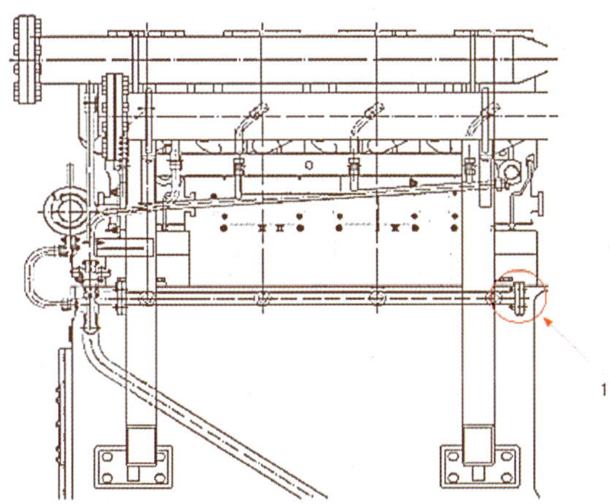

图 1　有效检查位置

3.2 RT-flex96C-B 柴油机燃油泄放管的有效检查位置

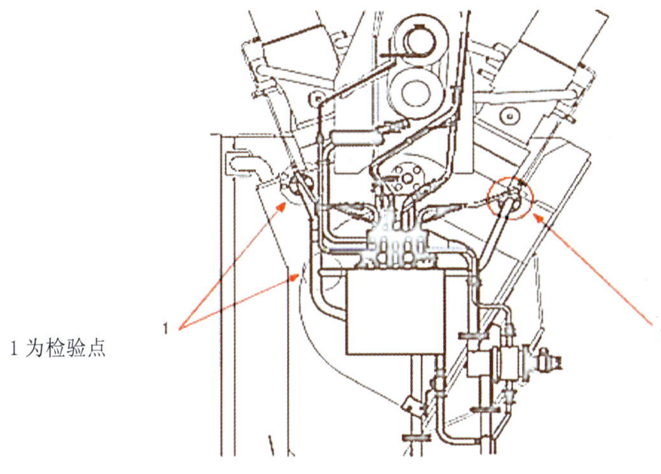

图 2　有效检查位置

3.3 RT-flex84T-D 柴油机燃油泄放管的有效检查位置

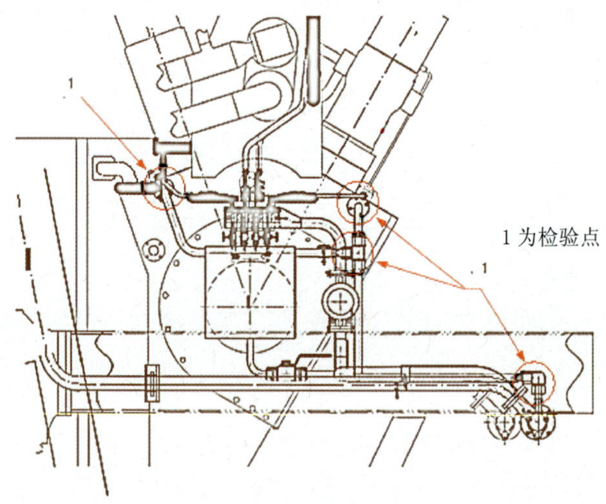

图 3　有效检查位置

3.4 RT-flex60C、RT-flex60C-B、RT-flex68-B 及 RT-flex68-D 柴油机燃油泄放管的有效检查位置

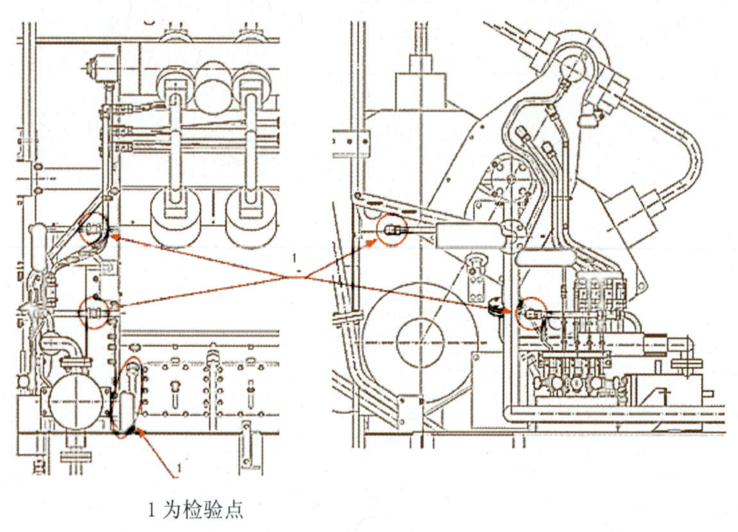

1 为检验点

图 4　有效检查位置

3.5 RT-flex58T-B、RT-flex58T-D 柴油机燃油泄放管的有效检查位置

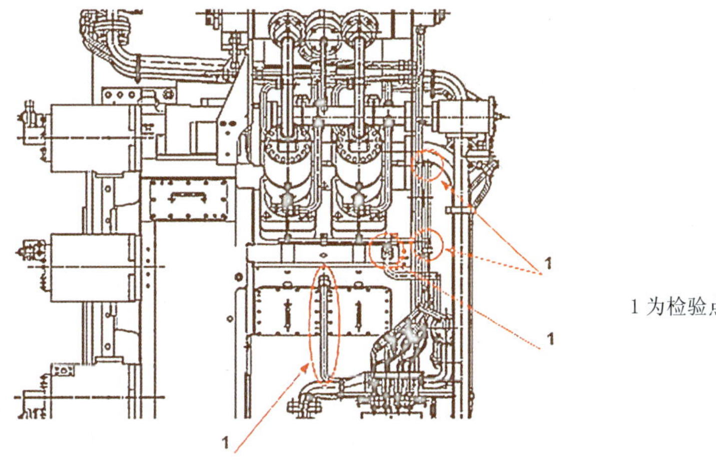

图 5　有效检查位置

3.6 燃油泄放管堵塞的实例

图 6 为 RT-flex84T-D 柴油机燃油泄放管堵塞的情况

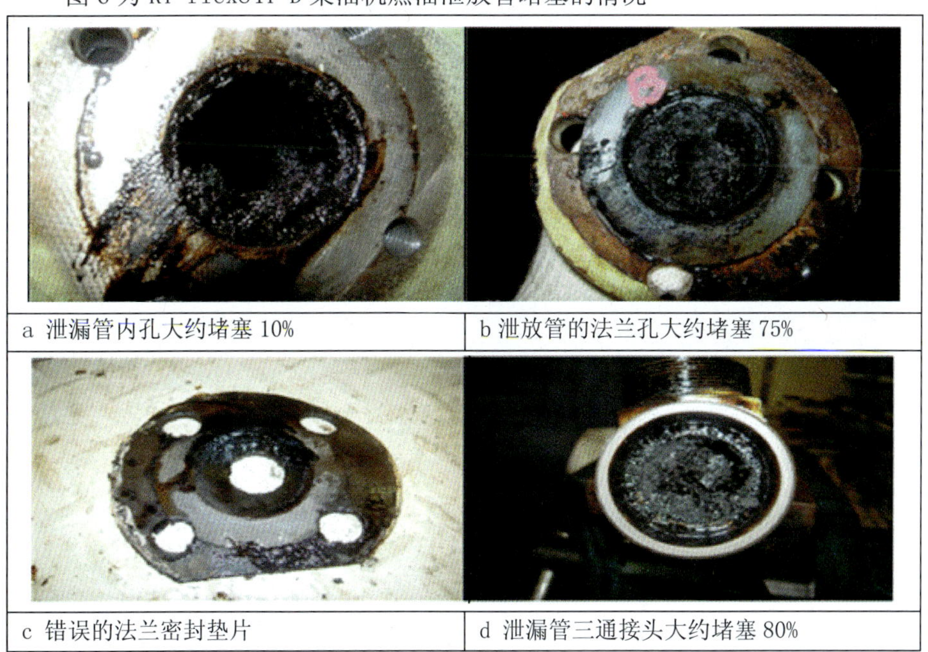

a 泄漏管内孔大约堵塞 10%	b 泄放管的法兰孔大约堵塞 75%
c 错误的法兰密封垫片	d 泄漏管三通接头大约堵塞 80%

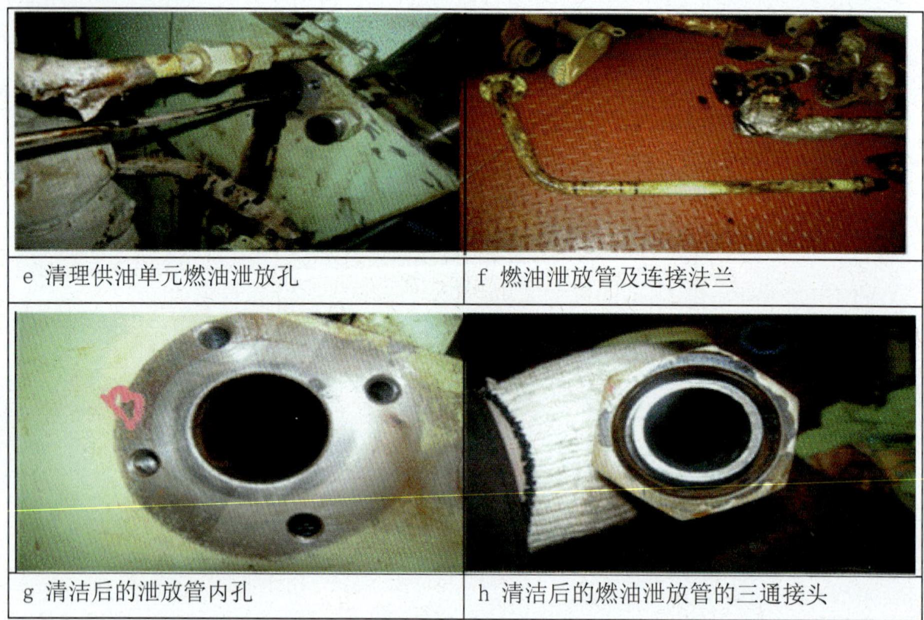

e 清理供油单元燃油泄放孔　　f 燃油泄放管及连接法兰

g 清洁后的泄放管内孔　　h 清洁后的燃油泄放管的三通接头

图 6　泄放管的污染及清洁

4 更新的《保养说明书》

为了防止供油单元燃油泄放管出现堵塞，《保养说明书》0 部套，第 0380-1 章 - 维修 0380-1/A1“检查及检修周期”中增加了新的检查内容。新检查的操作按图 6 的说明，检查及检修周期见表 1。

表 1 检查及检查间隔

组	部件	工作内容	间隔时间
8744	供油单元燃料油泄放管路	至少每年进行一次定期检查，保证管路通畅	6 000 Op. h

所有与 RT-flex 柴油机相关的《保养说明书》都会相应地更新，如图 6 所示。

RT-103

期号1，2010年12月23

2.2.11 Dynex伺服油泵的维修

适用机型：RT-flex82C、RT-flex82T柴油机

1 简介

Dynex伺服油泵故障会导致其它泵的间接损坏，其残骸还可能进入到其他泵的吸入管中，引起整个伺服油系统故障，影响柴油机的正常运行。

一个伺服油泵故障，柴油机仍能运行，因为剩余的一个或几个伺服油泵提供的伺服油足以确保柴油机在全部负载范围内运行。

2 系统检查

伺服油泵的流量传感器能检测伺服油泵故障并发出伺服油断流警报。

判断流量传感器报警是否正确是非常重要的。如果有警报，必须对报警进行确认，在验证警报是正确之后，应立即停止伺服油泵的运行。

注意：如果主润滑油泵正在运行，柴油机还没有起动，在这种情况下不论是哪种类型的传感器都应该处于报警状态。如图1所示，“SI1000”（2）型传感器报警显示在① LED 4#上，其他类型的传感器③的报警显示与LED的位置与其不同。

如果伺服油泵传感器无警报，应按规定的程序进行检查。

传感器显示的位置

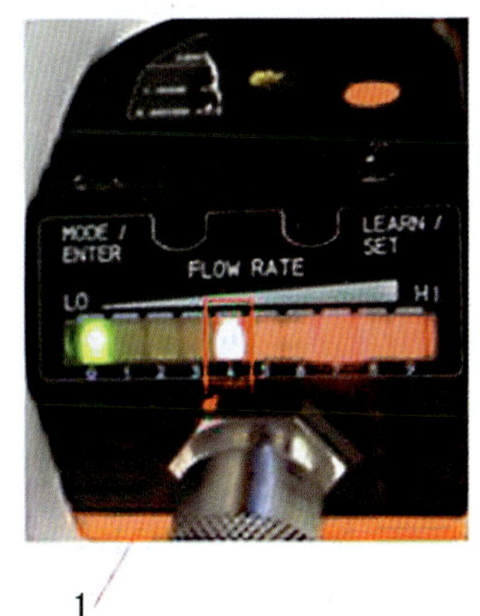

1

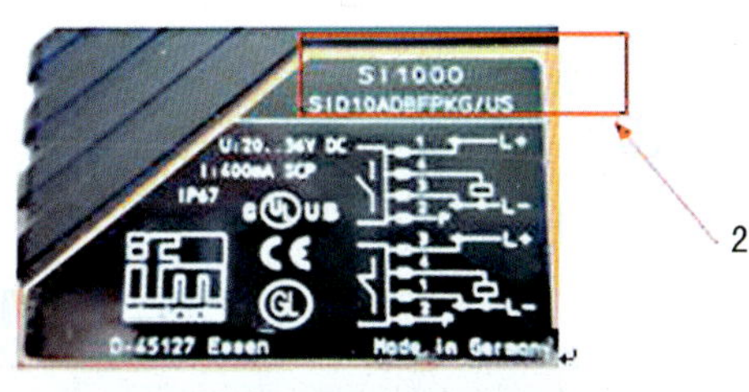

2

3

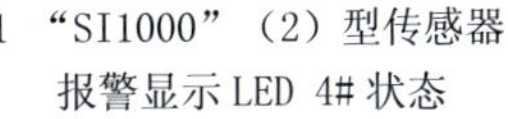

1 “SI1000”（2）型传感器报警显示LED 4#状态

2 传感器型号

3 其它类型传感器报警显示

图1　不同类型传感器报警显示

3 定期检查

（1）日常检查，伺服油泵运行时是否有异常声音，不同伺服油泵的温度是否有差异。

(2) 如果伺服油泵出现损坏，可通过固定在调压阀体上的小型滤器进行快速检查。

在伺服油泵停止运行时，检查每个端口的小型滤器。如在小型滤器中发现细小黄铜颗粒，说明伺服油泵已损坏。

如图 2 所示，小型滤器位于调压阀体②上端、旋塞③的下方。在这些泵上安装了两种不同类型的调压阀（公制和英制），因此显示了两种放置不同位置的示意图④、⑤，如图 2。

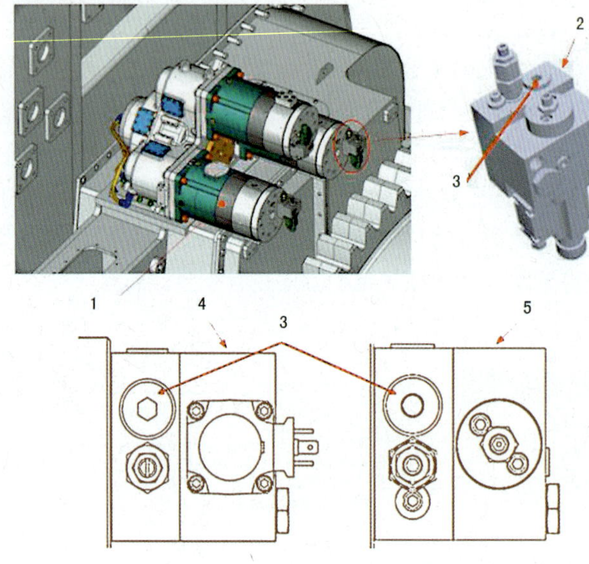

1 Dynex 泵

2 调压阀本体

3 旋塞

4 英制（SAE）的调压阀

5 公制的调压阀

图 2　调压阀体上滤器的位置

拆卸滤器的操作，如图 3。

（1）确保柴油机处于停车状态，主滑油泵电源已关。

（2）用内六角扳手拆除用于固定滤器的 10 毫米螺钉①。

（3）取出位于螺钉下面的弹簧和滤芯②。

（4）检查滤芯是干净的，也没有穿孔，重新装回滤芯、弹簧，上紧旋塞。

（5）如果滤器中有黄铜颗粒，该泵不能使用，必须将其拆开检查。

1. 螺钉　2. 弹簧　3 滤芯

图 3　拆出的弹簧及滤器

4 故障伺服油泵的检查

为了避免故障油泵给其他的油泵造成间接损坏，应将故障泵拆下，并拆除驱动轴，如图 4，封闭高、低压管接头。

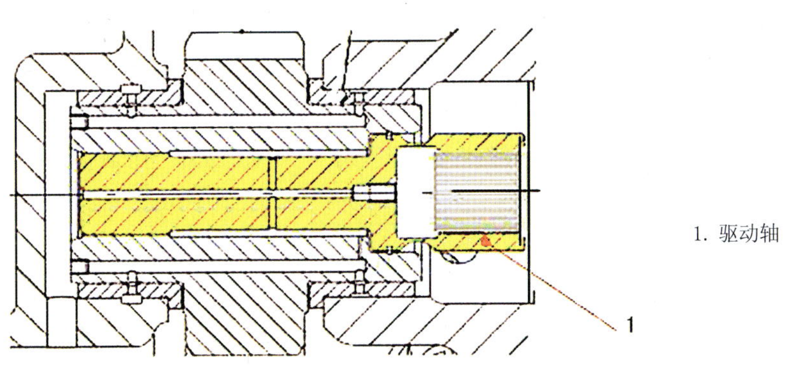

1. 驱动轴

图 4　驱动轴的拆除

4.1 低压管的拆卸

根据 Dynex 泵故障的位置，将低压连接管拆下来，使用专用的 Durlon 或者类似密封垫的低压法兰板（能够承受 8bar 压力）将其封闭，如图 5 的①。图 5 显示的是具有三个 Dynex 泵的拆卸情况（有的柴油机只有两个 Dynex 泵）。

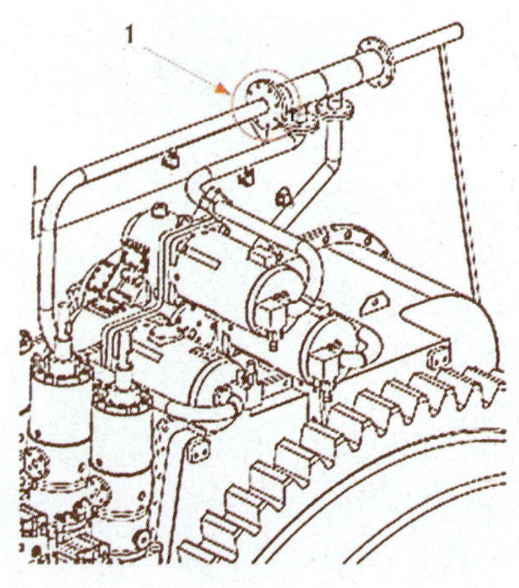

1 低压管路连接法兰

图 5 RT-flex82C 及 RT-fle82T 柴油机的 Dynex 泵低压连接管拆卸部位

4.2 高压管及齿轮传动链端的拆卸

（1）使用法兰①将高压管连接法兰封闭，如图 6。法兰盲板尺寸如图 7 所示。

（2）使用绳索②将管路固定避免振动。

（3）具有专用 Durlon 或者类似密封垫材料的法兰③用于密封传动齿轮箱（齿轮传动链一端）。法兰板尺寸如图 8 所示。

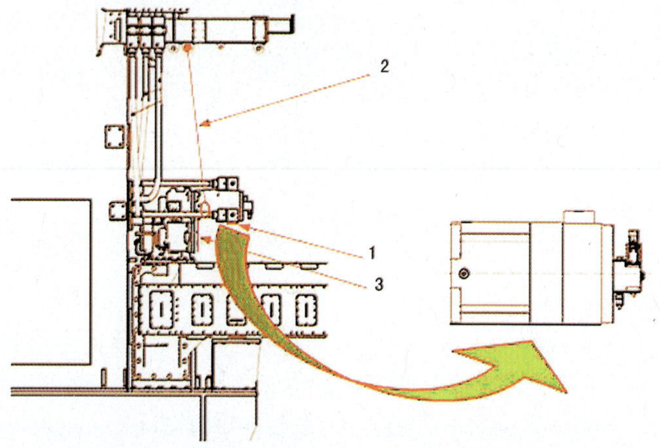

1 高压连接管盲板法兰   2 绳索   3 传动齿轮箱的盲板法兰

图 6 适用于 RT-flex82C 以及 RT-fle82T 的盲板法兰

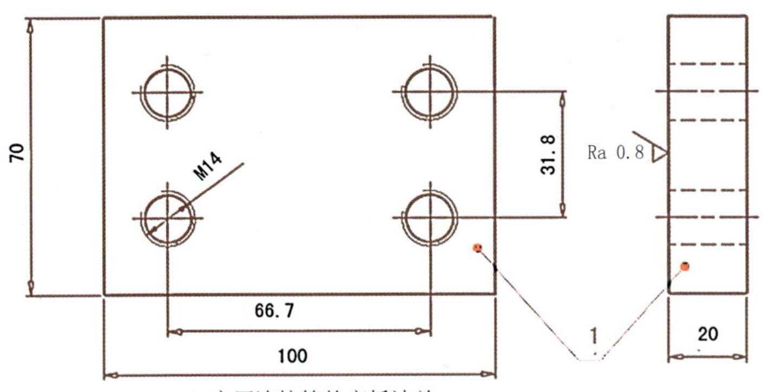

1 高压连接管的盲板法兰

图 7　适用于 RT-flex82C 以及 RT-fle82T 的盲板法兰

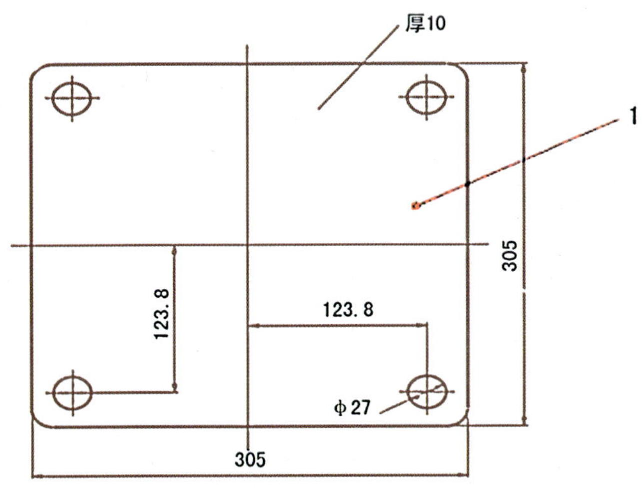

1 传动齿轮箱的盲板法兰

图 8　适用于 RT-flex82C 及 RT-fle82T 的盲板法兰

RT-104

期号 1，2011 年 02 月 23 日

2.2.12 WECS-9520 参数的调整

适用机型：所有 RT-flex 柴油机

1 简介

RT-flex 柴油机的 WECS-9520 控制系统是以 FCM-20 及 ALM-20 模块为基础。WECS-9520 软件主要是由一个可执行应用程序和一套 “数据库”组成。除了 WECS-9520 软件之外，还有一个作为操作界面的 flexView 程序。flexView 程序安装在船上的电脑中，通过专用数据线与 WECS-9520 系统连接。

WECS-9520 系统包含用户参数和厂家参数。船舶技术人员可以通过 flexView 操作界面对用户参数进行修改。厂家参数是柴油机在开发及试运行期间确定的，船舶技术人员是不能获取的。

2 flexAdjust 工具文件的说明

在 032 版本中，082 的 WECS-9520 软件在发行的时候已根据柴油机开发及试运行期间确定的参数完成了 WECS-9520 系统的参数设置。新的或者更改的功能参数设置是在软件测试后才最终生效的。

通过分析积累的 RT-flex 柴油机的运行情况和服务信息，可以进一步优化 WECS-9520 系统中的某些参数设置。如果这些参数的优化设置经过验证的确有积极效果，例如提高了柴油机性能、能较好处理故障，或者提高了可靠性，那么这些修改的参数设置就会发布给正在使用中的柴油机。新参数在发布以及通知客户在船上使用之前，会在 Wärtsilä 二冲程测试实验室里进行全面的测试，也会在使用中的柴油机上进行验证。

为了改变船舶技术人员无法获得厂家参数的情况，引进了“flexAdjust 工具文件”。标准的 flexView 软件包中均包含 flexAdjust 工具文件。此外，还为特殊情况准备了额外的包含新参数值的文件。该文件（被命）名为“flexAdjust.mdb”，可以通过电子邮件的形式发送给客户。

flexAdjust 工具文件用于船舶技术人员更新厂家参数。在某些特殊情况下，该工具还能够用于向船舶技术人员提供远程帮助。flexAdjust 工具文件使用非常简单，易于船舶技术人员掌握和应用，并且对柴油机的运行是安全的。

3 flexAdjust 工具文件的运行

为了保证船舶安全，flexAdjust 工具文件只有在柴油机停止运行时才能使用。每个 flexAdjust 工具文件都以压缩文件的形式发送，名称如下：

```
flexAdjust_WECS_82_RT_104_1_I_xx.zip
```

压缩文件名称的说明见表 1。

表 1 压缩文件的名称说明

代码	含义
82	WECS-9520 SW 部件
RT_104	技术信息的识别编号
1	技术信息的发布期号
I_xx	操作说明的识别编号

压缩文件是名为“flexAdjust.mdb”的数据库文件，包含相关的升级参数及操作说明。操作说明通过编号“I-xx”和发布日期来识别。

为了能够通过使用 flexAdjust 工具文件成功地查阅参数，必须根据操作说明进行操作。文件 flexAdjust.mdb 必须在安装 flexView 的电脑中提取出，然后放在下面的文件夹：C:\flexView9520\[plant]\flexAdjust。还应注意，程序“flexAdjust9520.exe”必须是从相同的文件夹中提取。在升级过程中，新的参数会从安装 flexView 的电脑发送到 WECS-9520 系统的所有 FCM-20 模块。

4 该技术信息覆盖的参数

在 WECS-9520 数据库中应用这套新参数值能够很简单地解决下列检测到的问题：

（1）燃油流量活塞开始动作的速度：适用于所有 RT-flex96C-B 柴油机。

（2）自动重新起动功能：适用于所有 RT-flex 柴油机。

（3）最小燃油喷射时间：适用于所有 RT-flex 柴油机。

（4）估算功率计算的调整：适用于所有具有脉冲润滑系统（PLS）的 RT-flex 柴油机，但对改进的脉冲润滑系统（RPLS）不适用。

4.1 燃油流量活塞开始动作的速度

（1）起始点状态

一些船舶在柴油机刚起动的时候会排出过量的废气。这是因为当时燃油流量活塞开始动作的速度值设置为 1.5%/ms，该数值太小，会导致在起动期间喷入了过量的燃油。（编者注：也叫时间控制模式，因为主机刚起动时很不稳定，这时候不是通过流量活塞检测流量来控制的，而是通过设定的时间模式来控制）。

（2）解决方案

将参数 PAR_INJ_QTY_PIST_SPEED_START 改变为新值 2.8%/ms 后，在很大程度上降低了柴油机起动期间的烟雾浓度。

4.2 自动重新起动功能

（1）起动点状态

自动重新起动功能会同以前的 WECS-9520 软件（SW）一起被执行，其中以前的 WECS-9520 软件执行的 FCM-20 模块上的某些功能会停止。应用软件的自动重新起动能够还原该特殊模块上 WECS-9520 软件的全部功能。

注意，对于 32 版本，部件为 082 的 WECS-9520 软件，上面提到的问题已经得到了解决，因此自动重新起动功能不再被使用。相反，自动重新起动功能可能还会干扰“自动下载”功能，必须关闭重新起动功能。

（2）解决方案

通过将参数 PAR_AUTO_RESTART 设置为 0（零）的方式关闭自动重新起动功能。

4.3 最小燃油喷射时间

（1）服务信息

在低负荷运行和机动航行时，下列信息可能会显示在 flexView 界面上：“ME Inj. Quantity Piston, Stuck In Max. Pos. (Inj.cut-off+SLD) (ID 92)”。

WECS-9520 的这个故障会导致柴油机相关气缸喷油中断和自动降速。

注意，当柴油机负荷非常低时，例如有拖轮的情况下，柴油机转速设定给出的燃油指令也非常低。这样会导致喷射时间非常短，非常接近共轨阀的反应时间。在喷射脉冲完成之前就向共轨阀发送脉冲复位信号，这可能会导致脉冲复位信号没有反应、燃油流量活塞移动到最大末端位置的情况出现。这种情况还取决于共轨阀、控制油的温度及油的清洁程度。

（2）解决方案

对于柴油机在负荷非常低的情况下运行，这样的问题可以通过增加最小燃油喷射的时间值，超过共轨阀最大反应时间来解决。这样会将喷射与脉冲复位信号分开，喷射脉冲之后，脉冲复位信号发送时间不会少于 6 毫秒。因此参数 PAR_INJ_TIME_MIN_LIMIT 的值要设置为 4 毫秒与 6 毫秒之间。

4.4 估算功率计算的调整

仅仅对配备有与 WECS-9520 系统相连接的轴功率测量仪的船舶有效。

（1）服务信息

对于脉冲润滑系统，而且设有与 WECS-9520 相连接的外部轴功率或者扭矩测量系统的船舶，这些系统会提供外部负荷信号，用于测定柴油机功率及气缸油加注量的计算。为了防止在外部信号错误的情况下气缸油过少或者过多，WECS-9520 会根据内部估算功率验证外部负（载）荷：

“Est. Power[%] = (Fuel command[%]×Engine speed, rpm [%])”。

如果偏差大于规定的偏差（例如 7～8%），WECS-9520 则会转换为它的内部估算功率。

WECS-9520 内部估算功率与计算的外部功率之间的初始偏差会在 LUB-Adj 卡上得到调整。（根据收到的信息，已经出现了很多关于没有正确实现初始偏差调整的情况）

（2）解决方案

为了避免所出现的该偏差没有得到正确地调整，应该使用默认值，并且关闭“估算功率计算”调整功能。

可按下面步骤进行操作：

1）关闭 flexView 视图上“估算功率计算”的调整功能，参阅图 1。

2）重新设置参数的默认值：

- PAR_LUB_POWER_VALUE_AT_25 = 25%
- PAR_LUB_POWER_VALUE_AT_50 = 50%
- PAR_LUB_POWER_VALUE_AT_75 = 75%
- PAR_LUB_POWER_VALUE_AT_85 = 85%

3）删除来自 flexView 视图程序的“LUB-Adj 卡”。

4）在发布该技术信息之后原《使用说明书》的第 8.3.1 章节失效。

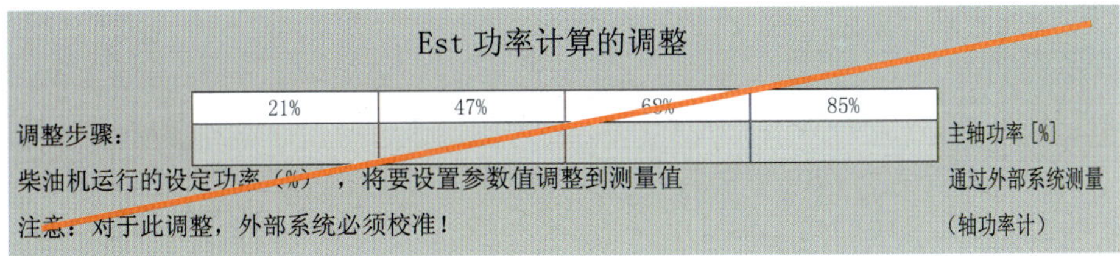

图 1　LUB Adj 卡

RT-105

期号 1，2011 年 04 月 08 日

2.2.13 气缸套及刮碳环

适用机型：RTA82C，RTA82T，RT-flex82C 以及 RT-flex82T 柴油机

1 简介

该技术公告提供了关于 RTA82C，RTA82T，RT-flex82C 以及 RT-flex82T 柴油机气缸套及刮碳环（ARP）配合的最新改进设计。

改进后的气缸套设计对相应的刮碳环会造成一定的影响。因为改变了气缸套与刮碳环接触表面区域的几何形状，在这种情况下，为了在装配时两个部件能够正确地贴合，APR 倒角处也必须重新设计。

由于改变了气缸套与刮碳环接触表面区域的几何形状，因此，旧式的刮碳环（APR）与新气缸套不能准确地配合。

该技术信息提供如何正确装配气缸套和 APR 及对应措施的指导方针，见图 1。

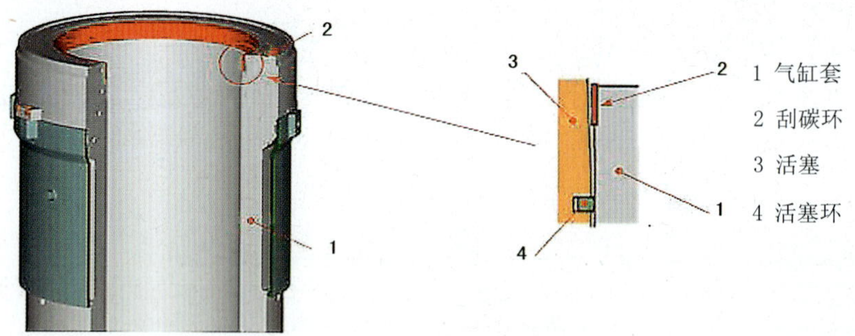

图 1 安装 APR 的气缸套

2 气缸套及刮碳环，见图 2、图 3

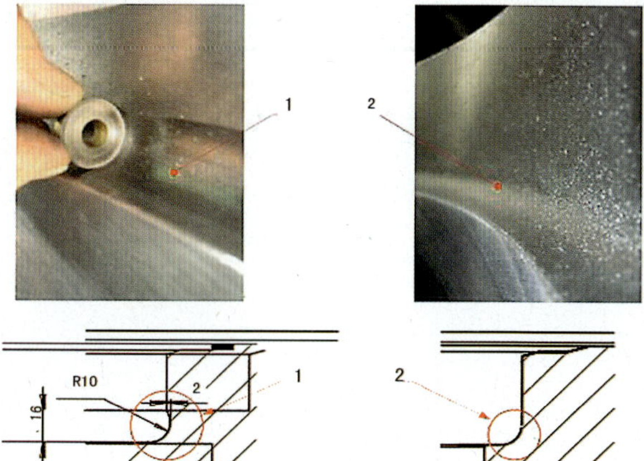

1 旧式气缸套接触面的几何形状：尺寸：半径 R10，深 2mm

2 改进后新式气缸套接触面的几何形状

图 2 旧式 - 新式气缸套与刮碳环接触面的几何形状对比

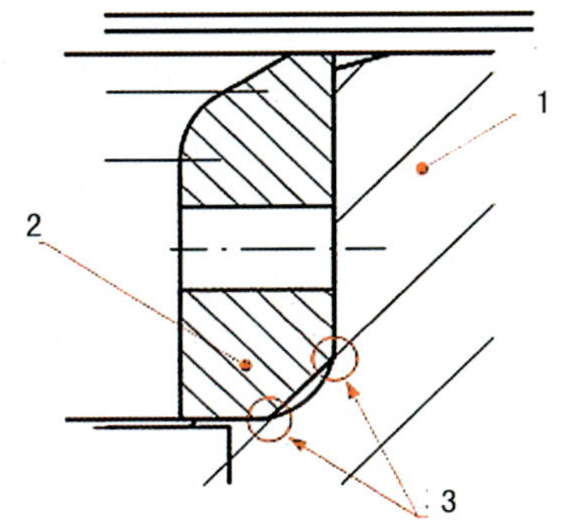

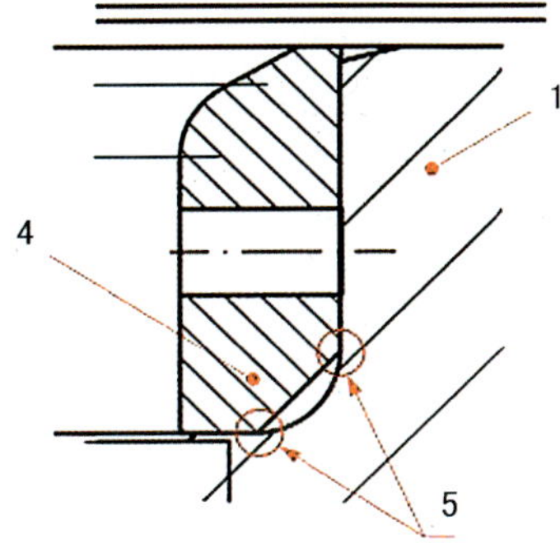

1 新气缸套 2 旧式 APR 3 新式气缸套与旧式 APR 之间的冲突

4 新式 APR 5 新式或者重新加工的 APR 与新式气缸套之间没有冲突

图 3 旧式 - 新式刮碳环与气缸套配合的比较

3 装配前的检查

旧式部件与新式部件的备件编号是完全相同的，因此，在安装 APR 之前，必须检查 APR 与气缸套的实际结构形状。气缸套与刮碳环的备件编号见表 1。

表 1 气缸套与刮碳环的备用零件编号

柴油机型号	RTA82C	RTA82T	RT-flex82C	RT-flex82T
备件编号				
气缸套	L21240	V21240	LF21240	VF21240
刮碳环	L21245	V21245	VF21245	LF21245

为了避免气缸套及刮碳环之间的不匹配，必须进行下列检查。

3.1 检查

（1）首先检查气缸套

如果接触面的几何形状是以半径 R10、深度为 2mm 的，则为旧式气缸套，如果没有，即为新式气缸套。

（2）检查刮碳环（APR）倒角的高度，参阅图 4。

刮碳环（APR）倒角高度为 8mm 是旧式刮碳环，倒角高度为 10mm 的是新式刮碳环。

3.2 评价

如果 APR 具有高度为 8mm 的倒角，那么 APR 就仅仅适用于旧式气缸套。

下列旧式或者新式气缸套各自与旧式或者新式 APR 的组合见表 2。

表 2 新旧气缸套－刮碳环匹配情况

APR	气缸套	要求的功能
新式	新式	无
新式	旧式	无
旧式	旧式	无
旧式	新式	改进或者采用新式 APR

特别强调：对于新式气缸套与旧式 APR 的组合，必须采用改进的解决方案，或者必须使用新式的 APR。

4. 改进方案

4.1 旧式 APR 改进

为了使得旧式 APR 与新式的气缸套匹配，APR 的 8×45° 倒角尺寸必须改为 10×45° 。因为新式气缸套接触面几何形状已改变，所以在不改变倒角的情况下，在新式气缸套上安装旧式 APR，二者不能很好地配合。

4.2 工作步骤

（1） 如果机床是可供使用的，可以将 8×45° 的倒角重新加工为 10×45° 的尺寸，参阅图 4。

（2）如果没有机床可供使用，通过手工磨削或者手摇砂轮机也可以将倒角的边缘磨掉，见图 4 的③。从拐角点到接触面必须至少磨除 2mm，使其最小半径为 R6。

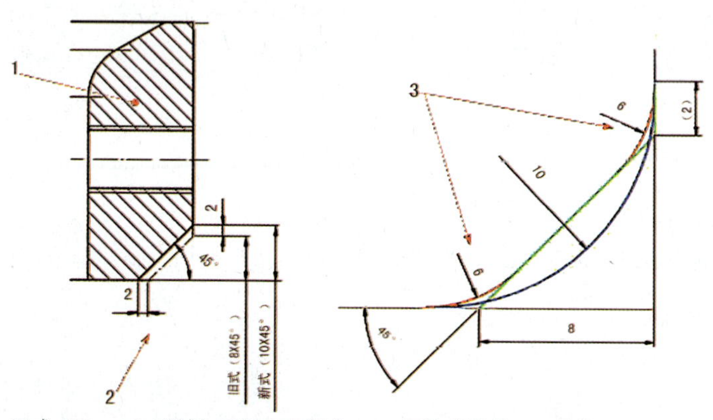

1 旧式 APR　2 要被加工的 APR 倒角　3 要被磨掉的 APR 边缘

图 4 APR 重新加工或者磨削

4.3 机械加工后的状况检查

4.1 检查步骤

（1）将重新加工的APR安装到新式气缸套之后，必须检查APR与气缸套是否达到良好配合，参阅图5。

（2）用厚度为0.1mm的塞尺对轴向接触面进行测量。

（3）在接触面的圆周上每隔45度测量一次。

（4）APR与气缸套的轴向接触面之间不允许存在间隙。

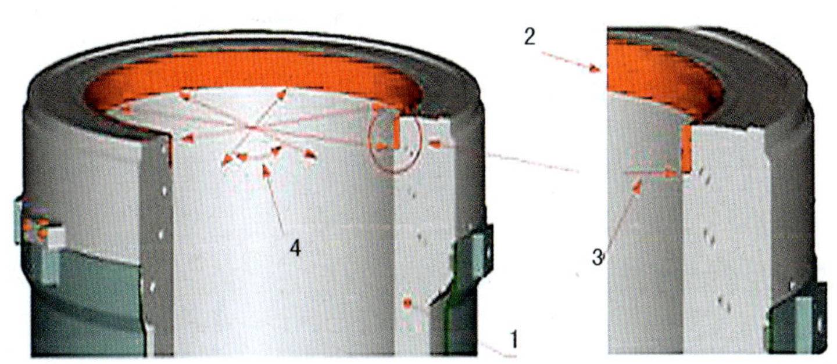

1气缸套　2刮碳环　3测量位置－气缸套与APR之间的表面

4圆周上的测量位置8×45°

图5　检查气缸套与APR之间的间隙

4.2 修正

如果用塞尺检测时发现有间隙，按下面的步骤进行操作：

（1）再次移除APR。

（2）在APR与气缸套轴向接触表面处涂上蓝油。

（3）将APR放回到气缸套中。

（4）检查气缸套中的APR座表面的蓝色斑点。

（5）如果检测到了蓝色斑点，就要求对该处APR的接触表面进行打磨。

再用塞尺对间隙进行测量，直到接触面之间没有间隙为止。

RT-106

期号 1，2011 年 04 月 14 日

2.2.14 高压燃油管的破裂和变形损坏

适用机型：RT-flex96C-B 柴油机

根据收集的信息，有高压燃油管破裂及变形损坏的现象。一是由于高压油管和相关支架的轴线有偏差而导致高压燃油管外壁破裂。另一个是高压燃油管被过度拧紧，以及在多次拧紧高压燃油管之后，密封表面发生塑性变形，进而使高压燃油管内孔直径变小，燃油压力下降速度减慢，导致喷射时间延长，最终导致燃烧性能降低。

现已进行了管道定位以及管道固定夹的改进设计。密封表面的设计已经从圆锥形改为球形。

1 高压燃油管外壁的破裂

1.1 简介

某些双层管壁的高压燃油管外壁破裂见图 1 的①的主要原因，绝大多数是管路和相关管路支架的轴线没有对准。经了解并没有与高压燃油内管壁破裂伴随发生的情况。由聚酰胺（PA）制作的管道固定夹，由于拧紧程序不正确，导致管路轴线和固定夹轴线不对中，管路固定夹变形见图 1 的②。

1

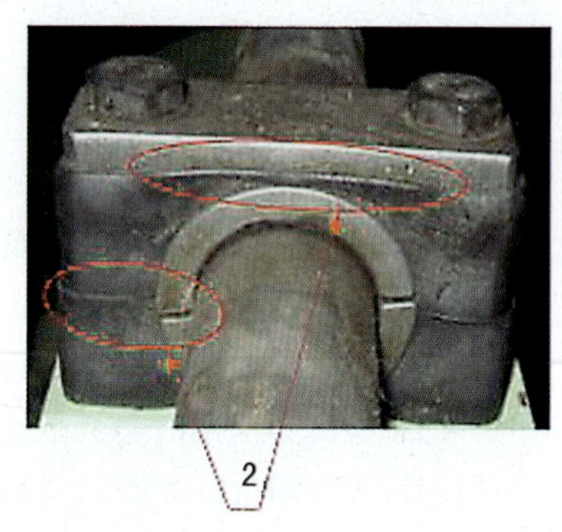

2

1 双壁燃油管破裂的外壁　2 严重变形的管路固定夹

图 1　破裂的高压燃油管及支架

1.2 高压燃油管的检查

应该检查高压燃油管路的校中情况，如果不正确，应重新校准。根据设计，可以通过调整管路支架或者通过使用垫片来完成。如果发现管路上有摩擦痕迹，

或者发现损坏的管路固定夹，应立即按照最新标准重新安装管路的固定装置。

1.3 更新现有的高压燃油管路支架以及固定装置

为避免高压燃油管出现破裂，应使用最新的铝合金类型的固定夹具，见图2的②，这样会避免夹具与高压燃油管之间出现相对移动。为减少高压燃油管的振动，应在排气阀壳体和垂直高压燃油管支架之间安装额外的支撑架见图2的①。

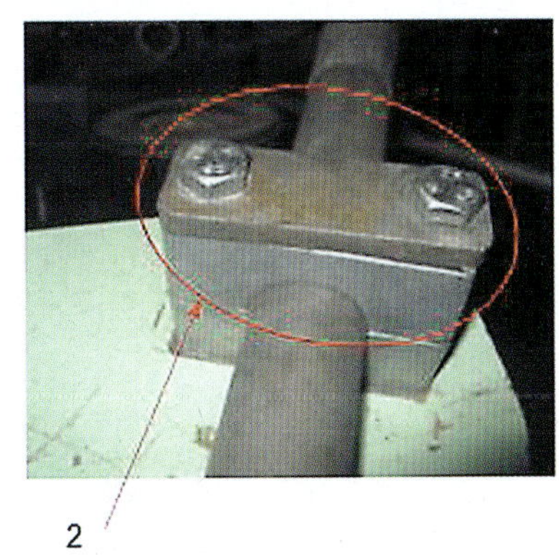

1 管路固定装置的新式设计　　2 带有盖板的铝合金夹具

图2　新式托架固定装置以及夹具

1.4　需要更新的部分

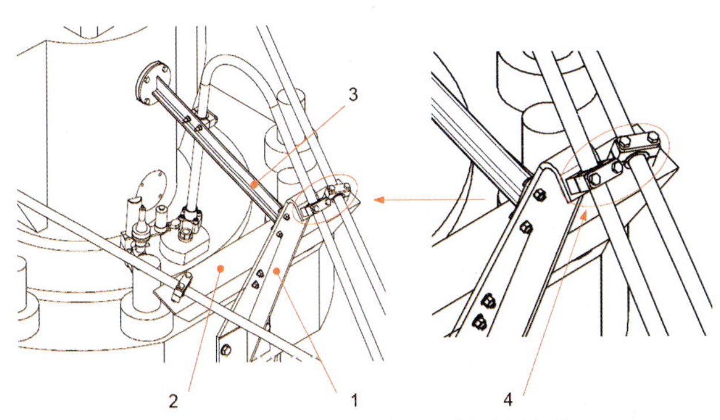

1 管路支架　2 角钢　3 支撑架　4 管路固定夹

图3　最新施工的管路支架，角钢以及固定器

对于已安装的管路支架设计，见图3的①，要替换成管路支架图3的①和角钢②，以适应新的支撑架及铝合金管路固定夹。下面是三种不同的施工方法：

管路支架的主要零件见表1。

表 1 管路支架的主要零件

零件	零件编号	图 3 中的零件编号	数量
管路支架	DF87370	1	1 件
角钢	DF87361	2	1 件
支撑架	DF87376	3	1 件
管路固定夹	DF87378	4	4 件

1.4.1 施工方案一

如果最初的管路支架安装方案是根据图 4 设计的，则要求如图 4 所示改装高压燃油管的固定方式。

改进方案还包括燃油管锥型密封面的改进，将锥形密封面改为球型密封面加中间垫块的形式，可以参阅本文 2.3 高压燃油管末端密封面的改进，了解详细内容。

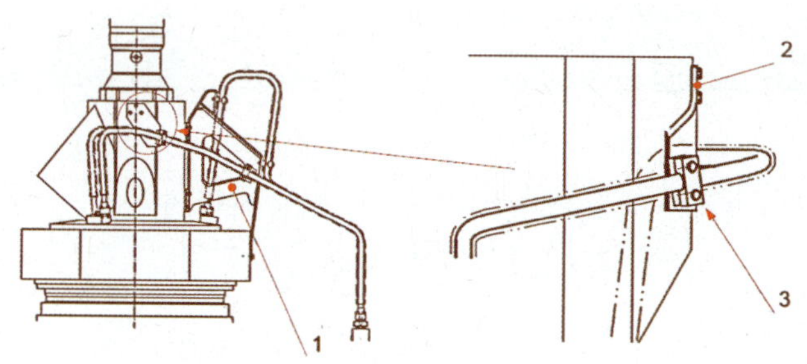

1 管路支架　2 板　3 固定夹

图 4　管路支架设计：“角形支架”

“角型支架升级包”的备件代码：DF87320，（见表 2）。

表 2　施工方案一　角型支架升级包部件

零件	要求的数量
支撑架	1 件
六角头螺丝 M12×40	12 件
六角头螺母 M12	8 件
垫圈 M12	12 件
管路支架	1 件
六角头螺丝钉 M20×40	2 件
垫圈 M20	2 件
角钢	1 件
铝合金管路固定夹	4 件
六角螺栓 M10×100	8 件
六角螺母 M10	8 件

垫圈 M10	8 件
球形密封面高压燃油管	1 件
球形密封面高压燃油管	1 件
球形密封面高压燃油管	1 件
中间垫块	6 件
管卡	6 件
卡簧	6 件

注意：表 2 中要求的数量是对应于一个缸所需要的数量。

1.4.2 施工方案二

如果最初安装的管路支架是根据图 5 设计的，则要求如图 5 中所示改装高压燃油管的固定方式：

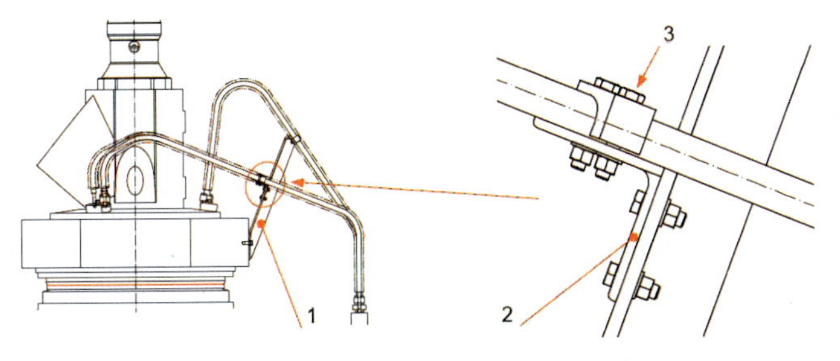

图 5 管路支架设计：一组管路固定夹

“一组管路固定夹升级包”的备件代码：DF87321，见表 3。

表 3 施工方案二 一组管路固定夹升级包部件

零件	要求的数量
支撑架	1 件
六角螺丝 M12×40	12 件
六角螺母 M12	8 件
垫圈 M12	12 件
管路支架	1 件
六角螺丝 M20×40	2 件
垫圈 M20	2 件
铝合金管路固定夹	4 件
六角螺栓 M10×100	8 件
六角螺母 M10	8 件
垫圈 M10	8 件

注意：表 3 中要求的数量是对应于一个缸所需要的数量。

1.4.3 施工方案三

如果最初安装的管道支架是根据图 6 设计的，则要求如图 6 所示改装高压燃油管的固定方式：

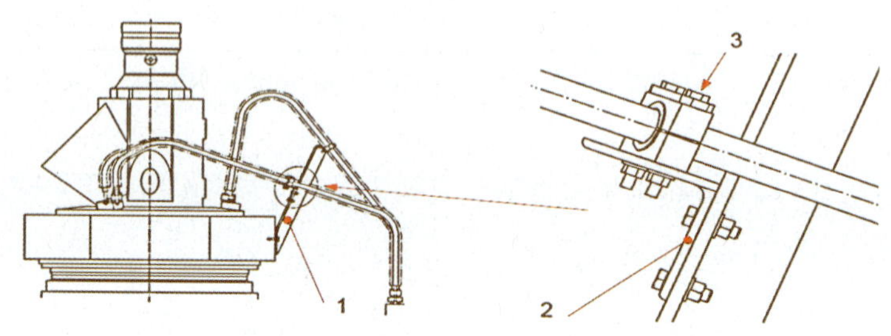

1 管路支架　2 角钢　3 固定夹

图 6　管路支架设计："带有二组塑料环的管路固定夹

"带有二组塑料环的管路固定夹升级包"的备件代码：DF87322，见表 4。

表 4 施工方案三　带有二组塑料环的管路固定夹升级包部件

零件	要求的数量
支撑架	1 件
六角螺丝 M12×40	8 件
六角螺母 M12	4 件
垫圈 M12	8 件
铝合金管路固定夹	4 件
六角螺栓 M10×100	8 件
六角螺母 M10	8 件
垫圈 M10	8 件

注意：表 4 中要求的数量是对应于一个缸所需要的数量

2 高压燃油管密封面的变形

2.1 简介

服务经验表明，在多次拧紧之后，高压燃油管的密封面上会发生塑性变形，该变形是正常现象。为了保证高压油管锥面的良好密封，高压油管需要以 40Nm 的扭矩重新拧紧。过度拧紧同样会对塑性变形造成非常大的影响，对于当前的圆锥形密封面的设计，密封面可能会受到损坏，导致燃油管末端内孔直径变小，如图 7。

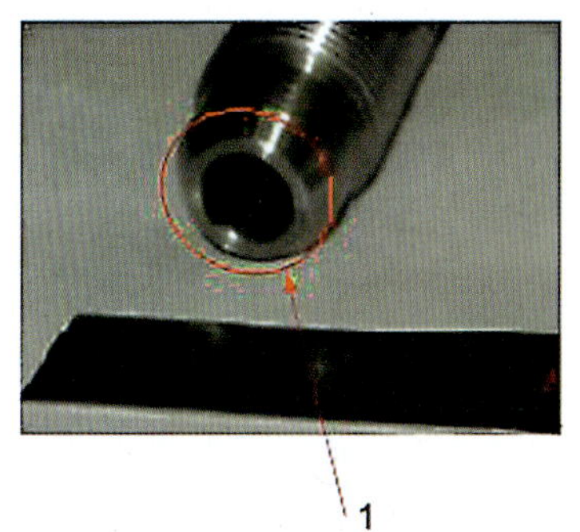

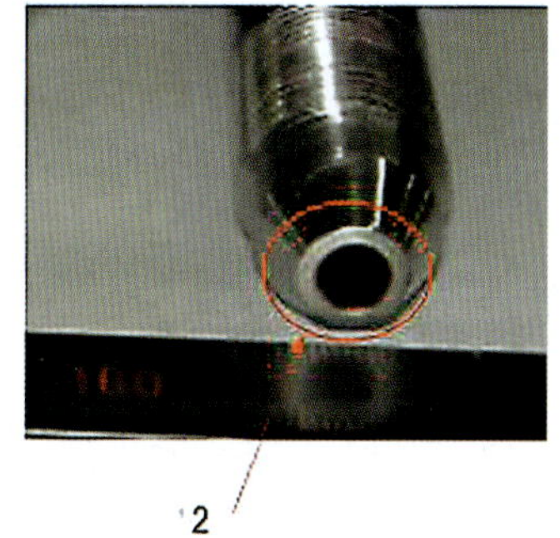

1　　　　　　　　　　2

1. 按照《保养说明书》的要求，以 40Nm 的扭矩拧紧的高压燃油管，标准内径为 φ9mm

2 由于过度拧紧，油管端部内径减小为 φ5.6mm 的高压燃油管（扭矩~100Nm）

图 7　高压油管密封面的变形

2.2 高压燃油管路的检查

为了保证柴油机能够经济并且安全地运行，必须定期地检查高压燃油管路是否泄漏。对于拆下的高压燃油管路，应检查管路末端内径的收缩情况。

高压燃油管末端锥面的管路内径缩减到 φ6mm 是可以接受的。在任何情况下安装管路，必须使用 40Nm 的扭矩来拧紧。如果高压燃油管仅仅出现轻微变形或者其密封面上有划痕，可以用柴油机的专用工具进行修复。

根据柴油机制造的年份，专用工具的部件编号是 94872a 或者 94870，参阅图 8。

安装高压油管之前，应调整内层油管伸出的长度，在锁紧螺帽旋紧后，应保证内层油管末端比锁紧螺帽高出 11mm。也可以查阅《保养说明书》8 部套，第 8733-1 章节“高压燃油管：拆除、安装和密封面的研磨”。如果使用专用工具 94872a 或者 94870 不能修复密封面，可以将密封面改成球形密封面，并结合中间垫块一起使用。

2.3 受损的高压燃油管末端密封面的修理，如图 9

严重损坏的高压燃油管锥形密封面，可以通过机械加工的方式，改变成球形密封面，并结合中间垫块一起使用。这个工作可以使用由无线钻孔机（要求 400rpm）驱动的特殊铣削工具来完成。

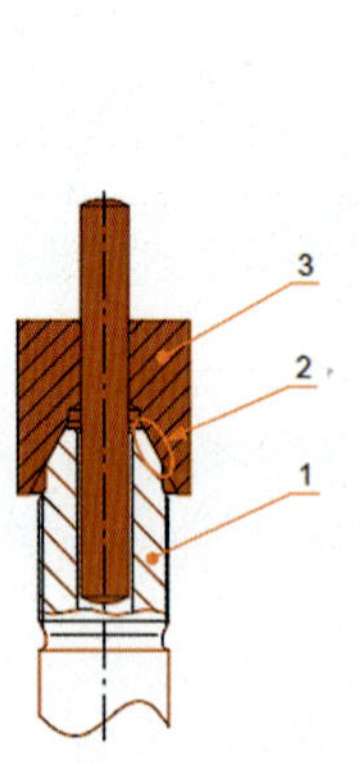

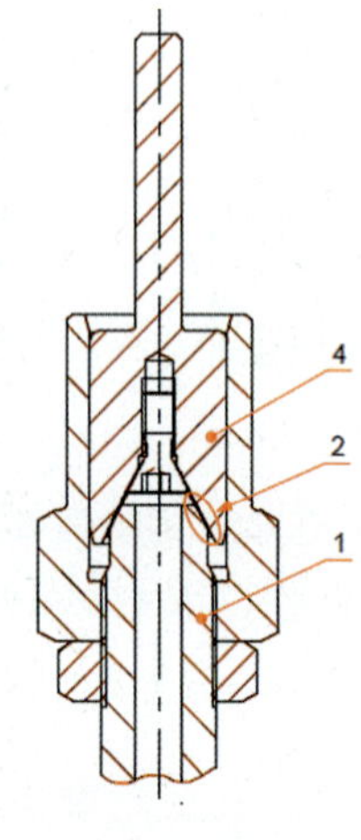

1 锥形密封面的高压燃油管

2 密封面

3 磨削工具 94872a- 第一代

4 磨削工具 94870- 第二代

图 8 用于修复密封面的专用工具

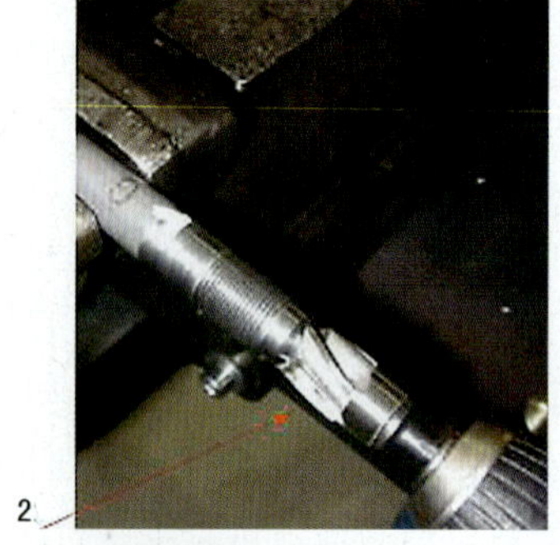

1 密封表面的初始状况

2 用于将圆锥形表面机械加工成球形表面的铣削刀具

3 机械加工成球形表面之后的密封表面

4. 改型后的高压燃油管末端

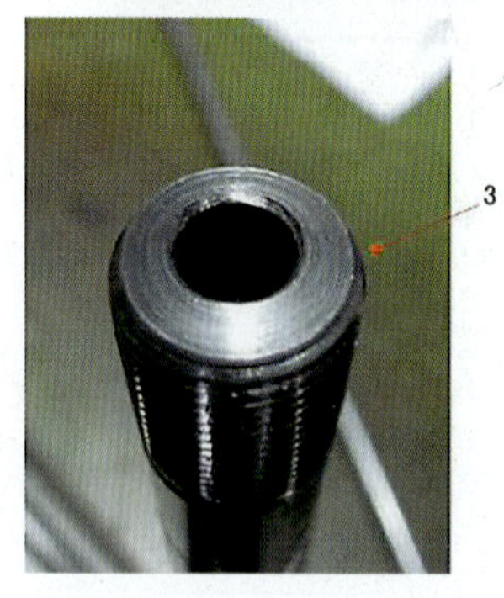

图 9 改型前和改型后的高压燃油管

2.4 改进后的高压燃油管未端（如图 10）

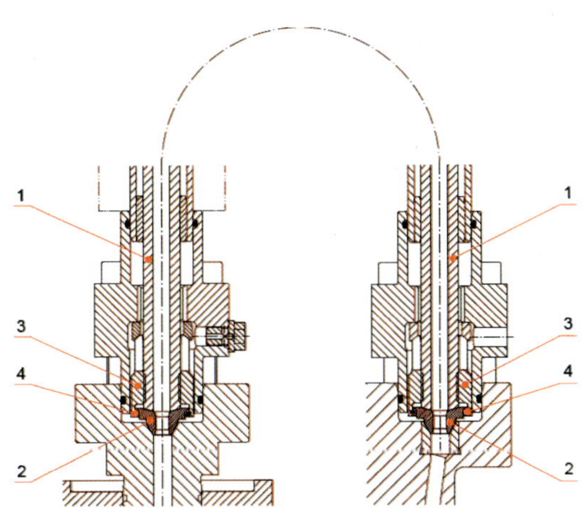

1 高压燃油管 2 中间垫块 3 锁紧螺帽 4 卡簧

图 10 改进后的高压燃油管

“高压燃油管”改型修理包备件代码：DF 87323，见表 5。

表 5 修理包 DF 87323 的部件

零件	零件编号	图 10 中的零件编号	数量
中间垫块	DF87326	2	2 件
锁紧螺帽	DF87325	3	2 件
卡簧	DF87324	4	2 件

注意：表 5 中要求的数量是属于一个高压油管。对于一个气缸，每个提到的部件需要 6 件。

2.5 工具包

将高压燃油管密封面从圆锥形改为球形，需要如图 11 所示的工具包。

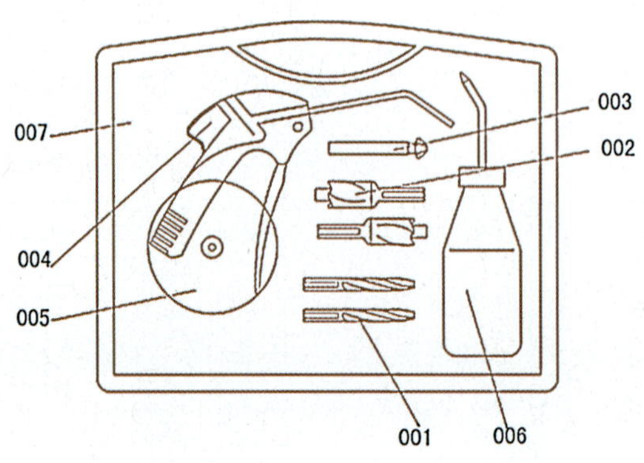

图 11　刀具工具包

刀具工具包工具编号：94876-R，见表 6。

表 6　刀具工具包由下列部件组成

部件	工具编号	图 11 中的项目编号	数量
特殊的镗孔工具	94876a-R	001	2 件
特殊的铣削工具	94876b-R	002	2 件
平面钻	94876c-R	003	1 件
空气枪	94876d-R	004	1 件
防护罩	94876e-R	005	1 件
塑料注油壶	94876f-R	006	1 件
箱子	94876g-R	007	1 件

提醒！ Wärtsilä 已经改变了高压燃油管的设计，将圆锥形末端改成球形末端。以后，只会供应末端为球形的高压燃油管。

RT-110

期号 1，2011 年 5 月 31 日

2.2.15 CLU4 脉冲润滑模块的压力检查和维护

适用机型：RTA 和 RT-flex 柴油机

注意：除了本文的 3.2 点外，该信息不包括带有 CLU4-C 脉冲润滑模块的润滑系统。对于 CLU4 润滑模块的润滑系统详细情况，请查询“保养说明书”，7 部套，第 7218-1 章节。

1 情况介绍

在安装 CLU4 脉冲润滑系统（见图 1）的多台柴油机上，检测到在蓄压器中存在明显的氮气损失的情况。不管是原装的脉冲润滑系统（PLS），还是改装的脉冲润滑系统（RPLS），这种压力损失均可能造成蓄压器的薄膜片受损。但使用小型蓄压器的脉冲润滑模块 CLU4-C 不会受到影响。

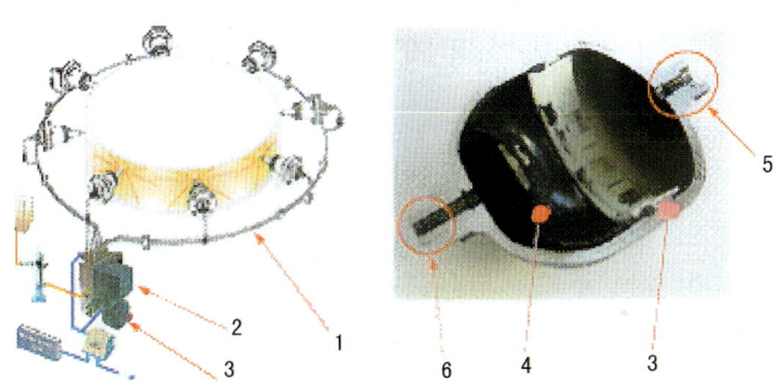

1 气缸润滑管系　2 CLU4 润滑模块　3 蓄压器，容积 0.75L

4 膜片　5 气体注入口　6 伺服油端口

图 1　CLU4 脉冲润滑系统

对于脉冲润滑模块的辨别，请参考图 2。

一般来说，正确充气的蓄压器是使得润滑模块和气缸油系统获得良好性能的关键。它能够确保正确的喷射时间，并且能进一步减少伺服油系统中的压力波动。在脉冲润滑系统使用两种型式的模块：

（1）模块 CLU4：在第一代润滑模块中，蓄压器水平安装。

（2）模块 CLU4-C：第二代润滑模块更加紧凑，蓄压器垂直安装，并且比之前的 CLU4 模块的蓄压器更小。

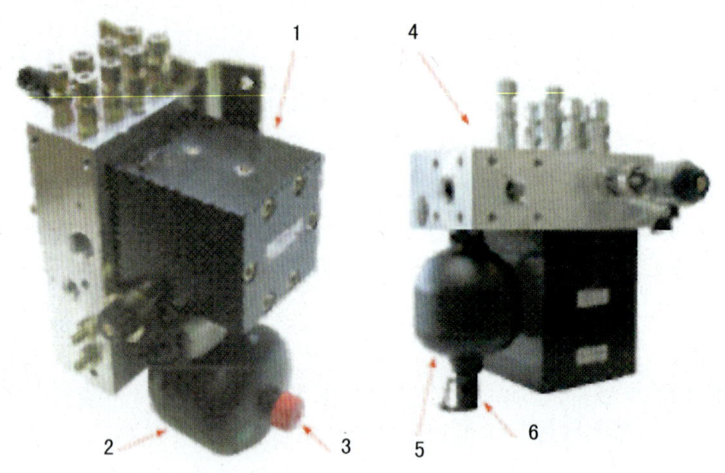

1 润滑模块 CLU4　　2 蓄压器，容积 0.75 升　　3 充气接口

4 润滑模块 CLU4-C　5 蓄压器，容积 0.32 升　　6 充气接口

图 2　气缸润滑系统 CLU4 和 CLU4-C 模块的设计

2 新式蓄压器充气装置（如图 3）

对于在 CLU4 润滑模块上使用的水平安放的蓄压器，引入了一个新式的气体注入装置。此装置易于维护，并且消除了压力检查和运行期间气体压力损失的风险。

Wärtsilä 建议用装有新式充气阀的蓄压器总成更换之前的蓄压器，或使用转换接头 94270a-R 配合之前的充气工具。新式蓄压器可以使用专用工具 94720c（见本文 3.3）进行充气，也可以使用转换充气接头 94270a-R 与老式的充气工具（见本文 3.6）配合使用进行充气。

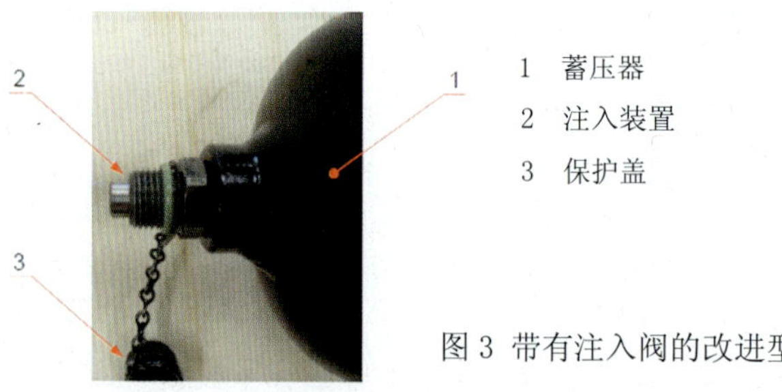

图 3 带有注入阀的改进型蓄压器

3 润滑模块和蓄压器维护

为了确保无故障运行，必须定期检查充气压力。检查和维护只能在柴油机停

止时执行。

有关其他的详细信息，可同时查看《操作说明书》7 部套，第 7218-1 章节，或《RPLS 说明书》中对于安装部分的介绍。

3.1 确定蓄压器膜片的状况

如果没有来自气体侧的背压，蓄压器膜片将会受损。在没有气体背压的情况下，来自伺服油一侧的脉冲会造成膜片的变形超过极限，并最终出现裂纹或者破裂。当蓄压器中没有气压，或者润滑油从气体注入端口漏出时，膜片已经损坏，必须使用新式蓄压器进行更换。

3.2 蓄压器充气压力的检查周期

在安装一个新的蓄压器后，应立即检查充气压力；随后在开始使用后的第一周内至少检查一次；此后，每三个月检查一次充气压力。

3.3 检查充气压力或充气所需的工具

为了方便的检查或对蓄压器进行充气，可以使用工具包（1）。工具包包括了完成此工作所需的所有设备，还包括一个用于氮气瓶的减压阀（4），见图 4。对于蓄压器压力的检查或充气，建议使用 94720c 工具包。

1 工具包，编号 94720c

2 控制单元，

3 软管，长度为 1m 和 4m

4 减压阀

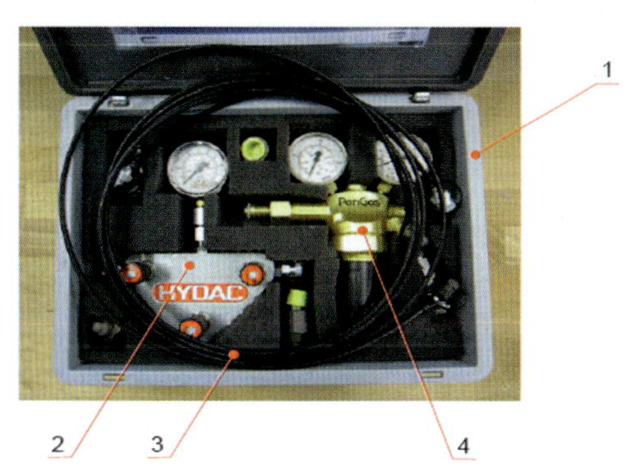

图 4　蓄压器测试和充气设备 - 94720c 工具包

3.4　检查或充气前的准备

在开始任何维护之前，确保关闭伺服油供应单元，并且完全释放伺服油压力。在任何情况中，当拆下蓄压器时，必须对气缸油泵进行放气，见本文 3.9“气缸油泵放气”。

为了释放剩余的伺服油压，必须遵守安装 CLU4 气缸润滑系统的 RTA 或 RT-flex 柴油机所规定的准备工作。

3.4.1 RTA 柴油机的准备工作

（1）停止伺服油供应。

（2）关闭三通阀（3），切断主轴承滑油供应。

（3）打开阀 SV2 一圈，放空伺服油系统的存油，见图 5。在整个检查和 / 或充气操作期间，阀 SV2 必须保持打开。

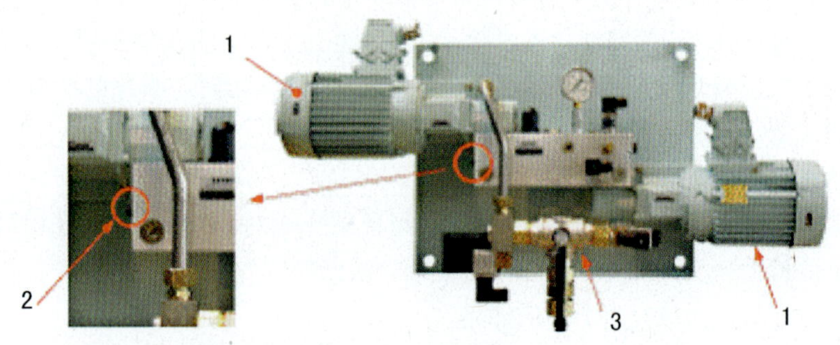

1 伺服油泵 2 阀 SV2 3 三通阀

图 5 RTA 柴油机的伺服油供应单元

3.4.2 RT-flex 柴油机的准备工作

（1）停止伺服油供应。

（2）关闭伺服油共轨 4.11 上的截止阀 4.30-5，如图 6。

（3）通过减压阀 8.11-1 的旋塞⒀放空伺服油系统的滑油，如图 6。在整个检查和 / 或充气操作期间，旋塞⒀必须保持打开。

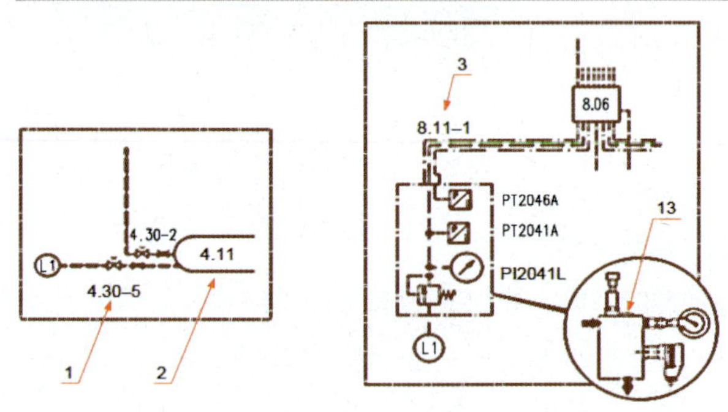

1 截止阀：4.30-5 2 伺服油共轨：4.11 3 减压阀：8.11-1 的旋塞 13

图 6 RT-flex 柴油机所用的伺服油控制图

图 6 中所引用的数字与《保养说明书》相对应。

3.5 检查新式蓄压器上的充气压力

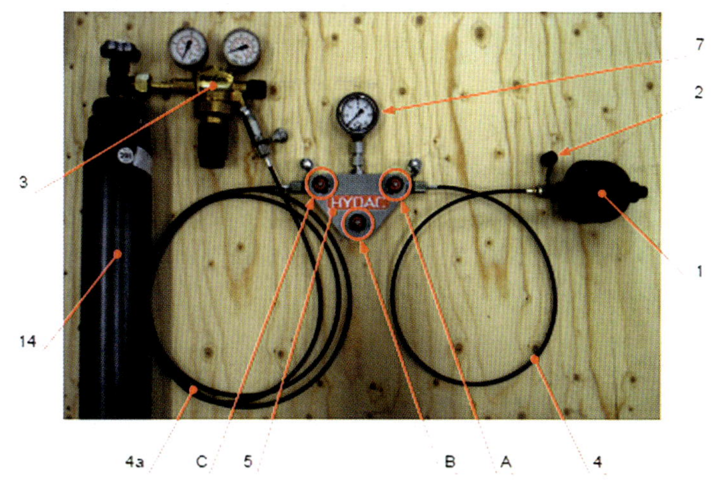

1 蓄压器　2 保护盖　3 减压阀　4 软管，长度 1m，　4a. 软管，长度 4m

5 带有三个阀门的控制单元　7 压力表 0～60bar　14 氮气瓶，阀 A、阀 B、阀 C

图 7　新式蓄压器检测和充气设备

对于以下的操作步骤，不必将蓄压器与润滑模块断开。

在每一次检查期间，都会有少量气体损失。因此，为了补偿可能的气体损失，应确保在进行充气压力检查前准备一个可用的氮气瓶，用于补充气体。

检查或充气的步骤：

（1）关闭控制单元⑤上的三个阀，阀 A、阀 B 和阀 C，如图 7。

（2）使用较短的软管④，将蓄压器①连接到控制单元⑤的阀 A 上。

（3）打开阀 A，并检查压力表⑦上的压力。蓄压器的充气压力范围：最小 20bar，最大 25bar。

（4）如果蓄压器的充气压力在给定的范围内，关闭阀 A，并打开阀 B，释放控制单元⑤中的剩余压力。拆除蓄压器①上的软管④，并重新安装保护盖②。

（5）如果需要对蓄压器充气，请继续第 6 点。（所使用的氮气必须满足：4.0 级，99.99% 的纯净氮气。）

（6）将减压阀③连接到氮气瓶⒁，如图 7。

（7）使用长软管（4a）将减压阀③连接到控制单元⑤的阀门 C 上，并将出口压力调节到大约 30bar。

（8）关闭控制单元⑤上的三个阀，阀 A、阀 B 和阀 C。

（9）打开阀 A，并观察压力表⑦的压力。

（10）缓慢打开阀 C，将蓄压器①充气到要求的压力：25bar。

（11）关闭阀 A 和 C，并打开阀 B，释放控制单元⑤中的剩余压力。

（12）拆除软管④、（4a）和其他工具，并重新安装所有保护盖。

（13）执行最后组装，请参考本文 3.8 点。

3.6 使用老式的充气工具，检查和补充气体压力

使用老式的充气工具进行检查和补气，是本文 3.5 中所描述操作步骤的一个替代方法。不过，94720 号工具的使用是直接从气瓶开始，而不需要减压阀，但需要一个带有短软管的转换装置，如图 8。

注意：Wärtsilä 不建议在不使用减压阀的情况下对蓄压器进行检查和充气。

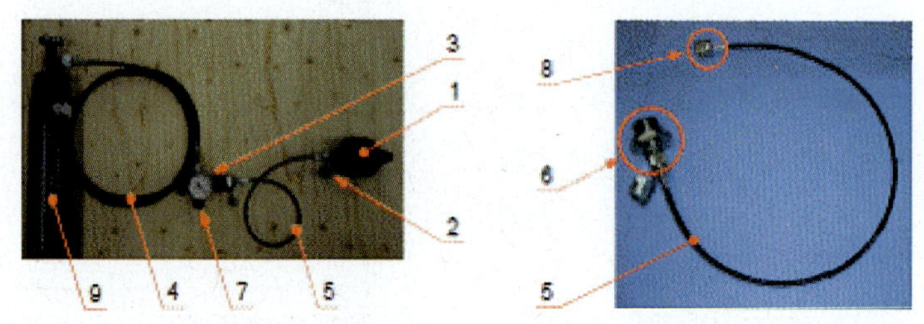

1 蓄压器 2 保护盖 3 带有压力表的充气和测试阀 4 连接软管 5 短软管
6 带有转换充气接头的连接装置 7 卸压阀 8 连接蓄压器的充气接头 9 氮气瓶

图 8 老式蓄压器检测和充气设备（工具 94720）

对于以下的操作步骤，蓄压器也不需要与润滑模块断开。

在每一次检查期间，都会有少量气体损失。因此，为了补偿可能的气体损失，应确保在进行充气压力检查前准备一个可用的氮气瓶，用于补充气体。

检查或充气的步骤

（1）将带有充气接头连接装置⑥与充气和测试阀③相连。用手将连接处上紧，见图 8。

（2）将软管④安装到充气和测试阀③上，并与氮气瓶⑨连接。

（3）确认充气工具③和氮气瓶⑨处的两个卸压阀⑦是关闭的。

（4）从蓄压器①上卸下保护盖②，用短管⑤把充气和测试阀门③与蓄压器连接起来。用手上紧连接螺母⑧。

（5）查看压力表③上的压力，此压力必须在 20～25bar 之间。如果充气压力

在此范围之内，小心地从蓄压器①上拆除充气接头⑧，拆除充气设备，并将保护盖②重新安装到蓄压器上。

（6）如果需要对蓄压器充气，请继续第 7 点。（所充氮气必须满足：4.0 级，99.99% 的纯净氮气）

（7）非常缓慢地打开氮气瓶上的阀，并且只要压力表上显示的压力处于 25～30 bar 之间，就迅速将其关闭。现在可以通过规定的压力对整个系统加压（包括蓄压器的气室）。

（8）若超出最大充气压力，可以通过充气和测试阀③上的卸压阀⑦把压力调整至 25bar，如图 8 所示。

（9）关闭氮气瓶的阀，小心拆除蓄压器①上的充气接头⑧。在拆除充气接头⑧时，蓄压器的充气端口会自动关闭。

（10）将防护罩②装回蓄压器的充气端口处。

（11）打开卸压阀⑦，释放软管内的剩余压力。

（12）拆除整个设备，并进行最后组装。同时请参考本文 3.8。

3.7 电磁阀和压力传感器的连接电缆

连接的电缆应该定期维护，目的是延长电气接触面的使用寿命，并提供所有条件下的正确电气连接，以延长脉冲润滑系统的使用寿命，保证脉冲润滑系统的可靠性。

电气连接的维护应当每六个月执行一次，所做的维护是向电气接触面施用接触面润滑剂并重新上紧连接螺丝。为了获得最佳效果，在施用润滑剂之前，应当通过喷雾电气清洁剂清洁接触面，如图 9。

1 润滑模块 CLU4　　2 电缆连接器

图 9　脉冲润滑系统的电气连接器

接触面润滑剂能够降低摩擦，是提高开关和接触器性能的特制油脂和滑油。它们的 pH 值为中性，因此可以避免接触面的腐蚀。

为了避免触电或起火的可能性，在使用润滑剂前，必须断开所有系统电源。确保正极和负极接触面绝缘。避免对“带电电路”作业可能造成的短路、电弧或触电。

3.8 最后组装

在检查 / 充气操作后：

3.8.1 在 RTA 柴油机上：

（1）关闭阀 SV2，如图 5。

（2）打开三通阀③，开启主轴承滑油供油，如图 5。

3.8.2 在 RT-flex 柴油机上：

（1）重新打开伺服油共轨 4.11 上的截止阀 4.30-5，如图 6。

（2）关闭减压阀 8.11-1 上的旋塞⑬，如图 6。

在检查压力和重新对蓄压器充气后，确保伺服油供应系统运行，并在启动脉冲润滑系统之前对系统放气。请参考本文 3.9“对气缸油泵放气”。

3.9 对气缸油泵放气

在重新对蓄压器充气后，必须对气缸油泵放气。

(1)气缸油泵有两个放气旋塞：一个用于气缸润滑油(H)、一个用于伺服油(I)。

（2）对气缸油泵的气缸油部分放气时所需的工具：集油盘、擦除漏油的布。

（3）按照以下步骤对气缸油泵的气缸油部分进行放气操作：

1）将集油盘放在油泵之下；

2）松开气缸油放气旋塞（H），作法：将此旋塞逆时针旋转，最大三圈；

3）直到放气旋塞中流出的滑油不含气泡；

4）关闭放气旋塞（H）。

（4）对气缸油泵伺服油部分的放气。

对滑油系统加压。伺服油系统处于高压之下。当你松开螺丝时，滑油可能溅出。佩戴护目镜。放气旋塞的松开不能超过三圈。按照以下步骤对气缸油泵的伺服油部分进行放气操作：

（1）将集油盘放在油泵之下。

（2）通过手动润滑或中间润滑操作润滑系统。详细情况，请查询《使用说明书》7 部套，第 7218－1 章或《RPLS 说明手册》第 4 章。

（3）通过启动伺服油泵，获得伺服油初始压力后，才能进行此步骤。

（4）佩戴护目镜。

（5）松开放气旋塞（I）时，逆时针转动最大不能超过三圈。

（6）直到放气旋塞中流出的滑油不含气泡。

（7）再上紧放气旋塞。

4 订购备件

4.1 订购新的蓄压器

（1）识别蓄压器，并包括用于订购的信息；

（2）如果可能，在你的订单中包括一张脉冲润滑模块的图，该图清晰地说明了蓄压器。

改进的蓄压器的编码为：对于RTA柴油机： D 96369

对于RT-flex柴油机： DF 96369

备注：

备件编码命名：X 12345或XF 12345

“X ” = 根据柴油机缸径尺寸的给定字母 - 请查询你的《备件编码手册》。字母“F”表示RT-flex柴油机。

例如，对于RTA96C/RTA96C-B，通过字母“D”引用备件编码，对于RT-flex96C-B，通过“DF”引用备件编码。

4.2 订购新式工具箱

用于检查或充气的新式蓄压器工具箱的编码为94720c，如果是订购老式充气工具所用的连接装置：带有短管的连接装置的编码为94270a-R。

5 本文中的缩写（表1）

表1 缩写

缩写	描述
CLU4	第四代气缸润滑系统
CLU4-C	第四代气缸润滑系统，带有紧凑的润滑模块
PLS	脉冲润滑系统
RPLS	改装的脉冲润滑系统

RT-112

期号 2，2012 年 7 月 3 日

2.2.16 燃油蓄压器（IFA） 端部法兰泄漏

适用机型：RT-flex96C-B 和 RT-flex84T-D 柴油机

关于 Wärtsilä 的 RT-flex96C-B 和 RT-flex84T-D 柴油机燃油蓄压器的法兰和唇边密封。

Wärtsilä 收到有关燃油蓄压器（IFA）的泄漏报告。调查显示，泄漏现象出现在 IFA 的端部法兰和唇边密封之间。

为了避免严重的泄漏发生，Wärtsilä 建议每两周检查燃油泄漏装置中 IFA 的泄放管路。

如果检测到 IFA 法兰泄漏，必须更换相应的法兰和唇边的密封圈。

技术公告 RT-112 的第一期需要修改。已添加包括联系人详细信息的扩展列表。

本技术公告替代 2011 年 6 月 22 日题为“IFA 端部法兰泄漏”的技术公告 RT-112，第一期。

1 简介

收到有关燃油蓄压器（IFA）的泄漏报告（见图 1）。调查显示，泄漏现象出现在 IFA 的唇边密封圈④和安装超压调节阀①的端部法兰②之间。

如果检测到泄漏，开始时多为轻微渗漏。随着柴油机运行时间的延长泄漏量逐渐增加。IFA 处的泄漏会导致燃油系统压力下降进而会造成柴油机起动困难。为了避免柴油机起动困难的情况发生，我们作出以下建议。

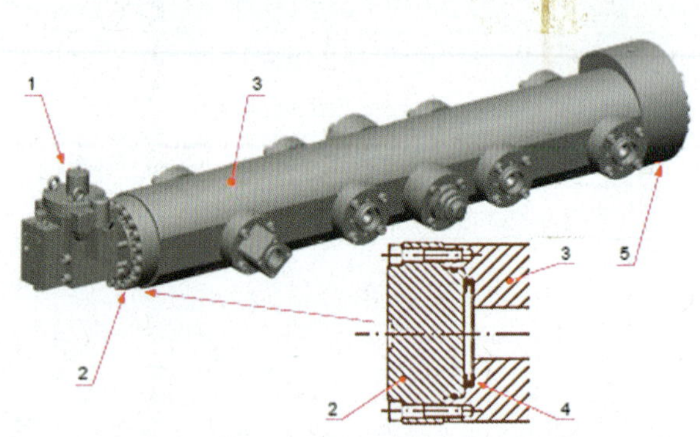

1 超压调节阀　2 超压调节阀和 IFA 之间的法兰　3 IFA　4 唇边密封圈　5 终端法兰

图 1　11～14 缸 RT-flex96C-B 型柴油机的燃油蓄压器（IFA）

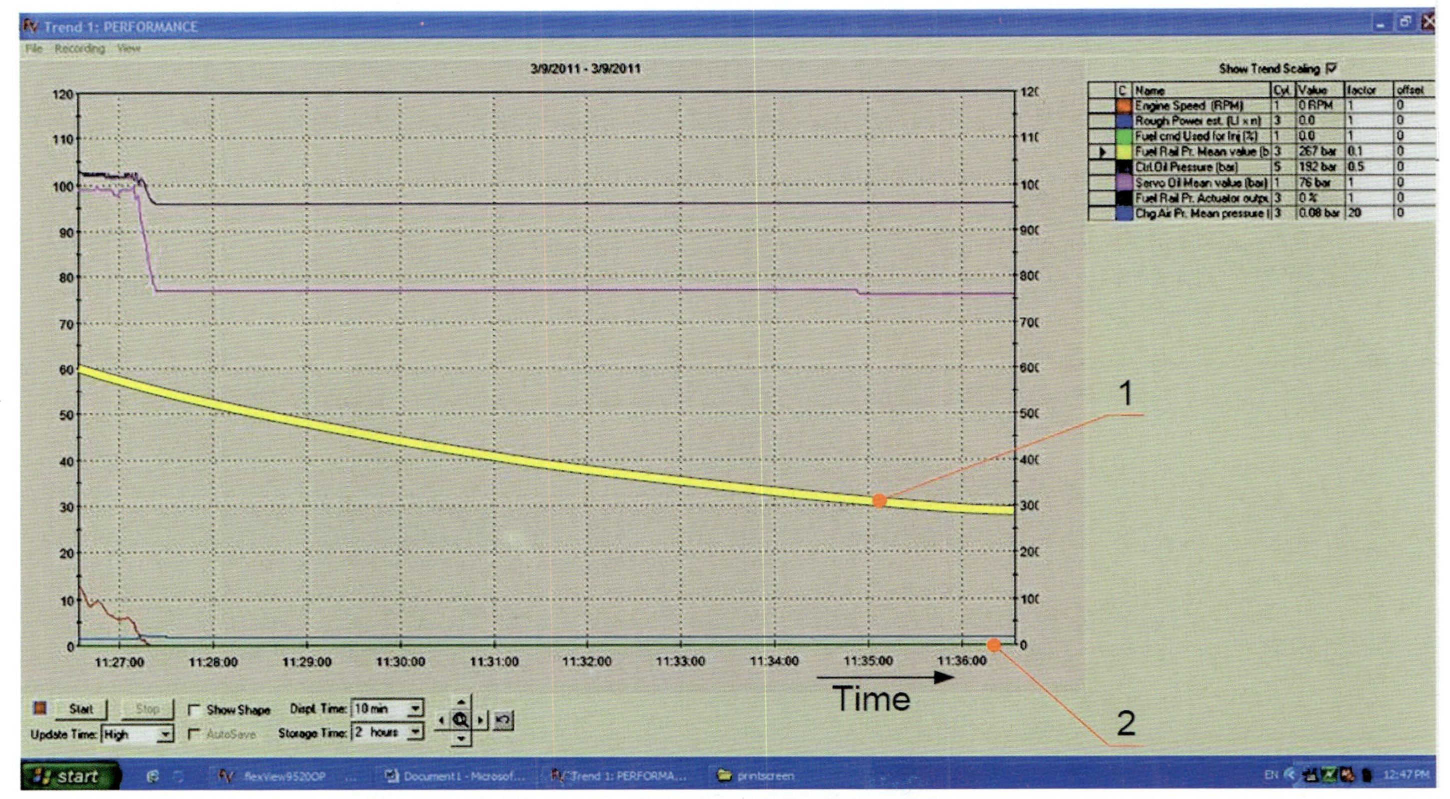

1 燃油共轨压力曲线 2 高压燃油泵执行器的燃油指令 -- 值为 0

图 2 显示压力走势曲线的 flexView 软件界面

根本原因是 IFA 中的高压燃油的压力波动可能造成唇边密封圈④和法兰②之间的微量位移，最终导致密封表面的受损。

2 燃油压力下降

flexView 中燃油共轨压力曲线的下降走势有助于确定燃油系统中发生了泄漏。燃油共轨的压力下降可能是由于燃油共轨系统中不同位置的泄漏而导致的，如图 2。

燃油压力在给定的时间范围内呈现下降走势时，说明燃油共轨系统发生了内部泄漏。

在 flexView 系统中显示的压力走势曲线和 10 分钟内的压力降。定期重复采集此压力走势曲线，并与之前采集的压力走势曲线进行比较。如果压降增加，说明燃油系统有燃油泄漏，即 ICU、 燃油泵、上升管、燃油共轨管和燃油蓄压器。

使用不同粘度的燃油，压力走势曲线可能不同。要比较压力走势曲线，应尽可能使用相同粘度的燃油做测试。

3 泄漏位置

在 Wärtsilä 技术公告 RT-87“燃油蓄压器”的第 5 章介绍了如何确定 IFA 渗漏部位的指导意见和步骤。

4 检查和应对措施

为了避免 IFA 端部法兰发生泄漏，Wärtsilä 强烈建议按照下面的步骤实施。

每两个星期定期打开 IFA 燃油泄漏检测装置①中相应的燃油泄漏检验考克，图 3 所示，检查是否有燃油泄漏。如果存在漏油，则说明燃油蓄压器有内部泄漏。

进行此项检查可确保在泄漏变得严重之前及早发现和修复，以免影响柴油机的运转和可靠性。

图 3　燃料泄漏检验考克的位置

注：燃油泄漏检测装置和各个检验考克的位置看起来可能会和图3中所示的不同，取决于各自的安装。

当在相应的法兰检测到泄漏时，释放燃油压力并拆下端部法兰进行检查。压力释放请参阅柴油机《保养说明书》和技术公报 RT-87“燃油蓄压器” 第5点中5.2“释放燃油系统和燃油蓄压器（IFA）的压力”。

如果在 IFA 的法兰①和唇边密封圈③检测到任何损坏和腐蚀②，见图4所示，则需要采取以下措施：

重要！

在打开端部法兰之前，先确认船上存有所需的备件。法兰拆除后，必须更换新的唇边密封圈。

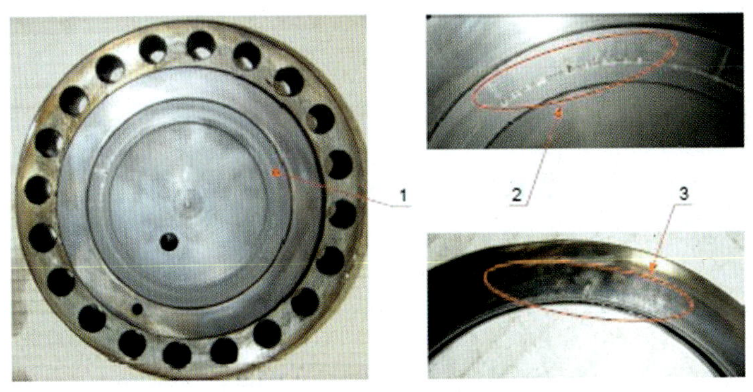

1 法兰　2 有腐蚀痕迹的法兰　3 有腐蚀痕迹的唇边密封圈

图4　法兰和唇边密封圈上的腐蚀痕迹

使用改进的新法兰②#DF 87440，新的唇边密封圈⑤#DF 87523 和20个新的内六角螺栓③#DF 87442替换原来安装的法兰①，将新法兰固定到IFA④上，如图5所示。

下面介绍新的改进的法兰。

具体请参阅本公告最后关于“订购零备件”的说明。

注意：拧紧内六角螺栓 — 使用MOLYCOTE G-n润滑剂 — 分三步交叉上紧螺栓，最终上紧扭矩为330 Nm。

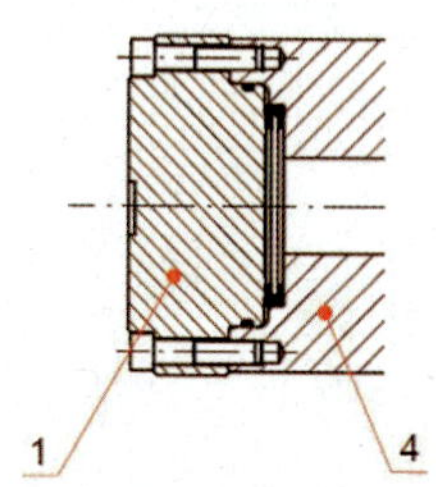

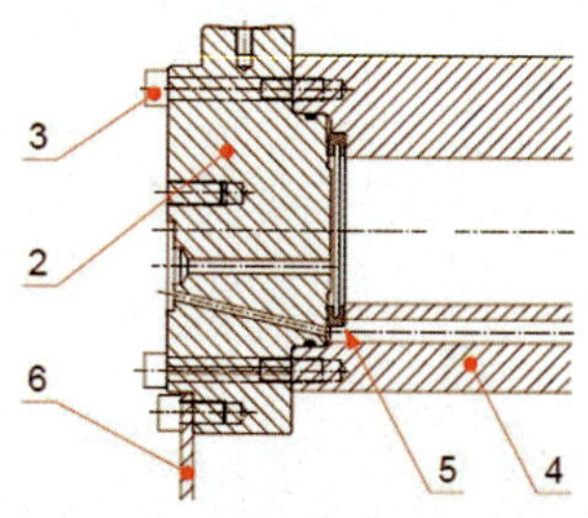

1 旧法兰　2 新法兰 － DF 87440　3 20 × 内六角螺栓 M16×110-DF 87442
4 IFA　5 唇边密封圈 － DF 87523　6 缩短的支架

图 5　将法兰安装到 IFA 上

5 法兰的改进方案（如图 6 和图 7）

Wärtsilä 推出了改进的法兰和螺栓连接方法，消除了法兰和唇边之间的泄漏风险。

主要的改进：

（1）采用厚法兰，改进材料特性及热处理；

（2）对法兰的机械加工更严格；

（3）改善了法兰、唇边密封圈和蓄压器本体之间的摩擦特性；

（4）法兰与 IFA 之间的连接螺栓材料级别从 8.8 级更改为 12.9 级。

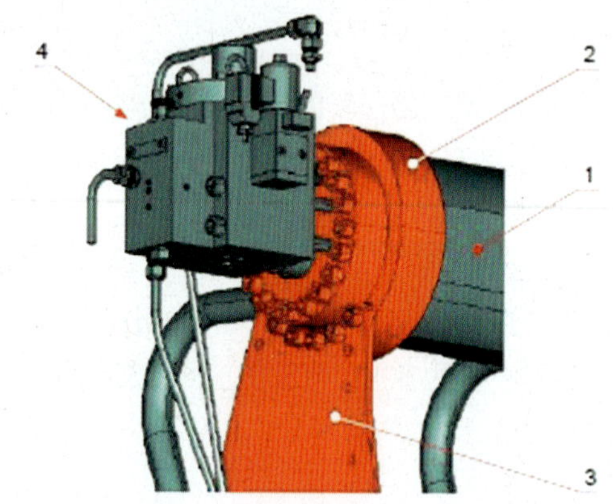

1 IFA　2 改进的新法兰　3 修改后的支架　4 超压调节阀

图 6　安装改进后的法兰和支架的 IFA

1 旧法兰
2 新法兰
3 供安装支架的孔

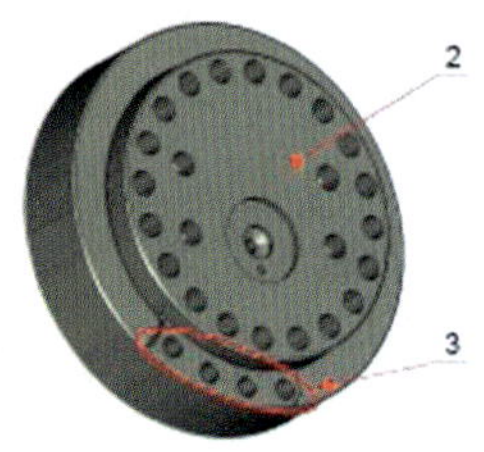

图7 新、旧法兰的对比

6 燃油蓄压器（IFA）的改进

用一个改进套件就可以完成改造。套件包含全部所需的零件。

除了改变材质的法兰和改进的 IFA 支撑，改造套件中还含有工作说明书。

请见本服务公告第7点“订购零备件”的说明。

注意：

Wärtsilä 建议，有机会的话尽早由 Wärtsilä 服务人员完成整个 IFA 改造。估计 IFA 的改造需要由三名工作人员组成的团队工作耗时约16个小时。

6.1 法兰

旧法兰必须用新的改进型法兰替换。法兰是 IFA 改造中的主要部件。其他零部件的匹配情况，将在下一个段落中阐述。欲订购新法兰，请参阅本公告第7点。

6.2 超压调节阀（PCV）

新法兰②不会影响超压调节阀④的位置，见图8。带有连结块的中间环和超压调节阀的支架需要匹配，下文将会进行解释。工具包中亦包括修改的零件。

1 IFA
2 新法兰
3 修改的支架
4 超压调节阀
5 供油单元的罩壳
6 超压调节阀的支架
7 中间环和连接块

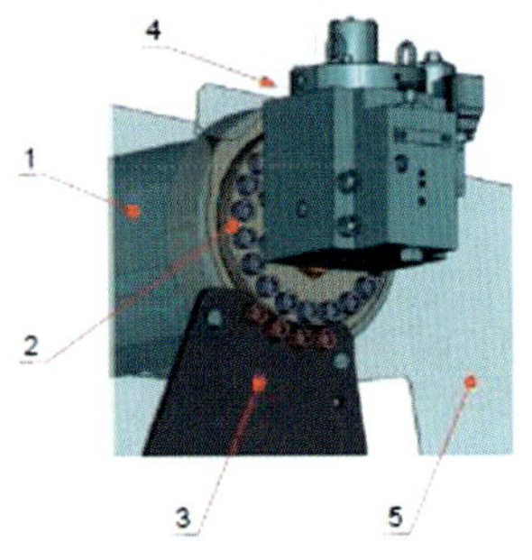

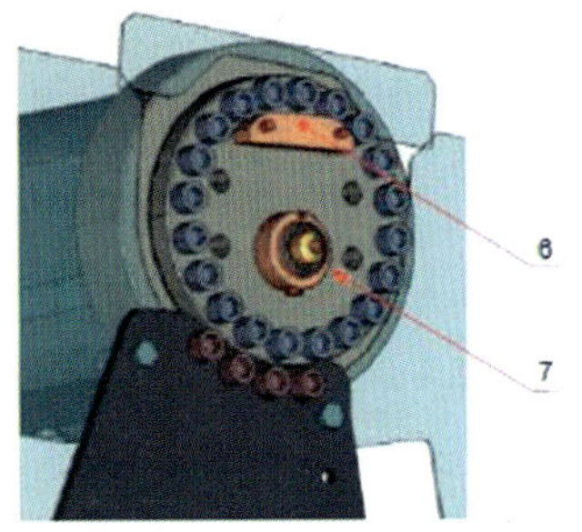

图8 安装新法兰和超压调节阀的 IFA

6.3 IFA 支架

IFA 支架①需要通过机械加工进行改造，如图 9 所示。IFA 支架应当按图中②所示部分进行切割。在截短后的支架③上新钻四只孔④，作为 IFA 新法兰的基座。不需要在现场改造支架，现成的已经切割短的支架可在 Wärtsilä 订购，请见本公报最后关于预订的介绍。

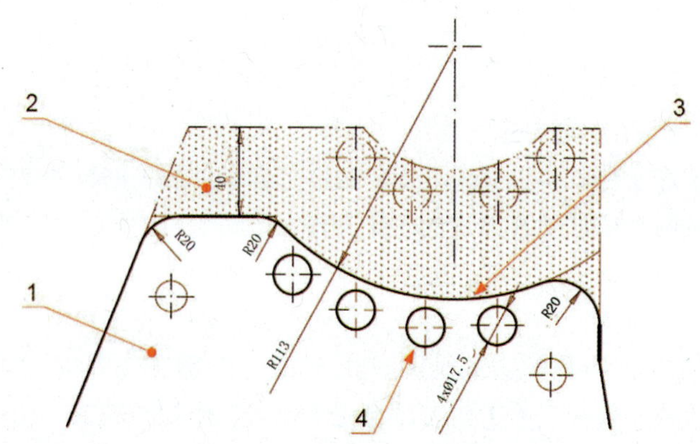

1 IFA 支架　2 需要切割掉的支架部分　3 新支架形状　4 新钻的四个孔

图 9 IFA 支架机械加工

6.4 供油单元的罩壳

供油单元的罩壳也要进行改造。根据供油单元罩壳的现有形状，每台柴油机的改造范围和程度也会有所不同，如图 10 所示。

1 供油单元的罩壳

2 安装有新法兰的 IFA

图 10 供油单元罩壳

船上改造工作程序在《使用说明书》中有介绍。

7 零部件订购

7.1 订购改造套件

套件包括以下的主要部分：

- 新法兰
- 中间环
- 连接块
- 唇边密封圈
- 内六角螺栓 M16×110 (12.9)
- 切割 IFA 支架的模板
- 一套各种规格的螺栓、O型圈和其他耗材
- 安装说明书
- 改造套件的订单号： DF 87435

7.2 订购新的支架

如果不切割支架，可以订购现成的缩短支架，订购号：DF 87441

关于此服务公告中所提到的零件型号。请参照柴油机的《备件编码手册》。

以“DF”开头的零备件型号适用于 RT-flex96C-B 型柴油机。

以“BF”开头的零备件型号适用于 RT-flex84T-D 型柴油机。

不论柴油机是哪种类型，零件型号的数字部分指的是同一种零件。

在本服务公告中零备件型号都是以“DF”开头的。

8 技术支持

如果在处理 IFA 时碰到了严重的问题，建议与瑞士 Wärtsilä 服务公司技术支持联系。他们将提供所需的应对措施和解决方案。

此外，Wärtsilä 还为用过的 IFA 和其他主要组件提供部件再翻新服务。关于部件再翻新服务的完整信息请见 2012 年 1 月 17 日发布的公告 RT-119 第 1 期。

具体联系方式请见本手册第 3 章 3.3.03“如何联系 Wärtsilä”

RT-113

第 3 期，2012 年 4 月 10 日

2.2.17 气缸油注油率与燃油含硫量的关系

适用机型：RTA、RT-flex 和 W-X 柴油机

Wärtsilä 二冲程柴油机气缸套和活塞环，在低负荷运行期间使用含硫量高的燃油会使活塞环和气缸套腐蚀的风险大大增加，在这种情况可以根据燃油的含硫量调整气缸油的注油率得以解决。

注意：

服务公告“RT-113 第 3 期”取代了之前的于 2011 年 11 月 17 日期号 2。期号 2 已经无效，而且必须确保所有的副本都换成了 RT-113 第 3 期。

1 简介

该服务公告取代 2011 年 11 月 17 日 RT-113 第 2 期“气缸油注油率与燃油含硫量的关系”

Wärtsilä RTA 和 RT-flex 的柴油机最近在低负荷下运行的趋势越来越频繁。负荷低于 60% CMCR 被认为是在这个服务公告的最低负荷。

关于低负荷运行的详细信息，请查看于 2009 年 3 月 11 日发表的 RTA-79.2 或 RT-flex-08-2，题为“持续低负荷运行（减速运行）”服务公告。

实践证明，在低负荷运行期间，缸套和活塞环上的腐蚀倾向更加明显，在某些情况下，甚至可能导致两个表面之间的划伤或咬死。对于这种情况，提供具有清净力和相应的气缸注油率可以使腐蚀情况得以改善。对活塞环 / 气缸套应根据燃油（HFO）含硫量与气缸油注油率的关系，选择具有清净、中和作用添加剂的气缸油。

为了解决缸套或活塞环腐蚀，或者两者皆腐蚀的问题，Wärtsilä 已在 RTA 和 RT-flex 柴油机中根据燃油含硫量确定了相应的气缸油注油率。

关于这个新设计的介绍不涉及滑油系统。

注意：

当柴油机在低于 60% MCR 长时间运行的话（超过 12 小时），必须根据燃油含硫量参见 2009 年 6 月 9 日 RT-18.4 服务公告的指导，提供相适应的气缸油注油率。

备注：

根据燃油的含硫量来调整气缸油注油率的方法早已存在，例如，该方法还在 CIMAC 出版编号 15/ 1997 中提到：二冲程十字头式柴油机的润滑准则。

2 背景

在正常工作情况下，建议选用SAE50高碱性船用气缸油，其粘度等级在100℃时最低为18.5 cSt，请参阅《使用说明书》。

润滑油的碱度通过碱值（BN）［“碱值”或“BN”最初是“总碱值”或“TBN”。仅仅是名字改变，值仍然不变］来表示，使用时，应该考虑到燃油(HFO)的含硫量。燃油中硫的含量越高，越是需要碱度较高的气缸油，以便提高中和能力和清净、分散性能。

通常，润滑油的碱值（BN）不仅是碱度的指标，也是清洁性能的一个指标。对于低硫分的燃油，应使用碱值（BN）低的润滑油。这样做的原因是充分发挥润滑油的清净性能，以防止在活塞环组件上形成积垢。

有关缸套和活塞环的磨合运行及注油率的调整，请参阅《使用说明书》及发行于2009年6月9日的服务公告RT-18.4“缸套和活塞环的磨合”。

要点：

柴油机在负荷低于60%的情况下运行时间超过12小时，如果期间更换了不同批次的燃油，燃油含硫量发生了变化，就必须同时改变气缸油的注油率。根据燃油中的含硫量调整气缸油注油率可以防止过度润滑或润滑不足。

3 原理

经验表明，在低负荷下运行时，气缸的酸性会增加。尤其是当柴油机在低负荷运行时，

燃油（HFO）中的硫更有可能转化成硫酸。但酸性成分可以通过气缸油中的碱性添加剂来中和。

在柴油机运行过程中产生的硫酸被钙基添加剂中和的简化公式如下：

$CaCO_3 + H_2SO_4 \rightarrow CaSO_4 + CO_2 + H_2O$

有些气缸油含有的无灰清洁剂也可以中和硫酸和柴油机燃烧过程中形成的其他酸。

此外，还需要牢记添加剂的功能：

（1）可以在缸套和活塞环表面形成一层边界的保护膜。

（2）提供分散性。

（3）提供清净性。

柴油机在低负荷运行时，为了加强气缸油的化学防护性能，建议考虑调整气缸润滑油的注油率：

（1）目前的基本注油率，即润滑控制系统设置的注油率，单位为g/kWh。

（2）燃油的硫含量，即使用的燃油的含硫量，单位为% m/m。

（3）润滑油的碱值，即使用的润滑油的碱值，单位为：mgKOH/g。

4 气缸润滑油注油率的调整

4.1 SBP

SBP 表示实际气缸油注油率可以处理的燃油（HFO）的最大含硫量，以便解决活塞的运行问题。

基本注油率的建议可以参阅服务公告 RT-18.4。从本质上讲，如果燃油舱中燃油的含硫量比 SBP 低，那么就没有必要调整气缸油的注油率。

如果燃油的含硫量比 SBP 高，则必须调整气缸油的注油率，如表 1 所示。

表 1 SBP 反映的基本注油率和气缸油的碱值

注油率范围	基本注油率（g/kWh）	能处理的燃油（HFO）含硫量 SBP （% m/m）			
		BN 40	BN 50	BN 60	BN 70
B	0.60	1.3	1.6	2.0	2.3
	0.65	1.4	1.8	2.1	2.5
	0.70	1.5	1.9	2.3	2.7
	0.75	1.6	2.0	2.4	2.8
A	0.80	1.7	2.2	2.6	3.0
	0.85	1.8	2.3	2.8	3.2
	0.90	1.9	2.4	2.9	3.4
	0.95		2.6	3.1	3.6
	1.00		2.7	3.3	3.8
	1.05		2.9	3.4	4.0
	1.10		3.0	3.6	4.2
	1.15		3.1	3.8	4.4
	1.20		3.3	3.9	4.5
B	1.25		3.4		
	1.30		3.5		
	1.35				
	1.40				
	1.45				
	1.50				
	1.55				
	1.60				

A 建议的注油率 B 特殊运行的注油率

4.2 含硫燃油的气缸油注油率

当柴油机在低于额定功率60%的条件下长时间运行（超过12小时），如果燃油含硫量高于SBP，那么气缸润滑油的注油率（LOFR）应参考表2中的调整系数进行调整。

表2　注油率的调整

碱值	调整系数	调整的注油率
BN40	0.47	0.47×S%
BN50	0.37	0.37×S%
BN60	0.31	0.31×S%
BN70	0.27	0.27×S%

对于配有PLS[2]气缸润滑系统的柴油机，燃用含硫燃油（HFO），在CMCR时推荐的注油率为0.8g/kWh。

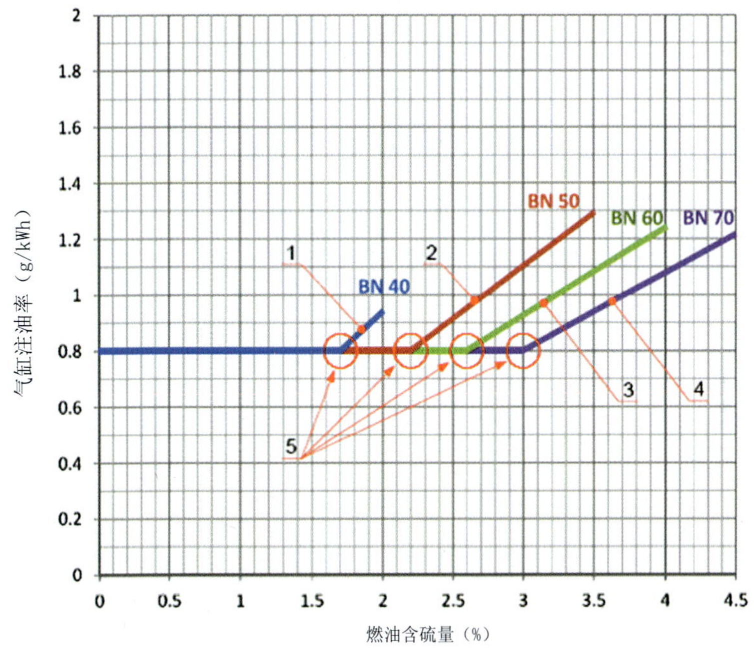

1 BN 40曲线　2 BN 50曲线　3 BN60曲线　4 BN 70曲线　5 SBP

图1　燃油（HFO）含硫量与气缸油注油率的关系

[2]）：PLS 脉冲润滑系统

对于配有CLU-3[3]气缸润滑系统的柴油机，燃用含硫燃油，在CMCR时推荐的注油率为1.1g/kWh。

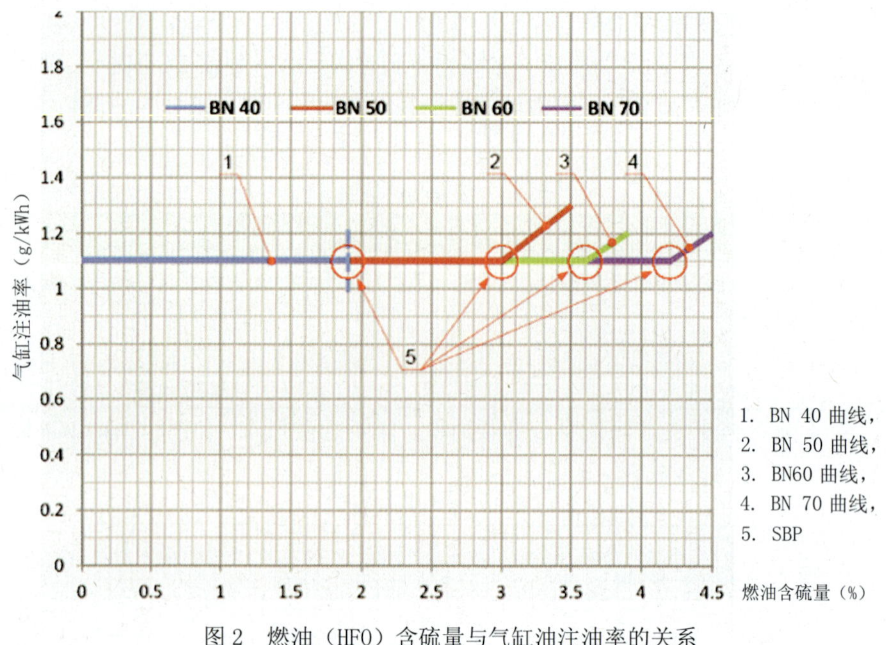

图 2 燃油（HFO）含硫量与气缸油注油率的关系

[3]）：CLU-3 蓄压式气缸润滑系统

5 如何调整气缸油的注油率

5.1 要调整气缸润滑油的注油率（LOFR），请参阅《使用说明书》7 部套，“气缸润滑”。但当柴油机在低于 60% CMCR 下运行时，气缸油注油率的设置应按下表调整。PLS 气缸油系统见表 3，PLS-3 气缸油系统如表 4。

表 3 PLS 系统气缸油的注油率

硫含量（%）	BN 40	BN 50	BN 60	BN 70
	气缸油注油率（g/kWh）			
0.0	0.80	0.80		
0.1	0.80	0.80		
0.2	0.80	0.80		
0.3	0.80	0.80		
0.4	0.80	0.80		
0.5	0.80	0.80	0.80	
0.6	0.80	0.80	0.80	
0.7	0.80	0.80	0.80	
0.8	0.80	0.80	0.80	

0.9	0.80	0.80	0.80	
1.0	0.80	0.80	0.80	0.80
1.1	0.80	0.80	0.80	0.80
1.2	0.80	0.80	0.80	0.80
1.3	0.80	0.80	0.80	0.80
1.4	0.80	0.80	0.80	0.80
1.5	0.80	0.80	0.80	0.80
1.6	0.80	0.80	0.80	0.80
1.7	0.80 A	0.80	0.80	0.80
1.8	0.85 A	0.80	0.80	0.80
1.9	0.90 A	0.80	0.80	0.80
2.0	0.95 A	0.80	0.80	0.80
2.1		0.80	0.80	0.80
2.2		0.80	0.80	0.80
2.3		0.85 A	0.80	0.80
2.4		0.90 A	0.80	0.80
2.5		0.95 A	0.80	0.80
2.6		0.95 A	0.80	0.80
2.7		1.00 A	0.85 A	0.80
2.8		1.05 A	0.85 A	0.80
2.9		1.05 A	0.90 A	0.80
3.0		1.10 A	0.95 A	0.80
3.1		1.15 A	0.95 A	0.85 A
3.2		1.20 A	1.00 A	0.85 A
3.3		1.20 A	1.00 A	0.90 A
3.4		1.25 A	1.05 A	0.90 A
3.5		1.30 A	1.10 A	0.95 A
3.6			1.10 A	0.95 A
3.7			1.10 A	1.00 A
3.8			1.10 A	1.05 A
3.9			1.10 A	1.05 A
4.0			1.10 A	1.10 A
4.1				1.10 A
4.2				1.15 A
4.3				1.15 A
4.4				1.20 A

A - 气缸油注油率的设置从 0.8 g/kWh 调整至新值
- 临时使用的气缸油注油率设置

表 4 CLU-3 系统气缸油的注油率

硫含量（%）	BN 40	BN 50	BN 60	BN 70
	气缸油注油率（g/kWh）			
0.0	1.10	1.10		
0.1	1.10	1.10		
0.2	1.10	1.10		
0.3	1.10	1.10		
0.4	1.10	1.10		
0.5	1.10	1.10	1.10	
0.6	1.10	1.10	1.10	
0.7	1.10	1.10	1.10	
0.8	1.10	1.10	1.10	
0.9	1.10	1.10	1.10	
1.0	1.10	1.10	1.10	1.10
1.1	1.10	1.10	1.10	1.10
1.2	1.10	1.10	1.10	1.10
1.3	1.10	1.10	1.10	1.10
1.4	1.10	1.10	1.10	1.10
1.5	1.10	1.10	1.10	1.10
1.6	1.10	1.10	1.10	1.10
1.7	1.10	1.10	1.10	1.10
1.8	1.10	1.10	1.10	1.10
1.9	1.10	1.10	1.10	1.10
2.0	1.10	1.10	1.10	1.10
2.1		1.10	1.10	1.10
2.2		1.10	1.10	1.10
2.3		1.10	1.10	1.10
2.4		1.10	1.10	1.10
2.5		1.10	1.10	1.10
2.6		1.10	1.10	1.10
2.7		1.10	1.10	1.10
2.8		1.10	1.10	1.10

2.9		1.10	1.10	1.10
3.0		1.10	1.10	1.10
3.1		1.15 A	1.10	1.10
3.2		1.20 A	1.10	1.10
3.3		1.20 A	1.10	1.10
3.4		1.25 A	1.10	1.10
3.5		1.30 A	1.10	1.10
3.6			1.10	1.10
3.7			1.15 A	1.10
3.8			1.20 A	1.10
3.9			1.20 A	1.10
4.0			1.25 A	1.10
4.1				1.10
4.2				1.10
4.3				1.15 A
4.4				1.20 A
4.5				1.20 A

A - 气缸油注油率的设置从 1.10 g/kWh 调整至新值

- 临时使用的气缸油注油率设置

5.2 调整实例

例 1

条件：

（1）使用含硫量为 2% 燃油（HFO）。

（2）使用 BN50 气缸油。

（3）气缸润滑系统为 RPLS[4]。

（4）调整后气缸基本注油率（LOFR）为 0.8g/kWh。

结果：

（1）原燃油含硫量 SBP 高于现燃油含硫量 SBP，原燃油含硫量为 2.2%，查表 1。

（2）无需调整气缸润滑油的注油率。

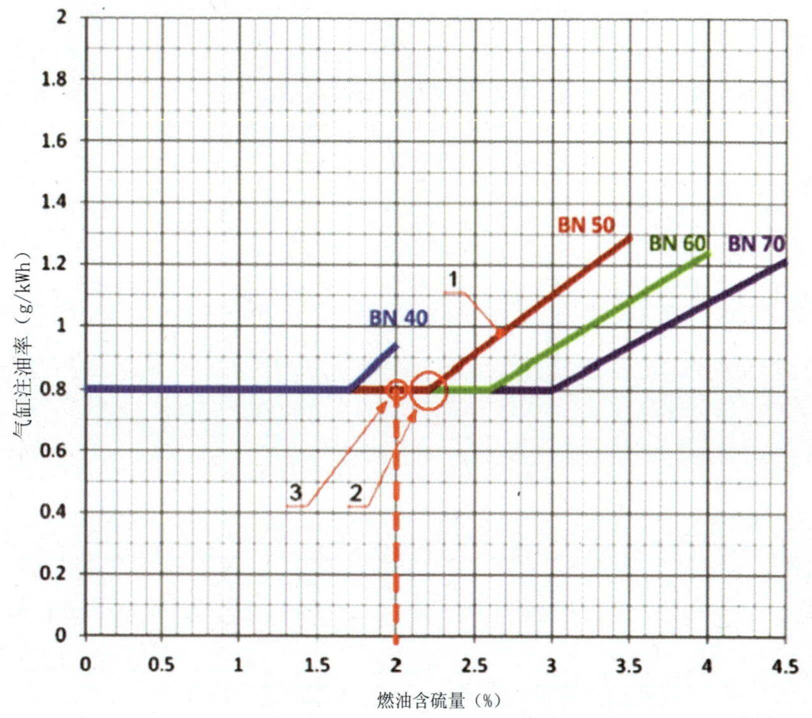

1. BN 50 曲线　　2. SBP　　3. 实例值

图 3　燃油（HFO）含硫量与气缸油注油率关系

4）：RPLS 改进型脉冲式气缸润滑系统

实例 2

条件：

（1）使用的燃油含硫量为 3.9%。

（2）使用 BN 70 的气缸油。

（3）气缸润滑为脉冲式润滑系统。

（4）调整后的气缸基本注油率（LOFR）为 0.9g/kWh。

结果：

（1）目前燃油含硫量高于原燃油的 SBP，原燃油含硫量为 3.4 %，见表 1。

（2）气缸润滑油的注油率必须调整至 1.05 g/kWh（红虚线所示），见表 3。

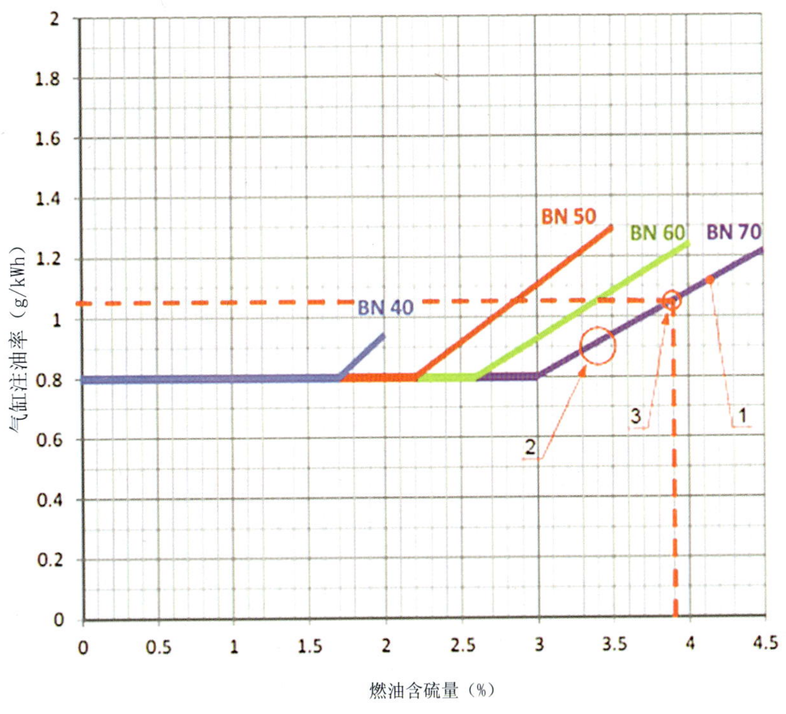

1. BN 70 曲线　　2. SBP　　3. 实例值

图 4　燃油（HFO）含硫量与气缸油注油率关系

实例 3

条件：

（1）使用含硫量为 3.2% 燃油。

（2）使用 BN70 气缸油。

（3）气缸润滑是脉冲喷射式气缸油系统。

（4）调整后基本注油率（LOFR）为 0.8g/kWh。

结果：

（1）目前燃油含硫量高于原燃油的 SBP（3.0%），见表 1。

（2）气缸油的注油率必须调整至 0.85g/kWh（红虚线），见表 3。

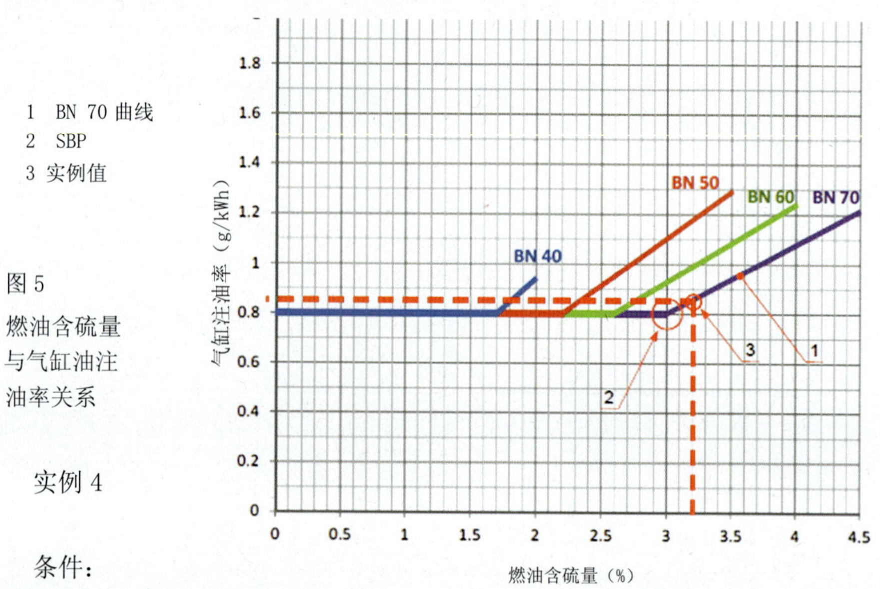

图 5
燃油含硫量与气缸油注油率关系

实例 4

条件：

（1）使用含硫量为 2% 的燃油。（2）2 使用 BN　70 气缸润滑油。（3）气缸润滑系统是 CLU-3。（4）调整的基本注油率为 1.1g/kWh。

结果：

（1）目前燃油含硫量低于原燃油的 SBP（4.2%），见表 1。

（2）气缸润滑油的注油率必须保持在 1.1 g/kWh，见表 4。

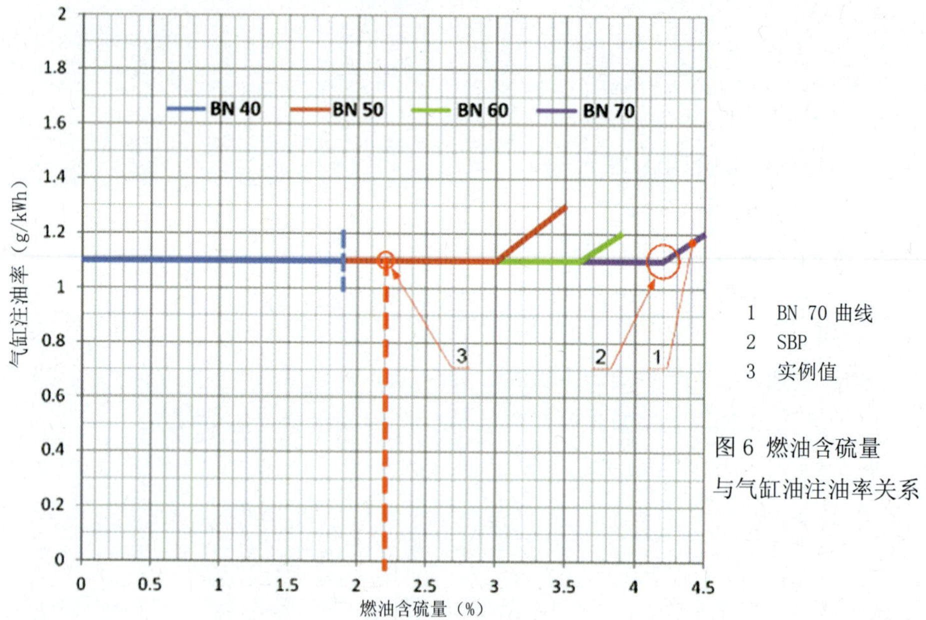

图 6 燃油含硫量与气缸油注油率关系

RT-119

2012年01月17日

2.2.18 零部件翻新服务

适用机型：RT-flex柴油机

涉及到Wärtsilä RT-flex柴油机的主要部件，如：

- 喷射控制单元
- 高压燃油泵
- 伺服油泵
- 超压调节阀
- 燃油蓄压器

部件的列表将不断增加。

目前，调查了一台柴油机在整个使用寿命期间的维修费用之后，我们已经开发了新的维护理念，来帮助营运商和船东降低柴油机的运行成本。

当一个主要部件必须进行检修时，可以参阅该服务公告提供的维修服务。当计划维修时应该阅览一下这份文件。故障查找和一些小的部件修复单独列在服务公告中。

1 简介

船东和营运商在不断努力降低船舶营运成本。为支持通过降低主柴油机营运成本从而降低总成本，零部件翻新服务已经开发，并作为Wärtsilä降低维修成本的一种解决方案。

这项服务已经运用于特定部件，在不久的将来，它可以在达到建议的检修周期时返回Wärtsilä进行翻新。与更换新部件相比，再翻新大幅降低了维修费用。翻新将一直实施并有最新的标准和规范，以确保甚至提高组件的功能和预期寿命。

这一举措使Wärtsilä客户可以降低主柴油机的营运成本。

零部件翻新服务可以两种方式进行：

（1）交换部分部件服务

预先获得库存部件，返回旧部件并接受退款。这是推荐的首选方式。

（2）客户的部件进行翻新

将使用过的部件发送到Wärtsilä车间进行翻新并接收原部件返回。要求选择交货时间。

Wärtsilä翻新服务使用最新的工业生产流程专门开发这项任务，为客户保证最好的质量和经济性。表1中列出了Wärtsilä可以提供翻新服务的部件名称。

这意味着，新的部件不应该以保存库存备件为维修目的。新部件仍然可用最初的或额外的备件供应以维持船舶库存。新部件在规定的时间内交付。在订购新部件的情况下，请明确注明“船舶储备备件订单”。

2 概念

翻新零部件提供常备储备，以减少客户的成本。为确保此项服务，Wärtsilä 创建了一个零部件交换服务的合作商 — Wärtsilä 在荷兰和新加坡的仓库。客户的订单可以交付给零件合作商处理，与此同时使用过的部件进入返回 Wärtsilä 的程序，或者进入翻新程序，见图 1。所使用过的部件是在 Wärtsilä 的专用车间进行再翻新后再进入仓库的。

为了使这项服务保持长期的可持续性和不断补充库存，在交换的基础上，任何情况下使用过的零部件都必需返回到 Wärtsilä 进行处理。当一收到使用过的零部件，Wärtsilä 就以信用证的形式发出退款。净成本（翻新价格减去退款）降低了客户的实质性维护成本。

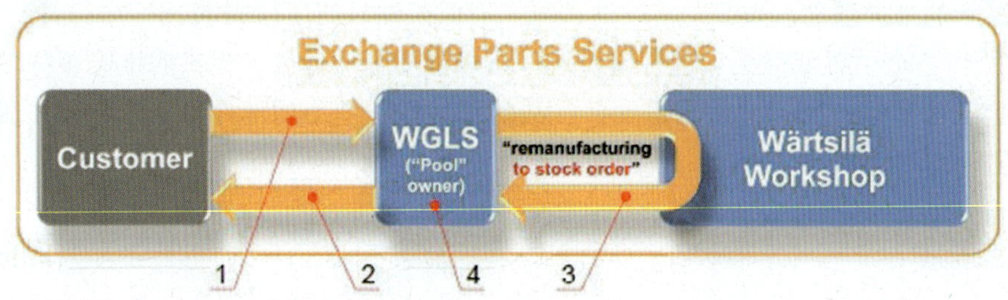

1 物流第 1 步　2 物流第 2 步　3 Wärtsilä 内物流

4 零件合作商 WGLS - Wärtsilä 全球物流服务

图 1　交换部件服务流程

3 可用的翻新零部件

交换零部件服务，目前适用于 Wärtsilä RT-flex 二冲程柴油机的主要部件。下列翻新零部件已可使用：

表 1 中列出的部件可以从 Wärtsilä 在荷兰和新加坡的仓库获取。

表 1　RT-flex 的柴油机的可用部件

组件	柴油机缸径尺寸（以 cm 为单位）
喷射控制单元（ICU）	所有缸径
高压燃油泵（FOP）	96 和 84 缸径

Dynex 的伺服油泵（SOP）	96 和 84 缸径
超压调节阀（PCV）	所有缸径
中间燃料蓄压器（IFA）	96 和 84 缸径

表 2 准备中的 RT-flex 柴油机的部件

部件	柴油机缸径尺寸 （以 cm 为单位）
高压燃油泵（FOP）	50、58、60、68 和 82 缸径
Dynex 的伺服油泵（SOP）	50、58、60 和 68 缸径
气缸润滑单元 CLU4 和 CLU4-C	所有缸径

4 标准订购流程

下订单，请联系 Wärtsilä 代表，告诉他您需要翻新的部件。Wärtsilä 会针对这些部件给您提交报价和交货时间。净成本：翻新部件的价格减去返回部件的退款。

详细的订购流程如图 2 所示。接下来很重要的步骤就是跟踪服务，特别注意的是必须填写返回表（1），请参阅附件 1 中的示例。

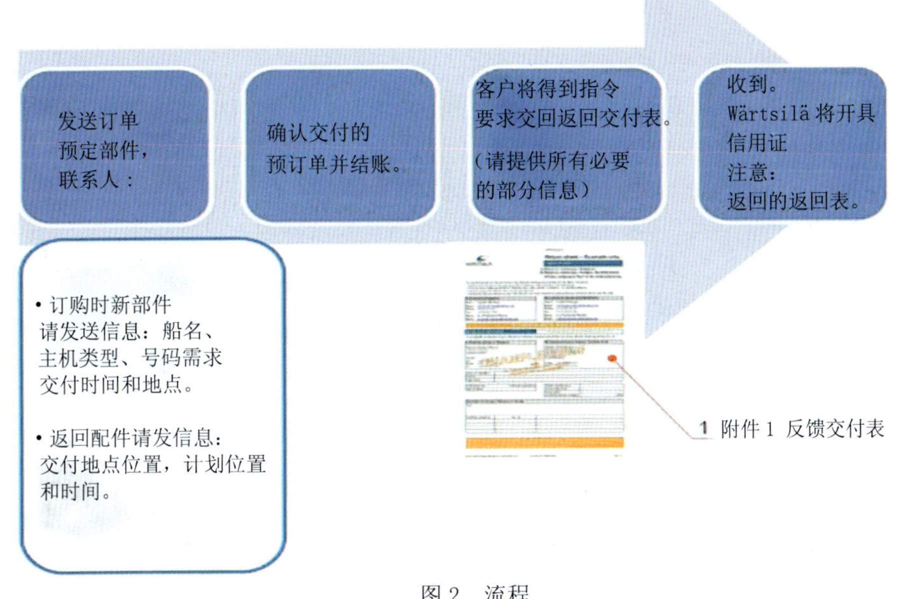

图 2　流程

Wärtsilä 会从最近的 Wärtsilä 仓库发送翻新部件到要求的交付地址。

大多数部件是用一个专用的包装箱发送。已使用部件的返还交付应使用相同的包装箱，见图 3。这种特设的箱子是 Wärtsilä 财产。

一旦使用的部件连同各自的运输箱被 Wärtsilä 仓库接收，信用证就会产生预先确定数额的退款。

注意：

有效信用证的过程，可确保已使用的部件快速返还到 Wärtsilä 仓库。填写返回表，包括 Wärtsilä 提供的返还订单号，见附件 1。没有 Wärtsilä 的返还订单号，部件不能被处理，因此，信用证也就不能创建。

1. 部件放置在带有运输单据的包装箱里
2. 包装箱使用挂钩关闭和固定，以便在不破坏包装箱的情况下易于打开和关闭
3. 包装箱的大小和外观取决于部件

图 3　木制运输箱

注意：只能用专门设计的木箱退还使用过的部件。

。

5 可选流程 — 自己的部件再翻新

在某些情况下，客户可能需要把自己的部件做再翻新处理后再返还。虽然这不是标准的流程，Wärtsilä 也可以为客户自己的部件做再翻新处理提供一个可选的基础。在这里，客户自己的部件是被发送到专门的 Wärtsilä 再翻新车间，再翻新之后，同一部件再返还客户，见图 4。

为弥补组件的特殊处理产生额外的费用，需要收取一定的费用。由于再翻新的工序，这些部件的交付时间较长。在这种情况下，客户必须使用自己的部件储备来维持这一段交付时间。

这种情况下的订单处理，请联系当地的 Wärtsilä 代表。

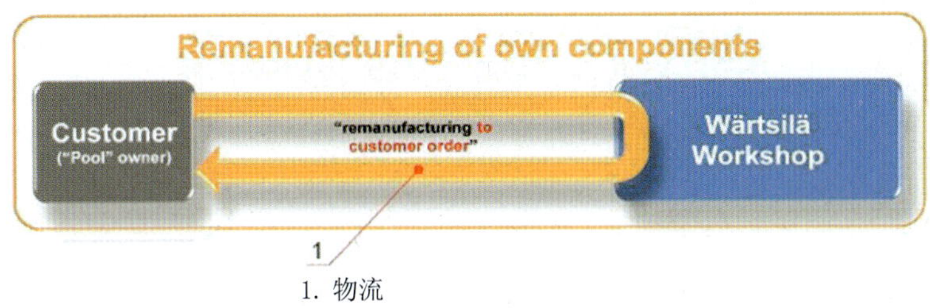

1. 物流

图4　客户自有部件的再翻新流程

6 物流

Wärtsilä 在其物流中心保持再翻新零部件的交换储备，从该物流中心为客户的订单提供服务。

所使用过的部件最好直接返回到 Wärtsilä 物流中心。

Wärtsilä 物流中心位置：

- 中央配送中心在荷兰
- 备件中心在新加坡

如果客户要求并同意提前与当地的 Wärtsilä 联系，可以安排部件的接收和返回地点。同样也适用于客户自己的部件再翻新的运输要求。

注意：始终确保使用 Wärtsilä 专用包装箱装运使用过的部件，并包括返回表、标签框与 Wärtsilä 退货单号。

7 再翻新部件的质量

高品质的再翻新流程和质量控制在特殊的、专门的 Wärtsilä 车间进行，以确保原 Wärtsilä 备件的高品质。

8 再翻新

车间的再翻新包括以下任务：

- 使用过的返回部件的登记
- 解体
- 清洁
- 更换所有必要的部件
- 重新组装完整的部件
- 功能测试
- 报告和证书
- 包装

9 质量

Wärtsilä 部件的翻新将始终根据最新的设计和规格进行。

一个部件的翻新由以上所列的各点组成，包括再加工，子零件的更换或翻新都应用最新的技术规范和标准。这将使得翻新部件和新的相同，甚至改善功能和寿命。

进入 Wärtsilä 仓库之前，翻新零部件在专门的试验台测试。作为翻新流程的一个标准部分，所有翻新零部件都接受检查和 Wärtsilä 质量控制认证。

附件 1

反馈交付表

（样本）

Return sheet – Example only

Wärtsilä Services

A) Return to warehouse: Singapore
B) Return to warehouse: Kampen, the Netherlands
RT-flex component: Part "X" for remanufacturing

The subject part is to be sent back to the Wärtsilä warehouse as indicated on this sheet. Procedure:

- Decide where to return the component: A) to Singapore or B) to Kampen, the Netherlands
- Fill in this form. Make sure that the Wärtsilä "Return Order Number" is inserted – for crediting reasons.
- Include a copy of the completed form with the consignment.
- Additionally send an electronic copy of the completed form to the respective contact persons mentioned below under A) or B).

A) Contacts for Singapore		B) Contacts for Kampen, the Netherlands	
Name:	Logistic Manager	Name:	Logistic Manager
Email:	WGLS.SPCasia@wartsila.com	Email:	cdc-kampen.returns@wartsila.com
Phone:	+65 62 67 42 17	Phone:	+31 38 42 79 231
Fax:	+65 62 62 17 89	Fax:	+31 38 42 23 564
Name:	Cc: Production Planner	Name:	Cc: Production Planner
Email:	production.planning@wartsila.com	Email:	production.planning@wartsila.com

Do not disassemble the component

Wärtsilä Return Order Number:	>> Number will be given by Wärtsilä to customer <<

The complete component must be returned in Wärtsilä's wooden transportation box to the selected shipping address A) or B):

A) Shipping address to Singapore	B) Shipping address to Kampen, the Netherlands
Wärtsilä Singapore Pte Ltd 14 Benoi Crescent Singapore 629977 Contact Attn.: Log[illegible] Phone: +65 [illegible] Fax: +65 [illegible] 17 89	Wärtsilä Switzerland Ltd Wär[illegible] ics S[illegible]es Ge[illegible] 820[illegible] The Netherlands Phone: +31 [illegible] 79 231 Fax: +31 38 42 23 564

EXAMPLE ONLY

Note: The original return sheet will be sent with the remanufactured component.

Name of installation:	
Hull No.:	
Engine type:	

Order/Claim No.:	Exchange programme
Date of failure:	

Engine running hours:	
Part running hours:	
Part position:	
Part serial number (4 digits):	(S/N)

Description of damage / Sequence of damage		
Text:		
Predifined questions:	Yes / No	

Please be informed that the complete defective component **must** be returned to one of the above mentioned address A) or B) – or Wärtsilä has to be informed of the port of discharge, within 30 days. Otherwise, Wärtsilä reserves the right not to issue a Credit Note for the component.

RT-120

期号 1， 2012 年 02 月 08 日

2.2.19 排气阀缓冲销的穴蚀

适用机型：RT-flex 柴油机

主要介绍的组件是运行中的 Wärtsilä RT-flex 柴油机的排气阀缓冲销的穴蚀。

根据反馈信息，穴蚀产生的伤害，导致排气阀缓冲销损坏。检修周期 20 000 小时，更换排气阀缓冲销。

1 简介

Wärtsilä 收到了运行中的 RT-flex96C-B 柴油机的排气阀缓冲销穴蚀的报告。据观察，目前排气阀缓冲销有遭受穴蚀的倾向，经过长时间使用后会发生断裂。断裂后破碎的部分会进入排气阀的驱动机构，造成驱动机构受损，见图 1 和图 2。

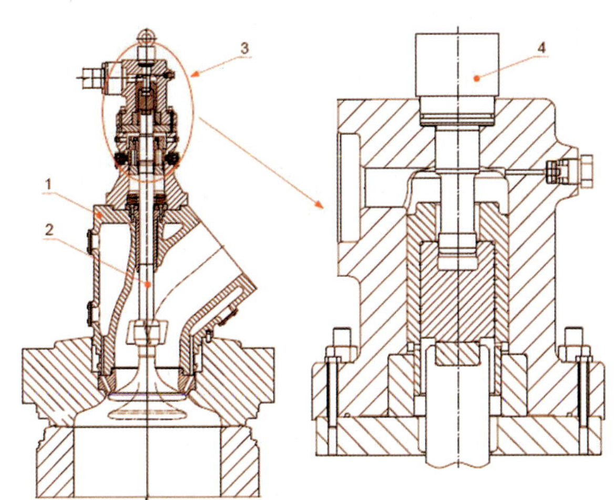

1 排气阀壳体 2 阀杆 3 排气阀驱动装置 4 排气阀缓冲销

图 1 排气阀缓冲销的位置

注意：

如果在排气阀驱动机构中发现有损坏的缓冲销，需要对排气阀驱动机构活塞的内部和外部进行检查。如果发现有如图 2 所示的损坏，则需更换这些部件。对于损坏的排气阀驱动机构部件的更换，参照《保养说明书》2 部套，第 2751-2 章。

2 更换损坏的排气阀缓冲销

虽然在运行中的 RT-flex 柴油机中已发现穴蚀的情况，但受此影响的范围较小，

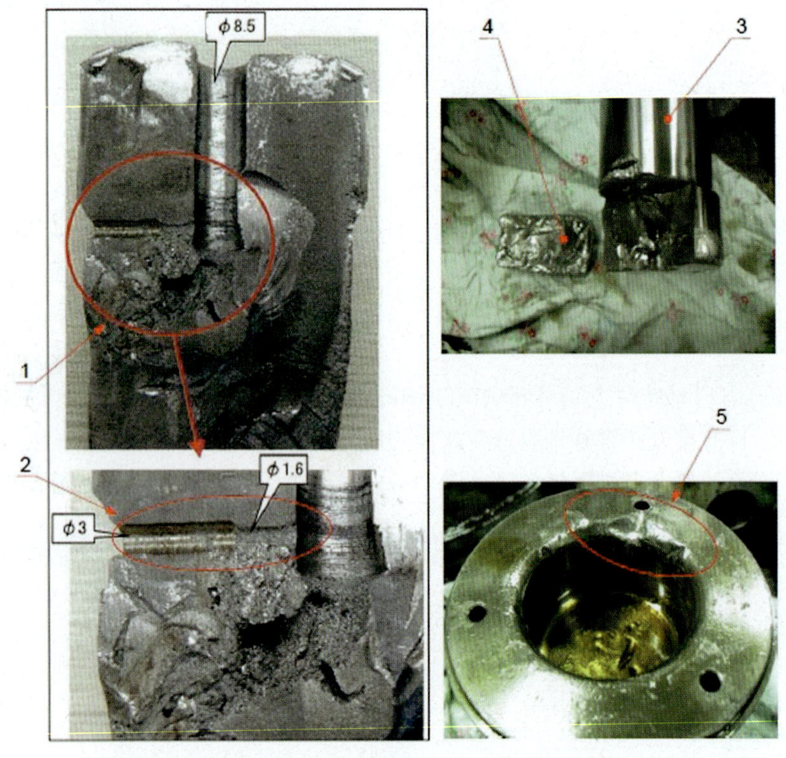

1 损坏的缓冲销区域　　2 径向泄放孔　　3 排气阀缓冲销

4 径向泄放孔区域缓冲销的断裂部分　　5 缓冲销的碎片造成其他部分的损坏

图 2 受损的 RT-flex96C-B 排气阀缓冲销

除了在 RT-flex96C-B 柴油机上出现过缓冲销损坏的情况，其他机型还没有发生这类问题。不过，Wärtsilä 建议，20 000 工作小时应更换所有缓冲销，换用新设计的产品。

备注：

排气阀缓冲销发生此类损坏情况的是2011年9月之前制造的柴油机。若有疑问，新的设计可以在图 3 中得到验证。新缓冲销的设计有一个斜的释放孔。

3 备件订购

新旧型排气阀缓冲销完全可以互换。除了 RT-flex50，RT-flex50-B 和 RT-flex50-D 柴油机外，其他类型柴油机的代码编号保持不变，见表 1。

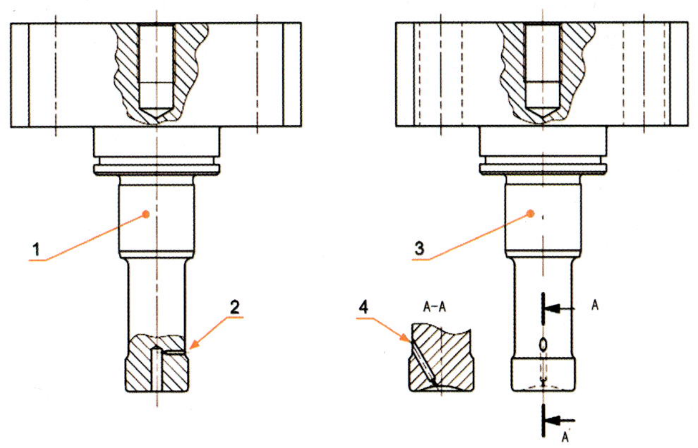

1 缓冲销 - 旧设计　2 径向泄放孔　3 缓冲销 - 新设计　4 斜泄放孔

图 3　新旧排气阀缓冲销的比较（以 RT-flex96C-B 为例）

表 1 排气阀缓冲销备件代码的编号

柴油机类型	代码编号
RT-flex50 RT-flex50-B RT-flex50-D	IF 27583 （IF 27538 现在不再有效）
RT-flex58T-B RT-flex58T-D	OF 27576
RT-flex60C RT-flex60C-B	NF 27577
RT-flex68-B RT-flex68-D	MF 27534
RT-flex68-D_V1	PF 27534
RT-flex82C	LF 27534
RT-flex82T	VF 27534
RT-flex84T-D	BF 27534
RT-flex96C-B	DF 27534

RT-121

期号 1，09.02.2012

2.2.20 柴油机超负荷的对策

适用机型：RTA、RT-flex 和 W-X 柴油机

1 简介

Wärtsilä 瑞士股份有限公司见证了越来越多的有关主机超负荷的案例。有些是在试航期间被观察到的，有些是后来被检测到的。此技术公告及其附件旨在重申柴油机与螺旋桨匹配的基本设计理念。

注意：

这个技术公告取代 1974 年 8 月 15 日公布的服务通告 2S-1，题为“螺旋桨的设计，柴油机和螺旋桨相互间的关系”。

众所周知，当主柴油机与船舶在新船试航时检测到超负荷，这表示设计上有缺陷，在船舶的整个寿命周期内某些性能会出现老化，将直接影响整个系统性能。如果主柴油机与船舶没有合理的配合，将导致主机在这些限制之外运行。主机在设计限制之外的运行通常称为超负荷。在禁止运行的范围内运行，将大大减少组件的安全性能，并降低柴油机的使用寿命。

2 超负荷迹象

随着时间的推移，柴油机、船体和螺旋桨的污垢增加，柴油机的性能也会明显退化。典型的柴油机超负荷现象有以下特征：

（1）排气温度升高

（2）柴油机的热负荷高

（3）欠佳的空气流动导致不良燃烧

（4）柴油机内的污垢和沉积物增加

（5）柴油机有关零部件的磨损加剧

（6）船舶航速降低

（7）燃油消耗增加

（8）由于转矩或扫气压力的限制，导致船舶加速能力降低

关于柴油机和螺旋桨匹配原则的更详细解释和超负荷的发生，见附件 2。关于 Wärtsilä 二冲程柴油机营运储备的建议，见附件 3。

图 1 为 RTA、RT-flex 和 W-X 柴油机功率特性的举例。

符号	项目	结果
●	试航	没有轻载运行范围
■	试航	有 5% 功率的轻载运行范围
▲	航行	功率超过 10% 运行范围

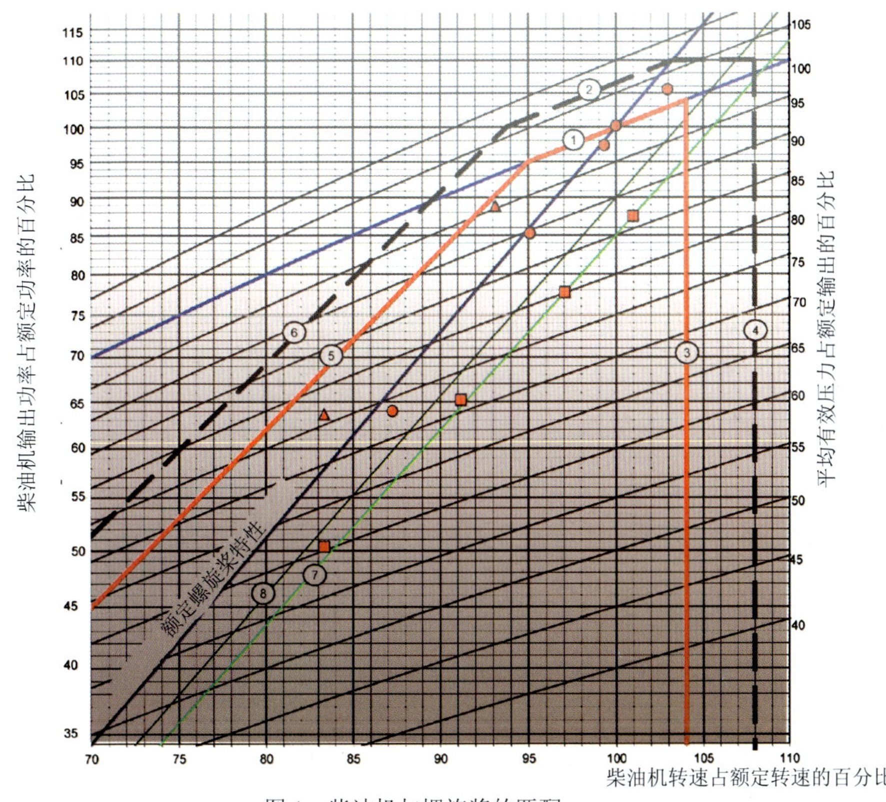

图 1　柴油机与螺旋桨的匹配

负荷限制范围：

1 号线，　平均有效压力（等限制特性线），通过 CMCR 和 100%～95% 转速线。

2 号线，　超负荷限制特性线。

3 号线，　104%是持续运转的最大转速线。对于降低功率的柴油机此限制可以扩展到 106%，然而，不可超出规定的转矩限制。

4 号线，　超转速限制线。

5 号线，　当接近 5 号线时，柴油机将处于油多气少的状况。

6 号线，1 号线以上区域是超负荷范围。柴油机只能短时运行于 5 号线和 6 号线之间的区域。

7 号线，轻载的螺旋桨特性线（船体表面光滑，海面平静），通过 95% 功率和 104% 的最大转速。

8 号线，　没有海上储备的螺旋桨特性线　。

3 测量

为了精确地界定超负荷的存在和可能忽略的虚假现象，例如一个磨损的燃油传动装置给出了比在实际情况下更高的负荷指示，就必须进行详细的性能测试。

为了看出不同参数之间的关系，并分析偏差与负荷是否有关，还是由其它差异引起的，拥有整套的数据是必不可少的。性能和负荷评价的必要性至少在灰色阴影区域的参数是在我们的数据表中。最好在不同的转速下进行测量。推荐三种测量范围，分别在额定转速的 75～80%，85～90% 和 90～95%。

本服务公告后面附加了两个性能数据样板表：

- Wärtsilä RTA 柴油机性能数据表（附件 9.1.1）
- Wärtsilä RT-flex 的柴油机性能数据表（附件 9.1.2）

如果选择 Microsoft Excel 格式的电子文件请与 Wärtsilä 联系。

进行测量时，外部因素的影响要尽可能的减小，这是很重要的。应在风平浪静的海面，不顶风，而且是保证操舵角度比较小的期间进行。上述的干扰因素和影响可能会导致异常的结果，会得出不正确的结论。

为了获得柴油机性能数据的正确结果，尤其是柴油机的负荷，Wärtsilä 服务正在提供性能和状态评估及监控服务，提供一个相对于 ISO 校正及车间验收试验（FAT）的比较。可提供以下服务：

（1）根据填写的性能数据表，进行一次远程评估

（2）由一个资深服务工程师对船上柴油机进行性能审核

（3）基于 Wärtsilä 状态监测系统，选择相应的间隔对柴油机进行连续的性能和状态监测和报告

性能分析报告将提供包括可能的改进或整改建议，使柴油机得到可靠运行，以避免不可预见的营运成本增加。

图 2 显示了一个柴油机在额定设计特性以上大约 6% 的状态下运行时绘制的数据点①。图 2 中的数据是柴油机在 80% 负荷时记录的，并按这台柴油机的车间验收试验数据曲线绘制的。

图 2 是二冲程柴油机性能的曲线案例。

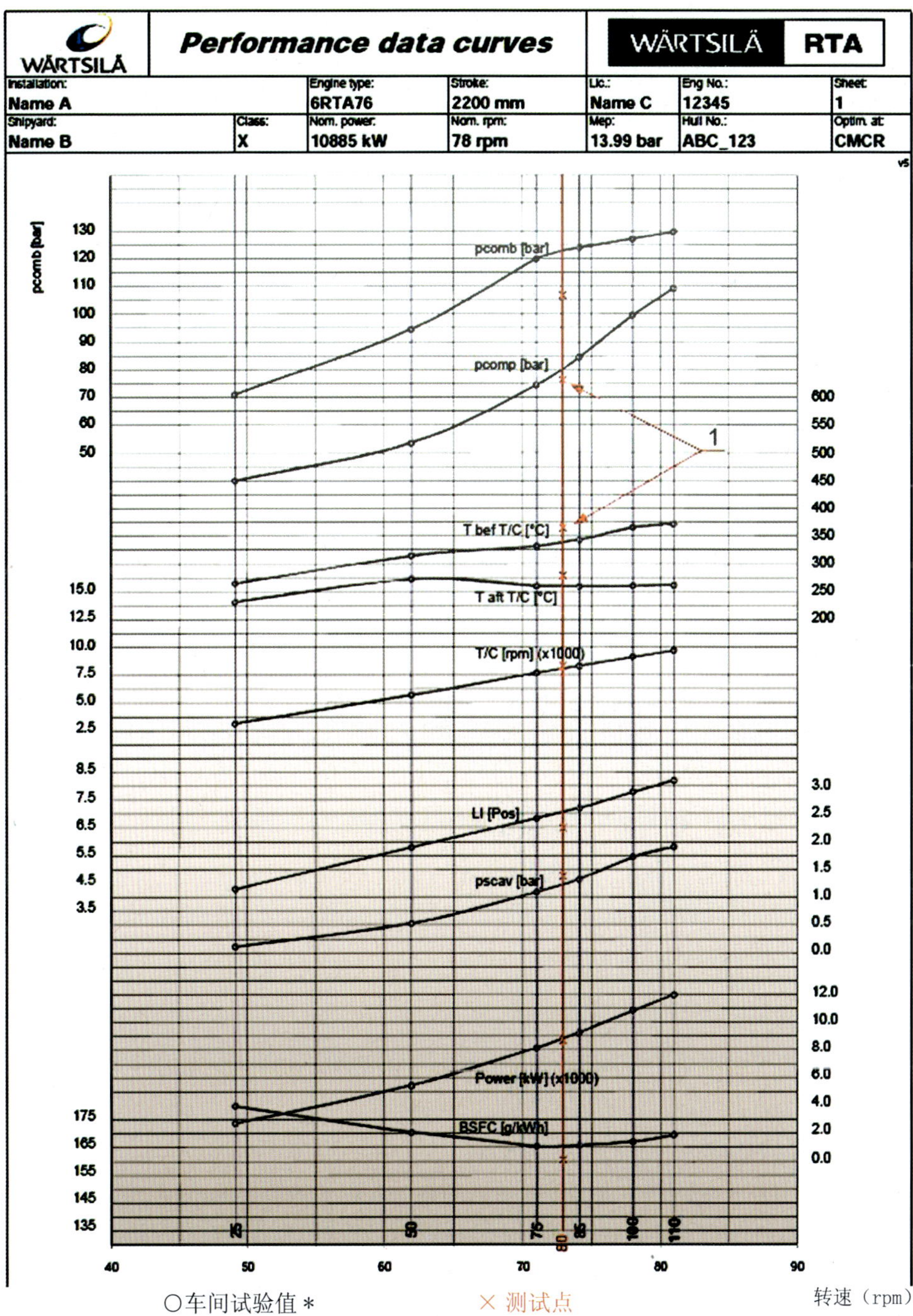

○车间试验值 *　　× 测试点　　转速（rpm）

* 车间试验值均为柴油机在80%负荷

图2　车间试验性能参数

4 对策

原苏尔寿大型二冲程柴油机和 Wärtsilä 装配的二冲程柴油机有许多超负荷的例子，已经有客户来联络和询问有关的可用对策。

警告：

用改变限制设定值来解决柴油机超负荷的方法，在任何情况下都是不允许的，除非通过调整能保证船舶安全航行，但这种方法在没有得到的 Wärtsilä 瑞士股份有限公司提供的咨询和明确许可前不得实施。

对于在试航中或在船舶刚投入运营被检测到的超负荷，表示可能存在基本设计缺陷。柴油机与螺旋桨可能没有建立正确的匹配，没有提供足够的储备。在这种情况下，唯一的办法就是修改螺旋桨。关于这个问题的更多细节在下面的章节给出。

5 螺旋桨修改前的修整

对于在使用寿命晚期被检测出超负荷的船舶，整改柴油机超负荷应着眼于将柴油机和船舶尽可能回归到接近新船的状态。对柴油机进行良好的维护，船体污垢应被清除干净，而且螺旋桨也被抛光。如主柴油机的状态良好，船舶仍然处于超负荷运行，螺旋桨的修改对改善这种情况和推进系统效率可能是必要的。

下列设备有缺陷将直接影响柴油机参数：

（1）空冷器

（2）涡轮增压系统

（3）扫气箱（包括翻板）

（4）喷射系统

（5）燃油传动机构

（6）缸套

（7）活塞环

（8）废气锅炉

要确保对柴油机的维护，在额定功率运行时的压力和温度可参阅《使用说明书》0 部套，第 0250 节“运行数据表”规定的范围。

6 有关螺旋桨的修改

已成功地应用到的多艘营运船舶上的措施是修改螺旋桨的螺距。以前，螺旋桨不是利用扭转叶片就是修改直径来调整螺距。扭转叶片不准确的做法也不能在现场进行。直径修剪是有效的但不推荐使用，因为它导致损失 2 或 3 个百分点的效率。今日最复杂的方法是大型螺旋桨外边缘的修整。这种方法最大的优点是不降低螺旋桨的效率。原则上，螺旋桨的修改最大可达到螺旋桨转速的七个百分点。在大多数情况下，足以恢复螺旋桨和柴油机之间的良好配合。

7 修改螺旋桨的计算

Wärtsilä 配合船东先确定目前螺旋桨和柴油机的性能，才能明确所需的新性能和增加的转速。然后根据功率吸收、空泡、螺旋桨效率、脉动压力和材料强度才能实施详细流体动力计算。这些分析可以为 Wärtsilä 的螺旋桨和第三方提供设计。客户报告生成并得到批准后，修改的计划才可以进行。

需要以下资料：

（1）螺旋桨图纸，包括第三方设计的轮廓断面图

（2）柴油机性能

（3）螺旋桨目前的性能（功率－转速－船速）

（4）客户对定距桨修改后的期望和要求。

修改计算包括：

（5）工程

（6）螺旋桨的改造图纸

（7）报告

（8）模板图纸

（9）一套钢制模板

如果 Wärtsilä 推进器部门收到修改执行订单，修改计算的费用将从总费用中扣除。对螺旋桨叶外部边缘修整的工程可以在一个星期内完成。

8 螺旋桨的修改地点

螺旋桨可以在不拆下来的情况下进行修改，即没有必要卸下螺旋桨。这意味着切削和磨削加工可以在船舶修理厂的干船坞或在码头边平整的地方进行。这项工作甚至可以在离岸情况下进行，这取决于天气条件。我们有一个全球服务网络，由经培训的专业工程师去进行螺旋桨修改，以便在本地服务和保持尽可能低的费用。

9 附件

9.1 性能数据表

附件 1　9.1.1 Wärtsilä RTA 柴油机性能数据表（原件见 3.2.02）

附件 2　9.1.2 Wärtsilä RT-flex 柴油机性能数据表（原件见 3.0.02）

附件 3　9.3　配有定距桨的船用柴油机的基本原则

附件 4　9.4　柴油机负荷图和运行范围

附件 1

9.1 Wärtsilä RTA 柴油机性能数据表

装置			柴油机机型	柴油机编号	船体编号	表格
建造者	船厂	额定功率 kW	额定转速 rpm	船级社	优化工况点	
主机开始服役日期	主机运营时间数 活塞检修间隔 喷油嘴检修间隔		燃油特性 比重 kg/m^3 ℃ 粘度 cSt ℃ 发热值 MJ / kg		燃油加装地点 硫含量 % 水分含量 % 灰分含量 %	

常规参数	日期	dd. mm. yy			燃油泵定时
	测量的柴油机转速 / 测速计	rpm			最后检查日期 (dd. mm. yy)
	测量的柴油机功率 / 负荷指示 × 转速	kW			
	轴带发电机是否安装 / 轴带发电机功率	m/g /kW			**增压器**
	负荷指示器 / 燃油油门	Pos.			类型
	艏 / 艉吃水	m			
	相应排水量	dwt			规格
	VIT+FQS/FQS	Pos.			
	速度设定空气压力 集控室 / 机旁	Dar			上次检修日期
扫气空气	辅助风机 （开 / 关）	on/off			
	气压 / 环境温度	bar /℃			**冲洗频率**
	空冷器的压降 1/2/3/4	mmWG			压气机
	吸气压降 1/2/3/4	mmWG			
	扫气压力（应急控制操纵台 / 集控室）	bar /bar			透平
	扫气压力（本地压力表）	bar			
	辅助风机前温度 1/2/3/4	℃			**船舶**
	辅助风机后温度 1/2/3/4	℃			类型
	空冷器后的扫气温度 1/2/3/4	℃			
排气	废气锅炉前的废气背压	bar			总长（m）
	透平前温度 1/2/3/4	℃			
	透平后温度 1/2/3/4	℃			垂线间长度（m）
	单缸排温 平均	℃			
	1/2/3/4	℃			型宽（m）
	5/6/7/8	℃			
	9/10/11/12	℃			最大吃水（m）
	涡轮增压器转速 1/2/3/4	rpm			

气缸压力	压缩 / 爆发压力		bar			相应排水量（载重公吨位 Dwt）
		1	bar			
		2	bar			相应载重量（t）
		3	bar			
		4	bar			上次坞修日期
		5	bar			
		6	bar			实际船速 / 船舶吃水 / 滑失率
		7	bar			
		8	bar			**螺旋桨**
		9	bar			定距桨 / 调距桨
		10	bar			
		11	bar			直径（m）
		12	bar			
	燃烧比					螺距（m）
系统	空气压力	排气阀空气弹簧的空气 / 控制空气	bar			
	滑油压力	轴承 / 十字头	bar			
		排气阀驱动器润滑油压力	bar			浆叶数
		盖斯林格（减震器名称）/ 凸轮轴	bar			
		轴向减震器 艏 / 艉	bar			型号
	冷却水压力	气缸 / 活塞	bar			**冷却水**
		空气冷却器 I 级 1/2/3/4	bar			
	滑油温度	柴油机进口 / 推力轴承	℃			缸套冷却水处理
		T/C 轴承，透平侧 1/2/3/4	℃			
		T/C 轴承，压气机侧 1/2/3/4	℃			每 24 小时消耗（1）
		活塞 进 / 出 最小 - 最大	℃			
	水温	气缸进 / 出 最小 - 最大温度	℃			活塞冷却水处理（如果适用）
		活塞进 / 出 最小 - 最大温度	℃			
		海水温度	℃			
		空冷器进口温度 1/2/3/4	℃			每 24 小时消耗（1）
		空冷器出口温度 1/2/3/4	℃			**曲拐箱滑油类型**
		T/C 轴承壳体冷却水出口温度 1/2/3/4	℃			
		T/C 排气壳体冷却水出口温度 1/2/3/4	℃			
	燃油	进机前 / 出机后压力	bar			每 24 小时消耗（1）
		总消耗	kg/h			**气缸油类型**
		进机前的粘度 -/ 温度	cSt/℃			
	气缸滑油	泵的速度系数 /E- 马达 / 气缸油泵轴转数	-/rpm/rpm			
		或：时间间隔设定 / 实际	sek.			
		或：控制杆的位置	Poc.			
		油量调节螺丝 上 / 下 设定位置	Poc.			
		总消耗量	kg/h			
备注	Wärtsilä 评估要求：至少有灰色标记的项目数据必须完整填写					

附件 2　　9.2 Wärtsilä RT-flex 柴油机性能数据表

装置		柴油机机型		柴油机编号	船体编号	表格
建造者	船厂	额定功率 kW	额定转速 rpm	船级社	优化工况点 IMO 规定	

主机开始服役时间	燃油特性			燃油加装地点
运营时间	比重	kg/m^3	℃	硫含量 %
活塞检修间隔	粘度	cSt	℃	水分含量 %
喷油嘴检修间隔	发热值	MJ / kg		灰分含量 %

	参数	单位			
常规参数	日期	dd.mm.yy			上次坞修日期
	测量的柴油机转速 / flexView 显示值 *	rpm			
	测量的柴油机功率 /flexView 计算值 *	kW/%			
	轴带发电机如果安装 / 轴带发电机功率	m/g / kW			增压器
	燃油喷射指令 WECS*	%			类型
	艏 / 艉吃水	m			
	VIT/VIT+FQS WECS*	∠°			规格
	喷射延迟时间 / 喷射时间（平均） WECS	ms			
	喷油开始 WECS	∠°			上次检修日期
	燃油共轨压力设定值 / 平均值 WECS*	bar			
	执行机构输出 WECS*	%			冲洗频率
	伺服油共轨压力设定值 / 平均值 WECS	bar			压气机
	工作的喷油器数量 WECS	#			
扫气空气	辅助风机	on/off			透平
	气压 / 环境温度 *	bar/℃			
	空冷器的压降 1/2/3/4	mmWG			船舶
	吸气压降 1/2/3/4	mmWG			类型
	扫气空气压力（集控室 /flexView）	bar / bar			
	扫气空气压力（本地压力表）*	bar			总长
	辅助风机前温度 1/2/3/4*	℃			
	辅助风机后温度 1/2/3/4	℃			垂线间长度（m）
	空冷器后的扫气温度 1/2/3/4*	℃			
排气	废气锅炉前的废气背压	bar			型宽（m）
	透平前的温度 1/2/3/4*	℃			
	透平后的温度 1/2/3/4*	℃			最大吃水（m）
	单缸排温 平均	℃			
	1/2/3/4	℃			相应排水量（载重公吨位 (Dwt)
	5/6/7/8	℃			
	9/1/0/11/12				相应载重量（t）
	13/14				

	增压器转速 1/2/3/4*		rpm			实际船速 / 船舶吃水 / 滑失率
气缸压力	压缩 -/ 爆发压力平均值 *		bar			
		1	bar			螺旋桨
		2	bar			定距桨 / 调距桨
		3	bar			
		4	bar			直径（m）
		5	bar			
		6	bar			螺距（m）
		7	bar			
		8	bar			叶片数:
		9	bar			
		10	bar			型号
		11	bar			
		12	bar			系统油型号
		13	bar			
		14	bar			
	燃烧比					每 24 小时消耗（1）
	空气压力：排气阀空气弹簧的空气 / 控制空气		bar			
系统	气缸润滑油	轴承 / 十字头	bar			气缸润滑油型号
		自清滤器冲洗间隔时间	#			
		油泵进口	bar			
		轴向减震器驱动端 / 自由端	bar			附加项目
	水压	缸套 / 活塞	bar			flexView 显示的性能趋线
		空气冷却器 I 级 1/2/3/4	bar			
	滑油温度	柴油机进口 / 推力轴承	℃			ICU 曲线
		T/C 润滑油出口 1/2/3/4	℃			
		T/C 润滑油进口 1/2/3/4	℃			排气阀曲线（开 / 关）
		活塞进 / 出口．平均	℃			
	水温	缸套水进口	℃			全屏截图 (print screens of) > 显示指示页面 > 喷射页面 > 排气页面 >LUB 页面 （如果有的话）
		缸套水出口平均值	℃			
		海水温度	℃			
		空冷器进口温度 1/2/3/4	℃			
		空冷器出口温度 1/2/3/4	℃			
	燃油	进机前 / 出机后压力	bar			
		总消耗	kg/h			
		进机前的粘度 -/ 温度	cSt/℃			
	气缸滑油	注油率设定 / 实际 *	g/kWh			
		或脉冲数 / 时间（仅 PLS）	#/10min			WECS= 可从 flexView 读出
		测量柜 / 流量计（仅 PLS）	l/h			* = 必填
备注	Wärtsilä 评估要求：至少有灰色标记的项目数据必须完整填写					

9.2 配有定距桨的船用柴油机的基本原则（附件 3）

9.2.1 背景

为具有特定用途和船舶选择柴油机，是一个有众多影响的复杂过程。初始约束主要围绕螺旋桨的选择，这涉及到设计草图，螺旋桨与船体艉部的空间位置，以及预期的螺旋桨转速和功率配合性能。

盈利对最终选择有重要意义。然而有时，出于技术的考虑比盈利更重要，它对柴油机性能有长期的影响。

投资的计算清楚地反映出，为具有特定用途和任务的船舶安装一个小的柴油机（缸径和缸数）是最经济的。现在日益增多的是通过选用大直径螺旋桨得到最大的输出功率。虽然可以理解，但必须考虑适用范围，以使柴油机在任何时间都能在设计的限制范围内运行。

众所周知，在船舶的整个寿命期内都会有一定的老化情况发生，直接影响到整个系统的性能。如果柴油机和船舶没有在合理匹配范围，在某些情况下就可能导致柴油机的运行超出这些限制。主柴油机在超出设计限制外运行称为超负荷。

这些原因和结果是多种多样的，稍后将在此文件中介绍。

9.2.2 螺旋桨特性曲线

主要是对直接驱动的配有定距桨（FPP）的二冲程柴油机装置的商船，船舶特性可采用通用计算方法用于设计初期近似值的计算。

一个近似的船舶阻力与船速平方成正比，船舶阻力：

$$\text{阻力} = C\ .\ (\text{船速})^2$$

C = 常数，这是比例值

已知：

$$\text{功率} = \text{阻力} \cdot \text{船速}$$

这里的功率是指有效功率，通过下式可近似得出有效功率：

$$\text{功率} = C \cdot \text{船速}^3$$

对于这类船舶，一个给定的螺旋桨滑失率在运行范围内可以接受。船速可以用下式表示：

$$\text{船速} = C \cdot \text{转速}\ (\text{rpm})\ (\text{轴或螺旋桨})$$

然后，有效功率可以表示为：

$$\text{功率} = C\ .\ \text{转速}^3\ (\text{rpm})$$

虽然不够精确，但这是船舶有效功率的一个近似公式，俗称螺旋桨特性曲线。

对于阻力和功率估算的更进一步修正可以海军系数为基础。更深入的研究还应考虑雷诺系数、弗劳德系数、尾波因素和推进效率等几个参数，用来评估水的粘滞性和动态对船舶所需功率的影响。然而，这种有风险的复杂计算已超出本文件的范围，这不是我们的意图。详细阐明的虽然是简单地估算，但对一条完整的船舶来说，如相对于一个细长的油轮和速度更快的集装箱船舶来说，阻力曲线的差异就显示出来，尤其是针对提高船速，这种变化可在曲线中看出所需的功率。

9.2.3 船用柴油机的速度特性和应用范围

船用柴油机，在每个工作循环供给一定量的燃油，扭矩与转速无关，是一个等转矩（平均有效压力 p_e），如图 3。

功率与扭矩和转速的乘积成正比，如图 3（右）所示。

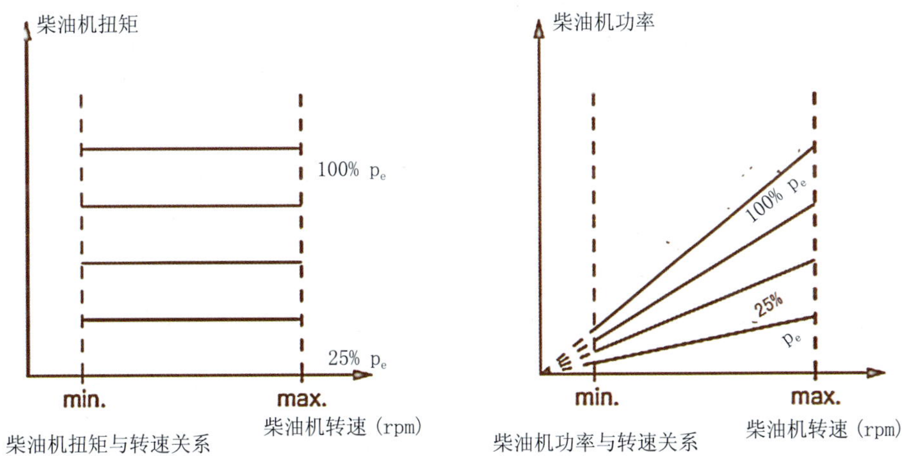

图 3　柴油机扭矩、功率与转速关系

涡轮增压应用于柴油机可以提高空气密度。在实现这一任务时，限制了柴油机的运行范围，因为最大扭矩是不可能在低速时产生。从本质上讲，柴油机在低速运行时，涡轮上有固定喷嘴区域（喷嘴环），这不可能产生和保持整个涡轮所需的能量，以及依靠这个能量的转化来驱动压气机。低能量传递给压气机只能产生很低的扫气压力，供给柴油机的空气量也就减少。因此，柴油机运行是在一个空气—燃油比例不理想的状态下进行的，燃烧恶化的现象也就显现出来，包括：

- 不完全燃烧
- 排气温度高
- 柴油机的热负荷高
- 污染

- 可能的增压器喘振

因此，柴油机运行范围被调整：

采用涡轮增压柴油机的运行范围，如图 4。

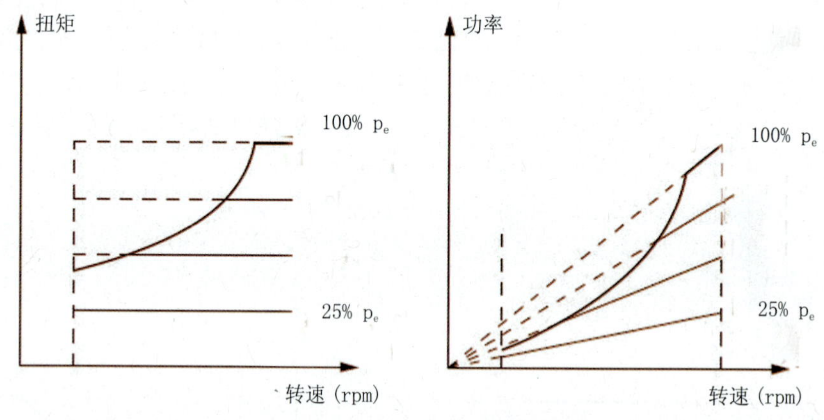

图 4　采用涡轮增压柴油机的运行范围

9.2.4 螺旋桨与柴油机的匹配

由于考虑到柴油机直接与定距桨连接，柴油机的功率必须与螺旋桨吸收的功率相匹配：

柴油机和螺旋桨的配合特性，如图 5。

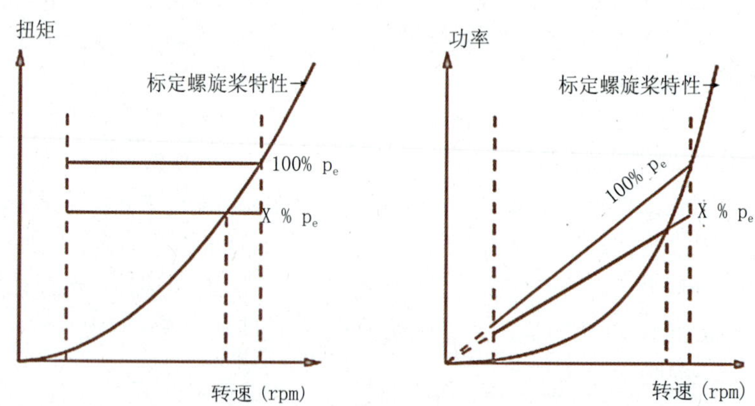

图 5　柴油机和螺旋桨的配合特征

将柴油机运行范围与螺旋桨推进特性曲线相交（简称螺旋桨曲线或螺旋桨推

进特性），必须指出的是，与速度特性线相交的柴油机运行工作点必须始终在柴油机允许的范围内。柴油机运行范围和标定螺旋桨曲线，如图 6。

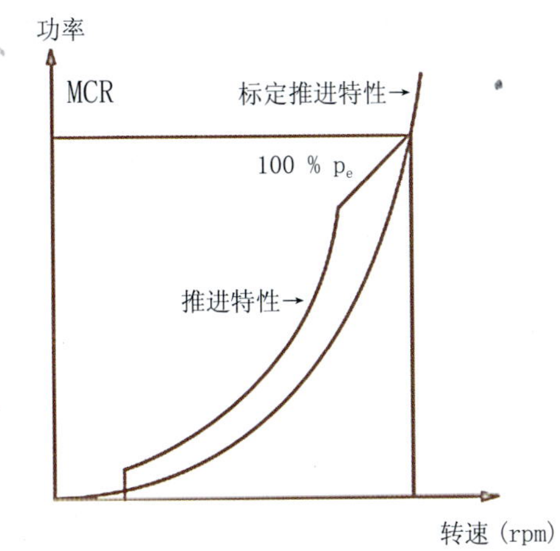

图 6　柴油机运行范围和标定螺旋桨曲线

仍可用这条成熟的曲线作为基础，但在以后的文件中，将看到采用对数坐标。使用对数坐标，使用起来更易于分析，因为曲线换算成了斜线。

随着时间的推移，由于船体被污染以及其他性能逐渐恶化，航行状态发生变化，产生不同的运行特性曲线。柴油机和螺旋桨不匹配，如图 7。

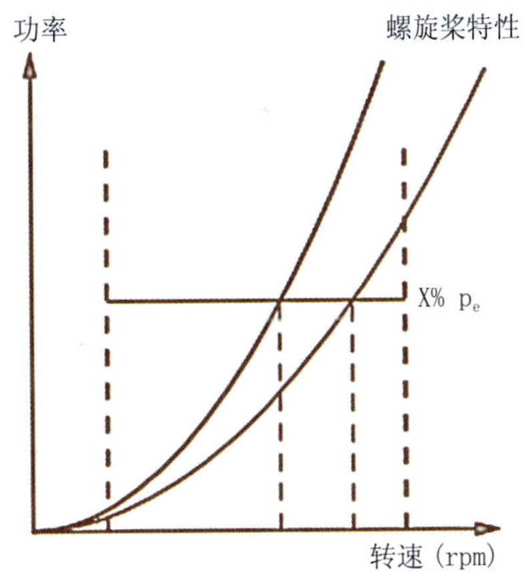

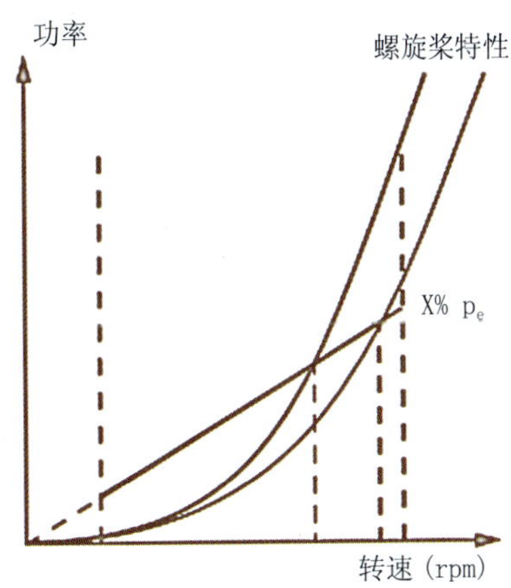

图 7　柴油机和螺旋桨不匹配

不同航行状态下的柴油机运行范围，如图 8。

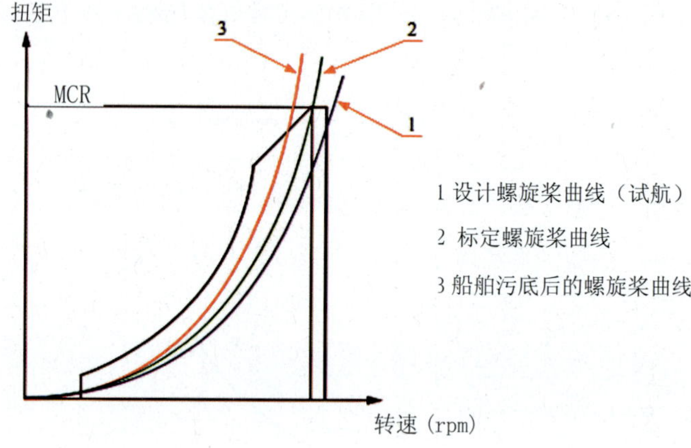

图 8　不同航行状态下的柴油机运行范围

9.2.5 柴油机性能下降和船体恶化

海生物在船底的生长，使之船底板表面粗糙度逐渐增加，从而增加船体的摩擦力导致船体的性能下降。对柴油机运行的短时影响包括浅水航行、大风浪，顶风，顶流和船舶加速过快，这些情况下都可能导致超负荷。

应考虑随着时间的推移主柴油机和螺旋桨的匹配变得恶化，也会导致柴油机性能下降。它们包括（但不仅限于此）：

- 排气温度高
- 柴油机的热负荷高
- 不完善的扫气，造成不完全燃烧
- 柴油机内部严重的污染和沉积物
- 柴油机相关部件的严重磨损
- 航速降低
- 燃油消耗增加
- 由于转矩或扫气压力的限制造成船舶加速能力的下降

在设计阶段就应考虑预防措施，推荐使用一系列的限制，以便适应随着时间的推移性能逐渐的老化。在个别的情况下应仔细考虑这些限制，性能问题导致的风险将显著降低。

9.3 柴油机负荷图和运行范围（附件 4）

9.3.1 布置区和运行工况点

如图 9 所示的面积是柴油机功率和转速的布置区域。在这个区域，合同约定的柴油机最大持续功率可单独确定，并给出所需的功率和转速的配合。这个区域内是在遵守氮氧化物排放法规条件下，调整柴油机的最大爆发压力和最佳的效率。在过去的十年里，柴油机主要在布置区上部选择 CMCR 点。为使船舶的效率更显著，现在主柴油机都选择在布置区的较低位置。

布置区及运行工况点

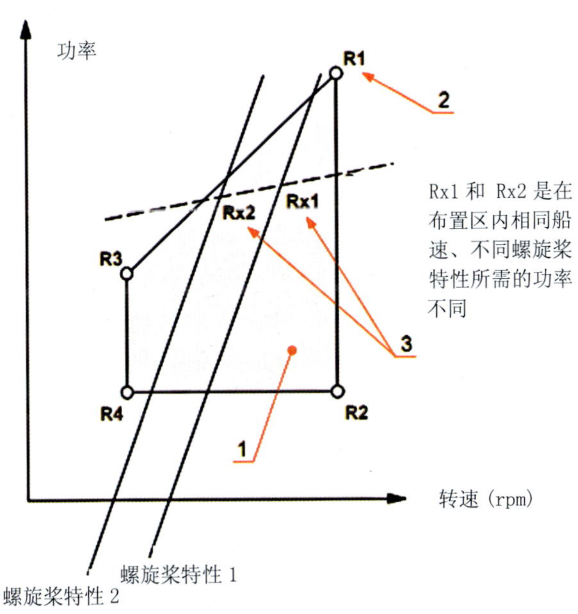

1 布置区　2 R1～R4 的运行工况点　3 Rx1 和 Rx2 的选择点

图 9　布置区及运行工况点

该柴油机合同约定的最大持续功率（Rx）可在整个布置区内自由选择。

Wärtsilä RTA 和 RT-flex 柴油机（R1、R2、R3 和 R4）布置区的运行工况点，见图 9 所示。

R1：最大连续标定功率（MCR）。这是一个给定柴油机可获得的最大功率和转速的组合。

R2：保持最高爆发压力不变的条件下降低 R1 的平均有效压力而转速不变时的运行工况点。

功率的降低和点 R3 的转速取决于柴油机类型。

R3：平均有效压力在标定值不变的条件下降低 R1 功率和转速的运行工况点

R1～R3 的连接线是 R1 的额定 100%平均有效压力线。

R4：同时降低平均有效压力和转速的运行工况点。

R2～R4 的连接线同时降低平均有效压力和转速的功率线。

运行工况点 Rx（例子中的 Rx1 和 Rx2）可以在整个布置区域内选择，以满足每一个具体船型的要求。这种运行点要适应给定的柴油机。

9.3.2 试航功率

海上航行试验的功率必须确定。图 10 显示了海上试验的功率，在螺旋桨曲线上的点“B”是所需的功率。通常与另一个在螺旋桨曲线上“A”点的功率统称为“试航功率”。

柴油机的负荷限制与标定运行工况点 Rx 一致。

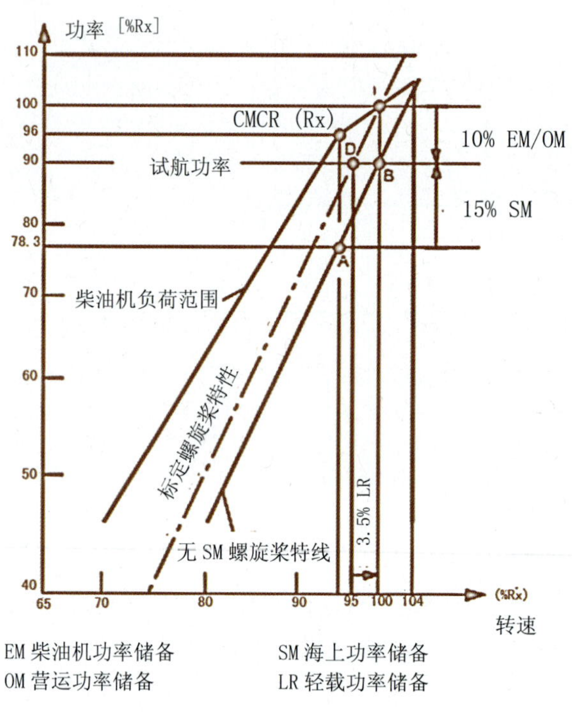

图 10 海上试验的功率

9.3.3 海上功率储备（SM）

表示在无风浪的天气下保持一个给定船速的功率，见图 10 中的点“A”。在正常服务条件下点“D”被定义为“海上功率储备”。该储备可以根据船东和承租人的意愿、航线、季节和船舶航程而变化。点“A”的位置和海上功率储备的幅度由船厂和船东商定。他们是造船合同的一部分。

在有效的防污涂料的帮助下，进坞间隔已被延长到4年或5年。因此，提供一个15%试航功率的平均海上功率储备仍然是现实的，参考图10，除了上面提到的，实际还应该根据船舶类型和航线另行确定。

9.3.4 轻载功率储备（LR）

在与标定螺旋桨特性（图11的例子显示了5%的轻载运行范围）相比时，试航性能（图11曲线“a”）应该允许一个4%～7%的螺旋桨轻载运行储备。每当不利航行条件下而又必须达到满载功率时，就提供了足够的扭矩储备。通常，螺旋桨水动力优化在“B”点。试航转速“A”与合同中规定的CMCR的90%的点“D”的转速是相同的。下图11为给定柴油机的功率和负荷图。

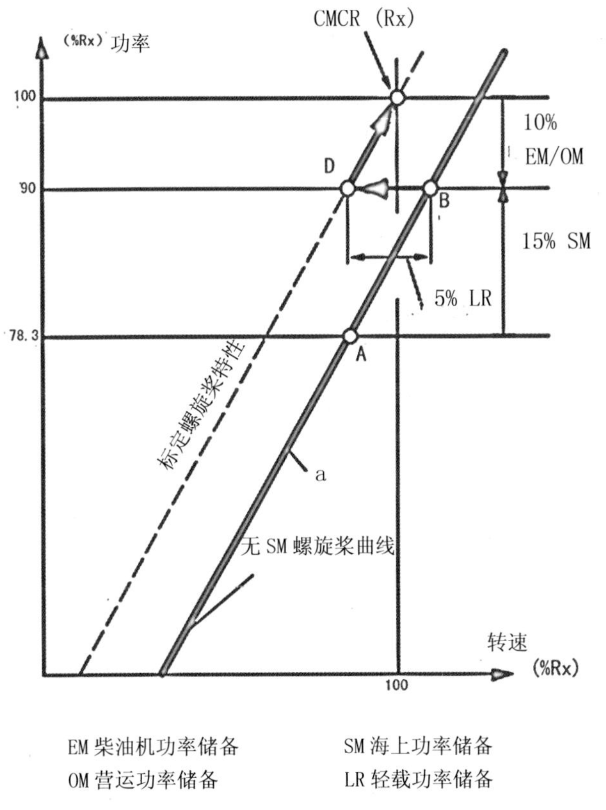

EM 柴油机功率储备　　SM 海上功率储备

OM 营运功率储备　　LR 轻载功率储备

图11　功率－负荷图

推荐的轻载运行范围来源于以往的经验，它与船舶设计、船速、进坞间隔期、以及运行航线有关。

注意：

保证轻载运行范围足够大是造船厂的责任，因此在所有的运行范围内，在标定螺旋桨特性线左侧的负荷范围限制不能碰到，见本文“负荷限制范围“和图 12。

例如：

（1）5 年的进坞时间周期

（2）2 年或以上的柴油机检修时间周期

（3）不超过转矩极限的情况下，在不利条件下和不超过 100％的平均有效压力，全速运行必须能达到。

因此，“轻载运行范围要求在 5％～6％，考虑以下几个综合因素：

（1）1.5～2％ 风力和天气的影响，以及螺旋桨附近涡流的不利影响。博福特 2(风力 2 级)试航条件和博福特 4～5(风力 4～5 级)平均运行条件之间的差异。对于一条对风有敏感性的船舶，即集装箱船或汽车运输船将超过此值。

（2）1.5～2％，船舶阻力增加和由以下因素造成的尾波所带来的影响：

- 船体产生的空泡（水下构件及构件之间）。
- 船体侧面和船底的污垢和破损。
- 船体表面油漆变得粗糙。
- 因吃水差及球鼻艏沉入水深的微小变化而形成的尾波所带来的影响，特别是在船舶压载的条件下。

（3）1% 是由于螺旋桨叶片表面粗糙度增加导致的摩擦损失，随之而来的效率下降，例如铝青铜螺旋桨：

- 新的：表面粗糙度 = 12 微米。
- 旧的：表面粗糙，但没有结垢 = 40 微米。

（4）1%，柴油机的效率降低：

- 空冷器中的污垢。
- 涡轮增压器的污垢。
- 活塞环的状况。
- 燃油喷射系统（状况和 / 或定时）。
- 因废气锅炉等污垢导致背压提高。

9.3.5 柴油机功率储备（EM）或营运功率储备（OM）

船东一般将约定的满载服务功率定在最大持续功率的 85％至 90％范围内。储备 10％至 15％的功率，用来赶班期或调节营行间隔。通常这个储备是 CMCR 的一部分。因此，100％功率线是在布置区点“D”被分为 0.85 至 0.90。CMCR 曲线在图10和图11中做了标注。

在例子中展示了现存的两种方法。图10给出的方法是运行点固定在“B”，CMCR在100%的转速，从而自动获得轻载运行范围为3.5%的B-D。图11和图13显示的方法是从点“B”指向“D”或“D´”（在我们例子中的5%）画出轻载运行范围，然后沿标定螺旋桨特性曲线获得CMCR点。在例子中，在点“B”的柴油机功率被分别选为90%和85%。

9.3.6 营运功率（CSR=NOR = NCR）

点“A”代表在合同约定的转速，平静的海面、新的干净的船体和螺旋桨情况下船舶的功率和转速。另一方面，根据图12中点“D”可以看出，在服务状态下，随船龄的增加即使在正常天气下，同一条船用同样的转度也会有一个新的功率/转速配合点。“D”就是CSR点。

9.3.7 合同约定的最大持续功率（CMCR = Rx）

在我们的例子中，CSR（D点的功率）除以0.90，获得100%功率值并提供10%的运营范围，见图12。点Rx，也是标定为CMCR，可以在由四个点R1、R2、R3和R4围成的布置区内自由选择，见图9。

9.3.8 负荷限制范围

一旦柴油机在点CMCR（Rx）优化，柴油机的工作范围就被界定在以下限制的范围内，见图12所示：

1号线：通过CMCR（优化点）的等平均有效压力或扭矩线，从100%功率和100%转速到95%的功率和95%转速之间。

2号线：超负荷限制特性线。是一条等平均有效压力线从100%功率93.8%的转速到110%的功率和103.2%的转速之间。后者是标定螺旋桨特性和110%的功率线的交点。

3号线：104%是持续运转的最大转速，柴油机可以连续运行。Rx转速是降低的（$N_{CMCR} \leqslant 0.98\ N_{CMCR}$），因为这个限制可以扩展到106%，但是，受标定扭转的限制。

4号线：是超转速限制线。在104（106）~108%的转速之间的超转速范围，仅在试航期间使用。如果需要在CMCR功率下测量船速，螺旋桨必须在轻载运行，且有柴油机制造商的授权代表在场，但不能超过标定扭距的限制。

5号线：可容许的转矩限制是从95%的功率和95%转速降到45%的功率和70%的转速。这是由以下公式确定的曲线：

$$\frac{Ps}{P_1} = \left(\frac{N_2}{N_1}\right)^{2.45}$$

接近 5 号线时，柴油机将越来越多地处于油多气少和由此带来的后果影响。线 1、3 和 5 形成的区域代表柴油机的运行范围。

标定螺旋桨特性、100%功率和 3 号线围成的区域，建议为持续运行范围。

标定螺旋桨特性和 5 号线围成的区域应被预留为加速，浅水区航行，只能短时间使用。

6 号线：是由下列方程定义：

$$\frac{Ps}{P_1}=\left(\frac{N_2}{N_1}\right)^{2.45}$$

通过 100%的功率和 93.8%的转速是在短时间的最大转矩限制线。

1 号线以上的面积是超负荷范围。它只在海上试航期间，柴油机制造商授权代表在场的情况下，允许柴油机在这个范围内运行一个小时。

线条 5 和 6 以及等转矩线之间的区域（图 12 的暗区）只能在船舶加速时短时使用。这个范围被称为“有运行时间限制的服务范围”。

负荷限制区域：柴油机负荷图与运行工况点 Rx

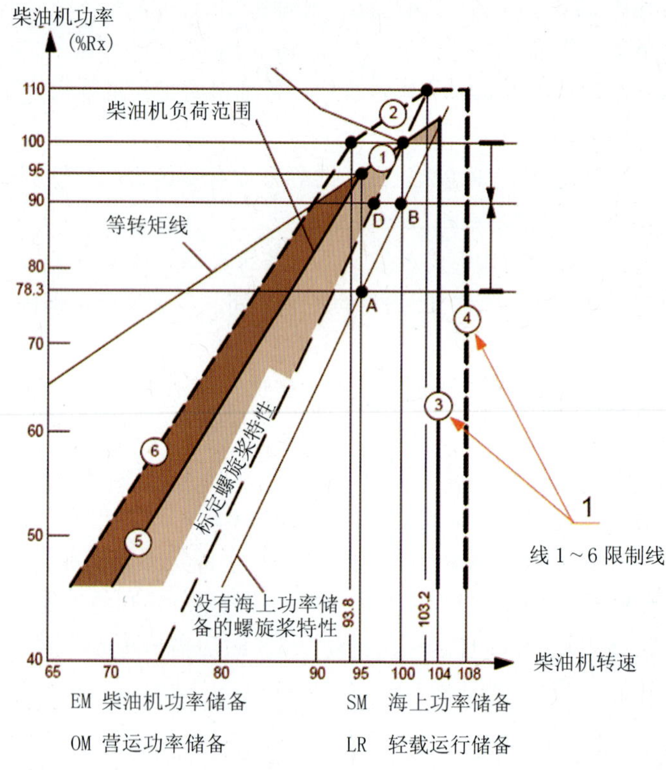

图 12　负荷限制图

9.3.8 主柴油机驱动轴带发电机负荷范围

主柴油机驱动轴带发电机的负荷范围，无论是安装在中间轴的轴带发电机（S/G）还是通过一个动力输出齿轮（PTO），都是由图 13 中的曲线“C”显示的。如果主柴油机没有驱动轴带发电机，这条曲线与螺旋桨特性是不平行的，由于在柴油机负荷上增加了一个恒定的发电机功率。在图 13 的例子中，假定轴带发电机吸收主柴油机 5%的额定的功率。CMCR 点应当要考虑到柴油机的最大功率（柴油机提供的功率应等于或大于螺旋桨与轴带发电机负荷之和）。

负荷范围图：主柴油机驱动轴带发电机

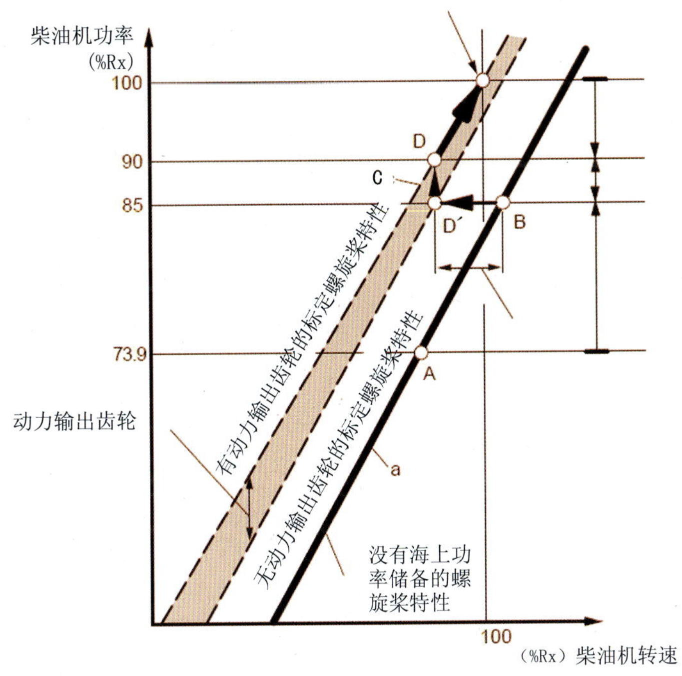

EM 柴油机功率储备　　SM 海上功率储备

OM 营运功率储备　　LR 轻载运行储备

S/G 轴带发电机

图 13　主柴油机驱动轴带发电机的负荷范围

RT-122

2012 年 03 月 15 日

2.2.21　喷射控制单元控制阀阀座的磨损

适用机型：RT-flex82C、RT-flex82T 和 RT-flex68-D 柴油机

该公告涉及的相关部件主要是在 2009 年 2 月至 2011 年 6 月期间生产和使用的 Wärtsilä RT-flex82C 和 RT-flex82T 柴油机喷射控制单元（ICU），其中还包括其他机型喷射控制单元（如最初安装在 RT-flex68-D 柴油机里的喷射控制单元）的相关信息。RT-flex68-D 柴油机中喷射控制单元的详细情况也会在该公告中给出。

根据反馈信息，喷射控制单元燃油控制阀阀座磨损，它会影响柴油机运行中的热负荷。这种情况可以通过更换 ICU 燃油控制阀总成或改进的燃油控制阀座和阀芯得以解决。Wärtsilä 将组织所有有关船舶的燃油控制阀交流会。

1 简介

Wärtsilä 对在运行中的 RT-flex82C 和 RT-flex82T 柴油机的跟踪调查过程中发现喷射控制单元（ICU）燃油控制阀的阀座出现了意想不到的磨损，部件的详细位置见图 2 和图 3。

在一些 RT-flex68-D 柴油机中，安装的 ICU 与前面提到类型的柴油机 ICU 是相同的。这些 ICU 可能会受到影响，但到目前为止还没有出现 ICU 燃油控制阀的阀座磨损的情况。

确定 RT-flex68-D 柴油机 ICU 的有关情况，请查看图 1 所示和在燃油共轨上实际安装的 ICU。ICU ①与此无关，不存在燃油阀阀座磨损的情况，只有 ICU ②与 RT-flex82C 和 RT-flex82T 柴油机中的 ICU 相同。

此外，在图 1 所示的 ICU ②是安装在有 3 个高压燃油泵的 RT-flex68-D 柴油机的共轨单元上的。

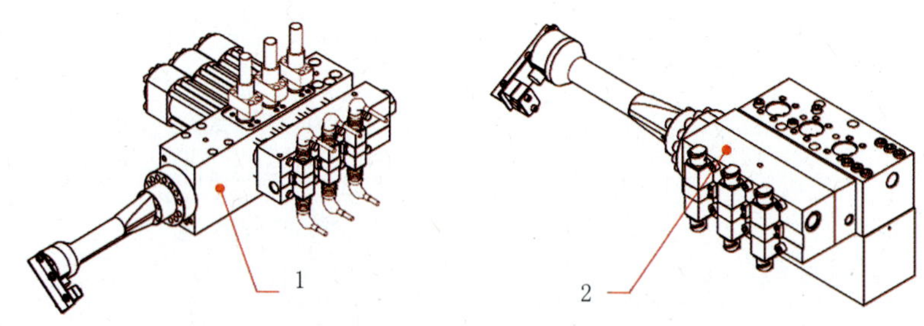

1 无关 ICU　2 有关的 ICU

图 1　安装在 RT-flex68 - D 柴油机上的 ICU

注意：

可能受影响的柴油机是使用中的 RT-flex82C、RT-flex82T 和 RT-flex68-D，也有 2009 年 2 月至 2011 年 6 月之间已经经过车间验收测试（FAT）的柴油机。

2011 年 7 月 1 日起经过验收测试（FAT）的 RT-flex82C、RT-flex82T 和 RT-flex68-D 柴油机的燃油控制阀已经采用了新的设计，因而不受这个磨损问题的影响。

2 ICU 的主要组成部分

ICU 安装在共轨单元罩壳内，位于燃油共轨的上面。每个气缸单元都有一个 ICU，用以控制燃油的喷射量。

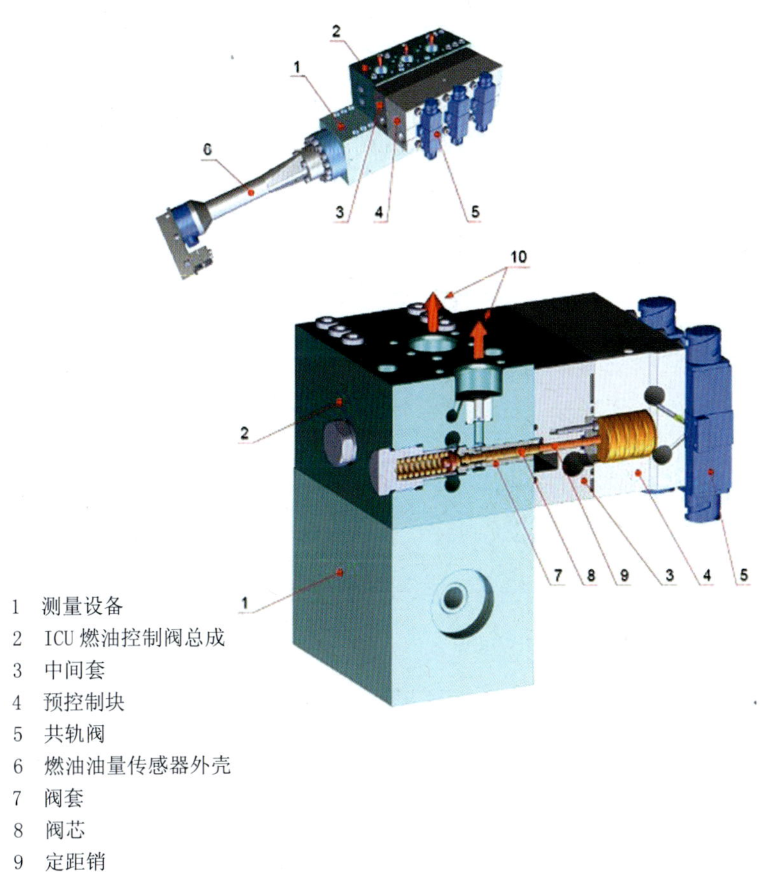

图 2 ICU 的内部零件

3 问题的描述

如图 3 所示，阀座①磨损会导致在定距销④和阀芯③之间产生很小的间隙，因此，在常规喷射阶段燃油延迟喷入，从而导致以下问题：

（1）排气温度高。

（2）气缸排温出现偏差。

（3）冒黑烟。

（4）开始喷射的时间轻微延迟。

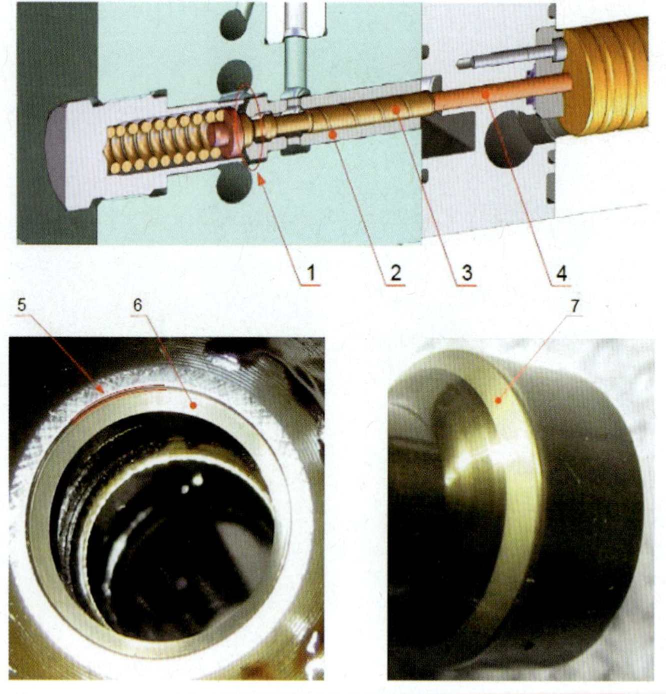

1 阀座

2 阀套

3 阀芯

4 定距销

5 阀座的磨损情况

6 阀座密封面

7 阀芯密封面

图 3　在 ICU 燃油控制阀总成中阀座的位置

RT-flex82C柴油机运行约8 000小时，RT-flex82T柴油机运行6 000小时，ICU燃油控制阀的阀座就有较大的磨损，其原因是由于阀芯和阀座之间的材料不匹配。

4 燃油控制阀总成解决方案

现有的解决方案是改变阀座材料，并重新设计阀座的密封区域，以减少阀芯和阀座接触时的受力情况。

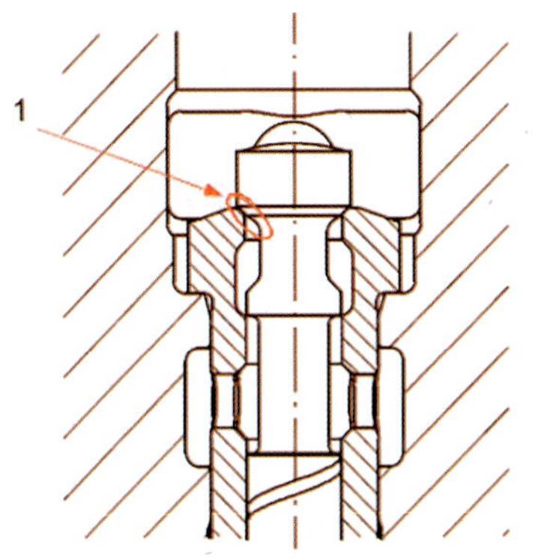

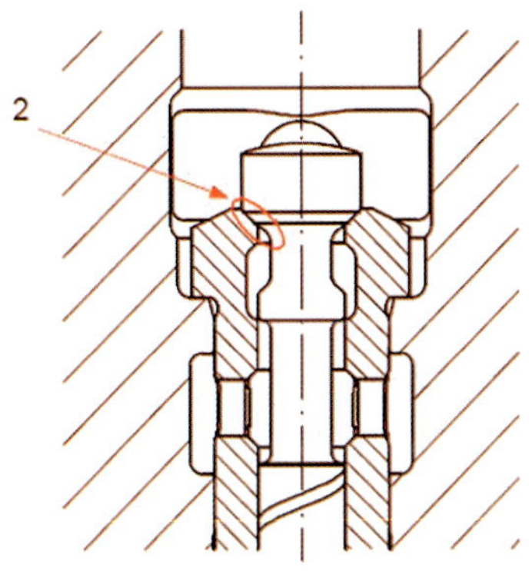

1 之前的设计：阀座和阀芯之间的接触区域　　2 新设计：增加接触面积

图4　之前的和新的阀座设计

5 改进方案的实施（图4）

新造和已经生产的柴油机将安装改进的ICU燃油控制阀总成，并作为标准配置。

对于已经投入使用的柴油机，解决方案是更换船舶的ICU燃油控制阀②，见图2。

Wärtsilä将为新型燃油控制阀总成的更换使用，访问前面所述所有相关的ICU的客户。

RT-123

期号 1. 2012 年 3 月 27 日

2.2.22　检查和检修周期表

适用机型：RTA 和 RT-flex 柴油机

目前，RTA 和 RT-flex 柴油机的相关服务经验显示，某些主要部件的检修间隔有可能延长。此公告中包含柴油机主要部件最新的检查和检修周期。其目的是向客户提供涉及柴油机维修间隔的最新信息。《保养说明书》中现有的时间表需要咨询，因为附加的检查和部分部件的检查不包括在表格范围内。

1 简介

Wärtsilä 根据对 RTA 和 RT-flex 柴油机的相关服务经验表明某些部件的检修周期有可能延长。这是一个减少和优化柴油机维护成本，尽可能降低营运商和船东“总成本”的重要措施。

这个服务公告中包含某些主要部件的最新的检查和检修间隔，以及对每个组件的寿命估计和维护保养方法的建议。

2 检查和检修表

主要部件的检查和检修间隔取代了现有的维修计划中包含的数值。柴油机“保养说明书”中现有的时间表仍然必须咨询，因为他们包含附加检查和部件检查。

表格的最后一列列出了建议的维护方法及指导。

有以下三种选择：

2.1 更换组件

更换组件是指从一个装置或设备上将部件拆除，再在相应的位置安装一个新的部件。

2.2 船上检修

船上检修是指根据保养说明，通过清洗、测量和研磨等方式，使组件或装置恢复到其原始状态以及更换磨损部件的过程。

2.3 部件的再翻新或组装

翻新是指通过加工手段或更换内部零件，使部件或装配恢复到其原始状态的过程。翻新过程将在 Wärtsilä 车间进行。

欲了解更多关于 Wärtsilä 提供翻新服务的详细信息，请参考服务公告 RT-119。

3 附件 检查和检修间隔表

1. 所有缸径的 RTA 柴油机
2. 缸径为 48，50，58，60 和 68cm 的 RT-flex 柴油机
3. 缸径为 82，84 和 96cm 的 RT-flex 柴油机

注意：客户只收到与他们的柴油机相关的附件（样本如下），附录 1～3 的中文版请见本手册第 3 章 3.2.03。

DATA & SPECIFICATIONS

Services, Wärtsilä Switzerland Ltd.

Engine section	Engine type	Ref.	Date	Issue	Document no.	Page
	RTA	DMTS 2S	27.03.2012	1	**RT-123_A1 Appendix 1**	1(4)

Inspection and overhaul intervals

Component	Inspection or Overhaul interval[1] [hours]	Estimated lifetime [1), 2)] [hours]	Comments	Maintenance methods
Bedplate foundation bolts	12,000	Engine lifetime	Check pre-tension according to the Maintenance Manual.	
Main bearing	30,000 – 36,000	90,000	Check bearing clearances once a year.	Replacement as required
Thrust bearing	30,000 – 36,000	90,000		
Tie rods	Check pre-tension: First time after one year Successive inspections: Random check at major overhauls or all every 30,000	Engine lifetime	Check pre-tension according to the Maintenance Manual.	
Cylinder liner [5]	18,000 – 20,000	Up to 90,000	Inspect liner & establish wear in bore at every piston removal.	Overhaul on board
Lubricating quill (Pulse lubrication)	Check non-return valves: every liner removal			Replacement as required
Lubricating quill (CLU-3)	Check non-return valves: every liner removal			Replacement as required
	Accumulator diaphragm: 6000		Check diaphragm for oil leakages and replace as required.	Replacement as required
Piston rod gland	18,000 – 20,000	36,000 (refers to rings)	Clean rings & establish wear at every piston removal. Replace rings as required.	Overhaul on board
Cylinder cover	at every piston removal	Engine lifetime	Check for dirty or damaged seat sealing faces of injection valves. Remanufacture as required.	Remanufacturing
Injection valve nozzle	3000	6000	Check opening pressure and tightness condition of nozzle tip at overhaul.	Replacement
Injection valve needle and body	6000	24,000	Check condition at 6000 hours and exchange with new or remanufactured part as required. Condition is influenced by fuel quality.	Remanufacturing or replacement
Starting valve	12,000 [4]	Engine lifetime	Remove and dismantle starting valve. Replace worn parts (piston rings, O-rings) as required.	Overhaul on board

RT-124

期号 1，03.04. 2012

2.2.23 喷射控制单元（ICU）的故障排除和维护

适用机型：RT-flex96C-B、RT-flex84T-D 柴油机

对于 RT-flex96C-B 和 RT-flex84T-D 柴油机的喷射控制单元（ICUs），我们提供在船上或岸上对 ICU 进行故障查找、维修和可以使用的保养方法等相关的重要信息。

在 2012 年下半年，Wärtsilä 将为喷射控制单元引入新的维修观点。新观点将允许延长喷射控制单元 ICU 的检验和维护的时间间隔（TBO），从而降低运行成本。

请参考服务公告 RT-119，其中详细地介绍了组件的服务信息。

1 简介

该服务公告总结了在 ICU 运行期间发生报警时的检查建议。通过简单的检查程序，而不是更换 ICU 或运送至 Wärtsilä 的服务中心，可以避免不必要的成本，例如使用现有的零备件进行更换或正确理解报警的含义。不过，如果问题没有通过上述应对措施而解决，必须考虑更换 ICU。在服务公告 RT-flex-06，“喷射控制单元的修复”中曾介绍过一些可能的故障。下面的说明重复提出了这些建议，并更新了包括最近可用的经验。

当在喷射控制单元或燃油系统上工作时，燃油系统必须泄压！必须停止柴油机、燃油增压泵和主滑油泵。必须按照柴油机的《保养说明书》0 部套，第 0011 - 1/A1 章中的内容采取安全措施。

此服务公告还提供了喷射控制单元（ICU）的维修标准。它适用于 RT-flex96C-B 和 RT-flex84T-D 柴油机。按《使用说明书》的规定使用合适的燃油，在正常操作条件下 ICU 的检修时间间隔（TBO）也在此公告中给出。超过此期限，必须进行维护。

2 技术用语和缩写（见表 1）

表 1 技术用语和缩写

缩写	名称 / 部分
ICU	喷射控制单元
ICV	喷射控制阀
FQP	燃油油量控制活塞
FQ sensor	燃油油量传感器
FQS	燃油质量设定

RV2	共轨阀
PCV	超压调节阀
WECS-9500	Wärtsilä 柴油机控制系统，型号 9500
WECS-9520	Wärtsilä 柴油机控制系统，型号 9520
E85	WECS 电源连接箱 E85
Size IV	共轨单元的尺寸，包括 RT-flex96C-B 和 RT flex84T-D 柴油机

3 有效排除故障的条件

当造成故障的其他原因排除之后，才能有效地排除 ICU 故障，请见表 2。

表 2 ICU 故障

	现象	WECS 报警	描述
1	燃油共轨压力故障	ME 燃油共轨压力传感器 #1+2 故障 ME 燃油共轨压力测量故障：偏差高 ME 燃油共轨压力高 ME 燃油共轨压力低 ME 燃油共轨压力过低	如果高压燃油泵供给的燃油过多，PCV 将限制燃油共轨压力。燃油共轨压力可能会有大的波动。
2	高压燃油泵的执行器故障	ME 高压燃油泵的执行器故障	如果一个执行器发生故障，相应的油泵就会达到最大排量。这样也会导致与第一条类似的情况。
3	泵的排量不足	WECS 燃油指令限制动作	任何燃油系统的故障将改变 ICU 的性能或导致它完全无法工作。
4	控制油系统故障	ME 控制油压力测量故障 ME 控制油压力低 ME 控制压力过低 ME 控制油泵 # 故障	任何控制油系统的故障将改变 ICU 的性能或导致它完全无法工作。
5	共轨系统蒸汽伴行系统故障	无	使用 HFO 时，共轨装置蒸汽伴行系统必须使用。
6	柴油机工况	无	所有的压力和温度值必须符合说明书的要求。
7	燃油系统故障	无	在柴油机进口处的燃油粘度是否符合要求（13～17 cSt）。 柴油机的燃油进机压力，必须符合说明书的要求。

4 报警

在柴油机起动的几秒钟内可能会发出各种报警，特别是在喷油设备或者是伺服油系统维修之后。附件 1 中列出了可能的报警。只要这些报警中有任意一个存在，就应按附件 1 中列出的报警条目进行排除。对于每个列出的报警，都给出了可能的原因和应对措施。应根据结果和建议执行应对措施。

5 应对措施

根据“附件 1- 报警”中所列的故障及排除方法和采取措施之后的结果，实施相应的应对措施。

5.1 应对措施 1：燃油油量传感器

燃油油量活塞 (FQP) 的活塞杆需要清洁，并去除积碳，保证稳定的工作。

(1) 切断 E85 盒中相关装置的电源。

(2) 拆除燃油油量传感器 (FQsensor) 上电缆线的托架，如图 1。

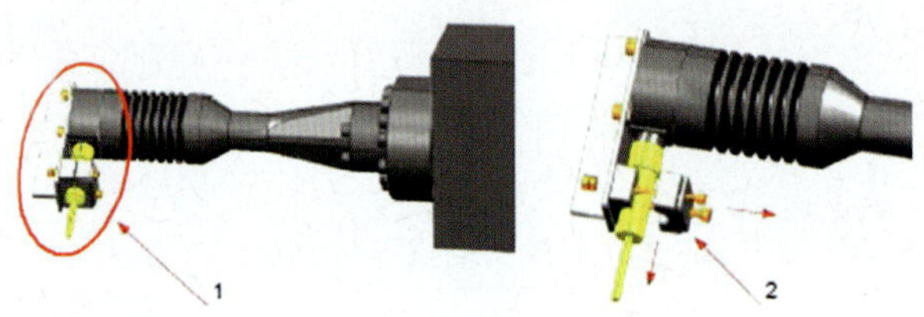

1. 电缆线托架的位置　　2. 拆除电缆线托架

图 1　拆除电缆线托架

(3) 拆除 FQP 传感器的接线。

(4) 拆除外壳，见图 2 所示。

- 松开四个紧固螺栓②，即内六角螺栓 M10×60
- 沿水平方向移去外壳①，以避免损伤 FQP 的活塞杆

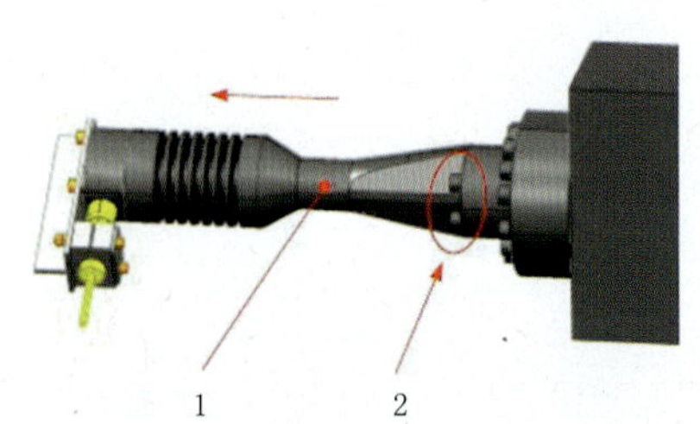

1 外壳　　2 四个紧固螺栓 M10×60

图 2　拆除外罩壳

（5）清洗 FQP 的活塞杆，如图 3 和图 4。清洗所需要的材料：百洁布™、清洗剂，Neoval®，WD40®，柴油或类似溶剂。

注意：

在外壳内发现冷凝水是常见的情况。冷凝水对传感器的功能没有任何影响。

在柴油机通常的运行情况下，FQP 只使用约 50～70% 的行程。因此燃油会在活塞杆的未使用部分积聚，见图 3 所示。如果活塞的行程突然增加，沉积的油泥会导致活塞杆在最大行程处变得粘滞。

1. 活塞杆上沉积的油泥

图 3 受污染的活塞杆

清洗步骤，如图 4。

- 将油泥用洗涤剂浸透。
- 使用 Scotch - Brite ™ 或相似用品除去油泥。
- 仔细清洁活塞杆，不可残留任何杂质。
- 用润滑油润滑活塞杆。

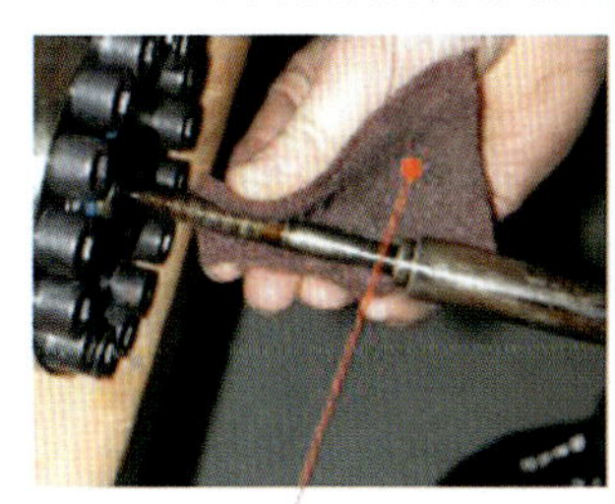

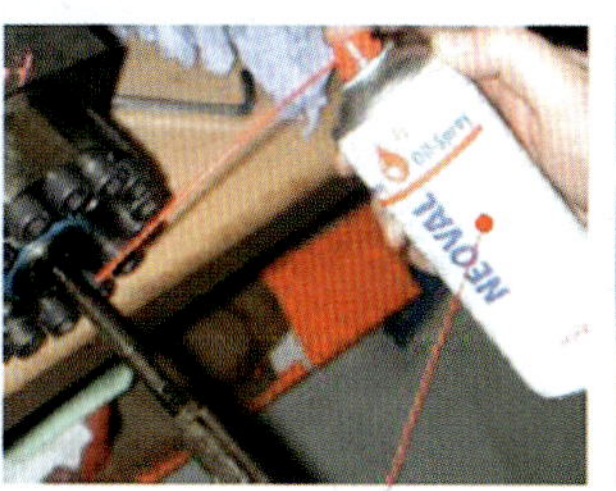

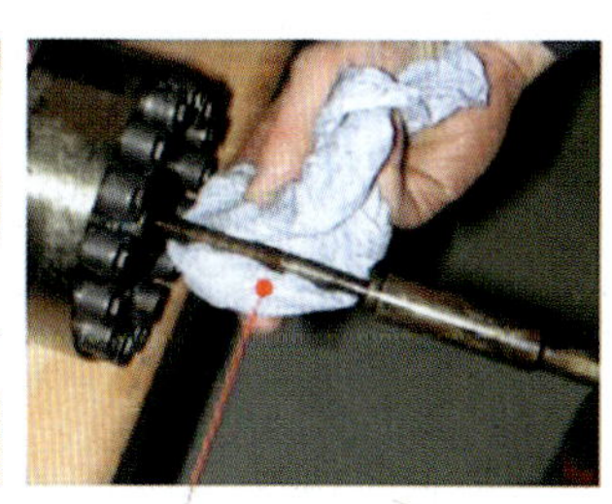

1 2 3

1 用百洁布™清洗　2 洗涤剂　3 用布擦拭活塞杆

图 4 清洗活塞杆

（6）确认 FQP 的灵活性，如图 5。

清洁后，手动确认活塞的灵活性（100% 行程推拉活塞且旋转 360°）

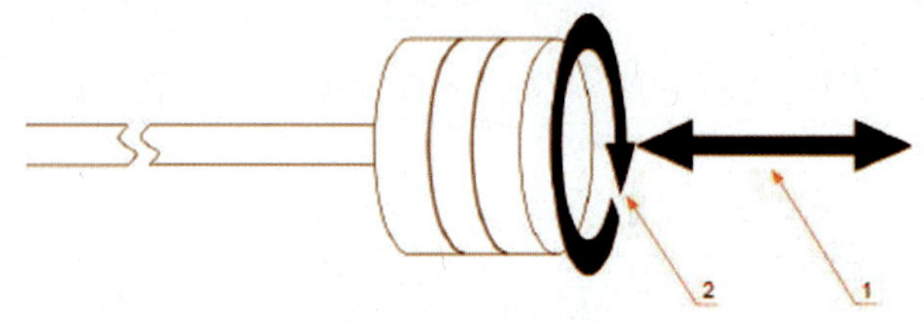

1 100% 行程推拉活塞　　2 旋转 360°

图 5　检查活塞的灵活性

注意

如果需要安装新的燃油油量传感器，请阅读安装说明书。说明书和传感器放在同一个箱子中，与测量管及其他耗材在一起。

(7) 连接组件

Wärtsilä 的 ICU 有两种不同的连接组件的设计。当旧的 ICU 返回到 Wärtsilä 翻修时，旧型的连接件将被新型的连接件替代。连接件的不同之处在于旧型是由锁紧螺母拧紧的，如图 6，而新型的是由六角螺丝连接，请参见图 7。

7a) 旧型连接件：检查测量管①是否正确地拧紧。如果扭矩不正确，则用 5Nm 的扭矩把测量管拧紧到活塞杆上的固定螺丝上，并用 2Nm 的扭矩拧紧 M5 锁紧螺母③。

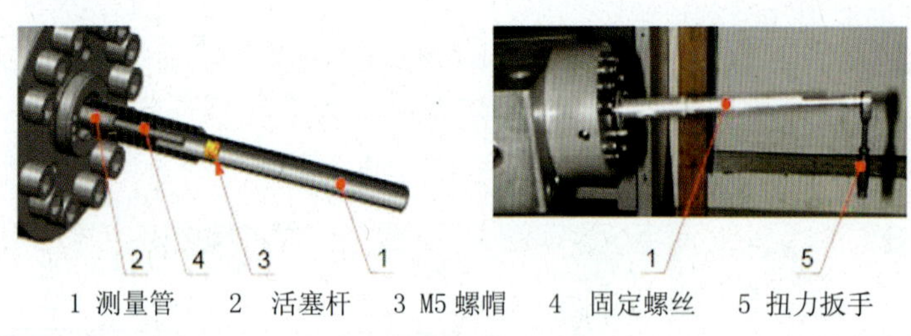

1 测量管　2 活塞杆　3 M5 螺帽　4 固定螺丝　5 扭力扳手

图 6　旧型连接件

7b) 新型的连接件：

检查 M5×45 螺丝④是否正确上紧，并且没有松动。

正确上紧后是不要重新拧紧 M5×45 螺钉的。

如果 M5x45 螺丝松动，卸下螺丝，彻底清洁螺纹。

使用固定剂（乐泰 648），重新安装螺钉并用 6Nm 的扭矩将它拧紧。

确保两个定位套管③到位。

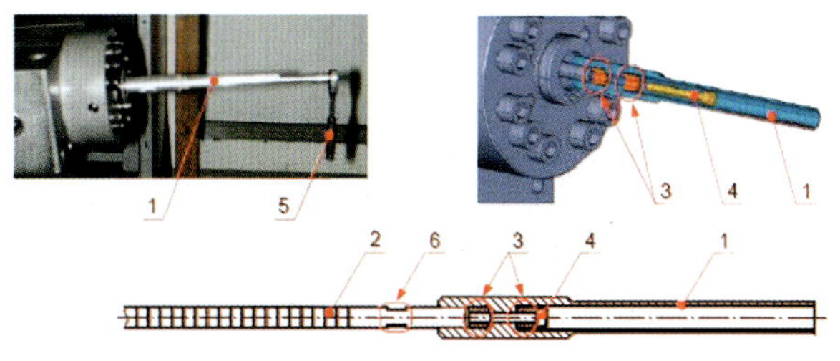

1 测量管　2 活塞杆　3 定位套管　4 螺丝 M5×45

5 扭力扳手　6 套扳手的平面处 尺寸 8mm

图 7　新型连接件

注意：

活塞杆要用 8mm 的扳手在连接件后面的平面处固定，这取决于活塞的类型。必须特别小心，以防止损伤活塞杆。

（8）　重新组装外壳

把加过润滑油的○型圈①放到中间法兰②上，然后装上外壳③。

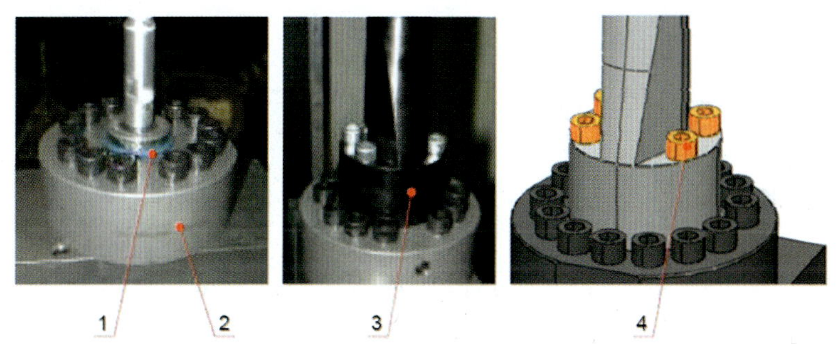

1 ○型圈　2 中间法兰　3 外壳　4 四个紧固螺栓 M10×60- 用 30 Nm 扭矩交叉拧紧

图 8　重新组装外壳

安装完外壳③后，检查铝质测量管是否在外壳的中心。可以通过收紧四个固定螺栓④做微小的调整，如图 8 所示。

（9）　插入电缆，并重新安装电缆托架。

5.2 应对措施 2：更换燃油油量传感器

（1）　按照应对措施 1 中的步骤 1～3 拆卸燃油油量传感器；

（2）松开并卸下支架②和 FQsensor ③的六个螺丝①，如图 9；

1 螺丝

2 支架

3 燃油油量传感器（FQS）

4 外壳

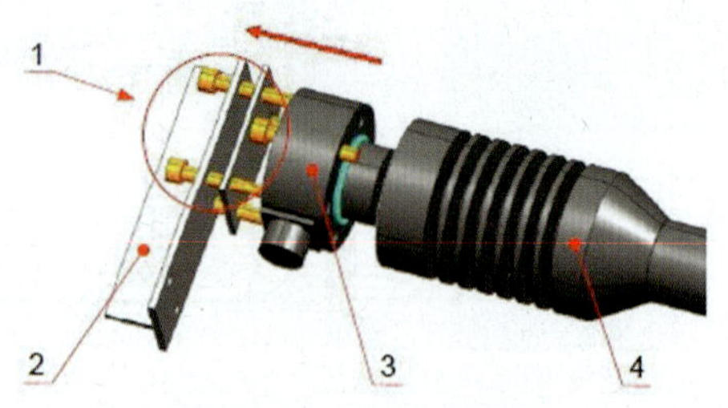

图 9　取下支架和燃油油量传感器

（3）用新的燃油油量传感器替代旧的燃油油量传感器

注意：

新型的燃油油量传感器装在一个专用的盒子里。阅读随新的燃油油量传感器提供的安装说明。说明书与传感器和测量管、外壳、O型圈和其它耗材在同一个盒子里。

• 新的燃油油量传感器

说明书的简要安装程序，如图 10。

（1）从专用包装盒②中取出燃油量传感器①。

（2）把加了润滑油的O型圈（3）放在燃油油量传感器①上，然后装上传感器。

1　燃油油量传感器

2　专用包装盒

3　O型圈

图 10　新型燃油油量传感器的包装盒

（3）把支架②与 FQsensor ③用螺丝连接在一起，装到外壳④上。

1 螺丝

2 支架

3 燃油油量传感器

4 外壳

图 11　把燃油油量传感器与外壳重新组装在一起

(4) 用20Nm的扭矩交叉拧紧外壳②和燃油油量传感器③的六个螺钉。见图11所示；

(5) 最后插入电缆，并重新安装电缆托架。

5.3 应对措施3：更换共轨阀

在O型圈③上涂上润滑油，把共轨阀①安装到基座④上，用4 Nm的扭矩交叉拧紧螺丝。

过去共轨阀的安装曾经使用二种不同方法。一种使用中间紧固板，另一种是直接固定在ICU预控制块上。现在的常用方法是直接固定在ICU预控制块上。

(6)请检查ICU是否安装了中间紧固板。要更换共轨阀，必须保证和拆卸前一样。

螺丝的长度不同，取决于有无中间紧固板，如图12。

- 有中间紧固板，螺钉长度为：M4×20
- 无中间紧固板，螺钉长度为：M4×16

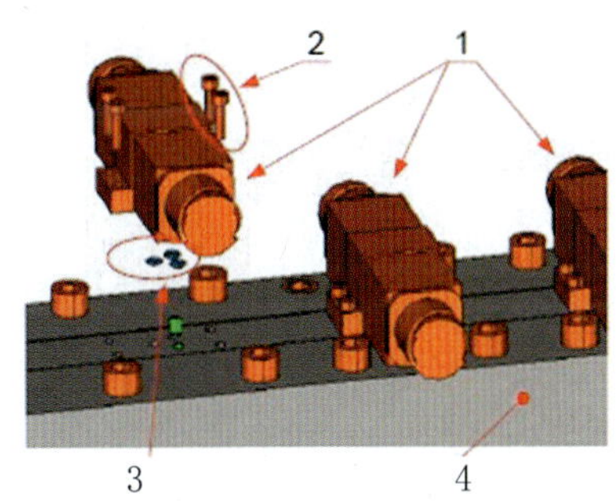

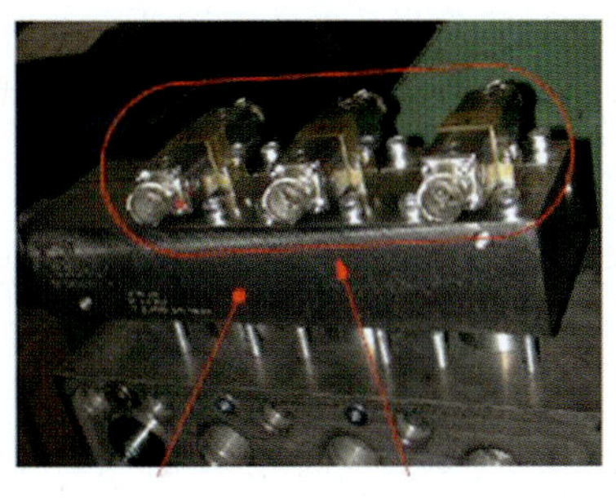

1 共轨阀　2 螺丝 - 用4 Nm扭矩拧紧　3 O型圈　4 基座

图12　更换共轨阀，不用中间紧固板

5.4 应对措施4：燃油油量活塞的复位

燃油油量活塞(FQP)卡死在最大位置。

在一些情况下FQP可以按照下列步骤复位：

(1) 释放燃油(HFO)共轨的压力：

- 停止柴油机 - 0 rpm。
- 停止柴油机燃油增压泵。

(2) 检查FQP是否已经回到最小位置：

- 取下燃油油量传感器外壳，见应对措施1的第4点。
- 用手把活塞全部拉出；

注意：如果燃油共轨内还有压力，活塞是无法移动的。

- 装上燃油油量传感器外壳，见应对措施 1 的第 8 条；
- 重新装上电缆。

（3） 通过 flexView 的 USER-page 手动释放 ICU；

（4） 起动燃油增压泵；

（5） 起动柴油机。

5.5 应对措施 5：更换 ICU 并把它退到 Wärtsilä 仓库

如果上述应对措施都无法解决问题，应该考虑要换新 ICU。将无法工作的 ICU 退还到 Wärtsilä 仓库。

注意：

关于如何订购或退还无法工作的 ICU 在 2012 年 1 月 17 日题为“组件的再翻新服务”的技术公告 RT-119 中有介绍。

为方便退货，提供下列步骤：

（1）将需要翻新的 ICU 订单发送到平时的 Wärtsilä 销售联系人或代表。

- 发送有关船名、柴油机类型和型号，要求的交付时间和地点的信息。
- 当您返还用过的 ICU，发送有关您打算送往的地点和 ICU 的运行小时数。

（2） 您将收到一条确认的订单。

（3） 您将收到退货交货的说明，包括一张返货表。请在返货表中提供所有 ICU 的必要信息，例如在 ICU 上的标记。

（4）退还 ICU 时，请将它装在特殊的木质运输箱中，见图 13 所示。

（5）如果 Wärtsilä 仓库收到了使用过的 ICU 运输箱，开据信用证来退还一部分预付款。

ICU 必须使用特殊的木制运输箱装运，可以保护 ICU，防止损坏，并防止任何剩余的燃油泄漏。作为再翻新交换的一部分，箱子将由 Wärtsilä 提供。如果需要，可以通过 Wärtsilä 销售联系人或代表获得额外的箱子。

注意：

使用过的 ICU 只能装在特殊设计的木制运输箱中运送回厂家，如图 13。Wärtsilä 对这种木制运输箱拥有所有权。

1 运输箱 - 所有权归瓦锡兰

2. 搭扣设计方便开关而不会损坏箱体和盖子

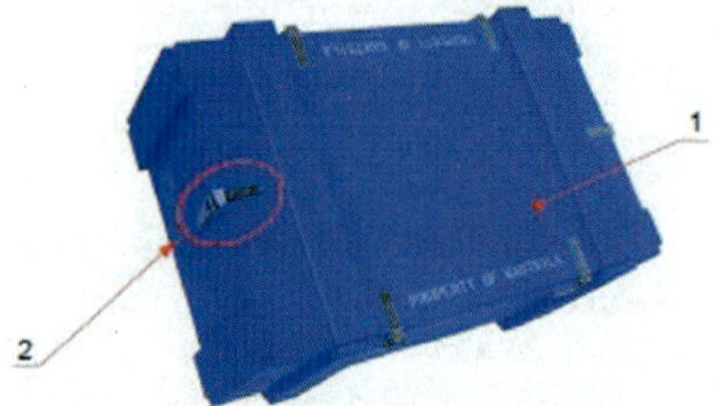

图 13 木质运输箱

6 ICU 的储存（如图 14）

对于备件必须仔细地做好防护工作，防止在储存期间发生腐蚀：

- ICU必须没有任何污垢、油和油脂。可以使用化学药剂手动进行清洗；
- 所有盲孔和螺纹孔必须使用塞子封妥。

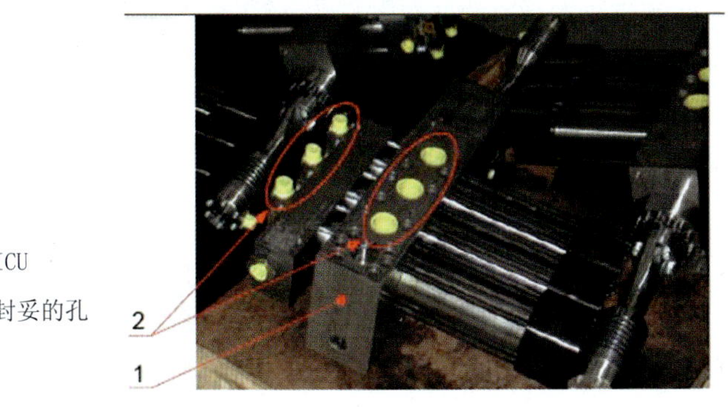

1. ICU
2. 封妥的孔

图14　ICU的所有开孔使用塞子封妥

（1）在表面涂上防护涂层。

脱水液WA可以刷或喷涂到表面上。它可应用于潮湿的表面。对电气设备和塑料是无害的（Styropor ® 例外）。在把ICU安装到柴油机上时不需要去除蜡状保护膜。蜡状膜在温度达到80-90度时会从保护表面流下。

如果 ICU 使用VCI膜包装，就不必使用脱水液WA，VCI膜可以提供足够的防护作用，见图15。但是，运输过程结束后需要拆除VCI包装，ICU 可能在安装使用之前暴露在不利的环境条件中（如强冷、高湿度、冷凝水等情况）。

1 用VCI膜包装的ICU

图15　用VCI膜包装的ICU

注意：

把ICU储存在干燥的房间里，使用木盒和/或盖上盖板，以免受污染。

7 ICU更换标准

在用替换标准评估ICU和返回再翻新之前，要对柴油机的相关系统和部件进行妥善保养，必须特别重视以下系统和部件：

（1）喷油器状态良好

（2）扫气空气系统清洁

（3）空冷器的压差在允许的范围内

（4）增压器没有赃污。赃污会降低增压器的性能。

符合表 3 条件 ICU 的都应返厂再翻新。

表 3 进厂翻新的指标

柴油机使用小时数	建议的维护方法
36 000	在岸上再翻新（更换零件 / 再翻新）

（5）ICU 泄漏量异常高。如果出现泄漏报警，必须通过打开泄放管路，测量每个 ICU 的渗漏量来判明发生泄漏的源头。漏泄量不包括从检漏孔或燃油高压油管的泄漏。

（6）ICU 损坏识别。WECS 软件第 32 版，构件 082 新采用了 InjBeginDeviation Cyl#n HI 和 InjBeginDeviation Cyl#n very HI 信息。这些信息的作用是向操作者提出 ICU 内部磨损率增加的警告。磨损造成的影响可以从喷射曲线明显看出，尤其是曲线开头的形状，如图 16 所示。

对于 WECS 系统，喷射曲线可以在 flexView 的相关界面中绘制，如表 4 所示：

表 4 喷射曲线

WECS system	生成曲线所需步骤
WECS-9500	切换到“Service”的访问级别，密码是“flexView”。单击“View（查看）”，选择“Injection Curve”选择“Cylinder number”，选择“One cycle, Scan”
WECS-9520	单击“View”，选择“Injection Graph”，选择“Cylinder number”，选择“Cyclic, Scan”

注意：

在安装了 WECS-9500 或 WECS-9520 系统的柴油机，应当定期查看 flexView 中的“喷射曲线”。

1. 低磨损和仍然表现良好的喷射曲线

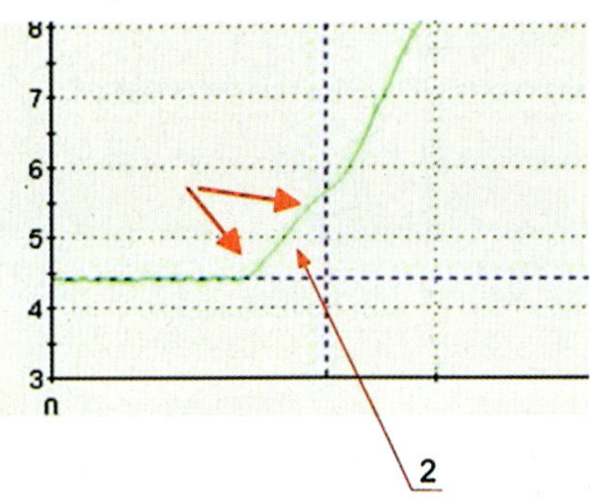

2. 磨损现象清晰可见

图 16　喷射曲线示例

在控件边缘的磨损可能导致反馈信号的错误报警。假定喷射的开始时间早于喷射的真正开始时间（指示的喷射开始停滞时间计算短于实际的停滞时间）。停滞时间是 WECS 系统以正确的曲柄角度位置确定燃油喷射所需要的信息中的一个基本信息。这意味着如果假设的停滞时间是比实际停滞时间短，共轨阀动作可以延迟，这样可以实现相同的喷射角。但是，如果停滞时间实际并没有短少，会导致喷射滞后，并降低 Pmax。停滞时间延长是 ICU 磨损的一种表现。

为了避免这种情况，停滞时间新的计算方法已经被开发和实施。WECS 系统可以估算停滞时间什么时候是处于最佳状态。这个估算是以曲线的其余部分的形状为基础的。测量出的停滞时间和估算的停滞时间之间的差别即是所谓的“喷射停滞时间偏差”。这项新功能已经被运用到软件第 31 版本构件 081 中。

这种偏差值用于补偿老化的 ICU 的错误喷射角，即使是 ICU 磨损也能保持正确的喷射时间。然而，这项补偿不能永远地保持，有时磨损太厉害，WECS 系统无法补偿。这种情况可以在柴油机的性能上得到结果，即 Pmax。FlexView 中的这两个新信息表明磨损和补偿的密切关系。这并不意味着应立即更换 ICU；它提醒管理者提前在船上准备一个备用的 ICU。

有三点因素影响喷射定时，因此， Pmax 、VIT 不会在这里加以考虑，见表 5。

表 5　影响 Pmax * 的因素

因素	影响
FQS 的设置对于喷射开始的补偿	负补偿值是指提前喷射定时和提高 Pmax 正补偿值是指延迟喷射定时和降低 Pmax
自动磨损补偿	延长停滞时间，导致喷射定时提前和提高 Pmax

ICU 的实际磨损	导致测量所得的停滞时间比实际要短，结果造成喷射定时滞后，Pmax 降低。

表格只对 ICU “第一步”有效，ICU 识别请见表 6。

WECS 系统只可以基于燃油油量活塞的运动估算磨损阶段。实际的磨损当然更复杂。这就是为什么这些只是信息而不是实际的报警。不过，这些信息可以很好的表明 ICU 的性能没有处于最佳状态。不管怎样，由于有磨损自动补偿，柴油机仍然可以运行。更换 ICU 的最终决定应基于柴油机的工况，特别是达到正确 Pmax 的能力。因此应通过检查性能参数和示功图确定柴油机的喷油定时（正确的喷射时间）、燃烧温度和压力等是否正确而定。

注意：

磨损自动补偿功能只在 WECS-9520 的软件第 32 版本构件 082 或更高版本的软件上使用，在 WECS-9500 系统中不适用。

8 IV 型 ICU 的维护

一般维修概念和再翻新过程将在另一期单独的题为“喷射控制单元（ICU）的维护概念”的服务公告中解释。这期公告预计将于 2012 年下半年发布。

区分旧型或第 1 代 ICU （级别 0）和新型 ICU（级别 1）非常重要。可以通过检查喷射控制阀（ICV）外面的环槽识别 RT-flex96C-B 和 RT-flex84T-D 的 ICU 的类型，如图 17。

表 6 ICU 的区别标记

ICU 类型	区别记号
级别 0	ICV 有光滑型的外表面
级别 1	ICV 外表面有环槽

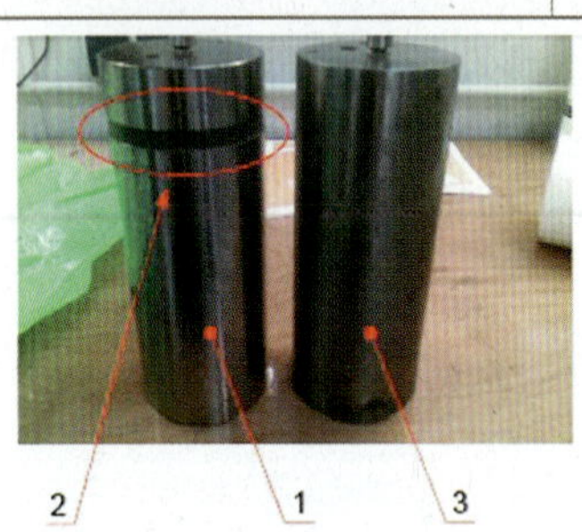

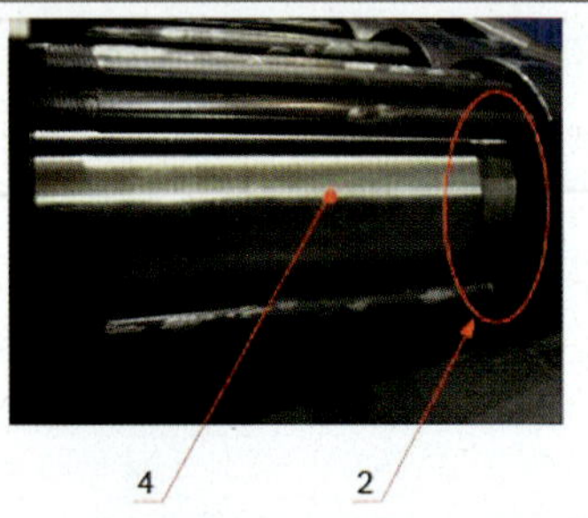

1 级别 1：带环槽的 ICV 2 环槽 3 级别 0：表面平滑的 ICV 4 级别 1：ICV 的安装

图 17 RT-flex96C-B 和 RT-flex84T-D 柴油机的 ICV

9 附件

9.1 报警

下列报警都可能在柴油机起动的几秒钟内发生，特别是在燃油喷射设备或液压油系统进行维修之后。只有这些报警一直不停，才应考虑采用附件 1 故障排除的指导措施。

附件 1

故障报警排除指导

项号	报警	可能的原因	排除方法 / 措施
A	ME Injection Quantity Sensor # meas. Fail 燃油油量传感器故障	如果从传感器测得的值低于 2 mA 或高于 22 mA，就会发生该报警。这意味着，信号不在范围内（4～20 mA），发生这种情况可能是断线或传感器连接断开。	检查燃油油量传感器的反馈。 检查插头是否插紧。 确保测量套筒正确安装在燃油油量活塞上。 检查 E95 箱和燃油油量活塞传感器之间的布线。 更换传感器，或者在反馈不稳定且没有备用件时，暂时拔下插头。 检查传感器的机械组件，请参阅应对措施 1 传感器更换，请参阅应对措施 2 。
B	ME Inj. Rail Valve #.# On Time Injection High 共轨阀响应时间太长	从共轨阀的激活直到共轨阀物理移动的时间称为“响应时间”。 将单个共轨阀的“响应时间”值与所有共轨阀“响应时间”的平均值进行比较，如果单个共轨阀的“响应时间”值高于平均值的 170%，就会发出此报警。	检查 E95 箱和共轨阀之间的电缆连接。 不同缸的共轨阀交换，如果问题仍发生在这个共轨阀上，这个共轨阀需要换新。如果不是，替换共轨阀上的三条线路，替换相应的 FCM 板上 X 11、X 13 和 X 14 的插槽位置。 在寒冷条件下，控制油的粘度增加也可能会导致起动时间加长。 如果使用 HFO，必须确保燃油共轨管路的蒸汽伴行是打开的。 共轨阀的更换请参阅应对措施 3。
C	ME Inj. Rail Valve #.# On Time Return High 共轨阀返回时间太长	从共轨阀的激活直到共轨阀物理移动的时间称为“响应时间”。 将单个共轨阀的“响应时间”值与所有共轨阀“响应时间”的平均值进行比较，如果单个共轨阀的“响应时间”值高于平均值的 170%，就会发出此报警。	检查 E95 箱和共轨阀之间的电缆连接。 不同缸的共轨阀交换，如果问题仍发生在这个共轨阀上，这个共轨阀需要换新。如果不是，替换共轨阀上的三条线路，替换相应的 FCM 板上 X 11、X 13 和 X 14 插槽的位置。 在寒冷条件下，控制油的粘度增加也可能会导致起动时间加长。 如果使用 HFO，必须确保燃油共轨管路的蒸汽伴行是打开的。 共轨阀的更换请参阅应对措施 3。

D	ME Inj. Time Too Short 喷射时间太短	喷射时间的计算是从喷射指令到返回指令。单缸的喷射时间与柴油机的平均值进行比较，如果单缸的喷射时间少于平均值的 60%，就会发出此报警。	可能是共轨阀故障。 可能是喷油器启阀压力太低。 喷嘴裂纹？ 喷油器管路泄漏？ 在恶劣海况或负荷快速变化情况下，可能会发生此报警。
E	ME Inj. Time Too Long 喷射时间太长	喷射时间的计算是从喷射指令到返回指令。单缸的喷射时间与柴油机的平均值进行比较。如果单缸的喷射时间大于平均值的 150%，就会发出此报警。	喷油器卡阻或启阀压力过高。 共轨阀可能故障。 只通过喷油器 2 或 1 喷射。 在恶劣海况或负荷快速变化情况下，可能会发生此报警。
F	ME Injection timing fail. cylinder # 喷射定时故障	喷射时间故障报警是上述 D 或 E 之一的结果。	同 D 或 E。
G	ME Inj. Quantity Piston, Late / No Return 油量活塞返回晚 / 或不返回	如果燃油油量活塞在喷射后没有完全返回，会出现此警报。如果在返回命令后，油量传感器的信号不低于 5.5 mA，它意味着燃油油量活塞还没有完全恢复。报警被延迟 30 秒。	如果燃油粘度很高可能会发生这种情况（燃油温度低或燃油共轨管路的蒸汽伴行不工作）。 在恶劣海况或负荷快速变化情况下，可能会发生此报警。 检查传感器的机械组件，请参阅应对措施 1。 传感器更换请参阅应对措施 2。

H	ME Inj. Quantity Piston, No Movement (slowdown) 油量活塞不动作（慢车）	如果燃油油量活塞在燃油喷射期间的移动低于 4%，将显示此报警。这个报警在 3 转中被抑制。（即超过 3 转，这个报警没复位的话就会有报警输出）	如果负荷非常低，燃油喷射量很少，此报警是正常的。 也可能是共轨阀故障、燃油粘度太高、燃油油量活塞不活络、恶劣海况。 应检查传感器的机械组件，请参阅应对措施 1。 传感器更换请参阅应对措施 2。
I	ME Inj. Quantity Piston, Stuck In Max. Pos. (Inj. cut-off+SLD) 油量活塞被卡在最大位置 （单缸停油+慢车）	如果从传感器发出的信号高于 18 mA，将出现此报警。它意味着燃油油量活塞处于最大位置，而没有返回	如果由于某种原因，无法执行返回命令，会有这种报警。导致原因：可能是由于共轨阀故障（共轨阀停留在喷射位置）；如果 ICV 卡在打开的位置，它也可能发生；控制油回油管路阻塞或关闭；燃油粘度高；喷油器或燃油管路泄漏。 检查传感器的机械组件，请参阅应对措施 1。传感器更换请参阅应对措施 2。 如果在停车的时候出现此报警，参照应对措施 4 中的步骤。
J	ME Injection quantity piston fail. cylinder # 油量活塞故障	这可能是 G、H 或 I 其中的一项造成的	同 G、H 或 I

注： Wärtsilä 联系方式见 3.2.04

RT-125
2012年4月3日

2.2.24 超压调节阀（PCV）的维护

适用机型：除了某些RT-flex58T-B和RT-flex60C（根据PCV的类型分）以外的所有Wärtsilä RT-flex柴油机。

超压调节阀（PCV）安装在RT-flex柴油机驱动端燃油共轨顶部（即在燃油上升管上方或位于燃油蓄压器IFA上方）。

未涉及的是RT-flex58T-B和RT-flex60C，它们的超压调节阀PCV位于共轨单元的自由端，即安装在燃油共轨的侧面。

从Wärtsilä最近接收的报告，提及关于PCV内部部件磨损造成的燃油漏泄。这些磨损是正常的，由于内部运动部件的缘故，久而久之就产生了磨损。经验表明，这个部件相当敏感的，必须对PCV进行定期维护。

在内部部件损坏的情形下，必须更换PCV。下面Wärtsilä介绍允许在船上对确定的部件进行专门的更换操作。

1 简介

对于RT-flex大缸径柴油机来说，超压调节阀（PCV）安装在中间燃油蓄压器（IFA）的自由端，而蓄压器位于供油单元的顶部，如图1所示。对于小缸径柴油机，PCV安装在燃油共轨靠近柴油机驱动端侧的顶部。

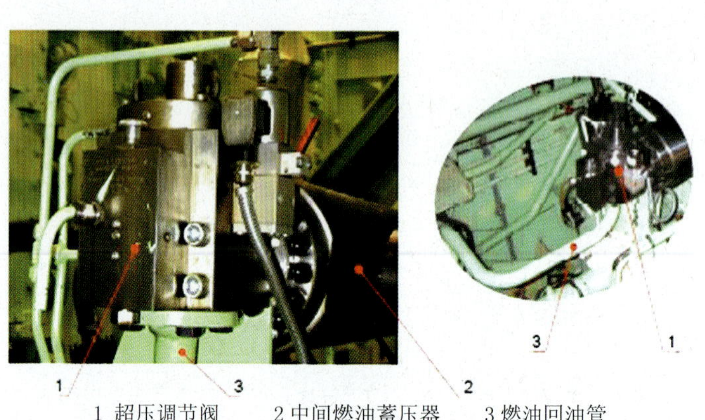

1 超压调节阀　　2 中间燃油蓄压器　　3 燃油回油管

图1 位于燃油蓄压器IFA的超压调节阀（RT-flex96C-B）

超压调节阀（PCV）是RT-flex柴油机高压燃油系统的重要部件。

当中间燃油蓄压器（IFA）或燃油共轨（小缸径柴油机）中的油压超过设定值时，

PCV 动作，过高的油压得以释放。油压波动或高压燃油泵（FOP）执行器的较小延迟，都可能会导致过压的发生。

Wärtsilä 接到过报告，反映超压调节阀阀座出现磨损。这种磨损会导致内部燃油的泄漏。在漏泄严重的情况下，会使得燃油压力不能重新建立，导致柴油机运行困难。因而，根据 IACS（国际船级社协会） 的要求，船上应备有经过 Wärtsilä 试验和校正的新的超压调节阀 PCV 的备件。

2 超压调节阀的功能和磨损

2.1 调节作用

图 2 中的活塞②顶部的油压将针阀③压在阀座④上，高压燃油同时作用在油压调节阀⑤上，当燃油压力上升时作用在活塞②上面的油压减小；当作用在活塞②上面的油压下降到一定值时，针阀③就会被燃油压力顶开，从而泄放燃油。

弹簧⑥、⑦和滚花螺钉⑧决定了油压调节阀⑤的调节性能和开启压力。

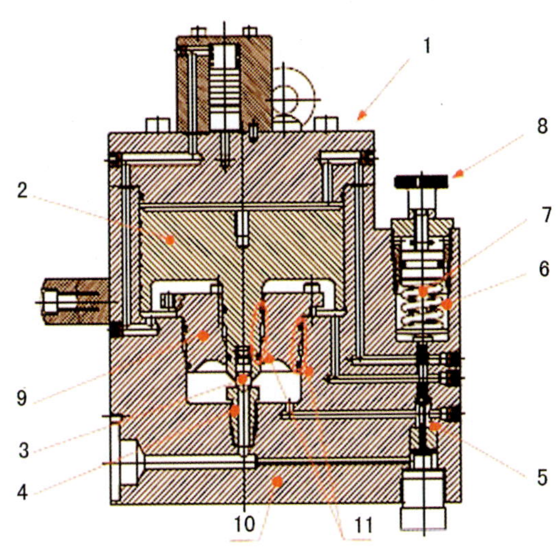

1 超压调节阀总成 2 活塞 3 针阀 4 阀座 5 油压调节阀 6 内弹簧
7 外弹簧 8 滚花螺钉 9 压盖 10 PCV 外壳 11 密封

图 2 超压调节阀

注意：

不同的柴油机缸径，PCV 具有不同的压力设定值。某些机型的实际压力设定值会与柴油机《保养说明书》中规定的设定值不同。对于压力设定值的正确设定，可以查表 2。

2.2 PCV 内部部件的磨损

燃油系统中可能的超压会导致超压调节阀①的打开或关闭。这种情形在燃油系统中连续发生，会导致针阀③和阀座②的磨损，参见图 3。

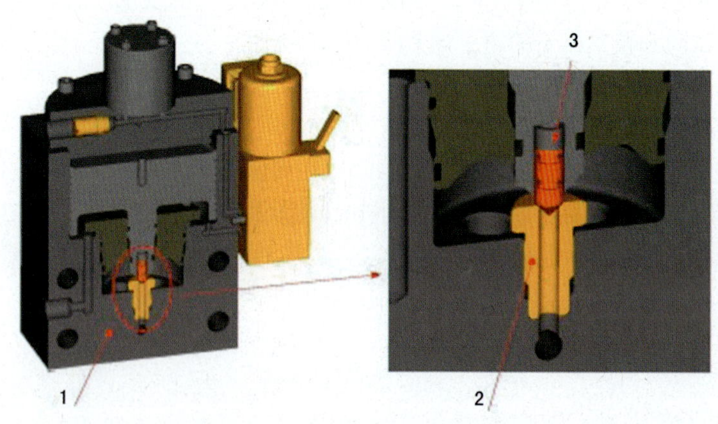

1 超压调节阀的剖面　　2 阀座　　3 针阀

图 3　超压调节阀内的针阀和阀座

磨损会导致内部燃油漏泄，从而使得燃油共轨系统中的燃油压力难以维持。

应通过定期检查 PCV 燃油出口或回油管的温度来发现燃油漏泄的情况，如图 4。管路的温度应该和正常的柴油机温度相同。如果出口管的温度远高于正常值，则表明有燃油从 PCV 泄漏。

注意：

只有在柴油机正常运行，且未处于机动操纵期间，使用红外测温仪或用手进行的温度检查结果才能反映 PCV 的漏泄情况。

3 PCV 的维护建议

经验表明，PCV 内部的部件的维护是非常敏感的，需要特别的设备和维护技巧。在 PCV 装配后，必须在试验台上进行功能和压力试验。Wärtsilä 进而建立了 PCVS 的维护建议。

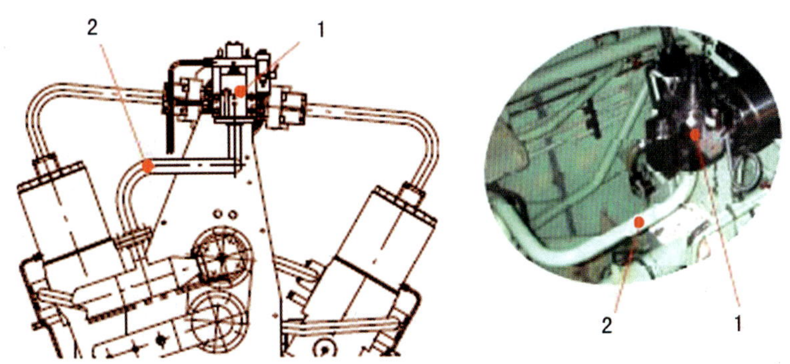

1 超压调节阀　2 PCV 的燃油泄油管

图 4　超压调节阀的燃油泄油管

为了避免PCV发生故障的风险，Wärtsilä建议仅完成以下提及的维护，参见图5。

在船上 PCV 的维护仅限于：

（1）PCV ①的完全更换。

（2）二位三通电磁阀②的更换。

（3）控制油进口滤器③的更换或清洁。

如果需要更换 PCV，应使用 Wärtsilä 提供的新的或翻新 PCV 进行更换，并且需要根据最新的技术规范进行设定，包括正确的压力调整。

3.1 PCV 的维护周期

每隔 6 000 个工作小时应进行功能检查。当发现功能失效时，只能使用翻修的 PCV 进行更换，并对失效的 PCV 进行彻底检修。对于 PCV 详细的维护周期，请参见修订过的《保养说明书》0 组套 0380-1 节中的摘录，如表 1 所示。

表 1 检查和检修周期

组别	部件	进行的工作	间隔
8750-2 或 5562-1	燃油超压 调节阀 （PCV） 1*	- 检查 SHUT DOWN 功能 （见《保养说明书》4003-1） - 功能检查 （见《保养说明书》5556-1 或 （见《保养说明书》5562-1） - 全面检修 - 更换滤器（控制油）	3 000 个工作小时 6 000 个工作小时 仅当 PCV 故障时 18 000 个工作小时

1*）　修订过的 PCV 可参见《保养说明书》

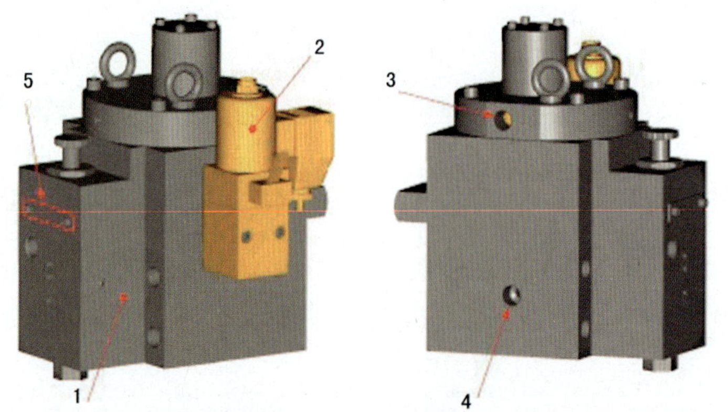

1 超压调节阀总成　2 二位三通电磁阀　3 控制油进口滤器的位置；
4 控制油泄放口　5 压力设定值的铭牌

图 5　超压调节阀总成

3.2　PCV 燃油泄漏的检查

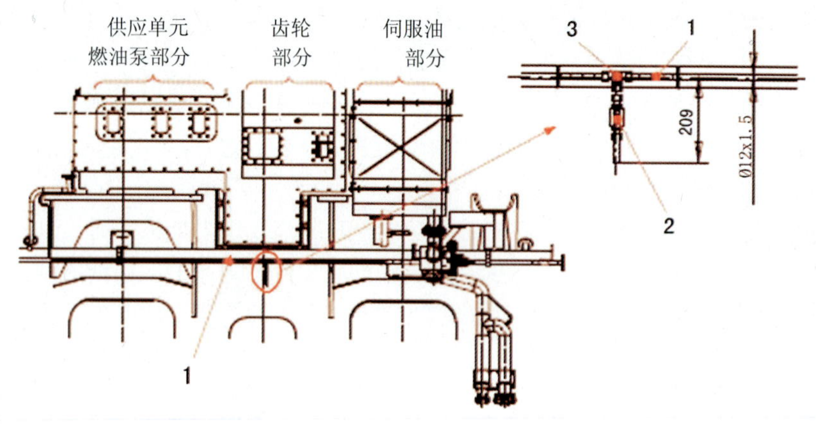

1 漏泄管 - φ12×1.5 mm　2 球阀　3 三通接头

图 6 RT-flex96C-B 柴油机回油管

如果由于密封⑾损坏（见图 2）使得燃油从 PCV ①的外壳⑩和压盖⑨之间漏泄，漏泄的燃油进入燃油系统或回油管路。如图 6 所示，在控制油漏泄管路①中安装有一个球阀②，在这个部位可以进行采样。如果取样的油被燃油污染，则燃油来自于漏泄的 PCV。

如果在控制油漏泄管路中未安装球阀，则球阀应该按照 RT-flex96C-B 柴油机的式样进行安装。

4 备件在船上的存放要求

存放在船上的备件必须进行必要的防护，以免锈蚀（备件在储存期间，应该小心地保护以防腐蚀）：

（1）PCV 备件必须远离灰尘、油和油脂。

（2）在表面涂防腐涂层（如 Tectyl 506、ISOTEC 337 或相似物）。

（3）所有的开孔必须封堵。

对于需要托运的备件，必须包装在封闭的箱子中，并予以很好的保护，以应对不利的气候条件（严寒、下雨、湿度过高等）。

包装注意事项

（1）在金属和金属直接接触的情形下，至少必须有一层 VCI 薄膜或油纸位于部件之间，但是最好的是有附加的填料。

（2）不要用木头或硬纸板直接包装金属，不要用裸手接触金属部件（可用手套）。

5 备件套组的订货

为了正确订购备件，Wärtsilä 制定了新的备件套组。可以按图 7 和表 2 中指示的备件号进行订货。

可用的套组和备件：

（1）套组：超压调节阀（PCV）总成，这个套组包括带有中间环所需○型圈的 PCV。

（2）PCV 的二位三通电磁阀。

（3）至 PCV 的控制油进口滤器。

注意：

超压调节阀（PCV）备件订货的保单将随着新的维护概念而改变。

在过时的备件代码本中阐述的单个零配件已不可再用。

备件代码本中的示例

Wärtsilä RT-flex

备件

第 5 组或第 8 组

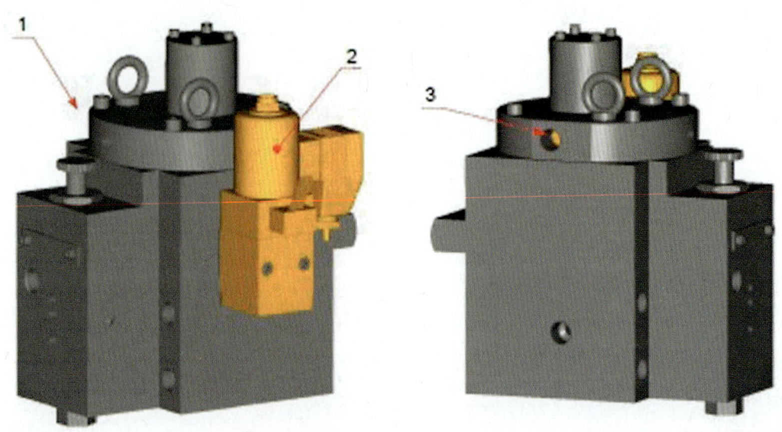

1 超压调节阀总成 2 二位三通电磁阀 3 控制油进口滤器

图 7 燃油共轨超压调节阀总成

表 2 新的 PCV 备件套组

在图 7 中的索引代号		1	2	3
柴油机型号	压力设定（bar）	超压调节阀（PCV）	二位三通电磁阀	控制油进口滤器
RT-flex48T-D	1050	EF 55625	EF 55649	EF 55641
RT-flex50 RT-flex50-B RT-flex50-D	1050	IF 55625	IF 55649	IF 55641
RT-flex58T-B RT-flex58T-D	1050	OF 55940	OF 55964	OF 55956
RT-flex60C RT-flex60C-B	1050	NF 55940	NF 55964	NF 55956
RT-flex68-B RT-flex68-D	1050	MF 55650	MF 55674	MF 55666
RT-flex68-D_V1	1050	PF 55650	PF 55674	PF 55667
RT-flex82C Tier I	1050	LF 55650	LF 55674	LF 55667
RT-flex82C Tier II	950	LF 55645	LF 55674	LF 55667
RT-flex82T	950	VF 55650	VF 55674	VF 55667
RT-flex84T-D	950	BF 87560	BF 87584	BF 87576
RT-flex96C-B	950	DF 87560	DF 87584	DF 87576

RT-126

期号 1,2012 年 4 月 12 日

2.2.25 柴油机的燃料

适用机型：Wärtsilä 低速二冲程柴油机

为了确保 Wärtsilä 二冲程柴油机无故障运行，阅读并遵从这个关于燃油状态建议的服务公告是至关重要的。

1 简介

注意：

这份技术公告替代“Service Bulletin G-3.1（1993 年 10 月 6 日颁布）”中标题为“柴油机燃料”的内容。

只要措施得当，几乎所有的矿物残渣油、馏分油和再生燃油都可以作为柴油机的燃料。然而，燃油的质量及燃油预处理工作将影响柴油机检修的周期频率。因此，主要从经济考虑，根据柴油机的类型、尺寸、转速以及实际应用，确定燃油质量（成本）。

轻柴油和重柴油（馏分油）可以在所有的 Wärtsilä 柴油机中应用，但也受到一些限制。对燃油进行足够的预加热和预处理，Wärtsilä 二冲程柴油机设计上可以使用最高粘度为 700mm²/s 重质燃料油运行（ISO 8217:2010 RMK 700 等级）。对于含硫量非常低的燃油，必须特别注意，尤其在用新的活塞环和气缸套的情况下。

注意：

燃用 HFO 必须在相应的燃油处理设备中进行处理。

加装燃油时，燃油供应商一般提供一份“Quality requirements”质量报告，其中仅列入了部分参数，如密度和最大粘度等主要参数，这就影响了对燃油的准确评价。因此，每次加装燃油获得一份燃油化验报告是非常重要的。

供应商应保证燃油的稳定性，避免油渣沉积。此外，燃油对喷射设备不能产生任何腐蚀作用，也不能含有使用过的滑油或任何化学废物。

加装燃油应尽量避免不同燃油的混合，燃油舱中不同燃油的混合会导致不相容的风险（例如，导致滤器的污染或有过多的油泥沉积，还会使燃油处理设备处于过载工作状态）。新燃油应加装在空的油舱内，而不应该在有存油的油舱上部加装新燃油。

2 重质燃料油（HFO）

柴油机燃油包括从轻柴油到重质燃料油的各种石油产品。轻柴油是对原油进

行蒸馏和处理后产生的，而重质燃料油主要是原油在蒸馏后留下的残渣油。为了获得所需的粘度，这种残渣油要用轻质的、粘度小的油品予以混合。现代的精炼厂也用所谓的“二次转化过程”，诸如减粘裂化和催化裂化等，以提炼更多轻质产品。残渣油被用作重质燃油的调和油。

船用燃油通常用粘度来分级。粘度用 mm^2/s 表示，通常称为厘沲（cSt），并在 50℃温度时进行测量。燃油根据 ISO 8217 进行分类，最新的版本是 2010 年 6 月 15 日颁布的第 4 版。

必须注意粘度本身不是质量标准。为了评价柴油机使用的燃油质量和适用性，必须考虑燃油质量表中列出的一系列特性参数，参见表 1。

为了评价轻柴油的发火性能，使用十六烷值（通过标准的柴油机试验得到）或十六烷指数（通过计算而得）。对于中速和高速柴油机，发火和燃烧性能是特别重要的。经验表明，对于低速柴油机，除了某些很少碰到的非常差的燃油之外，发火性能是次要的。

如果使用的燃油分类等级接近上限的燃油，需要对柴油机特别是燃油处理设备进行非常良好的监视和维护。由于燃油质量差或不恰当的燃油处理，必然要面对提早检修和附加的维修费用。

表 1 中（ISO 8217:2010 RMK700）燃料油限制范围栏（In the column “Bunker limits）表明了加装重质燃料油的最低质量标准，（即向船舶 / 设施供油）。市场上符合 ISO 8217 标准限制的燃料油已取得了良好商业运作效果。当然，使用低密度、低金属成分、低灰分和残碳的燃油，通过改善燃烧和排气成分以及减少磨损，在缩短检修周期方面能够获得积极地影响和良好的期待。

加装的燃油在进机前必须进行预处理。燃油处理设备的设计应遵循 Wärtsilä 瑞士有限公司的相关技术规范。最小分离量（容量）是 1.2×CMCR×BSFC/1 000（升 / 小时），其对应于 0.21 升 /kW。燃油处理必须去除污泥，将催化剂粉末和水分降低到进机的限制值。

备注：

CMCR：Contract Maximum Continuous Rating 约定最大持续功率，单位：KW

BSFC： Brake Specific Fuel Consumption 燃油消耗率，单位：g/kWh

根据 ISO 8217，严禁向燃油中掺入废润滑油或化学废弃物等，因为这对于船员、机器和环境都会产生危害。由于这些物质会危及燃油处理设备、燃油喷射设备、活塞、活塞环、缸套、排气阀及阀座等，因此对于诸如酸、溶剂和固体颗粒等外部杂质用滴定法、红外线和色谱测试进行的试验虽然不是标准的，但也是可用的。

由于燃油质量差，还会导致增压器、排气系统和废气锅炉的污染。

柴油机进口的燃油质量技术标准基于最新的 ISO 8217:2010 标准。

燃油满足柴油机相关的应用要求是强制性的。

Wärtsilä 根据 ISO 8217:2010 制订的柴油机进口处燃油质量标准，见表 1。

表 1 燃料油的要求和质量限制

Wärtsilä 根据 ISO 8217:2010 制订的柴油机进口处燃油质量标准 *1)				
项目	单位	限制	试验方法	柴油机进口处的燃油质量要求
50℃时的运动粘度	mm^2/s(cSt)	max. 700	ISO 3104	13...17 *2)
15℃时的密度	kg/m^3	max. 1010 *3)	ISO 3675/12185	max. 1010
CCAI（碳芳香指数）	—	870	计算	870
硫 *4)	m/m(%)	法定要求	ISO 8754/14596	max. 4.5
闪点	℃	min. 60.0	ISO 2719	min. 60.0
硫化氢 *5)	mg/kg	max. 2.00	IP 570	max. 2.00
酸值	mgKOG/g	max. 2.5	ASTM D664	max. 2.5
总实际沉淀物	m/m(%)	max. 0.10	ISO 10307-2	max. 0.10
微量碳残余物	m/m(%)	max. 20.00	ISO 10370	max. 20.00
倾点（上限）*6)	℃	max. 30	ISO 3016	max. 30
水分	v/v(%)	max. 0.50	ISO 3733	max. 0.20
灰分	m/m(%)	max. 0.150	ISO 6245	max. 0.150
钒	mg/kg(ppm)	max. 450	ISO 14597/ IP501/470	max. 450
钠	mg/kg(ppm)	100	IP501/IP470	max. 30
铝和硅	mg/kg(ppm)	max. 60	ISO 10478/ IP501/470	max. 15
废润滑油（ULO）：钙和磷	mg/kg	如果：Ca>30 及 Zn>15 或者 Ca>30 及 P>15，可用	IP501 或 IP470/IP500	如果：Ca>30 及 Zn>15 或者 Ca>30 及 P>15，不可用

1 mm^2/s = 1 cSt（厘拖）

*1) 从位于瑞士日内瓦的 ISO 中心秘书处（www.iso.ch）可以获得 ISO 标准。

*2) 对于 W-X 柴油机，柴油机进口处的燃油粘度可以在 13～20 mm^2/s（cSt）.之内。

*3）如果燃油处理装置不能清除高密度燃油中的水分，则应将密度最大值限制为 991 kg/m^3。

*4）ISO 8217:2010，RMK700 提醒：可以根据法规实施较低的硫分限制，硫分限制值在 ISO 8217:2010 中未作定义。

*5）氢硫化物限制将从 2012 年 7 月 1 日起实施，给定的限制值将作为指南。

*6）购买的燃油应该确保倾点对于船用设备是适用的，尤其是在寒冷气候下的运行。

粘度推荐范围

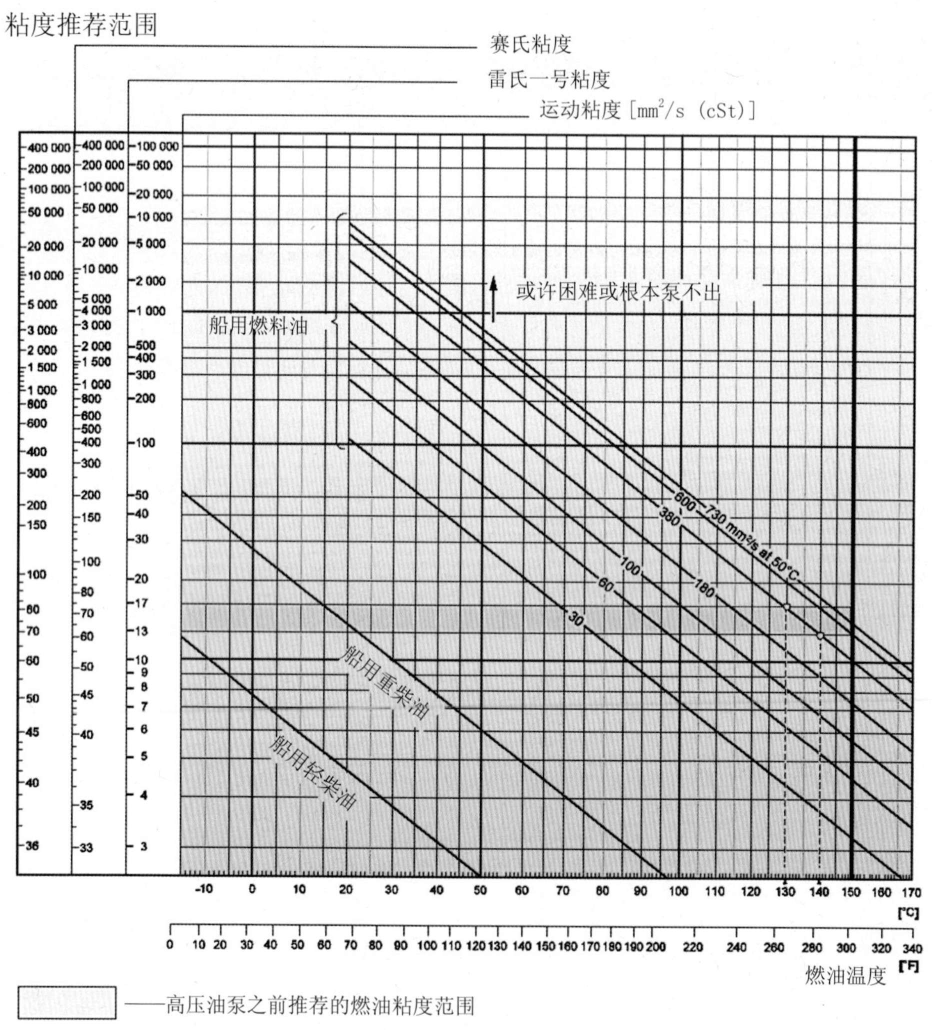

图 1　船用燃油粘度－温度关系曲线

备注：

对于表1中列出参数的解释，请参见本文3. “使用HFO的注意事项“

3 使用重质燃料油的注意事项

3.1 粘度

柴油机进口的燃油粘度范围建议为13～17mm²/s (cSt)。作为指导，对于给定的粘度，需要的预热温度可以根据粘度-温度图表予以确定，图1所示。

图1的实例

由表中可查到，对于380mm²/s （在50℃时）的燃油，在高压油泵之前达到推荐的粘度值，必须加热到130～140℃。

可用的最大粘度值取决于加热设备和燃油的预处理设备。燃油分油机的分离量和温度必须与粘度相应地进行调节，以获得良好的分离效果。并不需要将燃油加热至150℃以上以达到柴油机进口处粘度推荐值，因为燃油可能会分解形成沉淀物。温度也可能会高于闪点，因而存在危险。

3.2 密度

燃油密度在很大程度上取决于燃油的成分，高密度燃油表明芳香烃含量高。用常规方法测量（15℃时）燃油密度是不可能的，测量要在较高的温度下进行，然后再转换到调节温度。多数燃油是ISO 8217:2010 RMG规格，其最大密度为991.0kg/m³。如果使用高密度燃油，船上必须配备相应的燃油预处理设备，才能够对密度在991.0 kg/m³以上的燃油进行处理。

3.3 CCAI（计算碳芳香指数）

燃油的发火和燃烧残余物取决于柴油机的设计、负荷和燃油性能。

根据燃油密度和运动粘度计算CCAI，来衡量燃油发火性能或发火的延时，它对于燃烧性能没有影响。将CCAI限制在使用范围内，得到满意的发火性能。

进一步的试验可以用于确定燃油发火点和燃烧的稳定性，这些试验有助于调查可能有问题的燃油。

3.4 硫分

ISO 8217:2010 规范不再规定硫分限制值，因为这个值受到国际公约的限制。根据国际公约规定，Wärtsilä 二冲程柴油机使用的燃油最大含硫量为4.5% m/m。

气缸润滑油的碱度(BN)应该根据燃油含硫量予以选择。柴油机在短时间内使用的气缸油BN不恰当尚可，但要避免长时间运行。

与燃油含硫量有关的气缸油碱值的选择，可参见服务公告 RT-18.4。

(09.06.2009出版）题为“气缸套和活塞环的磨合”一文。

3.5 闪点

闪点是燃油的一个重要的安全和火灾危险的指标。即使温度低于闪点，也要考虑燃油存在火灾危险，因为可燃蒸气可能会存在于油柜上层空间。在船上为了提高过滤和喷射性能可能会将残渣燃油加温超过闪点，这必须注意安全。

3.6 硫化氢

H_2S 是剧毒气体，暴露在高浓度气体中是危险的，可能是致命的。低浓度时有臭鸡蛋的气味，在中等浓度时不能感觉到，但会引起恶心和头昏眼花。在高浓度时是致命的。由于 H_2S 的存在，在开启油柜或燃油管路时必须格外小心。

3.7 酸值

燃油的酸值高会导致燃油喷射系统的损坏。大多数燃油的酸值较低，并没有害。但是如果酸值超过了 2.5 mgKOH/g，就会增加产生问题的可能性。某些环烷烃残油的酸值大于 2.5 mgKOH/g，还可以接受。但要通过实验室进一步分析确定强酸值。

3.8 沉淀物、残炭值和沥青

较多的沉淀物、炭残值和沥青都会影响燃油的燃烧质量，导致柴油机部件的磨损和污垢。沥青还会影响混合燃油的稳定性，并在燃油分油机和滤器中形成过多泥渣。也会影响油舱燃油稳定性，导致油舱柜底部大量的油泥的沉淀。

为了使混油的风险降低至最小，应避免将不同的供油与原储存舱的燃油混合。在对重质燃料油进行混合以降低粘度时候必须特别注意。将石蜡基的馏分油添加到储存稳性差的重质燃料油中，会由于沥青的凝聚而沉淀出来，从而导致大量的泥状沉淀物。重油的沥青分不超过 14%。在二冲程柴油机中，只要对燃油预处理设备进行正确的操作，一般不会出现不能发火和燃烧问题。

3.9 倾点

燃油的使用工作温度至少高于倾点 5～10℃以上，以确保泵的正常抽吸。

3.10 水分

燃油中的水分可以通过沉淀柜、日用柜排水和离心分离得以降低。对水分应彻底的清除，以减少燃油中的亲水粉末和钠的含量。钠不是天然的燃油成分，然而船用燃油通常受到含钠海水的污染，燃油中 1.0% 的海水含量对应 100ppm 的钠。

为了取得良好的分离效果，燃油的分离量和温度必须按照粘度进行调整。对于粘度高的燃油，分离温度必须增加，燃油的分离量相对于分油机额定容量要相对的减少。对于推荐的运行数据，也可以参见分油机的指导手册。

3.11 灰分和微量金属

我们需要燃油灰分、钒、钠、铝、硅、钙、鳞和锌的含量都要低。这些成分在增压器、排气阀及废气锅炉中会导致磨料磨损、高温腐蚀和积碳。

3.11.1 钒和钠

钠会降低钒氧化物和硫酸盐的熔点，尤其在钒和钠的比例达到 3:1 的时候。主机进口处高含量的钠（以及锂和钾）会引起增压器、排气阀及废气锅炉结垢。通过定期吹灰，可以降低残碳的沉积和高温腐蚀。

3.11.2 铝和硅

燃油中的铝和硅是催化剂粉末残存量的指示。它们是坚硬的氧化粒子（顺磁的圆形粒子），会导致活塞、活塞环、气缸套的磨粒磨损。这些成分是石油精炼过程中的催化剂，在船用燃油中也有。最危险的催化剂粉末是 10～20 微米的颗粒。

催化剂粉末很容易被水滴吸附，也很难从燃油中清除。实践证明，通过分油机处理含量为 60ppm(mg/kg) 的铝和硅可以减小到 15ppm (mg/kg)，这个数值是可以被接受的。为了有效地分离，燃油温度应尽可能接近 98℃。对于船用燃油中大于 40ppm 的催化剂粉末，建议降低分油机的分离量，必须按设备制造商的指导操作。

催化剂粉末可以聚集在燃油舱或燃油柜中的沉淀物中，在恶劣海况下，船舶的摇摆使沉淀的泥渣被翻起并与燃油搅拌。为此，即使燃油质量表中这些成分是合格的，也要考虑燃油都含有催化剂粉末，所以强调连续、有效的分离至关重要。

注意：在新的 ISO 8217:2010 规格中，对于 RMG 和 RMK 等级的燃油，铝和硅的限制值已经被减少到 60 mg/kg。

3.12 用过的滑油和其它污染物

用过的润滑油和化学废物不得混入燃油舱柜中。用过的滑油会影响燃油稳定性，通常基础油石蜡成分非常大，会导致生成很多的油泥。用过的润滑油大多来自于曲轴箱，达到一定数量的钙、锌、磷、其它附加物以及磨损的金属颗粒都会污染燃油。ISO 8217：2010 和 Wärtsilä 规范中的限制是基于标准的试验方法测试，确保燃油中没有这些金属成分。

化学废弃物也不应当混入燃油中。燃油中未反应的聚合体、苯乙烯和其它化学物质应予以隔离。这些成分会导致过度的分解、部分的凝固和滤器堵塞。它们会影响燃油喷射系统的正常工作，导致高压油泵柱塞和喷油器咬死。

4 对馏分燃油的要求（见表 2）

表 2 对馏分燃油的要求和质量限制

Wärtsilä 根据 ISO 8217:2010 制订的柴油机进口处燃油质量标准				
项目	单位	限制	试验方法	柴油机进口处的燃油质量要求
40℃时的运动粘度	mm^2/s(cSt)	max. 11.0 min. 2.0	ISO 3104	min. 2.0 不考虑温度
15℃时的密度	kg/m^3	max. 900.0	ISO 3675/12185	max. 900.0
十六烷值	_	min. 35	ISO 4264	min. 35
硫分 *1)	m/m[%]	2.0	ISO 8754/14596	max. 2.0
闪点	℃	min. 60.0	ISO 2719	min. 60.0
硫化氢 *2)	mg/kg	max. 2.0	IP 570	max. 2.0
酸值	mgKOH/g	max. 0.5	ASTM D 664	max. 0.5
经热过滤的沉淀物总量	m/m (%)	max. 0.10	ISO 10307-1	max. 0.10
氧稳定性	g/m^3	max. 25	ISO 12205	max. 25
碳残余物：基于 10% 容积的馏分残余物的微方法（用于 DMX、DMA、DMZ 等级）	m/m%	max. 0.30	ISO 10370	max. 0.30
碳残余物：微方法（用于 DMB 等级）	m/m%	max. 0.30	ISO 10370	max. 0.30
冬季倾点（上限）*3)	℃	max. 0	ISO 3016	max. 0
夏季倾点（上限）	℃	max. 6	ISO 3016	max. 6
外表	-	清洁透亮		清洁透亮
水分	v/v (%)	max. 0.30	ISO 3733	max. 0.20
灰分	m/m (%)	max. 0.010	ISO 6245	max. 0.010
60℃时的润滑性，修正磨损擦伤痕迹	μm	max. 520	ISO 12156-1	max. 520

1 mm^2/s = 1 cSt

*1) 购买者将按照目前法令要求确定最大硫含量。

*2) 对氢硫化物的限制将从 2012 年 7 月 1 日起实施，届时限制值将作为指南。

*3) 购买者将保证倾点对于船上设备是合适的，尤其是在寒冷气候下运行。

备注：

对于表 2 列出的数据的解释，请参见本文 5. 关于馏分燃油要求。

为满足特殊区域排放标准的规定，二冲程柴油机也越来越多的使用馏分燃油。馏分燃油比残渣燃料油更容易操作，但还是需要注意一些特别的问题，参见 RT-82 的服务公告“馏分燃油的使用”。

ISO 8217: 2010 规定了 DMX、DMA、DMZ 和 DMB 等分类。Wärtsilä 的柴油机进口规范基于 DMB 等级，应选用最高的粘度等级。一般粘度低于 2.0mm^2/s、闪点低于 60.0℃ 的 DMX 级别的燃油不应被被加装到船上。

5 关于馏分燃油的要求

5.1 粘度

柴油机进机之前燃油粘度的推荐范围为 13～17 mm^2/s (cSt)。然而，由于馏分油没有这样高的粘度值，因而对燃油泵进口处提供的最小粘度值为 2.0 mm^2/s (cSt)。从轻柴油到残渣燃油的转换以及逆过程需要格外小心操作，以确保无故障发生。请参见维护文件“柴油机用 MDO/MGO 的运行和从 HFO 到 MDO/MGO 的转换”，以及 RT-82 的维护公告“镏分燃油的使用”。在某些情形下，高压油泵进口处可能达不到 2.0 mm^2/s (cSt) 的最小粘度。在这种情形下，需要设置燃油冷却系统，以确保在高压油泵进口处达到最小粘度。

5.2 密度

馏分油的密度也是取决于燃油的成分，芳香烃含量越高，燃油密度越高。

5.3 十六烷指数

柴油机中馏分燃油的自燃和燃烧特性取决于特定的柴油机设计、负荷和燃油性能。根据馏分和密度计算十六烷指数，用来衡量发火性能或燃油发火延时。它是通过在 10%、50% 和 90% 的燃油馏分时的密度和温度来确定的。对于燃油的燃烧性能毫无影响。

5.4 硫分

ISO 8217:2010 中的馏分燃油标准中规定了硫分限制值，但还需小心，以确保符合法规要求。气缸润滑油中的碱度 (BN) 应该根据所用燃油中的含硫量予以选择。柴油机可以在碱度 (BN) 不匹配的短时间运行，但必须避免长时间运行。关于燃油含硫量与气缸油 BN 的选择，可以查找“维修公告 RT-18.4（2009 年 6 月 9 日）”，其名称为“气缸套和活塞环的磨合”。

5.5 闪点

闪点是柴油一个重要的安全和火灾危险的参数。即使温度低于闪点，在油柜中仍然会形成易燃蒸汽，因而必须考虑燃油储存的火灾危险。

5.6 硫化氢

H_2S 是毒性很大的气体，接触高浓度气体是危险的，可以是致命的。低浓度的 H_2S 具有臭鸡蛋的气味，在中等浓度一般感觉不到，但会导致恶心和头晕，高浓度则会致命。由于 H_2S 的存在，打开油柜或燃油管路必须要小心。

5.7 酸值

具有高酸值的燃油可能会危害燃油喷射系统。大多数燃油具有较低的酸值，没有影响。但是，如果酸值在 2.5 mgKOH/g 以上，则会增加导致故障的可能。

5.8 沉淀物

大量的沉淀物会破坏燃烧质量、导致主机部件加剧磨损和增加碳垢。大量的沉淀物还会导致滤器堵塞或使自清滤器系统频繁排放。

5.9 倾点

燃油的温度必须高于倾点大约 5～10℃，才能确保燃油的泵送。除了在极端寒冷的环境下，对于馏分燃油来说没有问题。

5.10 水分

通过在日用柜中沉淀和分油机处理，可以除去馏分燃油中的水分。

5.11 灰分和微量金属

与残渣燃油比起来，馏分燃油的灰分、钒、钠、铝、硅、钙、鳞和锌含量都很少。不会对增压器、排气系统和废气锅炉导致磨粒磨损、高温腐蚀和沉淀物的形成。

5.12 废弃滑油和其它污染物

用过的滑油和化学废物不应该混入馏分燃油中。

用过的滑油会引起水分的残留，因为存在大量的具有清净性的添加剂，同时滑油中的金属（诸如钙、镁、锌和鳞）会使得灰分增加，使之超过规范规定值。

化学废物不应进入馏分燃油，应相互隔离。化学废物会导致馏分燃油过度的分解、部分凝固和滤器堵塞。它们会影响燃油喷射系统正常工作，导致高压油泵柱塞和喷油器卡死。

6 生物衍生物和脂肪酸甲基脂（FAMEs）

船用燃油中可能存有这样的成分，它们会导致产生温室效应的气体和 SOx 的排放。柴油中生物衍生物的主体是 FAME’s，它起源于天然植物油的化学处理的结果。在许多国家，这些成分在机动车和农用柴油中是强制性的。ISO 14214 和 ASTM D（燃料协会） 6751 对 FAME 作出了规定。

典型的 FAME 具有良好的发火性能和非常好的润滑特性以及可察觉到的环境效益。然而，对于 FAME，还应关心以下问题：

- 好氧性，存在长期储存的稳定性问题；
- 亲水性，为微生物生长提供营养；

- 较差的低温特性；
- FAME 物质在裸露表面包括过滤元件中的沉淀。

当FAME被视作为一种燃料的时候，必须付出更多地关心，以确保船舶的储存、管理、处理、检修和系统都能和这样的产品相容。

7 燃油添加剂

通常，对于 ISO 8217:2010 标准的燃油，一般不需用燃油添加剂就可以达到正常工作。然而，某些操作者可能希望使用特别的添加剂来改善燃油的性能。如果这些添加剂满足内部的要求，Wärtsilä 可以对这些添加剂进行评价，并针对这些特别的添加剂提供认证， 但 Wärtsilä 不会对由于使用这样的添加剂引起的性能变化或潜在的危害承担任何义务和责任，无论这样的损害是如何发生的。

2.3 RTA 服务公告

RTA-45

1999 年 6 月 3 日

2.3.01 螺丝和弹性螺栓的紧固规程

适用机型：所有 RTA 柴油机

1 简介

此公告介绍了之前的《保养说明书》中没有涵盖的 RTA 柴油机中螺栓和弹性螺栓的紧固力矩。

请将本通告插入《保养说明书》中的以下机型中相关章节：

第 013 章：RTA 38、RTA 48、RTA 58、RTA 68、RTA 76、RTA 84 和 RTA 84M 柴油机

第 0352 章：RTA 52(U)、RTA 62(U)、RTA 72(U)、 RTA 84C(U)、RTA 48T、RTA 58T 和 RTA 84T 柴油机

第 0352-1/A1 节　本服务公告中的信息已经包含在本节中。

2 普通螺拴的紧固规程

表 1 适用于没有包含在 013 或 0352 中的连接件。

表 1 普通螺拴的紧固规程

螺纹	紧固扭矩（Nm）	螺纹	紧固扭矩（Nm）
M8	20	M30	1200
M10	40	M33	1600
M12	70	M36	2100
M14	110	M39	2500
M16	170	M42	2900
M18	250	M45	3300
M20	350	M48	3700
M22	450	M52	4100
M24	600	M56	4600
M27	900	M60	5200

这些数值仅对材质为 8.8（或同等材料）的螺丝有效。

螺纹使用润滑剂。

与“高温部件”接触的螺栓，如排气管、膨胀接头等部位，建议使用耐热润滑剂（如 THREAD GARD）。

3 弹性螺栓的紧固规程

必须按照图 1 和图 2 中规定的数值紧固弹性螺栓。

请注意！在安装弹性螺栓前，清洁螺纹、螺孔并清除油污。将螺柱旋进螺孔底部并拧紧。务必使用螺拴拆装工具或双螺母拧紧。严禁使用会损害螺拴的管子扳手。

为了保护缸体和缸盖中的螺拴，使用非硬化密封化合物填充螺栓周围的环形空间。更多有关此情况的信息，请参见服务公告 R-2 系列柴油机“弹性螺栓的装配 / 更换”。

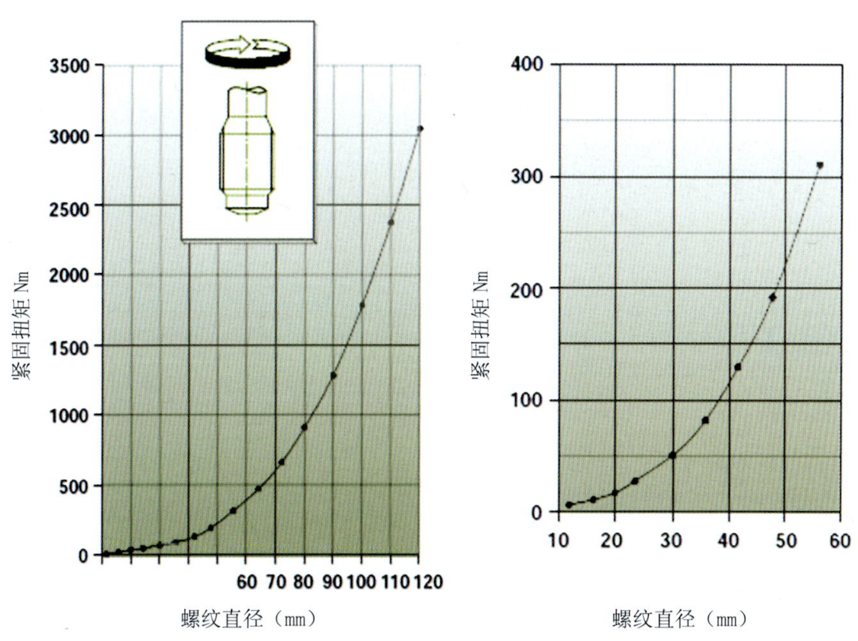

图 1　弹性螺栓的紧固扭矩

图 2　弹性螺栓的紧固扭矩

RTA-46
1999 年 6 月 17 日

2.3.02 机架裂缝

适用机型：Sulzer RTA“-8 和 -2 系列”柴油机

1 简介

偶尔，RTA“-8 系列”和 RTA“-2 系列”柴油机机架上会出现裂缝。本服务公告将说明这种机架裂缝可能出现的部位以及针对各相关部件应采取的预防措施。

本服务公告中的 RTA“-8 系列”包含如下柴油机类型：
RTA58、RTA68、RTA76 和 RTA84
本服务公告中的 RTA“-2 系列”包含如下柴油机类型：
RTA52、RTA62、RTA72 和 RTA84M

Wärtsilä NSD 瑞士有限公司与相关柴油机制造商一起调查了可能引起机架裂缝的原因，而且是从各个角度，包括设计、制造和操作方面来研究。同时还使用变形测量仪进行了大量的测量。

在挖开这些裂缝时常发现以下缺陷：

（1）板边切口不符合要求。

（2）焊缝根部有缺陷，没有焊透。

（3）角部的焊点没有焊透，十字头导板的锐边没有按照图纸和焊接质量规格的。要求打磨。

2 设计方面

Sulzer RTA 柴油机焊接结构的设计宗旨是低重量高强度。因而机架使用坚硬的箱型模块而非带有许多加固肋骨的敞型结构。

3 制造方面

对 RTA 柴油机上曾出现过裂缝的角已经进行了加工，且/或根据通用制造规范进行焊接，在制造 RND、RND、M、RL 和 RTA 柴油机时也采用同样的制造规范。

4 操作方面（非正常作用力）

尽管非正常作用力与产生裂缝的关系并不明确，根据观察，下列因素仍不能忽略：

（1）因为某缸没有发火等原因导致周期性扭应力增加.

（2）横向固定装置、平衡装置和/或减震器的故障导致机架震动的增加。

（3）支撑螺栓和 / 或贯穿螺栓的错误安装（扭矩）导致的非正常应力。

5 针对使用中柴油机的对策

导致裂缝的准确原因很难评估并确定。为了克服所有不利因素，我们最新类型的柴油机（C-、U- 和 T- 系列）由于简化了制造过程（焊接和钢板准备工作），确保了原受影响区域的安全性。这种做法也应用于维修过程中。

5.1 预防性检查

为避免高昂的维修费用，建议定期检查曲拐箱内状况。

一旦出现裂缝，就要定期检查并报告裂缝的发展情况。应通过着色检查方法等检查裂缝的延伸情况，并使用中心冲做标记。其报告请使用在本公告附件 1 提供的标准记录表，并且要绘制出裂缝的位置和状态，加以说明。

一定要采用预防性措施，最好是针对所有部件，当然还要在船期允许范围内尽快维修裂缝。

5.2 裂缝位置

机架裂缝与气缸数量和柴油机左侧 / 右侧没有明确关系。

裂缝主要出现在：

- 支撑螺栓和导板的横梁拐角处
  （RTA84、RTA62、RTA84M） 如图 1 所示。
- 加强肋板和导板间的焊缝处
  （RTA62、RTA72、RTA84M）如图 2 所示。
- 导板和横隔板间的焊缝处
  （RTA76、RTA84）如图 3 所示。
- 导板及齿轮箱内中隔板的纵向焊接处
  （RTA76、RTA84、RTA84M、RTA62、RTA72）如图 4 所示。

5.3 正在使用中无法进行维修的柴油机的对策

5.3.1 横梁角处裂缝

- 维修可安排在下次修船期间或长时间的装 / 卸货期间。修理期间柴油机不能转动。
- VIT 必须切除 .
- 通常无需进行负荷限制和速度限制。

5.3.2 加强肋板和导板处裂缝

- 纵向焊缝处的裂缝必须尽快修复，否则裂缝将发展到横板。
- VIT 必须切除。
- 通常无需进行负荷限制和速度限制。

- 导板滑块白合金层的状况需要增加检查频率　。

5.3.3 导板和横板处裂缝

- 焊缝处的裂纹必须尽快修复。
  由于裂纹的扩大，导致滑块和导板间隙减小。
- VIT 必须切除。
- 通常无需进行负荷限制和速度限制。
- 导板滑块白合金层的状况需要增加检查频率。

5.3.4 导板 / 中板（齿轮箱）的纵向焊接处的裂缝

- 焊接缝处的裂缝必须马上修复。

请注意！齿轮传动机构有完全毁损的危险。

- 必须限制功率和转速。

5.4 横梁的角部裂缝（图 1）

支撑螺栓的横梁和导板间的拐角处发现裂缝。

如果裂缝在支撑螺栓的横梁和导板间的拐角处，建议进行维修并仔细检查裂缝区域，避免导板 / 横梁的损坏扩大（裂缝延伸）。

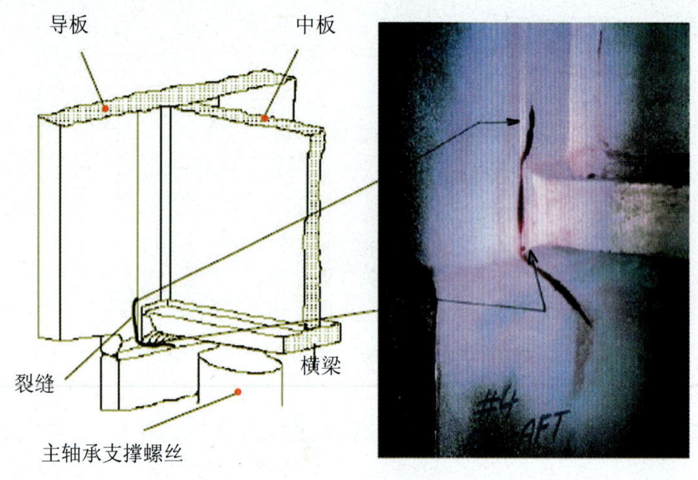

图 1　横梁拐角处裂缝

5.5　在加强肋板和导板处的裂缝（图 2）

裂缝可能出现在加强肋板和导板之间的焊缝中，但是这种情况只会发生在加强肋板与导板直接焊接的早期设计中。

在加强肋板和导板之间的焊接裂缝也会导致十字头导板和滑块间的间隙逐渐

减少，造成十字头滑块的白合金层损坏。

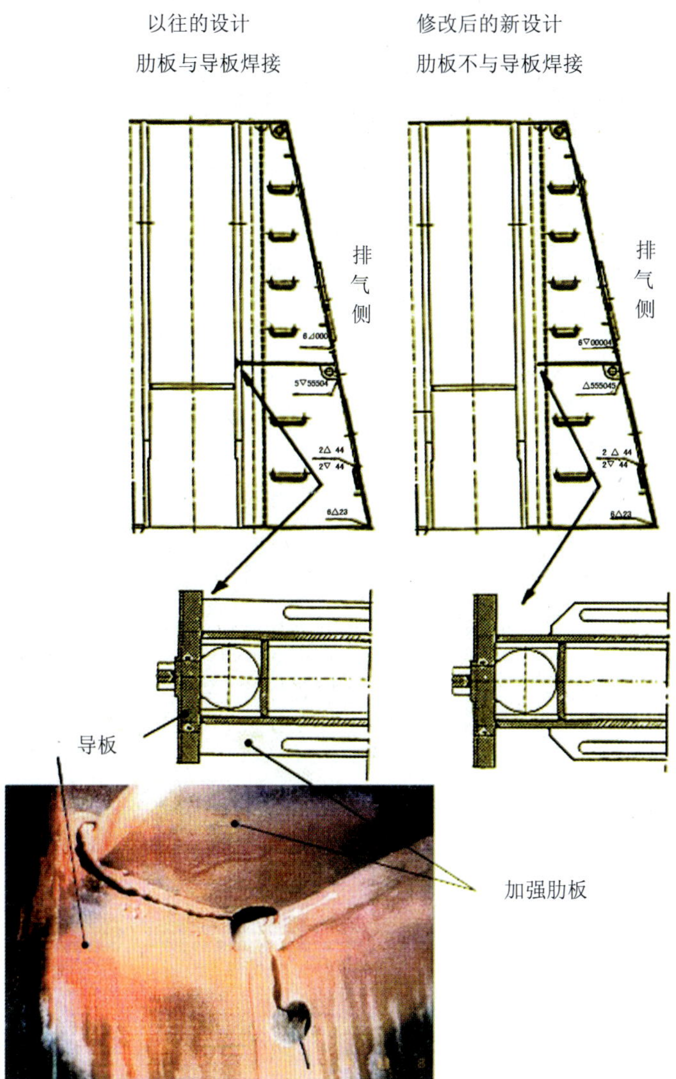

图 2　加强肋板和导板之间的焊接裂缝

5.6　导板和横隔板之间的裂缝（图 3）

部分 RTA“系列 8”的柴油机，导板和横隔板之间的焊缝中出现垂直裂缝。这是一种严重情况，应该尽快地修复。

导板和横隔板之间焊缝的垂直裂缝也会导致十字头导板、滑块间隙逐渐减少，造成十字头滑块的白合金层损坏。

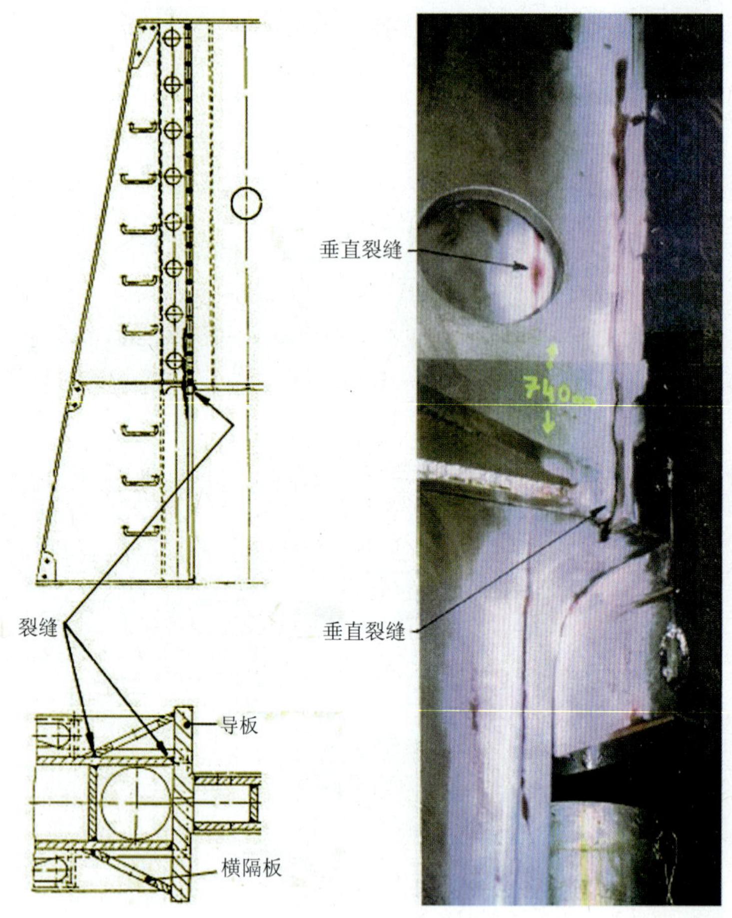

图 3 导板和横隔板之间焊缝中的垂直裂缝

5.7 齿轮箱处的裂缝（如图 4）

在导板和齿轮箱的横隔板间的焊缝处发现垂直裂缝。如果裂缝不断扩大，齿轮将会因过负荷引起麻点状腐蚀。

这种情况需要紧急维修，否则齿轮系会有完全毁损的危险。

6 修复方案

6.1 整体式的井字梁修复（耳形解决方案）

割除损坏区域，打磨并焊上加强筋（耳形方案，如图 5）。

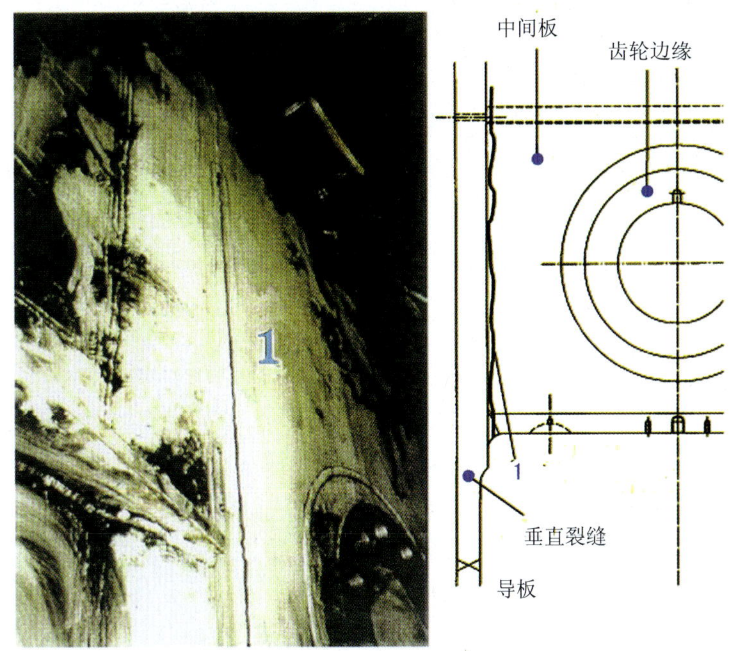

图4 齿轮箱内的裂缝

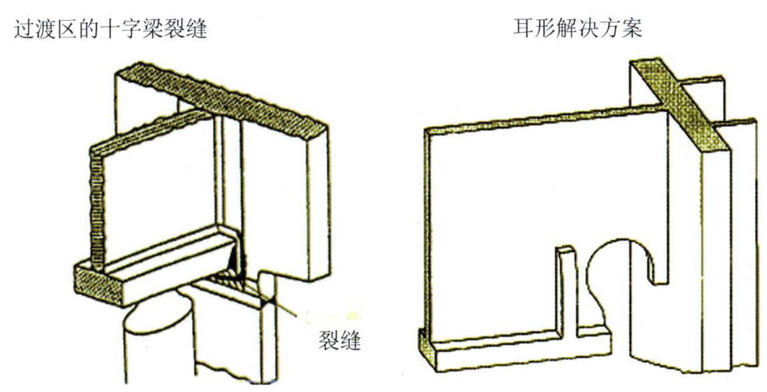

图5 耳形方案修复

6.2 加强肋板的修复

这种修复方法将阻止裂缝发展到横向板。

（1）加强肋板到导板处加钻止裂孔（见图6临时修复措施）。

（2）缩短加强肋板（如图6）。

割断加强肋板 打磨该区域的垂直焊缝 并着色检查	钻 Φ20mm 的止裂孔 打磨该区域的垂直焊缝 并着色检查	缩短加强肋板 导轨必须测量平行度和 角度偏差，并做相应修整
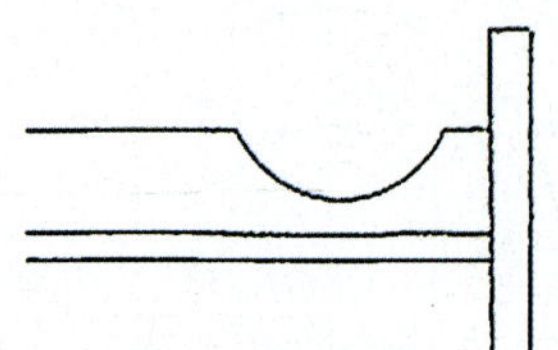	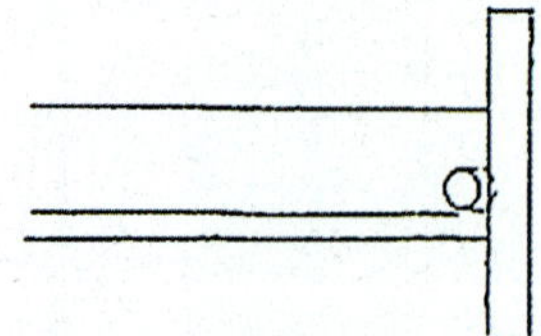	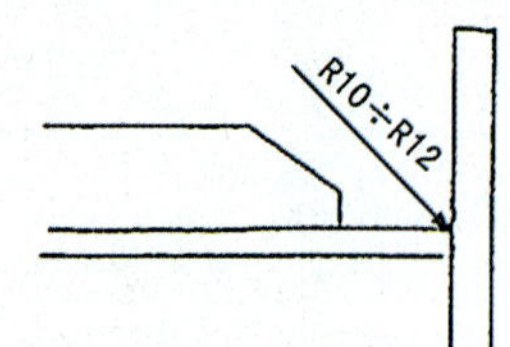
如果在肋条和导板间 发现裂缝，不推荐	临时解决方案。钻止裂孔后， 磨削角部到导板和垂直焊缝处	首选的预防措施，导板处的 圆角半径为 R10mm÷R12mm

图 6　加强肋板的修复方法

6.3　单一的 A 字架和单体柱的扩大修理

6.3.1 更新横梁

横梁割除或换新，以便能彻底消除裂纹缺陷。在导板和横梁间加焊 2 个加强肋板。肋板在两个中间板之间（图 7 耳形解决方案）

请注意！在裂缝的末端不能钻止裂孔，以避免花费更多的修复费用。

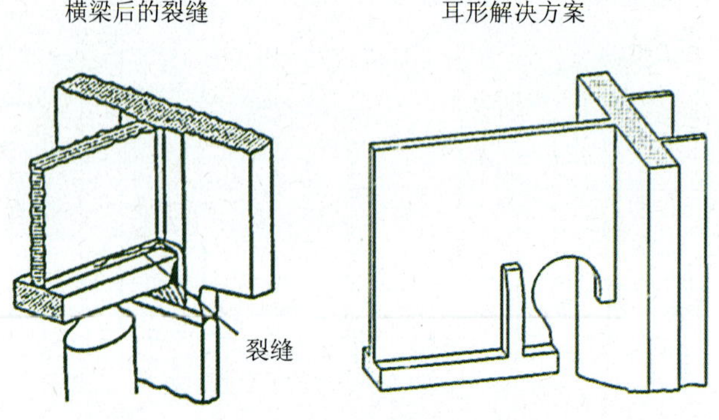

图 7　吊耳修复方案

6.3.2 修复齿轮箱

这是一个相当复杂和耗时的修复。每一种情况必须仔细检查并制定专门的修理计划。如果修复没有认真实行，特别是正确的焊接顺序，将会导致严重变形。附件 1～附件 2(“记录单 1”～“记录单 2”）。

附件 1

记录单 1

SULZER RTA Engines

发现裂缝作出相应标记

机型 RTA

柴油机编号

船舶名称：

总运行时间：

缸套号：

前端 左舷 右舷

艉端 左舷 右舷

左舷

尾端/前端

右舷

左舷

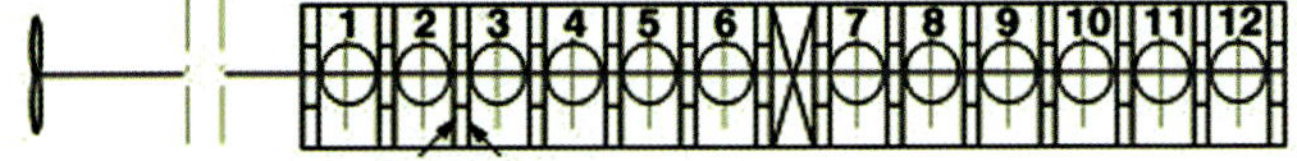

尾端/前端 右舷

横梁拐角处的裂缝（整机）

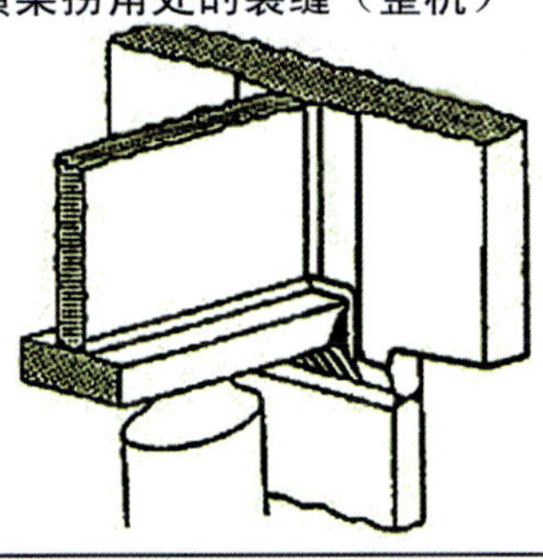

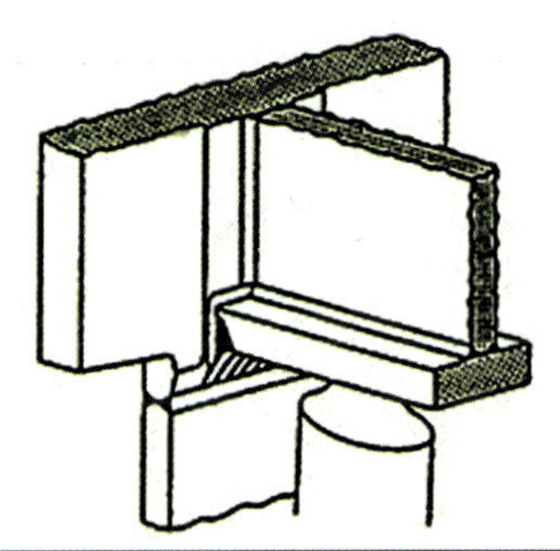

横梁拐角处的裂缝（单缸）

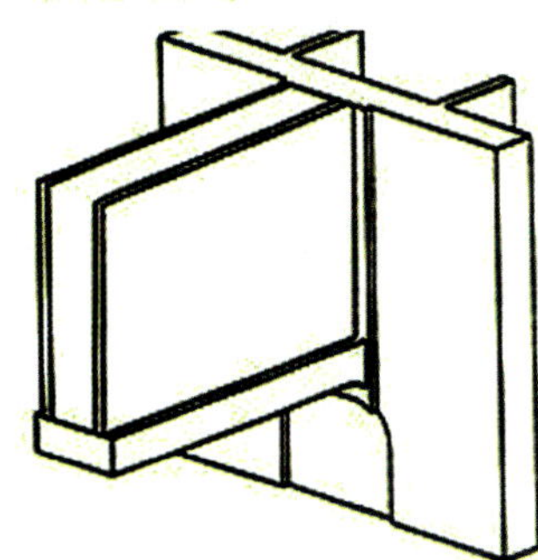

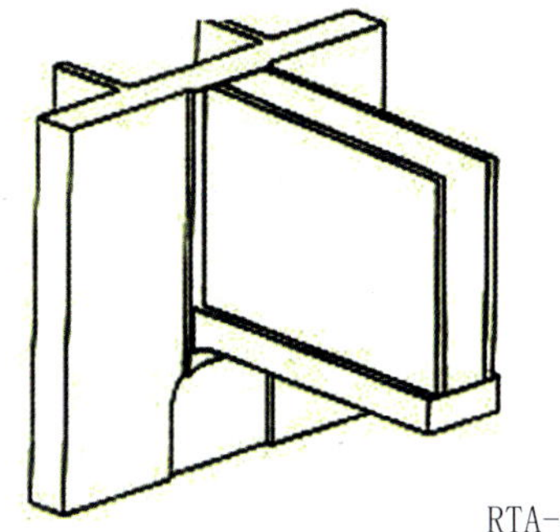

RTA-46-1

附件 2

记录单 2

SULZER RTA Engines

发现裂缝（作相应的标记）

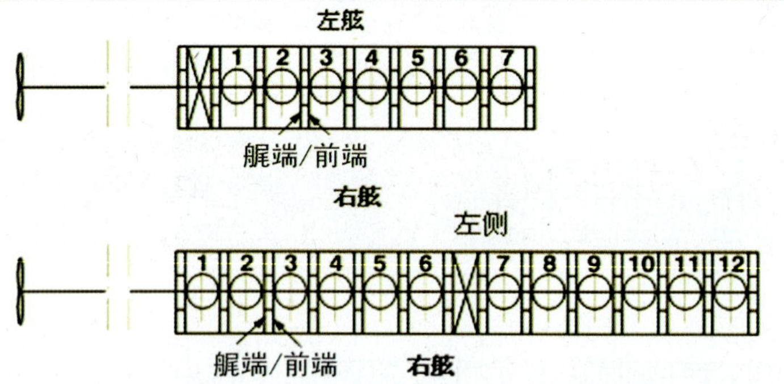

加强肋处的裂缝

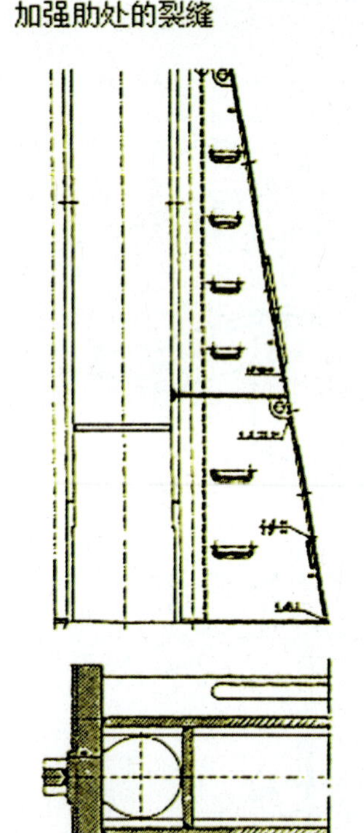

导板和横隔板的裂缝

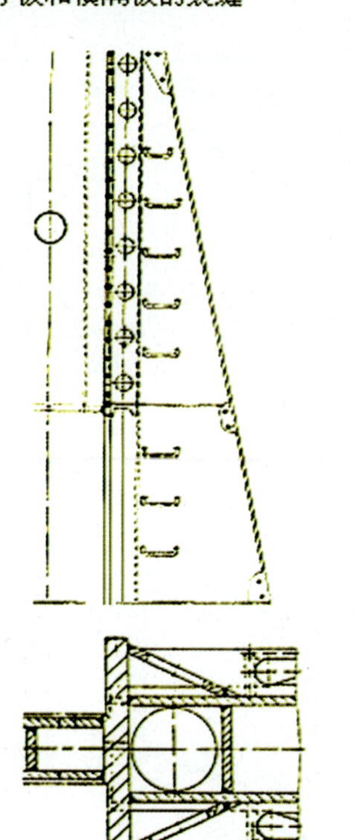

RTA-46-1a

RTA-47

1999 年 6 月 28 日

2.3.03 燃油管系泄放
燃油管系切断阀和高压燃油泵泄放旋塞的改进

适用机型：RTA“-T 系列”和 RTA96C 柴油机

1 简介

该公告提供关于燃油供油和回油管系切断阀以及高压燃油泵的泄放旋塞的改进信息。

该服务公告针对以下柴油机有效：

RTA“-T 系列”柴油机

RTA 48T 和 RTA 58T

RTA“-C 系列”柴油机

RTA 96C

最新的柴油机已完成此项改进。

请将该公告插入《保养说明书》的如下章节：

章节 5512--1/A1 为 RTA 48T、RTA 58T 和 RTA 96C。

2 高压燃油泵检修前的准备工作

在进行高压燃油泵的检查和调整工作开始之前，按照《保养说明书》的要求，柴油机在停车前燃油系统必须更换为柴油。

在进行常规维修保养工作前（参照《保养说明书》5512 章节），例如对弹簧、吸入阀、排出阀、溢流阀等进行检查，以及喷油定时的调整，燃油管路的相应切断阀必须关闭。高压燃油泵内的燃油必须泄放。

警告！ 高温高压燃油泄漏会导致人身伤害。

在拆去泄放塞泄放高压燃油泵残油时，若没有按要求提前换用柴油，且燃油切断管路上的透气塞没有适当松动，高温燃油可能会突然飞溅出来，这种现象会发生在没有改进的现有的切断阀中。

3 切断阀或 W87130、D87130 的改进

在更换之前柴油机的燃油必须由燃料油（HFO）更换为柴油。柴油机燃油供油管系（高压燃油泵）必须泄放。

切断阀的改进工作应当在车间中进行。

切断阀 W87130 的改进需要加一个泄放塞（适用 RTA48T 和 RTA58T 机型）/

D87130（适用 RTA96C 机型），在阀体上钻一个 φ6mm、深 15mm 的孔，上部带有 M 12×1.5 螺纹（适合通气塞 W87137 或 D87137），（如图 1 的详图 A）。

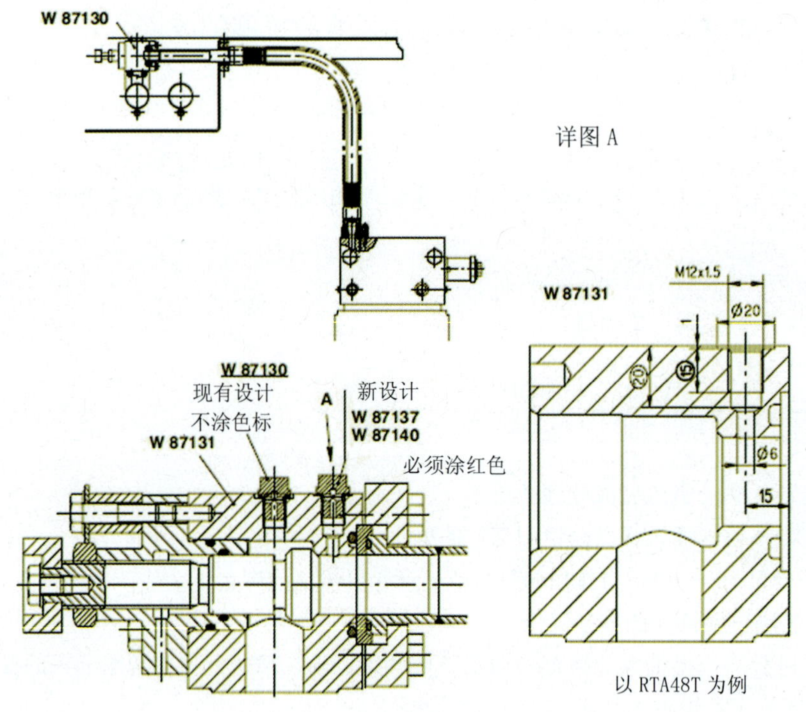

图 1　切断阀的改进

在安装改进的切断阀之前必须确保零部件都得到清洁，没有金属屑进入燃油系统。

改进切断阀所需的放气塞 W87137（RTA48T 和 RTA58T 机型）/D87137（RTA96C 机型）以及槽式密封环 W87140/D87140，均可通过网络公司或者直接通过 Wärtsilä 瑞士股份有限公司订购，传真电话：+41 52 262 07 26。

4 高压燃油泵泄放旋塞的改进

W 55876 适合 RTA 48T 、RTA 58T 机型

D 55843 适合 RTA 96C 机型

泄放旋塞 W55876/D55843 的改进，是在泄放旋塞内端面钻一个 φ8mm、深 14mm 的孔，并在侧面钻一个 φ5mm 的贯穿孔。（如图 3 的详图 C）。

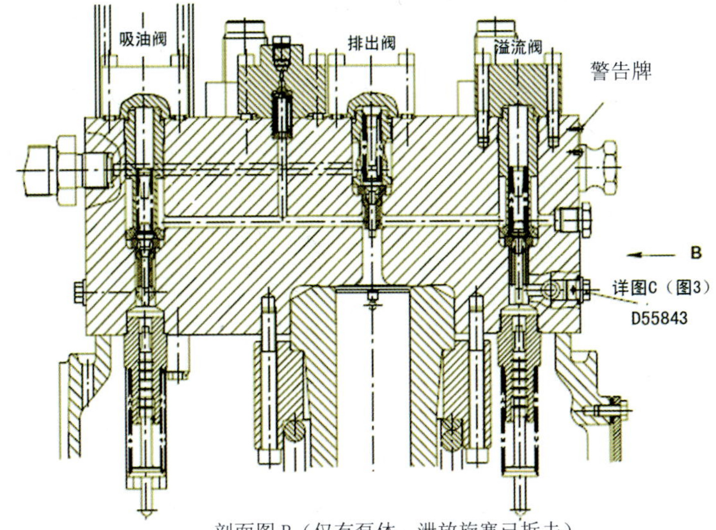

剖面图 B（仅有泵体，泄放旋塞已拆去）

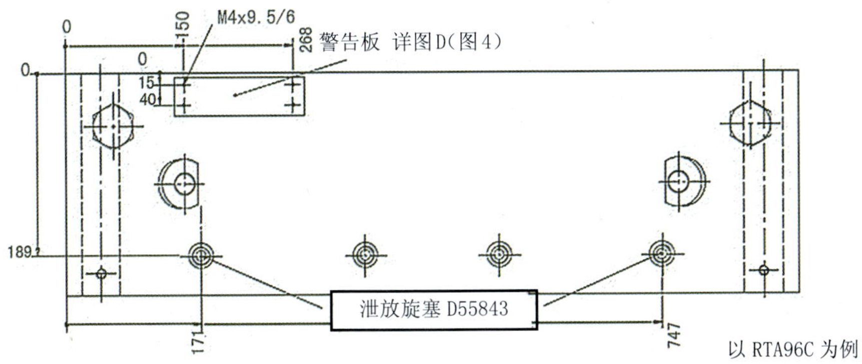

以 RTA96C 为例

图 2　泄放旋塞和警告牌

通过改进，高温燃油的泄放可通过旋塞侧面 φ5mm 的孔来控制。

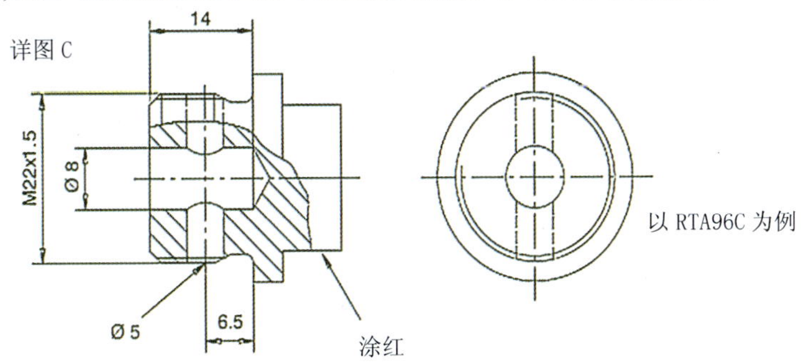

以 RTA96C 为例

图 3　泄放旋塞的改进

警告板必须根据图 2（视图 B）安装在每一个燃油泵上。每次根据图 4 订购警告板（订单号 107012603001）。

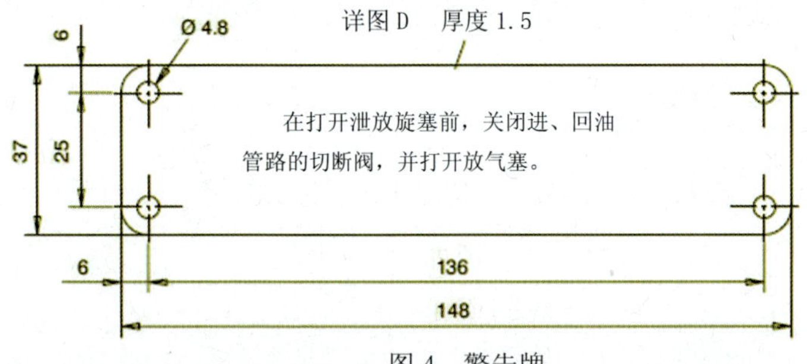

图 4 警告牌

5 高压燃油泵的泄放（图 5）

在对高压燃油泵进行常规维修保养工作前（参照《保养说明书》操作章节 5512），高压燃油泵必须排空。参照以下序程：

（1）停止燃油供给泵

（2）关闭燃油管路（57）上的切断阀（56a），并旋松放气塞 59 几圈。

（3）小心旋松泵体（19）上的泄放旋塞 21 数圈（可能存在高温燃油）。

警告：在松开排油塞（21）之前，首先松开通气塞（59），否则存在事故危险！

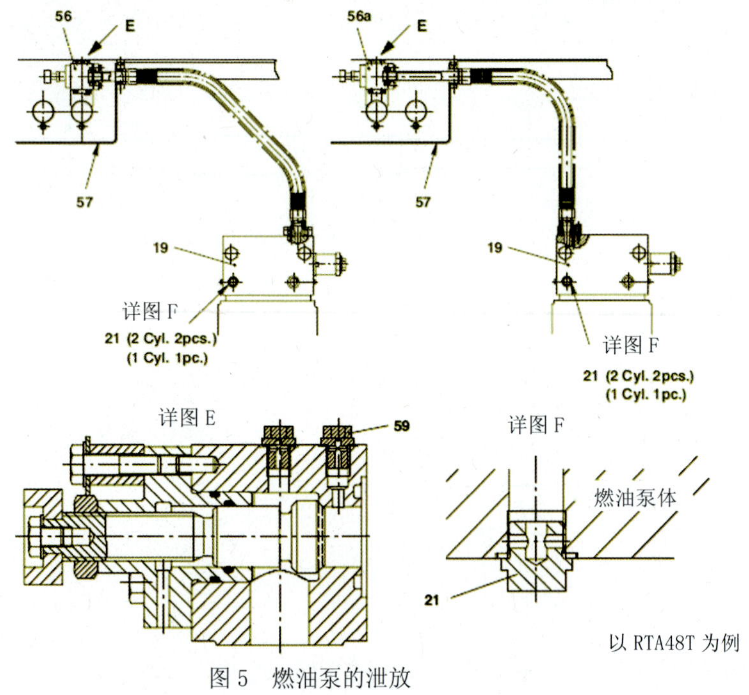

图 5 燃油泵的泄放

RTA-48

1999年9月20日

2.3.04 苏尔寿RTA柴油机符合IMO规定的NO_X部件的更换指导

适用机型：所有RTA柴油机

1 简介

根据MARPOL 73/78公约附则VI，NO_X排放技术规则的规定，该公告涉及Sulzer ID编号系统及Sulzer RTA柴油机IMO规定部件的更换。

MARPOL 73/78附则VI，NO_X排放技术规则要求对柴油机进行定期检查以及中间检查，以验证其是否符合IMO NOX排放的规则。

每台符合IMO规定的柴油机都有一份技术文件。该文件应当被保存在船上，其定义了与NO_X排放有关的部件与设置，以及船舶对这些部件进行IMO符合性检查的程序。通过部件识别号码，或检测相关参数的方法，对柴油机技术文件所规定的所有与NO_X排放相关的部件与设置进行控制，来完成符合性检查。

作为技术文件的主要部分，Wärtsilä NSD瑞士股份有限公司已经引进了一个定义明确的ID编号系统，即所谓的Sulzer ID编号系统，用于与NO_X排放相关的部件。该系统已经过论证被船级社认可，因此可以直接被所有Wärtsilä NSD瑞士股份有限公司批准的柴油机制造商采用。

2 部件更换的指导说明

在柴油机的整个使用期内，任何与NO_X排放相关部件的更换，替换部件必须具有与被替换部件相同的NO_X排放特性。

只有从Wärtsilä NSD公司或者柴油机制造商处订购新部件，才能保证收到具有正确ID编号的部件。

2.1 更换流程

采取以下步骤：

（1）订购备件时注明技术文件中标明的ID编码。

（2）用新的部件替换旧的部件。

（3）在“柴油机参数记录簿”中记录替换内容，包括部件的规格、替换的日期以及部件的供应商，其中“柴油机参数记录簿”应当被保存在船上。

遵守这一流程，即可保持柴油机符合IMO的NO_X排放规则。

2.2 特别注意事项

在更换高压油泵的部件时，根据《保养说明书》，可能需要对燃油喷射系统进行调整。

调整后，喷油始点，即吸油阀关闭时刻应与技术文件中 “NO_X 相关部件与设定值清单”中的数值相同。

在更换燃油凸轮时，根据技术文件中的“燃油凸轮位置清单”，将凸轮调整至正确位置即可保证柴油机的符合性。

在更换 VIT 系统时，必须根据技术文件中的“VIT 参数清单”进行参数调整。该项工作只能由 Wärtsilä NSD 瑞士股份有限公司或者该系统的供应商来进行。

关于组件更换以及柴油机重新调整的详细指导，请参阅技术文件。

3 Sulzer ID 编号系统

3.1 Sulzer ID 编号系统的设计

Sulzer ID 编号系统的结构如下所示：

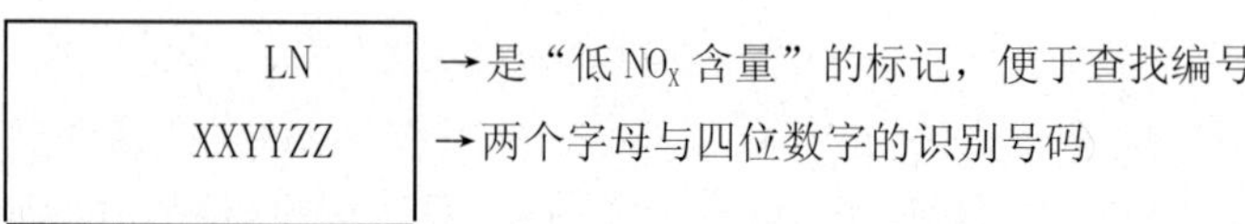

SulzerID 编号系统是符合 IMO 规定的 Sulzer RTA 柴油机的标准系统，并且必须应用到 Sulzer RTA 柴油机的所有与 NO_X 有关的部件上。

由 Wärtsilä NSD 瑞士股份有限公司准备好的 ID 编号必须毫无例外的包含在每个符合 IMO NO_X 排放规则的 Sulzer RTA 柴油机的技术文件中。

3.2 Sulzer ID 编号系统的特征

（1）适用于 Wärtsilä NSD 瑞士股份有限公司技术文件所定义的“船舶 NO_X 验证”的参数检查方法是一种容易而又简单的检查 Sulzer RTA 柴油机上与 NO_X 排放有关的部件的方法。常言道：精简之至，只求所需，与 NO_X 排放有关的零部件的定义与 Sulzer RTA 柴油机的特殊性能有关。

（2）Wärtsilä NSD 瑞士股份有限公司的参数检查是通过对与 NO_X 排放有关的参数进行测量，或者通过验证与 NO_X 有关的部件上的识别编号来完成，优先采用简单的方法。

例如，在检查 Sulzer RTA 进回油阀式高压油泵柱塞时，按照 Wärtsilä NSD 瑞士股份有限公司技术文件所说明的程序来测量柱塞的直径，要比检查柱塞的 ID 编号更加简单而又迅速，因为在检查柱塞的 ID 标号时，需要拆除整个油泵上盖。

显而易见，容易进行测量的与 NO_X 排放有关的部件上都没有印刻 ID 编号。这些部件是柱塞与垫片。

(3)所有Sulzer RTA柴油机都已经明确定义，并且使用了Sulzer ID编号系统。

(4) 如果要在柴油机的使用期内对部件进行替换，那么柴油机的所有者必须确定所收到的部件与其ID编号相符，只要有从柴油机制造商或者Wärtsilä NSD瑞士股份有限公司，或者通过我们的网络公司订购新的备件，才能保证部件与其ID编号相符。

(5) 由于Sulzer ID编号系统是一个统一的ID编号系统，该系统能为客户在全球范围内提供NO_X相关部件符合IMO NO_X排放规则的依据。

(6) 在引进“新的或者先进的设计”时，Sulzer ID编号系统会自动提供该新设计或者先进设计与IMO NO_X排放规则的符合性。证明符合IMO NO_X排放规则所需的测试将会由Wärtsilä NSD瑞士股份有限公司组织并执行。

(7) ID编号与部件对NO_X排放的影响有关，因此并不是针对某一特定图纸的。这一点有利于柴油机部件在维持相同NO_X排放特性，从而维持相同ID编号的同时，在设计或者材料方面进行改进。

(8) 若与NO_X排放有关的部件在设计或者材料方面做了改进，但其NO_X特性没有改变，则无需对柴油机的技术文件进行修改。客户会收到可用的最新设计。

如果没有使用标准的Sulzer ID编号系统，那么可能出现了以下问题以及缺陷:

(9) 与NO_X排放有关的部件不具备世界范围的可用性。

Sulzer ID编号系统必须至少在技术文件中有所提及，以保证为客户提供的印有正确标记的与NO_X排放有关的部件的世界范围的可用性。

(10) 当更换了与NO_X排放有关的部件或者采用了新的技术时，在船舶的周期性检查或者中间检查过程中，会遇到船检方面的问题。

不过，Wärtsilä NSD瑞士股份有限公司采用的新设计或者新技术通常已经符合IMO NO_X规则。

(11) Wärtsilä NSD瑞士股份有限公司引进的一部分与NO_X排放有关的部件设计和材料的改进对已出厂的柴油机并不是直接可用，这是因为这些部件没有记录在技术文件中。

RTA-49

1999 年 10 月 8 日

2.3.05 辅助驱动器 Z 42800 的齿轮传动装置

适用机型：RTA52（U）和 RTA72（U）柴油机

1 简介

RTA“-2 与 -U 系列”柴油机发生过因辅助驱动轴的螺帽松动，导致驱动注油器齿轮泵的齿轮掉进了齿轮箱中的故障。

本服务公告中包含 RTA“-2 系列”的以下机型：

RTA52 以及 RTA72

RTA“-U 系列”包含以下机型：

RTA 52U 和 RTA72U

备注：RTA62 以及 RTA62U 柴油机的辅助驱动器的齿轮传动装置的设计有所不同。因此，本信息对于 RTA62 以及 RTA62U 柴油机并不重要。

定期检查辅助驱动器的传动装置，并对齿轮进行少许修正的情况下，可以解决这一缺陷。

2 辅助驱动器 Z 42800 传动装置的检查（如图 1）

将辅助驱动器外壳两侧的两块方形盲板法兰 Z 42921 拆除，可以很方便检查六角螺栓 Z 42957 的开槽螺母。

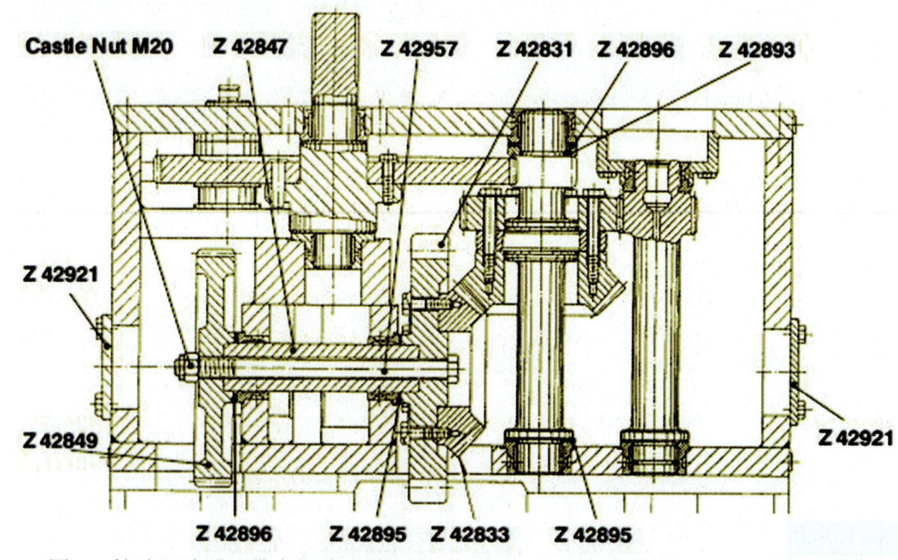

图 1 辅助驱动器（带有伍德沃德调速器 PG-200）的传动装置 以 RTA52 为例

六角螺栓 Z 42957（如图 1）的开槽螺母必须按照以下参数拧紧：

对于 RTA52 以及 RTA52U 柴油机

开槽螺母 M20　　拧紧扭矩 270Nm　　拧紧角度≥ 85°

对于 RTA72 以及 RTA72U 柴油机

开槽螺母 M20　　拧紧扭矩 270Nm　　拧紧角度≥ 110°

注意：

只有用二硫化钼 G 作为润滑剂时，上述拧紧扭矩值才有效。根据图 1 的布置，当紧固开槽螺母时，必须将六角头螺栓 Z 42957 固定。在用扭力扳手检查开槽螺母之后，必须使用开口销将其锁定。

如果开口销无法安装，则螺母需进一步拧紧，直至可以安装开口销。决不能将螺母松开来安装开口销。

3 辅助驱动器 Z 42800 传动装置的改进

3.1 RTA52 和 RTA52U 柴油机的改进（图 2，附件 3RTA-49/3 与附件 4RTA-49/4）

第一次改进的目的是为了防止在检查开槽螺母时，螺栓头随之转动。

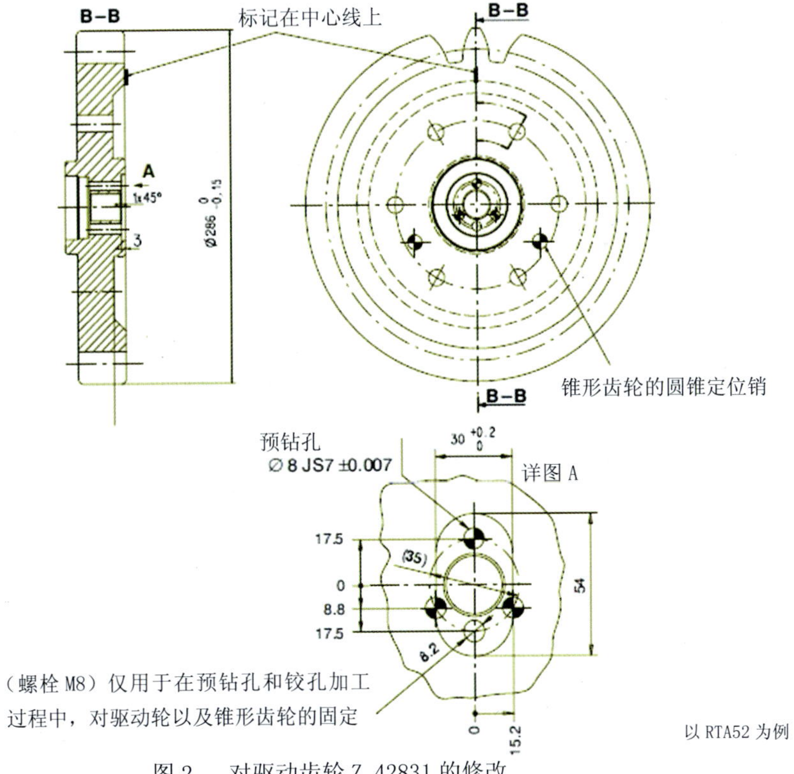

图 2　对驱动齿轮 Z 42831 的修改

此次辅助驱动传动装置的修改主要是加工一个椭圆形凹槽，以便螺栓头插入到驱动齿轮 Z 42831 中。凹槽深度为 3mm，宽度为 30mm（正偏差 +0.2），长度为 54mm（如 2 中的详图 A）。凹槽的宽度必须根据螺栓扳手的尺寸来确定，螺栓扳手为标准 30mm。

较早时间进行的第二次修改，其目的是在柴油机处于临界负荷时，防止齿轮相对于轴转动。此次辅助驱动传动装置修改主要是在齿轮和轴上钻三个 Φ7.5 毫米的孔。该孔会被一起铰大至 8JS7±0.007mm。附加的三个圆柱销（直径为 8H6 $^{0}/_{-0.009}$ mm，长度为 90/45mm）必须安装在驱动齿轮 Z 42831，齿轮 Z 42849 以及轴 Z 42847 中（见图 2 中的详图 A 以及附件 3RTA-49/3 与附件 4RTA-49/4）。

3.2 RTA 72 和 RTA 72U 柴油机的改进（图 3，附件 RTA-49/1 和 2）

第一次对辅助驱动齿轮的改造包括加工一个椭圆形槽，以便将螺栓头插入锥形齿轮 Z 42833 中。这个槽深度为 3mm，宽度为 30 $_{0}/^{+0.2}$，长度为 54mm(见图 3 中详图 B)。槽宽度必须符合螺栓扳手尺寸（标准宽度为 30mm）要求。在检查开槽螺母的紧固性时，此槽可以防止螺栓转动。

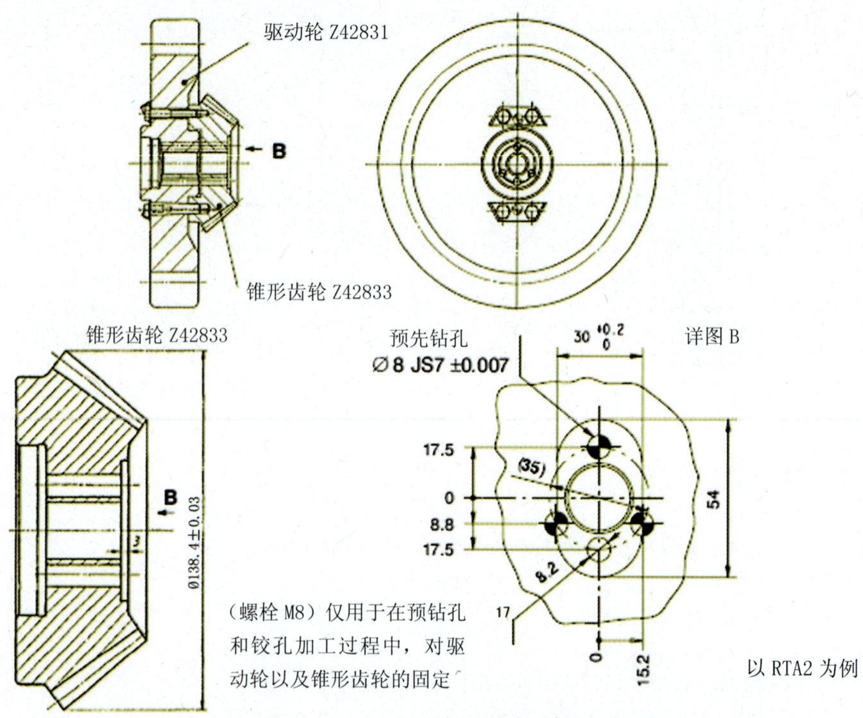

图 3 对驱动轮 Z 42831 和斜面齿轮 Z 42833 的改造

较早时间进行的第二次修改，其目的是在柴油机处于临界负荷时，防止齿轮相对于轴转动。

此次对辅助驱动装置的改造包括在驱动轮、锥形齿轮和轴上钻三个直径为 7.5mm 的孔。将孔铰到 $8JS7_{+0.007}/^{-0.007}$mm。附加的三个圆柱销（直径 8H6+0/-0.009mm，长度为 90/45mm）必须安装到驱动轮 Z 42831、锥形齿轮 Z 42833、齿轮 Z42849 和轴 Z 42847 上（见图 3 中详图 B 及附件 3RTA-49/1 与附件 4RTA-49/2）。

4 改造工作

在进行改造工作时，将齿轮、锥形齿轮和轴拆至车间进行钻孔、铰孔、铣槽并组装。

请注意！在进行改造工作时，不能使用盘车机转动主机。并注意不要丢失定

附件

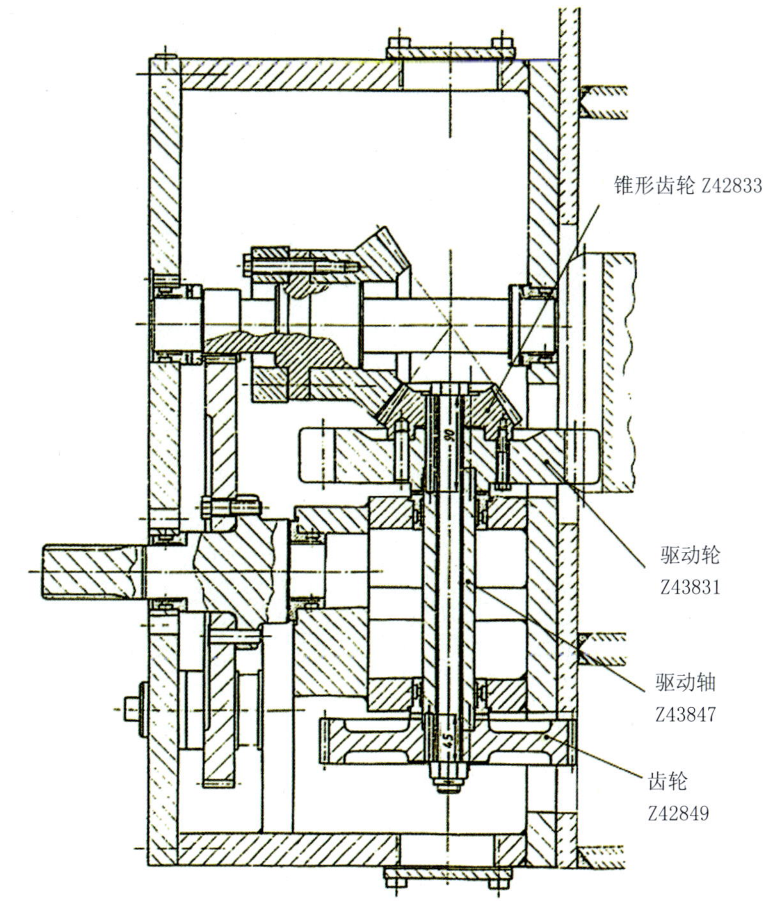

附件 1 RTA-49/1 带有电子调速器的 RTA72 以及 RTA72U 柴油机已修改的辅助齿轮驱动装置

距环 Z 42893、垫片 Z42895 和 Z 42896，并且在组装辅助驱动器时（如图 1），必须全部安装回原位。在对锥形齿轮 Z42833 进行钻孔之前，建议将三个销孔区域的氮化层磨去（硬表面的厚度为 0.03～0.04mm），这样就能够使用普通的钻头来完成钻孔工作。

在完成改造工作之后，《保养说明书》第 0330/11.1 和 0330/11.2 章中提及的间隙必须用塞尺或者百分表进行仔细检查。

附件

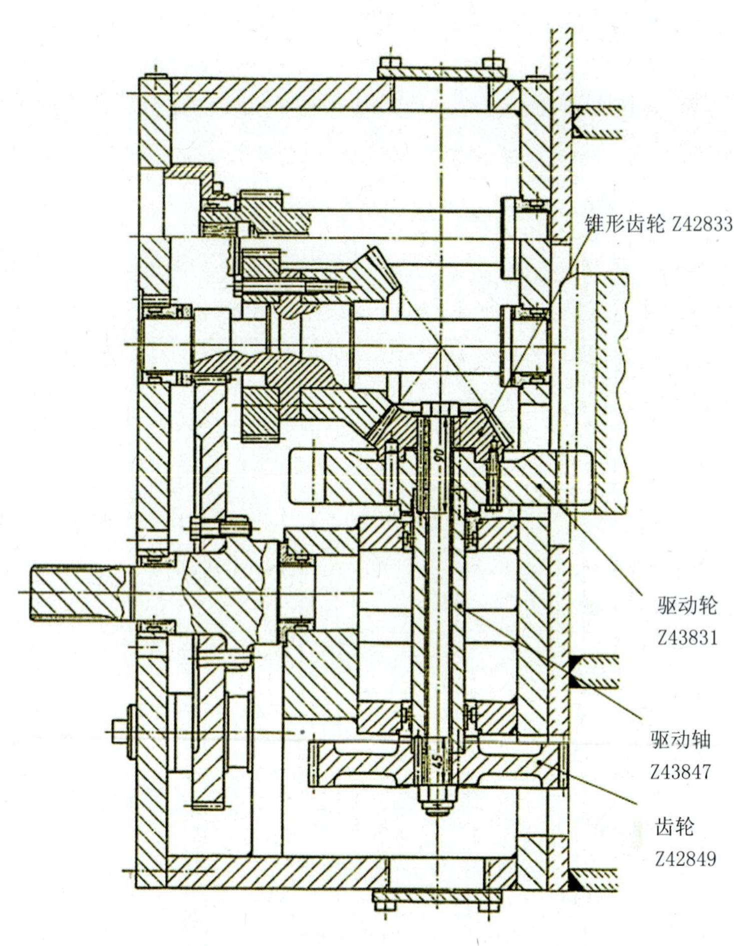

附件 2 RTA-49/2 带有伍德沃德调速器 PG-200 的 RTA72 以及 RTA72U 柴油机已修改的

辅助齿轮驱动装置

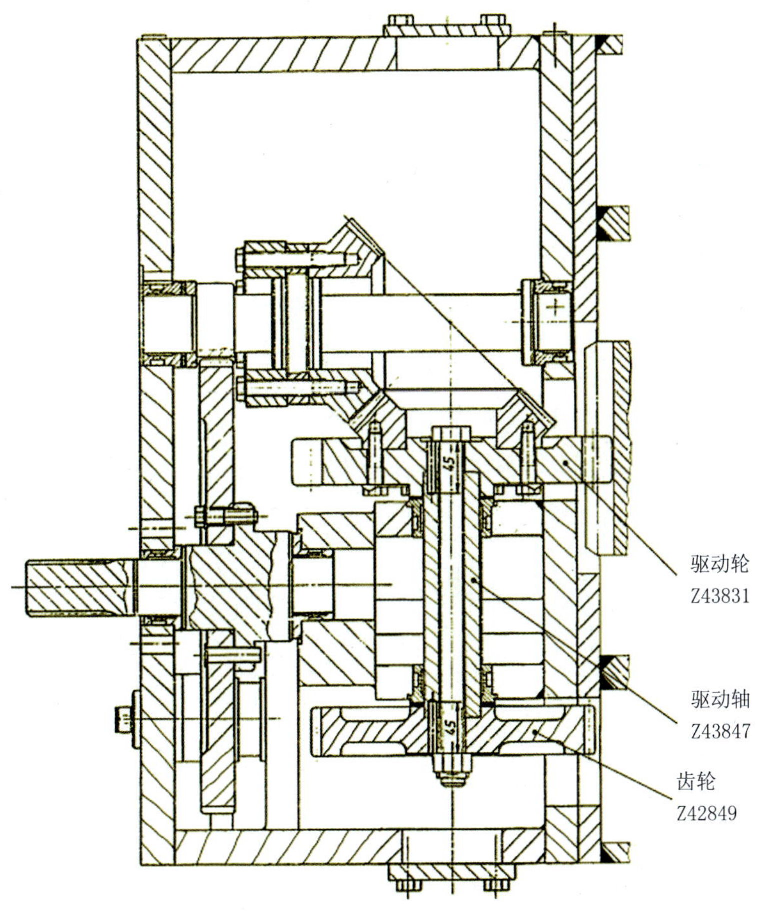

附件 3 RTA-49/3 带有电子调速器的 RTA52 以及 RTA52U 柴油机已修改的辅助齿轮驱动装置

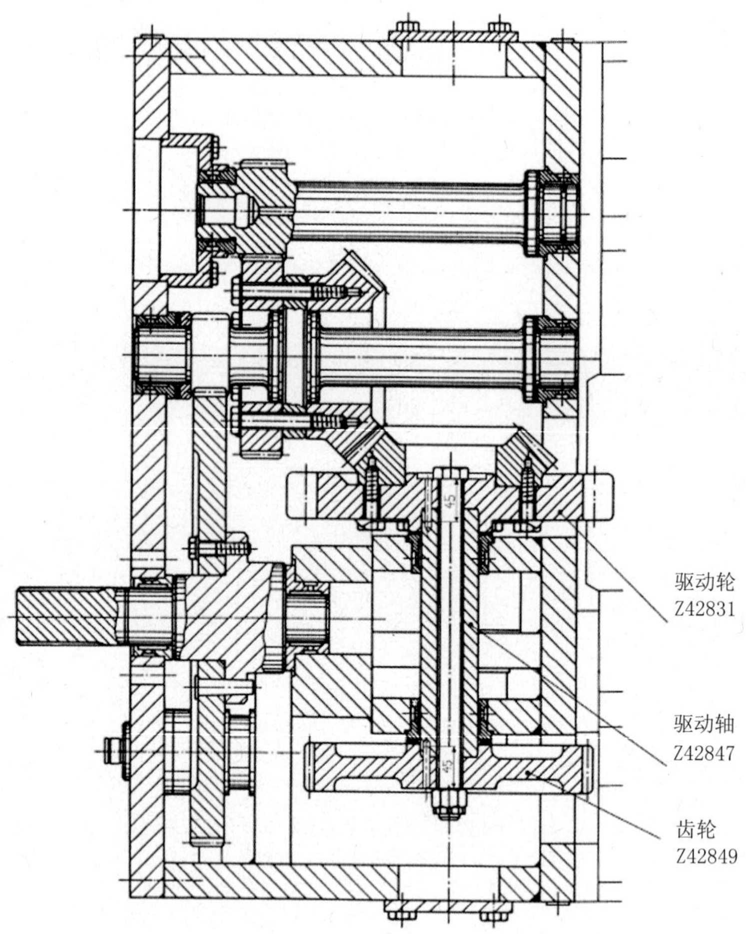

附件 4 RTA-49/4 带有伍德沃德调速器 PG-200 的 RTA52 以及 RTA52U 柴油机已修改的辅助齿轮驱动装置

RTA-50
2000 年 1 月 10 日

2.3.06 排气阀空气弹簧系统中的漏油收集器

适用机型：所有 RTA 柴油机

图 1 漏油收集器

1 简介

RTA“-2、-U、-C 和 -T 系列”柴油机发生了一些排气阀空气弹簧回油管路上的漏油收集装置故障的情况。

RTA“-2 系列”包括以下柴油机类型：

RTA 52、RTA 62、RTA 72 和 RTA84M

RTA“2U 系列”包括以下柴油机类型：

RTA 52U、RTA 62U 和 RTA 72U

RTA“C 系列”包括以下柴油机类型：

RTA 84C、RTA 84CU 和 RTA 96C

RTA“T 系列”包括以下柴油机类型：

RTA 48T、RTA 58T、RTA 84T 和 RTA 84TB

主机在正常运行期间，可以通过流量观察筒观察到少量滑油滴下以及微量的空气吹出。

如果持续一段时间没有观察到有油滴下和微量的空气吹出，则必须根据本文段落 4 中所述步骤检查流量控制器。

在极端情况下，系统油在空气弹簧的腔室内积聚，可能造成驱动泵的传动机构损坏。

2 空气弹簧中的滑油泄漏回油管路

2.1 连接到曲轴箱的回油管路（目前设计）

在 1994 年年底之前和最近制造的柴油机上，回油管路是与曲轴箱相连的。每一种柴油机系列的回油管路及空气弹簧漏油收集装置的布局不尽相同。但是其工作原理是相同的。图 1 为带有最新设计的 RTA 96C 柴油机收集装置的回油管路。

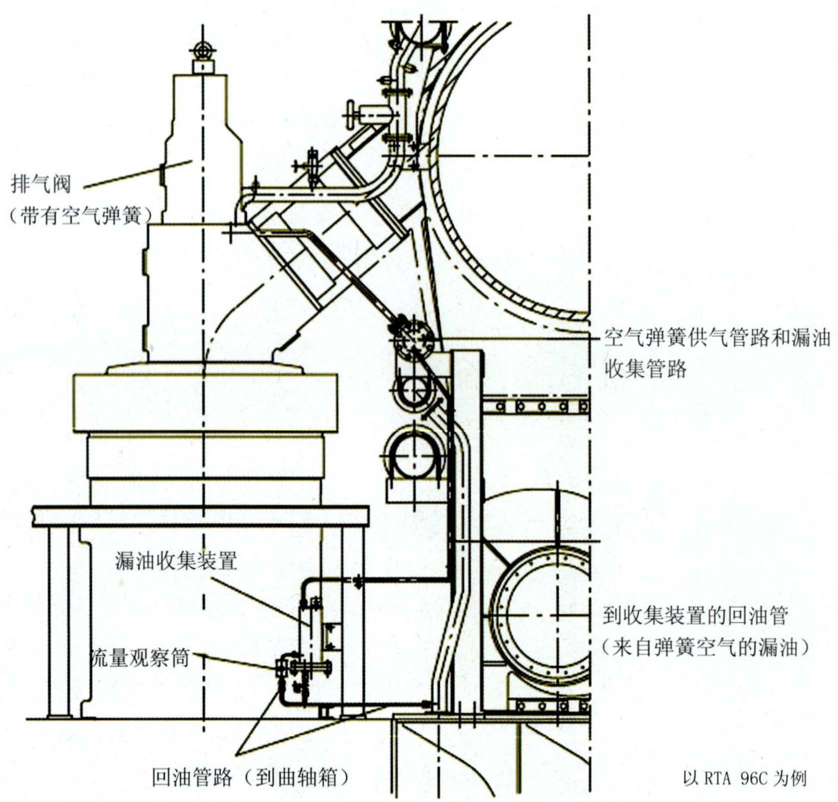

图 2 空气弹簧漏油的回油线路（目前设计）

2.2 与其他滑油泄放管相连的回油管路（之前的设计）

在 1994 年年底至 1998 年年底之间制造的柴油机上，回油管路是连接到活塞杆填料函的泄放管路。每一个柴油机系列中，回油管路及空气弹簧漏油收集装置的布局互不相同。但是一般工作模式都是相同的。图 3 给出了早期设计的 RTA 96C 柴油机收集装置的回油线路。

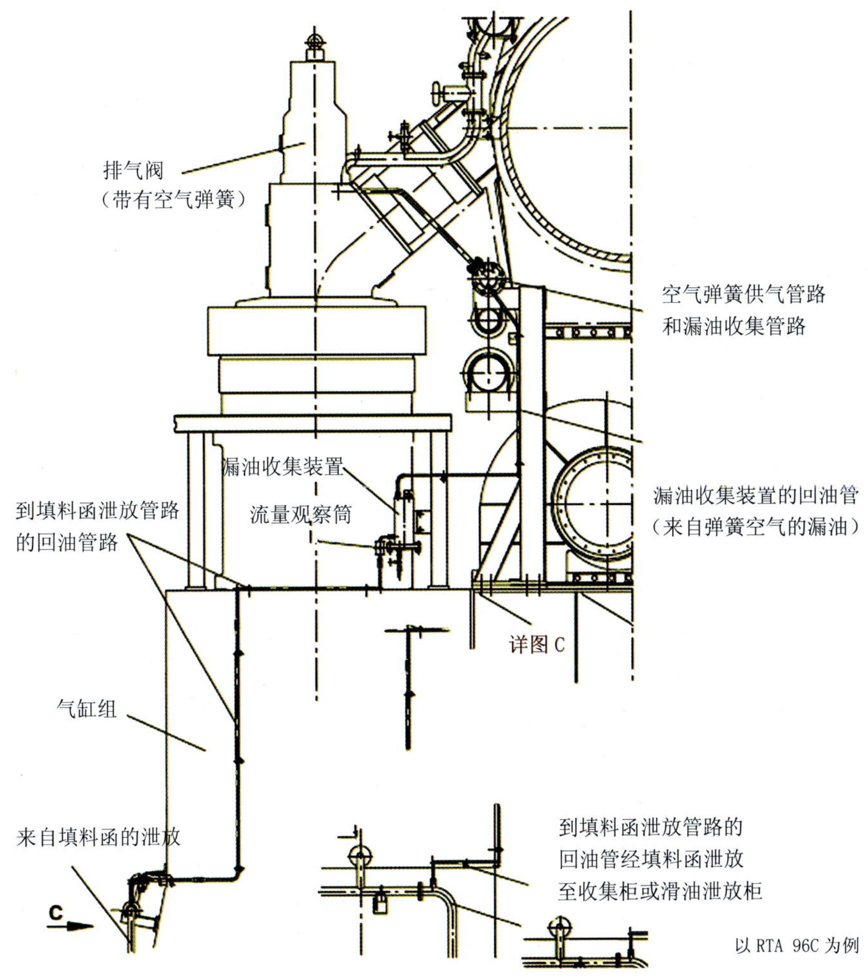

图 2 空气弹簧的漏油回油管路（之前的设计）

3 漏油收集装置的工作模式（如图 4）

（在空气弹簧的回油管路中）

为了控制漏油收集装置的流量适当，在该装置中安装有一个浮球阀和一个浮动开关。在正常的工作条件下，漏油收集装置处于承压状态（约 7bar 的弹簧空气压力），并且所有泄漏油都通过浮球阀排出。如果由于浮球阀故障而使油位升高，则浮动开关将会发出高液位报警。

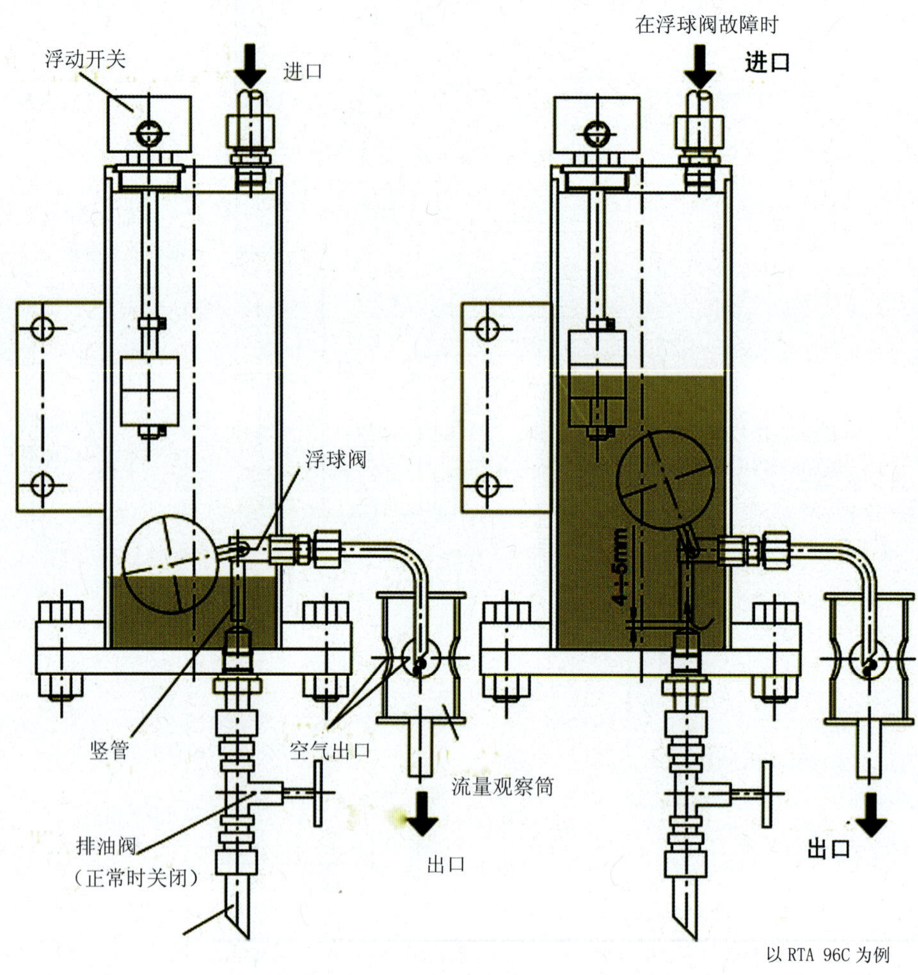

图 4　漏油收集装置

4 漏油收集装置的功能性测试

在港期间可以进行漏油收集装置的功能测试。

主机停止，空气弹簧系统必须处于压力完全释放的状态！

4.1 浮动开关报警的测试

测试程序：

（1）检查浮动开关接线盒上的线路连接。

报警：液位高 = 触点开路；正常 = 触点常闭

（2）检查接线盒 E120（DENIS 5 和 DENIS 6）或 E140（DENIS 1，但不适用 RTA 84 柴油机）上的线路连接。

（3）通过关闭二位三通阀 36HA 或 4.08，释放空气弹簧系统压力。（见《使用说明书》操纵系统控制图）。

（4）拆去漏油收集装置的进口管。

（5）将系统油加入漏油收集罐（1/2～3/4 之间）。

（6）确认报警发出。

请注意！

通过排油管放出系统油，并在柴油机投入运行主机动车前恢复正常。

4.1.1 浮动开关的可能故障

浮动开关或接线箱的接线错误，或者没有连接。这些问题的后果可能非常危险。

此外，必须尽快更换有故障或损坏的浮动开关。

4.2 浮球阀的功能性测试

测试程序：

（1）通过关闭二位三通阀 36HA 或 4.08，释放弹簧空气系统压力。（如果尚未完成）。

（2）拆去漏油收集装置的进口管（如果尚未完成）.

（3）将系统机油加入漏油收集罐（1/4 位置）。

（4）将空气软管（气压 -7bar）连接到漏油收集装置的进口加油嘴。

（5）对漏油收集装置加压（可选，但是不推荐）。

（6）检查流量观察筒上的油流 / 空气泄露情况。

请注意！

通过泄放管放出试验用滑油，并在主机动车之前恢复正常。

4.2.1 浮球阀上的可能故障

（1）浮球阀的排油口被异物堵塞。

（2）如果收集装置内的浮球阀没有正确安装（倾斜位置），则不能保证浮球的自由移动。

（3）浮球上的焊缝有问题可能造成浮球阀失效，因为这种情况会造成滑油渗入浮球。

(4)浮球阀组装错误(轴颈的位置安装到阀的位置),导致阀始终处于关闭位置。

(5)由于加工失误,浮球阀竖管上的进油口横截面过小。正常间隙:4÷5mm。

5 空气进气管到排气阀空气弹簧的止回阀

(仅适用于 RTA 84C 和 RTA 84CU 柴油机)

这些止回阀(图 5)于 1995 年在 RTA 84CU 上使用,并随后在 RTA 84C 柴油机上使用。止回阀头部的 4×4mm 槽对于从空气弹簧腔室排油非常重要。

在之前的设计中,浮球和四个槽之间润滑油流动的横截面过小,系统油可能在空气弹簧腔室中累积,从而造成排气阀驱动机构受损。

在止回阀的最新设计中,槽的数量减少到只有一个,但是增加了润滑油流动的横截面。

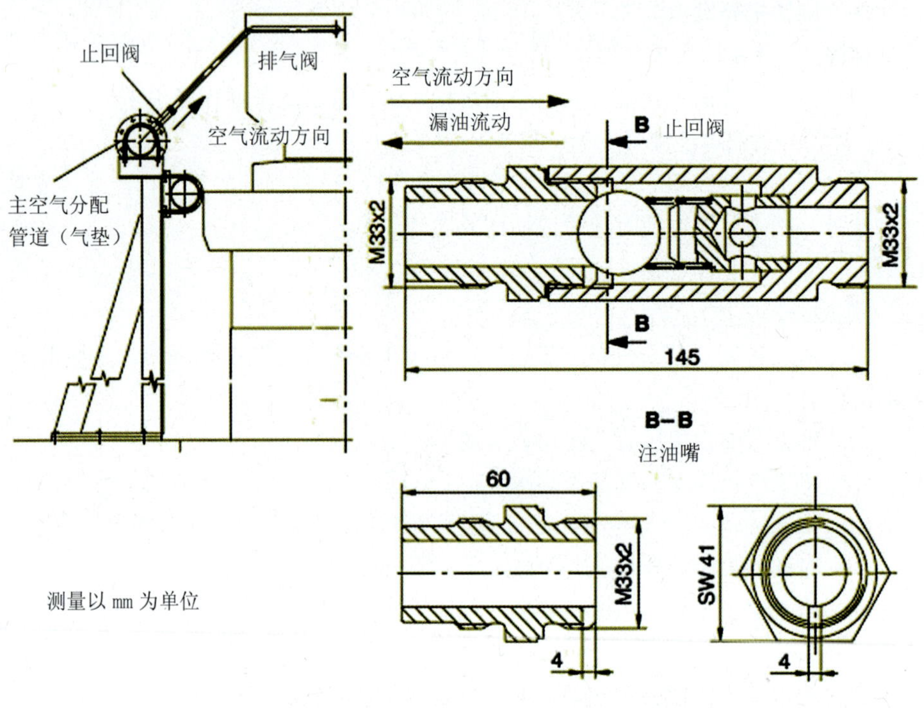

图 5 空气进气管到排气阀空气弹簧的止回阀

RTA-51

2000 年 8 月 21 日

2.3.07 柴油机扫气系统与排气总管的爆燃

适用机型：RTA 柴油机

1 简介

一些 RTA 柴油机的扫气总管以及增压器后排气总管中发生爆燃（急速燃烧）。

该服务公告总结了造成此类爆燃案例的可能因素。所有发生爆燃的情况都是船舶停留在港口一段时间之后，柴油机重新起动时发生的。

2 易燃气体

易燃气体是在连接泄放管的燃油油渣柜或残油柜中形成。由于透气系统和扫气管的泄放管系的构造不合理，导致可燃气体进入柴油机。

2.1 柴油机的泄放系统

（请参阅附件 RTA-51/1）

柴油机泄放系统应该根据 Wärtsilä_NSD 所附的图来设计。如果残油从活塞底部、填料函（中部腔室）或者扫气总管（“干”侧）泄放至燃油油渣柜或残油柜，则需要在泄放管路上添加一个止回阀。必须定期检查该止回阀的功能是否正常，止回阀故障时必须修理或换新。

扫气总管的凝水不能泄放至油渣柜，因为油渣柜会很快存满凝水，船员可能会因此而关闭该泄放管路。

3 燃油（HFO）

由于燃油泵控制部分故障导致喷射时间延长，从而导燃烧室内的不完全燃烧。

如果燃油喷嘴有损伤或者损坏、转动（定位销断裂），或喷油器针阀卡在微开位置，燃油同样可能在燃烧室得不到完全燃烧。

燃油的积聚是造成排气总管以及扫气箱发生爆燃的原因。这种情况容易发生在长时间慢车航行之后或者在港口长时间机动操作时。

建议不要对燃油喷射系统部件（喷油器）做任何改变。

3.1 维护与活塞下部的检查

确保对燃油喷射系统，如喷油器、高压油泵以及喷油定时等进行正常的维护，喷油器喷嘴应定期更换。

在经过长时间的低负荷运行或者机动操作后，建议通过扫气口对活塞头、燃烧室、缸套以及扫气箱进行检查。

如果活塞头顶部积有燃油，在柴油机起动前，必须更换状况不良的喷油器，清除活塞头顶部的残油，还需要将扫气箱的残油泄放，对扫气箱积存的油泥残渣进行清洁。

4 气缸润滑油过多

在预润滑及后润滑过程中，如果油泵控制阀故障，或注油枪故障或调节不对，会导致过多的气缸油进入到燃烧室。当柴油机起动后，气缸油会被持续不断地注入气缸，过多的润滑油会被带入排气总管，可能引燃并发生爆燃。同时，扫气箱也会发生爆燃。

请注意！当起动预润滑或后润滑时，必须使用盘车机对柴油机盘车。

4.1 RTA“-8 与 -2 系列”和 RTA 84C 柴油机的预润滑与后润滑

带有 EC、SC 或者 SBC 控制系统

应该依据气缸油泵的类型来进行缸套的预润滑与后润滑，有的需要手摇注油泵曲柄 40～50 次，有的通过打开十字头滑油泵主管路至气缸油泵驱动器之间的控制阀的方式来实现：将先导阀向里推（手动），直至气缸油泵驱动轴转动接近 400 转（Vogele）。转数可以在驱动轴转数计数器上读取。在 Jensen 注油器上，液压马达与气缸油泵驱动轴之间的传动比率为 3:1。

确保先导阀（图 1）在放开之后全部伸出，即处于完全关闭状态。

4.1.1 预润滑与后润滑控制阀的应急运行模式

预润滑与后润滑控制阀的应急运行模式请参阅《使用说明书》0 部套 082 章与 7 部套 721 章中所描述。

不过，应特别注意在新装或者检修过油泵或者流量调节阀之后，其流量调节螺栓（图 1）需全部旋入先导阀内，从而关闭控制阀。

请注意！船舶在港时，如果预先润滑与过后润滑控制阀处于应急运行的位置，且十字头润滑泵也在运行中，那么液压马达将连续运行，大量的气缸润滑油会被注入气缸中。因此，必须立即将调节螺栓旋回至原始位置。

4.2 RTA“-2 和 -U 系列”与 RTA 84C 柴油机的预润滑与后润滑

带有 DENIS-1 控制系统

通过手摇气缸注油器手柄约 40～50 次（Vogele）的方式可对柴油机进行预润滑。借助十字头轴承润滑油压力驱动注油器也能实现对气缸的预润滑和后润滑，这需要手动按下注油阀 8.11，见图 2（6）（请参阅《使用说明书）中的原理图）的控制按钮，直到注油器驱动轴转动约 400 转（可以通过转数计数器读取）。气缸油泵的运转时间与按钮被按住的时间相同。在 Jensen 注油器上，液压马达与注油器驱动轴之间的传动比率为 3:1。

正常运行中的位置（关闭）

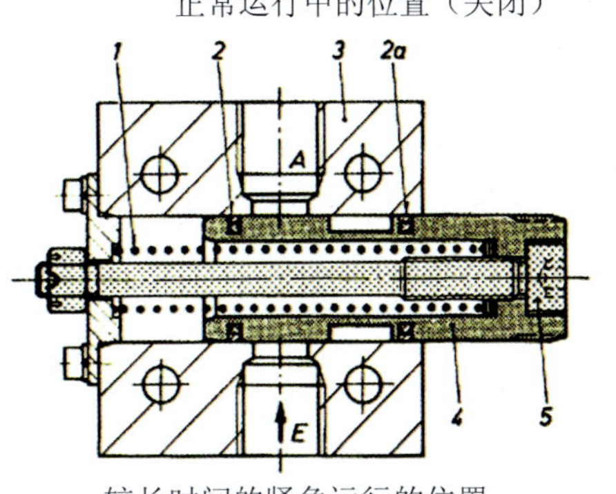

预润滑与后润滑的位置
（手动推入位置）

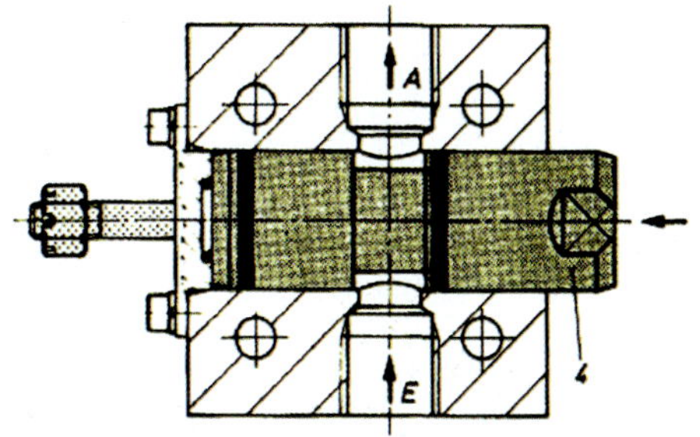

较长时间的紧急运行的位置
（可调节至需要的速度）

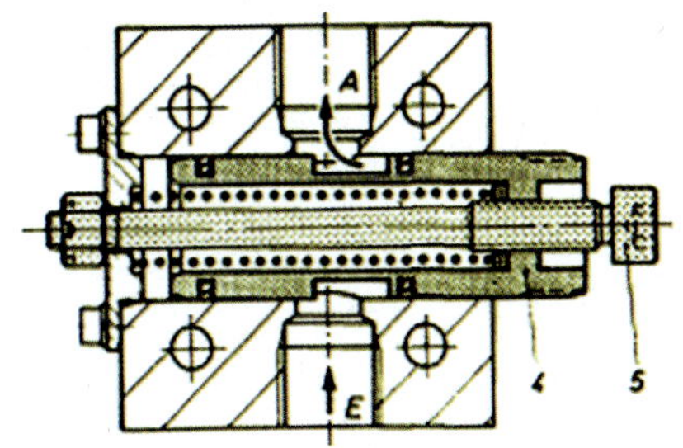

1 弹簧
2 2a 活塞密封圈
3 阀体
4 先导阀
5 调节螺栓
E 进油口（来自于十字头轴承滑油系统）
A 出油口（到液压马达）

图 1 RTA 76 预润滑与后润滑控制阀

4.2.1 预润滑与后润滑控制阀的应急运行模式

可以使用止动螺钉在气缸油泵驱动装置上设定速度，见图 2 的（1）。该设定不随主机负荷改变。即使当柴油机停车后，气缸油泵仍然处运转状态。因此，只有当气缸润滑泵出现故障，且难以立即修复时，才可以使用该方式。

请注意！柴油机停车后，必须立即将止动螺钉旋回原始位置。否则，气缸中会慢慢地充满气缸油。

在几种极其罕见的情况中，活塞会卡在预润滑的位置。因此，在完成气缸润滑之后，必须检查注油器，看其是否仍在运转。

4.3 RTA“-UB 和 -T 系列”与 RTA 96C 柴油机的预先润滑与后润滑

带有 DENIS-5 或者 DENIS-6 控制系统

负荷控制的气缸润滑和排气阀杆润滑是通过遥控系统控制各自独立的电控系统来执行的。当柴油机停车时，气缸润滑油也会随之停止。

带有 DENIS-5 或者 DENIS-6 控制系统的柴油机，在控制室，按下标记有“预/后润滑”的带灯按钮，即起动一个 10 分钟的自动注油程序，这个时间是盘车机转车完整一圈所需的时间。

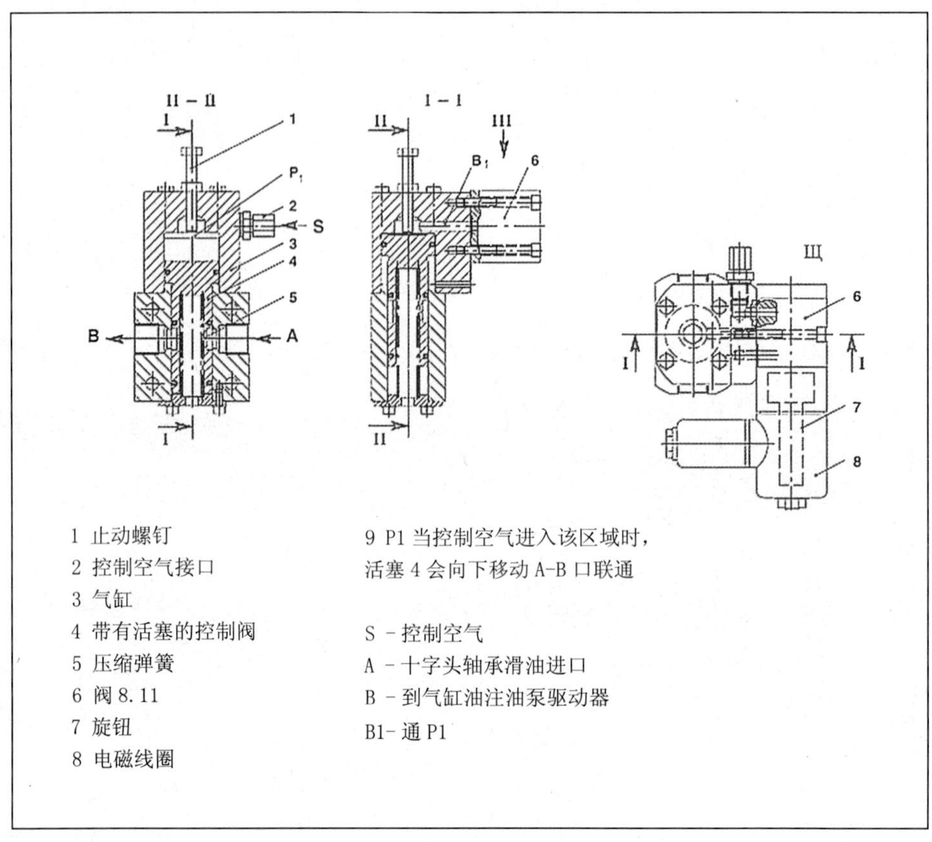

图 2　RTA 52U 预润滑、后润滑控制阀

请注意！如果在这段时间内重新按下按钮，注油程序会中止。

4.3.1 紧急润滑

如果正常的气缸注油控制出现了故障，气缸润滑的应急控制系统会自动起动。在该模式下，气缸油注油率不再随负荷变化而调节。

此时气缸油泵马达的频率即是标称频率，在柴油机运行的全部负荷范围内注油率保持不变，对应的注油率为柴油机 100% 负荷时的注油率。

请注意！如果气缸润滑处于应急模式，而气缸油泵的转数系数大于 1.00（调节遥控系统中变频器的频率），则会发生过量注油，尤其是柴油机运行在部分负荷时。

另外，也可以按下位于电动马达旁的按钮来实现气缸润滑。气缸注油润滑的时间与按钮被按住的时间相同。

5 附件：RTA-51/1 泄放系统（如图 3）

附件

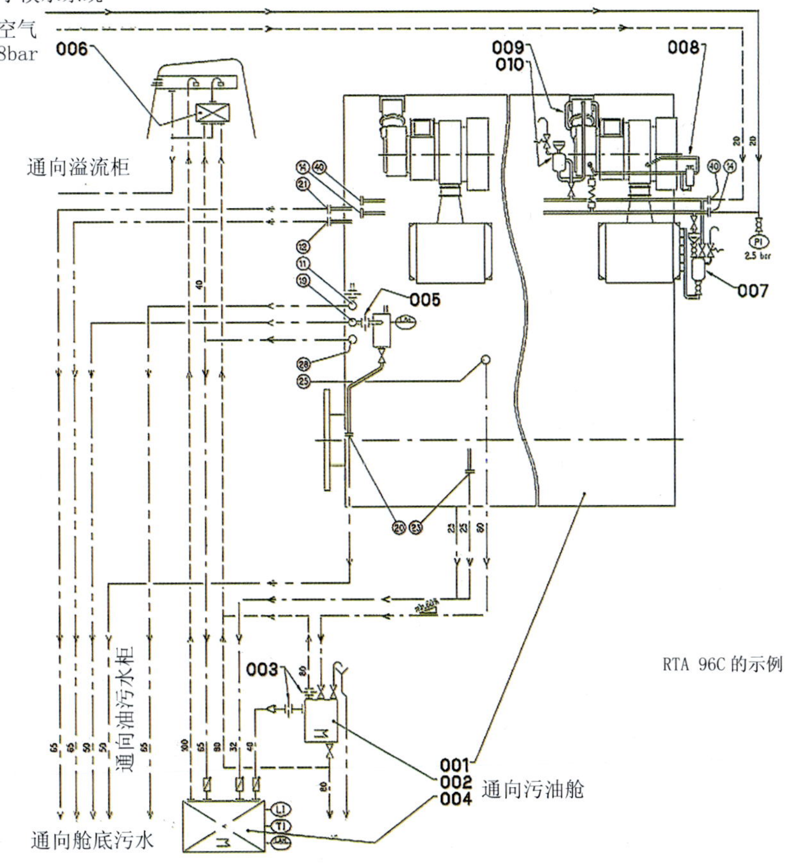

图 3　RTA-51/1 泄放系统图

图 3 的索引

001	RTA 96C 型主机	011	扫气总管油水泄放
002	油渣收集罐	012	缸套与增压器冷却水泄放装置
003	节流孔板	014	冲洗装置的清洗水进口，分配管 *3)
004	油渣柜，容量约为 4 立方米	019	来自于气水分离器与空冷器的泄放 *2)
005	节流孔板	020	空冷器清洗水出口
006	透气总管	021	增压器冲洗水出口
007	空冷器清洗装置 *1)	023	污油收集总管（排气侧及燃油泵侧）
008	增压器压气机清洗装置 *1)	025	来自于活塞底部污油
009	增压器涡轮端清洗装置 *1)	028	来自于活塞杆填料箱的污油
010	增压器涡轮端干洗装置（可选） *1)	040	冲洗装置空气进口管，分配管道 *3)

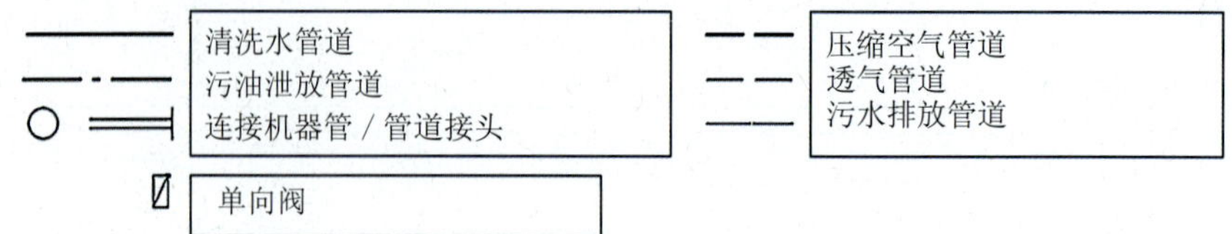

*1）　每台增压器上一套。

*2）　根据空冷器前后空气相对湿度与温度不同，会有凝水形成。在极端的环境下，可能最多会产生 0.08 kg/kWh 的冷凝水。

*3）　在自由端或驱动端。

透气与排水管道必须在船舶处于任何倾斜角度时，均能正常使用，且柴油机必须处于可操作状态。

RTA-52

2000 年 9 月 22 日

2.3.08　RTA 型柴油机的气水分离器

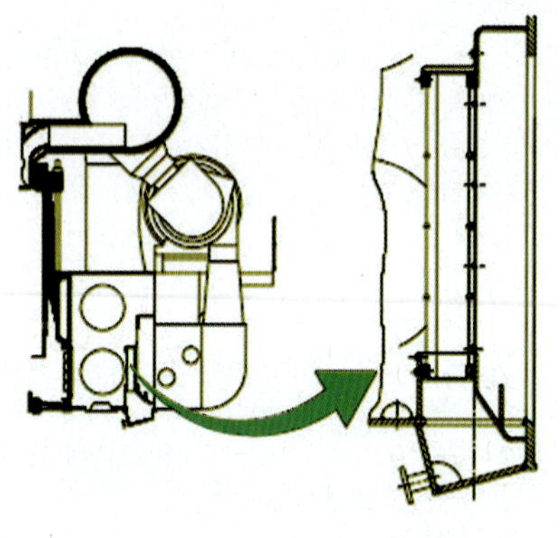

1 简介

该服务公告是关于 RTA“-2、-2U、-T-B、-T-D、-C 以及 -CU 系列”机型上空冷器后气水分离器的改进。

所有 RTA 类型的柴油机在空冷器后都配备了对当今带高增压涡轮增压器的大功率柴油机相当重要的气水分离器。

过去曾发现几例扫气空气和水分将气水分离器旁通的现象，这会造成缸套和活塞环即使在正常工况下运行也会快速磨损。只要扫气空气中水分未有效去除，其他原因也会导致这种现象。

扫气空气中的水分若不能被气水分离器完全去除，会结合燃烧产物中的残留硫分形成硫酸，在扫气过程中附着在缸套壁上。

首先，气缸油中存在的稀酸溶液会严重地降低气缸油的润滑性能。

其次，在膨胀冲程期间，缸套表面的碱性气缸油油膜在起到抑制缸套腐蚀作用之前就已被一定程度地中和。

实验结果得知，由于凝水形成的酸性溶液会导致缸套急速地过度磨损。这可以利用“活塞环磨损状况监测装置”（SIPWA）来监控船舶航行于各种气候区域、最大转速和功率情况下的缸套磨损情况。

最坏的情况是水会破坏油膜，并且将它冲走，这样的话会导致缸套和活塞环出现严重的磨损。

关于本文更详细信息可从服务公告“扫气总管凝水泄放和扫气温度”中获得。

2 气水分离器目前的功能状况（如图1）

针对RTA“-2、-2U、-C以及-CU系列”的柴油机

过去，曾发现在气水分离器周围仍然存在潮湿空气的通道，气流直接穿过气水分离器框架周边，在垂直方向通过气水分离器单元和与其相临的集气管壁之间，然后水平进入到扫气总管。

3 气水分离器的改进

针对RTA“-2、-2U、-C以及-CU系列”的柴油机

应对措施包括在扫气总管壳体上装一直角钢板，这可以阻止空气从气水分离器四周通过。另外在底部加一水平盖板可以阻止底部的意外通道。

为防止进一步发生损坏，Wärtsilä NSD公司强烈建议对柴油机按照图1中所示进行改进。

（1）在腐蚀以及清洁方面，确保现用的气水分离器处于良好状态。如有疑问，则进行换新或清洁。

（2）准备厚为4mm、合适长度的角钢（材料St37-2），并做防锈处理，使用不锈钢材料是更好的选择。

（3）照图准备端部盖板（厚为2mm不锈钢材料或厚4～6mm的防锈材料St37-2）。其表面曲率应该与气水分离器外部轮廓形状相一致，如有形状上的偏差很易被发现。

（4）可以通过螺栓或者焊接的方法将角钢安装到扫气总管上。不过，电焊可能会点燃燃油和/或润滑油产生的爆炸性气体而导致危险，因此要确保扫气总管通风良好。

（5）将全部盖板安装到气水分离器通路的底部，用螺栓链接或者焊接的方式将其固定。

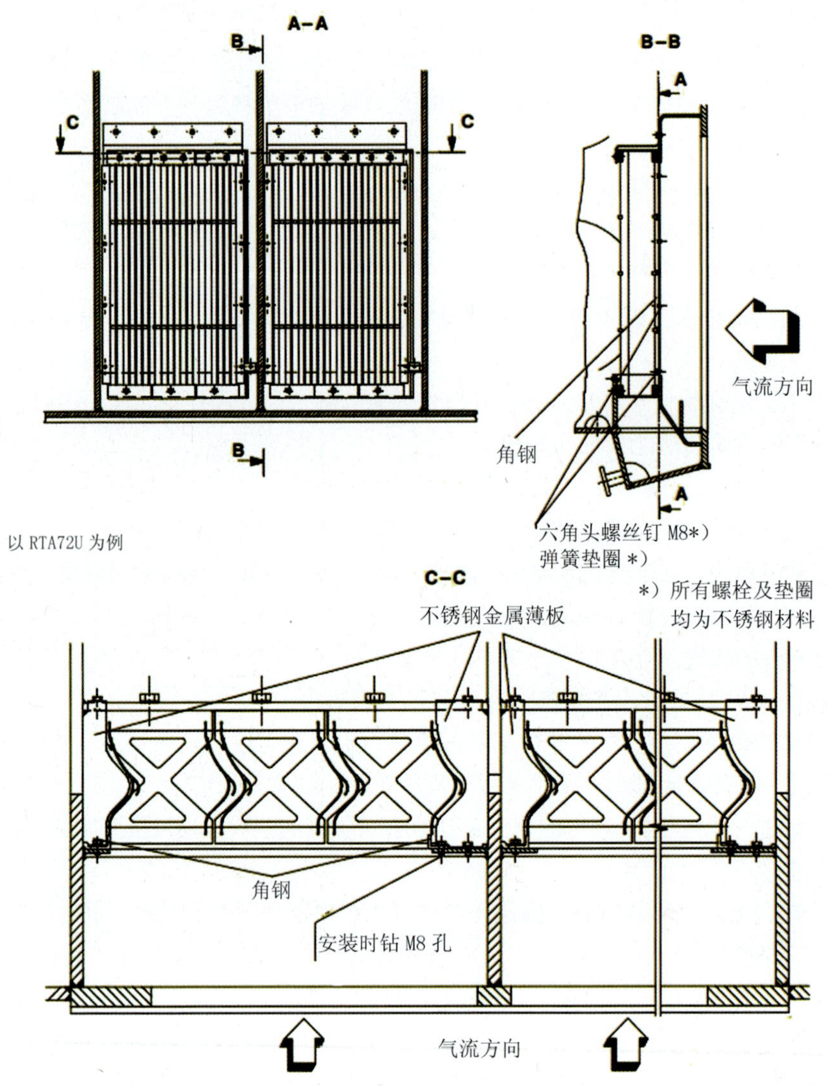

图 1　空冷器后气水分离器

3.1 气水分离器上部组件（PPTV 设计）（如图 2）

以前位于气水分离器部件上部的刚性连接已经修改为夹码式连接。在气水分离器组件上部修改的情况下，气水分离器部件的加长则不再受到限制。

修改所需要的下列零件：

（1）新的固定支架（01）

（2）定距板（02；确保夹紧效果）

（3）螺栓定距管 M12×50A2-70（03）

（4）六角螺栓 M12×50A2-70（04）

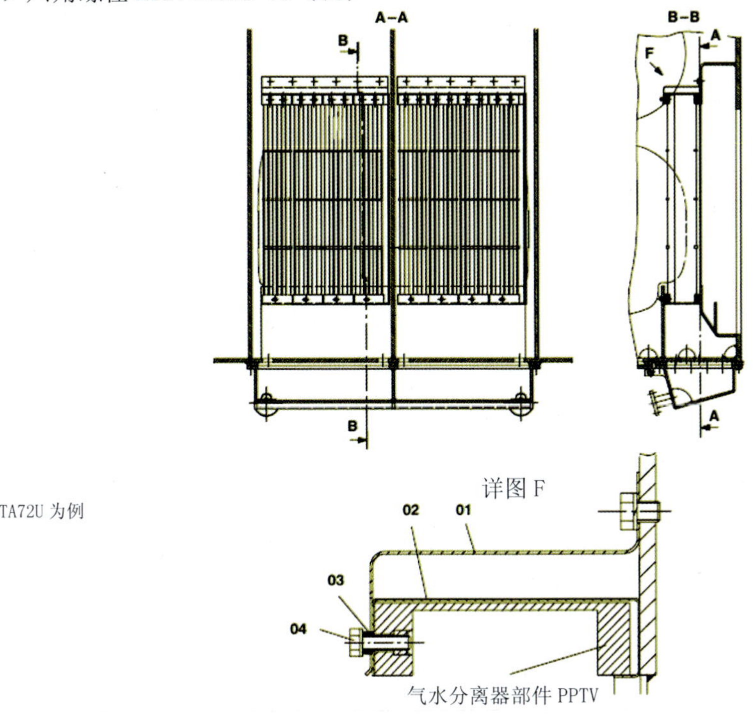

图 2　气水分离器组件

如果想自行改进气水分离器，所需的文件和图纸可用附件所示表格向 Wärtsilä NSD 瑞士有限公司订购。

为方便查阅，仅需在下表填写柴油机型号，如果需要，请备注说明并寄回传真中注明的地址。

无论如何，建议在实施改进时有 WärtsiläNSD 瑞士股份有限公司维修工程师来协助您，或者在 WärtsiläNSD 瑞士股份有限公司或者任何一个我们网络公司的维修工程师的监督下进行。

3.2. 空冷器芯子与空冷器壳体之间的修改（如图 3、图 4）

针对 RTA“-T-B、-T-D、-C 以及 -CU 系列”的柴油机

由于空冷器芯子比相对应的空气冷却器外壳小，在两者之间存在空隙。如果空冷器芯子被安装并且固定的位置更接近于冷气体一侧，那么间隙就位于热气体一侧。在这样的情况下，热气体能够通过管束的周围和下方的间隙直接进入空冷

器后和气水分离器前的空间。由于旁通气体比通过空冷器的气体压降更小，会导致冷却管束底部的泄放和透气管内出现逆流现象。

为了尽量减小间隙，避免热气体旁通穿过空气冷却器，建议将空冷器芯子安装在接近热气体一侧。剩下的小间隙能够很容易地通过空冷器前气体通道的检查孔使用耐热复合硅胶密封。此时冷空气区域的间隙变大，不过没有不利影响。

推荐的硅树脂混合物品牌：

- Coltogum 是经验证的棕红色耐热密封混合物。
- 必须能够经受住高达 300℃的温度，且始终保持弹性。
- 在经过验证的情况下可以应用等效的品牌。

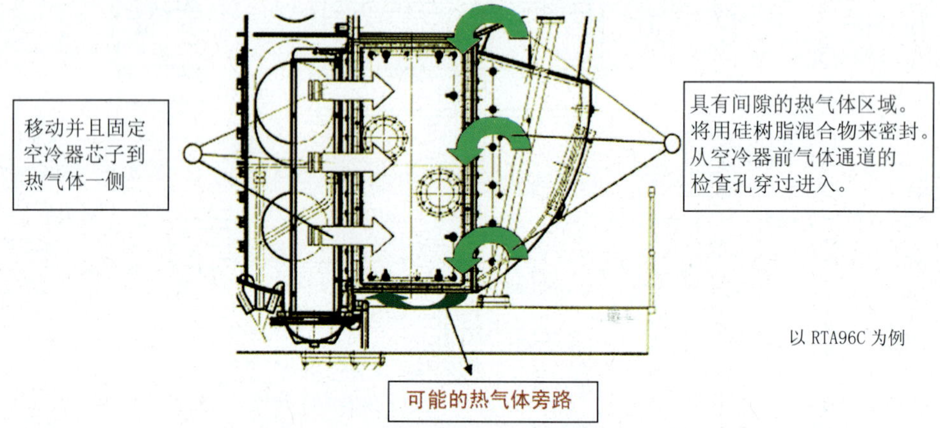

图 3　空冷器芯子布置及避免热气体旁通的措施

避免气体旁通，用硅树脂混合物密封存在的间隙

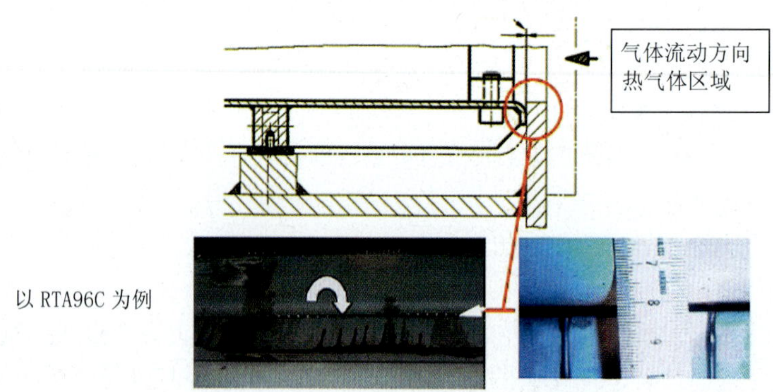

图 4　空冷器芯子和壳体间的间隙密封

3.2.1 空冷器泄放管路的透气

如果存在上面提及的热气体旁通的情况，那么空冷器下部泄放管的透气可能会有问题。为了防止气水分离器泄放管发生倒流情况，并保证冷凝水顺畅泄放，需要在透气管内加一个 8mm 的节流孔板。在有热气体旁通流过时，该节流孔可以平衡压力差和减少逆流，见图 5。

如果没有节流孔板，冷凝水可能积累并进入扫气箱，甚至发生进入气缸内那样更严重的情况。

在之后的实际应用中，这个另加的空冷器下排水管已经取消不用，而是使用一个考克代替，在清洗空冷器时使用。

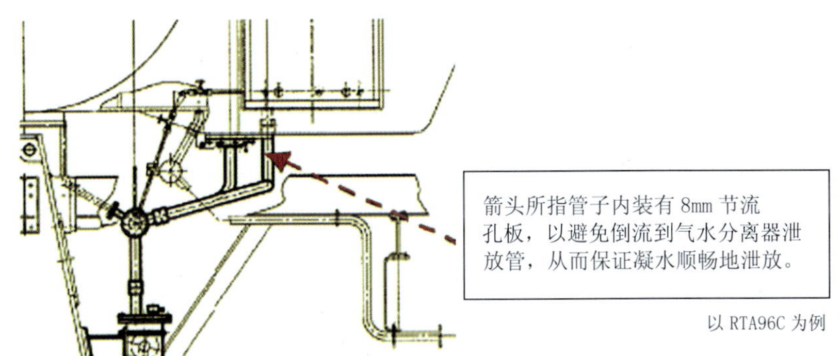

图 5　冷凝水泄放管路的布置

4 关于气水分离器的附加信息

4.1 冷凝水的形成

冷凝水的形成受以下参数影响：

（1）环境空气的绝对含水量（g/m^3）.

（2）与柴油机负荷成比例的扫气压力或压气机的增压比。

（3）扫气温度。

随着环境温度的增加，空气的含水量会相应增加。

柴油机 CMCR（最大持续功率）所要求的扫气压力是由柴油机设计者确定的。这是柴油机非常重要的设计参数且不能被修改。较老的柴油机具有较低的 BMEP（平均有效压力），因此较低的增压比受冷凝水的影响小于具有高 BMEP 的现代柴油机。

扫气温度也是一个非常重要的柴油机设计参数。不能太高，否则柴油机将承受过大的热负荷并导致损坏，部分负荷下也不能升高扫气温度。

4.2 预防冷凝水的产生

为了避免冷凝水的产生，一种习惯做法是采用减小空冷器冷却水流量的方法来提高扫气温度。这种做法很常见，但是对柴油机部件会造成危害。

根据设备的规定，任何情况下都不能减少空冷器冷却水量！

防止由于冷凝水导致缸套磨损的措施是在进入气缸之前将其排出。

4.3 冷却水调节

调节冷却水流量有下列缺点：

（1）由于扫气温度的增加造成过量空气的减少，导致燃烧室部件的热负荷增加。

（2）提高扫气温度对减小冷凝水量的影响是非常微小的。对于现代的柴油机，在酷热条件下冷凝水的数量可能达每小时几百升，通常不能通过提高扫气温度来处理。

（3）减小空冷器冷却水流量会使冷却水管不可避免地因结垢而损坏。尤其是在海水冷却的空冷器中，管壁结垢一旦开始形成，就会变得无法控制。结垢开始于柴油机运行于高负荷，但空冷器冷却水却小于规定值。水垢会降低水管的传热效果，从而使得热空气一侧的管壁温度上升，这造成结垢进一步加剧。一旦开始，该过程将加速发展。

空冷器效率会显著下降，甚至减半，水垢会造成水管因热应力而发生裂纹，随之导致泄漏。

现代的空冷器效率很高，但同样对这种状况很敏感。

（4）降低冷却水流量造成空冷器后温度过高，已经出现导致树脂型气水分离器损坏的案例。

附件：调查 / 订购的传真表格（见表 1、表 2）

表 1 调查 / 订购的传真表格

送到：Wärtsilä 瑞士股份有限公司 PO Box 414 8401 温特图尔 瑞士	来自：
	部门：
注意：技术公告	日期：
传真：+41522620731	页码编号：包含本页
电子邮件：techservice.ch@wartsila.com	电子邮件：
主题：气水分离器的修改 - 主要图纸的订购	
❑ 紧急 ❑ 需要图纸 ❑ 要求的资料 ❑ 请评论 ❑ 请尽快回复	

需要下列 RTA 类型柴油机气水分离器改进的图纸。

为了得到相关文件，请填写表 2，如有需要请添加评论，然后发送到表 1 的传真或者最近 Wärtsilä 服务站。

表 2 调查 / 订购的传真表格

装置	柴油机类型
	柴油机厂家
涡轮增压器类型	柴油机编号
	主机运行时数

柴油机类型	主要图纸编号	订购信息	
		X	备注 / 数量
RTA 52/RTA 52U	0-107.299.724-H		
RTA 62/ RTA 62U	0-107.299.746-H		
配备有 VTR 454/564 T/C 的 RTA 72/RTA 72U	0-107.299.854-H		
配备有 VTR 714 T/C 的 RTA 72/RTA 72U	0-107.299.723-H		
配备有 VTR 564/714 T/C 的 RTA 84C/RTA84CU	0-107.295.417-H		
服务工程师协助（Sulzer 机型）			……天

RTA-53

2001 年 6 月 12 日

2.3.09 可变喷油定时和燃油质量设定

适用机型：除 RTA 38 和 RTA 48 以外的 RTA 机型

1 简介

在 20 世纪 70 年代，燃油消耗获得了更多的重视，Sulzer 在其低速二冲程柴油机上引入了可变喷油定时及燃油质量设定（VIT 和 FQS）系统。

VIT 和 FQS 系统完成两个主要的功能。VIT 会自动起作用，根据柴油机实际负荷控制喷油始点，保证部分负荷下的燃烧效果。FQS 是手动调整的，可以用于使喷油定时和燃油质量相匹配。

VIT 和 FQS 作为 RTA 柴油机的标准配置时最初只有机械式，后来发展为电子式。

后者是目前 RTA 柴油机的唯一标准配置，也是本公告的主题。

SulzerRTA 柴油机使用延迟喷射，以满足国际海事组织（IMO）关于氮氧化物的排放法规。这种喷射延迟，取决于柴油机的类型及其额定功率，并已作为一个新的，与负荷无关的参数在 DENIS 系统上应用。因此，由于使柴油机的排放符合了 IMO 关于 NO_X（氮氧化物）的规定，VIT 系统在 SulzerRTA 柴油机上应用获得相当的重视。

由于具有优化的 VIT 功能，柴油机不管是否在 VIT 和 FQS 作用下运行，都丝毫不影响其操纵性。然而，在燃油消耗上尤其在部分负荷下已被证实的有益作用，所以建议在柴油机正常运行时，将 VIT 和 FQS 系统投入使用。所有的 RTA 柴油机都设计成 VIT 和 FQS 系统可以连续工作。也就是说，使用 VIT 和 FQS 可以很好地保持柴油机参数在安全范围内。最新的 RTA 机型满足 IMO 关于 NO_X 的排放规定，FQS 的设定受到限制，以保证在 FQS 的设定范围内都符合 NO_X 的排放规定。

此服务公告将根据不同的设计来说明 VIT 和 FQS 系统。并且就如何检查系统和发挥功效提供一些常规意见，以确保最大的可用性，从而使广大使用者受益，

2 VIT 和 FQS 系统的工作原理

以下就常见的设计类型对 VIT 和 FQS 的功能进行说明。图 4 提供了相关变量之间主要关系的一种表示，但是根据 VIT 系统的类型和调节方式的不同，其外形上可能会有较大差异。

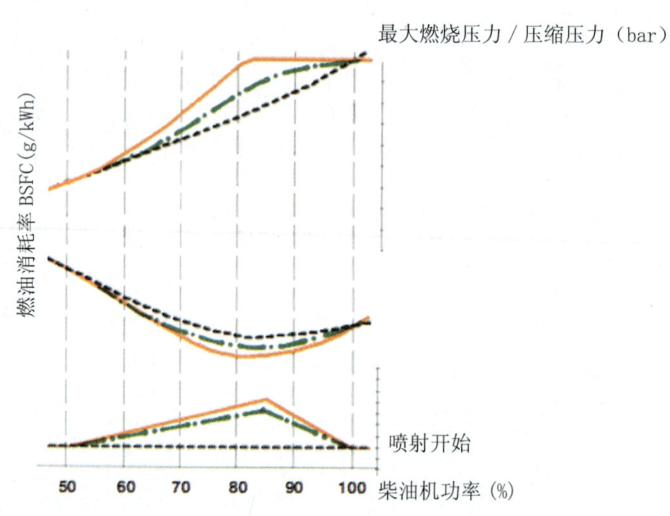

图 1 喷油提前（VIT）对燃烧压力和部分负荷运转下燃油消耗的影响

负荷上限内的气缸压力：

使用 VIT 时的最大燃烧压力：

最大燃烧压力持续保持在额定值

使用 IMO-VIT 时的最大燃烧压力

没有使用 VIT 时的最大燃烧压力：

最大燃烧压力随负荷减小

耗油率（BSFC）：

使用 VIT 时的 BSFC

使用 IMO-VIT 时的 BSFC

没有使用 VIT 时的 BSFC

喷油始点：

根据负荷而变的 VIT

根据负荷而变的 IMO-VIT

保持不变

2.1 可变喷油定时（VIT）

VIT 的功能是按照图 1，根据负荷对燃烧压力进行调节。

提高部分负荷（这是常用的负荷范围）的最大燃烧压力，燃油消耗将降低。根据喷油始点和最大燃烧压力的关系，喷油泵的排出时间可以作为控制信号（如图 2）。喷油始点提前，则最大燃烧压力上升。

没有 VIT

喷油始点固定，取决于燃油喷射泵的设置。

结果：最大燃烧压力随负荷增加而上升。

有 VIT

喷油始点可变，取决于燃油喷射泵的设定和 VIT 的值。

结果：最大燃烧压力在较高的负荷范围内保持在额定值。

有 IMO-VIT

喷射始点不同，取决于燃油喷射泵的设置和 VIT 的值。

结果：根据 IMO-VIT 曲线，最大燃烧压力随负荷减小。

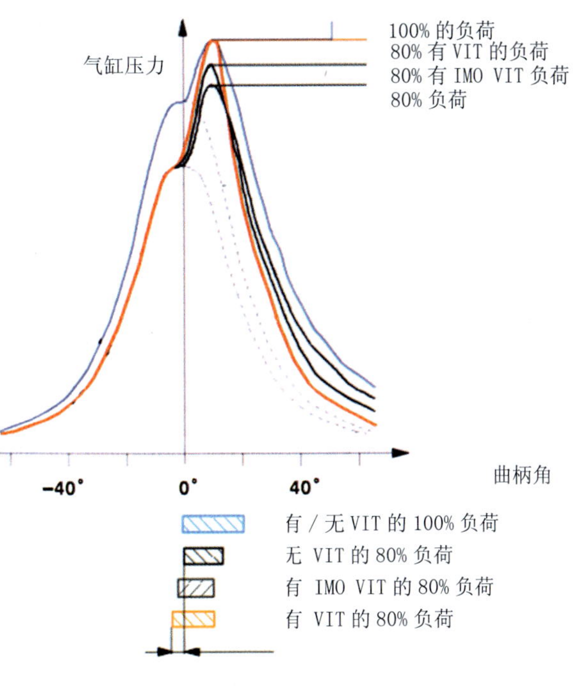

图 2 喷油持续时间

2.2 燃油质量设定（FQS）

通过手动调整燃油质量设定，能使得喷油定时与燃油质量相匹配。不同的燃油发火性能有很大差异。相同的喷油始点，发火性能不好的燃油，其燃烧压力也低。较长的发火延迟会导致最大燃烧压力降低，对燃油消耗带来不利影响。发火延迟的不同，可以通过一个不随负荷而变的喷油始点“偏移”值（=FQS 值）来进行补偿。

向提前的方向调整 FQS 值，即喷油始点提前，最大燃烧压力上升至合理值，则燃油消耗率下降。发火性能好的高质量燃油，也即发火延迟小，导致燃烧压力升高。所以，FQS 值就需要往滞后的方向调节（较小 / 负的 FQS 值），也即，喷油始点延后，可以避免过高的燃烧压力。如图 3 所示。

只要换用新的燃油就需要做调整。只要 FQS 做过调整，就必须通过示功图检查燃烧性能，以确保最大燃烧压力和燃烧速率保持在设计范围内（参阅本文 5、6、7 的活塞运行特性）。

A：没有 FQS（FQS=0°）

• 喷油始点由燃油喷射泵的设定决定

• 发火性能差的燃油导致发火延迟

结论：最大燃烧压力较低

B：有 FQS（FQS>0°）

• 手动调节以对低发火质量的燃油进行补偿

• 喷油始点 / 发火提前

结论：最大燃烧压力保持在额定值

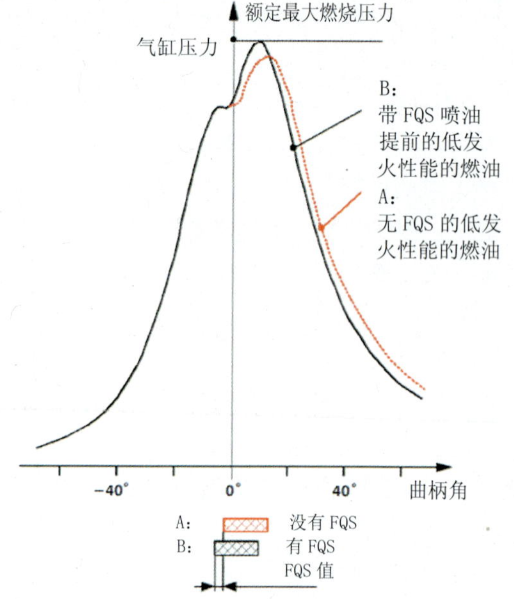

图 3　FQS 对燃烧压力的影响

3 VIT 和 FQS 的设计版本

VIT 和 FQS 的最初设计是机械式的（如图 4），使用凸轮实现随负荷调节的 VIT 功能，FQS 通过机器上的调节杆设定。

这种机械式的明显缺点是受到凸轮形状的局限性，任何燃油调节机构的动作都不经任何阻尼地直接传动到 VIT 和 FQS 系统，结果是造成凸轮损坏。

随着电子控制式 VIT 和 FQS 的引进，在这方面得到了明显改善。喷油定时由受电子控制单元的信号控制的气缸位置决定。通过使用数字控制系统，几乎所有的 VIT 的曲线都可能实现，而气缸动作经过阻尼，从而使得油门调节机构动作更加平稳。

在 1986 年推出的第一个版本的电子式 VIT 和 FQS 系统等同于机械式，亦即喷油定时直接设定的且仅是燃油调节杆位置的函数（= 负荷指示信号 LI）。

这种 VIT 和 FQS 系统的已被引入到 RTA“-2 系列”柴油机，开始是作为选配，后来成为标准配置。

如今所有 RTA 柴油机配备的电子式 VIT 和 FQS 系统标准都是第一个版本进一步发展而来的。现在的设计中，喷油始点的计算是基于 2 个测取的输入信号：柴油机转速（n）和扫气压力（Pch）。扫气压力比负荷指示更能直接代表柴油机的负荷，而转速考虑的是柴油机的工作点。两个信号综合起来实现对气缸内最大燃烧压力的精确控制，尤其机器没有运行在额定推进特性时。

作为今天的标准配置，此服务公告只详细介绍电子式 VIT 和 FQS 系统。

尽管 VIT 和 FQS 在设计上有所不同，但必须要对柴油机最低油耗和最大可靠性运行的最佳柴油机的基本准则予以注意。

有关 VIT 和 FQS 系统的基本信息和调节说明，在操作手册里有相应说明。

表 1 显示每台柴油机类型上不同的 VIT、FQS 和本通告对应的有关章节。

表 1

组别	机型	控制系统	VIT 和 FQS 类型	本公告中的相关章节	备注
1	RTA 58、RTA 68、RTA 76、RTA 84 RTA 52、RTA 62 RTA 72 RTA84M、RTA84C	SC [1]) SBC [2]) EC [3])	机械 VIT 和 FQS	4	在引进 DENIS-1 之前，早期柴油机设计的 VIT 标准配置
2	RTA 84 RTA 52、RTA 62、RTA 72 RTA84M、RTA84C	DENIS-1 [4])	机械 VIT 和 FQS 电子 VIT 和 FQS、VIT=f(LI)	4 5.2	标配：机械 VIT 选配：电子 VIT

3	RTA 52U、RTA 62U、 RTA 72U RTA 84C、RTA 84CU	DENIS-1	电子 VIT 和 FQS、 VIT = f (LI) 电子 VIT 和 FQS， VIT = f (n、p_{ch}) 电子 VIT 和 FQS、 VIT = f (n、p_{ch}) IMO 调节	5.2 5.3 5.4	根据控制系统，采用 VIT =f (n、p_{ch}) (> = 1997)
4	RTA 84T、RTA 84T-B、 RTA 84T-D	DENIS-5	电子 VIT 和 FQS， VIT = f (n、p_{ch}) 扩展操作范围，电子 VIT 和 FQS， VIT = f (n、p_{ch}) IMO 调节，扩展操作范围	5.3 5.4	VIT 与 VEC 组合使用（可变排气阀关闭）
5	RTA 48T、RTA 48T-B RTA 58T、RTA 58T-B RTA 68T-B RTA 96C、RTA 96C-B RTA 52U-B、 RTA 62U-B RTA 72U-B	DENIS-6	电子 VIT 和 FQS， VIT = f (n、p_{ch}) 电子 VIT 和 FQS、 VIT = f (n、p_{ch}) IMO 调节	5.3 5.4	

[1]）SC：标准控制（无人驾驶台控制）

[2]）SBC：驾驶台控制

[3]）EC：电子驾驶台控制

[4]）DENIS-1：柴油机的控制和优化燃烧控制系统，数字代表系统的研发状况。

4 机械式 VIT 和 FQS 原理

图 4 列明了机械控制 VIT 和 FQS 原理。

图 4 的索引

1	调速器	13	调节杆
1a	调速器输出轴	14	控制杆
2	控制杆	15	控制溢流阀的偏心轴
3	气缸		
4	控制杆	16	VRT 凸轮传动臂
5	中间调节轴	16a	VIT 凸轮
6	控制杆	17	喷油质量设定杆 (FQS)
7	调节杆	17a	锁定销
8	传动杆	18	弹簧
9	调节杆	19	喷油泵
10	传动杆		
11	吸油阀调节杆	LI	负荷指示器
12	控制吸油阀的偏心轴	SP	设定刻度盘

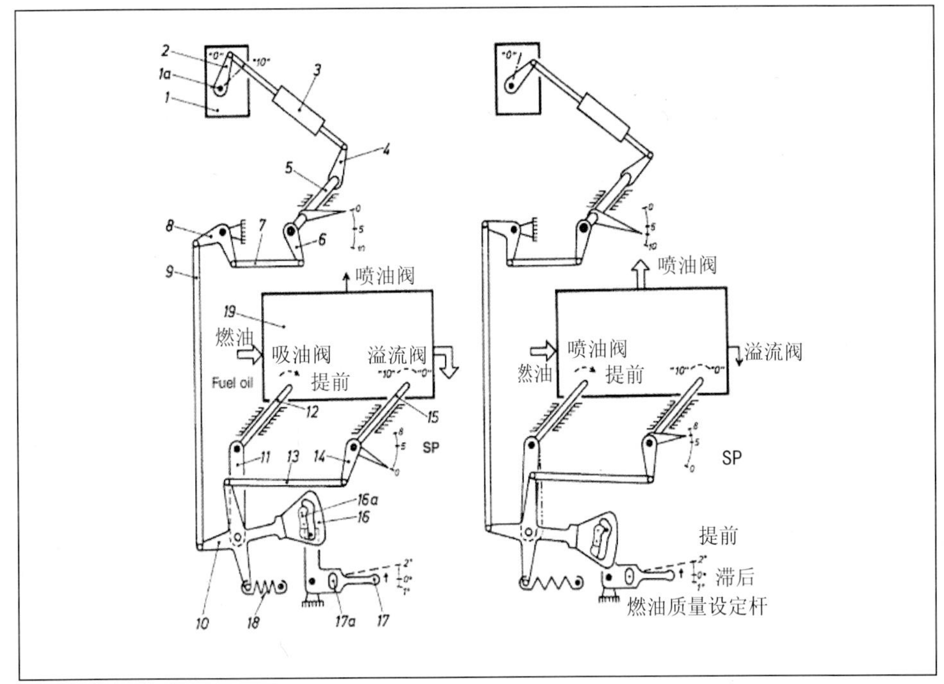

图 4　在 LI 位置为“0”和“7”时机械式 VIT 和 FQS 的燃油泵调节机构

5 电子控制 VIT 和 FQS

5.1 一般介绍

所有的电子版 VIT 和 FQS 包括两个部分：

A：逻辑控制回路根据相关版本 VIT 和 FQS 所使用的控制信号，计算需要的喷油定时。该功能和主机的遥控系统结合在一起。

B：用于调节吸油阀和溢流阀的位置，实现所需的喷油定时。

5.1.1 控制电路

控制逻辑根据输入信号（视版本不同，可能是柴油机负荷信号或者转速和扫气压力双信号），计算所需执行器位置。控制系统将这个作为给定值向电磁阀发出伸、缩的指令，直到反馈电位计测得气缸到达了所需的位置。

所提供的控制系统回路功能在本文 5.2～5.4 的相关章节中描述。

5.1.2 燃油调节杆的布置

（如图 5 所示）

速度控制系统（= 调速器）输出杆位置决定了喷油泵的喷油量。它决定了相关联的吸油阀偏心轴和溢流阀偏心轴的位置，因此决定了喷射的持续时间。

VIT 和 FQS 系统驱动器如图 5 所示，同时作用于喷油泵的溢流阀和吸油阀的偏心轴上，从而提前或延迟喷油。

气缸装有机械式止动装置，以便在自动调节系统故障时人工调节气缸位置。（见图 9 第 25 和 25a）。

每个定位装置都有一个允许 VIT 和 FQS 固定在中位的定距管，具体的机械布置根据实际有所不同。因此请参见《使用说明书》以获取详细信息。

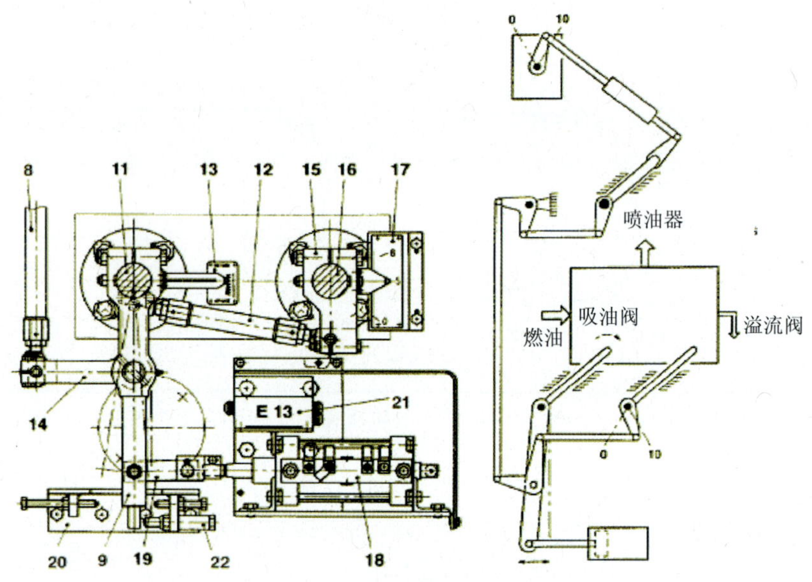

图 5 带有电子式 VIT 的燃油泵调节机构

图 5 的索引

8	立杆	17	设定盘（负荷指示位置）
9	吸油阀调节杆	18	定位装置
11	吸油阀偏心轴	19	连接杆
12	偏心轴 16 连接杆	20	吸油阀调节杆锁定装置
13	VIT 指示器		（负荷指示 0 位）
14	VIT 转向杆	21	接线盒 E 13 (RTA 62U)
15	溢流阀调节杆	22	定距套（工具）
16	溢流阀偏心轴		

5.2 电子 VIT 和 FQS

VIT=f（负荷指示器）

如图 6 所示。

首系列的电子版 VIT 和 FQS 和机械版等效，即喷射时间仅根据负荷指示器的位置设置（LI）。

本版本的电子 VIT 和 FQS 所搭配的柴油机类型，请参见列表 1。对于其中第二组机器作为可选配置，到 1997 年第三组机型就成为标准配置。

控制逻辑的功能如图 6 所示。

最终的喷油定时角度是 VIT 和 FQS 的角度和。VIT 功能关闭时，定位装置仅执行 FQS 的设定。

所谓的恶劣海况过滤是指当负荷指示快速变化时，它能使驱动器动作变得平稳，比如说恶劣海况时。

VIT=F（负荷指示器）

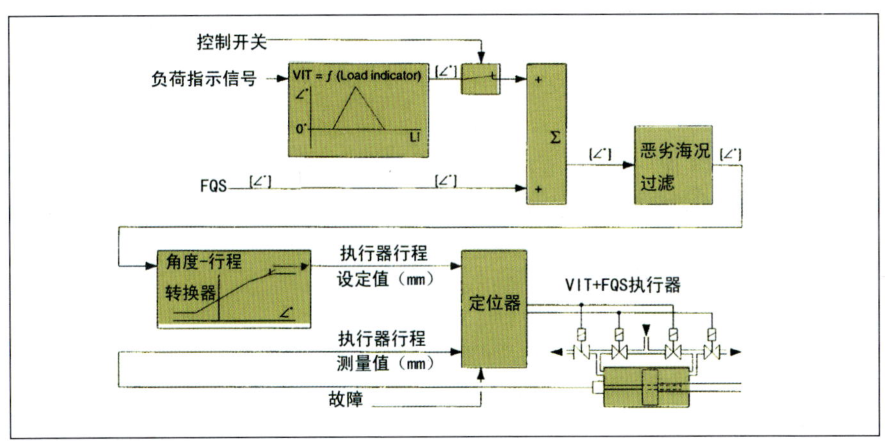

图 6 简化的 VIT 和 FQS 方框图

VIT = f (LI)

5.3 电子 VIT 和 FQS

VIT = f $(n、p_{ch})$ （请参见图 7）

改进的版本使用柴油机转速 (n) 和实际的扫气压力 (p_{ch}) 作为 VIT 的控制信号。同时使用这两种信号，可以更好地适应偏离标定推进特性曲线（比如由于船体污染或天气原因导致海况变化都会影响柴油机的负荷）的柴油机负荷状况。

该电子 VIT 和 FQS 适用的柴油机类型请参见表 1。柴油机转速和扫气压力控制的 VIT 功能首先用于 RTA 84T 柴油机，是 4 和 5 系列柴油机的标准配置，从 1997 年开始也适用于 3 系列柴油机。此版本 VIT 和 FQS 用于 3 类柴油机的时限取决于柴油机遥控系统的制造商。如有疑问，请查阅遥控系统技术资料或联系相关制造商。

3 系列 (DENIS-1) 和 5 系列 (DENIS-6) 柴油机在最大燃烧压力时接近名义功率的 85% 到 100% 之间。

而 4 系列 (DENIS-5) 柴油机的此范围在 65% 到 100% 之间。为了保持比值 $P_{最大燃烧压力}/P_{压缩压力}$ 在 TDC 时在其范围内，这些柴油机中使用了 VEC（可变排气阀关闭）。VEC 会在低功率范围增加压缩压力，从而降低上死点 $P_{最大燃烧压力}/P_{压缩压力}$ 在 TDC 时的比值。

控制逻辑的功能如图 7 所示。

VIT 根据两个独立的信号（VIT 信号“A”和 VIT 信号“B”）决定喷油时刻。VIT 信号“A”是由扫气压力的函数定义的 VIT 角度，而 VIT 信号“B”则由测得的柴油机转速来定义。

按照标定推进特性曲线运行时，得到的 VIT 曲线 (VIT 信号“A”+ VIT 信号 “B”柴油机功率信号) 的形状与图 1 类似。在任何其他操作条件下，得到的 VIT 角需要使用合适的方式调整，得到柴油机功率范围内的最大气缸压力，如图 1 所示。

手动选择“低氮氧化物模式”会导致在较大的功率范围内的喷射延迟，从而降低氮氧化物排放量，例如符合当地规则 / 限制。IMO 调节柴油机不需要采用此模式来满足 IMO 氮氧化物条例。如果关闭 VIT 功能，VIT 驱动器会固定在由参数“VIT 关闭位置”（一般设置为零度）和 FQS 设置共同定义的位置。

所谓的恶劣海况过滤就是在大风浪引起负荷指示快速动作时，仍能保证驱动器动作平稳。

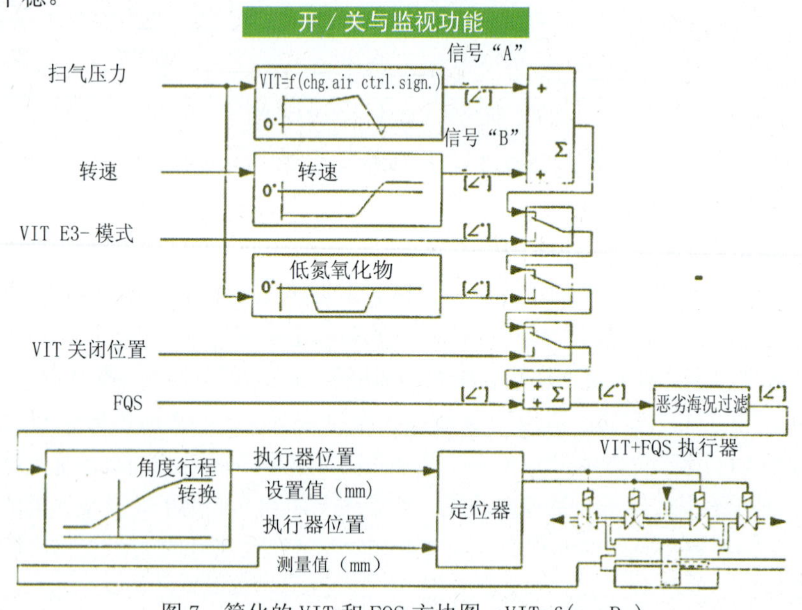

图 7 简化的 VIT 和 FQS 方块图，VIT=f(n、P_{ch})

5.4 电子VIT和FQS

VIT = f（n，p_{ch}）IMO，（如图8所示）

为了引入柴油机调节功能，使柴油机符合IMO氮氧化物排放规则的要求，对VIT控制电路及其设置进行了必要的改造。用于IMO调整的VIT在得到很好的证明的VIT版本基础上定义的，其使用柴油机转速（n）和实际扫气压力（p_{ch}）作为VIT的控制信号，如本文5.3章所述。

该电子VIT和FQS适用的柴油机类型请参见表1。IMO调整过的VIT功能适用于所有已经使用柴油机转速和扫气压力控制的VIT，即3、4和5类柴油机。使用此VIT版本的特殊柴油机见“IMO 2000符合性”。

如有疑问，请参看遥控系统技术文件或联系相关制造商。

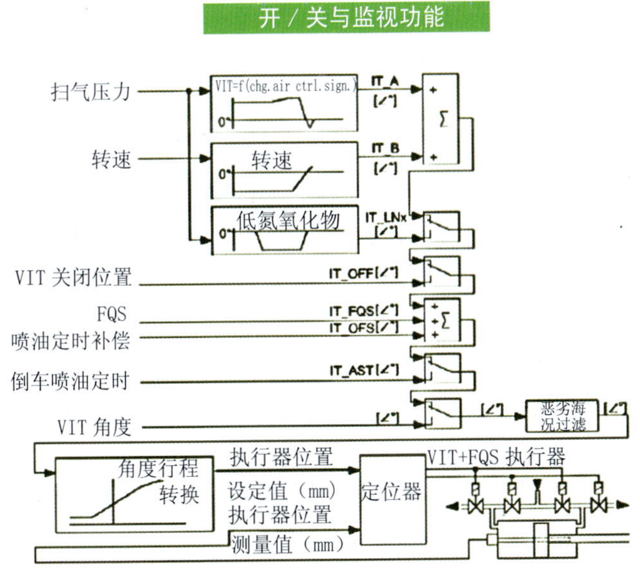

图8 简化的VIT和FQS方块图，VIT=f(n、Pch)

IMO调节3类（DENIS-1）、4类（DENIS-5）和5类（DENIS-6）柴油机使用了“平稳型”VIT，从而使85%负荷下的燃烧压力比100%时低4～5bar。

IMO调节4类（DENIS-5）柴油机的VEC已经改造，延迟了排气阀关闭时间（“平稳型”VEC）。

控制逻辑功能如图8所示。

除了图7所示功能外，还在最终的喷射角计算中附加了“IT OFS”参数。引入此参数作为调整最大燃烧压力及附加延迟（如施加）的基础，以便降低氮氧化物排放量（降低最大燃烧压力）。此补偿参数“IT OFS”取决于柴油机类型和功率。该参数在台架试验时调试并记录在技术文件里，之后严禁改变。

IMO 调节的另一个结果是参数“IT AST”。当倒车运转时，喷油时间保持在针对柴油机类型和功率决定的“IT AST”数值。

6 操作方面

VIT 和 FQS 系统基本上没有任何需要特别注意的地方或操作。在柴油机正常运行时，VIT 和 FQS 系统总是保持接通。

偶尔，尤其是在使用新品质燃油后，应通过测量气缸最大燃烧压力来检查 FQS 的设定是否正确，必要时 FQS 做相应的调整。

每台柴油机的电子 VIT 的各参数在车间试验时已经根据设计者调试的要求逐项确定和记录，除非收到指示，不得修改。

以下章节主要介绍维修工作及特殊状况下的运行。

还需要强调的一点是，本公告没有给出详细的检查表，也没有介绍此 VIT 系统操作缺陷的补救方法，如果故障与柴油机基本性能的偏差有关，以台架试验报告为准。这里介绍了一些基本检查，以及与 VIT 和 FQS 直接相关的基本检查。

如果您对 VIT/FQS 有任何疑问，请联系 Wärtsilä 瑞士有限公司，传真：+41 52 262 07 16 或我们的任何网络公司。

6.1 油门调节机构和高压油泵的设置

油门调节机构和燃油泵之前在车间试验已经设置好，但如果燃油泵或调节机构主要部件经过更换，则必须执行以下检查：

6.1.1 调节联动装置的检查

当 VIT 和 FQS 被设置到位置“0”时，检查设定板（见图 5 中 17）读到的负荷指示位置和机旁操纵站、集控室的负荷指示器之间的对应性。有偏差则说明调节杆的设置与要求不符，必须进行校正，然后才能进行燃油喷射泵的相关（正时）调整。

关于这点请参考单独的服务公告“燃油喷射泵调节机构”。

6.1.2 高压油泵

单个气缸上最大和最小有效供油行程之间可允许的最大偏差是 0.2mm，有效供油冲程与最初的定时记录偏差不能超过 ± 0.1mm。

燃油泵的喷油始点（不小于 TDC 前或后）只能通过移动燃油凸轮来改变，而不应从新设定吸油阀的推杆。喷油始点与原始记录偏差不应超过 ±0.3°。

IMO 调整的柴油机的吸油阀关闭时间（开始喷油的时间）应尽可能与技术文

件（氮氧化物相关组分和设置清单）中数值接近。所有气缸平均值的误差应在 0.0～0.3° 曲柄角之间（注：只允许喷射延迟）。每个气缸可以调整的曲柄角公差在 +0.2° ～-0.5° 之间。请注意，吸油阀关闭定时是符合 IMO 要求的柴油机的氮氧化物相关设置，而且可以由验船师在船上检查。

由于 VIT 系统对全部的燃油泵同时产生影响，因此泵与泵之间的设置偏差无法通过 VIT 得到补偿。

6.2 VIT 执行器设置

在吸油阀调节杆和锁定装置（请见图 9 或使用说明书）间装入定距管（见图 9 所示第 22），检查 VIT 在“0”位时的执行器行程。定距管将 VIT 杠杆机构定在中位，从而无需移动执行器。调节机构在设定板（见图 5 所示第 17）的指示应该为 “0”。

9 吸油阀调节杆
22 定距管（工具）
23 锁定螺母
24 用于安装定距管的螺丝
25 定位螺丝
25a 定位螺丝

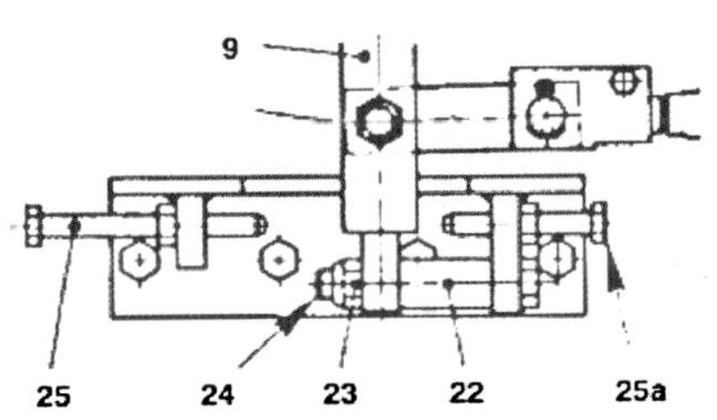

图 9 吸油阀调节杆锁定装置

通过集控室的遥控系统（RCS），检查在 VIT 电气“0”位时执行器的行程。RCS 上显示的值应与遥控系统制造商的文件一致。

分别将 VIT 执行器移动到最大提前位置（例如，提前 5° ）和最大延后位置（例如，对于配有 DENIS1 的柴油机延后 2° ，或对于配有 DENIS6 的柴油机延后 5° ），并读取负荷指示在设定板的读数（如图 5 所示第 17）。在遥控系统进一步检查执行器的行程，并与制造商的记录对比。

6.3 VIT=f（LI）的控制性能的检查

在柴油机运行期间，负荷指示器的位置、VIT 角度和 FQS 值均可直接读取。这些值应当与遥控系统制造商提供的 VIT 和 FQS 设置做对比。

6.4 VIT=f（p_{ch}、n）的控制性能的检查

在这一版本中，VIT 设置依赖于扫气压力和柴油机转速。在柴油机运行期间，应当读取遥控系统扫气压力变送器（2 个数值）和本地控制站的扫气压力读数，并进行对比。这些值可进一步与遥控系统制造商提供的 VIT 和 FQS 设置协议中的值对比。压力变送器发出的两个信号之间差异应当低于 0.1 bar，否则会发出报警。

6.5 柴油机特殊运行条件

如前所述，在正常的柴油机工作条件下，VIT 和 FQS 系统应当保持运行。但是，在一些受限条件下，需要关闭 VIT，以便降低柴油机的最大燃烧压力。这些条件将在下一章中列出。

6.5.1 新缸套和 / 或活塞环的磨合

对于新安装的气缸套的磨合，应当在 VIT 和 FQS 关闭的情况下运行 50 ～ 200 小时（见操作说明和检修公告“气缸套和活塞环的磨合”）。当 VIT 系统可工作时，建议不要安装定距管（如图 9 所示第 22），以便能够根据所用燃油质量设定 FQS 值，从而获得最大可允许发火比，$P_{最发爆压}/P_{压缩压力}$。

当 VIT 和 FQS 关闭时，VIT 执行器位置由参数“VIT 关闭位置”和 FQS 值确定。通过将“VIT 关闭位置”设置到“0”（柴油机工作时应保持在“0”位置），VIT 执行器应当保持 FQS 设定的位置。

6.5.2 VIT 故障

在 VIT 系统出现故障时，气动执行器无法继续控制燃烧的最大压力。必须安装定距管（如图 9 所示第 22），以便将 VIT/FQS 固定在中位。

6.6 FQS 设置

在调节 FQS 之前，需要精确测量爆压。此外，还必须确定燃烧压力是否实际随着燃油质量的改变而变化。由于扫气和排气管路脏污 / 脏堵或其他原因导致燃烧压力的改变无法通过 FQS 的调节来补偿。

6.7 发火比

在 TDC 时，最大燃烧压力 / 压缩压力　的比值是一个影响活塞环、燃油的经济性和排放物（变得越来越重要）的重要参数。还没有在物理和热力方面对最佳或最大燃烧速率的规定。基于经验和工厂试验结果，RTA 柴油机最佳发火比和低燃油消耗率的持续时间可以达到最大检修周期（TBO）。RTA 柴油机经过调试，在 100% 负荷时 TDC 的最大燃烧压力 / 最大压缩压力将达到 1.2，在部分负荷时到达接近 1.5。

对于经过 IMO 调整的 RTA 柴油机，根据柴油机的类型和功率的不同，在 100% 负荷时其发火比在 0.90～1.25。在部分负荷时，燃烧压差在燃烧开始时必须不超过 40bar。由于柴油机的等级、扫气压力和喷射时间不同，这些发火比值差异很大。在维修中，作为基准，必须避免压力增加值（从燃烧开始到达到最大值）高于 40～45 bar，以免增加活塞环断裂或破损的风险和材料疲劳度。

除此之外，要注意发火比和最大压力不应超过车间试验值（请参考柴油机车间试验的结果和表格）。

RTA-54

2001 年 7 月 18 日

2.3.10 电子 VIT 机构的故障和解决办法

适用机型；电子 VIT 机构的 Sulzer RTA 柴油机

1 简介

一些电子式 VIT 装置在使用中发生了某些异常现象。已对该问题进行了调查，并改进了电磁阀和位置变送器的反馈。

2 部件的改进

研究发现 VIT 定位装置在燃油喷射泵的作用下随着每次喷射移进移出。这种运动幅度可达 1.5mm（峰值间），并且会导致定位器的反馈传感器过度磨损。为了使系统稳定耐用，能够抵抗这些低幅但是高频的运动，在目前的装置中，必须考虑在活塞杆和反馈电位计之间保持 2mm（峰值间隙，即最大值）的间隙。导致的定位精度降低对 VIT 系统来说是在可接受的范围。另外，基于经验和原设计基础将其改为刚性设计。

但是，这些改进并不是对所有的机型都是必须的，也有许多机型用最初的 VIT 机构无故障运行的例子。

严禁打开定位器的缸体（外壳）进行任何检修工作。只有授权的人员才允许修理定位装置内部的部件。

3 完整的新定位装置以及阀组

通过与定位装置制造商密切合作，上述气动定位阀和反馈传感器又获得进一步改进，从而整合到新的定位装置中。

新定位装置对已经投入使用的柴油机同样适用，见图 1。

表 1 中的零件可通过我们的网络公司或者直接从 Wärtsilä 瑞士股份有限公司订购，传真号 +41522620722

表 1 代码号

柴油机类型	代码号	柴油机类型	代码号
RTA 52、RTA 52U RTA 62、RTA 62U RTA 72、RTA 72U	Z58310	RTA 48T RTA 58T RTA 84T	W58183
RTA 84M	Z58310	RTA 48T-B RTA 58T-B RTA 68T-B	Q58183
RTA 62U-B RTA 72U-B	A58183		

RTA 84C、RTA 84C-U	C58310	RTA 84T-B RTA 84T-D	B58183
RTA 96C	D58183		

• 定位装置总成。

• 阀组。当只订购阀组时需要注明柴油机类型、柴油机制造商以及制造日期，任何情况下，必须遵照下列所述的额外措施。

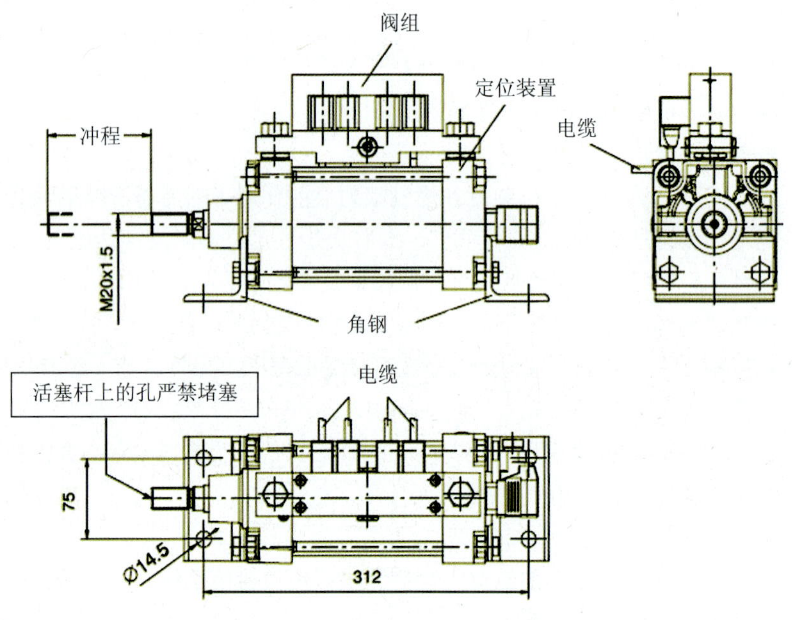

图 1　电子 VIT 的定位装置

4 纠正方法及额外的措施

为了避免产生麻烦或故障，在运行期间或者更换了电子 VIT 机构的定位装置后，必须对下列位置进行检查、观察，且在必要时修正。

本列表结合《保养说明》书和《使用说明书》将有助于保证定位装置无故障运行。

备注：服务公告中的插图是针对配备有旧式气动定位装置的 RTA84C 及 RTA84CU 柴油机，且仅作为示例。所有说明对新型号气动定位阀和所有其它机型及相应图纸均有效。

4.1 燃油调节联动装置必须避免过度转动。请参考我们独立服务公告“燃油喷射泵燃油调节机构”中相关部分。

4.2 服务公告 RTA-54/1 图 2 中所示的偏心轴考必林（燃油喷射泵）必须检查其紧固性，以及确保键与键槽紧密配合。

4.3 偏心轴上的弹簧必须重新定位，通常需要从位置①（孔 1）改成位置⑤，如服务公告 RTA-54/1 中的图 3 所示。如果影响调速器性能，则应该选择位置 4。

4.4 当装配或者改装 VIT 定位装置时，必须检查本服务公告 RTA-54/2 中图 4 和 5 所示的间隙和对中性，并在需要时调整。

若在气缸活塞完全收回时，联接机构和最小位置限位板之间没有间隙，则限位板需要磨去一部分，以保证间隙。

4.5 电气连接必须如本服务公告 RTA54/2 图 4 所示仔细检查。

有时会出现开路，尤其是连接箱以及 VIT 接线箱之间的刚性电缆和电缆端头套管部位。

4.6 应该调整的参数，见表 2。

表 2 调整参数

	DENIS-1 VIT=f(LI)	DENIS-1 VIT=f(n、p_{ch})	DENIS-5	DENIS-6 IMO 从1999 年开始	DENIS-6 有效至1998 年	
	Wärtsilä 瑞士股份有限公司参数编号					
故障临界值，小	43.161D	43.61D	26.161C	26.261C	26.61C	1.0 mm（以前为 0.5mm）
故障临界值，大	43.161C	43.61C	26.161D	26.261D	26.61D	1.5 mm（以前为 1.0mm）
脉冲调整，时间	43.161B	43.61B	26.161B	26.261B	26.61B	10 秒（以前为 3.0 秒）

4.7 对于小缸径柴油机，防护板必须修改，因为新式气动定位阀门比旧的稍微大一点。

4.8 在某些机型，柴油机的最大允许负荷通过油门齿条的限位螺钉来限定。

尽管这种状态可以短时接受，比如转舵等，但不应长期这样运行。柴油机应该长期在调速器控制下工作，而不是在最大油门限制下运行。如果当前天气状况或负载状态导致柴油机负荷高于日常运行负荷，那么调速器的转速设定值就应该降低，直到调速器能够恢复实际调节。

避免柴油机长期在油门锁定状态下工作。

如果 VIT 系统仍然存在更进一步的问题，请联系 Wärtsilä 瑞士股份有限公司，传真号 +41522620731，以获得详细的检查清单。

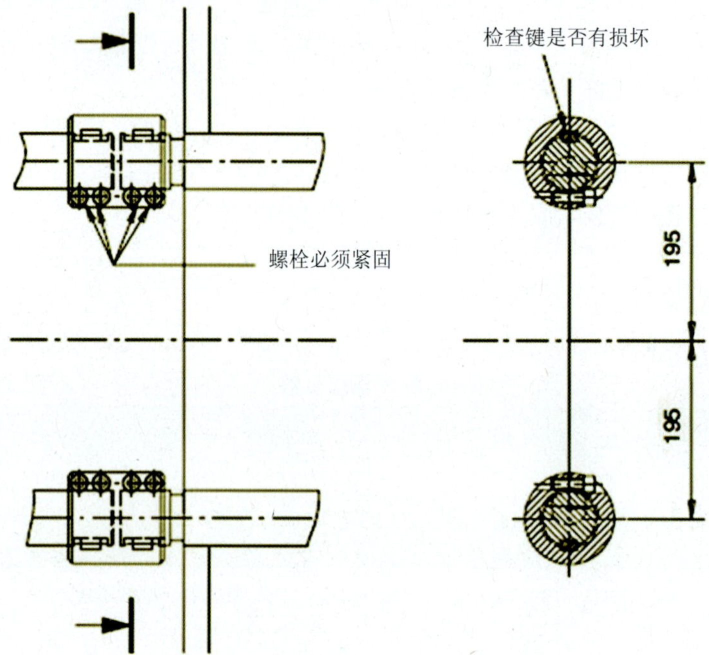

图 2 偏心轴联轴器（燃油喷射泵）

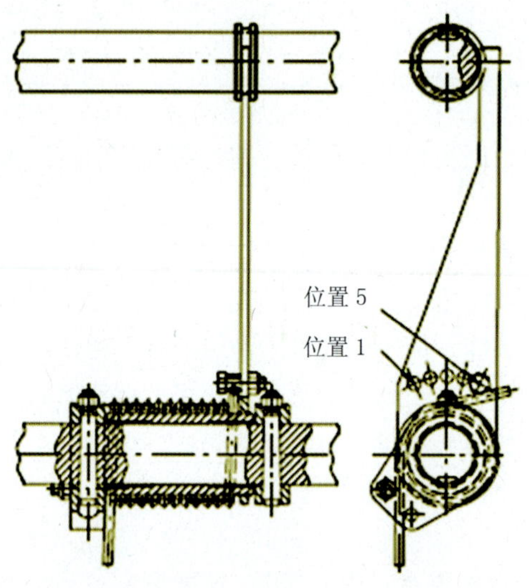

图 3 偏心轴上的扭力弹簧

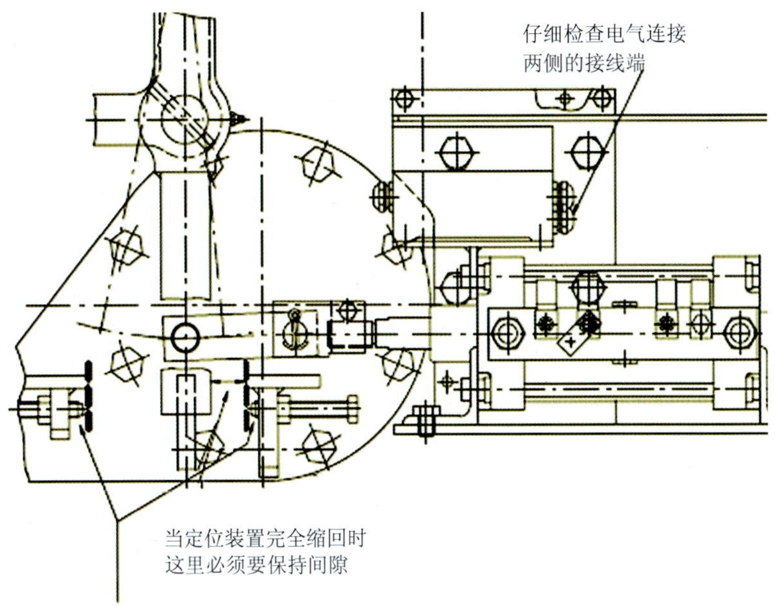

图 4 电子 VIT 的定位装置

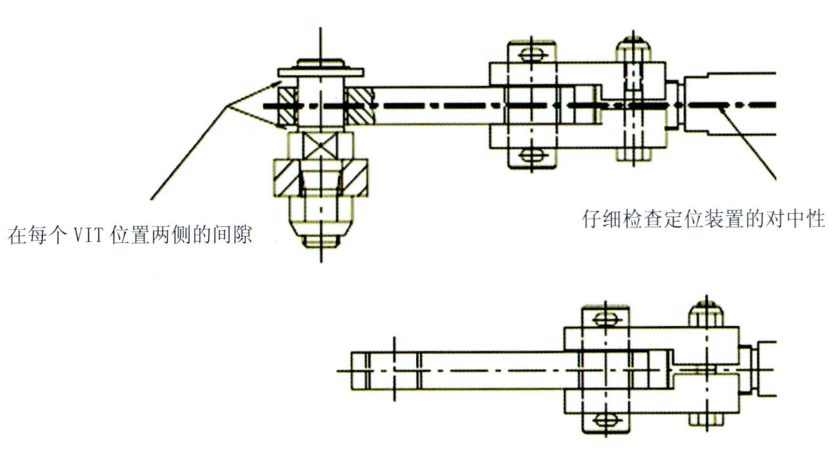

图 5 定位装置的对中性 / 间隙

RTA-55

2001 年 10 月 31 日

2.2.11 排气阀座与排气阀杆

适用机型: Sulzer RTA 型柴油机

1 简介

由镍铬钛合金制造而成的排气阀是最为可靠的组件，仅仅有一例损坏报告反馈。

许多 RTA 系列柴油机上的排气阀在阀座没有进行重新研磨的情况下，运行超过 40 000 小时之后，仍然处于良好的状况。比较常见的工作是在活塞检修期间仅仅对排气阀进行目测检查，确认状况良好后再重新装复使用。

不过，已经出现了一些阀杆底部材料损耗的情况。虽然如此，在这些情况中，材料损耗的发展是非常缓慢的，并且能够通过简单地修复而重新使用。

此外，在日常检查中发现在镀铬阀杆密封圈的位置出现了磨损。

镀铬阀板磨损、研磨以及焊补的修复可以由日本的 Akuma Kako 或者 Wärsilä 意大利维热那亚修中心来完成。如果有关于排气阀座或者阀杆修复的问题，请联系离你们最近的 Wärsilä 网络公司。

长期看来，使用单件镍铬钛合金排气阀已经证明是最经济的解决方案。对于这些阀，检修（TBO）间隔时间已经变得很长。

2 检查周期（见表 1）

在下列保养说明书章节中提到了不同类型柴油机的检查周期：

表 1 保养说明书章节

《保养说明书》章节	柴油机类型
021/2	RTA58、 RTA68、 RTA76、 RTA84
0380/1.2	RTA52、 RTA62、 RTA72 RTA52U、 RTA62U、 RTA72U RTA84M、 RTA84C、 RTA84CU
0380—1/A1	RTA52U-B、 RTA62U-B、 RTA72U-B、 RTA96C RTA48T、RTA58T、RTA84T RTA48T-B、RTA58T-B、RTA68T-B、RTA84T-B、RTA84T-D

排气阀的初次检查 / 检修周期为 6 000 到 8 000 个运行小时。

备注：在每次检修时没有必要对排气阀座进行重新研磨。

3 检查流程

排气阀的拆卸及检查后装复的操作方法见《保养说明书》。

3.1 检查范围

在检修时，应对排气阀的各部件进行全面检查，以检查排气阀各部件的磨损和状况。在检修排气阀时应进行以下检查，这些工作通常在检修活塞时（6 000 ~ 18 000 小时运行时间）完成：

（1）目测检查排气阀壳内部 / 外部以及水腔空间

（2）使用塞尺（0.03mm）检查阀座和阀壳之间没有间隙

（3）通过样板对阀座和阀杆进行目测检查和尺寸检查 [1)]

（4）通过样板对阀的底面进行目测检查和尺寸检查 [1)]

（5）目测检查阀杆旋转翼

（6）目测检查液压活塞；检查活塞环和气缸表面

（7）对较旧的柴油机：目测检查放气腔室的节流孔、滤器和孔道 [2)]

（8）对较新的柴油机：目测检查放气螺丝 [2)]

（9）目测检查和尺寸检查空气缸，根据柴油机型号检查空气气缸的活塞和活塞密封圈或空气缸和密封圈 [2)]

（10）根据柴油机型号对衬套、锁紧环和锥块进行目测检查

（11）目测检查阀杆用的（轴）密封圈

（12）阀杆的目测检查和尺寸检查 [2)]

（13）导套的目测检查和尺寸检查 [2)]

（14）如果阀密封面进行了研磨，减震垫片的厚度需要须重新调整。本文更多信息请参照《保养说明书》。

[1)] 请参照服务公告 RTA-42“排气阀座和阀杆的样板”

[2)] 请参照《保养说明书》相关章节及”排气阀 - 磨损“（表 2）的最后一页

只有在阀座表面严重损坏的情况下才需要对阀座密封面进行研磨。

4 阀座和阀杆的验收标准

4.1 什么情况是可以接受的？

（1）阀座表面有镍 / 铁硫酸沉积物

（2）有未贯穿整个密封面的小缺口

（3）有未贯穿整个密封面的小刮痕

4.2 什么情况是不可以接受的？

（1）可导致漏气的贯穿整个密封面的缺口

（2）有贯穿整个密封面的刮痕

（3）整个密封表面漏气

以下展示了一些符合标准和不符合标准的阀座样本图片。

5 阀座的更换或研磨

如何更换阀座或如何研磨阀座的过程在《保养说明书》中有所提及。

不过，研磨之后必需检查新的或研磨过的阀是否与阀座正确接触。将阀的阀线涂以蓝油涂料，然后垂直插入阀的导套。

阀座的蓝印检查过程须用锤子或木块轻敲阀杆三或四次。

蓝印检查时，在常温情况下阀与阀座只在整个内部边缘接触。角度差可在外部边缘缝隙使用塞尺检查。角度差的选择标准是在热态条件下阀与阀座的外部边缘接触达 50～100%。

5.1 维修图片

"排气阀的检修"和"排气阀杆密封面的研磨"的维修图片。

RTA72U-B 大约运行 30 小时
阀的密封面上镍 -/ 铁硫酸盐沉淀物的形成。
状态：良好 / 不需要其他维护工作

RTA72U-B 大约运行 30 小时
阀的密封面上形成的镍 -/ 铁硫酸盐沉淀物薄片脱落
状态：良好 / 不需要其他维护工作

RTA27U-B 大约运行 30 小时
褪色的阀座表面。
状态：良好 / 不需要其他维护工作

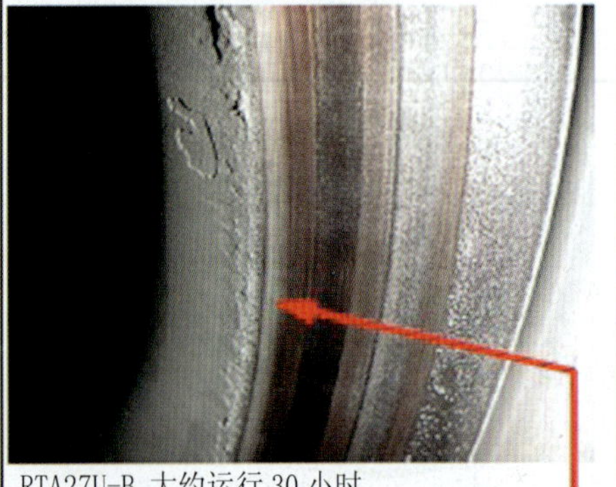

RTA27U-B 大约运行 30 小时
褪色的阀座表面。
状态：良好，圆周周围以及内部的接触情况

RTA76 大约运行 5 700 小时
阀的密封面上镍 -/ 铁硫酸盐沉淀物。
状态：良好，应该清洗，但是不需要研磨

RTA76 大约运行 5 700 小时
在清洗了阀的密封面上的镍 -/ 铁硫酸盐沉淀物之后。
状态：良好 / 不需要其他维护工作

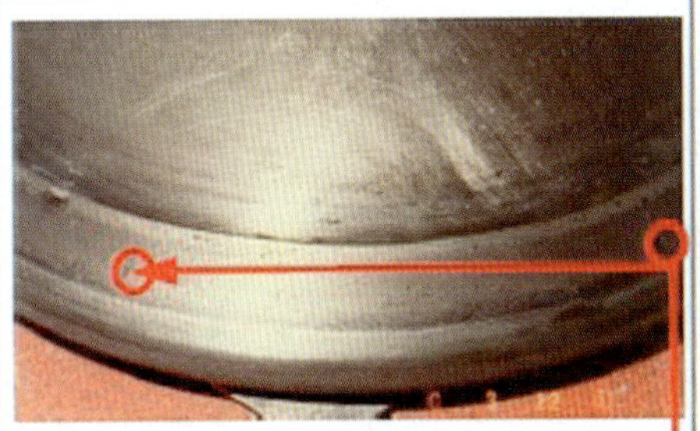

RTA76 大约运行 10 164 小时
阀的密封面上镍 -/ 铁硫酸盐沉淀物。
状态：可以接受 / 不需要其他维护工作

RTA84T 大约运行 5 474 小时
阀的密封面内部边缘以及外部边缘的大而且深的压痕。
状态：**不可以接受**，需要研磨，
最大磨削限制为 3 毫米。

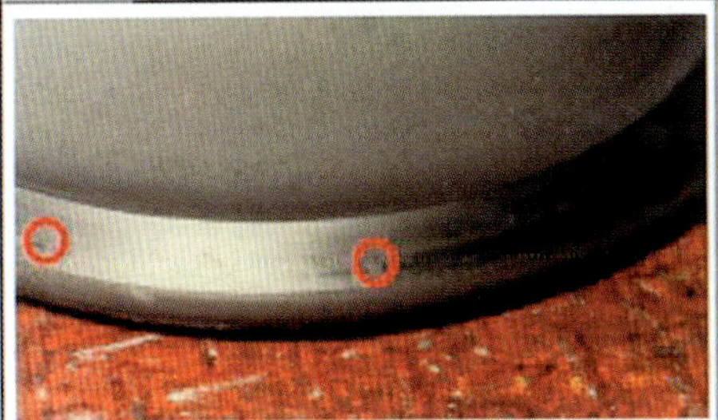

RTA58 大约运行 12 384 小时
阀的密封面上的小压痕。
状态：可以接受 / 不需要其他维护工作

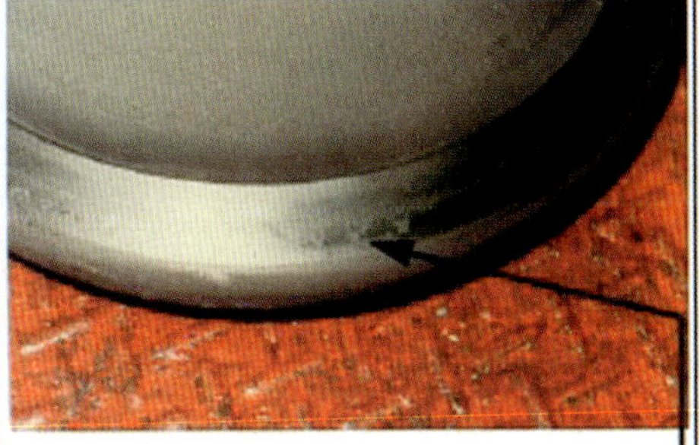

RTA58 大约运行 12 384 小时
阀的密封面上的小压痕。
状态：可以接受 / 不需要其他维护工作

RTA84 大约运行 29 235 小时
阀的密封面上的镍 -/ 铁硫酸盐沉淀物。
旋转翼以及下部阀杆上的积碳。
状态：良好，应该清洗，但是不需研磨

RTA62 运转小时数不确定
由于低温腐蚀所导致排气阀座的内部直径材料损耗。
状态：**不能接受**，必须更换
使用另外的衬套修磨这个阀座，可以重新使用

RTA76 大约运行 50 000 小时
仅仅对阀进行了清洗。
状态：良好 / 不需要其他维护工作

RTA76 大约运行 52 712 小时
阀的密封面上的小压痕。阀的密封面上的镍 -/ 铁硫酸盐沉淀物。旋转翼以及下部阀杆上的积碳
状态：良好 / 仅需要清洗

RTA76 大约运行 52 712 小时
阀座上的小压痕。阀座表面褪色。
壳体内部积碳。
状态：良好 / 仅需要清洗

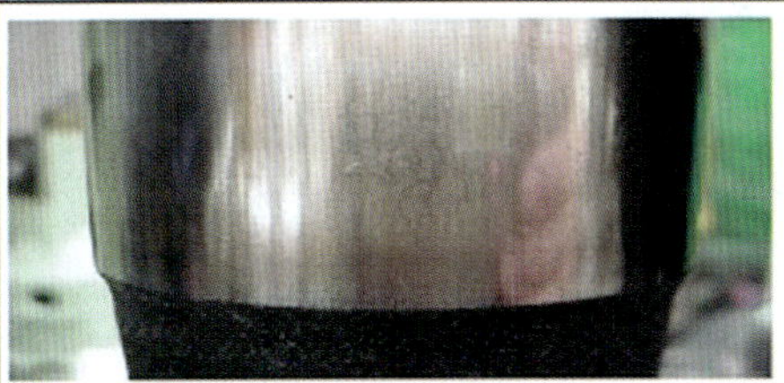

RTA72U 大约运行 24 345 小时
阀杆的镀铬区域有极细裂缝。
状态：仍然可以接受

RTA68 大约运行 6 700 小时
阀杆的密封区域表面褪色
状态：目测检验结果良好，进行了如保养说明书中所提及的尺寸检查。

RTA76 大约运行 6 800 小时
阀的底面上开始出现高温腐蚀。
状态：可以接受

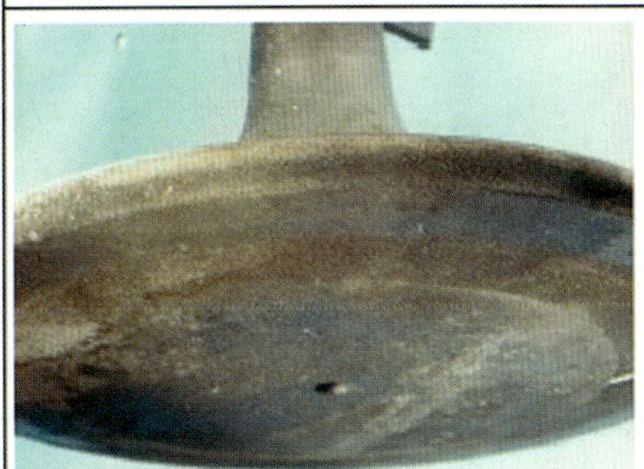

RTA84 大约运行 17 224 小时
阀的底面上开始出现高温腐蚀。粗糙的表面，没有找到极细的裂缝。
状态：可以接受

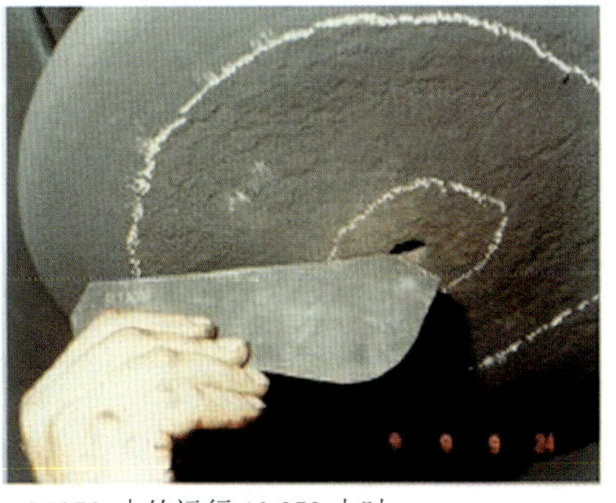

RTA76 大约运行 10 353 小时
阀的底面上出现高温腐蚀。粗糙的表面，在接近中心钻孔处找到了极细的裂缝。
状态：可以接受

表 2 排气阀－磨损数据表

安装		柴油机类型	柴油机制造者	柴油机编号	船体编号	表
造船厂	船级社	CMCR 最大持续功率 kW	最大转速 (rmp)	冲程 (mm)	平均有效压力 (bar)	优化工况点

气缸编号：　服务功率：---------kW　气缸润滑油

柴油机总运转小时：--------- 小时　服务转速：---rmp　磨合：-----------

从最后一次检修 *：----------- 小时　日期：------------　运行中：----------

*SLO　地点：--------------　消耗：---------g/kWh

系统油：----------

空气缸

空气缸的总使用时间：---------- 小时

空气缸 SLO 的使用时间：-------- 小时

空气缸标定直径：-------------- mm

备注：

	直径（mm）		磨损（mm）		磨损率（mm/1000h）	
	纵向	横向	纵向	横向	纵向	横向
A						
B						

导套

导套的总使用时间：---------------- 小时

导套 SLO 的使用时间：--------------- 小时

导套杆的原始直径：---------------- mm

备注：

	直径（mm）		磨损（mm）		磨损率（mm/1000h）	
	纵向	横向	纵向	横向	纵向	横向
C						
D						

阀杆

阀杆使用时间：---------- 小时

阀杆 SLO 的使用小时：----- 小时

阀杆标定的直径：------------ mm

阀盘和阀杆：------------

	直径（mm）		磨损（mm）		磨损率（mm/1000h）	
	纵向	横向	纵向	横向	纵向	横向
E						
F						
G						

备注：　磨损 X：------毫米　Y：------毫米

阀盘离中心的距离	0°	90°	180°	270°	平均
20					
40					
60					
80					
100					
······					
140					
160					
180					
240					

阀盘

RTA-56

2002年2月26日

2.3.12 示功阀

适用机型：RTA和R-Type型柴油机

1 简介

关于示功阀泄漏的问题，大部分是在柴油机运行期间的不当操作导致的，而非因示功阀的质量或者材料的缺陷引起。

2 损坏情况

（1）阀座及阀头烧蚀。发生这种情况的原因是在测取示功图之前，打开示功阀进行吹扫的时间太长。

（2）阀座及阀头的密封表面存在凹槽。在关闭示功阀时，如果有燃烧的杂质卡在阀座与阀头之间，在测取示功图之后没有将示功阀正确地关闭，就可能会发生这种情况，导致密封面慢慢地被吹蚀出凹槽。

图1　有锁紧帽的示功阀

图2　没有锁紧帽的示功阀

3 总结

在测取示功图之前，示功阀打开吹扫的时间以1～2个燃烧循环为好。在测取示功图之后，要保证所有示功阀已经被正确地关闭，并且没有任何气体泄漏。燃烧杂质卡在示功阀的阀座和阀头之间导致示功阀的泄漏是不可避免的。这种情况大部分发生在没有将示功阀关紧的情况下。如果柴油机在低负荷下运行，会因温度较低而导致示功阀开始泄漏。泄漏的示功阀可以使用随示功阀供船的锁紧帽上紧止漏，如图 1 所示。针对这种情况，船上应有一定的示功阀备件。图 2 是一个没有锁紧帽的示功阀，这种示功阀仍在一些船上使用。

示功阀泄漏大部分是由于操作不当导致的。如果示功阀维持打开状态的时间过长，则阀座及阀头就会很快被烧蚀。图 3 所示为没有正确关闭示功阀造成的典型的阀座烧蚀情况。

另一点值得注意的是，在使用电子示功器测取示功图时，示功阀打开的时间相对于手工测取示功图来讲可能要长，在操作上也要求采用与手工测取示功图相同的步骤，遵循相同的原则。

图 4 为新的示功阀阀头。阀线清晰可见，这个也可以对如果没有正确地关闭示功阀就可能导致它开始泄漏的情况做出解释。

4 建议

（1）在测取示功图之前，示功阀打开吹扫的时间以 1～2 个燃烧循环为准。

（2）在测取示功图时，示功阀只需部分打开，打开时间应尽量缩短。

（3）测取示功图之后应立即正确关闭示功阀。

图 3　没有正确关闭导致阀座的烧蚀　　图 4　新示功阀阀线清晰

RTA-57

2002年6月20日

2.3.13 安装快速放气阀改善起动性能

适用机型：RTA型柴油机

1 简介

某些柴油机，尤其是RTA84CU及RTA96C型柴油机，在启动期间，换向之后，柴油机转速达到起动转速，但在喷油之前柴油机转速又降低了，导致经常出现重复起动的情况。

为了暂时解决这些柴油机控制系统存在的这个问题，可以通过提高正车起动和倒车起动的转速（rmp）来处理。对于使用NABCO遥控系统的柴油机，可以分别对正车起动转速和倒车起动转速进行调整，来解决重复起动的问题。提高起动转速会减少重复起动的情况发生，但会增加起动空气的消耗。

为了改善所有RTA型柴油机的起动性能，推荐在高压油泵的安全切断装置和阀组G之间的空气管路上安装快速放气阀。

2 目前高压油泵的安全切断装置与阀组G之间空气管路的设计

（以RTA 96C为例，如图1）

目前，高压油泵的安全切断装置（6.04）（电磁阀38A-F上的No.3连接点）与气动阀组G之间的连接管路G6（材料：黄铜，外径：8mm或10mm），会导致安全切断装置（6.04）在机动操纵期间的放气时间延长，从而可能导致起动故障或者重复起动的情况发生，尤其是对有10个或者更多气缸的柴油机的影响更大。

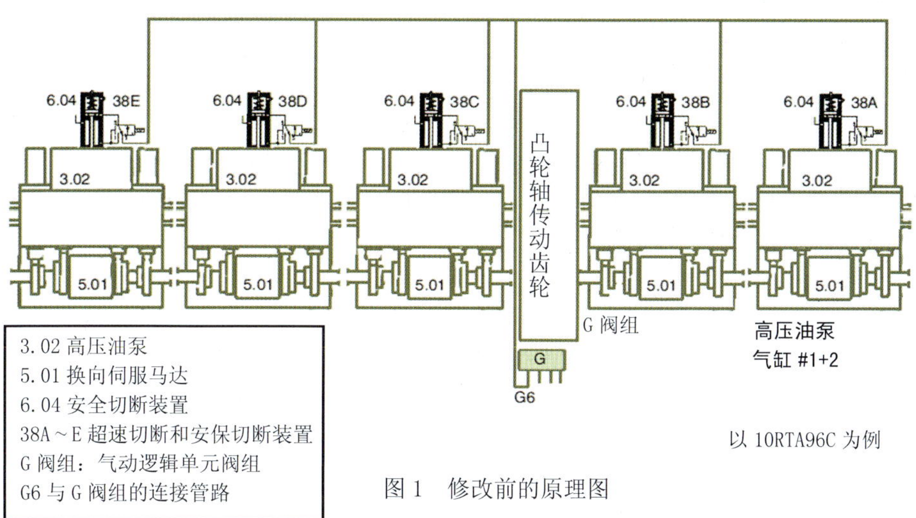

图1　修改前的原理图

3 快速放气阀的安装

为了改善 RTA 型柴油机的起动性能，建议根据气缸的数量安装一个或者两个快速放气阀。快速放气阀使得燃油安全切断装置的放气时间大约缩短一半，会更快地对喷油信号做出反应。

改进后的高压油泵安全切断装置（6.04）与气动逻辑阀组 G 之间的连接管 G6 如图 2 所示。

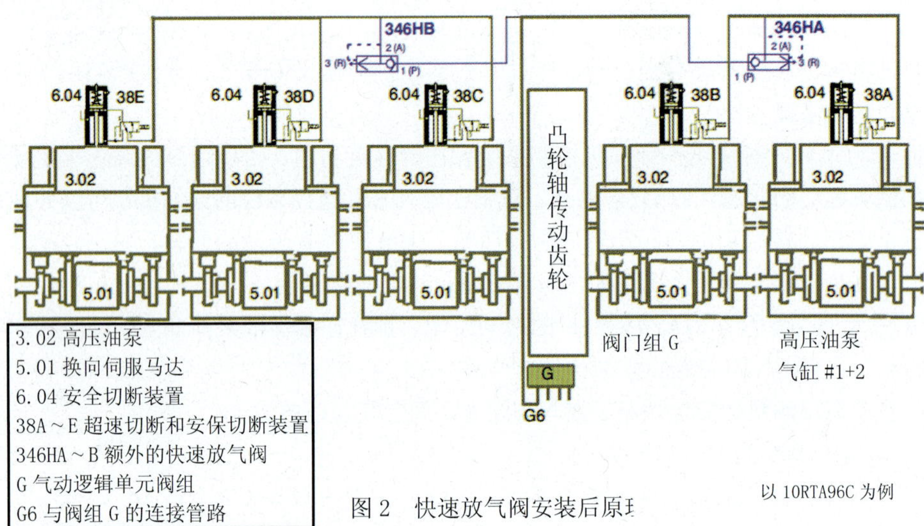

图 2 快速放气阀安装后原理

对于凸轮轴传动齿轮在柴油机输出端，只需安装一只快速放气阀。对于凸轮轴传动齿轮在柴油机中部（见图 3、4）位置的情况，则需要安装两只快速放气阀。

4 快速放气阀成套组件

图 3 快速放气阀

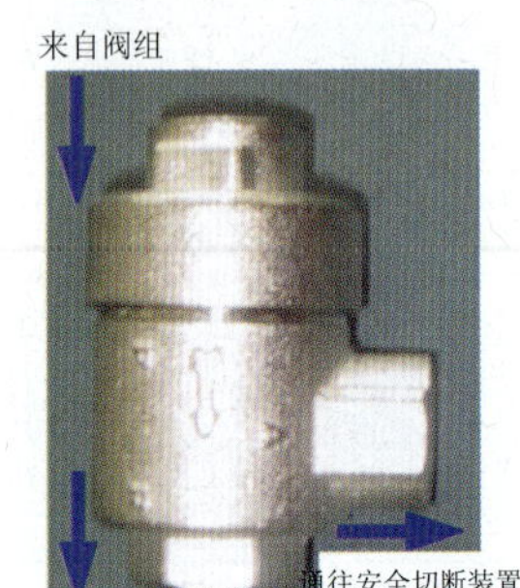

图 4 快速放气阀成套组件

改进的快速放气阀成套组件包含：

（1）快速放气阀；（2）各种连接管、接头及夹紧装置；（3）修改的相关柴油机的图纸。

RTA-58

2002 年 10 月 15 日

2.3.14 柴油机运行和停车时空冷器的清洗

适用机型：RTA“-C 和 -T 系列”柴油机

1 简介

本服务公告介绍了柴油机在运行期间的空冷器清洗操作规程。必须澄清的一点是，柴油机《保养说明书》及《使用说明书》中所有有关空冷器清洁的操作规程都被本服务公告所取代。

RTA“-C 系列”柴油机包括：

RTA84C、RTA84CU、RTA96C、RTA96C-B

RTA“-T 系列”柴油机包括：

RTA84T、RTA84T-B、RTA84T-D

2 一般说明

空冷器（SAC）安装在每台增压器后面，其目的是在扫气空气经气水分离器和扫气总管进入气缸之前，对高压、高温的扫气空气进行冷却。标准的空冷器是单级多通道冷却器。冷却水经过四到六个循环流过空冷器，流动方向与气流相反，水流循环的次数视冷却器的尺寸而定。冷却水从“KE”进入空冷器（见图 1），流过空冷器后，从“KA”（如图 1）流出。水／扫气空气在空冷器内得到充分的热交换。

3 操作规程

空冷器冷却水系统中的空气积聚会导致柴油机出现操作问题，并损坏空冷器，故必须确保空冷器冷却水系统有良好的放气功能。必须定期检查空冷器温度是否符合柴油机运行参数表，参见《使用说明书》0 部套第 0250-1 的要求。

在柴油机运行时，如果液位开关⒇触发了凝水泄放装置⒅的报警（如图 2），必须查明报警是由冷凝水引起，还是由空冷器冷却水引起的。如果是后者，必须拆检空冷器并进行维修（见《保养说明书》6509-2 和 6606-2）。也请参见本文（泄放系统）。

为了防止空冷器损坏，柴油机运行过程中必须保持合适的冷却水流量。在部分负荷下运行或机动航行期间，都不能对冷却水进行节流。

备注：空冷器冷却水进、出口阀不能用于控制冷却水的流量，否则在较高的负荷下，气水分离器（塑料）会因为扫气温度过高而受损。

关于存在缺陷的空冷器的操作建议参见《使用说明书》0 部套第 0550-1。

空冷器的扫气空气出口和冷却水进口之间的温差可以作为判断空冷器是否正常的依据。必须定期检查这两个温度，如果在柴油机负荷和冷却水流量保持不变时温差上升，就说明空冷器存在脏堵的情况。

如果是空冷器的水侧脏堵，扫气温度会上升。

如果是空冷器的气侧脏堵，则通过空冷器的扫气空气的压差（△P）会上升。不过出现这种现象不一定表明就是脏堵，因为阻力上升也会导致增压器输出的空气量下降（注意限制数值）。柴油机运行时更多对空冷器的监控措施详见《使用说明书》0 部套第 0250-1/A1。

扫气温度较高和空气流量下降都会导致柴油机的热负荷上升，从而使排烟温度升高。

4 柴油机运行时空冷器空气侧的清洗

柴油机必须安装空冷器空气侧的清洗设备（如图 1）。

4.1 清洗时间间隔

为了达到空冷器最佳的清洗效果，必须在清洁增压器压气端后再清洗空冷器的气侧。空冷器气侧的污染程度在很大程度上取决于进气的质量（太多灰尘通过机舱通风系统进入机舱或者机舱油雾较多），以及空气滤网的维护和类型等。经过一段时间后，可以根据经验确定是否延长清洗的时间间隔。

4.2 清洗程序

柴油机在低负荷范围运行时进行空冷器气侧的清洗工作，即进入空冷器前的扫气温度不得超过 100℃（在增压器压气端后的扩压器处测量），否则会有大量清洁剂被蒸发掉。

在没有安装上述温度计的情况下，可以使用下面的参数（扫气压力）来确保增压器后的扫气温度不会太高

柴油机参数：（扫气压力）$p_{sc} \leqslant 0.8$bar

4.3 柴油机在热带地区运行时空冷器气侧的清洗

在热带地区应尽可能避免清洗空冷器。因为在热带地区，扫气空气中含有大量水分，这会使清洁剂被过分稀释而丧失清洁作用。

备注：出于环境保护原因，必须收集清洁剂和清洗用水，可以在清洁过程中通过打开球阀 (22) 进行（如图 2）。完成清洁后，重新关闭球阀 (22)。因为冷却翅片上的灰尘可能落入气水分离器或扫气总管④中，所以必须不定时检查并清理（见《保养说明书》）。

4.4 清洁剂

清洗空冷器时只能使用声誉好的公司生产的符合海上安全规则要求的清洁剂，

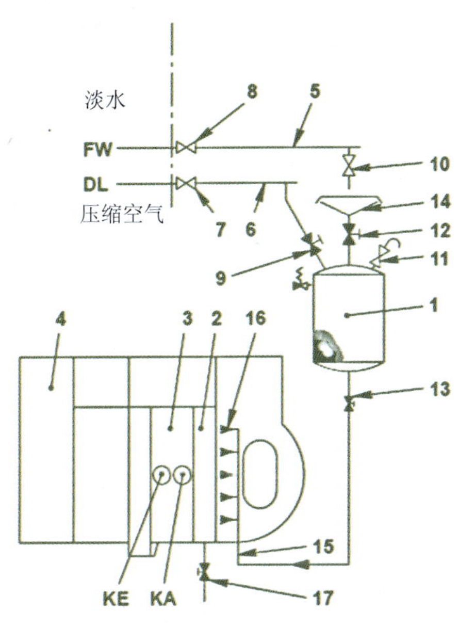

图 1　清洗设备

而且应严格遵守混配比例等使用要求。水和清洁剂必须先混合好，再加入清洗系统的容器中。

4.5 没有清洗空冷器和增压器压气侧

几年来，很多船舶都没有进行清洗空冷器的操作，而是在增压器的空气吸口滤器上再加装了一个毛毡类的附加滤网，以替代清洗空冷器和增压器的压气侧。如果压差上升到最大 100mm 水柱，或附加滤网变色，就会更换附加滤网，清除灰尘。使用这这种简单的方法，空冷器空气侧的压降将会在很长的时间内保持恒定。

总之，在增压器进口加装毛毡类的附加滤网，可以一定程度上的减小空冷器的压降和清洗周期。

→ 在单独的容器中准备规定数量的水和清洁剂。

注意：出于安全考虑，务必先加入水，再向水中加入清洁剂（瓶子容量为 32 升）。

→ 降低柴油机功率到所要求的数值。

• 截止阀⑨和⑩分别连接压缩空气和淡水。

→ 打开透气阀⑪和球阀⑫。

→ 通过漏斗⑭将规定数量的已经混合好的水和清洁剂的混合液（见本文 4.4 段）加入容器①（最大为 32 升）中。

→ 关闭球阀⑫和透气阀⑪。

→ 打开容器①上的截止阀⑨和球阀⑬，清洗剂溶液通过喷嘴⑯在约 1 分钟内喷出。

→ 打开球阀⑰排出清洗液。 *)

→ 关闭截止阀⑨和球阀⑬。

→ 打开透气阀⑪，直到容器内排空空气。

→ 关闭球阀⑰。 *)

约 10 分钟后，打开阀门⑫和⑩，向容器①中灌入清洁的水，不能加入清洁剂。

重复标为黑体的点。

• 清洗结束。

备注：＊仅适用于 RTA96C/C-B 和 RTA84T-D 型柴油机。

图 1 的索引

1	容器	12	球阀
2	初级空冷器 *	13	球阀
3	空冷器	14	漏斗
4	扫气总管	15	管系
5	淡水管	16	喷嘴
6	压缩空气管	17	球阀 *
7	截止阀		
8	截止阀	FW	淡水，压力为 2.5 bar
9	截止阀	DL	压缩空气，压力 7～8 bar
10	截止阀	KE	冷却水进口
11	透气阀	KA	冷却水出口

备注 * 仅适用于 RTA 96C/C-B 和 RTA84T-D 型柴油机

5 在 RTA96C/C-B 和 RTA84T-D 主机停车状态下清洗空冷器的初级冷却部分

上述类型的柴油机，需要在柴油机停车后清洗初级空冷器。清洗时使用高压清洗装置。通过扫气箱空冷器检查盖，使用移动高压清洗装置的高压枪清洗初级

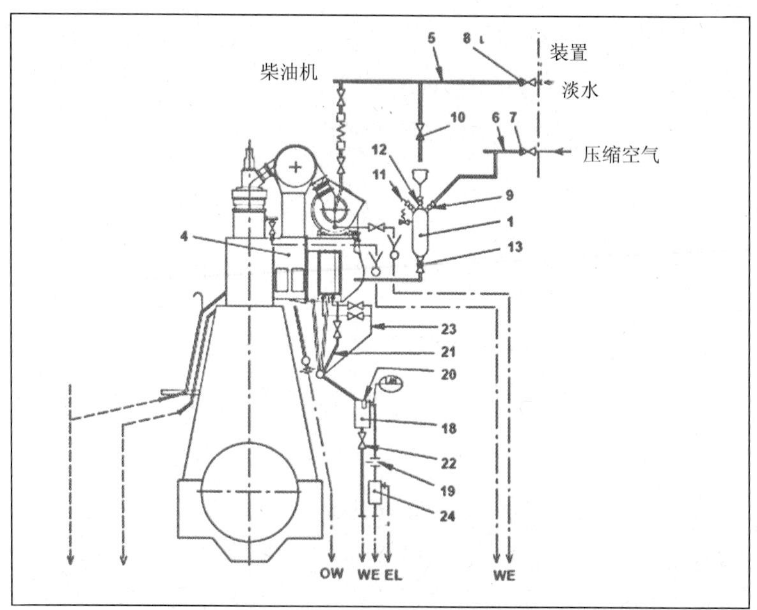

图 2　柴油机初级冷却器清洗水系统布置

空冷器。必须注意压力限制在 75～80bar，以避免损坏冷却翅片。

如果不能使用高压清洗设备清洗初级空冷器，可以将其拆卸，使用超声波清洗设备清洗，如图 3。

图 2 的索引

1	容器	18	凝水泄放装置
5	淡水管	19	节流孔板
6	压缩空气管	20	液位开关
7	截止阀	21	清洗水泄放 *
8	截止阀	22	球阀
9	截止阀	23	空冷器放残
10	截止阀	24	透气装置
11	透气阀	EL	透气
12	球阀	FW	淡水 2.5 bar
13	球阀	DL	压缩空气 7～8 bar
		OW	排放到污油舱（含有油）
		WE	排放到污水舱

备注 * 仅适用于 RTA 96C/C-B 和 RTA84T-D 型柴油机。

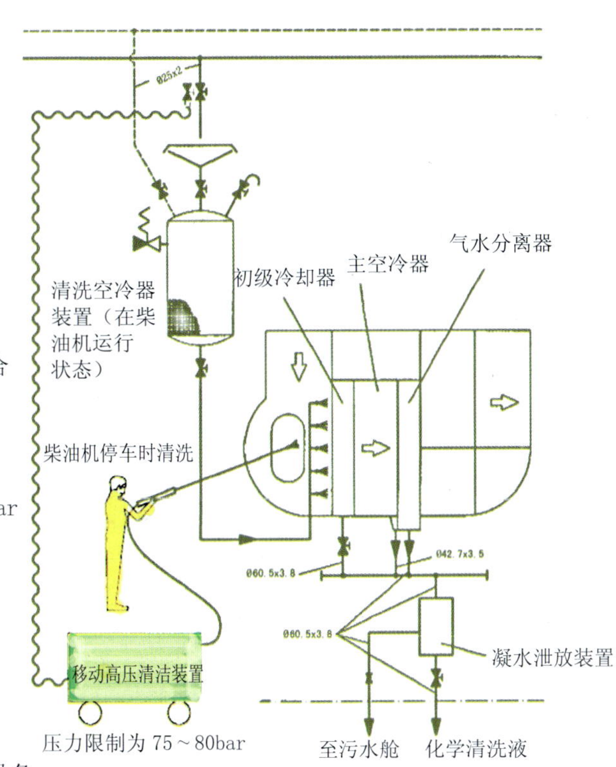

备注：

合格供应商交付的符合相应要求的阀和配件

清洗水

压缩空气 6～7bar

充气，最大压力 2.5bar

图 3 超声波清洗设备

RTA-59

2003 年 2 月 10 日

2.3.15 Sulzer RTA 柴油机符合 MARPOL 附则Ⅵ关于 NOx 排放要求的台架试验和船上检验程序及相关信息

适用机型：RTA 型柴油机

1 简介

该公告为船舶操作人员提供关于 RTA 柴油机 IMO 符合性的指导说明。下列信息支持船舶操作人员保持与 IMO 符合性有关的程序，简化与氮氧化物排放相关的组件 / 设置的替换 / 调整程序。

Marpol 73/78 中附则Ⅵ，氮氧化物技术法规要求执行以下流程，以验证是否符合 IMO 氮氧化物的排放规则：

1.1 柴油机制造商台架试验使用的正式氮氧化物测量方法应符合 IMO 氮氧化物排放规则和在“技术文件”中列出的与氮氧化物排放相关的组件与设置。

1.2 按照船舶“技术文件”的规定，定期检查柴油机“船上检查程序”。

Wärtsilä 瑞士股份有限公司已经向柴油机制造商发布了“技术文件”的参考设计，以定义与氮氧化物排放有关的组件和设置，以及这些组件和设置在船上进行符合性的检查流程。

上述与氮氧化物相关组件与设置由以下方式定义：

- 零部件上的识别编号，或者
- 对组件 / 设置的相关尺寸 / 参数进行测量。

2 识别编号

Wärtsilä 瑞士股份有限公司已经设置了一种定义明确的 ID 编号系统，即所谓的 Sulzer ID 编号系统，用于与氮氧化物排放相关的组件（请参阅注有日期 1999 年 9 月 20 日的服务公告 RTA-48），Sulzer RTA 柴油机的这套编号系统符合 IMO 的标准编号。

LN-xxyyzz

其中，LN：是“低氮氧化物含量”的标记，便于查找编号

其中，xxyyzz：两个字母与四位数字的识别号码

柴油机制造商可以使用其自身的系统来标记与氮氧化物排放相关的组件。但是除了柴油机制造商的编号，在“技术文件”的“与氮氧化物相关组件与设置清单”中，必须包含有相应的 Sulzer ID 编号，没有例外（请参阅本文第 4 点示例）。

通过这两个 ID 编号（来自于柴油机制造商的编号以及来自 Wärtsilä 瑞士股

份有限公司的编号），即可保证带有正确标记的与氮氧化物排放相关的组件在全球范围内均对客户可用。

注意：如果“技术文件”的“与氮氧化物相关组件与设置清单”中不包含 SulzerID 编号，就不能够保证与氮氧化物排放相关的组件在全球范围内的可用性。

措施 1

因此，在柴油机交付使用之前，船舶所有者应检查“技术文件”（请参阅本文的示例）中的“与氮氧化物相关组件与设置清单”。如果最终版本的技术文件在此阶段不可用，那么应该检查技术文件的初始版本。

更换流程：

由于所有与氮氧化物排放相关的组件与设置都必须与“技术文件”的“与氮氧化物排放相关的组件与设置清单”中指出的内容相对应，因此在更换时（新的组件必须具备与被替换组件相同的氮氧化物影响特性）提供正确的组件是至关重要的。只要从 Wärtsilä 瑞士股份有限公司或者柴油机制造商处订购新组件，即能保证组件的正确性（请参阅注有日期 1999 年 9 月 20 日的服务公告 RTA-48）。

措施 2：

在“柴油机记录簿”中记录替换内容，包括组件的规格，更换的日期以及组件的供应商，其中“柴油机记录簿”应当保存在船舶上。

3 参数的测量

在“技术文件”的“与氮氧化物排放相关的组件与设置清单”中列出的与氮氧化物排放相关的参数应当进行测量（请参阅本文第 4 点“与氮氧化物相关组件与设置清单”示例）。

上述所有参数都必须与该列表中指示的数值相对应。

所有气缸的喷油开始位置（被定义为高压油泵吸油阀关闭）的平均值应该在 0.0 至 0.3° CA 的范围内。

对于单个气缸，可以采用额外的 ±0.2° CA 偏差，这样，单个气缸的喷油开始位置可以在 +0.2° CA～-0.5° CA 范围内进行调节。

注意：偏差数据表明，在通常条件下，仅仅允许喷油滞后。

用户可以在定义的范围内调节“燃油质量设置”（FQS），以获得“与氮氧化物排放相关的组件与设置清单”中所指的爆发压力。

注意：爆发压力（所有气缸的平均值）一定不能超出“与氮氧化物排放相关的组件与设置清单”中所指示的数值。

调整原则：

- 喷油泵 / 凸轮

当更换喷油泵或者燃油凸轮组件时，可能需要重新调整喷油系统。喷油开始（被定义为燃油泵上吸油阀关闭）的角度必须“与氮氧化物排放相关的组件与设置清单”中所指示的数值对应。

措施 3：

在“柴油机记录簿”中记录更换内容，包括组件的规格，更换的日期以及组件的供应商（请参阅本文的示例），其中“柴油机记录簿”应当保存在船舶上。

- 柴油机控制系统

在装完燃油之后，调节“燃油质量设置”，以获得“与氮氧化物排放相关的组件与设置清单”相同的爆发压力。

注：必须根据制造商的指导以及附则Ⅵ中的要求（氮氧化物技术法规附件 4）使用、维护以及校验船舶用于调节和验证的检测仪与测量仪器。

措施 4：

在“柴油机记录簿”中记录“燃油质量设置”的每一次调节，包括“燃油质量设置”的新设置（° CA）、调节的日期、爆发压力，以及示功图，其中“柴油机记录簿”应当被保存在船舶上。

4 与氮氧化物排放相关的组件与设置清单（示例）

表 1 简要说明了所有组件与设置，必须考虑这些组件与设置是否满足 IMO Marpol 73/78 的附则Ⅵ。

表 1 满足 IMO 要求的组件和设置

项目	组件或者设置	气缸编号	检查数据	Sulzer ID 编号 / 数据	制造商 ID 编号 / 数据
喷油系统	燃油凸轮	1 ～ 7	ID- 编号	LN-AB4000	312.316b
	柱塞	1 ～ 7	柱塞 Φ	56mm	56 mm
	喷嘴	1 ～ 7	ID- 编号	LN-AB2201	317.820.210
	燃油泵吸油阀关闭[1)]	1	上止点之前的曲柄转角	1.0	1.0
	〃	2	〃	0.9	0.9
	〃	3	〃	1.1	1.1
	〃	4	〃	1.2	1.2
	〃	5	〃	1.3	1.3
	〃	6	〃	1.2	1.2
	〃	7	〃	1.1	1.1

	吸油阀关闭的曲柄转角平均值		″	1.1	1.1
	VIT 调节		DENIS-6 参数	请参阅第 C.2 页	请参阅第 C.2 页
	燃油质量设置		100% 负荷时的爆发压力 2)	150 barG4)	150 barG
			75% 负荷时的爆发压力 2)	133 barG	133 barG

燃烧室	活塞头	1～7	ID- 编号	LN-AA3000	0E01072-0
	活塞杆	1～7	ID- 编号	LN-AA3200	0E00899-1
	气缸盖	1～7	ID- 编号	LN-AA2000	0E01191-0
	气缸套	1～7	ID- 编号	LN-AA2100	67366903 10
	排气阀凸轮	1～7	ID- 编号	LN-AB4100	314.310
	压缩比	1～7	垫片厚度	16 mm	16 mm

增压器系统	增压器系统（同样参阅附加的图表）		编号 * 型号	1*VTR564D－32 VG16HF13WG10EF15	1*VTR564D－32 VG16HF13 WG10EF15
	辅助风机		编号 * 型号		

扫气空气冷却系统	空冷器		ID- 编号	LN-AC6030	SPWX 857F/R147B SUCTION GAD LTD
	空冷器 3) 前的水温调节器		设置温度的检查	25℃	25℃
	冷却装置系统的设计		正确的设计	请参阅附加的图纸	

[1]）吸油阀关闭定义了喷油开始。

[2]）在正式台架试验过程中，在 100% 与 75% 的负荷条件下，测量全部气缸的平均值。

[3]）温度调节器应该设置为最小 25℃，但是在热带条件下，对于海水冷却系统，不能高出 32℃，或者对于淡水冷却系统，不能超出 36℃。

[4]）表压力。

5　柴油机记录簿（示例，如表 2）

表 2　记录簿

组件 / 设置	气缸编号	替换 / 调整的日期	组件供应商	所调节的参数
喷油器喷嘴	2	2001 年 5 月 5 日	OMT 意大利	基于维护保养说明书的更换流程与调节方法
燃油质量设置 （FQS）	-	2001 年 6 月 6 日		当燃油质量设置等于 0.5，90.9% 转速（75% 负荷）时，133 barG（请参阅所附上的 1～7 号 气缸示功图） Cyl.1 . 75% load
燃油凸轮	1	2002 年 10 月 10 日	Wärtsilä 瑞士公司	调整凸轮的位置，以得到正确的燃油泵吸油阀的关闭角度：上死点前 1° CA

RTA-60-1

2003 年 4 月 9 日

2.3.16 VOGEL“PC”和“TA”气缸油泵的气缸润滑图

适用机型：RTA 和 RT-flex 柴油机

1 简介

在 1998 年至 2002 年间，“Vogel”型气缸油泵的制造商制造出的泵具有不同的供油特性。本公告的目的是确保使用的气缸润滑油图与安装在柴油机上的设备相匹配。如有必要，请按照本文进行校正 / 调整。

因此，根据气缸油泵制造日期的不同，每个柴油机可使用两个不同的润滑图。

1.1 配备变频器控制气缸油泵的柴油机

以下型号的柴油机属于此种类型：

RTA52U-B、RTA62U-B 和 RTA72U-B

RTA96C 和 RTA96C-B

RTA48T 和 RTA58T

RTA48T-B、RTA58T-B 和 RTA68T-B

RTA84T-B 和 RTA84T-D

RT flex58T-B

RT flex60C

1.2 配备流量控制阀控制气缸润滑泵的柴油机

此外，已重新绘制了匹配旧款“TA”和新型“PC”气缸油泵的柴油机的气缸润滑图，新型“PC”气缸油泵受流量控制阀控制。因此，流量控制阀的传动齿轮必须沿顺时针方向移动一个齿。

以下型号的柴油机属于此种类型：

配备 TA 4 UG 016 / 9 D9 DLB 40 型气缸油泵的 RTA68 柴油机

配备 TA 4 UG 016 / 1 D9 DLB 40 型气缸油泵的 RTA76 和 RTA84 柴油机

配备 TA 4 UG 016 / 9 D9 DLB 40 型气缸油泵的 RTA62 柴油机

配备 TA 4 UG 016 / 1 D9 DLB 40 型气缸油泵的 RTA84M 柴油机

配备 TA 4 UG 016 / 9 D9 DLB 40 型气缸油泵的 RTA62U 柴油机

配备“PC”型气缸油泵的 RTA52U，RTA62U 和 RTA72U 柴油机

配备“PC”型气缸油泵的 RTA84C 和 RTA84CU 柴油机

配备 TA 4 UG 016 / 1 D9 DLB 40 型气缸油泵的 RTA84C 和 RTA84CU 柴油机

2 配备“PC”型气缸油泵的柴油机修改后的气缸润滑图

注油量的负荷控制由变频器控制，即马达变速。

2.1 哪种“PC”型气缸油泵安装在柴油机上

由于气缸油泵的制造日期不同，每台柴油机有两个不同的气缸润滑图，因此，首先检查每台“PC”型气缸油泵顶部的铭牌是非常重要的，见图 1 、图 2 。

图 1 “PC”型气缸润滑泵的铭牌

铭牌上显示了制造商，泵的型号和制造日期。

图 2 铭牌

2.2 修改后的气缸润滑图（如表 1 ）

在表 1 中，可以找到适用于“PC”型气缸油泵的气缸润滑图。

表 1 “PC”型气缸油泵的气缸润滑图

柴油机型号	本润滑图适用于出厂日期为 2802 或以后（即 2002 年第 28 周或以后）的泵	本润滑图适用于出厂日期为 2702 以前（即 2002 年第 27 周以前）的泵	气缸油泵受以下设备的控制
RTA52U- B	附件 1	附件 2	变频器
RTA62U-B	附件 3	附件 4	变频器
RTA72U-B	附件 5	附件 6	变频器
RTA48T RTA48T-B	附件 1	附件 2	变频器

RTA58T RTA58T-B	附件 3	附件 4	变频器
RTA68T-B	附件 5	附件 6	变频器
RTA84T-B RTA84T-D	附件 7	附件 8	变频器
RTA96C RTA96C-B	附件 9	附件 10	变频器
RT flex58T B	附件 11	附件 12	变频器
RT flex60C	附件 11	附件 12	变频器
RTA52U *	附件 13	附件 14	流量控制阀
RTA62U*	附件 15	附件 16	流量控制阀
RTA72U*	附件 17	附件 18	流量控制阀
RTA84C * RTA84CU *	附件 19	附件 20	流量控制阀

*）请参考本文第 4 部分

3 配备“TA”型气缸油泵柴油机修改后的气缸润滑图（如图 3）

负荷控制通过流量控制阀实现

“TA”型气缸油泵的铭牌位于泵的正面。

泵类型
例如，“TA”气缸油泵

生产编号
仅 TA 4 UG 016/1 D9 DLB 40 和 TA 4 UG 016/9 D9 DLB 40

铭牌

图 3 “TA”型气缸油泵的铭牌

在表 2 中，可以找到适用于“TA”型气缸油泵的气缸润滑图。

表 2 “TA”型气缸油泵的气缸润滑图

柴油机型号	适用于“TA”型泵的润滑图	泵型号	气缸油泵受以下设备的控制
RTA68*	附件 21	TA 4 UG 016/9 D9 DLB 40	流量控制阀
RTA76* RTA84*	附件 22	TA 4 UG 016/1 D9 DLB 40 TA 4 UG 016/1 D9 DLB 40	流量控制阀

RTA62 * RTA62U*	附件 21	TA 4 UG 016/9 D9 DLB 40	流量控制阀
RTA84M* RTA84C* RTA84CU *	附件 22	TA 4 UG 016/1 D9 DLB 40	流量控制阀

* ）请参考本文第 4 部分。

4 得到一个更稳定的气缸注油率

仅适用于气缸油泵受流量控制阀控制的柴油机，如图 4。

为了在整个负荷范围内获得更稳定的注油率，流量控制阀的驱动齿轮应按照初始设置沿着顺时针方向移动一个齿。这就意味重新设定后的 PC 型气缸油泵的转速（水平轴转速）比以前快 6.8rpm，而重新调整后的 TA 型气缸油泵的转速（垂直轴转速）比以前快 3.6rpm。

以下型号的柴油机可进行重新调整：

RTA68/RTA76 和 RTA84

RTA62 和 RTA62U

RTA84M/RTA84C 和 RTA84CU

5 重新调整注油器的设置

仅适用于气缸油泵受流量控制阀控制的柴油机

5.1 重新调整设置的最佳方法

（1）柴油机是停车状态。

（2）检查连接套杆（扇形齿轨 / 燃油齿条）的长度是否为 500 +/-2 毫米。

（3）拆除扇形齿轨的保护板。

（4）如果扇形齿轨和齿轮都没有标记，在扇形齿轨和齿轮上暂时做一个对齐的标记。

（5）旋出最低转速设定螺丝。

（6）将扇形齿轨拉出，直到脱开齿轮为止。

（7）参照初始设置标记（暂时对齐标记），将齿轮沿着顺时针方向（从柴油机前方往扇形齿轨看）转动一个齿。

（8）将扇形齿轨推回到流量控制阀的齿轮上，把扇形齿轨的保护板装复，接妥连接套杆，安装锁紧片。最后，使用凿痕来标记扇形齿轨和齿轮的对齐标记。

（9）柴油机再次运行后，重新调整最小转速设定螺丝，使转速与各自气缸润滑图上的转速值一致。

调整最低转速设定螺丝：

• 粗略设定：将机旁控制台的燃油设置杆转动至约 3.6 的位置（负荷指示器）。

• 调整最低速度设定螺丝，直到它稍微触及流量控制阀的外壳。

• 柴油机保持“微速进”状态进行微调。调整最低速度设定螺丝，直到注油器的速度（通过在水平轴的转速器进行测量）的最小转数与本服务公告中相关修改图中的最小转数一致为止。

• 柴油机保持“前进二”的转速（负荷指示器的指示为 5）。

根据封闭式润滑图检查与负荷指示器的指示和手动设置手柄位置相关的注油器的速度（水平轴）。

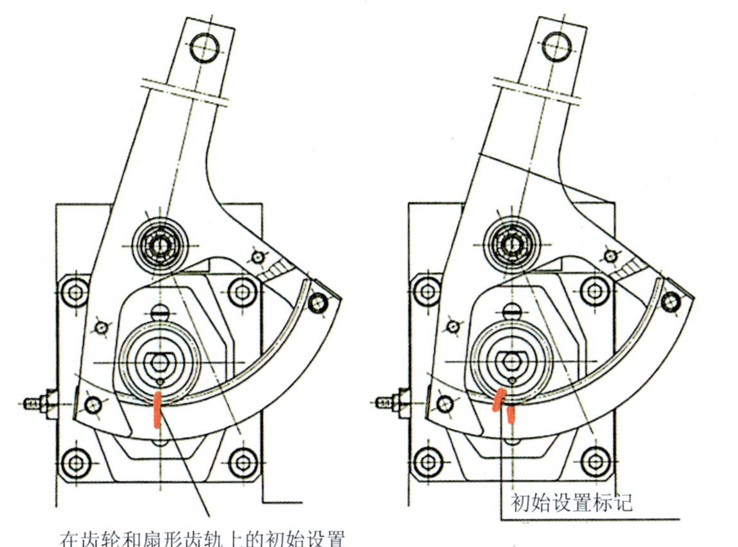

图 4　流量控制阀

如果注油器轴的速度接近图中的值，最后的注油率必须根据每日的气缸油消耗量来进行调整。

注意：这个服务公告应单独放在集控制室的文件夹中。与各自相关的页面按代码放置在各自《使用说明书》、《保养说明书》相关页面中。

附件

RTA 60.1/1 ～ 22

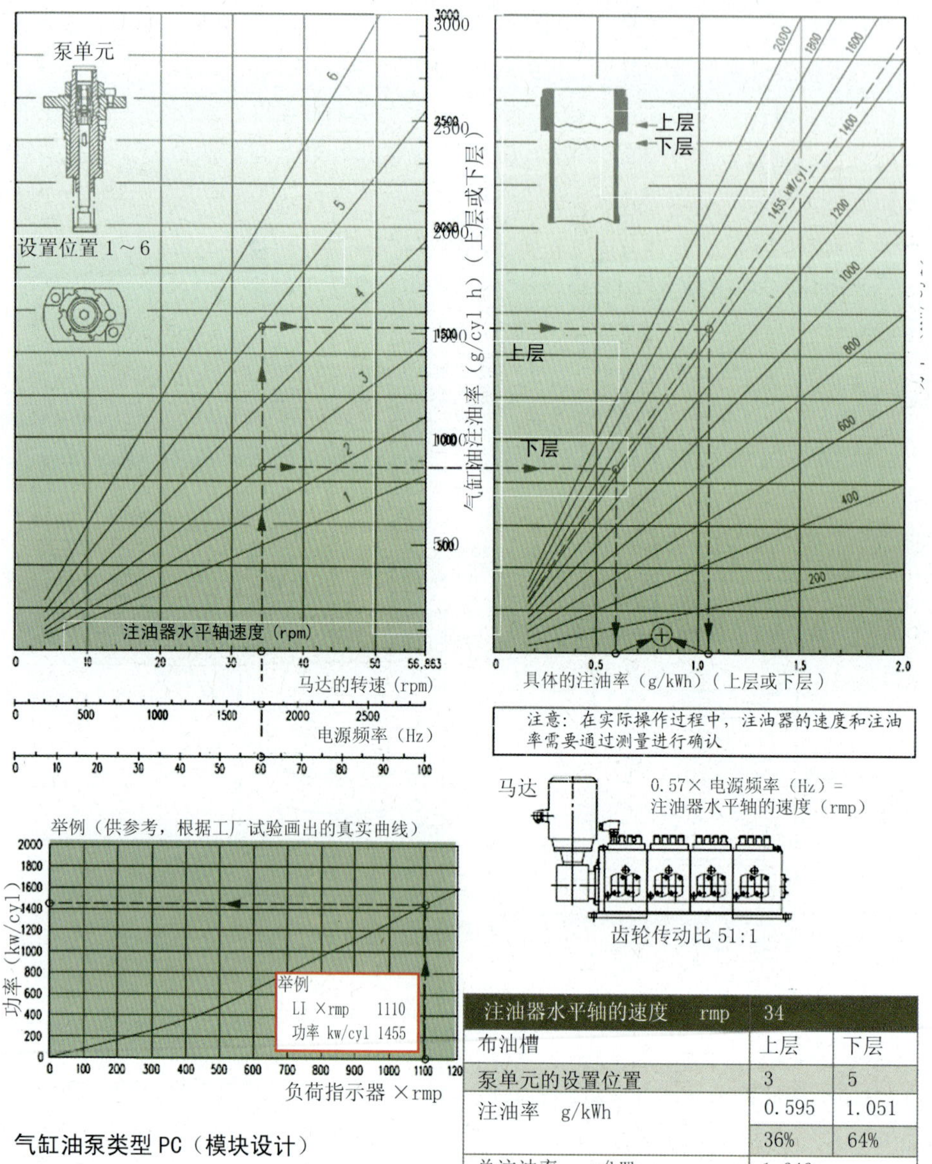

注油器水平轴的速度 rmp	34	
布油槽	上层	下层
泵单元的设置位置	3	5
注油率 g/kWh	0.595	1.051
	36%	64%
总注油率 g/kWh	1.646	

气缸油泵类型 PC（模块设计）

齿轮传动比　51：1
每个气缸有两个出口
每个出口的最大输出量　1.10cm³
每个出口的最小输出量　0.27cm³
密度　0.9

该图仅适用于铭牌上的出厂日期为 2802 或以后（即 2002 年第 28 周或以后）的泵。

多级润滑的气缸润滑图 621，适用于柴油机：RTA48T，RTA48T-B，RTA52U-B

附件：RTA 60.1/1

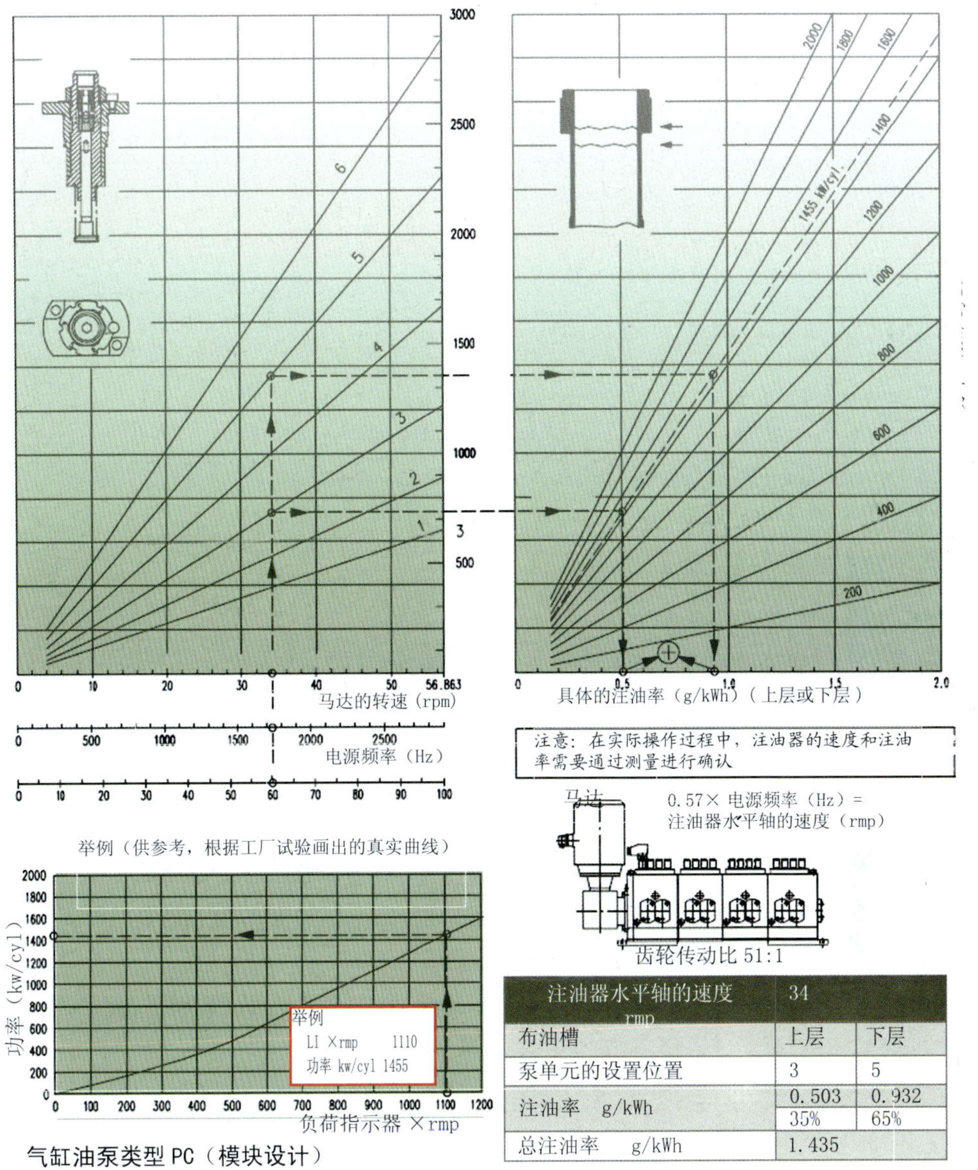

注油器水平轴的速度 rmp	34	
布油槽	上层	下层
泵单元的设置位置	3	5
注油率 g/kWh	0.503 35%	0.932 65%
总注油率 g/kWh	1.435	

气缸油泵类型 PC（模块设计）

齿轮传动比	51：1
每个气缸有两个出口	
每个出口的最大输出量	0.941cm^3
每个出口的最小输出量	0.212cm^3
密度	0.9

该图仅适用于铭牌上的出厂日期为 2702 以前（即 2002 年第 27 周以前）的泵。

多级润滑的气缸润滑图 389，适用于柴油机：RTA48T，RTA48T-B，RTA52U-B

附件：RTA 60.1/2

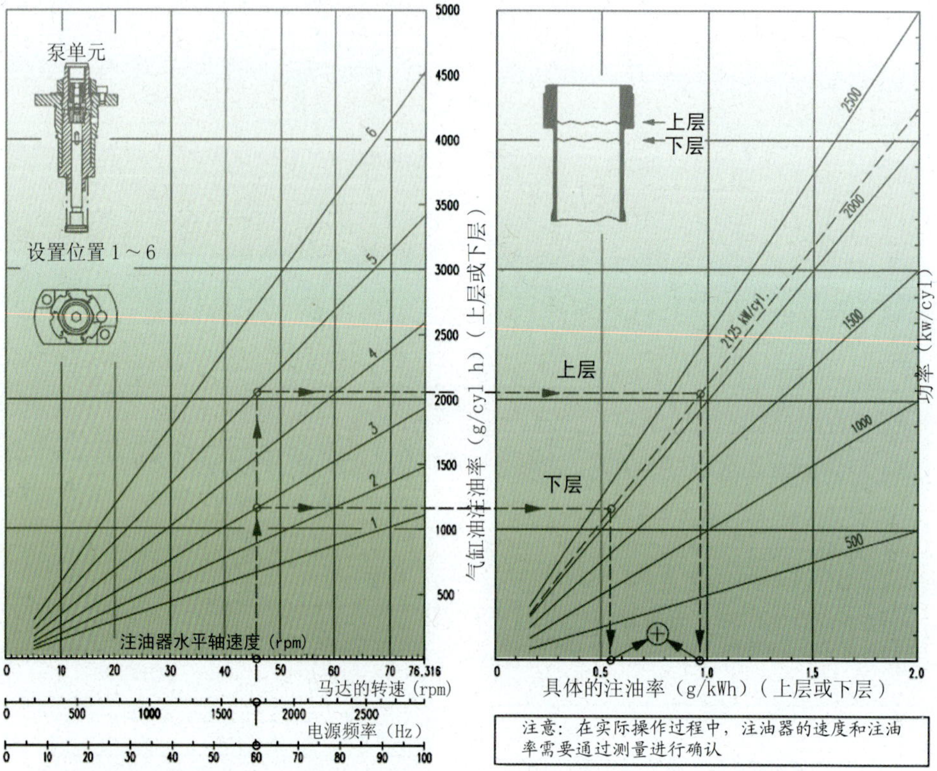

泵单元

设置位置 1～6

注油器水平轴速度（rpm）

0 10 20 30 40 50 60 70 76.316

马达的转速（rpm）

0 500 1000 1500 2000 2500

电源频率（Hz）

0 10 20 30 40 50 60 70 80 90 100

气缸油注油率（g/cyl h）（上层或下层）

5000 4500 4000 3500 3000 2500 2000 1500 1000 500

上层

下层

功率（kw/cyl）

2500 2000 2125 kW/cyl 1500 1000 500

0 0.5 1.0 1.5 2.0

具体的注油率（g/kWh）（上层或下层）

注意：在实际操作过程中，注油器的速度和注油率需要通过测量进行确认

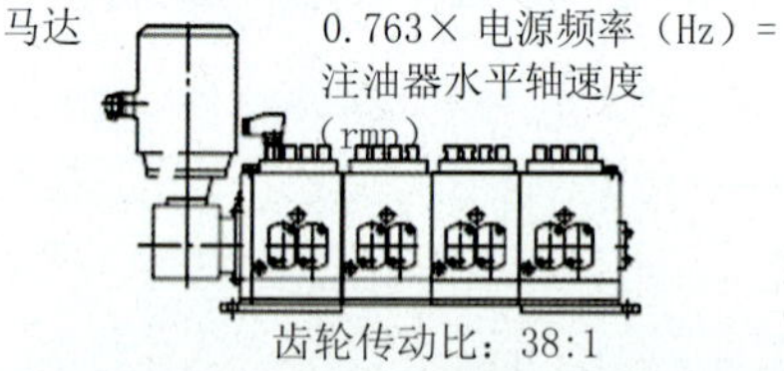

举例（供参考，根据工厂试验画出的真实曲线）

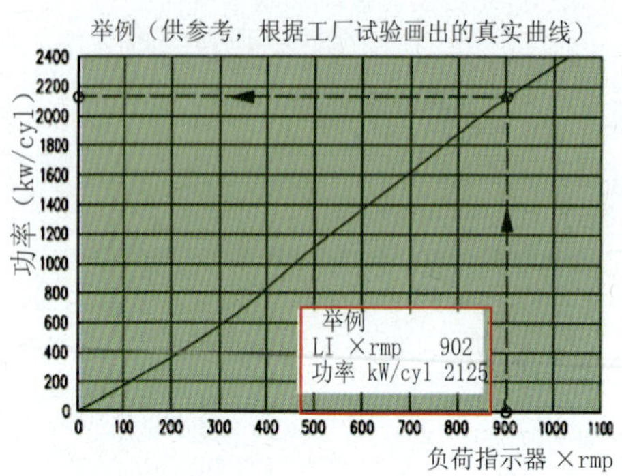

马达

0.763× 电源频率（Hz）= 注油器水平轴速度（rmp）

齿轮传动比：38:1

注油器水平轴的速度 rmp	45.8	
布油槽	上层	下层
泵单元的设置位置	3	5
注油率 g/kWh	0.547	0.966
	36%	64%
总注油率 g/kWh	1.513	

气缸油泵类型 PC（模块设计）

齿轮传动比 38：1
每个气缸有两个出口
每个出口的最大功率 1.10cm^3
每个出口的最小功率 0.27cm^3
密度 0.9

该图仅适用于铭牌上的出厂日期为 2802 以后（即 2002 年第 28 周或以后）的泵。

多级润滑的气缸润滑图 623，适用于如下柴油机：

RTA58T，RTA58T-B，RTA62U-B

附件：RTA 60.1/3

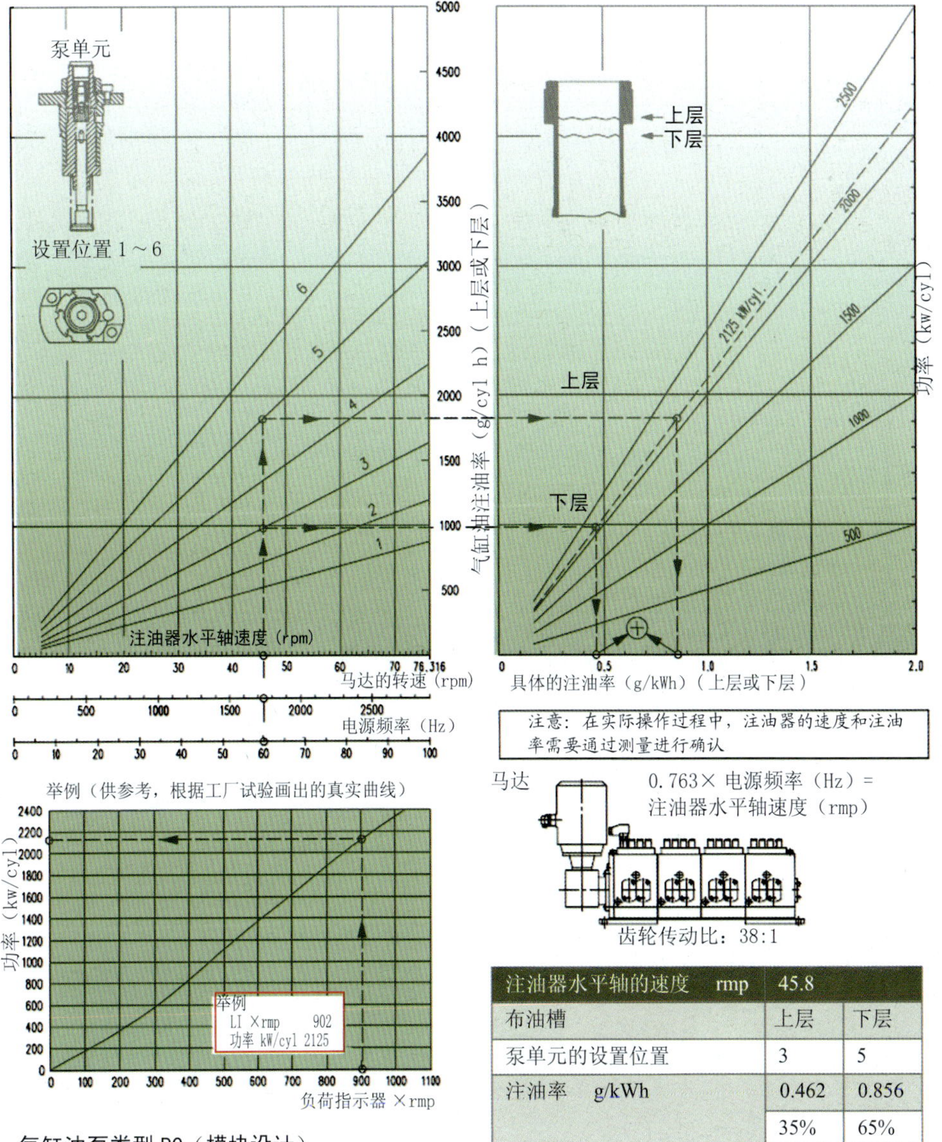

注油器水平轴的速度 rmp	45.8	
布油槽	上层	下层
泵单元的设置位置	3	5
注油率 g/kWh	0.462	0.856
	35%	65%
总注油率 g/kWh	1.318	

气缸油泵类型 PC（模块设计）

齿轮传动比　38：1
每个气缸有两个出口
每个出口的最大功率　0.941cm³
每个出口的最小功率　0.212cm³
密度　0.9

该图仅适用于铭牌上的出厂日期为 2702 以前（即 2002 年第 27 周以前）的泵。

多级润滑的气缸润滑图 390，适用于如下柴油机：

RTA58T　RTA58T-B，RTA62U-B　　附件：RTA 60.1/4

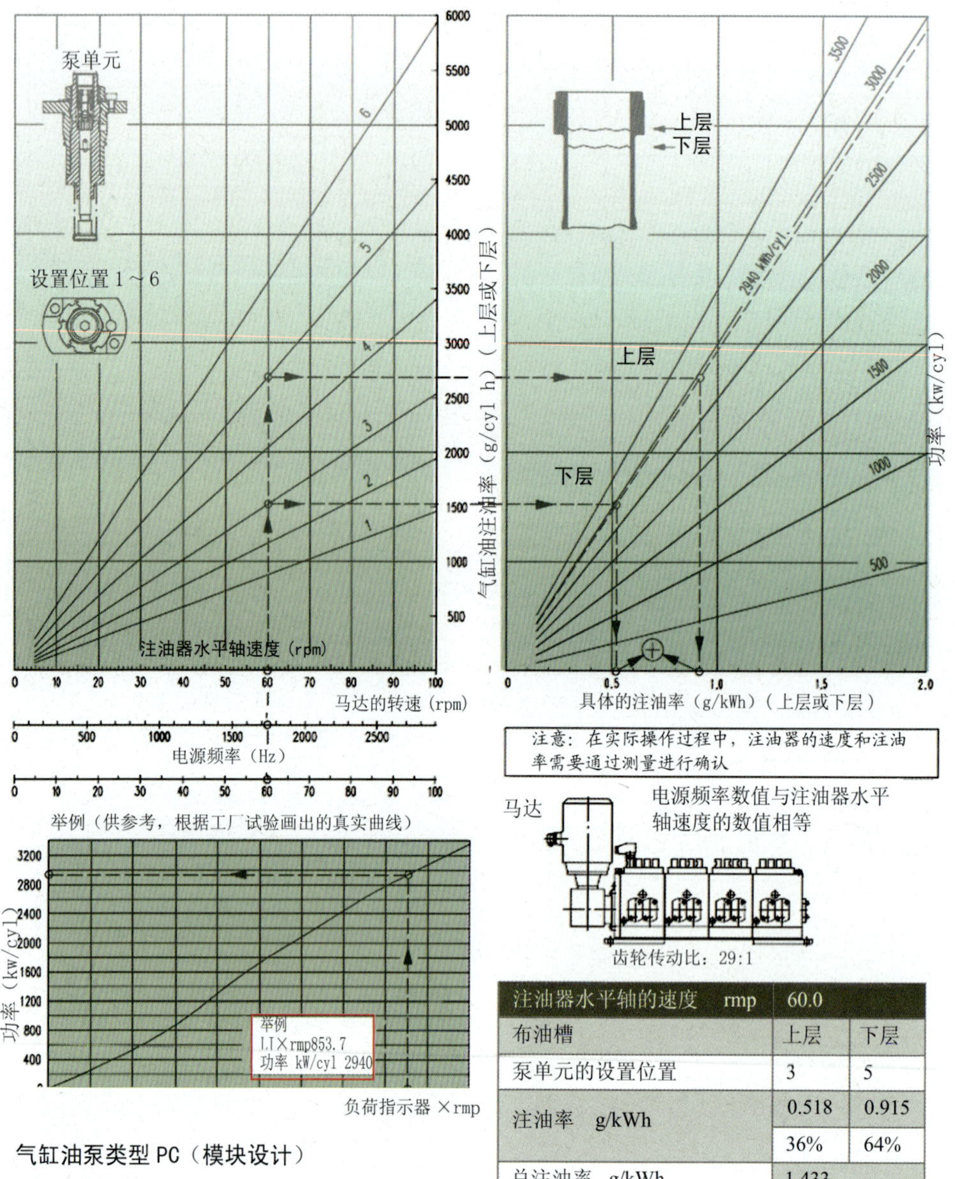

注油器水平轴的速度　rmp	60.0	
布油槽	上层	下层
泵单元的设置位置	3	5
注油率　g/kWh	0.518	0.915
	36%	64%
总注油率　g/kWh	1.433	

气缸油泵类型 PC（模块设计）

齿轮传动比	29：1
每个气缸有两个出口	
每个出口的最大功率	1.10cm^3
每个出口的最小功率	0.27cm^3
密度	0.9

该图仅适用于铭牌上的出厂日期为 2802 以后（即 2002 年第 28 周或以后）的泵。

多级润滑的气缸润滑图 624，适用于如下柴油机：

RTA68T-B，RTA72U-B

附件：RTA 60.1/5

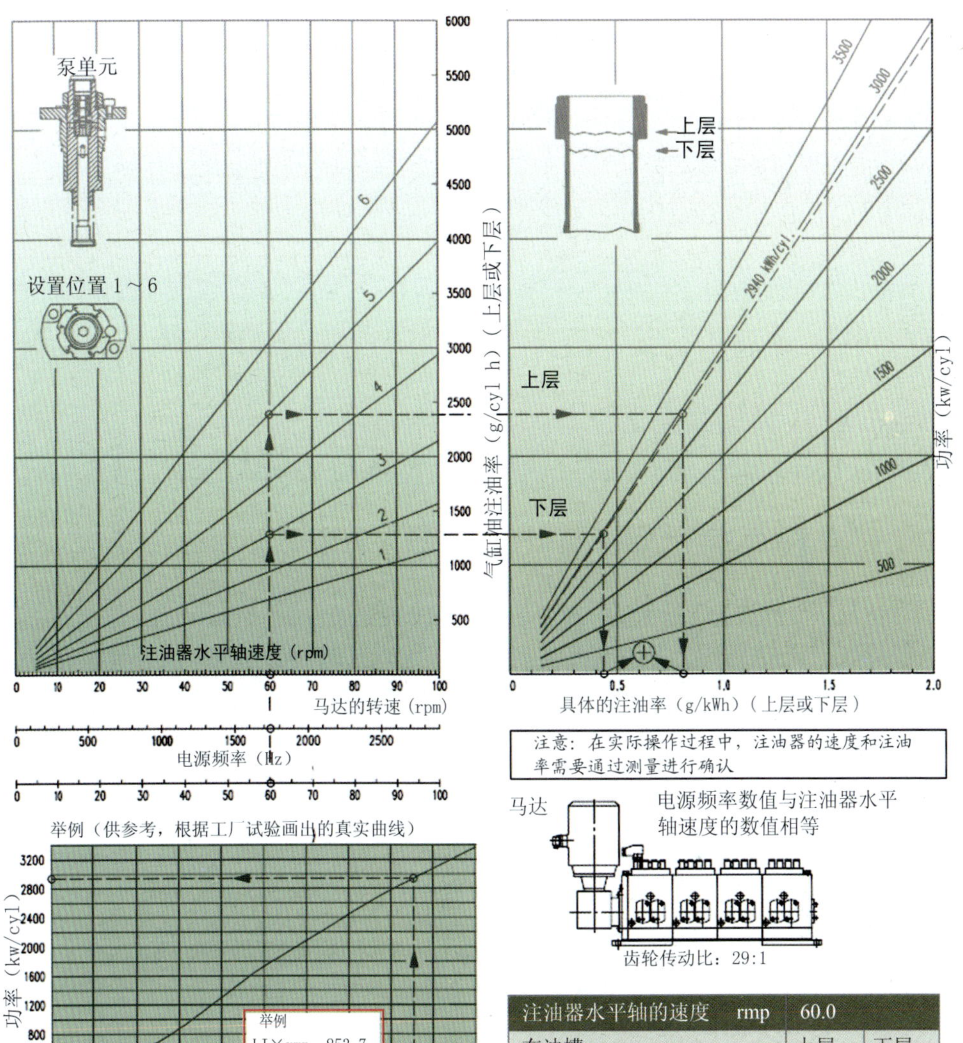

注油器水平轴的速度 rmp	60.0	
布油槽	上层	下层
泵单元的设置位置	3	5
供油率 g/kWh	0.438	0.811
	35%	65%
总注油率 g/kWh	1.249	

气缸油泵类型 PC（模块设计）

齿轮传动比	29：1
每个气缸有两个出口	
每个出口的最大功率	0.941cm^3
每个出口的最小功率	0.212cm^3
密度	0.9

该图仅适用于铭牌上的出厂日期为 2702 以前（即 2002 年第 27 周以前）的泵。

多级润滑的气缸润滑图 395，适用于如下柴油机：

RTA68T-B，RTA72U-B

附件：RTA 60.1/6

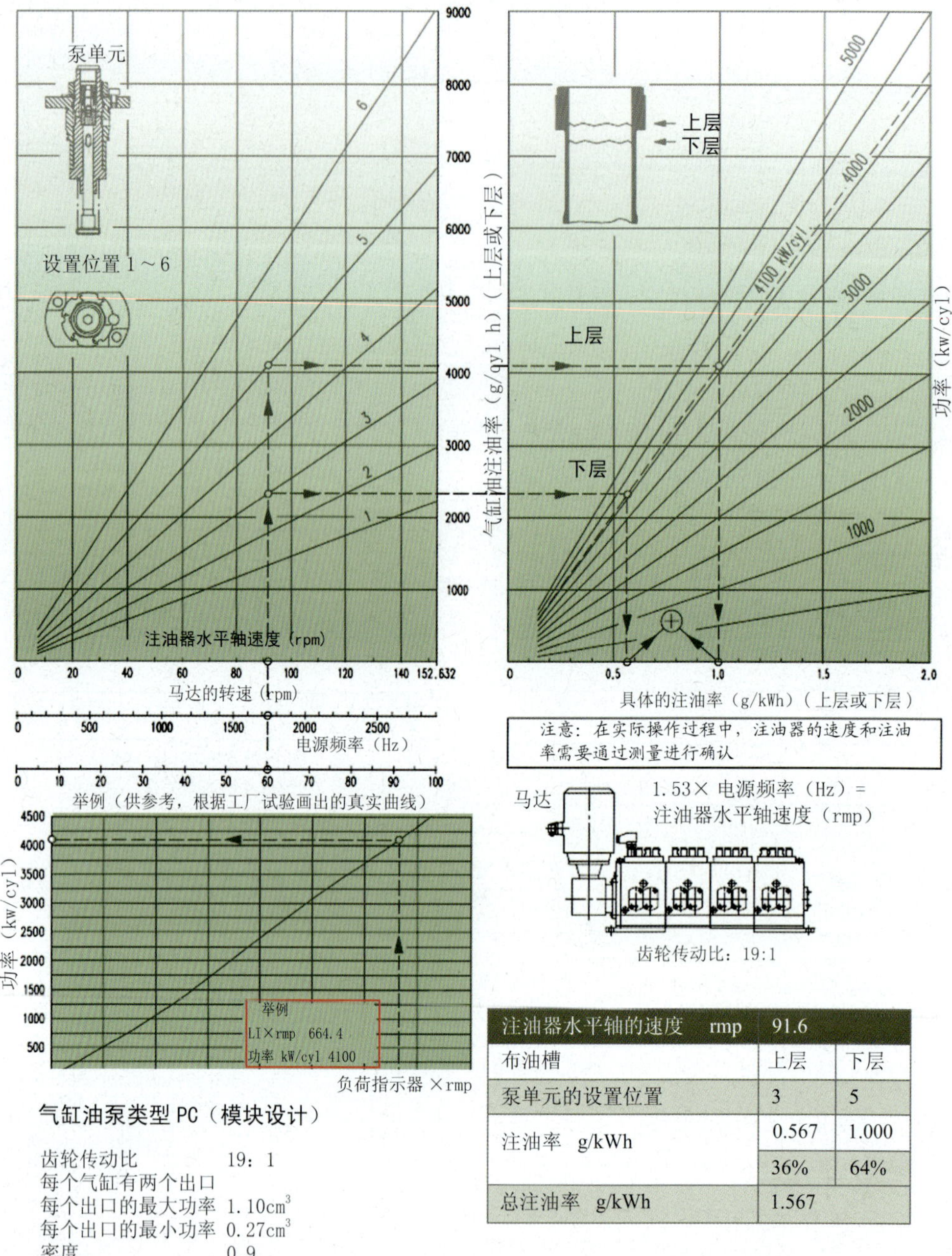

注油器水平轴的速度 rmp	91.6	
布油槽	上层	下层
泵单元的设置位置	3	5
注油率 g/kWh	0.567	1.000
	36%	64%
总注油率 g/kWh	1.567	

气缸油泵类型 PC（模块设计）

齿轮传动比 19：1
每个气缸有两个出口
每个出口的最大功率 1.10cm³
每个出口的最小功率 0.27cm³
密度 0.9

该图仅适用于铭牌上的出厂日期为 2802 以前（即 2002 年第 28 周或以后）的泵。

多级润滑的气缸润滑图 646，适用于如下柴油机：

RTA84T-B，RTA84T-D

附件：RTA 60.1/7

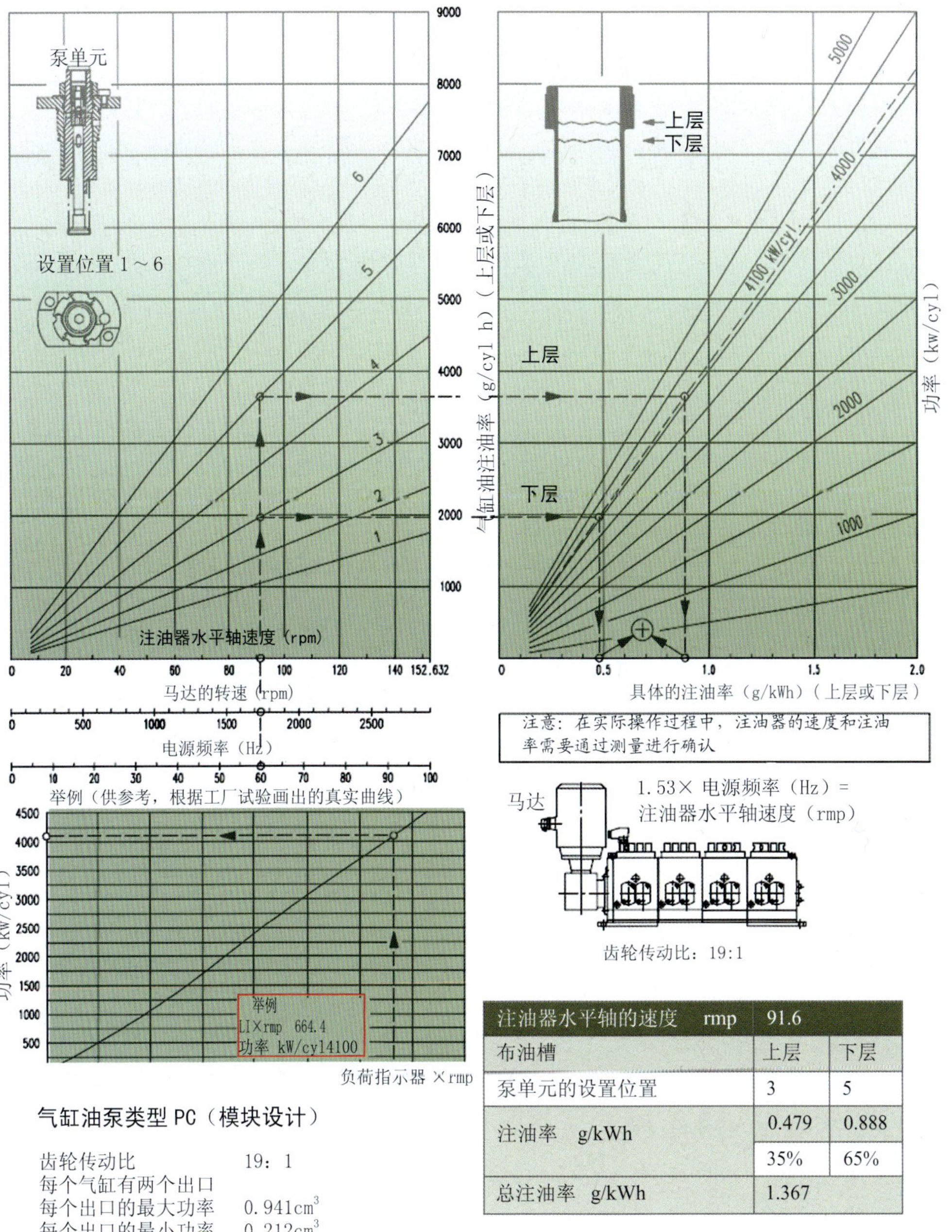

注油器水平轴的速度 rmp	91.6	
布油槽	上层	下层
泵单元的设置位置	3	5
注油率 g/kWh	0.479	0.888
	35%	65%
总注油率 g/kWh	1.367	

气缸油泵类型 PC（模块设计）

齿轮传动比	19：1
每个气缸有两个出口	
每个出口的最大功率	0.941cm^3
每个出口的最小功率	0.212cm^3
密度	0.9

该图仅适用于铭牌上的出厂日期为 2702 以前（即 2002 年第 27 周以前）的泵。

多级润滑的气缸润滑图 397，适用于如下柴油机：

附件：RTA 60.1/8

RTA84T-B，RTA84T-D

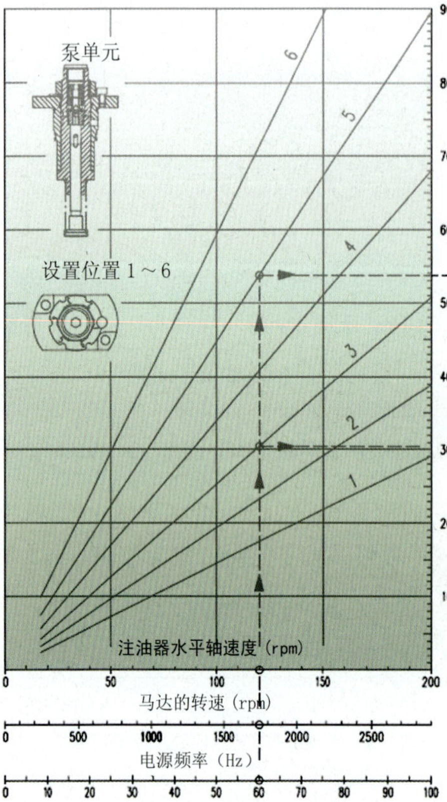

泵单元
设置位置 1～6
注油器水平轴速度（rpm）
马达的转速（rpm）
电源频率（Hz）
气缸油注油率（g/cyl h）（上层或下层）

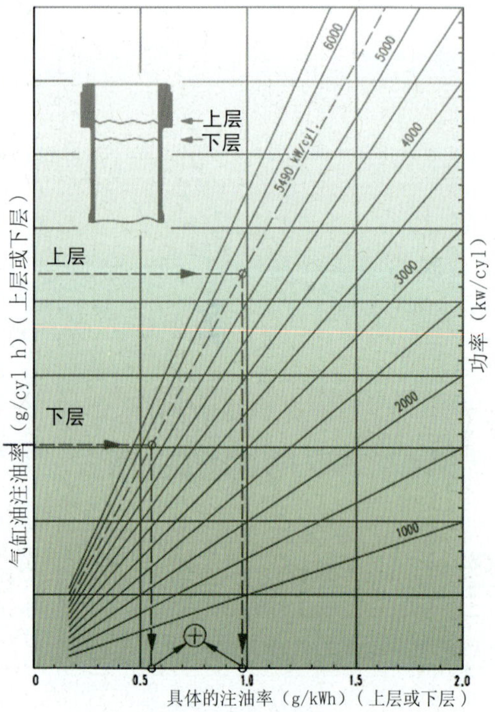

上层
下层
5490 kW/cyl
功率（kw/cyl）
具体的注油率（g/kWh）（上层或下层）

注意：在实际操作过程中，注油器的速度和注油率需要通过测量进行确认

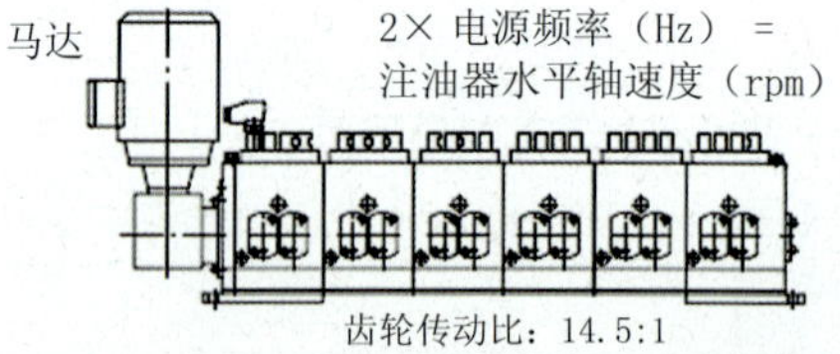

马达
2× 电源频率（Hz）＝
注油器水平轴速度（rpm）
齿轮传动比：14.5:1

举例（供参考，根据工厂试验画出的真实曲线）
功率（kw/cyl）
举例
LI ×rmp 798
功率 kW/cyl 5490
负荷指示器 ×rmp

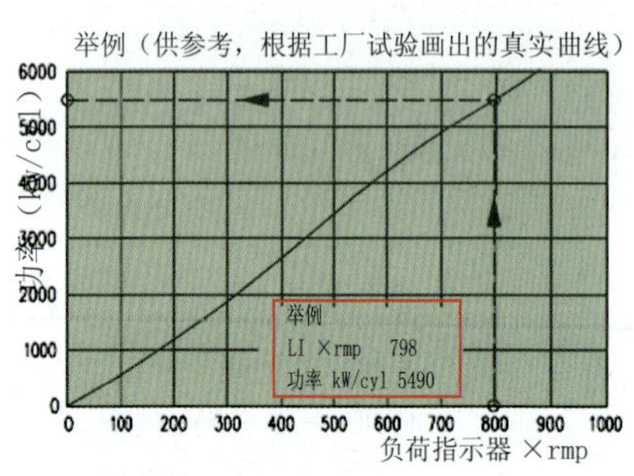

注油器水平轴的速度 rmp	120	
布油槽	上层	下层
泵单元的设置位置	3	5
注油率 g/kWh	0.55	0.98
	36%	64%
总注油率 g/kWh	1.53	

气缸油泵类型 PC（模块设计）

齿轮传动比	14.5：1
每个气缸有两个出口	
每个出口的最大功率	1.10cm^3
每个出口的最小功率	0.27cm^3
密度	0.9

该图仅适用于铭牌上的出厂日期为 2802 以后（即 2002 年第 28 周或以后）的泵。

多级润滑的气缸润滑图 313，适用于如下柴油机：

RTA96C，RTA96C-B

附件：RTA 60.1/9

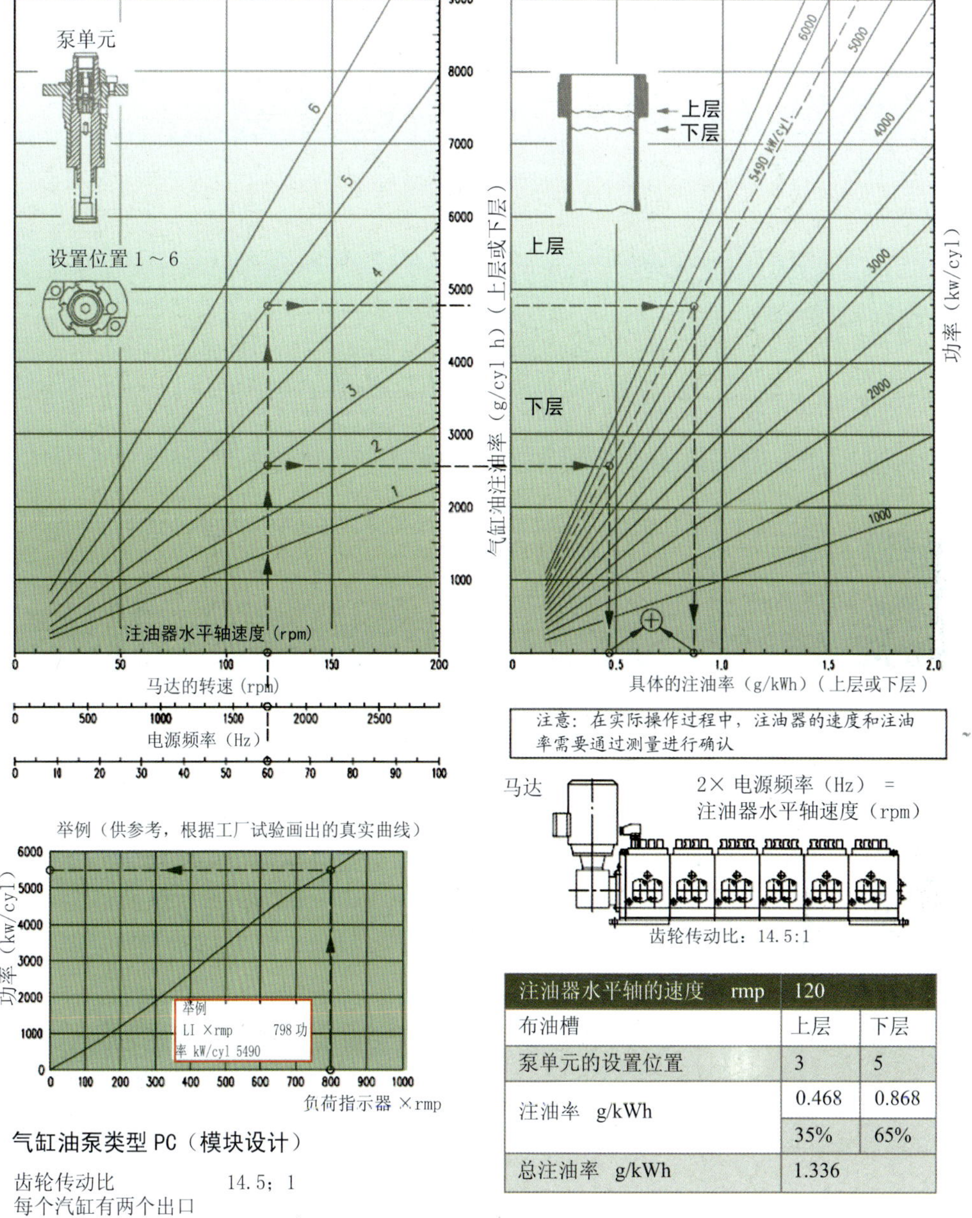

注油器水平轴的速度 rmp	120	
布油槽	上层	下层
泵单元的设置位置	3	5
注油率 g/kWh	0.468	0.868
	35%	65%
总注油率 g/kWh	1.336	

气缸油泵类型 PC（模块设计）

齿轮传动比　　　　　14.5：1
每个汽缸有两个出口
每个出口的最大功率　　$0.941cm^3$
每个出口的最小功率　　$0.212cm^3$
密度 =　　　　　　　0.9

该图仅适用于铭牌上的出厂日期为 2702 以前（即 2002 年第 27 周以前）的泵。

多级润滑的气缸润滑图 398，适用于如下柴油机：

RTA96C，RTA96C-B

附件：RTA 60.1/10

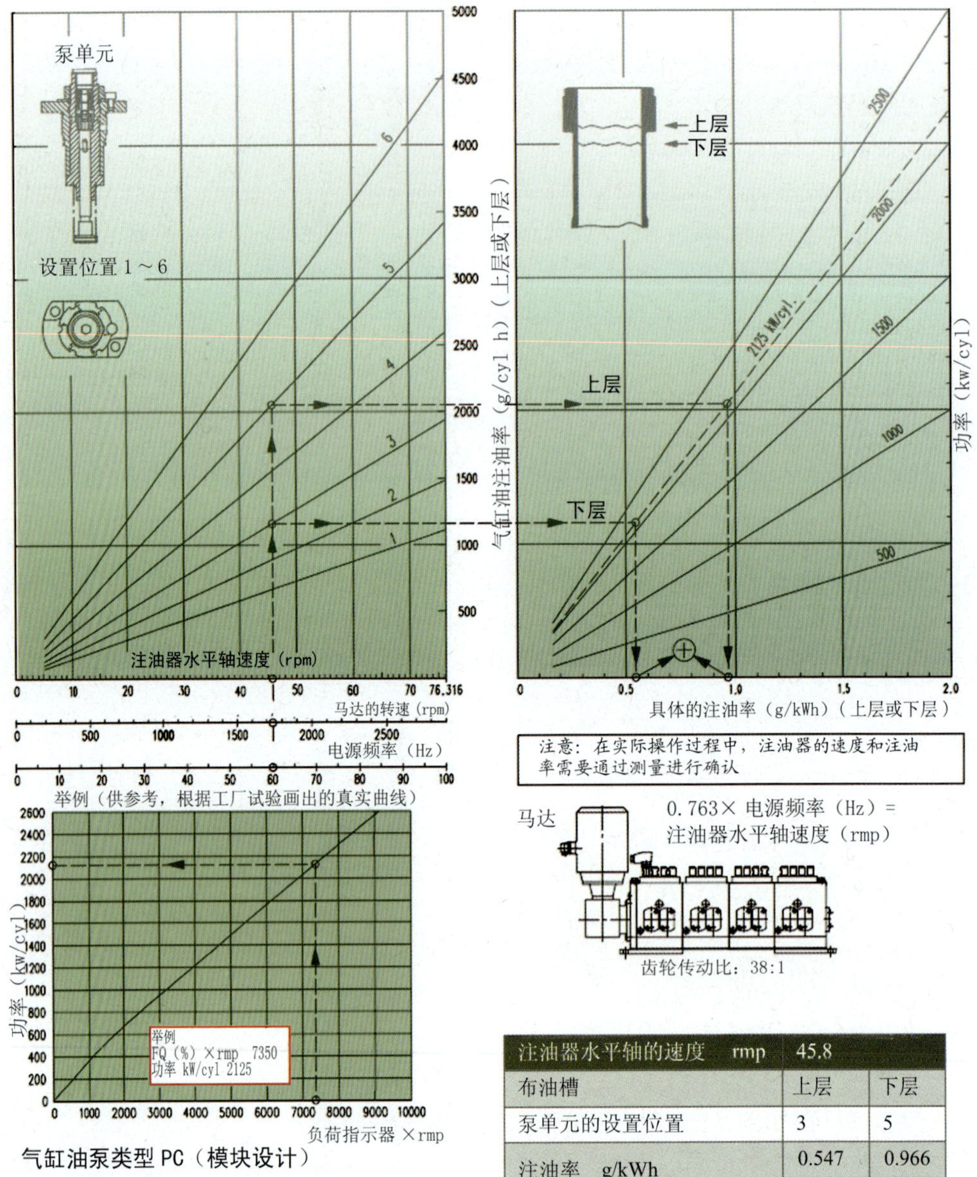

注油器水平轴的速度 rmp	45.8	
布油槽	上层	下层
泵单元的设置位置	3	5
注油率 g/kWh	0.547	0.966
	36%	64%
总注油率 g/kWh	1.513	

气缸油泵类型 PC（模块设计）

齿轮传动比	38：1
每个气缸有两个出口	
每个出口的最大功率	1.10cm^3
每个出口的最小功率	0.27cm^3
密度 =	0.9

该图仅适用于铭牌上的出厂日期为 2802 以后（即 2002 年第 28 周或以后）的泵。

多级润滑的气缸润滑图 884，适用于如下柴油机：

RT-flex58T-B，RT-flex 60C

附件：RTA 60.1/11

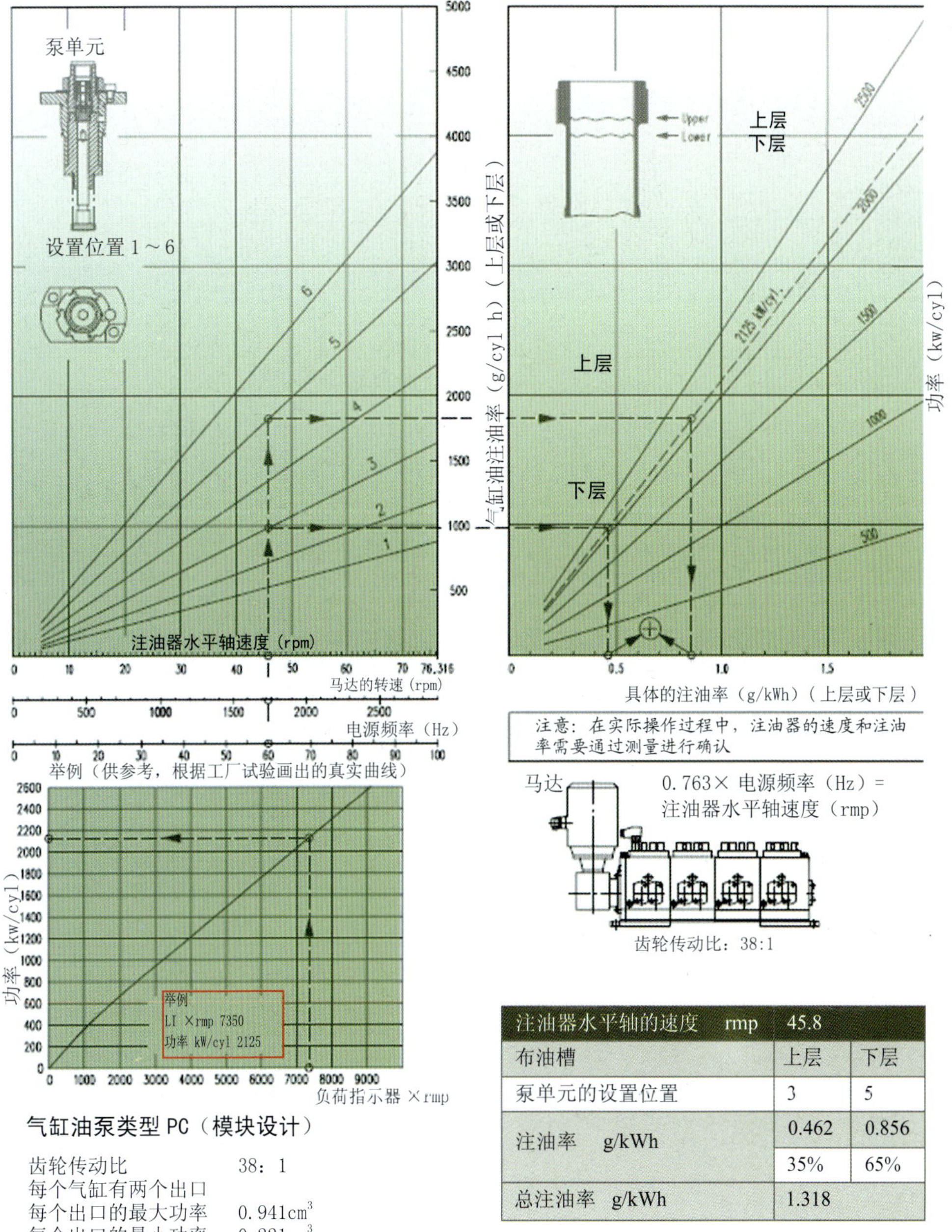

注油器水平轴的速度 rmp	45.8	
布油槽	上层	下层
泵单元的设置位置	3	5
注油率 g/kWh	0.462	0.856
	35%	65%
总注油率 g/kWh	1.318	

气缸油泵类型 PC（模块设计）

齿轮传动比	38：1
每个气缸有两个出口	
每个出口的最大功率	0.941cm^3
每个出口的最小功率	0.221cm^3
密度＝	0.9

该图仅适用于铭牌上的出厂日期为 2702 以前（即 2002 年第 27 周以前）的泵。

多级润滑的气缸润滑图 394，适用于如下柴油机：

RT-flex58T-B，RT-flex 60C

附件：RTA 60.1/12

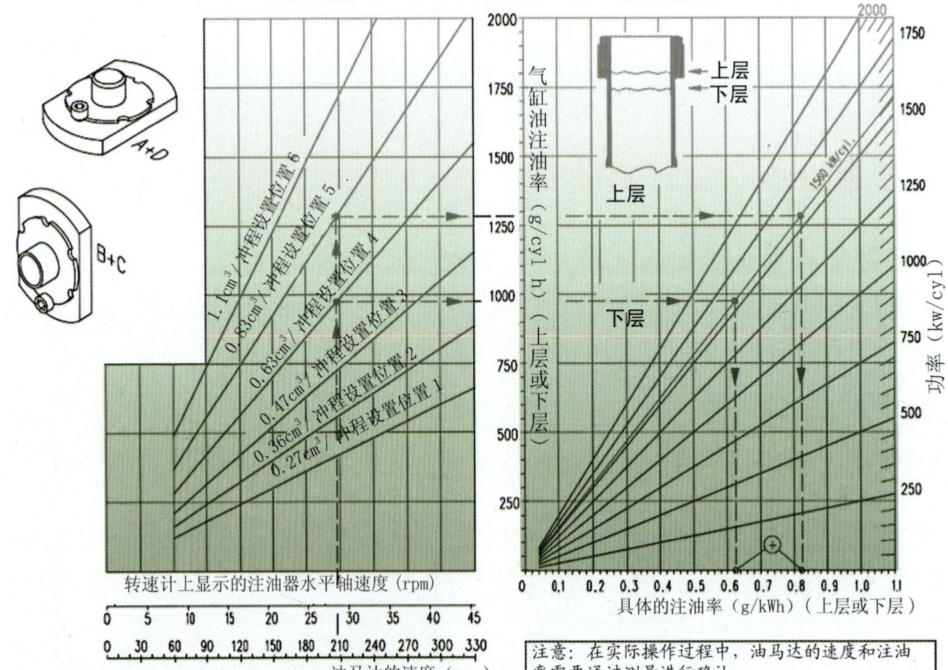

注意：在实际操作过程中，油马达的速度和注油率需要通过测量进行确认

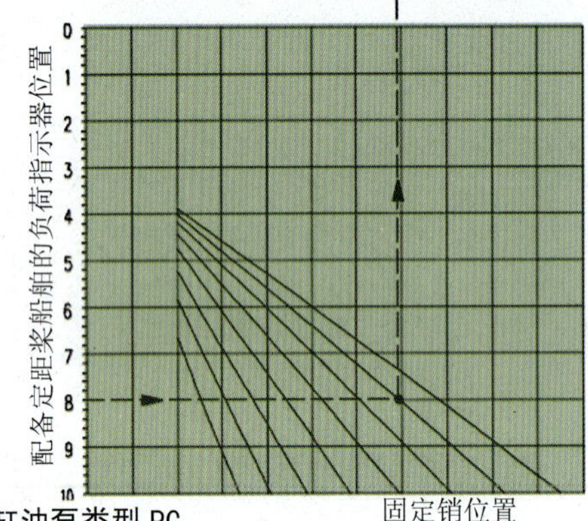

注油器水平轴的最小转速（最少 8rpm）的调节螺丝

固定销

气缸油泵类型 PC

内齿轮传动比 = 7.25：1
每个出口的最大供油量 1.1cm³
每个出口的最小供油量 0.27cm³
密度 = 0.9
每个气缸中，上层有一个出口，下层有一个出口。
每个气缸通过两个滑油分配器细分为 8 个出口。

举例		
	上层	下层
气缸油出口	1	1
注油器喷油枪	6	6
负荷指示器位置	8.0	
固定销位置	7	
调节螺丝位置	4	5
注油率 g/kWh	0.625	0.823
	(43%)	(57%)
总注油率 g/kWh	1.448	

该图仅适用于铭牌上的出厂日期为 2802 或往后（即 2002 年第 28 周或往后）的泵。

多级润滑的气缸润滑图 780，适用于如下柴油机：

RTA52U

附件：RTA 60.1/13

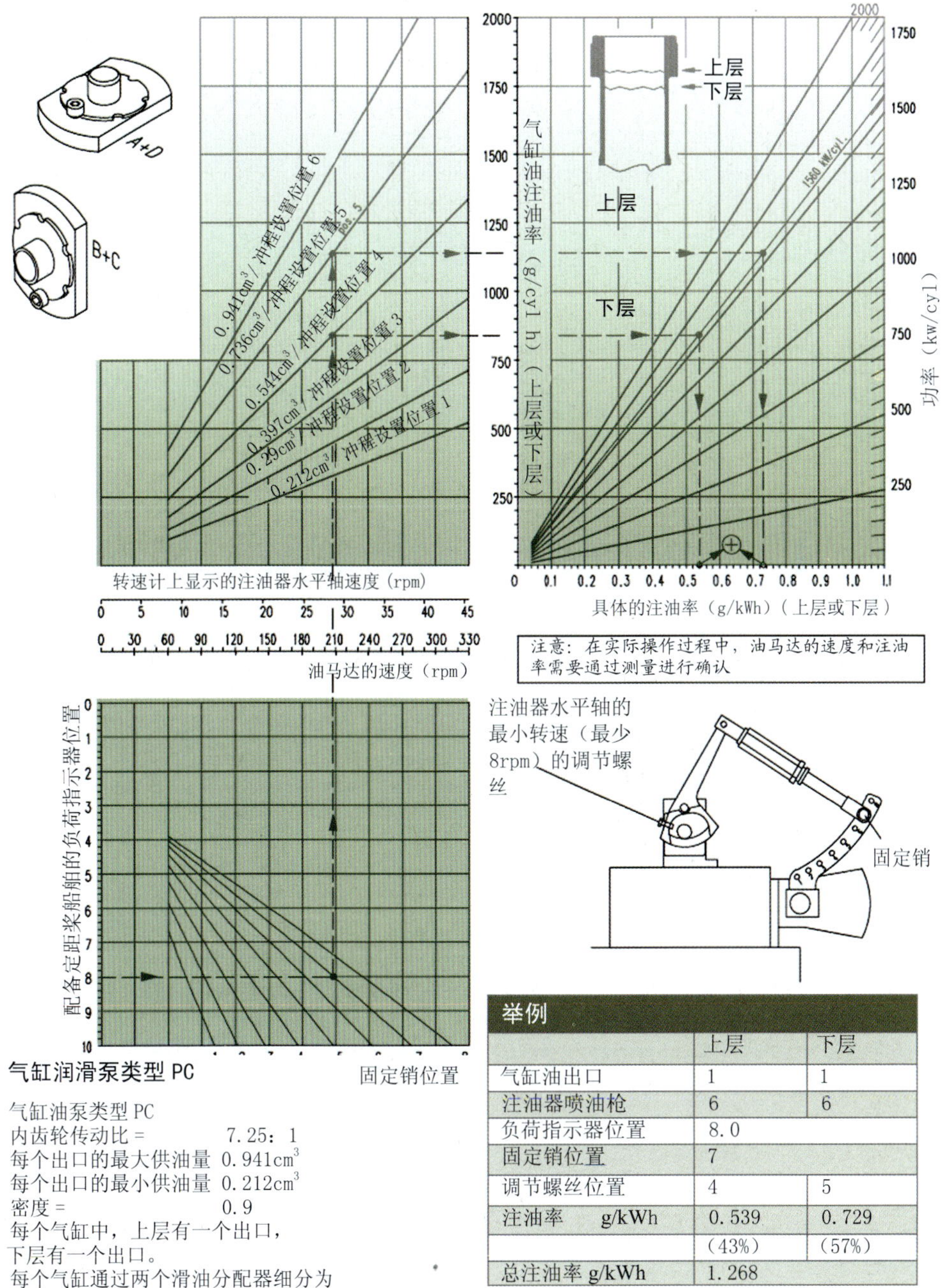

气缸润滑泵类型 PC

气缸油泵类型 PC
内齿轮传动比 = 7.25：1
每个出口的最大供油量 0.941cm³
每个出口的最小供油量 0.212cm³
密度 = 0.9
每个气缸中，上层有一个出口，下层有一个出口。
每个气缸通过两个滑油分配器细分为 8 个出口。。

举例		
	上层	下层
气缸油出口	1	1
注油器喷油枪	6	6
负荷指示器位置	8.0	
固定销位置	7	
调节螺丝位置	4	5
注油率 g/kWh	0.539	0.729
	(43%)	(57%)
总注油率 g/kWh	1.268	

该图仅适用于铭牌上的出厂日期为 2702 以前（即 2002 年第 27 周以前）的泵。

多级润滑的气缸润滑图 779，适用于如下柴油机：

RTA52U

附件：RTA 60.1/14

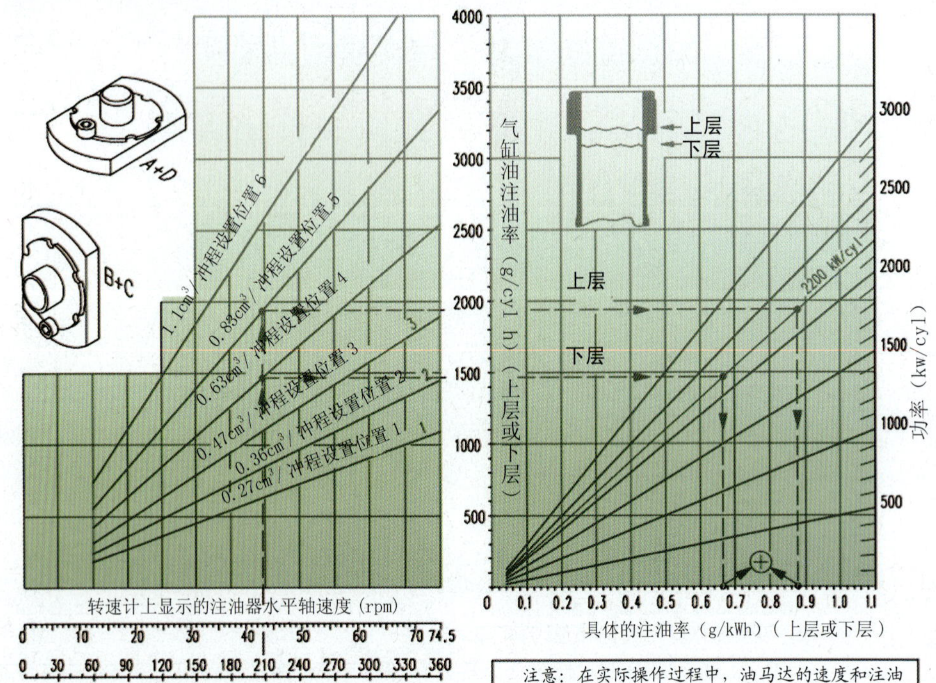

注意：在实际操作过程中，油马达的速度和注油率需要通过测量进行确认

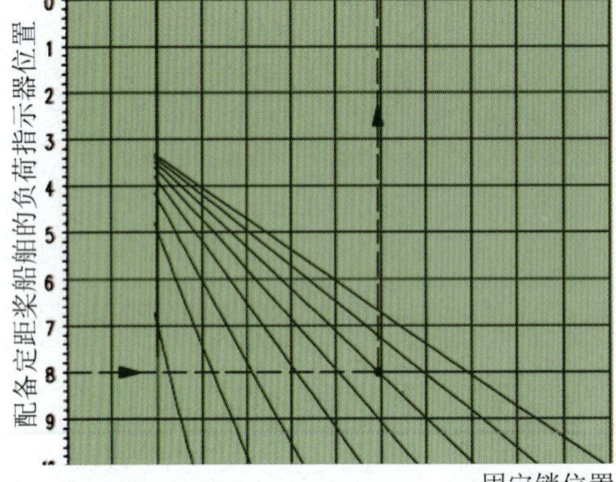

固定销位置

注油器水平轴的最小转速（最少 12rpm）的调节螺丝

备注：相对标记，齿轮（23 个齿）沿顺时针方向转动一个齿

固定销

气缸油泵类型 PC

内齿轮传动比 = 4,83：1

每个出口的最大供油量 1.1cm³

每个出口的最小供油量 0.27cm³

密度 = 0.9

每个气缸中，上层有一个出口，下层有一个出口。

每个气缸通过两个滑油分配器细分为 8 个出口。

举例		
	上层	下层
喷油枪	1	1
负荷指示器的位置	8	8
注油器喷油枪	8.0	
固定销位置	6	
调节螺丝位置	4	5
注油率　g/kWh	0.667	0.879
	(43%)	(57%)
总注油率 g/kWh	1.546	

该图仅适用于铭牌上的出厂日期为 2802 或往后（即 2002 年第 28 周或往后）的泵。

多级润滑的气缸润滑图 772，适用于如下柴油机：

RTA62U

附件：RTA 60.1/15

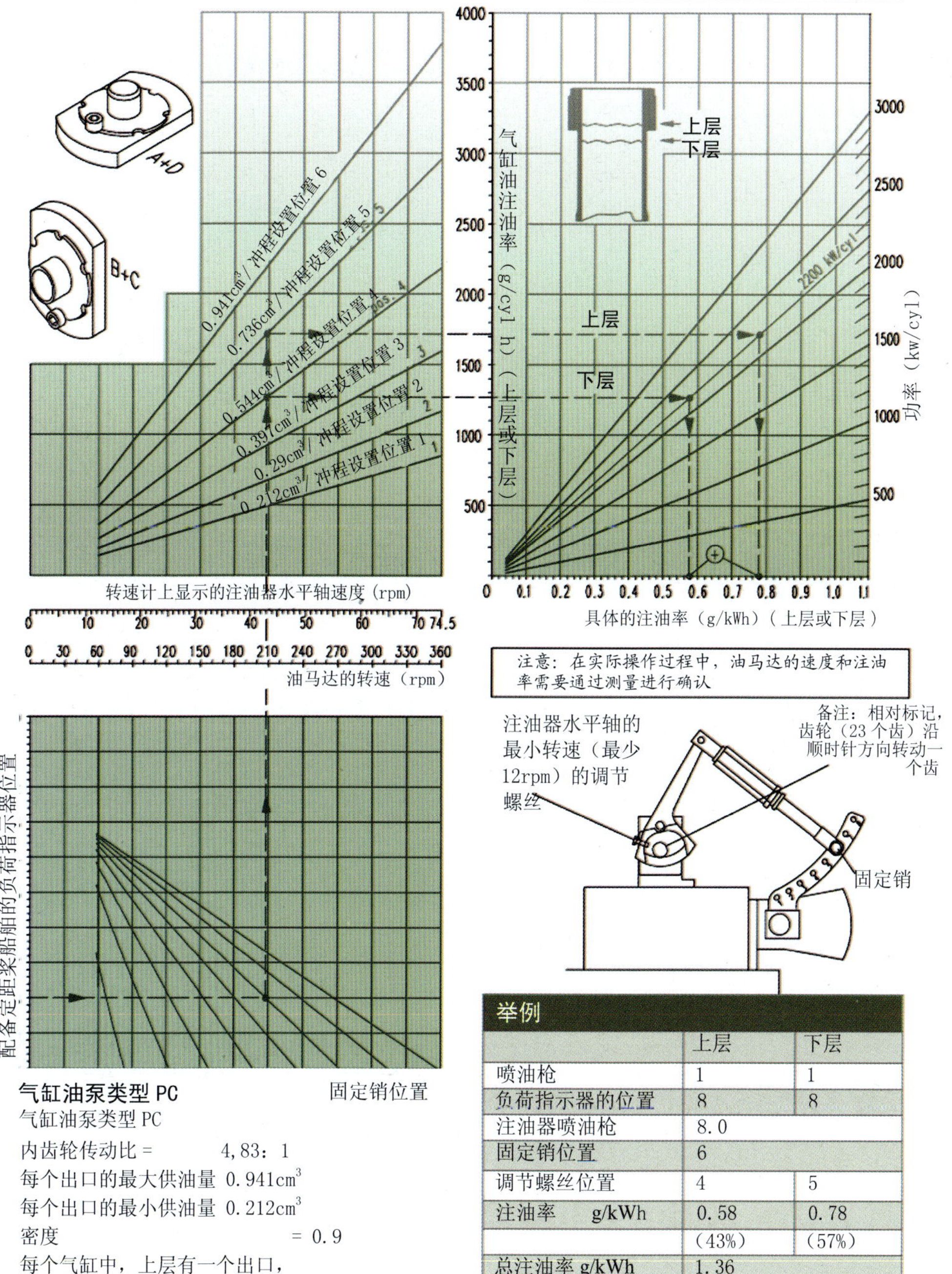

举例

	上层	下层
喷油枪	1	1
负荷指示器的位置	8	8
注油器喷油枪	8.0	
固定销位置	6	
调节螺丝位置	4	5
注油率 g/kWh	0.58	0.78
	(43%)	(57%)
总注油率 g/kWh	1.36	

气缸油泵类型 PC

气缸油泵类型 PC

内齿轮传动比＝ 4,83：1

每个出口的最大供油量 0.941cm^3

每个出口的最小供油量 0.212cm^3

密度 ＝0.9

每个气缸中，上层有一个出口，下层有一个出口。

每个气缸通过两个滑油分配器细分为 8 个出口。

该图仅适用于铭牌上的出厂日期为 2702 以前（即 2002 年第 27 周以前）的泵。

多级润滑的气缸润滑图 771，适用于如下柴油机：

RTA62U

附件：RTA 60.1/16

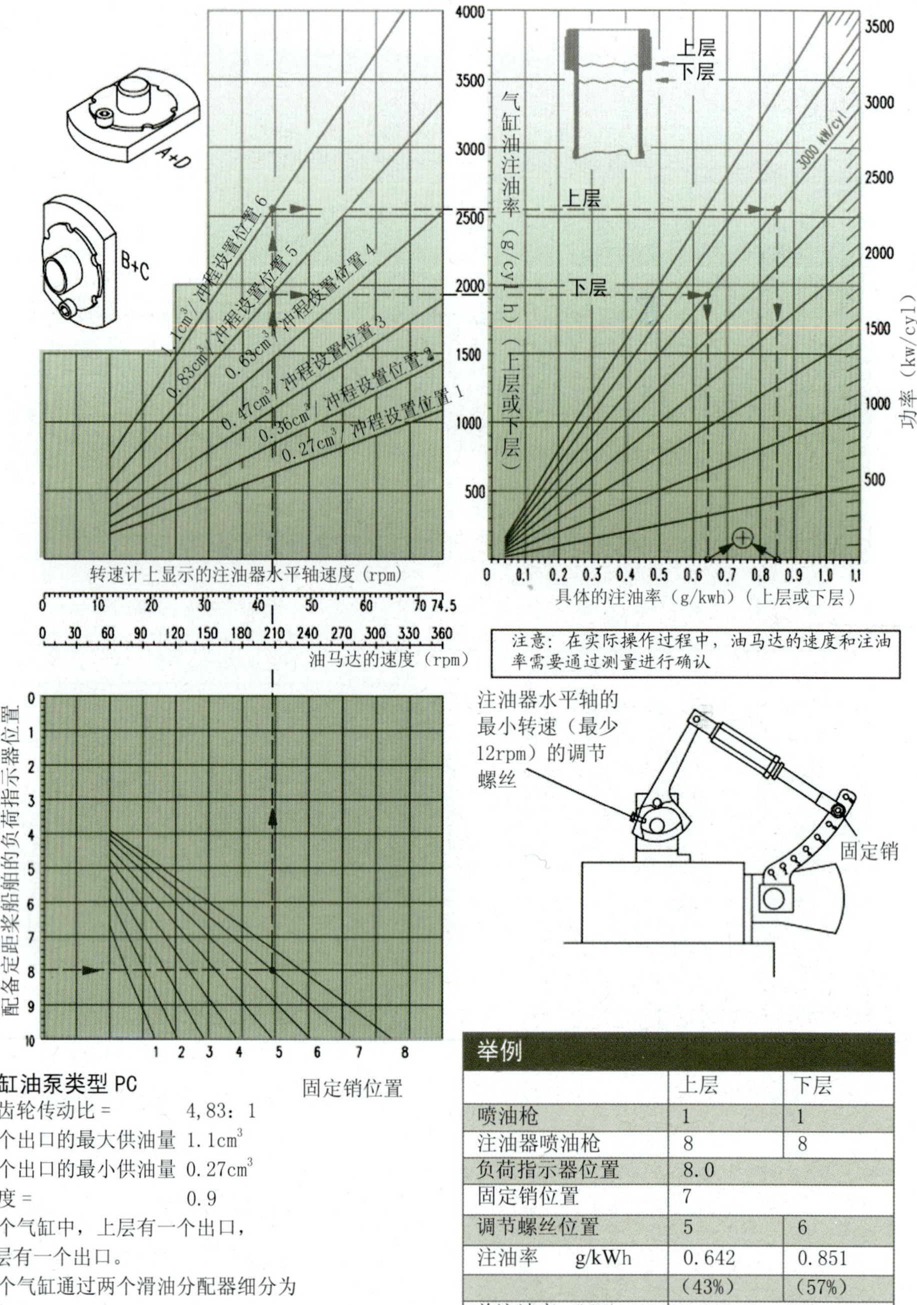

气缸油泵类型 PC

内齿轮传动比 = 4,83：1

每个出口的最大供油量 1.1cm³

每个出口的最小供油量 0.27cm³

密度 = 0.9

每个气缸中，上层有一个出口，下层有一个出口。

每个气缸通过两个滑油分配器细分为 8 个出口。

举例		
	上层	下层
喷油枪	1	1
注油器喷油枪	8	8
负荷指示器位置	8.0	
固定销位置	7	
调节螺丝位置	5	6
注油率 g/kWh	0.642	0.851
	（43%）	（57%）
总注油率 g/kWh	1.493	

该图仅适用于铭牌上的出厂日期为 2802 或往后（即 2002 年第 28 周或往后）的泵。

多级润滑的气缸润滑图 789，适用于如下柴油机：

RTA72U

附件：RTA 60.1/17

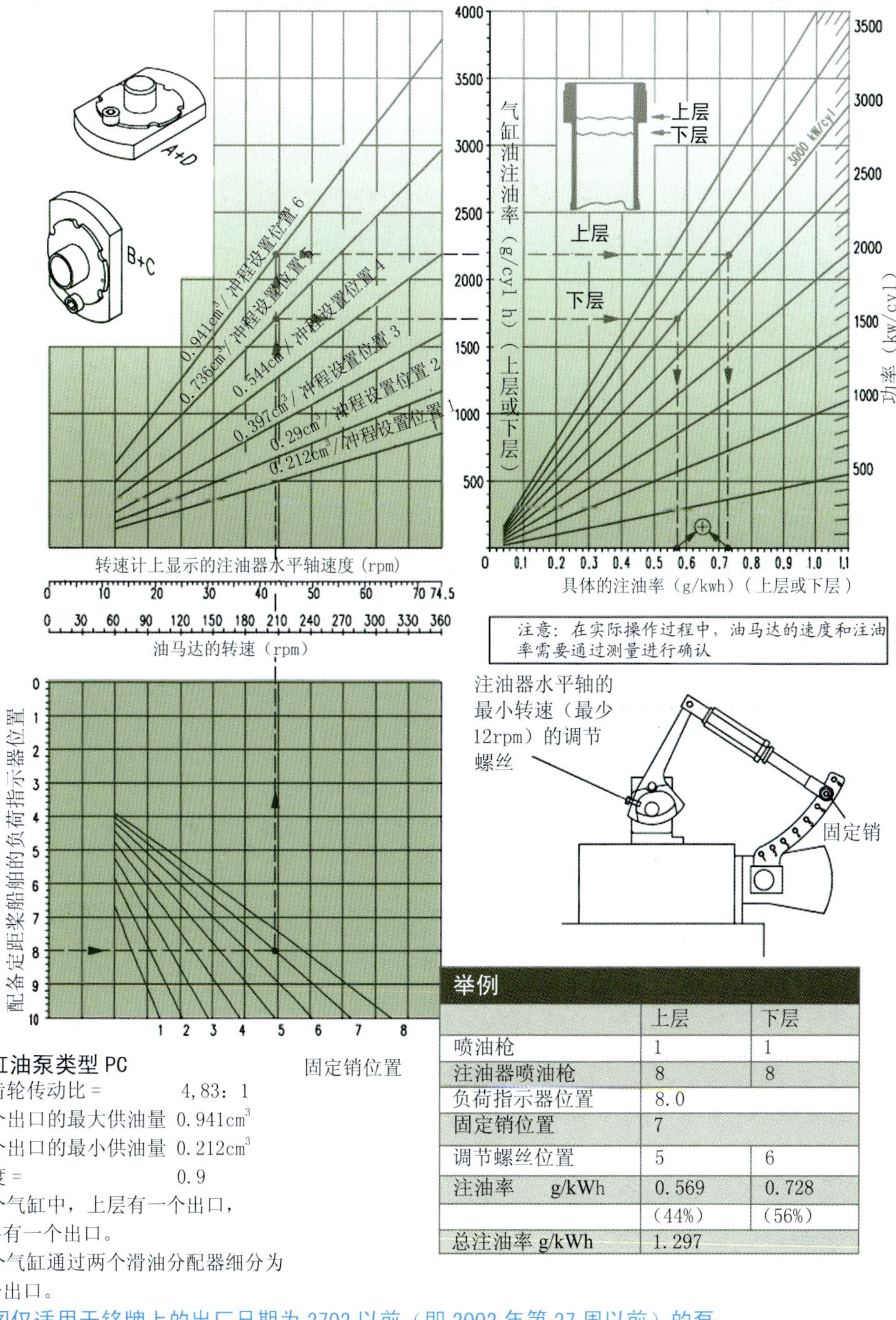

气缸油泵类型 PC

内齿轮传动比＝ 4,83：1

每个出口的最大供油量 0.941cm³

每个出口的最小供油量 0.212cm³

密度＝ 0.9

每个气缸中，上层有一个出口，下层有一个出口。

每个气缸通过两个滑油分配器细分为 8 个出口。

举例		
	上层	下层
喷油枪	1	1
注油器喷油枪	8	8
负荷指示器位置	8.0	
固定销位置	7	
调节螺丝位置	5	6
注油率 g/kWh	0.569	0.728
	（44%）	（56%）
总注油率 g/kWh	1.297	

该图仅适用于铭牌上的出厂日期为 2702 以前（即 2002 年第 27 周以前）的泵。

多级润滑的气缸润滑图 788，适用于如下柴油机：

RTA72U

附件：RTA 60.1/18

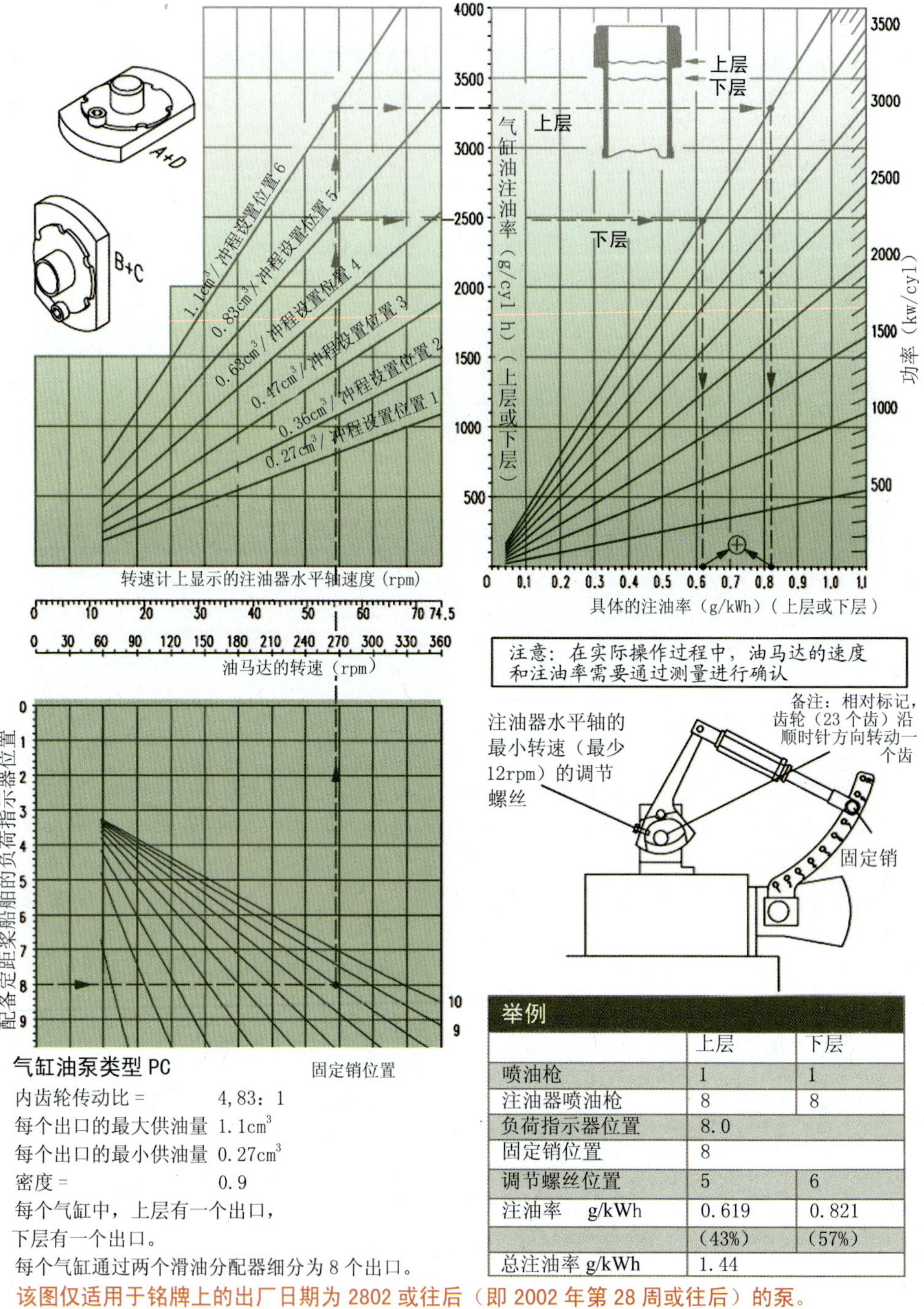

气缸油泵类型 PC

内齿轮传动比 = 4,83：1

每个出口的最大供油量 1.1cm³

每个出口的最小供油量 0.27cm³

密度 = 0.9

每个气缸中，上层有一个出口，下层有一个出口。

每个气缸通过两个滑油分配器细分为 8 个出口。

举例		
	上层	下层
喷油枪	1	1
注油器喷油枪	8	8
负荷指示器位置	8.0	
固定销位置	8	
调节螺丝位置	5	6
注油率 g/kWh	0.619	0.821
	（43%）	（57%）
总注油率 g/kWh	1.44	

该图仅适用于铭牌上的出厂日期为 2802 或往后（即 2002 年第 28 周或往后）的泵。

多级润滑的气缸润滑图 072，适用于如下柴油机：

RTA84C RTA84CU

附件：RTA 60.1/19

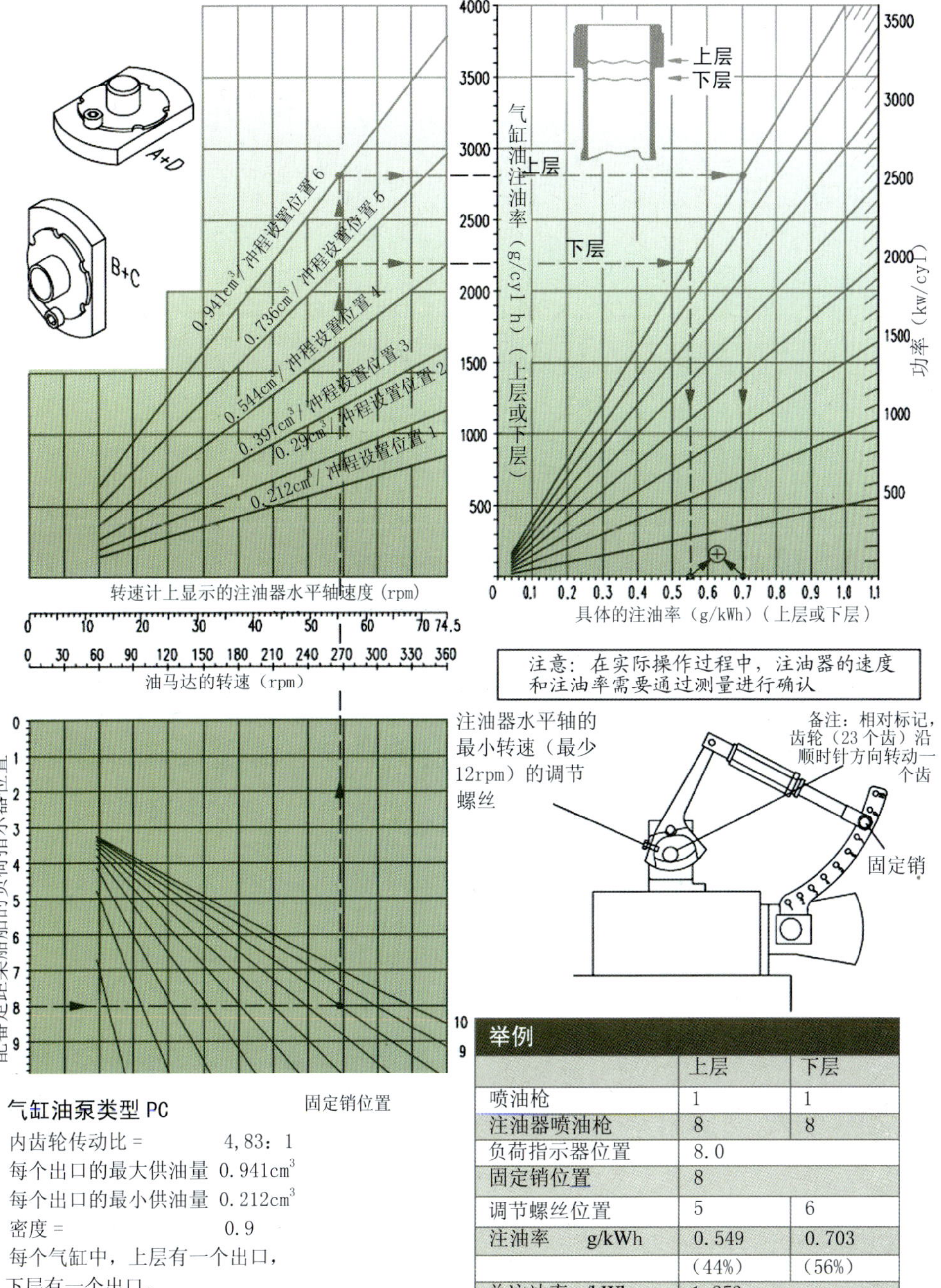

举例	上层	下层
喷油枪	1	1
注油器喷油枪	8	8
负荷指示器位置	8.0	
固定销位置	8	
调节螺丝位置	5	6
注油率　　g/kWh	0.549	0.703
	(44%)	(56%)
总注油率 g/kWh	1.252	

气缸油泵类型 PC

内齿轮传动比 = 4,83：1

每个出口的最大供油量 0.941cm³

每个出口的最小供油量 0.212cm³

密度 = 0.9

每个气缸中，上层有一个出口，下层有一个出口。

每个气缸通过两个滑油分配器分为 8 个出口。

该图仅适用于铭牌上的出厂日期为 2702 以前（即 2002 年第 27 周以前）的泵。

多级润滑的气缸润滑图 121，适用于如下柴油机：

RTA84C RTA84CU

附件：RTA 60.1/20

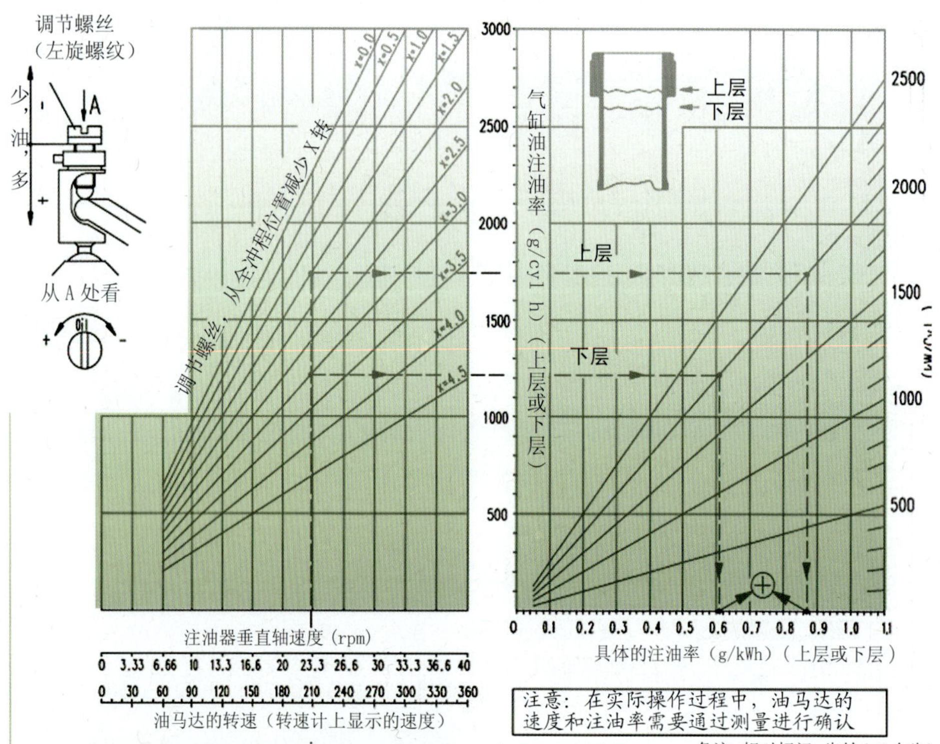

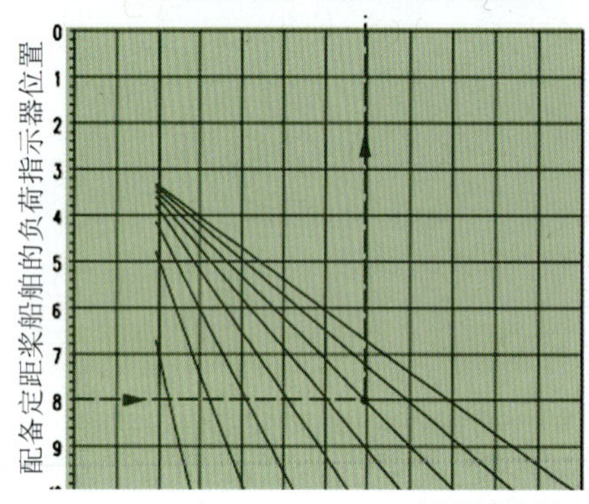

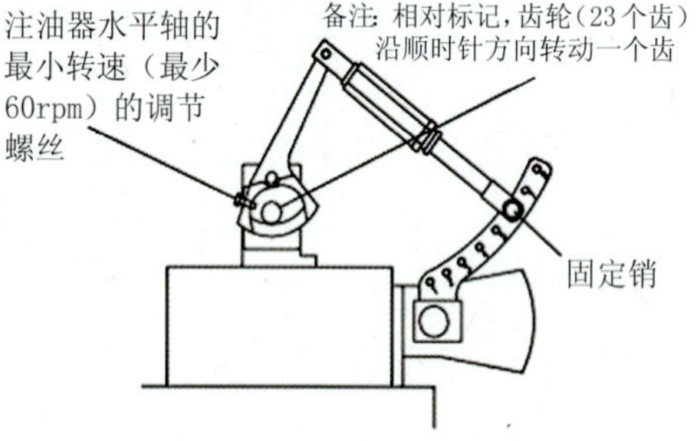

固定销位置

气缸油泵

类型 TA 4 UG 016/9 D9 DLB 40
内齿轮传动比 = 9：1
活塞直径 =9.5mm
全冲程 =6.5 mm
效率 =0.98
密度 =0.9

。

该图仅适用于
TA 4 UG 016/9 D9 DLB 40 类型的泵。

多级润滑的气缸润滑图 399，适用于如下柴油机：
RTA68 RTA62、RTA62U

举例		
	上层	下层
喷油枪	4	4
注油器喷油枪	8	8
负荷指示器位置	8.0	
固定销位置	6	
调节螺丝位置	3	1.5
注油率 g/kWh	0.61	0.87
	（41%）	（59%）
总注油率 g/kWh	1.48	

附件：RTA 60.1/21

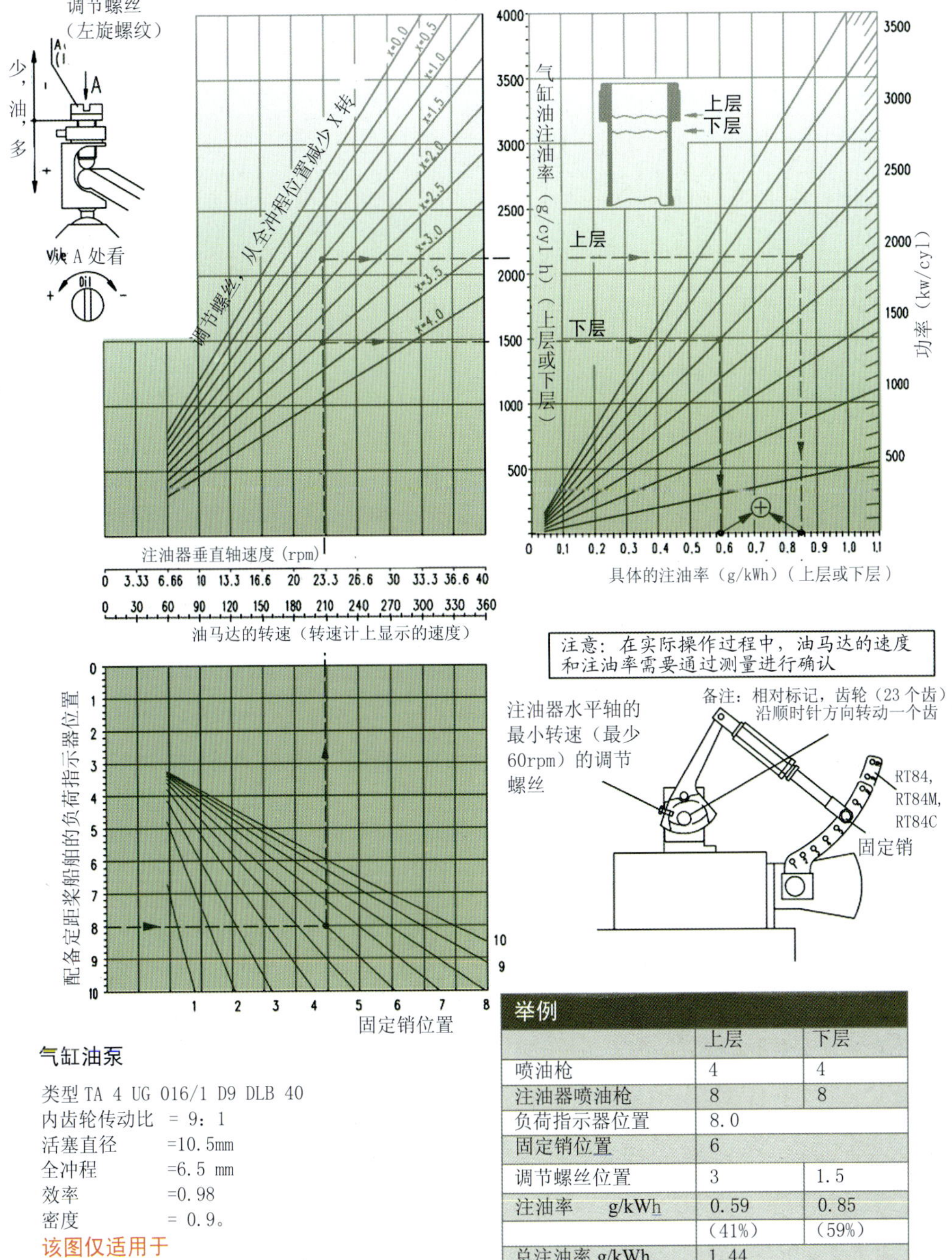

气缸油泵

类型 TA 4 UG 016/1 D9 DLB 40

内齿轮传动比 = 9：1

活塞直径 =10.5mm

全冲程 =6.5 mm

效率 =0.98

密度 = 0.9。

该图仅适用于

TA 4 UG 016/1 D9 DLB 40 类型的泵。

多级润滑的气缸润滑图 400，适用于如下柴油机：

RTA76、RTA84、RTA84M、RTA84C、RTA84CU

举例

	上层	下层
喷油枪	4	4
注油器喷油枪	8	8
负荷指示器位置	8.0	
固定销位置	6	
调节螺丝位置	3	1.5
注油率 g/kWh	0.59	0.85
	(41%)	(59%)
总注油率 g/kWh	1.44	

附件：RTA 60.1/22

RTA-61

2003 年 3 月 25 日

2.3.17 用于活塞冷却油流量监测的阻尼元件

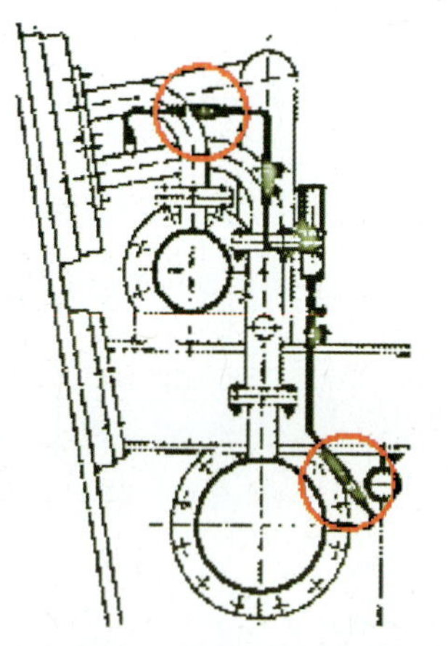

1 简介

由于活塞冷却油监测系统出现压力波动，造成 RTA96C 和 RTA84T-B 型柴油机发生经常性停车的情况。在对系统进行大量的压力测试以后，决定拆除压差开关测量管上的节流孔板，作为替代的是在每个压差开关的测量管上安装阻尼元件。在一些情况下，必须重新调整压差的动作范围。

为了改善活塞冷却油流量监测系统的可靠性，这些阻尼元件用于所有新制造的 RTA 型柴油机中。

已经投入使用的柴油机可以改造为阻尼元件。

这个服务公告必须放在控制室里的一个单独的文件中。

2 活塞冷却油流量监测的现行设计（如图 1）

在现行设计中，测量管上安装有一个直径为 1mm 的节流孔板。有些柴油机中甚至连节流孔也没有安装。在这种情况下，压力波动可能会激活压力开关 PS2541S 到 PS2552S。

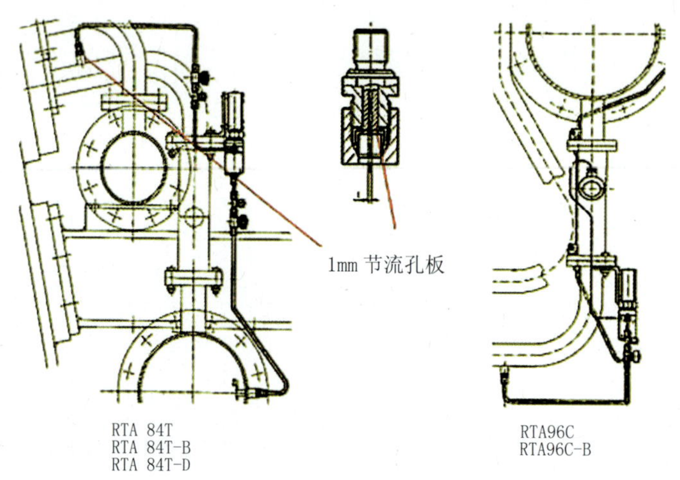

图 1 活塞冷却油流量监测

3 活塞冷却油流量监测的改进设计

拆掉与压差开关连接的测量管上的 1mm 节流孔板。

3.1 阻尼元件

阻尼元件和必要的管路接头安装在每一个压差开关的测量管上。安装时，注意阻尼元件对流动方向的要求。

安装阻尼原件后，可以消除这些柴油机的活塞冷却油系统的压力波动，不会再出现异常停车情况。

RTA96C / RTA96C-B 型图示如图 2。

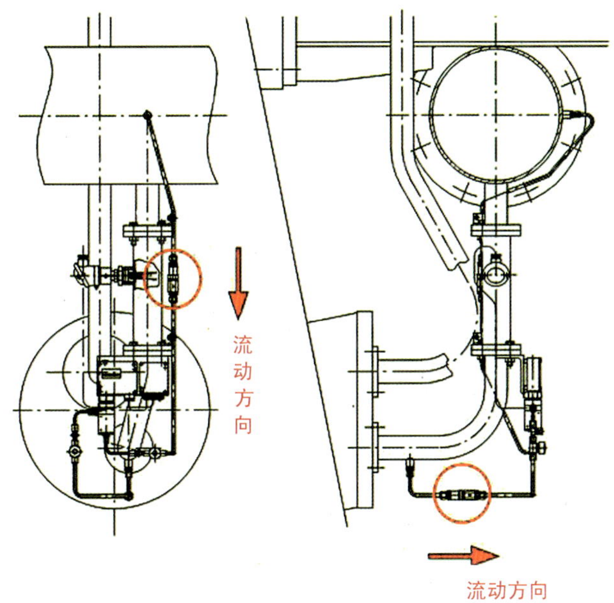

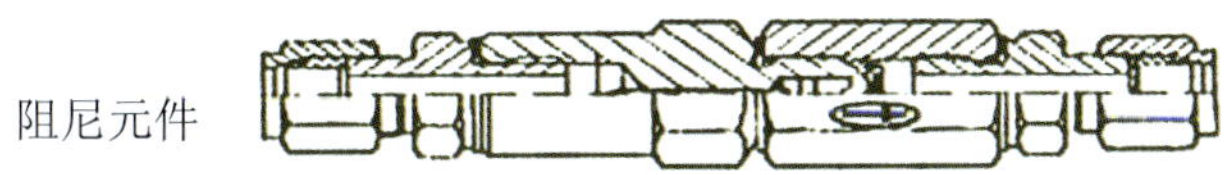

图 2 RTA96C / RTA96C-B 型柴油机活塞冷却油流量监测（改进设计）

RTA84T-B / RTA84T-D 型图示如图 3。

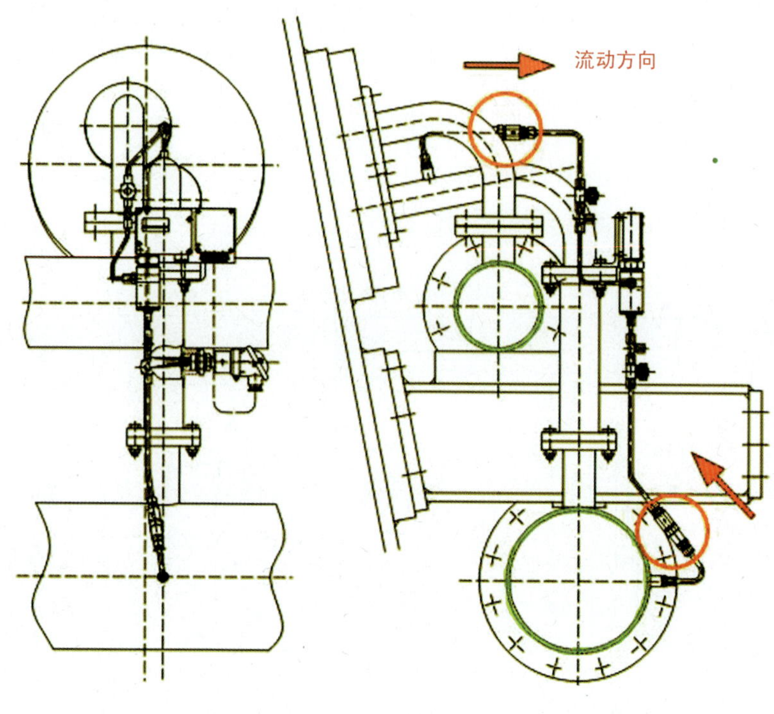

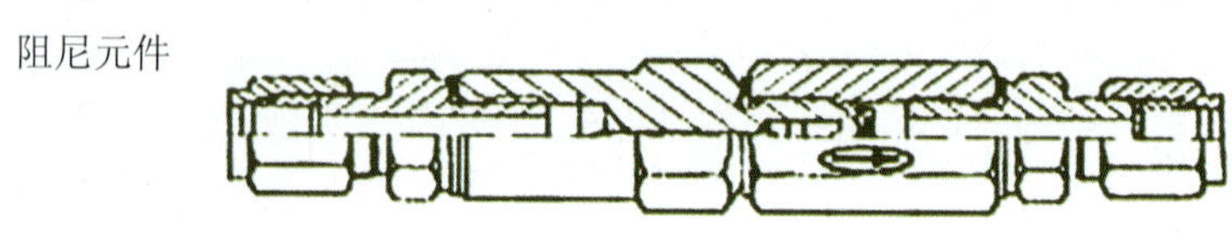

图 3 RTA84T-B / RTA84T-D 型柴油机活塞冷却油流量监测（改进设计）

3.2 压差开关 PS2541S

压差开关的压差范围必须进行如表 1 的调整：

表 1 压差开关的压差范围

柴油机类型	新的压差范围（bar）
RTA52、RTA62、RTA72 RTA52U、RTA62U、RTA72U RTA62U-B、RTA72U-B RTA84C、RTA84CU RTA48T、RTA58T RTA48T-B、RTA58T-B、RTA68T-B RT-flex58T-B、RT-flex60C	> 0.4
RTA84T RTA84T-B RTA84T-D	> 0.3
RTA96C RTA96C-B	> 0.6

4 阻尼元件改造包

可以通过全球服务网络中登记的当地 Wärtsilä 联系点或直接从瑞士 Wärtsilä 有限公司订购阻尼元件改造包。在订购时，请说明船舶名称、柴油机类型、制造商及实际装配使用的铜管的外径（单位：毫米）。

可以按照以下方式订购：SP-C44039 阻尼元件改造包

交货范围包括：

- 承重托架（1/ 气缸）
- 阻尼元件（2/ 气缸）
- 安装规程
- 更新备件编码簿页数

我们建议安排在我们的网络公司或瑞士 Wärtsilä 有限公司登记的维修工程师进行改造。

RTA-62

2003 年 5 月 22 日

2.3.18 防止扫气空气携带水分以及缸套磨损

1 简介

在热带地区，RTA 柴油机运行时出现了活塞运行故障的情况。调查结果显示，扫气空气中携带的水分会破坏缸套内壁的油膜，导致急剧的严重磨损（SSW）。过量气缸油导致活塞头形成的硬质沉积物（碳酸钙，碱性添加剂）和燃烧残留物，会增加破坏气缸壁润滑油膜的可能性（刮擦作用）和缸套磨损的风险。以下措施有助于提高活塞的安全运行，降低缸套的磨损。

该服务公告中包含有关于水分携带、缸套磨损的信息以及对策。

2 水分携带

扫气空气中含有液体形式或者气态形式的水分都会对活塞的运行状况造成不良影响。

2.1 扫气空气中携带水分的可能原因

造成扫气空气中携带水分的原因是多种多样的，有些原因已经在早期的维修说明与公告中有所解释（请参阅维修说明 RTA-12/02 以及服务公告 RTA-52）。主要原因有：

（1）气水分离器的凝水泄放系统与空冷器不匹配。

（2）热空气从空冷器的周围旁通过去。

（3）由于分离器元件损坏或者松脱，导致气水分离器的分离效率下降。

（4）空冷器（SAC）的冷却水进口温度过低，导致扫气温度过低。

（5）由于环境条件（湿度过高）导致气水分离器超负荷。

2.2 对策（如图 1）

由于上面所提及的部分原因通常情况下是无法立即消除的，而且大部分原因对扫气空气携带水分的量是具有决定性的，因此建议提高空冷器后的扫气温度，以减小扫气空气携带水分的风险，从而降低发生急剧严重磨损（SSW）的风险。

图 1 说明了到达气缸冷凝水的量取决于空冷器（SAC）冷却水的进口温度。

SAC 冷却水进口温度（℃）

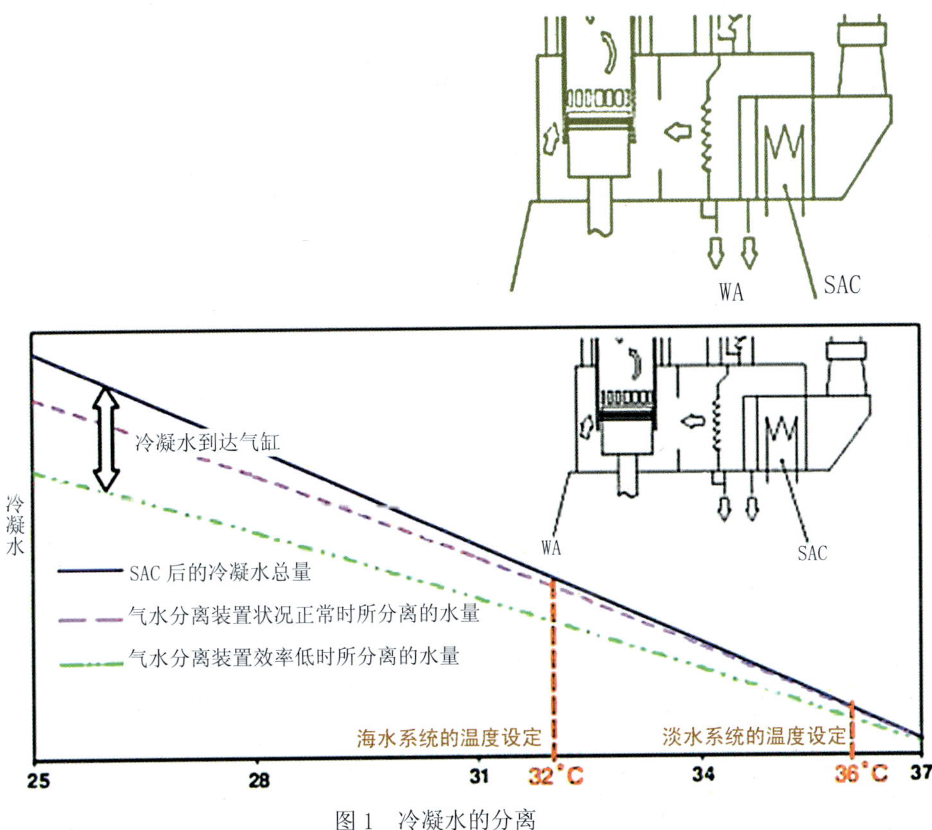

图 1　冷凝水的分离

作为防止水分携带与后续出现损坏的防范性措施，空冷器装置的进口温度应该设置成《使用说明书》中规定的热带条件下的数值。

- **中央冷却系统，设置为 36℃（LT）**
- **海水冷却系统，设置为 32℃**

在任何负荷条件下，相应冷却水循环系统的自动温度控制阀都必须按照上述数值进行设定。按照上述数值进行设定，全负荷下，T_{SCAV}（扫气空气温度）应该在 48℃左右。

为了确保上述措施的有效性，应检查气水分离器后（干侧）凝水收集器排水管上的观察镜（如果有安装），或者进行目视检查。应该没有凝水。如果可以看见凝水，检查以下项目：

（1）气水分离器（部件与旁通）的状况。

（2）凝水泄放系统绝不能被堵塞（节流孔）。

（3）凝水泄放管上节流孔的直径必须正确。

（4）SAC 的状况（有否损坏的管线）。

如果采取上面所提及措施之后，扫气空气温度仍无法达到 48℃左右，即在检查过程中发现了冷凝水，或者，如果在扫气总管的干侧进行泄放时发现了水分，可以通过一些措施，例如关闭部分空冷器，来提高扫气温度。

柴油机《使用说明书》0 部套第 0250 节给出了推荐的最高温度和报警值。

我们不建议通过限制 SAC 冷却水流量的方法来提高扫气的温度，原因如下：

（1）为了使冷却之后的扫气空气的温度升高，必然会使水的流量明显减少。

（2）通过空冷器的冷却水流量很难精准的调节（减少），因为冷却水进口阀与出口阀上没有设计调节功能。

（3）对于海水冷系统，减少冷却水流量会引起冷却管（水侧）中结垢。

3 缸套磨损

3.1 造成缸套磨损的可能原因

由于气缸油过多导致在活塞头上形成的硬质沉积物（碳酸钙），燃烧残留物，尤其是在使用低硫燃油时使用高碱值 BN 气缸油运行，低负荷运行导致的积碳，这些都会造成气缸壁的润滑油膜被破坏（刮擦作用），导致缸套磨损，增大拉缸的风险。

3.2 对策

3.2.1 气缸润滑

为了使活塞头上的积碳量降到最低，必须将气缸油注油率调节至推荐的数值。与此同时，气缸油的类型必须与燃油的含硫量相符。请参阅服务公告 RTA-18.2。

TriboPack（缸套减磨包）

TriboPack 设计标准（刮碳环、铬陶瓷第一道活塞环、缸套保温等等）即为标准设计，并且所有新制造的苏尔寿 RTA 柴油机中都采用了该标准。Wärtsilä 可以提供众多类型 RTA 柴油机的 TriboPack 更新版本。TriboPack 能够很大程度的提高抗磨损安全系数。刮碳环能够连续不断的将活塞头上的积碳刮掉，从而避免磨损。第一道活塞环上的铬陶瓷涂层能够提高活塞环的抗磨损性。

RTA-63

2003 年 8 月 12 日

2.3.19 气缸油注油率

适用机型：RTA 型柴油机

1 简介

TriboPack（缸套减磨包）设计的维修结果反馈极好，气缸套的磨损率小于 0.04 毫米 /1 000 小时。TriboPack 于 1999 年开始使用，截至 2003 年 3 月末，已经在超过 66 台 SulzerRTA 柴油机的 527 个气缸中使用。单台柴油机的运行时间最多已达 28000 小时。

可以使用标准的 Sulzer 负荷控制蓄压式气缸润滑系统改善活塞运行的性能，气缸油的注油率在 1.0～1.4g/kWh（0.7～1.0g/bhph）之间。

相应地，对于依据 TriboPACK 标准制造或者改装的 Sulzer RTA 柴油机，气缸油注油率应降低。

气缸油注油率		
不带有 TriboPack 的 SulzerRTA 柴油机	小于 1.4g/kWh	小于 1.0g/bhph
带有 tribopack 的 SulzerRTA 柴油机	1.1 g/kWh	0.8 g/bhph
上述注油率适用于：	50%～100% 柴油机负荷	
	燃油含硫量大于 1.5%	

对于含硫量小于 1.5% 的燃油，请参阅本文第 5 点。

在运行过程中，服务公告 18.2 中的推荐值同样适用。

使用 Sulzer 负荷控制蓄压式气缸润滑系统（请参阅本文第 4 点），可以轻易地达到较低的气缸油注油率，并且在满负荷或者部分负荷时，根据长期的运行经验，气缸油注油率可以降低至 1.0g/kWh；根据柴油机的试验结果，可以降低至 0.8 g/kWh（0.6 g/bhph）。

在许多情况下，Sulzer 柴油机是在气缸油注油率过高的情况下运行的。这样会在活塞头上形成沉积物，沉积物会破坏缸套壁上的油膜，导致磨损以及急剧的过度磨损情况发生。

Sulzer 负荷控制蓄压式气缸润滑系统已经使用了 30 年，在使用过程中，当处于 20% 至 100% 负荷范围内时，Sulzer 负荷控制蓄压式气缸润滑系统能够提供十分稳定的注油率，仅仅在负荷降低时，实际注油率才会轻微升高。

按照 TriboPack 标准制造的柴油机应该在最佳的气缸温度条件下运行，以使活塞处于良好的运行状态，这一点对于燃油的含硫量并不敏感。当使用增加含硫量的燃油时，无需增加气缸油的注油（请参阅本文第 5 点）。

本文附加了有关确定 SulzerRTA 柴油机气缸油最佳注油率的指导说明（请参阅本文 6 章）。

2 使用 TriboPack（缸套减磨损包）标准的缸套磨损经验（见图 1、图 2）

Sulzer TriboPack 有利于提高活塞运行性能的改进，延长检修间隔时间（TBO）。

Sulzer TriboPack 是几个措施的组合，而每一个措施都进行了各种周密的现场试验。这些试验证明该组合可以使柴油机操作人员充分利用该柴油机的优势。

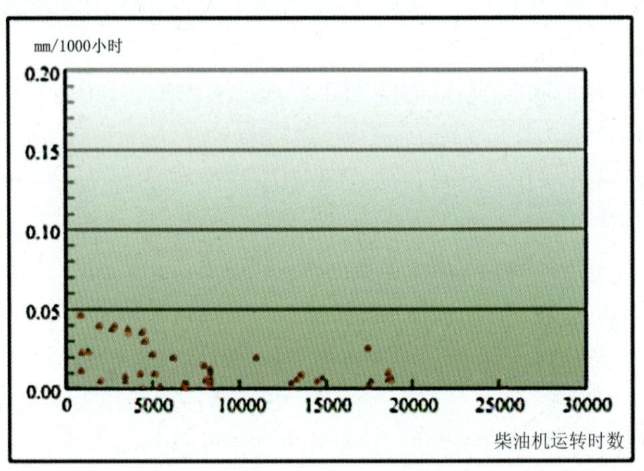

TriboPack 由以下组件及技术规范组成：

- 经过精细车削以及全面深度珩磨的缸套；
- 缸套隔热；
- 多级润滑；
- 刮碳环；
- 铬陶瓷预制成型的第一道活塞环；
- 预制成型且带有磨合涂层的下部活塞环；
- 涂有厚铬涂层的活塞环槽。

图 1 缸套磨损数据与柴油机运行时间

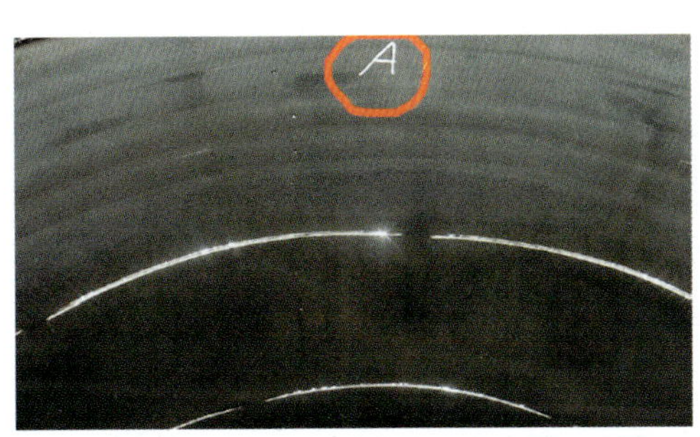

图 2 缸套与活塞环的典型状况，以 1.0g/kWh 注油率运行

3 使用和未使用 TriboPack 标准的气缸注油率（如图 3）

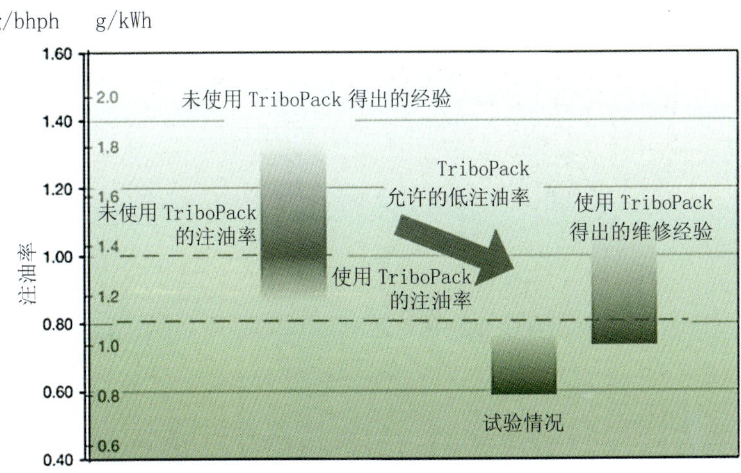

图 3 使用和未使用 TriboPack 标准的气缸注油率比较

4 Sulzer 负荷控制蓄压式气缸润滑系统

自 20 世纪 70 年代末，Sulzer 负荷控制蓄压式气缸润滑系统就已经成为 Sulzer 低速柴油机中的标准配置。不过，这些年 Sulzer 负荷控制蓄压式气缸润滑系统经过不断发展，增加了电子控制，并且适用于缸套中有两层注油孔的多级润滑。

Sulzer 负荷控制蓄压式气缸润滑系统的注油率能够匹配柴油机的各种负荷，所以，当柴油机的负荷变化时，不需要手动调节该系统。当负荷降低时，根据实际的运行负荷，注油率会保持为某一常数（单位是 g/kWh），仅仅会小幅升高，即，在 20% 的柴油机负荷时，气缸油注油率要比在 100% 柴油机负荷时的气缸油注油率高出 25%（如图 4）。在很长一段时间内，Sulzer 系统的这种随负荷降低气缸油注油率小幅升高的值（单位是 g/kWh），都要比其他型号柴油机的升幅小。实际上，其他类型低速柴油机仅仅在最近一段时间才开始采用类似于 Sulzer 气缸润滑系统的，随柴油机负荷变化而注油率基本保持不变的气缸润滑系统。

在许多情况下，Sulzer 柴油机是在气缸油注油率过高的情况下运行的。但是，如果超出了 Wärtsilä 推荐的注油率，活塞很有可能会发生运行故障，尤其是在使用含硫量较低的重油时。

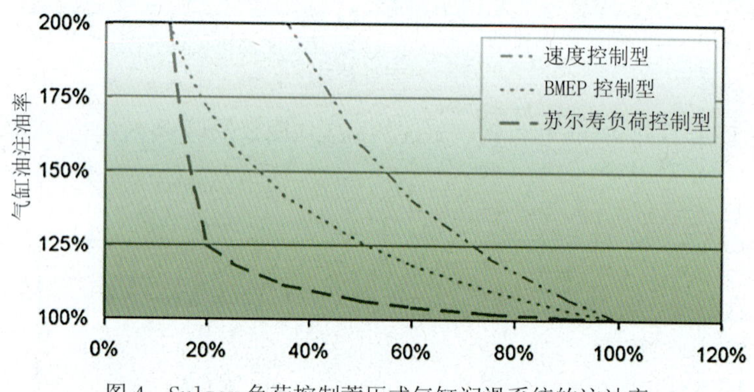

图 4 Sulzer 负荷控制蓄压式气缸润滑系统的注油率

蓄压式润滑

活塞与气缸润滑是由一个单独的气缸润滑系统完成，可以单独调整气缸油的油量至其目标水平，且气缸油的油量可以通过负荷来控制。

蓄压润滑：

- 注油槽和活塞环对气缸油进行分布；
- 定时自动调节（由压差控制）；
- 可利用的长期经验；
- 依据使用或未使用 TriboPack 标准得出的柴油机使用中的良好运行结果，注油率降低至 1.0g/kwh（0.75g/bhph）；
- 0.8g/kWh（0.6g/bhph）条件下柴油机成功的运行试验；
- 结合 TriboPack，进一步降低注油率的潜在可能。

5 含硫量低的燃油（如图 5）

只要注油率根据服务公告 18.2 第 3 点进行优化，当燃油的含硫量发生变化时，无需调整 SulzerRTA 柴油机的气缸油注油率。

燃油中含有的硫分是造成腐蚀磨损的主要因素。如果保持缸套表面的温度高于硫酸的露点温度，就可以将腐蚀作用降到最低。这一方法已经应用在RTA柴油机的缸套上，即在缸套上部钻冷却孔处安装隔热管道。

如果使用的是含硫量较低的燃油（小于2%），油膜会被活塞头部区域形成的沉积物破坏，导致活塞运行出现问题。使用BN 40的气缸润滑油或者进一步减少气缸油的注油率，均可避免这一问题（请参阅服务公告18.2）。

此外，刮碳环的应用有利于柴油机使用低含硫量燃油的运行，因为刮碳环可以防止沉积物在活塞头部区域大量积聚。

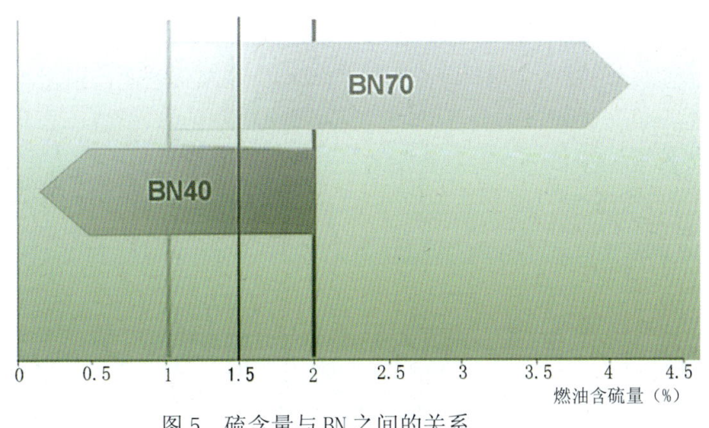

图5　硫含量与BN之间的关系

6 气缸油注油率的调节

在气缸磨合运行时，应该按照服务公告18.2，将气缸油注油率逐步减少至指导值。在运行1 000小时之后，确定此阶段的运行情况是令人满意的之后，可以将注油率降低至指导值以下。进一步降低注油率应该逐步进行，每一次降低的时间间隔应该在500～1 000小时。

可以依据下面推荐检查项目的检查结果决定是否进一步优化供油速率：

（1）目视检查活塞环与缸套。

（2）对取自活塞底部泄放的已使用过的气缸润滑油进行取样化验，取样周期约1000个运行小时。监测采集的气缸油油样中的含铁量与碱值（BN）。大部分润滑油供应商都提供这一服务。

（3）大约每运行1 000小时，测量一次活塞环的间隙。根据活塞环的磨损情况监控活塞的运行情况。

（4）测量缸套的磨损。

RTA-64

2003 年 8 月 19 日

2.3.20 燃油泵座和压力衬套的改进

适用机型：RTA96C 和 C-B 型柴油机

1 简介

维修经验显示，运行几个小时之后，在不损坏螺纹的条件下，很难将吸油阀、溢流阀以及出油阀的压力衬套⑮拆下来（如图 1）。当拧紧阀盖⑨时，泵体上的螺纹会轻微变形。

2 燃油泵体的改进

为解决该问题，在泵体上进行了一些小的改动。在泵体表面，溢流阀、吸油阀以及出油阀的阀孔处向下开外径为 46.5 $^{0}/_{+0.5}$（深度为 6mm）的槽。如此修改就可以避免螺纹变形（如图 2）。

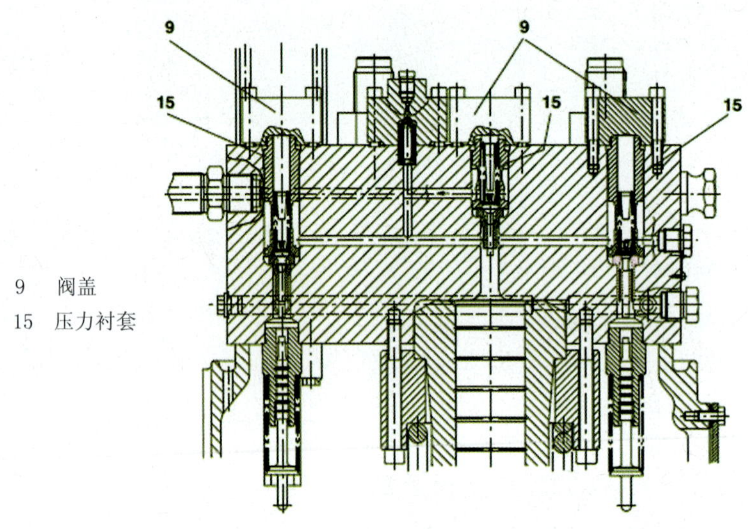

图 1 燃油泵本体

2.1 如何进行改进

燃油泵本体的改进有两种方法。一种方法是将备用的泵组交给 Ciserv 或者 Wärsilä 车间加工，为提前更换其他泵体做准备，然后使用该泵体替换其他泵体，直至所有的燃油泵体都更换为改进型；第二种方法是 Ciserv 或者 Wärsilä 的维修工程师在现场加工泵体。

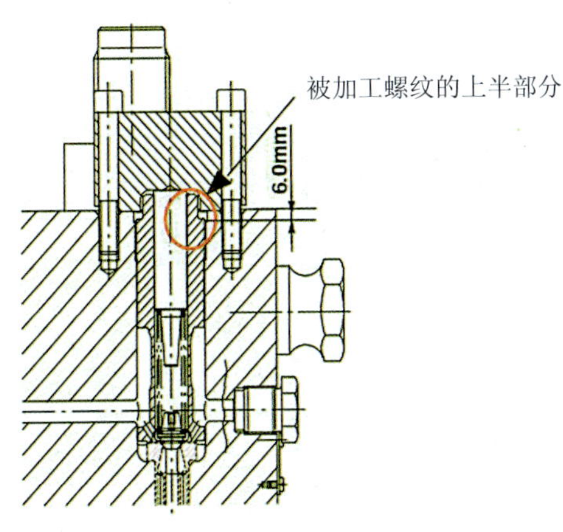

图 2 泵体的改进

3 压力衬套改进的上紧程序

压力衬套的上紧程序也被修改，以消除由于上紧力过大而造成的变形（如，套筒扳手使用加长杆进行上紧，或者上紧时锤子打紧）。使用上述方法，压力衬套会在其较低部位变形。根据新的上紧程序，上紧角度应当为 40°（润滑剂为二硫化钼 G）。

注意：在初始安装之后，松开这 3 个压力衬套⒂，然后再重新上紧！（如图 1 和图 3）

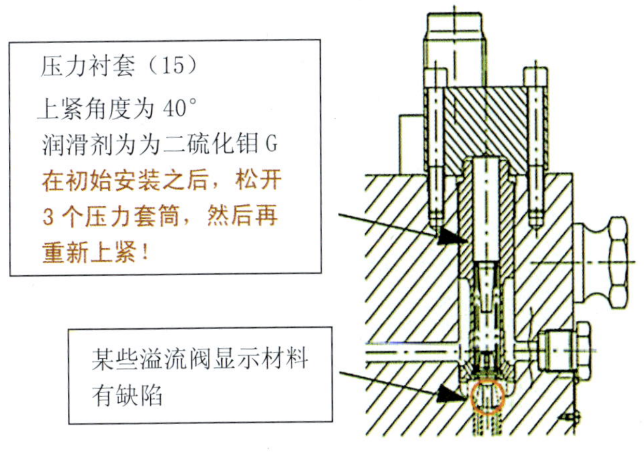

图 3 溢流阀

4 检查溢油阀

由于穴蚀现象，某些溢流阀与溢油阀座显示有材料缺陷。穴蚀现象会导致壁厚减少进而导致断裂，这种情况是不允许的。损坏的溢流阀不能正确打开，会对柴油机造成严重损害。因此，更换损坏的溢流阀是十分重要的。为避免损坏，建议每运行 4 000 小时，检查溢流阀与溢流阀座是否发生穴蚀。如果显示严重的材料缺陷、表面粗糙，甚至是裂缝（请参阅图 4），该溢油阀应更换。

在更换或者检查完溢流阀之后，无需对燃油泵进行重新调整。

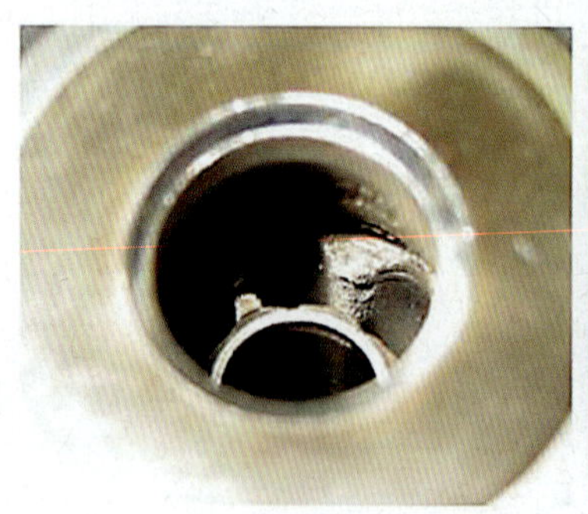

图 4 破裂的阀座与被腐蚀了的阀杆

5 检查固定柱塞偶件的螺丝

已经发生了柱塞偶件固定螺丝⑥（如图 5）松脱的情况。因此需要检查所有可以触及的固定螺丝。如果发现有螺丝松动，应该按照服务公告 RTA-44 或者《保养说明书》，将所有的螺丝上紧。为了能够检查螺丝，须将燃油泵本体拆下。

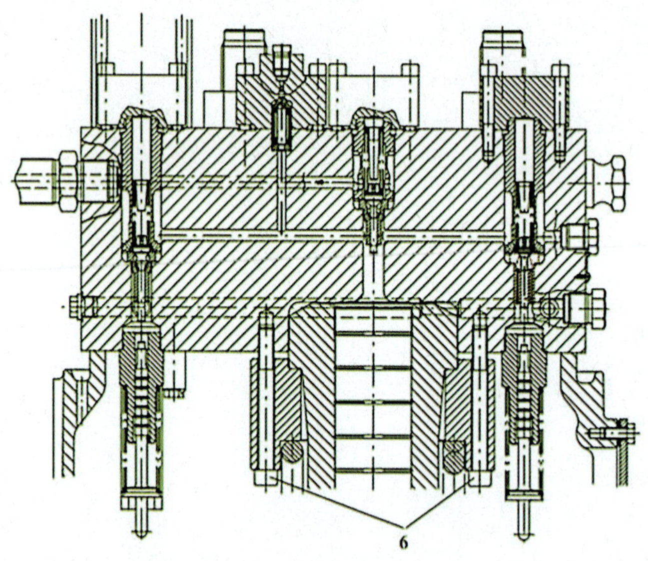

图 5 燃油泵本体

RTA 96C

RTA-65

2003 年 9 月 25 日

2.3.21 Daros 铬－陶瓷活塞环

适用机型：RTA 型柴油机

1 简介

顶部的铬－陶瓷活塞环是 TriboPack 的组成部件之一，可以有效的减少磨损与延长检修间隔时间。

然而，最近发生了一些关于大缸径柴油机最上面一道铬－陶瓷活塞环出现问题的情况：铬－陶瓷活塞环涂层剥落，铬－陶瓷（TRITOR）活塞环末端的硬接触。这些问题发生在运行时间 20 小时（车间测试）到 10 000 小时之间。经过详细的调查，所有产生问题的活塞环均来自同一供应商（Daros），该供应商提供的活塞环质量不合格。

我们已与活塞环制造商联系分析解决当前所遇到的问题。通过与 Daros 厂家的紧密合作，出现问题的原因已确认。Daros 目前正在致力于其生产工艺的改进。

同时，在该公司新的产品质量得到确认并被准许使用之前，新机器使用的和作为备件的所有顶部活塞环都由另一不同制造商供应。如在使用中受到该问题影响的柴油机，其顶部活塞环都要用新的活塞环更换。

本技术公告中也包括在铬－陶瓷环涂层上观察到的龟裂的问题，这些裂纹有大有小，这种现象属于正常情况，不必担忧。

2 问题和改进措施

现在出现的 Daros TRITOR 铬－陶瓷顶部活塞环损坏问题，明显与活塞环的制造质量相关。Daros 制造商已经证实，并且正在改正其生产工艺，以供应满足质量标准的铬－陶瓷环。

2.1 顶部活塞环上铬－陶瓷涂层的剥落

在 Daros TRITOR 顶部活塞环上发生的铬－陶瓷涂层剥落（见图 1～图 4），是产品生产制造的工艺的改变导致铬－陶瓷涂层不能满足所需的质量标准。

纠正措施：

Daros 厂家已确认质量不合格是由于产品的生产工艺造成的。Daros 目前正致力于改进它们的生产工艺，以重新达到所需的质量。

图 1 铬 - 陶瓷涂层小块剥落

图 2 铬 - 陶瓷涂层大面积剥落

图 3 活塞环运行表面边缘的损伤

图 4 活塞环运行表面边缘的损伤

2.2 龟裂（见图 5、图 6、图 7）

铬 - 陶瓷涂层的龟裂是正常情况不会影响工作性能。我们分为两种类型的裂纹:

a) 小裂纹

在电镀过程期间，铬 - 陶瓷涂层上形成了极小的裂纹。这些裂纹部分通过陶瓷颗粒（A1203）填充。小裂纹只能通过显微镜看到。

b) 大裂纹

在正常的工作状态下，可能产生大裂纹。这些裂纹肉眼可见。它们可能只覆盖了一部分或整个活塞环运行表面。活塞环的材料特性没有受到影响。在所有类型的铬 - 陶瓷涂层上都可以观察到这种裂纹。

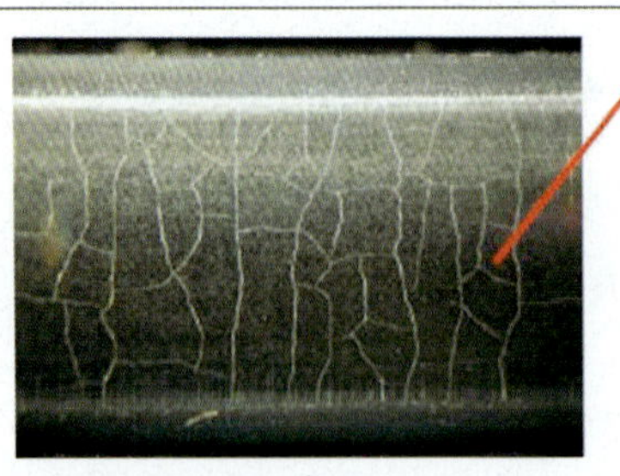

图 5 活塞环运行表面上大的龟裂

这种类型的龟状纹可以在所有类型的铬－陶瓷涂层上看到，不会影响工作性能。

2.3 活塞环末端的硬触点

我们也观察到 Daros 活塞环末端上的硬触点迹象。铬－陶顶部活塞环末端的硬接触可能损伤气缸套表面，而引起潜在的刮擦的风险。

图 6　车间测试后活塞环末端的硬接触痕迹	图 7　运行 6 000 小时后活塞环末端的硬接触痕迹

纠正措施:

新式 Daros 活塞环具有改进的外形，从而确保压力均匀分配在环的圆周上。

3 更换新活塞环

供应商无法准确的确定活塞环出现损坏问题的时间。为了避免由此造成缸套损伤，Wärtsilä 已经决定必须定期检查配有（Daros ）铬－陶瓷顶部活塞环的所有柴油机。如果发现活塞环的任何损伤（见本文 2.1 和 2.3 节），必须将它们更换。

如果船上的备件是同一个品牌（Daros TRITOR），则不能使用备用活塞环更换受损的活塞环。只能使用标有 WCH VP6 SCP1CC 的新环更换受损的活塞环，同时也要记得将所有备用的顶部活塞环必须更换为新式活塞环。

Wärtsilä 已经确认存货可能质量不达标。目前发送的所有活塞环都满足所需的质量标准。标记为（Daros Darcast TRITOR 或 WCH DAC SCP1CC 或 SC0BFC）的 Daros 铬－陶瓷活塞环的质量还没有得到确认。

通过与柴油机制造商的合作，Wärtsilä 将确保所有新产品配备满足所需质量的铬－陶瓷环。

Wärtsilä 瑞士公司将联系柴油机处于保修期内的客户。更换过程（如果需要）将通过与柴油机制造商合作执行。

RTA-66

2004 年 4 月 7 日

2.3.22 气缸润滑油

适用机型：Sulzer RTA 型柴油机

1 简介

可以使用 Sulzer 低速柴油机的经过批准的润滑油最新清单发布在服务公告 RTA-14 中，而之前一版的润滑油清单发布在服务公告 RTA-18 中。现在，该清单又已更新，最新的清单包含在附件 RTA-66/1 中。

2 气缸润滑油的质量

过去往往并不重视气缸润滑油的质量。70mg KOH/g 的润滑油碱值（BN）就足以中和腐蚀性硫酸。现在，许多使用低硫燃油的现代 Sulzer 柴油机气缸套的磨损量几乎测量不出来。在此种情况下，润滑油的酸中和性能就没有那么重要，而其他性能，例如去污力以及从极端情况恢复至原状的能力则更加重要，例如当活塞环与缸套产生干磨擦而引起局部高温，活塞环在此状态下工作，气缸润滑油具有较高的热稳定性是至关重要的。具有较高热稳定性的润滑油最容易在局部刮擦的活塞环或气缸套表面重新建立有效的润滑油膜。

现在普遍认为，在润滑油中加入特殊类型添加剂（磺酸盐，石碳酸盐，水杨酸盐等等）使其碱值达 70mg KOH/g 对于现代柴油机是十分重要的。不同的添加剂为润滑油提供了不同的性能。目前工业方面的一般意见是：能够中和酸，同时也能够保持热稳定性的均衡混合是最佳选择，Sulzer 柴油机的维修结果也支持这一点。老式的设计主要用来中和硫酸的混合配量在现代低速柴油机上表现出的性能不佳，但是在未来的很长一段时间内，大量老式柴油机可能会继续使用此气缸油。

3 通过批准的润滑油清单的变更

3.1 BN40 润滑油的清单中已经包含了新产品，这些新产品都经过了测试，结果表明具备良好的性能。服务公告 RTA-63 中包含有关于上述润滑油使用的指导说明。

有关该种类型润滑油的使用还比较有限，但是已经能够证实，当柴油机使用低硫燃油时，该润滑油比 BN70 润滑油性能更佳。

3.2 气缸润滑油 FAMM taro special 70 已经从已发布的经过批准的润滑油清单中移除。尽管其仍然可以在老式 Sulzer 柴油机上使用，但是我们不推荐其应用于 1995 年以后生产的现代柴油机。关于 FAMM taro special 70 润滑油应用于 RTA96C 以及 RT-flex96C 柴油机的审批已经被驳回。当前被审批通过的 FAMM 润滑油列在附带的表 1 中。

4 碱值 40 和碱值 70 的气缸润滑油

如果要使用 BN40 润滑油，那么应该选择表 1 中包含的 BN40 润滑油。这些都是带有中性添加剂（不是 BN 作用）的，能够将去污能力与热稳定性至少增强至 BN70 润滑油去污能力与热稳定性的特殊配方。当使用 BN40 润滑油时（含硫量至少不高于 2.0%），气缸套的腐蚀，活塞环的磨损都不会明显增加。

为了避免与燃油含硫量有关的意外问题，最佳做法是保持前一个燃油舱中存有充足的燃油，如此一来，在获得新燃油舱燃油含硫量分析之前，可以使用原燃油舱的燃油。

BN40 润滑油，以相同的注油率与 BN70（或者 80）相比较时，会在活塞的顶部以及排气区域，例如在增压器的喷嘴环上，形成更少且更加柔软的沉积物。此沉积物危害性较少，因为这些沉积物是从中性的 BN 添加剂中形成的。某些柴油机上配有刮碳环，用来清除活塞顶部的硬质沉积物，为活塞提供在使用低硫油时的良好运行条件。在选择气缸润滑油与注油率时，对于配有刮碳环的柴油机仍然需要遵循上面的推荐规范，如刮下的硬质沉积物过多时，会积聚污染活塞环槽，不过，刮碳环可以降低活塞运行时出现问题的风险，例如由于某些可能的原因，导致的气缸润滑油注油率太高。

与 BN70 相比，BN40 产品可以在更大的注油率范围内安全地与低硫燃油共同使用。根据当前的经验，BN40 润滑油的最佳注油率会随燃油含硫量的不同而变化，当含硫量在 0.5% 时，大约为 1.0g/kWh，当含硫量为 1.8% 时，大约为 1.4g/kWh（在不同类型的柴油机上，注油率可能会轻微变化，且注油率会随着进一步使用积累的经验而发生轻微变化）。

5 结论

正确选择气缸润滑油是十分重要的，按照 Wärtsilä 公司的推荐，通常按照我们最新的服务公告，选定柴油机的气缸油。有关气缸润滑油消耗与使用的进一步信息，请查阅服务公告 RTA-18.4 与 RTA-63。

6 附件

通过批准的润滑油

该服务公告替代了《使用说明书》中有关气缸润滑油的第 0750 章中的部分内容。对于包含有《使用说明书》、《保养说明书》或者型号名册修订内容的服务公告，其中各个页面或者各个表格都应该复印下来，然后存档在各个手册或者名册中。该服务公告应该保存在机控室的单独文档中。

Sulzer 柴油机经过批准使用的润滑油

采用油冷却活塞的 RTA 与 RT-flex 类型柴油机：

RT-flex58T-B、RT-flex60C、RT-flex84T-D、RT-flex96C

RT-flex50、RTA50

RTA96C、RTA96C-B、RTA84C、RTA84C-U、RTA60C

RTA84T、RTA84T-B、RTA84T-D

RTA68T-B、RTA58T、RTA58T-B、RTA48T、RTA48T-B

RTA84M、RTA72、RTA62、RTA52

RTA72U、RTA62U、RTA52U

RTA72U-B、RTA62U-B、RTA52U-B

RTA48、RTA38

采用水冷却活塞的 RTA 类型柴油机：

RTA84、RTA76、RTA68、RTA58

表 1 批准的润滑油

供应商	系统油	气缸油 含硫量超过 1% （BN70～80）	气缸油 含硫量低于 1.5% （BN40）
BP Castrol	Energol OE-HT 30 CD×30	Energol CLO 50M Cyltech 80AW Cyltech 70	Energol CL-DX 405 Cyltech 40SX
ExxonMobil	Mobilgard 300 Exxmar XA	Mobilgard 570 Exxmar×70	Mobilgard 540
FAMM	Veritas 800 marine Oil 30	Taro Special HT70	
Shell	Melina S Oil 30 Melina Oil 30	Alexia Oil 50	Alexia LS
Total	Atlanta marine D 3005	Talusia HR 70	Talusia LS40

申请必须满足 Wärtsilä 一般润滑油要求与推荐规范。供应润滑油的公司需要承担使用中润滑油的所有性能责任（除了 Wärtsilä 瑞士股份有限公司所承担的责任）。

RTA-67-2

2005年3月3日

2.3.23 气缸套的起重装置 增加安全性要求的改造套件

适用机型：Sulzer RTA型柴油机

1 简介

如何增强RTA气缸套起重设备的安全要求（参考2004年4月20日发表的服务公告RTA-67。编者注：已被本服务公告替代）。

以前的公告主要涉及如何上紧两个吊带上的两个螺丝（如图1-94206）。

本服务公告将告知改造方案，以更换现有缸套的起重设备，满足现在的安全要求。

注意：本服务公告的内容与服务公告RTA-67.1的内容完全一致，但是“附件”部分与原附件（气缸套的拆卸和安装指导方法）不同。

2 气缸套起重设备的改进

改造套件

根据所有缸套起重设备组件的应力计算，对设计进行了修改以满足现在的安全要求。

注：由于现在的安全要求规定，所以必须强制改造起重设备及其部件。

为确保完全符合现在的安全要求，必须遵守以下规定：

- 必须严格遵守缸套起重工具的操作方法，并立即实行。
- 必须毫不拖延地使用改造方案。

一般情况下，所有的柴油机的吊架（94202，如图1和图2）需要进行改造，该工作可以由船员自己完成。改造说明包含在本服务公告中。

起重设备的其他部件需要更换，取决于柴油机类型。

94021　1 设备
用于安装和运输气缸套
包括：

94202　1 吊架

94206　2 吊带
每个吊带有两个螺丝

94207　2 特种螺丝
用于将吊带94206拧到气缸套上

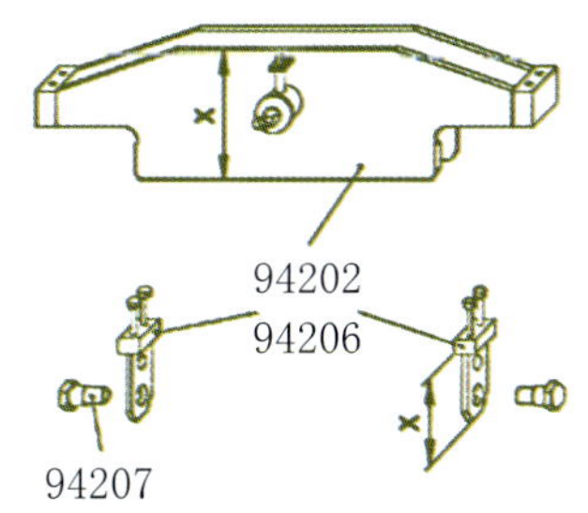

图1　缸套起重设备（《保养说明书》）

2.1 配备刮碳环（APR）柴油机的改造套件

改造套件包括以下几个部分（如图 2）：

TO 94202 刮碳环的定距块，包括固定螺钉

94206 吊带（固定用的）和螺丝

94207 或 94207a 专用螺丝

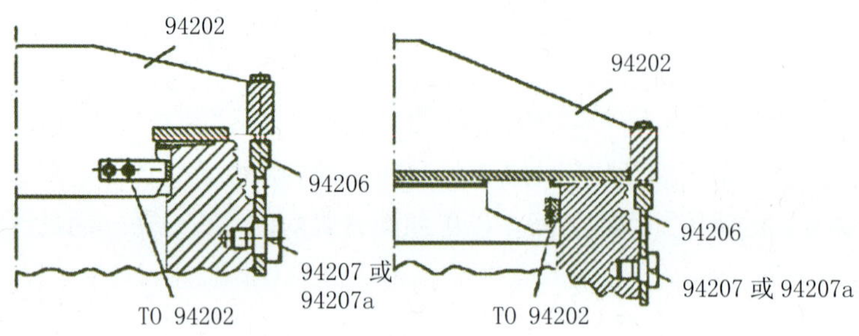

图 2 配备刮碳环（APR）柴油机的改造套件

2.2 不配备刮碳环（APR）柴油机的改造套件

改造套件包括以下几个部分（如图 2）：

94206 吊带（固定用的）和螺丝

94207 或 94207a 专用螺丝

注：还将提供定距块（TO 94202），并应暂时存放在船上。也许在稍后阶段，柴油机配备了刮碳环（APR）就会需要定距块。

3 起重设备部件 94206 和 94207/94207a 的识别

3.1 吊带 94206

为了为各自的起重设备提供正确的零部件，必须测量如图 3 所示的吊带（固定用的）94206，并报告具体的尺寸。

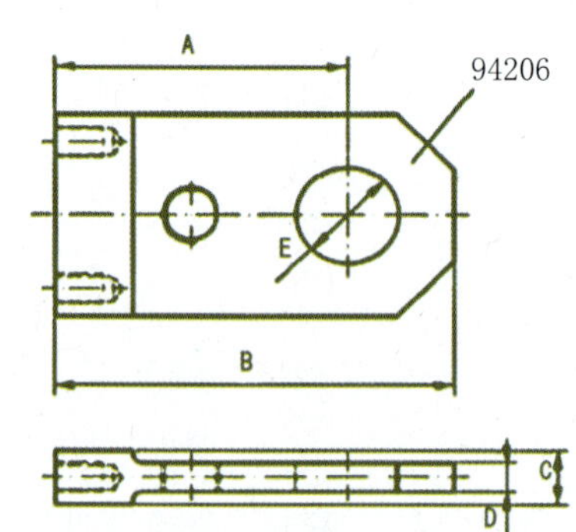

图 3 工具 94206

可在表 1 找到吊带 94206 的各自尺寸（单位：mm)，以供参考。请相应确认您的工具。

表 1　吊带 94206 的尺寸

柴油机型号	尺寸				
	A	B	C	D	E [Φ]
RTA96C RTA96C-B RT-flex96C-B	205	275	70	20	65
RTA84T RTA84T-B RTA8T-D	170	225 或 245	40 或 60	16 或 20	57 或 60
RTA84C RTA84CU RTA84M	196	250 或 275	40 或 60	16	57 或 60
RTA84 RTA76	196	250 或 275	40 或 60	16	57 或 60
RTA72 RTA72U RTA72U-B	210	265 或 295	40 或 60	16	57 或 60
RTA68T-B	175	230 或 265	40 或 60	16	57 或 60

表 2　吊带 94206 的尺寸

柴油机型号	尺寸				
	A	B	C	D	E [Φ]
RTA68	196	250 或 275	40 或 60	16	57 或 60
RTA62 RTA62U RTA62U-B	175	230 或 250	40	16	57 或 60
RT-flex60C	195	250 或 285	40 或 60	16	57 或 60
RTA58T RTA58T-B RT-flex58T-B	175	230 或 250	40	16	57 或 60
RTA58	175	230 或 250	40	16	57 或 60
RTA52 RTA52U	132	190	40	16 或 20	50
RTA48T RTA48T-B	150	205	30 或 40	16	52 或 55

3.2 专用螺丝 94207 / 94207a

有两个专用螺丝 94207，一长一短，如图 4 所示。请确认您的工具的总长度 F 和尺寸 G。

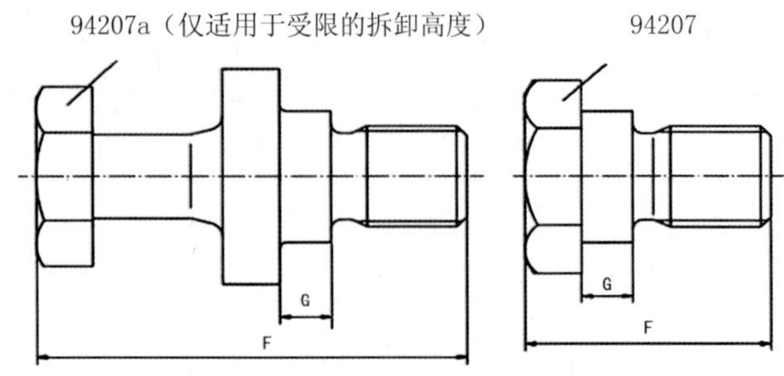

图 4　专用螺丝 94207 或 94207a

可在表 3 中找到专用螺丝 94207 的各自尺寸（单位：mm），以供参考。请相应确认您的工具。

表 3　专用螺丝 94207 的尺寸

柴油机型号	尺寸		柴油机型号	尺寸	
	F	G		F	G
RTA96C RTA96C-B RT-flex96C-B	125	40	RTA68T-B	95	20
			RTA68	95	20
RTA84T RTA84T-B RTA84T-D	112	36	RTA62 RTA62U RTA62U-B	95 或 167	20
			RT-flex60C	95	20
RTA84C RTA84CU RTA84M	112	36	RTA58T RTA58T-B RT-flex58T-B	95	20
RTA84	95	20	RTA58	95	20
RTA76	93 或 95	20	RTA52 RTA52U	86 或 90	22 或 36
RTA72 RTA72U RTA72U-B	95 或 167	20	RTA48T RTA48T-B	75	20

3.3 订购程序

为了确保收到的改造部件正确无误，需要告知我方如下信息：

- 船名
- 柴油机型号
- 现有工具的尺寸，如图 3 和图 4
- 柴油机是否配备刮碳环（可选）

4 改造说明

（适用于除 RTA76 外的所有 RTA 型柴油机）

4.1 没有配备刮碳环的柴油机

改造工作只需更换改装套件中包含的部件即可。

4.2 配备刮碳环的柴油机

改造工作需更换改装套件中包含的部件。对于配备刮碳环的柴油机而言，还需要对吊架 94202 进行额外的加工。这一点很有必要，只有这样才能安装两个定距块（A）。

工作顺序：

（1）必须对吊架 94202 的直径 K 进行检查，直径必须符合表 4。

如有必要，详图 R，如图 5 视图 F-F 所示，必须焊接，然后再次打磨至正确的尺寸。

（2）必须按图 5 详图 T 所示，在吊架 94202 上钻出四个孔（直径为 14mm），尺寸和表 4 中提到的尺寸一致。

（3）吊架的详图 R，如图 5 F-F 所示，必须使用角向磨光机磨出表 4 所示的角

（单位为：°）。

对于 RT-flex60C 柴油机而言，图 5 F-F 所示的是直径（Φ），而不是角。尺寸如表 4 所示。

（4）使用螺丝和螺母来安装两个定距块（A）。

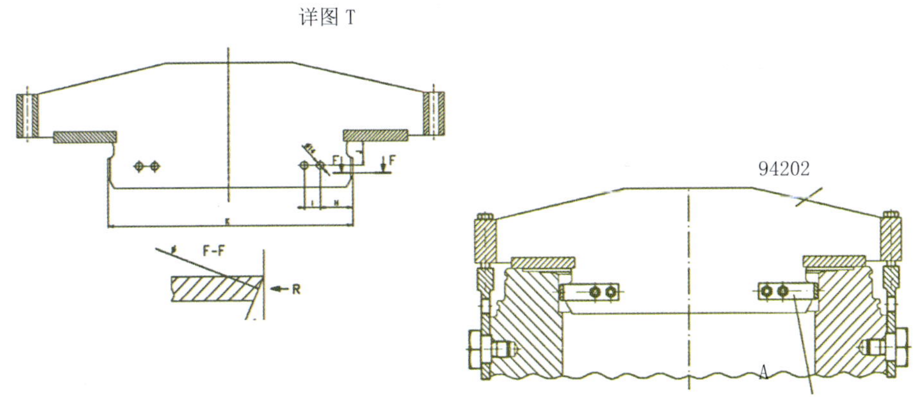

图 5　对吊架 94202 所做的修改

工具的尺寸列于下表 4 中。

表 4 工具改造的尺寸数据

柴油机型号	H	I	J	K	S（°）	Φ
RTA96C RTA96C-B RT-flex96C-B	60	30	90	944	10.5	
RTA84T RTA84T-B RTA84T-D	60	30	72	827	10.5	
RTA84C RTA84CU	60	30	72	827	10.5	
RTA84	60	30	72	827	10.5	
RTA72 RTA72U RTA72U-B	60	30	47	709	8.0 *) 或 10.0	
RTA68T-B	60	30	47	666	11.0	
RTA68	60	30	47	668	11.0	
RTA62 RTA62U RTA62U-B	60	30	47	608	10.0	
RT-flex60C	60	30	47			596
RTA58T RTA58T-B RT-flex58T-B	60	30	47	568	11.0	
RTA58	60	30	42	573	10.0	
RTA52 RTA52U	60	30	42	510	10.0	
RTA48T RTA48T-B	60	30	45	470	11.0	

*) 仅适用于配备短凸肩气缸套的柴油机

4.3 仅用于改造 RTA76 型柴油机的吊架 94202

4.3.1 不配备刮碳环的柴油机

改造工作只需更换改装套件中包含的部件即可。

4.3.2 配备刮碳环的柴油机

改造工作需更换改装套件中包含的部件。对于配备刮碳环的柴油机而言，还需要对吊架 94202 进行额外的加工。这一点很有必要，只有这样才能安装两个定距块（A1）。

工作顺序：

（1）必须对不配备定距块的吊架 94202 的直径进行检查，该值必须为 751mm。如有必要，正面详图 R，必须焊接，然后再次打磨至正确的尺寸。

（2）必须对吊架 94202 上的四个螺纹孔（M8×10）按照图 6 详图 R 的要求进行加工。

（3）吊架的正面，如图 6 H-H，必须使用角向磨光机磨出 10° 的角。

（4）使用 M8 螺丝（M）来安装两个定距块（A1/K）。

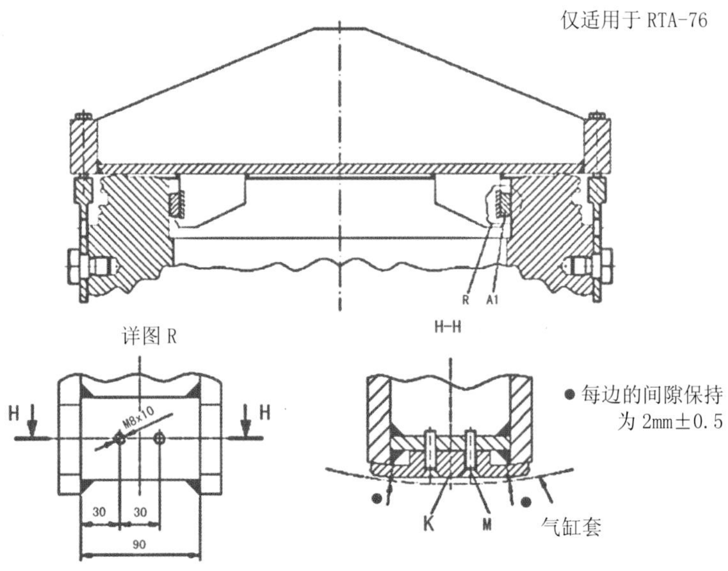

图 6　仅适用于 RTA76 柴油机的吊架 94202 的改造

重要提示：改造套件中被新部件代替的旧部件必须作废。

5 上紧指导方法（工具 94201）

上紧方法与以前相同。

• 吊带（如图 2）的四个螺丝必须手工拧紧！（约 30Nm）

注：手工拧紧后，螺纹内部的螺丝长度至少为螺纹直径 1.2 倍。

• 均匀拧紧螺栓以前，必须手工拧紧两个螺丝（94207）（约 30 Nm）。如果两个专用螺丝（94207）的拧紧方式正确，则专用螺丝与缸套的接触表面之间没有缝隙。

请确保所有使用 RTA 型柴油机的船舶均拥有修改的维护保养说明书页（以便

放入船上现有的《保养说明书》中）。

附件：

→ RTA 型柴油机 -《保养说明书》第 2124 条附件（旧说明书第 214 条）

本服务公告的附件必须复制并添加到《保养说明书》的第 2124 条（旧说明书第 214 条），即“缸套，拆卸和装配”。

本服务公告，包括其附件必须存放在控制室的单独文档中。

服务公告 RT-67 和 RT67-1 机附件不再有效，特别是关于“带有刮碳环的缸套的拆装”。

如需了解有关《保养说明书》的更多信息，请参考本服务公告。

正确使用缸套起重工具

请遵照以下附加说明（插图说明）：

工具

1 PC	吊架	94202	4	缸套
2 PC	吊带	94206	15	刮碳环（APR）
2 PC	专用螺丝	94207 或 94207a		

（1）拆卸缸套的准备工作

→《保养说明书》第 2124 部分（旧说明书第 214 部分）。

（2）缸套的拆卸（如图 7）

- 将缸套上的刮碳环拆卸下来。
- 安装改造后的吊架 94202，吊带 94206 松散地安装在吊架上。
- 调整两个吊带 94206 的四个螺丝，以便专用螺丝 94207 可以很容易地旋入缸套 4 上的吊孔中。
- 手工拧紧（约 30Nm）两个专用螺丝 94207 或 94207a。
- 手工均匀地拧紧（约 30Nm）吊带的四个螺丝，直至吊带 94206 的孔底部与专用螺丝 94207 相接触（手工拧紧后，螺纹内部的螺丝长度至少为螺纹直径 1.2 倍）。
- 使用机舱吊车将缸套完全拔出。

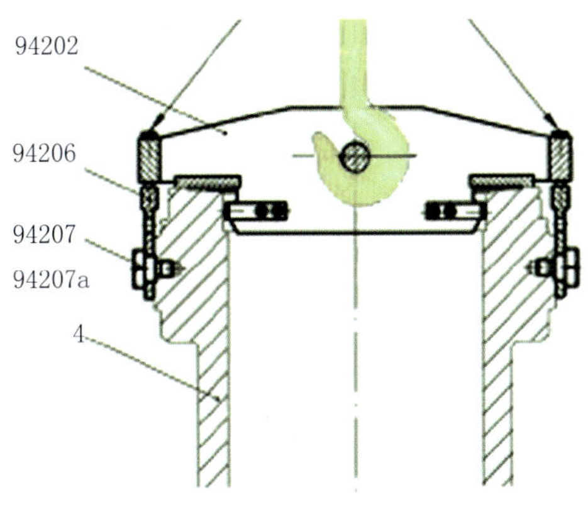

图 7　缸套拆卸说明

刮碳环的拆卸和安装

根据缸套④的设计，刮碳环⒂（如图 8）放置在缸套内圈的顶部。

安装四个吊带 94208 以便拆卸和安装刮碳环，如图 8 所示。借助吊带的附属钢索，使用机舱吊车将刮碳环提起。

安装前应清理刮碳环的支持面以及气缸套，并在刮碳环上轻轻涂抹上油。还需注意其中的一个孔必须位于燃油侧。

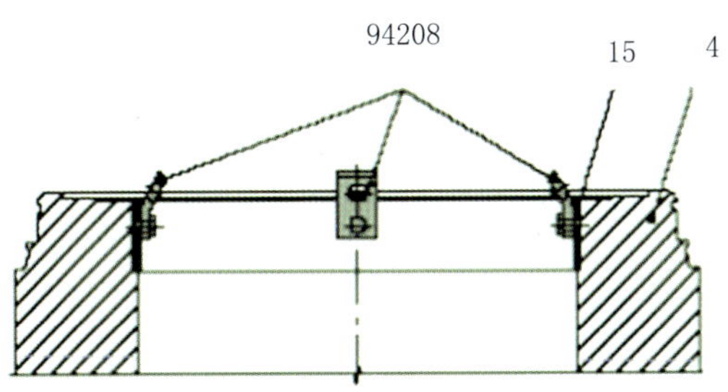

图 8　刮碳环在缸套的位置

RTA-68

2004 年 12 月 6 日

2.3.24　活塞杆填料函泄放总管透气管的改进

适用机型：RTA 柴油机

1 简介

本服务公告说明了有关 RTA 型柴油机活塞杆填料函泄放总管的最新修改。

RTA“-2 系列”包含如下柴油机型号：RTA52、RTA62 和 RTA72

RTA“-U 系列”包含如下柴油机型号：RTA52U、RTA62U 和 RTA72U

RTA62U-B 和 RTA72U-B

RTA“-C 系列”包含如下柴油机型号：RTA84C 和 RTA84C-U

RTA96C 和 RTA96C-B

RTA“-T 系列”包含如下柴油机型号：RTA48T、RTA58T 和 RTA84T

RTA48T-B，RTA58T-B、RTA68T-B、RTA84T-B 和 RTA84T-D

“-flex 系列”包含如下柴油机型号：RT-flex58T-B 和 RT-flex60C

很多柴油机空气弹簧的滑油泄放管连接在活塞杆填料函泄放总管上。为了确保空气弹簧保持合理的滑油泄放流量，需要在活塞杆填料函泄放总管上安装透气管。

有些柴油机空气弹簧的滑油泄放至曲轴箱内，对于这种情况，活塞杆填料函泄放总管就不必安装透气管。不过，这些透气管会造成柴油机曲轴箱与机舱直接相通，这是不符合船检规范的，如图 1。

为了满足船级社的要求，需要将这些透气管封堵。

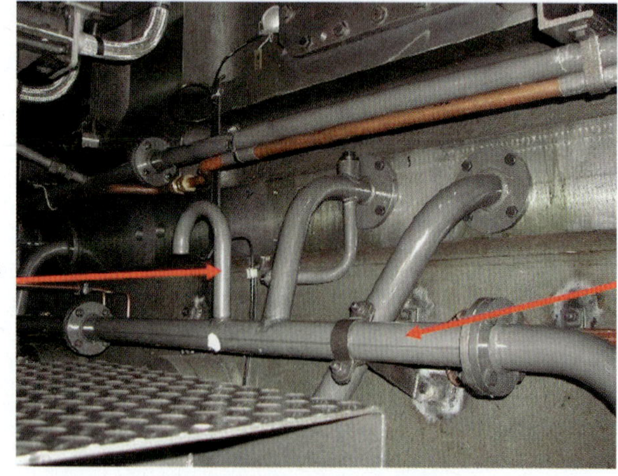

图 1　活塞杆填料函泄放总管上的透气管

2 泄放管的改造

活塞杆填料函泄放总管的相关部件应从柴油机上拆除，并进行清洁，对透气管的两端进行封堵，如简单的堵塞、弯曲、压扁或焊接等。

这项工作可以趁船舶在停港时由船员来执行。

对于柴油机的空气弹簧滑油泄放管路与活塞杆填料函泄放总管相连的情况，空气弹簧的滑油泄放流量有可能减小，空气弹簧的滑油泄放应先按照服务公告 RTA-50 的规定进行修改。

RTA-69

2005 年 3 月 22 日

2.3.25 排气阀空气弹簧系统的安全阀 274HD 安全阀 274HD 代替之前的安全阀 270HD

适用机型：Sulzer RTA96C/C-B 和 RT-flex96C-B 柴油机

图 1 安全阀 274HD

1 简介

本服务公告介绍有关排气阀空气弹簧系统的最新修改方案。

RTA“-C 系列”包含如下柴油机型号：

RTA96C 和 RTA96C-B

“-flex 系列”包含如下柴油机型号：

RT-flex96C-B

在最近的一次事件中，由于安全阀 270HD 失效，在空气弹簧的减压阀 19HA 故障时导致空气弹簧超压。

空气弹簧超压导致排气阀的液压驱动机构过载，造成排气阀凸轮和滚轮的机械损坏。

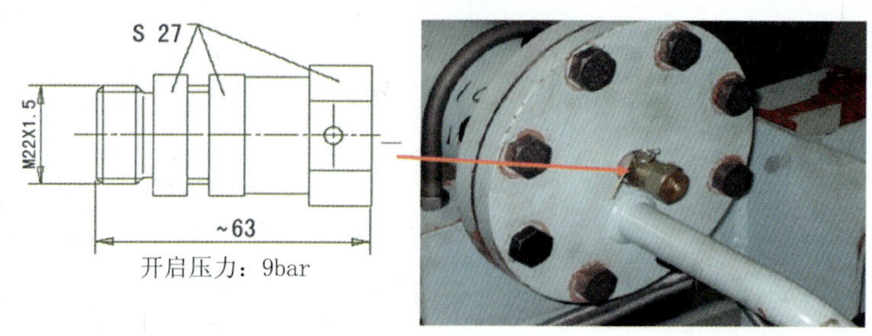

图 2　以前使用的安全阀 270HD

现在使用的安全阀可能存在这样的风险：在装配不当的情况下，设定的安全阀开启压力可能会变化，即开启压力增高，导致安全阀不能对空气弹簧起到超压保护。

在对主机进行喷漆时，若安全阀 270HD 并没有受到保护，由于油漆的进入也会造成安全阀的功能不正常。

与此同时，已经推出新型安全阀，该安全阀不允许开启压力改变，柴油机制造商也明确指明，在对主机进行喷漆时应对安全设备进行防护。

注意：必须强制改进安全阀 274HD，这样才能保护柴油机部件不出现超机械负荷的现象。

此外，制造商已不再生产如图 2 所示的安全阀。

2 新型安全阀 274HD

新型安全阀 274HD 必须安装在弹簧空气总管用于泄放空气弹簧系统漏油的两端法兰（前方和尾部）上，如图 3。

新型安全阀还配备了螺纹尺寸为 M22×1.5 的转换接头和垫片。开启压力为 9.2bar。

当船舶在港口停留时可以更换新式安全阀。

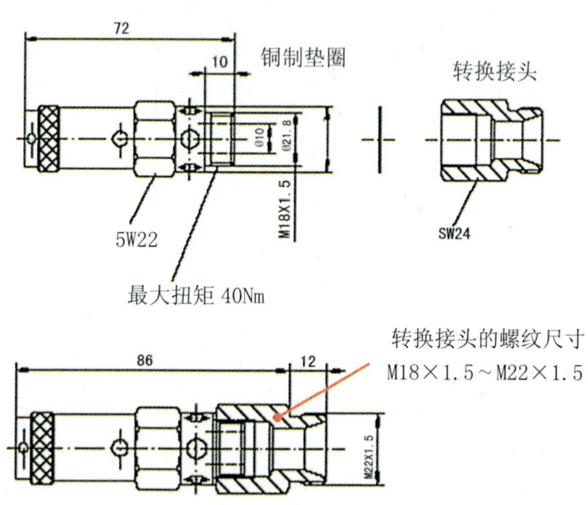

图 3　新型安全阀 274HD

2.1 更换程序（如图 4、图 5 和图 6）

开始工作以前，确保系统的压力释放，并泄放弹簧空气总管中积存的由空气弹簧系统泄漏的油。

拆除弹簧空气总管尾部法兰上的旧安全阀，安装配有转换接头和密封圈的新安全阀。拆除前端法兰（用于排出空气弹簧系统的漏油）。

前端法兰必须开一个新的螺纹孔 M22×1.5。在前端法兰上安装配有转换接头和密封圈的新安全阀，再把前端法兰安装到总管上。

注：在改造过程中，确保没有钻屑或任何其他颗粒物 / 污垢进入到排气阀空气弹簧系统中。

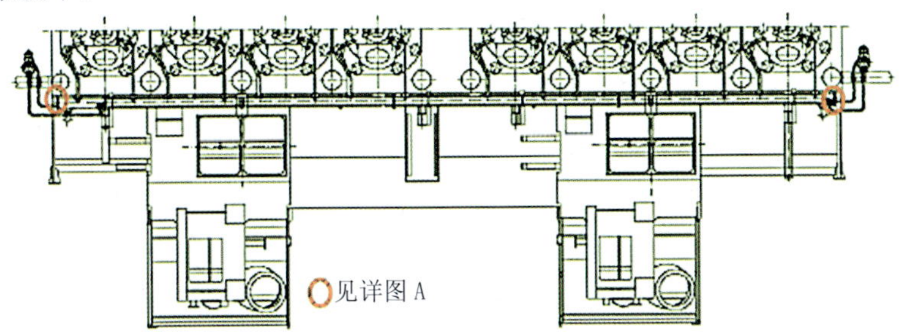

图 4　顶视图 8RTA96C-B

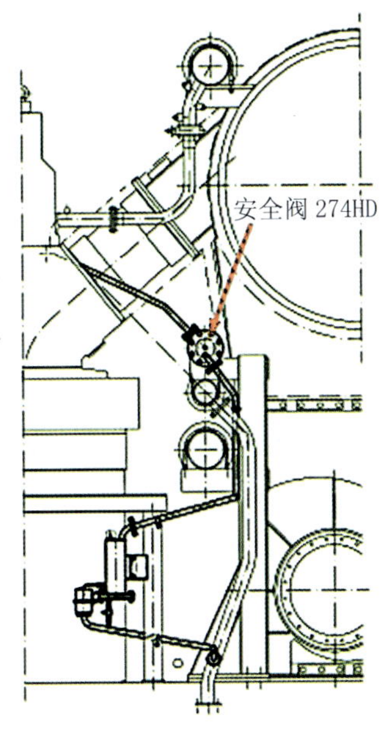

图 5　从尾部看

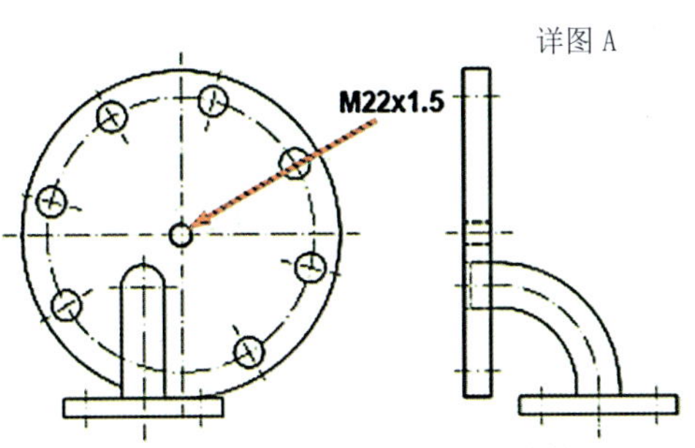

图 6　法兰两端和泄放管

注：对于某些柴油机而言，前端法兰并无泄放管。则只需在这种法兰上钻出 M22×1.5 的螺纹孔即可。

2.2 空气弹簧压力的高压预警

在可能的情况下，空气弹簧的高压报警应接入船舶的报警系统中，以便在超压的情况下提醒船员。

高压报警值应设置在 9bar G*（表压力）以上，并可以从 PT4321A（RTA 型柴油机）或 PT4341A（RT-flex 型柴油机）的测量点引出。目前安装压力变送器的压力范围为 0～10bar G，需要更换成一个同型号的压力范围为 0～40 bar G 的压力变送器，以便安全检测 30bar 的超压（启动空气的压力范围）。

压力范围为 0～40bar G 的新型压力变送器的代码如下：

RTA 型柴油机	D 92583
RT-flex 型柴油机	DF 92583

3 安全阀 274HD 的改装套件

可通过网络公司或直接发送传真至 Wärtsilä 瑞士有限公司 +41 52 262 07 22 来订购改进套件。

订购改进套件的订单号为：TO 270HD

改装套件包含以下部件：

- 两个配有转换接头和垫圈的安全阀 274HD
- 两个垫圈 021.151.002.511
- 1 个 0～40bar G 的压力变送器

G*）表压力

RTA-70

2005 年 04 月 25 日

2.3.26 用于活塞头部喷嘴板和活塞裙连接的螺栓

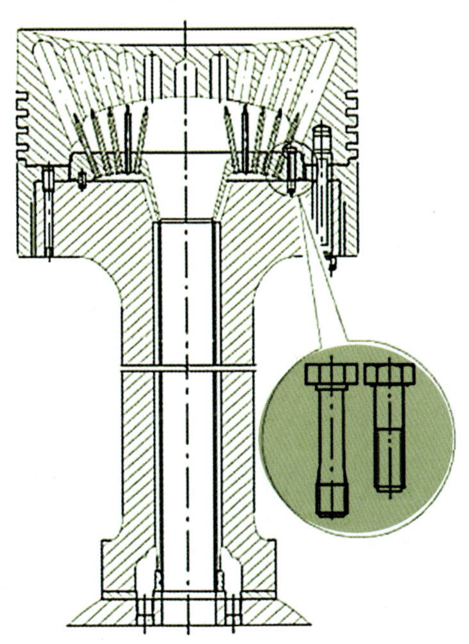

1 简介

最近，收到一些个例报告，有关 RTA 型柴油机中活塞冷却喷嘴板的固定螺栓断裂。

喷嘴板的连接螺栓从螺栓底部到螺纹的底部距离相当小，这样一旦加工时偏离了允许的公差范围，或者螺孔的螺纹深度的切割不当，这种情况下，可能会发生螺栓挤压螺孔根部螺纹的现象，这样会使得喷嘴板不能平整的被压紧，在运行过程中就会偶尔出现螺栓的断裂。

这样的事故不仅会对喷嘴板本身造成损害，还会对周围的组件造成损害，降低活塞的冷却效果。安装的喷嘴板不能平整的贴合，会导致下方冷却油出口的温度比其他的低。

以下型号的柴油机将受到影响，见表 1、表 2。

表 1　受影响的机型（喷嘴板的连接螺栓）

设计	柴油机型号
安装 8.8 标准螺栓的喷嘴板	RTA48T 和 RTA58T RTA48T-B、RTA58T-B 和 RTA68 B（以前的 RTA68T-B） RT-flex58T B
安装 8.8 细腰螺栓的喷嘴板	RTA84T、RTA84T-B 和 RTA84T-D RTA96C 和 RTA96C B RT-flex96C B

作为预防措施，螺栓的长度必须缩短，以排除螺栓触抵螺孔根部螺纹的可能性。

类似的情况也会发生在 RTA84T，RTA84T-B 和 RTA84T-D 柴油机活塞裙的连接螺栓上，因此，相应的螺栓长度必须缩短。

表 2　受影响的机型（活塞裙的连接螺栓）

设计	柴油机型号
安装 8.8 标准螺栓的活塞裙	RTA84T RTA84T-B 和 RTA84T-D

2 用于活塞喷嘴板的连接螺栓（图 1 所示）

建议缩短现有螺栓的长度，或者更换为规定长度的螺栓。

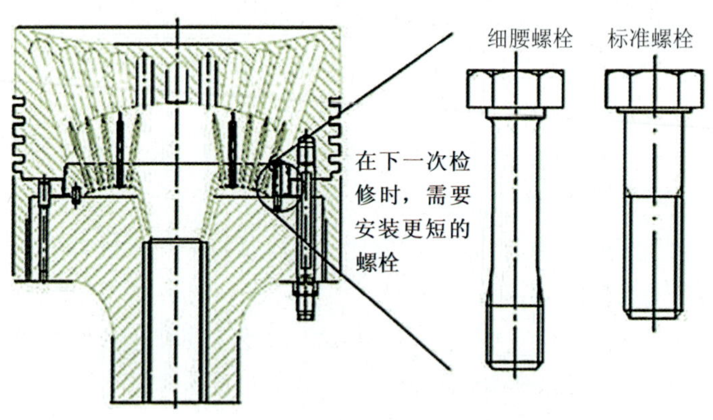

图 1　喷嘴板上的螺栓

2.1 修改后螺栓的长度和拧紧扭矩

表 3 为新型更短的螺栓长度、螺栓拧紧扭矩。拧紧时用以润滑的是滑油。

表 3 修改后螺栓的长度和拧紧扭矩

柴油机型号	旧螺栓的长度	拧紧扭矩	新螺栓的长度	材料质量	修改后的拧紧扭矩
RTA48T / T-B	M10×65	10 Nm +25°	M10×60	8.8	5 Nm+ 35°
RTA58T / T-B	M10×75	10 Nm+ 30°	M10×70	8.8	5 Nm+ 35°
RTA68 B	M12×90	20 Nm+ 25°	M12×85	8.8	10 Nm+ 35°
RTA84T	M16×70	30 Nm+ 30°	M16×65 *)	8.8	30 Nm+ 30°
RTA84T-B/T-D	M16×100	30 Nm+ 30°	M16×95 *)	8.8	30 Nm+ 40°
RTA96C/C-B	M20×120	50 Nm+ 35°	M20×110 *)	8.8	50 Nm+ 40°

*) 细腰螺栓必须从 Wärtsilä 订购。

现有的螺栓可以更换为相同质量更短的螺栓，或缩短现有螺栓的长度。

可以从 Wärtsilä 订购新式螺栓，在订购时请告知柴油机型号和气缸数量。

新的或缩短的螺栓必须使用上述扭矩先进行均匀的预拧紧，然后再按相应的角度拧紧。

3 用于活塞裙的连接螺栓（图 2 所示）

活塞裙的螺栓也进行了新的设计。表 4 为新型更短的螺栓长度、拧紧扭矩和拧紧时用以润滑的是滑油。

表 4 修改后螺栓的长度和拧紧的扭矩

柴油机型号	旧螺栓的长度	新螺栓的长度	材料质量	拧紧扭矩
RTA84T	M12×240	M12×230	8.8	70 Nm
RTA84T B/TD	M24×70	M24×65	8.8	600 Nm

适用于 RTA84T 柴油机

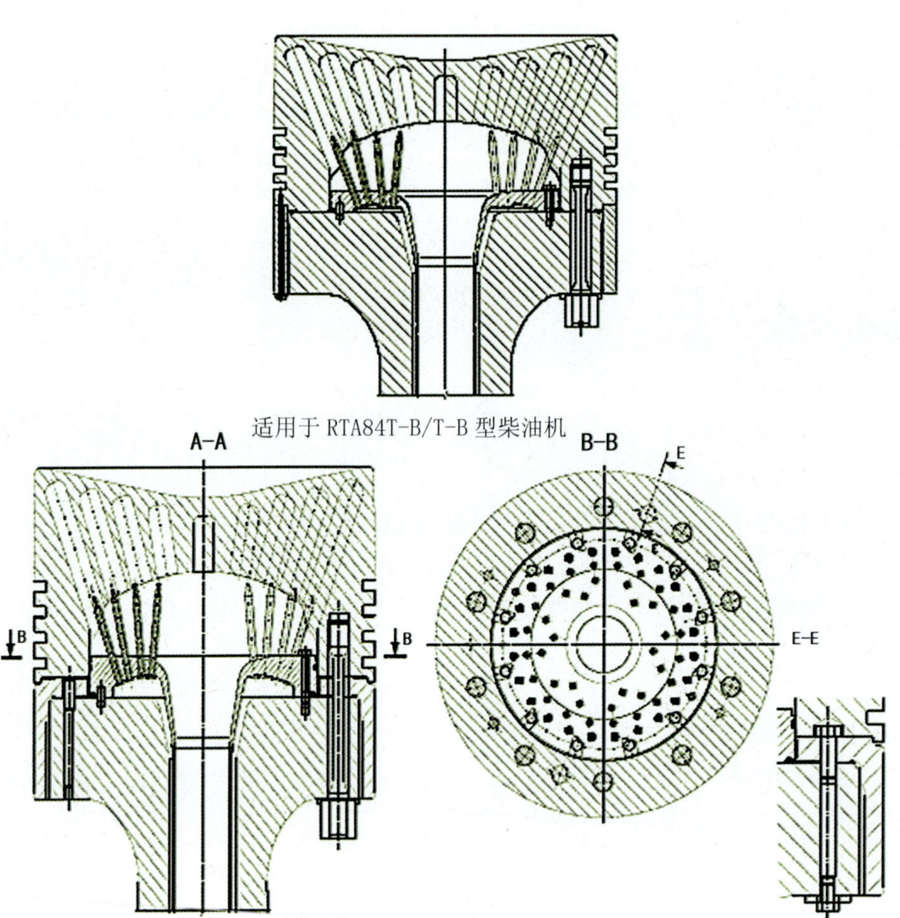

图 2　活塞裙上的螺栓

RTA-71

2005 年 6 月 21 日

2.3.27 RTA96C/C-B 柴油机高压油泵泵体的改进

适用机型：适用机型： RTA96C/C-B 柴油机

1 简介

本服务公告阐明了 RTA96C 和 RTA96C-B 型柴油机最新的高压油泵的发展情况，以及现有高压油泵的改进方法。

在使用中高压油泵偶尔会发生本体裂纹，溢流阀也会出现气蚀。

Wärtsilä 公司对高压油泵本体裂纹和溢流阀的气蚀现象的原因进行了调查，并从不同角度，如设计、材料、制造和操作方面分析了该问题。

因此推出了一款新的高压油泵。新型高压油泵的本体和原来高压油泵的本体可以保证互换。但是，新的高压油泵的一些零部件和之前的零部件不可互换。

如果高压油泵需要换新，除了柱塞套筒偶件、弹簧座、顶杆及其导套和弹簧外，其他内部组件需要全部更换。

2 高压油泵的溢流阀

2.1 不同类型的溢流阀（如图 1 所示）

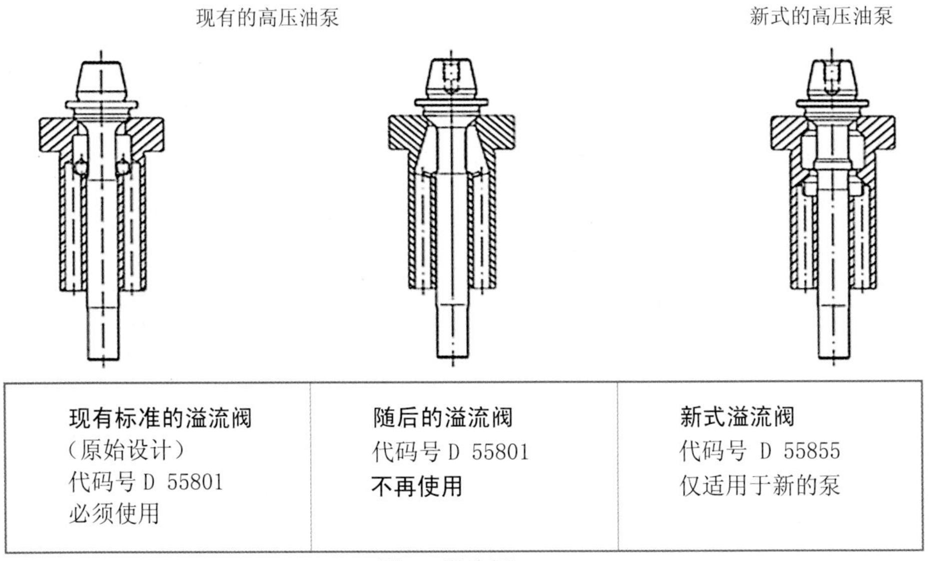

现有标准的溢流阀 （原始设计） 代码号 D 55801 必须使用	随后的溢流阀 代码号 D 55801 不再使用	新式溢流阀 代码号 D 55855 仅适用于新的泵

图 1 溢流阀

2.2 检查溢流阀

请注意！溢流阀及阀体的检查周期为 4 000～4 500 工作小时，以便能发现早期的磨损迹象。修正后的检查周期与《保养说明书》中提到的检查周期不同。

如果阀杆直径的磨损≤0.3mm，可以继续使用。在检查时对阀体也需要进行目视检查，看是否存在过度磨损。但要确定阀体的磨损率，以及对阀体磨损情况进行测量都是比较困难的，因此阀的更换主要是依据阀杆的直径。

3 新型高压油泵（见图 2、图 3）

对于 1 个气缸配备 1 台高压油泵 D 55175 和 2 个气缸配备 1 台高压油泵 D 55180 这两种高压油泵而言，泵体的高压孔已扩大，孔的交汇处采用了更大的过度圆角。

以前在高压油泵本体中的低压系统的孔已经被更换成阶梯式节流套，并拥有各自的旋塞。此外，压紧环 D55328 上圆周分布的螺丝数量和用于紧固柱塞套筒偶件的螺丝数量也已改变。圆柱螺栓 D 55332 的上紧扭矩从 145Nm 改变为 105Nm。

另外还重新设计了压力阀套 D 55857/D 55858 以防止卡阻。在高压油泵的重新设计阶段，还对出油阀和溢流阀（D55855 和 D 55856），以及吸油阀和溢流阀 D 55859 的销子也进行了修改。高压油泵的新设计还表现在泵的前方多了一个或三个直径为 10mm 的孔。

以前的设计

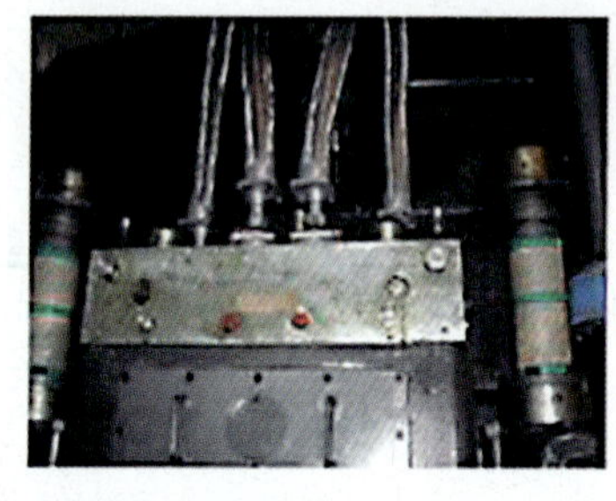

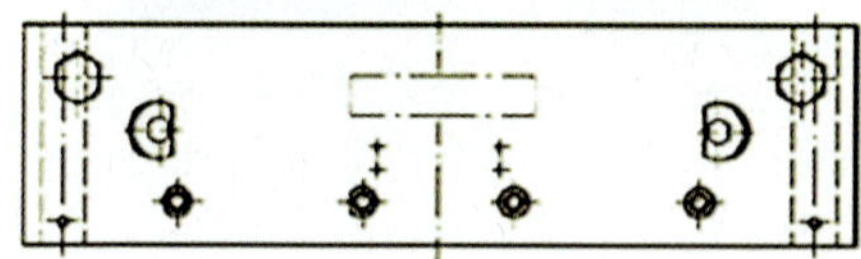

新式设计

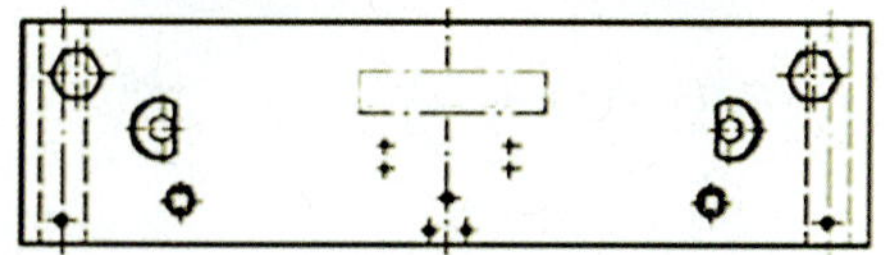

图 2　高压油泵

从新型的空心螺丝泄放出的燃油被直接引入泵的中间腔室，为维修工作提高了安全性。

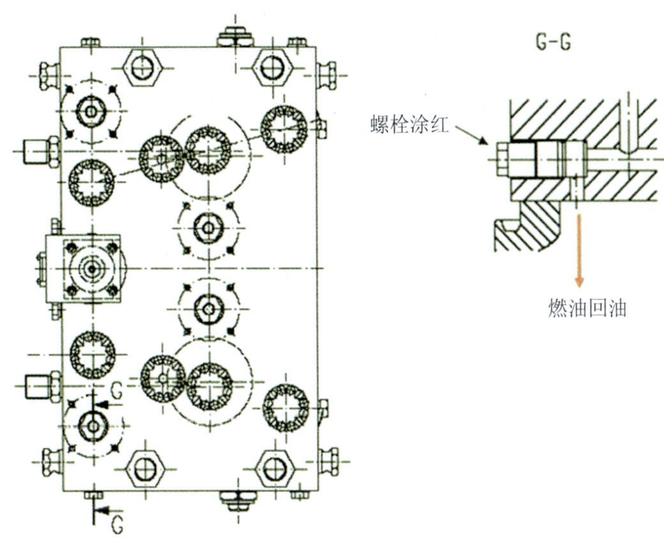

图 3 新式高压油泵详图

3.1 高压油泵的概述

表 1 中列举了旧式高压油泵和新式高压油泵不一样的部件。

表 1 新旧高压油泵比较

部件说明（还可参考附件）	新式设计的零件编号	旧式设计的零件编号
用于 1 个气缸的高压油泵总成	D 55175	D 55185
用于 2 个气缸的高压油泵总成	D 55180	D 55190
压力环	D 55328	D 55324
D55328 的圆柱螺丝	D 55332（18 件）	D 55332（仅 16 件）
溢流阀含阀座，整套	D 55855	D 55801
出油阀含阀座，整套	D 55856	D 55803
吸油阀和溢流阀的压力环衬套	D 55857	D 55822
出油阀的压力环衬套	D 55858	D 55823
吸油阀和溢流阀的销子	D 55859	D 55834
阶梯式节流套	D 55864	
螺丝	D 55865	

螺丝	D 55866	
空心螺丝	D 55868	D 55847
D55866 上的空心螺丝	D 55869	

4 新式高压油泵的改进套件（见表 2）

通过表 2 的订单号来订购改进套件：

表 2 订单号

用于 1 气缸（7、9、11 气缸）	用于 2 气缸
订单编号：TO 55700 （配有 D 55191～D 55198）	订单编号：TO 55800 （配有 D 55191～D 55198）
此外还配有： - D 55328 1 件 - D 55332 18 件 - D 55855 1 件 - D 55856 1 件 - D 55857 2 件 - D 55858 1 件 - D 55859 2 件 - D 55864 1 件 - D 55865 1 件 - D 55866 1 件 - D 55868 1 件 - D 55869 1 件	此外还配有： - D 55328 2 件 - D 55332 36 件 - D 55855 2 件 - D 55856 2 件 - D 55857 4 件 - D 55858 2 件 - D 55859 4 件 - D 55864 2 件 - D 55865 2 件 - D 55866 2 件 - D 55868 2 件 - D 55869 2 件

安装一个新的高压油泵时必需检查油泵的定时。此外，还应检查各缸的喷油器 ，如有必要，还需校正开启压力。

如果需要修改时，我们建议由 Wärtsilä 瑞士公司或我们网络公司的服务工程师来协助执行。改进前，建议对喷油泵调节杆的连接和喷油器进行评估，如果有必要，可以进行订购。

本服务公告必须存放在轮机的单独文件夹中。

附件（见图 4、图 5、图 6）

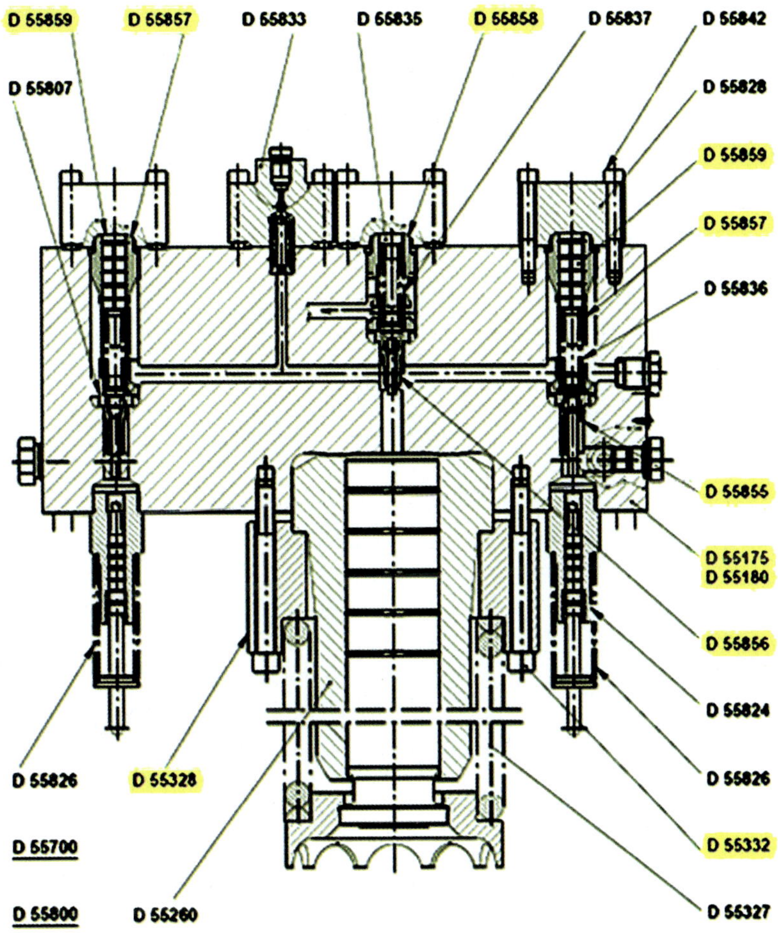

图 4　新高压油泵套件的代码（附件 5524-1/A2）

图 4 中新套件代码含义：

D 55175	用于 1 个气缸配 1 个高压油泵的总成（D 55191 至 D 55198）
D 55180	用于 2 个气缸配 1 个高压油泵的总成（D 55191 至 D 55198）
[1] D 55260	带弹簧托架的柱塞套筒偶件，总成
D 55327	D 55260 的压缩弹簧
D 55328	压紧环
D 55332	用于 D55328 的圆柱螺丝
D 55700	用于 1 个气缸配 1 个高压油泵（高压油泵，阀，推杆和弹簧，不带柱塞）
D 55800	用于 2 个气缸配 1 个高压油泵（高压油泵，阀，推杆和弹簧，不带柱塞）

D 55807　吸油阀含阀座，总成
D 55824　带导套和弹簧的挺杆，总成
D 55826　D 55824 压缩弹簧
D 55828　盖子
D 55833　阀体
D 55835　出油阀的销子
D 55836　吸油阀和溢流阀的压力弹簧
D 55837　出油阀的压力弹簧
D 55842　内六角螺丝
D 55855　溢流阀含阀座，总成
D 55856　出油阀含阀座，总成
D 55857　吸油阀和溢流阀的压套
D 55858　出油阀的压套
D 55859　吸油阀和溢流阀的销子

[1)]请注明其他的柱塞直径

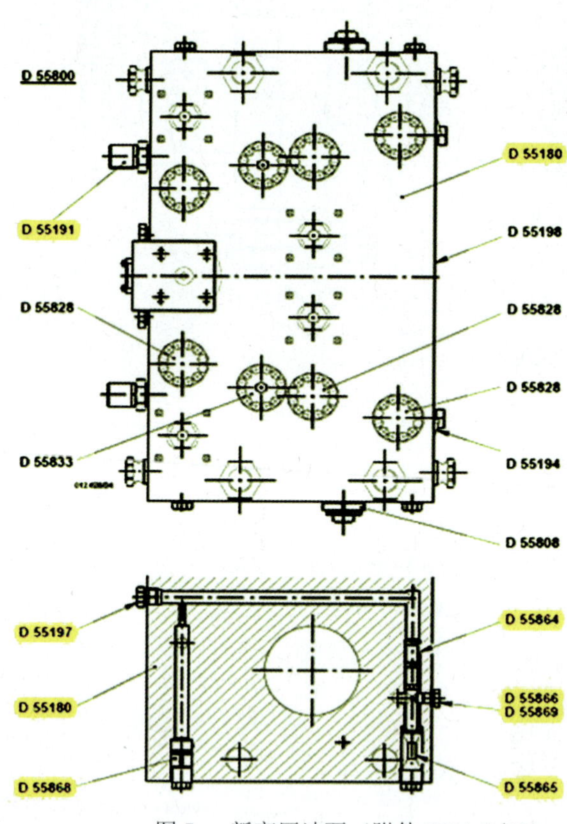

图 5　新高压油泵（附件 5524-2/A2）

图 5 代码含义

D 55180　　高压油泵，总成．（D 55191 至 D 55198）．

D 55191　　接头

D 55193　　空心螺丝

D 55194　　闷头

D 55197　　闷头

D 55198　　警告牌

D 55800　　用于 2 个气缸的高压油泵总成（高压油泵 D 55180，包括阀、推杆和弹簧，不包括柱塞）

D 55808　　安全阀，总成

D 55828　　压盖

D 55833　　阀壳．

D 55864　　阶梯式节流套

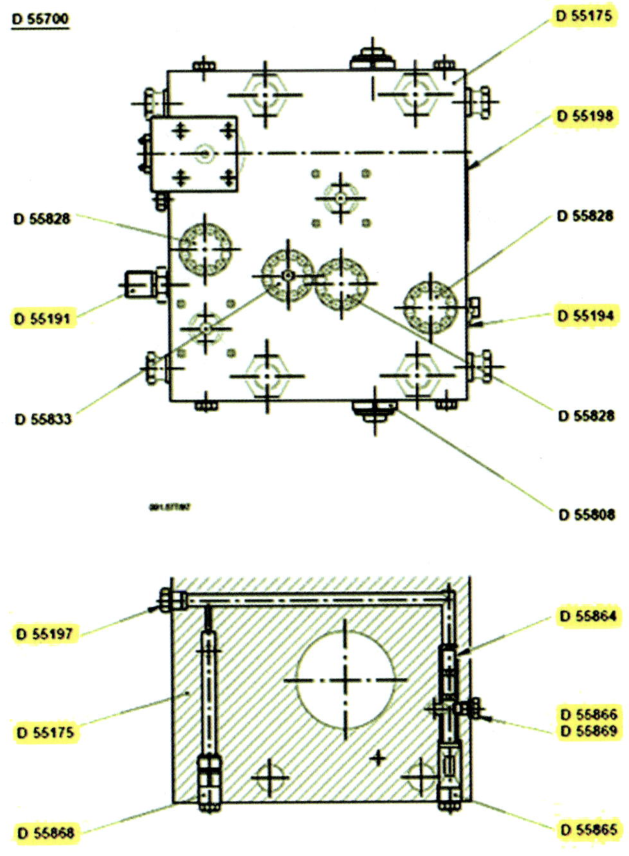

图 6　用于 1 气缸（7、9、11 气缸）配 1 个高压油泵的套件（附件 5524-3/A2）

D 55865　　螺丝

D 55866　　螺丝

D 55868　　空心螺丝

D 55869　　D55866 空心螺丝

D 55175　　高压油泵，总成（D 55191 至 D 55198）（7、9、11 气缸）

D 55191　　接头

D 55194　　闷头

D 55197　　闷头

D 55198　　警告牌

D 55700　　用于 1 个气缸的高压油泵总成（高压油泵 D 55175，包括阀、推杆和弹簧，不包括柱塞）

D 55808　　安全阀，总成

D 55828　　压盖

D 55833　　阀壳

D 55864　　阶梯式节流套

D 55865　　螺丝

D 55866　　螺丝

D 55868　　空心螺丝

D 55869　　D55866 空心螺丝

RTA-72

2005 年 7 月 28 日

2.3.28 活塞组件，活塞裙及活塞环弹性扩张（拆装）工具

适用机型：所有 RTA 柴油机

1 简介

本服务公告是有关活塞头组件及相关拆装工具，活塞裙和活塞环工具的最新消息。

具体适用下列机型：

RTA84C、RTA84CU、RTA84M；

RTA96C、RTA96C B；

RT-flex96C。

2 活塞头组件（如图 1）

适用机型：

RTA96C、RTA96C-B、RT-flex96C 柴油机

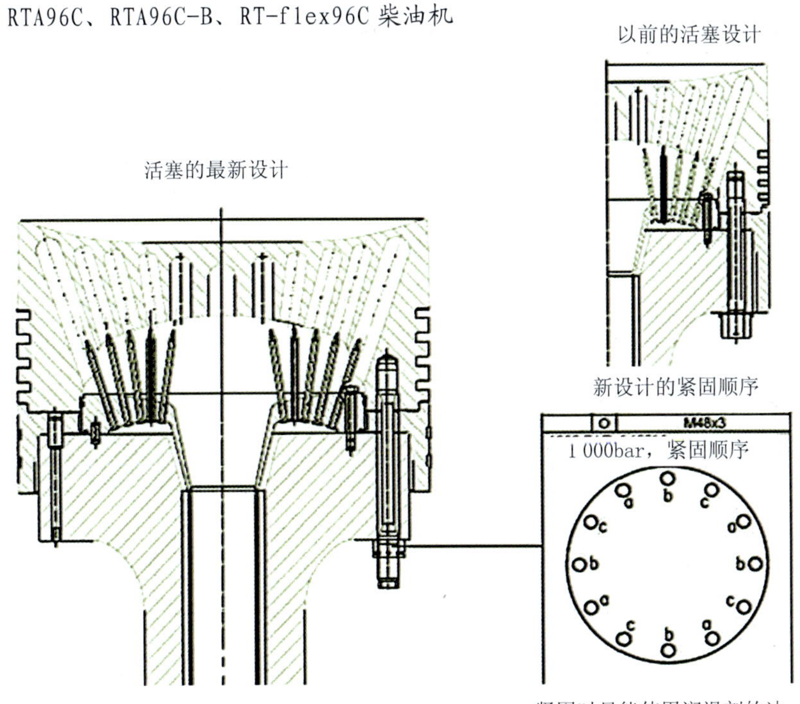

图 1　活塞组件

在最新设计的柴油机上，活塞杆、活塞裙和活塞头通过弹性螺栓和螺母采用液压进行安装。

紧固更容易，且各组件的紧固度更平均。当使用冲击扳手松开螺栓时，因为螺纹咬住而导致螺栓断裂的个例也可以避免。此外，液压上紧的螺栓在收紧和松动过程中，也不会受到冲击振动的影响。

2.1 弹性螺丝与弹性螺栓的互换

当第一次在现有的活塞组件上使用弹性螺栓来替换弹性螺丝时，可以订购以下部件：

- 12 件弹性螺栓 / 每个活塞　　RTA96C / RTA96C-B = D 34025
　　RT-flex96C = DF 34025
  12 件螺母 / 每个活塞　　RTA96C / RTA96C-B = D 34026
　　RT-flex96C = DF 34026
  4 件，拉伸器 94346（如图 2）
  3 件，拉伸器上的拨杆

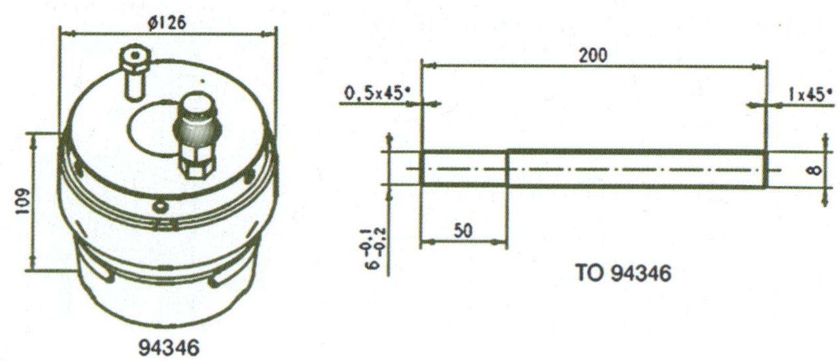

图 2　拉伸器 94346 和拨杆

这些组件和工具都可以从 Wärtsilä 瑞士有限公司或者从网络公司上订购。订购时请说明柴油机的型号和气缸的数量。

3 活塞裙部铜承磨环

适用于 RTA84C、RTA84CU 和 RTA84M 柴油机

适用于 RTA96C、RTA96C-B 和 RT flex96C 柴油机

新标准的活塞裙有两个铜承磨环且降低了高度。这提高了滑动的特点，减少

了活塞组件运动时的摩擦。承磨环的表面将有利于润滑油膜的形成，见图 3。

新标准的活塞裙可以与之前设计的互换。

新规范编号：

RTA84M = Z 34125

RTA84C = C 34122

RTA84CU = C 34122

RTA96C = D 34096

RTA96C-B = D 34096

RT flex96C = DF 34096

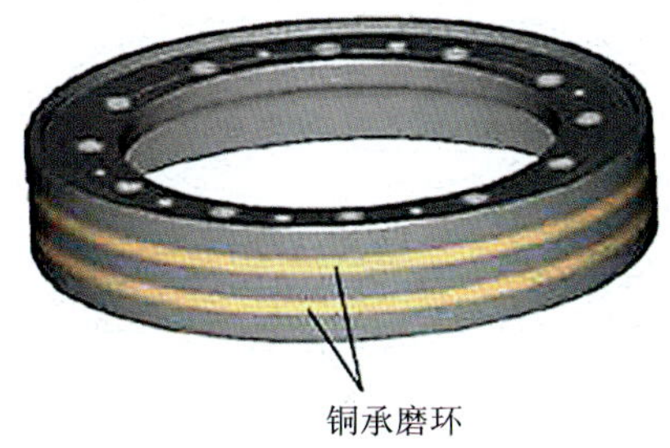

图 3 新式活塞裙和铜承磨环

4 活塞环弹性拆装工具 94338（如图 4）

适用于 RTA96C、RTA96C-B 和 RT flex96C 型柴油机

以前的弹性拆装工具可能因为过度扩张而损坏活塞环。因此，建议使用新的活塞环弹性拆装工具。该工具对活塞环提供了更好的引导，增加了张力条件下活塞环横向倾斜的稳定性，并有利于装配。

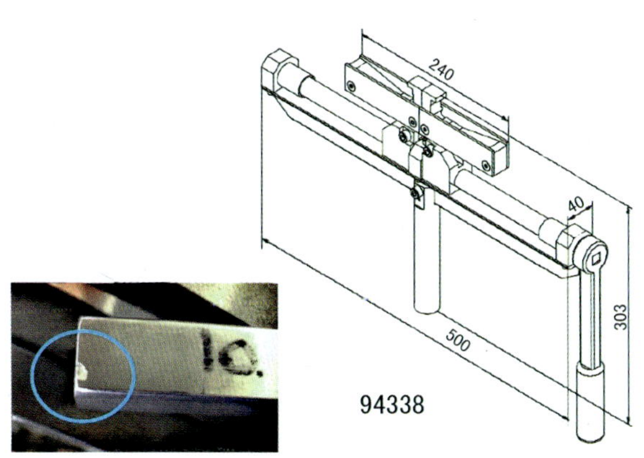

图 4 活塞环弹性拆装工具 94338

新的装配工具可以防止在安装活塞环时损伤活塞环的外表面。这种损伤也将导致缸套上出现划痕。

RTA-73

2005 年 8 月 23 日

2.3.29 气缸套与刮碳环

适用机型：RTA96C、RTA96C-B 和 RT-flex96C 柴油机

1 简介

本服务公告是有关缸套隔热、缸套的润滑油槽和刮碳环（APR）的最新信息。以下措施的目的就是为了应对突发的过度磨损（SSW）。

2 优化缸套壁温度（LWT）

Wärtsilä 的设计理念是将缸壁温度（LWT）优化在更高水平上，以避免缸体出现过度的腐蚀。RTA96C 柴油机（无隔热管和隔热带）的最新运行经验已经证实了，一些缸壁温度低，最顶部铬陶瓷活塞环和下部是磨合过的活塞环组件对活塞的运行有积极影响，磨损不会高于 0.05 毫米 /1 000 小时。

2.1 缸套上的隔热管

建议在下一次活塞检修时拆除缸套上的隔热管。在缸套的燃油泵侧有标记（如有字段 II，50/250/100）表示缸套上是否配备隔热管。

这一对策将导致上止点缸壁温度降低 20～30℃，具体温度取决于柴油机的输出功率。

配备如下规范的柴油机：

RTA96C，RTA96C-B 和 RT-flex96C 柴油机配备了 SCP1RC 或 SCP1CC 顶环和 SCP1RC 下部活塞环。

可以使用非隔热缸套。所有备用的缸套都将交付不隔热的。

2.1.1 拆除隔热管的工具（如图 1）

为了拆除缸套上的隔热管，可以从 Wärtsilä 订购图 1 中所示的工具 94212 和 M18 的锥形螺丝。但是我们建议，最好由 Wärtsilä 任何一家服务工程师协助船员执行。

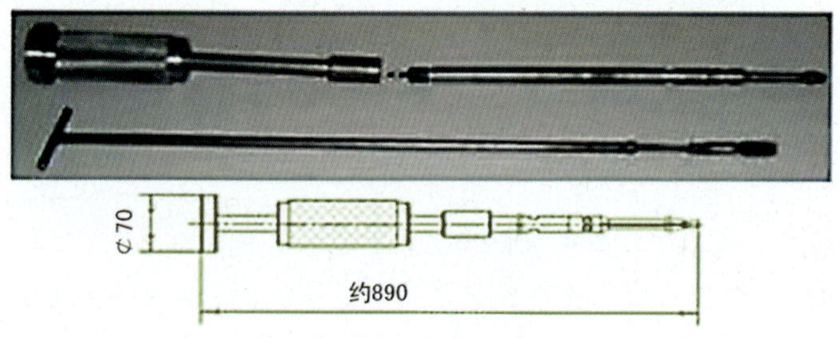

图 1 萃取器 94212 和 M18 扩展的机械螺纹丝锥

2.2 隔热带（Haramaki）

建议在下一次活塞维修期间移除气缸套上的隔热带。

此举措可以让冲程中间的缸套壁温度降低 10～20℃，具体温度取决于柴油机的输出功率。

2.3 配备 SCP1RC 顶部活塞环的柴油机

配备 SCP1RC 顶环的柴油机也可以使用本文 2.1 节规定的相同类型缸套。但是 Wärtsilä 公司认为使用 SCP1CC 顶环可以延长环的使用寿命。

3 缸套 D 21243/DF 21243

3.1 缸套润滑油槽（编者注：据了解，使用效果不佳后仍然改用有槽的）

在某些情况下，在过度磨损缸套的油槽下方会有径向磨损的痕迹。调查显示，当活塞环通过油槽时会影响环与缸套之间的油膜。在对没有润滑油槽，而只有埋头螺孔的缸套进行测试，其结果并没有任何负面影响。即油槽对活塞环与缸套之间液体动力润滑没有影响。

因此，所有新式缸套的润滑油槽均被取消掉，如图 2。

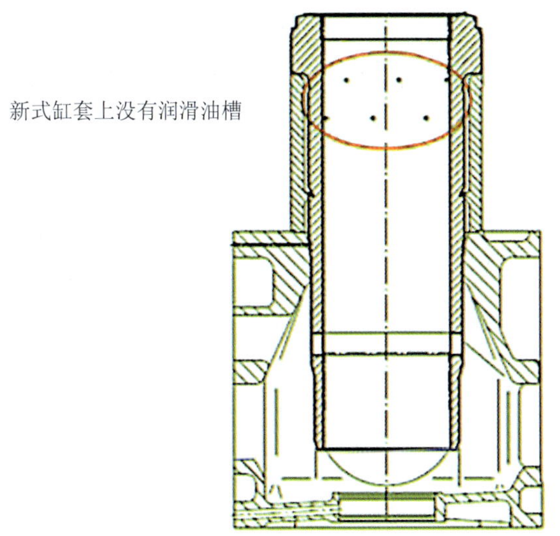

图 2　气缸体中的气缸套

4 刮碳环（APR）D 21255/DF 21255 与气缸套

刮碳环（APR）安装在缸套顶部。它是一个薄的合金钢环，该钢环安置在缸套顶部一个适当的环槽上。刮碳环并不需要特别地固定，因为环的热膨胀会让它

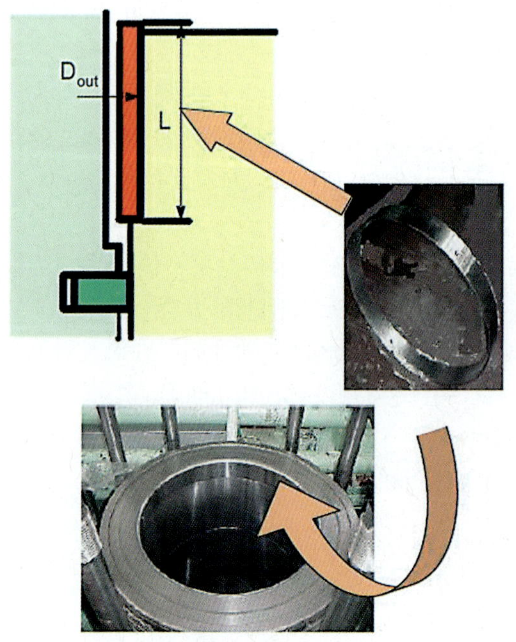

图 3 刮碳环

保持紧密的固定。所选的钢质必须确保和维持刮碳环的耐高温性。

刮碳环（APR）的直径略小于缸套的直径，每个行程都会从活塞顶部刮下过多的还比较软的积碳。

它也防止了这些积碳与缸套表面的接触。因此，也避免了所谓“缸套过磨”现象，如图 3 所示。

4.1 刮碳环（APR）D 21255 / DF 21255 类型（见图 4）

有三种不同型号的刮碳环（Mk1、Mk2 和 Mk3）

对于配备刮碳环 Mk1 的柴油机，建议在下一次活塞检修时将其换成刮碳环（APR）Mk3（最新类型）。

对于配备刮碳环 Mk2 的柴油机，则不必更换刮碳环。

然而，如果订购了新的刮碳环（APR），发送的是刮碳环 Mk3。

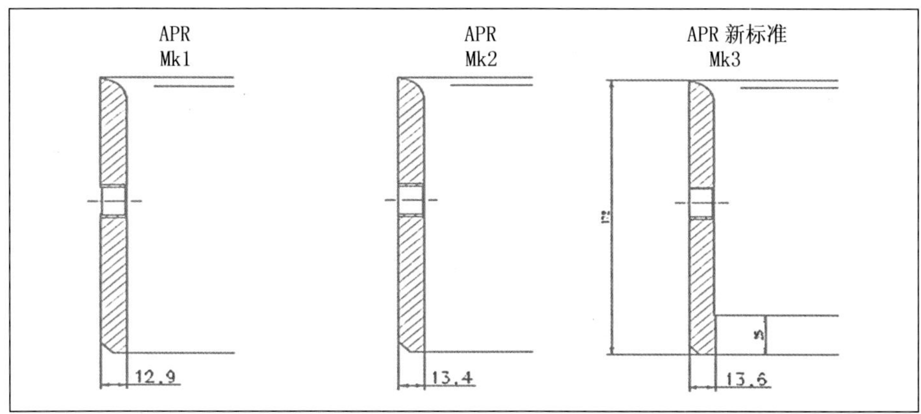

图 4 刮碳环的类型

RTA-74
2006 年 01 月 08 日
（取代服务公告 12/02）

2.3.30 扫气箱空冷器冷凝水排放管

适用机型：RTA 所有柴油机

1 简介

已经制定并实施了一些改进，以确保最佳的活塞运动状态，减少突发严重磨损（SSW）的可能性。此服务公告解决了空冷器和气分离水器的冷凝水排水问题。

从空冷器（SAC）带至气缸的冷凝水是影响活塞不稳定运行的主要因素之一。

为了防止空气携带水份进入气缸，应采取下列措施（原理图，如图 4）：

（1）封闭冷却器和壳体之间的缝隙，以防止热空气旁通。

（2）确保空冷器（SAC）的冷凝水排放正常 .

（3）每个排放点都应有通向排泄筒的单独管路。

（4）使用最新设计的气水分离器。

2 应采取的措施（如图 2）

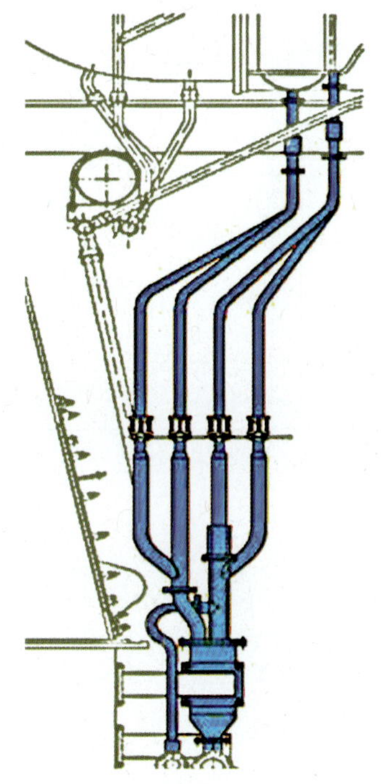

图 1　空冷器冷凝水排放管示意

2.1 切断热空气的旁通

如果空冷器（SAC）的排水管温度明显高，是由于冷却器底部和外壳之间有缝隙，热空气从冷却器底板肋骨中的空隙漏出造成的。该热空气旁通会阻止冷凝水自由流动到排水管中。已研发了一个成型的密封条来封闭冷却器下方以及上部的缝隙。底板肋骨中的孔也应封闭上，见图 2 所示。

2.2　确保空冷器（SAC）冷凝水的正常排放

为了实现气水分离器的最佳性能，空冷器（SAC）中形成的冷凝水应尽可能在空冷器（SAC）后直接排放掉。以下修改方法取决于空冷器（SAC）和气水分离器的运行效果，见图 3 所示：

（1）挡板防止气水分离器中的冷凝水残留。

（2）改进外壳以提供足够的间隙，让冷凝水流向排水管道。

（3）在冷却器底板肋骨中开孔，允许冷凝水自由流向排水管道。

（4）足够流量的排水管路 .

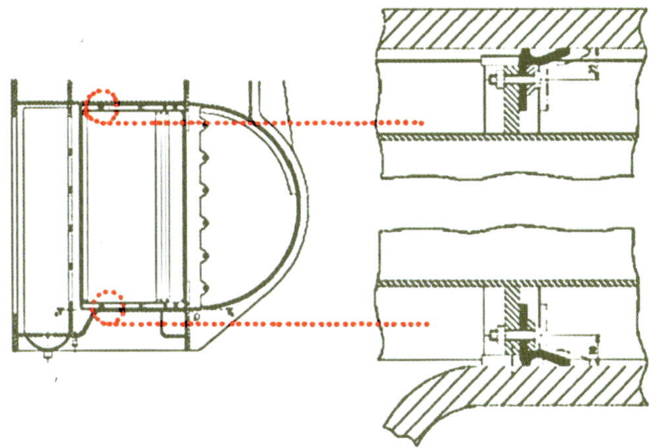

图 2　热空气旁通的位置

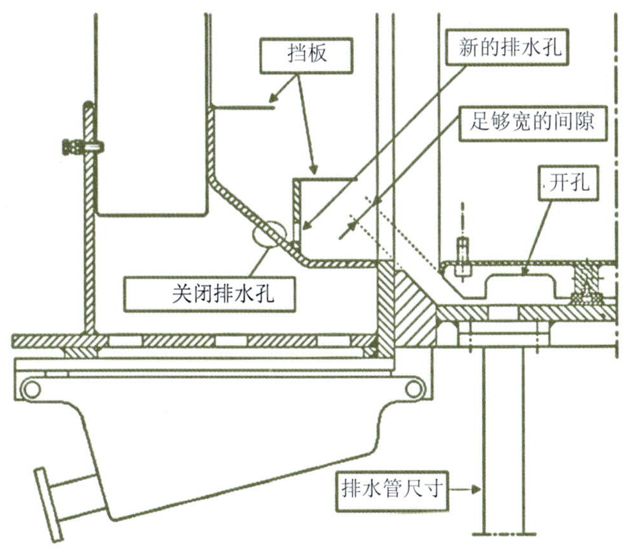

图 3　RTA 84C 事例

2.3 独立的排水管路

为了防止互联的排水管之间互相干扰，应安装独立的排水管。管道通过蝶阀后相连。蝶阀钻有节流孔，正常运行时，应处于关闭状态。为了防止节流孔口堵塞，应每天打开阀门冲洗管道。应安装视镜以监测冷凝水的流量。蝶阀的排水管应与排泄筒相连。

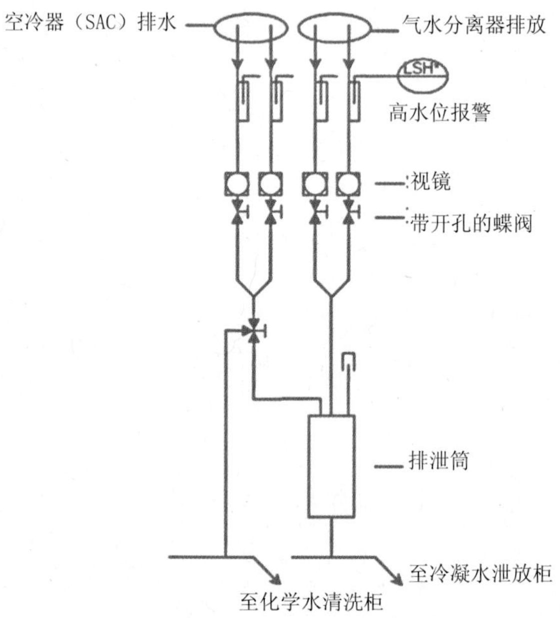

图 4　修改后的空冷器排水管路

2.4 气水分离器

应采用最新的气水分离器设计，以确保在空冷器（SAC）后实现最佳水分离效果。

2.5 含油污水的排放

辅助风机运转过程中，活塞底部的含油污水可能会通过公共泄漏管进入气水分离器中。这会导致污染，从而降低气水分离器和辅助风机的效率。为了防止这种回流，气水分离器的排水管中开了一个小节流孔。

3 实施

本服务公告所述的所有修改应当一起执行，并在预定港口停留期间由 Wärtsilä 服务工程师执行。

请联系当地的 Wärtsilä 服务网络代表对柴油机的状况进行审查。

第 3 章 服务信息

3.1 MAN 柴油机服务信息

SL2003-428/KEA

2003 年 8 月

3.1.01 关于“符合 IMO 附则 VI 规定的二冲程柴油机统一技术文件”

根据 IMO MARPOL 73/78 公约附则 VI“防止船舶造成大气污染规则”的规定，我们制定了统一技术文件的指导原则。

制定统一技术文件指导原则的目的是确保 MAN B&W 二冲程柴油机按照 IMO MARPO 附则 VI 的规定进行测试。此外，还告知船东和操作者这些技术文件的信息，以及如何通过使用统一 MAN B&W Diesel 标准来满足附则 VI 的规定。

“符合 IMO MARPOL 附则 VI 规定的 MAN B&W 二冲程柴油机统一技术文件”概况

1.1 引言

国际海事组织（IMO）已经颁布 MARPOL 73/78 附则 VI，其中涉及防止船舶对大气造成污染。该附则适用于从 2000 年 1 月 1 日起交付的所有柴油机，并在 2004 年年中开始生效。在过去的五年中，MAN B&W Diesel 公司已经与专利生产商、船级社合作（船旗国代表）设计了一个适合在船上可执行检验的符合 IMO 附则 VI 规定的统一技术文件。

柴油机制造商所制作的第一批 TF 文件都是根据不同船级社需求确定的，因此他们并不一致。作为特许，MAN B&W Diesel 公司承担专利生产商和船级社两者之间使用的统一的 TF 文件的协调任务。 此任务包括之后进行柴油机调整或者必须更换柴油机部件时船东所必须遵循的程序。

使用统一的 MAN B&W Diesel TF 文件的优势如下：

（1）确定性的 TF 市场接受程度。

（2）满足客户要求，船舶在船旗国检查时，柴油机能够符合规则要求。

（3）一种基于船员以熟悉为基础原则的检验方法。

（4）在同一个体系里有更多的柴油机被确认，从而降低了成本。

（5）在排放检测方面的也将减少开支。

（6）首制柴油机可以在 MAN B&W Diesel 与专利生产商之间共享，这将会极大减少排放检测的项目以及未来认证的成本。

1.2 技术文件的设计

MAN B&W Diesel 统一概念的原则是定义一台柴油机的 NOx 含量和性能参数（例如，pmax、pcomp、Tscav 和 pback 的检测值）是否符合 NOx 排放限制的规定。

在过去，专利生产商用部件设置的公差来替代性能参数。然而，如果操作人员更换了这个部件或者对柴油机进行了调整， 将导致船旗国检查时柴油机不符合海上排放规定，除非进行大量的台架测试（TB）以便验证这些变更是符合 IMO 规定的。

IMO 附则 VI 生效后，TB 和海上试验的符合性测试变得非常重要，而且还将进行海上的跟踪，检查在何处进行了变更和调整。

对之前已交付的柴油机在检验时可能不符合要求，因此，对柴油机进行过变更的所有船东应当在附则 VI 生效之前与制造商取得联系，协商有关状态的问题解决。

在海上运行期间船东更换了部件，此统一体系将允许柴油机更换 MOx 部件，并仍然满足 IMO 符合性要求。

1.3 总结

统一 TF 文件是由 MAN B&W 引入的标准 TF 文件，并且被国际船级社所接受，未来建造所有柴油机的专利生产商都会遵循的。

2 MAN B&W Diesel 统一技术文件

2.1 总体概念

IMO 组织对 NOx 技术规范定义了以下三种类别的柴油机：（1）单个柴油机

（2）柴油机组

（3）柴油机家族

柴油机组和柴油机家族包括一台首制柴油机和一组批量柴油机。所有二冲程柴油机都可以定义为一个柴油机组，不是作为首制柴油机（代表批量柴油机）就是作为一个批量柴油机。

原则上，用于单个柴油机和首制柴油机的申请检验程序大多都是相同的。批量柴油机的不同之处在于不必进行排放检测——也不必执行台架试验（TB）或海上试验。

2.2 MARPOL 修正案

修正案规定了变更原 IMO 部件和定义柴油机 TF 文件设置的正式文书。当专利生产商按照统一 TF 概念将组别文件提交给 MAN B&W Diesel 时，MAN B&W Diesel 按 IMO 新修正案实施批准现有首制柴油机。

2.3 检验方法

检验方法包括台架试验、海上试验和船上的检验。

在下文中，我们将检验方法的流程图划分为不同的部分，以便更详细的进行介绍，见图 B1 所示（TF 文件中的附录 B）。

2.3.1 首制柴油机台架试验中的 IMO 检验

性能参数检查是检验方法的基础，所涉及的测量值在之后将用作批量柴油机的参考值。性能的变化意味着氮氧化物水平的变化。

（1）性能检查

a. 测试性能、b. 测量氮 NOx

（2）“NOx 相关部件”检查

c. 检查喷油嘴、d. 其它“NOx 相关部件”、e. 验证设置值

（3）打印检验表格 *）

*）与 EIAPP 证书有关

a+b）性能和 NOx 测试

按照 E2/E3 IMO 循环周期的规定，在四个负荷点的位置测量。

c）为了一种柴油机类型的发展，因而后续批量柴油机与首制柴油机紧密相关。不同类型柴油机的不同类型的喷油嘴通常需要进行试验测试。

d）经过认证的符合 IMO 要求的 NOx 部件被列入柴油机 TF（或者预 TF）内。

e）设置值仅作为指导，并未验证柴油机的实际 NOx 排放水平。该数值仅用于指导原则，指导以后的调整，例如，燃油凸轮或排气凸轮位置的拆检。

f）检验规则将根据正式 TB 测试数据来建立。

2.3.2 批量柴油机台架试验（TB）的检验

首制柴油机与批量柴油机检验的主要不同之处就是只有首制柴油机才会测量 NOx 排放。对于批量柴油机，性能检查的验证符合性将依据首制柴油机的 NOx 数据。

（1）性能检查

a. 测试性能、b. 评估氮氧化物（TB）

（2）“NOx 相关部件”检查

c. 检查喷油嘴、d. 其它“NOx 相关部件”、e. 验证设置值

（3）打印检验表格

a）性能测试

按照 E2/E3 IMO 规定，在四个负荷点位置测量。如果该数值处于 TF 指定公差范围内，则无需对柴油机进行调整，试验可以继续。

b）氮氧化物评估

当性能测量值和环境状态被输入程序时，基于首制柴油机数据制作的检验规则（TB 版本）将自动进行一次 NOx 评估。如果性能测量值不处于接受范围内，就

意味着评估的 NOx 水平已超过限制值，表示柴油机不符合要求。

c+d）经过认证的 IMO　NOx 相关部件就被列于柴油机 TF 内。

e）设置值仅作为指导，并未验证柴油机的实际 NOx 排放水平。该数值仅用于指导原则，指导以后所进行的调整，例如，包括燃油凸轮或排气凸轮位置的拆检。

f）检验表格记录了检验情况，打印后用于参考，包括在批量柴油机 TF 内。

2.3.3 海上试验检验（无任何部件调整和改变 *）

在海上试验或者船上检验期间，当未发生部件的调整或者变化时，一个 NOx 部件的检查将足以验证柴油机是否符合要求。所有至今已建立的文件（证明和 TF）都应当进行检查，并且将结果包括在 IAPP 证书内，留船保存。

（1）“NOx 相关部件”检查

c. 检查喷油嘴、d. 其它氮氧化物部件（被视为必要的）、e. 验证设置值（被视为必要的）

（2）打印检验表格

*）如果使用的部件发生了变更，在本文第 4 节案例中使用船舶检验规则版本的情况下是有效的。

c）最受 NOx 影响的部件——燃油喷油嘴需要检查 ID 编号。

d）当认为有必要时，船级社可能检查其它的部件，通过验证以及与 TF 部件 ID 编号进行对比的方式进行检查。

e）同样，对于设置值，包括燃油凸轮和排气凸轮位置，一旦视为有必要，船级社都可以进行验证。

f）检验表格记录了检验情况，打印后用于参考，并且插入 IAPP 证书内（直至在“柴油机记录薄”得到附则 VI 批准为止）。

2.3.4 船上的检验

一旦对部件进行了任何调整或变更，则必须进行以下检验工作（在海上试验期间以及之后在船上）。所有已确定的文件和证书（具有 TF 和 IAPP 的 EIAPP）均必须进行检查，检验结果必须填写在船上柴油机记录薄中，以便之后参阅。

（1）性能检查

a. 性能测试、b. NOx 评估（VIT 或非 VIT）

（2）“NOx 相关部件”检查

c. 检查喷油嘴、d. 其它‘NOx 相关部件’（视为必要时）、e. 验证设置值（视为必要时）

（3）打印检验表格

a）性能测试

对于配有 VIT 的柴油机，应当测量 75% 的负荷点以及拐点上方的一个负荷点。对于无 VIT 的柴油机，则只需测量 75% 负荷点。所测得的性能数据如上所述处理。

b）NOx 评估

当性能测试值和环境状态被输入程序内时，基于首制柴油机数据制作的检验规则（船上版本）将自动进行一次 NOx 评估。如果性能测量值不处于可接受范围内，评估的 NOx 水平可能超过限制值，并且表示柴油机不符合要求。

c）最受 NOx 影响的部件—— 燃油喷油嘴需要由船级社检查 ID 编号。

d）当视为必要时，船级社可以检查其他 NOx 部件，通过验证以及与 TF 部件 ID 编号进行对比。

*）船舶存在两个版本的检验规则，这取决于柴油机高压油泵系统情况（VIT 或非 VIT）。

e）设置值，包括燃油凸轮和排气凸轮位置，当船级社视为必要时可能需要验证。然而，该数值仅作为指导用途。

f）检验表格记录了检验情况，打印后用作参考，并且被包括在“柴油机记录薄”内。

4 案例

一种典型的状态如下所示：

一个柴油机组的建立是基于 No.1 柴油机作为首制柴油机被测试。No.2 批量柴油机按照已建立的 TF 协议交付，但是对于 No.3 批量柴油机，决定对一个新的燃油喷油嘴进行对比试验。

No.1：首制柴油机

No.2：批量柴油机

No.3：批量柴油机（新燃油喷油嘴试验）

No.4：批量柴油机

为了保持柴油机组的证书，则存在两种不同的可能性：

（1）如果能证明新喷油嘴具有比原喷油嘴更低的氮氧化物排放值，那么在对喷油嘴进行更改之后，则可以将新喷油嘴添加至 TF 内。

（2）可以将 No.3 柴油机作为新的首制柴油机，建立一个新的柴油机组。在这种情况下，对于之前的批量机，新批量机 TF 需要从新建立。根据所使用喷油嘴的情况， NO.4 柴油机可以被认证为其中的一个柴油机组。

来自于 MAN B&W Diesel 的协助

对 TF 的应用存在的任何问题，请联系 MAN B&W Diesel 部门 2110。

检验方法的详细简介可以在 TF 内（章节 3 和附录 B）找到。

检验开始
检验类型
工厂台架试验，TF 的检验（EIAPP）
海上试验，TF 检查（IAPP）
船上检验
TF 的检查和记录薄
首制柴油机
柴油机型号
批量柴油机
1)
性能检查 1）：
测试性能
测量 NOx
“NOx 相关部件”检查：
c）检查喷油嘴
d）其它 NOx 部件
e）验证设置值
打印检验表格
（适用 EIAPP）
No
调整
性能 & 部件认证
Yes
签署文件
2)
性能检查 1）：
a）测量测试
b）评估 NOx（TB
“NOx 相关部件”检查：
c）检查喷油嘴
d）其它 NOx 部件
e）验证设置值
打印检验表格
No
调整
性能 & 部件认证
Yes
调整或部件变更
Yes
No
3)
NOx 部件检查：
c）检查喷油嘴
d）其它 NOx 部件
（当视为必要时）
e）验证设置值
（当视为必要时）
打印检验表格
签署文件并且添加至记录薄
4)
性能检查 2）
测试性能
评估 NOx（VIT 或非 VIT）
NOx 部件检查：
c）检查喷油嘴
d）其它 NOx 部件
（当视为必要时）
e）验证设置值
（当视为必要时）
打印检验表格
No
调整
性能 & 部件认证
Yes
调查结束
1）4 个负荷点（E2/E3）
2）适用于配有 VIT 的柴油机：75% 负荷以及拐点上方的一个负荷点。无 VIT：仅为 75% 负荷点。

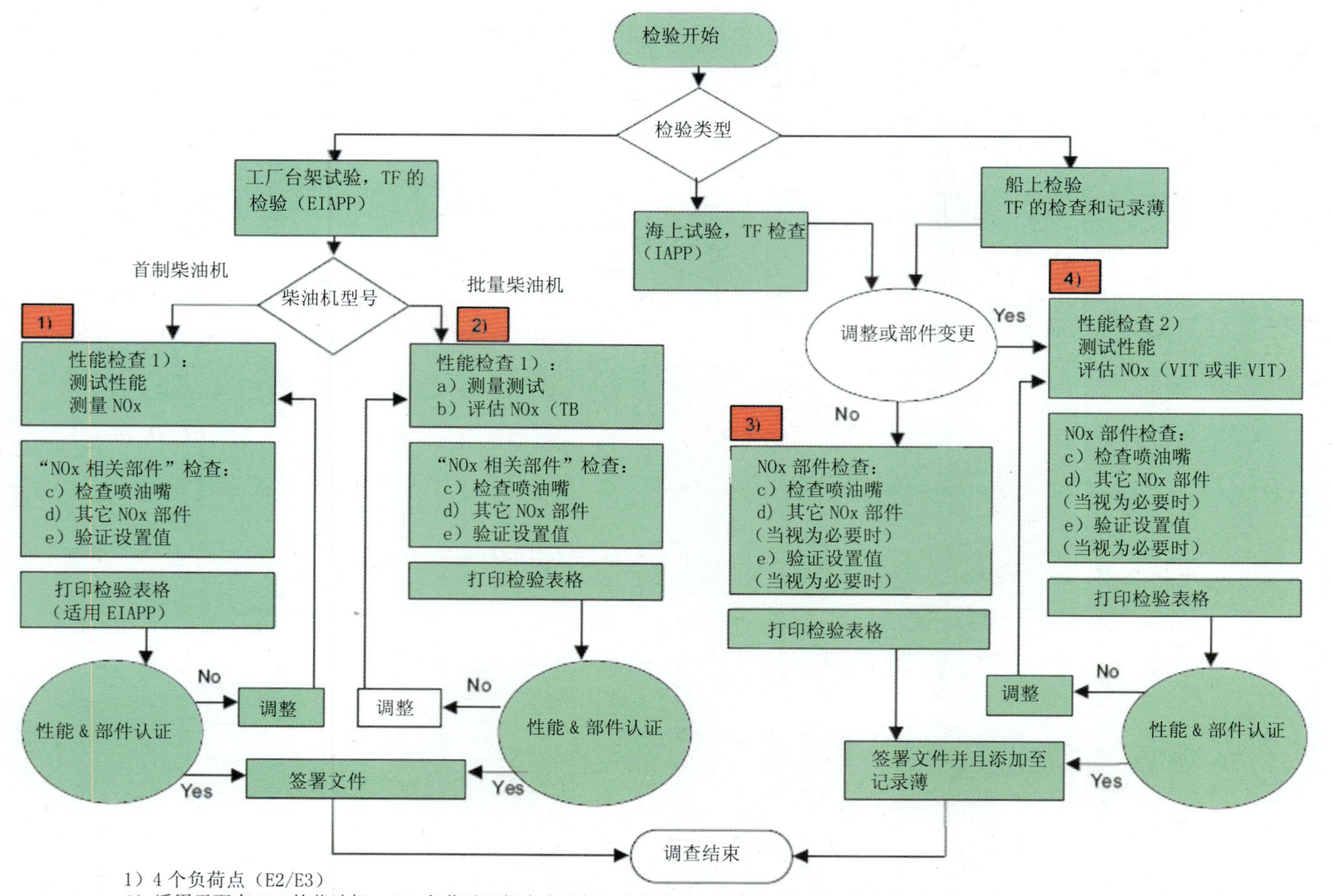

图 1　调查方法的流程图

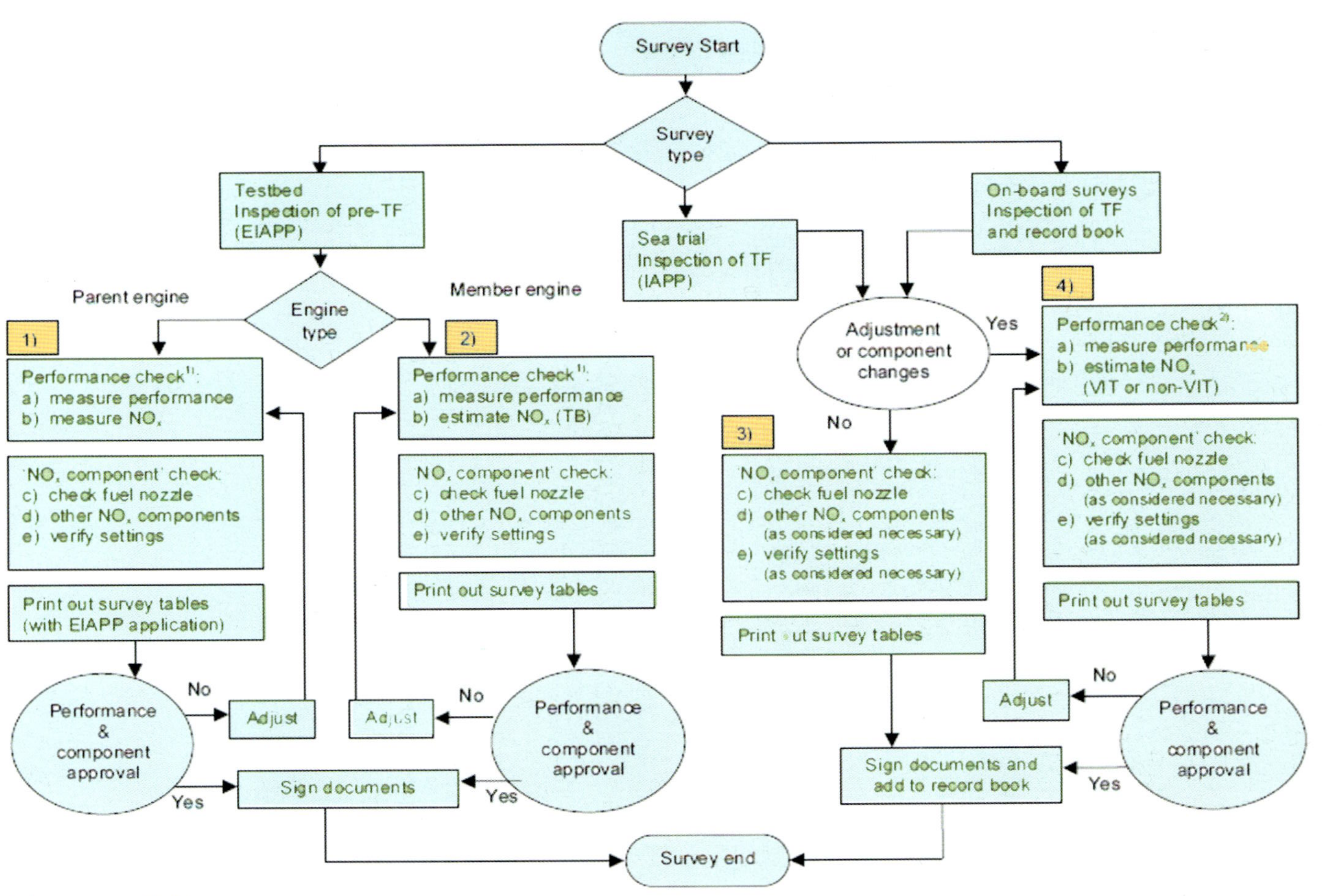

图 1　调查方法的流程图（原文）

SL2005-450/PDP

2005 年 5 月

3.1.02　气缸组的垫片套件

适用机型：所有类型四冲程柴油机

我们已经发布了一份更新版本的服务信函“气缸组的垫片套件”，用于替换 1999 年 4 月之前的版本 SL99-363/SIC。

垫片套件内所附上的具有备件编号的铭牌将用作安装各个部件时的指导原则。

因为每个垫片套件都可能涉及几代柴油机，在某些状态下可能存在部分的剩余，注意：这些部件是不可返回给 MAN B&W 的。

当订购垫片套件时，请参阅柴油机类型和柴油机编号。

所有备件均可作为单独部件进行订购和交付。如果未选择上述“套件方案”，请按柴油说明书及《备件编码手册》内原始铭牌备件编号进行订购。

气缸组的垫片套件

根据维护经验，客户需要订购气缸组的垫片套件，其可能会被用于气缸盖检修和 / 或柴油机检修期间。

我们库存将提供所有柴油机类型的此类垫片套件。

垫片套件所附上的具有备件编号的铭牌将用作为安装各个部件时的指导原则。

因为每个垫片套件都可能涉及几代柴油机，在某些状态下其可能存在部分剩余。这些部件是不可返回给 MAN B&W 的。

当订购垫片套件时，请参阅柴油机类型和柴油机编号。

所有备件均可作为单独部件进行订购和交付。如果未选择上述“套件方案”，请按照《备件编码手册》内原始铭牌备件编号进行订购。

<table>
<tr><td>26MTB-40
26MTB-40V</td><td>索引</td></tr>
<tr><td>21MTB-30
T23H
V23H
T23L
V23L
T23L-4
T23L-4E
L23/30
L23/30H
S28H
U28H
S28L
U28L
S28L-4
U28L-4
S28L-4E
S28PH
L28/32
V28/32
L28/32A
L28/32H
V28/32H
L16/24
L27/38
L21/31
V28/32S</td><td>气缸组的垫片套件
柴油机类型 L23/30 ......K001.00
柴油机类型 T+V23H, T+V23L K002.00
柴油机类型 L23/30H（300-系列）......K003.00
柴油机类型 T23L-4, T23L-4E......K004.00
柴油机类型 S+U28H, S+U28L K005.00
柴油机类型 S+U28L K006.00
柴油机类型 S+U28L-4, S28L-4E K007.00
柴油机类型 L+V28/32 ......K009.00
柴油机类型 L28/32A, L+V28/32H K010.00
柴油机类型 DM-26MTB-40 ......K011.00
柴油机类型 DM-26MTB-40, DM-26MTB-40V K012.00
柴油机类型 DM-21MTB-30 ......K013.00
柴油机类型 L16/24 ......K015.00
柴油机类型 L27/38 ......K016.00
柴油机类型 L23/30H（500-系列）......K017.00
柴油机类型 L21/31 ......K018.00
柴油机类型 V28/32S K019.00

用于整个气缸组更换的垫片套件
柴油机类型 L16/24 ......K015.01
柴油机类型 L27/38 ......K016.01
柴油机类型 L21/31 ......K018.01</td></tr>
</table>

K001.00	气缸组的垫片套件	铭牌 页码 1 (2)

L23/30

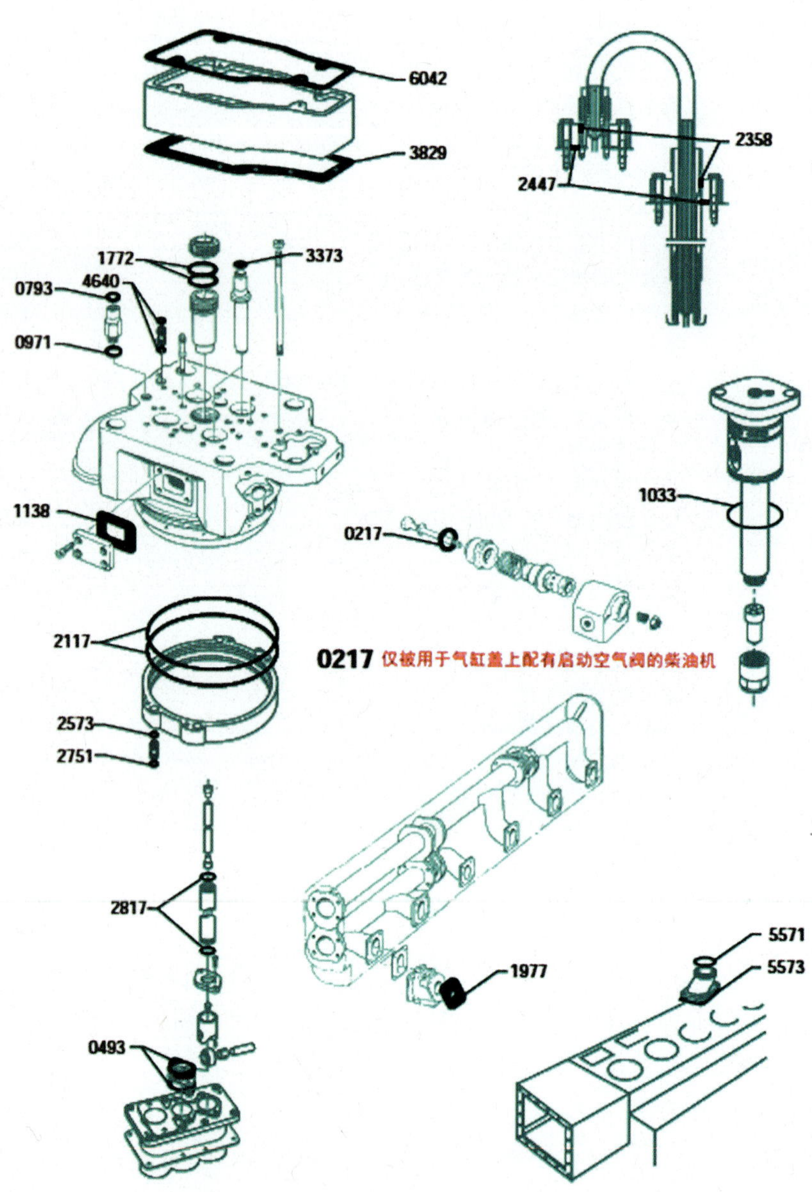

K001.00	气缸组的垫片套件	铭牌 页码 2 (2)

L23/30

气缸组的垫片套件订购编号请参阅下表

K001.00

部件编号	数量	名称	在柴油机说明书内查找
4640	2/C	O型圈	铭牌 30502
0793	1/C	垫片	铭牌 30601
0971	3/C	垫片	铭牌 30601
1138	2/C	垫片	铭牌 30601
1772	2/C	O型圈	铭牌 30601
2117	2/C	O型圈	铭牌 30601
2573	4/C	O型圈	铭牌 30601
2751	4/C	O型圈	铭牌 30601
3373	4/C	O型圈	铭牌 30601
3829	1/C	垫片	铭牌 30601
0217	1/C	垫片	铭牌 30602
6042	1/C	垫片	铭牌 30801
0493	2/C	垫片	铭牌 30802
2817	4/C	O型圈	铭牌 30802
5571	1/C	O型圈	铭牌 30901
5573	1/C	垫片	铭牌 30901
1977	1/C	垫片	铭牌 30902
1033	3/C	O型圈	铭牌 31101
2358	2/C	O型圈	铭牌 31102
2447	2/C	垫片	铭牌 31102

请注意！这些部件都是成套提供，并且任何超过数量的O型圈和垫片将不能退回

数量 /C = 数量 / 每缸

铭牌 页码 1 (2)	气缸组的垫片套件	K002.00

T+V23H
T+V23L

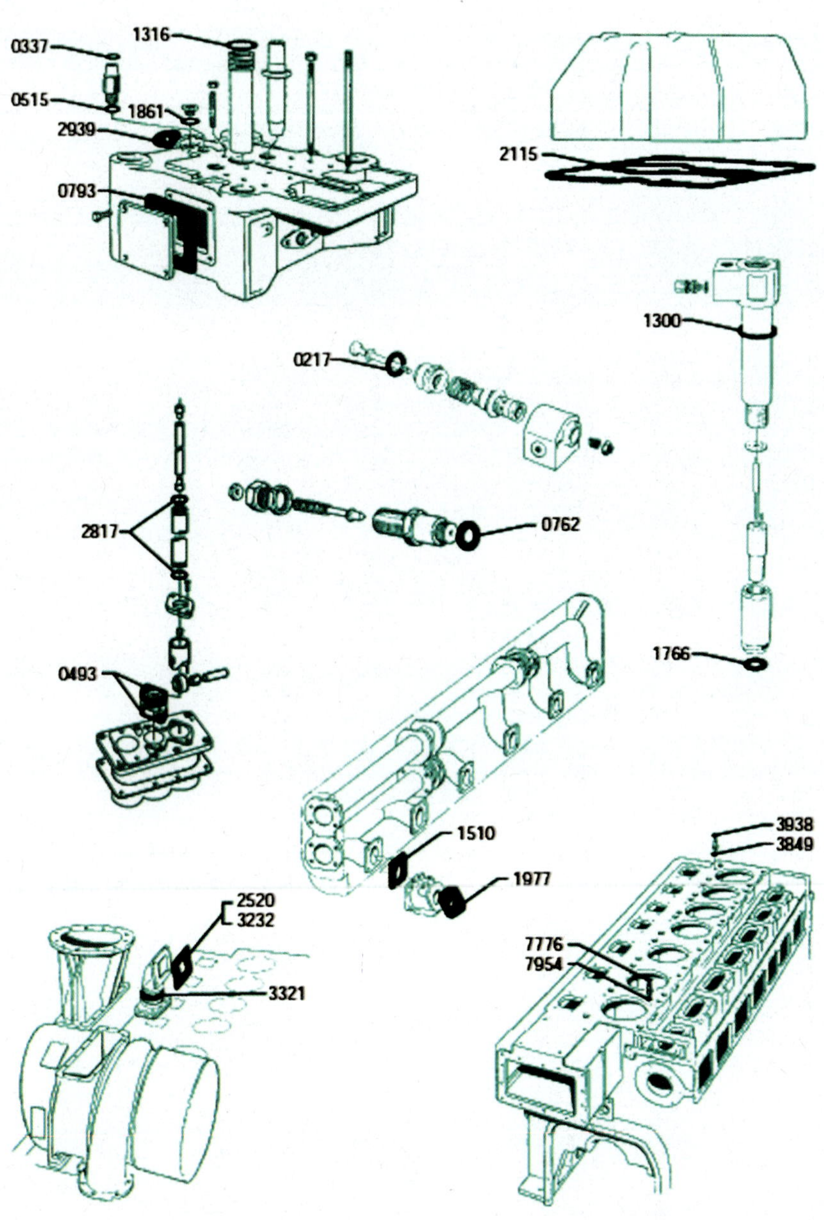

K002.00	气缸组的垫片套件	铭牌 页码 2 (2)

T+V23H
T+V23L

气缸组的垫片套件订购编号请参阅下表

K002.00

部件编号	数量	名称	在柴油机说明书内查找
3849	1/C	O型圈	铭牌 30502
3938	1/C	垫片	铭牌 30502
7776	1/C	O型圈	铭牌 30502
7954	1/C	垫圈	铭牌 30502
0337	1/C	垫片	铭牌 30601
0515	3/C	垫片	铭牌 30601
0793	2/C	垫片	铭牌 30601
1316	2/C	O型圈	铭牌 30601
1861	1/C	垫片	铭牌 30601
2939	1/C	垫片	铭牌 30601
0217	1/C	垫片	铭牌 30602
0762	1/C	垫片	铭牌 30602
2115	1/C	垫片	铭牌 30801
0493	2/C	垫片	铭牌 30802
2817	4/C	O型圈	铭牌 30802
3232	1/C	垫片	铭牌 30901
3321	1/C	O型圈	铭牌 30901
1510	1/C	垫片	铭牌 30902
2520	1/C	垫片	铭牌 30901
1977	1/C	垫片	铭牌 30902
1766	1/C	垫片	铭牌 31101
1300	1/C	O型圈	铭牌 21401

请注意！这些部件都是成套提供，并且任何超过数量的O型圈和垫片将不能退回

数量 /C = 数量 / 每缸

铭牌 页码 1 (2)	气缸组的垫片套件	K003.00

L23/30H

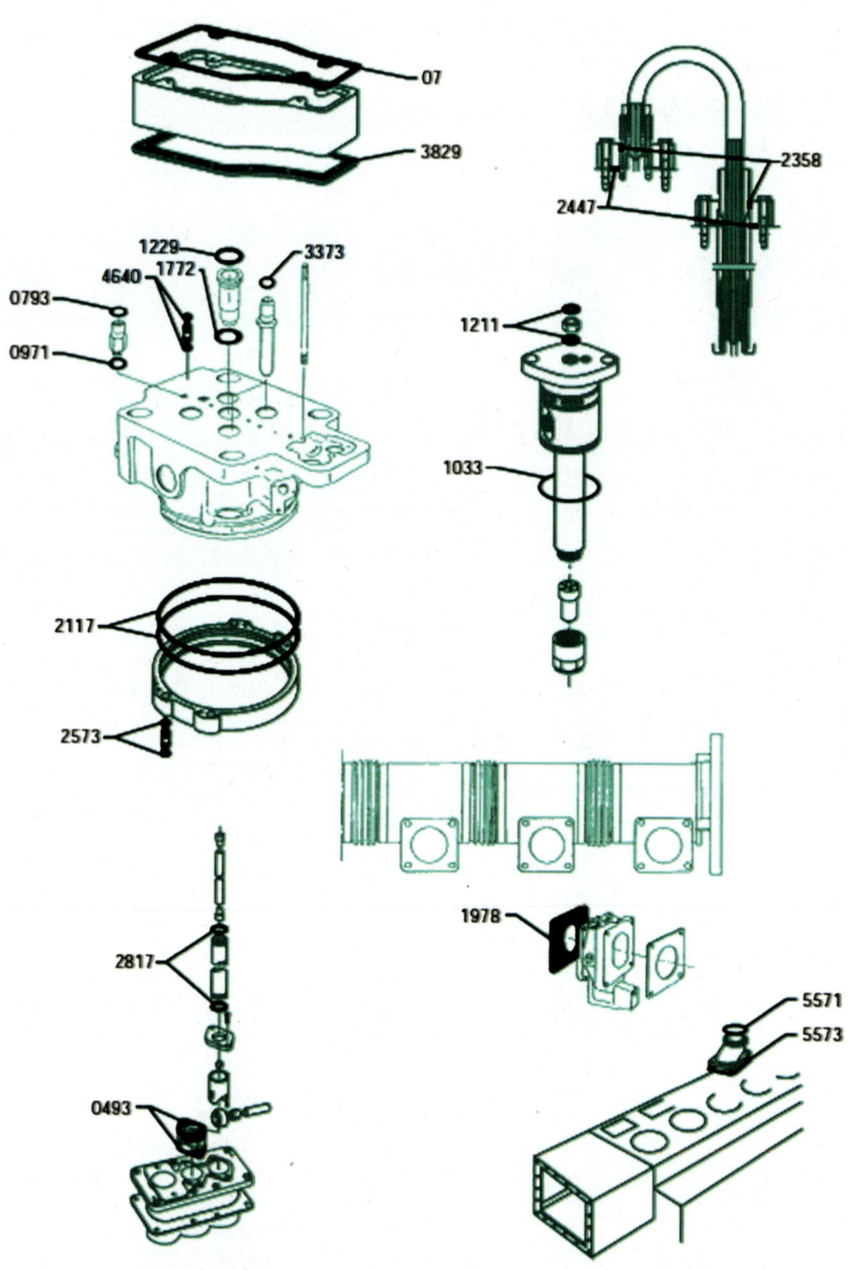

K003.00	气缸组的垫片套件	铭牌 页码 2 (2)

L23/30H

气缸组的垫片套件订购编号请参阅下表

K003.00

部件编号	数量	名称	在柴油机说明书内查找
4640	2/C	垫片	铭牌 30502
0793	1/C	垫片	铭牌 30601
0971	3/C	垫片	铭牌 30601
1229	1/C	锁定环	铭牌 30601
1772	1/C	O型圈	铭牌 30601
2117	2/C	O型圈	铭牌 30601
2573	8/C	O型圈	铭牌 30601
3373	4/C	O型圈	铭牌 30601
3829	1/C	垫片	铭牌 30601
07	1/C	垫片	铭牌 30610
0493	2/C	垫片	铭牌 30802
2817	2/C	O型圈	铭牌 30802
5571	1/C	O型圈	铭牌 30901
5573	1/C	垫片	铭牌 30901
1978	1/C	垫片	铭牌 30902
1033	3/C	O型圈	铭牌 31101
1211	2/C	垫片	铭牌 31101
2358	2/C	O型圈	铭牌 31102
2447	2/C	垫片	铭牌 31102

请注意！这些部件都是成套提供，并且任何超过数量的O型圈和垫片将不能退回

数量 /C = 数量 / 每缸

铭牌 页码 1(2)	气缸组的垫片套件	K004.00

T23L-4
T23L-4E

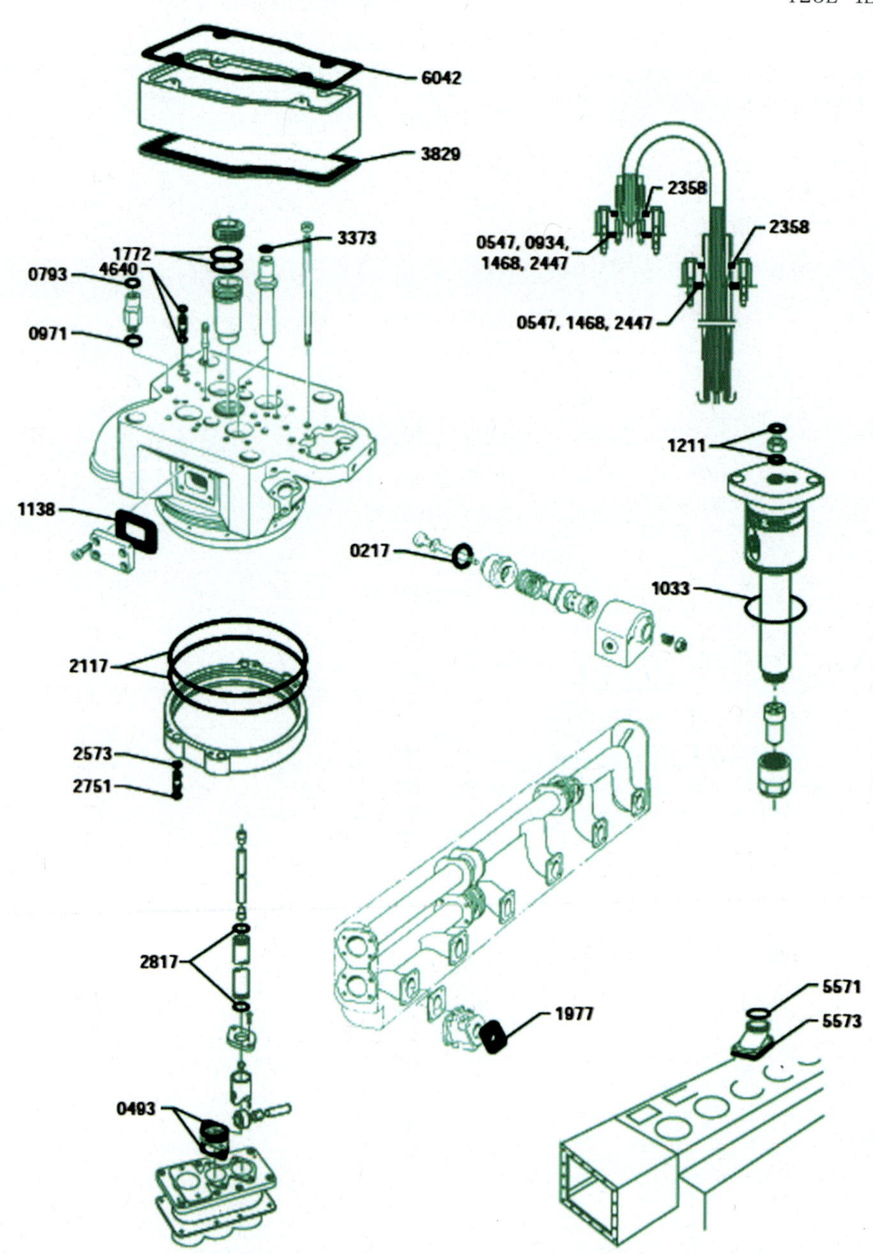

K004.00	气缸组的垫片套件	铭牌 页码 2(2)

T23L-4
T23L-4E

气缸组的垫片套件订购编号请参阅下表

K004.00

部件编号	数量	名称	在柴油机说明书内查找
4640	1/C	○型圈	铭牌 30502
0793	1/C	垫片	铭牌 30601
0971	3/C	垫片	铭牌 30601
1138	2/C	垫片	铭牌 30601
1772	2/C	○型圈	铭牌 30601
2117	2/C	○型圈	铭牌 30601
2573	4/C	○型圈	铭牌 30601
2751	4/C	○型圈	铭牌 30601
3373	4/C	○型圈	铭牌 30601
3829	1/C	垫片	铭牌 30601
0217	1/C	垫片	铭牌 30601
6042	1/C	垫片	铭牌 30801
1211	2/C	垫片	铭牌 30802
2817	4/C	○型圈	铭牌 30801
5571	1/C	○型圈	铭牌 30901
5573	1/C	垫片	铭牌 30901
1977	1/C	垫片	铭牌 30902
1033	3/C	○型圈	铭牌 31101
1211	2/C	垫片	铭牌 31101
请注意！对于高压管则可以采用以下四种替代措施			
1468	2/C	○型圈	铭牌 31102-01
1468	1/C	密封环	铭牌 31102-02H
0934	1/C	密封环	铭牌 31102-02H
0547	2/C	○型圈	铭牌 31102-03H
2358	2/C	○型圈	铭牌 31102-04H
2447	2/C	垫片	铭牌 31102-04H

请注意！这些部件都是成套提供，并且任何超过数量的○型圈和垫片将不能退回

数量 /C = 数量 / 每缸

铭牌 页码 1(2)	气缸组的垫片套件	K005.00

S+U28H
S+U28L

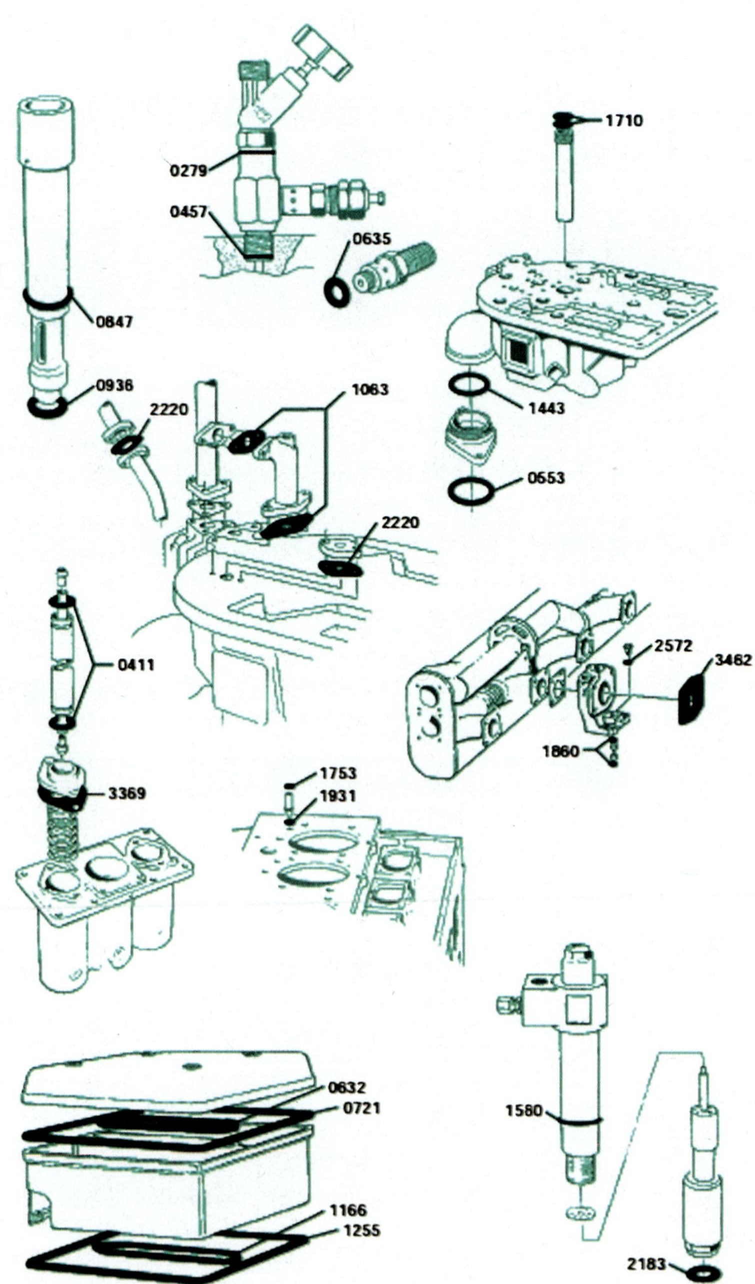

K005.00	气缸组的垫片套件	铭牌 页码 2(2)

S+U28H
S+U28L

气缸组的垫片套件订购编号请参阅下表

K005.00*

部件编号	数量	名称	在柴油机说明书内查找
0553	1/C	O型圈	铭牌 60501
1443	1/C	O型圈	铭牌 60501
1710	2/C	O型圈	铭牌 60501
1063	2/C	垫片	铭牌 60505
2220	2/C	垫片	铭牌 60505
0279	3C	垫片	铭牌 60508
0457	3C	垫片	铭牌 60508
0635	1/C	垫片	铭牌 60508
0632	1/C	垫片	铭牌 60510
0721	1/C	垫片	铭牌 60510
1166	1/C	垫片	铭牌 60510
1255	1/C	垫片	铭牌 60510
0411	4/C	O型圈	铭牌 60801
3369	2/C	垫片	铭牌 60801
1753	2/C	O型圈	铭牌 61101
1931	2/C	垫片	铭牌 61101
1860	2/C	O型圈	铭牌 61202
2572	1/C	垫片	铭牌 61202
3462	1/C	垫片	铭牌 61202
0847	1/C	O型圈	铭牌 61305
0936	1/C	垫片	铭牌 61305
1560	1/C	O型圈	铭牌 61403
2183	1/C	垫片	铭牌 61403

请注意！这些部件都是成套提供的，并且任何超过数量的O型圈和垫片将不能退回。
*）此套件与 K006.00 套件的主要区别是备件 0632，0721，1166，1255 和 0847 不相同
请确保符合说明书要求的最佳套件解决方案

数量 /C = 数量 / 每缸

铭牌 页码 1(2)	气缸组的垫片套件	K006.00

S+U28L

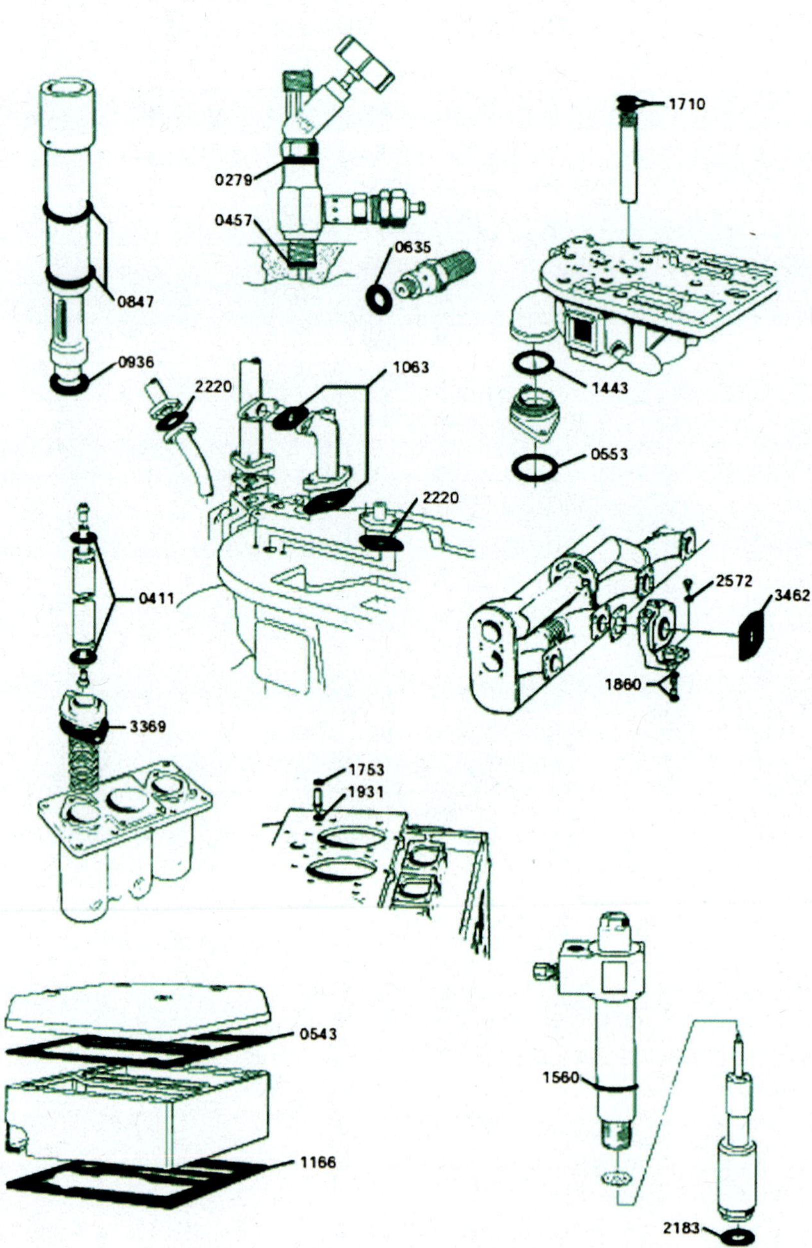

K006.00	气缸组的垫片套件	铭牌 页码 2(2)

S+U28L

气缸组的垫片套件订购编号请参阅下表

K006.00*

部件编号	数量	名称	在柴油机说明书内查找
0553	1/C	○型圈	铭牌 60501
1443	1/C	○型圈	铭牌 60501
1710	2/C	○型圈	铭牌 60501
1063	2/C	垫片	铭牌 60505
2220	2/C	垫片	铭牌 60505
0279	3C	垫片	铭牌 60508
0457	3C	垫片	铭牌 60508
0635	1/C	垫片	铭牌 60508
0543	1/C	垫片	铭牌 60510
1166	1/C	垫片	铭牌 60510
0411	4/C	○型圈	铭牌 60801
3369	2/C	垫片	铭牌 60801
1753	2/C	○型圈	铭牌 61101
1931	2/C	垫片	铭牌 61101
1860	2/C	○型圈	铭牌 61202
2572	1/C	垫片	铭牌 61202
3462	1/C	垫片	铭牌 61202
0847 A B	 1/C 1/C	 ○型圈 ○型圈	 铭牌 61305 铭牌 61305
0936	1/C	垫片	铭牌 61305
1560	1/C	○型圈	铭牌 61403
2183	1/C	垫片	铭牌 61403

请注意！这些部件都是成套提供的，并且任何超过数量的○型圈和垫片将不能退回。
*）此套件与 K005.00 套件的主要区别是备件 0543，1166 和 0847A 和 0847B 不相同

请确保符合说明书要求的最佳套件解决方案

数量 /C = 数量 / 每缸

铭牌 页码 1(2)	气缸组的垫片套件	K007.00

S+U28L-4
S28L-4E

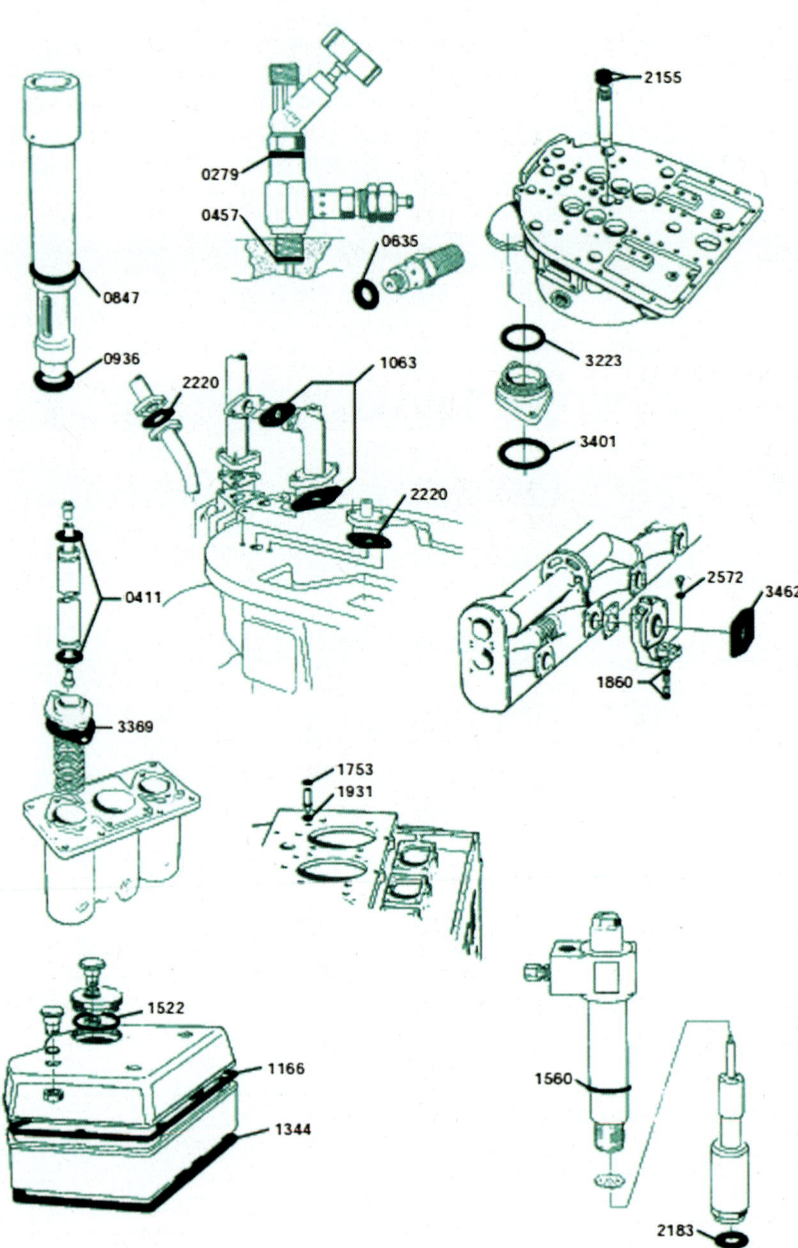

K007.00	气缸组的垫片套件	铭牌 页码 2(2)

S+U28L-4
S28L-4E

气缸组的垫片套件订购编号请参阅下表

K007.00

部件编号	数量	名称	在柴油机说明书内查找
2155	2/C	O型圈	铭牌 60501
3223	1/C	O型圈	铭牌 60501
3401	1/C	O型圈	铭牌 60501
1063	2/C	垫片	铭牌 60505
2220	2/C	垫片	铭牌 60505
0279	3C	垫片	铭牌 60508
0457	3C	垫片	铭牌 60508
0635	1/C	垫片	铭牌 60508
1166	1/C	垫片	铭牌 60510
1344	1/C	垫片	铭牌 60510
1522	1/C	O型圈	铭牌 60510
0411	4/C	O型圈	铭牌 60801
3369	2/C	垫片	铭牌 60801
1753	2/C	O型圈	铭牌 61101
1931	2/C	垫片	铭牌 61101
1860	2/C	O型圈	铭牌 61202
2572	1/C	垫片	铭牌 61202
3462	1/C	垫片	铭牌 61202
0847	1/C	O型圈	铭牌 61305
0936	1/C	垫片	铭牌 61305
1560	1/C	O型圈	铭牌 61403
2183	1/C	垫片	铭牌 61403
请注意！这些部件都是成套提供的，并且任何超过数量的O型圈和垫片将不能退回			

数量 /C = 数量 / 每缸

铭牌 页码 1(2)	气缸组的垫片套件	K009.00

L+V28/32

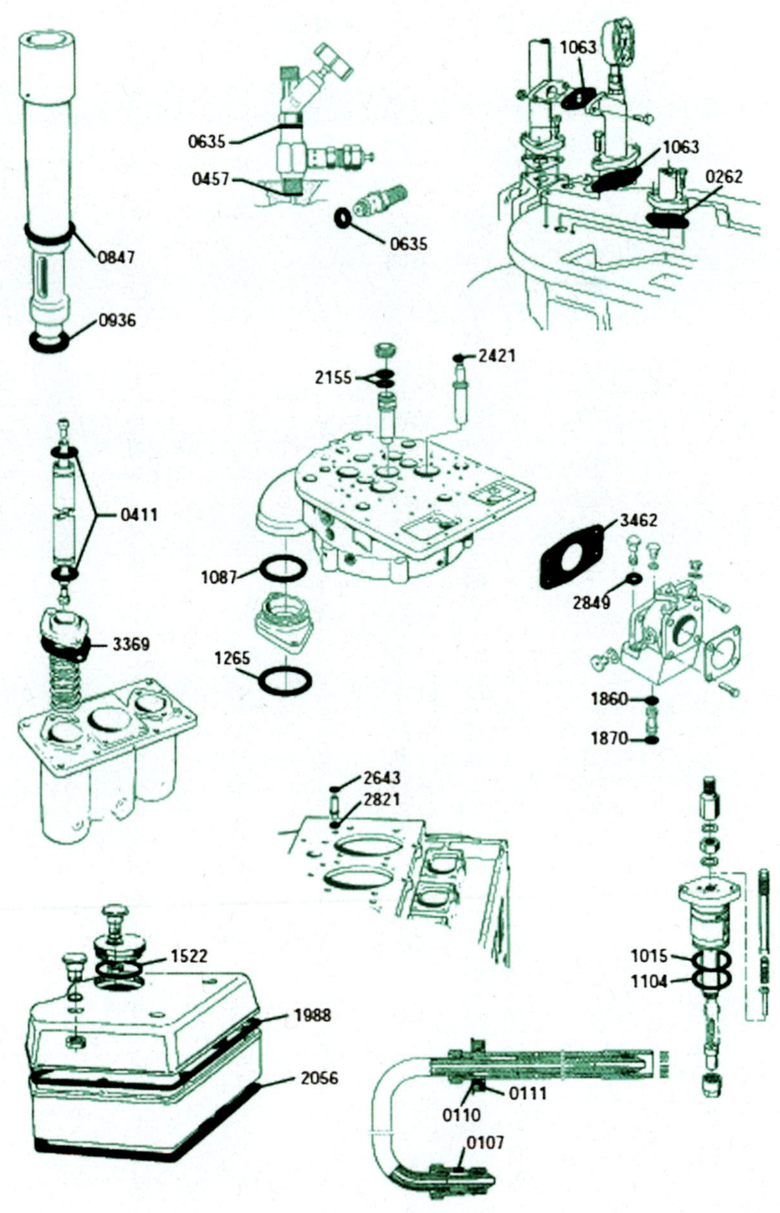

K009.00	气缸组的垫片套件	铭牌 页码 2(2)

L+V28/32

气缸组的垫片套件订购编号请参阅下表

K009.00

部件编号	数量	名称	在柴油机说明书内查找
1087	1/C	O型圈	铭牌 60501
1265	1/C	O型圈	铭牌 60501
2155	2/C	O型圈	铭牌 60501
2421	4/C	O型圈	铭牌 60501
0262	2/C	垫片	铭牌 60505
1063	2/C	垫片	铭牌 60505
0457	2/C	垫片	铭牌 60508
0635	3/C	垫片	铭牌 60508
1522	1/C	O型圈	铭牌 60510
1988	1/C	垫片	铭牌 60510
2056	1/C	垫片	铭牌 60510
0411	4/C	垫片	铭牌 60801
3369	2/C	垫片	铭牌 60801
2643	6/C	O型圈	铭牌 61101
2821	6/C	O型圈	铭牌 61101
1860	1/C	O型圈	铭牌 61202
1870	1/C	O型圈	铭牌 61202
2849	1/C	垫片	铭牌 61202
3462	1/C	垫片	铭牌 61202
0847	2/C	O型圈	铭牌 61305
0936	1/C	垫片	铭牌 61305
1015	2/C	O型圈	铭牌 61403
1104	1/C	O型圈	铭牌 61403
0107	1/C	O型圈	铭牌 61411
0110	1/C	O型圈	铭牌 61411
0111	1/C	O型圈	铭牌 61411
请注意！这些部件都是成套提供的，并且任何超过数量的O型圈和垫片将不能退回			

数量 /C = 数量 / 每缸

铭牌 页码 1(2)	气缸组的垫片套件	K010.00

L28/32A
L+V28/32H

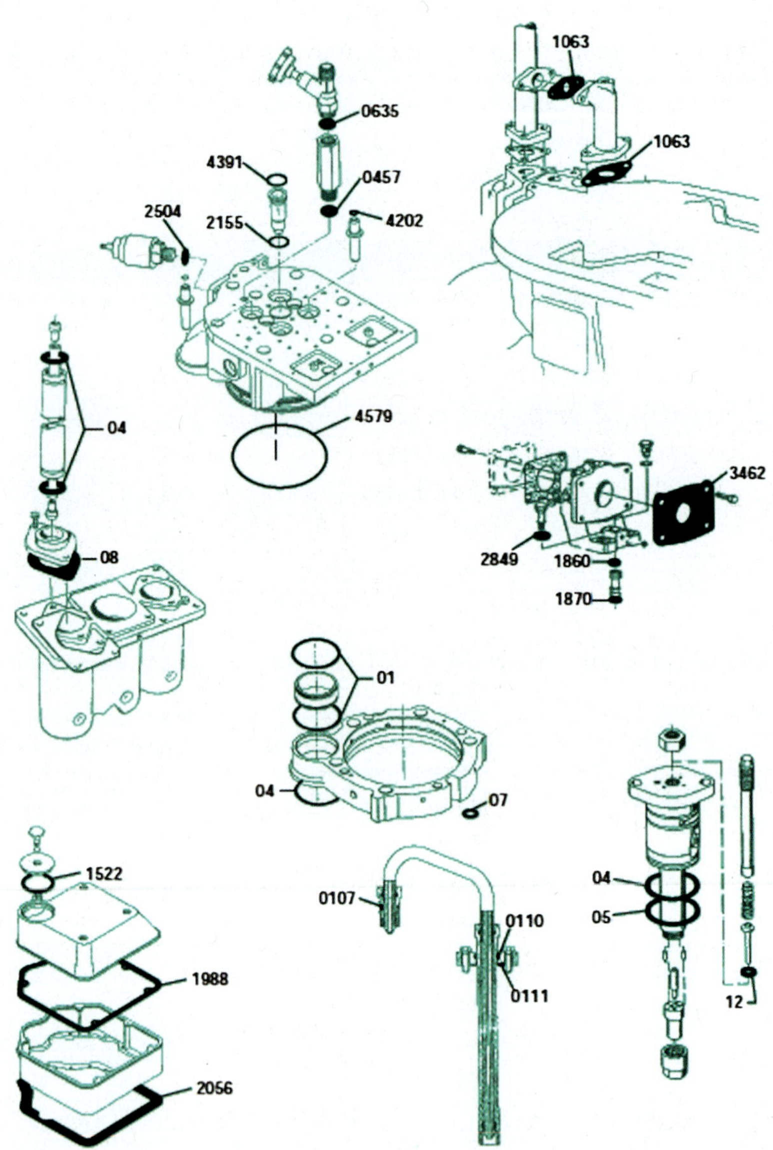

K010.00	气缸组的垫片套件	铭牌 页码 2(2)

L28/32A
L+V28/32H

气缸组的垫片套件订购编号请参阅下表

K010.00

部件编号	数量	名称	在柴油机说明书内查找
2155	1/C	O型圈	铭牌 60501
4202	4/C	O型圈	铭牌 60501
4391	1/C	锁定环	铭牌 60501
4579	2/C	O型圈	铭牌 60501
1063	2/C	垫片	铭牌 60505
0457	1/C	垫片	铭牌 60508
0635	3/C	垫片	铭牌 60508
2504	1/C	垫片	铭牌 60508
1522	1/C	O型圈	铭牌 60510
1988	1/C	垫片	铭牌 60510
2056	1/C	垫片	铭牌 60510
01	2/C	O型圈	铭牌 60610
04	1/C	O型圈	铭牌 60610
07	12/C	O型圈	铭铭 60610
04	4/C	垫片	铭牌 60801
08	2/C	垫片	铭牌 61202
1860	1/C	O型圈	铭牌 61202
1870	1/C	O型圈	铭牌 61202
2849	1/C	垫片	铭牌 61202
3462	1/C	垫片	铭牌 61202
04	2/C	O型圈	铭牌 61202
05	1/C	O型圈	铭牌 61202
12	1/C	O型圈	铭牌 61202
0107	1/C	O型圈	铭牌 61411
0110	1/C	O型圈	铭牌 61411
0111	1/C	O型圈	铭牌 61411
请注意！这些部件都是成套提供的，并且任何超过数量的 O 型圈和垫片将不能退回			

数量 /C = 数量 / 每缸

铭牌 页码 1(2)	气缸组的垫片套件	K011.00

DM-26MTB-40

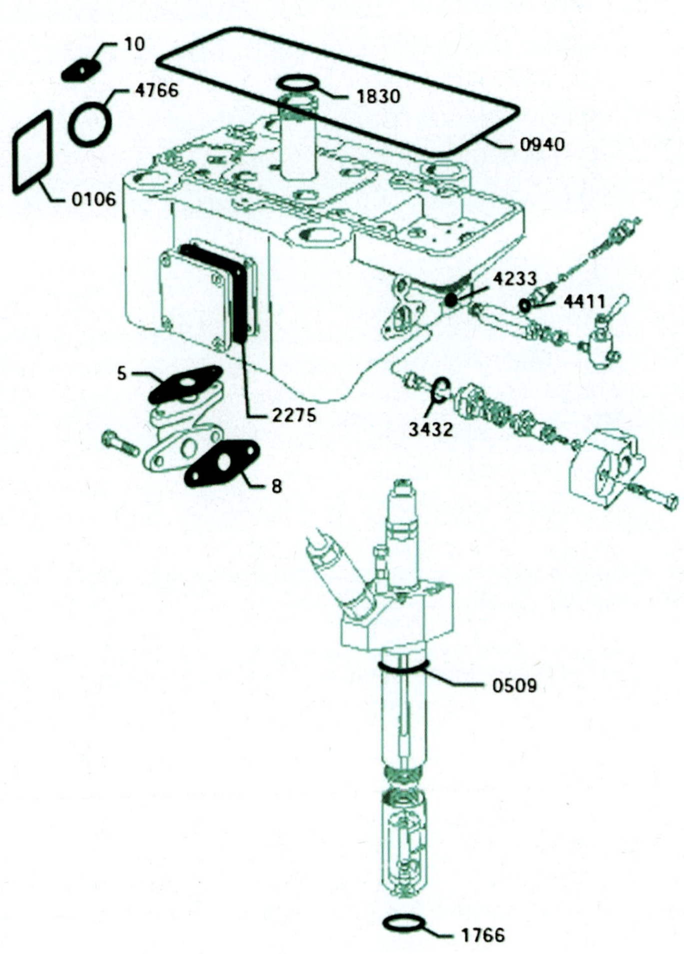

K011.00	气缸组的垫片套件	铭牌 页码 2(2)

DM-26MTB-40

气缸组的垫片套件订购编号请参阅下表

K011.00

部件编号	数量	名称	在柴油机说明书内查找
3432	1/C	垫片	铭牌 30602
4411	1/C	垫片	铭牌 30602
5767	3/C	垫片	铭牌 30602
4233	3/C	垫片	铭牌 30602
2275	2/C	垫片	铭牌 30602
1830	2/C	O型圈	铭牌 30602
0940	1/C	垫片	铭牌 30602
5	2/C	垫片	铭牌 A105A
8	2/C	垫片	铭牌 A105A
0106	1/C	垫片	铭牌 30901
4766	1/C	垫片	铭牌 30901
0509	1/C	O型圈	铭牌 31101
10	1/C	垫片	铭牌 K011.00
1766	12/C	垫片	铭牌 K011.00
请注意！这些部件都是成套提供的，并且任何超过数量的O型圈和垫片将不能退回			

数量 /C = 数量 / 每缸

铭牌 页码 1(2)	气缸组的垫片套件	K012.00

DM-26MTB-40
DM-26MTB-40V

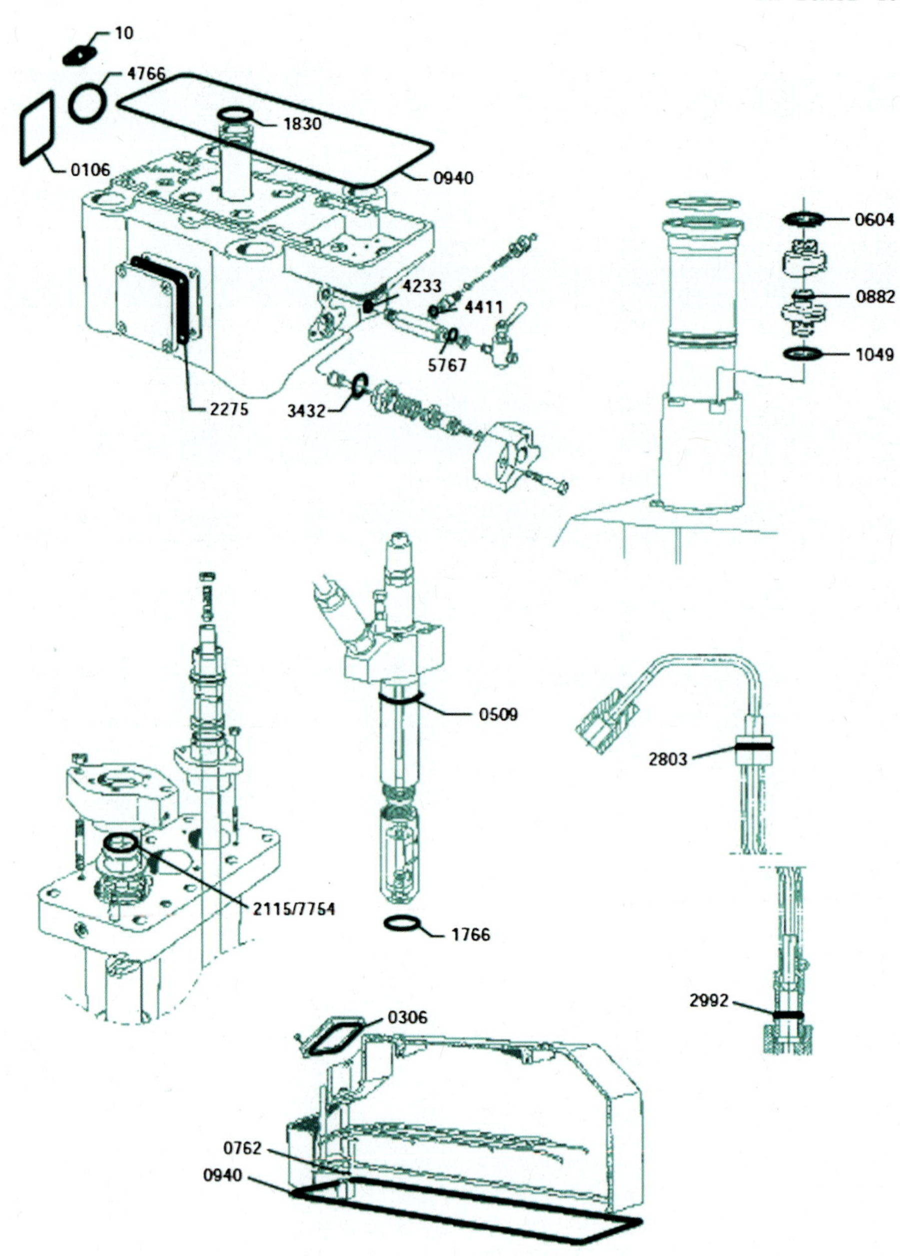

K012.00	气缸组的垫片套件	铭牌 页码 2(2)

DM-26MTB-40
DM-26MTB-40V

气缸组的垫片套件订购编号请参阅下表

K012.00

部件编号	数量	名称	在柴油机说明书内查找
0940	1/C	垫片	铭牌 30602
3432	1/C	垫片	铭牌 30602
4411	1/C	垫片	铭牌 30602
5767	3/C	垫片	铭牌 30602
4233	3/C	垫片	铭牌 30602
2275	2/C	垫片	铭牌 30602
1830	2/C	O型圈	铭牌 30602
0604	2/C	垫片	铭牌 30601
0882	2/C	O型圈	铭牌 30601
1049	2/C	垫片	铭牌 30601
0306	1/C	垫片	铭牌 30602
0940	1/C	垫片	铭牌 30602
0762	1/C	O型圈	铭牌 30602
2115	1/C	用于MDO的唇环	铭牌 30801
7754	1/C	用于MDO的唇环	铭牌 30801
3827	4/C	O型圈	铭牌 30801
0106	1/C	垫片	铭牌 30901
4766	1/C	垫片	铭牌 30901
0509	1/C	垫片	铭牌 31101
2803	1/C	O型圈	铭牌 31102
2992	1/C	O型圈	铭牌 31102
10	1/C	垫片	铭牌 K012.00
1766	1/C	垫片	铭牌 K012.00
请注意！这些部件都是成套提供的，并且任何超过数量的O型圈和垫片将不能退回			

数量 /C = 数量 / 每缸

铭牌 页码 1(2)	气缸组的垫片套件	K013.00

DM-21MTB-30

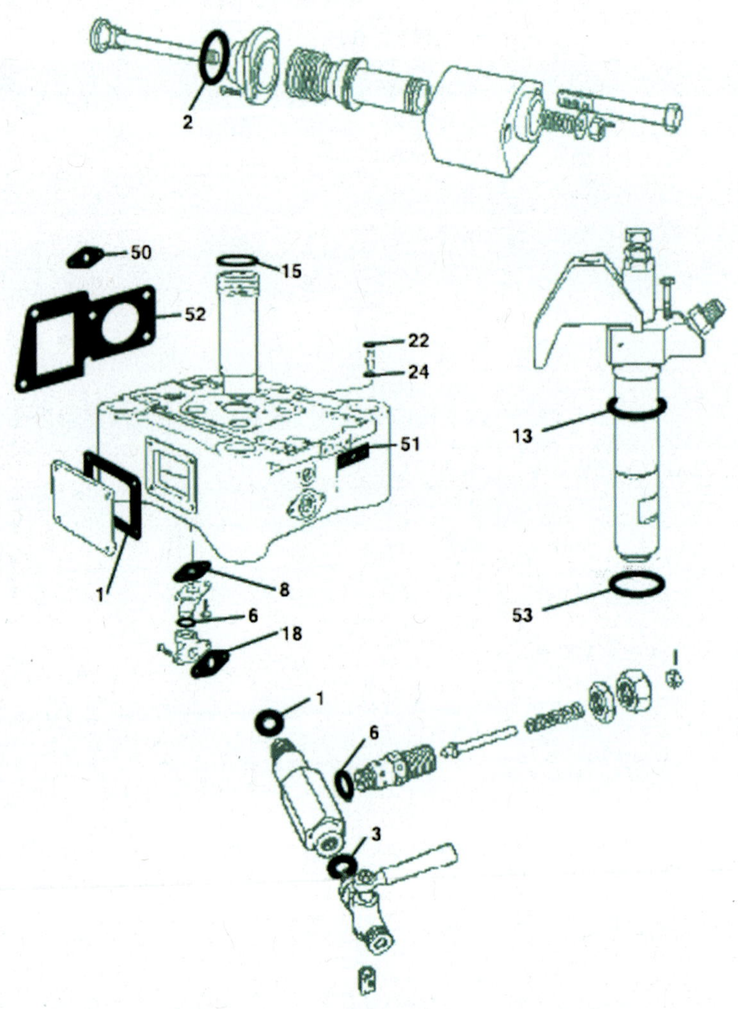

K013.00	气缸组的垫片套件	铭牌 页码 2(2)

DM-21MTB-30

气缸组的垫片套件订购编号请参阅下表

K013.00

部件编号	数量	名称	在柴油机说明书内查找
2	1/C	垫片	铭牌 14
6	1/C	垫片	铭牌 12
3	3/C	垫片	铭牌 12
1	3/C	垫片	铭牌 12
1	2/C	垫片	铭牌 3
15	2/C	O型圈	铭牌 3
8	2/C	垫片	铭牌 3
18	2/C	垫片	铭牌 3
6	1/C	O型圈	铭牌 3
13	1/C	O型圈	铭牌 11
22	2/C	垫片	铭牌 3
24	2/C	垫片	铭牌 3
50	1/C	垫片	铭牌 K013.00
51	1/C	垫片	铭牌 K013.00
52	1/C	垫片	铭牌 K013.00
53	1/C	垫片	铭牌 K013.00s
请注意！这些部件都是成套提供的，并且任何超过数量的O型圈和垫片将不能退回			

数量 /C = 数量 / 每缸

铭牌 页码 1(2)	气缸组的垫片套件	K015.00

L16/24

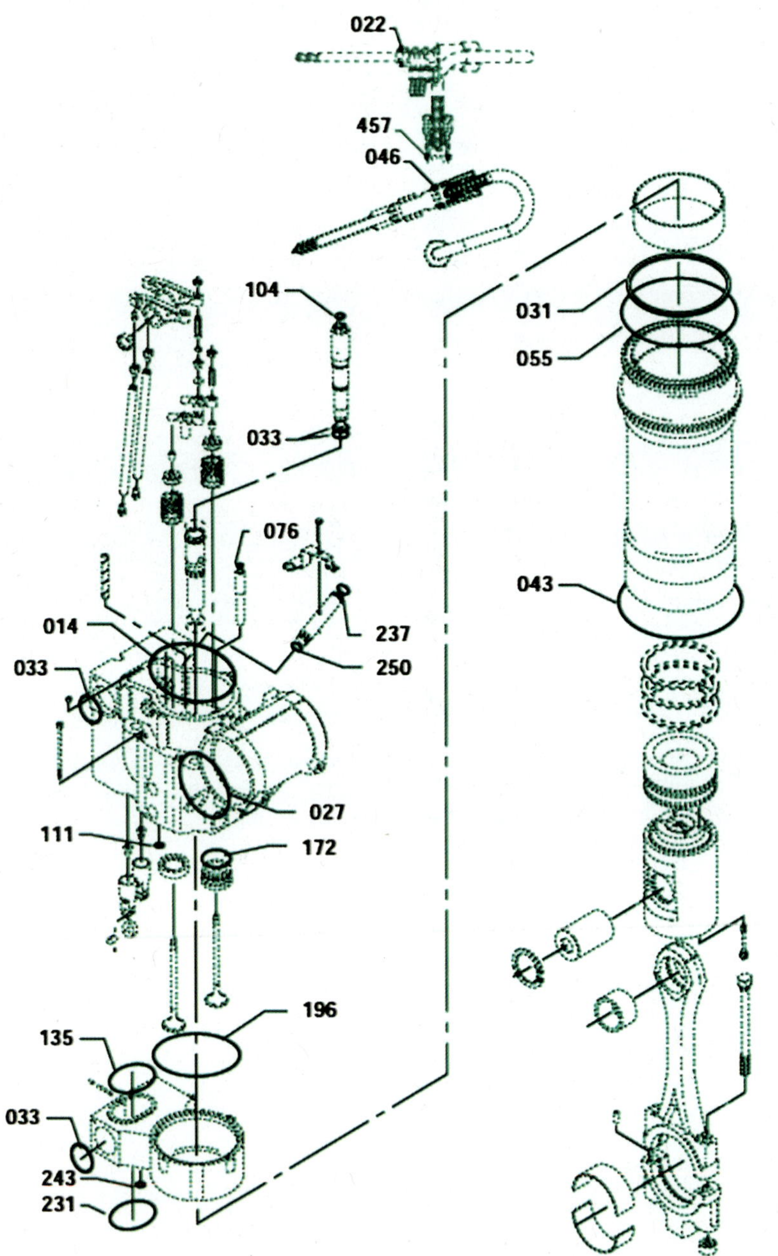

K015.00	气缸组的垫片套件	铭牌 页码 2(2)

L16/24

气缸组的垫片套件订购编号请参阅下表

K015.00

备件编号	数量	名称	在柴油机说明书内查找	
	4/C	O型圈	铭牌 50501	部件 076
	2/C	O型圈	铭牌 50501	部件 111
	1/C	O型圈	铭牌 50501	部件 135
	2/C	O型圈	铭牌 50501	部件 172
	1/C	O型圈	铭牌 50501	部件 196
	1/C	O型圈	铭牌 50501	部件 231
	2/C	O型圈	铭牌 50501	部件 243
	1/C	O型圈	铭牌 50502	部件 237
	1/C	O型圈	铭牌 50502	部件 250
	1/C	O型圈	铭牌 50510	部件 014
	1/C	密封环	铭牌 50610	部件 031
	1/C	O型圈	铭牌 50610	部件 043
	1/C	O型圈	铭牌 50610	部件 055
	2/C	O型圈	铭牌 51230	部件 027
	1/C	O型圈	铭牌 51401	部件 457*
	2/C	O型圈	铭牌 51402	部件 033
	1/C	O型圈	铭牌 51402	部件 104
	1/C	O型圈	铭牌 51404	部件 022
	1/C	O型圈	铭牌 51404	部件 046
	4/C	密封环	铭牌 51630	部件 033

请注意！这些部件都是成套提供的，并且任何超过数量的O型圈和垫片将不能退回
* ） 仅可作为备用部件套件的一部分提供

数量 /C = 数量 / 每缸

数量 /V = 数量 / 每阀

数量 /I = 数量 / 个

铭牌 页码 1(2)	气缸组总成更换的垫片套件	K015.01

L16/24

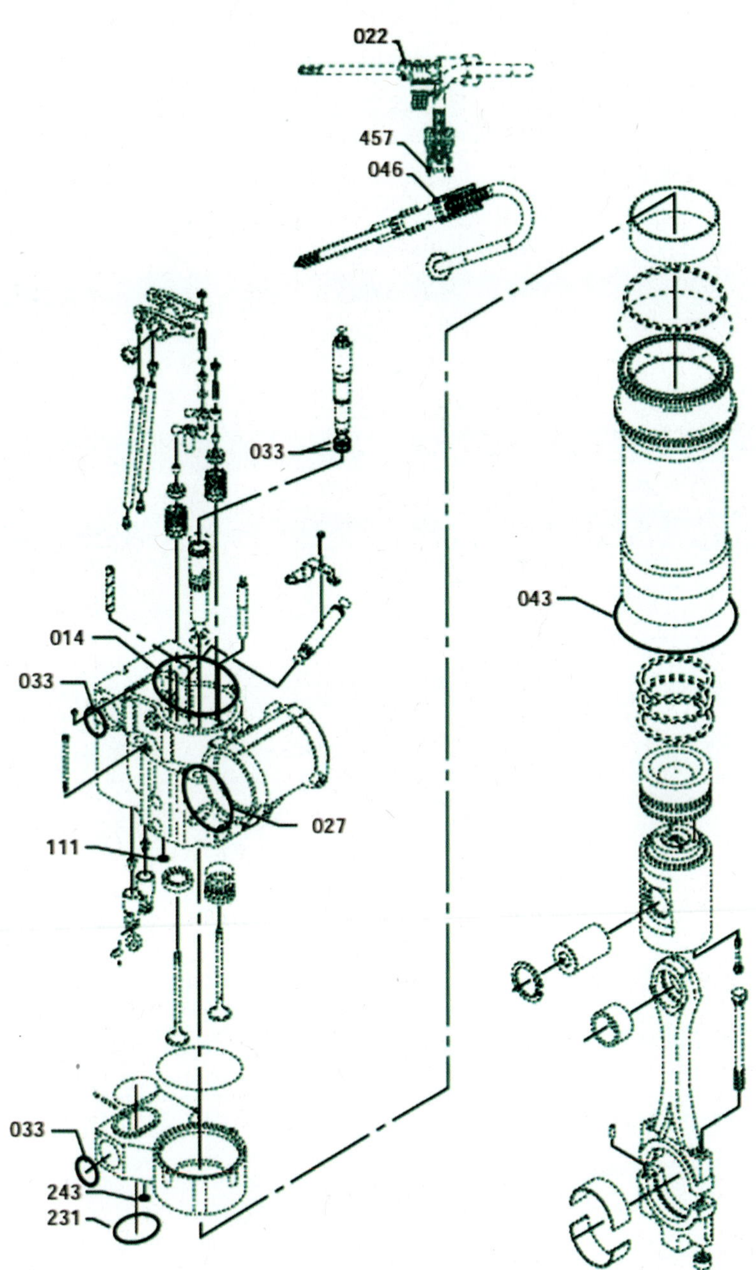

K015.01	气缸组总成更换的垫片套件	铭牌 页码 2(2)

L16/24

气缸组的垫片套件订购编号请参阅下表

K015.01

备件编号	数量	名称	在柴油机说明书内查找	
	2/C	O型圈	铭牌 50501	部件 111
	1/C	O型圈	铭牌 50501	部件 231
	2/C	O型圈	铭牌 50501	部件 243
	1/C	O型圈	铭牌 50510	部件 014
	1/C	O型圈	铭牌 50610	部件 043
	2/C	O型圈	铭牌 51230	部件 027
	1/C	O型圈	铭牌 51401	部件 457*
	2/C	O型圈	铭牌 51402	部件 033
	1/C	O型圈	铭牌 51404	部件 022
	1/C	O型圈	铭牌 51404	部件 046
	4/C	密封环	铭牌 51630	部件 033
请注意！这些部件都是成套提供的，并且任何超过数量的O型圈和垫片将不能退回 *）仅可作为备用部件套件的一部分提供				

数量 /C = 数量 / 气缸

数量 /V = 数量 / 阀门

数量 /I = 数量 / 个

铭牌 页码 1(2)	气缸组的垫片套件	K016.00

L27/38

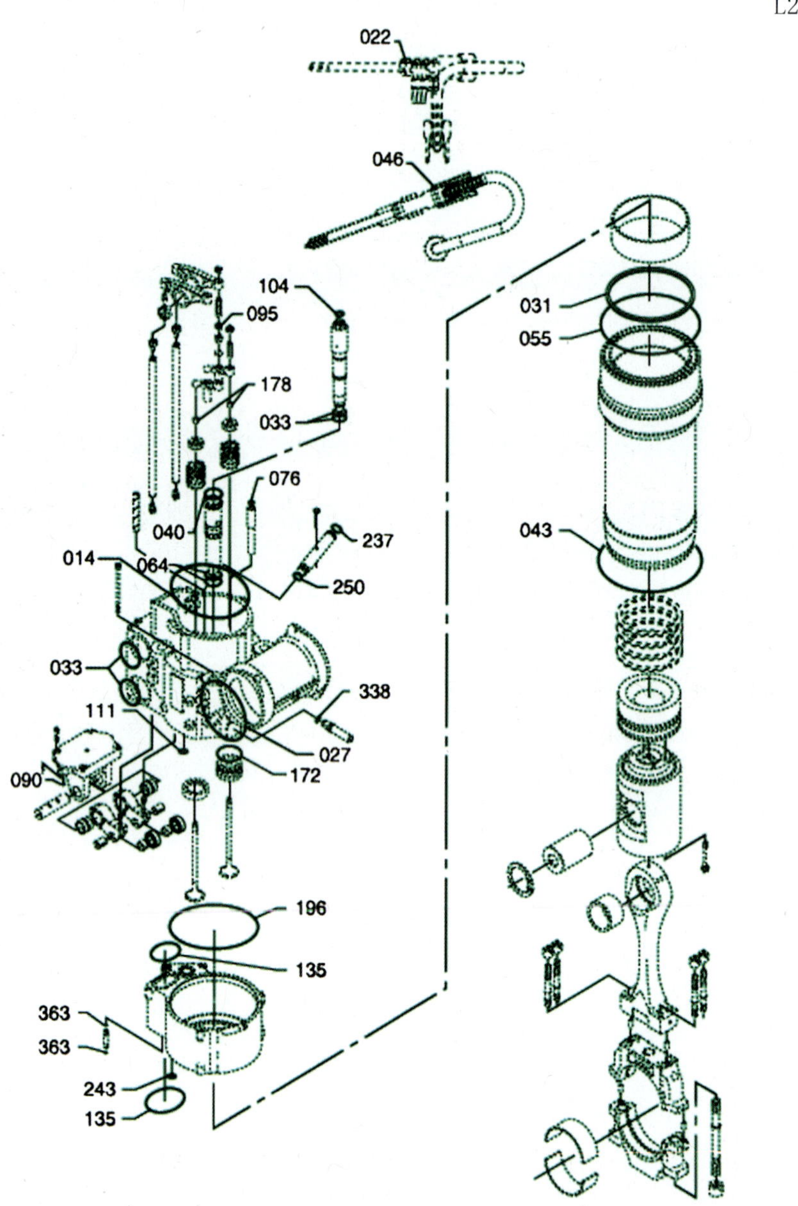

K016.00	气缸组的垫片套件	铭牌 页码 2(2)

L27/38

气缸组的垫片套件订购编号请参阅下表

K016.00

备件编号	数量	名称	在柴油机说明书内查找	
	1/C	O型圈	铭牌 50501	部件 040
	2/C	O型圈	铭牌 50501	部件 064
	4/C	O型圈	铭牌 50501	部件 076
	2/C	O型圈	铭牌 50501	部件 111
	2/C	O型圈	铭牌 50501	部件 135
	2/C	O型圈	铭牌 50501	部件 17
	1/C	O型圈	铭牌 50501	部件 196
	2/C	O型圈	铭牌 50501	部件 243
	1/C	垫片	铭牌 50501	部件 338
	2/C	O型圈	铭牌 50501	部件 363
	2/C	卡簧	铭牌 50502	部件 095
	4/C	锥形环 2/2	铭牌 50502	零件 178
	1/C	O型圈	铭牌 50502	部件 237
	1/C	O型圈	铭牌 50502	部件 250
	1/C	O型圈	铭牌 50510	部件 014
	1/C	密封环	铭牌 50610	部件 031
	1/C	O型圈	铭牌 50610	部件 043
	1/C	O型圈	铭牌 50610	部件 055
	1/C	O型圈	铭牌 50801	部件 090
	2/C	O型圈	铭牌 51230	部件 027
	1/C	O型圈	铭牌 51401	部件 457*
	2/C	O型圈	铭牌 51402	部件 033
	1/C	O型圈	铭牌 51402	部件 104
	1/C	O型圈	铭牌 51404	部件 022
	1/C	O型圈	铭牌 51404	部件 046
	4/C	密封环	铭牌 51630	部件 033
请注意：这些部件都是成套提供的，并且任何超过数量的O型圈和垫片将不能退回 *）仅可作为备用部件套件的一部分提供				

数量 /C = 数量 / 每缸

铭牌 页码 1(2)	气缸组总成更换的垫片套件	K016.01

L27/38

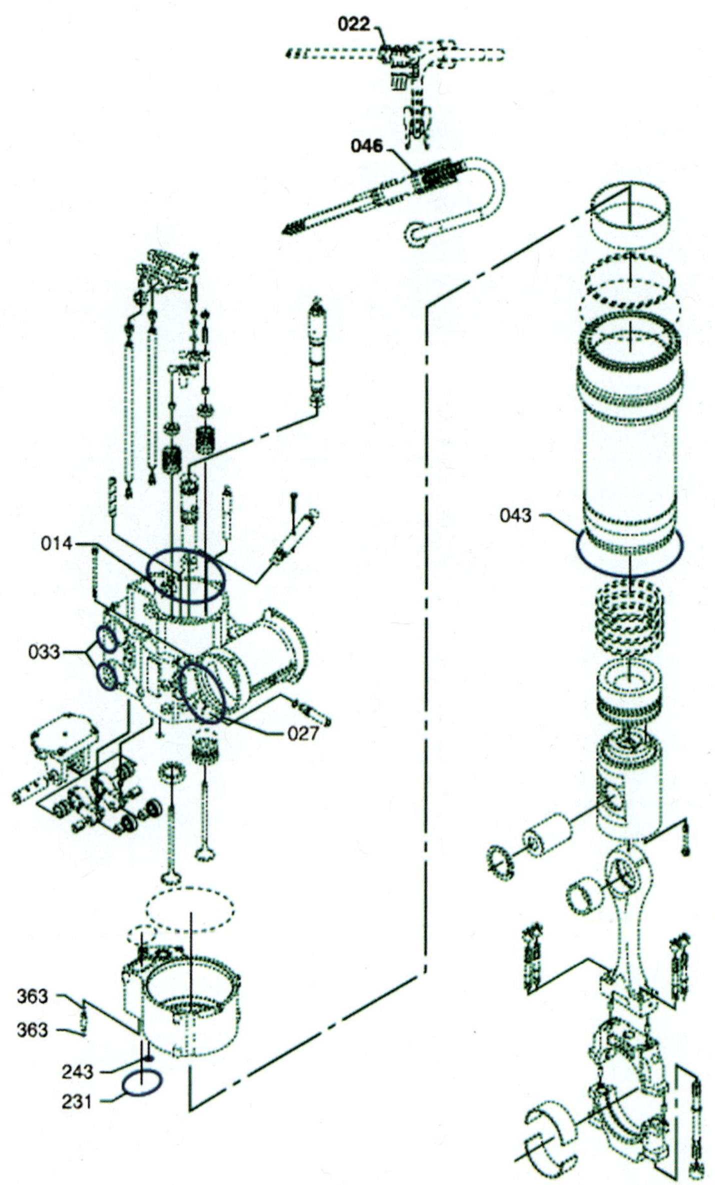

K016.01	气缸组总成更换的垫片套件	铭牌 页码 2(2)

L27/38

气缸组的垫片套件订购编号请参阅下表

K016.01

备件编号	数量	名称	在柴油机说明书内查找	
	1/C	O型圈	铭牌 50501	部件 135
	2/C	O型圈	铭牌 50501	部件 243
	2/C	O型圈	铭牌 50501	部件 363
	1/C	O型圈	铭牌 50510	部件 014
	1/C	O型圈	铭牌 50610	部件 043
	2/C	O型圈	铭牌 51230	部件 027
	1/C	O型圈	铭牌 51401	部件 457*
	2/C	O型圈	铭牌 51402	部件 033
	1/C	O型圈	铭牌 51404	部件 022
	1/C	O型圈	铭牌 51404	部件 046
	4/C	密封环	铭牌 51630	部件 033

请注意！这些部件都是成套提供的，并且任何超过数量的O型圈和垫片将不能退回。
*）仅可作为备用部件套件的一部分提供

数量 /C = 数量 / 每缸

数量 /V = 数量 / 每阀

数量 /I = 数量 / 个

铭牌 页码 (2)	气缸组的垫片套件	K017.00

L23/30H

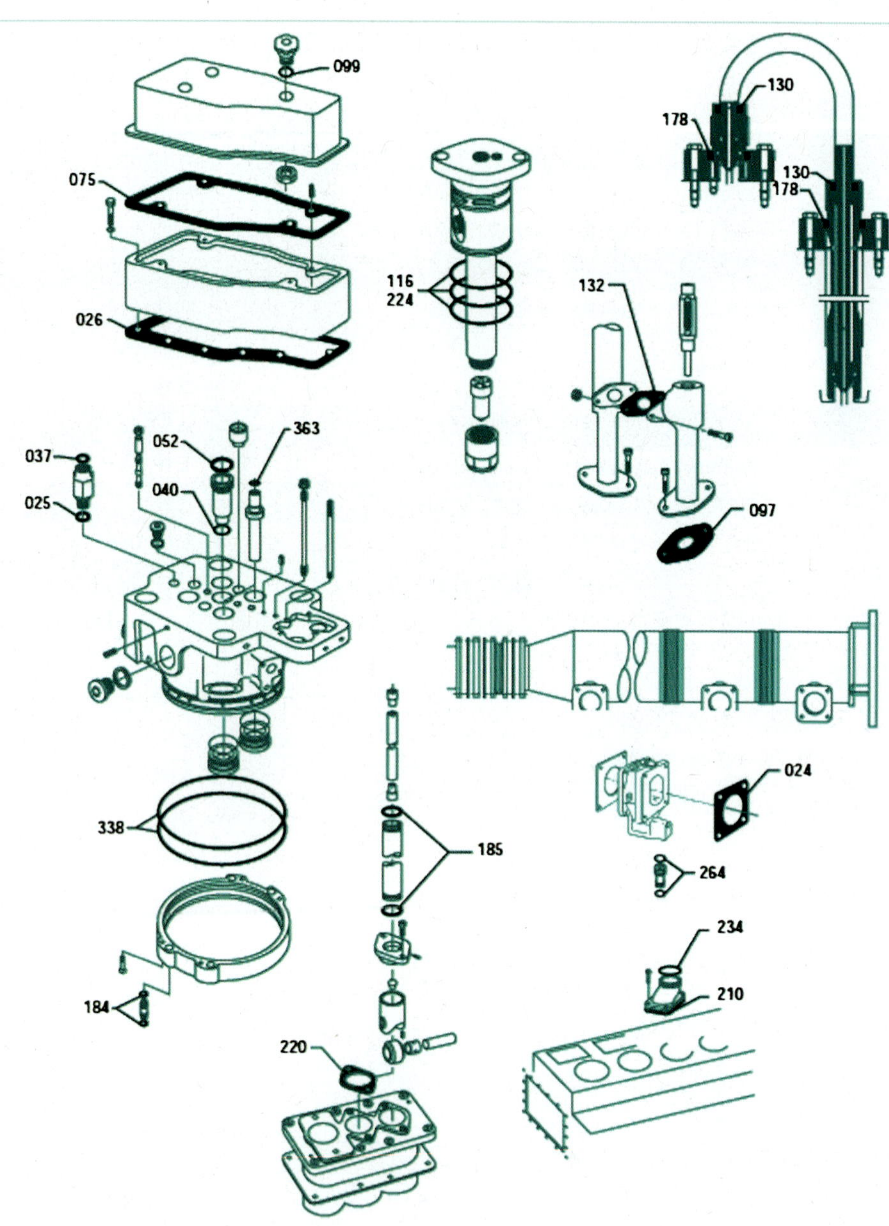

K017.00	气缸组的垫片套件	铭牌 页码2(2)

L23/30H

气缸组的垫片套件订购编号请参阅下表

K017.00

部件编号	数量	名称	在柴油机说明书内查找	
040	1/C	○型圈	铭牌 50501	
052	1/C	卡环	铭牌 50501	
184	8/C	○型圈	铭牌 50501	
338	2/C	○型圈	铭牌 50501	
363	4/C	○型圈	铭牌 50501	
025	3/C	垫片	铭牌 50508	
037	1/C	垫片	铭牌 50508	
026	1C	垫片	铭牌 50510	
075	1/C	垫片	铭牌 50510	
099	3/C	○型圈	铭牌 50510	
185	4/C	○型圈	铭牌 50801	
220	2/C	垫片	铭牌 50801	
024	2/C	垫片	铭牌 51201	
264	2/C	○型圈	铭牌 51202	
210	1/C	垫片	铭牌 51203	
234	1/C	密封环	铭牌 51203	
116	3/V	○型圈	铭牌 51402	
224	3/V	○型圈	铭牌 51402	
130	2/C	○型圈	铭牌 51404	
178	2/C	○型圈	铭牌 51404	
097	1/C	包装件，椭圆形	铭牌 51625	
132	1/C	包装件，椭圆形	铭牌 51625	
请注意！这些部件都是成套提供的，并且任何超过数量的○型圈和垫片将不能退回				

数量/C = 数量/每缸

数量/V = 数量/每阀

铭牌 页码 (2)	气缸组的垫片套件	K018.00

L21/31

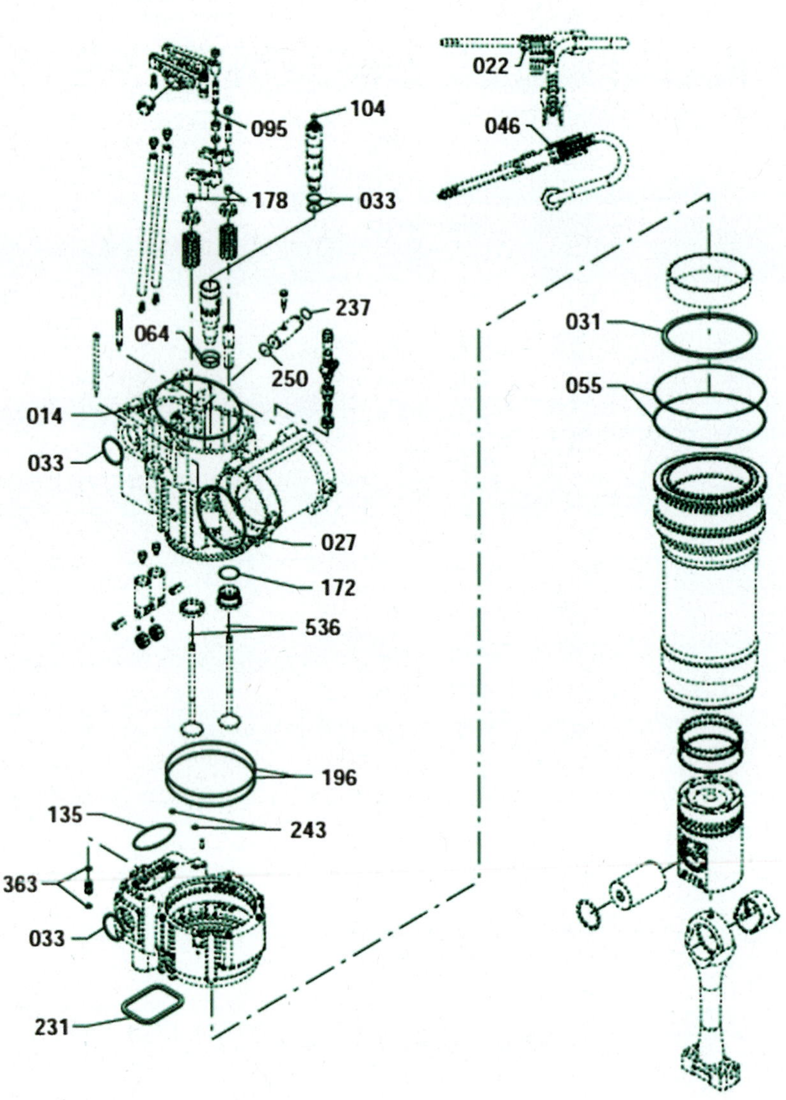

K018.00	气缸组的垫片套件	铭牌 页码 2(2)

L21/31

气缸组的垫片套件订购编号请参阅下表

K018.00

部件编号	数量	名称	在柴油机说明书内查找	
064	2/C	O型圈	铭牌 50501	
135	1/C	O型圈	铭牌 50501	
172	2/C	O型圈	铭牌 50501	
196	2/C	O型圈	铭牌 50501	
231	1/C	O型圈	铭牌 50501	
243	2/C	O型圈	铭牌 50501	
363	2/C	O型圈	铭牌 50501	
095	2/C	卡簧	铭牌 50502	
178	4/C	锥形环 2/2	铭牌 50502	
237	1/C	O型圈	铭牌 50502	
250	1/C	O型圈	铭牌 50502	
536	4/C	O型圈	铭牌 50502	
014	1/C	O型圈	铭牌 50510	
031	1/C	密封环	铭牌 50610	
055	2/C	O型圈	铭牌 50610	
027	2/C	O型圈	铭牌 51229	
033	2/C	O型圈	铭牌 51402	
104	1/C	O型圈	铭牌 51402	
022	1/C	O型圈	铭牌 51404	
046	1/C	O型圈	铭牌 51404	
033	4/C	密封环	铭牌 51630	
请注意！这些部件都是成套提供的，并且任何超过数量的O型圈和垫片将不退回				

数量 /C = 数量 / 每缸

铭牌 页码 1(2)	气缸组总成更换的垫片套件	K018.01

L21/31

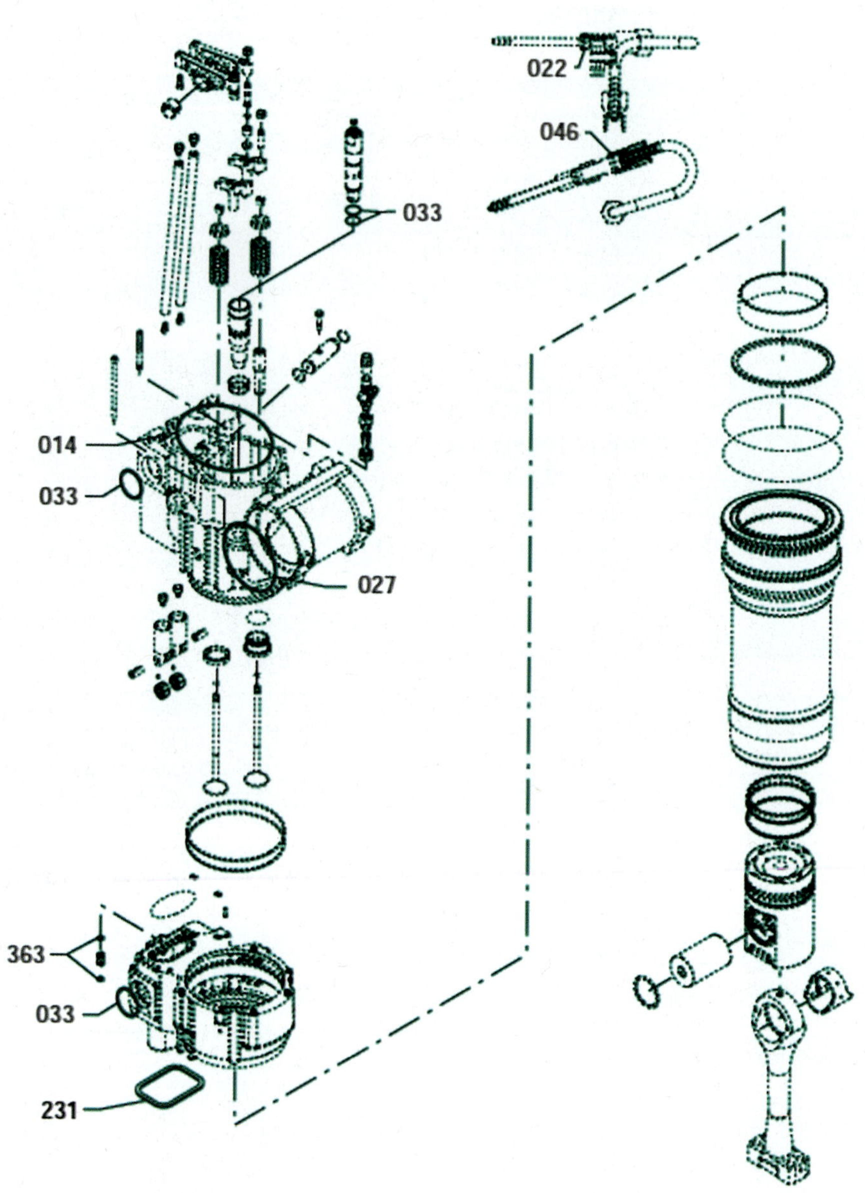

K018.01	气缸组总成更换的垫片套件	铭牌 页码 2(2)

L21/31

气缸组套件的订购编号请参阅下表

K018.01

部件编号	数量	名称	在柴油机说明书内查找	
231	1/C	O型圈	铭牌 50501	
363	2/C	O型圈	铭牌 50501	
014	1/C	O型圈	铭牌 50510	
027	2/C	O型圈	铭牌 51229	
033	2/C	O型圈	铭牌 51402	
022	1/C	O型圈	铭牌 51404	
046	1/C	O型圈	铭牌 51404	
033	4/C	卡簧	铭牌 51630	
请注意！这些部件都是成套提供的，并且任何超过数量的O型圈和垫片将不能退回				

数量 /C = 数量 / 每缸

铭牌 页码 1(2)	气缸组垫片套件	K019.00

V28/32S

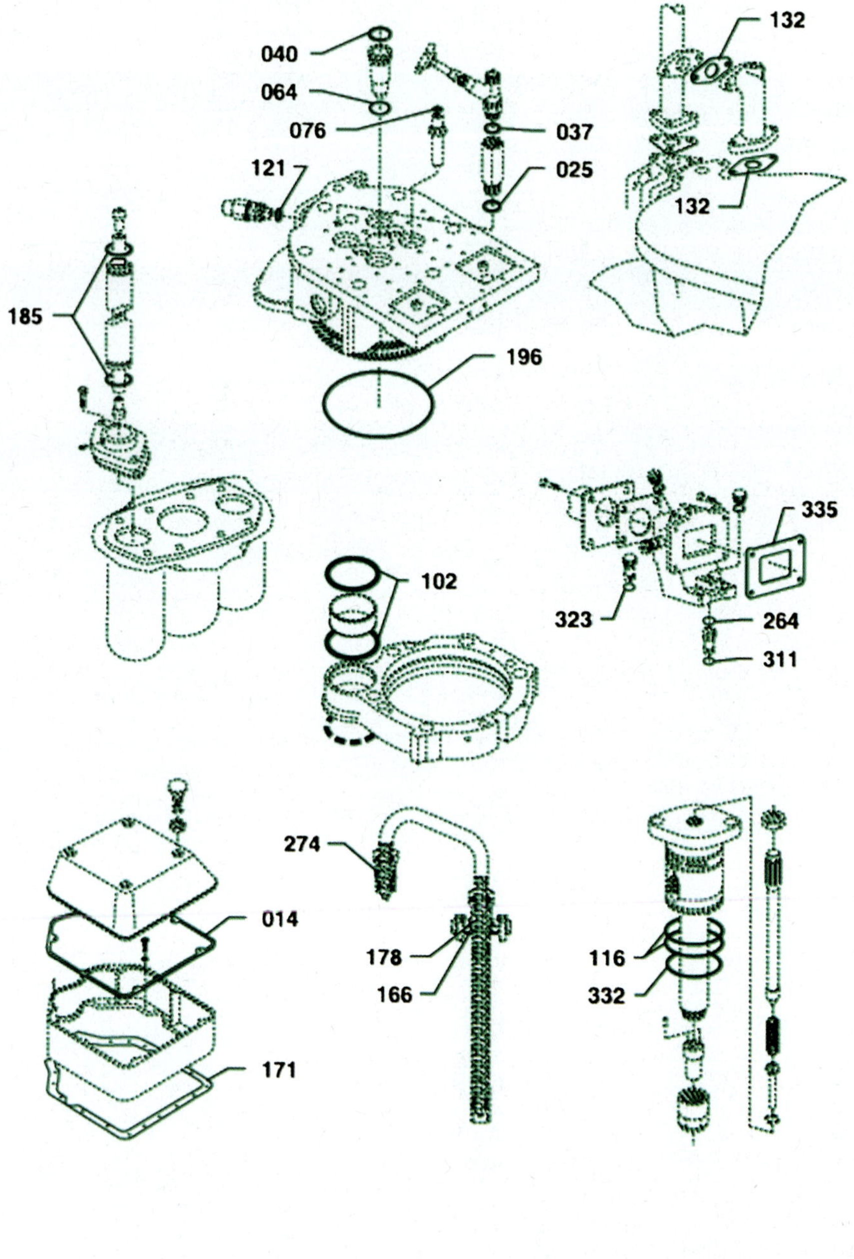

K019.00	气缸组的垫片套件	铭牌 页码 2(2)

V28/32S

气缸组套件的订购编号请参阅下表

K019.00

部件编号	数量	名称	在柴油机说明书内查找	
040	1/C	卡环	铭牌 50501	
064	1/C	O型圈	铭牌 50501	
076	4/C	O型圈	铭牌 50501	
196	2/C	O型圈	铭牌 50501	
025	1/C	垫片	铭牌 50508	
037	1/C	垫片	铭牌 50508	
121	1/C	垫片	铭牌 50508	
014	1/C	垫片	铭牌 50510	
171	1/C	垫片	铭牌 50510	
102	2/C	O型圈	铭牌 50510	
185	4/C	密封环	铭牌 50801	
264	1/C	O型圈	铭牌 51202	
311	1/C	O型圈	铭牌 51202	
323	1/C	垫片	铭牌 51202	
335	1/C	垫片	铭牌 51202	
116	2/C	密封环	铭牌 51402	
332	1/C	O型圈	铭牌 51402	
166	1/C	O型圈	铭牌 51404	
178	1/C	O型圈	铭牌 51404	
274	1/C	O型圈	铭牌 51404	
132	2/C	垫片	铭牌 51625	
请注意！这些部件都是成套提供的，并且任何超过数量的O型圈和垫片将不能退回				

数量 /C = 数量 / 每缸

SL2010-528/JNN
2010年2月

3.1.03　电子形式的维护保养服务函

相关方：MAN 柴油机

MAN Diesel公司正在定期发布维护保养服务函。我们目前的举措是向客户发送纸质形式的维护保养服务函，管理人员随后将决定是否将此函转交给其船上的操作人员。

由于目前我们的大多数客户都在其日常业务中使用电子数据通信，我们决定作为一项标准化规程，未来的维护保养服务函将仅通过电子邮件以电子媒体的形式转交。这将使客户经理能够采用电子形式将维护保养服务函分发给其技术部门和船上的人员，从而使分发流程更加快捷、更加节省并且更环保。

一旦您在过去仅接收纸质副本形式的维护保养服务函，我们恳请您告知我方您未来用于接收电子维护保养服务函的电子邮件地址，请将您的信息转交至以下电子邮件地址：

电子邮件地址：Ulla.Laentver@man.eu

如果您决定仍然接收纸质形式的维护保养服务函，请填写完成并返回附件中的表单至MAN Diesel公司，传真编号：+45 5469 3031或者将此信息转发至上述电子邮件地址。

致：　MAN Diesel
　　　PrimeServ Holeby
　　　Oestervej 2
　　　DK-4960 Holeby
　　　Denmark

传真：+45 5469 3031

维护保养服务函

我们仍然乐于在未来接收由MAN Diesel，PrimeServ Holeby所发出的纸质维护保养服务函。

请将维护保养服务函发送至以下邮寄地址：

公司名称：
公司的邮寄地址：
国家：
电话号码；
电传编号：

SL2008-497/ESG

2008 年 8 月

3.1.04 行动代码

根据您的交流反馈，我们已经开发出了一种新的维护保养服务函的布局。该布局可能在下个阶段进行进一步的优化。

我们仍然建议：

• 通过指令手册或附件的形式将维护保养服务函行动代码分为：立即执行→一有机会即执行→当方便时执行。

• 请将维护保养服务函转交给柴油机相关的所有工作人员（请参阅行动代码下方的相关方）。

我们已经采用电子形式分发维护保养服务函。

请访问网站 www.mandiesel.com/sl-registration，以便进行注册。

有关此维护保养服务函的任何问题请直接与我们的运行部门取得联系：leo@mandiesel.com。新维护保养服务函布局。

关于行动代码

我们采用四种类型的行动代码分发维护保养服务函。在我们新的维护保养服务函布局内，行动代码将采用如下颜色予以标记：

行动代码　立即执行

与人员安全或柴油机安全运行至关重要的问题

行动代码　一有机会就执行

停机和后续停止服务有关相关风险的问题

行动代码　当方便时执行

建议改进，系统和部件升级等小问题

行动代码　、商务级

商务级以及其它非技术信息

SL2011-545/AJK
2011 年 7 月

3.1.05　维护保养服务信函新地址在线形式以及存放在 CD-ROM 上

我们已经对我们维护保养服务函的提供形式进行了一次关键的适用性研究，其将以在线形式、互联网上的形式、Diesel Port 内部网的形式以及通过 CD-ROM 离线形式提供。二冲程和四冲程维护保养服务函已经按照相同的地址进行分组，并且已经扩展和改进了搜索功能。

根据此项研究，我们已经改进和调整了维护保养服务函的电子送达形式。主要改进如下所示：

- 自从 1968 年以来的所有维护保养服务信函现在均可被搜寻到。
- 搜索结果为更加用户友好型。
- 二冲程和四冲程柴油机采用一个维护保养服务函地址。
- 统一的结构和形式提供二冲程和四冲程维护保养服务函。
- Diesel Port 内部网的在线形式以及通过 CD-ROM 的离线形式均采用一致的布局和设计。

新的地址可以通过以下目录：服务支持→维护保养服务函→柴油机维护保养服务函。

3.1.06　服务收费和联系地址

适用机型：MAN B&W 二冲程低速 MC/MC-C/MC-S、ME/ME-C/ME-B 和 ME-GI 柴油机

此维护保养服务函的目的是通知 MAN B&W 柴油机的客户，丹麦以及我们世界各地服务中心所提供服务的 PrimeServ 价格。

有关技术服务收费的任何问题可以直接与 PrimeServ 的 DT-CPH 部门取得联系，电子邮件地址为：PrimeServ-Cph@mandieselturbo.com

我们将不再收取工作人员的餐饮费。我们的工程师每天的工作时间将不得超过 16 小时。

请注意！我们的人员未被授权以我们名义负责放行客户的船舶设备。如果存在任何疑问，我们的代表将有权离开现场，并且客户将按照我们的正常费率收取费用，包括旅程的开支。发票不含本地税费。

普通日（正常工作小时以内，07～17：00）			周六、周日，本地节假日			等待和旅程时间
全天（4～8小时）	1/2 普通（0～4小时）	正常工作小时以外的费率	全天（4～8小时）	1/2 天（0～4 小时）	8 小时以外的费率	每小时
1150	620	210	1650	860	260	135

组装工作、参与维修、安装新柴油机、检修工作等，以及旅程和等待，依据报修电话约定。

普通日（正常工作小时内）		周六，周日和本地节假日	等待和旅程时间	
全天（8 小时）	正常工作以外的费率	全天（8 小时）	等待天数，空闲天数	旅程时间
915	170/ 小时	170/ 小时	700/ 天	110/ 小时

所在地	电话号码	电子邮件地址
Argentina		
Buenos Aire	+54 11 5236 6030	carsten.schrick@mandiesel.com.ar
Australia		
Sydney	+61 2 8874 0700	service@mandiesel.com.au
Darwin	+61 2 8874 0728	robert.wackett@mandiesel.com.au
Papua New Guinea	+675 472 8136	norman.lockett@mandiesel.com.au
Perth	+61 8 9456 4544	neil.hughes@au.man.eu
Belgium		
Antwerp	+32 3 543 8500	primeserv-benelux@mandiesel.com
Brazil		
Rio de Janeiro	+55 21 3506 2151	service@mandiesel.com.br
Santos	+55 13 8124 9516	servicesantos@mandiesel.com.br
Manaus	+55 92 8175 6703	servicemanaus@mandiesel.com.br
Bulgaria		
Varna	+359 878 195014	hristo.vasilev@man.eu
Canada		
Oakville	+1 905 842 2020	info@manbw.ca
Chile		
Valparaiso	+32 2351501	christian.mueller.a@man.eu
China		
Shanghai	+86 21 5866 2108	primeserv.shanghai@cn.man.eu
Dalian	+86 138 1667 3639	primeserv.shanghai@cn.man.eu
Zhoushan	+86 159 2100 2194	primeserv.shanghai@cn.man.eu
Hong Kong	+852 2527 1368	primeserv-hk@mandiesel.com

Guangzhou	+852 2527 1368	primeserv-hk@mandiesel.com
Denmark		
Copenhagen	+45 3385 1100	primeserv-cph@mandiesel.com
Frederikshavn	+45 9620 4100	primeserv-frh@mandiesel.com
Frederikshavn	+45 9620 4100	servicecenter-frh@mandiesel.com
Holeby	+45 5469 3100	primeserv-hol@mandiesel.com
Metalock Denmark	+45 4373 6620	frank.hansen@metalock.dk
France		

Marseille	+33 491 630 134	remi.leport@man.eu
Germany		
Augsburg	+49 821 322 0	primeserv-aug@mandiesel.com
Hamburg	+49 40 7409 0	primeserv-ham@mandiesel.com
Rostock	+49 381 811 3600	rostockdiesel@t-online.de
Guatemala		
Guatemala City	+502 236 82744	michael.baier@man.eu
India		
Mumba	+91 22 4094 0000	primeserv.india@manbw.co.in
Vizag	+91 984 819 4887	primeserv.vizag@manbw.co.in
Chennai	+91 996 665 2676	primeserv.chennai@manbw.co.in
Goa	+91 992 342 3683	primeserv.goa@in.manbw.com
Italy		
Genova	+39 10 209 1637	marco.colombo@man.eu
Japan		
Kobe	+81 78 261 9645	service@mandiesel.jp
Kenya		
Nairobi	+254 20 2715 025	jan.bech@man.eu
Riga	+371 67 324 463	vladimir.kozlov@man.eu
Netherlands		
Rotterdam	+31 10 204 5552	primeserv-benelux@mandiesel.com
New Zealand		
Auckland	+64 9 445 3820	alan.lewthwaite@mandiesel.com.au
Norway		
Oslo	+47 2201 7190	primeserv.oslo@no.manbw.com
Bergen	+47 5523 6050	alpha@manbw.no
Pakistan		
Lahore	+92 42 533 0091-3	mandiesel@mandiesel.com.pk
Panama		
Panama City	+507 236 1594	ralf.oldenburg@man.eu
Philippines		
Paranaque	+63 2 776 3369	service@ph.manbw.com

St. Nazaire	+33 240 906 500	alain.devaux@man.eu

Portugal		
Lisboa	+351 91 310 1660	primeserv-pt@mandiesel.com
Russia		
St. Petersburg	+7 812 449 2444	Primeserv-st.petersburg@mandieselturbo.com
Saudi Arabia		
Jeddah	+966 2639 4346	Ibrahim.alkathib@sa.man.eu
Singapore		
Singapore	+65 6349 1600	primeserv.service-sg@mandiesel.com
South Africa		
Cape Town	+27 21 506 3626	tom.martin@za.man.eu
Durban	+27 83 379 4411	werner.krisch@za.man.eu
South Korea		
Pusan	+82 51 635 6644	primeserv-kr@mandiesel.com
Spain		
Madrid	+34 91 411 1413	primeserv-mad@mandiesel.com
Valencia	+34 96 341 5626	primeserv-vlc@mandiesel.com
Las Palmas	+34 653 170 681	primeserv-lpa@mandiesel.com
Sri Lanka		
Colombo	+94 11 2522 461 (465)	primeservcolombo@manbw.co.in
Sweden		
Gothenburg	+46 31 176 295	manbw@se.manbw.com
Turkey		
Istanbul	+90 216 581 9900	primeserv-ist@mandiesel.com
United Arab Emirates		
Dubai	+971 4 351 0105	manbwdxb@emirates.net.ae
United Kingdom		
Stockport	+44 161 483 1000	primeserv-uk@mandiesel.com
Stamford	+44 1780 764 641	primeserv-uk@mandiesel.com
Colchester	+44 1206 795 151	primeserv-uk@mandiesel.com
USA		
Woodbridge	+1 732 582 8200	primeservny@manbwus.com
Ft. Lauderdale	+1 954 646 5684	floffice@manbwfl.com
Houston	+1 713 939 0073	service@manbwhouston.com
Los Angeles	+1 310 547 8700	primeserv@manbwla.com
Seatle	+1 253 479 6800	primeserv-sea@mandiesel.com

3.2 Wärtsilä 柴油机服务信息

RT-flex-01

2005 年 8 月 31 日

3.2.01 服务公告（退回表）

附表 1　退回零部件数据表（用于调查）

Return Parts Data Sheet for Investigation
Rücksendung-Datenblatt für Untersuchung

出于调查所需，要求将涉及的部件退回 Wärtsilä 瑞士总部。

请将填写完整的数据表交给联系人，并将数据表的复印件附在退回的部件上。没有标识的返回单将被拒绝。

联系人姓名：　……………………………………………………

联系人的 E-mail：……………………………　…….@wartsila.com

电话：+41 52 262 .. ..　　　　公告编号：…………….(WCH Internal)

传真：+41 52 262

柴油机的型号：	柴油机的编号：	仅限于内部使用
柴油机的总运行小时数：		组件运行的小时数：
被退回组件的名称：		序列号：
故障 / 拆除的日期：		
从气缸 # 上拆除：		
序列 / 参考编号：		
损坏的说明 ≠ 损坏次序：		
可能造成损坏的原因：		
退回地址：	退回人：	
（仅由 Wärtsilä 瑞士公司填写） 被调查内容以及调查人：	（仅由 Wärtsilä 瑞士公司填写） 根据 #	
备注：		
发货地点：	日期：	
签名：		
货运地址：　Wärtsilä 瑞士股份有限公司物流部 苏尔寿大道，GEB. 571，　TOR 3（WARENANNAHME） CH-8404 温特图尔　　瑞士		

附表 2　用于 WECS- 模块的数据表

Return Parts Data Sheet for Investigation
Rücksendung-Datenblatt für Untersuchung

在被退回的组件上附上该表格的复印件。如果有可能，请附上 flexview 的截屏图，以指出故障。

联系人姓名：

联系人的 E-mail：……………………………………………………@ wartsila.com

装置的名称：	公司的名称：
E/M/H 日期（软件的 ID，请参见 FLEXVIEW 图表一页）	
故障 / 拆除的日期：	模块 S/N：
柴油机的总运行小时数：	模块的运行小时数： （请参见 FLEXVIEW 图表一页）
退回地址：	退回人：

□ MCM 选择器故障 □ 没有 RC- 燃油指令输入给 WECS □ 没有向燃油指令备用控制提供电能 □ 总线选择器故障 □ SLD/SHD/ 控制油泵输出故障	LED 指示： 1 ○电源　开启 / 关闭 2 ○ ASM OK　开启 / 关闭 3 ○ MCM 1 主要元件　开启 / 关闭 4 ○ MCM 2 主要元件　开启 / 关闭 FLEXVIEW 报警： □ COM EU，ASM10，故障

MCM

☐　CAN 总线故障

FLEXVIEW 报警：

☐总线故障 CAN#…………

☐　模拟量输入错误

☐所有的模拟量数据超出了范围

FLEXVIEW 报警：

☐控制油压　　测量故障

☐燃油共轨压力…………测量故障

☐伺服油压………………测量故障

☐增压空气压力……测量故障

☐　数字输入 / 输出错误

☐数字输入问题（RC- 命令，漏油报警）

☐数字输出问题（控制油泵，LI 输出）

☐　内部错误

FLEXVIEW 报警：

☐ COM EU#……故障

☐两个 COM EU 均为或者均不为主站

☐ COM EU#……识别错误。

VDM

☐　输出通道错误

☐喷油通道……问题

☐排气通道……问题

☐　其他硬件错误

☐供电故障

☐准时反馈故障

LED 指示：

1	○喷射 1	开启 / 关闭 / 闪烁
2	○喷射 1	开启 / 关闭 / 闪烁
3	○喷射 1	开启 / 关闭 / 闪烁
4	○ （未使用）	
5	○排气	开启 / 关闭 / 闪烁
6	○故障	开启 / 关闭
7	○电源	开启 / 关闭

CCM

☐ CAN 总线故障

FLEXVIEW 报警：

☐总线 CAN#…………

☐ SSI 总线故障

FLEXVIEW 报警：

☐ CYL-EU 曲柄转角…………故障。

☐曲柄转角差异，气缸… 仅应用于气缸 1。

☐　输入错误

FLEXVIEW 报警：

☐燃油油量传感器，测量故障。

☐排气阀冲程传感器……测量故障。

☐上止点信号故障。

☐输出错误

☐喷油通道……问题（VDM 模块的 LED 无响应）

☐排气通道……问题（VDM 模块的 LED 无响应）

☐起动阀 24V 输出问题

☐伺服油泵设定值（PWM）问题

FLEXVIEW 报警：

☐伺服油泵 #……，执行器信号故障。

☐其他硬件错误

FLEXVIEW 报警：

☐气缸 #……故障

请详细说明错误：

LED 指示：

1	○ CAN 1	开启 / 关闭 / 闪烁
2	○ CAN 2	开启 / 关闭 / 闪烁
3	○ PWR CTRL	关闭
4	○ PWR DRVR	开启 / 关闭
5	○ FAIL	开启 / 关闭

RT-121

3.2.02 柴油机性能数据表

WÄRTSILÄ	**Performance data sheet**			WÄRTSILÄ RTA	
Installation:		Engine type:		Eng. no.:	Hull no.: / Sheet
Engine builder:	Shipyard:	Nom. Power at : kW	Nom revolution rpm	Classification:	Optim. at:

In service since:	Fuel properties			Bunkered at:	
Running hours:	Spec.grav.:	kg/m³ at:	°C	Sulphur content:	%
Piston overhaul interval (Run. hrs.):	Viscosity:	cSt at:	°C	Water content:	%
Fuel nozzles exchange interval (Run. hrs.):	LCV:	MJ / kg		Ash content:	%

Section	Item		Unit
General Data	Date / Time		dd.mm.yy
	Engine speed measured / Tachometer		rpm
	Engine power measured / by LI x n		kW
	Shaft motor/gener. installed / Shaft motor/gener. power		m/g / kW
	Load indicator / Governor terminal shaft		Pos.
	Draught fore / aft		m
	Corresponding displacement		Dwt
	VIT + FQS / FQS		Pos.
	Speed setting pressure control room / local		bar
Scavenge air	Aux. blower		on / off
	Barometric pressure / Ambient temperature		bar / °C
	Pressure drop across air cooler	1 / 2 / 3 / 4	mmWG
	Blower suction	1 / 2 / 3 / 4	mmWG
	Scavenge air press. (Emergency control-/control room)		bar / bar
	Scavenge air pressure (local Manometer)		bar
	Temperature before blower	1 / 2 / 3 / 4	°C
	Temperature after blower	1 / 2 / 3 / 4	°C
	Scavenge air temperature after air cooler	1 / 2 / 3 / 4	°C
Exhaust gas	Exhaust gas back pressure before boiler		bar
	Temperature before turbine	1 / 2 / 3 / 4	°C
	Temperature after turbine	1 / 2 / 3 / 4	°C
	Temperature after cylinder	Mean	°C
		1 / 2 / 3 / 4	°C
		5 / 6 / 7 / 8	°C
		9 / 10 / 11 / 12	°C
	Turbocharger speed	1 / 2 / 3 / 4	rpm
Cylinder pressures	Compression - / Combustion pressure	Mean	bar
		1	bar
		2	bar
		3	bar
		4	bar
		5	bar
		6	bar
		7	bar
		8	bar
		9	bar
		10	bar
		11	bar
		12	bar
	Ignition ratio		
	Air press.: Valve air spring / Control air		bar
Systems	Lub. oil press: Bearing / Crosshead		bar
	Valve drive actuator supply		bar
	Geislinger / Camshaft		bar
	Axial detuner fwd / aft		bar
	Water press.: Cylinder / Piston		bar
	Air cooler stage I	1 / 2 / 3 / 4	bar
	Lub. oil temp.: Engine inlet / Thrust bearing		°C
	T/C bearing, turbine side	1 / 2 / 3 / 4	°C
	T/C bearing, blower side	1 / 2 / 3 / 4	°C
	Piston inl. / outl. min - max		°C
	Water temp: Cyl. inl. / outl. min - max		°C
	Piston inl. / outl. min - max		°C
	Seawater temperature		°C
	Air cooler inlet	1 / 2 / 3 / 4	°C
	Air cooler outlet	1 / 2 / 3 / 4	°C
	T/C bearing casing outlet	1 / 2 / 3 / 4	°C
	T/C gas outlet casing outlet	1 / 2 / 3 / 4	°C
	Fuel: Press. before / after engine		bar
	Consumption absol.		kg/h
	Viscosity - / temperature before engine		cSt / °C
	Cyl. lub. oil: Pump speed factor / E-Motor / Lub.shaft		- / rpm / rpm
	or Timing interval set / effective		sek.
	or Lever pos.		Pos.
	Dosaging screws upper / lower		Pos.
	Consumption absolute		kg/h
Remarks	Requirement for the performance evaluation by Wärtsilä: At least the data to grey marked items must be filled in completely.		

Fuel Pump Timing
Date of last check (dd.mm.yy):
Turbocharger
Type:
Spec.:
Date of last overhaul:
Frequency of washing
Blower:
Turbine:
Ship
Type:
Length oa (m):
Length p.p. (m):
Breadth moulded (m): 6.0
Max. draught (m):
Corresponding displacement (Dwt):
Corresponding deadweight (t):
Date of last dry-docking:
Act. ship speed / water under keel / slip:
Propeller:
fixed / CPP:
Diameter (m):
Pitch (m):
No. of blades:
Type:
Cooling Water:
Cyl.treatment:
Consumption per 24 h (l):
Piston treatment (if applicable):
Consumption per 24 h (l):
Crankcase oil type:
consumption per 24 hrs:
Cylinder lubrication oil type

WÄRTSILÄ	**Performance data sheet**			WÄRTSILÄ RT-flex
Installation:		Engine type:	Eng. no.:	Hull no.: / Sheet
Engine builder:	Shipyard:	Nom. Power at : kW	Nom revolution rpm	Classification: / Optim. at: IMO

	Fuel properties			
In service since:				Bunkered at:
Running hours:	Spec.grav.:	kg/m^3 at:	°C	Sulphur content: %
Piston overhaul interval (Run. hrs.):	Viscosity:	cSt at:	°C	Water content: %
Fuel nozzles exchange interval (Run. hrs.):	LCV:	MJ / kg		Ash content: %

Section	Item		Unit
General Data	Date / Time		dd.mm.yy
	Engine speed measured / Indication in fV	*	rpm
	Engine power measured / Est. Power from flexView	*	kW / %
	Shaft motor/gener. installed / Shaft motor/gener. Power		m/g /kW
	Fuel command used for injection	WECS *	%
	Draught fore / aft		m
	VIT / VIT + FQS	WECS *	∠°
	Inj begin deadtime / Injection time (average)	WECS	ms
	Injection begin	WECS	∠°
	Fuel rail pressure setpoint / mean value	WECS *	bar
	Actuator output	WECS *	%
	Servo oil rail pressure setpoint / mean value	WECS	bar
	Number of nozzles in operation	WECS	#
Scavenge air	Aux. blower		on / off
	Barometric pressure / Ambient temperature	*	bar / °C
	Pressure drop across air cooler	1 / 2 / 3 / 4	mmWG
	Blower suction	1 / 2 / 3 / 4	mmWG
	Scavenge air press. (control room / flexView)		bar / bar
	Scavenge air pressure (local Manometer)	*	bar
	Temperature before blower	1 / 2 / 3 / 4 *	°C
	Temperature after blower	1 / 2 / 3 / 4	°C
	Scavenge air temperature after air cooler	1 / 2 / 3 / 4 *	°C
Exhaust gas	Exhaust gas back pressure before boiler		bar
	Temperature before turbine	1 / 2 / 3 / 4 *	°C
	Temperature after turbine	1 / 2 / 3 / 4 *	°C
	Temperature after cylinder	Mean	°C
		1 / 2 / 3 / 4	°C
		5 / 6 / 7 / 8	°C
		9 / 10 / 11 / 12	°C
		13 / 14	°C
	Turbocharger speed	1 / 2 / 3 / 4 *	rpm
Cylinder pressures	Compression - / Combustion pressure	Mean *	bar
		1	bar
		2	bar
		3	bar
		4	bar
		5	bar
		6	bar
		7	bar
		8	bar
		9	bar
		10	bar
		11	bar
		12	bar
		13	bar
		14	bar
	Ignition ratio		
	Air press.: Valve air spring / Control air		bar
Systems	Lub. oil press: Bearing / Crosshead		bar
	Boll & Kirch filter flushing interval		#
	Dynex inlet		bar
	Axial detuner driving end / free end		bar
	Water press.: Cylinder / Piston		bar
	Air cooler stage I	1 / 2 / 3 / 4	bar
	Lub. oil temp.: Engine inlet / Thrust bearing		°C
	T/C lub oil outlet	1 / 2 / 3 / 4	°C
	T/C lub oil inlet	1 / 2 / 3 / 4	°C
	Piston inl. / outl. Mean		°C
	Water temp: Cyl. inlet		°C
	Cyl. outlet mean value		°C
	Seawater temperature		°C
	Air cooler inlet	1 / 2 / 3 / 4	°C
	Air cooler outlet	1 / 2 / 3 / 4	°C
	Fuel : Press. before / after engine		bar
	Consumption absol.		kg/h
	Viscosity - / temperature before engine		cSt / °C
	Cyl. lub. oil : Feed rate setting / effective	*	g/kWh
	or number of pulses/time (PLS only)		#/10min
	or measuring tank / flow meter (PLS only)		l/h

Date of last Dry Docking
Turbocharger
Type:
Spec.:
Date of last overhaul:
Frequency of washing
Blower:
Turbine:
Ship
Type:
Length oa (m):
Length p.p. (m):
Breadth moulded (m):
Max. draught (m):
Corresponding displacement (Dwt):
Corresponding deadweight (t):
Act. Shipspeed / Water under keel / Slip
Propeller:
fixed / CPP:
Diameter (m):
Pitch (m):
No. of blades:
Type:
System oil type:
Consumption per 24 hrs. (l):
Cylinder lubrication oil type:
Additional items to attach:
Performance trend from flexView
ICU curves
Exhaust valve curves (open/close)
print screens of: > INIDC page > INJECT page > EXHV page > LUB page (if PLS is applied)
WECS = can be read out from flexView
** = should at least be filled out*

Remarks	Requirement for the performance evaluation by Wärtsilä: At least the data to grey marked items must be filled in completely.

RT-123

2012 年 1～3 月

3.2.03 RT-123 附件－检查和检修周期表（附件 1～附件 3）

附件 1

适用机型：所有缸径的 RTA 柴油机

表 1　检查或检修周期表

部件名称	检查或检修周期（小时）	柴油机使用寿命[1)2)]（小时）	工作内容	维修方法
机座地脚螺栓	12 000	柴油机使用寿命	根据《保养说明书》检查螺栓预紧力。	
主轴承	30 000 ～ 36 000	90 000	每年一次，检查轴承间隙。	视情更换
推力轴承	30 000 ～ 36 000	90 000		
贯穿螺栓	检查预紧力，第一次为一年后。后续检查：检修后或每 30 000 小时随机抽查。	柴油机使用寿命	根据《保养说明书》检查螺栓预紧力，必要时重新上紧。	
气缸套[5)]	18 000 ～ 20 000	可达 90 000	每当吊出活塞时，检查缸套状况，测量缸径磨损量。	船上检修
气缸注油器／枪（脉冲润滑）	检查止回阀：每当活塞吊出时			视情更换
气缸注油器／枪 (CLU-3)	检查止回阀：每当活塞吊出时			视情更换
	蓄压器隔膜：6 000		检查蓄压器隔膜漏油情况，视情更换。	视情更换
活塞杆填料函	18 000 ～ 20 000	36 000（各种环）	拆卸清洁各种环，测量磨损。视情调换所有的环。	船上检修
气缸盖	每当活塞吊出时	柴油机使用寿命	检查燃烧室、喷油器座污染和损坏情况。视情翻新。	翻新修理
喷油器喷嘴	3 000	6 000	检修时检查喷油器的启发压力和喷嘴紧固情况。	换新
喷油器针阀偶件	6 000	24 000	6000 小时，检查喷油器针阀偶件状况，视情更换新的或翻修的偶件，偶件的状况受燃油质量的影响。	翻修或更新
起动阀	12 000[4)]	柴油机使用寿命	拆下并解体起动阀，更换磨损部件（活塞环、O型圈）	船上检修

排气阀杆	初始检查 18 000 后续检查 36 000	108 000[3]	检查阀杆状况和磨损（如有必要进行翻新修理）。 阀盘接触面腐蚀的深度超过《保养说明书》限定值或阀线密封面磨损超过 3mm，可翻新修理。 80A 镍铬钛合金阀杆可翻新修复 2 次。	翻新修理
排气阀座	初始检查 18 000 后续检查 36 000	72 000	检查阀座的状况和磨损情况（如有必要对阀座进行研磨）。阀座密封面磨损超过 3mm，或阀座内部烧蚀超出《保养说明书》限定值则必须翻新修理。	翻新修理
连杆大端轴承	30 000 ～ 36 000	72 000	每年一次。检查轴承间隙，测量曲轴拐档差。如果曲轴箱有白合金碎片，用塞规检查轴承边缘的情况。	船上检修。视情更换。
十字头轴承	30 000 ～ 36 000	90 000		
活塞头[5]	18 000 ～ 20 000	活塞环： 18 000 ～ 36 000 活塞顶面： 72 000	检查镀铬情况，测量环槽尺寸。检查活塞顶面情况。视情修理 / 更换。	船上检修，或 翻新修理。
活塞环[5]	18 000 ～ 20 000	18 000 ～ 20 000	在每次进行扫气箱检查时，检查活塞环的状态。	换新
凸轮轴传动齿轮	一年一次	柴油机使用寿命	检查齿轮外观、运行间隙和齿侧间隙。	
起动空气分配器	30 000 ～ 36 000[4]	柴油机使用寿命	拆卸、清洗，检查先导阀。	船上检修
起动空气阀	30 000 ～ 36 000[4]	柴油机使用寿命	清洁、检查阀座、弹簧和密封圈。	船上检修
换向安全装置	30 000 ～ 36 000[4]	柴油机使用寿命	清洁并检查磨损情况。视情抛光滑动表面	船上检修
安全切断装置	30 000 ～ 36 000[4]	柴油机使用寿命	拆卸、清洁、检查。如有必要更换密封圈和○型圈。	船上检修
喷油泵	阀 12 000 ～ 18 000	18 000	拆卸清洗，检查溢流阀、吸油阀、出油阀及弹簧。	船上检修。视情更换。
	安全阀 24 000 ～ 36 000	柴油机使用寿命	检查安全阀的设定值。	船上检修
	柱塞和套筒 24 000 ～ 36 000	90 000	检修时检查柱塞和套筒。	船上检修。视情更换。
驱动泵	24 000 ～ 36 000	柴油机使用寿命	拆卸检查其中一个泵。视情确定剩余的泵是否拆检。	船上检修

喷油泵传动装置（球轴承）	每月	6 000	每月一次，检查球轴承的磨损。	换新
气缸油泵（脉冲润滑）	蓄压器：每 3 个月		检查蓄压器（氮）预充的气压。视情补充。	船上检修
		滑油泵 30 000		翻新修理
气缸油泵（CLU3）	根据制造厂家的说明书	根据制造厂家说明书		船上检修
曲柄转角传感器（CAS）单元（仅脉冲气缸润滑的柴油机）	目视检查齿形带的预紧、裂纹和磨损：3000	24 000[4]	24 000 小时后更换齿形带，测量传动轴的“跳动”。	换新
	检修驱动装置：48000[4]		检修时更换滚珠轴承和密封圈。	替换的相关部件
		曲柄转角传感器：48 000[4]	48 000 小时更换传感器。	替换
带 LEMAG 增量轮的 CAS（仅改造脉冲气缸润滑柴油机）	检查并清洁传感器探头。		如果需要仅是更换。	船上检修
	检查并清洁传动轮		去除污垢、油泥或增量轮缝隙的污染。	

附件 2

适用机型：RT-flex 柴油机　　缸径（cm）：48、50、58、60 和 68

表 2　检查或检修周期表

部件名称	检查或检修周期（小时）	柴油机使用寿命（小时）	工作内容	维修方法
机座地脚螺栓	12 000	柴油机使用寿命	根据《保养说明书》检查预紧力。	
主轴承	30 000 ～ 36 000	90 000	每年一次，检查轴承间隙。	视情更换
推力轴承	30 000 ～ 36 000	90 000		
贯穿螺栓	检查预紧力，第一次为一年后。 后续检查： 检修后或每 30 000 小时抽查。	柴油机使用寿命	根据柴油机《保养说明书》检查预紧力，必要时重新上紧。	
气缸套	18 000 ～ 20 000	可达 90 000	每当吊出活塞时，检查缸套状况和测量缸径磨损量。	船上检修
气缸注油器 / 枪 （脉冲润滑）	检查止回阀： 每当活塞吊出时			视情更换
气缸注油器 / 枪 （CLU-3）	检查止回阀： 每当活塞吊出时			视情更换
	蓄压器隔膜： 6 000		检查蓄压器隔膜的漏油情况，视情更换。	视情更换
活塞杆填料函	18 000 ～ 20 000	36 000 （各种环）	每当吊出活塞时，清洁所有的环，测量环的磨损情况。视情调换所有的环	船上检修
气缸盖	每当活塞吊出时	柴油机使用寿命	检查燃烧室、喷油器座的赃污或损坏情况。视情修复	翻新修理
喷油阀喷嘴	3 000	6000	检修时，检查喷油器的启阀压力和喷嘴紧固状态。	换新
喷油器针阀偶件	6 000	24 000	6000 小时检查喷油器针阀偶件的状况，视情更换新的或翻修的针阀偶件。偶件状况受燃油质量的影响	翻修或更新
起动阀	12 000 [4]	柴油机使用寿命	拆下并解体起动阀，视情更换磨损部件（活塞环、O型圈）	船上检修

排气阀杆	初始检查 :18000 后续检查 :36000	108 000[3]	检查阀杆状况和磨损（如有必要进行翻新修理）。 阀盘接触面腐蚀的深度超过《保养说明书》限定值或阀线密封面磨损超过 3mm，可翻新修理。 80A 镍铬钛合金阀杆可翻新修复 2 次	翻新修理
排气阀座	初始检查：18 000 后续检查：36 000	72 000	检查阀座的状况和磨损情况（如有必要对阀座进行研磨）。阀座密封面磨损超过 3mm，或阀座内部烧蚀超出《保养说明书》限定值则必须翻新修理	翻新修理
连杆大端轴承	30 000 ～ 36 000	72 000	每年一次，检查轴承间隙。测量曲轴拐档差。如果曲轴箱有白合金碎片，用塞规检查轴承边缘的情况	船上检修。视情更换。
十字头轴承	30 000 ～ 36 000	90 000		
活塞头	18 000 ～ 20 000	活塞环槽：18000 ～ 36000 活塞顶面：72 000	检查镀铬情况，测量环槽尺寸。检查活塞顶面情况。视情修理 / 更换	船上检修，或 翻新修理。
活塞环	18 000 ～ 20 000	18 000 ～ 20 000	在每次进行扫气箱检查时，检查活塞环的状态。	换新
起动空气阀	30 000 ～ 36 000	柴油机使用寿命	清洁、检查阀座、弹簧和密封圈	船上检修
伺服油泵 (Dynex)		42 000[4]		翻新修理
供油单元传动齿轮轴承	42 000[4]	90 000	目视检查	视情更换
供油单元凸轮轴轴承	6 000[4]	90 000	检查轴承状态和轴承间隙。检查轴承处或轴承箱内是否有白合金碎片。	视情更换
燃油泵		24 000[4]		翻新修理
燃油超压调节阀（PCV）	只有当 PCV 损坏了才需要。	柴油机使用寿命	每年进行一次功能检查，视情翻修修理。	翻新修理
喷射控制单元（ICU）		38 000[4]		翻新修理
	滤器：18 000		清洁和检查滤器视情更换。	换新

控制油泵（只有 RT-flex 58T-B 和 RTflex60C 如果安装）	30 000		检查高压柱塞泵的各部件和凸轮轴的状况。视情更换泵的部件。	视情更换
伺服油共轨软管	36 000[4]		检查工作情况，视情更换。	换新
排气阀控制单元	驱动活塞和滑动杆 36 000[4]	柴油机使用寿命	检修时随机抽检活塞和滑动杆。仅视情更换。	换新
	滤器：18 000		清洁并检查滤器，仅视情更换。	换新
	共轨阀：监控[4]		通过 flexView 检查共轨阀的“on-time”情况，如果“on-time”> 2.6 ms 则替换。	换新
气缸油泵（脉冲润滑）	蓄压器：每 3 个月		检查蓄压器（氮）预充的气压，视情补充。	船上检修
		滑油泵 30 000		翻新修理
气缸油泵（CLU3）	根据泵制造厂家的说明书	根据泵制造厂家说明书		船上检修
曲柄转角传感器（CAS）单元	目视检查齿形带的预紧、裂纹和磨损等，3 000	24 000[4]	24 000 小时后更换齿形带，测量传动轴的“跳动”。	换新
	检修驱动装置，48000[4]		检修时更换滚珠轴承和密封圈。	更换相关组件
		曲柄转角传感器 48 000[4]	48 000 小时更换传感器。	换新
WECS-9520 组件		60 000[4]	如果故障，更换 FCM-20 模块	换新
WECS-9500 组件		60 000[4]	如果故障，更换模块	换新

注：1）～4）同表 1

备注：服务公告 RT-123 检查和检修周期表的数据仅是一部分。

附件 3

适用机型：RT-flex 柴油机　缸径（cm）：82、84 和 96

表 3　检查或检修周期表

部件名称	检查或检修周期（小时）	柴油机使用寿命[1)2)]（小时）	工作内容	维修方法
机座地脚螺栓	12 000	柴油机使用寿命	根据《保养说明书》检查预紧力。	
主轴承	30 000 ～ 36 000	90 000	每年一次，检查轴承间隙。	视情更换
推力轴承	30 000 ～ 36 000	90 000		
贯穿螺栓	检查预紧力，第一次为一年后。 后续检查：检修后或每 30 000 小时随机抽查。	柴油机使用寿命	根据柴油机《保养说明书》检查预紧力，必要时重新上紧。	
气缸套	18 000 ～ 20 000	可达 90 000	每当吊出活塞时，检查缸套状况，测量缸径磨损量。	船上检修
气缸注油器 / 枪（脉冲润滑）	每当活塞吊出时检查止回阀			视情更换
气缸注油器 / 枪 (CLU-3)	每当活塞吊出时检查止回阀			视情更换
	蓄压器隔膜，6 000		检查蓄压器隔膜的漏油情况，视情更换。	视情更换
活塞杆填料函	18 000 ～ 20 000	36 000（各种环）	每次吊出活塞时，清洁所有的环，测量环的磨损情况。视情调换所有的环	船上检修
气缸盖	每当活塞吊出时	柴油机使用寿命	检查燃烧室、喷油器座的赃污或损坏情况。视情修复。	翻修
喷油器喷嘴	3 000	6 000	检修时，检查喷油器的启阀压力和喷嘴紧固状态。	换新
喷油器针阀偶件	6 000	24 000	6000 小时，检查喷油器针阀偶件状况，视情更换新的或翻修的偶件。偶件的状况受燃油质量的影响。	翻修或更新

起动阀	12 000[4]	柴油机使用寿命	拆下并解体起动阀，视情更换磨损部件（活塞环、O型圈）	船上检修
排气阀杆	初始检查 18 000 后续检查 36 000	108 000[3]	检查阀杆状况和磨损（如有必要进行翻新修理）。阀盘接触面腐蚀的深度超过《保养说明书》限定值或阀线密封面磨损超过 3mm，可翻新修理。80A 镍铬钛合金阀杆可翻新修复 2 次。	翻新修理
排气阀座	初始检查 18 000 后续检查 36 000	72 000	检查阀座的状况和磨损情况（如有必要对阀座进行研磨）。阀座密封面磨损超过 3mm，或阀座内部烧蚀超出《保养说明书》限定值则必须翻新修理。	翻新修理
连杆大端轴承	30 000 ～ 36 000	72 000	每年一次，检查轴承间隙，测量曲轴拐档差。如果曲轴箱有白合金碎片，用塞规检查轴承边缘的情况。	船上检修。视情更换。
十字头轴承	30 000 ～ 36 000	90 000		
活塞头	18 000 ～ 20 000	活塞环槽 18 000 ～ 36 000 活塞顶面 72 000	检查镀铬情况，测量环槽尺寸。检查活塞顶面情况。视情修理 / 更换。	船上检修，或 翻新修理。
活塞环	18 000 ～ 20 000	18 000 ～ 20 000	在每次进行活塞底部检查时，检查活塞环的状态。	换新
起动空气阀	30 000 ～ 36 000	柴油机使用寿命	清洁，检查阀座、弹簧和密封圈。	船上检修
伺服油泵 (Dynex)		初始检查 24 000	• 泵的序列号 < 147899 的：初始 24000 小时翻新修理。 • 泵的序列号 ≥ 147899 的：24000 小时仅在船上换泵盖。	翻新修理
		后续检查 42 000[4]	泵的序列号 ≥ 160686：只能在 42000 小时内再翻新。	
伺服油泵 (Bosch)		60 000		翻新修理
供油单元传动齿轮轴承	42 000[4]	90 000	目视检查	视情更换
供油单元凸轮轴轴承	6 000[4]	90 000	检查轴承的状态和轴承间隙。检查轴承处或轴承箱内是否有白合金碎片。	视情更换

燃油泵		18 000		翻新修理
喷射控制单元（ICU）[5]		初始检查：24 000	只有 2010 年之前柴油机，缸径：84 和 96。	翻新修理
		后续检查：36 000[4]		翻新修理
	滤器：18000		清洁和检查滤器，视情更换。	换新
控制油泵(Bosch)		60 000[4]	更换一个新泵	换新
控制油泵电机轴承		60 000[4]	更换新轴承，并彻底检修电机。	换新
分配块的安全阀	36 000		进行功能检查。 如果损坏更换安全阀。	换新
伺服油共轨软管	36 000[4]		视情换新。	换新
排气阀控制单元	驱动活塞和滑动杆：36 000[4]	柴油机使用寿命	检修时随机抽检活塞和滑动杆，仅视情更换。	换新
	滤器：18 000		清洁并检查滤器，仅视情更换。	换新
	共轨阀：监控[4]		通过 flexView 检查共轨阀的“on-time”情况，如果“on-time”> 2.6 ms 则换新。	换新
气缸油泵（脉冲润滑）	蓄压器： 每 3 个月		检查蓄压器（氮）预充气压。视情补充。	船上检修
		滑油泵 30 000		翻新修理
气缸油泵（CLU3）	根据泵的制造厂家说明书	根据泵的制造厂家说明书		船上检修
燃油蓄压器（IFA）	随机抽检泄漏情况		视情更换 IFA	换新
燃油超压调节阀（PCV）	只有当 PCV 损坏了才需要。	柴油机使用寿命	每年进行一次功能检查，视情翻修修理。	翻新修理
曲柄转角传感器（CAS）单元	目视检查齿形带的预紧、裂纹和磨损：3 000	24 000[4]	24000 小时后更换齿形带，测量传动轴的“跳动”。	更换相应组件
	检修驱动装置，48000[4]		检修时更换滚珠轴承和密封圈。	换新
		曲柄转角传感器 48 000[4]	48 000 小时更换传感器。	换新
WECS-9520 组件		60 000	如果故障，更换 FCM-20 模块	换新
WECS-9500 组件		60 000	如果故障，更换模块	换新

注：
1）～4）同表 1。
5）对于 2011 年 6 月之前建造的 RT-flex 82 机的 ICUs 可参考技术公告 RT-122。

备注：服务公告 RT-123 检查和检修周期表的数据仅为部分。

RT-124

3.2.04　如何联系 Wärtsilä

关于技术公告内容的问题或您需要 Wärtsilä 的帮助、服务，更换备件和/或工具，请联系离您最近的 Wärtsilä 的代表。

如果您手上没有联系的细节资料，请在 Wärtsilä 的网页 www.wartsila.com 上进行链接“Contact us”-“24h Services”。

应急事宜的联系细节

操作支持：对于和操作相关的问题，请将您的询问发送至：

technicalsupport.chts@wartsila.com

或 24 小时电话：+41 52 262 80 10。

现场服务：如果您需要 Wärtsilä 的现场服务，请将您的请求发送至：

Ch.Fieldservice@wartsila.com 或 24 小时电话：+41 79 255 68 80。

备件：如果您需要 Wärtsilä 的备件和/或工具，请将您的请求发送至：

ch.spareparts.wgls@wartsila.com 或 24 小时电话：+41 52 262 24 02。

第 4 章 附　件

4.1 换算系数

4.1.01 说明

本章以国际单位制的形式（标准国际 SI 制）列出了科学厘米 - 克 - 秒制 (CGS 体系)、米制（米 - 千磅 - 秒）和英尺 - 磅 - 秒制最常用的单位的换算系数。ISO 国际单位制由 7 个基本单位（表 4.1.1）和 2 个辅助单位（表 4.1.2）构成。导出单位以基本单位的代数形式表示。某些导出量是表 4.1.3 中的名称与符号的组合。还有一些不属于国际单位制的单位，但由于实际上还在使用，或被专门行业所采用而被采纳到 ISO 标准中。一些外来单位参见表 4.1.4。

表 4.1.1 国际单位制的基本单位

量的名称	单位名称	单位符号
长度	米	m
质量	千克	kg
时间	秒	s
电流	安［培］	A
绝对温度*	开［尔文］	K
物质的量	摩［尔］	mol
发光强度	坎［德拉］	cd

* 也称为热力学温度。

表 4.1.2 国际单位制的辅助单位

量的名称	单位名称	单位符号
平面角	弧度	rad
立体角	球面度	sr

表 4.1.3 专用名称的国际单位制导出单位

量的名称	单位名称	单位符号	定义
频率	赫［兹］	Hz	1 Hz= s^{-1}
力	牛顿	N	1 N=1 kg·m/s^2
压力、压强 应力	帕［斯卡］	Pa	**1Pa=1N/m^{2}***

能［量］、功、热量	焦［耳］	J	1J=1N·m
功率	瓦［特］	W	1W=1J/s
电压、电动热、电位、电势	伏［特］	V	1 V=1 W/A
温度	摄氏度	℃	1℃ =1 K**

* 应力大都采用单位 N/mm^2，$1N\ mm^2=10^{6}N/m^2$，应采用 Pa、MPa 表示。

** t(℃)=T(K)-T_0（K），式中 T_0=273.15K。

4.1.4 国际单位制的辅助单位

量的名称	单位名称	单位符号	定义
时间	分	min	1 min= 60 s
时间	小时	h	1 h=60 min
平面角	度	°	$1° = (\pi / 180)$rad
体积	升	l(L)	l(L) =1dm^3
压力	巴	bar	1 bar=10^5 Pa

表 4.1.5 列出了可构成标准名称十进制倍数或小数的名称与符号词头。

4.1.5 国际单位制的词头

因数	词头	符号	因数	词头	符号
10^{18}	exa	E	10^{-1}	deci	d
10^{15}	peta	P	10^{-2}	centi	c
10^{12}	tera	T	10^{-3}	milli	m
10^{9}	giga	G	10^{-6}	micro	μ
10^{5}	mega	M	10^{-9}	nano	n
10^{3}	kilo	k	10^{-12}	pico	p
10^{2}	hekto	h	10^{-15}	femto	f
10	deca	da	10^{-18}	atto	a

4.1.02 换算常数

长度（m）

1in（英寸）	25.40 mm = 0.025 4 m
1ft（英尺）=12 英寸	0.304 8 m
1yd（码）=3ft=36 英寸	0.914 4 m
1 英里 =1 760 码	1 609 m
1 国际海里	1 852 m

面积（m^2）

1sq. in（平方英寸）	$0.645\ 2\times10^{-3}$ m^2
1sq. ft（平方英尺）	$92.90\times10^{-3}m^2$

体积（$1m^3$ = 1000l）

1 cub. in（立方英寸）	$16.39\times10^{-6}m^3$
1 cub. ft（立方英尺）	$28.32\times10^{-3}m^3$ = 28.32 l(L)
1 加仑（英）*	$4.546\times10^{-3}m^3$ = 4.546 l(L)
1 加仑（美）*	$3.785\times10^{-3}m^3$ = 3.785 l(L)
1 桶（美国石油桶）=42 加仑（美）	0.159 0 m^3
1 bbl（干桶，美）	0.115 6 m^3
1 注册吨 =100 cub. ft	2.832 m^3

*1 加仑 = 4 夸脱 = 8 品脱

速度（m/s）（3.6km/h=1m/s）

1kn（节）=1 海里 /h（其他速度用长度换算表示）=1 852 m/h=0.514 4 m/s

质量（kg）

1 lb（磅）=16 ozs（盎司）	0.453 6 kg
1 ctw（英）（英担）=112 lbs	50.80 kg
1 长吨（英）=20 cwt=2 2401bs	1.016 米制吨 = 1 016 kg
1 短吨（美）=2 0001bs	0.907 米制吨 = 907 kg
1 斯勒格	14.59 kg

密度

1 lb/cub.ft	16. 02 kg/m^3

力 (1kg m/s^2 =1 N)

1kp(千磅)*	9.807 N
1 磅达 **	138.3×10^{-3} N

* 在英裔美国人口语区也称做 kgf（千克力），标准落体加速度 g_n=9.806 65 m/s^2

** 英尺－磅－秒制的力单位

压力 (1 N/m^2 =1 Pa, 1bar=10^5 Pa, 1mbar=10^{-3} bar)

1 kp/cm^2 =1 at—0.967 8 atm	98. 07 X 103 Pa=0. 980 7 bar
1 at= 735.5 mm Hg*=10 m $H_2$0** (T= 277 K)	
750 mm Hg*	10^5 Pa=1 bar
1mm Hg* (T=273 K)	133.3 Pa=1.333 mbar
1mm $H_2$0** (T=277K)	10^{-4}at = 9.807 Pa
	= 98. 07 X 10-3mbar
1 in Hg* (T=273 K)	3 386 Pa = 33. 86 mbar
1 in H_2 0** (T=277 K)	249. I Pa = 2.491 mbar
1 atm(标准大气)=760 mm Hg*	1.013×10^5 Pa=10^{13} mbar
1 atm=1. 033 at	
1 lb/sq.in(psi)	6 895 Pa=68. 95 mbar

*汞，1mm Hg=1 乇

上述数值依据标准落体加速度 g_n=9.806 65 m/s^2

** 水柱 (WS)(英语 WC，water column)

压强 (1N/mm^2= 10^{-6} N/mm^2)

1 kp/mm^2=10-6N/cm^2)	9.807 N/mm^2
1 lbf/sq.in(psi) =0.070 31 at	6.895×10^{-3} N/mm^2

动态黏度 (N s/m^2)

1 kp s/m^2	9.807 N s/m ^{2} = 98.07 P(泊)
1 磅达 s/aq.ft	1.488 N s/m^2
1 lbf/sq.ft	47.88 N s/m^2

泊是取自 CGS 制的一个量的名称。1 P=0.1 Pa s

1 cP=1mPa s= 10^{-3}Pa s

动力黏度 (m^2/s^2)

1 sq.ft/s	92.90×10^{-3} m^2/s
	=92.90×10^3 cSt*

* cSt(厘斯托克斯)=$10^{-6}$$m^2$/s。斯托克斯是取自 CGS 制的一个名称。

1 St = $10^{-4}$$m^2$/s

能、功 (1N·m =1J，W·h)

1 cal_{rr}	4.187 J*
1 kpm	9.807J
1 hph(米制)	2.648×10^6 J = 0.735 5 kW·h
1 ft lbf	1.356J
1 hph(英、美)	2.685×10^6 J = 0.745 7 kW·h
1 BTU(英、美)	1.055×10^3 J = 1.055 kJ

* 准确值：4.186 8J

IT= 国际蒸汽表卡（英语：I. T. International Steam Table)

功率 (1kg m^2/s^3=1N·m/s=1J/s=1W)

1 kpm/s	9.807 W
1 hp(米制)=75 kpm/s	735.5 W=0.735 5 kW
1 $kcal_{IT}$/h	1.63 W
1 ft lbf/s	1.356 W
1 hp(英、美) = 550 ft.lbf/s	745.7 W
1 BTU/h	0.293 1 W

转矩、力矩（ $kg \cdot m^2/s^2 = N \cdot m$）
可从上述内容中直接推导出

惯性力矩 ($kg\ m^2$)

$1GD^2$（旧名称）	$=4.1^* kg \cdot m^2$
$1\ WR^2$（旧名称）*	$=1.1^* kg \cdot m^2$
$^*1= \int dm_r \cdot r^2$	m_r = 半径 r 的质量
G = W = 质量 (kg)	D = 旋转直径
R= 旋转半径	

比燃料消耗量 *(g/kW·h)

1 g/hph（米制）	1.360 g/kW·h

* 参见下表

温差 (K)

1 ℃（摄氏）	1K
1 ℉（华氏）	5/9 K

温度单位 (K)（参见表 4.3 的注释）

1℃（摄氏）	$t_C+273.15 = K$
1 ℉（华氏）	$5/9(t_F-32)+273.15=K$
华氏换算到摄氏	$t_c=5/9(t_F-32)$
摄氏换算到华氏	$t_F=9/5 \cdot t_c+32$

比热容 (J/(kg K)

$1\ kcal^{IT}/(kg^* \cdot ℃)$	$4.187 \times 10^3\ J/(kg \cdot K)$
$1\ BTU^*/(lb \cdot {}^0F) = 1\ kcal_{IT}/(kg \cdot ℃)$	$4.187 \times 10^3\ J/(kg \cdot K)$

* 英制热力学单位（参见能的换算常数）

热导率（ W/(m·K)

$1\ cal_{rr}/(cm \cdot s \cdot ℃)$	418.7W/(m·K)

1 $kcal_{rr}$/(m·h·℃)	1.163 W/(m·K)
1 BTU*/(ft·h·℉)	1.731W/(m·K)

* 英制热力学单位参见能量单位的换算系数

传热系数 (W/(m^2·K)

1 cal_{rr}/(cm^2·s·℃)	$41.87 \cdot 10^3$ W/(m^2·K)
1 $kcal_{rr}$/(m^2·h·℃)	1.163 W/(m^2·K)
1 BTU*/(ft^2·h·℉)	5.678 W/(m·K)

国际单位制中的一些重要物质的物理数据

T= 温度（℃）　　△K = 温差

r= 密度（kg/ m²）　　C_P = 比热容 J/(kg·DK)

	t	P	C_P	t 范围	C_P
水	18	899	4.18×10^3		
润滑油（近似值）*	15	900	1.96×10^3		
空气	0	1.276	998	0～150	1 005
废气				200～400	1 080

* 黏度：40℃时 100～140cSt

750mmHg=1bar=10^5Pa

1atm(海平面标准压力)	= 760mm Hg = 1 013mbar
空气和废气的气体常数	= 287J/(kg·K)
100℃水 /1.013bar 下的蒸汽热量	= 2.256×10^6J/kg
燃料热值下限	Hu = 41～43×10^6J/kg
ISO 3046/1-1986 标准基准燃料	Hu = 43×10^6J/kg

燃油比耗（b_e, 英文缩写：SFOC）和标准条件

以制动功率和下列条件为基准的燃料比耗数据（ISO）：

鼓风机进口抽气温度：	25℃	298K
鼓风机进口抽气压力：		1 000bar
充气冷却水温度	25℃	298K
燃料热值下限 (10 200 kcal/kg)		42 707kJ/kg

4.1.03 物质数据

由于受到如空气湿度、密度的强烈影响，此处给出的平均值可能存在明显的偏差（t/m^3）：

矾……1.7
铝……2.7
铝合金……2.6～2.9
铝青铜……7.7
无烟煤……1.4～1.7
锑……6.7
石棉……2.1～2.8
石棉麻线板……1.2
沥青……1.1～1.3
氢氧化钾……2.05
生石灰……3.3
烧碱……2.13
棉纤维……1.5
砖石……2.5
矾土……2.4～2.6
混凝土……1.8～2.4
褐煤……1.2～1.5
铅……11.34
红丹……9.0
青铜……8.7～8.9
铬……7.1
σ-合金……8.6
冰（0℃时）……0.92
铁：
纯铁……7.88
铸铁，GG……7.2
生铁……6.7～7.8
可锻铸铁……7.2～7.6
钢，GS……7.85
土……1.4～2.0
油脂……0.9～0.96
熟石膏……1.8
玻璃……2.5
铸金……19.25
橡胶制品……1.0～2.0(1.2)
风干木材（偏差可能较大）：
枫木……0.65
桦木……0.65
橡木……0.7(～0.96)
白蜡树……0.7
云杉……0.5
加蓬古夷苏木……0.4
山核桃树……0.8
松木……0.5
椴木……0.5
落叶松……0.6
桃花心木……0.7
胡桃树……0.7
俄勒冈松……0.6
杨木……0.45

北美油松……………………0.7
愈疮木…………………… 1.3
红榉木………………………0.7
榆木…………………………0.7
冷杉………………………0.45
柚木………………………0.85
鹅耳枥……………………0.85
雪松…………………………0.5
柏树…………………………0.6
硬质纤维板…………………1.0
木…………………0.25 ～ 0.5
木炭…………………………0.4
依格利特………………………1.35
因钢……………………………8.7
硝石……………………………2.1
石灰：
熟…………………0.9 ～ 1.3
溶解…………………………1.2
石灰砂浆……………1.6 ～ 1.8
木棉…………………………0.13
刚玉…………………1.40 ～ 1.8
橡胶：
生…………………………0.92
硫化…………………………1.5
砾石……………………………1.9
食盐…………………………2.15
焦炭…………………1.6 ～ 1.9
软木…………………0.1 ～ 0.3
金刚砂…………………………4.0
粉笔…………………1.8 ～ 2.7
塑料（部分）…………1.05 ～ 1.4
铜：
浇铸……………8.3 ～ 8.9
轧制……………8.9 ～ 9.0
皮革……………0.85 ～ 1.0
镁 ……………………1.74
镁青铜……………8.8 ～ 8.9
大理……………2.0 ～ 2.8
黄铜……………8.4 ～ 8.5
蒙钼……………………8.58
镍 ………………………8.8
镍钢……………8.1 ～ 8.2
夹布胶木…………………1.3
纸 ………………………0.95
石蜡………………………0.9
沥青………………………1.2
酚醛树脂…………………1.3
铂 ……………………21.45
聚乙烯塑料………………0.93
瓷器………………………2.3
钾盐………………………2.3
压制树脂…………………1.25
压制木屑板………1.2 ～ 1.4
石英……………2.1 ～ 2.5
炮铜……………8.5 ～ 8.7
砂 ……………1.4 ～ 1.6
石英砂……………………2.7
耐火砖…………1.7 ～ 2.2
海绵橡…………0.06 ～ 0.1
矿渣……………0.6 ～ 0.7
矿渣…………0.05 ～ 0.4
刚玉砂……………………4.0
松散雪…………0.06 ～ 0.2
硫 ………………………2.0

浮石……………………………0.85
重晶石…………………………4.25
肥皂………………1.05～1.2
银 ……………………………10.5
碳酸钠结晶……………………2.45
注塑件：
　轻…………………2.6～2.9
　重 ………………6.7～11.0
块滑石……………2.6～2.8
硬煤…………………1.2～1.4
石器…………………1.3～1.6
粗瓷…………………2.5～2.6

牛脂 ………………0.9～0.97
滑石粉………………2.6～2.8
锌黄铜………………8.5～8.8
蜡 …………………………1.0
巴比合金……………7.1～10.1
钨钢 ………………………8.2
金属胶合板……………………9.7
水泥（硬）…………2.3～3.2
砖……………………1.4～2.0
锌……………………6.9～7.2
锡……………………7.2～7.3
糖 …………………………1.6

在20℃左右温度下液体的密度 kg/dm^3，可能与列出的数值有差异：

乙醇…………………0.7～0.8
汽油………0.68～0.78(0.76)
苯 ……………………………0.88
褐煤焦油……0.8～1.04(0.92)
柴油………………0.85～1.08
花生油…………………………0.92
轻油………………0.86～0.89
甘油（无水）…………………1.26
燃油(取自石油)…0.89～0.98
亚麻油…………………………0.93
石脑油…………………………0.76
橄榄油…………………………0.92
石蜡油……………0.9～1.02
石油………0.76～0.88(0.81)
汞：
300℃时……………………13.595
100℃时……………………13.351
蓖麻油…………………………0.96
菜籽油…………………………0.91
浓硝酸…………………………1.51
浓盐酸…………………………1.16
浓硫酸…………………………1.834
润滑油……0.88～0.94(0.9)
海水……………1.015～1.03
酒精(90 Vol. %)…………0.82
烟煤焦油℃…0.9～1.1(1.08)
焦油………………0.85～1.25
松节油…………………………0.86
鱼油………………0.91～0.94

散装物料密度 t/m^3

挖掘土………………1.7～2.0
铁矾土…………………………1.25
褐煤……………………………0.8
土：
干……………………1.1～1.7
湿……………………1.7～2.0

矿石……………………2. 0～3. 5
粮食……………………0. 6～0. 8
鸟粪……………………………0. 85
木材……………………0. 3～0. 5
钾盐……………………0. 8～1. 2
硝石……………………………1. 0
干砾石…………………………1. 7
焦炭……………………………0. 42

铜块……………………………5. 8
生铁块…………………………3. 7
盐………………………………1. 0
砂　　　　　　　　　　　　　：
干………………………………1. 6
湿………………………………2. 0
硬煤…………………0. 8～0. 85
砖……………………1. 2～1. 4

4.2 常用度量衡表

(1) 长度

英文名称	代号或缩写	中文名称	对主单位的比	折合市制
millimicron	mμ	毫微米	1/1 000 000 000	
micron	μ	微米	1/1 000 000	
centimillimetre	cmm.	忽米	1/100 000	
decimillimetre	dmm.	丝米	1/10 000	
millimetre	mm.	毫米	1/1 000	
centimetre	cm.	厘米	1/100	
decimetre	dm.	分米	1/10	
metre	m.	米	Primary unit 主单位	= 3 市尺
decamette	dam.	十米	10	
hectometre	hm.	百米	100	
kilometre	km.	公里（千米）	1 000	= 2 市里

(2) 重量和质量

英文名称	代号或缩写	中文名称	对主单位的比	折合市制
milligram	mg.	毫克	1/1 000 000	
centigram	cg.	厘克	1/1 000 00	
decigram	dg.	分克	1/1 000 0	
gram	g.	克	1/1 000	
decagram	dag.	十克	1/100	
hectogram	hg,	百克	1/10	
kilogram	kg.	公斤	Primary unit 主单位	=2 市斤
quintal	q.	公担	100	=200 市斤
metric ton	(MT 或 t)	公吨	1 000	=2 000 市斤

（3）容量

英文名称	代号或缩写	中文名称	对主单位的比	折合市制
microlitre	μl.	微升	1/1 000 000	
millilitre	ml.	毫升	1/1 000	
centilitre	cl.	厘升	1/100	
decilitre	dl.	分升	1/10	
litre	l.	升	Primary unit 主单位	=1 市升
decalitre	dal.	十升	10	
hectolitre	hl.	百升	100	
kilolitre	kl.	千升	1 000	

（4）面积和地积

英文名称	代号或缩写	中文名称	对主单位的比	折合市制
square metre	sq. m.	平方米	Primary unit 主单位	=9 平方市尺
are	a.	公亩	100	=0. 15 市亩
hectare	ha.	公顷	10 000	=15 市亩
square kilometre	sq. km.	平方公里	1 000 000	=4 平方市亩

编写者简介

编写组组长、中文主编

姓名：张兴芝　职称 / 职务：副教授　轮机长
1965 年毕业于大连海运学院
历任：在上海海运局期间（中海集团）曾在民主 18、19 轮、战斗 67 轮、“长”轮客轮等轮任各职轮机员及驻厂监造师，任上海海事学院轮机工程系主任，期间领衔实验室建设等多个项目，是学院“轮机综合智能仿真中心”项目主要责任人，是我国海运史上仅有的二名女轮机长之一

中文主审

姓名：应功伟　职务 / 职称：高级轮机长、高级工程师
1979 年毕业于大连海运学院
历任：上海远洋运输公司各职轮机员、轮机长；担任公司总轮机长；兼任技术部部长
现任：中远集装箱运输有限公司船管公司总轮机长，担任上海市造船工程学会轮机工程学术委员会委员、上海市柴油机学会委员、中国航海学会轮机专业学术委员会委员、大连海事大学客座教授

中文主审

姓名：张惠霖　职务：高级轮机长
1986 年 7 月上海海运学院毕业，同年进入上海海运局客轮公司工作
历任：上海海运客轮公司任船舶轮机管理，轮机员、总经理助理，副总经理，中海集装箱运输股份有限公司安技部副主任、船工部总经理
现任：中海集装箱运输股份有限公司轮机总监、船舶管理中心总经理助理

编写组副组长

姓名：徐进　职务：轮机长
2003 年毕业于海军航空工程学院经济信息管理专业，
1999 年撰写关于计算机千年虫问题的“船舶面向 2000 年”一文获全国航海学会优秀论文奖
2005 ～ 2006 年曾受邀担任 CCS 上海地区船舶 PMS 轮机检验授权轮机长培训教师
现任：上海远洋运输有限公司技术部机务监督、工程师

编写组成员

姓名：徐葳　职务：轮机长
1993 年 7 月大连海运学院毕业，进入上海海运局油运公司工作
历任：各职轮机员、轮机长职务、中海油运船管部机务主管
现任：中海发展股份有限公司油轮公司船管部船管四处副经理

编写组成员

姓名：赵文利　职务：高级轮机长
历任：“向”字轮轮机长、外籍期租轮船东代表、中海集装箱运输股份有限公司船工四部机务主管、“新”字轮轮机长
现任：中海集装箱运输股份有限公司南美洲、北美洲、欧洲等航线船舶轮机长

姓名：**欧阳传发**　职务：轮机长
1988 年毕业于福建厦门集美航海学院，1988 年就职上海海运局
历任：船舶总管、物供部经理
现任：福建国航远洋运输（集团）股份有限公司安技部副主任

编写组成员

姓名：**罗献忠**　职务：轮机长
1989 年毕业于福建厦门集美航海学院
历任“珞巴河、纳西河”轮（3400TEU）、“天秀河、天锦河”轮（5100TEU）轮机长
现任：上海远洋运输有限公司技术部机务监督

编写组成员

姓名：**单高永**　职务：轮机长
毕业于广州航海高等专科学校及西南科技大学
历任：各职轮机员、“新亚洲”轮机长
现任：中海集装箱运输股份有限公司“新”字轮轮机长

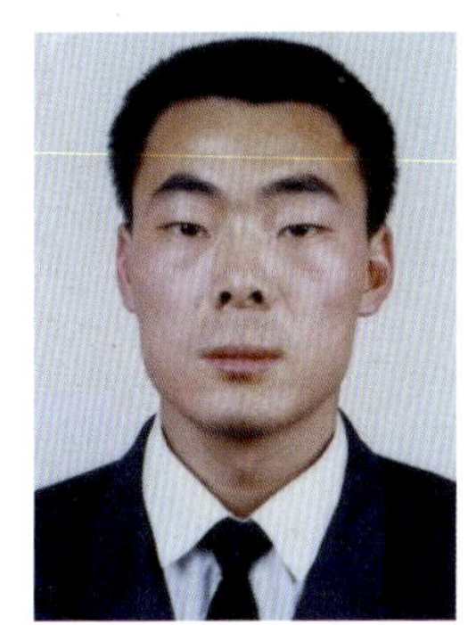
编写组成员

后记

“工欲善其事，必先利其器”，作为国内的机务人员一直希求能有更多更好的专业资料，能将船舶主要机型的部件和系统使用、保养和故障解决的方案囊括其中，成为他们在轮机管理过程中解决各类技术难题的一个工具、一个利器。针对上述需求，上海市航海学会组织业内专家，将 MAN 和 Wärtsilä 柴油机主流机型供应商发给船东的服务通函及业内专家日积月累的实际工作经验，汇编成《船舶主流机型服务用书手册》（简称《手册》）大型工具书，为航运界广大机务人员服务。

MAN 和 Wärtsilä 柴油机主流机型投放市场已经多年，供应商发给船东的服务通函汗牛充栋，规格繁多；汇编成一本《手册》，任务十分艰巨。在编委员会的领导下，以张兴芝同志为编写组组长（中文主编）的编写组努力下，化了近一年时间，奉献出了巨大精力和付出了辛勤劳作，成功编写出了约 120 万字的《手册》。

本手册由张兴芝总负责；徐进、赵文利、欧阳传发、罗献忠负责 MAN 柴油机章节的编写；张兴芝、徐葳、单高永负责 Wärtsilä 柴油机章节的编写。

应功伟、张惠霖担任 MAN 和 Wärtsilä 柴油机总的审核工作。

另外还要感谢昝宪生、姜朝、刘诗、罗斌和倪明等先生在翻译、文字和图片等工作中予以本书的帮助。

“百尺竿头，更进一步”，《手册》是上海市航海学会规划的“上海国际航运中心建设丛书——航海技术系列”的重要一步，我们将陆续编辑出版丛书，继续为广大航运从业人员服务，为建设上海国际航运中心软实力贡献力量。

同时，欢迎业界同仁和各有关方面对《手册》以及今后的编辑工作提出宝贵意见，不吝赐教。我们同舟奋进，共同为建设航海强国添砖加瓦。

上海市航海协会

二〇一二年十月